First Published in the United States under the title: THE BEER BIBLE
Copyright © 2015 by Jeff Alworth
Published by arrangement with Workman Publishing Company, New York.
이 책은 (주)한국저작권센터(KCC)를 통한 저작권자와의 독점계약으로 (주)출판사 클에서 출간되었습니다.
Interior design by Lisa Hollander / Photo research by Bobby Walsh

맥주 바이블
애호가부터 전문업자까지 당신에게 필요한 모든 지식

1판1쇄 펴냄 2020년 4월 6일

지은이 제프 올워스 | **옮긴이** 박경선

펴낸이 김경태 | **편집** 홍경화 성준근 남슬기 | **디자인** 박정영 김재현 | **마케팅** 곽근호 전민영
펴낸곳 (주)출판사 클
출판등록 2012년 1월 5일 제311-2012-02호
주소 03385 서울시 은평구 연서로26길 25-6
전화 070-4176-4680 | 팩스 02-354-4680 | 이메일 bookkl@bookkl.com

ISBN 979-11-90555-06-7 13590

이 도서의 국립중앙도서관 출판예정도서목록(CIP)은 서지정보유통지원시스템 홈페이지(http://seoji.nl.go.kr)와
국가자료공동목록시스템(http://www.nl.go.kr/kolisnet)에서 이용하실 수 있습니다.(CIP제어번호: CIP2020009952)

이 책은 저작권법에 의해 보호를 받는 저작물이므로 무단 전재 및 무단 복제를 금합니다.
잘못된 책은 바꾸어드립니다.

The Beer Bible
맥주 바이블

애호가부터 전문업자까지
당신에게 필요한 모든 지식

제프 올워스 지음
박경선 옮김

온 세상 혹은 적어도
이탈리아와 맞바꾸어도 아깝지 않은
나의 샐리에게 이 책을 바칩니다.

일러두기

1. 본문 중에 •는 옮긴이가 단 주석이 페이지 하단에 적혀 있다는 표시이고, ✢는 그 설명이 이 책의 부록 '맥주 용어'에 나와 있다는 표시이다.
2. 외국어는 국립국어원의 외래어표기법을 따르거나 최대한 원어 발음 그대로 표기하는 것을 기준으로 삼았다. 다만, 기준대로 표기했을 때 한국어 독자들이 유추할 수 없는 상표명은 한국에서 통용되는 이름으로 적었다. 예) 윗비어, 호가든, 하이네켄, 칼스버그
3. 이 책의 핵심 단어인 beer는 '맥주'로 번역했다. '맥주麥酒'에는 '보리로 만든 술'이라는 의미가 있으나, 여기서 beer는 일반적으로 쓰이는 보리뿐 아니라 다양한 곡물(밀, 귀리, 옥수수, 쌀 등)의 몰트를 발효시켜 만든 술 전체를 가리킨다.

감사의 말

보통 책 표지에는 단 한 명의 이름만이 쓰여 있습니다. 저자는 책이 나오기까지 도움을 주거나 응원해준 이들을 그 뒤에 언급하지요. 『맥주 바이블』의 경우, 수십 명의 도움이 없었다면 제가 이 책을 완성하기란 절대 불가능했을 것입니다. 먼저, 영국 작가 잭 에이버리는 제가 영국의 브루어리들과 연락을 취해 방문 일정을 잡을 수 있게 도와주었습니다. 프랑스, 벨기에, 독일, 이탈리아에서의 일정은 맥주를 수입하는 웬디 리틀필드, 마티아스 나이하르트, 마이클 오팰런스키 같은 이들 덕분에 가능했습니다. 웬디와 마이클은 벨기에와 이탈리아 브루잉 업계에 대한 경험을 들려주며 제가 유럽의 브루어들과 교류하게 도운 것은 물론이고 제게 많은 것을 가르쳐주었습니다. 프라하 곳곳을 함께 이틀간 둘러봐줬던 막스 반슨 그리고 영국 전역을 함께 다니는 데 그치지 않고 기꺼이 복솔*까지 운전해준 패트릭 에머슨에게도 특별히 감사의 뜻을 전합니다.

　이 기나긴 여정에서 각자 다년간의 경험으로 제 앞을 환히 비춰주며 안내자 역할을 기꺼이 해준 이들에게도 마음 깊이 감사를 전합니다. 파인츠 브루잉, 폰데로사 브루잉, 그리고 초이글 하우스 브루잉의 브루어 앨런 테일러는 내가 라거에 대해 가졌던 막연한 두려움을 극복하게 도와줬고, 오리건 포틀랜드에서 활동 중인 셰프 폴 캐스튼은 연금술에 가까운 자신만의 비법을 제게 알려주기도 했습니다. 필요 이상의 시간을 들여가며 우문에도 현답을 들려주었어요.

　맥주에 대한 이해를 비약적으로 향상시킬 수 있었던 것은 뛰어난 역사학자들 덕분이기도 했습니다. 이들은 브루잉에 관한 수세기 전의 기록 원전을 제시하며 우리에게 그간 고착돼 있던 잘못된 믿음을 깨도록 도와주었지요. 특히 마틴 코넬과 론 패틴슨이 이 책의 역사 관련 부분들을 검토해준 덕에 터무니없는 내용이 활자로 찍혀 나오는 일을 막을 수 있었습니다. 리처드 웅거와 이언 혼지 역시 꼭 필요한 작업을 맡아주었습니다. 미국 브루잉의 역사를 다룬 모린 오글의 책은 내게 없어서는 안 될 중요한 통찰을 안겨주었고요.

　책의 마지막 부분에서는 맥주에 관해 나와 함께 이야기 나누었던 브루어 50여 명의 이름이 나올 텐데, 그중 30여 명은 브루어리 투어를 시켜주기도 했습니다. 이들 가운데 상당수는 업계에서 굉장히 평판 좋은 명사들이었고, 매시 턴 안을 들여다보거나 높다란 숙성 탱크를 올려다보던 시간들은 이 책을 집필하면서 누린 크나큰 즐거움 중 하나였습니다. 체스케 부데요비체(부트바이스)에서 아담 브로시가 전기 공사로 컴컴해진 브루어리 내부에서 손전등을 들고 나를 안

* 영국제 자동차

내했던 기억이 납니다. 영국 베리세인트에드먼즈의 크라운 스트리트 아래쪽에 존 벡슨과 나란히 서서 맥주 병입 라인으로 이어지는 복잡하게 얽힌 파이프들을 보고 있으려니, 그가 음모라도 꾸미는 듯 내게 말하더군요. "여기까지 와본 사람은 별로 없어요." 벨기에 브루어리 로덴바흐에는 날을 잘못 골라 간 셈이었지만 어쨌든 루디 헤키러가 나를 안내해주었습니다. 캉티용의 냉각조로 쏟아져 들어가는 뜨거운 맥아즙에서 뿜어져 나오는 수증기 속에 서 있던 일, 풀러스의 저장고에서 숙성된 빈티지 에일을 마시던 순간, 람브라테에서 사람들과 어울려 했던 저녁식사, 위리게의 탱크에서 꺼낸 슈티케 알트를 시음했던 일, 슈나이더의 개방형 발효통에서 풋풋한 효모향을 맡던 순간, 테오 무소의 어머니를 만났던 일, 슐렝케를라에서 독일식 길드에 대해 논하던 일 등 수많은 추억들을 나는 평생 잊지 못할 것입니다.

그 밖에도 고마운 사람들이 계속 떠오르네요. 대규모 미국 브루어리(풀 세일)를 운영하고 있는 제임스 에머슨은 이 책의 기술적인 부분에 대해 검토해주었습니다. 에번 레일은 내가 체코 맥주에 대해 잘못 알고 있는 점은 없는지 확인해주었고요. 조와 제리 레인, 진 올워스, 샐리 올워스 모두 이 책이 모습을 갖추기까지 —지금까지 20년에 걸쳐— 조금씩 앞으로 나아가던 순간들을 기억해주고 늘 곁에서 내게 용기를 북돋워주었습니다.

마지막으로, 내게 『맥주 바이블』을 믿고 맡겨준 워크맨 출판사에 감사를 전하고 싶습니다. 출간 계약까지는 카일리 폭스 맥도널드와의 긴밀한 협업이 있었고, 책이 출간되기까지는 4년 가까이 걸렸지요. 카일리에게 특별히 감사의 마음을 전합니다. 뿐만 아니라 보이지 않는 곳에서 많은 것들을 살펴주었던 모든 이들에게도 감사하고 싶습니다.

이 책에 마음에 드는 구석이 있다면 이들의 노고를 떠올려주십시오. 지금 제가 그러듯이요.

Jeff Alworth

제프 올워스
2013년 오리건 포틀랜드에서

차례

감사의 말 5
책 사용법 9

제1부
맥주 알아가기 · 13

당신의 주변부터 살펴보라 14
1만 년 동안 귀리맥주가 블랙 IPA로 24
맥주는 어떻게 만들어질까 46
브루어처럼 맥주 맛보기 73

제2부
에일 · 91

비터 94
페일 에일 112
인디아 페일 에일 122
마일드 에일 140
브라운 에일 150
포터와 스타우트 160
미국 에일 188

발리 와인과 올드 에일 215
미국 스트롱 에일: 더블 또는 트리플 IPA 230
스코틀랜드 에일 239
라인 지방 에일: 퀼슈와 알트비어 256
벨기에 에일 271
세종 그리고 농가풍 벨기에 에일 293
프랑스 에일 312
애비 에일과 트라피스트 에일 329
이탈리아 맥주 352
생홉 에일 367
덜 알려진 스타일 그리고 뜨는 스타일 373
지역 전통 에일 390

제3부
밀맥주 · 399

독일 바이첸 402
벨기에 윗비어 417
독일의 밀 타트 에일:
　베를리너 바이세 그리고 고제 428

제4부
라거 · 439

다크 라거: 둥켈, 슈바르츠비어, 체코 트마베 ... 442
페일 라거:
   필스너, 헬레스, 도르트문더 엑스포르트 456
앰버 라거: 메르첸, 빈 라거 478
보크 490
대량 판매 라거 506
잘 알려지지 않은 라거들 517

제5부
타트 에일과 와일드 에일 · 535

람비크 패밀리 538
플랑드르 타트 에일 559
와일드 에일 575

제6부
맥주 즐기기 · 589

맥주 서빙하기, 맥주 보관하기 591
맥주와 음식 페어링하기 603
펍에서 즐기기 613
맥주 투어 627

부록

맥주 용어 648
스타일 출생 지도 654
품종별 홉 알아보기 658
참고문헌 665
투어와 인터뷰 667

찾아보기 669
사진 출처 675

책 사용법

2001년, 와인 강사 캐런 맥닐은 『와인 바이블The Wine Bible』이라는 책을 출간했다. 900쪽이 넘는 정보를 와인 문외한 중의 문외한조차 바로 이해할 만한 형식으로 망라했다는 것 자체만으로도 대단한 쾌거다. 맥닐의 감성적이고 친근하면서도 신뢰감을 주는 차분한 목소리는 독자들을 이탈리아의 피에몬테와 칠레의 마이포 밸리로 안내한다. 와인은 장소의 음료이며, 그 원료인 포도는 태양의 열기와 흙 성분에 따라 성질이 규정된다. 맥닐은 흡사 세계 여행을 이끄는 전문 가이드 같다.

그러나 맥주는 좀 다르다. 장소의 음료인 것은 마찬가지이지만, 방식은 차이가 있다. 문화와 역사가 보리와 홉이 자란 지역만큼이나 지대한 영향을 미친다. 맥주 타입과 스타일은 그런 여러 영향이 발현된 결과이고, 따라서 『맥주 바이블』 역시 그 기준에 따라 구성되어 있다. 대체로는 그렇다. 사실 맥주 스타일의 본질 중 하나는 바로 이동이다. 포터는 바다를 건너자 스타우트가 되고, 필스너는 국경을 넘자 헬레스비어가 된다. 미국, 이탈리아, 프랑스 같은 곳들은 마치 무無로부터 삶을 재건하는 이민자들처럼 브루잉brewing*을 시작했다. 이건 따라서 넣어보고, 저건 빼버리고, 이것과 저것은 뒤섞어보는 식으로 말이다. 스타일은 변형되고 계속 변화한다. 이 책을 읽는 동안 이 점을 기억하자. 오늘날 뮌헨의 유명한 헬레스비어의 정통성에 감히 의문을 제기할 생각은 없지만, 한때는 페일 라거가 너무 파격적이라 뮌헨의 브루어들 사이에서 내전이 일어날 뻔했다는 사실을 떠올려보자. 오늘날 꼴 보기 싫은 것이 내일은 소중한 전통이 되기도 한다.

어디서부터 읽기 시작할까

이 책의 독자 가운데는 붐이 일기 시작한 크래프트 맥주** 세계에 이끌려 이제 막 관심을 가지게 된 사람도 있을 테고, 선호하는 맥주 스타일에 관해 좀더 자세한 정보를 얻고 싶은 전문가도 있을 것이다. 당신이 어떤 사람이든, 어떤 이유로든, 훑어보다 관심 가는 섹션을 발견하면 빠져들게 될 것이다. 이 책은 부분별로 읽을 수 있게 돼 있다. 일찍이 같은 방식으로 『와인 바이블』을 구성했던 캐런 맥닐의 통찰을 기꺼이 따랐다(다만 이 책은 지역 대신 스타일별로 나누어져 있다). 1장은 맥주를 이해하는 데 중요한 몇 가지 배경 지식을 다루고 있다. 그러나 일단 간단히 살펴보고 필요할 때 다시 찾아보는 편이 나을지도 모

* 맥주 양조 과정을 일컫는 말
** 우리나라에서는 종종 단어 본래의 의미대로 '크래프트'를 '수제'로 옮기기도 하지만 사실 사람이 직접 손으로 만드는 과정은 거의 없으므로 맞지 않는 표현이다. 크래프트 맥주는 대개 소규모 양조장에서 만들어지는 맥주를 지칭한다. 대기업 맥주들과는 대조적으로 독창적인 맥주를 뜻하는 개념. 미국 브루어협회에서는 크래프트 맥주의 핵심 성격 세 가지를 '소규모small' '전통적traditional' '독립적independent'으로 규정하고 있다.

른다. 가령, 예상을 벗어나는 어떤 맛과 조우하고 나서야 비로소 맥주의 특이한 풍미에 대한 설명들을 꼼꼼히 읽어볼 생각이 들지도 모르니까. 혹은 어느 오후에 애비 에일 파인트를 앞에 놓고 앉아서 대체 수도사*와 맥주 브루잉이 무슨 상관일까 궁금해지고 나서야 비로소 맥주의 역사에 관심이 생길 수도 있다. 그래도 1장을 먼저 읽고 싶다면, '브루어처럼 맥주 맛보기'를 읽어볼 것을 추천한다—거의 매 장 반복되는 맥주에 대한 감각적 경험을 이해하는 데 중요한 각종 개념 및 용어를 찾아볼 수 있다.

세계의 브루잉 전통

나는 미국인이지만, 이 책은 미국식 브루잉만 단독으로 혹은 중점적으로 다루지는 않는다. 오늘날 미국 브루어리들은 온갖 스타일의 세계 맥주를 만들지만, 나는 이 책에서 기원지의 전통에 대해 썼다. 미국 필스너와 애비 트리펄이 많이 소개되어 있지만, 그 스타일에 관해 읽다보면 체코 맥주와 벨기에 맥주 이야기를 접하게 될 것이다. 크래프트 브루잉은 세계 각국에서 르네상스를 일으켰지만, 이 책에서는 각 스타일에 대한 각국의 다양한 해석을 전부 다루지는 않는다.

알아야 할 맥주들

맥주 스타일을 다루는 각 장의 마지막에는 '알아야 할 맥주들' 목록이 나온다. 해당 스타일의 이력을 큰 맥락에서 제대로 파악하는 데 도움이 되는 맥주들로 선별해 실었는데, 여기에는 몇 가지 기준이 있다. 이 책이 출간되고 1-2년 뒤에도 계속 생산되고 있을 만한 레귤러 또는 계절 한정 맥주여야 한다. 또 스타일마다 대개는 좋은 맥주들이 숱하게 많기 때문에, 어디에 살든 적어도 한 가지쯤은 직접 맛볼 수 있도록 브랜드를 선택했다. 외국 맥주는 미국에 수입되는 것들로만 골랐다—물론 수입되는 맥주라 해서 아무 데서나 구할 수 있는 건 아니지만. 나 같은 사람이라면 저자가 제대로 골랐는지 확인할 겸 맥주 리스트를 훑어본 뒤 특정 맥주—가령 마니아층을 거느린 '스리 플로이즈 다크 로드'—가 빠져 있다면 분명 투덜댈 것이다. 하지만 다크 로드 같은 맥주들은 비평가들 사이에서는 굉장히 높은 점수를 기록할지 모르지만, 워낙 소량 생산되어 한 번이라도 맛볼 기회를 얻는 사람이 거의 없을 정도다.

이름에 관하여

장소 이름은 정치적인 주제일 수 있다. 인도 서부의 대도시 뭄바이를 봄베이**라고 부르는 것은 정치적 행위다. 이 책 전반에 걸쳐 나는 미국식 표준에 따라 장소 이름을 적었다. 간혹 정치적 뉘앙스가 있는 경우라도 예외는 없다. 쾰른을 콜로뉴로 표기하는 일은 논란의 여지가 없지만, 체스케 부데요비체는 부트바이스로 적었다. 비록 뭄바이처럼 의도적으로 이전 지명을 남겨둔 경우이긴 하지만, 다른 이유는 없고 미국식 용례와의 조화를 고려한 것이다.***

맥주 이름은 논란의 여지가 비교적 작긴 해도 여전히 혼란스럽다. 전통, 관습, 불안정한 합

---

* '애비abbey'는 수도원이라는 뜻
** 영국이 식민지배 당시 붙인 영국식 이름
*** 한국어판에서는 국립국어원 외래어표기법에 따르는 것을 기준으로 삼았다. 자세한 내용은 4쪽 '일러두기'를 참조할 것.

의 하에 맥주 이름 한 무더기가 생겨났지만, 항상 명확한 것은 아니다. 그 가운데 몇 가지를 복원하고자 카테고리 몇 개를 하나로 합쳤다. 플랑드르에는 레드와 브라운, 두 가지 스타일의 맥주가 있었으나, 로덴바흐의 고향인 서플랑드르의 도시 루셀라러 근처만 가도 '레드/브라운' 플랑드르 비어라는 한 가지 스타일로 불린다. 이 책에서는 '플랑드르 타트 에일'로 통칭했다. 버드와이저, 포스터스, 삿포로, 하이네켄 등 세계에서 가장 유명한 맥주들은 라이트 라거부터 미국식 부가물 라거에 이르기까지 온갖 다양한 이름으로 불리며, 대개 몇 가지 하위 카테고리를 거느리고 있다. 이 책에서는 '대량 판매 라거'로 통칭했다. 유럽 및 미국의 크래프트 브루어리들은 야생효모와 박테리아로 만든 다양한 에일을 실험 중인데, '와일드 에일'로 통칭된 이 맥주들은 특정하게 따르는 브루잉 방식이 없다.

브루어리 일대기

브루어리들의 짤막한 일대기 10여 편이 책의 곳곳에 등장한다. 스타일을 다룬 앞의 내용을 부연 설명하기 위해서다. 가령, 바이첸을 다룬 챕터 뒤에는 바이에른 지방의 가장 중요한 밀맥주 브루어리인 G. 슈나이더 운트 존에 대한 설명이 나오고, 애비 에일 뒤에는 오르발이, 비터* 다음에는 새뮤얼 스미스가 나오는 식이다. 브루어리의 역사나 양조 과정 심지어는 브루어리 건물 자체도 모두 맥주 스타일을 이해하는 데 도움이 된다. 맥주는 단순한 제품이 아니다. 살아 숨 쉬는 전통이다. 이 책에 실린 브루어리들은 현대의 음료와 그 역사를 연결해준다.

북서부 태평양 연안

나는 세계 어디보다도 많은 브루어리가 자리 잡고 있는 미국 오리건 포틀랜드에 산다. 미국 북서부 태평양 연안은 미국에서 맥주 문화가 가장 발달한 지역으로, 괜찮은 맥주와 브루어리가 잔뜩 있을 뿐 아니라 현지에서 몰팅*도 이루어진다. 미국의 홉 농장 가운데 대다수가 이곳에 있고 농무부의 홉 재배 프로그램도 여기서 진행되며, 효모 공급업체 두 곳 가운데 하나가 이곳에 있고, 흔치 않은 브루잉 학위도 이곳에서 딸 수 있다. 어쩌면 내가 20년 가까이 맥주에 관한 글을 써오면서, 이 풍요로움 덕분에 약간 감을 잃지 않았을까 짐작하는 사람도 있을지 모르겠다. 그 생각이 맞는다. 브루어에게 할 질문이 생길 때마다 나는 내가 잘 아는 브루어에게 전화를 걸고 싶은 마음을 억눌러야 했으며, '알아야 할 맥주들' 목록을 생각할 때면 잠시 숨을 고르고 미국 전역과 세계 곳곳 어디든 근사한 맥주가 있다는 사실을 상기해야 했다. 그럼에도 불구하고, 당신이 책장을 넘길 때 북서부 태평양 연안에서 불어오는 바람이 느껴진다면, 사과한다. 난 어쩔 수 없이 그쪽 출신이니까.

당신의 주변부터 살펴보라 14
1만 년 동안 귀리맥주가 블랙 IPA로 24

맥주는 어떻게 만들어질까 46
브루어처럼 맥주 맛보기 73

제 1 부

Knowing Beer
맥주 알아가기

당신의 주변부터
살펴보라

책을 읽고 있다는 사실은 잠시 잊고, 나무로 지어진 아늑한 에일 하우스에 나와 함께 앉아 이야기를 나누고 있다고 상상해보자. 방대하고 엄선된 탭리스트가 있다. 손짓으로 바텐더를 부르면 거의 모든 스타일별로 끝내주는 맥주들을 맛볼 수 있다. 이런 상황이라면 아마 당신은 이 책처럼 나를 활용하고자 이렇게 질문할지도 모른다. "어떤 맥주를 제일 좋아하세요?" 소위 전문가라면 수많은 맥주 중에 어떤 맥주가 최고인지 알고 있을 거라고들 생각한다. 사실, "뭐가 최고예요?"는 잘못된 질문이다. 상상 속 바에서, 나는 질문으로 대답을 대신하려 한다. "그럼, 당신이 제일 좋아하는 맥주는 뭔데요?"

너무 많은 선택지를 마주하면 한참 고민하게 되기 쉽다. 맥주 음용의 오랜 역사—수천 년!—에서 이토록 맥주가 넘쳐났던 적은 없었다. 지역 펍이나 식료품점에 가면 수십 가지 다양한 스타일로 양조된 세계 각국의 맥주들을 찾을 수 있으니 말이다. 로스트 풍미의 스타우트, 꽃향이 나는 잉글랜드 에일, 알싸한 필스너, 청량감 있는 윗비어witbier는 어디에나 있다. 특정 장소와 문화가 빚어낸 산물이 이렇게나 다양하다니 어리둥절해지까지 한다. 게다가 이제 크래프트 브루잉은 전 세계적인 현상이 되어서 맥주 스타일과 나라의 연결 고리도 점점 느슨해지다 보니 상황은 한층 더 혼란스러워졌다. 오늘날에는 벨기에 스타우트, 미국 윗비어, 잉글랜드 필스너, 체코 IPA 같은 희한한 혼종들을 볼 수 있

다. 그야말로 혼란스럽다.

희소식도 있다. 여기는 오트 퀴진haute cuisine*의 세계가 아니라는 것이다. 맥주는 예술도 물리학도 아니다—대학에서 이론을 배우지 않아도 이해할 수 있다. 맥주는 발아된 곡물, 물, 효모에 대개 홉으로 풍미를 더한 것에 불과하다. 맥주에 관해 배울 수 있는 것이야 어마어마하게 많겠지만, 어쨌든 주된 경험은 즐거움이어야 한다. 초콜릿 케이크보다 복숭아 파이를 좋아할 수는 있어도 '최고'의 디저트가 따로 있다고 말하지는 않을 것이다. 다양한 타입의 맥주에 대해서도 마찬가지로 생각하면 된다. 이 책을 읽다보면 아마 좋아하는 브랜드를 발견하게 될 것이다. 바디가 가볍거나, 색깔이 시럽처럼 짙은 색을 띨 수도 있고, 홉향 또는 몰트⁺ 맛이 강한가 하면, 달콤하거나 쓸 수도 있다. 그 맥주가 바로 역사, 문화, 크래프트의 놀라운 세계로 들어가는 문이다.

맥주에 대해 배우는 가장 좋은 방법은 그곳의 맥주를 전부 맛보는 대신, 가장 좋아하는 맥주를 열심히 마시고 공부하는 것이다. 그 맥주는 수십 년 혹은 수백 년 내려온 전통적인 브루잉의 결과이며, 처음 양조될 당시의 문화적 취향의 반영이다. 벨기에 윗비어는 어쩌다 우연히 생겨난 에일이 아니다. 수백 년 전 후하르던 Hoegaarden이라는 작은 동네에서 만들기 시작한 이래 계속 진화하고 변화해왔으며, 심지어는 잠시 단종된 적도 있었다. 필스너의 경우, 소도시 플젠Plzeň 출신의 맥주다. 플젠은 오늘날 체코에 해당하는 지역인데, 맥주가 너무 형편없어서 시민들이 대책을 마련하기로 하고 새로운 브루어리를 운영하기 시작했다. 필스너를 처음 양조한 브루어의 이름과 그것이 페일 라거였던 이유는 우리가 아는 대로다.** 윗비어에 고수를 넣어 만드는 이유라든가 필스너가 홉 특성이 강하고 황금빛을 띠는 이유에는 각각 나름의 독특한 사연이 있다. 자신이 가장 좋아하는 맥주를 찬찬히 탐구하고 좋아하는 이유를 파악해본다면, 맥주의 본질을 더 잘 알게 될 것이다. 가장 좋아하는 맥주는 다른 스타일의 맥주들을 탐구해보고자 할 때 기준점이 될 수 있다. 머지않아 다른 맥주들의 진가도 제대로 알아볼 수 있게 될 것이다. 이는 곧 다른 스타일의 맥주로도 뛰어들어 맥주를 폭넓게 이해해나갈 출발점이 될 것이다.

자, 그렇다면 당신이 좋아하는 맥주는 무엇인가?

맥주 경험하기

맥주 한 잔을 놓고 앉아 있을 때, 단순히 맥주의 맛만 음미하는 것은 아니다. 결국 혀의 돌기들이 과제에 착수하겠지만, 사실 그들만의 일은 아니다. 눈은 색, 투명도clarity, 활기vivacity 등을 읽어내고, 콧구멍은 표면에 감도는 뚜렷한 혹은 은은한 아로마를 잡아낸다. 맥주가 입안으로 들어오는 순간, 맛을 보는 동시에 향도 음미하게 될 것이다. 그러는 사이 혀는 탄산이 톡 쏘는지 아니면 부드럽고 잔잔한지, 홀홀한지 되직한지 크림 같은 느낌인지를 가늠하고 있을 것이다. 맥

• 최고급 요리를 뜻하는 프랑스어
•• 라거링 기술을 가지고 있던 바이에른 출신의 요제프 그롤은 당시 플젠 맥주 애호가들의 요구에 맞춰 플젠 지역의 연수, 페일 몰트, 자츠 홉을 사용해 밝은 색을 띠는 라거인 최초의 필스너를 만들었다.

주는 단순히 맛보는 것이 아니다. 경험하는 것이다.

맥주를 맛보면서 익히게 될 온갖 기술 가운데, 가장 중요한 것은 집중력이다. 감각은 물론 중요하다. 미가공의 데이터를 전송하는 하드웨어와 같기 때문이다. 그러나 지금 마시고 있는 음료가 무엇인지 이해하도록 만드는 것은 바로 소프트웨어, 마음과 관찰력이다. 냉장고에서 맥주 한 병을 집어든 다음 선반에서 투명하고 깨끗한 글라스를 하나 꺼내와 뚜껑을 따고 천천히 맥주를 따르자. (이 연습에서는 관건은 맥주를 바라보는 것이다. 병이나 캔에 담긴 맥주가 아닌, 맥주 자체를 볼 수 있어야 한다.) 맥주를 따르는 동안에도 반드시 그 경험에 주의를 집중하자.

• **바라보기** 눈은 맥주에 대해 많은 것을 말해준다. 병맥주를 따를 때는 맥주가 시럽 같은 느낌으로 나오는지 물처럼 가늘게 나오는지 보라.

맥주를 경험하는 일은 단순히 맛보는 것 그 이상이다.

맥주를 안다는 기쁨

찰리 퍼페이지언은 미국에서 '좋은 맥주 운동good beer movement'을 시작한 네댓 사람 중 한 명이다. 이전에는 미국에 맥주 브랜드가 몇 개밖에 없었고, 다들 똑같은 타입의 페일 라거만 만들었다. 오늘날에는 수천 개의 브랜드와 수십 가지 타입의 맥주가 있다. 1970년대 당시, 그는 바에서 찾아보기 힘든 맥주를 집에서 양조할 수 있도록 독려했고, 1978년 마침내 미국 홈 브루어 협회를 창립한다. 오늘날 이 협회 회원은 43,000명에 이른다. 퍼페이지언은 그의 전설적인 실용서 『홈 브루잉의 완전한 기쁨The Complete Joy of Home Brewing』에서 시대의 슬로건을 만들어냈다. "자, 걱정 말고, 홈 브루잉 하세요." '홈브루잉' 대신 '크래프트 브루잉'이라는 표현을 넣기만 하면, 지금도 유효한 슬로건이다.

일단 글라스에 따르고 나면, 맥주의 색과 투명도를 확인할 수 있고, 글라스 아래에서부터 거품방울이 얼마나 활발하게 올라오는지, 헤드head*는 어떤 모습인지 볼 수 있다. 거품방울이 눈에 띄지 않을 만큼 자잘해서 헤드가 마치 휘핑한 크림을 올린 듯한가, 아니면 작은 구슬들이 쌓인 것처럼 좀더 큰 거품방울들이 눈에 띄게 올라와 있는가? 색은 어떠한가? 헤드는 얼마나 빠른 속도로 가라앉는가?

• **냄새 맡기** 좋은 맥주는 코를 즐겁게 한다. 코감기가 걸린 상태에서 음식을 먹어보면 알겠지만, 맛을 보는 행위는 실은 향과 풍미 간의 연금술이다. 글라스를 돌려 아로마 화합물aromatic compound을 휘저어 깨운 뒤 표면 가까이 코를

* 맥주 위에 생기는 하얀 거품

갖다대고 숨을 들이마신다. 가장 뚜렷한 향은 몰트와 홉이 좌우한다—몰트에 따라 빵 냄새, 구운 냄새, 견과류 냄새 등이 나고, 홉에 따라 꽃, 향신료, 시트러스향 등이 난다. 그 밖에 배, 장미, 정향 등 비교적 덜 드러나는 다른 아로마가 느껴지기도 하는데, 이는 발효 과정에서 생성된 화합물 때문이다.

• **홀짝이기** 일단 맥주가 혀를 적시면 드디어 맛을 보게 되지만, 여기서는 풍미가 전부는 아니다. 먼저 맥주를 입안에서 휘두르면 아로마가 따스하게 퍼진다—맥주가 입안에 들어올 때 먼저 풍미가 퍼지고 목구멍으로 넘기는 순간 맛과 아로마가 차곡차곡 쌓이며 한데 섞여든다. 풍미 외에도 질감, 점도, 탄산감, 알코올 도수를 감지할 수 있다.

• **삼키기** 마지막 경험은 맥주가 지나간 뒤에 온다. 맥주가 목구멍을 타고 내려갈 때 마지막으로 한차례 풍미와 아로마가 풍겨나온다. 코와 혀에서는 맥주의 여운이 아직도 충분히 남아 감돌고 맛도 지속될 것이다. 목넘김만으로도 가장 중요한 특징들—청량감 crispness, 부드러움 roundness, 홉의 풍미 hoppiness, 산미 tartness 등 몇 가지—이 나타난다. 한입 머금었다 뱉어내는 짓은 절대 하지 말 것. 그런 죄는 와인 마시는 사람들이나 짓게 놔두자.

그저 이 감각들을 최대한 만끽하자. 바의 옆자리 스툴에 앉은 덩치 큰 사내가 지껄이는 소리나 텔레비전에서 요란하게 떠들어대는 경기 소식 같은 것에는 신경을 끄자. 맥주의 미덕은 수없이 많지만, 이 단순한 쾌감만 한 것은 없다. 겉모습, 풍미, 아로마는 모두 그 맥주의 재료와 스타일, 양조 방식 등에 대한 실마리일 뿐이다 (이에 관해서는 73쪽부터 시작되는 '브루어처럼 맥주 맛보기'에서 자세히 다룰 예정이다).

다양한 맥주를 맛보고, 그 맥주들의 성격과 주요 특징에 집중한 뒤 어떤 부분이 마음에 드는지 생각해보자. 맥주의 강점 중 하나는 바로 그 다양성이며, 가장 좋아하는 풍미를 찾는 과정 자체만으로도 무척 즐겁다. 마음에 드는 풍미들과 맥주 타입이 어떻게 연관되는지 알고 나면, 맥주 스타일 지도를 머릿속으로 그려보게 될 것이고, 이를 바탕으로 다음 탐험을 시작할 수 있게 된다. 메모하고, 관찰하되, 즐겨라. 당신을 흥분시키지 않는 맥주에 시간을 낭비하기에는 인생은 너무 짧고 좋은 맥주는 아주 많으니까.

맥주 라벨 읽는 법

지난 수세기 동안 여러 언어권에서 맥주 관련 용어는 조금씩 변해왔다. 오늘날까지도 용어들이 정확히 정착된 상태는 아니지만, 어쨌든 '맥주beer'는 곡물을 기본 재료로 하여 발효시킨 마실거리를 총칭하는 단어다. 에일, 라거, 람비크lambic*, 보크bock*, 전부 맥주다. 그야말로 어떤 하위범주, 스타일, 산지든 맥주에 포함될 수 있다. 맥주 라벨에 어떤 것이든 쓰여 있을 수 있다는 소리다. 그밖에 내용물을 가늠하는 데 도움이 될 만한 다양한 기타 정보도 있을 수 있다. 기본적인 사항은 다음과 같다.

• **에일 혹은 라거** 몇 가지 특이한 경우를 제외하면, 대부분의 맥주는 에일과 라거로 나뉜다. 맥주 발효에 사용된 효모 종류나 발효 방식에 따라서도 어느 정도 달라진다. 에일은 비교적 높은 온도를 선호하고 극히 짧은 숙성 시간을 요하는 효모 종류를 사용한다. 에일은 과일이나 향신료 등 맥주에 여러 다른 풍미를 더한다. 라거는 좀 더 낮은 온도에서 발효되어 탱크 안에서 몇 주 혹은 몇 개월간 숙성되는데, 이 과정에서 과일이나 향신료 풍미의 화합물 생성이 억제되어 순수 홉과 몰트 향만 남는다.

• **맥주 타입 혹은 스타일** 대부분의 라벨은 병에 담긴 맥주의 스타일—필스너, 스타우트, 괴즈gueuze 등—을 알려준다. 이 내용은 병 안에 든 맥주의 특성을 실제로 반영한 것일 수도 있고,

* 몰트가 느껴지는, 다시 말해 맥아 특성이 두드러지는 상태

브루어리의 희망사항이나 막연한 인상 비평일 때도 있다. 혹은 마케팅 팀의 작품인 경우도 있다. 어떤 시적인 묘사('시골 농가 에일')는 마치 특정 스타일처럼 들릴 수도 있는데, 실은 그렇지 않다. 스타일은 지구상의 선술집이나 채팅방에서 끝없는 논쟁거리라서, 가볍게 접근해야 한다.

• **ABV(부피당 알코올 함량, alcohol by volume)** 미국에서 통용되는 알코올 표준 척도로, 중량당 알코올 함량을 표기하던 기존 방식을 대체했다(부피 기준 알코올 도수 5%인 맥주는 중량 기준으로 하면 약 4%에 해당한다). 보통 맥주는 4-8% ABV 정도이나, 더 센(알코올 도수가 높은) 맥주는 와인만큼—최대 17%— 세다.

• **IBU(국제 쓴맛 단위, international bittering units)** 홉산hop acid의 함량을 나타내는 수치인 IBU는 쓴맛의 정도와 대체로 비례한다. 느껴지는 쓴맛은 맥주의 알코올 도수와 몰티malty*한 정도에 따라 감소되기도 하므로, IBU가 동일하게 40이

맥주 회사들은 맥주 라벨을 마치 예술작품처럼 만든다.

맥주 라벨 해부

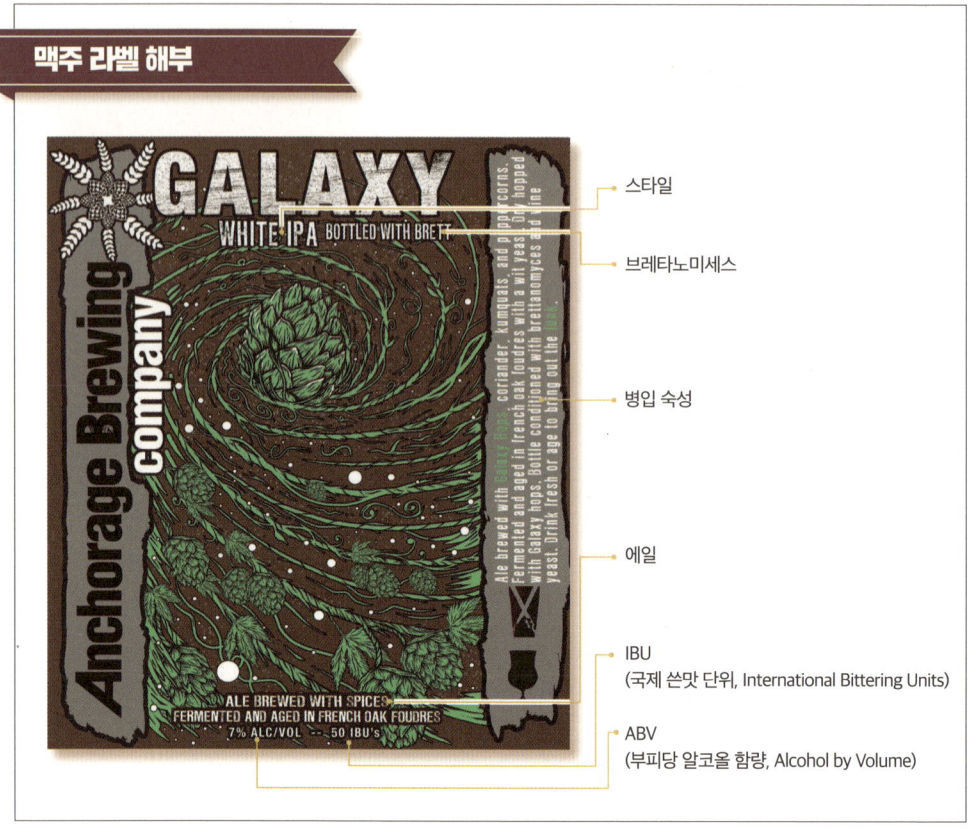

- 홉 특성이 두드러지는 상태

라도 스트롱 에일은 살짝 달콤한 느낌이 드는 반면 페일 에일은 좀더 쓴맛이 돈다. 게다가 수많은 브루어리들이 실제로는 화학적 방식으로 홉산 함량을 측정할 만한 시설을 갖추고 있지 않은 탓에, IBU는 수학 공식을 사용해(아무리 좋게 포장해주더라도 '부정확'한 방식이지만) 대략 추산된다. 결국, 호피hoppy*한 정도는 풍미, 아로마, 쓴맛의 조합이지만, IBU는 그중 마지막 요소만 측정한 수치다. 유럽에서 이를 EBU(유럽 쓴맛 단위, European bittering units)로 표기하기도 하는데, IBU와 EBU 사이에 별다른 차이는 없다.

• **색(SRM/EBC)** 미국양조화학자협회American Society of Brewing Chemists와 유럽양조협의회European Brewery Convention는 각각 통제된 특정 조건에서 본 맥주 색을 과학적으로 측정하는 수학적 척도를 만들어냈다. 가정에 화학 도구 일체를 갖추고 있는 사람은 거의 없을 테니, 이 기준은 평범한 맥주 애호가에게는 별로 소용이 없다. 맥주의 색은 조명과 글라스 너비의 함수 관계에 좌우되며, 비전문가가 색에서 받는 인상(짚, 호박, 밤 등) 역시 척도에 따른 값만큼이나

유용하다.

• **필터링하지 않음** 맥주의 투명도는 의견이 분분한 주제다. 제대로 만들고 숙성시킨 맥주라면 좀더 맑은 상태로 안착된다. 그러나 브루어리에 따라서는 부유 효모, 미세한 홉 입자, 단백질 등 고형물을 전부 걸러내는 기술을 이용해 맥주를 필터링filtering하기도 한다—약간 흐릿하니 탁한 느낌이 있는 것을 장인이 만든 맥주의 증표로 여기는 이들에게는 달갑지 않은 일이다. 어떤 브루어리가 자기네 맥주를 '필터링하지 않은unfiltered' 것으로 묘사한다면, 전자에 속한다고 강조하는 것이다(필터링된 맥주라고 설명하는 경우는 전혀 없다). 수많은 크래프트 브루어리와 크래프트 맥주 애호가들은 맥주에 약간 안개가 낀 듯한 느낌이 있는 것을 선호하며, 일부 맥주 스타일—특히 바이에른 바이첸—에서는 반드시 필요한 요소로 본다.

• **비중/초기 비중** 맥아즙wort(발효되기 전 단계의 맥주)⁺에 용해된 설탕 함량을 나타내는 숫자로, 얼마나 센 맥주가 될지 가늠할 수 있는 수치다. 신비한 구석도 있기는 하지만, 어쨌든 비중은 일관성의 미덕이 있다. 모든 맥주는 초기 비중이 있고, 비중은 여러 환경에서도 별로 달라지지 않는다. 통상적인 측정 단위는 디그리 플라토degree Plato 혹은 고유 비중specific gravity('sp. gr.'로 표기)이다. 두 단위 모두 물이 기준이다. 0°플라토 또는 1.000sp.gr. 같은 식으로 표기된다. 정상적으로 발효된 맥주의 범위는 약 3% ABV 맥주를 얻을 수 있는 8°플라토/1.032sp.

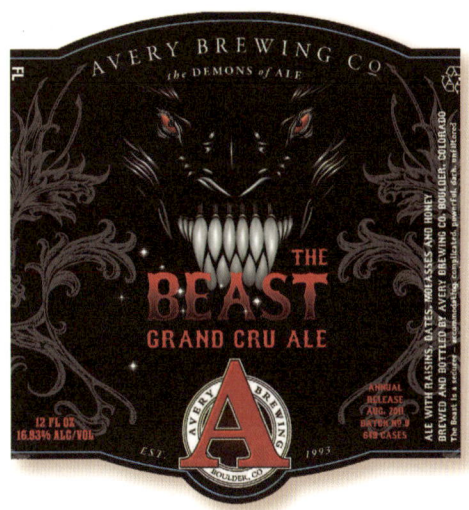

'비스트 그랑 크뤼The Beast Grand Cru'. 이름에 걸맞게 어두운 색의 힘센 괴물 같은 맥주다. 15-17% ABV.

gr.부터 무려 12% ABV에 이르는 높은 도수의 맥주를 얻을 수 있는 26°플라토/1.110sp.gr. 까지다. 일관성을 위해 이 책에서는 고유 비중을 사용했다.

• **병입 숙성** 대부분의 맥주는 강제탄산주입 방식으로 만들어진다. 즉, 병입 전에 제조가 완료된 맥주에 이산화탄소를 더하는 것이다. 경우에 따라서, 병 안에서 2차 발효가 일어나도록 맥주에 설탕이나 효모를 투여하기도 한다. 발효의 산물은 이산화탄소이기 때문에, 이렇게 병입 숙성된 맥주는 자연스럽게 탄산화된다. 병입 숙성 맥주는 병 바닥에 효모층이 가라앉아 있다.

• **브레타노미세스/타트 혹은 사워 에일/와일드 에일** 수세기 동안 브루어들의 기쁨이자 골칫거리

였던 특정 효모나 박테리아 들이 스타일로 재등장했다. 여러 현대적인 방식으로 통제가 가능해지면서, 브루어들이 이 골칫거리들을 이용해 만족스러운 결과를 좀더 자주 얻게 된 것이다. 이 미생물들은 맥주에 미묘하게 쌉쌀한 맛부터 눈물이 핑 돌 만큼 강한 산미에 이르는 다양한 뜻밖의 풍미를 더해준다.

맥주의 기본 재료들

좋은 맥주에 생명력을 불어넣는 핵심—브루어가 각 요소들을 완벽하게 조합했을 때 우리가 받는 느낌—은 소위 '균형감balance'이다. 기본적으로 이 용어는 홉의 쓴맛과 몰트의 단맛 사이의 관계를 말하지만, 좀더 깊은 의미도 담겨 있다. 대비되는 요소 간의 조화, 즉 수많은 풍미와 아로마가 마치 합창하듯 한데 어우러지는 방식을 설명하는 것이다. 이 요소들에 대한 자세한 내용은 '브루어처럼 맥주 맛보기'에서 살펴보기로 하고, 여기서는 맛과 아로마를 내는 네 가지 주요 성분을 먼저 살펴보자.

- **몰트** 맥주는 발아된 곡물로 만드는데, 이 곡물이 맥주의 색을 좌우한다. 건조된 발아 곡물, 즉 몰트를 가마에서 건조하거나 굽는 방식에 따라 다양한 빛깔이 나오고, 아로마와 풍미도 달라진다. 몰트는 대개 달착지근한 풍미가 있지만, 구워진 뒤에는 커피 같은 쌉쌀한 맛이 나기도 한다. 몰트는 맥주에 빵, 크래커, 견과, 토피, 검붉은 과일, 초콜릿 등의 향과 풍미도 더한다.

- **홉** 맥주에서 가장 변화무쌍한 성분이 바로 홉이다. 홉은 라이트 비어의 경우처럼 몰트의 달콤한 맛에 섬세한 균형을 잡아주기도 하고, 몇몇 더블 IPA의 경우처럼 맥주에 쓴맛을 더하기도 한다. 강한 아로마 성분과 그윽한 풍미를 더해주기도 하는데, 경우에 따라서는 마치 글라스에 자몽이나 소나무가지 혹은 민트 등이 정말 들어 있는 것 같은 착각을 불러일으킬 정도다.

- **효모** 효모는 재료ingredient라기보다는 비밀요원 같은 존재다. 효모가 남긴 화합물을 우리는 맛으로 느낄 수 있다. 라거 같은 맥주에서는 효모가 남기는 것이 거의 없지만, 헤페바이첸hefeweizen이나 세종saison 같은 맥주의 경우 효모가 깜짝 놀랄 만한 과일 혹은 향신료 풍미를 만들어내고 이것이 스타일을 대표하는 특징이 되기도 한다. 대체로, 높은 온도에서 발효할수록 효모로 인해 풍미가 더 강해진다.

- **설탕, 향신료, 그리고 근사한 것은 무엇이든** 맥주는 반드시 물, 몰트, 효모로 만들어야 하지만, 그 밖에도 무엇이든 들어갈 수 있다. 그리고 실제로 그래왔다. 현대 브루잉 산업에서는 기타 재료의 사용이 점점 더 흔해지는 추세다. 브루어리들은 바디감을 더하지 않으면서도 알코올 도수를 높이기 위해 주로 설탕을 첨가하지만, 꿀, 당밀, 메이플 시럽으로 풍미를 더하기도 한다. 윗비어에는 고수 같은 향신료도 들어가며, 브루어리들은 향신료를 조금 넣는 것만으로 어떤 맥주든 효모의 특성을 살릴 수 있다—간혹 잘못해서 맥주를 망치면 인도산 차나 펌프킨파이 같은

맛이 나는 경우도 있지만, 과일, 호박, 그리고 커피나 초콜릿 등의 향료는 계절 한정 맥주에 자주 등장하는 풍미다.

스타일의 문제

'스타일'이라는 단어에 대한 논의 없이 맥주에 접근하기란 불가능하다. 보통 스타일이라고 할 때는, 스타우트, 둥켈 라거dunkel lager, 윗비어 같은 맥주 카테고리를 의미한다. 스타일이라는 단어는 도처에 있고, 근본 스타일로부터 새로운 하위범주 그리고 그 하위의 하위범주들이 뻗어 나오면서 매년 우후죽순 퍼진다. (그레이트 아메리칸 비어 페스티벌Great American Beer Festival의 스타일 지침은 확실히 다다이즘 같다. '벨기에 스타일의 미국 페일 에일'과 '효모 포함 혹은 불포함의 독일 스타일 호밀 에일'은 그중에서도 가장 극단적인 경우다.) '맥주 스타일'이라는 개념적 틀을 제시한 인물이라 볼 수 있는 맥주 전문 작가 마이클 잭슨이 본래는 맥주를 '타입type'으로 간주했다는 점은 생각해볼 가치가 있다. 그는 1977년에 이렇게 썼다. "각 그룹마다 특정한 고전적인classical 종류들이 있고, 그중 몇몇은 지역적 혹은 전 세계적 규모로 널리 수용된 스타일들을 만들어왔다. 만일 브루어가 특별히 고전적인 맥주를 재현할 의도가 있다면, 특정 스타일 안에서 작업을 할 것이다. 만일 그 맥주에 다른 맥주들과 일반적으로 유사한 점만 있다면, 그 타입에 속하는 것으로 간주할 수 있다."

잭슨은 자신이 개시한 전투에서 패배했다. 그가 타입이라 지칭했던 것을 오늘날 우리는 스타일이라 부른다. 그러나 그 계속되는 변이에도 불구하고, 스타일의 체계는 사실 엉망이 아니다. 우리에게는 다양한 타입의 맥주를 논할 공통의 언어가 필요한데, 오늘날 스타일에 관한 논의가 지나치게 까다로운 감이 있기는 하나, 그렇다고 해서 엉망은 아니다. 한 가지 유의할 중요한 점은 **스타일은 항상 유동적**이라는 것이다. 스타일이라는 개념은 기술적인 것이지 규범적인 것이 아니다. 맥주의 긴 역사 가운데, 예를 하나 들자면 우리가 '포터'라 불러온 것들은 엄청나게 변화해왔다. 1750년의 포터는 도수가 높고 통에서 숙성한, 와인 같은 산미를 띤 갈색 맥주였다. 한 세기가 지나고 나니, 포터는 여전히 도수가 높고 산미가 강하지만 색상은 갈색에서 검은색으로 변했다. 한 세기가 더 지나자 포터는 여전히 검은색이지만 더 이상 센 맥주 축에 속하지 않게 됐고, 산미 대신 구운 듯한roasty 풍미를 지니게 됐다.

채 수십 년도 걸리지 않았다. 미국에서 크래프트 브루잉이 시작된 지 불과 30여 년 만에 스타일들은 확연하게 변화했다. 뉴 벨점New Belgium 브루잉 컴퍼니의 페터르 바우카르트가 아마도 완벽하게 맞아떨어지는 정의일 것이라며 다음과 같이 표현한 것도 같은 이유에서다. "스타일은 특정 시기의 특정 맥주 그룹에 대한 정의다." 스타일이라는 용어는 사용하되, 고정된 것으로 못 박지는 말자.

1만 년 동안 귀리맥주가
블랙 IPA로

태초에 귀리맥주가 있었다. 신기원, 즉 문명이 동트기 전 티그리스강과 유프라테스강 계곡의 수렵채집자들이 바야흐로 곡물에 막 흥미를 보이기 시작한 때였다. 이 수메르인 조상들은 곡물을 물에 푹 적시면 부드러워져서 묽은 귀리죽 같은 상태가 된다는 사실을 발견했다. 방식은 나날이 정교해져, 곡물을 으깨어 뜨거운 물에 적실 줄 알게 된다. 이 과정에서 곡물의 당분이 빠져나와 좀더 뻑뻑하고 단맛이 강한 죽 상태가 된다. 인류는 결정적 시점에 역사의 진로를 바꿔놓을 우연한 행운을 만나곤 했다. 어쩌면 한 십대 아이가 어수선한 동굴 구석에 따로 숨겨둔 귀리 한 그릇이 효모가 풍부한 공기에 노출된 채 하루나 이틀 밤 방치됐던 것인지도 모른다. 이 귀리는 뭉근하게 발효되어 살짝 술처럼 변했고—고고학자들은 이를 '귀리맥주gruel-beer'라 부른다—브루잉의 역사는 여기서 시작됐다.

다음으로 세 갈래의 이야기를 생각해보자. 한 갈래는 문명의 역사—인류는 어떻게 정착하고, 땅을 경작하고, 유일신 신앙을 찾고, 종국에는 아이폰을 발명하게 됐는가—이다. 두번째는 브루잉의 역사—인류는 어떻게 곡물을 발아시키고, 당화하

그린 킹 코로네이션 에일이 담겼던 이 맥주병의 모습은 그 나이를 짐작케 한다.

고, 홉을 첨가하고, 그러다 수천 년 뒤에는 급기야 효모의 존재까지 발견하게 됐을까—에 초점을 맞춘 좀더 좁은 분야의 이야기다. 세번째 갈래는 여러 민족과 맥주가 함께 진화해온 방식, 즉 맥주 스타일마다 그것을 브루잉한 민족의 특성이 어떻게 반영돼 있는가를 집중 조명한 이야기다.

물론, 우리가 선택할 필요는 없다. 세 가지 전부 맥주 이야기이고, 이는 문명의 새벽 이래 인류 역사의 일부분을 늘 차지해왔으니까. 맥주 이야기는 우리 문화 속에 단단히 수놓여왔다. 특정 스타일의 맥주를 하나둘 뽑기 시작하면, 그 맥주를 빚어낸 지역의 농업, 법, 전쟁, 기술에 관한 이야기가 수십 편씩 주렁주렁 딸려나온다. 스타우트는 왜 검은가? 메르첸märzen은 왜 달 이름(3월)인가? 람비크는 왜 시큼한가? 맥주 하나에 질문 하나만으로도 이야기가 쏟아질 테고, 그 전체 이야기가 바로 그 맥주를 만든 인류의 전기다.

맥주마다 사연이 있다

내 저장고에서 1936년산 코로네이션coronation 에일을 꺼내보자. 영국 브루어리 그린 킹Greene King이 에드워드 8세의 왕위 계승을 축하하고자 특별히 브루잉한 맥주다. 이는 드문 일이 아니다. 수 세기 동안 사람들은 축하용 맥주celebratory beer를 만들어왔으니까—예를 들어, '브라이덜bridal'이라는 단어는 앵글로색슨어의 브뤼드-에알로brýd-ealo('신부에일bride ale'이라는 뜻으로, 맥주뿐 아니라 실제 축하연을 지칭하기도 한다)에서

여름방학에는 역시 그린 킹의 연회용 오딧 에일이 제격이었다.

온 것이다. 그러나 알다시피 왕실 역사를 회상해보면 1936년의 대관식은 특이했다. 영영 거행되지 않았으니까. 에드워드는 즉위 325일 만에 대영제국과 북아일랜드 연합왕국 및 해외 영국령의 왕위, 그리고 인도 황제 자리에 계속 남아 있기보다 미국인 이혼녀 월리스 심슨과 결혼하겠다고 결심한다. 색이 어둡고 알코올 도수가 비교적 낮은 편에 속하는 이 맥주는 베리세인트에드먼즈의 저장고에 수십 년간 보관돼 있었다.

이 맥주는 당시 영국에 대해 어떤 이야기를 들려주는가? 사실, 상당히 많은 것을 말해준다. 지난 몇 세기 동안, 축하용 맥주는 맛이 풍부하고 알코올 도수가 높았을지 모른다. 영국 대학의 브루어리들에서는 연례시험의 종료를 축하하는 연회를 위한 '오딧audit*' 에일을 만들었다. (그린 킹도 그 브루어리 중 하나였다.) 그 이전에 귀족들은 서로 더 센 맥주를 경쟁적으로 만들었고, 출산이나 결혼을 축하하기 위해 맥주를 만

• 결산이라는 뜻

들기도 했다. 그러니 그린 킹이 미래의 왕을 위해 그런 맥주를 만들지 않을 이유가 어디 있었겠는가? 맥주는 수없이 변화해온 상태였다. 불과 30년 전만 하더라도 5%—이 맥주의 ABV—는 영국 내에서 찾아볼 수 있는 가장 낮은 도수의 맥주에 속했을 것이다. 빅토리아 시대부터 20세기 초까지 표준적인 알코올 도수는 6% 정도였고, 8%를 넘는 맥주가 수두룩했다(일반 버드와이저는 5% ABV다).

여기서 의문이 생긴다. 1936년 코로네이션 에일은 왜 그리 도수가 낮았을까? 제1차 세계대전 중, 영국 정부가 브루어리들이 사용할 수 있는 곡물의 양을 규제하면서 맥주 도수는 급격히 떨어졌다. 갑자기 3% ABV 미만의 맥주가 흔해졌다. 국가가 전후戰後의 수렁에서 빠져나오면서, 맥주 도수도 조금씩 올라갔고, 이때가 바로 그린 킹이 코로네이션 에일을 만들었던 시점이다. 그러다 곧 전쟁 기계가 유럽을 다시 갈아 넣기 시작했고, 맥주 도수는 다시 곤두박질치게 된다. 강제적 저도수 맥주의 시기가 길어지다보니, 영국인들은 저도수 맥주에 적합한 맛을 개발하게 됐다. 오늘날에도, 맥주는 제1차 세계대전 이전의 진한 느낌에는 한참 못 미친다. 축하용으로 만들어졌던 셀러브레이션 에일Celebration Ale의 변천이 군주들의 몰락과 연관돼 있다는 점은 흥미롭지만, 사실 모든 맥주는 저마다 사연이 있다.

아무리 보수적인 분류학자라도 맥주 스타일을 최소 수십 가지의 카테고리로 분류할 것이다. 스타일마다 독특한 사연이 있다. 귀리맥주로부터 코로네이션 에일까지 선을 그어 잇는

것은 가능하지만 귀리맥주와 필스너 우어크벨 Pilsner Urquell을 연결시키는 데는 전혀 다른 선이 필요하다. 기후, 법, 전쟁, 기술, 교역, 그리고 심지어는 종교에 이르기까지 수많은 요소가 맥주의 변천 과정을 이끌고 형성해왔다. 스타일들은 점차 진화하면서 변해왔고, 다른 스타일의 맥주에 영향을 미쳐왔으며, 수차례 쇠퇴하다 서서히 사라지기도 했다. 그러나 모든 스타일은 맥주 그 자체 못지않게 특수하고 독특한 조건들 때문에 등장했으며 오늘날까지도 진화를 거듭하고 있다. 지금부터 이어질 이야기는 그 진화 과정에 대한 개괄로, 문명이 어떻게 브루잉을 발전시켰는지, 각 스타일은 어디서부터 비롯되어 어떻게 진화했는지, 어떻게 오늘날까지 살아남았는지를 이해하는 첫걸음이 될 것이다.

맥주 대서사시

"땅 위에 놓인 몰트에 물을 붓는 자여……
닌카시, 항아리에 담긴 몰트를 적시는 자여.
물결이 일고, 물결이 잦아드네……
커다란 갈대 자리 위로 반죽을 펼치는 자여.
냉기가 덮쳐오네……
닌카시, 달콤한 맥아즙을 두 손으로 붙드는 자여."
— 닌카시 찬가, 기원전 1800년

"엔키두여, 음식을 먹어라, 그것이 살아가는 방식이니.
맥주를 마셔라, 그것이 이 땅의 관습이니.'
엔키두는 음식을 질릴 때까지 먹었네,
맥주도 마셨네, 일곱 주전자나 마셨네! 그리고 느긋해져서는 기쁨에 겨워 노래를 불렀다네!"
— 길가메시 서사시, 기원전 2500년경

고대 역사

이제 귀리맥주로 돌아가보자. 학자들은 대략 기원전 1만 년부터 8000년까지 사람들이 최초의 귀리맥주를 즐겼으리라고 본다. 비옥한 초승달 지대는 야생 곡물이 풍부했고, 사람들은 풀을 건드리는 것만으로도 씨앗을 여기저기 퍼뜨릴 수 있었다.

고고학자들은 고대의 브루어들이 이미 귀리맥주를 토기에서 토기로 옮겨 담는 것으로 기본적인 브루잉 과정을 발전시켰을 것이라 추정한다. 자기들도 모르는 사이 토기의 갈라지고 금간 곳에 사는 효모종들을 선별해 분리해낼 줄 알았던 셈이다. 귀리맥주는 발아되지 않은 곡물로 만들어져, 기껏해야 알코올 도수가 1-2%로 상당히 약했을 것이다.

기원전 4500년경부터는 마침내 우리가 오늘날 수메르인이라 부르는 유목민족이 정착했다. 급속한 인구 증가 때문일 수 있고, 새로 발명한 도구들을 들고 다니느라 피로가 누적된 탓이었을 수도 있다. 몇몇 열혈 맥주 애호가들은 계속 불어나는 인구로 인해 야생 씨앗에만 의존할 수 없게 된 데다 정기적으로 맥주도 공급해야 했기에 농업이 시작되었다고 주장하기도 한다. (고고학자들은 대개 빵을 만드는 것이 가장 큰 동기가 됐을 것으로 보는 편이다.)

맥주 브루잉에는 세 가지 혁명적 발견이 있었는데, 바로 곡물 몰팅, 홉 사용, 효모 작용이다. 첫 발견이자 가장 커다란 비약적 계기가 된 곡물 몰팅은 굉장히 일찍 시작된 탓에 기록이 남아 있지 않다. 어느 시점에서인가 인류는 발아

최초의 맥주 스타일들

맥주는 처음부터 여러 가지 다양한 스타일로 만들어졌다. 수메르에서 발견된 맥주 목록 가운데는 맥주를 숙성 기간, 색, 질, 만드는 방법에 따라 아주 세세히 나눈 목록도 있다. 밀 대신 스펠트밀만을 사용한 맥주가 있는가 하면, 밀을 많이 넣고 스펠트밀은 쓰지 않은 맥주도 있었다. 이집트에도 최소 17종의 맥주 타입이 있었고, 그중에는 '기쁨을 가져오는 맥주' '천국의 맥주' '수호자의 맥주' '진실의 맥주' 등 갖가지 상상을 불러일으키는 맥주들도 있었다(비록 신들을 위해 만들어진 맥주였지만).

된 곡물을 사용하면 발아되지 않은 곡물을 사용할 때보다 더 센 맥주를 만들 수 있다는 사실을 발견했다. 맥주에 관한 최초의 기록이 이루어질 당시 사람들은, 이미 상당히 발달된 브루잉 기법을 사용하고 있었다. 곡물을 발아시키고 가마에서 건조한 뒤 매싱mashing$^+$하여 맥주를 만들었다. 고문서의 기록에서 당시 수메르인들이 묘사한 내용을 보면 현대인의 시선으로 봐도 맥주라는 걸 쉽게 알 수 있다—훨씬 더 투박하기는 하나, 몰팅, 가마 건조, 매싱, 발효가 이루어진다는 점에서 오늘날과 별 차이가 없다.

수렵채집을 통해, 소규모 부족들은 여가 시간을 즐길 수 있을 만큼 넉넉한 식량을 확보할 수 있었고, 이로써 결과적으로는 상당히 민주적인 사회가 형성되었다. 식단은 다양하고 건강하게 꾸렸다. 이와는 대조적으로, 밭일은 굉장한 수고를 요하는 일이어서 매일 최대 5,000칼로리까지 소모됐다. 애쓴 보람도 없이, 식단은 전보다 덜 건강하고 덜 다양해졌다. 게다가 믿을 만한 종속 노동이 필요해졌기 때문에 사회계층화가 이루어졌다. 수메르인들은 이 같은 새로운 삶을 떠받치기 위해 빵으로 얻을 수 있는 것보다 더 많은 칼로리를 소모해야만 했다. 빵보다 더 에너지 밀도가 높은 맥주가 대량으로 소비됐고, 유아기만 벗어나면 수메르인들은 대부분 맥주를 마음껏 마셔댔다. 맥주가 농경이 시작된 유일한 이유는 아닐 수도 있지만, 적어도 농사를 지속할 수 있었던 주된 원인 중 하나였을 것이다. 물론 맥주의 마약 같은 효용들은 고된 일과 후 근육을 이완시켜주고 마음을 진정시키는 데 분명 도움이 됐을 것이다. 반란을 잠재우는 데도 물론.

비옥한 초승달 지대

수메르가 맥주를 개발한 유일한 문명은 아니었다. 전 세계 여러 초기 문화마다 경작을 시작한 직후부터 브루잉을 시작했다. 수메르인보다 한 발 늦기는 했으나, 이집트인 역시 일찍부터 맥주를 만든 것으로 가장 널리 알려져 있다. 기원전 5000년경부터 브루잉을 시작했다는 증거가 있으며, 기록은 기원전 3100년경부터다. 맥주는 이집트 문화의 중심과도 같아서, 일상 식단 어디에나 있었고, 신과 죽은 자들을 위한 제단에 바쳐지기도 했다. 이집트는 최초로 맥주에 세금을 매겼던 곳이며, 최초로 맥주를 수출했던 것으로 보인다.

이집트인들은 정교한 브루어리들을 운영했다. 밀과 보리를 발아시켜 햇볕에 말렸으며, 갈아서 2단계 매싱 시스템을 이용했다. 이들은 일찍이 혁신적인 시도를 했는데 그 가운데 하나가 대추야자와 석류를 첨가해 맥주에 맛을 더한 것이다. 브루잉은 삶 속에 녹아들어, 맥주가 지불수단의 한 형태로 기능했으며, 무덤 속 토기 그림에서도 알 수 있듯 사후세계에서까지 중요하게 여겨졌다.

다른 지역의 브루잉도 크게 다르지 않았다. 스코틀랜드에서도 이집트와 비슷한 시기부터 시작됐다. 최근 밝혀진 고고학적 증거에 따르면 몰팅과 브루잉 모두 기원전 4000년부터 2000년 사이에 있었다. 맥주에 꿀과 크랜베리, 다양한 야생 허브까지 첨가했던 스코틀랜드의 브루어들은 어쩌면 가장 과감한 브루어에 속할지도 모르겠다. 켈트족은 최소 기원전 700년경부터는 브루잉을 시작했으며, 곡물을 발아시키는 법을 익혔을 뿐만 아니라, 발아된 곡물을 가마에 건조하고 굽는 기법까지 발달시켰다. 향정신성 독성 약초인 사리풀을 첨가해 맥주에 풍미를 더하거나 더 독하게 만들었다. 오늘날 베를린에 해당하는 지역에서 학자들이 발견한 발전된 형태의 브루어리는 기원전 500년경까지 거슬러 올라간다.

아시아, 아프리카, 남아메리카

기원전 220년경 중국 황허강 유역에 정착했던 이들도 맥주를 만들었으나, 이들은 질소 함량이 낮은 토양과 씨름해야만 했다. (시기에 대해서는 의견이 분분하다. 일부 고고학자들은 이미 9000년 전 혹은 메소포타미아에서 가장 빨리 브루잉을 시작한 지역과 대략 비슷한 시기에 중국에서도 시작했다고 주장하기도 한다.) 이들이 선택한 곡물은 기장으로, 기장은 토양의 조건들을 견뎌내고 견과의 풍미가 나는 맥주를 탄생시

남아프리카의 전통 에일인 우트왈라utwala 맥주는 수천 년 전과 거의 동일한 방식으로 만들어진다. 별도로 판매 허가를 받지 않은 브루어리들이 각자 곡물(옥수수가 포함되기도 한다)을 발아시켜 이틀에 걸쳐 맥주를 만드는데, 밀가루를 물에 풀어 섞고 주기적으로 끓이는 방식이다. 단기간 발효 후 앙금이 가라앉고 음료가 우윳빛을 띠면 마셔도 된다.

켰다. 중국인들은 맥주에 허브를 첨가해 풍미를 더했는데, 이 지역 맥주가 너무 인기를 끈 탓에 급기야 지역 지도자들은 음주를 억제하는 법안을 통과시켜야 할 정도였다.

아프리카 사람들도 기장—그리고 수수—을 재배했다. 수수는 지금까지도 현지에서 맥주를 만들 때 사용되는 곡물이다. 수수가 처음 사용된 것은 기원전 400년경으로, 오늘날 탄자니아에 해당되는 지역인 빅토리아 호수 남쪽에서 시작되어, 농사 지을 새로운 땅을 찾는 반투족과 함께 점차 남쪽으로 퍼져나갔다. 사하라사막 이남의 아프리카에서는 그 뒤 수수를 이용해 브루

잉하는 방식이 전통이 되다시피 했다. 대량 유통되는 상업용 수수맥주와 더불어, 투박하게 손으로 직접 만드는 좀더 전통적인 종류의 맥주가 여전히 브루잉되어 지역 바에서 드래프트 맥주로 판매되고 있다.

오늘날 멕시코와 과테말라에 해당하는 지역에서는 기원전 150년경 마야인들이 옥수수로 맥주를 만들기 시작했다. 초기에 브루잉을 시작한 다른 사회와 마찬가지로, 마야인들 역시 처음에는 미지근한 물에 옥수숫가루를 더해 치차chicha라 불리는 도수 낮은 맥주를 만들었다. 그 뒤 좀더 놀라운 (동시에 조금 입맛 떨어지는) 방식의 전개가 이루어졌는데 바로 그 옥수수 반죽을 씹으면 더 높은 도수의 맥주가 된다는 사실을 발견한 것이었다. 입안에는 침 속의 아밀라아제 성분이 있는데, 이 효소가 전분을 당분으로 바꿔주기 때문이다. 마야인들은 초창기에 사용하던 고유한 방식을 계속 유지했다. 아프리카 지역의 수수맥주와 마찬가지로, 마야인들은 사라졌지만 치차는 살아남아 중남아메리카 지역에서 지금도 그 명맥을 이어가고 있다.

지금까지 살펴본 것은 주요 맥주 몇 가지에 불과하다. 전 지구의 인류는 오늘날 러시아, 스칸디나비아, 중부 유럽 등에 해당하는 곳곳—주요 산물이 곡물인 거의 대부분의 지역—에서 맥주를 만들었다. 초기에 만들어진 맥주 종류는 전적으로 현지에서 자라는 곡물에 좌우됐다. 밀, 보리, 기장, 수수, 옥수수는 각각 이집트, 수메르, 중국, 아프리카, 남아메리카 맥주를 규정했다. 러시아와 스칸디나비아에서는 제1의 물결* 이후에 브루잉이 시작됐지만, 이들 지역의 맥주 역시 그곳에서 나는 곡물, 즉 호밀을 원료로 만들어졌다.

처음 수천 년간 브루잉은 별다른 변화 없이 단조로웠다. 몰팅과 매싱을 알게 된 브루어들은 전통적인 방식대로 맥주를 계속 만들었다. 곧 각종 허브와 향신료를 첨가하면 맥주의 맛이 더 좋아진다는 것을 알게 됐고, 간혹 과일이나 꿀 같은 다른 당분을 넣어 개성을 더하기도 했다. 그러나 브루잉 과정은 대체로 사람들이 집안에서 소규모로 하는 수준에 그쳤고, 세대를 이어 동일한 방식으로 맥주를 만들었다.

더 커진 브루어리와 작은 혁신

유럽의 변화 속도는 이집트보다 느렸다. 맥주가 이집트 수준으로 체계화되는 데는 수세기가 걸렸고 마침내 근대적인 형태가 되기까지 또 수세기가 걸렸다. 최대 걸림돌은 지방분권화였다. 기원전 700년까지 맥주 브루잉은 집안에서 이루어지는 일이었고 상업적인 활동은 아니었다. 전문 브루어는 전무했고, 농부들은 그저 매년 되풀이하는 수많은 일 중 하나로 맥주를 만들곤 했다.

그리스도시대 한참 이전부터 중세시대가 본격적으로 펼쳐질 때까지 브루잉은 이런 식으로 지속됐다. 8세기 샤를마뉴대제 시대에는 수도원이 유럽 전역에 수백 곳이 있었고, 수도원의 삶은 529년경 작성된 「베네딕트 규칙서」라는 규약에 맞춰져 있었다. 「베네딕트 규칙서」는 영적

* 수렵채집 시대에서 농경 시대로의 혁명적 변화를 지칭

플랑드르의 유서 깊은 브루어리인 로덴바흐의 노동자들

고 권하기도 했다). 수도사들은 영적 수행의 일환으로 자립해야 했으므로 수도원은 대규모 농장을 관리하며 식량을 생산했고, 와인과 맥주도 만들었다. 뿐만 아니라, 규약에는 방문객을 환대하는 데 주력하라고 권하고 있다. 수도원에서는 수도사들의 갈증을 해소하는 동시에 방문객들을 융숭히 대접하기 위해 맥주를 만들었던 것이다. 수도사들은 보리밭을 책임지고 가꾸는 것에서부터 브루잉과 완성품의 소비에 이르기까지 생산의 모든 단계를 관장했다.

시간이 흐르자 수도원의 활약은 두드러졌다. 곡물을 재배하고 발아시켜 맥주를 브루잉하는 것은 자급자족의 규칙을 충실히 이행하는 일일 뿐 아니라(특히나 그 시대 식수 상태를 감안한다면) 수도사들이 만든 맥주는 손님 대접에서

수행과 수도원의 운영에 관한 일종의 소논문으로, 73장으로 구성돼 있다. 규칙서의 구체적 효과 가운데는 수도사의 자족감과 근면함도 있었다(이 규약은 수도사들에게 활기 넘치게 지내라

발달 이론으로 살펴보는 브루잉의 역사

브리티시컬럼비아대학의 역사학자 리처드 웅거는 저서 『중세와 르네상스 시대의 맥주Beer in the Middle Ages and the Renaissance』에서 발달 이론을 적용해 유럽 브루잉의 다양한 단계들을 이해하기 쉽게 설명했다. 첫 단계는 가내 생산이었다. 계절마다 임시 설비를 이용해 집에서 생산이 이루어지던 시기다. 기원전 곳곳에서 브루잉이 이루어지던 시절부터 기원후 8세기까지 수백 년간 이 관습이 이어졌다. 좀더 진화된 다음 단계에서도 역시 여전히 집에서 브루잉이 이루어졌지만, 좀더 숙련된 브루어들이 좀더 영구적인 설비를 갖추고 맥주를 만들어 전문적으로 거래하며 가계 수입의 일부를 충당하기 시작했다. 이 두 단계 동안 브루어는 여성이었고 브루잉 작업은 일종의 가사노동으로 여겨졌다. 여성들은 19세기까지 반¥상업적 상태로 집에서 맥주를 만들어왔는데, 훗날 남성 위주로 이뤄졌던 공식적인 상업 브루잉 이면에는 이 같은 여성의 노동이 그림자로서 존재했던 셈이다.

브루어들이 하루 종일 단독으로 돌리는 설비를 갖추자, 브루잉은 다음 단계로 접어들었다. 숙련된 장인들이 자원과 노동력을 공유하면서 도시화가 시작된 이 시기에 전면 상업화가 최초로 이루어졌다. 브루잉이 어느 정도 사회적 지위를 획득하게 된 시기이기도 했다―물론 남성들이 개입해 여성들의 자리를 차지해버린 순간이기도 하다. 마지막 단계는 제조 단계로, 브루어리들은 엄청난 양의 맥주를 생산하여 유통 심지어는 수출까지 할 수 있는 대기업으로 변모했다.

한 가지 유념할 사항은 이 단계들이 연속적이지는 않았다는 것이다. 앞으로 건너뛰거나 중첩되기도 하고 때로는 전 단계로 돌아가기도 했다. 수 킬로미터 떨어진 시골 지역 농가에서 맥주 생산이 이루어지는 동안, 어느 소도시에서는 상업적인 제조가 시작됐을 수 있다. 홈브루잉의 선풍적 인기와 최근의 나노브루잉nanobrewing 현상 등을 볼 때 앞선 모든 단계들이 현대에 다시 활성화됐다는 점은 흥미롭다.

빠뜨릴 수 없는 요소이기도 했다. 아직 남아 있는 어느 스위스 브루어리 겸 수도원의 옛 사진들을 바탕으로 짐작해보면, 수도원들 가운데는 연간 1,000배럴 이상의 맥주를 생산하는 곳도 있었던 것 같다. 농가의 브루어리 기준으로는 상당히 커진 규모였다. 수도원에서 이 정도 규모로, 맛도 좋은 맥주를 만들려면 장비나 방법을 기술적으로 향상시켜야 했다. 규모가 크고 생산량이 많은 수도원들은 평범한 농부들에 비해 더 품질이 좋고 더 맛이 일정한 맥주를 만들 수 있었다. 전성기에는 유럽 전역에 걸쳐 600개의 수도원에서 맥주를 만들었다. 이는 수세기 동안의 브루잉 역사에서 첫 진일보였다.

수많은 사회적 힘들이 상호교차하며 작용하는 가운데, 우리 역사에서 다른 많은 요소들 못지않게 맥주 역시 중요한 역할을 담당했다. 10세기 말경에는 맥주 제조 방식이 법에 좌우되기 시작했다. 신성로마제국은 브루어리에 세금을 부과하기 위해 독창적인 계획을 세웠다. 수천 년간 브루어들은 맥주에 각종 허브와 향신료—그루이트gruit*—를 으깨어 넣어왔다. 당국의 새로운 계획에 따라, 브루잉에 쓰이는 향신료의 판매 권한을 정부가 보유하게 됐는데 이는 사실상 과세였다. 오토 2세는 충성하는 귀족들에게, 심지어 소도시들에 징세 권한을 부여하기 시작했는데 이것이 바로 '그루이트'라는 단어가 도입된 맥락이다. 그루이트를 공급할 권한은 '그루이트레히트gruitrecht*'라 불렸다. 물 사용권과 마찬가지로, 그루이트 공급권을 한번 얻은 사

• 그루이트의 권리라는 의미

> ### 그루이트 맥주
>
> 맥주에 첨가할 수 있는 향이나 맛을 상상해보자. 그 모든 것의 출발점은 핀란드 전통 맥주 사흐티sahti에 들어간 노간주나무와 스코틀랜드 에일의 헤더heather*였다. (멈mum이라는 옛날 잉글랜드 맥주를 만드는 재료 가운데는 전나무 안쪽 껍질도 있다. 이상하게 느껴질지 모르겠지만 이 맥주는 맛있다!) 그러나 중세 유럽의 그루이트 하우스들이 사용 가능하다고 여겼던 향신료의 범위는 이보다 좁았다. 주로 언급된 것들로는 야생 로즈마리, 월계수잎, 들버드나무 그리고 오늘날까지도 야생 홉field hop으로 불리는 서양톱풀 등이 있다. 주요 재료 이외에도 그루이트는 맛을 내기 위해 다른 향신료들을 얼마든지 사용할 수 있다. 몇 가지만 대자면 생강, 쿠민, 스타아니스, 마저럼, 민트, 세이지 등이다. 월계수나 오리나무 껍질 같은 기타 재료들은 방부제로 첨가하기도 했다. 배합 비율은 그루이터의 재량이었고, 그루이터마다 각자 나름의 레시피를 조심스레 지켜나갔다.
>
> • 스코틀랜드 지역 야생화

람은 다른 이에게 해당 권한을 대여할 수 있었다. 그루이터gruiter들은 각자 나름의 그루이트 혼합 레시피를 가지고 있었고 브루어들은 법에 따라 이들로부터 각종 향신료를 살 수밖에 없었다. 해당 법은 다섯 세기 이상 —홉의 시대(필연적으로 홉 세稅hoppegeld가 부과되기 시작된 때)로 들어선 뒤로도 한참 동안— 존속됐다. 그 뒤 수세기 동안 맥주의 풍미는 직접 브루잉을 하지도 않는 중개인들 손에 좌우지됐는데, 이는 모두 지방 정부의 활동을 지원하는 계획의 일환이었다.

상업적 브루잉

상업적 브루잉은 11세기, 사람들이 농장을 떠나 소도시로 이주하면서 시작됐다. 여전히 농촌에서는 가내 제조를 계속했지만, 일부 브루어들은 이미 맥주를 특화하여 지역사회에서 판매하기 시작한 상태였다. 여러 소도시에서는 전문화가 점점 더 빨라졌고, 독자적인 브루어리들이 등장했다. 수도원의 브루어들과 마찬가지로 상업적 브루어리들은 (물론 이들 역시 그루이트레히트 관할하에 있기는 했으나) 일관된 맛의 맥주를 좀더 숙련된 솜씨로 만들어냈고, 점점 규모를 확대하여 소도시 주변과 해당 지역에서 유통을 시작했다.

7세기 말 또는 8세기 초 즈음, 사람들은 브루잉에 변화를 가져올 두번째 획기적인 발견을 했으니, 그것은 바로 홉을 맥주의 향신료로 사용할 수 있다는 것이었다. 누군가가 홉을 맥주에 넣을 생각을 하기 한참 이전부터 사람들은 이미 홉을 알고 있었으므로, 이는 굉장히 중요한 발견이다. 잘 알려져 있다시피, 로마의 박물학자 대大 플리니우스가 78년경 『박물지 Naturalis Historia』에서 홉에 대해 언급했지만 단순히 홉의 강렬한 맛을 언급했을 뿐이다(재치 있게 '프랑스풍 아스파라거스'라 표현했다). 맥주에 홉을 더했다는 확실한 언급은 프랑스 코르비 출신의 수도원장 아달하르도가 822년에 쓴 글에서 등장한다. 관련 내용은 조금 복잡했으나, 아달하르도는 홉이 맥주에 사용됐음을 명료하게 언급하고 있다. 그런데 역사적 기록에는 희한한 공백이 남아 있다. 아달하르도가 홉에 대해 기록한 이후 다음 300년간 모든 문서에서 홉은 자취를 감춰버린 듯 보인다. 그러다 20세기 들어 당당히 재등장했으나, 그사이는 블랙홀로 남아 있다. 그동안 브루잉은 조금씩 더딘 속도로 진일보했다. 농가 브루어리들이 여전히 주를 이루었으나, 도시에서는 상업적인 브루어리들도 점차 흔해졌다.

홉의 발견은 맥주 맛이 더 좋아진 것 이상의 의미가 있었다. 베네딕트회 수녀원장이었던 빙겐의 힐데가르트가 지적했듯이, 홉은 맥주에

홉의 대모, 빙겐의 힐데가르트

홉 하면 보통 떠오르는 두 이름은 대 플리니우스와 빙겐의 힐데가르트다. 대 플리니우스는 홉을 발견한 공로가 있고, 힐데가르트는 맥주에 홉을 사용하는 것을 처음으로 언급한 사람이다. 대 플리니우스의 공로는 이 이야기를 한층 복잡하게 만든다. 그는 이 식물을 가리켜 루푸스 살릭타리우스 lupus salictarius—'버드나무의 늑대'—라고 했는데, 홉을 말한 것인지 분명치 않기 때문이다. 만일 홉에 대한 이야기였다면, 대 플리니우스가 홉에 대해 최초로 언급한 인물이 맞는다. 힐데가르트의 공로는 좀더 분명하다. 빙겐 근처의 성 루페르츠베르크의 수녀원장이었던 그는 오늘날까지도 학계의 관심 대상으로 남아 있을 만큼 유명한 신비주의자였다. 술 만드는 성인이라니 상상이 잘 안 된다. 그러나 그는 실제로 자연세계를 연구한 고전 『신성한 자연학 Physica Sacra』(영어번역본이 여전히 출간되고 있다)에서 홉에 관해 썼다. 이 책에는 브루잉에 관한 언급도 있고 음료(맥주를 지칭하는 것으로 추정된다)의 "부패를 방지"한다는 정보도 담겨 있다. 다 좋은데, 당연히 아달하르도에게 선수를 뺏겼다. 아달하르도는 힐데가르트가 『신성한 자연학』을 쓰기 300년 전에 이미 글에서 홉에 대해 언급했으니까.

방부제 역할을 하여 두 가지 중요한 효과를 거두었다. 홉 덕분에 브루어리들은 각자 레시피를 가지고 더 센 맥주를 만드는 등 다양한 시도를 해볼 수 있었다(홉이 없으면, 도수가 높은 맥주는 숙성이 되기도 전에 식초로 변해버린다). 더 중요한 효과는, 맛이 수일 이상 유지될 수 있었기에 운반이 가능해졌다는 것이다. 홉이 발견되기 전만 해도 맥주는 제조되는 지역에 꼼짝없이 발이 묶여 있었다. 홉이 사용되면서부터 맥주는 대륙을 횡단하기 시작하여 먼 곳의 브루어들과 그들이 만드는 맥주에 영향을 미쳤다. 이 모든 일이 하룻밤 사이에 일어난 것은 아니다—결코 그렇지 않다. 사람들은 홉의 낯선 씁쓸한 맛을 바로 받아들이지 못했고, 홉이 표준적인 재료가 되기까지는 수세기가 걸렸다. 그러나 홉의 사용은 오염이나 부패와 싸우는 과정에서 혁신적인 변화였고, 어느 지역에서든 일단 홉이 들어오면, 다시 사라지는 일은 없었다. 11세기 이후로는 홉 없이 만드는 맥주는 거의 없어졌고, 그로부터 1,000년 뒤 홉을 쓰지 않은 맥주는 찾아볼 수 없게 됐다.

교역의 시대

홉은 알고 보니 맥주를 상업적인 공룡으로 탈바꿈시킨 일종의 '킬러 앱'이었다. 첫번째 성공은 1200년경 브레멘에서 시작됐다. 오늘날 독일 북서부 지역에 해당하는 브레멘은 한자동맹의 일원인 도시였다. 북해로부터 베저강을 따라 배로 조금만 내려가면 나오는 이 도시는, 홉이 지닌 방부제 같은 특성을 이용해 맥주 수출을 시작

했다. 브레멘은 북유럽 전역에 맥주를 실어나르기에 최적의 위치였기 때문에 이곳의 맥주는 네덜란드, 발트삼국, 스칸디나비아로 퍼져나갔고, 세계 최초로 국제적인 맥주가 됐다. 경쟁자였던 함부르크는 1300년대 들어서야 마침내 한자동맹의 파트너이기도 한 브레멘을 앞질렀다.

브레멘이 맥주를 얼마나 잘 보존하는지 지켜본 다른 브루어들 역시 곧 홉을 사용하기 시작했다. 비록 수십 년이 걸리긴 했지만, 상대적으로 보자면 전환 속도는 매우 빨랐다. 그루이트에 대한 당국의 제재와 지역마다 천차만별인 입맛도 문제였지만, 브루어리들 역시 이 새로운 허브를 어떻게 사용해야 할지 잘 몰랐고 독일의 브루어리들은 당연히 자신만이 아는 방법을 알려주려 하지 않았다. 잉글랜드는 홉을 가장 나중에 받아들인 나라로, 가장 강하게 거부감을 보였

그루이트 맥주는 끓여서 만들었을까?

맥주는 중세 암흑기*에는 학문적으로 연구할 가치가 없는 대상으로 여겨졌고, 당시 어떻게 제조됐는지에 관한 정보도 거의 없다. 한 가지 궁금한 점은 홉이 발견되기 전에도 브루어들은 굳이 맥아즙을 끓였을까 하는 것이다. 끓였다면 왜 그랬을까? 박테리아 번식이 억제되는 이점을 활용하려면 홉을 끓일 필요가 있지만, 발효 가능한 맥아즙을 만들기 위해서는 끓일 필요가 없다. 그렇다면 초창기 브루어리들은 왜 굳이 시간과 돈을 들여 땔감 나무까지 구해가며 꼭 필요하지도 않은 끓이는 과정을 감수했던 것일까? 맥아즙을 끓여 그루이트로부터 좀더 풍미를 추출해내고자 했다 하더라도, 그토록 오래 끓일 필요는 전혀 없었을 텐데 말이다.

* 로마 제국 말기부터 서기 1000년경까지의 기간으로, 봉건제와 교회의 속박으로 학문과 예술이 쇠퇴했다.

던 곳 중 하나지만(일부 지방 관료들은 에일에 홉을 넣는 것을 금지시키기까지 했다), 1700년대 초에는 영국도 이미 홉에 점령당했다. 그루이트의 시대는 끝났다.

홉을 넣은 맥주가 먼 곳의 시장에 진입하자, 상업적 브루잉은 전성기를 맞았다. 상대적으로 규모가 더 큰 독일 브루어리들은 1300년대 당시 연간 1,000배럴 이상을 생산하고 있었다. 가장 잘 나가는 업자를 기준으로 두 배 이상 커진 규모였다. 다양한 시장에 맞춰 다양한 스타일의 맥주를 만들어 배마다 오직 맥주만을 가득 실어보냈다. 브루잉은 이미 대규모 사업이 된 지 오래였고, 브루어들은 유력 인사가 됐다. 규모가 커진 시스템을 이용해 효율적인 생산이 가능해지자, 덩치 큰 브루어리들은 소규모 브루어리들에 비해 맥주를 더 싼 값에 만들 수 있었다. 당국에 실력을 행사할 수 있게 된 이 거물들은 (자신들에게 유리한 방향으로) 세금 제도에 영향력을 행사하고 규모의 이점을 이용해 작은 브루어리들에게 인수합병의 압박을 가했다. 오늘날 거대 브루어리들의 영향력에 대한 경계심과 비슷해 보일 수도 있겠지만, 그 당시에도 이미 소규모 브루어들은 경고하고 나섰다. 시간이 흐르면서, 유럽의 전통적인 와인 경계선은 맥주의 성공으로 인해 더 남쪽으로 밀려 내려갔고, 플랑드르 지역과 독일 남부에서 맥주가 완전히 자리잡게 되자 그 모든 우려와 불안은 더 고조됐다.

중세 말기 즈음 맥주는 초창기와는 상당히 달라져 있었다. 홉이 발견되기 이전의 맥주는 도수가 낮고 단맛이 있었으며, 빨리 변질됐다. 향신료는 풍미를 더 좋게 했지만, 그 특유의 스파이시한 쓴맛 때문에 홉처럼 제대로 균형을 잡아주는 역할을 하지는 못했다. 홉에 완전히 익숙해진 브루어들은 이제 변질되지 않고 오래가는, 좀더 도수가 높고 일관된 맛을 내는 맥주를 만들기 시작했다. 대신 맥주는 전혀 다른 특성을 띠게 됐고, 단맛은 더 이상 맥주를 대표하는 특징이 아니었다. 여전히 지역마다 스타일의 차이는 컸으나, 맥주의 성질은 완전히 바뀌었다. 홉은 이미 맥주를 규정하는 본질적인 풍미로 자리잡았다.

산업화

홉은 비교적 활발히 수용되었지만, 절대적으로 보면 이후 수백 년에 걸친 진화의 속도는 상당히 느린 편이었다. 헤치고 나아가야 할 중세 암흑기가 있었고, 십자군 전쟁을 비롯한 끝없는 전쟁들, 전염병이 있었다. 그러나 상황은 변하기 시작했다. 1700년부터 1800년대 말 사이, 투박한 수제 음료였던 맥주가 화학적으로 안정되고 철저히 정제된 공산품으로 변모되는 대혁신의 시대가 도래했다. 홉 혁명이 만개하기까지는 수백 년이 걸렸지만, 산업화는 불과 110년이라는, 깜짝 놀랄 만큼 짧은 기간에 일어났다.

18세기 초부터 영국은 한자동맹이 중단되자 그 자리를 이어받아 세계의 대표적인 맥주 수출국이 됐다. 브루어리들은 홉을 많이 첨가한 도수 높은 맥주를 만들기 시작했다. 버턴Burton이라 불린 이 맥주는 캐스크cask* 안에서 수년간 변질 없이 맛이 유지되었으므로 바다를 건너

* 맥주를 숙성시키는 통

기술 혁명

온도계를 이용하기 시작한 1760년대부터 냉각이 시작된 1870년대 사이 약 110년은 브루잉 기술에서 대단한 혁신—이전 8,000년간 이뤄진 모든 진보를 훨씬 능가하는 혁신—의 시기였다. 이 시기가 끝날 무렵 브루잉은 이미 근대 산업으로 자리잡았고, 이후에는 미미한 변화만 있었을 뿐이다. 당시의 주요 발명과 발견 목록 그리고 그로 인한 브루잉의 변화 과정을 살펴보자.

- **온도계** 1760년대부터 사용되었다. 온도계를 쓰기 전까지 브루어리에서는 매시* 온도를 매번 동일하게 맞출 길이 없었고, 맨손으로 액체의 온도를 재거나 증기의 양으로 가늠할 수밖에 없었다. 잘 만든 맥주와 실패한 맥주가 단 몇 도 차이로 갈렸다.

- **비중계** 1780년부터 사용되었다. 비중계를 쓰게 되자 브루어는 맥아즙이든 완성된 맥주든 용액에 설탕을 얼마나 녹여 넣을지 판단할 수 있게 됐다. 비중계는 브루어리가 작업의 효율을 판단하고 제조 기법을 개선하는 도구가 됐다. 그러나 동시에 브루어리들이 맥주를 만드는 방식도 변화시켰다. 가령, 비중계 덕분에 런던 브루어리들은 포터를 만드는 과정에서 브라운 몰트가 얼마나 형편없는지 알게 됐고 맥아 가루에 페일 몰트˚를 넣어 매싱 및 발효 과정을 개선했다.

- **증기력** 1785년부터 사용되었다. 산업혁명 전에, 브루어리들은 물, 곡물, 배럴 통 등을 사람이나 말의 힘으로 옮겨야 했다. 본래 브루어들은 비용 절감 수단으로서 증기력을 활용했지만, 덕분에 매년 훨씬 많은 양의 맥주를 생산할 수 있다는 사실을 곧 깨달았다. 처음으로, 지역 내에서 판매가 가능한 양에 더 이상 얽매일 필요가 없어진 것이다. 산업 규모의 브루어리들이 세계 각지로 운송 가능한 포터를 대량생산하기 시작하면서 국제 시장이 형성됐다. 스타일은 이제 장소에 얽매이지 않게 되었다.

- **온도 조절** 1800년대부터 가능해졌다. 브루잉 역사 전반에 걸쳐 여름의 열기는 맥주를 냉각하고 발효하는 데 치명적이었다. 영국에서는, 브루어리들이 맥아즙의 온도를 냉수로 조절하는(온도를 낮추는) 방법을 터득했다. 냉수로 가득 찬 큰 파이프 안에 내장된 작은 파이프 속으로 뜨거운 맥아즙을 통과시켜 몇 분 만에 발효 온도로 낮추고 끓인 직후에는 효모를 첨가했다.

- **스파징 sparging** 1780년대부터 1850년대까지 사용되었다. 매싱 과정이 끝나갈 즈음 곡물층 grain bed에 물을 뿌려 맥아즙에 물을 흘려보내고 몰트를 헹궈냈는데, 이는 현대에도 사용되는 스파징 공정이다. 19세기 중반까지도 브루어리에서는 같은 곡물층에서 수차례 매싱을 해 약한 맥아즙을 계속 뽑아냈다. 시간이 많이 드는 이 고된 과정은 스파징이 도입되면서 많이 간소화됐다.

- **효모에 관한 파스퇴르의 논문** 1857년에 발표되었다. 파스퇴르의 연구 이전에도 브루어들은 수세기 동안 효모의 메커니즘에 대해 이해해왔지만, 맥주가 왜 신맛을 띠게 되는지는 이해하지 못했다. 파스퇴르는 맥주가 어떻게 발효되는지 밝혔을 뿐 아니라, 라거가 유독 부패 문제가 적은 이유도 지적했다. 파스퇴르가 브루잉에 미친 영향은 뚜렷하고 직접적이다. 파스퇴르가 논문을 발표하기 전만 해도 모든 맥주 중 소수에 해당했던 라거는 불과 수십 년 만에 전 세계 시장을 지배하게 된다.

- **냉장** 1870년대부터 가능해졌다. 열기는 늘 맥주의 가장 큰 적이었다. 브루어리들은 온도 조절을 통해 열기를 관리할 수 있게 됐고, 파스퇴르는 온도 관리가 왜 중요한지 설명해냈다. 냉장 시스템의 도입으로 브루어리는 온도를 한층 더 철저하게 관리할 수 있게 되었고, 더 이상 추운 날씨나 지하실, 얼음 덩어리에 의존할 필요가 없어졌다.

˚ 비교적 저온에서 건조하여 색이 옅은 몰트

벨기에 로슈포르Rochefort의 구리 그랜트+. 그랜트 덕분에 브루어들은 맥아즙의 투명도를 모니터링하고 유속을 통제할 수 있었으며, 라우터링lautering+ 중에 진공 상태가 되는 것을 막을 수 있었다. 아직도 그랜트를 쓰는 현대식 브루어리는 체코 지역을 제외하고는 거의 남아 있지 않다.

는 긴 여정에도 매우 적합했다. 그 뒤를 이어 포터가 등장했는데, 이 역시 장기간 품질이 유지되도록 만든 도수 높은 맥주였다. 맥주는 대영제국을 지탱하던 운송 네트워크를 통해 전 세계 각지—아시아, 러시아, 호주, 북아메리카—로 운반되었다.

수출 시장이 성장하자, 맥주를 공급하는 런던 및 버턴어폰트렌트(이하 버턴) 브루어리도 함께 성장했다. 1300년대의 어느 대형 브루어리는 연간 2,000배럴을 생산하기도 했다. 1700년대 중반 즈음에는 런던 소재 몇몇 브루어리들이 50,000배럴 이상을 만들었다. 이는 증기기관이 촉발한 산업혁명이 본격화되기도 전이었다. 기술 혁신에서 다른 나라들보다 한참 앞서 있던 영국은 이런 성공과 명성을 만끽했다. 영국의 브루어리들은 온도계, 비중계, 증기력, 냉장 기술 등을 최초로 도입했다. 이 새로운 기술들은 각각 브루잉 방식에 혁신을 가져왔고, 그 결과 더 일정하게 안정적인 맥주를 만들 수 있었다. 결국 더 큰 브루어리들은 더 확장되었다. 이로 인해 영국은 당시 형성 중이던 세계 시장에서 엄청나게 유리한 고지에 서게 됐다. 포터는 전 세계적 현상이 됐고 진정한 의미로 최초의 현대적 맥주이기도 했다. 포터 이후, 색이 밝은 페일 맥주가 강세를 띠었고, 포터와 마찬가지로 해외시장에 파고들어 타 지역 브루어들에게도 영향을 미치기 시작했다.

그다음 등장한 국제적인 스타일인 필스너는 실제로 페일이었다—그러나 기술적으로 브루잉의 계보는 달랐다. 라거링lagering+ 방식은 바이에른 지방에서 진화를 거듭해온 상태였다—확실히 아는 사람은 아무도 없는 것 같지만. 온도 조절을 통해 온도를 통제해보려는 영국 브루어들의 노력과 마찬가지로 라거링, 즉 맥주를 저온 발효한 뒤 몇 주 또는 몇 달 동안 저온 숙성시키는 과정을 통해 바이에른 지방의 브루어리들은 신맛을 돌게 하는 유기체들을 완전히 통제하는 방법을 터득했다. 아마도 1400년대부터 시작됐을 라거링은 브루어리들이 발효 과정에 점점 더 숙련되어가는 것과 동시에 아주 천천히 발달했다. 당시 브루어들은 그들이 기르는 효모종이 온도가 낮은 환경에서 더 활발하게 작용한다는 사실은 깨닫지 못했다.

각 지역마다 브루잉 기법은 조금씩 달랐고, 19세기 중반까지 라거링은 보헤미아 및 바이에른 지역의 별종에 불과했다. 이들 지역의 맥주는 대체로 색이 어두웠고 지역 내에서만 인기가

초기 증기기관이 영국 버턴 시의 내셔널 브루어리 센터에 전시돼 있다.

있었다. 그러나 1842년 요제프 그롤(바이에른 출신이다)이라는 브루어가 라거 기술을 활용해 보헤미아 플젠의 시립 브루어리에서 색이 밝은 스파클링 맥주를 생산하기 시작했다. 수십 년이 채 지나지 않아 필스너는 각국의 모든 기존 스타일을 아류처럼 보이게 만들어버린다. 한 가지 맥주 스타일이 표준으로 자리매김하기에 완벽한 시점이었다. 기술 진보로 대량 생산과 (선박 및 최신 철도를 이용한) 유통이 가능해졌고, 냉장 기술은 맥주의 부패를 방지하는 동시에 홉의 풍미나 아로마 같은 좀더 섬세한 특질이 열기에 망가지는 것까지도 막을 수 있었다.

그러나 무엇보다도 필스너는 라거였다. 여기에는 중요한 의미가 있는데, 그롤이 첫번째 맥주를 만들고 15년 뒤 루이 파스퇴르가 효모 과학에 관한 연구 결과를 발표하면서 브루잉 과정에서 효모의 역할이 밝혀졌기 때문이다. 그는 좋은 맥주에 어떻게 나쁜 일이 벌어지는지 설명했으며, 해로운 미생물들의 작용을 라거링이 억제할 수 있다는 사실에 매우 기뻐했다.

맥주를 완전히 바꿔놓은 획기적인 세 가지 발견 가운데 마지막이 바로 이것이다. 일단 효모에 대해 이해하게 된 브루어리들은 순수 효모종을 생산하는 작업에 돌입했다. 20세기에 들어서

이 오래된 팜비어 배달 트럭처럼, 자동차는 20세기 초 벨기에 브루잉을 현대화하는 한 축이었다.

역을 제외한 거의 모든 곳의 맥주에서 신맛은 사라졌다.

전쟁, 금주, 합병

초기 수메르인들의 귀리맥주가 담긴 근사한 사발로부터 1만 년 이상이 지났다. 역사의 99%는 글로 쓰여 있다. 그럼에도 불구하고 20세기 이후의 맥주를 연구해보면 엄청나게 다양한 스타일이 드러난다. 라거는 상승세를 탄 지 오래였지만, 영국, 벨기에, 프랑스에는 거의 영향을 미치지 못했다. 현지의 전통 및 기호가 맥주 스타일을 크게 좌우했다. 기록되지 않은 역사의 마지막 1%는 실로 다사다난했다.

19세기 중반 이후로 시작된 합병은 사그라들 줄 몰랐다. 런던은 18세기에 최초로 등장한 산업적 브루어리들의 본고장이었지만, 증기력을 비롯한 여러 기술적 진보 덕분에 금세 다른 나라들의 추격을 받게 됐다. 일단 맥주를 대량으로 생산하는 데 익숙해진 브루어리들은 시장 점유를 늘려갔다. 대형 브루어리들은 효율이 떨어지는 시골 브루어리들에 비해 좀더 싼 값에 맥주를 만들 수 있었고 이들이 만드는 맥주는 대개 품질도 더 좋고 더 일관된 맛을 유지했다. 인구가 증가해도 시장의 맥주 수요는 여전히 한정돼 있었고, 사람들은 전국 각지의 좀더 전문적인 브루어리들로 향하기 시작했다. 20세기로 들어설 즈음 영국에는 4,000개가 넘는 브루어리들이 있었지만 이 수는 1970년대 중반까지 142개로 줄어든다.

그 밖에 다른 변화가 전혀 없었다면, 20세

면서 영국 에일에서 아주 흔한 야생효모종을 발견한 닐스 옐테 클라우센은 이 효모종에 국가명을 따서 '브레타노미세스'라는 이름을 붙였다—그러나 영국 브루어리들은 곧 맥주에서 야생 박테리아와 효모를 제거하게 된다. 시큼한 맥주를 즐겨 마시던 벨기에에서는 변화의 속도가 느렸다. 하지만 20세기 중반에 접어들면서 신맛 나는 에일은 서서히 사라져 소수가 된다. 한편, 아시아 및 아메리카 대륙 전역에 독일 맥주가 진출하면서 라거 브루잉이 전 세계로 확산됐다. 브루어리들이 순수한 효모 배양물을 다루게 되기 전에는 맥주의 특성은 늘 신맛을 돌게 하는 유기체들의 위협을 받았고, 대부분의 에일은 조금씩 산미가 있었다. 브루어리들이 야생 발효에 대해 잘 알게 된 뒤로는 독일 북부 및 벨기에 일부 지

영국 세인스베리 슈퍼마켓에서 판매하는, 자체 브랜드 비터 같은 저가 맥주들은 펍과 진짜 에일 맥주 들을 위협하고 있다.

기는 연이은 합병의 시대였을 것이다. 전력망이 작동하고 냉장 트럭이 고속도로를 달리며, 덕분에 그 어느 때보다도 덩치 큰 브루어리들이 맥주를 점점 더 많이 만들게 됐으니까. 그러나 여러 가지 변화가 있었다―그것도 대대적으로.

현대 역사를 바꿔놓은 두 사건―제1차, 제2차 세계대전―은 유럽 전역의 맥주도 바꿔놓았다. 제1차 세계대전의 참호들은 프랑스 북부와 벨기에 서부의 브루잉 지역들의 심장을 가로질렀다. 독일이라는 전쟁 기계는 브루어리들을 해체시켜버렸고, 프랑스의 경우 대부분 복구되지 못했다. 제2차 세계대전을 거치며 도시들은―브루어리들도― 전부 폐허가 되어버렸다. 물리적 파괴에 그친 것이 아니었다. 수년간 지속된 전쟁을 겪어내던 유럽 각국 정부는 브루잉에 사용 가능한 곡물의 양을 제한했고, 이로써 전통적인 맥주 역시 대부분 파괴됐다. 1940년대 말, 세상에는 훨씬 적은 수의 소규모 가족 브루어리들만이 살아남았고, 수십 종의 전통적 맥주 스타일도 사라져버렸다.

미국의 맥주

북아메리카가 맥주를 처음 접한 것은 400년 전이었다. 맥주는 영국 선박의 배에 실려, 대서양을 횡단하는 기나긴 여정에서 괴혈병을 견디게 하는 강장제 역할을 했다. 식민지 개척자들은 고국에서 가져온 이 사랑스러운 갈색 술을 좋아했고, 이는 수십 년간 맥주의 원형으로서 계속 남게 된다. 새로 정착한 이들은 곧 버지니아나 뉴잉글랜드 식민지에서는 보리가 잘 자라지 않는다는 사실을 깨닫게 됐다. 버지니아 사람들은 옥수수, 감자, 감, 당밀 등 발효가 가능해 보이는 것은 무엇이든 가지고 맥주 비슷한 음료를 만들었던 것으로 보인다.

이들 두 식민지 사이에서 그나마 좀더 운이 좋은 또 다른 집단도 있었다. 네덜란드 출신 이민자들은 뉴암스테르담(오늘날 우리는 그곳을 뉴욕이라 부른다)에 정착하여 1612년 맨해튼에 최초의 브루어리들 여러 곳을 설립했다. 필라델피아와 볼티모어에도 브루어리들이 뒤이어 등장했다. 이 브루어리들 가운데 일부는 성공을 거두었고, 적어도 이곳에서 생산된 맥주 맛은 그럭저럭 괜찮았던 것 같다. 여전히 영국산 에일이 월등히 낫다고 다들 인정하기는 했지만.

북아메리카 지역에 유럽인들이 살게 된 첫 수십 년간 최고의 맥주는 배로 도착하는 것들이었다. 영국인들은 그곳의 식민지 개척자들에게 엄청난 양―인도나 발트해 국가로 보내는 양보다 훨씬 많은―의 맥주를 실어보냈다. 그럼에도 불구하고 수입량은 충분하지 않았다. 조지 워싱턴 같은 지역 브루어들은 가족과 하인들 먹을 맥주를 집에서 제조했다―영국에서부터 이어진

조지 워싱턴의 '스몰 비어' 레시피

식민지 시대의 미국에서는 브루잉이 그리 간단한 일이 아니었다. 그 증거로, 너그럽게 '맥주'라 봐줄 만한 어떤 물질의 하우스 레시피를 가지고 있었던 국부 조지 워싱턴부터 살펴보자. 아래 글은 원문 그대로 인용한 것으로, 특이한 구두점과 대문자 표기까지 워싱턴이 썼던 그대로다.

스몰 비어 만드는 법
입맛에 따라 커다란 체에 브랜bran 홉bran hop을 가득 채우고 세 시간 동안 끓인다. 그런 다음 걸러내어 여전히 뜨거운 30갤런을 냉각기에 넣고 당밀 3갤런을 첨가한다. 또는 당밀을 냉각기에 흘려넣고 끓고 있는 맥주를 그 위에 부어 거른다. 체온보다 약간 더 따뜻한 정도로 식을 때까지 그대로 둔다. 그런 다음 효모 1쿼트를 넣고, 날씨가 너무 추울 때는 담요로 덮어 냉각기에서 24시간 양조되게 둔다. 그런 다음 캐스크에 넣었다가 —양조가 거의 완료될 때까지 마개는 열어둔다— 브루잉된 그 주에 병입한다.

만일 우리가 브랜을 '몰트'로 표현한다고 하더라도, 마치 맥주로 가득 찬 욕조 같은 광경이 상상된다—엄청난 양의 당밀을 흥청망청 쏟아부었으니 말이다. 당시 수입 맥주가 더 인기가 많았다는 사실이 별로 놀랍지 않다.

관행이었다. 그러나 이는 전부 (굳이 말장난을 좀 하자면) 스몰 비어small beer*였다. 미국은 럼과 위스키의 나라였다.

통계 수치를 보면 압도적이다. 1763년경 뉴잉글랜드에만 상업적 증류주 양조장이 159군데 있었는데, 1810년 기준 브루어리는 전국 132곳에 불과했다. 1830년경, 미국에 증류주 양조장은 14,000개가 있었고, 소도시에서는 오전 11시와 오후 4시에 '그로그grog** 타임'을 알리는 종이 울렸으며, 1인당 소비율은 매주 음주 가능 연령 성인 1인당 독주 두 병에 육박했다. 맥주는 품질이 별로 좋지 않았던 데다 비싼 수입품이었으므로 1800년대 말까지도 엄청나게 마셔대는 이 신생국의 음주 문화에서는 사소한 역할밖에 하지 못했다.

1840년대에 독일계 이민자들이 유입되면서 점차 변화가 일었다. 이들은 독일의 라거링 기법에 관한 지식을 들여와 전국 각지에 수백 곳의 브루어리를 열었다. 미국인의 삶에서 처음으로 맥주의 역할—좀더 구체적으로는, 라거의 역할—이 커지기 시작한 것이다. 소수의 에일 브루어리들은 살아남을 수 있었지만, 독일인들의 유입과 함께 미국 내 에일의 인기는 확실히 끝이 났다. 남아 있던 온갖 흔적은 금주법이라는 대대적인 사회적 실험을 거치는 동안 모두 파괴됐다. 브루잉이 유럽에서는 20세기 초 전쟁통에 풍파를 겪었다고 한다면, 미국에서는 자초한 고통을 겪었다고 할 수 있다. 브루어리들은 금주법 시대를 헤쳐나오느라 집에서 브루잉할 때 쓰던 재료들을 내다버리거나 소프트드링크와 경쟁할 몰트 기반의 무알코올 제품을 만들었다. 1900년, 미국 내에서 운영 중인 브루어리는 약 2,000곳에 달했지만, 1934년에는 단 750곳만 남았다. 당시는 라거가 미국 시장을 지배했

---

* 대개 알코올 도수가 낮고 인상이 강하지 않은 맥주를 지칭한다.
** 럼rum과 물을 절반씩 섞은 술

고 결국 미국인들의 머릿속에서 에일에 대한 기억은 모두 지워지기에 이른다.

    1960년대 말, 미국의 브루잉은 더 이상 수공업이 아니었다—거대한 규모로 이루어지는 일종의 산업적 과정이었다. 브루어리들은 이미 효율을 익혔고 전 과정은 최저 가격으로 최대 양을 생산하는 방향으로 조정됐다. 소량 맞춤 스타일은 효율이 낮아서 지역의 작은 브루어리들이 비효율적이었다. 산업 규모 브루잉의 논리는 능률화streamlining를 추구하는 방향으로 이어졌다. 덩치 큰 회사들이 작은 브루어리들을 닥치는 대로—대다수는 금주법 시행 이전에—사들였고, 생산되는 맥주는 보통의 라이트 라거로 바뀌었다.

    셈은 확실했다. 남아 있는 브루어리들은 어마어마한 덩치로 막대한 양의 맥주를 쏟아냈다. 곡물과 홉의 조달부터 통과 탱크의 크기, 창고에서부터 배달 트럭에 이르기까지 생산의 매 단계마다 거대화가 표준이 됐다. 크면 클수록 효율이 높아졌으므로, 이 모든 것이 상승 일변도의 순환 고리 속에서 합병을 부추겼다. 생산이라는 측면에서 이 효율은 중요했다. 1970년대에 소비와 판매는 사상 최대를 기록했다. 1950년, 가장 큰 브루어리 다섯 곳이 좌우하는 시장은 전체의 4분의 1 미만이었으나, 1980년에는 4분의 3이 됐고 전체 브루어리 수는 총 100개 미만으로 감소했다.

    제품을 공급받는 쪽에서는 이런 가차 없는 균질화는 그다지 좋은 일이 아니었다. 우선, 맥주를 마시는 이들은 지역 브루어리들과 늘 관계를 맺고 있었고 항상 지역의 이미지나 관습, 심지어는 지역의 자긍심 같은 것을 중시했다. 소시민들이 하나둘 나가떨어지면서 분노가 일기 시작했다. 그러나 더 중요한 것은 새로운 인수합병이 성사될 때마다 맥주 지형이 점점 더 심심하고 따분해졌다는 사실이다. 작가 마이클 잭슨은 당시 미국의 분위기를 조사하면서 맥주를 둘러싼 정경을 이렇게 묘사했다. "필스너 스타일의 느낌이 살짝 풍기는 페일 라거 맥주들이지만 바디는 좀더 가볍고, 홉의 특성은 확연히 떨어지며, 대체로 아무런 맛이 나지 않는다. 물론 다 똑같은 맛이 나는 것은 아니지만 차이는 대개 아주 미미하다."

    다행스럽게도, 시장은 빈 곳을 가만두지 않는다. 엄청난 판매고의 이면, 헌신적인 맥주 애호가들로 구성된 좁은 틈새에서는 불만이 점점 커져가고 있었다. 1970년대를 지나면서 반대 기류가 형성됐다. 그 가운데는 유럽 여행을 갔다가 놀라운 이국 맥주들을 맛본 뒤 미국에서도 그 맥주들을 마시고 싶어하는 사람들이 있었다. 많은 이들이 홈브루잉을 시작했다. 어떤 이들은 맛있는 유럽 맥주들을 미국으로 가지고 와서 팔면 어떨까 궁리하기도 했다. 상업적 브루어리를 열어 괜찮은 맥주를 직접 만들어보려는 몽상가들도 있었다.

    시간이 흘러 관심은 임계점에 도달했고, 대부분의 미국인들이 맥주라고 알고 있는, 캔에 든 그 공산품을 대신할 시장이 형성되기에 이르렀다. 홈브루어들은 단체를 꾸려 자신들의 취미가 법적으로 인정받도록 로비를 했다. 수입 맥주 애호가들은 전문 수입업체를 최초로 설립하거나 영국식 펍을 열어 수입 맥주들을 쌓아두었다. 그 뒤 1976년부터 1978년까지 세 가지 주요 사건이 일어나 이 이질적인 각각의 현상들은 하나로 귀결됐다. 잭 매콜리프는 미국 최초의 스타트업 마이크로브루어리*인 뉴 앨비언New Albion을 설립했고, 마이클 잭슨은 혁신적인 저서 『세계 맥주 가이드World Guide to Beer』를 출간했으며, 지미 카터는 홈브루잉을 합법화하는 법안을 통과시켰다. 이는 금주법 시행 이후 새로운 브루어리들이 문을 여는 제1의 물결로 이어지는 전환점이 됐다.

당시 최초의 브루어들이 직면했던 상황을 짐작하기는 쉽지 않다. 요즘 같은 시대라면 브루어리를 시작하는 일이 그리 막막하지는 않을 것이다. 브루어리는 비교적 안전한 투자이고, 은행은 기꺼이 돈을 빌려주려 할 것이다. 금속 제품 제조업체는 브루어리에서 쓸 근사한 새 장비를 만든다—그리고 크래프트 브루잉 시장이 성장한다는 것은 곧 확장하는 브루어리에서 내다버린 중고 장비를 언제고 찾을 수 있다는 의미이기도 하다. 지식과 경험을 갖춘 브루어들이 매년 시장에 진입한다. 몰트와 홉 업체들은 크래프트 브루어리와 긴밀히 협업하고 소량씩 제품을 공급하고 있다. 가장 중요한 것은 시장은 꽤 크고 성장 추세이며, 소비자들은 늘 새로운 맥주에 목말라 있다는 점이다. 오늘날 작은 브루어리는 좋은 사업이다.

1976년에는 분명 상황이 달랐을 것이다. 크래프트 브루어리는 브루잉 산업의 거대한 톱니바퀴 속에 맞물려 들어가고자 애쓰는 작은 톱니들이었다. 은행은 돈을 빌려주려 하지 않았을 테고 제조업체는 소규모 장비는 만들지 않았다. 몰트 업체들은 곡물을 자루 단위로 거래하지 않고 열차 차량만큼의 분량씩 거래했다. 유통업자들은 어쩌다 가끔씩 이루어지는 통이나 상자 단위의 골치 아픈 거래를 할 준비가 돼 있지 않았다. 초창기 브루어들은 얻어온 장비로 얼기설기 브루하우스를 꾸리고, 식구들에게 돈을 빌리고, 유통업자들에게 거래해달라고 간청해야 했다. 때때로 주 의회에 법을 개정해달라고 탄원하고 나서야, 브루어리를 가동할 수 있었다.

'마이크로브루잉microbrewing'이 실행 가능한 비즈니스 모델이 되기까지는 긴 시간이 걸렸다. 당시 초기 브루어리들은 폐업률이 꽤 높았다. 미국인들이 라이트 라거 외 다른 맥주를 본 것도 말 그대로 여러 세대 전이었으므로, 크래프트 브루어리들은 소비자들에게 판매뿐 아니라 교육도 해야만 하는 상황이었다. 그러나 1990년대 중반에 들어서면서 결국 상황은 달라지기 시작했다. 미국인들은 에일이 더 이상 낯설지 않았고, 수백만 명이 풍미가 강하고 도수가 높은 맥주에 눈뜨기 시작했다. 크래프트 브루잉은 성장세에 들어선 이후 지난 10여 년간 매년—심지어 경기 침체가 심각했던 2008년부터 2010년까지도— 성장을 거듭해왔다.

크래프트 브루잉 르네상스

맥주는 자칫 맥주로서의 최소한 특징만 간신히 갖춘 밍밍한 맛의 획일적인 스타일로 귀결될 뻔했다. 하지만 사실 이런 일은 비단 맥주에만 일어난 것은 아니다. 인류가 야채 통조림과 냉동 고기를 구입하는 법을 익히자 고급 요리는 위

법이 브루잉에 미친 영향

맥주 스타일의 발달에 가장 큰 영향을 미친 것이 무엇이었는지는 말하기 어렵지만, 해당 지역의 법 역시 논의에 포함되어야 한다는 것만큼은 분명하다. 최초의 세금은 다름 아닌 공무원들의 그루이트 판매 관행과 관련돼 있었고, 이는 사실상 재료에 부과된 세금이었다—그리고 일반적인 범주의 법이기도 했다. 또 하나는 '맥주순수령 Reinheitsgebot'[*]으로, 가장 유명한 법이기도 하다. 맥주순수령은 사실 바이에른 지방의 법이었는데, 이 점이 중요한 이유는 북부에서는 브루어들이 각종 향신료, 꿀, 밀 등을 넣어 희한한 맥주들을 만들었기 때문이다. 실제로, 맥주순수령은 바이에른의 보리 맥주에만 적용됐고(이 유명한 바이첸은 공작령에 의해 세금 공제 혜택을 받았다), 식품 안전 규제라기보다는 과세의 성격이 강했다.

세금은 늘 정부가 브루어리들과 상호작용하는 주된 방식이었고, 과세 방식에 따라 만들어지는 맥주 종류가 근본적인 영향을 받기도 했다. 영국에서는 알코올 함량에 따라 맥주에 세금을 부과하기 때문에, 펍에 가면 가격대가 천차만별인 다양한 맥주들을 볼 수 있다. 그러니 낮은 도수 맥주가 오랫동안 브루어나 손님이 가장 선호하는 맥주였다는 사실도 별로 놀랍지 않다. 벨기에에서는 브루어들이 매시 턴[*]의 크기에 따라 세금을 부과받았다. 얼마나 많은 맥주를 만들든, 무조건 작은 당화조를 쓰게 되는 기이한 시스템이었다. 작은 통으로 많은 맥주를 만들어내려면 나름의 독창성과 고된 노동이 필요했으며, 람비크 양조 과정에는 여전히 이런 식의 예전 방법들이 남아 있다.

어느 지역에 법이 없다는 것은 법이 있는 것 못지않게 맥주에 영향을 미쳤다—브루어들이 좀더 엄격한 규제를 지켜야 하는 이웃과 경쟁하고 있는 경우에는 특히 더 그랬다. 벨기에의 소도시 후하르던의 경우를 예로 들어보자. 이곳은 리에주 지역 세무당국의 감독에서 벗어나 있었던 덕분에 거대한 브루잉 중심지가 되었고, 16세기에는 면세 맥주를 수만 배럴씩 수출할 수 있었다.

기를 맞았다. 산업화에는 놀랄 만한 대단한 요소가 있었고, 그것이 가져다준 편리함도 근사했다. 그러나 맛을 대체할 수 있는 것은 없다. 결국 브루잉에도 반대의 흐름이 일었다.

시작은 미국과 영국에서였다. 이 두 나라는 합병으로 가장 심하게 황폐화된 곳이었다. 1980년대 중반 즈음 이들 두 나라는 맛없는 맥주에 반기를 든 몇몇 신진 브루어들이 좀더 개성이 강하고 도수 높은 '크래프트 맥주'를 들고 시장에 나타서면서, 브루어리의 수가 두 배로 늘어난 상태였다. 이 같은 현상은 1990년대에 브루어리의 다양성이 절망적인 수준에 다다른 다른 국가들로도 뻗어나갔다. 가장 심각하게 나락에 떨어져 있던 나라들에서 가장 인상적인 변화가 일어났다. 스칸디나비아와 프랑스에서 크래프트 브루잉이 발전하기 시작했고, 맥주로는 전혀 알려진 바 없던 이탈리아는 세계 크래프트 브루잉을 선도하기에 이르렀다. 독일이나 벨기에처럼 크래프트 브루잉이 이미 자리 잡은 나라들에서는 성장세가 조금 더뎠지만, 나름의 움직임은 있었다. 캐나다, 스페인, 브라질, 뉴질랜드, 일본 등도 모두 한몫을 하고 있다. 모두 합하면, 브루어리의 수는 최저 시점과 비교했을 때 현재 최소 세 배는 늘어났다.

산업 규모의 브루잉은 이제 우리와 쭉 함께할 것이다. 그러나 한때는 작은 규모였던 이 크래프트 브루어리들 가운데는 불과 수십 년 만에 상당히 덩치가 커진 곳도 있다. 흥미로운 전망은 산업적 맥주가 맛까지 늘 산업적이지는 않을 수 있다는 것이다. 미국의 대형 브루어리들은 수십 년간 '모조 크래프트faux craft' 맥주를 실험 중이며, 블루문Blue Moon과 쇼크 톱Shock Top 라인은 현재 크래프트 부문에서 최대 판매고를 올리고 있다. 일부 예민한 애호가들은 이에 우려를 표하지만, 그래도 미국에서 가장 잘 팔리는 맥주인 버드라이트Bud Light를 기준으로 생각해보면 굉장한 발전이다. 이는 전 세계적인 현상이며, 영국을 비롯한 몇몇 국가들은 에일 르네상스를 꿈꾸고 있다.

시장은 단일 문화를 지켜내는 일에 서툴다. 사람들은 다양성을 선호하며, 단일 스타일이 긴 시간 지배해온 것은 1만 년 맥주 역사에서도 특이한 일이었다. 복합적이고 풍미 있는 맥주를 사려는 사람들이 있는 한 그런 맥주는 늘 우리 곁에 있을 것이다—그리고 놀라우리만치 많다. 전체 시장에서 크래프트 맥주는 여전히 작은 부분을 차지하는 것이 사실이지만 그렇다고 해서 마시는 사람의 수도 적다는 의미는 아니다. 2010년, 어느 시장조사업체의 연구에 따르면 미국에서 맥주를 마시는 이들의 59%는 가끔씩이라도 크래프트 브루잉 맥주를 마시는 것으로 나타났다. 더 중요한 것은, 응답자 가운데 절반은 만일 관련 정보가 더 있다면 크래프트 맥주를 훨씬 더 많이 마실 것이라고 답했다는 사실이다. 시장이 성장하고 확장되면, 사람들은 그리할 것이다.

맥주 역사를 갈무리하면서, 시작했던 지점으로 돌아가보자. 바로 진화다. 맥주는 절대 고정된 물질이 아니며, 영원한 맥주 스타일도 없다. 크래프트 브루잉이 맛과 다양성에 대한 관심을 되살려낸 덕분에, 우리는 오늘날 각 나라별로 다양한 기호를 볼 수 있다. 미국인들이 홉과 사랑에 빠지게 되면서 거의 모든 스타일이 IPA로 재해석이 가능해졌다. 이상하기는 하지만 '블랙 IPA'도 포함해서 말이다. (블랙 페일 에일을 달리 설명할 길이 있나?) 한편, 영국인들은 여전히 세션 에일session ale⁺에 빠져 있다. 물론 오늘날에는 세션 에일이 단순히 비터만을 말하는 것은 아니지만. 독일인들은 기껏 만들어놓은 출중한 라거를 버리지는 않을지라도, 변화시켜나가고 있다. 이탈리아인들은 좋은 음식과 함께 실컷 들이켤 수 있는 하이브리드 맥주를 제조하는 반면, 프랑스인들은 섬세하고 세련된 에일 쪽으로 기울었다(그러면서도 동시에 정찬 식탁에 대한 관심도 소홀히하지 않는다). 물론, 모두 서로 영향을 주고받는다. 벨기에 사람들은 호피한 맥주를 만들고, 미국인들은 벨기에 에일을 만든다. 프랑스인들은 캐스크 에일을 만들고, 영국인들은 크래프트 라거에 눈뜨고 있다. 이런 각종 경향들은 문화의 방앗간으로 다시 들어가 또 다른 새로운 것을 탄생시킬 때까지 이리저리 움직이며 변화한다. 앞으로 50년 뒤 맥주가 어떤 맛일지 우리는 알 수 없으며, 말할 수 있는 것이라고는 이 한 마디뿐이다. 지금과는 다른 맛일 것이다.

맥주는
어떻게 만들어질까

귀리맥주를 제조하며 얻은 교훈이 있다면, 맥주는 만들기 쉬워야 한다는 것이다. 실제로 쉽다. 물론, 맥주의 긴 역사가 보여주듯, 좋은 맥주를 만드는 일은 전혀 다른 문제다. 그럼에도 불구하고, 맥주 제조가 시작된 이래 과정은 크게 바뀐 것이 없다. 현대의 상업적 몰팅 및 브루잉 과정에는 일관성과 정확성을 유지해주는 수많은 기술이 이용되지만, 브루어들이 거치는 기초적인 단계들은 여전히 동일하다. 어느 중세의 브루어가 21세기 브루어리를 방문한다면 컴퓨터나 전자 기기들을 보고 혼란스러워할 수는 있겠지만 턴, 케틀, 솥 등은 한눈에 알아볼 것이다.

맥주 제조는 언제나 곡물과 홉 그리고 기타 부가물들로부터 시작된다. 레시피는 단 네 가지부터 무려 열 가지 이상의 재료로 이루어질 수 있다. 브루어가 5갤런짜리 가정용 기계를 사용하든 1,000배럴 규모로 작업을 하든, 이 구성 요소들을 택하는 방식은 기본적으로 동일하다. 스타일에 따라 맥주는 각각 다르게 다뤄지겠지만, 결국은 다 한 가지 주제의 변주들이다. 컴퓨터와 정교한 기기들이 동원된다 할지라도 맥주 브루잉은 여전히 복잡하지 않은 간결한 과정으로 남아 있다.

맥주의 핵심 요소 네 가지

레시피가 아무리 복잡하다 하더라도, 맥주는 네 가지 기본 요소—용액(**물**), 당원糖源(**곡물**, 단독으로 쓰이거나 과일이나 원당을 첨가한다), **향신료**(간혹 예외는 있지만 대개 홉), 그리고 마지막으로 발효 담당 요원 역할을 하는 **효모**—로 만들어진다.

각 요소의 상호작용 과정을 간단히 말하자면 다음과 같다. 몰트를 물에 적셔 이후 첨가될 효모가 먹기 좋은 상태로 만든다. 그러면 '맥아즙'으로 알려진 달콤한 차 같은 것이 만들어지는데 여기에는 단당류가 풍부하다. 신이 난 효모가 맥아즙으로 뛰어들어 맥주를 만들지만, 결과물은 마치 꿀처럼 달고 진득할 수 있다. 때문에 브루어들은 이 맥아즙을 끓이고 향신료를 첨가해 단맛을 상쇄시킨다. (암흑 시대의 맥주 애호가들이 양호한 건강 상태를 유지했던 것은—새삼 말할 필요도 없는 사실이지만—맥주 자체가 본래 건강에 좋기 때문이라기보다는 당시 물에서 흔히 발견되던 치명적인 박테리아가 맥주를 끓여 만드는 과정에서 모두 죽었기 때문이다.) 마지막으로 맥주를 식힌 다음 효모를 첨가하면, 이 효모가 당분은 알코올로, 맥아즙은 맥주로 바꾸는 나머지 과정을 마무리한다. 현대의 맥주 대부분은 보리, 홉, 물, 효모가 레시피에 포함되며, 소수이기는 하나 이 기본 재료들에 더해 여러 다른 종류의 몰트, 설탕, 과일, 향신료를 사용하는 경우도 종종 있다.

얼마나 달콤한가

당분은 쉽게 발효된다. 당분은 발효되기 쉬운 성질을 지니고 있고, 효모는 기회를 노리며 사방에서 몰려든다. 워낙 자연적인 과정이라, 익은 과일이 아직 나무에 달려 있는 동안에도 발효는 일어날 수 있다. 이를 잘 아는 원숭이들은 술기운을 뿜는 과일을 알려주는 '알코올 증기 기둥

곡물 자루들이 브루잉 과정이 시작되기를 얌전히 기다리고 있다.

먼저 몰팅이 필요하다. 몰팅은 싹을 틔울 수 있도록 씨앗을 깨우는 과정으로, 화학적 변화를 통해 탄수화물을 효모가 먹기 좋은 단당류로 바꿔준다.

곡물은 각종 풍미나 아로마 이외에도 다음 필수 요소들을 제공한다.

- **발효 가능한 당분** 효모가 먹을 수 있는 당분과 탄수화물은 처음에는 곡물 씨앗 안에 가두어진 채 저장돼 있다가 새싹에 영양을 공급하라는 요구를 받는다. 그래서 곡물은 먼저 몰팅—단백질과 탄수화물을 발효 가능한 당분으로 변환하는 과정—이 필요하다.

'alcohol plumes'을 찾는다. 아직 포도나무 덩굴에 달린 상태지만, 어쨌든 결과물은 와인과 다를 바 없다—인간은 그 과정을 상당히 정제해왔을 뿐이다. 곡물이 발효 가능한 당분을 제공하면, 그 결과로 만들어진 음료를 우리는 맥주라 부른다.

곡물은 단순한 당원이 아니라 맥주의 몸통으로, 맥주의 성격을 특징짓는 풍미나 아로마를 제공한다. 맥주를 입안에 머금어본 사람이면 누구나 맥주의 별명이 왜 '액체 빵'인지 알 것이다. 맥주는 밀 또는 보리의 향으로부터 시작해 크래커나 비스킷, 쿠키 같은 푸근하고 익숙한 풍미가 뒤따르곤 한다. 간혹 좀더 이국적인 곡물이 더해져 풍미가 완성되기도 한다—호밀 특유의 맛이나 귀리의 크림 같은 느낌 등이 그 예다. 곡물이 없다면, 맥주도 없다.

발효 가능한 맥주 속 당분의 주요 원천이 바로 몰트다. 몰트와 곡물, 이 두 단어는 자주 혼용되는데 조금 의미가 다르다. 과일과는 달리, 생 곡물은 발효가 잘되지 않는다—탄수화물과 단백질이 원천인 곡물의 당분은 너무 날것 그대로라 효모가 먹어 소화시키기 힘들다. 곡물은

두줄보리와 여섯줄보리

보리는 품종이 다양하지만, 가장 흔한 종이 바로 두줄보리와 여섯줄보리다. 둘 다 브루잉에 사용된다. 여기서 숫자는 낟알이 중심 줄기 주위에 모여 달린 방식을 지칭한다(일부의 예상과는 달리, 보리를 밭에 심는 방식이 아니다). 두줄보리의 경우, 낟알이 줄기 양쪽으로 달려 자라고, 여섯줄보리는 낟알이 마치 꽃잎처럼 줄기 주위를 빙 둘러 달린다.

두줄보리는 일반적으로 베이스 몰트로 선호된다. 낟알이 더 통통하고—낟알이 줄기 양쪽으로 자라는 방식 덕분에 뻗어나갈 공간이 더 많다—발효 시 효모가 작용할 탄수화물을 최대로 공급할 수 있기 때문이다.

단백질 함량이 더 높은 여섯줄보리는 좀더 쉽게 갈색으로 변한다. 이 때문에 여섯줄보리로 만들면 스페셜티specialty 몰트에서 살짝 다른 맛이 난다—일부 브루어리에서는 이 맛을 더 선호한다. 여섯줄보리는 어두운색으로 몰팅하여 로스팅하기도 하는데, 이 경우 탄수화물은 별 차이가 없고 풍미와 색도 두줄보리와 비슷해진다.

- **색** 브루잉을 준비하는 과정에서 몰트는 가마에서 건조되고 로스팅된다. 몰팅되지 않은 곡물 역시 로스팅이 가능하다. 로스팅 과정에서 색이 결정되는데, 밀짚부터 흑옥까지 다양한 빛깔을 띠며, 이는 곧 맥주 색이 된다.

- **바디body와 마우스필mouthfeel**[+] 맥주는 물보다 진하다—때로는 훨씬 더 진하다. 이것이 흔히 말하는 '바디'인데, 효모가 알코올로 바꾸지 못해 발효되지 않고 남은 단백질과 캐러멜화된 당분에서 오는 느낌을 뜻한다. 캐러멜화된 당분인 덱스트린을 일부러 남겨 —덱스트린이 풍부한 몰트가 따로 있다— 맥주의 점도를 높이는 경우가 많다.

- **단백질** 단백질은 바디와 마우스필을 더하는 것 이외에도 맥주 속의 자연적 탄산이나 헤드에도 영향을 미친다. 알코올이 함유된 다른 음료 —가령, 사이다cider[•]나 샴페인— 역시 따를 때 거품이 올라오지만, 단백질이 없기 때문에 맥주와는 달리 풍성한 헤드가 지속되지 못한다.

곡물을 가마에 넣고 (건조하고) 로스팅하는 것이 마지막 단계로, 완성된 맥주의 풍미와 아로마가 이 단계에서 결정된다. 커피를 가볍게 혹은 검고 기름지게 로스팅하여 다양한 풍미를 낼 수 있듯, 몰트 역시 다양한 수준으로 로스팅할 수 있다. 커피와 마찬가지로 —심지어 훨씬 더 많이— 로스팅은 맥주의 풍미에 영향을 미친다.

• 사과로 만든 발효된 술

벨기에 피페에 위치한 브루어리인 뒤뷔송Dubuisson의 매시 턴.

가벼운 로스팅은 따스한 토스트 같은 풍미를 내고, 또 어떤 경우에는 좀더 달콤한 느낌의 검붉은 과일향을 낸다. '베이스 몰트base malt'로 알려진 몇몇 몰트는 비교적 낮은 온도의 가마에서 건조되어 굉장히 밝은색을 띤다. 스페셜티 몰트는 좀더 오랜 시간 건조시킨 다음 로스팅한다. 브루어가 레시피를 조합할 때는 곡물 목록 가운데 몰트들을 엄선하여 스타일마다 고유한 색, 아로마, 풍미를 부여하게 된다.

곡물 목록

어떤 맥주를 위한 곡물 목록을 작성하는 일은 케이크 레시피를 작성하는 일과 같다. 화이트 케이크를 만들든 초콜릿 케이크를 만들든 주재료는 밀가루다. 곡물 목록에서는 베이스 몰트가 바로 주재료다. 이들 페일 몰트는 모든 맥주의 기본 토대로, 여기에는 알코올로 쉽게 변환되는 각종 효소 및 단당류가 풍부하다. 색이 아주 짙은 맥주의 경우에도 몰트의 대부분은 베이스 몰트일 것이다—색이 아주 짙은 초콜릿 케이크라도 기본 바탕은 밀가루인 것과 마찬가지다.

몰트별 특성

필스너	시중에 나와 있는 몰트 중 가장 가볍다. 살짝 달콤하고 가벼운 곡물의 풍미가 느껴진다. 이름과는 달리, 필스너 몰트는 필스너뿐 아니라 다른 어떤 스타일의 맥주에도 쓰일 수 있다.
페일	필스너보다 조금 어두운색으로, 맥주에 빵의 풍미를 더해주며 대개 에일에 사용된다.
빈	페일 몰트보다 조금 어두운색을 띤다. 보크나 옥토버페스트Oktoberfest 같은 라이트 앰버 맥주를 만드는 데 사용된다.
뮌헨	빈 몰트에 비해 두 배쯤 더 어둡다. 붉은색이 도는 호박 빛깔을 살짝 띤다. 토스트와 견과류 향이 감도는 풍부한 캐러멜 풍미가 일품이다.
캐러멜/크리스털	이 몰트에는 (페일 에일에 사용되는) 상당히 가벼운 몰트부터 중간 정도 혹은 (다크 에일류에 사용되는) 브라운에 가까운 몰트까지 모두 포함된다.
초콜릿	포터와 스타우트에 사용되며, 좀더 가볍고 달콤한 몰트류와 결합되면 카카오와 아주 흡사하게 부드러운 쓴맛을 낸다.
블랙 몰트	에스프레소와 비슷하다. 짙고 씁쓸한 풍미를 띠며, 때로는 탄 느낌이 나기도 한다. 고비중의 레시피에 쓰이면, 비교적 달콤한 몰트에 균형을 잡아주는 동시에 깊고 복합적인 풍미를 더한다.
로스팅한 보리	주로 스타우트에 사용되어, 기네스Guinness 등 아일랜드 스타우트 특유의 로스팅한 듯 깊이 있는 풍미를 낸다.
밀	맥주 스타일에 따라, 밀 속 단백질이 부유하는 상태로 남아 맥주를 탁하게 만들기도 한다. 특정 효모와 반응하면 바나나나 정향의 풍미를 낸다.
호밀	메마른 땅에서 잘 자라기 때문에, 주로 춥고 척박한 지역에서 빵이나 맥주를 만드는 데 사용된다. 핀란드의 전통 맥주인 사흐티나 러시아 전통 맥주 크바스kvass의 재료다.
귀리	맥주의 질감을 향상시키는 데 사용된다. 스타우트나 페일 에일에 어울리는 부드럽고 크림 같은 특성을 만들어낸다.

또 한 가지 중요한 카테고리는 크리스털 몰트 또는 캐러멜 몰트다. 여기에 속하는 몰트는 가마에서 건조하기 **전 단계**, 즉 아직 젖은 상태의 곡물을 로스팅하여 만든다. 이 과정에서 당분은 캐러멜화된다. 이렇게 만들어지는 몰트는 푸석푸석 바스러지기 쉽고, 캐러멜화되는 과정에서 당분은 좀더 긴 사슬 구조를 형성하게 되어 효모가 먹을 수 없기 때문에 바디의 느낌을 향상

시키는 데 이용된다. 이름에 걸맞게 캐러멜 몰트는 토피toffee*의 풍미가 확연하다. 많이 첨가되면 검붉은 과일의 향을 풍기는데, 비율상 균형이 맞지 않으면 원치 않는 타닌이 생성될 수 있다. 결정화된 몰트인 크리스털 몰트는 페일 에일 용도로 상당히 밝은색으로 또는 다크 에일에 맞게 매우 어두운색으로 로스팅할 수 있다.

다음으로는 슈바르츠비어schwarzbier*, 스타우트, 포터에 사용되는 다크 몰트와 다양한 스타일을 부각시키는 스페셜티 몰트가 있다. 다크 몰트는 색을 더하지만, 풍미에도 다양하게 영향을 미친다. 로스팅한 듯한 풍미나 단맛을 더하기도 하고 커피 같은 쓴맛을 내기도 한다. 스페셜티 몰트는 맥주의 풍미를 채워넣는 여러 가지 강한 향—꿀, 토스트, 훈제—을 더한다.

마지막으로, 보리 이외의 곡물로 만든 몰트가 있는데 이들은 맥주마다 다른 개성을 부여하는 데 사용되곤 한다. 밀을 베이스 몰트로 사용하면 바이첸이나 윗비어처럼 빵 같은 부드러운 풍미를 더할 수 있다. 호밀은 다크 비어에 흙냄새를 더하거나 라이트 비어에 경쾌하고 상큼한 민트향을 더해주는 쓰임새 많은 곡물이다. 몰팅하지 않고 로스팅한 보리는 스타우트에 주로 쓰이는데, 블랙 몰트의 강렬한 커피 같은 풍미는 덜하지만, 대신 좀더 뿌리향과 산미가 나는 것이 특징이다. 귀리는 바디와 마우스필을 더하는 반면, 옥수수와 쌀은 주로 산업적으로 생산되는 라거에 사용되어 맥주의 바디를 가볍게 하고 별다른 풍미를 더하지는 않는다.

* 설탕, 버터, 물을 끓여 만든 일종의 캔디

설탕류

맥주에 설탕이라니? 벨기에와 잉글랜드에서는 브루어들이 통상적으로 그리고 당당하게 설탕을 사용한다—설탕을 첨가하지 않고는 만들 수 없는 스타일이 많다. 그러나 독일에서는 설탕 사용이 절대 금물이며, 브루어들은 이를 거의 도덕적인 문제로까지 여긴다. 미국인들은 조금 너그러운 편이어서 산업 규모의 대량 생산일 경우 설탕을 사용하는 것을 자연스레 받아들이기도 한다. 그러나 사람들이 다양한 맥주 스타일에 대해 전체적으로 알아가게 되면서, 설탕에 대한 오랜 편견은 점차 사라지는 추세다. (물론, 독일에서만큼은 예외다.)

설탕은 맥주에서 두 가지 역할을 담당한다—알코올 도수를 높이고 풍미를 더한다. 절대 완전 발효가 되지 않는 몰트와는 달리, 설탕은 거의 전부 알코올로 바뀐다. 바디를 무겁게 만들지 않으면서 알코올 도수를 높이고자 하는 브루어들에게 설탕은 유용한 재료다. 예를 들어, 브루어들은 설탕을 사용해 트리펠tripel을 만든다. 트리펠은 알코올 도수가 8-9%로 높은 편이면서도 바디는 가볍다. 도수가 거의 동일한, 몰트만 넣은 발리 와인barley wine과 비교해보면 더 쉬운데, 발리 와인은 밀도와 점도가 높아 마우스필이 마치 모카커피 같다.

브루어들은 보통 정제설탕(자당)을 사용해 알코올 도수를 높인다. 벨기에에서는 브루어들이 한때 딱딱한 사탕처럼 결정 형태로 만들어진 자당인 캔디슈거를 사용했다. 지금은 거의 대부분 자당의 또 다른 형태인 설탕 시럽을 사용한다. 벨기에에서 사용되는 다크 캔디슈거는 캐러멜화된 형태의 자당으로, 캐러멜 색뿐만 아니라 약간의 풍미도 더해준다. 캐러멜 설탕은 마일드 에일로 잘 알려진 영국 에일의 전통적인 재료이기도 한데, 사용되는 이유는 같다. 영국 에일에는 자당이 변화된 형태인 전화당도 사용되는데, 전화당 안에 들어 있는 포도당과 과당의 구성 성분들은 발효 과정을 거치는 동안 화학적으로 둘로 쪼개진다. 그래서 일부 브루어리들은 전화당이 순수 자당보다 효모가 발효시키기 더 쉽다고 믿는다.

마지막으로, 브루어들은 종종 정제가 덜 된 설탕을 사용하여 알코올 도수를 높이는 동시에 풍미도 더한다. 당밀, 메이플 시럽, 황설탕, 꿀은 전부 효모가 먹을 발효 성분을 공급한다. 그러나 발효 후에는 각각 뚜렷한 풍미를 남긴다.

약간의 향신료

인간은 빵만으로는 살 수 없고, 맥주는 몰트만으로는 만들 수 없다. 곡물을 맥주의 몸통으로 만들어주는 당분은 지나치게 단맛을 내기도 한다. 몰트의 균형을 맞춰주고 향과 생기를 불어넣는 향신료 없이는 맥주가 완성되지 않는다. 오늘날 대부분의 맥주에서 홉이 이 역할을 하지만, 늘 그랬던 것은 아니다. 맥주에 통상적으로 홉을 사용하게 된 것은 1,000년이 채 되지 않는다. 그전에 브루어들은 놀라우리만치 다양한 향신료를 사용했다—늘 그렇듯, 해당 지역에서 얻을 수 있는 재료를 기본으로 삼았다.

고고학자들이 제일 잘하는 일은 바로 오래된 레시피를 기록하는 것이었다. 항아리 안쪽에 남아 있는 물질을 긁어내어 브루어들이 초창기 맥주에 사용했던 곡물과 향신료 들을 밝혀낼 수 있었다. 이 같은 기록들 덕분에 이집트인들은 고수를 사용했고, 중국인들은 국화를 사용했으며, 스코틀랜드인들은 헤더와 터리풀(둘 다 장미과에 속하는 다년생초)을 선호했고, 스칸디나비아 전역의 브루어들은 노간주나무와 들버드나무로 맥주에 풍미를 더했음을 알 수 있었다. 요리에 사용되는 거의 모든 허브와 뿌리는 한번쯤은 브루 케틀*에 들어간 적이 있다 해도 과언이 아니다.

향신료를 가미한 에일은 브루어들이 홉을 사용하기 시작한 뒤로도 명맥을 이어갔다. 자주 인용되곤 하는 1683년 존 호턴의 다음 레시피를 통해서도 당시 브루어들이 맥주에 얼마나 다양한 향신료를 첨가했는지 확인할 수 있다.

멈 42갤런을 만들려면 우선 밀 몰트 7부셸bushel*, 귀리 몰트 1부셸, 콩 1부셸이 필요하다. 일단 발효가 시작되면 열세 가지 재료를 첨가해 풍미를 더한다. 전나무 속껍질 3파운드, 전나무와 자작나무 가지 끝부분 1파운드, 카르두스 베네딕투스Carduus Benedictus 혹은 축복엉겅퀴blessed thistle 세 줌, 로사 솔리스Rosa Solis의 꽃 혹은 끈끈이주걱 두 줌, 쓰고 톡 쏘는 맛을 내는 늪지대의 식충식물, 딱총나무꽃, 석잠풀, 야생 타임, 소두구, 페니로열 등이다.

* 파운드법에 따른 무게 단위로, 7부셸은 8갤런에 해당하는 양이다.

물론, 결국은 홉이 발견됐다. 홉에 대한 공은 대부분 로마의 박물학자 대 플리니우스에게 돌릴 수 있다. 논쟁의 소지는 있지만 대 플리니우스가 최초로 홉에 이름을 붙였다고 전해진다. 어쨌든, 맥주의 재료로 홉을 사용했다는 최초의 기록은 822년 북프랑스 지역의 어느 수도원장이 수도원 규칙을 적은 책자에서 홉을 언급한 것이었다. 홉이 유행하기까지는 수백 년이 걸렸다—이상한 맛이 났고 사용하기 힘들었기 때문이다. 하지만 방부 효과가 알려진 뒤 결국 홉은 받아들여졌다. 다른 향신료들은 좋은 맛을 낼 수는 있어도, 보존력은 후물루스 루풀루스 humulus lupulus, 즉 홉에 비할 바가 아니었다.

홉

일반적인 표현을 쓰자면, 홉은 홉 암나무 덩굴에 열리는 원뿔형 열매, 콘cone이다. (엄밀히 말하면, 원뿔형이라기보다는 구과毬果로, 콘은 정식 명칭이 아니다. 그리고 사실 포도덩굴vine과는 다른 종류의 덩굴bine이다. 홉의 덩굴은 수직 형태의 대상을 휘감아오르는 반면, 포도덩굴은 덩굴손을 뻗어 달라붙는 방식이다.) 이들은 다년생 초본草本*으로, 그 에너지가 어찌나 대단한지 야생에서 하루에 30센티미터 정도 성장하여 금세 나무 전체를 뒤덮을 정도로 큰다—물론 특정 조건에서만 가능한 이야기지만. 홉은 최소 15시간 정도 햇빛을 봐야 해서 위도 35-55도 사이에서만 생장이 가능하다. 건조한 기후에서 더 잘 자라지만 물도 많이 필요하며, 각종 질병과 병충해에도 쉽게 영향을 받는다. 따라서 상업적인 홉 생산은 몇몇 지역에 국한돼 있다—전 세계 산출량의 85%가 독일, 미국, 중국, 체코에서 나온다. 미국에서는 상업적으로 생산되는 홉의 거의 대부분이 북서부 지역에서 자란다. 호주와 뉴질랜드의 남부 홉 지대가 새로운 홉 생산지로 부상하며 맥주 애호가들을 흥분시키고 있다.

맥주에 홉은 절대 평범한 향신료가 아니다. 브루잉 과정의 연금술을 통해 홉의 산이 변질되는데 우리는 이를 쓴맛으로 인식한다. 홉을 활용하면 쓴맛 외에도 어떤 맥주에는 망고의 풍미를 더하고 또 어떤 맥주에는 흑후추향을 더할 수 있다. 홉은 소나무의 상쾌한 느낌이나 재스민의 포근한 향을 맥주에 입힐 수도 있다. 홉이 다른

* 지상부가 연하고 물기가 많아 나무질이나 부름켜가 발달하지 않는 풀 종류의 식물

스컹크 냄새가 나는 유럽 맥주들

여러 유럽 맥주들의 스컹크 냄새에 익숙한 사람들이 많다. 집에서 만든 맥주의 특성이라고들 생각하기도 한다. 하지만 사실이 아니다. 맥주가 빛에 노출됐을 때 홉의 이소후물론 속 특정한 화합물들이 분해되어 생기는 화학반응으로 인해 고약한 풍미가 생기는 것이다. 이 달갑지 않은 화합물들의 특성이 워낙 강한 탓에 사람은 이 화합물들을 ppb* 단위로도 감지할 수 있다. 이런 경우, 맥주가 빛 손상을 입었다고 표현한다.

주된 원인은 여러 유럽 브루어리에서 사용하는 녹색 병이다. 녹색 병은 빛이 침투하기 더 쉽기 때문이다. 빛 손상에 안전한 홉 증류액—미국 브루어리들이 투명 유리병에 라거를 넣을 때 사용하는 방식—을 구매하는 것도 가능하나 이 증류액에는 생 홉의 특성이 없다. 맥주를 보존하기에는 갈색 병이 낫고 캔이나 케그keg가 더 좋다.

* parts per billion의 약자로 1톤 속에 몇 그램이 포함되어 있는지 가리키는 단위다.

맥주는 어떻게 만들어질까 53

홉 해부도

- 소포엽: 홉 콘을 보호하고, 유분과 나뭇진, 타닌과 폴리페놀을 공급한다.
- 루풀린 샘: 점성이 있는 황색 다발로, 맥주의 아로마와 쓴맛을 내는 데 필수적인 유분과 나뭇진을 함유하고 있다.
- 잎자루: 콘 길이에 해당하는 이 줄기로부터 소포엽이 자란다.

향신료들을 꾸준히 대체해온 일이나 수많은 맥주 애호가들을 매료시켜온 일은 자연스러운 결과다. 홉의 변화무쌍한 특성 탓에 어떤 레시피에서는 홉 하나만 바꾸거나 혹은 같은 홉이라도 끓일 때 넣는 시점만 바꿔도 전혀 다른 성격의 맥주가 탄생할 수 있다.

• **홉의 성분** 그렇다면 홉이 이런 개성을 드러내게 해주는 성분은 무엇인가? 홉 콘hop cone은 얇은 종이로 만든 녹색 솔방울 같은 모양이지만, 각 꽃잎 아래 있는 것은 씨앗이 아니라 루풀린 lupulin이라는 노란색 나뭇진으로 이루어진 작은 구체다. 나뭇진에는 주요 산과 필수 유분이 자리하고 있는데, 이 요소들은 홉이 기여하는 모든 풍미와 아로마를 담당한다. 홉의 주요 기능인 쓴맛은 알파산 혹은 후물론humulone이라 통칭되는 다섯 가지 종류의 산에서 비롯된다. 천

홉 껍질 중앙에서 채취한 핵심 표본

풀러스Fuller's의 브루어들이 이듬해 쓸 홉을 선별하고 있다.

연 상태의 알파산은 불용성이다. 알파산이 잠재력을 발휘해 쓴맛을 내려면 화학적 변화를 거쳐야 한다.

홉을 끓이면 이 같은 변화(이성화異性化, isomerization*)가 일어나지만, 시간이 오래 걸린다. 맥아즙 안에서 홉을 오래 끓일수록 쓴맛이 더 우러난다. 홉은 종류에 따라 알파산 함유량이 1-20% 범위 안에서 다양하므로, 각 홉 종마다 쓴맛을 낼 수 있는 최대치가 다르다.

홉에서 쓴맛을 내는 역할을 하는 또 다른 부류는 베타산이다. 알파산과는 달리 베타산은 맥아즙 안에서 즉각 용해되지만, 완성된 맥주 안에서는 다르게 작용한다. 이성화된 알파산은 쓴맛을 내는 정도가 천천히 줄지만, 베타산은 시간이 흐르면서 산화되어 점점 더 강해지며 숙성된 맥주에 다른 성격의 쓴맛을 더한다.

* 다른 성질을 띠는 물질로 변화시키는 일종의 화학적 반응

'귀족' 홉

최고로 인정받는 홉 가운데는 귀한 혈통 네 가지가 있다. 독일 할러타우 지역에서 나는 미텔프뤼Mittelfrüh, 뉘른베르크 남쪽 슈팔터 지역의 슈팔트Spalt, 테트낭 인근 지역에서 이름을 따온 테트낭거Tettnanger, 체코 보헤미아에서 나는 자츠Saaz 혹은 자테츠Žatec로, 이들은 흔히 '귀족noble' 홉으로 알려져왔다. 사실 이유는 전혀 고상하지 않다. 1980년대에 판매원들이 '귀족'이라고 부르면서 생긴 이름이기 때문이다.

그러나 이들은 우수한 홉으로 널리 인정받고 있으며, 이는 부드럽고 균형 잡힌 특성 때문이라고 여겨졌다. 비슷한 특성을 지닌 다른 홉들도 이 귀족 클럽에 가입해보려고 애를 썼고 그 노력이 어느 정도 성과를 거두기도 했지만, 오리지널 귀족 홉들은 신규 회원을 받는 데 인색했다.

하지만 시간이 흐르면서 산과 유분 구성에 차이가 있는 우수한 다른 혼종들이 등장했다. 그리고 홉의 화학작용에 관한 더 많은 연구 결과들이 나오면서 '귀족'이라는 호칭은 구시대의 유물처럼 보이게 됐다. 민주적인 경쟁이 펼쳐지는 현대 홉 시장에서 여전히 이 같은 옛 귀족 계급의 호칭이 유지되는 이유는 필요에 의해서라기보다는 의례적인 성격이 강하다. 우수한 홉인 것은 맞지만, 요즘은 비슷한 수준의 홉들이 얼마든지 많다.

홉에는 에센셜오일도 함유돼 있는데, 이는 맥주의 아로마와 풍미를 결정하는 데 굉장히 중요한 화합물이다. 에센셜오일은 루풀린의 전체 구성 요소 가운데 극히 일부분(1-4%)을 차지한다. 그러나 이 성분은 홉의 향미에 크게 영향을 미칠 수 있다. 브루어들은 중개상들에게서 홉을 살 때 직접 손으로 고르곤 한다. 홉을 서로 문질러 루풀린을 터뜨려서 에센셜오일이 나오게 하는 것이다. 이때 나오는 향은 주로 네 가지—미르센myrcene, 파르네센farnesene, 카리오필렌caryophyllene, 후물렌—성분에서 비롯되는 것인데, 이는 전체의 80-90%에 해당된다. 이들 네 가지 오일 성분은 다른 식물들에도 들어 있으니,

미국 농무청의 데이비드 겐트 박사가 실험용 무농약 홉 밭 앞에 서 있다. 이곳에서 병충해를 관리하는 다양한 기법을 시험한다.

다른 향신료들과 홉의 아로마 간의 관계를 짚어보고 싶은 생각이 들기도 한다. 미르센은 월계수 잎, 타임, 일랑일랑에 들어 있고, 파르네센은 치자나무에, 카리오필렌은 정향, 로즈마리, 흑후추에, 후물렌은 대마(즉 마리화나)에 들어 있다.

하지만 여전히 풀리지 않는 의문이 있다. 이 에센셜오일들은 휘발성이라 쉽게 날아가버린다. 끓이는 초기 단계에 홉을 첨가하면, 극소량의 오일 성분만 남는다. 좀더 나중에 넣어 특유의 풍미와 아로마는 추출한다 하더라도 오일 성분이 휘발되기는 마찬가지다. 오일 성분이 잔존하는 경우는 드라이호핑dry-hop ping[+]을 할 때뿐이며, 이 경우에는 끓이는 과정 초기에 홉을 넣더라도 오일의 특성은 뚜렷이 드러난다. 브루어가 손으로 으깬 홉에서 나는 아로마는 맥주 잔에서 풍기는 아로마와 흡사하다(어쩌다 있는 일일 뿐, '문지르기'는 정밀과학 같은 것이 아니다)—이 휘발성 오일들이 끓는 맥아즙과 활성 효모의 영향을 받은 뒤에도 마찬가지다. 그렇다면 오일은 날아가버리고 없는데 그 특성은 어떻

홉 테루아르

와인제조 시 포도가 생산되는 자연환경을 설명할 때 쓰이는 말인 테루아르terroir는 포도밭의 토양과 기후에 관한 개념이다. 반면, 맥주 브루어들은 테루아르에 대해 신경을 덜 쓰는 편이다—물과 곡물을 적절히 조절하기만 하면 환경 변수를 효과적으로 제거할 수 있기 때문이다.
하지만 홉은 테루아르에 상당히 민감한 것 같다. 유명한 몇몇 홉 종은 원산지에 해당하는 좁은 지역에서만 나고, 따라서 특정 스타일이나 계보의 맥주들을 이 홉과 원산지가 규정하기도 한다. 흥미로운 사실은, 이런 홉의 뿌리줄기를 다른 지역에 옮겨 심는다 해도 그렇게 생산된 홉은 같은 맛을 내지 않는다는 점이다. 토양, 햇볕의 질, 여름의 온도, 낮의 길이와 관련된 무언가로 인해 미국에서 자란 이스트 켄트 골딩East Kent Golding은 이스트 켄트에서 자란 이스트 켄트 골딩과는 맛이 다르다. 그러므로 정말 정통한 맛의 필스너를 얻으려면, 브루어들은 인근 지역에서 자란 자츠를 쓸 수 없다. 본래 산지를 찾아가야만 한다.

게 그대로 살아남은 것일까? 학자들도 아직 이 의문을 풀지 못했다. 홉에는 400종 이상의 아로마 화합물이 들어 있고, 여기서 일부는 끓인 뒤에도 살아남아 발효 과정 중에 존재를 드러낸다. 심지어 입안에 들어가 효소의 작용을 받을 때에야 비로소 모습을 드러내는 몇몇 화합물도 있다. 이처럼 홉 아로마와 풍미는 굉장히 까다로운 문제이며, 그 작용에 대해 여전히 알아가야 할 것이 많다.

• **홉 타입과 용도** 여느 향신료와 마찬가지로, 홉은 그 종류나 용법에 따라 다양한 특성을 맥주에 부여한다. 브루잉 과정 초반에 홉을 넣으면 쓴맛이 더 많이 나고, 후반에 넣으면 아로마가 강해진다. 그 중간 어느 시점에 과일맛이 나는 화합물들과 그 밖의 풍미를 내는 기타 성분들이 발효 과정을 거치며 계속 추가되는데, 이런 과정이 발효 전반에 걸쳐 이어진다. 화학작용 탓에 홉은 주로 아로마 용도 또는 비터링bittering* 용도의 두 타입으로 나뉜다. 비터링에 적합한 홉들은 거친 느낌 없이 깔끔하고 풍미가 강하다. 아로마 타입의 홉들은 꽃, 후추, 시트러스 등 특유의 향을 발산한다. 브루어들은 맥주에 쓴맛을 더할 때 고알파high-alpha 홉을 사용하고(알파산 성분 덕분에 홉을 많이 사용하지 않아도 된다), 아로마를 더할 때는 저알파lower-alpha 홉을 쓰는 경향이 있지만, 항상 그런 것은 아니다. 홉에 관해서는, '비터링'과 '아로마'가 일반적인 범주다.

• 쓴맛을 내는 것

모든 홉이 통째로 쓰이는 것은 아니다. 홉은 표면적이 상당히 넓으므로, 온전한 형태 그대로는 저장 중에 안정된 형태를 유지하기 힘들고 변질되기 쉽다. 그래서 수많은 브루어리에서는 펠릿pellet을 대신 사용한다. 펠릿은 홉을 으깨어 가루로 만든 다음 지우개만 한 크기의 구슬 모양으로 빚어 만든 것이다. 대개 펠릿은 온전한 홉보다 안정성 면에서 우수하지만, 일부 브루어리에서는 홉을 으깨는 것이 끓이는 과정 중에 일어나는 변화에 영향을 미친다고 보기도 한다. (그 굳건한 믿음에도 불구하고, 어느 형태가 더 나은지는 확인된 바가 없다.) 온전한 홉과 펠릿 홉은 브루잉 과정에서 번갈아 사용 가능하며 많은 브루어들이 상황에 따라 두 가지를 모두 활용한다. 비산업적 브루어리들 가운데는 홉 추출액 제품을 쓰는 곳도 간혹 있는데, 홉 추출액은 특성이 약간 다르다. 아로마를 끌어올려주는 용도의 홉 오일을 사용하는 곳은 훨씬 더 드물다.

최근의 홉 타입 목록에는 세계 각지에서 생산되는 100종 이상의 홉이 포함돼 있으며, 그중에는 상당히 희귀하거나 지금껏 보지 못했던 새로운 종류들도 있다. 그러나 실제로는 이보다 더 많은데, 전체 가짓수는 매년 늘어나기 때문이다. 홉 타입에 대한 지식이 맥주를 음미하는 데 결정적인 것은 아니지만, 찾거나 피해야 할 맥주 종류를 특정해내는 데는 도움이 될 수 있다. 풍미와 아로마에 대한 설명을 곁들인 주요 홉 목록을 부록에 실어두었다.

• **생홉** 홉은 수확 직후 신속히 건조하여 포장한다. 건조와 냉각은 홉의 성분을 안정화시키지

만, 동시에 변형시키기도 한다. 건조된 홉을 기준으로 삼기 때문에, 브루어리들이 레시피를 만들 때 사용하는 정보—유분 함량, 산도—는 모두 건조된 홉이 기본이다. 브루잉 홉이라고 하면 보통 건조된 홉을 지칭한다.

약 20년 전, 영국 및 미국 브루어리들은 덩굴에서 갓 채취한 홉으로 실험을 시작했다. 가장 먼저 날아가는 휘발성 성분들을 포착하기 위해 브루어들은 밭에서 수확한 홉을 준비해둔 케틀 속에 서둘러 담는다. 채취에서 브루잉까지는 절대 몇 시간을 넘기지 않는다. 이 과정의 제품은 '생홉' 또는 '젖은 홉' 맥주라 불리며, 통상적인 홉을 사용해 만든 맥주와는 향과 맛이 상당히 다르다. 미국 내 상업적 홉 농사의 대부분이 이루어지는 태평양 연안 북서부는 이 맥주를 만드는 데 단연 유리하다. 대부분의 생산물은 드래프트 판매용이지만, 데슈츠 홉 트립Deschutes Hop Trip 및 로그 웨트 홉 에일Rogue Wet Hop Ale 같은 몇몇 맥주들은 병입되어 멀리 떨어진 지역으로 운송된다.

젖은 홉은 예측이 불가능하다. 건조 홉과 동일한데 단지 좀더 신선하고 생생한 것 정도로 생각해선 안 된다. 물론 그런 경우도 있기는 하지만, 산과 오일 성분이 본연의 특성을 변덕스럽게 드러낸다. 그런가 하면 어떤 홉들은 예상을 벗어나는 다른 여러 풍미를 내기도 하고, 운이 나쁜 경우 굉장히 불쾌한 맛을 내기도 한다. (나는 생홉—그 유명한 '귀족' 홉—을 사용해 만든, 새콤한 소고기 같은 맛이 나는 할러타우Hallertau를 맛본 적 있다. 자우어브라텐Sauerbraten*을 잘 만든 앰버 라거에 곁들여 먹는다면 근사하겠지만, 앰버 라거 속에 집어넣는다면 근사할 리가 없다.)

젖은 홉과 마른 홉이 맥주에 미치는 영향이 어떻게 다른지에 관한 연구는 아직 이루어지지 않았다. 과학자들은 오레가노나 페퍼민트 같은 다른 허브에 관한 연구에서 오일과 산 성분 수치가 확연히 차이 나는 것을 발견한 바 있다. 흥미로운 사실은, 그 차이가 허브마다 천차만별이라 홉에도 같은 방식을 적용할 수 있는지는 알 수 없다는 점이다. 바로 이 때문에 어떤 홉은 젖은 채로 사용하기에 적합하지만, 또 어떤 홉은 부적합한지도 모르겠다.

기타 향신료

맥주 향신료 선택지에서 홉이 밀려나는 일은 당분간 없을 것 같다. 하지만 홉이 늘 유일한 선택지는 아닐 것이다. 홉이 널리 사용되기 전에는 브루어들이 노간주나무 열매인 주니퍼베리, 헤더, 들버드나무, 서양톱풀 등 현지에서 나는 재료들을 사용했다. 소수의 전통 맥주들은 여전히 옛 방식으로 제조된다(주니퍼를 쓰는 핀란드의 람민 사흐티Lammin Sahti가 대표적인 예다). 스코틀랜드 윌리엄 브라더스Williams Brothers의 프레이오크 헤더 에일Fraoch Heather Ale, 네덜란드의 요펜 코이트Jopen Koyt[그루이트] 맥주(허브가 혼합되어 있다), 엘더베리를 넣은 프랑스 랑슬로 보네 루주Lancelot Bonnet Rouge 등의 재등장을 예로 들 수 있을 것이다. 미국의 크래프트 브루어리들도 마찬가지로 홉을 넣지 않고 다른

* 고기를 식초에 절였다가 볶는 독일 요리

브루어리 오머갱Ommegang의 이 견본들처럼 식품 창고에 보관된 향신료들도 브루잉에 사용될 수 있다.

향신료를 사용해 신대륙 에일을 만들어왔다.

홉을 넣은 맥주의 맛을 더 좋게 하기 위해 향신료를 사용하는 방법은 훨씬 더 흔히 쓰인다. 세계 여러 나라들이 바짝 추격해오는 동안에도, 벨기에 브루어리들은 수백 년 전 홉을 받아들인 이래로 여러 향신료들을 계속 사용해오고 있다. 그러나 벨기에의 브루어리들은 이런 사실을 언급하지 않은 채(로슈포르에 소량의 고수가 들어간다는 사실을 혹시 알고 있는지?), 혹 후추향이 향신료에서 나오는 것인지 아니면 발효의 결과물인지 마시는 사람들이 궁금하게 두는 경우가 많다. 벨기에에서는 통상적으로 — 몇 가지만 예로 들자면 — 오렌지 겉껍질, 히비스커스, 민들레, 파라다이스 씨앗, 생강, 쿠민 등을 첨가한다.

영국의 브루어들은 한때 각종 부가물들에 대한 선호도가 엇비슷하여, 감초, 로즈힙에서부터 굴이나 가문비나무 가지 끝부분에 이르기까지 온갖 것들을 맥주에 넣었다. 이런 관행은 법에서 브루잉 재료를 규정하게 된 200-300년 전만 해도 매우 흔했는데, 제1, 2차 세계대전 이후 급감하기 시작했다.

크래프트 브루잉이 늘어나면서, 새로운 브루어리들은 오랜 관행을 바꾸어왔고, 현재는 향신료를 첨가한 에일이 흔해졌다. 수많은 오래된 향신료들이 재발견돼왔으며, 그중에는 바닐라, 엘더베리, 시나몬, 라벤더, 스타아니스, 카밀러, 사르사, 소두구, 들버드나무, 생강, 쑥, 서양톱풀 등이 있다. 현대 브루어리들은 전통의 틀을 벗어나 광범위한 실험을 계속하고 있다. 차, 커피, 초콜릿, 칠리페퍼는 물론이고, 선인장, 감, 야자나무 열매 같은 낯선 재료들을 첨가하기도 한다. 지금껏 내가 맛본 가운데 유독 기억에 남는 맥주는 어느 브루어가 자기네 뒷마당에 있는 상록수 가지를 보고 영감을 얻어, 침엽까지 달린 채로 그 가지를 꺾으면서 탄생했다. 그가 꺾은 가지를 포터 속에 던져넣자 놀라울 정도로 근사한 결과물이 나왔다. 브루어는 특정 재료에 매력을 느낀다면 그 재료를 넣어 브루잉을 시도할 것이다.

물이 답이다

21세기 브루잉에서 물의 성분과 질은 브루어리들에게 그다지 관심 대상이 아니다. pH나 원치 않는 미네랄 성분 등을 쉽게 조정할 수 있기 때문이다. 이제 물은 색색의 몰트와 홉을 마음껏 칠할 수 있는 빈 캔버스나 마찬가지다.

> **충분한 양은 얼마만큼인가?**
>
> 보통의 브루어리는 맥주 1갤런을 만드는 데 물 8갤런을 쓴다. 좀더 규모가 큰 브루어리라면 매년 물을 수백만 갤런씩 쓴다는 이야기다. 효율을 개선하면 물 사용을 절반으로 줄일 수는 있겠지만, 턴, 케틀, 탱크 등은 항상 말끔히 씻어내야만 한다. 지구온난화가 지속된다면, 물 이용 가능성—수질 문제보다도—이 브루어리들의 위치를 결정하는 날이 올지도 모른다. 크래프트 브루어리들은 물과 에너지 보존의 최전선에 있으며 일부는 그 비율을 2:1까지 줄였다.

늘 그랬던 것은 아니다. 20세기에 브루어들이 화학작용을 완전히 터득하기 전에는 현지의 수원에 모든 것이 달려 있었다. 물은 결정적인 재료이자 고정적인 요소였다. 홉과 보리는 수 킬로미터를 운송할 수 있지만 물은 운송이 어려웠으므로, 브루어리들은 강, 샘, 깊은 우물 등을 활용할 수 있는 곳에 자리를 잡았다. 브루잉은 엄청난 양의 물을 소비하는 과정이라, 풍부하고 안정적인 수원이 반드시 필요했다. 그러나 지역의 물은 고정불변의 요소여서 그 물을 이용해 만들어지는 맥주에 보이지 않는 위력을 발휘했다. 어떤 물에는 다량의 미네랄이 함유돼 있고, 또 어떤 물에는 미네랄이 거의 들어 있지 않았다—그리고 이 같은 조건들은 특정 스타일의 맥주가 다른 스타일보다 더 성공할 수 있는 결정적 요소로 작용했다. 스타우트는 더블린의 싸늘하고 음울한 비 내리는 날씨에 잘 어울리지만, 스타우트라는 스타일을 성공시킨 것은 날씨가 아니라 물이었다. 플젠의 필스너, 버턴의 페일 에일, 빈의 앰버 라거 역시 마찬가지다.

이유는 화학이다—그리고 이는 오늘날에는 왜 물이 브루잉 과정에서 상대적으로 덜 중요해졌는가에 대한 설명도 된다. 매싱 단계에서는 맥주의 pH가 몰트에서 추출되는 성분들을 좌우한다. 더블린의 물은 탄산수소염이 다량 함유된 알칼리성 경수*다. 이런 물은 곡물의 겉껍질로부터 타닌을 추출해낸다. 아일랜드의 브루어리들이 페일 몰트만으로 만든 매시를 사용하면, 경수 때문에 거친 느낌의 맥주가 되었다. 그러나 산성을 띤 로스팅한 몰트를 첨가하면 매시의 균형을 맞춰 적정 pH로 조정이 가능하다. 짜잔! 환상적인 더블린 스타우트가 완성된다.

이런 스펙트럼의 정반대 극단에 체코 플젠이 있다. 이곳의 물은 녹아 있는 미네랄 성분이 거의 없는 연수다—더블린의 물에 비하면 탄산수소염 함량이 1% 미만이다. 이런 물은 특히 페일 몰트에 적합하고, 적정 pH를 만들어내기 위해 산성의 다크 몰트를 첨가할 필요가 전혀 없다. 때문에 체코의 브루어들은 이 물을 사용해 그 도시의 이름을 딴 페일 라거를 브루잉할 수 있었다.

비밀요원, 효모

'효모yeast'라는 단어는 고대 영어 "끓이다gist"에서 왔다. 하루 묵은 맥주통을 보면 그 이유를 바로 알 수 있다. 맥아즙이 우유처럼 뿌옇게 변하고 마녀의 솥단지처럼 들썩들썩 부글부글 요란하게 끓으며 거품을 뿜어대기 때문이다. 이산화

• 칼슘과 마그네슘, 미네랄, 이온 등이 많이 함유된 물

탄소가 물결친다. 심지어 온도도 올라간다—그대로 두면, 엄청난 양의 활성화된 효모 세포가 맥주의 온도를 -12℃에서 6℃만큼 상승시킨다. 말 그대로 끓는다.

그러나 사실 효모는 얌전한 존재다—공기 중에 떠다니다 과일 표면에 붙고 특정한 타 유기체, 특히 곤충들을 먹이 삼아 살아가는 흔한 단세포균류다. (심지어 사람의 발가락 사이에 사는 종류도 있다.) 효모는 사람에게도 매우 소중한 존재다. 사람들은 효모를 이용해 빵, 와인, 맥주를 만들어왔다. 빵, 와인, 맥주는 모두 넓게는 동일한 카테고리에 속하는 효모, 즉 사카로미세스 세레비시아이Saccharomyces cerevisiae로 만든다.

활동을 개시한 효모

효모가 활동을 개시하다

끓이는 과정 말미에는 맥아즙에서 이미 수많은 화학작용이 일어난 상태다. 몰트 전분은 당분으로 변환되고, 홉산과 오일 성분들은 용해되어 이성화되었다. 발효 단계에서 효모 세포가 최종 화학 작용을 수행해, 당분을 알코올로 바꾸어내면 마침내 맥주가 만들어진다.

발효는 상당히 단순한 과정이다. 효모는 맥아즙 안에 잔존하는 가용 산소를 전부 소모하며

효모의 발견

여러 세기 동안, 브루어들은 발효를 굉장히 놀라운 일로 여겼다. 어떤 식으로든 신이나 마법과 관련지어 생각했다. 부글거리는 맥주가 담긴 통은 마법에 걸린 —어쩌면 성령을 입은— 것처럼 보였다(브루잉은 오랫동안 수도원의 일이었으니). 놀랍게도 효모의 존재가 제대로 밝혀진 것은 무려 1800년대 이후에 와서다. 그전 브루어들은 마지막 배치batch*의 찌꺼기를 방금 브루잉한 신선한 맥아즙에 넣으면 맥주의 거친 느낌이나 산미를 줄일 수 있다는 것 정도만 어렴풋이 눈치챘을 뿐이었다. 그 시절 브루어들은 정확히 무엇인지도 모른 채 효모를 집에서 기르고 있었던 셈이다.

1857년 마침내 루이 파스퇴르가 효모가 생물이라는 사실을 밝혀냈지만, 효모 연구가 본격적으로 시작된 것은 사실상 20세기 들어서였다. 가령, 당시 영국 맥주를 펑키funky**하게 만든 것이 야생효모종인 브레타노미세스속屬의 존재였다는 사실은 1903년에 와서야 칼스버그 연구소에서 발견되었다. (흥미롭게도 이 야생효모종은 현재 영국 맥주에는 들어 있지 않고, 벨기에 맥주에 들어 있다.) 놀라우리만치 뒤늦은 시점이었다—당시는 브루어리들이 이미 냉장 기술을 사용하고 맥주를 철도로 운송하던 시대였다.

* 일종의 맥주 양조 단위의 개념으로, 한 회분을 지칭한다. 특정 용기나 기구 등으로 한 번에 생산해내는 분량이다.
** 굉장히 특이한 맛이나 향을 통칭하는 표현으로, 긍정적 또는 부정적 맥락으로 모두 쓰일 수 있다. 대개 마굿간이나 젖은 풀 등의 냄새가 난다고 느껴지는 계열의 맥주다.

> **마마이트: 사랑하거나 질색하거나**
>
> 1990년대 초, 독일의 어느 과학자는 브루잉에 쓰고 남은 효모도 먹을 수 있다―그리고 영양이 풍부하다―는 결론에 도달했다. 어느 영국 업체가 이를 상품화하기로 결정하면서 마마이트가 탄생했다. 100여 년간 사람들은 마마이트를 토스트 위에 발라서 먹었고, 여전히 사랑한다―물론 모든 이들이 사랑하는 것은 아니다. 미국에서는, 크래프트 브루어리에서 사용하고 남은 효모를 소에게 먹인다.

활동을 시작한다. 만일 효모보다 산소가 많을 경우(그리고 맥아즙에는 항상 산소가 더 많다), 세포들은 싹을 틔워 나머지 가용 산소를 포집하도록 자손을 내보냄으로써 생식한다. 일단 산소가 모두 제거되고 나면, 효모들은 맥주를 만드는 화학적 변환을 시작한다. 가장 소화하기 쉬운 종류부터 시작하여 당분을 흡수하고 가능한 모든 것이 소모될 때까지 활동을 계속한다. 효모들이 먹어치운 당분은 효모 세포들을 거쳐 알코올과 이산화탄소로 분비된다. 효모 주입 시점으로부터 하루 안에 맥주는 부글부글 끓기 시작하는데, 며칠 지나면 효모들이 광란의 식사를 슬슬 마무리하고 탱크 바닥에 가만히 자리잡으면서 이 과정은 차츰 잠잠해진다.

그러나 효모가 맥주에 기여하는 것이라고는 알코올 생산뿐이라 생각한다면 오산이다. 본질적으로 초소형 화학 공장에 해당하는 효모 세포들은 알코올 및 이산화탄소뿐 아니라 에스테르와 페놀 같은 다른 화합물도 생성한다. 브루어에게는 이 같은 다른 부산물들도 매우 중요하다. 이 부산물들이 맥주의 최종적인 특성에 중대한 영향을 미치기 때문이다. 효모는 과일이나 향신료 등 다른 재료들과 흡사한 풍미를 낼 수 있고, 맥주를 더 드라이*하게 혹은 더 달게 혹은 알코올 도수를 더 높게 만들 수 있다―이는 모두 효모를 대사시키는 과정이다.

다음은 효모가 만들어낼 수 있는 부산물의 네 가지 주요 카테고리다.

• **에스테르** 이 화합물은 과일 같은 아로마와 풍미를 내어 에일류에 특징을 더한다. 에스테르 구조는 종마다 달라서 맥주에 미치는 영향은 천차만별이다. 에스테르는 공통적으로 사과, 베리, 배, 바나나 같은 향을 내지만, 스파이시할 수도 있다.

• **페놀** 이 화합물은 스모키 아로마와 풍미를 내어 정향이나 플라스틱 같은 맛을 내거나 약품과 흡사한 특성을 띠기도 한다. 전통적인 독일 바이첸과 일부 벨기에 맥주들은 페놀 특성이 뚜렷하다.

• **디아세틸** 모든 효모는 디아세틸을 생성한다. 디아세틸은 버터 같은 풍미를 지닌 물질로, 사탕이나 극장용 팝콘에 맛을 내는 용도로 첨가된다. 효모는 마지막에 디아세틸을 재흡수하지만, 간혹 브루어리에 따라서는 이 과정이 완료되기 전에 맥주를 패키징하는 경우도 있다.

• **퓨젤 알코올** 에틸 알코올 이외에도 효모는 강렬하고 톡 쏘는 향을 더하는 더 묵직한 퓨젤 알

코올을 생성할 수도 있다. 도수가 센 맥주일수록 흔히 나타나는 특성으로, 복합적이고 따뜻한 느낌을 더해준다.

효모들은 이 같은 풍미나 아로마 화합물을 생성해내는 것 이외에도 각기 다양한 방식으로 당분을 대사시킨다. 어떤 종들은 굉장히 효율적이어서, 다량의 당분을 소모하여 드라이한 맥주를 만들고, 또 어떤 종들은 덜 효율적이어서 부유할 당분을 맥주 속에 남겨 단맛을 더한다. 그런가 하면 그냥 희한한 것들도 있다. 가령, 모르트핫Moortgat에서 듀벨Duvel*을 만들 때 사용하는 효모는 어마어마한 양의 이산화탄소를 발생시켜 맥주를 병에서 따랐을 때 빽빽하고 풍성한 구름 같은 거품이 생기게 만든다.

여러 환경조건 역시 효모에 강력한 영향을 미친다. 일부 종은 0℃를 살짝 웃도는 온도에서 가장 활발히 작용하는 반면, 따뜻한 환경을 좋아하는 효모도 있다. 전혀 상관없을 것처럼 보이는 요소들조차 효모에 영향을 미친다. 탱크 모양이 넓고 땅딸막한지, 좁고 높다란지에 따라서도 효모가 생성해내는 화합물들의 종류가 달라진다. 브루어리들은 한때 맥주를 발효하는 용도로 개방형 탱크를 사용했는데, 이 때문에 공기 중에 떠다니던 효모가 안으로 들어갈 수 있었다. 오늘날 대부분의 브루어리에서는 이를 시대착오적이고 불필요하게 위험한 방식으로 보고 더 이상 쓰지 않으며, 야생효모가 들어갈 틈이 없도록 안전하게 강철판으로 덮어 맥주를 보

* 외래어표기법상 '뒤벌'로 표기해야 하나 이 책에서 함께 다루는 뒤벌dubbel과 혼동될 여지를 없애기 위해 여기서는 영어식 발음 '듀벨'로 표기한다.

관하는 쪽을 선호한다. 그러나 연구 결과에 따르면 개방형 발효통 안에서 생성된 페놀 및 에스테르는 가짓수에서 현저한 차이가 난다. 심지어 동일한 효모를 사용하는 경우에도 말이다. 실제로, 오르발이 개방형 발효통을 긴 원통형의 차폐형 발효통으로 교체한 뒤, 새 탱크에서 오르발 고유의 맛을 다시 내게 되기까지는 3년이 걸렸다. 효모는 살아 있는 유기체이며, 맥주는 효모가 사는 자연환경이다. 여느 다른 생태계와 마찬가지로, 환경조건은 효모의 행동에 영향을 미치고, 효모의 행동은 다시 맥주에 영향을 미친다.

에일과 라거 효모

특정 효모가 어떤 방식으로 작용할지 결정하는 가장 중요한 조건은 바로 온도다. 그리고 온도에 따라 효모는 두 가지 주요 카테고리인 에일과 라거로 구분된다. 에일 효모는 15℃ 이상의 온도를 선호하고 대다수의 효모는 실온 이상의 온도가 최적이다. 라거 효모는 10℃ 이하의 약간 시원한 온도에서 활발하게 움직인다. 저온에서는 화학적 부산물의 생성이 억제되므로 라거 효모는 에스테르, 페놀, 디아세틸 등이 거의 없는 훨씬 더 '깔끔한' 맥주를 만들어낸다. 에일은 좀 더 따뜻한 온도에서 발효되기 때문에 이 같은 부산물들을 생성하며, 발효 온도가 높을수록 만들어내는 부산물도 많아진다.

브루어리들은 각자 '하우스 효모house yeast'를 반복적으로 재투입해 '하우스 캐릭터'를 만들어냈고, 그렇게 수세기에 걸쳐 길들이는 과정을 통해 효모들 간의 차이가 드러나기 시작했다. 마침내, 각 계통마다 각자의 생태 환경—이 경

헤페너

옛 브루어들은 효모라는 것이 있는지 몰랐다는 내용을 본 적 있을 것이다. 그들은 효모가 무엇인지는 알지 못했지만, 효모의 존재는 분명 알고 있었다. 브루잉의 역사를 연구하던 슐렝케라 브루어리의 마티아스 트룸은 중세 독일인들이 효모를 이해했던 방식에 대해 다음과 같이 설명했다.

사실 효모가 언급되지 않은 것은 맞다. 하지만 중세 브루어의 입장에서 생각해 볼 필요가 있다. 중세 시대에는 '헤페너hefener'라는 직업이 있었던 것으로 보아, 다들 효모의 존재는 알고 있었던 것이 분명하다. [독일어로 '헤페hefe'는 '효모'라는 뜻이다.] 맥주순수령에는 재료 목록이 포함된다. 그렇지 않나? 맥주에 효모를 넣으면 더 많은 효모를 얻을 수 있다. 마지막에 효모를 거두어 다음 배치에 넣는다. 이게 바로 헤페너의 일이었다… 헤페너가 하는 일은 맥주 배치들로부터 효모를 수확하고 최대한 맥주를 짜내어 가난한 이들에게 헐값에 판 다음 남은 효모는 다음 배치에 집어넣었다. 비교적 적은 양의 효모로 시작해도 더 많은 양의 효모를 얻을 수 있었다.

우는 특정 브루어리—에 적응하면서 차이가 확연해진 것이다. (만일 어느 브루어리가 다른 브루어리로부터 효모를 빌려와 재사용한다 해도, 시간이 흐를수록 그 효모는 본래의 브루어리에서와는 다르게 작용할 것이다.)

라거링 기법은 1400년대 바이에른 지역으로까지 거슬러 올라간다. 사람들이 효모의 성격에 대해 아주 초보적인 수준으로만 이해하고 있던 시절이다. 바이에른의 브루어들은 통상적인 종과는 달리 작용하는 효모를 분리시켰고, 이 효모는 발효통 바닥에 가라앉아 비교적 낮은 온도에서 가장 활발히 작용했다. 이 효모 타입은 좀 더 따뜻한 환경에서는 잘 활동하지 않지만, 바이에른의 브루어들은 깊고 서늘한 동굴을 활용하고 있었으므로 추운 계절에는 이 효모를 사용할 수 있었다. 19세기에 루이 파스퇴르는 낮은 온도가 맥주를 변질시킬 수 있는 야생효모를 억제한다는 사실을 당시 옛 바이에른 사람들이 알고 있었다고 확신했다. 수십 년 뒤 이 같은 특성들이 중요시되면서 유럽 대륙 대다수의 브루어리들도 라거 효모를 사용하게 된다. 오늘날 독일 및 체코의 브루잉을 규정하는 유명한 맥주들 다수도 이 효모종의 등장과 더불어 생겨났다.

여기서 강조해야 할 중요한 사실이 있다. 수십 년간 다른 정보만큼은 충분히 가지고 있던 과학자들은 에일 효모와 라거 효모가 분류학상으로 다르다고 믿었다. 단지 다르게 작용할 뿐만 아니라 아예 종류가 다른 효모라고 보았던 것이다. 고양이와 개처럼 말이다. 그러나 지난 10여 년간 미토콘드리아 DNA로 연구를 진행한 균류학자들은 라거 효모가 순수하지 않다는 사실을 발견했다. 계통들은 서로 넘나들며 합쳐지는데, 라거 효모는 조상 중에 라거뿐 아니라 에일도 있는 것으로 보인다. 에일 혈통의 두 가지 효모가 혼합된 라거 효모도 있지만 여러 다른 계통에서 비롯된 라거 효모도 있다는 것이 오늘날의 통설이다—다만, 여러 가지 새로운 사실이 급속도로 발견되고 있음을 감안하면, 잠정적인 결론으로 간주해야 한다. 지금껏 밝혀진 바에 따르면 개들의 혈통처럼 효모의 혈통 역시 다양하다고 볼 수 있다.

　5년도 더 전에 쓰인 브루잉 관련 도서를 읽어보면 에일과 라거 효모가 유전적으로 구분된다고 설명돼 있을 것이다. 현재 알려진 바로는 그 둘은 유전적으로 구분되지 않는다. 그러나 큰 오류는 아니다—라거 효모와 에일 효모는 실제로 전혀 다르게 작용하고 각각 별개의 카테고리에 속해 있기 때문이다. 그러나 효모를 구분할 때는 타입별보다는 **기능별**로 구분하는 편이 낫다. 유전체는 서로 다르지 않을 수도 있지만, 에일과 라거 종은 각각 다르게 작용하며 만들어내는 맥주의 맛도 다르다.

저감도 및 비중

효모의 활동과 관련된 두 가지 개념으로는 저감도attenuation와 비중gravity이 있다. 저감도는 효모가 발효에 쓸 당분을 소비하는 정도를 나타낸다. 브루어리들은 비중 척도를 바탕으로, 맥아즙과 제조가 완료된 맥주를 순수한 물과 비교하여 이 수치를 측정한다. 브루어들은 물을 기준 삼아 용해돼 있는 당분 함량을 측정할 수 있다. 당분은 물보다 밀도가 높지만, 알코올은 밀도가 낮다. 따라서 효모가 당분을 알코올로 변환하기 시작하면 비중은 떨어진다. 효모 첨가 전의 측정치(초기 비중)와 첨가 이후 측정치(최종 비중) 간 차이를 측정하면, 알코올 도수를 계산할 수 있다.

　브루어들은 이를 계산할 때 저감도 확인하는데, 저감도는 효모가 얼마나 효율적으로 당분을 소비하는가를 나타낸다. 이 잔여 당분이 적을수록 저감도는 높아지며, 맥주 맛은 더 드라이해진다. 물론 감지되는 단맛과 항상 직결되는 것은 아니다. 에스테르가 드라이한 맥주에 단맛을 더할 수도 있기 때문이다—그러나 맥주의 드

비중 측정

맥주의 초기 비중 및 최종 비중을 표현하는 척도가 필요한데, 불행히도 브루어리마다 서로 다른 척도를 사용해왔다. 플라토는 부유 고형물의 양을 표현하는 수치다. 만일 맥아즙이 15°플라토라면, 현탁액 속 당분이 15%라는 뜻이다. 또 다른 척도는 물의 무게와 맥아즙을 비교하는 것이다. 이 척도는 물에 1이라는 값을 부여하므로, 고유 비중(sp. gr.) 1.050의 맥아즙은 물보다 1.05배 무겁다. 저비중 맥주는 1.032sp.gr./8°플라토 미만이고, 고비중 맥주는 대략 1.060sp.gr./15°플라토 선에서 시작하여 1.110sp.gr./26°플라토를 넘는다.

맥주 타입	초기 비중		최종 비중		ABV
	고유 비중	플라토	고유 비중	플라토	
베를리너 바이세[+] Berliner weisse	1.030	7.5°P	1.002	0.5°P	3.9%
페일 에일	1.050	12.5°P	1.012	3°P	5.0%
발리 와인	1.106	25°P	1.020	5°P	11.3%

야생효모와 박테리아

타트 카테고리는 맥주 스펙트럼에서 작은 틈새와도 같다—독일과 벨기에(최근에는 미국도 포함된다)의 몇 가지 맥주가 전부로, 총 생산량이라고 해봐야 매우 적다. 그러나 이는 최근의 상황이다. 브루어리들이 효모를 기르기 시작하기 전만 해도 맥주의 기본은 산미가 있는 에일이었다. 20세기 들어서도 영국에는 사워 에일들이 흔했다. 전통적 스타일의 맥주들은 지금도 소수 남아 있기는 해도, 대부분의 맥주 애호가들 눈에는 구시대적으로 비친다. 그러나 일부 전문가들에게는 여전히 브루어 예술의 정점이다.

산미는 베를리너 바이세의 경우처럼 새콤하고 깔끔할 수도 있지만, 람비크처럼 펑키하면서도 드라이하고 떫은 느낌이 나거나 플랑드르 레드처럼 시큼할 수도 있다. 이처럼 다양한 특성은 주로 세 가지 주요 유기체—야생효모 브레타노미세스, 박테리아인 유산균과 페디오코쿠스균—에서 비롯된다. 초산균, 엔테로박터, 카프로산 등 그 밖의 다른 유기체들 역시 신맛을 내는 산성에 기여한다.

사워 계열의 몇몇 맥주들의 경우, 박테리아를 투입하고 조절하여 톡 쏘는 신맛을 내는데 그 산미가 굉장히 강한 경우도 있다. 람비크 등 일부 맥주에서는 아무런 인위적 조절 없이 실험이 이루어져서, 온갖 야생효모와 박테리아가 맥주 속으로 들어가 작은 생태계를 이루고 그곳에서 다양한 양과 다양한 타입의, 신맛을 내는 화합물과 풍미를 만들어낸다. 다음은 주요 유기체 목록이다.

• **브레타노미세스** 이 야생효모는 브루어들 사이에서 가장 큰 경탄의 대상이자 두려움의 대상이다. 다른 효모들에게는 관심 밖인 덱스트린과 당분을 포함하여 무엇이든 먹어치우기 때문에 저감도가 거의 100%에 달한다—평균적인 효모에 비해 월등히 높은 수치다. (그대로 한참 두면 이 효모는 병까지 먹어치울 거라고 브루어들이 농담을 할 정도다.) 반면, 스탠더드 에일 및 라거 효모종들은 저감도가 70-80% 선이다. 브레타노미세스 효모는 초산 및 젖산 모두를 생성하지만, 초산은 특정한 환경에서만 만들어진다. 이처럼 저감도가 극에 달하면 맥주 맛은 지나치게 드라이해진 나머지 뻣뻣한 느낌마저 줄 수 있다. 결과적으로 브레타노미세스속에는 수많은 종이 있으며, 각 종 안에는 여러 균주가 있다. 가장 흔한 브레타노미세스 브룩셀렌시스는 특히 펑키하고 '말 담요horse blanket' 같은 아로마가 있다고 묘사되기도 한다.

• **유산균** 유산균은 고제gose나 베를리너 바이세 같은 일부 독일산 에일의 경우에서처럼, 타트한 플랑드르 에일에 독특한 개성을 부여한다. 이름에서 알 수 있듯이 이 박테리아는 젖산을 생성하며, 브레타노미세스보다 훨씬 더 까다롭다. 따뜻한 저산소 환경과 낮은 수치의 홉산을 선호한다. 브루어들은 유산균을 조절하여 맥주 맛을 아주 시큼하게도 만들 수 있고 혹은 살짝 새콤하게도 만들 수 있다. 젖산으로 산미를 낸 맥주들은—이런 특성을 좋아하는 이들에게는— 타트하고 상큼한 풍미를 풍긴다.

• **페디오코쿠스균** 람비크에 강한 젖산향을 더하는 것은 실은 젖산이 아니라 페디오코쿠스균이다. 이 균은 주로 람비크의 수명과 밀접한 관련이 있다. 페디오코쿠스균은 산소가 거의 없는 상태에서 맥주 속에서 발효되며 이산화탄소는 방출하지 않는다. 람비크의 온도가 올라가면 이 균은 활동이 활발해지고 맥아즙 위에 끈적한 긴 가닥들을 생성한다. 이 단계의 맥주도 마실 수는 있지만, 소위 '역한' 단계로 느끼한 맛이 난다. 그러나 이 역한 맛의 액체에서 젖산이 나오고, 마지막에는 브레타노미세스가 잔여물을 전부 먹어치우기 시작하면 마침내 끈적이는 부분은 재흡수되어 사라진다.

라이한 정도를 파악하는 데 유용한 지침임은 분명하다. 브루잉 관련 전문 용어에서, 고/저도수 맥주에 해당하는 용어들은 대개 고/저비중 맥주와 동의어처럼 사용된다. 그러나 두 용어군은 동일하지는 않다. 만일 어느 효모의 저감도가 형편없다면 고비중 맥주는 초기 비중에서 예상됐던 것에 비해 알코올 도수가 낮을 수 있기 때문이다. 따라서 맥주의 알코올 도수를 아는 것도 좋지만, 알코올 도수와 초기 비중을 다 안다면 더욱 도움이 될 것이다.

브루잉 과정

개념적 차원에서 맥주 브루잉을 이해하기는 쉽다. 발효 가능한 당분을 추출하기 위해 몰팅한 곡물을 물에 담그고, 홉을 넣고 끓이고, 식혀서 효모를 넣어 발효하고 패키징하는 것이다. 좀더 자세한 설명을 담는다면, 특히 독일, 벨기에, 영국에서 각기 다양하게 실행되는 절차들에 관한 내용을 다 담는다면 책 몇 권은 채우고도 남을 것이다. 다행히도, 실제 브루잉에 관심이 있는 것이 아니라면 간단한 설명만으로도 상업적 브루잉의 기본 내용을 이해하는 데는 전혀 부족함이 없다.

몰팅

현대의 몰트하우스malthouse*는 놀라운 기술의 보고로, 끊임없는 분석을 통해 적정 온습도 수준을 유지하여 곡물의 낟알들이 효소가 풍부한 통한 상태로 가마에서 나올 수 있도록 하는 곳이다. 이곳에서는 브루어들이 일정 수준의 맥주를 생산할 수 있도록 엄격한 규격에 부합하는 몰트가 생산된다. 그럼에도 불구하고 곡물 몰팅은 여전히 수천 년 전과 동일한 방식으로 이루어지고 있다.

우선, 곡물(식물의 씨앗)을 물을 채운 수조에서 차처럼 우려낸다. 낟알의 씨눈을 자극하고 효소를 생성시키는 과정이다. 곡물을 흠뻑 적셔야 하기 때문에, 물에 담가두었다가 물을 빼내고 다시 담그기를 며칠에 걸쳐 반복한다. 생식할 준비가 된 씨앗은 중요한 화학적 변화가 시작되는데, 보통 거래되는 '싹chit'은 바로 이 과정을 거쳐 나온 자그마한 첫 순이다. 다음 단계는 물에 젖어 싹을 틔우기 시작한 이 곡식이 좀더 발아되게 두는 것이다. 씨앗이 생장 주기로 들어서면

* 맥아를 제조하는 곳

> ### 홈브루잉
>
> 맥주에 대해 알아가는 온갖 방법들 가운데 홈브루잉만 한 것은 없다. 레시피를 만들고 브루잉 과정을 관찰하고 결과물을 음미하는 여러 단계의 정교한 모든 과정은 브루잉을 하지 않는 사람이라면 이해하기 —불가능하지는 않지만— 어려울 것이다. 그러나 홈브루잉은 자동차 정비 기술을 터득하는 것과 마찬가지로 까다롭고 수고스러운 일이기도 하다. 대다수 사람들은 굳이 할 필요가 없는 수고다— 게다가 이 책에서 일일이 전부 다루기에는 너무 세밀한 과정이기도 하다. 겁먹을 필요는 없다. 시중에 훌륭한 책들이 몇 권 나와 있으니, 단돈 50달러면 어느 날 오후 시험 삼아 1갤런짜리 브루잉을 해볼 수도 있을 것이다. 적어도 한 번은 직접 브루잉을 시도해보기 바란다. 브루잉을 더 많이 해볼수록, 맥주의 맛을 좌우하는 요소들에 대해 더 많이 이해할 수 있다.

브루잉 과정

1. **Malting** — 몰팅: 브루어리들은 브루잉 준비가 될 때까지 몰팅한 곡물을 보관한다.

2. **MILLING** — 밀링: 매싱 전에 몰트를 으깬다. 당분 추출에 최적인 맥아 가루의 분쇄도는 브루어리 장비에 따라 결정된다.

3. **MASHING** — 매싱: 단백질과 전분을 분해할 효소가 잘 활성화되는 온도에서 몰트와 물을 한데 섞는다. 곡물에서 빠져나온 전분과 당분이 씻겨나가 '맥아즙'이라 불리는 일종의 보리차가 만들어진다.

4. **LAUTERING** — 라우터링: 끈적한 매시 죽에서 맥아즙을 덜어낸다.

5. **BOIL** — 끓이기: 맥아즙을 끓여 살균하고 홉산을 용해되기 쉬운 상태로 변환시킨다. 홉은 풍미나 아로마를 위해 첨가한다.

6. COOLING

냉각: 열 교환기가 뜨거운 맥아즙 옆으로 냉각수를 흘려보내 온도를 낮춘다. 이 과정을 거쳐 나온 냉각수는 뜨거운 양조수 탱크로 보내진다. 더 적은 에너지로도 매시 온도에 도달할 수 있기 때문이다.

7. fermenting

발효: 효모가 당분을 알코올로 바꾸고 풍미와 아로마 화합물들을 생성한다.

8. CONDITIONING

숙성: 숙성 과정을 위해 숙성 탱크로 보내진다. 라거는 이 과정에만 몇 주 혹은 몇 개월이 소요된다. 캐스크 에일은 캐스크 안에서 발효가 끝나며 그 과정에서 자연 탄산이 생성된다.

9. FILTERING

필터링: 맥주를 변성시켜 보존 기간을 단축하는 죽은 효모 등의 입자들을 제거함으로써 맥주의 투명도를 증가시킨다.

10. PACKAGING

패키징: 병, 캔, 캐스크, 케그 등에 맥주를 주입하는 일로, 이 과정을 마치면 맥주는 브루어리를 떠난다.

서 발효 불가능한 단백질들이 분해되는 결정적인 순간으로, '변형modification'이라 알려진 과정이다. 계속 생장하게 둔다면, 발아 과정에 사용되는 각 낟알 속 전분은 식물이 금세 소진해버릴 것이다. 그래서 몰트 제조자maltster는 4-5일 뒤에는 발아를 중단시키고 전분을 보존하기 위해 곡물을 건조시킨다.

밀링

브루어리들은 브루잉 준비가 될 때까지 몰팅한 곡물을 보관하는데, 그 첫 단계가 밀링milling이다. 매싱 전에 몰트를 으깨는 것이다. 커피원두를 갈듯이, 곡물도 거칠게 혹은 곱게 분쇄할 수 있다. 곱게 분쇄된 몰트는 맥아즙 속에 더 많은 당분을 생성해 내보내지만, 너무 고운 가루 상태로 분쇄되면 곡물이 덩어리로 뭉치고 겉껍질도 너무 고와져 적절한 필터 역할을 하지 못하게 된다. 맥아의 분쇄도는 브루어리 장비가 결정한다. 별도의 라우터 턴lauter tun*을 갖춘 브루어리라면 매시 턴을 필터로 사용할 때보다 입자가 더 고와도 괜찮으며, 매시 필터를 사용하는 브루어리의 경우 입자가 극도로 고울 수도 있다.

매싱

매싱은 아침식사용 죽을 만드는 것과 굉장히 비슷한 과정이지만, 실제로는 차를 한 주전자 가득 만드는 일에 더 가깝다. 전분과 단백질을 분해할 효소가 활성화되는 온도에서 몰트와 물을 한데 섞는 것이다. 이렇게 하면 곡물에서 빠져나온 전분과 당분이 씻겨나가, 마치 보리차 같은 맥아즙이 된다. 여기에는 기본적으로 두 가지 방법이 있다. 첫번째는 맥아즙 온도가 낮아지다가 다시 상승하고 유지되는 일련의 지점들마다 물을 붓는 방법이다. 두번째는 각 단계별 과정의 효과를 평균적으로 낼 수 있는 온도에서 ('뜨거운 양조수hot liquor'라 불리는) 물을 한 번만 주입하는 방법이다.

현대의 브루어리들은 첫번째 과정, 즉 '온도 통제temperature-programmed 매싱'을 사용한다. 영국 및 일부 미국 브루어리들은 두번째 방식인 소위 '인퓨전infusion 매싱'을 사용한다. 훨씬 더 오래된 세번째 방식도 있다. '디콕션decoction'으로 온도 통제 매싱이 도입되기 전에 이용되던 방식이다. 체코와 독일의 일부 브루어리들에서는 여전히 통용되는데, 매시 턴에서 맥아즙 일부를 덜어낸 뒤 가열하여 전체 매시의 온도를 다시 다음 단계로 높이는 수고스러운 과정이다.

라우터링

끈적끈적한 매시 죽에서 보리차를 분리해내는 단계다. 예전 시스템에서는 매시 턴에서 라우터링lautering을 해야 했지만 오늘날에는 '라우터 턴'이라 부르는 별도의 통을 이용한다. 이 시스템에서는 매시 턴의 전체 내용물이 라우터 턴으로 쏟아져 들어가게 된다. 외관은 매시 턴과 비슷하나 라우터 턴 내부에는 여러 개의 갈퀴와 날이 있다. 안에 담긴 매시를 가열하여 점도를 낮추고 회전하는 여러 개의 갈퀴와 날이 저어주는 동안 바닥의 거름망 아래로 맥아즙이 따로 모이게 된다. 갈퀴질이 이루어지는 동안 통 안의 막대는 곡물층에 물을 뿌려 몰트의 당분을 계속 씻어낸다—'스파징'으로 알려진 공정이다. 마지막으로, 모인 맥아즙을 케틀에 담아 끓인다.

끓이기

끓이는 과정에는 여러 장점이 있지만 가장 중요한 점은 홉산을 맥아즙 속에 녹아들 수 있는 상태로 변환시킨다는 것이다. 조금 시간이 걸리는 공정이어서, 브루어리들은 맥아즙을 평균 60-90분(반드시 최소 한 시간 이상) 정도 끓인다. 홉이 풍미와 아로마를 더하지만, 이 같은 특성을 더하는 화합물들은 섬세하게 다뤄야 한다. 풍미를 우려내려면, 끓이는 과정을 마치기 20-30분 전에 홉을 더 첨가한다. 아로마 화합물은 특히 손상되기 쉬우므로 아로마 홉은 마지막 몇 분 전에 첨가한다.

끓이는 과정에서 홉의 주요 성분을 추출할 수 있을 뿐 아니라, 맥아즙을 살균하고, 불필요한 휘발성 화합물을 제거하며, 굵은 단백질 입자를 침전시켜 맥주를 투명하게 만들어준다. 대부분의 브루 케틀(영국에서는 '구리솥copper')은 스팀 재킷steam jackets*이나 가열관(칼란드리아 calandria)으로 가열하지만, 좀더 오래된 브루어리들 가운데는 여전히 직화 케틀을 사용하는 곳도 간혹 있다. 불길이 직접 닿아 생기는 과열점이 맥아즙을 캐러멜화하는데 이때 토피의 풍미가 더해지고 맥주의 색이 짙어진다.

냉각

맥주를 신속하게 냉각시킬 수 있게 된 것은 중요

> ### 플로어 몰팅floor malting+
>
> 현대식 몰트하우스에서는 발아 중인 곡물들을 기계로 섬세하게 조절하고 관리한다. 그보다 좀더 오래된 전통적인 방식이 바로 '플로어 몰팅'인데, 젖은 곡물을 몰트하우스 내 창고 같은 개방형 공간에 널어놓는 것이다.
>
> 발아 중인 곡물은 다루기가 까다롭다. 발아 중에 열이 생성되므로, 몰트 제조자는 곡물층의 깊이를 조정하고 갈퀴질을 해 온도를 조절한다. 예전에는 과정 전반을 그저 장인의 손과 감에 의존했으므로, 이 부분이 수석 브루어의 솜씨 못지않게 중요한 —맛있는 맥주를 판가름하는— 고급 기술로 여겨졌다. 브루어리마다 나름의 방식으로 직접 몰팅을 했다 (몰팅은 화재가 빈발하는 위험한 일이었다). 발아 온도가 매우 중요했으므로 몰팅은 연중 서늘한 시기 5-6개월 동안만 가능했다—브루잉의 경우도 마찬가지였다.
>
> 브루잉 산업이 좀더 정밀해지면서 전문 업체들이 몰팅을 담당하게 됐고, 그 결과 대부분의 브루어리에서 전통적인 방식을 포기했다. 영국과 체코에서는 일부 브루어리들이 여전히 균형잡힌 몰트의 풍미를 더할 수 있다는 이유로 플로어 몰팅을 선호한다. 그 덕분에 이 전통적인 몰팅 방식은 살아남았다.

한 혁신이었다. 덕분에 효모를 재빨리 투입하여 오염을 막을 수 있었기 때문이다. 오늘날 브루어리에서는 열 교환기가 이 같은 역할을 한다— 자연히 에너지가 절약된다. 열 교환기는 뜨거운 맥아즙을 둘러싼 판 전체에 냉수를 흘려보낸다. 두 액체의 온도가 비슷해지면, 미지근해진 '냉각수'는 뜨거운 양조수 탱크로 보내진다. 더 적은 에너지로도 매시 온도에 도달할 수 있기 때문이다.

* 솥이 이중 구조로 되어 있어 바깥쪽 공간에 뜨거운 증기를 넣어 온도를 높이는 방식

발효

발효통 안에서는 마법이 일어난다. 효모가 당분을 알코올, 에스테르, 페놀로 바꾼다. 대부분의 브루어리는 비슷비슷하게 생겼지만, 발효 시스템만은 천차만별이다. 발효통 모양이나 온도는 효모의 활동에 큰 영향을 미친다. 주요 발효 과정은 에일의 경우 며칠, 라거의 경우 최대 열흘까지 소요된다. 발효가 끝난 맥주는 숙성을 위해 숙성 탱크로 보내진다. 라거 브루어리에서는 이 과정에 몇 주 혹은 몇 개월까지 소요되지만, 에일 브루어리에서는 단 며칠 혹은 몇 주가 소요된다. 캐스크 에일만은 예외로, 발효가 완료되기 전에 캐스크로 옮겨진다. 캐스크 안에서 발효가 끝나면 자연 탄산이 생성된다.

필터링 및 패키징

모든 맥주가 필터링 과정을 거치는 것은 아니다—일부 브루어리는 자연 그대로의 상태를 제공하는 것을 선호한다. 필터링은 맥주의 투명도를 증가시킨다는 장점이 있다. 더 중요한 것은 맥주를 변성시켜 보존 기간을 단축하는 죽은 효모 등의 입자들을 제거한다는 점이다. 일부 브루어리에서는 변질을 막기 위해 파스퇴르 살균이라는 추가적인 단계를 거치기도 한다. 그 대신 감안해야 할 것은, 파스퇴르 살균은 맥주에 ―고온에서 단시간 또는 비교적 저온에서 몇 분간― 열을 가할 수밖에 없는데 이것이 변성 과정을 촉진한다는 점이다. 대다수 소규모의 전통적인 크래프트 브루어리들은 파스퇴르 살균을 하지 않는다.

병, 캔, 캐스크, 케그 등에 맥주를 주입하는 일은 맥주가 브루어리를 떠나기 전에 거치게 되는 마지막 단계다. 용기의 종류는 비용의 영향을 어느 정도 받지만 ―병입 방식은 상당히 비싸고, 캔에 주입하는 방식은 그보다는 저렴하며, 케그에 들어가는 맥주가 가장 저렴하다― 맥주 스타일에 따라서 달라지기도 한다. 가령 캐스크 에일은 특수 디자인된 캐스크에 넣어야만 한다. 대다수의 벨기에 및 프랑스의 맥주 스타일들은 병입 후에도 재발효가 이루어져야 하므로 케그에는 넣지 않는다.

브루어처럼
맥주 맛보기

매일 11시가 되면, 위드머 브라더스Widmer brothers 브루어리에서는 맥주 관능평가사sensory panel 들이 실험실 옆의 작은 클린룸에 모여 앉는다. 평가사들은 브루어리를 떠날 모든 배치의 맥주를 시음한다. 각자 맥주를 일정량씩 따른 뒤 1-5점 사이에서 점수를 매긴다. 이들은 모든 감각을 동원해 판매에 부적합할 수 있는 결함이나 편차를 맥주에서 감지해낸다.

평가사가 될 사람들은 선별되어 감각 훈련을 거친다. 일주일간 약 40시간에 걸친 과정을 통해 향을 맡고, 홀짝이고, 목으로 넘기며 초산에틸, 디아세틸, 이소발레르산 등의 특성에 미각을 천천히 조율해간다. 감지해내는 것만으로는 부족하다—훈련된 평가사들은 해당 맥주의 맛을 해칠 만한 수십 가지 풍미와 아로마 화합물을 식별할 수 있어야 한다.

이 같은 화합물들은 대개 불과 전체의 100만 분의 몇 수준이다. 훈련을 통해 자격을 갖춘 전문가들은 예민한 미각이 유지되고 있음을 확인하는 정례적인 재검증을 거친다.

내가 방문했던 날, 평가사들은 여러 병의 라거와 페일 에일들을 시음하고 있었다. 그들은 나는 감지해낼 수도 없었던 어떤 화합물을 이유로 들어 배치 하나를 제외시켰다. 마뜩잖은 풍미들은 보통 패키징 직후 더 노골적으로 도드라지지만 며칠이 지나면 조화를 이루기도 한다—아마 평가사들은 그다음 주에 다시 시음을 할 것이다. 위드머 브라더스만큼 현대적이고 섬세하게 관리되는 브루어리에서조차 배치별 차이는 피할 길이 없다. 패널들은 서로 돌아가면서 맥주의 개성과 특성 들에 대해 의견을 피력했고,

위드머 브라더스에서 새로 나온 고제 샘플을 글라스에 따르고 있다.

각각의 독자성에만 주목했다. 이는 굉장히 주의를 기울이거나 맥주를 아주 잘 아는 사람이 아닌 이상, 보통의 음주자라면 알아채지 못할 만한 차이들이었다.

관능평가사들에게 그런 섬세한 지식은 필수적이다. 어느 순간 위드머 임페리얼 넬슨 IPA Widmer Imperial Nelson IPA가 담긴 그라울러가 나왔다. 그라울러에 담긴 이 맥주는 브루어리 펍의 케그 혹은 브라이트 비어 탱크(숙성 탱크)*에서 따른 것이었다. 내가 조금 따라서 맛을 보았을 때, 테이블에 둘러앉은 사람들이 웅성대기 시작했다. 누군가가 이 맥주에 2점을 매기자—문제가 있다는 뜻이다—사람들은 한 명씩 돌아가며 시음 소감을 이야기했다. 어느 한 사람이 지적한 문제점—숙성의 명백한 징후인 산소—에 대해 모두가 동의했다. 석 달쯤 더 보관해야 하는 맥주라면 심각한 문제가 될 것이다—그러나

알고 보니 이는 완전히 다른 상황이었다. 평가사 중 리더가 펍에서 석 달 묵은 샘플을 내놓은 것이었다. 평가사라면 쉽게 통과할 수 있는 테스트였다.

    이것이 바로 브루어들이 맥주를 맛보는 방법이다. 자신의 감각을 수십 종의 화합물에 맞춰 미세하게 조정해 맥주 샘플 속에서 그 화합물들을 쉽게 감지해낸다. 브루어는 자신의 감각만으로 맥주의 재료, 브루잉 방식, 신선도, 결점에 관한 많은 정보를 알아낼 수 있다. 인체는 어떤 기계도 맞먹지 못할 만큼 섬세한 감각들을 갖추고 있어서, 적절한 훈련을 받으면 맥주의 엄청나게 복잡미묘한 맛도 다 감지할 수 있다. 맥주를 브루잉하는 사람들만큼 맥주의 품질에 관심을 쏟는 사람은 없으며, 이들은 많은 시간을 들여 세세하게 풍미를 조율한다. 맥주 애호가들도 배울 만한 부분이다.

풍미의 본질

미각적 경험을 할 때 우리의 마음은 맛에 의존한다. 그 이유는 간단해 보인다. 음식과 음료는 미뢰가 기다리고 있는 입속으로 들어가기 때문이다. 너무도 단순하고 자명한 듯 보이는 이런 원리는 차치하더라도, 우리는 맛을 상당히 고정된 척도처럼 여기는 경향이 있다. 우리는 자신이 가장 좋아하는 맥주가 어떤 맛인지 안다. 자기 엄마가 어떤 모습인지 알고 있듯이 말이다. 만일 지금 앉아서 어떤 맥주를 맛본다면, 감각들

• 다양한 맥주들을 골고루 소량씩 맛볼 수 있도록 구성해 놓은 일종의 세트

은 그 맥주가 어떤 맛인지에 관해 상당히 명료한 —심지어 **과학적**이기까지 한— 정보를 건네줄 것이다.

    사실 풍미는 이런 식으로 작동하지 않는다. 어떤 맥주에 대한 평가를 시작하는 것은 실은 외바퀴 손수레를 미는 일과 마찬가지이며, 그 안에는 그 맥주 자체와는 거의 무관한 요소들, 즉 분위기, 브루어리의 견해, 라벨의 매력, 방금 전에 먹은 음식, 해당 맥주와 관련된 과거의 경험들, 레드삭스가 지금 양키스를 이기고 있는지 등이 무작위로 담긴다. 놀랍게도, 우리가 믿을 만하다고 생각하는 것들—가령 맛—조차 우리를 쉽게 기만한다.

    게다가 우리는 입으로 맛을 본다고 생각하지만, 사실 혀는 믿을 수 없을 만큼 어설픈 도구다. 우리가 무엇인가를 '맛볼' 때, 실제로는 혀, 코, 눈에서 오는 자극에 기대했던 맛에 관한 여러 환상과 다른 맛에 대한 기억이 합쳐진다. 과학자들은 뇌가 이 같은 여러 경험과 생각을 한데 뒤섞으며, 거기서 나오는 것이 바로 우리가 '풍

테이스터 트레이 taster tray• 메뉴는 브루어리에서 생산되는 맥주들의 다양한 풍미를 접해볼 수 있는 좋은 기회다.

미'라 부르는 굉장히 감상적인 개념임을 발견했다. 풍미는 소리나 형태—우리가 감각으로 직접 인지할 수 있고 대체로나마 합의할 수 있는 것들—와는 다르다. 풍미는 우리의 입 바깥에서 벌어지는 일들에 엄청나게 취약한, 일종의 끼워 맞춰진 경험이다.

그렇다고 해서 평가가 영 불가능한 일이라는 말을 하려는 것은 아니다—훈련된 미각이라면 적정 조건에서 특정한 풍미들을 놀라우리만치 정확하게 판별해낼 수 있다. 오히려, 우리가 인지하는 것들에 대해 굉장히 신중하게 주의를 기울여야만 한다고 말하는 편이 더 적절할 것이다. 풍미의 메커니즘을 이해하고 감각으로 알게 되는 것들을 잘 식별해보자.

맛이 아니라 풍미

우리의 삶은 먹고 마시는 일 위주로 돌아간다고 해도 과언이 아니다. 하루 일과 중 몇 시간씩을 음식을 준비하고 먹는 일에 쓰며, 인생 전반에 걸쳐 수백만 번 입속에 먹을거리와 마실거리를 넣을 것이다. 그럼에도 불구하고 우리는 음식을 베어물거나 음료를 홀짝일 때 실제로 무슨 일이 일어나고 있는지 거의 알아채지 못한다.

이런 실험을 해보자. 무엇인가를 베어물기 전에 먼저 숨을 들이마신 뒤 코를 막는다. 아마 그다음에 무슨 일이 벌어질지 짐작할 수 있을 것이다. 냄새를 맡는 코의 도움 없이는, 그저 대략의 풍미만 감지할 수 있다. 혀는 다섯 가지 카테고리의 맛—단맛, 짠맛, 감칠맛(또는 우마미umami), 신맛, 쓴맛—을 구분할 수 있다. 하지만 코를 막고 베어문 음식 맛은 죽어 있는 듯 느껴질 것이다—뭔가 맛이 나기라도 한다면 말이다. 틀어쥐었던 코를 놓으면서 콧구멍 속에서 일어나는 일에 집중해보자. 풍미에 대한 감각이 입안으로 몰려들 것이다. 그리고 집중해보면, 풍미가 미각 전체에서 폭발하는 바로 그 시점에 코를 통해 숨을 내쉬고 있다는 것을 알아챌 것이다.

음식(또는 맥주)을 맛볼 때는, 혀의 무딘 감각과 '비후방鼻後方 냄새retronasal smell*'라고 알려진 메커니즘으로 인한 지속적인 아로마 추출물이 결합되는 일이 벌어진다. 입안에 어떤 것을 넣기 전 냄새를 맡을 때, 향은 코 **앞쪽**에서 후각 신경계로 전달된다. 비후방 아로마는 무엇인가가 입안으로 들어온 뒤에 나온다. 음식은 으깨어질 때, 맥주는 입안에서 휘둘러질 때 데워진다. 그러면 향이 입안 깊숙한 곳으로 옮겨져 인두(비강이 입과 목으로 연결되어 있는 입 안쪽 공간) 안으로 들어가게 된다. 폐로부터 나오는 날숨이 음식이나 음료를 지나 휘발된 아로마를 **뒤쪽**에서부터 —비후방으로— 후신경구를 지나 운반한다. 흥미롭게도, 코 앞쪽에서 나는 냄새는 그 나름대로 감지될 수 있으나, 이 비후방 냄새는 항상 혀의 미각을 통해서만 감지가 가능하다. 아마 '풍미'는 미뢰가 지각하는 것이라고 우리가 쉽게 속는 것도 이 같은 결합 때문일 것이다. 그러나 대부분의 경우, 우리가 '맛'이라 할 때는 어떤 것의 전체적인 풍미를 뜻하며, '풍미'라고 할 때는 대체로 비후방 냄새를 의미한다.

풍미에 대한 감각을 형성할 때는 다른 감각

* 입안에 들어온 음식이나 음료에서 휘발되어 후각에 감지된 냄새

들도 함께 작동한다. 입은 음식의 질감을 느낄 수 있다—사실, 코가 막혔을 때 더 잘 느낀다. 관련 감각인 화학감각chemesthesis은 혀가 멘톨의 화한 향, 고추의 매운 향, (맥주를 마실 때 중요한) 탄산의 톡 쏘는 느낌 같은 화학적 감각을 판별할 수 있게 한다. 시각은 풍미에 필요하진 않지만, 분명 영향을 미친다. 색과 와인에 관한 어느 연구에서는, 포도주 양조학 전공 학생들이 색소를 넣은 화이트 와인 속에서 레드 와인으로 착각했다는 내용이 나온다. 다른 연구에서는 무취의 두 가지 물질을 받은 사람들이 색이 있는 쪽에 향이 있다고 답했으며, 또 다른 연구에서는 더 밝은색의 물질일수록 더 강한 냄새가 난다고 생각하는 것으로 드러났다. 우리가 이해하지 못하는 감각들도 있다. 가령, 필수 아미노산의 존재를 감지해내는 감각 같은 것 말이다.

우리 감각들이 말해주는 것 이외에도 여러 다른 요인이 풍미에 영향을 미친다. 배가 고픈지, 부른지, 혹은 어느 쪽도 아닌지 여부가 맛에 작용한다. 분위기가 영향을 미치며, 어린 시절부터 묻어뒀던 정서적 기억들도 경험에 색채를 입힌다. 마지막으로, 풍미의 지각은 각 개인의 하드웨어에 의해서도 좌우된다. 우리는 동일한 아로마를 감지하거나 동일한 맛(혀의 감각)을 동일한 강도로 경험하지 않는다. 어떤 이들은 질색하거나 혹은 매료되는 특정한 아로마에 무덤덤한 사람들도 있다. 가령, 향 테스트에서는 여성이 남성을 능가한다. 브루어리들은 실제로 이를 이용하여 관능평가사들을 구성한다. 각 풍미마다 민감한 사람이 반드시 있도록—그리고 다른 사람들은 풍미들에 민감하지 않도록— 구성하는 것이다. 이 모든 것은 맥주가 손님들에게 어떻게 받아들여질지를 충분히 판단할 수 있는 기준이 된다.

이 모든 감각, 느낌, 조건 들은 우리가 맛보는 방식에 영향을 미치고 풍미에 대한 우리의 경험을 형성한다. 관능평가사 혹은 시음자는 맥주를 맛보기 위해 앉아, 이런 수많은 요인들을 최대한 통제하고자 애쓴다. 수많은 요소들이 개입해 맥주의 풍미를 혼동시키거나 또는 극대화하므로, 맥주와 무관한 외부 자극은 최대한 배제하고자 노력한다. 이들에게는 맥주 안에 존재하는 풍미들만 남게 되는 것이다. 감각은 그 오류나 가변성에도 불구하고 여전히 풍미를 측정하

냄새의 중요성

인간에게 후각은 시각에 비해 대개 부차적이고, 개 등 다른 종에 비해 덜 중요한 것처럼 묘사되기도 한다. 사실, 향은 엄청나게 중요한 것으로, 유전체 가운데서도 최대 유전자군을 차지한다.

후각은 우리가 유익한 요소와 위험한 요소를 식별해낼 수 있게 도와주는 중요한 적응 능력으로 발달되었다. 인간은 상대적으로 제한된 수(수천 가지)의 향을 감지할 수 있지만, 유기계에는 수백만 종의 아로마 화합물이 있다. 우리는 식량과 가까워지거나 독소로부터 멀어지도록, 수많은 자극의 불협화음으로부터 몇 가지 주요 향을 식별해낼 수 있게 진화했다. 뇌가 진화함에 따라, 냄새를 처리하는 부분은 전前전두엽 피질—가장 고도의 인지 기능을 담당하는 영역—에 위치하게 됐다. 인간은 미각 수용기 수는 훨씬 적지만, 대신 거대한 처리 장치를 지녔다. 신경생리학자 고든 셰퍼드의 견해에 따르면, 덕분에 인간은 비후방 냄새를 맡을 수 있는 능력과 함께 다른 동물들보다 훨씬 더 풍부하게 풍미에 대한 감각을 생성하고 처리할 수 있는 특유의 능력을 갖추게 됐다. 인간은 타고난 식도락가들이다.

는 데 인간이 가진 가장 민감한 도구이며, 맥주에 대해 상당히 많은 것을 밝혀준다.

감각의 개요

맥주를 맛보는 데는 오감 중에 네 가지 감각이 동원된다. 혹 마무리 작업으로 글라스 옆에 귀까지 갖다대는 유별난 시음자가 있다면 모를까. 맛보기 과정은 반복적이어서 각각의 감각이 과정이나 재료에 대해 조금씩 알려주고, 시음자는 새로운 감각을 하나씩 느낄 때마다 차츰 더 많은 것을 알아가게 된다. 맥주를 보면 만들 때 사용된 몰트에 대해 어느 정도 알 수 있고, 코 앞쪽에서 나는 냄새로 좀더 많은 것을 알게 되며, 한 모금 마시고 입안에서 휘두른 다음 비후방으로 냄새를 맡으면 더 많은 것을 알게 된다. 이 모든 감각적 정보들이 한데 모여 맥주의 재료 및 제조 방식에 관한 지도를 그리는 일을 돕는다.

색과 투명도

미의 모든 형식이 그렇듯, 색 역시 기만적이다. 고정된 차원이 아니다. 색은 빛의 한 형태이기 때문에, 글라스의 생김새는 맥주의 외양에 영향을 미친다. (똑같은 맥주라도 낮고 넓은 글라스에 담기느냐, 높고 좁은 글라스에 담기느냐에 따라 색이 달라진다. 낮고 넓은 글라스의 맥주 색이 더 짙다.) 뿐만 아니라, 색은 우리 눈의 수용기들을 거쳐 뇌에서 심상들로 변환되기 때문에 사람마다 어느 정도 차이가 있다. 이 모든 요소들에도 불구하고 브루어리들은 몰트를 이용해 맥주에 색을 입힌다—사실 예쁜 글라스에 담긴 맥주를 보는 즐거움은 결코 사소하지 않다.

맥주의 색은 몰트, 당분, 첨가물 등에서 나오는데, 주로 브루어가 사용하는 몰트에 좌우된다. 지푸라기 비슷한 가장 밝은색부터 가장 어두운 검은색까지 각양각색이다. 물론, 이들 몰트는 풍미도 다양하기 때문에 색이 있는 설탕을 사용하여 적정한 빛깔을 내기도 한다. 벨기에와 영국 브루어리들이 뒤벌dubbel이나 마일드 에일에 가끔 사용하는 방식이다. 라이트 슈가나 옥수수 및 쌀 같은 부가물을 넣어 맥아 가루를 희석시켜도 색이 옅어진다. 마지막으로, 과일이나 커피 같은 다른 재료들을 사용하는 맥주들도 있는데, 각각 특유의 색을 지닌다.

색만으로 늘 무엇인가를 알 수 있는 것은 아니다. 브루어리들은 어두운색이나 밝은색의 몰트들을 조합하여 얼마든지 원하는 색을 얻을 수 있으며, 다크 슈거와 몰트의 차이를 잡아내는 것이 늘 쉬운 것도 아니다. 다양한 아로마와 풍미까지 종합해보면 몇몇 몰트는 식별이 가능할 수도 있겠지만.

어떤 색이든 매력이 있을 수도 없을 수도 있지만, 선명도는 그 색을 돋보이게 만드는 데 중요한 역할을 한다. 맥주는 단백질, 폴리페놀, 홉 지질, 효모 등 다양한 입자들로 가득 차 있는데, 이들은 전부 시야를 흐릿하게 만드는 데 한몫한다. 살짝 흐릿한 정도에서 우윳빛의 짙은 안개가 낀 것까지 그 정도도 다양하다. 맥주 안에 입자 수가 적을수록 맥주는 '더 밝아' 보일 것이다. 혼탁한 정도는 맥주에 관해 많은 것을 알려준다. 아로마가 아주 풍성하고 희미하게 빛나는 페일 에일이라면 드라이호핑을 했다는 뜻일 수 있다. 벨기에 윗비어나 바이에른 바이첸 등 몇몇은 본래 탁한 스타일이지만, 간혹 오염이나 노화로 탁해진 경우도 있다.

맥주는 대개 필터링을 거치며, 브루어리들은 원하는 정도에 맞게 미립자를 제거하는 수준을 조정한다. 극도로 투명한 맥주는 과도하게 필터링된 것일 수 있으며, 필터링을 덜 한 좀더 진한 맥주에 비해 개성이 약할 수 있다. 투명도는 좋고 나쁨의 문제는 아니다. 크래프트 맥주 애호가들 가운데는 글라스에 약간 질감이 남는 모습을 선호하여 이를 핸드 크래프트의 증거로 여기는 이들도 있다. 순전히 심미적인 측면에서 보면, 투명도는 실제로 색을 더 선명하게 보정하는 효과가 있으며, 대부분의 브루어리들은 투명하게 반짝이는 맥주를 선호한다.

탄산 및 헤드

한 잔의 맥주는 살아 숨 쉬는 존재다. 위로 올라오는 기포들은 빛을 받으면 보석처럼 반짝거리며 맥주 표면의 폭신한 거품 속으로 숨어든다. 탄산과 헤드야말로 맥주다운 요소다. 소다나 샴페인은 모두 탄산과 함께 춤을 추며 일렁이지만, 풍부한 소수성 폴리펩티드 덕분에 헤드가 유지되는 음료는 맥주뿐이다.

맥주 탄산은 발효의 결과로 자연히 생긴다. 하지만 대부분의 브루어리들이 패키징 직전에 맥주에 이산화탄소를 인공적으로 첨가한다. 그러고 보면, 탄산은 보이지 않고 그다지 중요하지도 않은 맥주의 특성 같다—기껏해야 거품을 좀 더 얹어주는 것뿐이니. 사실, 탄산은 맥주에서 빼놓을 수 없는 부분이다. 그 작은 기포들이 맥주에 산성을 조금 더해, 혀에 따끔거리는 느낌과 함께 청량한 마무리감을 낸다. 이는 다시 시원하게 적시는 느낌으로 바뀌는데 더운 날에 특히 바디가 가벼운 고탄산 맥주가 만족감을 주는 이유가 바로 여기에 있다. 반면, 탄산이 비교적 약한 맥주들—캐스크 에일 등—은 혀에 닿았을 때 묵직한 느낌을 준다.

역동적인 음료, 맥주

맥주의 풍미라는 주제가 아직도 별로 복잡하게 느껴지지 않는다면, 다음 요소들도 감안해보자. 맥주의 속성은 고정된 것이 아니며, 서빙되는 방식에 따라 달라진다. 여기서 특히 중요한 두 가지는 바로 온도와 글라스다.

맥주는 온도에 따라 다르게 반응한다. 아로마, 풍미, 탄산은 모두 온도가 낮을수록 약해진다. 에일 파인트가 대개 적정 온도 아래인 -6°C로 서빙되는 펍에서는 이 점이 심각한 문제일 수 있다. 맥주를 미지근해지게 두면 예상치 못한 여러 향과 풍미가 열려 발산될 수 있다. 새콤한 맥주들은 예외다—차가울수록 맛이 강렬해진다. 산미는 낮은 온도에서 다른 풍미만큼 억제되지 않기 때문일 것이다. 맥주 온도가 올라가면, 산미는 줄어든다.

글라스는 시각적 표현과 아로마 두 측면에서 모두 중요하다. 땅딸막한 글라스는 맥주의 색을 어둡게 해 색에 대한 인상을 잘못 전달한다. 더 문제가 되는 것은 원통형 또는 셰이커 스타일의 글라스로, 아로마를 포착하는 데 좋지 않다. 불경하게 들릴지 모르지만 와인 글라스는 펍에서 흔히 볼 수 있는 셰이커 스타일 글라스보다 차라리 낫다. 전구처럼 불룩한 글라스는 아로마가 모이는 자연스러운 공간을 형성하기 때문이다. 진지한 시음의 경우면, 튤립 파인트나 스니프터, 튤립 글라스, 고블릿 등도 전부 아로마를 포착하기에 더 좋다.

풍미 관련 용어

다음은 다양한 맥주 스타일에서 공통적으로 발견되는 풍미 및 아로마 특성의 목록이다.

- **가죽** 가죽냄새는 드라이한 경우 브레타노미세스에 의해서, 자두향이 풍부하게 느껴지는 경우에는 산화에 의해서 날 수 있다. 과도한 산화는 맥주의 맛을 망치지만, 약간의 산화는 정제된 셰리주 같은 향을 더한다.

- **건포도, 자두** 크리스털이나 캐러멜 몰트는 맥주에 '검붉은 과일'의 달콤한 풍미를 더한다. 다크 계열의 맥주가 숙성되는 동안, '당화stewing*'가 일어나면 건포도나 자두의 풍미가 뚜렷해진다.

- **꿀** 달콤한 꿀향은 발효 중에 소모되는 실제 꿀이 아니라 주로 허니 몰트에서 나온다. 초산 페닐 에스테르에서도 나올 수 있다.

- **나무** 오크통에서 숙성된 맥주에 함유된 특정 타닌들은 육두구, 시나몬, 바닐라 같은 향신료향을 낸다. 나무통 숙성 과정을 거치는 맥주는 거의 없다.

- **농가 헛간** 야생효모 브레타노미세스는 산양유 냄새 등 수많은 낯선 풍미를 지닌다(카프로산/헥산산 때문이다). 농가 헛간의 동물에게서 날 법한 독특한 아로마 —'말 담요' 아로마로 묘사될 때도 있다— 역시 브레타노미세스에서 나온다.

- **단맛** 달콤한 풍미를 내는 것은 수없이 많으며, 대표적으로 몰트가 있다. 홉의 풍미, 향신료, 과일, 에스테르 등도 달콤한 맛을 낼 수 있다.

- **드라이한 청량감** 드라이한 미각적 느낌은 저감도가 높은 맥주—즉, 잔여 당분이 거의 없는 맥주—임을 나타내는 경우가 많다. 고탄산, 타닌, 향신료 등도 드라이한 느낌을 낼 수 있다.

- **로스팅향** 로스팅 과정에서 갈변browning(마야르 Maillard 반응)하면 단당류와 아미노산은 풍부하고 섬세한 풍미의 복합 분자들로 변한다(끓이거나 찐 음식과 볶거나 그릴에 구운 음식의 차이를 생각하면 쉽다).

* 전분이 발효성 당분으로 바뀌는 과정

로스팅 중 마야르 반응을 거친 몰트는 풍미가 커피처럼 쓰고, 짙은색으로 구울수록 풍미는 더 강해진다.

- **미네랄** 몇몇 역사적인 브루잉 지역은 미네랄이 풍부한 경수로 유명했다. 미네랄이 들어 있는 스타일들은 홉의 쓴맛이 날카롭게 느껴진다. 미네랄 성분들이 맥주를 드라이하게 만드는 것으로 알려져 있다.

- **바나나** 가장 독특한 에스테르 중 하나인 초산 이소아밀은 바나나와 흡사한 향이 난다. 대다수의 맥주에는 썩 어울리지 않지만, 바이에른 바이첸에는 잘 어울린다.

- **바닐라, 코코넛** 바닐라나 코코넛 향은 대개 오크 또는 버번 배럴 숙성한 맥주에서 나타나지만, 특정한 페놀 성분 때문일 수도 있다.

- **발사믹 식초** 플랑드르의 레드/브라운 맥주에서 느낄 수 있는 결정적 특징이다.

- **배** 주로 초산 이소아밀 에스테르에서 나온다. 몇몇 벨기에 에일에는 잘 어울리지만, 라거나 영국 에일에는 어울리지 않는다.

- **빵, 크래커, 비스킷** 페일 몰트에서 추출할 수 있는 공통된 풍미다.

- **산미, 타트함** 야생효모 및 박테리아를 첨가해 만든 맥주의 특성이다. 강도는 살짝 새콤한 느낌이 드는 정도부터 움찔할 만큼 강렬한 신맛까지 다양하다. 대부분의 맥주 스타일에서 산미는 변질됐다는 징후다.

- **소나무** 심코Simcoe 같은 일부 홉 종에 있는 풍미다. 민트나 가문비나무의 성분이 있을 수 있다.

- **시트러스** 시트러스 풍미와 아로마는 맥주에 공통되게 나타나는데 여기에는 몇 가지 원인이 있다. 홉, 특히 미국산 품종의 홉에서 가장 흔하게 나타나지만, 야생효모, 박테리아, 에스테르 역시 시트러스향을 낼 수 있다.

- **쓴맛** 씁쓸한 풍미를 낼 수 있는 화합물은 여러 가지

가 있지만, 다 똑같지는 않다. 다크 로스팅한 몰트는 커피 같은 쓴맛을 내는 반면, 홉은 식물성 쓴맛을 낸다. 쓴맛을 내는 다른 성분으로는 체리 씨앗, 나무, 곡물 껍질 등의 타닌이 있다.

- **아몬드, 호두** 어두운색 몰트들의 특성인 견과류 풍미는 브라운 에일류에서 진가를 발휘한다. 화학적인 아몬드 아로마는 퓨젤 알코올 트립토폴에서 나온다.

- **알코올** 맛으로 느껴진다기보다는 감지되는 것으로, 맥주에 들어 있는 알코올성 물질은 에탄올이다. 탄소 원자 함량이 더 많은 고급 또는 '퓨젤' 알코올은 장미, 아몬드, 와인 등의 풍미를 지니며, 타는 듯 '뜨거운' 느낌을 뚜렷이 주기도 한다.

- **에스테르** 에스테르는 비교적 고온에서 발효할 때 생성되는 화합물로, 특성상 에일을 라거와 구분시켜주는 주요 기준이다. 에스테르는 주로 '과일 같은' 풍미로 묘사되는데 달콤하다는 뜻으로도 해석 가능하다. 대표적인 에스테르에는 초산에틸(저농도에서는 과일 풍미가 나고, 고농도에서는 용해제 같은 향이 난다), 카프론산 에틸(사과, 아니스), 카프릴산 에틸(사과), 초산 이소아밀(바나나, 배), 초산 이소부틸(파인애플), 초산 페닐(꿀, 장미) 등이 있다.

- **연기향** 훈제 몰트에서 나오는 이 스모키한 풍미는 훈제 과정에 사용되는 나무 같은 풍미를 띠며 마치 고기처럼 느껴지는 착각을 불러일으킬 수도 있다. (히커리 나무로 훈제한 몰트는 햄 같은 풍미를 띠고 오리나무로 훈제한 몰트는 연어 같은 느낌이 난다.) 독일의 라우흐비어rauchbier 몰트는 너도밤나무로 훈제한 것인데, 미국인들의 입맛에 좀더 통상적으로 '스모키'하다고 느껴지는 바로 그 맛이다.

- **오크** 와인이나 버번이 담겨 있던 오크 배럴에서 숙성된 맥주에서는 오크의 드라이하고 송진 같은 풍미가 나온다. 오크 풍미는 수렴성으로 인해 약간의 떫은맛이 나지만 나무향으로 표현된다.

- **와인, 셰리주** 포도주향은 숙성을 통해 전형적으로 나타나는 향으로, 정제된 느낌의 드라이한 특성을 띤다.

- **자몽** 시트러스 계열의 풍미는 미국 홉의 공통된 특징이지만, 가장 본질적인 풍미는 캐스케이드Cascade, 센테니얼Centennial, 치누크Chinook에서 나오는 자몽향이다.

- **정향** 정향의 풍미는 바이에른 지방의 밀맥주에서 전형적으로 나타나는데, 이는 발효 과정에서 생성된 페놀 4-비닐 과이어콜 때문이다. 브루어리가 의도적으로 포함시킨 향신료가 아니라면, 정향 풍미는 대개 결함으로 간주된다.

- **젖산** 박테리아인 유산균과 페디오코쿠스균에 의해 형성되는 젖산은 톡 쏘는 화합물로, 베를리너 바이세 같은 특정한 산미가 있는 스타일의 맥주에 특유의 매력을 부여한다. 사워도우 빵이나 요거트에 있는 것과 동일한 화합물이다.

- **제라늄, 치자나무** '꽃향'은 미국 홉의 전형적인 특성이다.

- **초산** 식초의 성분인 산으로, 람비크 같은 새콤한 맥주라면 핵심 성분일 수도 있으나 다른 맥주의 경우라면 변질됐다는 신호이므로 치명적이다.

- **캐러멜, 토피** 이 풍미들은 크리스털 또는 캐러멜 몰트에서 나온다. 영국 및 미국의 에일에서 공통적으로 발견된다.

- **커피** 실제 커피를 넣어 브루잉하는 관행이 점차 증가하는 추세이긴 하나, 이 경우를 제외한다면 다크 로스팅한 몰트에서 커피와 유사한 특성이 비롯되곤 한다.

- **페놀** 페놀은 다양한 재료, 발효 혹은 오염 때문에 생길 수 있는 화합물들이다. 달갑지 않은 경우가 대부분이지만, 훈제 맥주의 연기향과 바이에른 바이첸의 정향 같은 스파이시한 풍미에 기여한다.

- **퓨젤 알코올** 퓨젤 또는 고급 알코올은 대개 고도수 맥주에만 들어 있다. 종류가 무려 45종에 달하는데, 맥주에 과일 같은 풍미나 타는 듯한 날카로운 느낌을 주기도 한다. 일부 센 맥주에서 느껴지는 독한 '술기운'은 순수 에탄올이 아니라 바로 퓨젤 알코올이다.

- **후추, 향신료** 후추향은 여러 홉에서부터 발효 중 생성되는 페놀 화합물에 이르기까지 그 원인이 다양하다. 벨기에의 브루어리들 가운데는 이런 특성을 두드러지게 하기 위해 실제 후추를 첨가하는 곳도 있다.

탄산은 아로마와 맛에도 영향을 미친다. 이산화탄소가 올라가 글라스 밖으로 나가면서 휘발성 아로마들도 끌어올려 글라스 밖으로 퍼져 나가게 한다. 풍미와는 정반대다. 탄산은 몰트와 홉의 풍미 둘 다 상쇄하지만, 특히 쓴맛을 상쇄한다. 틴 캔tin can 라거에 비하면 탄산이 절반밖에 없는 캐스크 에일이 더 진하고 풍성한 풍미를 자랑하는 이유도 바로 여기에 있다.

탄산은 맥주 안에 녹아 있는 이산화탄소의 양으로 측정한다. 1볼륨volume은 주어진 용기의 공간을 채우는 양을 의미한다. 0℃에서 맥주 글라스에 이산화탄소를 가득 채우면, 그것이 바로 맥주 속에 녹아 있는 기체 1볼륨의 양이다. 비교를 하자면, 캐스크 에일에는 약 1-1.5볼륨의 이산화탄소가 들어 있고, 스탠더드 크래프트 에일에는 1.5-2.5, 탄산이 풍부한 특정 벨기에 스타일들과 바이에른 바이첸에는 3-4 정도 들어 있다. 글라스 속 탄산은 수많은 거품 방울(구슬bead)처럼 눈에 보인다. 이 효과를 내기 위해 거품 방울들이 형성되도록 바닥에 요철을 새겨 소위 '핵 생성nucleation 구역'을 만든 특별한 디자인의 글라스 종류도 있다.

맥주 헤드는 탄산의 장식적인 기능에 가까워서 풍미에는 그다지 큰 영향을 주지 않으며, 거품층 두께에 대한 기호도 천차만별이다. 그러나 헤드는 맥주의 질감에 크림 같은 느낌을 더해줄 수 있다—기네스 같은 스타우트의 경우 특히 그렇다. (기네스는 혼합된 질소 및 이산화탄소와 함께 서빙되며, 헤드는 특히 크림처럼 미세한 거품 방울들로 이뤄져 있다.) 소량의 헤드가 얹혀 서빙되는 경우라도, 맥주가 거품을 생성하고 유지하는 능력은 그 맥주가 얼마나 잘 만들어졌는지 알 수 있는 중요한 단서다. 좋은 맥주는 헤드를 유지할 뿐만 아니라, 글라스 안쪽에 그물 모양의 거품 자국을 남긴다. (센 맥주들은 예외다. 잘 만든 맥주라도 알코올은 헤드를 흩어놓을 수 있어서.) 평가사들은 헤드가 구성된 방식—거품 방울들이 조밀하고 크림 같은지, 얼마나 오래 지속되는지—을 주의 깊게 본다. 맥주의 품질을 가늠할 수 있는 단서이기 때문이다.

아로마

시음에서 가장 중요한 단계 중 하나가 아로마 시향이다. 순전히 향락적인 측면들은 차치하더라도 —물론 완전히 차치해서는 안 되겠지만— 글라스에서 풍겨나오는 향에는 재료, 브루잉 방식, 효모 타입, 어딘가 안에 도사리고 있을 예상치 못한 모든 뉘앙스 같은 것에 대한 단서가 담겨 있다. 맥주가 입안으로 들어가 맛과 질감이라는 감각에 섞이기 전 냄새를 맡는 것만으로도 맥주의 첫인상을 느낄 수 있다. 아로마만 따로 떼어보면 강도나 원잣값은 제각각 다르겠지만, 어떤 경우든 시음자가 마침내 한 모금 마셨을 때 특정한 풍미들을 느끼게 만드는 안내자 역할을 한다.

몰트마다 나름의 성격이 있다. 곡물 아로마는 몰트에만 있는 요소로, 관련 풍미의 종류에 따라 사용된 몰트 타입에 대해 중요한 정보를 알 수 있다—캐러멜, 토스트, 비스킷, 검붉은 과일, 연기향, 로스팅향 등을 풍긴다(몰트에 관한 좀 더 자세한 정보는 이 책 49-51쪽을 참고하자.) 홉은 훨씬 더 독특하다—수많은 종류가 있지만,

구별이 쉽지는 않다. 시간이 지나면서 시음자들은 풍미와 특정 홉 타입을 연결시키는 데 능숙해진다(한눈에 홉 종류를 파악하는 법이 궁금하다면 이 책 부록을 참고하자). 아로마의 강도와 타입은 끓이는 동안 홉을 첨가한 시점과 드라이호핑 여부를 시음자에게 알려줄 것이다.

시음자는 연습을 통해 발효로 생성된 아로마를 찾아내는 법도 알게 된다. 이 아로마들은 다른 향들과 흡사하기 때문에 홉보다 훨씬 더 까다롭다. 에스테르 냄새는 과일처럼 달콤하지만, 몰트와 홉 역시 달착지근한 향을 지닌다. 페놀 역시 발효 중에 생성되는 아로마 부류에 속하며, 연기향이나 향신료향 또는 약품 냄새가 나기도 한다. 벨기에 효모종은 바나나, 아니스, 장미 등 여러 낯선 아로마를 풍기며, 브레타노미세스 같은 특정 효모종들은 독특한 '농가 헛간' 같은 느낌이 나기도 한다. 관련 아로마는 알코올이다—날카롭게 찌르며 들어오는 와사비처럼, 냄새로 맡아진다기보다는 감지되는 쪽에 가깝기는 하지만 말이다. 맥주 역시 고급(퓨젤) 알코올을 생성하며 달콤한 에스테르와 비슷해서 혼동할 수도 있지만 특유의 냄새가 있다.

어떤 이들은 맥주의 냄새를 맡는 데 거의 시간을 들이지 않는다. 하지만 아로마를 구별하기 위해서는 노력이 필요하다. 균형 잡힌 맥주라 해도, 홉이나 몰트 아로마가 압도하는 경향이 있으므로 부수적인 향들을 잡아내려면 후각이 적응해야만 한다—대강 냄새 맡는 정도로는 안 된다. 그러나 첫 모금을 들이켤 때면 그 모든 노력을 기울인 보람을 느낄 것이다.

풍미

맥주의 풍미는 맛, 아로마, 질감, 그리고 3차 신경 자극(마우스필 설명박스를 참고하자)의 총체다. 뿐만 아니라, 이 풍미는 맥주가 입안에 처음 닿는 순간부터 목으로 넘어가 삼켜질 때까지 연속적으로 —그리고 그 이후로도— 전개된다. 입안을 한 바퀴 휘젓고 나면 따뜻하게 데워진 아로마가 휘발되고, 맥주는 혀의 모든 미뢰를 훑고 지나가며 한층 더 풍성한 물리적, 화학적 감각을 선사한다. 마지막으로, 맥주 풍미에서 가장 중요한 요소 중 하나가 목넘김 **이후에** 나타난다. '뒷맛aftertaste'으로 알려진 이 최후의 감각적 여

> ### 마우스필
> 마우스필은 맥주의 빡빡하거나 묽은 정도에 관한 느낌, 발포성, 점성 등 혀의 신경과 입안 내벽들이 감지하는 모든 느낌을 통칭하는 개념이다. 인간의 입은 워낙 정교한 신경망이라 이 복잡한 감각을 감지해낼 수 있다. 온도, 통증, 감촉, 압력 등에 민감한 다양한 미각 수용기들이 함께 맥주의 물리적 속성들을 하나의 심상으로 그려내는 것이다. 이것이 바로 우리가 필스너와 임페리얼 스타우트(167쪽 참고) 그리고 우유와 물을 단지 느낌만으로도 구별해낼 수 있는 이유다. 가장 중요한 감각 가운데 하나는 3차 신경을 통해 오는 것으로, 우리는 3차 신경 덕분에 멘톨의 '시원함'이나 고추류의 '열감' 등을 느낄 수 있다.
> 이 촉각은 맥주의 질감에 대한 정보를 주는 데 그치지 않고 풍미에도 영향을 미친다. 통증이 있으면(가령, 캡사이신 등) 맛은 덜 예리해진다. 점성이 강하면 비후방 냄새는 옅게 느껴진다. 따뜻한 온도에서는 맛과 아로마가 모두 발산된다. 이 작용은 역방향으로도 성립한다. 즉, 달콤한 액체는 좀더 점성이 있는 것처럼 느껴지는 반면 산미가 있는 액체는 점성이 덜 느껴진다.

운은 혀에 남은 액체의 맛과 여전히 후신경구까지 퍼져나오는 아로마와 결합된다.

그렇다면 한 모금 마시는 동안 시음자는 다음 3단계를 거치게 되는 셈이다. 가장 강렬한 풍미가 압도하는 첫인상을 거쳐, 입안에서 데워지고 휘저어진 맥주에서 덜 강한 풍미들이 존재감을 드러내는 중간 단계의 좀더 풍성한 인상을 느낀 다음, 마지막으로 거의 바로 사라지거나 혹은 몇 분간만 감도는 마지막 여운을 느끼게 된다. 단계마다 느껴지는 맛은 제각각 다르며, 모두 풍미를 평가하는 데 결정적인 요소다.

이 모든 감각은 한꺼번에 결합되고 전개되지만, 풍미에 대한 감각은 단순한 아로마나 맛을 넘어서는 제3의 차원과도 같다. 시음자가 맥주의 냄새를 맡아 알아낸 정보는 한 모금 홀짝이는 순간 정교하게 보강되며, 몰트, 홉, 발효의 특성 등에 대해 더 많은 부분을 알아낼 수 있다. 입안과 혀에서 느껴지는 감각들도 맥주의 점성이나 발포성, 수렴성astringency 등 새로운 정보를 더한다. 물론 이는 시음자가 질감과 아로마를 통해 얻은 정보를 취합하여 맥주의 알코올 함량이나 저감도 수준을 판단할 수 있는 경우에 한해서다. 맥주가 미각상 얼마나 묵직하게 느껴지는지, 뒷맛은 얼마나 드라이한지, 입안에서 알코올 느낌이 얼마나 강한지 등의 특성들은 여러 감각들이 결합된 결과다.

블라인드 테이스팅

습관과 예상은 신중한 테이스팅의 적이다. 처음 냄새를 맡고 마셔보기도 전에, 우리는 대단히 많은 정보를 접하게 된다. 브루어리, 맥주, 맥주 스타일, 가격, 자신의 과거 경험, 라벨에 붙은 정보 등이다. 미리 형성돼버린 맥주에 대한 인상은 맥주를 마침내 맛보게 될 때 우리의 경험을 채색해버린다. 이 같은 무관한 정보를 배제하고 집중하여 호기심을 증폭시키는 가장 좋은 방법 가운데 하나가 바로 블라인드 테이스팅이다.

복잡한 실험은 필요 없다. 자신이 가장 좋아하는 맥주에서 시작해 그 스타일 위주로 테이스팅을 해나가면 된다. 최소 세 가지 이상, 그러나 여섯 가지는 넘기지 않는 것이 좋다―너무 가짓수가 많아 미각에 피로가 쌓이면 후반부로 갈수록 경험이 무뎌지기 쉽기 때문이다. 테이스팅을 지휘하며 샘플을 따라줄 사람이 있다면 가장 좋겠지만, 병을 종이나 알루미늄 호일로 싸서 라벨을 가리는 간단한 방법만으로도 충분하다. 모든 참가자에게 맥주별로 한 잔씩 따라주고 병에는 반드시 번호를 붙이도록 한다. 입가심 용도로 물과 짭짤한 크래커 또는 식빵을 가까이에 준비해둔다.

그런 다음 맛을 보자. 오감이 알아내는 정보들로 인해 놀라게 될 것이다. 그리고 오래된 친구 같던 가장 좋아하는 그 맥주가 생각과는 달리 낯설어서 놀랄지도 모른다. 실제로 나는 가장 좋아하는 IPA 4종을 블라인드 테이스팅 해본 적 있는데, 그중 두 가지를 혼동해왔다는 사실을 발견하고 충격에 휩싸였다. 그 테이스팅 덕분에 나는 새삼 겸손해졌고, 그간 맥주들에 존재하는 다양한 풍미와 특성을 놓치고 살아왔다는 사실을 깨달을 수 있었다.

나쁜 맥주는 모두 비슷하다

레오 톨스토이에게 일단 양해를 구한다.* 모든 좋은 맥주는 제각기 나름대로 좋지만, 모든 나쁜 맥주는 비슷하다. 정말 뛰어난 맥주는 언제나 이루 말할 수 없는 비범함이 있다. 모든 요소가 우리를 깜짝 놀랄 만큼 기쁘게 만드는 쪽으로 한데 어우러진다. 나쁜 맥주들은 정반대다. 밍밍한 맛 아니면 잡미로 우리를 괴롭힌다. 나쁜 맥주들 중에는 제조 과정의 객관적 결함이나 오염의 문제가 있는 경우도 있지만, 대충 만들거나 잘못된 레시피를 썼기 때문인 경우도 있다. 안타깝게도 나쁜 맥주는 드물지 않게 찾을 수 있다. 상업적으로 브루잉된 맥주 가운데 3분의 1 정도만 합격일 것이다.

그렇다면 어떤 맥주가 나쁜 맥주일까?

기술적 결함 또는 오염

브루잉 과정 중 또는 이후에 맥주를 망치는 요인은 수없이 많다. 한때 위생 불량이나 오염은 불가피한 문제였고, 브루어리마다 그저 조금이나마 개선해보려 애썼다. 하지만 오늘날은 맥주가 오염될 이유가 없다—그럼에도 불구하고 오염이 될 수도 있지만. 위생 불량이나 조악한 브루잉 방식은 맥주 맛을 펑키하게 혹은 시큼하게 만들 수 있다. 일부 브루어리에서는 장비의 기술적 문제로 인해 맥주에 잡미가 생기기도 한다. 오래된 재료는 맥주를 무미하게 만들거나 단조롭거나 스테일stale 풍미**를 내는 원인이 될 수 있다.

그러나 나쁜 풍미가 모두 브루어리의 잘못은 아니다. 일단 브루어리를 떠난 맥주는 온갖 폭력을 견뎌내야 한다. 열기, 햇볕, 진동, 시간 등 맥주에게 아군은 없다. 모든 펍이 케그 관리를 잘하는 것도 아니다. 케그와 탭을 연결하는 호스를 세척하지 않는 펍도 있고, 맥주가 충분히 순환되지 않는 펍도 있다. 캐스크에서 숙성⁺한 맥주의 경우, 신선하고 맛있는 파인트를 얻으려면 주의가 필요하다. 관리가 소홀하면 맥주는 변질 또는 산패된다.

기술적 결함의 기준이 늘 절대적이진 않다. 어느 맥주 스타일에서는 문제인 것이 또 다른 맥주 스타일에서는 특색이 될 수도 있다—산미가 생긴 맥주의 경우가 바로 여기에 해당된다. 실제로, 대부분의 '결함'은 몇몇 특정 스타일의 맥주에서는 괜찮을 수 있다. 그리고 이런 결함들에 대한 민감도 역시 개인마다 차이가 있기도 하다. 어떤 이들은 감지해내는 것조차 힘든 결함에 대해 또 다른 이들은 아주 적은 양으로도 확연히 느끼기도 (그리고 대개 질색하기도) 한다. 가장 흔한 특성들과 그 화학적 출처, 원인, 그리고 이것들이 허용되는 맥주 스타일들 중 일부를 다음과 같이 정리해보았다.

• **떫은맛, 꺼끌꺼끌한 느낌, 타닌** 떫은맛(수렴성)은 풍미와 감각의 중간 즈음에 해당하는 특성으로, 쓴맛이나 높은 저감도 등 맥주의 다른 특성과 혼동되기 쉽다. 홍차의 성질을 떠올려보면 어느 정도 감이 잡힐 것이다. 혀가 마르는 듯한 이 느낌은 타액 속 단백질이 응고되는 화학반

---

* 레오 톨스토이의 『안나 카레니나』의 유명한 첫 문장("행복한 가정은 서로 닮았지만 불행한 가정은 모두 저마다의 이유로 불행하다")을 차용한 표현을 쓰느라 덧붙인 말
** 지나친 숙성으로 인한 곰팡이향

응으로, (홉의 영향도 있지만) 주로 몰트의 타닌 성분에서 온다. 즉 스파징 과정에서 곡물 속 타닌이 과다하게 씻겨나와 이런 맛이 생기는 것이다. 일부 브루어리에서는 지나치게 드라이해지지 않도록 타닌 함량이 낮은 쪽을 선호하기도 한다.

• **버터, 버터스카치 캔디** 화합물인 디아세틸에서 나오는 특성이다. 디아세틸은 마가린이나 극장에서 파는 팝콘에 풍미를 더하는 용도로 사용되는 확연한 버터향을 지닌 물질이다. 소량으로는 영국 및 미국의 세션 에일들의 편안하고 유쾌한 뉘앙스가 되기도 하지만, 너무 많이 들어 있으면 인위적인 맛이 나고 미끌거리는 좋지 않은 느낌을 혀에 남길 수 있다. 디아세틸은 발효시 자연적으로 생성되는 부산물이지만, 패키징 전 충분한 시간이 지나면 효모가 재흡수한다. 따라서 디아세틸은 브루어리들이 지나치게 작업을 서두르는 경우 맥주에 잔존할 수 있고, 펍에서 탭 부분을 청결하게 관리하지 않아도 박테리아로 인해 생성될 수 있다.

• **톡 쏘는 치즈향 또는 발냄새** 이 불쾌한 풍미는 이소발레르산에서 나오는 것으로, 어떤 경우에도 괜찮지 않다. 이소발레르산은 일부 치즈 종 그리고 사람의 발에 나는 땀(웩, 다시 말하지만 **절대 괜찮을 수 없다**)에서 찾을 수 있다. 잘못 보관하여 산패된 홉이 원인이다.

• **양배추, 뭉근하게 끓인 채소, 크림콘creamed corn*, 토마토 주스** 원인은 화합물 디메틸술파이드(흔히 DMS로 지칭)다. 독일 라거 등에 소량 함유돼 있으면 허용할 만한 아로마 화합물이지만, 수치가 높아지면 달갑지 않은 풍미가 된다. DMS는 발아 중인 보리 속 입자에서 나오는 화합물로, 가마 건조 과정에서 (그래서 독일 라이트 몰트에 일부 잔존한다) 혹은 브루어리가 맥아즙을 잘못 관리했을 때 생성되는 경우가 많다.

• **청사과** 함량이 높아지면 맥주의 풍미가 불쾌해지는 또다른 화합물은 아세트알데히드다. 흥미로운 사실은 아세트알데히드는 당분이 알코올로 변하는 과정의 전구체前驅體다—그리고 인체가 대사를 위해 즉각 알코올을 변환시켜 만들어내는 물질이기도 하다. 맥주에서는 산뜻한 느낌으로 받아들여질 수 있고(이 정도는 괜찮다),

> ### 거품의 과학
>
> 샴페인이나 사이다를 글라스에 따르면, 헤드는 금세 사라진다. 반면 맥주의 헤드는 단단히 자리잡는다—맥주는 이런 현상을 보이는 유일한 음료다. 왜 그럴까? 한마디로 답하자면, 단백질 때문이다. 이산화탄소 기체는 대개 전부 증발해버릴 때까지 거품 한 곳에서 인접한 더 큰 거품으로 계속 나아가는 성질이 있기 때문에 거품은 보통 불안정한 상태다. 맥주의 단백질 성분은 기체 방울들 주위로 정전기막을 형성하여 기체의 이동을 막는다. 헤드가 오래 유지되게 하고자 할 때, 브루어들은 단백질 성분이 풍부한 밀이나 귀리('헤드용 곡물')를 맥아 가루에 조금 첨가한다. 홉산 역시 기체 방울의 벽을 강화시키는 역할을 한다—거품이 맥주 액체 부분보다 더 쓴맛이 나는 이유도 바로 이 때문이다.

* 옥수수에 버터와 우유를 넣고 끓인 것

농도가 높아지면 맥아즙 풍미가 강해져 청사과나 사이다 같은 맛이 나기도 한다(괜찮지 않다).

• **금속** 흔치 않은 이 특성은 일부는 맛으로, 일부는 화학적, 전기적 감각으로 느껴진다. 어떤 맥주에서든 유쾌한 풍미는 아니다. 수질이 나쁘거나 브루잉 장비가 오래되었을 때 생길 수 있고, 혹은 산화 작용 때문에 생길 수도 있다. 케그가 원인인 경우도 있다.

• **매니큐어 리무버, 용해제** 효모는 에일에서 우리를 매혹시키는 '과일 같은' 기분 좋은 풍미의 에스테르를 생성한다. 그런가 하면 마치 매니큐어 리무버처럼 코를 찌르는 휘발성 용해제 같은 냄새의 화합물을 생성하기도 한다. 브루어리들이 난감해하는 부분은 바로 이 두 풍미 모두 초산에틸에 의해 생긴다는 점이다. 극단적인 용해제향은 결국 맥주를 엉망으로 취급했다는 증거로, 애비 에일이나 발리 와인 같은 고도수 맥주에서 발생할 가능성이 더 높다. 브레타노미세스 역시 초산에틸을 다량 생성하며, 이 특성이 간혹 타트 에일을 압도해버리기도 한다.

• **종이, 젖은 골판지** 산화된 맥주—스테일 과정—에서 이 같은 풍미가 난다. 맥주는 숙성될 때 수많은 화학적 속성들이 변한다. 올드 에일이나 스트롱 스타우트 같은 일부 맥주 타입의 경우 약간의 산화는 셰리주 같은 기분 좋은 향을 생성하기도 하지만, 대부분의 맥주에서 이는 별로 달갑지 않은 풍미다. 맥주는 산화되는 과정에서 풍미가 밋밋하고 모호해지다가 결국 종이나 젖은 골판지 같은 풍미를 내게 된다.

• **스컹크** 녹색 병에 담겨 판매되는 몇몇 유럽의 특정 라거를 마시는 이들에게는 맥주에서 나는 스컹크 냄새가 익숙할지 모른다. 이 고약한 풍미는 한때 굉장히 흔했기 때문에 정통성의 증표로 여겨지기도 했다. 사실, 이는 홉의 이소알파산이 빛에 의해 손상되어 생긴 심각한 결함으로, 마치 스컹크가 뿜어낸 것 같은 불쾌한 아로마를 생성한다. 투명한 녹색 병은 빛으로부터 맥주를 보호하지 못한다. 때문에 갈색 병이 더 낫다. 가장 좋은 것은 캔 패키징이다. 선택의 여지가 있다면, 투명한 병이나 녹색 병에 든 맥주는 피하도록 하자.

• **간장, 고기** 효모 세포에는 대개 맥주에서 전혀 문제될 것이 없는 특정 지질, 아미노산, 뉴클레오티드 들이 함유되어 있다—이들은 효모 세포벽 내에 안전하게 들어 있다. 열, 경과 시간, 혹은 기타 조건들의 영향에 따라, 세포들은 파열되어 자가분해가 될 수 있다. (실제로, 자가분해된 효모는 음식에 이 같은 고기의 풍미를 더하는 용도의 첨가물로 사용되기도 한다.) 숙성된 다크 비어에서는 효모의 자가분해가 풍미를 끌어올리는 화학반응 중 하나이지만, 대개의 경우는 이상하고 달갑지 않은 풍미를 낸다.

• **스테일** 신선한 맥주의 깔끔하고 청량한 풍미와 아로마가 조금씩 싱거워지기 시작하는 스테일 과정은 결국 산화로 귀결된다. 산소가 주된 원인이지만, 알데히드 같은 다른 화합물들 역시

원인이 되기도 한다. 스테일은 패키징 후 수일 내에 시작되는데, 처음에는 맥주의 가장 생생한 풍미와 아로마를 죽이는 정도로 시작되지만 결국은 맥주를 싱거운 비활성 상태로 만들어버린다. 브루어리마다 맥주에 산소가 들어가지 않도록 최선을 다하지만, 사실 이 자연적인 과정을 막을 방법은 없다.

• **황, 탄 성냥, 썩은 달걀** 맥아즙에서 생성되기 시작하는 황 화합물은 특히 라거의 경우에는 발효 중에도 생성될 수 있다. 오늘날에는 매우 드물기는 하나, 또다른 원인으로는 미처리수 untreated water가 있다. 버턴에서 유명세를 탔던 바로 그것이다. 이들 맥주에서는 황 아로마가 강력했다. 이산화황은 탄 성냥에서 나는 유황 아로마—라거에 함유된 유황 성분—이다. 황화수소는 썩은 달걀 같은 냄새로, 버턴의 페일에일 애호가들이 (놀랍게도!) 높이 평가하는 아로마이기도 하다. 다른 맥주에서는 달갑지 않은 손님으로 여겨지지만 말이다.

물론 이것이 총망라된 목록은 아니다. 맥주를 계속 마시다보면 얼마든지 더 이상하거나 불쾌하거나 펑키한 다양한 아로마나 풍미를 만나게 될 것이다. 경험에 따르면, 나쁜 맛이 느껴진다면 아마 나쁜 맥주일 가능성이 높다. 맥주의 세계에서는 간혹 몇몇 괴상한 풍미나 아로마도 수용되는 경우가 있기는 하지만, 극도로 불쾌한 풍미나 아로마는 여러 문제점을 나타내는 징후일 수 있다. 맛이 이상하다 싶은 맥주는 주저 말고 돌려보내자.

실행 혹은 설계상의 결함

인도 맥주는 좋을 것 같다고 생각할지도 모르겠다—수세기 동안 인도를 지배했던 영국이 차 문화와 철도 같은 인공 유산들을 남겼으니까. 심지어 이름에 '인디아'라는 단어가 들어간 맥주 스타일도 있지 않은가. 하지만 아니다. 운 좋게 한때 인도에 살아본 적이 있는데, 맛있는 맥주는 한 번도 만나본 적이 없다. (그 뒤로 상황이 약간 나아지기는 했다.) 인도에서는 넉아웃 Knock Out이나 헤라클레스Hercules 같은 브랜드 이름의 의미를 이유 삼아 맥주를 마시기도 한다. 인도 맥주에는 두 가지 종류—레귤러와 스트롱(맥아주* 같은 종류)—가 있는데, 묽은 느낌이면서도 거친 쓴맛이 나며 금속성 풍미를 띤다.

독보적인 맥주를 만들기는 굉장히 어렵다. 기존의 시스템으로 완벽한 브루잉을 해낼 수 있는 완벽한 레시피를 구하기는 너무 어려운 일이라 세계적인 고전이 될 만한 맥주가 탄생하는 일은 아주 드물다. 훌륭한 맥주를 만들기는 그보다는 쉽다—물론 아주 쉽지는 않지만 말이다. 하지만 좋은 맥주 혹은 보통의 맥주를 만드는 일은 모든 브루어리들이 추구해 마땅한, 달성 가능한 목표다. 그럼에도 불구하고 아직도 세상에는 나쁜 맥주가 존재한다.

'좋은' 그리고 '나쁜' 맥주라는 판단이 주관적이고 심미적인 영역임을 감안할 때, 나쁜 맥주의 요건은 무엇일까? 가장 쉽게 접할 수 있는 사

---

* 몰팅한 보리에 설탕이나 옥수수 등 부가물을 넣어 맥아즙 속의 발효성 당분 총량을 늘려 만드는 맥주로 대개 알코올 함량이 6% 이상이고 단맛이 있는 편이다.

레는 브루펍*이나 신생 브루어리들에서 흔히 볼 수 있는 맥주들로, 브루어의 의도나 예상과는 다르게 나온 맥주들이다. 딱히 문제는 없지만, 무엇인가 약간 넘치거나 혹은 약간 모자라는 듯한 그런 맥주들 말이다. 브루어리에서는 이런 맥주를 실패작으로 간주하고 비용을 날리는 대신, 누군가 그 실패에 매혹되기를 바라며 판매하는 쪽을 택한다.

좀더 어려운 사례는 브루어리에서 의도한 대로 만들어진 것이 분명한 인도의 맥주들 같은 —그러나 맛이 좋지는 않은— 경우다. 저렴한 가격이 주된 이유인 경우도 있다. 어느 브루어리에서는 내추럴 라이트Natural Light나 세인트아이즈St. Ides 같은 맥주를 대량 판매용으로 만든다. 좋은 맥주이기를 기대하는 사람도 없고, 실제로 좋은 맥주도 아니다. 밀러 제뉴인 드래프트 라이트 64 레모네이드Miller Genuine Draft Light 64 Lemonade 같은, 교묘하게 기획됐으면서도 엉터리인 맥주는 정말로 나쁘다—그리고 대개 금세 사라진다. 밀러가 겨우 석 달 만에 이 실험을 그만뒀을 정도다. 크래프트 맥주 현상에 편승하려는 대형 브루어리의 시도들 역시 실패한 실험으로 끝날 수 있다. 앤하이저 부시Anheuser-Busch의 쇼크 톱 라즈베리 휘트Shock Top Raspberry Wheat, 밀러쿠어스MillerCoors의 헨리 와인하즈 벨전 스타일 휘트 에일Henry Weinhard's Belgian Style Wheat Ale(나에게 사상 최악의 맥주를 꼽으라면 이것을 꼽겠다)이 대표적인 예다.

그러나 산업적 규모의 업체들만 나쁜 맥주를 만드는 것은 아니다. 자기 개성을 지나치게 극도로 밀어붙인 맥주 역시 나쁜 맥주의 특수한 카테고리라 할 수 있다. 홉에 대한 집착은 최근, 맥주 행세를 하는 상당히 끔찍한 몇몇 화학 프로젝트로까지 이어졌다. 스톤Stone이나 미켈러Mikkeller 같은 유수의 브루어리들조차도 최악의 맥주들 중 몇몇에 책임이 있다. 제대로 만들기 가장 어려운 축에 속하는 타트한 맥주들 역시 나쁜 맥주로 잘못 만들어지는 경우가 많다. 이 경우 화학약품이나 용해제 같은 향이 나거나 초산 함량이 너무 많거나 혹은 다른 잡미가 날 수 있다. 안타깝게도 브루어리에서는 몇 달 혹은 몇 년의 시간을 들여 만든 탓에 폐기처분하기를 망설인다. 도그피시 헤드Dogfish Head 같은 혁신적인 브루어리들조차 창의성이 도를 넘어도 그대로 둘 때가 있다.

어떤 맥주를 나쁘다고 말하는 것을 두려워하지 말자. 나쁜 맥주는 분명 존재하니까. 문제는 당신의 미각이 아니라 실은 그 맥주일 가능성을 늘 염두에 두자.

• 브루어리와 펍이 결합된 말로, 직접 만든 맥주를 판매하는 술집을 가리킨다.

비터 94
페일 에일 112
인디아 페일 에일 122
마일드 에일 140
브라운 에일 150
포터와 스타우트 160
미국 에일 188

발리 와인과 올드 에일 215
미국 스트롱 에일: 더블 또는 트리플 IPA 230
스코틀랜드 에일 239
라인 지방 에일: 쾰슈와 알트비어 256
벨기에 에일 271
세종 그리고 농가풍 벨기에 에일 293

프랑스 에일 312
애비 에일과 트라피스트 에일 329
이탈리아 맥주 352
생홉 에일 367
덜 알려진 스타일 그리고 뜨는 스타일 373
지역 전통 에일 390

제 2 부

Ales

에일

수많은 다양한 맥주 스타일들을 조직하고 분류하는 데는 여러 가지 방법이 있다. 셰익스피어 시대의 영국인들은 홉을 넣지 않고 만든 약한 술과 당시 대유행이던 매혹적인 새로운 향신료와 홉을 조합해 넣은 좀더 센 술을 구분하기 위해 '에일'과 '비어'라는 단어를 따로 썼다. 물론, 브루어들이 아직 효모나 효모종 들 간의 차이를 이해하기 한참 전으로, 당시 맥주라는 카테고리는 좀더 포괄적이었다. 더 이전으로 거슬러 올라가면, 인도유럽어원에서 마술과 도취라는 두 의미가 내포된 '알루alu'는 맥주의 탄생과 그로 인한 효과 모두를 의미했다. 발트해 연안과 스칸디나비아 반도 국가들에서는 그런 미묘한 구분은 없었고, 현지의 비슷한 단어들(öl, øl, alut)은 몰트가 들어간 알코올을 통칭하는 용어로 사용됐다. 그리고 최근까지도 미국에서 '에일'은 투박한 옛날 스타일의 술을 가리켰고, 현재는 장인이 만든 정교한 수제품을 가리킨다.

19세기 후반에 들어서면서 과학자들은 효모에 대해 알아가기 시작했고, 다양한 효모종이 있음을 깨달았다. '당 의존균sugar fungus'(사카로미세스Saccharomyces)이라 불리던 흔한 효모종은 맥주뿐 아니라 빵에도 들어 있음을 발견했다. 이후, 그들은 잉글랜드 에일 속에 자리잡은 위험한 낯선 존재를 분리해냈고 이 야생효모를 '영국 균류British fungus'(브레타노미세스)라 불렀다. 이후 다른 효모종들도 발견됐고, 질서정연한 과학적 과정에 따라 라거 효모를 발견한 이는 이 효모에 자신이 몸담았던 브루어리의 이름(S. 카를스베르겐시스S. carlsbergensis)을 붙였다. 20세기 들어서는 모든 것이 상당히 정돈된 듯했다. 에일이 있었고, 라거가 있었으며, 이 둘은 브루잉에 사용된 효모에 따라 구분되었다. 아아, 그런데 더 정교한 유전자 연구를 통해 이 계보가 실은 꼬이고 뒤섞였음이 새롭게 밝혀졌다. 부정확에서 정확으로 그리고 또다시 부정확으로 돌아온 셈이다.

스타일들을 분류하고 조직하는 최종적인 명확한 기준은 없다 해도, 적어도 전반적인 합의는 이루어진 상태다. 비교적 저온에서 발효 숙성한 라거들 이외의 모든 맥주를 에일이라 할 수 있다. 에일은 야생효모와 박테리아 덕분에 산미가 있고, 바디에서 밀의 특성이 확연히 느껴지는 것이 특징이다. 이런 부류들을 하나로 묶으면, 영국의 마일드 에일에서부터 벨기에의 크바드뤼펄quadrupel까지 전부 포함하는 광범위한 카테고리인 에일이 된다.

에일에서 나타나는 공통된 요소가 몇 가지 있다. 우선, 에일은 브루어가 별로 신경 쓰지 않아도 되는 성격 좋은 효모들로 만든다. 상온에서 브루잉된 에일은 단시간에 발효되어 2주 이내에 마실 수 있는 상태가 된다. 발효 과정에서 에일 종들이 생성하는 화학물질들은 맥주에 과일이나 향신료 같은 풍미를 더한다.

우리가 에일이라 부르는 맥주 스타일은 유구한 혈통을 지니고 있다. 바로 선사시대 최초의 귀리맥주 한 그릇에 생기를 불어넣었던 에일 효모종 덕분이다. 브루어들은 배치의 일부를 첨가하면 다음 배치도 발효된다는 것을 금세 알아차렸고, 이로써 수천 년 전부터 효모 배양이 시작됐다. 이처럼 무심코 시작된 효모 배양은 독자성으로 이어졌고, 브루어리마다 제각각 다양한 '하우스 특성'을 지니게 됐다. 국가별 전통이나 선호도에 따라 여러 유파의 에일이 생겼다. 에일 제조업계를 조사하다보면 미생물로부터 이루어진 스타일의 진화를 볼 수 있다.

이 진화는 나라별로 다양한 에일의 맛에서 확연히 드러난다. 200년 전만 해도 오늘날 독일 북부에 해당하는 지역의 에일들은 이국적인 낯선 맛이었다. 하지만 라거링된 바이에른 지역의 맥주들이 선풍적인 인기를 얻은 덕에 독일 북부 지역의 에일 생산자들은 기존의 과감한 맥주들 대신 좀더 절제된 맥주를 택하기 시작했다. 라인 지방의 에일들은 한때 그들을 위협했던, 불필요한 요소를 덜어낸 듯한 라거의 간결함을 받아들이는 쪽으로 마침내 진화했다. 하지만 인근 벨기에의 상황은 달랐다. 벨기에 브루어들은 각종 과일과 향신료의 풍미로 꽉 찬 이국적인 느낌—독일의 에일 브루어들이 만들었던 것 같은—의 에일을 선호했고, 좀더 높은 온도에서 효모를 활성화하여 각종 화려한 아로마와 풍미를 마음껏 내뿜게 했다.

영국의 브루어들은 중용의 실천자들로, 적당히 타협했다. 영국 에일은 미묘한 과일 풍미를 띠지만, 홉의 풍미를 살짝 드러내고 몰트의 은은한 단맛을 보완하는 정도에 그친다. 미국의 크래프트 브루어들은 에일과 비슷한 종류를 개발

마치 한 가족의 구성원들처럼, 이 에일들도 서로 관계는 있지만 각자 뚜렷이 구별되는 개성을 지닌다.

할 당시, 자신들이 재료—주로 홉—를 부각시키는 쪽을 선호한다는 사실을 깨달았다. 그렇다보니 미국의 에일은 벨기에나 영국의 에일에 비해 중립적이고, 약간의 과일 풍미가 있지만 요란하지는 않다.

눈앞에 에일이 한 잔 놓여 있다고 상상해보자. 효모의 흔적을 탐지해내는 방법은 수없이 많다. 발효는 수많은 화학적 화합물들을 생성해낸다. 에일은 달콤하게 느껴지는 특성이 있지만, 맛은 더 담백하다. 실제로 달콤한 느낌이라기보다는 과일—배나 자두—의 풍미에 가까우며, 이는 에스테르다. 정향이나 흑후추 같은 스파이시한 향(페놀)이나 '뜨거운' 느낌의 향(퓨젤 또는 고농도 알코올)을 감지할 수도 있다. 직접 마셔본 에일에 대해 공부한 다음 라거와 비교해보자. 틀림없이 에일이라 할 만한 특징적 기준들을 금세 찾아낼 수 있을 것이다.

비터
BITTERS

Bitters. 비터를 즐기기에 이상적인 장소는 펍이다. 맥주가 캐스크에서 신선하게 추출되는 펍이라면 더할 나위 없다. 비터의 알코올 도수는 다양하지만, 캐러멜 또는 빵의 풍미를 부드럽게 머금은 몰트와, 스프라이트처럼 청량한 느낌을 내는 홉 사이의 근사한 상호작용을 드러내기에 적합한 정도다. 가장 센 축에 속하는 비터들은 강렬하고 과감한 느낌이지만, IPA 계열과는 달리 홉의 강한 특성에 몰트의 풍미나 아로마가 묻혀버리는 경우는 없다. 좀 더 약한 버전의 오디너리 비터 역시 캐스크에서는 놀랄 만큼 강한 풍미를 낼 수도 있다. 세계 최고의 비터들은 영국 출신이다. 영국의 브루어들은 비터를 마치 예술 작품처럼 다룬다. 규모나 단순함이 비결인 듯하다. 비터가 반죽을 입혀 튀겨낸 생선이나 생선을 넣어 만든 크림수프와 환상의 궁합을 자랑하는 것은 당연한 일이다.

주요 수치

오디너리 ABV 범위: 3.5-4%
쓴맛: 20-45 IBU

베스트 또는 스페셜 ABV 범위: 4-6%
쓴맛 20-45 IBU

서빙 온도: 10-15°C
전용잔: 파인트글라스

세계 각지에서 맥주 이름은 대부분 보크, 필스너, 람비크 등 한 단어로 된 확실한 명사들이다. 영국인들은 '마일드' '스타우트' '비터'처럼 설명적인 표현을 좋아한다. 물론, 이런 용어들은 절대적이라기보다는 상대적인 특성을 나타낸다. 형용사인 '비터bitter'*는 달고 가벼운 마일드 계열 맥주들과 구별하기 위해 쓰이는 말이다. 굳이 비교하자면 더 쓴 쪽이니까. 하지만 맥락을 벗어나면 오해의 소지가 있는 이름이다. 영국의 비터는 뚜렷한 홉의 풍미가 대표적인 특징이지만, 강렬한 느낌은 전혀 없다. 비스킷 같은 은은하게 달콤한 풍미 위로 올라탄 홉이 마멀레이드와 향신료의 풍미를 더한다―그러나 거친 느낌은 없으며, 다른 맥락에서는 흔히 '비터'라고 할 법한 느낌도 아니다.

　모든 스타일의 맥주 가운데 가장 조화로운 균형감을 지닌 맥주를 꼽으라면 비터일 것이다. 비터는 몰트, 홉, 효모의 특성 중 어느 것도 두드러지는 법 없이 동등하게 드러난다. 균형감은 비터의 핵심 요소 중 하나로, 비터는 두세 잔씩 연거푸 마시기에 적당하다. 많이 마셔도 싫증이 나거나 혀를 피로하게 만드는 요소가 전혀 없다. 대신, 마시는 사람은 ―심지어 세번째 잔까지도― 첫 모금을 들이켰을 때 느껴지는 상쾌한 풍미에 감탄을 금치 못할 것이다.

기원

비터 에일은 두 가지―홉과 근대적인 가마 건조 기법―가 발견된 뒤에야 비로소 탄생할 수 있었다. 적어도 그리스도시대 즈음에는 홉의 존재가

런던 프라이드는 영국 런던에서 흔히 볼 수 있는 캐스크 비터다.

알려졌지만, 처음에는 맥주에 넣을 생각을 하지 못했다. 맥주에 홉을 넣게 된 것은 9세기경이다. 홉이 발견되기 이전의 맥주는 순하고 달콤했으며, 각종 허브와 향신료가 균형을 잡아주었다. 프랑스에서 홉의 사용을 최초로 기록했던 수도사들이 이 특정한 복음을 전파하기까지는 오랜 시간이 걸렸다. (도중에 발발한 전쟁과 흑사병도 전파를 더디게 한 원인이었을 것이다.) 1400년대 초반에서야 홉은 마침내 영국에 도착했다―그나마도 이민자 브루어들이 만든 맥주에 한해서였다. 영국에서 이 복음을 받아들이고 직접 홉을 재배하게 되기까지는 또 한 세기가 걸렸다.

　지푸라기색의 몰트 역시 도입되기까지 많은 시간이 걸렸다. 1640년대 이전에는 가마 건조 과정은 조악한 수준이어서 몰트가 검게 그을리고 스모키해졌다. 코크coke―독성 화학물질을 제거한 석탄―가 발명되어 몰트 제조자들

*맛이 쓰다는 뜻

버턴 유니언* 시스템은 19세기의 전형적인 런던 브루어리의 모습이다. 현재는 버턴의 국립 브루어리 센터에 전시되어 있다.

은 가마 건조 과정을 좀더 통제할 수 있게 되었고 비교적 색이 밝은 몰트를 생산할 수 있게 됐다. 비터의 먼 조상—좀더 묵직하고 도수 높은 맥주—들은 이런 몰트로 만들어졌다. 1700년대 초반까지는 위대한 포터의 시대가 동트는 중이었고, 다른 스타일의 맥주들은 틈새시장으로 쫓겨났다. 페일 에일도 브루잉됐지만, 양은 얼마 되지 않았다.

페일 계열의 맥주들은 빅토리아 여왕이 즉위하던 1837년 즈음부터 좀더 넓은 팬층을 확보하기 시작했다. 페일 계열 맥주들이 상승세를 타게 된 데는 몇 가지 이유가 있었다. 런던의 포터 브루어리들이 대세가 된 지 수십 년이 지나자 버턴의 브루어리들은 더 색이 옅은 에일 2종으로 승부수를 던졌다. 18세기 이래 이곳의 브루어들은 '버턴 에일'로 불리던 브라운 색상의 묵직한 에일을 이미 발트해 연안으로 실어보내고 있는 상황이었다. 그러나 1822년 러시아 정부가 맥주 수입을 금지(포터는 제외)하자, 버턴 에일 시장은 고사했다. 조금 미세한 조정을 거쳐 좀더 색이 밝고 드라이한 맥주를 만들게 되면서, 올솝Allsopp이나 배스Bass 같은 브루어리들은 영국 시장에 맞추어 버턴 에일에 살짝 변화를 주었다. 기존의 버턴처럼 여전히 도수가 높지만, 색은 옅어졌다—우리가 오늘날 비터 하면 떠올리는 종류에 좀더 가까워진 셈이다.

버턴의 브루어리들은 좀더 색이 옅은 에일을 생산하는 데 특히 유리했는데, 바로 물 때문이었다. 런던의 물은 탄소 함유량이 높아서 홉에서 거친 느낌의 향을 끌어냈고 이는 새로운 페일 맥주에서 핵심 요소가 됐다. 버턴의 물은 도시 지하의 석고질 지층 때문에 황산칼슘이 풍부했다. 이 물은 홉에서 거친 느낌 없이 쓴맛을 추출해낼 뿐만 아니라 맥주의 투명도를 높이는 효과까지 있었다. 그 결과 영국 내 타 지역에서는 흉내 낼 수 없는, 선명하게 반짝거리는 에일이 탄생했다.

산업화는 당대의 중요한 원동력 중 하나였다. 포터는 여전히 왕좌에 있었고 그 뒤로도 수

배스는 한때 세계 최대 판매 규모를 자랑하는 브루어리였고, 이곳의 페일 에일은 페일 스타일의 대표 주자였다.

켄트 골딩과 퍼글 Fuggle

홉은 영국에 늦게 상륙했다. 대륙의 에일들이 홉을 통해 향신료 풍미를 더하던 시절로부터 수세기나 지났을 때였다. 영국의 맥주는 훗날 어느 시점에 홉으로 유명세를 타게 되지만, 현지 브루어들이 홉을 받아들이기까지는 오랜 시간이 걸렸다. 드디어 홉이 최초로 재배된 곳은 켄트였다. 런던의 남동쪽에 위치한 자치주인 켄트는 훗날 영국 홉 재배의 심장부가 된다. 홉은 수익성이 높은 작물이었고, 수확량도 굉장해서 제2차 세계대전 때까지만 해도 무려 8만 명의 런던 사람들이 늦여름 휴가철이면 기차를 타고 켄트로 가서 홉을 따는 일을 하며 시간을 보냈을 정도였다. 당시 농장에서는 수많은 종류의 홉을 재배했지만, 골딩이나 퍼글 같은 오늘날 영국 에일을 규정짓는 홉은 없었다.

골딩은 1780년대에 등장했고 브루어들은 곧 그 품질을 알아봤다. 당시 수많은 유사 종들이 재배됐지만 클래식 품종은 이스트 켄트 골딩이다. (혼동의 소지가 있는데, 오늘날 흔히 쓰이는 스티리언Styrian 골딩은 퍼글에서 내려온 품종이다.) 이스트 켄트 골딩은 복잡하지만 변화무쌍하다. 항상 부드러운 느낌인데, 꽃(라벤더, 라일락)이나 시트러스(레몬) 향이 나기도 하고, 살구나 마멀레이드 향과 함께 달콤한 풍미를 내는 경우도 있다. 이런 다양한 풍미들은 홉이 끓는 과정에서 언제 첨가됐는지 그리고 다른 홉들로부터 어떤 풍미를 잡아내는지에 따라, 그리고 몰트나 발효 결과에 따라 다르게 나타난다.

퍼글은 골딩보다 90년 늦게 등장했는데, 골딩과 마찬가지로 즉각 인기를 얻었다. 급기야는 영국에서 재배되는 특산품 홉이 되어 1950년경에는 수확량의 4분의 3 이상을 차지했다. 퍼글은 가볍고 향이 강한 골딩의 완벽한 댄스 파트너로, 깊이와 무게감을 더하며, 흙이나 나무 냄새, 때로는 후추향 같은 느낌을 내기도 한다. 안타깝게도 최근 영국산 퍼글이 병충해에 시달리고 있어 브루어리들은 다른 최신 품종으로 대체해나가는 추세다.

여타 수십 가지로 육종된 골딩과 퍼글은 세계에서 가장 유명하고 좋은 평가를 받는 —그리고 그럴 만한— 홉에 속한다. 이들 홉을 사용하는 클래식 맥주들로는 브렉스피어스 스페셜Brakspear's Special, 세인트오스텔 HSD St Austell HSD, 영스 비터Young's Bitter, 워드워스 6X Wadworths 6X, 애드넘스 비터Adnams Bitter, 브레인스 SA Brains SA, 마스턴스 페디그리Marston's Pedigree 등이 있다.

십 년간 자리를 지켰지만, 페일 계열 맥주들은 신설된 철로를 따라 버턴을 벗어나 영국 내 멀리 다른 지역으로도 뻗어나가 인기를 얻기 시작했다. 산업 시대의 또 다른 혁신—기계로 만든 투명한 유리 제품들— 역시 이 맥주들의 인지도를 향상시키는 데 기여했다. 사람들은 자신이 마시는 음료를 바라볼 수 있게 됐고, 기다랗고 투명한 글라스에 담긴 밝은 구릿빛 페일 에일은 굉장히 근사해 보였다.

19세기 중반 즈음의 비터는 특별히 도수가 높은 편이 아니었지만, 만들 때 상당량의 홉이 들어갔다. 숙성 과정도 거쳤는데, 간혹 1년까지

기후가 온화한 영국 켄트에서는 세계에서 가장 유명한 몇몇 홉들이 생산된다.

페일인가, 비터인가?

맥주 스타일의 경계는 늘 모호하다. 포터가 스타우트가 되는 것은 언제인가? 페일 에일과 비터의 경우, 구분이 가능한지도 불분명하다—경계뿐 아니라 중심부도 모호한 셈이다. 처음에는 틀림없이 불분명했다. 브루어리들이 메시지를 적는 곳인 병 라벨의 내용은 브루어리 재량인데, 여기에는 대개 '페일 에일'이라 쓰여 있어도, 펌프 클립(탭 핸들에 부착된 표시)으로 맥주를 구분하기 전 시대에 손님들은 이 맥주를 주문할 때 '비터'를 달라고 하곤 했다. 같은 맥주인데, 이름이 달랐다.

오늘날 영국의 전통적인 스타일을 수호하는 대표 주자인 진짜 에일 지키기 운동CAMRA(Campaign for Real Ale)조차 이 문제에 자신이 없는 눈치다. 이들도 비터에 대해 "페일 에일에서 나왔지만 대체로 깊은 청동이나 구리색이다. 입 안을 꽉 채우는 느낌을 주는 크리스털 같은 약간 어두운색의 몰트를 사용했기 때문이다."라고 표현한다. 아니, 그럼 비터를 구분하는 기준이 색이라는 말인가? 딱히 그런 것 같지도 않다. 이렇게도 적고 있으니까. "오늘날 페일 에일은 대개 비터의 병입 버전이다."

한 가지 차이점은 비터는 대개 다양한 범주의 맥주들로 간주된다는 것이다. 3.5% ABV 정도로 약한 것도 있는가 하면, 6% 정도로 센 것도 있다. 반면, 페일 에일은 대체로 중간 즈음에 해당한다. 페일 에일은 미국에서 별개의 스타일로 따로 구분되기 시작했다. 여기에 관한 이야기는 다음 장에서 다룰 예정이다.

숙성하는 경우도 있었다. 적어도 19세기 중반 이후로 브루어들은 쓴맛이 좀더 섬세한 페일 계열의 맥주도 만들었고 이를 '라이트 비터'로 불렀다. 20년간은 맥아 가루에 설탕을 첨가하는 것이 법적으로 허용됐으나, 비터에서도 흔한 방식으로 자리잡게 된 것은 20세기 들어서면서부터였다.

비터는 수십 년간 브루잉됐지만, 대체로 다른 스타일의 맥주들을 보조하는 위치에 머물렀다. 20세기에 들어서면서 포터의 시대는 저물고 마일드 계열의 맥주가 그 자리를 대신하게 되면서 1950년대 내내 대표 술로 자리매김했다. 양차 세계대전을 거치면서 배급 상황은 모든 스타일의 맥주를 망쳐놓았고, 비터도 예외는 아니었다. 맥주의 알코올 도수는 곤두박질쳤다. 비틀스가 웸블리 스타디움을 통째로 뒤흔들어놓던 시절이 되어서야 비터는 마침내 영국의 베스트셀러가 되었다. 영국의 에일 스타일 가운데 비터는 여전히 최고다.

만일 우리가 비터를 영국의 시그니처 스타일로 여기는 경향이 있다면, 그것은 지난 50여 년간 비터가 펍 문화에서 굉장히 두드러지는 부분이었기 때문이다. 비터는 1960년대부터 (어디서나 라이트 라거가 그 자리를 대신해버렸던 시기지만) 1990년대까지 대표 스타일로 군림했고, 지금도 영국 내 캐스크 에일의 흐름의 토대를 이루고 있다.

상세 설명 및 특성

만일 영국의 브루잉을 단 하나의 스타일로 요약해 말해야만 한다면, 정답은 비터가 될 것이다. 민타임 브루잉Meantime Brewing의 창립자인 런던 출신의 앨러스터 혹은 이를 한 문장으로 요약했다. "영국에 허락된 유일한 것은 손잡이를 당겨 따른 쓴맛 30, 알코올 도수 4%의 캐스크 에일이다." 번역하자면, 클래식 비터 에일은 알코올 도수 4%와 쓴맛 단위 30의 구릿빛 맥주이며, 이 맥주는 영국 현지에 있는 펍 어디서나 맛볼 수 있다는 이야기다. 이것이 알코올 도수와 홉 풍미의 상한선이 점점 높아지고 있는 이 비터 스타일의 기본 범위다.

모든 비터의 공통점은 부담 없이 쉽게 마시기 좋고 몰트와 홉이 섬세한 균형을 이룬다는 것이다. 쓴맛이 꽤 강한 것도 있지만, 그래도 몰티한 기본 토대(맛이나 향)를 절대 잃지 않는다. 쓴맛이 덜한 경우에도 본토 홉의 풍미와 아로마를 잊지 않고 드러낸다. 비터가 주로 편차를 보이는 부분은 알코올 도수다.

어느 영국 펍의 모습. 전형적인 캐스크 에일들의 가격표가 붙어 있다.

오디너리 비터

비터들의 이름은 그 정의만큼이나 제대로 정착되지 않았다. 아예 이름이 없는 비터도 있는가 하면, 어떤 것들은 '오디너리 비터'로 불리고 또 어떤 것들은 그냥 '비터'로 불린다. 이름과 상관없이 두 카테고리 중 더 가벼운 쪽은 대개 고유 비중 1.040(10° 플라토) 이하—최종 알코올 함량으로는 대개 3.5-4%—에 해당한다. 비터는 황금빛은 아니지만, 광택이 도는 빛을 띠고 대개 헤드가 황백색이다. 보통은 가볍고 스파이시한 홉향이 먼저 날 것이며, 그 아래로는 좀더 가벼운 과일 및 캐러멜 향이 깔린다. 오디너리 비터는 설탕을 넣어 바디는 가볍게 하고 청량감을 더하는 경우가 많다.

스트롱 비터

브루어리에 따라 두세 가지 비터가 있다. 만일 세 가지 비터가 있다면 그중 가운데 비터는 다양한 이름으로 불리게 될 텐데, 딱히 정해진 원칙은 없고 주로 '베스트'나 '스페셜' 같은 이름이 붙는다. 반면, 가장 센 비터들은 '엑스트라 스페셜' '스트롱' '프리미엄' 같은 이름이 붙는다. (더욱 혼란스러운 점은, 이런 이름들도 때로는 중도수 비터와 고도수 비터 사이에서 혼용되기도 한다는 점이다.) 그러나 오늘날의 비터는 센 스타일이 아니어서, 스트롱 비터라 해도 대개 6% 미만이다. 오디너리 비터와 마찬가지로, 센 축에 속

버턴 브리지는 이 도시의 비터를 유명하게 만든 선두 주자다.

비터 99

하는 비터들도 나무 같은 깊이 있는 색감을 지니며, 홉과 몰트의 감각도 비슷하다—그러나 좀더 풍미가 짙다. 수많은 스트롱 비터들은 좀더 홉쪽으로 기울어 균형이 잡힌 편이며, 캐스크 버전의 스트롱 비터들은 드라이호핑을 통해 자극적인 향기를 발산하는 경우가 많다.

캐스크 숙성 에일

비터의 라벨들을 유심히 들여다보면, 몇몇 클래식 비터는 세기에 따라 두 가지—캐스크용, 병이나 엑스포트 케그export keg용—로 나온다는 것을 알 수 있을 것이다. 이는 좋은 비터의 적절한 용기에 대한 단서다. 비터만큼 캐스크로 서빙될 때 맛이 확연히 좋은 스타일도 없다. 실제로, 많은 사람들이 소위 세계 최상급 비터를 병에 담긴 버전으로 맛보고는, 대체 왜 그리들 난리인지 의아해한다.

캐스크 숙성은 맥주의 가장 본연의 모습을 드러내준다. 캐스크 숙성 비터의 경우 각종 풍미와 아로마가 충분한 여백과 함께 나온다. 다른 나라의 몇몇 에일들과는 달리 이국적이고 강렬한 감각들로 꽉 채우거나 꾸민 느낌이 없다. 풍미와 아로마가 마치 각 요소들 간의 행복한 결혼 같은 느낌으로 퍼져나온다. 캐스크 패키징된 맥주는 효모가 활동을 끝내기 직전에 발효 탱크로부터 뽑아져나온다. (이는 캐스크 에일이 병입된—그리고 완전 발효된— 버전에 비해 알코올 도수가 더 낮은 이유 중 하나이기도 하다.) 일단 캐스크(또는 '퍼킨firkin'*)에 들어가면 효모는 잔여 당분을 모조리 먹어치울 것이고 캐스크에는 자연히 탄산이 생성될 것이다. 전통적으로, 탄산 수치는 낮게 —미국의 스탠더드 라거의 절반 수준으로— 유지된다. 이런 제조 방식은 캐스크가 실제로 나무로 만들어져 저기압만 간신히 견뎌내던 시절로 거슬러 올라간다. 펍의 스완넥swan neck**에서 나오는 맥주는 살아 있는 상태라, 펍의 저장고 안에서 계속 익어갈 것이다.

나는 지금까지 수많은 비터를 시음해봤지만, 처음으로 제대로 맛을 본 것은 미국에서 캐스크에 담긴 코니스턴 블루버드 비터Coniston Bluebird Bitter를 발견했을 때였다. 3.6%에 불과한 이 비터는 미국 기준에서는 소박하지만, 캐스크 버전의 이 맥주는 스파이시하고 유혹적인 대단한 작품이다. 순간 나는 숨이 턱 막힐 정도였다. 북아메리카 지역에서는 캐스크 비터를 만나는 일이 흔치 않겠지만, 늘 잘 찾아보자. 포기하지 않는 탐정은 그 노력을 보상할 만한 한 잔을 만나게 될 테니까.

브루잉 노트

비터는 선zen 수준의 단순성을 통해 탁월한 경지에 도달한 경우다. 나는 싱글 몰트, 싱글 홉으로 만들었는데도 대단한 깊이—이 이상의 표현은 가식일지도 모르겠다—를 느끼게 하는 비터를 맛본 적이 여러 번 있다. 이는 비터 스타일의 대표적 특징이다. 맥아 가루에는 대개 한 가지 이상의 몰트가 들어가지만 목표는 언제나 복잡하지 않은 토대를 만드는 데 있다. 전형적인 레시피는 주로 페일 몰트(맥아 가루 90% 이상)를

* 작은 나무통
** 비어 엔진에 붙어 있는 관 이름으로, 백조의 목처럼 생겨 붙여진 이름이다.

자꾸 마시고 싶어 moreish

영국 어느 펍에 들어가게 되면 맥주에 붙은 이 형용사를 보게 될 것이다. 'moreish(more-ish의 합성어).' 계속 마시고 싶다는 뜻의 이 형용사는 말 그대로 여러 파인트를 마셔도 내내 즐거울 만한 영국 맥주의 특성을 뜻하는 것이지만, 한편으로는 영국인들에 대한 표현이기도 하다. 지구상에 영국인들만큼 펍에 가는 일을 즐기는 이들은 없다. 펍 문화는 중앙난방 이전 시대부터 이어져 내려온 역사로, 당시는 찬바람이 새어들어오는 거실보다 술집이 오히려 아늑했을 시절이었다. 사람들은 펍에서 한두 시간만 보내는 것이 아니라 저녁 내내 머물렀다. 단골손님들은 몇 시간이고 오랫동안 마실 수 있는 맥주를 칭찬했다. 상쾌하고 흥미로운 풍미를 지녔지만 단시간에 취하지는 않는 맥주를 선호했다. 시간이 흐르면서 맥주는 알코올 도수가 낮으면서도 맛있고 균형 잡힌 방향으로 진화했고, 저녁 시간대에 마시기에는 비터만 한 것이 없었다.

안타깝게도, 삶이 동네 펍 위주로 돌아가던 시절은 이제 사라지고 있고 지난 10년간 영국에서는 수천 곳의 펍이 문을 닫았다. 역사상 최초로 드래프트 맥주 소비량이 50% 미만 수준으로 떨어졌다. 이들 펍에는 여전히 리얼 에일real ale* 애호가들이 북적대지만, 자꾸만 더 마시고 싶게 만드는 특성은 사치가 아니라 필수다.

* 캐스크에서 숙성시킨, 효모가 살아 있는 전통적인 에일을 지칭

바탕으로 하여 약간의 크리스털 몰트로 풍미를 더하거나 다크 계열의 몰트를 소량 넣어 색을 더하기도 한다.

맥아 가루의 단순성이 먹히는 이유는 원료가 되는 몰트—특히 그 유명한 영국의 페일 몰트—의 풍성함 덕분이다. 몰트의 원료가 되는 다양한 종의 보리는 이름마다 어쩐지 시적인 느낌—플러미지 아처Plumage Archer*, 메리스 오터Maris Otter**, 핼시언Halcyon***, 펄Pearl, 핍킨Pipkin****—이 있고, 새로운 종들도 끊임없이 번갈아 등장한다. 몰트마다 제각기 다양한 특징과 성격을 지니고 있고, 브루어리들은 원하는 특징—빵이나 견과류 또는 여러 다양한 미묘한 풍미—에 따라 몰트를 선택한다. 미국인들은 가장 유명한 몰트 가운데 하나인 메리스 오터를 영국의 맛으로 여기는 경향이 있다. 메리스 오터를 쓰면 몰티하고 빵의 풍미가 나는 맥주가 만들어진다. 그러나 바로 이 이유 때문에 메리스 오터를 피하고 다른 성격의 몰트를 선호하는 브루어리들도 있다. 내가 새뮤얼 스미스를 방문했을 때, 수석 브루어 스티브 배럿은 이렇게 말했다. "제가 여기서 일해온 27년 동안 메리스 오터는 한 번도 사용된 적이 없습니다." 그는 티플Tipple과 약간의 옵틱Optic을 사용한다.

풍미와 개성을 더할 수 있는 또 한 가지 중요한 영국식 과정은 플로어 몰팅이다. 현대의 산업적 기법으로는 몰트 제조 과정에서 —전분과 단백질을 당분과 효소로 화학적으로 분해시켜서— 몰트의 당분을 최대한 끌어낼 수 있지만 그에 반해 플로어 몰팅은 비교적 기온이 낮은 시기에 수작업으로 진행하는 전통적 방식이다. 이로 인해 크게 변형된, 즉 아로마와 풍미가 훨씬

* 깃털을 단 궁수
** 지명 메리스 레인Maris Lane과 수달이라는 뜻의 '오터otter'를 합쳐 만든 이름. '메리스'는 에트루리아의 농경신 이름이기도 함.
*** 바다에 둥지를 틀고 풍랑을 잠재운다는 그리스 신화 속 전설의 새
**** 흙으로 만든 작은 옹기

구리로 만든 영국식 매시 턴 중 하나. 영국 베리세인트에드먼즈의 그린 킹에서 19세기부터 사용됐던 것이다.

> 비터는 영국에서 여전히 굉장히 인기 있는 스타일이다. 뚜렷한 풍미와 중간 정도의 강도가 결합돼 있기 때문이다. 홉은 여기서 중요한 부분을 차지하지만, 비터가 그토록 사랑받는 비결은 균형과 절제. 비터 수준의 퀄리티에 도달한 스타일은 없으나, 몇몇 가까운 친척 같은 맥주들은 있다. **미국 페일 에일**은 비터를 사랑하는 이들이라면 틀림없이 선택할 만하며, 특히 중도수 버전인 **미국 앰버 에일** 역시 가까운 사촌과도 같다. 그러나 미국의 비터들은 영국 비터의 단순성과 균형감과는 한참 거리가 있을 수도 있다. 의외로, 부드럽고 균형 잡힌, '자꾸 마시고 싶은' **독일 남부의 필스너**와 **헬레스 라거**가 비터에 더 가까울 수 있다.

더 풍부해진 몰트가 만들어지고, 자칫 단순할 뻔했던 맥주에 다양한 속성을 부여한다. 이것이 바로 비터의 정수다.

브루어리들이 비터 브루잉 레시피에 설탕을 조금 첨가하는 것 역시 흔한 일이다—그러나 맥주에 단맛이 나지는 않는다. 19세기 장비와 몰트를 사용하던 시절에는 일정한 맛의 맥주를 신속하게 생산해내기가 훨씬 더 어려웠고 설탕이 이 과정에서 도움이 됐다. 지금은 굉장히 흔해졌다. 몰트와는 대조적으로 설탕은 완전히 알코올로 변환되는데 이 과정에서 바디가 가벼워지고 좀더 청량감 있는 맥주—비터 스타일의 중요한 기준—가 탄생한다. 몰트가 맥주를 무겁게 만들거나 중요한 홉의 풍미를 몰아내지 않으면서도 풍미와 아로마를 표현하게 해 브루어에게 최상의 균형을 선사하는 것이다. 게다가 청량한 마무리감은 애호가들이 연거푸 마셔댈 만한 맥주의 이상적인 조건이다.

물론, 비터의 핵심은 홉이다—그리고 이 철저한 영국 스타일에서 홉은 대개 잉글랜드 홉을 의미한다. 테루아르가 브루잉에서 차지하는 면이 있다면, 바로 홉이 토양과 환경에 적응하는 방식일 것이다. 체코 품종들은 톡 쏘는 느낌이 있고 독일 품종들은 스파이시하며, 미국 홉은 거친 시트러스 풍미가 있고 영국 홉은 주로 과일향, 흙냄새, 후추향 계열이다. 수많은 브루어리들이 일단 시작은 클래식한 골딩으로 한 뒤 퍼글, 타깃Target, 챌린저Challenger, 노스다운Northdown, 프로그레스Progress, 퍼스트 골드First Gold 등으로 확장시켜나간다. 홉의 신선하고 풋풋한 성격을 부각시키기 위해서 많은 브루어들이 패키징 단계에서 홀 홉을 캐스크에 한 봉지 넣는다(드라이호핑의 한 형태)—캐스크 숙성 맥주의 또 하나의 장점이다. 미국인들조차 비터를 만들 때는 전통을 상당히 엄격하게 따르는 경향이 있으며, 지역 생산종들을 사용할 경우에는 퍼글을 거의 변형시키지 않은 윌래밋Willamette 같은 영국 종에서 추출된 것들을 선택한다.

비터 에일을 규정하는 마지막 요소는 물—좀더 엄밀히 말하자면, 물속 미네랄—이다. 현대 비터 에일 스타일의 기원은 버턴의 맥주들이었다. 버턴은 곳곳에서 솟아나오는 유황 성분이 많은 경수로 유명하다. 전 세계 브루잉 도시 가운데 이곳만큼 용해성 물질 함량이 높은 경수가 있는 곳은 없으며, 이런 특성은 맥주 스타일을 개발하는 데 크게 영향을 미쳤다. 칼슘, 황산염, 탄산염, 마그네슘, 나트륨 등의 이 물질들은 혀에 닿으면 탄산 같은 '뻣뻣한' 느낌을 주며 호핑을 부각시키고 그 특성을 최대한 끌어낸다. 여타 도시의 물은 버턴에 비해 미네랄 함량이 낮은 편이지만, 브라이턴에서 요크에 이르기까지 영국에서 내가 들러본 지역 어디에서나 브루어들은 경수를 쓴다고 설명했다.

미국 에일과 영국 에일 간 차이를 즉각 알아차릴 수 있는 방법 중 하나는 물이다. 미국의 브루어 데이비드 기어리가 페일 에일을 만들던 당시 처음 한 일은 물을 바꾸는 것이었다. "여기 메인 주의 물은 스코틀랜드 사람이라면 '위스키 워터'라 부를 만한 —미네랄 성분이 전혀 없는— 것이라 석고질 성분을 첨가"하여 경수로 바꾼다. 미국의 브루어리에서 '전통적 비터'라 쓰인 맥주를 보거나 어디서든 '버턴'이라는 단어가 설명에 포함된 것을 발견한다면, 그것은 브루어가 별도의 소금이나 미네랄 성분을 더해 물을 처리했다는 의미다.

진화

페일 맥주들은 150년 전 포터의 라이벌로 시장에 등장할 당시만 해도 하나의 스타일로는 정립되지는 않은 상태였다. 홉의 특성이 약하고 알코올 도수가 낮아 브루잉 시점으로부터 2-3주 이내에 마셔야 하는 종류(에일)도 있었고, 도수도 더 높고 홉의 특성이 강한 종류(비어)도 있었다. 결국 계보가 갈라져 전자는 '마일드', 후자는 '페일'과 '비터'가 되었다. 그렇다면, 페일과 비터는 또 어떻게 되나? 같은 스타일에 두 가지 이름이 통용되는 것일까, 아니면 뭔가 차이가 있는 것일까?

이는 철학의 문제이기도 하고 분류상의 문제이기도 하다—가령 토마토는 과일인가 채소인가? 해묵은 싸움에서 어느 한쪽 편을 들지 않더라도 몇 가지 확연한 차이점을 짚어볼 필요는

영국 보리

미국에서는 브루어들이 특정 종 대신 두줄보리와 여섯줄보리에 대해 주로 논한다. 영국에서 보리는 저비중 맥주의 풍성한 풍미를 만들어내는 데 홉만큼이나 중요하며, 홉과 마찬가지로 다양한 명칭의 품종이 존재한다. 신품종 개발은 지속적으로 이루어지고 있으며, 특정 품종이 인기를 얻기 시작하는가 하면 인기가 시들해지는 품종도 있다. 보리 품종의 변동은 홉 품종의 경우보다도 더 활발하다. 영국 보리의 제왕은 메리스 오터로, 많은 이들이 영국의 풍미로 규정할 정도다. 이 종은 1960년대에 육종되던 오래된 두 가지 종을 교배한 것으로, 단백질 함량이 낮고 비스킷 풍미가 두드러진다. 메리스 오터는 여러 몰트 가운데서도 인상적인 수준으로 지속성 있는 강도를 자랑하며, 핍킨 같은 다른 품종이 인기를 잃고 난 한참 후까지도 살아남았다. 핼시언, 펄, 옵틱이 대체 종으로 등장했으며, 골든 프로미스 Golden Promise는 지금까지도 스코틀랜드에서 가장 사랑받는 품종으로 남아 있다.

영국의 전통적 브루어리에 있는 곡물분쇄기

있다. 둘 중에서 영국 바깥으로 이동한 것은 페일 에일뿐이다. 페일 에일은 널리 브루잉됐으며 아마 전 세계에서 가장 상업적으로 성공한 스타일의 에일일 것이다. 한편, 비터는 주로 영국 내에 머물렀다. 페일 에일과는 달리 비터는 그저 한 가지 맥주 스타일이 아니라 일종의 문화적 산물이다. 적절한 방식의 소비(펍의 캐스크), 특이한 홉 특성, 약간 짠맛으로 마무리되는 느낌—이들과 장소의 관계는 마치 검보gumbo*와 루이지애나의 관계와도 같다.

결과적으로, 이들은 다른 곳에서라면 기껏해야 틈새 스타일에 불과하다—그리고 대개 영국에 대한 오마주로서 브루잉된다. 그렇다고 해서 특히 미국 등 다른 곳에 괜찮은 비터가 없다

• 닭이나 해산물에 오크라를 넣어 만든, 루이지애나에서 즐겨먹는 수프
•• 호피한 맥주를 유독 즐기는 사람들이라는 뜻

는 뜻은 아니다. 그러나 비터는 전통적인 스타일이므로, 여기저기 손볼 대상이 아니다. 영국의 맛을 갈망하는 브루어들이 비터를 만들었지만, 대개는 대본에 적힌 대로 따를 뿐이다. 혁신적인 맥주라면 그들에게는 페일과 IPA가 있다.

비터라고 해서 모국에서 완전히 정적이기만 하다는 뜻은 아니다. 새로 생긴 마이크로브루어리들은 기존 스타일을 정비하고 몇 가지 현대적인 요소를 새롭게 가미했다. 서식스에서는, 다크스타Dark Star에서 완벽하게 전통적인 베스트 비터Best Bitter를 선보이고 있지만, 모험을 좋아하는 이들을 위해서는 대다수 비터에 비해 바디가 가벼우면서도 홉 풍미나 아로마는 훨씬 더 강한(미국 캐스케이드도 사용), 홉헤드Hophead** 라는 이단아도 두고 있다. 그러나 이 역시 캐스크에서 서빙되며 알코올 도수는 굉장히 영국적인 3.8% ABV다.

더비셔에는, 손브리지Thornbridge 브루어리에서 생산하는 클래식 비터인 로드 마플스Lord Marples가 있는데 이는 브루어리 이름의 출처가

버턴 유니언 시스템을 처음 도입했던 버턴의 유서 깊은 마스턴스 브루어리의 모습이다.

'합리화'의 역할

브루잉만큼 규모의 경제에 민감한 산업도 거의 없다. 복잡한 규제, 세금, 재료비 등으로 맥주 1파인트 가격의 상당 부분이 브루어의 주머니가 아닌 다른 어딘가로 가버린다. 만일 단돈 몇 푼이라도 비용에서 덜어낼 수 있다면, 마진을 좀더 남길 수 있을 것이다. 결론은 합병—영국에서는 '합리화'—이다. 그리고 1950년대부터 영국에서는 미국의 밀러, 쿠어스, 버드와이저 사이의 합병 못지않게 인상적인 합리화 바람이 불었다. 1800년대 초, 브루잉이 우리가 흔히 생각하는 전형적인 상업적 사업이 아니었던 시절, 영국에는 5만 개의 브루어리가 있었다. 20세기 무렵에도 브루어리의 수는 1,300개 이상이었다. 놀랍게도, 1976년 즈음에는 단 141곳만이 남았다—그리고 여섯 개 회사가 브루잉하는 맥주의 양이 영국내 맥주의 75%를 차지했다.

그러나 미국의 경우와 마찬가지로, 이게 끝은 아니었다. 개성과 독자성 역시 이에 따라 심각하게 퇴보했고 이는 합병 바람과 맞물려 예상치 못한 결말로 이어졌다. 상위 여섯 개 기업 역시 하이네켄이나 인터브루Interbrew 같은 훨씬 더 큰 기업에 매각됐다(수차례의 합병을 거쳐 다국적 맥주 제조 기업인 인베브InBev가 됐다). 휫브레드Whitbread와 배스는 브루어리 운영을 접고 펍과 호텔에 집중하기로 결정했다—브루어리에서 맥주를 만드는 일은 더 이상 합리적인 일이 아니었다. 한편, 이 공백은 소규모 브루어리들이 시장에 진입할 수 있는 기회로 작용했고, 현재 영국에는 1,000곳이 넘는 브루어리가 있다.

된 저택에 살던 귀족의 이름을 딴 것이다. 그러나 손브리지가 유명해진 것은 특이하고 강렬하고 홉 특성이 두드러지는, 전통적이지 않은 다양한 맥주들 덕택이다. 대표적인 예가 키플링Kipling인데, 뉴질랜드산 넬슨 소빈Nelson Sauvin 홉만을 사용해 만든 탄탄한 맛의 5.2% 비터다.

런던의 민타임은 비터라는 스타일을 한 단계 더 끌고 나왔다. 오너 브루어인 앨러스터 혹은 긴 시간에 걸쳐 천천히 얻은 통찰이 있었다. 독일에서 교육받은 브루어로서 미국의 크래프트 브루잉 산업이 자리 잡기까지의 과정을 오랫동안 지켜봤던 그는 탄생 과정 전반에서 스탠더드 비터와 아주 흡사해 보이는—최상의 영국 몰트와 홉을 사용하고 세션 맥주session beer(142쪽 참고) 수준의 도수로 브루잉된— 맥주를 고안해냈다. 한 가지 차이가 있다면 그는 라거 효모를 썼다는 점이다. 런던 라거는 탄생 직후 6개월 만에 민타임에서 생산되는 맥주의 4분의 1을 차지하게 됐다.

그 밖에 마블Marble, 하드놋Hardknott, 일클리Ilkley, 무어Moor 같은 브루어리들은 차세대 비터를 만들고 있다. 이들은 늘 전통적인 재료를 사용하는 것은 아니며, 심지어 캐스크에서 서빙을 하지 않는 경우도 있다. 나이가 어린 신세대 맥주 애호가들은 어느 정도 새로운 면이 있는 맥주를 찾는 경향이 있고 전통에 연연하지 않는다—'크래프트 브루잉'이라는 것은 이들에게는 퀄리티와 혁신의 증표다. 이 맥주들이 여전히 비주류로 틈새에 남을지, 아니면 '클래식 비터'의 정의를 느슨하게 할지는 아직 두고 볼 일이다. 그러나 분명 변화는 시작된 것 같다.

알아야 할 맥주들

비터는 비어 엔진beer engine*을 통해 캐스크에서 바로 제공되도록 만들어진 스타일이어서, 병입된 경우는 당연히 드물다. 따라서 비터를 찾을 최적의 장소는 바로 동네 브루펍의 탭이다. 만일 찾지 못한다면, 병입된 비터 몇 가지를 찾아볼 수도 있다. 영국에서 온 병들은 분명 아주 허름할 것이다—그리고 가벼운 맥주일수록 브루어의 본래 의도를 벗어나 있을 가능성이 높다. 그럼에도 불구하고 수입된 비터는 맛볼 가치가 있다. 가장 신선한 상태는 아닐 수 있어도 여전히 비터라는 스타일을 규정하는 특성들을 드러낼 것이기 때문이다.

FULLER'S LONDON PRIDE
풀러스 런던 프라이드

원산지: 영국 런던
몰트: 페일, 캐러멜, 초콜릿
홉: 골딩, 타깃, 챌린저, 노스다운
　(병입 한정)골딩, 타깃
4.1% ABV, 30 IBU(캐스크) **4.7% ABV, 35 IBU**(병)

런던 프라이드는 브루어리에 따라 스트롱 비터로 불리기도 하지만, 어쨌든 풀러의 맥주 목록에서는 중간쯤에 해당한다. 캐러멜 몰트 베이스가 부각되어 실크처럼 부드러운 맥주로, 사과의 풍미를 지닌다. 홉은 가볍고 꽃향이 나며, 마시는 내내 질리지 않는 맛이다. 나는 바탕에 살짝 깔린 미네랄—이 도시의 유명한 물맛—의 풍미가 가장 마음에 든다.

* 캐스크 등 맥주 저장소로부터 맥주를 뽑아 올리는 일종의 맥주 펌프

FULLER'S ESB
풀러스 ESB

원산지: 영국 런던
몰트: 페일, 캐러멜, 초콜릿
홉: 골딩, 타깃, 챌린저, 노스다운
5.5% ABV, 35 IBU(캐스크)
5.9% ABV, 36 IBU(병)

풀러의 '엑스트라 스페셜 비터ESB'로, 런던 프라이드 그리고 또 다른 비터인 치스윅Chiswick의 큰형 격이다. 이들은 전부 동일한 파티 가일 parti-gyle 매시(162, 186, 187쪽 참고)—절반가량의 브루어리에서 포기한 오래된 기법—에서 만들어지는데, 도수는 여기 언급된 순서대로 조금씩 낮아진다. 그리고 상당히 덩치 큰 느낌의 맥주다. 영국 맥주는 약하고 몰티하다고 생각하던 이들에게, 풀러의 ESB는 충격일 수 있다. 강도 측면에서, ESB는 미국 IPA에 비견될 만큼 느낌이 강렬하고 홉의 풍미가 있다. 그러나 미국과 영국 간 전통의 차이를 분명히 드러내기라도 하듯, ESB는 놀라우리만치 부드러운 견과류 풍

미의 몰트 베이스가 있고, 홉의 풍부한 향에서는 후추와 마멀레이드의 풍미가 느껴진다. 미네랄 성분이 전체 맥주를 단단히 결합시켜주는 느낌이다. 미국의 맥주 애호가들에게 반가운 소식은, 형태가 개선된 병들이 등장하면서 더 가볍고 섬세한 비터들과는 달리 진정한 비터의 맛을 느낄 수 있게 됐다는 것이다. ESB는 영국 최고 맥주 Champion Beer of Britain로 세 차례나 선정된 바 있고 세계에서 가장 훌륭한 에일 중 하나로 꼽힌다.

CONISTON BLUEBIRD BITTER
코니스턴 블루버드 비터

원산지: 영국 코니스턴
몰트: 페일, 캐러멜
홉: 챌린저, 마운트후드Mt. Hood (병)
3.6% ABV(캐스크), **4.2% ABV**(병)

수많은 브루어리에서 드래프트와 병입 버전의 도수를 별개로 나누어 맥주를 만든다. 코니스턴은 레시피도 두 가지가 있다. 일부 측면에서 볼 때 캐스크 버전이 더 우수하다—그러나 안타깝게도 퍼킨이 미국까지 오는 일은 거의 없다. 드래프트 버전은 몰트의 부드럽고 따스한 느낌과 레몬그라스 및 커런트 향을 지닌 홉의 생생하고 상큼한 느낌의 균형이 조화로운 풍미가 특징적이다. 병입되면 이런 풍미들은 상당히 약해진다.

FIRESTONE WALKER DOUBLE BARREL ALE
파이어스톤 워커 더블 배럴 에일

원산지: 미국 캘리포니아 패서 로블스
몰트: 두줄페일pale two-row*, 페일, 뮌헨, 캐러멜, 초콜릿
홉: 마그눔Magnum, 스티리언 골딩, 이스트 켄트 골딩
5.0% ABV, 32 IBU

미국 최고의 비터 중 하나인 이 맥주는 흥미로운 브루어리인 파이어스톤 워커에서 생산된다. 이곳에서는 오크 발효의 '파이어스톤 유니언' 시스템(버턴 유니언 시스템을 나름대로 개선한 것)을 택하고 있다. 베이스 맥주는 전형적인 영국식으로, 토피 풍미의 몰트가 바탕이 되고 청량하면서도 흙냄새가 감도는 홉이 풍미를 더한다. 오크 발효 덕분에 풍미는 깊이가 있고 토스트 및 바닐라 풍미와 나무의 드라이한 느낌이 살아 있다.

ADNAMS BITTER
애드넘스 비터

원산지: 영국 사우스월드
몰트: 페일
홉: 퍼글, 골딩
3.7% ABV, 33 IBU(캐스크)
4.1% ABV, 33 IBU(병)

애드넘스에서는 물을 버턴 특성을 띠게 만드는데, 이는 확실히 효과가 있다. 애드넘스의 비터는 미네랄 성분 때문에 뻣뻣한 느낌이 있으며, 탄 성냥—유황—의 냄새가 난다. 미네랄 성분은 홉의 특성을 충분히 끌어내어 맥주에 후추 풍미와 청량감 있는 쓴맛을 더한다. 부드러운 비터도 많지만, 애드넘스 비터는 밝고 활기찬 느낌으로 클럽 소다**를 연상시키는 질감도 함께 지닌다. 기분 전환에 좋은 상쾌한 비터다.

* 두줄보리로 만든 페일 몰트
** 인위적으로 이산화탄소를 주입하여 기포가 있는 물

TIMOTHY TAYLOR'S LANDLORD
티모시 테일러스 랜드로드

원산지: 영국 키슬리
몰트: 골든 프로미스
홉: 스티리언 골딩, 휫브레드 골딩, 켄트 골딩, 퍼글
4.1% ABV, 1.042 SP. GR.(캐스크)
4.3% ABV, 1.042 SP. GR.(병)

가장 화려한 영국 맥주 중 하나인 랜드로드는 센 편에 속하는 맥주로, 힘을 과시하며 매력을 뽐내는 느낌이다. 이 브루어리에서 오랫동안 주원료로 삼아온 스코틀랜드산 골든 프로미스 몰트는 맥주에 따스한 빵 같은 풍미를 주며, 골딩 및 퍼글 홉은 고전적인 마멀레이드 향을 더한다. 개방형 발효통에서 키운 효모는 이 맥주의 유명한 구성 요소로, 과일 풍미를 더하고 청량감이 뛰어난 마무리감을 자랑한다. 클래식한 맥주다.

CALEDONIAN DEUCHARS IPA
캘리도니언 듀카스 IPA

원산지: 스코틀랜드 에든버러
몰트: 골든 프로미스 페일, 옵틱 페일
홉: 퍼글, 수퍼 스티리언 골딩
3.8% ABV(캐스크) **4.4% ABV**(병)

이름에 붙은 IPA를 너무 신경 쓰지는 말 것. 이 맥주는 클래식 비터니까. 꽉 찬 느낌의 몰티한 에일로 유명한 스코틀랜드의 브루어리들을 생각하면, 캘리도니언의 비터는 놀라우리만치 드라이하며, 레몬그라스향도 느껴진다. 이 두 가지 특성 모두 듀카스에 잘 어울린다. 듀카스는 사용된 홉에 상당 부분 좌우되는, 산뜻하고 경쾌한 비터다. 두 가지 품종의 페일 몰트는 색—필스너와 흡사한 밝은색—에는 거의 영향을 미치지 않지만 따스한 빵의 풍미를 살짝 풍긴다. 2002년 영국 최고 맥주로 선정된 바 있다.

ELYSIAN THE WISE ESB
일리전 더 와이즈 ESB

원산지: 미국 워싱턴 시애틀
몰트: 페일, 뮌헨, 캐러멜, 벨전 스페셜 B
홉: 치누크, 캐스케이드, 센테니얼
5.9% ABV, 60 IBU

재료들만 보면, 일리전이 굉장히 미국적으로 해석한 이 비터에는 영국적인 느낌이 조금도 남아 있지 않을 것만 같다. 그러나 놀랍게도 영국적인 느낌이 분명히 있다. 진하고 훈훈한 느낌의 호핑이지만 달콤한 꿀과 토피 풍미의 몰트가 핵심을 차지한다. 호핑은 미국적이지만, 뚜렷한 과일 풍미에는 본래의 영국적인 느낌이 있다.

─── 영국 태드캐스터Tadcaster ───

Samuel Smith
새뮤얼 스미스

전통 타워 브루어리

영국 북부의 소도시 요크는 영국에서 가장 유서 깊은 도시 중 한 곳으로 잘 알려져 있다. 이 오래된 도시는 로마 황제 세베루스가 3세기 초 210년경 세운 성벽으로 둘러싸여 있다. 성벽 안쪽으로는 낡디낡은 건물들이 들어서 있다. 이처럼 눈에 확연히 들어오는 세월의 무게가 주민들에게 미치는 영향은 흥미롭다. 과거 수십 년 혹은 수백 년의 사건들이 여전히 생생하게 살아 숨 쉬고 있는 것처럼 시간이 압축된 모습이다. 사람들은 오래된 방식을 가볍게 내던지지 않는다— 실은 오히려 오래된 방식을 좋아하는 것 같기도 하다. 19세기나 20세기의 쇄신이 아직도 진행 중인 곳이라 할 수도 있겠다.

요크에서 20킬로미터 정도 떨어진 또 하나의 옛 도시 태드캐스터에서도 이와 같은 모습을 볼 수 있다. 마찬가지로 로마인들이 세운, 옅은 색의 석회암으로 지어진 이곳은 브루어리 타운이다—버턴에서 그랬던 것처럼 석회암은 미네랄 성분이 풍부한 물을 만든다. 하이 스트리트 한쪽 끝에는 대규모의 존 스미스John Smith 브루어리가 양쪽 방향에서 오는 사람들을 반갑게 맞고 있다. 그러나 존 스미스가 점유한 시장이 더 클지는 모르겠으나, 스미스 가문의 진정한 계보를 잇고 있는 곳은 다른 계열인 새뮤얼 스미스다.

스미스 가문은 굉장히 폐쇄적이어서, 정기적인 브루어리 투어는 없으며, 브루어리는 작고 유쾌한 느낌의 가게 정면 뒤쪽에 대부분 숨겨져 있다. 그럼에도 불구하고 태드캐스터 사람들은 전통에 대한 이 브루어리의 헌신을 잘 알고 있다. 이른 아침이면 오크통을 실은 마차가 거리로 나서며 내는 쿵쿵 소리가 들린다. 거리에서는 건초 더미에서 가느다랗게 피어오르는 검은 연기를 볼 수 있고, 브루어리 펍에 들르면 실내 안쪽에서 타닥거리는 석탄불 냄새를 맡을 수 있다.

이 정도는 빙산의 일각을 살짝 엿본 정도에 불과하다. 하이 스트리트 뒤쪽에 자리 잡은 이 오래된 브루어리는 빅토리아 시대의 모습을 거의 그대로 간직하고 있으며, 샘 스미스가 사용하던 방식도 대부분 한 세기가 지나도록 변함없이 그대로 이어져왔다. 역사는 브루어리가 처음 생겼던 1758년까지 거슬러 올라가지만, 현재 볼 수 있는 건물은 1840년대에 지어진 것이다.

브루어리를 무조건 수원이 있는 곳에 짓던 시절이어서, 스미스는 우물이 두 개 있는 곳에 자리 잡고 있

브루 케틀, 영국에서는 구리솥으로 알려져 있다.

다. 이곳의 물은 황산칼슘과 염화칼슘이 풍부해 묵직하며, 완전한 경수다—버턴의 물에 비하면 센 정도가 덜하지만 수석 브루어 스티브 배럿의 표현에 따르면 "별 차이는 없다." 역사가 더 오래된 수많은 브루어리들은 여전히 우물물을 사용하지만, 대개는 미네랄 성분들을 제거하는 역삼투 과정을 거친다. 스미스는 그러지 않는다. 비터를 만들 때는 본래 상태 그대로의 물을 사용한다(그러나 일부 레시피에서는 물을 처리하기도 한다. 라거가 대표적인 경우다).

우물 근처에 보일러실이 있고, 그 근방에는 석탄이 잔뜩 쌓인 저장고가 있다. 오래된 브루어리들은 모두 한때 석탄을 썼고 영국의 수많은 빅토리아식 브루어리들은 석탄 때던 굴뚝을 여전히 간직하고 있다. 이 굴뚝들은 건물에 낭만적인 웅장함을 더하지만, 더 이상 연기를 뿜지는 않는다. 하지만 스미스는 다르다. 지금까지 늘 그래왔듯이 여전히 석탄으로 불을 땐다—스티브 배럿은 "실제로 굉장히 경제적인 연료 공급 방식"이라고 말한다.

19세기 중반에 중력을 활용하는 타워 형태로 만들어진 첨단 브루어리가 들어섰고, 스미스 브루어리는 지금도 그 방식 그대로 운영되고 있다. 몰트는 상부에서 밀링되어 한 층 아래 매시 턴에 담긴 물에 들어간다. 브루 케틀은 그보다 한 층 아래에 있고, 그 아래에는 냉각기와 발효통이 있다. 엘리베이터는 없기 때문에, 브루어들은 가파른 빅토리아식 계단을 오르내리며 각 브루잉 단계를 확인한다.

이 브루어리에서 가장 유명한 부분은 바로 바닥 근처에 있는 사각 발효통, 즉 요크셔 스퀘어Yorkshire square*다. 더 오래된 영국 브루어리들에서는 이처럼 사각형의 발효통을 쓰는 일이 여전히 흔하다. 널찍한 형태 덕분에 맥주 무게가 효모를 전혀 압박하지 않고, 모서리와 가장자리 부분은 대류를 억제한다. 효소는 사각형의 발효통에서 더 많은 에스테르를 생성하여 영국 맥주 특유의 과일 풍미를 형성한다. 스미스 브루어리의 사각 발효통은 웨일스산 점판암으로 만들어지는데, 오늘날 발효통을 떠받치는 오래된 철제 기둥보다 수명이 길, 표면 강도가 엄청난 재료다. 이 브루어리는 지지부를 스테인리스스틸로 서서히 바꿔나가고 있다—그러나 점판암만큼은 변경할 계획이 없다.

브루어리의 많은 부분이 그렇듯, 요크셔 스퀘어 역시 19세기 당시의 문제들을 해결할 수 있도록 독창적인 방식으로 개조됐다. 발효 초기에 효모는 마치 뭉게구름처럼 피어난다. 브루어리가 이 효모를 수확할 방법만 있다면 후속 작업분에 재투입할 수 있다. 요크셔 스퀘어는 최대한 수확이 가능하도록 설계됐다. 사각 수조는 두 칸으로 나누어져 있는데, 수직으로 쌓아올려져 가운데 구멍을 통해 합쳐진다. 아랫공간은 맥아즙으로 거의 구멍까지 가득 채워지고, 한껏 부풀어오른 효모는 개구부를 통해 쏟아져나가 윗공간에 모인다. 오늘날 브루어리에서는 진공 장치를 사용해 위층에서 효모를 빨아들이는데, 이것이 유일하게 현대와 타협한 부분이다.

마지막 단계는 패키징으로, 스미스는 이 단계에서도 전통을 고수한다. 수십 년 전 브루어리들은 나무로 된 캐스크에 맥주를 담아 펍에 납품했다. 영국 내 다른 모든 곳에서는 스테인리스스틸 케그가 나무를 대체했다. 나무에 비해 더 가볍고 세척이 용이하며 술집에서 따로 관리를 할 필요도 없었기 때문이다. 그러나 샘 스미스는 예외였다. 샘 스미스의 올드 브루어리 비터는 나무통에만 담으며 펍에 보낼 때도 마찬가지다. 스미스는 통 만드는 직원을 전일제로 상주시키는 마지막 브루어리로, 직원은 새로운 캐스크를 만들 뿐 아니라 오래된 캐스크들도 관리한다. 이 배럴들은 오래간다는 장점이 있다. 배럿은 내게 "몇몇 맥주 라벨의 경우, 배럴에 사용된 일부 통널stav*은 100년도 더 됐답니다"라고 말해주기도 했다.

태드캐스터에서 벌어지는 사업에는 흥미로운 역설이 있다. 브루어리는 제품 개발 면에서 가장 진취적인 생각을 하는 곳 중 하나다. 스타우트나 포터를 다시 소개함으로써 미국 브루어리들에 중요한 영감을 주었고, 다크 에일이 영국으로 천천히 복귀할 것을 예고하기도 했다. 그 라인에는 영국에서 브루잉된 최초의 유기농 맥주도 포함돼 있다. 게다가 브루어리는 여러 기술적 진보들도 수용해왔는데 그중 대표적인 것은 실험실을 마련한 것이었다.

사실, 이 실험실은 브루어리가 한결같은 방식으로 맥주를 만들 수 있는 주된 이유 중 하나다. 나는 브루어리 투어 중 언젠가 오래된 보들로Baudelot* 맥아즙 냉각기―또 하나의 구식 장비―를 본 적이 있다. 이 냉각기는 찬물이 흐르는 코일이 수직으로 쌓여 있고 그 위로 뜨거운 맥아즙이 떨어지는 방식이다. 이 브루어리에서 이 냉각기를 인디아 에일에만 사용하는 것은 정통성 때문이지 어떤 특정한 이점이 있어서는 아니다. 사실 배럿도 "미생물학적으로는 악몽이나 마찬가지"라고 인정한다. (냉각된 맥아즙을 공기 중에 노출시키면 원치 않는 야생효모가 들어가기 쉽다.)

하지만 실제로 악몽은 아니다. 배럿은 내가 나무 캐스크―또 하나의 잠재적인 야생효모 매개체―에 대해 물어봤을 때 되새길 만한 답변을 들려주었다. "실험실에서는 미생물 관련 사항을 항상 모니터링하고 있어요." 현대적 장비에 비하면 스미스의 브루잉은 상당히 과감한 방식이지만, 나름의 전략이 있는 셈이다. 실험실에서 뭔가가 감지되면 조정이 가능하다. 사실, 현대적 모니터링 기법 및 고도의 미생물학적 감지야말로 스미스가 자신이 원하는 방식으로 한결같이 맥주를 만들어올 수 있었던 원동력이다. 말하자면, 그런 방식을 항상 갖추고 있었던 셈이다.

증기 밸브를 사용해 케틀의 온도를 조절한다.

* 나무 배럴을 구성하는 긴 나뭇조각

페일 에일
PALE ALES

Pale Ales. 페일 에일은 홉 특성이 두드러지지만, 비스킷이나 토피 느낌이 나는 몰트의 달콤함이 바탕에 깔려 있다. 홉은 (IPA의 경우처럼) 날카로운 쓴맛을 더하기보다는 맥주에 향과 풍미를 더하는 용도로 사용된다. 혀에서는 시트러스, 소나무, 꽃의 풍미가 터져나오는 것을 느낄 수 있지만, 쓴맛이 날카롭게 튀지는 않는다. 발포성을 띠고, 가볍게 입맛을 돋우는 페일 에일은 저녁 식사 자리에서 가장 다재다능한 맥주에 속한다. 토마토 페이스트나 비네그레트(식초에 오일과 각종 허브를 넣은 소스)의 신맛과 대조를 이루기도 하고 생선이나 부드러운 치즈의 맛을 더욱 살려주기도 한다.

주요 수치
ABV 범위: 4.5-6%
쓴맛: 25-50 IBU
서빙 온도: 10-15°C
전용잔: 영국식 파인트글라스

유명하다고 해서 무조건 좋은 것은 아니지만, 너무 좋아서 도무지 유명해지지 않을 도리가 없는 것들도 있다. 페일 에일이 그렇다. 페일 에일은 오묘한 매력이 있어서 초심자나 전문가 모두에게 두루 사랑받는 맥주다. 첫인상에서부터 매력이 발산되는데, 어떤 빛깔이든 페일 에일의 색은 눈을 즐겁게 한다. 스타일에 대한 수많은 설명이 그렇듯, '페일pale'*은 상대적이다. 미국 버전의 에일들은 꿀색이나 호박색을 띠는 경향이 있는 반면, 영국 에일들은 좀더 깊이 있는 구릿빛을 띠는 경우가 많다. 두 경우 모두 밝고 투명하며 눈처럼 희거나 달걀 껍질 같은 담황색의 헤드를 볼 수 있다. 즐거움은 코로도 이어져, 캐러멜 몰트와 상큼하고 생기 넘치는 홉의 풍미가 글라스에서 풍겨나오며, 혀에는 부담스럽지 않게 편안히 머무는 화사한 풍미가 느껴진다. 페일 에일은 생생한 활기가 가득한 맥주로, 복잡하지 않지만 절대 지루한 법도 없다.

기원

비터와 페일 에일의 차이는 무엇일까? 정답은 캐스케이드 홉이다. 실제 답은 더 복잡하지만, 간단히 말하자면 그렇다. 오늘날의 맥주 스타일 가이드에서는 대개 비터와 페일을 구분하며, 경우에 따라서는 미국 페일 에일을 따로 나누기도 한다. 그러나 역사적으로 이들을 구분한 선례는 거의 없으며, 만일 비교해볼 대상이 영국 비터와 영국 페일뿐이라면 차이라 할 만한 것이 별로 많지 않을 것이다. 그러나 페일 에일이 영국을 떠난 순간 이야기는 달라졌다. 북아메리카 지역에서 페일은 색을 약간 잃고 옥탄octane**을 얻었으며, 신대륙의 몇몇 야생종 홉이 첨가되었다. 이 맥주를 영국 비터(또는 동일한 맥주인 페일 에일)와 비교해보면, 그 차이가 너무 커서 같은 스타일의 맥주라고 말하기 힘들 정도다.

이전 장에서 논했듯이, 정작 100년 전 영국인들은 페일 에일과 비터를 구분하지 않았다—마일드한 맥주에 비하면 페일은 '비터'했기(썼기) 때문이다. 비교적 페일한 에일들의 전반적인 패턴에 변화가 일었다. 19세기 초에 농후하고 달콤한 풍미가 있었던 버턴 스타일의 에일로 시작해, 점점 가벼워지고(그러나 완전히 가볍지는 않다) 드라이해졌으며 홉의 풍미가 강해졌다. 페일 에일은 인디아 페일(다음 장에서 설명할 예정이다)과 한데 묶일 정도로 비터와 확연히 구별되는 듯 보였다. 페일 에일은 20세기 중반 현대적 버전으로 영국에서 재등장할 당시만 해도 색은 밝고 알코올 도수는 낮거나 중간 즈음이었으며 상쾌한 홉 특성이 두드러졌다.

1970년대 캘리포니아의 초창기 크래프트 브루어리들이 주축이 되어 미국에서 미국산 홉을 사용하기 시작하면서 개성화 바람이 불기 시작했다. 당시까지 2세기가 넘도록 미국인들은 맥주를 브루잉하고 홉을 길러왔지만, 현지 브루어들은 맥주에 향을 더할 고유의 토착종을 찾을 생각까지는 하지 못했다. 그 대신, 현지 홉을 사용하여 중성적인 비터링을 했고, 수입한 유럽 홉은 풍미와 아로마를 더하는 용도로 사용했다.

그러나 1950년대부터 이미 홉 연구자들은

---

* 옅다는 뜻
** 포화 산화수소를 일컫는 말로 무색의 액체이다.

값비싼 수입품들을 대체할 용도로 좀더 저렴하고 건강한 새로운 교잡종들을 시험해보고 있었다. 유럽 품종들을 미국에서 재배하면 질병에 약하고 알맹이 없는 작물들이 생겼다. 연구자들은 오리건 및 워싱턴의 야키마 및 윌래밋 밸리에서 잘 자라는 유사 품종을 찾고 있었다. 윌래밋이라는 품종이 그에 해당했다—원기왕성한 식물로, 부모에 해당하는 퍼글의 깔끔한 흙냄새와 흡사한 풍미가 있었다. 그러나 또 다른 품종인 캐스케이드는 골칫거리였다.

오리건주립대학에서 진행된 농무부의 홉 연구 프로그램에서 첫 대상이 됐던 캐스케이드 홉은 독일산 홉들을 대체할 용도로 간주됐다. 한차례 병충해로 인해 독일산 홉 품귀 현상을 겪어본 브루어들은 안정적인 공급이 가능한 홉을 원하고 있었다. 낙관적인 연구자들은 캐스케이드가 유럽 품종처럼 정제되고 조화로운 향을 낼 수 있으리라 기대했다. 캐스케이드는 값이 쌌고, 쿠어스 같은 회사들은 재배지에 엄청나게 투자를 한 상황이었다. 오늘날 이 품종에 대해 익히 아는 사람이라면 무엇이 잘못됐는지 즉각 알아차릴 것이다. 캐스케이드는 독일산 홉들과는 맛이 완전 딴판이다. 그 결과, 쿠어스는 캐스케이드를 마음에 들어하지 않았다. 캐스케이드의 특성—본래 대체하고자 했던 할러타우의 절제된 우아한 풍미 대신 와일드하고 확연한 시트러스향—은 이후 미국산 품종의 대표적 특성으로 자리잡게 된다.

물론, 이런 거침없고 확연한 특성은 대규모 라거 회사들과 스스로를 차별화하고자 했던 미국의 크래프트 브루어리들과 딱 맞는 짝이었다.

두 명의 얼리어답터가 있었으니, 바로 1975년 리버티 에일Liberty Ale에 캐스케이드를 넣었던 앵커Anchor의 프리츠 메이태그와 캐스케이드를 넣은 페일에 힘입어 시에라 네바다Sierra Nevada를 출시한 켄 그로스먼이었다. 리버티 에일이 최초였고, 시에라 네바다의 에일은 그야말로 진짜 페일—미국산 에일을 통틀어 최초의 상업적 성공—이었다. 캐스케이드 홉을 듬뿍 넣어 개선된 메이태그의 리버티 에일은 스타일의 표본—신선하고 청량하며 살짝 달콤하면서도 홉 특성이 풍부한 마무리감은 여운이 길고 시트러스 풍미가 있다—이 됐다. 앞으로 최소 30년 동안은 미국 내 어느 브루펍에 들어가든, 그로스먼의 오리지널과 흡사한 페일 에일을 찾을 수 있을 것이다. 만일 아메리칸 스탠더드라 부를 만한 것이 있다고 한다면, 그것은 캐스케이드 홉을 넣은 중도수의 페일 에일일 것이다.

상세 설명 및 특성

비터의 전통을 이어받아 등장한 맥주는 홉 특성이 두드러지는 경향이 있는데, 페일의 경우도 마찬가지다. 그러나 '비터'는 오해의 소지가 있다. 페일의 핵심은 홉의 풍미이지, 순전한 쓴맛이 아니다. 무슨 차이일까? 홉이 맥주에 쓴맛을 더하는 경우, 이들이 기여하는 부분은 풍미보다는 감각에 가깝다—케일 같은 억센 초록색 채소가 주는 예리한 느낌과 흡사하다. 홉이 풍미를 더하는 경우에는, 다른 재료—레몬 겉껍질이나 전나무 가지—와 좀더 비슷하게 작용한다. 맥주는 본질적으로 쓴맛이 있을 수 있지만, 홉이 더하는

시에라 네바다 페일

켄 그로스먼은 늘 시대를 앞서갔다. 그는 1960년대 후반―지미 카터가 홈브루잉을 합법화하기 훨씬 이전―부터 자기만의 맥주를 브루잉하고 있었고 그로부터 10여 년 뒤 홈브루 용품점을 열었다. 초창기였던 당시 그는 여러 재료와 레시피로 다양한 실험을 했다. 1979년 시에라 네바다를 창립하기로 했을 때 그는 현지에서 조달되는 재료들을 사용하여 특색 있는 미국 맥주를 생산할 계획이었다. "영국적이지 않은, 그러니까 미국적인 무엇인가를 하고 싶었어요. 어디서든, 가능하면 미국산 재료를 쓰고 싶었죠."

시에라 네바다는 미국 최초의 크래프트 브루어는 아니다. 프리츠 메이태그는 샌프란시스코의 앵커 브루어리를 매입하여 복원했고, 잭 매콜리프와 톰 디바커는 캘리포니아 소노마와 노바토에서 잠깐씩 마이크로브루어리를 운영하기도 했다. 콜로라도에서는 교수 두 명이 볼더 브루잉Boulder Brewing을 시작했다. 하지만 '미국스러운' 맥주에 관해서만큼은 켄 그로스먼보다 더 뚜렷한 비전을 가진 이는 없었다. 그의 첫번째 맥주는 그 유명한 페일 에일로, 지금까지 30여 년간 동일한 레시피를 사용해오고 있다.

크래프트 브루잉이 확산되면서 그로스먼이 시에라 네바다 페일에서 생산했던 양질의 맥주는 미국 스타일의 기준이 됐다. 시에라 네바다 페일은 대체로 영국 스타일의 규격에 맞추어 만들어졌지만 몇 가지 다른 점들도 있다. 좀더 밝은색을 띠고 알코올 도수가 더 높다. 그로스먼은 아주 깔끔한 효모를 사용하여 캐러멜 몰트와 홉의 풍미를 최대한 드러낸다. 그로스먼의 페일은 영국 페일에 비해 더 밝은 놋쇠빛을 띠고 모든 요소―알코올 농도, 쓴맛, 신선한 시트러스 풍미의 홉―가 조금씩 더 강화됐다.

미국인들이 거칠고 강렬한 홉의 풍미나 그런 홉을 써서 만든 거칠고 강렬한 에일로 자연스레 옮겨가는 일은 결코 피할 수 없는 일은 아니었다. 캐스케이드 홉은 상업적으로 실패하는 위기에 봉착해 있었고, 크래프트 브루잉이 아니었다면 생산자들은 홉을 밭에서 몽땅 뽑아버렸을지도 모른다. 1990년대까지만 해도 유럽에서는 대체로 미국산 홉을 거칠고 고약한 맛이라고 깎아내렸으며, 미국산 홉은 유럽산 노블 홉과는 달리 섬세하고 미묘한 풍미가 없어서 '조악한' 질의 맥주가 만들어진다고 평가를 받았다.

다행히 미국인들은 그런 혹평에 별로 신경 쓰지 않았다. 다른 크래프트 브루어리들이 이 스타일을 따라하기 시작했고, 오늘날 영국 펍에서 골딩 홉을 넣은 비터가 흔한 것과 마찬가지로 미국 술집에서는 캐스케이드 홉을 넣은 페일이 흔해졌다. 시에라 네바다의 등장과 동시에 페일은 미국식 맥주의 원형이 됐고, 훗날 IPA, 임페리얼 IPA, 레드, 앰버, 심지어는 캐스케이디언 다크 에일Cascadian dark ale 같은 새로운 스타일들로도 이어졌다. 이들은 전부 미국적이라 할 만한 비슷한 특성―거칠고 생생한 호핑, 캐러멜 몰트, 알코올 특유의 매력―을 공유한다. 이들의 계보는 모두 그로스먼의 페일로 곧장 거슬러 올라갈 수 있다.

풍미는 그 다재다능한 특성으로 인해 현란하고 특별하다. 페일의 경우, 이 풍미―그리고 그에 따르는 아로마―는 즉각적이어야 한다. 시음해보면 라임, 자몽, 흑후추, 라벤더, 베르가못, 삼나무, 망고 등의 풍미를 느낄 수 있을 것이다. 그 외 다른 요소들 역시 중요한데, 예를 들면 바탕에 깔리는 비스킷이나 캐러멜 같은 부드럽고 기분 좋은 몰트의 풍미라든가 기포가 주는 청량감 같은 것이다. 페일은 대표적인 여름 맥주로, 홉은 마치 신선한 라임 소다에 들어 있는 주스 같은 역할을 하여 밝고 청량하며 상쾌한 느낌을 선사한다.

미국 페일 에일

1980년대, 미국인들은 페일 에일을 브루잉할 때 애초 영국에서 의도했던 것보다도 그 이름을 훨씬 더 문자 그대로 받아들였다. 결과적으로, 대부분의 미국 페일은 담황색을 띠지만, 영국 페일은 연갈색에 가까운 짙은 금발이나 생강쿠키 같은 색을 띠거나 밝은 흑갈색을 띠기도 한다. 캐스케이드 홉은 여전히 페일의 기준이 되는 소리굽쇠 같은 존재로 남아 있고, 브루어리들은 다양성을 위해 여러 비슷한 다른 미국 품종들—가장 흔하게는 애머릴로Amarillo, 센테니얼, 심코, 시트라Citra 등—을 사용하기도 하지만 브루어들은 여기서 많이 벗어나지 않으려 한다. 그러나 어떤 구성이든, 목표는 비슷하다. 편안하게 깔리는 캐러멜 몰트의 풍미를 기본으로 여러 홉의 풍미들을 무난하게 조합하는 것이다. 브루어리는 페일 에일로 자기 개성을 표현하지는 않으며, 페일 에일은 부담없이 마시는 컴포트 비어 comfort beer이기 때문에 이 클래식한 맥주가 이런저런 식으로 과도하게 바뀌기를 바라는 사람은 없다.

영국 페일 에일

영국과 미국의 페일 에일은 닮은 점이 많다. 물론 좀더 자세히 들여다보면 다른 점도 수없이 보일 것이다. 가장 뚜렷한 차이는 홉이다. 영국 페일의 경우, 홉은 흙냄새에서부터 허브 그리고 스

페일 에일과 브레타노미세스

그 어느 나라의 맥주도 영국 맥주만큼 급진적인 변화를 겪은 경우는 없다. 양차 세계대전 중 곡물 배급이 어려워져 알코올 도수가 크게 낮아졌던 것은 익히 알려진 사실이다. 그러나 이는 변화의 극히 일부분에 지나지 않았다. 20세기까지만 해도 영국 맥주에는 통상적으로 브레타노미세스(줄여서 브렛)로 알려진 야생효모종이 들어갔다. 브레타노미세스는 맥주를 완전히 변형시켜 굉장히 드라이하고 산미를 띠거나 가죽냄새가 나게 하는 원기왕성한 효모다. 하지만 느린 편이라서 좀더 생기 넘치는 사촌 사카로미세스가 한바탕 움직인 뒤에야 활동에 나선다. 2주쯤 된 맥주는 이 느림보 효모가 아직 손대지 않은 상태고, 심지어 두어 달이 지난 뒤에도 그 영향은 여전히 미미하다. 그러나 브렛에게 반년쯤 시간을 준다면 맥주를 접수해버릴 것이다.

이처럼 브렛 숙성된 페일 에일 중 한 종류인 소위 '스톡stock' 에일은 통상적으로 나무 캐스크에서 1년 이상 숙성된다. 스톡 에일의 특징은 수세기 전 기록에도 잘 나타나 있다. 숙성된 스톡 에일은 통의 구부러진 부분이나 틈새에 살던 야생효모의 특성을 드러냈다. 이는 레귤러 페일 에일에도 해당되는데 어떤 것은 몇 달 동안 나무통에서 숙성됐다. 1930년대에 와서야 어느 네덜란드 과학자가 배스 페일 에일 찌꺼기에서 브렛 배양물을 분리해냈다.

그 맥주들의 맛은 어땠을까? 오르발의 노트르담 수도원에서 몇 시간 전에 브루잉한 맥주가 그 비슷한 예일 수 있겠다. 수도원의 이름을 딴 오르발은 이들 오래된 영국 페일 중 어느 것과도 동일하지는 않지만 비슷하기는 하다. 트라피스트Trappist 에일+ 계열 중 가장 홉 풍미가 강한 —그리고 드라이호핑한— 이 황금빛 맥주는 병입 시점에는 알코올 도수가 페일 에일 수준이다. 그러나 오르발 발효에 혼합 사용되는 효모종 가운데는 브레타노미세스도 있다. 처음에는 밝은 꽃향이 나고 홉 풍미가 강한 이 맥주는 시간이 흐르면서 점차 변해간다. 6개월 이후부터는 브렛 효모가 활발히 활동을 시작하여 맥주를 드라이하게 만들고 알코올 도수를 7% 이상으로 끌어올린다—병입 당시에는 6.2%로 측정된다. 오르발의 홉과 몰트는 과거 영국 에일에 사용됐던 것들과는 다르며, 역사적인 페일 에일이라고 해서 전부 브렛의 영향을 받을 만큼 오래 두었던 것은 아니다. 그러나 그 정도로 오래 보관됐던 페일 에일들은 어땠을까? 아마 1년쯤 된 오르발과 비슷한 맛이었을 것이다.

파이시한 풍미로까지 이어진다. 그러나 영국 페일은 간혹 설탕이나 옥수수 같은 재료를 넣어 브루잉함으로써 바디가 더 가볍고 드라이한 경우가 많다. 경수를 사용하기 때문에 미네랄의 느낌이 확연하게 도드라질 수 있다―혀에서 까끌하게 느껴질 수도 있고 짠맛이 나기도 한다. 설탕과 결합되면 특히 하드 사이다hard cider가 연상되는 청량감을 낸다.

일부 미국 브루어리에서는 영국 스타일의 페일 에일을 만드는데, 클래식한 영국 호핑(허브향과 향신료향)이 특징이다. 그 외의 측면들에서는 미국적 특성을 드러낸다. 대부분 보리 100%로 만들기 때문에 좀더 부드러운 느낌이 들고 청량감은 덜하다. 뉴잉글랜드에서는 유독 영국식 기준을 선호하는 것 같다. 아마도 뉴잉글랜드에서 최초이자 미국 내 최고의 영국 스타일 페일 중 하나인 메인 주의 기어리스Geary's 때문일 것이다.

브루잉 노트

비터와 마찬가지로, 페일은 복잡할 것 없는 맥주다. 페일의 성공 여부는 까다롭거나 혁신적인 레시피에 달린 것이 아니라 관리와 균형이 좌우한다. 미국에서 페일은 비슷한 레시피―페일 몰트와 약간의 크리스털 몰트―를 고수한다. 브루어가 밀을 약간 넣어 부드러운 느낌을 내고 헤드가 오래 유지되도록 하는 경우도 드물지는 않다. 대신 호밀을 사용해 후추향과 청량한 느낌을 더하는 브루어리도 있고, 귀리를 넣어 크림 같은 느낌을 살리는 곳도 있다. 이 같은 스페셜티 몰트들은 기본적인 몰트 구성에 몇 가지 섬세한 특성을 더하는 역할을 한다. 실질적인 초점은 홉에 맞춰지며, 가장 아로마가 풍부하고 활기 넘치는 품종들 가운데 엄선되어 중후반에 첨가된 홉들에 의해 특징이 결정된다. 웨스트코스트 지역의 브루어리들은 대개 타 지역에 비해 쓴맛에 더 비중을 두지만 IBU는 크게 차이가 없다. 맥주에 아로마를 더하는 부차적인 방식인 드라이호핑 역시 흔하다.

영국에서 페일은 비터처럼 브루잉되며(많은 경우, 실제로 비터이기도 하다), 설탕이나 부가물을 사용하는 경우도 많다―물론 페일은 비터에 비해 올몰트all-malt*일 가능성이 높다. 자주 깨지는 규칙이기는 하나 영국 페일은 오디너리 혹은 베스트 비터보다는 더 맛이 풍부하고 대체로 홉의 특성이 좀더 두드러진다. 여기에는

* 몰트 외에 다른 첨가물은 넣지 않았다는 뜻

> **IF YOU LIKE PALE ALES**
>
> 페일 에일은 애초부터 흥미로울 수밖에 없는 스타일인 동시에 세션 맥주로 연거푸 마시기에도 좋을 만큼 적당히 수수하다. 가장 가까운 친척이 세계에서 가장 대중적 맥주인 **필스너**인 것이 놀랍지 않을 정도다. 페일 에일은 다양한 버전으로 나오지만, 활기 넘치는 호핑의 에일에 익숙한 미국인들에게는 체코 버전이 가장 친숙하다. 라거를 좋아하지 않는 이들에게는 **앰버 에일**amber ale이 페일에 가장 근접하다―몰트의 특성은 더 강하고 홉의 특성은 더 약하기는 하지만 말이다. 마찬가지로, **비터**도 굉장히 비슷하다―그리고 똑같은 맥주가 단지 이름만 다른 경우도 있다. 모험을 좋아하는 이들이라면 (세종 뒤퐁Saison Dupont처럼) 호피한 **세종**을 마셔보자. 꽤 만족스러운 기분전환이 될 것이다.

조금 변화가 있는 듯하지만, 페일은 비터의 병입 버전이었고 변질을 막기 위해 브루어리에서는 좀더 도수가 높고 호피한 맥주를 만들게 됐을 것이다.

진화

미국 크래프트 스타일 맥주 중 페일 에일은 가장 나이가 많지만, 역설적이게도 가장 변함 없는 맥주에 속한다. 초창기의 성공 덕에 이 스타일에는 미국식 브루잉에서 흔치 않은 안정성이 있다. 앵커 리버티, 시에라 네바다 페일, 데슈츠 미러 폰드Deschutes Mirror Pond 등은 모두 수십 년 간 변함없이 그대로다. 그래서 브루어리들은 홉 타입은 이리저리 바꿔볼 수 있지만, 스탠더드—약 5%, 밝은색, 홉 풍미가 강한 에일—는 별로 변화가 없었다.

실질적인 변화는 유럽, 특히 영국에서 일어났다. 이곳의 최신 경향은 미국산 홉을 넣어 만든 미국 스타일 에일이다. 21세기에 들어설 당시만 하더라도 CAMRA의 강경파들이 —미국에 사는 아이들에게 그놈의 빌어먹을 볼륨 좀 낮추라고 윽박지르는 부모처럼— 미국의 크래프트 맥주는 균형이 어긋나 있고 아마추어 같다고 주장할 정도였다는 것을 생각하면, 이는 대단한 반전이다. 그러나 지난 10-20년 사이 새로 생긴 크래프트 브루어리들이 주도하고 있는 영국의 경우, 미국산 홉을 넣은 에일이 지닌 강렬하고 자유분방한 풍미의 쾌감에 눈을 뜬 셈이다. 손브리지, 더 커널The Kernel, 마블, 브루도그 BrewDog, 다크스타 같은 신생 브루어리들은 미

다크스타는 미국 맥주에서 영감을 얻는 영국의 신생 크래프트 브루어리 중 하나다.

국을 영감의 원천으로 삼고 있다. 이러한 수요를 충족시키기 위해 영국의 홉 생산자들이 심지어 캐스케이드나 윌래밋 같은 클래식한 미국 품종을 심기 시작하여 크래프트 브루어리들에 공급하는 등 상황이 역전됐다—처음에는 미국 생산자들이 영국 퍼글을 재생산하는 일환으로 이들 품종을 실험했다. 이제 켄트 주의 생산자들이 그 홉의 자손을 기르고 있다.

알아야 할 맥주들

페일 에일은 미국에서 브루잉되는 가장 믿을 만한 스타일 중 하나로, 아주 나쁜 맥주도 드물다. 대부분 미국식 전통에 따라 캐러멜 몰트와 시트러스 풍미가 있는 미국산 홉을 넣고 브루잉되지만, 페일의 이름이나 상표 그림에 영국적인 뉘

앙스가 조금이라도 있는지 살펴볼 필요는 있다. 만약 그렇다면 홉의 풍미는 약한 편이고 좀더 균형 잡혀 있을 테고, 호핑에서는 시트러스보다는 나뭇가지나 흙 냄새 같은 풍미가 날 것이다.

SIERRA NEVADA PALE ALE
시에라 네바다 페일 에일

원산지: 미국 캘리포니아 치코
몰트: 페일, 캐러멜
홉: 마그눔, 펄Perle, 캐스케이드
5.6% ABV, 1.052 SP. GR., 37 IBU

시에라 네바다의 페일은 미국에서 가장 친숙한 맥주 가운데 하나지만, 결코 지루한 느낌은 없다. 캘리포니아의 석양이 연상되는 색과 향긋한 꽃내음으로 유명한 캐스케이드 홉의 향을 내뿜는다. 캐러멜 몰트는 미각적으로 완벽한 청량감과 균형감을 선사하고, 경쾌한 시트러스 호핑은 생생한 탄산으로 한껏 살아난다. 밝고 생기 넘치는 페일 에일로, 이 스타일의 표준이다.

DESCHUTES MIRROR POND
데슈츠 미러 폰드

원산지: 미국 오리건 벤드
몰트: 페일, 노스웨스트 페일, 캐러멜, 캐러필스carapils
홉: 캐스케이드
5.0% ABV, 1.053 SP. GR., 40 IBU

데슈츠는 적당히 미국화됐으면서도 확연히 영국적인 맥주들 위에 제국을 세웠다. 미러 폰드의 경우, 몰트 베이스는 확실히 런던이다—스콘 같은 감칠맛 나는 몰트의 풍미에 살짝 사과향이 난다. 캐스케이드 홉은 다른 맥주에서보다 좀더 레몬

풍미가 있고 부드럽게 느껴지지만, 상대적으로 탄산이 약한 덕분에 그 풍미가 한껏 살아난다.

NEW GLARUS MOON MAN
뉴 글래러스 문 맨

원산지: 미국 위스콘신 뉴 글래러스
몰트: 페일, 캐러멜
홉: 미국산 5종, 뉴질랜드산 1종
5.0% ABV, 1.049 SP. GR.

페일 에일의 정수는 무난한 접근성에 있는데, 문 맨이야말로 그 원년 멤버다. 문 맨은 과시하는 유형의 맥주가 아니다. 곡물 풍미가 살아 있는 얌전한 몰트와 생생한 쓴맛은 허브향이 나면서도 과일 풍미가 있다—웨스트코스트 지역 페일 에일과는 달리 시트러스 풍미는 별로 없다. '노 코스트no coast'* 페일임을 내세우는 뉴 글래러스는 모든 맥주가 다 엄청난 즐거움을 줄 필요는 없다고 인정하며 크게 괘념치 않는 듯한 맥주다. 팬들은 이 사실을 기꺼이 입증할 수 있다.

GEARY'S PALE ALE
기어리스 페일 에일

원산지: 미국 메인 포틀랜드
몰트: 잉글랜드 페일, 캐러멜, 초콜릿
홉: 캐스케이드, 마운트후드, 테트낭Tettnang, 퍼글
4.8% ABV, 1.047 SP. GR.

데이비드 기어리는 영국에서 브루잉을 배운 뒤 자신만의 브루어리를 충실하게 재창조하여, 자신이 영국에서 그토록 감탄했던 바로 그런 맥주

* 이스트코스트(동부 해안) 계열도, 웨스트코스트(서부 해안) 계열도 아니라는 의미. 대체로 동부 쪽 맥주는 몰티하고, 서부 쪽 맥주는 호피한 경향이 있다.

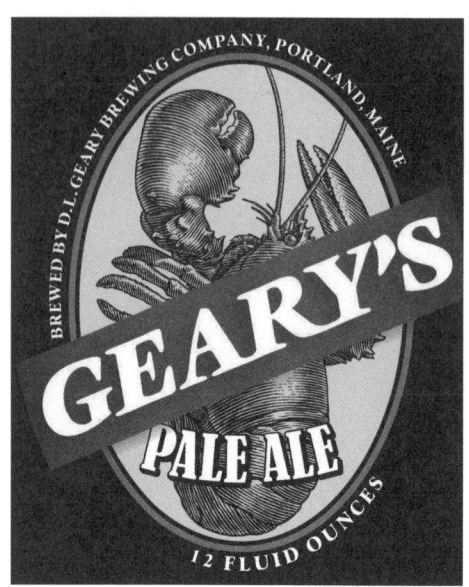

드 인퓨즈드는 글라스에 따르면 짙은 오렌지빛을 띤다. 그러나 여기서 중요한 것은 색이 아니라, 홉의 풍미와 아로마다. 드라이호핑으로 생성된 풍성한 자몽과 오렌지 아로마를 시트러스와 삼나무의 진한 풍미가 뒷받침한다. 로스팅한 보리의 풍미는 끝으로 갈수록 드라이해지며 맥주를 단단히 고정시켜주는 느낌이다. 가능하다면 헤이즈드 앤드 인퓨즈드를 브루어리에서 맛볼 것. 섬세한 드라이홉의 향은 금방 사라진다.

THREE FLOYDS ALPHA KING
스리 플로이즈 알파 킹

원산지: 미국 인디애나 먼스터
몰트: 비공개
홉: 센테니얼, 캐스케이드, 워리어
6.7% ABV, 66 IBU

미국 페일 에일과 IPA의 구분선은 모호한데, 알파 킹은 바로 그 경계에 있는 맥주다. 스리 플로이즈는 캐러멜 풍미의 몰트 베이스로 강인한 느낌의 페일을 만든다. 달콤하고 농후한 풍미의 몰트 베이스가 치고 나오는 홉의 시트러스 풍미를 누그러뜨린다. 전혀 안 그럴 것 같지만, 몇 모금 마시다보면 부드러운 맥주처럼 느껴진다.

를 만들고 있다. 이 브루어리의 페일 에일은 간결하고 어쩐지 절제된 느낌이 있다—그리고 굉장히 영국적이다. 맥주의 틀을 구성하는 바탕은 미네랄 성분으로, 허브, 향신료 풍미의 홉에 뻣뻣한 느낌을 더하고 크래커 풍미의 몰트는 드라이하게 변화시킨다. 아마 미국 브루어리에서 만든 가장 대표적인 잉글랜드 페일 에일로 꼽을 수 있을 것이다.

BOULDER
HAZED AND INFUSED
볼더 헤이즈드 앤드 인퓨즈드

원산지: 미국 콜로라도 볼더
몰트: 페일, 캐러멜, 로스팅한 보리
홉: 너깃Nugget, 윌래밋, 크리스털, 센테니얼
4.9% ABV, 1.050 SP. GR.

페일은 상대적인 용어로, 절대적인 원칙 같은 것이 아니다. 로스팅한 보리로 만든 헤이즈드 앤

SUMMIT EXTRA PALE ALE
서밋 엑스트라 페일 에일

원산지: 미국 미네소타 세인트폴
몰트: 페일, 캐러멜
홉: 호라이즌, 퍼글, 캐스케이드
5.3% ABV, 1.050 SP. GR., 45 IBU

이 맥주가 처음 브루잉된 것은 1986년이었지만,

당시의 풍미는 오늘날 만들어지는 그 어떤 맥주 못지않게 밝고 풍성했다. 페일치고는 색이 상당히 깊이 있고, 몰트는 진하며 빵의 풍미를 낸다. 이들 몰트는 시트러스와 허브 풍미를 지닌 홉과 근사하게 어우러진다. 여름에 더없이 잘 어울리는 경쾌한 느낌의 맥주다.

ODELL ST. LUPULIN
오델 세인트루풀린

원산지: 미국 콜로라도 포트콜린스
몰트: 비공개
홉: 비공개
6.5% ABV, 46 IBU

오델의 세인트루풀린은 여름 한정판으로, 다소 낮은 알코올 도수로도 IPA의 강렬한 느낌을 전달하는 맥주다. 의도한 것인지는 모르겠으나, 오델은 홉이 내는 과일 풍미—복숭아, 멜론, 오렌지나 자몽 등 시트러스—를 통해 여름 느낌을 물씬 풍기려는 듯 보인다. 몰트는 상당히 농후하고 바디는 캐러멜 풍미를 띤다.

인디아 페일 에일
INDIA PALE ALES

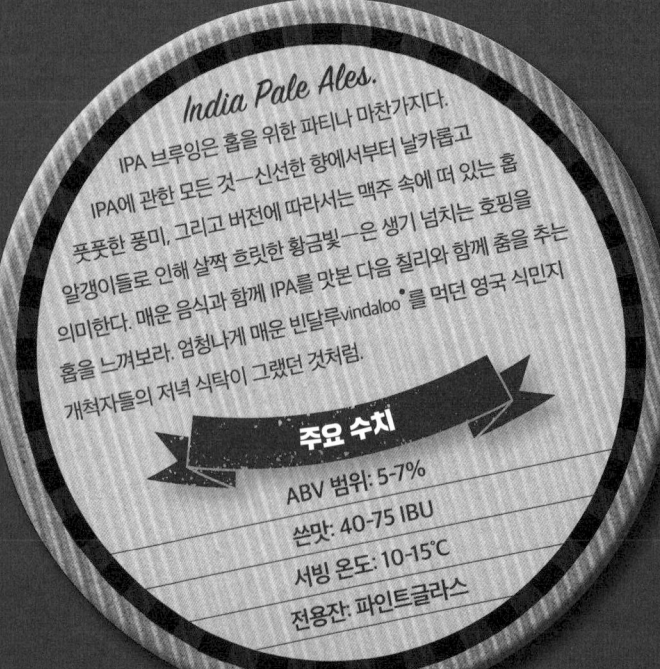

India Pale Ales.

IPA 브루잉은 홉을 위한 파티나 마찬가지다. IPA에 관한 모든 것—신선한 향에서부터 날카롭고 풋풋한 풍미, 그리고 버전에 따라서는 맥주 속에 떠 있는 홉 알갱이들로 인해 살짝 흐릿한 황금빛—은 생기 넘치는 호핑을 의미한다. 매운 음식과 함께 IPA를 맛본 다음 칠리와 함께 춤을 추는 홉을 느껴보라. 엄청나게 매운 빈달루vindaloo* 를 먹던 영국 식민지 개척자들의 저녁 식탁이 그랬던 것처럼.

주요 수치

ABV 범위: 5-7%
쓴맛: 40-75 IBU
서빙 온도: 10-15°C
전용잔: 파인트글라스

• 고기나 생선을 넣은 매콤한 인도 요리

인디아 페일 에일(더 흔하게는 IPA)은 그 이름에도 불구하고 인도에서 브루잉된 적이 없다. 인도 사람들이 마셨던 것도 아니다. 그 대신, 영국인—처음에는 식민지에서 관리 업무를 담당하던 영국인들, 그리고 나중에는 그런 이국적인 기원의 맥주라는 개념에 매료된 영국인들—을 위한, 영국인에 의한 맥주였다고나 할까. 첫 단계의 인디아 페일 에일은 영국인들의 입맛을 사로잡았을 뿐 아니라, 세고 홉향이 강하고 간결하여 장거리 운송도 버틸 수 있는 맥주였다. 그러나 20세기 중반 즈음 이제 다음 단계로 들어선 인디아 페일 에일은 품질이 저하되어 그저 그런 비터 중 하나로 전락했다. 그러나 이것이 마지막 단계는 아니었다. IPA는 수출이라는 마지막 돌파구를 통해 미국으로 건너와 신생 크래프트 브루어리들에서 브루잉되기 시작했다. 브루어리들은 IPA가 현지 홉에 완벽하게 맞는 스타일임을 깨달았다. 오늘날 IPA는 크래프트 브루잉의 가장 대중적인 두 가지 스타일 중 하나로, 크래프트 브루잉 자체와 동의어처럼 여겨질 정도다. 수출은 계속 이루어지고 있고 IPA는 전 세계 각지의 브루어리들로 퍼져나가고 있다. 이런 국제적 인기는 약 한 세기 반 전 필스너 이후 처음이다.

진정한 과거의 냄새는 워딩턴Worthington의 영국 스타일 화이트 실드White Shield에서 맡아볼 수 있다.

기원

영국인들은 맥주를 수출할 식민지가 생기자마자 바로 수출을 시작했다. 북아메리카 지역 및 발트해 너머까지 거침없이 실어날랐다. 차가운 바닷물 덕분에 맥주는 꽤 양호한 상태로 여정을 소화해낼 수 있었다. 하지만 적도를 지나거나 아프리카 북동부 근처를 지나 인도에 사는 식민지 개척자들에게까지 맥주를 실어나르는 일은 완전히 다른 문제였다. 1711년쯤 최초로 인도 아대륙에 도착하기 시작한 운송물 가운데는 런던에서 판매한 스탠더드 에일도 포함돼 있었다. 물론 이 여정을 소화해낼 수 있게 특별히 브루잉된 맥주 따위는 하나도 없었다. 한 세기 가까이에 걸쳐 포터, 페일 에일, 비에르 드 타블bière de table* 모두 인도로 운송됐다는 기록이 있다.

그렇게 도착한 맥주는 대부분 마실 수 있는 상태가 아니었고 기록에 따르면 일부는 도착하자마자 쏟아버렸다고 한다. 캐스크에 담긴 생에일이 예정된 공격을 피할 방법은 전무했다. 배가 항해를 시작할 때 북대서양은 10-12℃ 부근이었다—선체 하단에 맥주를 넣어두기에 완

* 알코올 함량이 1.5-3.9%인 맥주를 지칭하던 표현으로, 오늘날에는 '스몰 비어'와 혼용한다.

버턴 에일

페일 에일을 인도에 보내는 것으로 유명해지기 한참 이전에, 버턴의 브루어리들은 발트해 국가들로 실어보냈던 농후한 브라운 맥주로 잘 알려져 있었다. 버턴 에일. 이 스타일의 명칭은 원산지에서 따왔다. 18세기 당시 가장 초기 버전은 대량으로 브루잉됐으며, 마치 꿀처럼 점성이 있어 묵직했다. 그러나 1822년 러시아 정부는 수입품에 엄청난 세금을 매겼고 버턴 수출 시장은 급격히 쇠퇴했다. 브루어리들은 자신들의 대표 맥주를 영국에서 서둘러 팔아치울 수밖에 없었다.

버턴 에일 브루어들은 현지 기호에 맞춰 에일의 색과 바디를 모두 가볍게 하고 홉을 첨가했다. 그래도 버턴 에일은 여전히 묵직한 맥주였고 판매가 쉽지 않았다. 험난한 여정을 시작한 브루어들은 약간만 숙성시키면 버턴도 훨씬 더 잘 팔릴 수 있겠다는 생각을 했다. 버턴은 따슨한 위안을 주는 맥주인 동시에, 알코올 도수는 8%가 넘는 상당히 센 맥주이기도 했기 때문이다. 인기를 얻었던 시기, 버턴은 도수가 높았지만 비발효설탕을 많이 넣어 달콤하고 묵직했다. 단맛은 일정량의 홉으로 균형을 잡기는 했지만, 사람들이 질리지 않을 정도의 수준에 그쳤다. 세계대전과 취향의 변화로 버턴은 점차 사라졌고 이제는 버턴 에일이라는 이름으로 브루잉되는 맥주는 없다. 그러나 그 구체적 특성에 근접하는 몇몇 맥주들은 여전히 브루잉되고 있으며 —'변장한 버턴들'이라 불릴 만하다— 가장 비슷한 예로는 풀러스 1845가 있다.

벽한 온도다. 그러나 배가 적도를 지날 때 해수의 온도는 무려 26℃까지 상승했고, 20℃ 근처까지 떨어졌다가 배가 인도에 다다를 때쯤 다시 30℃ 가까이까지 치솟았다. 장장 4개월에 걸친 항해 동안 배가 이리저리 구르고 출렁이는 바람에 맥주에는 거품 잘 날이 없었다. 또 한 가지 중요한 사실은 당대의 영국 맥주들은 캐스크를 만드는 데 쓰인 나무에 사는 야생효모 브레타노미세스에 전부 오염돼 있었다는 점이다. 야생효모는 맥주를 사실상 식초로 만들어 못 쓰게 만들 수 있기 때문에, 브루어들은 저온을 유지하거나 갓 만든 맥주를 바로 판매함으로써 야생효모의 활동을 미리 막았다—그러나 두 가지 모두, 인도로 가는 에일에는 쓸 수 없는 방법이었다.

수십 년에 걸친 시행착오 끝에 브루어리들은 박테리아를 억제하는 홉을 대량 주입하면 인도에 도착하는 시점에 맥주가 적어도 마실 수는 있는 상태일 수 있다는 사실을 발견했다. 1760년대쯤 브루어들은 인도로 보내는 맥주에는 '반드시' 홉을 더 많이 넣어야 한다는 조언을 들었다. 결국 1790년대에 이르러, 런던 동쪽에 자리잡고 있던 조지 호지슨의 보Bow 브루어리는 홉을 듬뿍 넣은 페일 에일로 성공가도를 달리기 시작했고, 그 결과 인도로 운송되는 맥주량은 열 배로 늘었다. 그러나 놀랍게도, 이토록 유명한 맥주도 인도 시장에서 반짝 성공하는 데 그쳤다. 판매가 정점을 찍었을 때도 인도는 연간 약 1만 배럴의 맥주를 받고 있었다. 북아메리카 지역으로 가는 양의 6분의 1에 불과했고 영국의 휫브레드 한 곳에서 브루잉해내는 연간 생산량의 10분의 1 수준이었다.

이러한 수치로만 보면, IPA는 브루잉 역사의 기록에서 각주 정도에 그치고 조용히 사라졌어야 맞는다—어쨌든 기본적으로 홉 특성이 두드러지는 센 페일 에일이었으니 말이다. 그러나 1820년 영국 브루어리들은 '인도 시장을 겨냥한' 바로 그 타입의 다양한 맥주를 다시 본토에서 마케팅하기 시작했다. 1840년대 들어서는 브루어리들이 이 맥주를 인디아 페일 에일로 부르며 특별한 맥주로 마케팅하기 시작했다. 이들은 영국의 인도 지배라는 모험담을 십분 활용하여 이 스타일을 간결하고 모험적인 맥주로 추켜세웠다. 어느 브루어리는 심지어 IPA를 '상류층' 맥주라고까지 홍보했다. 상업적으로 대성공이었으며, IPA 스타일이 실제로 탄생한 것은 이 시점이다. 인디아 페일 에일의 인도 내 판매 성적은 좋았던 적이 없었지만, 영국에서는 스탠더드가 됐다.

IPA는 여러 스타일 가운데 가장 오래 남아 있는 맥주 가운데 하나이며, 그 이후로 영국과 북아메리카 지역 모두에서 다양한 버전으로 끊임없이 브루잉돼왔다. 알코올 도수와 호피한 정도는 계속 오르내렸지만, 그 이름 —그리고 전설— 덕분에 이 맥주 스타일은 살아남을 (그리고 최근에는 크게 인기를 끌) 수 있었다.

상세 설명 및 특성

인디아 페일 에일이 진화를 거듭해오는 동안, 맥주 가계도에서 영국식과 북아메리카식 두 갈래가 뻗어나왔다. 풀러스 벵골 랜서Fuller's Bengal Lancer 같은 영국식 IPA는 비교적 수수한 맥주로, 알코올 도수는 약 5%이고 적당한 호핑으로 개성을 조금 더한 정도다. 벨스 투 하티드 에일Bell's Two Hearted Ale, 시에라 네바다 토피도Sierra Nevada Torpedo, 뉴 벨점스 레인저New Belgium's Ranger 등 미국식 IPA는 좀더 도수가 높고(6-7% ABV) 강렬한 홉 아로마와 쓴맛을 부각시킨다. 영국에서 인디아 페일 에일은 비주류 스타일이고, 미국에서는 주류다.

미국 IPA

미국에서 인디아 페일 에일은 홉의 독무대다. 물론 홉을 사용하지 않는 맥주는 없지만, IPA에서 핵심은 홉이다. 홉의 특성은 우선 코에서부터 확연히 느껴지는데, 품종에 따라 시트러스, 소나무, 꽃 등의 향이 난다. 브루잉 과정 전반에 걸쳐 넉넉히 홉을 넣으면 풋풋한 풍미가 가득한 맥주가 탄생한다. 이 풍미는 후각에서 시작해 날카롭고 쌉싸름하게 마무리된다. IPA에서 몰트는 약간의 색과 달콤한 풍미를 더해 홉의 풍미

> **호지슨 딜레마**
>
> 브루잉 역사가들(그렇다, 이런 사람들이 있다) 사이에서는 이런 논쟁이 일어난다. 조지 호지슨은 정말 인도로 향하는 4개월의 여정을 견뎌내는 인디아 페일 에일을 발명했는가? 여러 책에서 이 공로를 그에게로 돌린다. 그리고 실제로 호지슨의 보 브루어리는 1800년대 초기 수십 년간 인도 시장에 들어와 지배적인 위치를 점했다. 그러나 이 이야기에는 허점이 몇 개 있다. 페일 에일을 비롯한 맥주는 호지슨 이전에도 이미 수십 년간 인도로 운송되고 있었다. 호지슨 이전 세대의 브루어들은 따뜻한 기후의 지대로 운송될 때는 반드시 홉의 비중이 높아야만 맥주가 살아남을 수 있다는 사실을 이미 알고 있었다. 하지만 안타깝게도 남아 있는 기록이 충분하지 않다. 오늘날 우리가 알 수 있는 사실은 호지슨은 분명 IPA를 만들어낼 수 있었다는 것이다. 사실 그는 단지 정보를 황금—황금빛 호피 에일—으로 바꿀 줄 아는 사람이었을 가능성이 높지만 말이다.

IF YOU LIKE IPAs

IPA를 좋아하는 사람들은 '홉 헤드hophead*'라 불러도 좋을 것이다. 이 스타일은 달콤한 몰트의 느낌과 홉 아로마와 풍미가 결합되어 표출되는 모든 것을 담고 있다. 부차적인 향이기는 하나 이 마지막 특성은 중요하다—IPA의 수많은 팬들은 독일 필스너처럼 더 드라이하고 호피한 맥주를 별로 좋아하지 않기 때문이다.

만일 달콤한 에일을 선호한다면 알코올 도수별로 다양하게 마셔보라—**임페리얼 IPA**(높은 도수)나 **페일 에일**(낮은 도수)을 맛보자. 몰트의 풍미가 더 강하기는 하나 클래식하고 호피한 에일을 하나 더 꼽아본다면 **엑스트라 스페셜 비터**ESB가 있다. 다소 드라이한 스타일을 즐겨 마시는 사람에게는 홉 풍미의 **보헤미안 필스너**나 **알트비어**altbier를 권한다.

* 호핑을 세게 해 홉 특성이 유독 두드러지는 맥주를 선호하는 이들을 지칭

를 최대한 끌어내는 역할을 한다. 자몽, 귤, 살구 등의 과일향이 전형적이다.

20년 전, 오리지널 IPA가 거쳤던 대대적인 여정에서 영감을 얻은 브루어들은 오리지널 맥주가 커다란 영국식 오크통 속에서 타닌을 머금었던 것처럼 오크 조각을 발효통에 넣어 타닌을 추출해내곤 했다. 이후 IPA가 시장에 안착하면서 이런 식의 흉내내기는 사라졌지만, 일부 브루어리에서는 실제 오크 캐스크에서 맥주를 숙성시키기 시작했다. 이들 맥주에는 타닌과 바닐라 풍미가 더해졌다. 오크 숙성이든 아니든—대다수는 오크 숙성이 아니다— 좋은 미국 IPA는 밝고 호피한 풍미로 꽉 차 있으면서도 몰트나 알코올의 특성이 지나치게 두드러지거나 무겁게 느껴지지는 않을 정도로 상쾌하다. 대다수 미국인들에게는 이 같은 특성들이 크래프트 맥주를 규정하는 기준으로 자리잡게 됐다.

영국 IPA

미국 IPA가 홉의 강도에 초점을 맞춘 반면, 영국의 호핑은 몰트의 복잡미묘함을 가리지 않는다.

버턴 스내치

버턴의 물이 유명한 이유는 경수일 뿐 아니라 특유의 유황 성분이 있기 때문이다. 진정한 버턴 맥주는 석고질이 풍부한 수원에서 끌어올려진 맥주로, '버턴 스내치', 즉 거침없는 유황 냄새가 풍겨야 한다. 이 향은 두 가지 종류로 나오는데, 하나는 탄 성냥 같은(이상하기는 해도 대체로 불쾌하게 느껴지지는 않는) 향이고 또 하나는 썩은 달걀 같은(불쾌한) 향이다.

내가 버턴 스내치를 느낀 것은 바로 버턴에서, 거기서 만들어진 전설적인 워딩턴 화이트 실드 파인트에 코를 가까이 가져다댔을 때였다. 워딩턴의 버턴 스내치는 썩은 달걀 냄새 쪽인데, 한차례 훅 끼쳐온 것만으로도 나도 모르게 움찔할 만큼 강한 향이었다. 이런 맥주가 대체 어떻게 그토록 인기를 얻었을까? 희한하게도 코는 이런 공격에 알아서 적응한다. 경수 덕분에 맥주의 바탕에는 강렬한 미네랄 풍미가 깔리고 이는 상당히 몰티한 바디와 잘 어우러진다. 홉의 풍미도 미네랄 소금과 어울려 나란히 퍼져나온다. 이들이 조화롭게 섞인 풍미 덕분에 버턴 맥주는 지금껏 내가 맛본 가운데 가장 복잡한 맥주 축에 속한다. 사실, 아로마, 질감, 풍미가 조화롭게 어우러지는 방식에는 어딘가 벨기에적 특성이 있다. 아, 게다가 시간이 지나면서 유황의 풍미는 뒤로 물러나는데, 특히 병입 상태에서는 더 그렇다. 아마 버턴 계열 페일 에일의 성공은 유황 성분 덕분이라기보다는 유황 성분에도 불구하고 얻은 결과일 것이다.

전형적인 영국 IPA는 캐러멜과 토피 혹은 토스트와 비스킷 같은 풍미가 좀더 단단하게 중심을 잡고 있는 느낌으로, 몰트의 풍미가 더 두드러지고 어두운 호박색을 띤다. 홉의 향은 가벼우면서도 미국 IPA와는 달리 영국산 홉 특유의 흙냄새와 향신료 풍미, 은근히 날카로운 풍미가 느껴진다. 몇몇 브루어리에서는 탄탄한 맛의 빅토리아 시대 IPA를 부활시키기도 했지만, 대부분의 영국 IPA는 5% ABV 선이다. 일부 영국 스타일 IPA(실제로는 영국 스타일일 수도 있고 미국 스타일일 수도 있다)는 유황 냄새가 살짝 나기도 한다—그리고 이를 진정한 과거의 향기로 느끼는 애호가들도 있을 것이다. 페일 에일은 결국 버턴에서 완성됐다. 이곳의 물은 석고질 지층(96쪽을 참고하라) 깊은 곳에 있는 수원으로부터 끌어올려졌다. 인도 시장을 겨냥하고 달려든 브루어리들에게 이 유황 냄새는 (사람에 따라 호불호가 갈리지만) 역사적 배경과도 잘 맞았다. 아쉽게도 미국에서는 만나볼 수 없지만 워딩턴 화이트 실드가 있다. 버턴에서 브루잉한 전통적인 IPA다.

브루잉 노트

태국 전통요리 팟타이는 어디서나 볼 수 있는 음식이라 정석이라 할 만한 조리법이 따로 있지 않다. 만드는 사람마다 나름의 방식이 있어서 태국 곳곳의 레스토랑 열두 군데서 맛을 본다면 아마 열두 가지 버전을 만나게 될 것이다. 인디아 페일 에일도 마찬가지다. 브루어리들은 개인적인 특징이 고유하게 살아 있는 버전을 만들고자 한다. 모든 경우, 핵심은 홉이다.

에퀴녹스 Equinox, 머리디언 Meridian, 엘도라도 El Dorado

모든 IPA는 홉의 특성에 따라 죽거나 살거나 한다. 자기네 IPA를 시중에 나와 있는 수십 종의 다른 IPA들과 차별화하기 위해 몇몇 브루어리에서는 이국적이고 신선한 풍미를 낼 실험적인 새로운 홉을 찾기도 한다. 최근 쓰이기 시작한 홉 가운데 에퀴녹스는 허브와 열대작물의 맛이 번갈아 나고 심지어 피망 풍미를 내기도 하여 주목받는 품종이다. 엘도라도는 과일 풍미가 강한 홉으로 복숭아와 살구 풍미를 지닌다. 레몬향이 감도는 머리디언은 맥주에 따라서는 민트향으로 바뀔 수도 있다. 홉 생산자들은 테스트 브루용으로 일부 브루어리에 실험적인 홉을 제공하기도 하며 이는 제품화로 이어지기도 한다. 매년, 새로운 홉 품종이 시장에 나오고 있으므로 IPA의 다양성은 당분간은 지속될 전망이다.

대서양을 중심으로 양쪽 지역 모두, 브루어들은 대부분 베이스 몰트로 구성된 유사한 곡물 목록으로부터 브루잉을 시작한다. 페일 몰트만 100% 사용하는 경우도 있으나, 달콤한 캐러멜 풍미와 향, 색을 더하기 위해 크리스털, 빈, 뮌헨 몰트를 소량 첨가하기도 한다. 미국 브루어들은 몇 가지 몰트를 사용하여 캐러멜 풍미를 살짝 더하기도 하지만, 대개는 모든 것을 책임질 홉을 찾는 경향이 있다. 미국 IPA들은 우선 6-7% ABV 수준의 페일 내지는 구리 색상의 맥주를 캔버스로 삼고, 나머지는 전부 홉에 맡긴다.

브루어리들은 활용 가능한 여러 홉으로 다양한 방식의 온갖 조합을 시도한다. 날카로운 느낌의 쓴맛을 내기 위해 초기에 홉을 주입하는 방식을 고수하는 곳도 있고, 끓는 과정 내내 홉을 사용해 좀더 홉의 특성을 풍부하게 끌어내

밸런타인 IPA Ballantine IPA

1970년, 인디아 페일 에일을 여전히 1830년대 영국인들이 브루잉하던 방식 그대로 만드는 브루어리가 있었다. 놀라운 대목은 바로 장소—뉴저지 뉴어크—였다. 스코틀랜드 출신 브루어 피터 밸런타인은 1830년에 미국으로 건너와 1837년 뉴욕 올버니에 브루어리를 차렸다. 그 후 1840년에 브루어리를 뉴어크로 옮겼고 폴스태프Falstaff에 매입되던 1971년까지 그곳에 있었다. 1970년대 말까지 핵심 브랜드들은 살아남아 있었다가 합병 과정에서 거대 브루잉 기업들 간에 라벨이 거래되는 동안 사라져갔다. 폴스태프는 더 이상 존재하지 않고, 팹스트Pabst가 밸런타인 브랜드를 소유하고 있다.

밸런타인은 130년간 엄청나게 다양한 전통 영국 에일을 생산해냈고, 그중에는 오크통에서 꼬박 1년을 숙성시킨, 7.5% ABV, 60 IBU의 인기만점 IPA도 포함돼 있다. 끓이는 과정부터 마무리까지 밸런타인은 불리언Bullion 홉 오일—초기 북아메리카, 유럽 혼종—을 썼다. 그 결과 다층적인 풍미를 지닌 화려하고 나무향이 나는 맥주가 탄생했다. 아이러니는 한두 가지가 아니다. 밸런타인의 IPA는 바로 1980년대에 마이크로브루어리들이 시작될 당시 미국인들이 만들고자 애썼던 바로 그런 맥주였다. 10년이 훌쩍 넘도록 살아남은 밸런타인이 이제 크래프트 맥주 운동에서 인기 만점의 할아버지 같은 이미지로 자리잡은 —그리고 어쩌면 국보처럼 여겨지는— 것도 어쩌면 당연한 일이다. 놀랍게도, 1800년대 중반 라거가 인기를 얻기 시작하고, 그 후 금주법이 시행되고, 1950년대와 1960년대에 맥주 시장이 병합 및 균질화되는 시기를 거치면서도 이 맥주는 결국 살아남았다—맥주를 마시는 이들이 밸런타인에서 만드는 맥주들의 진가를 인정할 만반의 준비가 돼 있던 바로 그 순간에 결국 무너지기는 했지만 말이다. 놀라운 것은 이렇게 이어져 내려온 명맥만이 아니다. 이 브루어리야말로 초기 미국식 브루잉과 오리지널 인디아 페일 에일의 전통 양쪽을 다시 잇는 살아 숨 쉬는 연결고리였다. 단지 마지막 단계에 살아남지 못했을 뿐이었다.

마지막 아이러니는 크래프트 맥주가 다시 밸런타인을 구원할지도 모른다는 사실이다. 2014년, 팹스트는 밸런타인 IPA를 무려 7.2%, 70 IBU로 소량 다시 선보였다. 오리지널 레시피—소유권이 수없이 변화하는 와중에 결국 살아남지 못했다—를 연구한 브루어 그레그 듀스는 오리지널과 똑같이 홉 오일을 주입하고 있다.

는 곳도 있다. 브루어리들이 나름의 고유한 맥주를 만들기 위해 어디까지 갈 수 있는지 단적으로 보여주는 두 가지 사례가 있다. 시에라 네바다는 IPA의 선구자로, 1981년에는 전설적인 기념 맥주를 출시했다. 클래식한 미국식 구성—페일, 캐러멜 몰트, '3C'(치누크, 센테니얼, 캐스케이드) 홉—이었다. 몰트의 가벼운 틀에 캐러멜이나 캔디 같은 달콤한 풍미가 섞이고 나면 홉에서는 소나무와 자몽향이 가득 퍼져나온다. (이 같은 홉의 선택은 이 맥주가 단 몇 년 전에 탄생한 맥주가 아니라는 것을 보여주는 유일한 단서다. 오늘날이라면 시트라 또는 에퀴녹스—이 브루어리에서 개발에 일조한 홉 품종— 같은 홉을 쓸 것이다.) 시에라 네바다에서 다음 IPA를 출시하기까지는 통상적으로 30년 가까운 시간이 걸리지만, 어김없이 매번 좋은 맥주를 내놓곤 했다—심지어 전용 브루잉 장비를 발명해내기까지 했다. 이 맥주가 바로 '토피도Torpedo'로, 시트라 홉을 부각시키는 화려한 에일이다. 시에라 네바다는 드라이호핑을 원했으나, 원하는 양만큼 홉 콘을 통째로 넣으려니 계속 문제에 부딪혔다. 홉을 가득 채운 자루들을 숙성 중인 맥주 속에 몇 주나 담가두어도 중심부 홉이 젖지 않았기 때문이다. 그래, '토피도(어뢰)'* 안에 넣자. 토피도는 미래적 분위기의 초현대식 스테인리스 스틸 튜브로, '로켓'이라고 불러도 될 것 같다— 그러나 맥주를 생각하면 토피도가 더 나은 비유다. 토피도 안에 홉을 채워넣은 다음 숙성 중인 맥주가 토피도를 통과하도록 순환시킨다. 시에라는 토피도가 호핑을 더 효과적으로 만들 뿐 아니라, 맥주에 넣고자 하는 풍미와 아로마의 타입 및 강도를 조절하는 데도 도움이 된다는 사실을 발견했다. '토피도'라는 이름 역시도 IPA에 잘 어울려서 문제될 것이 없었다.

대륙 맞은편의 델라웨어에서는 도그피시 헤드가 호핑을 한 단계 더 끌고 가 60분, 90분, 120분 IPA를 투입하는, '연속' 호핑 시스템을 개발했다. 창립자 샘 캘러지오니는 어느 요리 프로그램을 보던 중 수프에 후추를 여러 차례 첨가하라는 이야기를 듣는 순간 이 시스템을 떠올렸다고 한다. 그는 당장 자신의 브루 케틀 위에 진동식 장난감 풋볼 게임기를 얹어 임시로 장치를 만들었다. 홉을 가득 실은 이 게임기는 끓이는 시간 전반에 걸쳐 마치 이슬비를 뿌리듯이 천천히 조금씩 홉을 뿌렸다. (이후 이 브루어리는 3-5초마다 홉을 첨가하는 첨단 공압식 기계를 만들어냈다.) "이 기계 덕분에 좀더 IBU가 높은 맥주를 만들 수 있습니다. 우리가 판단하기에 좀더 홉 특성이 두드러지고 쓴맛은 덜한 맥주죠." 캘러지오니의 설명이다. 물론 60 IBU에서도 대부분의 사람들은 60미닛60 Minute IPA가 상당히 쓰다고 느끼기는 하지만 말이다. 물론 90미닛90 Minute과 120미닛120 Minute IPA는 더

• 어뢰라는 뜻.

세다.

좀더 과소평가된 차이 중 하나는 효모다. 미국에서는 브루어리들이 대개 중립적인 풍미의 에일 효모를 쓴다. 영국의 브루어들은 효모에서 나온 과일 풍미가 전체적인 표현에 더해질 수 있는 레시피를 만든다.

진화

19세기 들어 인디아 페일 에일은 그다지 변화가 없었고, 영국과 북아메리카 지역의 브루어리들 모두 홉 특성이 두드러지는 강한 브루잉을 계속했다. 20세기 초반 전 세계적인 굵직한 사건들의 영향으로 영국에서는 곧 변화가 시작됐다. 세계대전 동안 곡물을 아끼기 위해 영국의 모든 맥주는 저도수로 브루잉됐고, 이로써 IPA는 돌이킬 수 없는 변화를 겪었다. 1940년대 말 이 스타일은 페일 에일과 별 차이가 없어졌다. 그리고 간혹 브루어리에 따라서는 IPA가 (대개 좀더 홉 맛이 강하기는 하나) 자기네 페일보다도 도수가 낮은 경우도 있었다. 브루어리들

펑크 IPA는 영국에 미국식 브루잉을 도입하는 역할을 했다.

은 계속 IPA를 만들기는 했지만, 예전 알코올 도수를 회복하지는 못했다. 북아메리카 지역에서는 금주법 시행과 브루어리 합병 바람으로 거의 모든 에일 생산은 막을 내렸고, 사실상 IPA의 인기도 여기서 끝났다.

인디아 페일 에일은 미국 웨스트코스트 지역에서 1990년대 들어 자기 목소리를 되찾았다. 크래프트 브루어리들은 운좋게도 뒤뜰에서 자라는 홉이 보물창고임을 깨달았고 IPA에서 이 홉 특유의 독특하고 풋풋한 느낌을 부각시키기 시작했다. 10년이 채 지나지 않아 IPA는 지역 특산품으로 자리잡았고, 이제 웨스트코스트의 거의 모든 브루어리와 브루펍에서는 IPA를 만들고 있으며 두 가지 이상의 IPA를 브루잉하는 곳도 여럿 있다. IPA는 웨스트코스트의 특산물이 됐지만 미국 내 다른 지역에서도 크게 다르지 않다. 다른 지역 소비자들이 전부 홉에 빠져 있는 것은 아니지만, 홉헤드들이 형성한 새로운 문화는 곳곳에서 퍼져나가고 있다. 이 스타일의 인기는 지난 5년간 그레이트 아메리칸 비어 페스티벌에서 미국 IPA 카테고리의 출품작이 가장 많았다는 대목에서도 입증됐다.

미국 내 브루어리들은 IPA를 처음으로 완전히 받아들인 장본인들로, IPA에 전형적인 미국적 색채를 입혔고 다른 나라의 브루어리들에도 영감을 주었다. 이들의 인기가 확산되면서 IPA는 일종의 문화적 프리즘이 됐다. 스칸디나비아에서 IPA는 좀더 진한 느낌의 깊이 있는 맥주가 됐다. 덴마크에서는 미켈러가 홉 단일 종을 베이스로 한 IPA 시리즈를 선보였는데, 사용된 홉은 대부분 미국산이었다. 노르웨이의 뇌그네 외Nøgne Ø는 캐스케이드, 센테니얼, 치누크 홉을 사용한, 클래식한 미국식 '3C' IPA를 만든다. 이 맥주에는 미국 홉 특유의 대담한 느낌과 북유럽의 길고 어두운 겨울을 견디기에 충분한 양감 같은 것이 공존한다. 가장 활기 넘치는 새로운 시장이 형성된 곳은 아마 뉴질랜드일지도 모른다. 현지에서 생산되는 신품종의 홉들이 그 원동력이 됐다. 미국 브루어리와 마찬가지로, 뉴질랜드 브루어리들도 보유한 홉—이 경우 모투에카Motueka, 퍼시픽 젬Pacific Gem, 리와카Riwaka 같은 이름의 이국적인 열대과일 풍미의 홉—에 맞추어 도수가 높고 진한 에일을 만들고 있다. 에픽 브루잉Epic Brewing, 8 와이어드 8 Wired, 이스티 보이스Yeastie Boys 등의 브루어리들은 이처럼 과일 풍미가 강렬한 맥주 바람을 선도한다.

영국의 브루어리들은 어느 방향으로 가야 할지 갈피를 잘 못 잡고 방황하는 눈치다. 여러 스타일 중에서도 가장 영국적인 이 스타일은 정작 태어난 곳에서는 길을 잃고, 이제 이 스타일을 기꺼이 수용한 신세계의 브루어리들에 의해 규정되는 중이다. 펍에 들어가면 그린 킹의 IPA(영국의 베스트셀러)를 찾을 수 있을 것이다. 3.6% ABV의 이 맥주를 홀짝이거나 아니면 손브리지의 자이푸르 IPAJaipur IPA 같은 걸출한 맥주를 마셔볼 수도 있다. 마블, 더 커널, 다크 스타 같은 좀더 소규모의 신생 브루어리들은 미국의 경향을 따르고 있지만, 좀더 오래된 브루어리들은 도수가 약한 전통적인 IPA를 계속 만들고 있다.

벨기에의 브루어리들 역시 이 흐름에 동참

하고 있다―물론 그들 특유의 괴짜 같은 방식으로. 10여 년 전인 2005년 아메리칸 노스웨스트를 방문한 이후 위르털Urthel의 브루어들은 IPA를 시도해보기로 했다. 예상되는 바였지만 결과물은 미국적이라기보다는 플랑드르적이었다. 이 같은 경향은 특히 브라스리 다슈프Brasseries d'Achouffe, 드라센de la Senne, 드 프루프de Proef 등에서 두드러진다. 크래프트 맥주 시장이 이제 막 뜨고 있는 이탈리아 역시 나름의 길을 개척해왔다. 홉 조달은 미국과 뉴질랜드를 따라하고, 몰트와 브루잉 기법은 영국을 참고하며, 병 안에서의 재발효 방식은 벨기에에서 영감을 얻는다. IPA는 각 나라마다 새로운 해석을 기다리는 빈 캔버스로 사용되고 있다.

인도 수출품으로 탄생한 이 스타일은 일생 동안 전 세계를 돌았다. 영국에서 출발하여 북아메리카로 뻗어나간 뒤 시들해졌다가 되살아났고 이제는 다시 유럽으로 귀환 중이다. 정작 그곳에서는 단 한 번도 브루잉된 적 없는 나라의 이름을 간직한 채로.

알아야 할 맥주들

인디아 페일 에일은 미국에서 브루잉된 맥주 가운데 가장 대중적인 스타일이다. 접할 수 있는 종류는 그야말로 수백 가지가 있다. 영국 시장은 훨씬 더 제약이 많고 대부분의 캐스크 IPA는 미국 IPA만큼 성공을 거두지 못했다―심지어 유럽 IPA만큼도. 유럽 브루어리들은 IPA를 열심히 수용했다. 다음은 대서양 양쪽 모두의 다양한 맥주 타입을 보여주는 목록이다. 그러나 당신이 사는 동네 브루펍에서 갓 따라 마시는 IPA가 단연 최고라는 사실을 명심하자.

미국 IPA

BELL'S TWO HEARTED ALE
벨스 투 하티드 에일

원산지: 미국 마이애미 캘러머주
몰트: 비공개
홉: 센테니얼
7% ABV, 1.063 SP. GR., 55 IBU

미국 IPA 중 가장 초기에 나온, 가장 중요한 맥주 중 하나다. 웨스트코스트 버전들과 마찬가지로, 투 하티드 에일의 기포가 풍부한 시트러스 향은 맥주의 온도가 상승함에 따라 캐러멜의 달콤한 풍미로 부드럽게 녹아든다. 그러나 허브와 후추 느낌이 강하게 치고 들어오는 특유의 풍미가 있다. 몰트는 크림처럼 부드럽고 짙은 캐러멜 풍미가 있지만, 미네랄 성분의 느낌도 있다. 캘리포니아와 런던의 중간 즈음에 해당하는, 영국 IPA를 연상시키는 맥주다.

DOGFISH HEAD 60 MINUTE IPA
도그피시 헤드 60미닛 IPA

원산지: 미국 델라웨어 리호보트 비치
몰트: 비공개
홉: 워리어, 애머릴로, 어떤 '신비의 홉'
6% ABV, 60 IBU

여러 차례에 걸쳐 홉을 투입하는 홉 인퓨전 방식이 점차 인기를 얻고 있음을 보여주는 좋은 사례다―이 맥주의 경우는 끓이는 내내 홉을 투입한

다. 호핑은 전통적인 방식으로 만들어진 IPA에 비해 좀더 부드러우면서도 더 꽉 찬 느낌이 든다. 자몽향과 소나무향에서 뭉근히 끓인 느낌이 살짝 난다. 이 과정에서 좀더 균형잡힌 맥주가 만들어지기도 하며, 60미닛 IPA는 부드러운 토피와 흑설탕 풍미의 몰트가 호핑을 보완해준다.

FAT HEAD'S HEAD HUNTER IPA
팻 헤즈 헤드 헌터 IPA

원산지: 미국 오하이오 미들버그 하이츠
몰트: 페일, 크리스털
홉: 콜럼버스Columbus, 심코, 센테니얼
7.5% ABV, 1.070 SP. GR., 87 IBU

웨스트코스트 전통 방식으로 브루잉된 헤드 헌터는 마리화나가 떠오르는, 묵직하게 '축축'하고 끈적한 아로마를 지니고 있다. 혼합된 재료에는 조금 가벼운 열대과일향이 나지만 이는 보조적인 특성일 뿐이다. 적절히 약화된 청량함이 호핑을 더욱 돋보이게 한다.

NINKASI TOTAL DOMINATION
닌카시 토털 도미네이션

원산지: 미국 오리건 유진
몰트: 페일, 뮌헨
홉: 서밋, 애머릴로, 크리스털
6.7% ABV, 65 IBU

닌카시는 짧은 역사(2005년 창립)에도 불구하고 유진의 도심 브루어리에서 출발하여 오리건 주에서 가장 큰 축에 속하는 브루어리로 성장했으며, 이렇게 된 데에는 토털 도미네이션 같은 맥주들이 일등공신 역할을 했다. 토털 도미네이션은 캐러멜 몰트와 촘촘히 다층적인 홉의 풍미가 조합된 맥주다. 이처럼 홉 특성이 강하면서도 '균형 잡힌' 맥주라는 평가를 받는 경우는 드물지만, 뿜어져나오는 시트러스 풍미를 몰트가 훌륭하게 받쳐주고 있다.

BEAR REPUBLIC RACER 5
베어 리퍼블릭 레이서 5

원산지: 미국 캘리포니아 힐즈버그
몰트: 페일, 크리스털
홉: 치누크, 캐스케이드, 콜럼버스, 센테니얼
7% ABV, 75 IBU

이 클래식 '4C' IPA에서는 먼저 웨스트코스트 계열의 익숙한 자몽향이 난다. 그러나 더 깊이 숨을 들이마셔보면 마리화나와 아주 흡사한 향을 느낄 수 있을 것이다. 마리화나의 맛은 혀에 닿으면 소나무 타르에 가깝게 느껴진다. 하지만 법적인 문제를 걱정해 단념하지는 말자. 위험을 무릅쓰고라도 접근해볼 만한 —마실 때의 무난한 느낌과는 달리 도수는 꽤 높은— 다층적이고

그야말로 펑키한 캘리포니아 에일이다.

SWEETWATER IPA
스위트워터 IPA

원산지: 미국 조지아 애틀랜타
몰트: 페일, 뮌헨, 캐러멜, 밀
홉: 치누크, 캐스케이드, 콜럼버스, 심코, 아메리칸 골딩
6.3% ABV

여느 스타일과 마찬가지로 미국 스타일 IPA는 시작점으로부터 조금씩 변화해왔으며, 스위트워터의 IPA는 몇십 년 전 맥주가 어떠했는지를 기억하게 만든다. IPA의 경향은 좀더 가벼운 느낌의 몰트로 구성해 홉의 풍미를 부각시키는 편이지만, 스위트워터의 IPA는 좀더 강조된 몰트 풍미가 입안에 감도는 느낌이다 ―몰트는 캐러멜보다는 좀더 토스트 같은 풍미다.― 마치 부모 세대의 크래프트 에일처럼 시트러스의 알싸한 풍미가 있다.

영국 IPA

BELHAVEN TWISTED THISTLE
벨헤이븐 트위스티드 시슬

원산지: 영국 스코틀랜드 던바
몰트: 페일, 캐러멜
홉: 챌린저, 캐스케이드
6.1% ABV, 47 IBU

마일드한 영국 IPA 가운데 벨헤이븐은 어딘가 단단한 면모가 있다. 스탠더드 버전보다는 좀더 탄탄한 맛에, 압축된 듯한 느낌의 근사한 호핑이 특징적이다. 옅은 황금색과 북극 얼음 같은 헤드 때문에 필스너로 착각할 수 있다. 놀라우리만치 부드러운 질감은 물론이고, 디아세틸의 느낌과 캐러멜 풍미가 살아 있어서 필스너와는 다르다는 것을 곧 알아차릴 것이다. 일부 몰트 타닌 성분이 홉의 날카로운 느낌에 더해져 개성 강한 맥주로 완성시킨다.

MEANTIME IPA
민타임 IPA

원산지: 영국 런던
몰트: 메리스 오터
홉: 퍼글, 이스트 켄트 골딩
7.5% ABV, 70 IBU

민타임의 IPA는 구대륙(영국식)과 신대륙(미국식) 스타일 간의 차이를 가장 잘 보여주는 예일 것이다. 탄탄한 맛의 맥주인데 온화하고 균형감도 좋다. 바디는 가볍고 굉장히 드라이하며, 홉은 스파이시하지만 거칠게 튀지는 않는다. 간결한 맥주로, 자극적이지는 않다.

THORNBRIDGE JAIPUR IPA
손브리지 자이푸르 IPA

원산지: 영국 베이크웰
몰트: 엑스트라 라이트 페일 에일, 빈
홉: 아터넘Ahtanum, 센테니얼, 치누크, 콜럼버스
5.9% ABV, 50 IBU

손브리지는 자이푸르라는 이름—인도의 유명한 도시—에서부터 이미 옛 제국의 IPA들이 연상된다. 하지만 맥주의 특성 자체는 순전히 미국적이다. 굉장히 옅은 황금빛 맥주 속 홉 입자들이 부유하는 탁한 모습도 미국적이고, 방금 짜낸 자몽에서 나는 듯한 아로마 역시 미국적이다. 그러나 가장 미국적인 부분은 바로 맛이다. 마치 소리를 지르는 홉들이 가득 탄 화물열차가 당신이 마시는 파인트 속으로 달려드는 듯한 풍미는 점점 더 강렬한 느낌을 준다. 영국의 대표적인 크래프트 브루어리 중 한 곳에서 선보이는 저돌적이고 강렬한 맥주다.

그 밖의 국가 IPA

NØGNE Ø IPA
뇌그네 외 IPA

원산지: 노르웨이 그림스타
몰트: 메리스 오터, 뮌헨, 밀, 캐러멜
홉: 캐스케이드, 센테니얼, 치누크
7.5% ABV, 1.072 SP. GR., 60 IBU

스칸디나비아 지역의 IPA 가운데 뇌그네 외는 미국 IPA에 가장 근접한 맥주다. (이 브루어리의 이름은 '헐벗은 섬'이라는 뜻이다.) 묵직하고 강인한 느낌으로 술기운을 훅 뿜어내는 이 맥주는 기나긴 겨울에 잘 어울린다. 앙금이 남고 바디는 묵직한 시럽 느낌이지만, 강한 홉의 풍미는 감추어지지 않아서 약간 꺼칠한 느낌이 있다(치누크 홉은 거친 쓴맛이 있다). 매우 세고 매우 대담하며 매우 미국적이다.

BRASSERIE D'ACHOUFFE
HOUBLON CHOUFFE
브라스리 다슈프 우블롱 슈프

원산지: 벨기에 아슈프
몰트: 필스너, 페일
홉: 토마호크Tomahawk, 자츠, 애머릴로
9% ABV

이 맥주는 어쩌면 살짝 엿본 IPA의 미래인지도 모른다—혹은 반가운 막다른 골목일지도. 브라스리 다슈프는 IPA의 요소들을 차용한 뒤 이를 벨기에식으로 바꾸었다. 마치 입체파 그림처럼, 영감의 원천을 특정해 짚어내지 않고도 직관적으로 인식할 수 있을 것이다. 그렇게 탄생한 결과물이 바로 벨기에적인 여러 특성을 지닌, 탄산과 홉이 강하고 매우 도수가 높은 맥주다. 묵직하고 확실한 탄산감과 더불어 후추향의 효모 풍미를 지니고 있다. 심지어 고수를 더하기도 한다. 트레 벨주Très belge!•

• '정말 벨기에적이다!'라는 뜻의 프랑스어

───── 영국 베이크웰 bakewell ─────

Thornbridge
손브리지

영국의 크래프트 브루잉

머릿속에 이상적인 영국 시골의 브루어리를 떠올려보라고 하면, 대부분은 형편없는 낭만주의 소설에서 나올 법한 묘사와 비슷한 상상을 할 것이다. 사실 그 모습은 오리지널 손브리지 브루어리와 크게 다르지 않다. 손브리지 브루어리는 20세기 더비셔 피크 디스트릭트의 안개에 뒤덮인 고요한 숲 근처 손브리지 홀이라는 농장에서 시작됐다. 농장 브루어리는 영국에서 오래된 전통이어서, 농장의 어느 별채에서 브루잉 키트를 발견하는 것은 그다지 신기한 일도 아니다. 그러나 이 브루하우스가 신기한 점은 21세기의 현대 기업이라는 사실이다. 이곳은 2004년에 설립되자마자 가장 호평받는, 그리고 가장 중요한 영국의 신생 크래프트 브루어리 중 한 곳이 됐다.

뒷이야기는 예상했던 그대로다. 짐과 에마 해리슨은 2002년 손브리지 홀을 매입했고, 집을 갓 마련한 이들이 으레 그렇듯 그곳에서 여러 모임을 주최하기 시작했다. 짐은 파티용 에일이 담긴 캐스크를 나르던 중 손님들에게 자신이 직접 만든 고유의 맥주를 대접할 수 있다면 얼마나 좋을까 하는 생각이 들었다. 그렇게 해서 그가 마련한 홈브루어리가 손브리지 브루어리였다—통상적인 개인 브루잉 키트보다는 규모가 컸을 것이다. 사실, 이는 상업적인 규모로 10배럴짜리 시스템이었으며, 짐은 처음부터 집에 초대하는 손님들을 대접하는 것뿐 아니라 지역 시장에 맥주를 공급하는 일에도 관심이 있었다.

출발 지점을 생각해볼 때, 해리슨이 자기 브루어리에 품었던 야망은 상업적인 면에서나 창의적인 면에서나 대단했다. 손브리지는 다양한 캐스크 에일을 생산했지만 역사적인 제품들을 부활시키는 실험도 병행했다. 좀더 대담한 미국 스타일 맥주나 심지어는 라거 등도 시도했다. 처음 시도한 두 가지 중 하나가 자이푸르 IPA였다. 미국식 IPA 수준의 높은 강도에 미국산 홉을 넣어 만든 맥주였고 이 맥주에 관한 입소문이 영국 전역으로 퍼져나갔다. 손브리지는 곧 각종 상을 휩쓸고 전국적인 명성을 얻기 시작했으며 엄청난 속도로 성장하여 폭증하는 수요를 처리하기 위해 베이크웰 근처에 5,000리터 규모의 브루하우스를 신축해야 했을 정도였다.

관련 업계에는 수십 년 만에 처음으로 상당한 흥분이 감돌았다. 잉글랜드의 에일 팬들은 수십 년 전부터 확산되기 시작한 라거와 브루어리 합병 바람에 맞

리틀 롱스톤 근처 팩하우스 인의 모습. 손브리지 브루어리 소유의 펍 네 곳 가운데 하나다.

시설들이 들어선 작은 공터로 통하는 도로가 나온다. 2009년에 건축된 이 브루어리의 외관은 미국의 현대식 크래프트 브루어리 같다. 실제로, 이 브루어리의 알렉스 부캐넌은 투어 당시 빅토리Victory와 오델 브루어리에서 영감을 얻었다고 밝히기도 했다.

브루어리 뒤편 홉이 대량으로 쌓인 곳에 도착하자, 부캐넌은 브루어 퀘일런 본과 롭 러뱃에게 투어를 넘겼다. 홉은 손브리지가 브루밍에 접근하는 방식 가운데 주된 부분으로, 본의 말에 따르면 미국 맥주로부터 많은 영향을 받았다. 한때 이 브루어리는 올드 요크셔 효모를 사용했었지만 미국에서 아주 흔한 (시에라 네바다의) 치코 종으로 바꿨다. 치코는 좀더 과일 풍미가 강한 효모들—혹은 손브리지가 예전에 사용했던 품종의 경우처럼 유황 냄새가 진한 효모들—과는 달리 특별히 두드러지는 풍미 없이 대체로 중립적이다. 홉의 여러 아로마와 풍미가 살아날 수 있게 도와주는 품종으로, 손브리지가 원하는 효모다.

그러나 손브리지와 미국 브루어리들의 행보가 서로 갈리는 지점이 바로 여기다. 홉 향이 강한 맥주는 손브리지가 유명해진 주된 이유이기는 하나, 손브리지는 본질적으로 영국 브루어리다. 균형감이 좋은 캐스크 에일이 여전히 총 생산량의 절반 이상을 차지한다. 한때 손브리지 홀을 소유했던(실제 영주였던 적은 없지만)

손브리지 홀의 모습

서 전쟁을 벌이고 있었다. 소비자들은 에일을 방어하는 일에 가장 먼저 몰려들었고 지역 내 캐스크 브루잉 전통을 보존하는 데 앞섰다. 그러나 전국적 차원의 부흥을 촉발한 것은 미국의 크래프트 브루잉에서 한 페이지를 빌려온 이들 신생 브루어리들이었다. 크래프트 브루어리들은 맥주에 대한 대대적인 관심을 특히 젊은 이와 여성 들 사이에서 불러일으켰는데, 손브리지 같은 브루어리들이 그 주역이다.

이 신생 브루어리는 세계 최초의 산업 용지 중 한 곳인 와이강 근처에 자리잡은 대형 제조시설이다. 인구 밀도가 낮고 숲이 우거진 지역으로, 주변은 울창한 나무들로 덮여 있다. 그러나 전원 속의 다리를 건너고 근사한 빌딩들을 지나치면, 손브리지를 비롯한 경공업

메인 브루어리에서 병입 작업이 진행 중이다.

기업가 조지 마플스의 이름을 딴 로드 마플스는 브루어리 오픈 당시 선보인 클래식한 4% ABV의 비터다. 남태평양 지역산 홉으로 만든 키플링은 조금 더 색깔을 더한 5.2%의 에일인 반면, 와일드 스완Wild Swan은 밀을 넣어 부드러움과 풍미를 더한 3.5%의 에일이다.

손브리지가 추구하는 또 한 가지 방향은 바로 초창기의 전통적 브루잉으로 돌아가는 것이다. 오리지널 10배럴 손브리지 홀 브루어리는 옛날 방식에 대한 이 같은 실험들의 영감의 원천이 되는 듯 보인다. 내가 브루어리를 방문했을 당시, 또 한 명의 브루어 맷 클라크가 19세기 임페리얼 스타우트를 재현하는 작업을 하고 있었다. 숙성에 브레타노미세스를 포함시킨 것은 물론이고 마우스필을 향상시키기 위해 소금을 첨가하기도 했다. 옛날 일부 브루어리들에서 썼던 방식 그대로다. '홀Hall' 범주(소규모 시스템으로 브루잉하는 스페셜티 맥주들)에 속하는 또 다른 맥주도 있었는데, 밤꿀로 만든 브라시아Bracia라는 묵직한 다크 에일이다. 내가 방문했을 당시 브라시아는 배럴에서 숙성 중이었다. 크래프트 브루잉이 좀더 관심을 얻게 되면서, 맥주광들은 기록 속에 등장하는 옛 영국 맥주들을 요구하는 목소리를 내고, 손브리지 같은 브루어리들은 거기 기꺼이 응한다.

영국의 크래프트 브루잉을 차별화한 것은 바로 이 같은 과거, 현재, 미래의 교차다. 전국적 차원의 기대치들은 브루어리들이 할 수 있는 일에 어느 정도 한계를 정하기도 하지만, 바로 그 같은 기대치들이 기회를 만들기도 한다. 수십 년간 영국에서 캐스크 에일이라는 관습은 CAMRA에서 옹호해왔다. CAMRA는 '영국 에일'의 정의에 대해 엄격한 기준을 지닌 곳인데, 손브리지는 그 기준을 마일드와 비터로부터 조금씩 확장시키고 있다. 본은 이렇게 말했다. "우리는 단순한 캐스크

이 나즈막한 서까래 지붕 아래에 손브리지 홀 브루어리가 자리잡고 있다.

현대식으로 신축한 손브리지 브루어리

브루어리의 새 생산 설비는 낭만적인 느낌은 없지만 기술적 정밀함을 갖추고 있다.

에일로부터 조금씩 멀리 나아가고 있습니다. 단지 캐스크 브루어리로 비춰지거나 그렇게 알려지고 싶지는 않거든요. 우리는 크래프트 에일 브루어리로 알려지고 싶습니다."

'크래프트'의 정의는 영국에서는 이동 표적과도 같다. '새로운' 것을 의미한다는 데는 모두가 동의하지만 그 외에는 모호하다. 크래프트 브루잉은 편협하고 완고한 전통으로부터 벗어나는 것을 의미하지만 전통을 배척하는 것은 아니다. 크래프트 브루잉은 개성과 수작업으로 돌아가는 것을 의미하지만 동시에 실험도 의미한다. 또한 낯설고 이국적인 여러 풍미와 스타일을 기꺼이 포용한다는 의미로, 수십 년 전 영국에서 버려진 스타일도 예외가 아니다. 영국의 크래프트 브루잉이 어디로 향하는지 보고 싶다면, 손브리지를 주목하자.

마일드 에일
MILD ALES

Mild Ales. 어떤 이들은 마일드 에일을 점심용 맥주라 하기도 하는데, 그 이유는 쉽게 알 수 있다. 기껏해야 3% ABV 정도라, 마시고 취할 술이라고는 생각되지 않는 것이다. 목적은 알코올 도수가 아니라 풍미다. 대부분의 마일드 에일은 어둡고 불그스름한 적갈색이지만 간혹 옅은색을 띠는 경우도 있다. 저도수인 대신 달콤한 맛과 부드러운 질감을 살려 브루잉하며, 바디는 다양하다. 비터보다 호핑 비율은 낮지만, 다크 몰트의 풍미가 깊이와 뚜렷한 대비감을 더한다. 진한 맛의 소고기 요리나 펍의 인기 메뉴인 피시 앤드 칩스와도 잘 어울리는 친구다.

• 손잡이가 달린 크고 두툼한 머그로, 잔 겉면에 오목한 패턴들이 있다.

주요 수치
ABV 범위: 3-4%
쓴맛: 12-25 IBU
서빙 온도: 10-15°C
전용잔: 파인트글라스 또는 딤플드머그•

영국은 엄청나게 다양한 스타일의 맥주를 세상에 선보여왔다. 익히 들어본 자랑을 좀 응용해보자면, 포터를 만드는 제국에는 해가 지지 않는다. 페일 에일과 스타우트, 브라운 에일과 비터, 이들은 전부 영국이 연방 전역과 그 외부로 전파한 맥주들이다. 그러나 단 한 가지, 마일드 에일만은 영국에 남겨두었다.

마일드 에일은 본고장과 잘 맞는다. 영국은 펍에 가기 좋아하는 나라로, 마일드 에일은 연거푸 석 잔씩 마시기에도 좋은 맥주다. '마일드'라는 단어는 원래 오래되지 않은 혹은 숙성시키지 않은 맥주라는 의미이며, 최상의 마일드 에일은 지금도 그렇게 서빙된다—가능하면 캐스크로부터 바로 따라주는데, 이 경우 절제돼 있던 풍미들이 존재감을 발휘할 기회를 얻는다. 그러나 '마일드'의 또 다른 의미 —순하고 온건하며 공격적이지 않은— 역시 이 소소한 맥주에 잘 어울린다. 알코올 도수가 낮고 홉의 풍미도 약한 이 맥주는 미각적으로도 마일드하다. 마일드 에일은 워낙 가볍고 얌전한 맥주라 다른 나라에서는 별로 주목받지 못하는 경우가 많지만, 영국에서는 호평을 받는다. 최근에는 놀라우리만치 일정하게 균형 잡힌 맛으로 '영국 최고 맥주'에 여러 차례 오르기도 했다.

기원

현대적인 스타일의 마일드 에일은 실제로 맛이 마일드하므로, 그 이름의 의미는 충분히 명백해 보인다. 하지만 사실 본래의 의미는 사뭇 달랐고, 이 형용사가 여전히 어울리는 것은 순전히 우연의 일치다. 20세기 이전 모든 영국 맥주는 나무 캐스크에 담겼는데 나무의 갈라지거나 파인 틈새에는 맥주를 시큼하게 만드는 미생물들이 살았다. 그러나 이 미생물들이 그들 나름의 새콤한 마술을 부리는 데는 시간이 걸렸다. 첫 2-3주 동안 맥주는 신선하고 달콤한 느낌으로, 야생효모에 전혀 영향을 받지 않은 상태였다. 1700년대부터 20세기 초반까지 이 오래되지 않은 맥주는 '마일드'로 알려졌고, 이는 숙성되지 않은 신선한 맥주라는 의미였다. 스타일이나 알코올 도수와 상관없이 어떤 맥주도 마일드가 될 수 있었다. 이 용어가 지칭하는 것은 맥주의 나이였다.

미숙성 에일이라는 전체 카테고리는 맥주만큼이나 역사가 오래됐다. 우리가 마일드 에일이라 부를 만한 맥주의 시작이 가속화된 것은 1800년대의 일로, 포터의 인기가 마침내 시들해지기 시작하던 무렵이었다. 맥주 스타일들이 '마일드'라는 형용사 때문에 조금씩 달라지기는 했지만 —가령, '마일드 포터'— 이 단어는 결

5월의 마일드 에일

미국에서는 마일드 에일이 갈수록 드물어지고 있다. 간혹 볼 수 있다면 대개 계절한정이나 싱글 배치single-batch 스페셜티로 판매되는 경우다. 기어이 마일드를 맛보고 싶다면, 영국으로 가야 한다. 그러나 영국에서조차 마일드를 찾기 쉽지 않을 때가 있다. 영국 단체 CAMRA는 매년 5월을 마일드 에일의 달로 정하고 각 지역 펍마다 적어도 1종씩은 구비하게 해 이 문제를 해결하고자 노력해왔다. 좀더 자세한 정보는 다음 웹사이트에서 확인할 수 있다. camra.org.uk

국 명사가 되었다. 그러나 정확히 어떤 스타일을 가리키는 것은 아니었고 어떤 범위에 더 가까운 말이었다. 늘 그런 것은 아니지만, 마일드는 대개 홉을 더 적게 넣고 만들었다. 아마 구운 풍미의 포터와는 대조적으로 마일드는 주로 페일했을 것이다—물론 이 경우도 전부 그렇지는 않았다. 결국, 마일드는 다양한 알코올 도수로 브루잉됐다. 그중 가장 약한 것(5% ABV 이상)조차 오늘날의 마일드 에일보다는 도수가 훨씬 높았고, 정말 굉장히 높은 —최대 10%— 경우도 있었다. 마일드(즉, 미숙성) 발리 와인을 상상할 수 있겠는가? 빅토리아 시대 브루어들에겐 익숙했다.

19세기 말로 접어들면서 관련 특정 사건들 덕분에 마일드는 단일 타입으로 좁혀졌다. 1880년, 영국에서는 맥주에 설탕과 부가물 사용을 허용하는 법이 통과됐다. 현대의 브라운 에일이 인기를 얻기 시작했던 것은 좀더 어두운 빛의 설탕을 사용한 덕분이기도 했다. 이처럼 어두운색 설탕은 맥주를 적갈색으로 만들었고, 이는 마일드 에일이 발달하는 데 두번째 사건—마일드 몰트—으로 이어졌다. 마일드 몰트는 페일 에일에 사용됐던 것보다 약간 더 어두운 빛이었다. 마일드는 여전히 다양한 도수로 브루잉되고 있었지만 색은 점점 더 어두워져가는 추세였다. 마지막 사건 역시 심각한 영향을 미쳤는데, 바로 제1차 세계대전이었다. 마치 이 사건은 건물 철거에 쓰이는 쇠공처럼 영국 브루잉 업계를 치고 들어왔고, 그런 다음 1931년에는 대대적인 세금 인상이 일어났다. 두 사건 모두 효과는 똑같았다. 맥주의 알코올 도수가 폭락한 것이다. 양차 대전 이후 마일드는 우리가 오늘날 아는 바로 그 맥주가 됐다.

전형적인 마일드는 밤색이며 약 3% ABV 수준이고, 특별히 호피하지는 않았다. 페일 마일드 역시 맛볼 수 있었으나 이들은 소수에 속했다. 제2차 세계대전 이후 이 얌전한 맥주는 영국의 왕이 됐으며, 모든 드래프트 계열 중 70%가

세션 맥주

세션 맥주라는 개념이 처음 생긴 곳은 영국이지만, 이 개념은 너무 센 맥주를 우려하는 미국인들에게도 받아들여졌다. 세션 맥주의 개념은 간단하다. 펍을 찾은 손님이 저녁 내내 —술을 마시는 '세션' 동안— 여러 파인트를 마셔도 괜찮을 만큼 알코올 도수가 낮은 맥주라는 뜻이다. 영국에서는 전체 맥주 소비량의 절반가량이 펍에서 소비되며, 거의 모든 탭의 맥주는 5% ABV 미만이다.

미국의 경우, 가장 약한 맥주는 대개 5% 수준이고(라이트 비어는 더 낮기도 하지만, 버드와이저나 쿠어스 같은 라거도 5%다), 7% 이상의 드래프트 맥주도 흔히 찾아볼 수 있다. 도수가 높은 IPA를 2파인트 연거푸 들이켜는 미국인이라면 마일드 4파인트를 마신 영국인이 섭취한 만큼의 알코올을 섭취한 셈인데, 아마도 맥주를 들이켠 속도는 두 배로 빨랐을 것이다. 작가 루 브라이슨은 미국에서 4.5% 미만의 맥주 소비를 촉진하자는 세션 맥주 프로젝트 Session Beer Project를 시작했으며, 펍들은 세션 맥주들을 갖추어 손님들에게 연이어 마시기 좋은 충분한 핑계를 만들어주었다. 이 운동은 파급 효과가 있는 듯 보인다. 브루어리들은 더 많은 스몰 비어들을 만들기 시작했다. IPA 애호가들의 마음까지 얻을 만큼 풍미가 가득한 세션 맥주를 만들어보자는 욕심이 생긴 것이다. 앞으로 펍에 가면 풍미가 가득한 저도수 필스너, 소위 세션 IPA, 저도수 세종을 더 많이 만나볼 수 있을 것이다.

마일드했다. 동네 펍에서 딤플드머그에 마일드를 마시는 것은 일종의 국가적인 의식과도 같았다. 그러나 포터와 마찬가지로 마일드 역시 대신 들어앉은 처지라, 맨 꼭대기에 머무는 시간은 한정돼 있었다.

마일드가 인기를 좀더 오래 끌 수도 있었겠지만, '찌꺼기'를 다시 캐스크에 넣는 일부 펍 주인들의 유감스러운 습관이 발목을 잡았다. 캐스크 숙성 에일 스타일은 대부분 캐스크 바닥에 미세한 효모 잔여물이 가라앉아 있다. 펍 주인들은 그 효모가 떠올라 맥주가 탁해지는 일이 없도록 캐스크 에일을 가만히 두어야 한다. 하지만 마일드는 '밝은' 상태로 패키징됐다—케그 속에서는 재발효되지 않았고 떠올라 섞일 효모가 없었다. 구두쇠 펍 주인들은 받쳐놓은 쟁반 위로 넘쳐 흐른 맥주조차 버리는 돈처럼 생각했다. 급기야 이들은 그 아까운 돈을 다시 케그에 넣기 시작했다. 심지어 이 과정을 자동을 처리하는 기계도 등장했다. 마일드를 마시는 이들로서는 당연히 달갑지 않은 일이었다. 유행도 쇠락에 한몫했다. 1940년대와 50년대에 마일드의 인기를 높이는 데 일조했던 애호가들은 60년대와 70년대가 되면서 아버지 혹은 할아버지가 됐다. 젊은이들은 새로운 스타일—더 호피하고 알코올 도수가 높고 더 개성 강한 비터—로 눈을 돌리기 시작했다.

마일드 에일은 급격히 설 자리를 잃어갔다. 1960년대 중반, 마일드 생산량은 드래프트 맥주 전체의 50%까지 떨어졌고, 1968년에는 비터에 추월당했다. 마일드가 영국에서 가장 인기 있는 스타일로서 군림하던 시대는 막을 내린 것이다.

1970년대 초 마일드는 이미 전체 드래프트 맥주량의 20%에 불과한 수준이 되었고, 그로부터 20년 뒤에는 간신히 1% 남짓 수준으로 바닥을 쳤다.

흥미로운 사실은 영국 크래프트 브루어들의 상승세가 마일드에 새로운 생명력을 불어넣을지도 모른다는 것이다. 찌꺼기를 다시 넣던 시대에 마일드에 찍힌 낙인은 이제 사라지고 없다. 전문가들은 마일드를 재발견해왔으며, 무어하우스 블랙 캣Moorhouse Black Cat, 루드게이트 루비 마일드Rudgate Ruby Mild, 홉슨스 마일드Hobsons Mild 등은 영국의 최상급 맥주로 꼽힌다. 마일드 에일은 과거 전성기의 인기와는 한참 거리가 멀지만 그 맥박은 점점 더 강하게 뛰고 있다.

상세 설명 및 특성

마일드 에일은 맛있을 것 같은 형용사들—'자두맛' '토피 같은' '초콜릿 느낌의'—을 끌어모으고 실제로도 맛이 있다. 그러나 기대감이야말로 최대의 적이다. 영국 이외 지역에서 마일드는 힘없고 단조롭다는 평을 듣는 경우가 많다. 마일드는 나지막한 목소리를 지닌 맥주다. 그 소리를 높여주기를 바란다면 마일드의 진가를 깨달을 수 없다. 대신, 마일드가 지닌 조용한 기쁨에 주의를 기울여야 한다.

자, 이제 그 형용사들에 대해 생각해보자. 대부분의 마일드 에일은 비교적 어두운색의 맥주이며, 글라스에 담긴 모습이 근사하다. 검정색은 드물고, 보통 황갈색이나 적갈색을 띤다.

빛을 받아 굴절되면 루비빛의 가장 밝은 부분이 눈부시게 반짝일 것이다. 마일드는 호핑이 강하지 않기 때문에 가장 먼저 몰트향—토피, 건포도, 견과류, 때에 따라서는 약간의 로스트향 혹은 초콜릿향—이 느껴진다. 어떤 것은 탄 설탕이나 럼주 같은 향이 먼저 느껴지기도 한다.

풍미는 상당히 미묘하지만 미각적으로는 비슷비슷하다. 몰트의 특성상 풍미는 달콤하고, 바디는 크림처럼 부드러우면서도 두터운 느낌이다. 알코올 도수는 낮기 때문에 브루어들은 다량의 잔여 설탕으로 마무리를 한다. 이 때문에 풍미가 강하지 않은데도 양감이 생긴다. 균형감은 핵심이며, 브루어리가 늘 쉽게 달성해낼 수 있는 일은 아니다. 좋은 마일드 에일은 조금 달콤하고, 조금 몰티하며, 조금 농후한 느낌이 나지만, 절대 지나치게 달거나 몰티하거나 농후해서는 안 된다.

얄궂게도 세계에서 가장 잘 팔리는 마일드는 뱅크스Banks의 마일드 에일로, 라이트 마일드이다. 이 스타일은 다크 비어로 명성을 얻었는데도 말이다. 그러나 밝은색의 마일드는 여전히 소수에 해당하며, 주로 호핑의 정도에 의해 비터와 구분된다. 비터는 좀더 드라이하고 홉의 특성이 두드러지는 쪽으로 균형이 잡혀 있는 반면, 마일드는 좀더 달콤하고 몰트의 풍미에 초점이 맞추어져 있다. 그러나 라이트 마일드와 비터 간의 경계는 굉장히 모호해서 브루어리들은 어떤 스타일이 더 유행하고 있는가에 따라 두 이름을 번갈아 쓰기도 한다.

브루잉 노트

마일드 에일의 전성시대에는 브루어리들이 이 스타일의 맥주를 만드는 데 좀더 다크한 베이스 몰트를 사용했다('마일드 에일 몰트'라 부를 만도 했다). 시간이 지나면서 마일드 몰트의 사용은 점차 줄기 시작했고 —대다수의 몰트 업체는 아예 마일드 몰트를 만들지도 않는다— 현재는 마일드 역시 다른 맥주들과 크게 다를 비 없이 만들어지고 있다. 대부분 페일 몰트로 이루어진 맥아 가루와 풍미와 색을 더해주는 다크 몰트를 사용한다.

이 스타일은 로스티하다기보다는 좀더 달콤한 쪽이기 때문에, 브루어리들은 원하는 색을 내기 위해 주로 크리스털과 브라운 몰트를 사용하는 경향이 있다. 간혹 소량의 초콜릿 혹은 로스트 몰트를 첨가하여 맥주에 복합적인 풍미와 균형감을 더하는 경우도 있다—두 가지 대표

전화당

영국식 브루잉에 사용되는 설탕은 일종의 변형된 자당—사탕수수에서 추출한 설탕 종류—이다. 자당은 이당류, 즉, 두 개의 단당류로 구성된 입자다. 전화inversion는 그 입자를 포도당과 과당으로 쪼개는 과정이다. 전화당은 꿀이나 메이플 시럽에서 자연적으로 생성되지만, 브루잉 용도로 만들어지는 과정에서는 마일드 에일에 최적인 어두운색의 당류로 만들어진다. 몰트와 다를 바 없이 전화당도 색이 다양하며, 브루어들은 이를 사용해 마일드나 스타우트의 색을 어둡게 할 수 있고 또는 색은 변화시키지 않고 비터에 토피의 풍미만 더할 수도 있다. 마일드의 경우, 브루어들은 다크 몰트 대신 전화당을 써서 강렬한 로스트향을 첨가하지 않고 원하는 색만 얻기도 한다.

마일드 에일은 메인스트림 맥주들이 사는 집 뒤, 잊힌 작은 헛간에 산다. 친구도 별로 없다. 라이트 **브라운 에일**과 **포터**는 달콤한 몰트에 초점을 맞춘 버전에 가깝고, 독일의 —좀더 세고 드라이하고, 그러나 몰티한— **둥켈 라거**도 크게 다르지 않다. 라이트 마일드를 좋아하는 이들에게 **비터**는 당연히 가장 가까운 사촌으로, 특히 몰트 쪽에 초점을 맞추어 균형을 잡은 비터가 여기 해당한다.

적인 예로 브레인스 다크와 베일 블랙 스완Vale Black Swan 다크 마일드를 들 수 있다. 또한 어두운색의 전화당을 사용하여 몰트의 쓴맛이나 로스트한 느낌 없이 색만 내는 경우도 흔하다—무어하우스의 블랙 캣이 여기에 해당한다. 베이트맨스Batemans는 밀을 사용해 부드러운 느낌을 더하고 헤드가 오래 유지되도록 했다.

가장 전통적인 비터와 마일드 가운데 대다수는 맥아 가루에 설탕을 섞는다—미국 크래프트 맥주 애호가들에게는 인정하고 싶지 않은 사실이다. 한때 미국에서는 설탕을 사용한다는 것은 맥주의 질이 떨어진다는 뜻이었고 이는 영원한 선입견으로 남고 말았다. 하지만 중상모략을 당한 이 '부가물들'(쌀과 옥수수도 비슷하게 무시를 당한다)에는 맥주를 향상시킬 수 있는 몇 가지 특정한 장점이 있다. 설탕은 바로 알코올로 변환되어 맥주를 더 가볍고 청량하게 만들어주면서도 바디는 조금도 무겁게 하지 않는다. 미국의 산업적 브루어리들은 오래전부터 맥주에 각종 부가물과 당류를 넣어왔지만, 그 격을 떨어뜨린 것은 브루어리들이지 부가물 자체는 아니었다. 장인의 섬세한 손길만 있다면 부가물

은 좋은 맥주를 더 좋게 만들 수 있다. 마일드 에일 브루어에게는 당류가 반드시 필요할 수도 있다.

영국 그린 킹의 수석 브루어인 존 벡슨은 브루잉을 할 때 당류를 첨가하면 몰트 본연의 특성들을 끌어내 부각시키는 효과가 있다고 설명해주었다. 우리는 그가 담당하고 있는 브루어리 지붕에서 사탕수수밭을 유심히 내려다보았는데, 나는 그가 맥주를 만들 때 그 사탕수수를 사용하는지 궁금했다. 그는 코를 찡긋했지만, 나는 벨기에의 브루어리들은 맥주에 사탕수수를 넣는다는 사실을 짚어주었다. "알아요, 하지만 그건 사탕무beet입니다. 그런 당분 구성은 잘못된 거예요. 그걸 생각하시는 거라면, 맥주에서 맛보신 그 당류는 본래 곡물 속의 전분이었어요. 전분 분자를 보면 온통 —이 대목에서 그는 분자 모양을 스케치라도 하듯 양손을 허공에서 움직였다— 포도당, 포도당, 포도당, 포도당,

마일드 에일은 한때 영국과 동의어나 마찬가지였다.

포도당으로 돼 있어요. 사방으로 제각기 움직이죠. 효소들을 수화hydrate시킬 때 하나를 잘라내면 그게 포도당이에요. 만일 연결된 두 개를 잘라낸다면, 그건 맥아당입니다. 세 개면, 말토트리오스고요. 여기서 남은 복합당들은 효모가 이용할 수 없기 때문에 맥주에 바디감을 더하게 되죠." 엄밀히 말하자면, 마일드 에일의 경우 특히 전화당이라 불리는 영국식 (그리고 옛날식) 형태를 사용하기 때문에 '올바른 당분 구성'이 이루어진다는 이야기다.

특정한 몇몇 매싱 기법을 통해 엄청난 양의 몰트 속 당분을 알코올로 변환하는 것이 가능하며, 이렇게 만들어진 맥주는 훌훌한 느낌이다 (약 62℃의 낮은 매싱 온도에서 최대 발효가 가능해진다). 단일 인퓨전 매싱 방법을 이용하는 전통적인 영국식 방법을 쓰면 잔여 당분이 생성되어 맥주가 약간 묵직해진다—개성과 풍미를 살리는 효과가 뛰어나다. 설탕을 사용하면 매싱을 가속화하면서도 바디는 다시 가볍게 만들 수 있고 알코올 도수를 약간 높일 수 있다. 풍미와 알코올 느낌은 적당히 부드러우면서도 입안에서 퍼지는 느낌이 너무 성기지는 않은 맥주가 브루잉되는 것이다. 마일드에서는 실제로, 더해진 당분이 일정한 바디감과 달콤한 느낌을 남긴다. 홉은 주로 맛을 절제하는 용도이며, 풍미나 쓴맛을 더하는 역할은 크지 않다.

진화

마일드 에일은 상업적으로 생산되는 맥주 가운데 가장 심각한 멸종 위기에 처해 있는 스타일 중 하나다. 주로 영국에서 브루잉되고 있으며, 소규모 크래프트 브루어리들에서 지난 10-20년 간 점점 더 많은 종류의 맥주를 선보이기 시작할 때까지도 사라질 위기에 처한 듯 보였다. 마일드는 영국 브루잉의 방향을 가늠할 기준으로 삼을 만한 흥미로운 스타일이 될 것이다. 시장 일각에는 미국식 방향을 택해 점점 더 도수가 높고 호피한 맥주를 지향하는 흐름도 있다. 반면, 마일드는 더 오래된 영국식 브루잉 전통으로의 회귀를 대표한다.

크래프트 브루어리들이 일단 옛 스타일을 꺼내어 먼지를 떨어내고 관심을 기울이고 나면,

영국 최고 맥주

오늘날 영국 펍에서 마일드 에일이 상당히 드물다는 점을 생각하면, 아직 르네상스를 논하기는 어렵다—그러나 '복귀'했다고 말하기엔 충분하다. 마일드가 새로 명성을 얻고 있다는 것을 보여주는 한 가지 지표는 이 스타일이 그레이트 브리티시 비어 페스티벌Great British Beer Festival에서 매년 아주 좋은 성적을 거두고 있다는 점이다. 이 대회는 여러 차례 블라인드 테스트를 통해 열 개의 카테고리에서 각각 최고의 맥주들을 뽑고, 이 맥주들을 다시 경합시켜 영국 최고 맥주의 영예를 안을 단 하나의 맥주를 뽑는다.

비터는 대회에서 압도적이다—어쨌거나 영국이니까. 하지만 지난 15년 정도는 마일드 에일이 상당한 강세를 보여왔다. 2000년에는 무어하우스의 블랙 캣이 우승했고, 2007년에는 홉슨스 마일드가 그 명맥을 이었으며, 그로부터 2년 뒤에는 루드게이트 루비 마일드가, 그리고 다시 2년 뒤에는 마이티 오크 오스카 와일드가 월계관을 차지했다. 한때 설거지한 구정물보다는 그나마 나은 맛이라는 혹평을 들었던 마일드가 이제는 당당히 한자리를 차지할 만한 궤도에 들어선 것이다.

그 고색古色 아래서 꽤나 인상적인 기법이 발견되곤 했다. 그리고 해당 스타일을 천천히 재발견해나가는 가운데 조금은 더 대담하고 더 흥미로운 마일드 에일이 만들어졌다. 마일드가 공장 노동자들이 일 마친 뒤 홀짝이는 술이었다고 한다면, 이제는 점점 더 맥주 광팬들의 영역이 되고 있다. 이들은 맥주를 '다크 체리' 혹은 '숲 열매 느낌' 같은 표현을 써서 묘사한다(최근 수상 경력이 있는 마일드 에일인 무어하우스의 블랙 캣과 마이티 오크 오스카 와일드Mighty Oak Oscar Wilde가 이와 같은 수식어로 가득 찬 칭찬을 받았다.)

미국에서 마일드는 극히 드물다. 단 몇 개의 브루어리에서만 레귤러 라인으로 만들고 있다. 간혹 옛 맥주의 특색 있는 부활에 관심 있는 브루펍들에서 브루잉하기도 하지만, 사실 그게 전부다. 그 주인공이 바로 샌프란시스코의 매그놀리아 개스트로펍 앤드 브루어리Magnolia Gastropub and Brewery의 데이브 매클레인이다. 그는 자신이 하는 일이 "홉과 높은 알코올 도수라는 거대한 흐름을 거슬러 헤엄치는 것 같은 일"이라 인정하지만 탄탄한 팬층을 확보해왔다. "좋은 평판을 확산시키는 것 역시 우리가 할 일이자 직원 교육의 핵심이라 생각합니다." 마일드 에일의 팬층을 늘리는 데는 이 같은 헌신적인 노력이 필요하며, 지금도 매클레인은 고독한 길을 걷고 있다.

알아야 할 맥주들

만일 미국의 이스트코스트나 중서부 지역에 살고 있다면 캐스크 위주의 펍이나 브루어리에서 마일드 에일을 쉽게 찾을 수 있을 테지만, 웨스트코스트에 사는 이들은 그런 행운을 못 누릴 때가 많다. 마일드 에일을 찾을 수 있는 최적의 장소는 바로 그 태생지, 즉 영국의 펍이다. 이곳에서는 분명 캐스크에서 바로 맥주를 따를 테고 이것이야말로 이 스타일이 서빙되는 방식의 핵심이다. 그러나 병입된 마일드 에일은 조심하자. 이 에일들은 긴 여정이나 해상 운송을 견디지 못하며, 어떤 경우든 병입된 마일드 에일은 심각하게 변질됐을 수 있다.

MOORHOUSE'S BLACK CAT
무어하우스 블랙 캣

원산지: 영국 번리
몰트: 메리스 오터
홉: 퍼글
기타: 양조용 설탕
3.4% ABV

이 마일드 에일의 검은빛은, 실은 자세히 들여다보면 어두운 빨강에 가깝다. 자세히 들여다보는 보람이라니, 이 맥주에 대한 근사한 은유가 아닐 수 없다. 달콤한 몰트의 풍미는 입안에서 한번 휘둘러지면 곧 감초와 대추야자의 풍미로 변하고, 그 밑으로는 은근한 흙냄새가 깔린다. 병입 상태로도 괜찮은 편이지만, 캐스크에서 서빙될 때 최상의 맛을 느낄 수 있다.

YARDS BRAWLER
야즈 브롤러

원산지: 미국 펜실베이니아 필라델피아
몰트: 비공개
홉: 비공개
4.2% ABV

이 맥주는 미국인들이 영국의 마일드 에일에 가장 근접하게 만든 결과물이다. 다크와 라이트 사이의 아슬아슬한 경계에 있으며, 어두운 호박색이다. 꽤나 복잡한 에일로, 흑설탕과 대추야자의 풍미가 가장 먼저 나오고 나면 약간의 훈향과 유당 같은 부드러움이 느껴진다. 사용된 효모는 풍성한 과일향을 더한다.

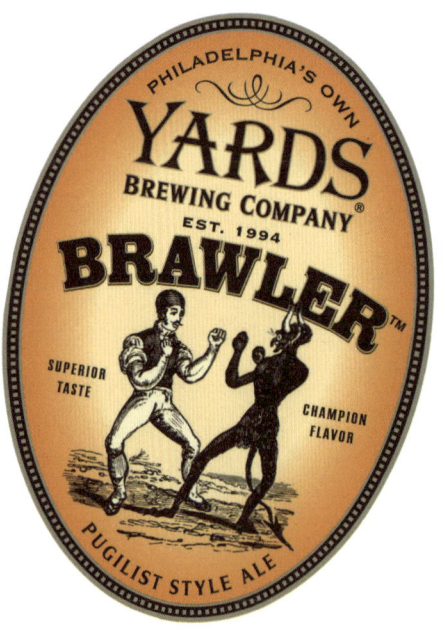

MAGNOLIA SARA'S RUBY MILD
매그놀리아 세라스 루비 마일드

원산지: 미국 캘리포니아 샌프란시스코
몰트: 메리스 오터, 스페셜티 몰트
홉: 퍼글
3.9% ABV, 1.042 SP. GR., 15 IBU

매그놀리아는 스몰 캐스크 에일에 대한 고집이 매우 확고해서, 두 개의 마일드 에일(또 하나는 다크스타 마일드로, 제리 가르시아를 기린다)을 브루잉하고 있다. 세라스 루비는 캐러멜향과 무화과향을 지닌 풍성한 느낌의 스탠더드 맥주로 가볍고 달콤하다. 굉장히 매력적인 에일로, 퍼글 홉이 후추 풍미의 완벽한 스파이시향을 더해 달콤한 잉글랜드 몰트와 균형을 이룬다.

JESTER KING COMMERCIAL SUICIDE
제스터 킹 커머셜 수어사이드

원산지: 미국 텍사스 오스틴
몰트: 유기농 뮌헨, 유기농 캐러멜, 애비, 초콜릿, 밀
홉: 이스트 켄트 골딩
3.5% ABV, 1.028 SP. GR.

영국에서는 이런 맥주를 만나지 못하겠지만 — 엄밀히 따지자면 마일드가 아니기 때문이다 — 스몰 비어의 힘을 느껴보고 싶다면 마셔볼 만하다. 제스터 킹은 벨기에 효모를 사용하면서도 벨기에 스타일이 아닌 맥주를 만드는 데 전문이다. 커머셜 수어사이드는 다크하고 몰트 특성이 두드러지는 베이스 몰트 바탕에 스모키향을 더하는 페놀 느낌도 약간 있다.

SURLY MILD
설리 마일드

원산지: 미국 미네소타 브루클린센터
몰트: 페일, 골든 프로미스, 브라운, 캐러멜, 로스트
홉: 콜럼버스
3.8% ABV, 1.040 SP. GR., 21 IBU

설리 마일드는 한겨울을 맞을 때쯤 브루어리에서 계절한정으로 선보이는 맥주로, 미국 에일 특유의 무게감으로 기운을 북돋운다. 몰트는 토피나 코코아 풍미를 지니고 있고 적당히 드라이하며 —수많은 마일드 에일이 상당히 달콤한 것과는 대조적이다— 약간 로스트 풍미도 있다. 마일드치고는 매우 농후한 맛으로, 2월쯤 미네소타에 들르게 된다면 찾아서 마셔볼 만한 훌륭한 맥주다.

브라운 에일
BROWN ALES

Brown Ales. 이 다양한 맥주들을 '브라운 에일'이라는 한 가지 이름으로 묶어주는 특성은 무엇일까? 그것은 바로 편안한 느낌의 몰트 특성이다. 다크한 쪽의 곡물을 사용하면 다층적인 풍미를 낼 수 있는데, 브라운 에일들은 토스트, 캐러멜, 건포도, 호두, 초콜릿, 빵 껍질 등의 향을 지닌다. 홉은 대개 투어 가이드 같은 역할을 하여 마시는 사람을 깊은 몰트의 풍미로 이끈다. 에일 타입에 따라 초콜릿이 들어간 디저트와 완벽히 어울릴 수도 있고 스파이시한 멕시코 요리와 어울리기도 한다.

주요 수치

ABV 범위: 3-8%

쓴맛: 15-60 IBU

서빙 온도: 10-15°C

전용잔: 파인트글라스

브라운 에일은 정작 본고장에서는 찾아보기 힘든 맥주가 됐지만, 요크 구시가지의 펍에서라면 맛볼 수도 있을 것이다.

수수한 브라운 에일은 뜨거운 감정을 불러일으킬 만한 맥주는 아니다. '브라운'이라는 이름이 붙은 무엇인가가 대체 무엇을 흥분시킬 수 있겠는가? 대다수 맥주 음주인들의 눈에는 브라운 에일이 사람으로 치자면 일 잘하는 무명씨처럼 보인다—누가 굳이 눈길을 주기라도 할지 모르겠지만. 하지만 눈썰미 있는 스파이라면 알아챌 텐데, 익명의 미덕은 표면 아래 감춰져 있는 법이다. 사실 브라운은 가장 다양한 스타일 중 하나다. 더 유명한 여러 스타일들은 국가적 자긍심이나 감시의 눈길 아래 있지만, 브루어 입장에서 브라운 에일은 자유롭게 자기 색깔을 드러내기에 아주 좋은 기회다. 건장할 수도 호리호리할 수도, 되직한 느낌일 수도 묽은 느낌일 수도 있으며, 당밀처럼 달콤할 수도 크래커처럼 드라이할 수도 있다. 이 스타일에 일관성을 부여하는 핵심은 풍성한 몰트의 풍미와 아로마로, 브루어는 이 목표를 달성하기 위해 다양한 비책을 동원한다. 코나 커피Kona coffee* 같은 향을 지닌 브라운 에일도 있겠지만, 구운 아몬드향이 나거나 핫초콜릿의 풍성한 느낌을 지닐 수도 있다. 그 결과 브라운 에일은 안정감과 위안을 주는 맥주, 맥주를 마시는 대부분의 사람들이 알고 있는 것보다 훨씬 더 흥미로운 맥주로 탄생하게 된다.

기원

브라운 에일은 역사의 염탐자로, 고대 수메르처럼 아득히 먼 문명들까지 들여다보고 있다. 몰팅이라는 과정은 최근까지도 통제가 쉽지 않아서, 갈색으로 볶거나 훈제하거나 태운 몰트로 인해 자연히 브라운 맥주가 탄생했다. 오늘날 벨기에, 독일, 체코의 브라운 맥주들의 조상은 중세시대 동안 유럽 전역에서 브루잉됐다. 역사상 모든 브라운 맥주는 오늘날 우리가 '브라운 에일'이라 부르는 맥주로까지 이어지는 계보의 일부이겠지만, 결국 살아남는 데 성공한 것은 영국의 브라운 에일이었다. 여기 존 밀턴이 1645년에 쓴 그 유명한 시 「쾌활한 사람L'Allegro」을 보자.

젊은이며 늙은이며
햇살 좋은 휴일을 즐기러 나오네
기나긴 한낮의 볕이 사그라들 때까지
그다음엔 알싸한 넛 브라운 에일을 마시지

그러나 계보상 밀턴의 브라운 에일은 오늘날의 브라운 에일과는 한참 동떨어진 것이다—마치 멸종이 예정된 네안데르탈인의 에일들처럼. 밀턴 시대의 몰팅 기법은 이글거리는 불길 위에서 보리를 말리는 방식이었고, 그 결과 스모키하고 로스티한 풍미가 강한 브라운 몰트가 만들어졌다. 이 몰트를 사용한 맥주는 오늘날 기준에서 보면 썩 좋지는 않았다. 18세기 들어서면서부터 브루어리들이 몰팅 기법에 변화를 주어 포터를 생산하기 시작하자, 곰팡내 나는 구식 브라운 에일은 자취를 감추기 시작했고, 1800년경에는 완전히 멸종됐다.

이들이 부활한 것은 100년쯤 뒤, 런던의 브루어리인 맨 크로스먼 앤드 폴린Mann, Crossman & Paulin을 통해서였다. 당시는 마일드 에일과

* 하와이 코나 섬에서 재배되는 커피 품종.

밀크 스타우트 같은 달콤하고 가벼운 맥주가 인기를 끌던 시기였다. 이 브루어리에서는 그 흐름에 편승하여 맨스 브라운 에일Manns Brown Ale이라는 병입 전용 제품을 소개했는데, 알코올 도수가 2.7%에 불과했다. 훗날의 기준에 비추어보더라도 굉장히 저도수였지만, 이는 양차 세계대전으로 인한 '대대적인 비중 하락'보다도 훨씬 이전이었다. 그러므로 맨스는 당시 스펙트럼의 극단에 있었던 셈이고, 당장 세계의 이목을 끌지 못했던 것도 별로 놀라운 일이 아니었다. 사실, 공공연하게 맥주 비중이 하락하게 되기까지는 20-30년 정도가 더 걸렸다. 1920년대에는 브라운 에일이 소소하게 유행하는 계기가 될 정도로 판매량이 충분히 증가했다.

같은 기간, 영국 북부 뉴캐슬 브루어리스Newcastle Breweries에서는 알코올 도수가 맨스의 거의 두 배에 달하는 브라운 에일을 선보였다. 오늘날 미국인 입맛에 뉴캐슬 브라운은 비교적 약하고 달콤한 맥주에 해당한다. 맨스와 격동의 1920년대에 등장한 그 아류들과 비교해보면, 뉴캐슬 브라운은 독보적으로 드라이하고 알코올 도수가 높았다.

인근의 영국 선덜랜드에서는, 복스vaux가 뉴캐슬과 비슷한 맥주를 만들었고, 이후 요크셔의 새뮤얼 스미스도 비슷한 제품을 만들었다. 그러는 동안 이 맥주들은 브라운 에일의 두 분파―북부식과 남부식―를 대표하기 시작했다. 맥주 전문 작가 마이클 잭슨은 이들을 서로 다른 스타일이라고 재차 못박았으며, 미국 홈브루어 협회의 스타일 가이드라인 같은 곳에서도 여전히 이들을 따로 구분하고 있다.

이 같은 구분이 흔하기는 하나 논란의 여지도 있다. 20세기에는 수많은 브라운이 브루잉됐으며, 덕분에 두 스타일 간의 경계는 흐려졌다. 원칙과는 달리 마일드하고 달콤한 풍미의 브라운 에일이 북부에서 브루잉되기도 했고, 남부에는 더 세고 드라이한 브라운 에일도 있었다. 이따금씩 브루어리들은 알코올 도수가 5.5%도 넘는 센 브라운 에일을 만들기도 했다(어쨌든 이 맥주는 제2차 세계대전 이후 영국에서 인기를 끌었다).

최근 브라운 에일은 마일드 에일보다 훨씬 급속도로 하락세에 접어들었다. 영국 최대의 브라운 에일 생산자인 뉴캐슬은 이제 자사의 생산량 거의 전부를 해외로 보낸다. 새뮤얼 스미스는 혹 노턴Hook Norton처럼 브라운 에일을 만들지만 이는 예외적으로 드문 경우다. 심지어 영국식 맥주를 지키는 단체인 CAMRA조차 브라운 에일을 자국의 맥주 스타일에 넣지 않는다.

미국에서는 크래프트 브루잉 가장 초기의 성공 신화 중 하나가 바로 브라운 에일―피츠 위키드 에일Pete's Wicked Ale―이었다. 1980년대 중반 설립된 피츠는 미국에서 두번째로 규모가 큰 크래프트 맥주 회사로 성장했다. 주력 상품인, 몰티하고 개성 강한 브라운의 판매에 힘입은 결과였다. 당대의 여러 맥주와 마찬가지로, 피츠 위키드 에일은 시장이 포화 상태에 이르게 되면서 시장점유율이 떨어지기 시작했고, 좀 더 가볍고 비교적 달콤한 맥주들에 자리를 내어주었다. 피츠를 제외하면 미국에서는 그 이후로 브라운 에일이 한 번도 제대로 된 인기를 누려보지 못했다.

피츠 위키드 에일의 흥망성쇠

1980년 미국식 브루잉의 세계는 마치 새로 발견한, 사람이 없는 신대륙과도 같았다. 땅에 발을 디딘 최초의 개척자들이 교두보를 마련했고 이들은 자기주장을 마음껏 펼칠 준비가 돼 있었다. 당시 그 어느 누구도 이 신대륙에 대해 아는 바가 거의 없었으며 훗날 어떤 곳이 비싼 땅으로 여겨질지도 알지 못했다. 이들은 마치 소공국의 왕들처럼 깃발을 꽂기 시작했다. 프리츠는 소위 스팀 비어Steam beer라는 땅에, 켄 그로스먼은 페일 에일의 땅에. 태평양 연안 북서부에서는 피라미드Pyramid와 위드머Widmer가 바이첸 마을을 두고 맞붙었다.

가장 큰 성공을 거둔 회사 중 하나는 1986년 설립된 피츠 브루잉이었다. 설립자인 피트 슬로스버그는 ―하필― 브라운 에일에 대한 권리를 주장하기로 결정했다. 잘될 것 같지 않은 스타일이었지만, 당시에는 빈 라거도 마찬가지였던 데다, 보스턴 비어는 이미 그 스타일 주변에 보스턴 라거로 미국 최초의 블록버스터급 크래프트 맥주의 입지를 탄탄히 구축해놓은 상태였다. 슬로스버그는 위키드 에일로 미국식 브라운 스타일의 윤곽을 그려냈다. 이 맥주는 중도수에 황갈색의 크리미한 에일로, 살짝 흙냄새가 감도는 듯한 홉의 쓴맛이 캐러멜과 토스트의 풍미를 탄탄히 받쳐주었다. 당대의 기준에서도 과감한 맥주는 아니었으나, 투명하다시피 한 묽은 느낌의 맥주를 오랫동안 선호해온 미국인들의 취향과는 뚜렷이 대비되는 색과 바디의 맥주였다.

놀랍게도, 피츠 위키드 에일은 성공이었다. 10년이 채 되지 않아 피츠 브루잉은 미국 내에서 두번째로 큰 크래프트 브루어리가 됐고, 전국적인 유통망을 갖췄으며, 심지어 캐나다, 호주, 유럽으로까지 수출을 시작했다. 1995년, 슬로스버그는 주식 상장을 거쳐 전국적 규모의 기업으로서의 입지를 다졌다. 그러나 이는 크래프트 브루잉에는 위험한 순간이었다. 슬로스버그와 마찬가지로, 1990년대 중후반에 수많은 브루어리들이 판매가 지속적으로 증가하리라는 가정하에 확장을 계속했다. 그러나 판매가 계속 증가하지는 못했고, 막대한 지출로 피츠는 어려운 상황에 빠졌다. 1998년에는 샤이너Shiner, 브리지포트BridgePort, 트루머Trumer 등의 모기업인 감브리누스Gambrinus가 피츠를 매입했다. 여러 신제품을 출시하고 심기일전하여 일관성에 초점을 맞췄음에도 불구하고, 피츠 브랜드는 부활하지 못했다. 초기 미국 서부의 많은 신흥 도시들처럼, 피츠는 파산했다. 이 회사의 전략에는 수많은 구조적 결함들이 있었지만 제품 자체가 주된 문제였다고는 생각하기 힘들다. 브라운 에일이 엄청난 군중을 모은 적은 없었고, 2000년쯤 시장은 이미 홉 쪽으로 확실히 돌아섰다. 2011년 초, 감브리누스는 피츠 라인의 생산을 종료하겠다고 발표했다. 브라운 에일이 미국에서 잠시 누렸던 전성기는 10여 년 만에 대단원의 막을 내렸다.

상세 설명 및 특성

'브라운'이라는 단어가 이름에 포함된 대표적인 맥주들을 머릿속으로 떠올려보자. 이들에는 두어 가지 공통된 특징이 있다. 우선, 분명 색에 공통점이 있고, 그 외에도 두드러지는 몰트의 풍미와 에일 효모의 부드러운 과일 풍미가 있다는 공통점도 있다. 이를 기본으로 하되 알코올 도수, 홉 느낌의 정도, 달콤한 풍미 등은 다양하다. 이 맥주들을 유의미한 카테고리로 분류하는 게 과연 가능할까? 할 수 있고, 하겠지만, 그보다 먼저 해야 할 일은 이전 세대의 다양한 시도부터 정리해보는 것이다. 몇몇 시도들은 스타일 가이드라인의 형태로 남아 있고, 희한한 맥주병이 결과물로 나온 경우도 있다. 그 의미들을 살펴보는 것은 도움이 된다.

잉글랜드 브라운 에일

맥주 전문작가 마이클 잭슨은 더 세고 더 드라이한 브라운 에일과 비교적 도수가 낮고 달콤한 브라운 에일로 나누는 이분법을 대중에게 알리는 데 일조했다. 최근 각종 대회를 보면 이런 구분법은 이제 '잉글리시 브라운 에일' 카테고리에 자리를 내어주고 있는 듯 보인다. 어떤 경우든, 잉글리시 브라운 에일은 소프트 몰트와 흙냄새 계열의 홉을 유명하게 만들었던 영국 에일 특유의 마일드하고 몰티한 풍미가 있다.

미국 / 텍사스 브라운 에일

미국에 입양된 여느 다른 영국 스타일의 맥주들과 마찬가지로, 브라운 에일은 미국식 억양을 금세 습득했다. 미국인들은 영국의 오리지널을 지나치게 유심히 살펴보는 대신 앰버(또 하나의 미국중심주의)와 포터 사이에 끼워넣었다. 미국 스탠더드 아메리칸 브라운 에일은 대개 5% ABV 정도이며 몰트의 진한 풍미가 강조돼 있다. 텍사스 홈브루어들은 변형된 스타일을 선보였다. 홉 특성이 두드러지고 로스티한 이 브라운 에일은 오늘날 상업화된 경우를 거의 찾아볼 수 없다. 이들은 미국 스탠더드 브라운의 덩치 크고 억센 형 같은 느낌이다. 오늘날 경향으로는 브루클린 브라운 같은 보리로만 만든 훈훈한 느낌의 맥주가 대표적이라 할 수 있다. 영국에서 영감은 받았지만 영국 맥주를 모델로 삼지는 않은 맥주들이다.

스트롱 브라운 에일

IPA급 알코올 도수로 만들어진 이 브라운 에일은 미국 태생은 아니다—영국의 브루어들이 수십 년간 간헐적으로 만들어왔다. 그러나 오늘날 도수 높은 브라운 에일은 런던에서보다는 샌디에이고에서 찾기가 훨씬 쉽다. IPA 계열의 좀더 다크한 맥주(도그피시 헤드 인디언 브라운 에일)도 있고, 토미노커Tommyknocker처럼 자연히 임페리얼• 계열에 가까워진 맥주도 있다. 스칸디나비아 지역의 경우 임페리얼 브라운 쪽이 강세인 듯하다(뇌그네, 브뤼게리Bryggeri, 미켈러를 떠올려볼 수 있다).

넛 브라운 에일

밀턴의 시에 쓰여 있듯, '넛'은 수세기 동안 브라

• '제국'이라는 의미로, 본래 러시아 제국에 실어보내던 맥주에서 비롯된 표현으로 대개 고비중, 고도수의 특성을 의미한다.

운 에일을 설명하는 말이었다. 본래 맥주의 색을 지칭하는 단어였고, 맛과는 무관했던 것 같다. 그러나 미국 브루어들 사이에서는 견과류 풍미가 나는 에일이라는 잘못된 개념이 퍼졌다. 다크 계열의 몇몇 몰트는 특히 흙냄새 나는 홉과 결합되어 견과류 느낌을 더한다. 미국의 수많은 브루어들이 이 향을 부각시키고 있지만 간혹 여기서 더 나아가는 경우도 있다. 가령, 로그Rogue는 헤이즐넛 추출물을 브라운 넥타Brown Nectar에 첨가한다. 또한 상당수의 사람들은 '넛 브라운'이라는 표현을 '잉글랜드 스타일'의 동의어로 사용하기도 해서, 브라운 에일이라는 카테고리를 분류하는 데 혼선이 생기기도 한다.

온갖 카테고리와 이름 들이 있지만, 미국의 브루어리들은 브라운 에일의 요건에 대해 어느 정도는 합의에 이른 듯 보인다. 영국의 브루어리들이 대체로 이 스타일을 포기했음에도 불구하고 미국에서는 브라운 에일을 영국식 브루잉의 산물로 본다. 대개 알코올 도수는 4.5%에서 5.5% ABV 선이고 미각적으로는 몰트의 풍미에 치우쳐 있다. 브루어들은 몰트 향을 흙냄새로 감싸는 영국산 홉을 선호한다. 사실, 이처럼 미국식으로 표현된 맥주들은 뉴캐슬이나 새뮤얼 스미스로 대표되는 이상적인 '영국 정통 브라운'과는 상당히 거리가 멀다. '프렌치' 프라이나 '캐나디안' 베이컨처럼, 브라운 에일 역시 '잉글리시' 맥주는 어떨 것 같다는, 미국인들이 지닌 인상에 가까운 듯하다.

> 어쩌다보니 다른 스타일들의 교차점에 자리잡은 브라운 에일은 **앰버 에일**과 **포터**로부터 각각 비슷한 거리에 있다—동시에 상당히 비슷하다. 앰버는 비교적 몰트의 특성은 약하고 홉의 특성은 더 강하며, 포터는 견과류보다는 로스트 풍미가 더 강하다. 독일에서 아주 가까운 (그러면서도 간과되는) 친척을 찾는다면 둥켈 라거다. **둥켈 라거**는 브라운과 가장 가까운 혈연관계에 있으므로, 브라운 에일의 팬이라면 한두 가지쯤 찾아볼 필요가 있다. 마찬가지로, **옥토버페스트**와 **메르첸** 맥주는 부드러운 몰트 풍미가 특징적이며, 훈훈하고 따스한 느낌이 있다. 조금 더 범위를 넓혀보면, 벨기에의 **뒤벨**은 몰티한 브라운 에일 타입이다. 훨씬 더 세고 클래식한 과일 풍미가 있는 벨기에 효모의 특성을 지니고 있기는 하지만 말이다.

브루잉 노트

적갈색 맥주에 이르는 길은 별로 많지가 않다. 브루어리에서 적갈색 맥주를 원한다면 페일 몰트, 초콜릿 몰트(견과류 풍미), 크리스털 몰트(바디감, 달콤한 풍미, 캐러멜이나 토피향)의 뻔한 트로이카를 동원해야 한다. 좀더 대중적인 미국 브라운 에일 몇 가지(어비타 터보도그Abita Turbodog, 에이버리 엘리스 브라운Avery Ellie's Brown, 브루클린 브라운, 시에라 네바다 텀블러Tumbler, 스머티노즈 올드 브라운 도그Smuttynose Old Brown Dog, 설리 벤더Surly Bender)를 살펴보면, 모두 이 세 가지 몰트를 사용했다.

어비타의 터보도그(5.6% ABV, 28 IBU)는 거기서 끝나지만, 나머지는 스페셜티 몰트들을 소량 첨가하고 있으며 모두 제각기 다른 종을 쓴다. 벤더(5.5% ABV, 45 IBU)의 경우, 설리는 크리스털 몰트 품종 두 가지와 부드러운 느낌

브라운 에일

을 더해주는 귀리 몰트를 몇 가지 첨가한다. 브루클린 브라운은 여섯 가지 혼합 몰트를 쓰는데 그중에는 강한 곡물향을 내는 벨기에산 아로마 몰트도 포함돼 있다. 스머티노즈의 올드 브라운 도그(6.7% ABV, 18 IBU)는 대부분의 비슷한 맥주보다 도수가 높고 상대적으로 홉의 특성은 약하다. 로스팅한 몰트의 쓴맛이 균형을 잡아주며, 뮌헨 몰트기 색과 함께 부드러운 빵 같은 복합적인 풍미를 더한다. 이와 비슷하게, 에이버리(5.5% ABV, 17 IBU)는 뮌헨 몰트를 사용한다. 마지막으로, 아마 가장 이국적인 첨가물을 사용한 곳은 시에라 네바다일 것이다. 여기서는 텀블러(5.5% ABV, 37 IBU)에 훈제 몰트를 소량 첨가하는데 주로 로스팅한 느낌을 부각시키고 극대화하는 것 같다.

스머티노즈만이 알코올 도수 5.3-5.6% 범위 안에 해당한다는 사실에 주목하자. 마찬가지로, 이 여섯 개 맥주 중 다섯 개가 윌래밋 홉—본래 퍼글의 미국 버전—을 사용하며 마지막 하나는 영국산 홉인 챌린저를 사용한다. 그중 일부는 미국산 홉 품종을 사용하기도 하나, 모두 최소 한 가지 품종 이상은 영국산을 사용해 브라운 에일의 출생지를 떠올리게 만든다.

진화

브라운 에일의 진화는 끝난 듯 보인다—혹은 적어도 정체기에 접어든 것 같다. 방황하던 청소년기를 보내고 나서 마침내 차분한 어른이 된 사람처럼, 이 스타일은 실험적인 시기로부터 멀리 떠나온 상태다. 그러나 예의주시할 영역이 아직 남아 있다고 한다면, 그것은 빅 브라운big browns•이다. 미국인들은 끊임없이 각종 스타일들(IPA, 스타우트, 필스너)을 '임페리얼'화하고 있고, 하위 카테고리가 등장할 것이라는 사실도 충분히 예상된다. 펑키 붓다 독 브라운 에일Funky Buddha Doc brown ale(6.4% ABV), 쇼츠 벨레어 브라운Short's Bellaire Brown(7% ABV), 토미노커 임페리얼 넛 브라운Tommyknocker Imperial Nut Brown(9% ABV) 같은 맥주를 통해 최근의 경향을 짐작할 수 있다. 여기서 볼 수 있듯, 브라운은 여전히 박물관 골동품 같은 맥주다—따스한 기분을 느끼게 하는 편안하고 클래식한 맥주로, 영국 펍을 연상시킨다.

알아야 할 맥주들

브라운 에일 애호가들은 틀림없이 신중한 사람들일 것이다. 브라운 에일은 비주류 스타일이고, 안타깝게도 브루어리에서도 자신들이 파는 브라운에 별다른 관심을 기울이지 않는 경우가 많다. 적당히 브루잉하기 편한 스타일로, 정말 괜찮은 브라운 에일보다는 적당히 마실 만한 브라운 에일이 훨씬 흔하다는 것은 속상한 일이다. 아래 나열된 예들은 주목할 만한 괜찮은 브라운 에일로 최종 선발된 맥주들이다. 얼핏 봤을 때 튀지 않는 편안한 스타일의 맥주들이 어느 정도까지 깊이를 지닐 수 있는지 가늠하게 해줄 것이다.

• 도수가 높고 묵직한 느낌의 빅 비어의 특성을 띠는 브라운 에일들을 지칭

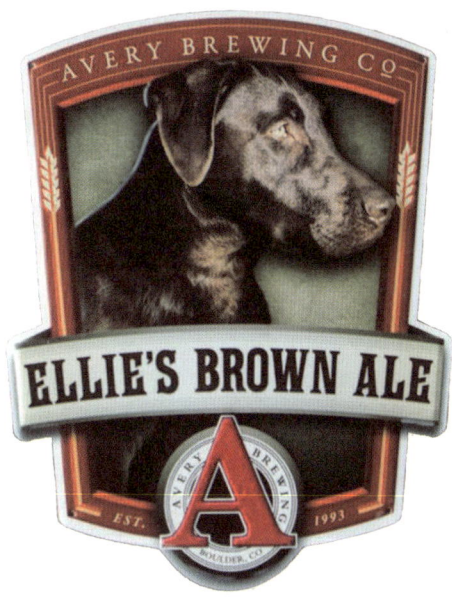

AVERY ELLIE'S BROWN ALE
에이버리 엘리스 브라운 에일

원산지: 미국 콜로라도 볼더
몰트: 페일, 뮌헨, 다크 캐러멜, 초콜릿
홉: 캐스케이드, 퍼글
5.5% ABV, 1.056 SP. GR., 17 IBU

엘리스 브라운 에일에서 가장 먼저 감지되는 것은 바로 몰트 아로마다. 마치 오븐에서 갓 구워낸 빵에서 나는 것 같은 신선하고 매력적인 향이다. 맥주는 근사한 적갈색을 띠며, 바디는 무겁고 거품은 부드럽다. 몰트는 코에 닿는 향보다 입에 닿았을 때 훨씬 더 복합적인 풍미로 다가온다. 때로는 헤이즐넛, 캐러멜, 그리고 약간의 로스트향도 느껴진다. 어쩐지 건강하고 따뜻한 느낌을 불러일으킨다. 가을에 완벽하게 어울리는 맥주이기도 하다.

SIERRA NEVADA TUMBLER AUTUMN BROWN ALE
시에라 네바다 텀블러 오텀 브라운 에일

원산지: 미국 캘리포니아 치코
몰트: 페일, 캐러멜, 초콜릿, 훈제 몰트
홉: 챌린저, 야키마 골딩Yakima Golding
5.5% ABV, 1.055 SP. GR., 37 IBU

엘리스와 마찬가지로 텀블러는 아로마가 풍부하다. 그러나 향—아몬드와 토스트—은 좀더 가볍다. 좀더 맑은 갈색으로, 밤보다는 적갈색 점토색에 가까우며, 빽빽한 헤드가 오래 유지된다. 몰트는 부드럽고 빵의 풍미가 느껴지며, 챌린저와 골딩 홉 특유의 향신료 풍미 덕분에 생강 쿠키 같은 느낌도 난다. 홉에 꽃향도 있어서 맥주를 화사하게 한다. 엘리스 브라운 에일이 콜로라도의 추위에 어울리는 느낌이라고 한다면, 텀블러는 좀더 온화한 캘리포니아의 저녁 날씨에 잘 어울린다.

BROOKLYN BROWN ALE
브루클린 브라운 에일

원산지: 미국 뉴욕 브루클린
몰트: 영국 페일, 벨기에 아로마 몰트, 로스팅한 몰트
홉: 윌래밋, 캐스케이드, U.S. 퍼글
5.6% ABV, 1.062 SP. GR.

브루클린의 브라운 에일은 견과류보다는 로스팅 풍미 쪽을 선호한다. 혀에서 느껴지는 첫인상은 토피의 달콤함이지만, 초콜릿의 풍미로 넘어가다 마침내 미디엄 로스팅한 커피의 느낌까지 난다. 놀라울 정도로 두드러지는 홉의 풍미 역시 몰트만큼이나 변화무쌍하다—처음에는 흙냄

LAZY MAGNOLIA SOUTHERN PECAN NUT BROWN ALE
레이지 매그놀리아 서던 피칸 넛 브라운 에일

원산지: 미시시피 킬른
몰트: 메리스 오터, 캐러멜, 밀
홉: 너깃, 윌래밋
기타: 로스팅한 피칸
4.4% ABV, 1.055 SP. GR., 19 IBU

말 그대로 넛 브라운인 이 에일에, '브루스터 brewster'(여성 양조인) 레슬리 헨더슨(점차 여성 브루어가 늘어가는 추세인데, 그 대표주자 중 한 명이다)은 확연한 견과류향을 더하고자 로스팅한 피칸을 첨가한다. 이는 살짝 타인 느낌이 나는, 특이한 날카로운 감각을 더한다. 영국산 베이스 몰트와 윌래밋 홉을 사용하여 영국식 에일—그리고 어쩌면 새뮤얼 스미스—을 연상시키면서도, 서던 피칸 덕분에 로스팅한 견과류임에도 불구하고 파이처럼 달콤한 풍미를 낸다.

새 같다가 나중에는 숲 한가운데 서 있는 듯한 느낌이다.

SAMUEL SMITH NUT BROWN ALE
새뮤얼 스미스 넛 브라운 에일

원산지: 영국 태드캐스터
몰트: 페일, 로스트 몰트, 로스팅한 보리
홉: 비공개
기타: 사탕수수
5.0% ABV, 1.048 SP. GR., 30 IBU

새뮤얼 스미스는 1983년 들어와 미국 크래프트 브루어리 한 세대 전체에 엄청난 영향을 미쳤으며, '넛 브라운'이라는 맥주 스타일은 그 이미지를 완전히 굳혔다. 어두운 메이플 시럽 색을 띠는 새뮤얼 스미스 브라운 에일은 견과류 풍미—호두나 피칸—를 지니지만, 건포도나 베리류 과일의 느낌도 살짝 있다. 확연한 영국식 호핑으로 허브나 흙 쪽의 향을 풍긴다.

ABITA TURBODOG
어비타 터보도그

원산지: 로스앤젤레스 아비타 스프링스
몰트: 페일, 캐러멜, 초콜릿
홉: 윌래밋
5.6% ABV, 20 IBU

터보도그는 미국 최고의 브라운 에일은 아니지만, 그 단순함은 브라운 에일이라는 스타일이 순한 느낌의 좋은 재료를 얼마나 잘 활용할 수 있는지를 보여주는 대표적인 맥주다. 터보도그는 전반적으로 향이 순한데, 첫 향에서는 초콜릿 몰트가, 가운데 향에서는 밀크초콜릿 몰트가 느껴진다. 첫 향에서는 콜라의 느낌도 있고, 무게감에도 불구하고 라이트 세션 에일처럼 느껴진다. 아마 가장 중요한 사실은, 이 브라운 에일은 루이지애나의 끝이나 쌀 요리와 완벽하게 어울린다는 점일 것이다.

SMUTTYNOSE OLD BROWN DOG
스머티노즈 올드 브라운 도그

원산지: 뉴햄프셔 포츠머스
몰트: 페일, 뮌헨, 캐러멜, 초콜릿
홉: 캐스케이드, 걸리나Galena, 윌래밋
6.7% ABV, 1.060 SP. GR., 18 IBU

1988년에 처음 브루잉된 이 브라운 에일은 미국식 브루잉의 과거, 즉 미국 에일이 좀더 달콤한 쪽으로 브루잉되던 시절 속으로 걸어들어간 느낌을 준다. 올드 브라운 도그는 깊이 있는 몰트의 풍미가 살아 있으며, 토스트, 캐러멜, 코코아 풍미가 받쳐주는 견과류향이 돋보인다.

포터와 스타우트
PORTERS AND STOUTS

Porters and Stouts. 포터와 스타우트라는 이 이름들은 한 세기가 넘도록 서로 혼용됐지만, 시간이 흐르면서 하위 스타일들이 생겨났다. 레귤러 혹은 '브라운' 포터는 루비블랙, 브라운블랙 또는 가장 흔한 블랙블랙 맥주로, 중도수에 중간 정도의 바디다. 발트해 지역의 포터들은 대개 라거링된 것으로, 부드럽고 크리미하며 너무 술술 넘어가서 위험하기까지 한 맥주다. 기네스로 대표되는 드라이 스타우트 혹은 아일랜드 스타우트는 바디가 가벼운 에일로, 확연한 로스트향이 특징이다. 그 큰형 격인 엑스포트 스타우트는 로스트 풍미와 톡 쏘는 느낌이 강렬한 맥주다. 스위트 스타우트 혹은 오트밀 스타우트는 되직한 느낌의 크리미한 마우스필이 특징적이다. 마지막으로, 임페리얼 스타우트는 스타우트 중에 가장 농밀하고 가장 알코올 도수가 높으며, 세계에서 가장 풍미가 강한 맥주에 속한다.

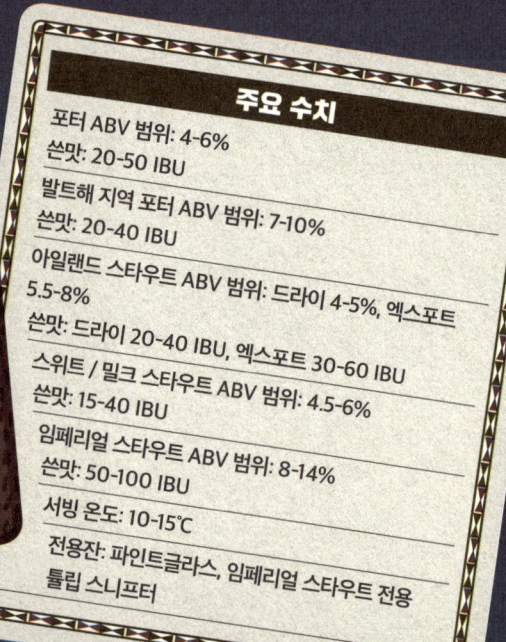

주요 수치

포터 ABV 범위: 4-6%
쓴맛: 20-50 IBU

발트해 지역 포터 ABV 범위: 7-10%
쓴맛: 20-40 IBU

아일랜드 스타우트 ABV 범위: 드라이 4-5%, 엑스포트 5.5-8%
쓴맛: 드라이 20-40 IBU, 엑스포트 30-60 IBU

스위트 / 밀크 스타우트 ABV 범위: 4.5-6%
쓴맛: 15-40 IBU

임페리얼 스타우트 ABV 범위: 8-14%
쓴맛: 50-100 IBU

서빙 온도: 10-15°C

전용잔: 파인트글라스, 임페리얼 스타우트 전용 튤립 스니프터

'맥주'라는 단어는 세대마다 각기 다양한 의미를 지닌다. 우리 세대에게 맥주란 대개 —약하고 간결하며 새벽녘 태양처럼 황금빛을 띠는— 필스너를 의미한다. 필스너는 각국에서 브루잉되고 판매되는 세계 2대 슈퍼스타일 중 하나다. 하지만 우리 이전 세대에게 '맥주'란 정반대—농후하고 마치 벨벳 리본처럼 광택이 흐르는, 한밤중에나 마실 법한 묵직한 맥주—를 의미했을 것이다. 최고의 슈퍼스타일은 포터였으며, 이 맥주는 오늘날 필스너가 그렇듯 무려 200년 전에도 흔히 마실 수 있었다.

포터와 스타우트는 브루잉 스타일만큼이나 풍미나 알코올 도수가 다양하나, 이들을 쉽게 한 가족으로 묶어주는 중요한 요소가 있다. 언제나 근사한 블랙의 외양일까? 물론 그것도 한몫한다. 기네스의 거품 방울들이 파인트글라스 깊숙이 문워크하는 모습을 보고 매료되지 않을 사람이 어디 있겠는가? 게다가 그 풍성함—혀에 닿는 크리미한 느낌, 미각적 농밀함, 커피, 바닐라, 자두, 초콜릿, 포트와인, 감초 등 다양하고 뚜렷한 풍미—을 전달하는 여러 요소들도 있다. 포터와 스타우트는 둘 다 초보의 마음에도 들고 전문가에게도 끊임없이 만족을 줄 수 있는 흔치 않은 스타일의 맥주다. 이들 다크 에일은 마치 액상 초콜릿 같기도 하다. 한때 세계를 정복했던 시절이 있었던 것은 어쩌면 당연한 일이다.

기원

포터와 스타우트의 이야기는 300년이 됐고, 여러 세대를 거쳐 내려온 서사시가 으레 그렇듯 온갖 환상적인 곁가지 이야기와 일화, 기록되지 못한 역사 들으로 가득하다. 포터(그리고 이후 스타우트)는 최초의 국제적인 맥주 스타일이었으며 5개 대륙의 각국으로 운송되다가 현지에서 브루잉되기 시작했다. 그러나 더 중요한 것은 포터와 스타우트가 최초의 산업적인 스타일이었다는 점이다. 증기기관이 브루잉을 변화시키기 전에는 상상도 하지 못했던 규모로 브루잉이 이루어졌다.

포터

18세기에 들어설 무렵의 영국에서 이야기는 시작된다. 브루잉은 여전히 시골풍의 기술로, 런던의 펍들은 무려 30가지 타입의 맥주를 팔았다. 개중 흔한 축에 속했던 맥주는 스모키하고 탁한 브라운 맥주로, 좋지 못한 평판(어느 작가는 "무겁고 되직하고 뿌옇다"고 표현했다)에도 불구하고 살아남았다. 그러나 이 스타일로부터 등장한 것이 바로 포터다. 포터는 좀더 풍미를 강화시켜 변주한 올드 브라운이지만 한 세기 반 동안 포터를 규정하게 된 동일한 몰트를 기반으로 했다.

당대의 몰트 제조자들은 세 가지 기본 품종—페일, 앰버, 브라운 몰트—을 만들 수 있었다. 직관적인 예상과는 달리, 점차 가마 건조에 들이는 시간이 줄어들었다. 페일과 앰버 몰트는 수시간에 걸쳐 천천히 공들여 구워졌는데, 가장 싸고 품질은 떨어지는 브라운 몰트는 단시간에 강한 불에 구워졌으므로 겉이 딱딱하고 바삭해지고 불에 그을렸다. 짚불 위에서 가마 건조되기도 하는데 이 경우 상당히 깔끔한 몰트가 만들어졌고, 나무를 사용한 경우에는 몰트에 연기 향이 더해졌다. 그러나 어떤 경우든 특별히 좋은 풍미로 마무리되지는 않았다.

그러나 포터 브루어들은 브라운 몰트가 가져다주는 결점들을 완화시키는 듯한 브루잉 방식을 수용했다. 첫째, '파티 가일 브루잉'으로 알려진 기법을 채택했다. 이는 대량의 단일 매시로부터 여러 배치의 맥주를 추출해내는 방식이다. 처음 흘러나온 분량에 가장 당분이 많았고, 이후 나오는 맥주는 곡물에서 당분이 씻겨나가면서 점점 당도가 약해졌다. 브루어들은 동일한 과정을 따랐지만, 각 배치를 다양한 도수의 맥주를 만드는 (통상적인) 방식으로 블렌딩하지 않고 단일 배치의 포터로 모두 한데 섞어버렸다. 브루어들은 흘러나온 매시 전체 분량이 포함돼 있다는 의미에서 이 맥주를 '인타이어entire'(종종 intire라고 표기하기도 한다)라고 불렀다.

두번째 중요한 발견이자 포터라는 스타일을 규정하게 된 관행은 숙성이었다. 포터를 만드는 이들은 숙성을 하면 맥주의 거친 느낌이 좀 더 부드럽게 누그러진다는 사실을 알게 됐다. 이들은 맥주를 '버트butt'라 불리는 108갤런 대형 캐스크에 담아 보존처리한다(포터는 종종 '인타이어 버트'라고도 불렸다. 안타깝게도, 전체 맥락을 이해하고 나면 다소 싱거운 이름이다). 그 뒤 최소 반년 정도 그대로 두는데, 경우에 따라서는 2년까지 두기도 했다. 이 과정은 두 가지 실질적인 효과가 있었다. 갓 브루잉한 포터에서는 싸구려 몰트 특유의 거친 느낌이 많이 드러났지만, 숙성을 통해 맥주는 향긋하게 익고, 날카롭거나 스모키하던 풍미가 시간이 지날수록 부드러워진다. 더 중요한 점은 캐스크 속에 사는 야생효모가 맥주를 셰리주 같은 특성을 지닌, 깊이 있고 복합적인 풍미의 술로 재탄생시킨다는 것이다.

포터는 곧 런던의 노동계급에게 금세 인기를 얻었고, 특히 강변에서 짐을 내리고 도시 곳곳에 이를 운송하고 온 사내들 사이에서 인기였다. 이 노동자들은 '펠로십fellowship' 포터 또는 '티켓' 포터라고 불렸고, 이들이 마셨던 맥주도 오래전부터 포터로 알려져 있었다. 1700년대 초 브루잉 시장에 관한 이야기들이 많지 않지만, 포터 브루어들이 제품을 숙성시키는 법을 알게 된 지 불과 20-30년 만에 포터는 런던을 대표하는 스타일로 자리잡았던 것으로 보인다.

18세기 말에 가까워지면서, 증기기관 덕분에 브루어리들은 처음으로 점점 더 많은 양을 브루잉해 맥주의 인기를 한껏 이용할 수 있게 됐다. 증기기관의 힘을 이용하여 곡물을 대량으로 빠르게 밀링하고, 매싱에 쓰이는 물을 안정적으로 가열하며 매시를 휘저어 섞고, 브루잉 과정 전반에 걸쳐 맥주를 퍼올릴 수 있게 됐다. 브루어리들은 증기력 덕분에 맥주 생산량을 이전보다 열 배 더 증가시켰다—게다가 기계화는 좀더 품질을 일관되게 유지할 수 있다는 의미이기도 했다.

그러나 증기력이 포터의 숙성 속도까지 빠르게 하지는 못했으므로, 맥주를 몇 달간 그 자리에 두어 익힐 공간을 확보하는 일은 매년 수십만 배럴을 생산하는 런던 브루어리들의 숙제였다. 만일 브루어리가 100버트를 보유하고 있다면, 한 달에 숙성되지 않은 맥주 200버트—연

랠프 하우드와 스리 스레드 Three Threads

단 하나의 기원에 관한 이야기라는 개념 자체에는 어딘가 매력적인 구석이 있다. 알렉산더 그레이엄 벨과 전화, 그리고 라이트 형제와 비행기처럼 말이다. 성공하지 못해 그다지 알려지지 않았던 영국의 브루어 랠프 하우드는 200년이 넘도록 포터를 발명한 공로를 단독으로 차지해왔다―하지만 그가 정말 그럴 만한 자격이 있을까?

하우드 이야기는 이렇다. 1730년대 런던의 주류 맥주는 에일(홉은 거의 넣지 않은 저도수), 비어(탄탄한 풍미에 홉향이 강한), 투페니(페일 에일)였고, 펍에 가는 이들에게는 이 세 가지를 한데 섞은 파인트를 주문하는 것―즉석에서 제4의 새로운 맥주를 만드는 것―은 흔한 일이었다. 런던 쇼어디치에 기반을 두고 있던 하우드는 섞을 필요 없이 완성돼 나오는 '스리 스레드three threads'*의 특성을 결합시킨 맥주를 브루잉하자는 아이디어를 떠올렸다. 그 결과 탄생한 맥주가 바로 최초의 포터로, 세 가지를 전부 포함하고 있다는 뜻에서 '인타이어'라 불렸다.

역사적으로 오늘날 알려진 기원에 관한 이야기들은 가장 신중한 축에 속하는 작가들이 쓴 것임에도 불구하고, 하우드의 이야기 속 대부분의 요소가 거짓인 것으로 밝혀졌다. 역사학자 마틴 코넬은 포터 스타일을 연구하는 과정에서 그 유명한 스리 스레드 이야기의 출처를 찾아냈다―1802년에 나온 런던 안내책자에 존 펠섬이라는 작가가 쓴 짧은 글이었다. 펠섬은 몇 가지를 오해했다. 당시 '스리 스레드'라는 이름의 술이 있기는 했지만, 오늘날 학자들에 따르면 이 맥주들은 펍에서가 아니라 캐스크 안에서 혼합된 것이었다. 펠섬은 포터를 만들 때 파티 가일 방식의 배치들을 재혼합하던 것과 그 스리 스레드를 혼동하는 더욱 심각한 오류를 범했다. 그의 생각과는 달리, '인타이어'는 세 가지 다른 맥주를 지칭한 것이 아니라 여러 도수의 동일한 포터들을 혼합한 것이었다.

랠프 하우드는 **실존** 인물이었고 그는 실제로 쇼어디치에서 맥주를 브루잉했다. 그러나 하우드가 포터라는 스타일을 최초로 만들어내는 데 특별히 핵심적인 역할을 했다는 증거는 오늘날 어떤 문헌에서도 찾아볼 수 없다. 사실, 하우드는 1747년 파산했다. 런던에서 가장 인기 있는 스타일의 맥주를 만들어낸 이에게는 정말로 큰일이었을 것이다. 개연성 있는 이야기일수록 더 진부한 법이다. 시간이 흐르면서 브루어리들이 점진적으로 개선되자 포터는 천천히 진화했다. 이에 대한 증거도 있다. 18세기 중반의 어느 작가는 포터의 초기 버전들은 별로였다고 기억했다. (당시만 해도 아직 브루어리들이 포터를 숙성시키지 않을 때였고, 그가 기록을 남긴 직후부터 포터는 진가를 발휘하기 시작했다.) 이 작가는 스리 스레드에 대해서도, 하우드에 대해서도 전혀 언급하지 않았다. 그러나 사람들은 워낙 단 하나의 기원에 관한 이야기를 좋아하니까 랠프 하우드에 관한 전설은 오래도록 그 명맥을 유지할 것이다.

* 세 갈래라는 뜻

간 2,400버트―를 생산할 수 있는 셈이었다. 그러나 6개월간 보존처리해야만 한다면, 1년에 단 200버트만 생산할 수 있었다. 상대적으로 경제적 여유가 없는 브루어리들은 이 문제를 해결할 수 있는 방법이 거의 없었지만, 여력이 있는 브루어리들은 기회를 놓치지 않았다. 이들은 런던 전역에 맥주 저장용 창고로 쓸 공간을 확보해나가기 시작했다. 런던의 대형 브루어리 휫브레드는 무려 54개 지점의 공간을 임대했다. 또 다른 메이저 생산자인 스레일스Thrale's는 19,000버트를 보유하여 200만 갤런 규모의 숙성이 가능했다.

슈퍼브루어리의 출현은 또 다른 현상을 촉발했는데, 바로 국제 운송이었다. 런던은 말 그대로 전 세계 각지로 포터를 보냈다. 주 목적지 가운데는 러시아, 발트해 지역, 인도, 호주, 그리고 신대륙도 있었다. 전 세계를 누비는 선단을 갖추고 있던 영국은 포터가 등장한 시점에 이미 여러 식민지들에 맥주를 실어나르고 있었고 포터의 인기를 반영하듯 그 수출량은 꾸준히 늘어났다. 1750년, 영국은 전 세계 각지로 거의 14,000배럴을 실어 보냈다. 1800년쯤에는 포터로 촉발된 수출량이 9만 배럴 이상으로 폭등했다.

포터는 다른 스타일들에 영향을 준 최초의 맥주는 아니었지만, 지금껏 어떤 세계에서도 본 저 없는 인기를 누리는 그야말로 초대형 성공이었다. 포터는 이제 워낙 인기 있는 스타일이 돼버려 아류가 등장할 만한 상황이었고 —브루잉 업계에서 이 역시 최초다— 실제로 다른 나라들에서 포터를 본뜬 맥주를 만들기 시작했다. 처음에는 1760년대에 아일랜드와 스코틀랜드의 브루어리들로 이 스타일이 전파됐고 그 뒤 계속 확산되었다. 1780년대 들어서는 미국에서 포터 브루잉이 시작됐고 1790년대에는 스웨덴, 1800년경에는 호주, 1820년대에는 러시아, 1830년대에는 남아프리카, 1860년대에는 스리랑카 등지로 퍼져나갔다.

1700년대 말이 되면서 포터 레시피는 진화를 거듭했다. 브라운 몰트는 이제 좀더 긴 시간에 걸쳐 천천히 가마 건조되었다. 몰트가 수분을 거의 전부 머금은 상태가 되면 강한 열에 잠시 노출시켜 '팝콘처럼 터지게' 만들었다. 이는 '블로운 blown' 또는 '포터' 몰트라 불렸고, 이후 100여 년간 잉글랜드 포터를 만드는 데 사용됐다.

그러나 이런 방식으로 준비된 몰트는 발효 중에 필요한 효소가 전혀 들어 있지 않았다. 브라운 몰트 기법은 1784년 당도 측정기의 발명과 맞물려 변화했다. 당도 측정기는 맥주 안의 발효 가능 당분을 측정하는 장치다. 브루어들은 페일 몰트가 다크 몰트에 비해 훨씬 더 발효가 쉽다는 —매우 흥미로운— 사실을 깨달았다. 영국 정부는 재료에 따라 맥주에 세금을 부과했는데 브루어리 입장에서는 효율이 높은 몰트일수록 사용량도 적어지기 때문에 결과적으로 세금도 더 적게 낼 수 있었다. 곧 포터 레시피들은 여러 종류의 페일 몰트를 사용하기 시작했고, 블로운 몰트를 첨가해 포터의 익숙한 풍미와 색을 지켜냈다.

이야기는 100년이 지났다. 그러나 포터는 여전히 도수가 높고 숙성된 브라운 에일이었다. 포터가 마침내 검게 변한 것은 1820년경으로, 1817년 대니얼 휠러라는 인물이 몰트가 에스프레소 색을 띨 때까지 약 204℃에서 로스팅하는 기법을 발명한 덕분이다(그는 이 기법을 특허 등록하고 이 몰트에 '블랙 페이턴트 black patent'라는 이름을 붙였는데, 오늘날까지도 홈브루어들 사이에서 이 이름으로 불리고 있다). 혁신이 이루어진 직후, 브루어리들은 진한 블랙 몰트를 소량 첨가하여 —대신 브라운 몰트는 더 적게 사용하여— 포터의 색을 더 어둡게 만들기 시작했다.

에일 vs. 비어

오늘날의 용법으로는 에일과 비어(맥주) 두 용어가 대체로 호환이 가능하다. 비어는 에일과 라거를 포함하는, 좀더 넓은 범주다. 그러나 100여 년 전 이 두 단어는 다른 의미였고, 영국인들은 알코올 도수가 낮고 홉 함량이 적은 술(에일)과 탄탄하고 홉이 강한 술(비어)을 구분했다. 18세기쯤 만들어진 영국의 브루잉 매뉴얼을 우연히 보거나 혹 시간 여행이라도 하게 된다면 이 중요한 정보가 상당히 도움이 될 것이다.

1814년 포터의 대홍수

산업 규모의 브루잉이 산업 규모의 사고로 이어지는 일은 필연적이다. 결국, 끝없이 확장 일로를 걷던 포터 브루어리들은 버트와 결별하고 좀더 큰 나무 탱크로 옮겨가기 시작했다. 시간이 지나면서, 이는 또다시 수백 배럴의 맥주를 담을 수 있는 더 큰 통, 배트vat로 변했다. 뮤Meux라는 포터 브루어리에는 어마어마한 크기의 통들이 있었다. 그 중 가장 큰 것들은 직경이 21미터가 넘었고 18,000배럴의 포터를 담을 수 있을 정도였다. 당시 값으로는 4만 파운드(오늘날 화폐 가치로 환산하면 200만 파운드 이상)어치에 달하는 분량이었다.

1814년 10월 17일 운명적인 오후, 뮤의 작은 (3,555배럴 용량의 7미터짜리) 통 하나에서 쇠로 된 띠 하나가 떨어져 나갔다. 아주 드문 일은 아니었기 때문에, 창고 담당 직원은 보고용으로 간단히 기록했다. 불행히도 이 통은 토트넘 코트 로드의 사람들을 덮칠 만큼 충분히 컸고 내부 무게는 571톤에 달했다—나머지 쇠 띠와 신음하며 간신히 버티던 말뚝들까지 집어삼킬 만큼 육중한 규모였다. 그런데 이 통이 폭발했다.

통 안의 포터는 연쇄반응을 일으킬 만큼 강력한 힘이 있었고, 다른 통들까지 동참하는 바람에 급류가 발생해 벽돌로 지어진 브루어리의 벽을 뚫고 이웃까지 파고들었다. 포터는 거침없이 돌진하며 여러 집을 부쉈고 4.5미터 규모의 물결이 주변을 휩쓸면서 여덟 명의 희생자까지 냈다. 이 재난에서도 사실 일말의 행운이 있기는 있었다—한 시간만 더 늦게 사고가 발생했더라면, 사람들이 퇴근 후 귀가할 시간이 되어 사망자 수가 훨씬 늘었을 것이다. 그러나 희생자들도 운이 좋았다고 생각할지는 미지수다. 간신히 살아남은 한 사람은 이 사건에 대해 이렇게 적었다. "홍수가 일어 집들이 전부 그야말로 초토화됐다. 수많은 이들이 죽었고, 사방으로 이어지는 좁은 골목들을 가득 메운 인파 사이로 고통의 신음소리가 새어나왔다." 두 세기가 지난 지금은 에일의 물결이 워낙 세서 집들을 박살낼 수도 있었다는 이야기는 믿기가 힘들다. 그러나 당시 런던 포터 제조자들이 마을에서 숙성시키고 있던 맥주는 그러고도 남을 만한 양이었다.

고도수 맥주에 통칭적으로 붙는 형용사였던 '스타우트'라는 이름이 점차 사용되었지만 1800년대 초까지도 포터는 여전히 단일 스타일로 남아 있었다. 레시피의 진화는 스타일의 진화—그리고 분화—로 이어졌다. 영국에서는 브루어리들이 여전히 브라운 몰트를 계속 사용하고 있었지만, 블랙 몰트를 받아들인 더블린의 브루어들은 브라운 몰트는 전혀 사용하지 않게 됐다. 런던의 경우처럼 아일랜드의 브루어리들도 포터와 스타우트 둘 다 만들기는 했지만, 이들이 만든 맥주는 상대적으로 더 드라이하고 산미가 강했다. 이제 처음으로 포터와 스타우트—브라운 몰트 잉글랜드 에일과 브라운 몰트를 사용하지 않은 더블린 에일—라는 두 종류가 별개로 나뉘게 된 셈이었다.

다시 영국으로 돌아가서, 포터는 1850년대 내내 런던 시장을 계속 장악했지만 —한 세기가 넘도록 왕좌를 지키고 있었지만— 마일드가 슬슬 그 인기를 나눠 갖게 되었다. 이 시점에 다양한 스타일의 맥주도 나타났다. '스타우트 포터'가 점차 유행하면서 레귤러 포터는 점점 더 도수가 낮아졌다. 1800년대 말경, 영국 정부는 양조용 설탕에 대한 금지 조치를 해제했고 일부 영국식 스타우트는 단맛이 강해져 오늘날 그 범위가 계속 확장되고 있는 다크 에일 범주 내에서 또 하나의 계열을 탄생시켰다. 이제 영국에는 포터, 스타우트 포터, 스위트 스타우트라는 —제각각 조금씩 차이가 있는— 맥주가 존재하게 됐다.

이와 동시에 브루어리들은 포터를 형편없이 다루기 시작했다. 어떤 포터는 너무 약해진 나머지 마일드와 견줄 만한 수준이 됐고, 비용을 절감하려는 대다수의 브루어리들은 더 이상 숙성을 시키지 않았다. 비양심적인 브루어들은 그 대신 심지어 화학 착색제를 쓰기도 했다. 마일드 중에 센 축에 속하는 것들과 알코올 도수가 별반 차이 안 나는 포터도 있었는데, 브루어리들은 어두운색의 설탕을 사용해 포터의 색을 내는 마일드 브루잉 기법을 차용하기도 했다. 그 결과 1890년대가 되자 한때 막강했던 포터들은 이제 런던 시장의 3분의 1만을 점유하게 됐다. 다른 맥주들 위에 그토록 오래 군림해왔던 —그리고 불과 30년 전만 해도 시장의 75%를 지배했던— 스타일이라는 것을 생각할 때 엄청난 몰락이었다.

그러나 포터는 제1차 세계대전의 폐허 속에서 살아남았고 1940년대까지도 여전히 브루잉되고 있었다—그러나 그뿐이었다. 제2차 세계대전까지도 버텨냈으나, 그 뒤 오래가지는 못했다. 1950년대 포터—한때 잉글랜드식 브루잉과 동일시되다시피 했던 스타일—는 더 이상 잉글랜드에서 만들어지지 않았다. 아일랜드에서는 좀더 오래 살아남았지만, 1970년대 들어서면서 아일랜드에서도 자취를 감추고 말았다. 포터는 이미 멀리 떨어진 지역(놀랍게도 캐나다와 미국도 포함해)에서만 브루잉되는, 이름 없는 스타일이 되어버린 것이다. 브루잉에 관한 기록에서 마치 각주 같은 존재가 돼버렸던 포터 스타일은 1980년대가 되어서야 영국과 북아메리카 지역의 마이크로브루어리들에 의해 되살아났다.

스타우트

'스타우트'라는 단어는 수많은 영국 맥주 스타일의 이름이 그렇듯 본래 형용사다. 그리고 이 형용사는 특정한 스타일과 결부되기 한참 전부터 맥주를 설명하는 데 사용됐다. 1700년대 펍을 드나들던 이들에게 이 단어는 '세다strong'는 의미였고 어떤 스타일이든 수식어로 붙일 수 있었다. 자연히 '스타우트'는 도수가 높은 포터를 설명할 때도 쓰였다—그러나 포터가 런던 시장을 확실히 장악하게 되면서 '스타우트'라는 단어는 점차 포터와 결부되었다. 런던의 브루어리들은 그 흐름에 편승하여 이 단어를 자기네 맥주를 설명하는 말로 가져다 쓰기 시작했다('스타우트 포터' 또는 '브라운 스타우트'—둘 다 동일한 제품을 지칭했다). 19세기에 들어설 무렵, 용례는 그런 식으로 굳어졌고, 30-40년 내에 '스타우트'는 포터 이외에도 어떤 맥주에나 붙일 수 있는 단어였다는 개념이 사라져버렸다.

그러나 1800년경 스타우트 포터는 별개의 스타일이 아니었다. 포터는 다양한 도수로 브루잉됐으나, 레시피는 동일했다. 영국에서는 블랙 몰트가 들어온 이후로도 마찬가지였다. 포터 브루어 휫브레드와 트루먼Truman의 브루잉 일지를 보면 포터와 스타우트에 쓰이는 맥아 가루는 완전히 혹은 거의 동일했다—스타우트는 단지 도수만 좀더 높았다.

아일랜드해 너머에서는 변화가 일고 있었다. 블랙 몰트가 발명되었기 때문에 런던 포터와 스타우트가 급격히 변화한 것은 아니었다—브루어들은 단지 페일과 브라운 몰트 맥아 가루에 그 검은 몰트를 약간 첨가했을 뿐이었다. 한

임페리얼 스타우트

로맨틱한 역사를 지닌 맥주가 몇 있는데, 그중 최고는 1780년대 러시아의 여제 예카테리나 2세가 의뢰한 맥주들이었다. 당시는 런던 브루어리들이 전 세계 각지로 포터를 운송하던 시절이었고, 보스턴하버로 도착하는 훌륭한 포터들도 있었다. 실제로, 발트해 지역으로 가는 양의 다섯 배에 달하는 포터가 북아메리카 지역으로 갔다. 그러나 보스턴에는 군주가 없었고, 그 멀리까지 간 온갖 포터들은 오랜 시간 잊혔다. 예카테리나 2세에게 보내진 포터들은 전설이 됐다.

발트해 지역의 교역은 영국의 브루어들에게는 매우 중요했다. 버턴 에일을 만드는 이들이 개척한 첫 기회였다. 런던의 포터 브루어리들은 18세기 후반 어느 시점에 시장에 진입했고, 러시아와의 거래는 예카테리나 2세가 즉위한 시점 이후로 자리를 잡게 됐다. 포터는 고도수로 브루잉됐고, 스타우트 포터는 그보다 더 셌다. 러시아로 보내지는 것들은 그중에서도 가장 도수가 높은 것들이었다. 애초부터 맥주 작가들은 높은 알코올 도수가 여정에 필요한 요소였다고 주장해왔지만, 그런 것 같지는 않다. 비교적 낮은 온도와 짧은 거리가 맥주를 운송하는 데 최적의 조건이었을 것이다. 그보다는, 러시아인들이 센 맥주를 좋아했기 때문에 러시아로 고도수의 맥주가 갔을 것이다. 스타우트 이전에 보내졌던 버턴 에일은 도수가 높았고, 스타우트도 마찬가지였다.

'임페리얼'이라는 단어는 본래 그 스타우트의 수신자를 뜻하는 것이었지만, 공공연한 이중 의미를 내포했다. 이들 스타우트―매력적이고 대단한 숙성 맥주―는 왕족에게 어울릴 뿐 아니라, 스타우트도 맥주의 왕족이 되는 셈이었다. 러시아 왕실과의 관계가 끝난 한참 뒤로도 '임페리얼'이라는 단어는 이 맥주의 지위를 나타냈다. 다른 맥주들도 이 의미를 끌어들여보려 애써왔다. 임페리얼 IPA는 흔히 볼 수 있지만, 나는 그 밖에도 임페리얼 필스너에서부터 임페리얼 헤페바이첸(엄청난 대실패작)에 이르기까지 온갖 임페리얼을 봐왔다. 하지만 그 실력이나 영향력 면에서 임페리얼 스타우트는 여전히 맥주의 왕좌를 지키고 있다.

편, 더블린의 브루어리들은 브라운 몰트를 완전히 포기했다. 이들은 주로 페일 몰트를 쓰고 색과 맛을 내기 위해 블랙 몰트를 8% 정도 첨가하여 맥주를 만들었다. 이런 구성이 더블린의 연수軟水와 결합되어 드라이하고 날카로운 맛의 맥주가 탄생했다. 영국의 브루어들과 마찬가지로 아일랜드의 브루어들 역시 계속 포터(현지 이름은 '플레인plain')와 스타우트를 만들었으나, 스타우트의 인기가 날로 높아졌다. 1840년대 즈음에는 급증세에 있던 기네스의 생산량 가운데 80% 이상을 스타우트가 차지했다―물론 대부분은 잉글랜드로 보내졌고, 그곳에서는 현지의 스타우트와는 다른 제품으로 여겨졌다. 포터와 스타우트를 향한 아일랜드의 갈증은 대단해서 대규모 브루어리 세 곳―더블린의 기네스, 코크의 비미시Beamish와 머피스Murphy's―을 지탱할 수 있을 정도였다.

한편 잉글랜드에서는 희한한 현상이 나타나고 있었다. 세기말 즈음 스타우트는 건전하고 건강한 이미지를 구축해나가고 있었다. 브루어리들이 이 믿음을 기꺼이 부추긴 것은 맞지만, 이들이 먼저 시작했던 것 같지는 않다. 의학계와 과학계에서 스타우트가 건강에 유익하다고 믿은 것은 브루어리들로서는 행운이었다. 오래 전부터 스타우트에는 보통 갑각류를 곁들였다. 맛이 잘 어울린다는 이유에서였고, 소화에 도움이 된다는 주장이 있었다. 의사들이 식욕부진에 스타우트를 권하기 시작했던 것은 아마 그런 이

머서스 미트 스타우트 Mercer's Meat Stout

1880년부터 제1차 세계대전까지의 시기에 있었던 영국의 모든 스타우트 브루어들 가운데 어느 누구도 머서스라는 랭커셔의 작은 브루어만큼 그야말로 '풍부한 영양'이라는 개념에 충실한 곳은 없었다. 이들의 스타우트 레시피는 끝까지 살아남지는 못했지만, 라벨이나 1888년 당시 광고 등을 보면 이야기의 많은 부분을 짐작할 수 있다. "특수 조합된 고기 추출물을 첨가하여 브루잉한, 영양이 풍부한 스타우트. 병약자들에게 강력 추천. 기분을 상쾌하게 하고 힘을 주는 맥주"라고 라벨에 적혀 있다. 머서스는 심지어 신문 광고란에 의료 기록을 넣을 공간을 일부러 할애하기도 했다. 이 브루어리는 약사의 분석을 인용하여 자기네 스타우트에는 "여느 다른 스타우트보다 더 많은 건더기들"이 함유돼 있다고 자랑하기도 했다. 건더기라니, 오늘날 더 이상은 브루어리에서 자기네 맥주를 자랑하는 용도로 쓰는 경우는 볼 수 없는 문구나. 특히나 고기 고형물이라니.

유에서였을 것이다. 이 분위기를 이어나가려던 브루어리들은 특히 건강에 좋은 것으로 간주되는 재료들을 첨가해서 그들의 주장에 힘을 싣고자 했다. 그렇게 탄생한 두 종류—밀크 스타우트와 오트밀 스타우트—는 오늘날 소비자들에게도 친숙하다. 밀크 스타우트는 실제로 우유를 넣어 만든 것은 아니고, 유당이 들어 있을 뿐이다. 효모는 유당을 소모할 수 없기 때문에 맥주에 부드러운 질감을 선사하고 단맛도 조금 더한다. 브루어리들은 의사들이 말하는 밀크 스타우트와 오트밀 스타우트의 효능을 신이 나서 인용했다. 엄마들에게 스타우트를 마실 것을 권장했고('육아용 스타우트'), 모든 여성을 대상으로 권장했으며('여성용 스타우트'), 당연히 건강이 좋지 않은 이들에게도 처방했다('병약자용 스타우트').

더 희한한 종류들도 있다. 오이스터oyster(굴) 스타우트처럼 좀 역한 느낌이 드는 이름도 있다. 런던 사람들은 이미 템스의 가장 유명한 조개와 스타우트가 엄청나게 잘 어울린다는 사실을 발견한 터였다—브루어들은 아예 중개인을 밀어내고 굴을 케틀 안에 직접 던져넣었다. 오이스터 스타우트는 21세기에 부흥을 살짝 맛보았고 의외로 꽤 맛있었다. 굴은 짭짤한 맛을 더하면서도 비릿한 맛은 내지 않았다. 오이스터 스타우트는 약간 짠맛이 나는 것 외에는 여느 스타우트와 똑같다.

이 현상이 시작될 때부터 제1차 세계대전까지, 스타우트는 판매가 정점일 당시 P. T. 바넘*에게서 실마리를 얻었는지도 모르지만, 단지 그럴싸하게 포장이 잘되었을 뿐이다. 복스 브루어리는 영국 의학 전문지 『랜싯The Lancet』에 실린 "잘 알

* 쇼비즈니스의 창시자로도 유명한 기업가이자 정치인, 그리고 홍보의 달인으로 알려진 인물

큼지막한 병에 담긴 매킨타이어 앤드 타운센드 인밸리즈 스타우트는 캐나다 뉴브런스윅에서 만들어진다.

려져 있다시피 스타우트는 맥주보다 소화가 잘 되는 것으로 보인다"는 주장을 인용했다. 스타우트는 병원에서도 마실 수 있었고 심지어 의사들이 환자에게 처방해주기도 했다.

어느 회사—기네스—는 이런 의견을 십분 활용하여 세계 최대 스타우트 브루어리로 우뚝 서는 발판으로 삼았다. 세기말 기네스는 이미 폭발적인 성장세를 누리고 있었고, 영국 내 브루어리들과 맥주 비중을 초토화시켰던 제1차 세계대전도 더블린의 브루어리 기네스에는 그다지 치명적인 해를 입히지 못했다. 1929년, 기네스는 역사상 가장 성공적인 광고 캠페인 중 하나를 시작했는데, 기본 광고 문구는 "기네스는 당신에게 유익합니다Guinness is good for you"였다. 이 태그는 이후 40여 년간 화려한 색채의 만화와 함께 광고에 등장했다. 광고의 주제는 다양했지만, 기네스라는 브랜드를 부각시키는 점은 같았다—브랜딩이라는 개념조차 제대로 없던 시대에 "힘을 주는 기네스Guinness for Strength" "오 나의 기네스My Goodness, My Guinness" "기네스 한잔하기 좋은 날A Lovely Day for a Guinness" 같은 문구들을 각인시켰다.

다시 영국 이야기로 넘어오면, 두 차례의 세계대전은 스타우트에도 타격을 입혀서 스타우트도 결국 전쟁 이전의 포터보다 낮은 도수로 브루잉되기 시작했다. 그러나 스타우트는 단지 비중만 낮아진 것은 아니었다. 한 세기 이전 상트페테르부르크로 운반돼오던 것과는 전혀 다른 스타우트로 변해갔다. 단지 약하기만 한 것이 아니라, 단맛이 확연해졌다. 여성이나 약자 쪽으로 시장이 움직인 덕분이었다. 이런 흐름은 스타우트가 인기를 유지하는 데 도움이 됐지만,

거품방울은 왜 아래로 내려갈까?

기네스 파인트는 그냥 맥주가 아니다. 일종의 의식이다. 펍 주인이 천천히 파인트를 뽑을 때, 검은 맥주와 황갈색 헤드가 글라스 안으로 거품 같은 상태로 한꺼번에 밀려들어간다. 그러고는 천천히 마법처럼 거품면이 분리되기 시작한다—하지만 그 미세한 질소 거품방울은 수면을 향해 올라가는 동시에 글라스 내부를 타고 폭포처럼 흘러내리는 모습을 연출한다. 근사한 착시다. 어떻게 된 일일까?

과학자들 역시 우리 같은 평범한 이들과 매한가지로 기네스 파인트에 매료되지만, 더 나은 설명을 해줄 수 있다. 어떤 일이 일어나는지 보자. 맥주는 대부분 자연적으로 탄산이 생성되거나 인공적으로 탄산이 주입된다. 1950년대 당시, 기네스는 질소 탄산으로 실험을 시작했다. 보통 맥주의 이산화탄소 거품방울들은 표면으로 떠오르면서 더 많은 이산화탄소를 흡수하여 부력을 얻고 크기도 커진다. 질소는 액체 속에서 이산화탄소만큼 잘 용해되지 않기 때문에, 거품방울들이 미세한 상태를 그대로 유지한다—그리고 이산화탄소에 비해 부력도 적다.

기네스를 채운 글라스 안의 액체는 순환한다. 가장자리에서 글라스에 닿는 거품방울들은 저항을 받지만, 막는 힘을 전혀 받지 않는 중심부의 거품방울들은 서둘러 수면으로 올라간다. 그 과정에서 거품방울들이 맥주를 위로 끌어올리고, 수면에 근접한 액체는 이제 갈 곳이 없어졌으므로 사방으로 퍼지며 글라스 벽 주위를 타고 흘러내리기 시작하여 부력이 약한 질소 거품방울들을 함께 밀어낸다. 글라스에 닿는 이 거품방울들은 아래로 밀려내려가는 맥주의 힘을 막을 수 없으므로 같이 떠밀려 내려가다가 마침내 글라스의 중심부를 향한다—그리고 다시 위로 올라간다. 물론, 검은색 기네스 파인트 안에서 당신이 볼 수 있는 것은 바깥쪽의 거품방울들뿐이지만, 착시는 이렇게 일어나는 셈이다.

기네스의 대표적인 광고 포스터 중 하나다.

는 미국의 전문가 집단에서 가장 높은 평가를 받는 스타일 중 하나다. 그리고 그 선조들과 마찬가지로 가장 높은 평가를 받는 스타우트들은 나무 숙성한 덩치 큰 에일들이다. 기나긴 내리막의 시기를 지나 스타우트는 이제 다시 원점으로 돌아온 셈이다.

상세 설명 및 특성

이를테면, 스타우트는 포터보다 더 진하고 더 로스티하며 더 농후한 맥주라는 개념들이 포터와 스타우트를 이해하는 데 방해가 되는 것은 어쩌면 당연하다. 한때는 이런 설명이 사실이었지만 이제 더 이상은 기존의 스펙트럼에 부합하지 않기 때문이다. 아일랜드 스타우트는 로스티하기는 하나, 대다수의 상업적인 포터들보다 약하고 가볍다. 발트해 지역의 포터들은 대부분의 포터나 스타우트보다 알코올 도수가 높으며, 마찬가지로 로스팅 풍미가 강하다. 스위트 스타우트는 대개 중간 즈음에 위치하며, 로스팅 풍미는 기껏해야 아주 약한 수준인 반면에, 엑스포트export 스타우트 및 임페리얼 스타우트는 건장한 느낌이며 로스팅 풍미의 수준은 천차만별이다. 포터와 스타우트라는 일반적인 카테고리 이외에도, 여러 다른 형용사들이 수식하는 이름들도 찾아볼 수 있을 것이다. 밀크, 오트밀, 메이플, 배럴 숙성, 커피, 당밀, 크림, 감초, 초콜릿, 스위트, 드라이, 더블, 임페리얼 등 수없이 많다. 포터는 본질적으로 스타우트와 다른가? 이들은 모두 별개의 다른 스타일인가?

우선 스타일에서부터 시작해보자. 한편으

명암도 동시에 존재했다. 브루어들은 계속하여 여성 소비자들을 타깃으로 삼았고, 이들의 마음을 끌기 위해 훨씬 더 달콤하고 부드러운 스타우트를 내놓았다. 그 결과 스타우트는 나이 지긋한 여성이 좋아한다는 이미지가 생겼고, 이는 스타우트의 쇠락을 가속화했다.

그러나 스타우트는 포터와는 달리 영국에서 결코 죽지 않았다. 여기에 기네스가 일조했음은 틀림없는 사실이다. 기네스는 잉글랜드─세계 그 어느 나라보다도 지역 시장의 수요를 충당할 브루어리를 훨씬 더 많이 열었던 곳─에서 브루어리를 새로 열었다. 크래프트 브루잉의 혁명이 유럽과 북아메리카에 도래할 당시 스타우트는 초창기 성공 사례 중 하나였고 그 인기는 여전히 식지 않은 상태였다. 이제 스타우트로는 실질적 차이와 의미론적 차이를, 또 한편으로는 브루잉 방식의 차이를 구분하는 데 어려움이 따른다. 포터-스타우트가 맥주 스타일의 연속체가 아니라 역사가 긴 어느 자동차 회사라고 상상해보자. 이 자동차 회사와 마찬가지로, 지난 세월 동안 포터-스타우트는 수많은 하위 스타일들을 선보여왔고, 그중 일부는 실패작이었던 자동차 에드셀Edsel처럼 오래가지도, 사랑받지도 못했다. 그럼에도 불구하고 여전히 미국의 도로에서는 에드셀 몇 대가 간혹 눈에 띄듯이, 개성 강한 올드 포터나 스타우트 중 상당수는 여전히 여기저기서 브루잉되고 있다. 전반적인 지형 파악을 위해 사람들은 다양하게 변형된 스타일들을 많게는 열 가지, 적게는 서너 가지 하위 스타일로 나누어왔다. 확실히 별개로 구분되는 스타일들을 제대로 파악하고자 한다면, 다섯 가지―포터, 발트해 포터, 아일랜드 스타우트(드라이 및 엑스포트), 스위트 스타우트, 임페리얼 스타우트―로 나눠보는 것이 적당하다. 이들 각각은 별개로 구분되며, 한데 합하면 전반적인 범주를 충분히 파악할 수 있다.

각종 재료와 풍미 면에서 보면, 한층 더 까다로운 문제가 된다. 브루어리들은 자기네 포터 및 스타우트의 이름에 적절히 수식어를 붙이기도 하는데, 때로는 재료를 언급하기도 하고 때로는 질적 특성을 언급하기도 한다. 가령, 초콜릿 스타우트에는 대개 초콜릿이 들어 있지 않다. 밀크 스타우트에는 대개 유당이 들어 있을 뿐, 실제 우유가 들어 있지는 않다. 그 밖에 다른 이름들은 일반적인 형용사를 사용해 재료에 대한 힌트를 주기도 한다. 가령, '스위트' 스타우트에는 설탕이 들어 있을 수 있고, '드라이' 스타우트는 몰팅하지 않은 구운 보리가 들어 있을 것이다. 감초나 당밀 같은 단어는 어떨까? 아마 대부분의 사람들이 비슷하게 짐작할 것이다. 그러나 여러 다른 스타일들과는 달리, 적어도 포터와 스타우트의 언어는 직접적이다. 만일 어떤 스타우트가 크림이라고 불린다면, 크림 같은 맛이 날 것이고, 만일 어떤 포터가 드라이하다고 일컬어진다면, 드라이한 맛이 날 것이다. 초콜릿 스타우트 안에 초콜릿이 들어 있든 아니든, 어쨌든 초콜릿 같은 맛이 날 것은 분명하다.

포터

포터는 페일 에일과 IPA 다음으로 미국에서 가장 넘쳐나는 스타일일 것이다. 1,000가지가 넘는 상품 종류가 있으니 말이다. 포터에는 특유의 '포터스러움porterness'이라 할 만한 뭔가 본질적인 것이 있어서, 풍미에 놀랄 만한 변화를 준 경우라도 이 요소만큼은 유지된다. 각각 정반대편 해안 출신인 두 종류의 포터를 예로 들어보자. 미국 오리건의 데슈츠 블랙 뷰트 포터Deschutes Black Butte Porter와 미국 메인의 기어리스 런던 포터Geary's London Porter다.

블랙 뷰트는 굉장히 부드럽고 초콜릿 풍미가 가득해서, 데슈츠의 창립자 게리 피시는 이 맥주는 초심자들을 위한 완벽한 안내서가 되리라는 것을 직감했다. 펍에 들른 손님들이 가장 가벼운 맥주를 달라고 하면, 그는 협상을 했다. "원하시는 맥주를 드리기는 하겠지만, 이걸 먼저 드셔보세요.' 그러면 어림잡아 손님의 80%는 이렇게 말하더군요. '오, 진짜 맛있네요, 이걸로 할게요.'" 다크 몰트는 먼저 캐러멜과 초콜릿 풍미로 밀고 나오지만, 곧 부드러운 로스팅 풍미가 달콤하게 감싸면서 균형감을 더한다.

자기네 포터가 런던에서 포터가 누렸던 전성기의 기억을 되살리는 역할을 하기를 바랐던 데이비드 기어리는 1805년의 레시피를 참고하여 캐러멜과 당밀 풍미가 바탕이 되는 깊고 로스티한 맥주를 만들었다. 순한 편이면서도 로스팅한 쓴맛이 났으며, '석유'나 '크레오소트' 같은 산업시대의 단어들이 떠오르기도 했다. (내가 기어리에게 크레오소트 이야기를 언급하자, 그는 몸서리를 쳤다. 비유적인 표현이었을 뿐인데.) 놀랍게도, 기어리스의 포터는 둘 중에서는 더 왜소한 느낌이다(블랙 뷰트는 5.2% ABV, 런던 포터는 4.2%다)—그러나 풍미는 마치 화물열차처럼 혀를 가로질러 내달린다. 만일 내가 펍 주인이라면, 가벼운 맥주를 찾는 사람에게 절대 이 맥주를 권하지는 않았을 것이다—그러나 세계 최고의 포터라고는 말할 만하다.

발트해 포터

발트해 포터—주로 스칸디나비아, 폴란드, 러시아 등 발트해 연안 국가들에서 브루잉된다—는 임페리얼 스타우트와 비슷한 면이 있다. 블랙 몰트 그리고 많은 경우 로스팅한 보리로 만들어지는 이 포터는 세고(최대 알코올 도수 10%) 풍부한 느낌의 맥주다. 그러나 대부분 라거 효모로 브루잉되고 비교적 가볍고 깔끔한 맛을 지니며, 보통의 에일 계통의 포터보다는 좀더 슈바르츠비어에 가까운 밝은 느낌의 풍미가 있다.

발트해 포터는 감초와 당밀의 풍미를 내는 쌉싸름하고 로스티한 특성이 있으며, 간혹 호밀 같은 산미를 띠는 경우도 있다. 라거링이 이루어지므로, 에스테르류는 별로 생성되지 않으며, 몰트가 최소한의 달콤한 느낌을 더하는 정도다—그러나 부드럽고 실키하다. 셰리주 같은 드라이한 향을 느낄 수 있는 발트해 포터들도 있으며, 좀더 자두 풍미의 포트와인 같은 향이 느껴지는 경우도 있다. 발트해 포터는 북부의 춥고 어둡고 기나긴 겨울을 특별히 겨냥해 만들어진 맥주다. 틈새를 노린 수많은 맥주 스타일들이 있었지만 너무 약하거나 지루한 느낌 탓에 시장에서 설 자리를 잃곤 했다. 발트해 포터는 전혀 그렇지 않다—별로 알려지지 않은 것은 냉전이라는 역사적 특수 상황 탓으로, 철의 장막 건너편에 머무는 동안 발트해 포터를 접하지 못했던 이들에게 이제야 조금씩 알려지고 있다. 발트해 포터는 맥주 세계의 숨겨진 보물 중 하나다—그러나 마냥 숨겨져 있지만은 않을 것 같다.

아일랜드 스타우트
— 드라이 그리고 엑스포트

전 세계 사람들은 대부분 '스타우트' 하면 특정 맥주—기네스—를 떠올릴 것이다. 영국의 포터와 스타우트가 천천히 내리막길을 걷는 내내, 아일랜드 맥주는 스타우트의 대명사로 자리매김했다. 아일랜드 코크에 있는 두 브루어리 비미시와 머피스는 기네스만큼은 유명하지 않을지 몰라도, 한 세기 반 동안 더블린의 그 거인이 드라이 스타우트(혹은 아일랜드 스타우트)를 전 세계에서 가장 오래 인기를 누리는 맥주 중 하나로 자리잡게 하는 데 힘을 보탰다.

이들 브루어리의 기본 맥주는 자기모순적인 특성을 띤다. 한편으로는 굉장히 가볍고 약해서(약 4% ABV) 미국 라이트 비어 이하의 수준이면서, 다른 한편으로는 쌉싸름하게 로스팅한 보리와 엄청난 분량의 홉을 넣고 브루잉하여 날카롭고 쓴맛이 난다. 그리고 따르는 과정에서는 기네스를 유명하게 만든 바로 그 질소가 미국을 비롯한 세계 곳곳에서 대부분의 아일랜드 스타우트에 생기를 더한다. (어떤 병에 따르든 최적의 파인트가 준비되게끔 질소를 품는 '위젯widget'*을 만든 아일랜드의 과학자들을 믿어보자.)

전혀 다른 아일랜드 스타우트가 자기만의 카테고리로 지정되는 영예를 안을 때도 있지만, 그 전체 '스타일'은 사실상 단 하나의 브랜드에 의해 규정된다. 기네스 포린 엑스트라 스타우트(Guinness Foreign Extra Stout, 열혈 팬들에게는 'FES'로 알려져 있다)만큼 확실히 전설적인 맥주도 별로 없으며, 그토록 강렬한 과거의 맛도 없다. 기네스가 미국에 소개된 것은 1817년이었고, 물론 당시 레시피는 지금과는 달랐다. 당대의 전형적인 방식대로, 브루어리에서는 커다란 나무통에서 맥주 일부를 숙성시킨 다음 일부분을 다시 갓 만든 스타우트와 혼합했다. 옛 런던 포터와 마찬가지로, 이 숙성된 부분에는 야생효모와 박테리아를 접종시켰으며 시간이 흐르면서 산미가 강해졌다. 이것이 당시의 FES였고, 블랙 몰트의 발명, 몰팅하지 않은 구운 보리를 첨가하는 방식 등으로 레시피는 계속 진화했

• 작은 장치, 여기서는 기네스 안에 들어 있는 일종의 작은 플라스틱 공을 지칭

지만, 1990년대까지도 사용된 거대한 통 덕분에 여전히 그 특성을 유지했다. 맥주 전문 작가 마이클 잭슨은 당시 기네스를 방문하여 이 숙성된 새콤한 맥주가 여전히 FES에 혼합되고 있다고 기록했다. 이 '젖산과 와인' 풍미는 "최소 100년은 된 나무통에서 최대 석 달까지 숙성된 맥주를 포함시킨 블렌딩"에서 비롯됐다는 것이다.

흥미롭게도, 오늘날 기네스는 제조 과정을 철저히 비공개로 하고 있다. 내가 수석 브루어 퍼걸 머레이를 만났을 때 그는 심지어 그 젖산과 와인 풍미 자체를 더 이상 인정하지 않으려 들었다. 그는 뜻밖이라는 듯 "정말 그런 맛이 난다고 생각하세요?"라고 물었다. 구운 보리 때문에 pH 수준이 낮아진 것은 사실이라고 인정하면서 "아마 이런 부분들 때문에 선생님이나 다른 수많은 사람들이 그런 인상을 받는지도 모르죠"라고 덧붙였다. 더 이상 투어 프로그램도 없고, 기자 대상으로도 마찬가지이며, 일반적인 표현만 사용하여 공정을 설명함으로써 '기네스 특유의 미스터리'가 있는 듯한 이미지를 불러일으킨다. 그는 이 일종의 미스터리에 대해 이렇게 덧붙였다. "브루어리에는 별도의 특별 브루가 있고, 브루하우스나 발효 처리 시간에 다양한 변화를 줍니다—이를 통해 저희는 기네스만의 특징적인 풍미를 이끌어내죠. 최상의 맛을 끌어냅니다. 극소수만 아는 비밀이죠."

과정이 어떻든, 결과적으로는 시장에서 가장 강렬한 맥주 가운데 하나다. 농밀하고 겹겹의 복합적인 느낌이 살아 있는 7.5%의 진한 스타우트다. 블랙 몰트는 타고 그을린 풍미를 지녔으며, 프렌치로스트 커피처럼 쌉쌀하면서도

타닌이 강하고 드라이하다. 은근한 산미가 없었다면 아마 이러한 강한 풍미들이 맥주를 압도해 버렸을 것이다. 이 스타우트의 산미는 몰트가 지닌 떫은맛을 억제하고 FES의 좀더 은은한 풍미—초콜릿, 통밀빵, 풀내음 나는 홉—가 번져 나오게 하는 역할을 한다.

스위트 스타우트

스위트 스타우트가 되기 위한 자격요건은 무엇인가? 이 카테고리가 저도수에서 중도수까지 달콤한 계열의 수많은 스타우트 전부를 아우른다는 것만은 분명하다. 밀크, 오트밀, 메이플, 크림, 초콜릿 등 온갖 '형용사 스타우트'가 다 포함된다. 이름에 붙은 '스위트'는 단지 풍미만을 뜻하는 것은 아니고, 비발효 설탕과 덱스트린의 비율을 높인 맥주인 경우가 많다. 달콤하면서도 크림 같고 부드러운 느낌을 준다. 수많은 스위트 스타우트에는 은은한 로스팅 향이 있어서 균형을 잡아준다. 사실, 이름과는 달리 별로 달콤하지 않은 스위트 스타우트도 있다. 이 경우 은은하고 부드러운 풍미는 비교적 달콤하다는 뜻이다.

1980년 처음 출시된 맥주인 새뮤얼 스미스 오트밀 스타우트의 성공에 힘입어, 귀리 계열의 스타우트는 익숙한 하위 타입이 됐다. 기름지고 실크처럼 부드러운 특성을 지닌 귀리는 맥주에 바디와 풍미를 더하므로 이 스타일에 완벽히 어울린다. 최근까지만 해도 밀크 스타우트는 드물었지만, 미국 전역—특히 남부—에서 수많은 종류들이 생산되면서 목소리를 찾기 시작했다. 밀크 스타우트는 발효가 불가능한 유당(락토스)에서 나오는 진한 맛이 특징이다. 관련 베리에이션인 '크림' 스타우트에는 락토스가 들어 있을 수도, 들어 있지 않을 수도 있다. 크림 스타우트라는 이름은 재료를 지칭하는 것이 아니라 대개 특성을 일컫는다. 마찬가지로, '초콜릿' 역시 재료를 언급하는 경우(영스 더블 초콜릿 스타우트 Young's Double Chocolate Stout)도 있고 블렌딩한 몰트만을 지칭하는 경우(브루클린 블랙 초콜릿 스타우트Brooklyn Black Chocolate Stout)도 있다. 부드러움과 단맛의 원천이 무엇이든, 스위트 스타우트는 다 맛있다. 쌉쌀하고 로스티한 맥주들을 대신하고도 남을 만하다.

임페리얼 스타우트

만일 맥주가 디저트라면, 임페리얼 스타우트는 초콜릿 무스에 해당할 것이다. 센 맥주들은 본래 맛이 진하지만, 임페리얼 스타우트는 독한 술기운과 시럽처럼 농밀한 몰트의 풍미가 아찔하게 결합된, 한마디로 퇴폐의 왕 같은 맥주다. 브루어리에서도 임페리얼 스타우트는 디저트처럼 취급한다. 임페리얼 스타우트는 절제를 위한 맥주가 아니며, 브루어들은 그 풍미와 밀도, 농후함, 알코올 도수를 최고로 끌어올리기 위해 최선을 다한다. 맥주 애호가들 역시 초콜릿 중독자들과 마찬가지로 그 사랑에 화답한다. 임페리얼 스타우트는 모든 맥주들 가운데 일반 팬들과 비평가들 모두에게서 가장 높은 평가를 끊임없이 받고 있다.

임페리얼 스타우트의 매력은 단지 알코올 도수만이 아니다. 발리 와인이나 몇몇 벨기에 스타일 역시 못지않게 강직한 느낌이 있다. 하지만 이들 맥주와는 달리 임페리얼 스타우트에는 비밀 병기가 있으니, 바로 다크 몰트다. 페일 몰트는 그 자체로 달콤한데, 센 맥주에서 이런 특성은 쉽게 싫증나게 만들 수 있다. 이를 상쇄할 방법은 별로 없다. 한편, 다크 몰트는 굽거나 그을린 듯한 풍미뿐 아니라 그 자체로 쓴맛이 있다. 고비중 맥주를 달콤하게 만드는 바로 그 존재가 임페리얼 스타우트의 균형을 잡아준다. 그 결과 마치 액상 다크초콜릿 같은 맥주가 탄생한다—과도한 단맛은 덜어낸 짙은 풍미. 임페리얼 스타우트는 로스티한 풍미가 천막 기둥처럼 버티고 있지만, 그 대형 천막 아래로 검붉은 과일, 커피, 포트와인이나 셰리주 등의 다채로운 풍미를 품고 있다.

> **IF YOU LIKE PORTERS & STOUTS**
>
> 포터와 스타우트는 풍부한 느낌의 겨울용 맥주로, 공통의 가까운 친척들이 많다. 포터는 **슈바르츠비어**라는 독일 스타일 맥주(간혹 '블랙 라거'라는 라벨이 붙기도 한다)와 굉장히 비슷하다. **슈바르츠비어**는 포터처럼 다크하고 진한 느낌이다. 하지만 포터보다 더 부드럽고 때로는 덜 복합적인 느낌을 주기도 한다. 체코에서는 다크 **트마베** tmavé 또는 블랙 **체르네** černé 라거가 포터와 유사하게 달콤하면서도 로스티한 범주에 속한다.
> 건장한 느낌의 스타우트를 좋아하는 사람이라면 당연히 또 다른 독일 스타일인 **도펠보크**도 좋아할 것이다. 도펠보크는 검은색은 아니지만, 다크하고 풍성하면서도 알코올 특성이 두드러진다. 약간 다른 이야기 같지만, 비슷한 맥락에서 올드 에일들은 힘과 개성이 넘치지만 그래도 비교적 가벼운 편에 속한다.

브루잉 노트

오늘날의 포터와 스타우트의 구조는 의외로 비슷하다. 두 스타일 모두 페일 몰트를 주로 (80% 이상) 쓰는데, 이는 전환 가능한 맥아당과 발효에 핵심적인 효소들을 제공한다. 포터와 스타우트를 구분하는 모든 것—색과 풍미—은 나머지 5분의 1에 해당하는 맥아 가루에서 결정된다. 바로 이 작은 부분에서 모든 일이 일어나며, 베리에이션도 가능하니, 세상에 완전히 똑같은 레시피는 없는 셈이다.

블랙 에일의 핵심 구성요소는 크리스털 몰트, 초콜릿 몰트, 블랙 몰트, 로스팅한 보리다. 크리스털 몰트는 달콤한 풍미와 캐러멜향을 더하지만 블랙 몰트를 변화시켜 붉은 과일과 코코아 풍미를 내게 만들기도 한다. 초콜릿 몰트와 블랙 몰트는 둘 다 다양한 수준의 색—미디엄로스트 커피색부터 다크 로스트 커피색까지—으로 로스팅된다. 초콜릿 몰트는 그 이름과는 달리 거칠고 드라이한 특성을 지닐 수도 있다—맥아 가루로 만들었을 때 좀더 달콤한 크리스털 몰트와 아주 잘 어울린다. 블랙 몰트는 깊이 있게 로스팅한, 탄 듯한 쓴맛이 있으며, 풍미가 매우 강렬해서 전체 맥아 가루 중에 단 몇 % 비중을 절대 넘기지 않는 수준으로 사용한다.

마지막으로, 아일랜드 스타우트의 핵심 재료 중 하나는 몰팅하지 않은, 로스팅한 보리이지만, 항상 그랬던 것은 아니다. 기네스가 로스팅한 보리를 넣어 풍미를 강화시키기 시작한 것은 1920년대 말 또는 30년대부터였다. 오늘날 우리가 알고 있는 기네스는 그 변화에 크게 영향을 받은 것이고, 로스팅한 보리는 드라이하고 떫은맛이 있는, 커피 같은 쓴맛을 선사한다. 이

것이 아일랜드 스타우트의 맛이다—그러나 옛날 그 맛은 아니다.

　　브루어들은 맥주에 깊이와 복합적인 성격을 더하기 위해 스페셜티 몰트를 소량 첨가하기도 한다. 공통으로 들어가는 재료들 중 호밀은 흙냄새와 스파이시한 향을 더해주고, 밀은 헤드를 더 오래 유지시켜준다. 귀리는 바디와 섬세한 부드러움을 더해주고, 훈제 몰트는 나름의 풍미를 더한다. 당분(양조용 설탕, 꿀, 당밀, 메이플 시럽 등)을 첨가하여 바디를 가볍게 하고 알코올 도수를 높이거나 또는 색과 풍미를 더할 수도 있다. 스타우트와 포터는 가향이나 가미된 맥주들에 훌륭한 토대를 제공한다—충분히 풍부한 느낌이라서 과일이나 향신료를 더해도 압도해버리지 않고 개성만 더할 수 있기 때문이다. 최근에는 커피, 바닐라, 코코아, 과일(체리가 가장 인기 있음), 고추 등을 첨가하는 경우도 상당히 흔하다.

진화

포터나 스타우트처럼 폭넓고 유서 깊고 때때로 기이하기까지 한 맥주 스타일의 카테고리에서 '진화'는 재활용에 더 가까워 보인다. 오늘날의 경향들은 과거 방식으로의 회귀 또는 과거 테마의 다양한 변주다. 최근 수십 년간 스틸에서 숙성이 이루어졌지만 나무 배럴 숙성이 브루잉에서 다시 유행하기 시작했으며, 임페리얼 스타우트는 가장 흔한 배럴 숙성 맥주 중 하나다. 현대적인 버전의 배럴 숙성 과정이 시작된 것은 1990년대 미국으로, 당시 미국은 버번 배럴을 당장 활용할 수 있는 상황이었다(법적으로, 증류주 양조장들은 버번 배럴을 위스키 제조 시 1회분의 배치에만 사용할 수 있다). 대부분의 브루어리들은 이 같은 한정 생산 스타우트로 큰 성공을 거두고 있으며, 데슈츠의 어비스The Abyss, 스리 플로이즈의 다크 로드, 포츠머스의 케이트 더 그레이트Kate the Great, 파이어스톤 워커의 파라볼라Parabola 같은 몇몇 맥주는 슈퍼볼 티켓처럼 순식간에 매진돼버리기도 한다.

　　미국에 배럴 숙성 스타우트 시장이 형성된 지는 얼마 되지 않았다. 최근 유럽의 브루어리들도 이 흐름에 동참했다—물론 더 가까이 있는 위스키 증류업체들의 배럴을 사용했다. (스코틀랜드의 수많은 증류주 양조장들 역시 버려진 미국 버번 배럴을 사용하곤 한다는 점을 짚고 넘어갈 필요는 있겠다.) 이는 비단 스코틀랜드의 브루어리에 국한된 것은 아니다—네덜란드의 데 몰런De Molen은 헤멀 엔 아르더Hemel & Aarde(천국과 지상)를 아일러Islay 섬의 브루흐래디Bruichladdich*에서 가져온 배럴에서 숙성시키며, 덴마크 및 노르웨이의 브루어리들 역시 스카치 위스키 배럴을 사용한다—그러나 스코틀랜드의 브루어리들은 이를 최대한 활용해온 것으로 보인다. 아주 특이한 맥주로 유명한 브루도그는 임페리얼 스타우트를 계속 순환되는 위스키 배럴 안에서 숙성시키는 반면, 하비스툰Harviestoun 브루어리는 올라 덥Ola Dubh('블랙 오일')—이 브루어리에서는 올드 에일로 부른다—을 하일랜드 파크Highland Park*와의 독점

* 스코틀랜드의 대표적인 싱글 몰트 위스키 브랜드로 아일러 섬에 증류소가 있다.

배럴 숙성의 위험. 일부 캐스크는 야생효모나 박테리아가 살고 있거나 지나치게 많은 산소를 유입시키는 탓에 맥주를 변질시키기도 한다. 몇십 배럴 당 한 개꼴로 폐기되곤 한다.

제휴로 만든다.

이렇게 위스키 배럴 안에서 숙성된 맥주는 나무로부터 바닐라 오크 풍미의 타닌 성분을 끌어낼 뿐만 아니라 위스키의 풍미도 지니게 되는데, 이는 일단 후각에서부터 확연히 느낄 수 있다. 버번은 달콤하면서도 강한 술기운이 느껴지는 향을 더해주는 반면, 스카치는 스타우트에 간결하면서도 스모키한 느낌을 더한다.

2005년쯤에만 해도 맛을 입힌 스타우트나 포터는 드물었지만, 이제 입히지 않은 것만큼이나 흔히 찾아볼 수 있다. 이는 대개 마치 커피처럼 다크 로스팅한 몰트, 카카오, 감초(전통적인 포터의 재료)와 함께 섬세한 첨가물들이 혼합됐다는 의미지만, 갈수록 과일 스타우트, 허브 스타우트, 그 밖에 다양한 맛을 더한 스타우트도 쉽게 찾아볼 수 있는데 특히 브루펍에서 그런 경

• 위스키 브랜드로 오크니 섬에 증류소가 있다.

향이 두드러진다. 특별히 흥미로운 현상은 오이스터 스타우트의 귀환이다. 껍데기에서 갓 떼어낸 신선한 굴을 통째로 케틀 안에 넣고, 숙성 탱크에는 껍데기들을 첨가한다. 아마 최초의 현대적인 오이스터 스타우트가 만들어진 것은 1990년대 더블린의 크래프트 브루어리 포터하우스 Porterhouse에 의해서였을 것이다. 미국의 하푼 Harpoon과 플라잉 도그 Flying Dog도 최근 비슷한 종류를 선보이고 있지만, 샌프란시스코가 이 스타일의 소유권을 주장하려는 눈치다. 샌프란시스코의 매그놀리아 개스트로펍 앤드 브루어리에서 2008년 한 가지 브루잉 버전을 내놨고, 트웬티퍼스트 어멘드먼트 21st Amendment도 그 뒤를 따랐다. 바로 길 하나 위 페털루머에 있는 헨하우스 HenHouse 역시 이 흐름에 동참했다.

알아야 할 맥주들

포터와 스타우트는 스타일이 가장 다양한 맥주 축에 속한다. 비슷한 맥주가 전혀 없다고 한다면 과장이겠지만, 크게 틀린 말도 아니다. 다크 몰트가 내는 밀크초콜릿의 달콤한 맛에서부터 숯 같은 쓴맛에 이르기까지 브루어리마다 엄청나게 다양한 풍미들을 선보인다. 여기서 언급된 맥주들은 이런 다양성을 대표하는 예들이지만, 비슷하게 괜찮은 맥주들을 꼽으라고 한다면 이 목록의 두세 배는 될 것이다. 만일 당신이 다크 에일을 좋아한다면, 다크 에일을 전부 마셔보는 것을 일생의 과업으로 삼을 수도 있을 것이다—얼마나 근사한 인생인가.

임페리얼 스타우트는 숙성시키기에 가장

좋은 맥주이기도 하다(그리고 당연히 대다수는 숙성이 필수이며, 일부 브루어리에서는 '최상의 품질best after' 시점을 명시하기도 한다). 각자 특성이 진화하면서, 탄 듯한 거친 향이나 홉향은 점차 부드러워지며 결국 희미하게 사라질 것이다. 시간이 지나면서 포트와인이나 셰리주 향과 과일 및 초콜릿 풍미가 이 거친 느낌들을 대신해나간다. 젊은 시절의 스타우트가 뾰족한 성미라고 한다면, 점차 원만하고 깊이 있는 맥주로 나이가 들어갈 것이다.

포터

DESCHUTES BLACK BUTTE
데슈츠 블랙 뷰트

원산지: 미국 오리건 벤드
몰트: 페일, 캐러멜, 초콜릿, 밀
홉: 캐스케이드, 브라보, 테트낭
5.2% ABV, 1.056 SP. GR., 30 IBU

이 스타일의 범위를 파악하는 한 가지 좋은 방법은 블랙 뷰트와 기어리스 또는 앵커의 포터들을 비교해보는 것이다. 블랙 뷰트는 시중에 나와 있는 가장 유쾌한 맥주 중 하나다. 바디가 가벼우나 초콜릿과 캐러멜의 달콤함을 지닌 복합적인 몰트 베이스로, 다양한 견과류 향과 로스티한 느낌이 있다. 사람들이 다크 비어에 대해 생각할 때면 대개 무겁고 자극적이며 쓴 맥주를 상상하지만, 블랙 뷰트는 정반대의 느낌이다.

ANCHOR PORTER
앵커 포터

원산지: 미국 캘리포니아 샌프란시스코
몰트: 페일, 캐러멜, 초콜릿, 블랙
홉: 노던 브루어Northern Brewer
5.6% ABV

앵커 포터는 1972년부터 만들어졌지만 미국에서 가장 나이가 많은 맥주는 아니다—최고령의 영예는 1829년 잉링Yuengling 브루어리가 선보인 맥주에게 가야 한다. 그러나 앵커 포터는 분명 가장 오래된 크래프트 브루잉 맥주인 동시에 가장 개성 있는 맥주 중 하나다. 데슈츠 블랙 뷰트와는 달리, 앵커 포터는 농밀하고 진하며, 글라스에 따르면 마치 에스프레소처럼 오래 지속되는 헤드가 생긴다. 미각적으로도 커피 맛이 약간 느껴지지만 동시에 발트해 포터를 연상시키는 쌉싸름한 구운 보리향도 지니고 있다. 차우더 또는 굴 요리에 완벽하게 어울린다.

GEARY'S LONDON PORTER
기어리스 런던 포터

원산지: 미국 메인 포틀랜드
몰트: 페일, 크리스털, 초콜릿, 블랙
홉: 캐스케이드, 윌래밋, 골딩
4.2% ABV, 1.045 SP. GR.

데이비드 기어리가 만들어온 맥주는 역사적인 맥주 종류들을 제대로 기념하는 동시에 그 스모키하고 묵직한 맛으로 빅토리아 시대의 영국을 떠올리게 한다. 기어리스의 런던 포터는 비교적 낮은 도수와는 대비되는 강한 여운이 길게 남는, 풍미가 강하고 벨벳 같은 느낌이 드는 맥주다. 앵커와 블랙 뷰트로부터 한 걸음 더 나아간 느낌이다―포터계의 아일러 싱글 몰트라고나 할까.

FULLER'S LONDON PORTER
풀러스 런던 포터

원산지: 영국 런던
몰트: 페일, 크리스털, 초콜릿, 브라운
홉: 퍼글
5.4% ABV, 37 IBU

포터를 다시 만드는 전통적인 런던 브루어리가 있다는 사실은 놀랍다―비록 포터가 완전히 복귀했다고 여겨지려면 아직 갈 길이 멀기는 하지만 말이다. 높지 않은 도수에도 불구하고 다크하고 로스티한 강렬한 풍미를 지닌 풀러스 포터는 입문용으로 아주 좋은 포터다. 바탕에 깔려 있는 부드러운 빵 같은 풍미가 은은한 부드러움을 더한다.

발트해 포터

ŻYWIEC PORTER
지비에츠 포터

원산지: 폴란드 지비에츠
몰트: 비공개
홉: 비공개
9.5% ABV

지비에츠 포터는 흙냄새 같은 아로마와 약간 새콤한 향을 풍기며, 섬세한 당밀향도 지닌다. 생기 넘치는 풍미가 뒤따르는데, 쌉싸름한 로스팅 몰트의 풍미와 함께 커피, 당밀, 다크초콜릿의 풍미가 쏟아져 들어온다. 맥주들 중에는 쓴맛이 너무 강해 산미로 다시 회귀하기 시작하는 경우가 있는데, 지비에츠가 바로 여기 해당한다. 그럼에도 불구하고 의외로 이 맥주는 허겁지겁 들이켜기 좋은, 부드러운 맥주다.

ALDARIS PORTERIS
알다리스 포르테리스

원산지: 라트비아 리가
몰트: 비공개
홉: 비공개
6.8% ABV

이 라트비아 포터의 레시피는 20세기 초부터 내려온 것이다. 발트해 포터 특유의 로스티한 풍미가 있으나, 굉장히 부드럽고 달콤하다. 미

각적으로 매우 흥미로운 풍미를 선사한다. 로스 티함 외에도 약간 감초향이 감돌고, 간혹 사탕무 나 콜라가 연상되기도 한다.

OKOCIM PORTER
오코침 포터

원산지: 폴란드 브제스코
몰트: 페일, 캐러멜, 뮌헨, 로스트
홉: 비공개
8.3% ABV, 1.092 SP. GR., 38 IBU

지비에츠와 알다리스에 비해 오코침은 좀더 고기 같은 풍미가 있는 맥주다—그러면서도 부드럽고 간결하다. 모든 발트해 포터 중 가장 균형감이 좋고 친근한 느낌이다. 약간 로스트 풍미가 있으나 건포도향의 달콤한 바디와 부드러운 질감이 주요 특징이다.

아일랜드 스타우트

PORTERHOUSE PLAIN PORTER
포터하우스 플레인 포터

원산지: 아일랜드 더블린
몰트: 페일, 캐러멜, 블랙, 보리 플레이크flaked barley*, 로스팅한 보리
홉: 걸리나, 너깃, 이스트 켄트 골딩
4.2% ABV

1990년대부터 맥주를 만들어온 포터하우스 브

* 몰팅하지 않고 찌고 건조하여 납작하게 압착시킨 보리

루어리는 정통성을 기꺼이 내세우고 있으며, 플레인 포터는 이 브루어리의 명함과도 같다. 탄듯한 진한 풍미가 있고, 한편으로는 다크코코아의 맛이 느껴지면서 동시에 독한 시가의 풍미도 느껴진다. 더블린의 좀더 유명한 다크 에일과 기꺼이 견줄 만한 맥주다.

BEAMISH IRISH STOUT
비미시 아이리시 스타우트

원산지: 아일랜드 코크
몰트: 페일, 밀, 로스팅한 보리
홉: 비공개
4.1% ABV

이전 세기까지 거슬러 올라가는 역사를 지닌 전통적인 아일랜드 드래프트 스타우트로는 머피스, 기네스, 비미시가 있다. 이 셋은 모두 오래전에 이미 균질화되어 우아한 튤립 모양의 파인트글라스에 담기면 마치 머랭 같은 풍부한 헤드가 소복하게 쌓인다. 그러나 각각 차이가 있고

각 나름의 팬층을 확보하고 있는데, 그중에서도 비미시는 가장 개성이 강하다. 밀이 나머지 두 스타우트에는 없는 바디감을 만들고 미각적으로 더 깊이 있으면서도 더 탄 듯한 풍미를 낸다. 비미시는 세 아일랜드 스타우트 중 가장 찾아보기 힘든 종류로, 그 희귀성이 더욱 매력적으로 다가온다.

GUINNESS FOREIGN EXTRA STOUT (FES)
기네스 포린 엑스트라 스타우트

원산지: 아일랜드 더블린
몰트: 비공개
홉: 비공개
7.5% ABV

스탠더드 드래프트 기네스에 익숙해진 이들에게 FES는 충격이다. 한마디로 대단한 맥주로, 부두 노동자의 목덜미만큼이나 거칠고 묵직하다. 숯 같은 매캐한 풍미가 있고, 바디에는 부드러운 느낌이 전혀 없다. 병을 절반쯤 비워갈 때쯤에야 캐러멜이나 호밀빵(아니 흑빵이라고 해야 하나?) 같은 미묘한 풍미들이 슬며시 나타난다. 이 맥주는 아마 기네스에 대한 당신의 생각을 바꿔놓을 것이다.

GUINNESS EXTRA STOUT
기네스 엑스트라 스타우트

원산지: 아일랜드 더블린
몰트: 비공개
홉: 비공개
6% ABV

많은 이들이 이 맥주의 존재 자체를 모르거나 혹은 안다고 해도 드래프트로 마시는 보통의 기네스와 혼동한다. 포린 엑스트라가 미국에 도착하기 훨씬 이전부터, 식료품점 선반에는 작달막한 병에 든 이 엑스트라가 놓여 있었다. 내가 느끼기에 이 엑스트라 스타우트는 기네스가 지금까지 선보인 맥주들 가운데 단연 최고다. FES처럼 농밀한 바디를 지니고 있으면서도 숯향보다는 젖산의 톡 쏘는 느낌—와인 같은 복합적인 풍미—이 있어 훨씬 균형감이 좋다. 6%짜리 스타우트를 세션 에일처럼 마셔버리면 안 되는 법이지만, 나는 그렇게 마시고 말았음을 고백한다.

스위트 스타우트

LEFT HAND MILK STOUT
레프트 핸드 밀크 스타우트

원산지: 미국 콜로라도 롱몬트
몰트: 두줄페일, 캐러멜, 뮌헨, 로스팅한 보리, 귀리 플레이크, 보리 플레이크, 초콜릿
홉: 마그눔, U.S. 골딩
6% ABV, 1.065 SP. GR., 25 IBU

일반 및 질소충전 병입 두 가지 모두로 판매되는 레프트 핸드는 미국에서 생산되는 몇 안 되는 밀크 스타우트 중 하나다. 매우 부드러운 바디와 풍부한 모카 거품을 지닌 이 맥주는 달콤하고 크림 같은 느낌으로 시작하여 점차 감초나 커피의 풍미로 전개되다가 홉의 은은한 쓴맛으로 마무리된다. 지나치게 무겁거나 달지 않으면서도 퇴폐적인 매력이 있다.

LANCASTER MILK STOUT
랭커스터 밀크 스타우트

원산지: 미국 펜실베이니아 랭커스터
몰트: 페일, 캐러멜, 초콜릿, 블랙, 로스팅한 보리
홉: 캐스케이드, 골딩
기타: 유당
5.3% ABV, 1.053 SP. GR., 22 IBU

대다수의 밀크 스타우트에는 몰트의 쓴맛이 거의 없으나, 랭커스터는 쓴맛이 근사한 토대를 이루고 도수에 비해 의외로 풍미가 농후하고 강하다. 첫인상은 스타우트 특유의 그을린 듯한 풍미가 강하게 느껴지지만, 마무리감은 점차 부드럽게 누그러지며, 목으로 넘길 때는 드라이했다가 달콤한 느낌으로 바뀐다.

YOUNG'S DOUBLE CHOCOLATE STOUT
영스 더블 초콜릿 스타우트

원산지: 영국 베드퍼드
몰트: 페일, 캐러멜, 초콜릿
홉: 퍼글, 골딩
기타: 다크초콜릿, 초콜릿 에센스, 설탕
5.2% ABV

재료 목록을 보면 맥주인 양 몰트를 첨가했지만 사실 영스는 알코올이 든 초콜릿 음료가 아닌가 싶은 생각이 들지도 모르겠다. 아슬아슬한 느낌이 드는 것은 이 맥주 안에서 맛의 향연이 펼쳐지기 때문이다. 크림처럼 부드럽고 감미로운 헤드 아래로 아이스크림이 한 덩이 숨겨져 있을 것만 같고, 밝은 루비블랙 색상의 액체 안에는 코코아향이 가득하다. 하지만 곧 로스트, 곡물의 느낌이 이어지고 섬세한 잉글랜드 홉의 풍미도 감돈다. 디저트 같지만 맥주가 틀림없다.

ROGUE SHAKESPEARE STOUT
로그 셰익스피어 스타우트

원산지: 미국 오리건 뉴포트
몰트: 페일, 캐러멜, 초콜릿, 로스팅한 보리, 데어몰트Dare malt(독점), 귀리
홉: 레볼루션Revolution, 레블Rebel(독점)
6.1% ABV, 1.061 SP. GR, 69 IBU

이 스타우트는 귀리에서 나오는 달콤한 풍미가

조금 있고 이것이 다크 몰트와 결합되면 초콜릿 칩 쿠키 같은 느낌을 낸다. 그러나 중심에는 농밀함과 쌉쌀함이 자리잡고 있어서 엄밀히 말하자면 스위트 스타우트와는 조금 거리가 있다.

THE DUCK-RABBIT MILK STOUT
덕래빗 밀크 스타우트

원산지: 미국 노스캐롤라이나 팜빌
몰트: 비공개
홉: 비공개
5.7% ABV

최상의 상태로 밀크 스타우트를 마시면 '밀크'라는 말에서 농장 직송 재료의 건강한 이미지가 떠오른다. 마치 라테처럼 거품이 풍성한 이 덕래빗의 브루가 대표적인 경우다. 풍미 역시 라테와 비슷하며, 살짝 감도는 모카향이 부드럽게 전체를 감싸는 느낌이다.

SAMUEL SMITH OATMEAL STOUT
새뮤얼 스미스 오트밀 스타우트

원산지: 영국 태드캐스터
몰트: 페일, 로스팅한 몰트, 로스팅한 보리, 귀리
홉: 비공개
기타: 사탕수수
5.0% ABV, 1.052 SP. GR., 30 IBU

이 훌륭한 스타우트는 수많은 미국의 브루어들에 영감을 주었지만, 이 스타우트를 흉내 내기는 쉽지 않다. 마치 디저트 같은 이 스타우트는 귀리가 내는 벨벳 같은 질감을 지니고 있으면서도 그 중심에는 미네랄이 풍부한 경수가 주는 빳빳한 느낌이 자리잡고 있다.

임페리얼 스타우트

SINEBRYCHOFF PORTER
시네브뤼코프 포터

원산지: 핀란드 케라바
몰트: 필스너, 뮌헨, 브라운, 캐러멜
홉: 자츠
7.2% ABV, 1.070 SP. GR., 45 IBU

이 브루어리에서는 1860년대부터 포터를 만들었고, 1957년부터 현재의 레시피로 생산해오고 있다. 실험 과정에서 영국 밖으로 떠밀려난 것으로 알려진 어느 에일과 함께 브루잉되고 있는 이 명백한 발트해 포터는, 임페리얼 스타우트와 훨씬 더 공통점이 많다. 마치 메이플 시럽처럼 농후하면서도 쏘는 듯한 쓴맛이 한차례 표면으로부터 치고 올라온다. 탄 듯한 강렬한 몰트 풍미가 부여하는 가벼운 산미는 기네스 포린 엑스트라 스타우트를 연상시킨다. 기나긴 핀란드의 겨울을 나게 도와주는 강장제 역할을 톡톡히 하는, 농밀하고 진득하게 여운이 남는 매력적인 맥주다.

NORTH COAST OLD RASPUTIN
노스코스트 올드 라스푸틴

원산지: 미국 캘리포니아 포트브래그
몰트: 비공개
홉: 비공개
9% ABV, 75 IBU

라스푸틴은 진정한 거물이다. 모든 요소가 강렬함의 극단에 있으면서도 놀랍게도 그 모든 요소가 한데 어우러진다. 이 맥주는 빛을 완전히 삼켜버린 듯 칠흑같이 검고, 바디는 워낙 농밀해서 동전이라도 떠 있을 것만 같다—아무튼 그런 모습이다. 라스푸틴은 순전한 로스트 풍미로 시작되어 중간에 당밀의 달콤한 풍미가 약간 더해진 뒤 더운 술기운으로 마무리된다. 시베리아의 겨울을 위한 맥주다.

GREAT DIVIDE YETI
그레이트 디바이드 예티

원산지: 미국 캘리포니아 포트브래그
몰트: 비공개
홉: 비공개
9.5% ABV, 75 IBU

만일 라스푸틴이 존경심과 더불어 어쩐지 두려움을 불러일으키는 맥주라고 한다면, 예티는 좀 더 포근한 거인에 가깝다. 물론 검고 로스티하지만, 라스푸틴보다는 좀더 달콤한 캐러멜 풍미가 가득하다—때로는 바닐라향이 느껴지기도 한다. 그레이트 디바이드에서는 예티 라인을 계속 확장해왔으며, 현재는 오크 숙성, 초콜릿, 에스프레소 버전 등이 나와 있다.

FIRESTONE WALKER PARABOLA
파이어스톤 워커 파라볼라

원산지: 미국 캘리포니아 패서로블스
몰트: 메리스 오터, 뮌헨, 캐러멜, 초콜릿, 로스팅한 보리, 귀리
홉: 제우스, 할러타우
13% ABV, 82 IBU

로스티한 풍미와 독한 알코올 기운이 마치 주먹을 날리듯 입안을 강타하지만, 집중해보면 베이스 몰트의 빵 같은 풍미가 느껴진다. 임페리얼 스타우트에서 버번은 로스티한 풍미와 완벽한 짝인데, 특히 이 스타우트가 그렇다. 캐러멜 몰트가 바닐라향을 서서히 프랄린praline* 풍미로 바꾸어낸다. 그러나 이 맥주를 진정 돋보이게 만드는 것은 결국 베이스 몰트들이다.

---

* 설탕에 견과류를 넣고 졸여 만든 일종의 디저트

영국 런던 London, England

풀러스

전통과 혁신 그리고 파티 가일 브루잉

런던 서부 치즈윅에 있는, 오늘날 풀러스의 본거지가 된 이 브루어리는 굉장히 오래된 건물로 아직도 전 주인의 이름인 '그리핀'을 간판으로 달고 있다. 한쪽 벽면으로는 영국에서 가장 오래된 등나무 덩굴이 뻗어오르고 있고, 정면에는 브루어리보다도 훨씬 오래된 펍이 하나 있다. 건물—아마 브루어리들도 포함해서—을 하나씩 언급할 때 이처럼 최상급 표현들을 줄줄 읊는 것은 드문 일이다. 물론 풀러스 같은 빅토리아 시대의 브루어리들이 여전히 영국 내 여기저기 존재하지만, 자연재해 속 생존자처럼 점점 더 드물어지는 추세다.

어떤 의미에서는, 정말 그렇다. 한 세대를 지나는 동안 영국인들은 수백 년에 걸친 음주 습관을 버렸다. 지역의 캐스크 에일 대신 탄산 가득한 라거를 택한 것이다. 결과는 대학살이나 다름없었다. 1970년대 이후 영국의 오래된 유수 브루어리 수십 곳이 사라졌다. 살아남은 곳들은 아주 어려운 선택의 기로에 섰다. 변덕스러운 기호에 부합하려면 인기 있는 맥주 라인을 전통적인 방식대로 계속 브루잉을 해야 할까, 아니면 자기네 브루어리와 브랜드를 철저히 개선하고, 남겨두려던 제품까지 단종시킬 각오를 해야 할까?

브루어리마다 선택은 달랐다. 영국 최대의 전통 에일 제조업체인 그린 킹(1799년 설립)은 전통을 따라갔다. 수백만 파운드를 올드 타워 브루어리에 투자했지만, 현대화하지는 않았다. 그 대신, 낡은 장비를 개조했다. "매시 필터나 라우터로 바꿀 수도 있었지만, 그러지 않았습니다. 우리는 우리가 아는 것에 계속 집중하겠

그리핀 브루어리라는 이름이 이곳의 긴 브루잉 역사를 기리는 듯하다. 1845년에 풀러스에서 토지를 매입하기 한참 이전인 350여 년 전까지 거슬러 올라간다.

신축 브루하우스의 내부

다는 거였죠." 수석 브루어 존 벡슨은 이렇게 설명했다. 그린 킹은 파산 직전에 소규모 브루어리 브랜드들을 매입하여 베리세인트에드먼즈의 공장에서 브루잉하는 방식으로 살아남았다. 반면, 애드넘스(1872년 설립)는 즉각 방향을 틀어 흐름에 편승했다. 당시 브루어리를 최첨단의 독일식 친환경 시스템으로 교체하고 오전 4시 반이면 가동을 시작하게 맞추어놓았으며, 엄격한 설명서에 맞추어 어떤 스타일의 맥주든 브루잉이 가능하도록 했다—2010년 애드넘스가 설치한 증류 설비 정밀 세척 기능도 포함돼 있었다. 가족운영위원회 대표인 조너선 애드넘스는 이렇게 말한다. "생산 작업에 관한 한, 우리는 기본 전제부터가 굉장히 달랐습니다. 첨단 기술을 지향해보자는 거였죠." 풀러스(1845년 설립)는 양극단의 중간에 해당됐다. 1960년대와 70년대에 풀러스는 여느 다른 브루어리들과 다를 바 없이 1883년부터 써오던 시스템을 이용해 지역 위주의 전통적인 운영을 하고 있었다. "풀러스는 —영국의 수많은 지역 브루어리들과 마찬가지로— 그야말로 변함없이 늘 그 자리에 있는 회사였죠. 70년대가 오는데 그냥 그대로 있었어요. 미래 같은 건 사실 생각 안 했죠." 수석 브루어 존 킬링의 설명이다. 가족 중 젊은 멤버인 앤서니 풀러와 마이클 터너가 합류하여 회사를 새로운 궤도에 올리기 시작했다. 오래된 브루어리에 막대한 투자를 감행하여 현대식 스테인리스스틸 시스템으로 교체했다. 라인은 아주 천천히 확장되었다. 그리고 런던 포터를 다시 소개했다. 한때 런던이라는 도시와 동의어나 마찬가지였던 맥주 스타일을 다시 불러낸 것이다. 시간이 흐르면서 풀러스는 영국 주류와는 한참 동떨어진 맥주들도 포함한 스페셜티 라인—브루어리 150주년을 기념하는 1845(6.3% ABV), 병입 숙성한 올드 에일인 빈티지 에일Vintage Ale(8.5%), 그리고 최근에는 미국 홉을 넣어 브루잉한 와일드 리버Wild River(4.5%) 같은 실험적인 맥주들—도 추가했다.

그러나 풀러스에서 선두에 있는 라인은 지금은 거의 사라졌지만 가장 전통적인 방식인 파티 가일 방식으로 만드는 맥주 세 종류—ESB, 런던 프라이드, 치즈윅 비터—다. 수백 년 전통의 이 시스템은 18세기, 19세기 런던 포터 브루잉의 핵심 특징이었다.

작업 방식은 다음과 같다. 풀러스는 크리스털 몰

이 브루어리의 등나무 덩굴은 영국에서 가장 오래된 것으로, 200년이 넘었다.

좋은 맥주를 만드는 네 가지 요소

"공식의 한쪽 끝에는 품질과 일관성이 있고 다른쪽 끝에는 풍미와 개성이 있어서 그 사이에서 균형을 잡는 것이 관건입니다. 품질이 뛰어나고 굉장히 일관된 맥주를 만드는 데 특화된 브루어리들이 있죠. 버드와이저나 칼스버그, 하이네켄 같은 회사들이 여기에 해당합니다. 하지만 이들은 공식의 다른 한 쪽에 대해서는 생각하지 않는 것 같기도 해요. 어느 정도의 풍미나 약간의 개성을 지니는 것 말입니다. 그런가 하면 개성이나 풍미 면에서 정말 과감히 나가는 크래프트 브루어들도 있어요. 그런 곳에서 맥주를 한 잔 사 마시면 '이거 대단한 맥주군' 하는 생각이 들 수 있어요. 하지만 그 맥주를 일주일 뒤에 다시 마시게 되면 이렇게 말할지도 모릅니다. '음, 똑같지가 않아. 그때 그 맥주가 맞는지 모르겠군.'"
—존 킬링

풀러스 맥주의 두 수석 브루어인 데릭 프렌티스(왼쪽)와 존 킬링

트를 조금 넣고 대부분 페일 몰트로 이루어진 매시를 만든다. 그런 다음 맥아즙을 두 개의 구리솥으로 흘려 넣는데, 먼저 하나를 채운 다음 나머지 하나를 마저 채운다. 매시에서 먼저 흘러내린 분량은 당분이 훨씬 더 풍부하고, 계속 흘러내리는 동안 맥아즙은 점점 더 묽어진다. 그다음, 브루어들은 농도가 다른 맥아즙(가일 gyle)이 담긴 두 구리솥을 수거한다. 여기에 동일한 홉을 넣지만, 각 맥아즙 농도에 따라 다른 비율로 쓴다. 마지막으로, 발효 과정을 마치고 나면 브루어들은 재료는 같지만 도수는 다른 두 가지 맥주를 얻게 된다. 이를 기본으로 삼아 두 가지를 다양한 비율로 혼합하여 다시 네 가지 맥주를 만든다—세 가지는 앞서 언급했고, 나머지 하나는 선 굵은 느낌의 8.5%짜리 골든 프라이드 Golden Pride다.

킬링은 "현대식 장비가 최고의 맥주를 만든다"고 말한다. 그러나 오래된 방식 역시 독특한 맥주를 만들어낸다. 풀러스의 파티 가일 시스템은 영국의 다른 어느 브루어리도 달성하지 못했던 성과를 냈다. 풀러스의 세 가지 스탠더드 캐스크 에일은 각각 —ESB는 세 차례, 런던 프라이드는 1978년에, 치즈윅 비터는 1989년에— 영국 최고 맥주에 선정된 이력이 있다. 이는 모두 풀러스가 브루어리를 대대적으로 정비한 이후 얻은 성과다. 1981년 킬링을 영입한 이후, 풀러스의 생산량이 7만 배럴에서 22만 배럴로 세 배 증가한 것은 우연이 아니다.

풀러스 브루어리는 그 자체로 풀러스가 지닌 철학의 상징이 됐다. 새로운 장비를 마련할 당시, 예전의 구리솥, 발효통, 사각 수조 등을 모두 그대로 보존했다. 브루어리에는 현재 옛것과 새것이 서로 나란히 줄지어 들어서 있으며, 풀러스 투어는 영국식 브루잉의 계보에서 일종의 본보기가 됐다.

미국 에일
AMERICAN ALES

American Ales. 미국 에일은 상당히 높은 도수 그리고 고유 토착종의 홉에서 나오는 풍성한 풍미, 아로마, 쓴맛 등이 특징이다. 골든 에일은 미국 라이트 라거와 흡사한 맥주로 만들어졌다. 지푸라기색, 가벼운 바디, 가벼운 홉의 풍미를 지닌다. 앰버 에일은 몰트와 홉 특성 사이의 균형감이 특징이며 일반적으로 페일이나 브라운에 비해 바디가 좀더 묵직한 느낌이다. 미국 레드 에일 —아일랜드의 라이트 레드와는 다르다— 은 날카로운 홉의 풍미를 바탕으로 사탕 같은 달콤함이 깔리는 맥주다. 바이에른 바이첸과는 달리 밀 에일은 페일에 가까운 맥주로, 부드러운 바디에 은은한 시트러스 풍미의 호핑이 특징이다. 대부분의 미국 과일 맥주는 밀 에일을 기본 바탕으로 삼고 있다.

골든 에일 ABV 범위: 4-5%
쓴맛: 10-20 IBU
앰버 에일 ABV 범위: 4.5-6%
쓴맛: 20-40 IBU
레드 에일 ABV 범위: 5-10%
쓴맛: 25-100 IBU

주요 수치

밀 에일 및 과일 에일 ABV 범위: 4-5.5%
쓴맛: 10-30 IBU
서빙 온도: 골든 및 휘트 7-10°C
앰버 및 레드 10-13°C
전용잔: 파인트글라스, 바이스비어 베이스 또는 밀맥주 전용 파인트

'미국 에일'의 존재는 수십 년째 논쟁의 대상이다. 이 계보의 맥주는 대체로 영국 스타일에 부합한다. 미국 내에 있는 아무 브루어리(특히 브루펍)에나 들어가면 아마 당신은 골든 에일golden ales, 페일, IPA, 브라운, 포터, 스타우트를 찾으려 할 테고, 이는 전부 영국 스타일을 기반으로 한 맥주들이다. 논쟁의 일방에서는 이렇게 말한다. "미국 에일 아무거나 가져와보세요. 그건 그냥 미국식으로 브루잉된 잉글랜드 에일에 불과할 테니까요."

물론 깔끔하게 딱 떨어지는 이런 주장은 그럴싸하다. 에일을 벤다이어그램으로 그려보면, 미국 에일과 영국 에일의 원이 크게 겹친다. 그러나 여전히 문제는 남아 있다. 나는 런던의 더 커널 브루어리를 그 예로 들고 싶다. 더 커널 브루어리에서는 현재 페일 에일 및 IPA 예닐곱 종류를 선보이고 있지만 마일드나 비터는 없다. 페일 에일은 5% ABV 이상이고 IPA는 6.1%에서 시작하여 두 자릿수까지 올라간다. 전부 태평양 연안 북서부의 클래식 품종 홉을 사용하며 상쾌한 쓴맛이 난다. 또한 이 브루어리는 무려 9% ABV의 레드 라이 에일Red Rye Ale도 제공하는데 이 에일은 홉의 열기로 이글거리는 느낌이다. 런던에서는 어느 누구도 이 맥주들을 영국 맥주로 여기지 않는다. 이 맥주들은 순전히 미국적이다.

미국 맥주들이 영국의 에일로부터 영감을 얻었던 것은 분명하고, 한동안은 똑같은 에일을 만들어보려 했던 적도 있었다. 하지만 우리 미국인들은 문화 전통을 보존하는 데는 소질이 없다. 꼭 이것저것 바꾸기 시작하여 여기에는 뭔가를 조금 더하고 저기에는 뭔가를 조금 빼고 하는 식이다. 텍스멕스 퀴진Tex-Mex cuisine•이나 미국식 중국 음식이 탄생한 배경도 같은 맥락이다. 최초의 크래프트 에일이 등장한 지 수년이 지나기도 전에 미국의 브루어들은 맥주에 캐러멜 몰트와 홉을 더 넣기 시작했고, 30년 뒤에는 비록 여전히 영국식 이름들을 차용하고 있으나 미국 나름의 전통을 만들어냈다.

기원

미국 에일의 역사는 1976년까지 거슬러 올라간다. 여기서 미국 에일은 고유하게 미국적이라 할 만한 특성을 지닌 에일을 일컫는다. 미국 내 에일의 역사는 좀더 오래되어 400년이 되었다. 17세기에 영국 및 네덜란드에서 이민자들과 함께 건너온 이 오래된 에일들은 기나긴 항해의 여정에서 괴혈병이나 이질을 막아주는 역할을 하기도 했고, 맥주도 없이 유럽을 떠난다는 것은 음식 없이 떠나는 것만큼이나 있을 수 없는 일이기도 했을 것이다. 이 식민지 정착민들은 새 집에서는 보리가 잘 자라지 않는다는 사실을 발견했고, 대체물—감자, 당밀—로 그나마 아쉬운 대로 마실 만한 맥주를 만들어냈다. 결과적으로 식민지는 영국의 주요 수출 지역이 되었고, 브루잉 밀집 지역이 등장하기 전에는 이 수출품들이 정착민들의 삶을 지탱했다. 지역 주민들이 자기네 포터를 런던 포터의 라이벌로 여겼던 펜실베이니아가 그중 하나였으나, 훨씬 더 강력한 중심

• 텍사스와 멕시코의 요소들이 혼합된 요리

지는 뉴욕 올버니였다.

소도시 올버니는 식민지 시대부터 금주법 시대에 이르기까지 브루어리 수십 곳의 본거지였을뿐 아니라, '올버니 에일Albany Ale'로 알려진 더블 혹은 XX 맥주 스타일의 본거지이기도 했다. 이 에일은 알코올 도수가 8% 이상인 버턴 느낌의 센 맥주로, 호핑이 강하면서도 달콤했다. 올버니는 뉴욕 주 서부로부터 홉과 보리를 들여오고 맥주는 이리 운하를 통해 실어보낼 수 있었으므로, 서쪽으로는 시카고, 허드슨강을 따라 남쪽으로는 뉴욕시에 이르기까지 유통을 독점하게 됐다. 올버니는 이 거물급 에일의 인기에 힘입어 미국식 브루잉의 중심지로 부상했다. 1850년대에는 이 동네에 브루어리가 스무 곳 있었으며, 그중에는 (당대 기준으로는 엄청난 양인) 연간 20만 배럴을 생산할 수 있는 미국 최대 규모의 존 테일러 앤드 선스John Taylor and Sons도 있었다.

하지만 맥주는 여전히 협소한 시장이었고, 영국식 전통에 단단히 뿌리박혀 있었다. 여러 세대를 거치는 동안 진정한 영국식 맥주에 대한 향수마저 시들해지자, 미국에서 태어난 이들은 신대륙인 미국을 상징하는 술—럼과 위스키—로 관심을 돌려 갤런 단위로 마셔댔다. 독립혁명 당시 미국 내에는 브루어리마다 100개의 증류소가 있었다. 에일이 미국인들을 유혹하는 데는 거의 2세기나 걸렸지만, 위스키는 단숨에 미국의 마음을 사로잡아버렸던 것이다.

맥주가 미국인들의 의식 속에 다시 들어온 것은 1840년대와 1850년대 독일 이민자들이 수십만 명씩 유입되면서였다. 이들은 브루잉에 관련된 섬세한 감각과 기업가적 열정 그리고 맛이 뛰어난 맥주를 가지고 왔다. 처음에 독일 출신의 브루어들은 독일계 이민자들을 위해 다크 둥켈 라거를 만들었으나 곧 유럽 전역을 휩쓸던 맥주—샴페인처럼 아름다운 밝은색의 필스너—에 대해 알게 됐다. 올버니의 수많은 브루어들을 먹여살릴 만큼 충분히 큰 시장이 있었음에도 불구하고, 미국인들은 독주로부터 느꼈던 매력을 묵직한 에일에서는 결코 느끼지 못했다. 그러나 이 발포성 라거는 확실히 달랐다. 독일계 브루어들은 애주가들을 개종시키기 시작했고, 금주령이 내려질 시기 즈음 이들은 미국을 라거의 나라로 거의 바꾸어놓다시피 했다.

합병

에일의 죽음으로부터 곧장 에일이 부활하는 순간 크래프트 브루잉의 탄생으로 직행할 수도 있겠지만, 그러면 이야기의 핵심을 놓치게 된다. 금주법 이후 1970년대까지의 맥주 시장의 진화는 애초에 크래프트 브루잉이 시작된 —그리고 에일이 그 중심에 자리하게 된— 이유 그 자체이기 때문이다.

금주법 이후 살아남은 미국의 맥주 업체들은 수십 년에 걸쳐 합병을 겪게 됐다. 시장을 조금이라도 더 차지하기 위해 서로 끝없는 전투를 치렀고, 그 결과 모두가 좀더 싼 값에 맥주를 만들고 유통시켰다. 규모가 커지면서 브루어리들의 효율은 높아졌고 유통망은 더 능률화됐으며 더 많은 이윤을 남겼다. 미국 건국 이래 브루어리 사업은 쭉 지역에 국한되어 있었으나, 합병 바람과 함께 전국 규모의 브루어리가 등장했다.

역사상 최초로, 시장은 선택보다 합병을 더 선호하는 듯 보였다. 지역 브루어리들이 지역 브랜드나 때로는 특이한 현지 제품들과 함께 사라져가는데도 소비는 증가했다. 1970년대 말, 브루어리들은 대부분 이미 잡아먹혀버린 상태였고 미국에 살아남은 브루잉 업체는 50개도 채 되지 않았는데 판매는 계속 늘었다. 당시 생존한 브루잉 업체 수는 건국 이래 최저치로, 금주법 시행 이후 700곳에 비해서도 크게 감소한 수치였다.

역사적 시각에서 보면 매우 이상한 일이었다. 지난 수천 년간 어느 대륙이든 맥주를 마시는 문화권에서는 다양한 맥주 스타일들이 브루잉되는 일이 훨씬 더 흔했다. 이집트나 수메르

미국 토착 스타일

1980년대까지 미국은 세계의 브루잉 전통에 거의 기여한 바가 없다, 혹은 심각한 악영향을 끼쳤다는 등 평가가 갈렸다. 둘 다 틀린 말이다. 19세기에 미국은 브루잉의 혁신 최전선에 서 있었으며, 세인트루이스와 밀워키의 매시 턴으로 등장한 맥주는 독창적인 동시에 아주 특별했다. 이후 벌어진 일들이 미국 맥주의 평판에 흠집을 내고 초기의 기억을 지워버린 채 맥주 브루잉 역사에서 미국의 자리에 대해 잘못된 인식을 심었을 뿐이다. 초창기의 라거들은 좀더 나은 평가를 받아 마땅하다.

최초의 독일계 브루어들이 미국에서 사업을 시작할 당시, 이들은 고국에서 교육받은 방식대로 맥주를 만들었다. 바로 미국산 보리로 브루잉하기 쉬운 다크 라거였다. 하지만 미국인들은 이 무거운 맥주의 맛이 지나치다고 생각했다. 브루어리들은 현지인들의 취향에 맞춰 알코올 함량은 줄이지 않으면서도 바디를 가볍게 하려고 옥수수를 넣는 실험을 시작했다. 실험은 성공적이었다—좀더 가벼운 곡물을 사용해 맥주의 바디를 가볍게 할 수 있다는 사실을 발견한 셈이었다. 그러나 옥수수는 기름기가 많고 다루기가 어려웠으므로, 만들어진 맥주는 결국 수차례 강물에 버려지고 말았다.

당시 유럽 전역에서 등장하여 유행하기 시작한 필스너가 아니었더라면 옥수수를 사용하는 일은 완전히 자취를 감추고 말았을 것이다. 미국인들 역시 필스너 스타일을 브루잉하기 원했지만, 현지의 여섯줄보리는 거칠고 단백질 함량이 높은 품종이라 이것으로는 보헤미아 태생의 청량한 황금빛 맥주를 만들 수 없었다. 어쨌든 보리만으로는 불가능했고, 흰옥수수 또는 특히 쌀과 함께 섞으면 가능했다. 여러 해에 걸쳐 개발과 수정이 불가피했지만, 세인트루이스 앤하이저 브루잉St. Louis's Anheuser Brewing이 이끌던 미국 브루잉 업계는 결국 근사한 스파클링 페일 라거를 만들어내고야 말았다. 당시 만들어진 맥주의 수준은 상당히 훌륭해서, 앤하이저 브루잉은 1878년 프랑스에서 개최된 유럽 대회에서 독일, 보헤미아, 오스트리아, 바이에른의 라거들을 제치고 그랑프리를 받을 정도였다.

좋은 맥주를 찾는 이들은 소위 부가물이 든 이 맥주를 브루잉 기술에 대한 모욕으로 치부하며 코웃음을 치기도 한다. 부가물이라는 용어는 특정 맥주 타입을 지칭할 뿐 아니라 도덕적인 실패를 의미한다고까지 보는 것이다. 이들은 옥수수나 쌀 같은 부가물들을 그저 양을 늘리고 맥주를 희석시키는 충전재쯤으로 생각한다. 부가물을 사용하는 것은 자연히 맥주를 덜 맥주답게 만들고 품질을 떨어뜨린다고 말이다.

하지만 20세기 중반 브루어리들이 옥수수와 쌀을 사용하기 시작했을 때는, 이 곡물들의 값이 보리보다 비싸 맥주 제조에 사용하기가 어렵고 까다로웠다. 브루어리들은 손쉬운 방편으로 혹은 섬세하지 않은 맛을 내는 용도로서가 아니라 더 나은 맥주를 만들기 위해 옥수수와 쌀을 썼던 것이다. 부가물이 단순히 양을 늘리기 위해 채워넣는 목적으로 쓰이기 시작한 것은 이보다 한참 뒤의 일이다—그리고 이는 미국 맥주 품질을 저하시키는 유일한 요인이 됐다. 본래 부가물들은 브루잉의 승리였고, 버드와이저야말로 맥주의 왕이었다.

> **"맥주는 하느님이 우리를 사랑하고 우리가 행복하기를 바란다는 증거다."**
>
> 벤저민 프랭클린이 남겼다고 (잘못) 알려진 이 유명한 말은 맥주 애호가라면 누구나 알 만한, 맥주 페스티벌에 가면 보이는 티셔츠들 절반가량에는 씌어 있는 문구다. 프랭클린과 맥주에 대해 우리가 알고 있던 바를 재확인시켜주는 듯해 어쩐지 흐뭇한 표현이다. 벤은 난봉꾼 기질이 있었지만, 맥주에 대한 사랑이 그의 순전한 애국심을 보증하는 듯 보이는 건국의 아버지였으니까. 안타깝게도 이 역시 헛소리다. 프랭클린은 저런 말을 한 적이 없다. 뿐만 아니라 저 문구는 그가 1779년에 쓴 편지에서 잘못 인용한 것이다. 편지에서 프랭클린이 극찬한 것은…… 일단 심호흡부터 하자…… 바로 와인이었다.
>
> "우리 포도밭 위로 천국에서 내리는 비를 보라, 비는 포도나무 뿌리로 스며들어 와인으로 변한다. 하느님이 우리를 사랑하고 우리가 행복하기를 바란다는 불변의 증거다."
>
> 이 얼마나 프랑스적인가? (당연히, 프랭클린은 친불 인사였고, 이는 일부 다혈질 미국인들이 그에게 거리를 두는 수많은 이유 중 하나다.) 알고 보니 이 잘못된 인용을 부추긴 것은 금주법 시행 이후 미국양조협회에 의해서였다. 이들은 독주 업체들을 상대로 오래도록 벌여온 운동의 일환으로 맥주를 미국의 건국자들, 애국심, 그리고 아마도 전국 곳곳의 어머니들과 결부시키는 노력을 부단히 해왔다. 어쩌면 의류업체들이 이 문구를 티셔츠에 박아넣은 건 훨씬 더 나은 일인지도 모르겠다. 고작 허풍을 떨기 위해 건국의 아버지의 유산에 손을 댔다고? 이 얼마나 미국적인가?

까지 되짚어보더라도 다양한 스타일들을 찾을 수 있다. 그러나 세계 역사상 가장 자유로운 축에 속하는 시장 체제를 갖춘 바로 이곳 미국이 단일 맥주 스타일 중심으로 돌아갔던 것이다.

크래프트의 부활

이 기이한 공백 속으로 1970년대 최초의 크래프트 브루어리들이 들어섰다. 이들은 모두 소규모에다 걱정스러울 정도로 자금이 부족했다. 은행들도 이들을 거들떠보지 않았다(레드훅Redhook 공동창업자인 고든 보커가 재정 후원처를 찾자, 누군가는 이런 예상을 하기도 했다. "브루어리 창업이라니, 시작하기도 전에 문을 닫을 텐데 말이야."). 금속 기계 제조업체들은 이 작은 브루어리들이 필요한 장비를 어떻게 만들어야 할지 몰랐고, 몰트나 홉 소매업자들은 당시 처음 등장한 '마이크로브루어리'들보다 훨씬 큰 규모의 거래만 했다. 크래프트 브루잉에 매료된 이들은 사업가 집단이 아니었고, 버드와이저를 경쟁 상대로 여기지도 않았다. 이들은 밍밍한 맥주의 제국을 급습하고 향신료를 뿌려대려는 해적에 더 가까웠다. 이들의 화폐는 수제 맥주로, 철학과 목적의식이 담긴 장인의 수공예품과도 같았다. 이들은 한마디로 반反기업가였다.

에일은 반란을 위한 확실한 선택이었다. 초기의 수많은 크래프트 브루어들은 영국에 다녀온 경험이 있었고 그곳에서 만난 풍성하고 개성 넘치는 맥주들에 반했다. 대부분은 홈브루잉을 해본 적이 있었으므로 한 달 이상의 시간이 걸리는 라거와는 달리 2-3주 안에 훌륭한 에일이 나올 수 있다는 사실을 알고 있었다. 그러나 주로 이들은 펍이나 식료품점에서 볼 수 있는 몰개성적이고 살균 처리된, 공장에서 만들어진 라이트 라거의 공고한 벽에 맞서 확실히 대비되는 맥주를 내놓고 싶어했다.

시에라 네바다의 창립자인 켄 그로스먼은 공격 전략을 두 갈래로 세웠다. "처음부터 크래프트 브루어들은 뭔가 다른 것을 원했습니다. 그러면서도…… 정말 풍미로 승부해야 했죠." 미국의 산업적 브루어들은 유례없이 마일드한 맥주를 만들고자 했다. '귀족' 홉의 풍미와 더불어 굉장히 가벼운 특성을 지닌, 독일의 라거를 연상시키는 맥주였다. 초창기 마이크로브루어리들은 해골이 그려진 해적 깃발을 올리고 주류와 뚜렷이 대비되면서도 변화의 물꼬를 틀 만한 스타일들을 시도했다. 에일 브루잉을 했으며, 옥수수, 쌀, 설탕은 절대 쓰지 않았다—밀은 예외였다. 그리고 미국 브랜드들이 피했던 톡 쏘는 풍미가 강한 미국산 홉들을 당당히 사용했다. 최초의 크래프트 맥주들은 확실히 달랐고, 당시 시중에 나와 있던 맥주들에게 맛으로 한 방 날린 셈이었다.

일관성의 형성

상상이 잘될지 모르겠지만, 1980년대쯤 대부분의 미국인들은 맥주 스타일들에 대한 감각을 전부 상실한 상태였다. 맥주라면 단 하나—마일드한 라이트 라거—밖에 몰랐다. 초창기 마이크로브루어리들에게 이는 흥미로운 도전이 됐다. 새로운 고객을 교육하는 동시에 유혹까지 해야 했으니 말이다. 그러나 고객들은 아무런 판단 근거가 없었으므로, 어떤 것이 매혹적인지도 잘 몰랐다. 크래프트브루잉 초기 15년 정도는 브루어

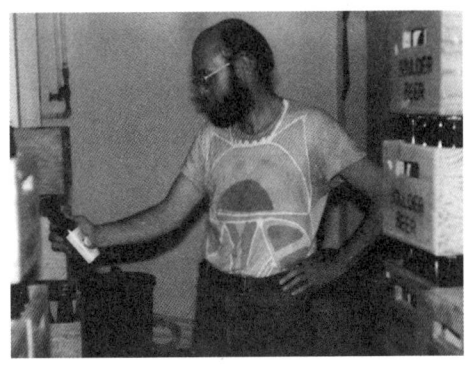

스몰 배치 브루잉은 콜로라도 볼더나 캘리포니아 치코 같은 곳에서 시작됐다. 사진의 볼더 브루잉은 그 개척자들 중 하나다.

리들이 고객의 마음을 사로잡을 만한 맥주를 찾아내기 위해 이것저것 테스트해보는 시기였다.

일부 브루어리에서 이는 라이트 라거와 적어도 어느 정도는 연관이 있는 맥주를 만드는 일을 의미했다. 샌프란시스코에서는 프리츠 메이태그가 앵커를 출시하며 오늘날 유명한 스팀 비어—라거의 가까운 친척—를 선보인 상황이었다. 웨스트코스트 지역 다른 브루어리들은 페일 에일(시에라 네바다, 헤일스Hale's)이나 골든 에일(풀 세일Full Sail)을 만들었다. 위스콘신이나 펜실베이니아 등 브루잉 전통을 그대로 간직한 지역에서는 캐피탈Capital, 스프레처Sprecher, 펜Penn 등 초창기 크래프트 브루어리들이 전부 라거로 장사를 시작했다. 그러나 전혀 다른 방향으로 나가기 시작한 브루어리들도 있었다. 독일 알트비어가 승산이 있다고 본 위드머 브라더스는 뒤셀도르프로부터 배양된 효모를 다시 들여와 오리건에서 이 도시의 시그니처 맥주를 만들고자 했다. 메인에서는 데이비드 기어리가 개방형 발효통과 전통적인 효모종을 구비한 최초의

영국식 브루어리를 창립했다.

크래프트 브루어리들은 1980년대에 수없이 많은 맥주들을 출시했고 수많은 실패를 겪었다. 위드머의 알트비어는 홉을 다량으로 넣은 풍성한 구릿빛 맥주였는데, 당시로서는 너무 과감했다. 볼더 브루잉 컴퍼니(결국 볼더 비어로 안착하기 전 한동안 로키스 브루잉Rockies Brewing으로도 불렸다)는 1979년 창립 때부터 2002년 현재의 구성에 안착하기까지 보유 라인을 끊임없이 수정해왔다. 미주리 캔자스시티에서는 불러바드 브루잉Boulevard Brewing이 처음에는 불리! 포터Bully! Porter와 그 밖의 다른 영국식 에일들로 알려지기 시작했다. 결과론적으로, 중서부 지역의 일렁이는 밀밭은 색다른 길을 제시했고 언필터드 휘트Unfiltered Wheat˚는 불러바드의 대표 맥주가 됐을 뿐 아니라 중서부 지역의 베스트셀러 중 하나로 자리잡았다. 이는 운이 좋은 경우였다. 미국에서 크래프트 브루잉이 시작된 첫 15년 동안 수많은 브루어리들이 초반의 실패를 견디지 못해 살아남지 못하고 기억에서 사라져갔다.

1990년대 초에는 몇 가지 흐름이 등장했다. 영국식 에일이 미국에서 잘 팔리고 있었고 고객들은 당시 브루잉 방식에 익숙해지고 있었다. 하지만 영국식 스탠더드 맥주뿐 아니라 영국적인 것처럼 보이는 것들도 만들어지고 있었다—실제로는 아니었지만. 어느 브루어리에서인가 골든 에일(버드와이저 대역에 해당하는 가장 라이트한 에일)에서부터 시작하여 점점 더 다크한 맥주들—페일, 앰버, 레드, 브라운, 포터, 스타우트—을 선보였을 것이다. 미국인들은 마일드 에일—대개 다크하면서도 약한 맥주—을 버리고 라이트에서부터 다크, 그리고 저도수로부터 고도수에 이르는 범주를 탄생시켰다. 영국식은 아니었지만 완전히 새로운 브루잉 스타일을 익혀가던 미국 소비자들에게는 이것이 먹혀들었다.

이는 미국이 나름의 스타일을 찾아 떠나는 계기가 된 중요한 일탈이었다. 영국에서는 나름의 환경 조건들을 바탕으로 등장한 각 맥주 타입들이 기존 맥주들이 꽉 잡고 있는 성숙된 시장으로 들어선 상황이었다. 수세기에 걸쳐 유행이나 선호도가 시장을 휩쓸고 지나갈 때마다 여러 스타일이 뜨고 또 졌다. 하지만 미국 소비자들에게는 마이크로브루어리가 만들어내는 에일을 받아들일 만한 맥락이 없었다. 스타우트나 브라운은 물론이고 페일 에일도 어디서 왔는지 알지 못했다. 하지만 상대적으로 더 밝거나 어둡거나 한 맥주 색의 스펙트럼이라는 개념에는 뚜렷한 논리가 있었다—맥주 초심자라면 그 색깔 범위 속에서 맥주를 고르고 그것에 근거해 취향을 정할 수 있었을 것이다. 여기에는 두 가지 의미가 있었다. 우선, 그 범위 전체에 관계적 특성이 생겼다는 것이다. 그 연속된 스펙트럼상의 일관성, 즉 그 맥주들을 관통하는 스타일상의 일관성이 있었다. 이 일관성은 워낙 뚜렷해서 또 하나의 현상을 낳았으니, 바로 영국에는 없었던 두 중간색—앰버와 레드—을 탄생시킨 것이다. 미국 브루어리들은 이 라인을 채우느라 이러한 스타일들을 만들어낼 수밖에 없었던 셈이다.

˚ 필터링하지 않은 밀 맥주라는 의미

> "사람들은 크래프트 맥주에 대해 아무것도 몰랐다. 모두가 이 맥주는 무슨 스타일인지 —스타일이란 무엇인지— 심지어는 어떤 에일과 라거를 비교해야 할지부터 배워야 했다. 유통업체들도 모르기는 매한가지였다. 레이니어Rainier든 블리츠Blitz든 그저 트럭에 실려 있는 것을 팔 뿐이었다. 소비자들은 그들보다도 더 아는 게 없었다."
>
> — 칼 오커트, 1984년 창립된
> 브리지포트 브루잉 컴퍼니의 브루마스터

미국 밀 에일

그 스탠더드 에일의 스펙트럼이 초기 미국 크래프트 브루잉 전체에 해당하는 것은 아니었다. 밀 에일은 비슷한 나름의 방식으로 전개되고 있었다. 미국 브루어리들은 가벼운 맥주에 쌀과 옥수수 같은 부가적인 곡물을 사용하기를 꺼렸지만, 밀은 보리만큼이나 자연적이고 건강에 유익하며 고급스러운 재료로 취급받았다. 일반적인 맥주에서 크래프트 브루잉으로 건너오는 이들에게도 충격을 안기지 않는 부드럽고 청량감 있는 맥주를 만든다는 것도 뜻밖의 장점이었다.

여느 경우와 마찬가지로 이런 경향도 웨스트코스트 지역에서 시작됐다. 앵커는 1983년에 밀맥주를 만든 최초의 브루어리였다. 미국의 브루어리들이 당시 만들고 있던 다른 에일들에 비하면 엄청난 진보였다—앵커는 맥아 가루에 상당량의 밀을 넣어 라이트한 황금빛 밀 에일을 만들었다. 위드머 브라더스가 알트비어를 천천히 선보인 이후, 이들이 출시한 필터링하지 않은 밀 에일은 태평양 연안 북서부 지역 최초의 실질적 성공작이 됐다. 컬럼비아강 건너 하트 브루잉Hart Brewing(현재의 피라미드)은 밀로만 만든 에일과 살구를 넣어 만든 맥주로 못지않은 성공가도를 달리고 있었다. 1990년대 초에는, 중서부 브루어리들도 비슷한 종류들을 선보였고 밀 에일이라는 스타일이 실제로 흥한 것도 바로 미국의 곡창지대에 해당하는 바로 이 지역에서였다. 시간이 흐르면서 벨스(오베론Oberon), 스리 플로이즈(검볼헤드Gumballhead), 구스 아일랜드Goose Island(312 어번 휘트Urban Wheat), 불러바드(언필터드 휘트)에서는 밀 에일이 점점 더 생산량의 많은 부분을 차지하게 됐다. 이들을 다 합하면 미국 크래프트 시장에서 상당히 큰 부분에 해당했다.

크래프트 브루잉의 성장

첫 10여 년 동안 크래프트 브루잉 산업은 꾸준히 희망적인 성장세를 보였다. 미국인들은 각 브루어리를 통해 점차 새로운 맥주 스타일을 알아가고 있었다. 1990년쯤에는 200개 이상의 크래프트 브루어리가 있었고, 이들은 다양하고 인상적인 맥주들을 선보이고 있었다. 그 뒤 골드러시—브루어리 수의 폭발적 증가—가 일어나면서 심각한 스타일 혼돈의 시대가 도래했다.

크래프트 브루어 1세대가 원한 것은 오직 좋은 맥주를 만드는 일이었으나, 마이크로브루어리들이 진정한 재정적 기회를 제공했던 것은 분명했다. 상당수의 초기 브루어리들이 성공가도를 달리고 있었고 일부는 점점 규모가 커져갔다. 선두주자였던 보스턴 비어 컴퍼니는 1994년에 50만 배럴을 생산했다. 피츠 브루잉과 시에라 네바다 모두 1995년에 10만 배럴 선을 넘

크래프트 맥주 혁명의 사상가들: 시카고 브루잉, 인디애나폴리스 브루잉, 제퍼슨 스테이트

이들은 시장을 한층 더 희석시키는 제품들을 만들어냈다. 1998년쯤에는 무려 1,376개의 브루어리들—8년 만에 일곱 배가 증가한 셈이다—이 있었고 이 가운데 다수는 끔찍한 맥주를 만들어내고 있었다.

이와는 대조적으로 고객의 입맛에 애써 맞추지는 않겠다는 결심을 하고 시장에 들어선 브루어리들도 많았다. 개척자 중 한 명이었던 버트 그랜트는 1982년에 깜짝 놀랄 만큼 대담한 45 IBU짜리 스코틀랜드 에일(알코올 도수는 4.7% ABV에 불과하지만 분명 미국에서 가장 호피한 맥주였다)로 브랜드를 런칭했다. 시에라의 켄 그로스먼은 지금까지도 미국 페일의 기준이 되는 맥주로 데뷔했다. 벨스, 서밋, 피라미드, 레드훅, 보스턴 비어, 캐터마운트Catamount, 펜, 스타우츠Stoudts는 모두 풍성하고 풍미 가득한 맥주를 만드는 브루어리들을 창립했다. 그러나 1990년대 말, 이 제품들은 시장에 난무하는 온갖 가짜와 아류 들과 경쟁해야 했다. 침입자들은 똑같이 친근한 라벨들을 사용하고 장인 정신에 입각한 브루잉에 똑같은 수준의 헌신을 한다고 내세웠지만, 이들이 만드는 맥주는 밍밍하거나 품질이 떨어졌다. 개척자들과는 달리 이들 브루어리 중 다수는 자금이 충분했으

졌다.

이들의 성공으로 크래프트 브루어리 버블이 형성되자 투기꾼들이 시장으로 몰려들기 시작했다. 1990년부터 1995년 사이에 브루어리는 두 배가 넘게 늘었고 1997년쯤에는 또다시 두 배로 늘었다. 기업가들은 크래프트 브루잉이나 맥주 시장을 이해하려는 노력도 없이 무작정 달려들었다. 1990년대 중반, 식료품점의 냉장고마다 달달한 과일 에일, 싱거운 골든 에일에 라이트 페일 에일, 그리고 품질에 문제가 많은 온갖 맥주들이 넘쳐났다. 한동안 크래프트 맥주에 한껏 매료된 소비자들은 무엇이든—심지어 나쁜 맥주도— 마셔보고자 했다. 이런 추세와 더불어, 일부 회사들은 와인 쿨러wine cooler*나 지마Zima처럼 단맛을 가미한 '알코팝alco-pop'**을 좋아하는 이들을 위주로 시장을 겨냥하려 들었다. 마이크로브루잉 경향에 편승하고자 했던

* 와인에 과일 주스나 탄산수, 설탕 등을 섞은 음료
** 알코올이 든 청량음료

므로 유통과 마케팅에 엄청난 돈을 쏟아부을 수 있었지만 정작 맥주와 브루어리에는 소홀했다.

결과는 필연적이었다. 소비자들은 크래프트 브루잉으로부터 등을 돌리기 시작했고, 이는 브루어리 수백 곳이 도산하는 결과로 이어졌다. 1999년, 크래프트 브루어리의 수는 17% 감소했고, 매출은 부진했다. 소비자들은 여전히 유행에 관심이 있었지만, 나쁜 맥주에는 넌덜머리가 난 상태였다. 브루어리마다 마치 디자이너들이 최신 패션을 변화시키듯 브랜드를 변화시키기 시작했다. 맥주를 여섯 개 한 묶음으로 사는 일은 복불복이 됐다. 교묘한 엉터리 맥주를 팔던 브루어리들은 변덕스러운 고객층이 사라져가는 것을 지켜볼 수밖에 없었고 이는 치명적인 결과로까지 이어지기도 했다.

홉으로 구원받다

미래는 암울해 보였지만, 당시는 미국식 브루잉 역사에서 중대한 순간이었다. 시커먼 연기가 걷히고 난 뒤 남은 것은 열혈 맥주 팬들이었다. 이들은 맥주 스펙트럼의 사다리를 차근차근 밟아 올라와 맥주의 여러 대담한 풍미들에 대한 취향을 천천히 발달시켜온 터였고, 2000년대 초에 들어서면서 맥주 시장은 바로 그런 타입—더 도수가 높고 더 호피한—의 맥주들 쪽으로 확실히 돌아섰다.

캘리포니아에서는 스톤 브루잉이 라구니타스Lagunitas, 베어 리퍼블릭과 더불어 슈퍼호핑 맥주의 선두주자였다. 브리지포트가 1996년 IPA를 출시한 일을 계기로 태평양 연안 북서부 지역에서는 본질적으로 브루잉의 방향이 홉의 풍미와 아로마가 가득한 맥주 쪽으로 되돌아섰다. 중서부 지역에서는 좀더 몰트의 풍미가 강하고 균형 잡힌 버전들을 선보였는데 이들 역시 크게 주목받았다. 벨스 투 하티드 에일이나 스리 플로이즈 알파 킹이 대표적인 예다. 이스트코스트 쪽에서는 영국식과 미국식 해석을 절반씩 절충한 IPA들—하푼 IPA, 빅토리 홉데블 Victory HopDevil, 브루클린 이스트 인디아 페일 에일Brooklyn East India Pale Ale—이 시장에 상당한 영향을 미쳤다.

매출액에 즉각적인 효과가 나타나지는 않았을 수도 있다(사실, 이들이 가장 잘 팔리는 맥주로 떠오르기까지 10여 년은 걸렸을 것이다). 그럼에도 증거는 있었다. 매년 열리는 그레이트 아메리칸 비어 페스티벌 출품작들을 보면 인기 있는 스타일들의 흥망성쇠를 엿볼 수 있다. 크래프트 브루어리들이 이제 막 목소리를 찾기 시작하던 1999년, 95개 브루어리에서 앰버 에일 카테고리에 맥주를 출품했다—크래프트 브루잉 초기 10여 년간 가장 인기를 얻은 카테고리

불러바드의 스티븐 파우월스(왼쪽)와 데슈츠의 래리 시도어가 합작한 '화이트 IPA'

계약 브루잉

크래프트 브루잉이 시작된 것은 일종의 철학적 저항이었다. 산업적 규모의 브루잉과 기계화에 맞서, 초기 크래프트 브루어들은 수제 맥주로 응수하고 나섰다. 이들은 사람들이 직접 곡물자루를 끌고 맥아즙이 끓는 커다란 솥을 손으로 일일이 다루던, 좀더 오래된 브루잉 전통에 기대를 걸었다. 컴퓨터 스크린도, 버튼만 누르면 되는 브루잉도 없던 시절이었다. 크래프트 브루잉의 초기 10년 동안 문을 연 브루어리 수십 곳 가운데, 거의 대부분이 이 같은 비전을 가지고 소규모로 운영을 시작했다.

짐 코크는 다른 접근을 택했다. 1984년 보스턴 비어를 창립했을 당시, 그는 브루어리를 열 이유가 없다고 생각했다. 미국 전역에 과잉 생산 설비를 갖춘 공장들이 넘쳐났고, 짐의 사업 계획은 소위 '계약 브루잉'—자력으로 맥주를 만들 수 없을 때 기존 브루어리들과의 협업을 통해 자기 맥주를 만드는 것—이었다. 그는 피츠버그 브루잉Pittsburgh Brewing Co.과 제휴하여 보스턴 라거를 생산했고 자신은 제조 대신 판매에 주력했다. 이것이 신의 한 수였다. 보스턴 비어는 급성장하여 크래프트 맥주 가운데 가장 많이 팔리는 맥주가 됐고, 오늘날까지도 그 자리를 지키고 있다. 계약 브루잉이 일반적인 방식으로 인기를 얻기까지는 마이크로브루잉보다 조금 더 시간이 걸렸지만, 사람들이 좋은 맥주는 돈이 된다는 것을 깨닫게 되면서, 계약 브루잉이 유행하기 시작했다.

하지만 계약 브루잉 방식은 귀중한 돈을 설비에 쏟아부어야 하는 소규모 브루어들을 괴롭혔다. 마이크로브루잉의 한 가지 장점은 현지에서, 인간적인 규모로, 누군가가 한쪽 구석에서 만든다는 느낌에 있었다. 브루어들은 스스로를 맥주 판매상이 아니라 장인으로 생각했다. 계약 브루어, 이들은 마이크로브루잉의 소탈한 이미지를 이용하여 막대한 수익을 쓸어담는 사기꾼들이었다. 모린 오글은 미국식 브루잉의 역사를 다룬 책 『야망의 브루잉Ambition Brew』에서 이런 경향에 대해 기록했다. 나머지 크래프트 브루어들이 보기에 계약 브루어들은 맥주를 브루잉한다기보다는 "돈 버는 데 더 관심"이 있었고(커트 위드머), "홍보 전문"이었고(버트 그랜트), 맥주 "브로커"였으며(켄 그로스먼), "정장을 빼 입은" 세일즈맨들이었다(데이비드 기어리).

많은 경우, 이 같은 비판은 일견 타당했다. 1990년대 초, 계약 브루어리들은 엄청난 쓰레기들을 쏟아내며 업계 전반에 악영향을 끼쳤다. 그러나 보스턴 비어는 크래프트 브루어리들과 직접 맞붙어 경쟁할 수 있음을 입증해 보였고, 보스턴 비어에 쏟아진 수많은 상찬은 바로 그 증거였다.

시간이 흐르면서 계약 브루잉의 이미지도 달라졌다. 짐 코크는 자신의 고향 신시내티로 돌아가 오늘날 새뮤얼 애덤스가 생산되는 곳 중 하나인 후데폴-쇤링Hudepohl-Schoenling 브루어리를 매입했다. 브루어리들은 각자 나름의 생산량을 채우기 위해 정기적으로 계약을 체결한다. 다른 크래프트 브루어리들을 위해 계약하는 경우도 흔하다. 이는 계약을 체결한 브루어리의 손익계산에 도움이 되며, 장거리 운송을 하는 대신 어디서든 곳곳에서 원하는 맥주를 만드는 일도 가능해진 것으로, 이는 환경을 고려하는 일이 중요해진 시대를 맞아 친환경적 경영이라는 이점도 있다. 계약 브루잉은 브루잉 산업에서 일반적인 관행으로 자리잡았으며, 여전히 어느 정도 오명이 남아 있기는 하나 예전만큼 논란의 대상은 아니다.

였다. 2010년이 되자 앰버 에일에 참가한 브루어리는 83개로 줄었다. 반대로, 호피한 인디아 페일 에일 카테고리에는 1999년 118종의 맥주가 참가했으나, 2010년에는 이 수가 174로 증가했다.

이는 결국 시장에도 그대로 반영되고 있다. 여러 해 베스트셀러 목록에서 맨 위를 차지하던 보스턴 라거, 시에라 네바다 페일 에일, 위드머 헤페바이첸은 이제 전부 선반을 나눠쓰는 신세가 되었다. 가장 빠른 성장세를 보이는 것은 IPA로, 시에라 네바다 토피도, 스톤 IPA, 라구니타스 IPA 같은 브랜드들이 주축이 되고 있다.

2012년, IPA는 크래프트 시장에서 18%를 점유했다—시장점유율이 11.5%에 불과한 2위 페일 에일보다 한참 앞선 수치다. 크래프트 브루잉의 두번째 15년이 끝나가는 지금은, 홉과 시트러스 풍미가 강한 건장한 느낌의 미국 에일들이 시장을 선도하고 있다.

상세 설명 및 특성

보수적으로 잡아도 대략 3,000곳의 미국 브루어리에서 매년 4만 가지 각기 다른 스타일의 맥주를 만들어낸다. 세계 다른 어딘가에서 상업적으로 브루잉한 각 맥주 스타일은 미국에서도 브루잉되며, 미국 브루어리들은 오래전 단종된 맥주 스타일을 부활시키는 실험까지 하고 있다. 미국의 맥주 시장은 산업 규모 브루잉에 의해 완전히 변형돼버린 상태였으므로 국가 차원의 전통에 대한 감각은 잃어버린 지 오래였다. 그러므로 크래프트 브루어리들은 지금껏 들어본 것이든 상상한 것이든 어떤 맥주든 브루잉할 수 있는 자유를 한껏 느꼈다. 오늘날 미국 시중에 나와 있는 맥주만큼 다양한 맥주를 생산해온 나라는 없었다고 해도 과언이 아니다.

브루잉에 미국만의 전통이 없다는 말을 하려는 것은 아니다. 분명히 있다. 미국식 브루잉이 진화하면서 오늘날 이를 규정할 수 있는 특성들도 생겨나기 시작했으며, 이는 여러 스타일과 전통에서 두루 찾아볼 수 있다. 미국의 브루잉이 추구하는 것은 강렬함이다. 이런 기호는 특히 높은 홉 비중과 알코올 도수에 반영되지만, 다른 나라에서 만든 비슷한 에일들보다 조금 더 독한 에일에서 더 폭넓게 나타난다. 다시 말해, 타트 에일은 좀더 신맛이 강하고, 로스티한 에일은 좀더 쓴맛이 강렬하며, 센 맥주는 좀더 술기운이 강하고, 거의 모든 맥주가 조금 —대개 아주 약간— 더 호피하다.

물론, 홉은 미국 스타일의 핵심이다. 독일과 영국 스타일이 쓴맛을 천천히 줄여가는 추세인 반면, 미국 스타일은 꾸준히 쓴맛을 늘려가고 있다. 하지만 이는 단지 쓴맛의 문제만은 아니다. 홉은 미국 에일의 기반에 해당하는 특성이다. 이는 이국적인 거친 풍미와 아로마를 자랑하는 미국식 다양성—계속 확장되는 홉 수십 종의 지형—에서부터 시작된다. 시트러스는 이 홉들과 가장 많이 연관되는 단어지만, 소나무, 민트, 열대과일 같은 풍미가 강한 품종도 다수 있다. (홉과 그 풍미에 관해서는 이 책의 부록을 참고하자.) 일부 품종은 오레가노와 유사한 허브의 특성을 지니기도 하고, 라벤더나 치자나무 같은 꽃향이 나는 홉도 있다. 어떤 품종은 양파 같은 희한한 풍미—몇몇 시음자들만이 서밋 종에서 이를 감지해낸다—를 내기도 한다.

미국 브루어리들은 홉을 부각시키기 위해 할 수 있는 모든 것을 한다. 복잡하고 정교한 호핑 스케줄—매시에 호핑을 하거나, 냉각기로 가는 과정에서 홉백hopback⁺에 홉을 첨가하거나 맥주에 드라이호핑을 하는 등(그리고 세 가지 모두를 하는 경우도 있다)—을 따르거나, 아주 복잡한 조합의 홉을 쓰기도 한다. 때로는 홉에서 특정한 향을 끌어내기 위해 단일 품종을 사용하기도 한다. 단일 품종의 포도로 와인을 만드는 경우와 마찬가지다. 하지만 어떤 방식을 사

뉴잉글랜드의 링우드 에일Ringwood Ale

미국이라는 국가적 특성 이외에도, 미국 내 각 지역은 나름대로 별난 특성과 기호가 있다. 그러나 레드삭스 팬덤만큼 특정적이고 기원이 단일한 문화를 지닌 곳도 없다. 뉴잉글랜드—특히 메인, 버몬트, 뉴햄프셔—를 여행한다면 잉글랜드식 전통으로 브루잉된 수많은 에일들을 만나게 될 것이다. 비터는 포터와 스타우트와 마찬가지로 스탠더드다. 캐스크 에일은 잘 알려져 있지 않다. 퍼글 홉은 캐스케이드만큼이나 흔하다. 그러나 나는 초창기에 방문했을 때 그곳 맥주들—특히 비터들—에서 버터 같은 부드러운 특성을 느끼고는 깜짝 놀랐다. 어느 한 종류만 그런 것이 아니라 마시는 비터마다 다 그랬으니까.

알고 보니 여기에는 그럴 만한 이유가 있었다. 1980년대 초, 자신만의 마이크로브루어리를 시작할 생각이었던 메인 주 출신의 데이비드 기어리는 영국 전역의 브루어리들—요크셔의 새뮤얼 스미스, 스코틀랜드의 벨헤이븐, 마지막으로는 햄프셔의 중요한 초기 영국 크래프트 브루어리인 링우드—에서 일하며 시간을 보냈다. 데이비드 오스틴은 영국의 헐Hull 브루어리에서 수십 년간 브루잉을 했었고, 1978년 링우드를 시작하면서 헐의 오래된 효모를 가져왔다. 이 효모종은 150년은 된 것으로, 개방형 발효통에서 잘 자라며 이 발효통 안에서 다양한 개성을 지닌 드라이하고 과일 풍미가 강한 에일을 만들어낸다. 효모는 사용된 방식에 따라 디아세틸도 생성해낸다. 내가 메인에서 느꼈던, 부드럽고 버터 풍미를 지닌 바로 그 화합물이다.

이것이 바로 링우드 에일의 탄생 배경이다. 데이비드 기어리는 오스틴의 시스템이 가장 마음에 든다는 결론을 내렸고, 자연스레 링우드 출신의 앨런 퍼그슬리를 고용하여 브루어리의 기초를 마련하고 브루어로 일하게 했다. 기어리스에서 오늘날까지 사용하고 있는 시스템은 상당 부분이 오스틴이 만든 그대로—둥근 모양의 개방형 발효통(기어리는 이를 '요크셔 라운드'라 부르는데, 이 지역에서 좀더 유명한 요크셔 스퀘어와 대비된다)—이며, 브루어리는 이 발효통으로부터 생 효모를 걷어내어 후속 배치들에 사용한다.

퍼그슬리는 기어리에 시스템 측면에서 도움을 준 뒤에도 계속 링우드의 조니 애플시드Johnny Appleseed 브루잉을 계속했고, 10년 동안 뉴잉글랜드를 기반으로 하는 브루어리를 여덟 곳 넘게 설립했다. 그중에는 매직 햇Magic Hat, 시 도그Sea Dog, 그리티 맥더프스Gritty McDuff's 등이 있었다. 데이비드 기어리는 디아세틸을 용납하지 않아서 그가 만든 맥주에는 그런 풍미가 전혀 없지만, 이들은 예외다. 기어리와는 달리, 퍼그슬리는 버터스카치 느낌을 좋아해서 이후 생긴 브루어리들에서는 디아세틸이 생성되는 것을 막으려 들지 않았다. 그는 1994년 기어리의 고향인 메인 주 포틀랜드에 마지막 브루어리를 설립했다. 이 브루어리가 바로 오늘날 미국 최대 규모 크래프트 브루어리 스무 곳 중 하나인 십야드Shipyard다. 그러나 그가 남긴 유산은 십야드보다 훨씬 크다. 다음에 보스턴 북부에 들르게 된다면 어디든 들어가서 파인트 한 잔을 맛보며 그가 남긴 흔적은 없는지 찾아보기 바란다.

용하든, 주안점은 풍미와 아로마가 흘러넘치는 선명한 맥주를 만드는 것이다. 이는 스타일에 국한되지 않는 일반적인 방식이다.

홉이 미국식 브루잉에서 차지하는 중심적 역할을 알아보는 한 가지 방법은 수천 개의 브루어리에서 생산해내는 맥주 스타일들을 살펴보는 것이다. 지금까지 가장 흔한 것은 페일 에일과 인디아 페일 에일인데, 이들은 홉의 풍미를 더하는 데 가장 잘 어울리는 스타일들이다. 가장 큰 미국 브루어리 50개 가운데 45개의 레귤러 라인업에 IPA가 포함돼 있다는 것은 이 스타일이 얼마나 기본이 되었는지 보여주는 증거다. 또한 대부분은 홉향이 강한 페일 에일을 준비해놓고 있다. 둘 다 없는 곳은 단 두 곳인데, 그중 한 곳은 라거 전문 브루어다.

대량 판매용 라거 이후 페일은 20년간 미국

미켈러 싱글 홉은 벨기에에서 브루잉된 '아메리칸 스타일' IPA다.

식 브루잉의 제왕이었으나, 2011년쯤 IPA가 슈퍼마켓에서 페일의 자리를 대신하게 되면서 왕좌에서 내려왔다. 오늘날 슈퍼마켓에서 팔리는 크래프트 맥주 열 개 중 네 개 정도가 IPA와 페일인 반면, 조금 격차를 두고 3위에 오른 앰버는 맥주 애호가들 사이에서 연이은 하락세를 면치 못하고 있다.

미국의 브루어들이 점점 더 이 같은 에일을 만드는 데 관심을 가지게 되면서, '아메리칸'은 형용사가 됐다. 그리고 '아메리칸 에일'은 사방으로 확산되고 있다. 영국, 벨기에, 동유럽, 스칸디나비아의 브루어리들은 오늘날 대놓고 '아메리칸 스타일' 에일을 생산한다—물론, 더 가까이 있는 본토의 수백 개 브루어들도 마찬가지다.

골든 에일

크래프트 브루잉이 안정을 찾아갈 무렵, 브루어리들은 좀더 풍미가 강한 맥주들로 가는 '관문' 또는 '교차로' 역할을 기대하며 가볍고 무난한 맥주 카테고리를 만들었다. 골든 에일은 미국의 스탠더드 라이트 라거에 대한 초창기 브루어리들의 대응인 셈이었다. 풍미의 두드러지는 정도가 중간쯤에 해당하고 지푸라기색을 띠는 이들 골든 에일은 개성이라 할 만한 것이 거의 없었다—단지 약간의 몰티함, 과일향 나는 에스테르, 시트러스 풍미가 나는 호핑 정도가 전부였다. 시간이 흐르면서, 관문으로서의 맥주라는 논리는 점점 더 모호해 보이기 시작했고, 골든 에일은 미국 전역의 맥주 라인에서 천천히 낙오되고 있었다. 시장이 성숙해지고 맥주는 어떤 맛이어야 한다는 특정한 기대가 없는 새로운 소비자층이 시장에 진입하면서, 골든은 크래프트 브루잉의 가장자리로 계속 밀려날 것 같다.

앰버 에일

앰버 에일은 잉글랜드식 비터의 틀대로 만들어진 맥주에서 출발한 것이 분명하다. 균형을 추구하며 만들어진 초창기 앰버 에일들은 페일 에일에 비해 더 몰티하고 달콤했다—신참 크래프트 애호가가 도전해볼 만은 하지만 만만치는 않은 스타일이다. 풀 세일의 브루마스터 제임스 에머슨은 미국 앰버 에일을 최초로 만든 사람 중 한 명이기도 한데, 원본이 "영국식 ESB였던 것은 확실하다"고 인정했다. '앰버'라는 단어는 미국 시장을 설명하는 데 혼란을 덜어주는 표현이었던 것 같고, 브루어리들이 더 나은 해석을 내놓는 데도 도움이 됐다. 풀 세일 앰버는 "스탠더드에 비해 미국산 홉이 더 많이 들어가고, 알코올 도수도 높고, 좀더 쓴맛이 강하게" 만들어졌다. 에머슨은 이 에일을 '아메리칸 ESB'라 불렀는데 이 버전은 훗날 일종의 기준이 되었다.

앰버 에일은 1980년대 이후 별다른 변화가 없었다. 이들은 여전히 달콤한 풍미 쪽에 기울어져 있다. 캐러멜 몰트가 넉넉히 들어갔으며, 부드럽고 달콤한 바디는 시트러스향을 지닌 미국식 호핑과 자연스레 조화를 이룬다. 앰버는 쓴맛을 중점으로 브루잉되지는 않지만 여러 겹의 홉 풍미를 지닌 경우가 많은데, 잉글랜드 비터의 구조와 마찬가지로 이런 풍미는 섬세한 집중을 요한다. 앰버는 훌륭한 세션 맥주로, 마실수록 더 많은 특징을 드러내는 것 같다—그리고 강하지 않은 풍미와 뛰어난 균형감 덕분에 대다수의 앰버 에일은 캐스크에서 서빙하기에 최적이다.

레드 에일

레드 에일은 앰버 에일과 함께 묶이는 경우가 많지만, 이제 출발 지점으로부터 —그리고 앰버 에일로부터— 상당히 멀어진 채 방황하는, 계속 진화하는 스타일이 되었다. 사실 레드 에일은 처음부터 확연히 달랐다. 앰버가 근본적으로 잉글랜드 비터의 미국식 해석이었다고 한다면, 레드는 일종의 독특한 미국 에일이었다.

이를 확인하려면, 1983년의 원조 레드 에일인 멘도시노 브루잉 레드 테일 에일 Mendocino Brewing Red Tail Ale로 돌아가야만 한다. 창립자 마이클 레이번과 노먼 프랭크스의 오래된 홈브루 레시피와 포크송 '레드테일 호크 The Redtail Hawk'—싱어송라이터 케이트 울프의 캘리포니아 찬가—에서 영감을 얻었다. 잉글랜드 비터가 기준이 아니었으므로, 여러 가지를 맞출 필요도 없었다. 레드 테일은 바디, 캐러멜 풍미, 호핑에서 초기 앰버들에 비하면 더 가벼웠지만, 알코올 도수는 6.1% ABV로 센 축에 속했다. 이제 30년이 넘는 역사를 자랑하는 이 맥주는 오늘날의 기

캔 속의 미국 문화

미국인들은 에일을 만들기 시작했을 때, 원 재료를 구하기 위해 당장 영국의 우물부터 찾아갔다. 머지않아 미국적인 특징이 하나 생겨났는데, 국가별 전통이라는 것이 대개 그렇듯 그 주된 동력이 된 것은 브루어의 의도와 고객의 요구였다. 영국의 음주 문화는 펍을 중심으로 진화했다. 펍에서 마실 때 중요한 것은 세션 맥주라는 개념이다. 세션 맥주란 몇 시간이고 즐겁게 마실 만한 편안한 균형감을 갖춘 저도수 맥주를 지칭한다. 패키징된 맥주의 성공에도 불구하고 영국 맥주 소비의 절반 이상은 여전히 드래프트다. 미국에서는 드래프트 맥주의 매출이 수십 년째 계속 하락해왔으며 이제는 시장의 단 10%만을 차지하고 있다. 그 대신, 미국인들은 TV 앞에서, 뒤뜰에서, 캠핑장에서, 대부분은 알루미늄 캔에 든 맥주를 마신다.

미국인들은 캔맥주가 출시되자마자 거의 곧바로 받아들였고, 1940년경이 되자 음주의 절반이 집에서 이루어졌다. 휴대성이 좋은 캔은 수십 년간 인기를 누렸지만 크래프트 브루어리들은 대량 판매용 라거와의 연관성을 이유로 이를 수년간 회피해왔다. 그러나 2000년대 초반부터 점점 더 많은 크래프트 브루어리들이 캔 패키징 라인을 매입하기 시작했다—병입 라인보다 더 저렴하면서도 보존성은 비슷하며 환경에 미치는 영향도 더 적다. 수년 내에 소비자들은 캔의 장점을 깨달았고, '싸구려'라는 낙인도 대체로 사라졌다. 최근 집계에서는 미국 내 400개 이상의 브루어리들이 맥주를 캔 패키징하고 있으며, 계속 증가 추세다.

준에 맞춰진 듯 보이지만, 소위 미국식 브루잉의 특징으로 자리잡게 된 요소들의 상당 부분은 이 맥주가 기준이었다.

레드 테일과 오늘날 레드 에일 간의 차이는 크래프트 브루잉 30년의 차이다. 미국이 홉과 사랑에 빠지면서, 레드 에일은 더 호피해졌다. 더 우람한 느낌의 맥주들이 인기를 얻게 되자, 레드도 나날이 더 우람해졌다. 몇몇 측면에서 보면 오늘날 레드 에일은 전형적인 미국 맥주다. 가장 인기가 많은 종류 가운데는 우락부락한 근육질 느낌의 에일들도 있는데, 7% ABV 이상이 흔하다. 색은 주로 시각적 흥미를 더하는 경우가 많지만, 몰트의 특성만 중심에 남기고 나머지는 다 덜어내 ―약간의 중성적인 혹은 사탕 같은 달콤한 풍미만 남기고― 이 스타일의 진정한 정수만 드러낸다. 핵심은 홉, 홉, 홉이다. 높은 도수와 강한 호핑 탓에 레드 에일은 IPA와 비슷하지만, 홉헤드를 위한 호피한 맥주다. 공격적인 루풀린의 풍미를 몰트가 방해하는 느낌 없이, 홉 증류액의 특성을 간직하고 있다. 루풀린의 쓴맛과 풍미의 순수한 느낌이 살아 있다.

미국 밀 에일

밀 에일은 말하자면 경비원을 따돌리고 뒷문으로 잠입해 들어온 것 같은 맥주였다. 마시는 이들에게는 충분히 자연적인 이미지였다―가볍고 보드랍고 여름 느낌 나는 에일로, 묵직한 에일과 온건한 대비를 이루었다. 그러나 전통주의자들―경비원들―은 이를 사기라며 손가락질했다. 유럽의 밀 에일들은 기묘한 발효 특성으로 가득하다. 바이에른의 바이첸은 페놀향이 있고 베를린의 바이세는 새콤한 산미가 있으며 벨기에의 윗비어는 향신료 풍미가 강하다. 미국의 밀 에일에는 이 같은 요소가 전혀 없었고, 심지어 어떤 것들은 과일을 첨가하기도 했다. 그러나 수십 년의 세월은 미국 밀 에일의 편이었고 이 맥주는 이제 더 이상 파티의 불청객이 아니다.

때마침 미국산 밀은 다른 스타일의 맥주로도 만들어지고 있었다. 그리고 이들은 초기 브루어들이 원했던 바로 그 맥주―복잡하지 않고 연이어 마시기 좋은 여름용 에일―였다. 밀은 미국인들에게는 보리보다 훨씬 친숙한 곡물이고, 밀 에일은 아무래도 편하게 느껴졌다. 밀 에일에는 아침식사 같은 특성―건강에 좋은 곡물의 풍미, 미국산 홉이 선사하는 가볍고 상쾌한 느낌, 부드럽게 감싸는 듯한 마무리감―이 있으며, 그 밖에도 여러 장점이 있다. 밀 에일은 다양한 요리에 변화무쌍하게 잘 어울린다. 돼지고기의 달콤한 풍미와 대비를 이루며 청량감을 보완하면서도, 샐러드의 비네그레트 드레싱의 새콤한 맛과 대비되는 달콤한 풍미를 더하기도 한다. 밀 에일은 조금씩 변주해나가기에 좋은 바탕이 되기도 한다. 계속 늘어나는 이 스타일의 다양한 포트폴리오에는 보통 생과일, 향신료, 젖산(사워 매싱이나 박테리아 첨가 등)이 더해진다.

브루잉 노트

미국식 브루잉에서 고정불변의 법칙이란 없다. 그러나 경험 법칙은 몇 가지 있다. 그중 하나는 당연히 호핑이다. (경험 법칙: 많이 넣어라.) 또

영국 전통을 바탕으로 성장한 미국 앰버는 수많은 클래식 영국 스타일들과 비슷한 점들이 있다. 캐러멜 몰트와 산뜻한 홉의 풍미가 균형을 이루는 **스트롱 비터**가 가장 근접하지만, 브라운 에일과 **스위트 스타우트** 역시 눈여겨볼 만하다. 레드 에일은 좀더 미국 전통을 따르며, **페일 에일, IPA, 임페리얼 IPA** 등 홉향이 강하고 과감한 스타일들이 확실한 선택이다. 좀더 멀게는 **벨기에 스트롱 에일**이나 애비 에일의 —특히 강렬한 호핑에 집착하지 않는 이들의 마음에 들 만한— 몇몇 특성도 공유한다.

하나는 크리스털 또는 캐러멜 몰트의 사용으로, 비교적 덜 다뤄지기는 했지만 마찬가지로 중요한, 미국적 특성의 지표 중 하나다. 이들 몰트가 하는 일은 두 가지다. 첫째, 맥주에 달콤함을 더하고 미국산 홉 특유의 과일 느낌을 주는 뚜렷한 특정 풍미—캐러멜 또는 토피—를 낸다. 둘째, 가마 건조되면 효모가 소화할 수 없는 복합 당을 생성하여 맥주에 바디와 크리미한 느낌을 더한다.

앰버 및 레드

미국 앰버와 레드는 비슷하다. 그러나 한 가지 차이는 바로 이 캐러멜 혹은 크리스털 몰트의 영향이다. 앰버는 색이나 풍미 면에서 크리스털에 의존하며, 이 몰트의 잔여 당분으로 인해 좀더 묵직하고 달콤하다. 그리고 앰버의 색 역시 여기서 나온다. 레드는 좀더 가볍고 드라이하며 절제된 캐러멜향을 지니고 있다—또는 아무런 향도 나지 않는다. 레드 에일의 색은 불그스름한 뮌헨 또는 빈 몰트나 로스팅한 몰트에서 일부 나오기도 한다.

가령 풀 세일 및 앤더슨 밸리Anderson Valley의 클래식 앰버 에일들을 예로 들어보자. 둘 다 가벼운 캐러멜 아로마가 있고 토피 풍미가 확연히 느껴진다. 앤더슨 밸리는 분트 앰버Boont Amber에 크리스털을 사용하여 스파이시 홉과 결합시켜 생강쿠키 같은 느낌을 낸다. 풀 세일은 캐러멜 몰트를 캐스케이드 홉의 시트러스 풍미와 결합시킴으로써 연거푸 마셔도 좋을 만큼 달콤하고 무난한 맥주를 만들어낸다. 반대로, 인기 만점의 레드 에일인 트로그스 너깃 넥타 Tröegs Nugget Nectar는 옥토버페스트 맥아 가루—뮌헨, 빈, 필스너 몰트—를 택한다. 이들은 맥주 풍미에도 조금 기여하지만, 주로 색을 입힌다. 트로그스의 경우, 너깃 넥타는 단연 자몽향이 강한 호핑이다. 시가 시티 토코바가 레드 에일Cigar City Tocobaga Red Ale은 맥아 가루에 캐러멜 몰트를 약간 더하지만, 지배적인 풍미는 딱딱한 사탕 베이스에 지속성 있는, 나뭇진 같은 나무 홉향이다. 이 맥주에는 삼나무 숙성 버전도 있는데, 몇몇 미국산 홉 품종을 사용한 느낌이다. 그리고 그 결과 다양한 풍미와 기대치가 섞여 놀라운 효과를 발휘한다.

미국 밀 에일

하나의 스타일이라기보다는 어떤 부류로 간주될 법한 맥주들이다—변주된 테마들도 받아들여지고 심지어 환영받는다. 하지만 기본적인 기능은 일관되게 유지된다. 밀 에일은 가볍고 시원하며, 밀의 존재감은 압도하기보다는 부드럽게 감싸는 느낌이다. 미국 내 일부 지역에서 밀 에일은 쓴맛이 적은, 굉장히 가벼운 에일을 의미한다. 구스 아일랜드 312 어번 휘트는 단순한 맥주로, 보통의 두줄보리와 구운(부풀린) 밀 그리고 리버티 및 캐스케이드 홉을 사용해 만들어졌다. 4.2% ABV로 상당히 가볍고 쓴맛도 20 IBU에 불과하다. 불러바드의 언필터드 휘트도 비슷하다. 여러 타입의 혼합 밀, 두줄보리, 뮌헨 몰트를 넣어 만든 4.4%짜리 맥주로, 미국산 홉들을 사용해 단 13 IBU에 불과하다.

다른 밀 에일들은 덜 얌전하다. 위드머 브라더스는 미국 밀 에일 스타일을 소개하는 데 일조했고, 이들이 선보인 헤페바이첸은 시각적으로 정반대인 온갖 증거에도 불구하고 이름의 바탕이 됐던 바이에른 맥주보다는 오히려 페일 에일에 더 가깝다. 이 헤페바이첸은 레몬 조각과 함께 서빙되는 경우가 많으며, 이 효모는 밀이 43%인 맥아 가루 안에서 부풀어 오른다. 그러나 풍미는 30 IBU의 호핑과 더불어 청량하고 스파이시하다—그리고 4.9% ABV인 이 맥주는 전혀 가볍지 않다. 벨스의 오베론은 훨씬 센 맥주로, 5.8% ABV에 26 IBU이며, 스리 플로이즈 검볼헤드는 5.5% ABV에 28 IBU다.

과일맛 밀 에일

밀 에일을 변형시킨 흔한 예시인 이 에일은 과일을 넣어 만든 것이다. 브루잉은 미국적인 방식으로 이루어지고, 단순한 풍미의 밀 에일 베이스에 생과일을 넣어 풍미를 더한다. 신맛은 없고 달리 요란하지도 않다—다만 다른 나라에서라면 '농가풍'이라 여길 법한 특성이 단순함 속에 녹아 있다. 맛있는 스타일로 볼 수도 있었지만, 1990년대에 넘쳐나던 엄청나게 달콤한 소다수 같은 종류들에 밀려 사실상 종말을 맞이했다. 브루어들은 다시 과일 풍미를 은근히 살리고 드라이하게 만드는 동시에 밀의 존재감을 드러내는 법을 익혔다. 트웬티퍼스트 어멘드먼트 헬 오어 하이 워터멜론21st Amendment Hell or High Watermelon, 피라미드 애프리콧 에일Pyramid Apricot Ale 같은 최고의 과일맛 밀 에일들은 바로 그런 균형을 찾아냈다. 이 맥주들은, 완전 발효된 과일즙이 갓 수확한 듯한 아로마와 과일의 섬세한 맛을 남긴다. 향긋한 여름날, 도저히 거부할 수 없는 맥주다.

메이플라워 에일

역사상 중요한 수많은 사건들이 그렇듯, 맥주는 메이플라워 호의 운명적인 여정에서도 중심적인 역할을 했다. 1620년 늦여름에 잉글랜드를 떠나온 정착민들이 대륙을 발견했을 때는 추운 11월이었다. 추위와 폭풍우에도 불구하고 이 충실한 잉글랜드인들은 그곳에 내리지 않았다. 런던의 버지니아 회사가 허락해준, 더 남쪽에 위치한 땅에 정착하겠다는 협약을 지키기 위해서였다. 그들은 악천후와 거친 바다에 맞서 싸웠고 맥주는 바닥이 나고 있었다. 근심에 찬 한 승객은 당시 위기에 대해 일기에 이렇게 적었다. "더 찾아볼 시간이 이제 없을 수도 있다. 음식도 이미 많이 먹어버렸고 특히 맥주가 그렇다." 기후로 여러 날 애를 먹고 난 이들은 훗날 플리머스로 불리게 된 곳에 닻을 내리기로 했다. 잉글랜드 당국은 이들에게 버지니아에 정착할 권리를 주었고, 당시 버지니아는 오늘날 뉴욕까지 이어지는 지역이었다. 그러므로 법적으로 허가를 받기 위해 식민지 개척자들은 그 유명한 메이플라워 계약의 초안을 작성하여 하느님과 왕에 대한 변함없는 충성을 강조하고 상륙했다.

진화

미국식 크래프트 브루잉은 다양성에 대한 갈증에서 태어났다. 40년 뒤 미국은 단연 세계 최고로 다양한 맥주 스타일을 자랑하게 된다. 크래프트 브루잉 초기의 미국에는 국가적 유산이랄 것이 없었다. 초기 수십 년은 탐험의 연속이었고, 천천히 나름의 유산을 찾아가기 시작했다. 이 같은 흐름은 이후 수십 년 내에 집중할 대상을 좁힐 수밖에 없을 것이라는 의미다. 크래프트 브루잉에서 에일은 압도적인 우위고, 그중에서도 미국산 홉의 특성이 풍부한 에일들은 특히 그렇다. 다른 여러 추세를 보면 몇몇 벨기에 스타일들은 대중화될 준비가 됐고 강한 풍미를 선호하는 이들의 기호 덕분에 타트 에일이 들어올 여지가 생겼음을 알 수 있다. 그러나 21세기에 들어서 10여 년이 지난 지금 미국에는 1970년대에는 없던 것이 생겼으니, 그것은 바로 국가적 전통이다. 이 전통은 전 세계 곳곳에서 두루 차용해온 것이다.

앰버 에일과 밀 에일은 대체로 정적인 스타일들로, 일찍이 성공을 거두었다. 한 스타일을 그대로 묶어두는 데 효과적인 것으로 인기만 한 것은 없다. 20년 전, 밀 에일과 앰버 에일은 세션 에일이었다. 밀 에일은 가볍고 편안하며, 앰버 에일은 좀더 풍부하고 양감이 있었다. 오늘날까지도 여전히 그렇다.

반면, 레드 에일—대대적인 인기를 끌어본 적 없는 스타일—은 주류의 취향이라는 감시의 눈초리 밖으로 뻗어 성장하며 변화했다. 이들의 발달은 미국식 브루잉의 행보와 상당히 겹쳐 보인다. 1990년대 중반, 제니퍼 트레이너 톰프슨은 미국의 병입 맥주들(총 120개 브루어리)을 다룬 『위대한 미국의 마이크로브루어리 맥주백과The Great American Microbrewery Beer Book』라는 책을 출간했다. 이 맥주들은 평균 5.3% ABV였고, 4분의 3은 6% 미만이었다. 당시에는 이것이 보통이었다. 나는 이들을 맥주 평가 웹사이트인 비어 애드버킷BeerAdvocate.com에서 가장 좋은 점수를 받은 레드 에일 16종과 비교해보았다. 이들은 가장 널리 만나볼 수 있는 레드 에일로, 당대의 기준이라 볼 수 있다. 평균 6.6%로, 5.1%부터 9.5%까지 있으며, 6% 미만의 에일은 3분의 1에 불과했다. 트레이너는 쓴맛 단위까지 확인해보지는 않았으나, 상단에 위치한 몇 개 레드의 IBU—93, 67, 45, 90—를 보면 적어도 엄청나게 치솟았다고 짐작할 수 있다.

여전히 진화의 여지—레드, 페일, IPA, 임페리얼화된 여러 스타일들—가 있는 한 미국 에일은 계속 홉에 초점을 맞출 것이다. 그렇다고 해서 반드시 쓴맛이 더 강해진다는 뜻은 아니

IF YOU LIKE WHEAT ALES

미국 밀 에일은 다른 스타일들과 공통된 특성을 여러 가지 지니고 있다. 모든 밀 에일이 다른 스타일을 대신할 만한 것은 아니다—바이에른 헤페바이첸은 대부분의 미국 밀 에일 팬들이라면 좋아하지 않는 정향과 바나나 풍미로 가득하다. 그러나 **벨기에 윗비어**는 다가가기 쉽고 부드러운 밀의 풍미로 기대에 부응하는 괴짜 사촌 같은 맥주다. 미국 밀 에일은 가볍고 균형감이 좋다. **뮌헨 헬레스 라거**나 필터링하지 않은 흔치 않은 라거인 **켈러비어**kellerbier와 아주 비슷하다. 그러나 가장 근접한 스타일은 아마 **쾰슈**kölsch일 것이다. 쾰슈는 경쾌한 느낌의 효모 풍미와 더불어 밀 맛이 나기도 한다. 대개는 보리만 사용해 만드는 맥주임에도 불구하고 말이다.

다. 지난 몇 년간, 브루어리들은 끊임없이 더 독특하고 새로운 풍미를 내기 위한 호핑 기법들 그리고 여러 홉 변종들에 더 초점을 맞춰왔다. 시에라 네바다와 위드머는 시트라 홉을 시장에 들여오는 데 적극적이었다—이 홉이 부여하는 독특하고 풍미를 지닌 맥주의 '브랜딩branding'을 선점하는 데 일조했다. 다른 브루어리들은 자기네 브루어리만의 홉을 재배하거나 다른 종의 개발을 지원하고 있다.

한때 걸음마 단계의 미국 맥주를 얕봤던 유럽인들은 이제 뜨기 시작하는 미국식 전통에 따라 브루잉을 하고 있다. 전통을 신성시하고 각자의 취향을 고집하며 마시는 경향이 있는 영국에서 미국식 브루잉은 신선한 충격이었다. 영국 전역에서는 더 작은 규모의 신생 브루어리들이 등장하여 미국 타입의 에일들을 브루잉하고 있으며, 손브리지, 다크스타, 더 커널 같은 수많은 브루어리들은 극도로 홉 특성이 두드러지고 센 에일들로 엄청난 팬을 끌어모으고 있다. 이는 꽤 진지한 현상으로, 영국의 홉 생산자들은 인기있는 미국 품종들을 가져다 심는 추세다.

스타일마다 전성기가 있고, 미국 에일이 항상 브루잉 유행의 첨단에 있지는 않을 것이다. 그러나 어쨌든 미국 에일이 그런 지점에 도착했다는 사실 자체가 1980년대를 살았던 이에게는 놀랄 만하다. 미국은 이제 진정한 오리지널 브루잉의 나라로서 영국, 벨기에, 독일, 체코의 전통 대열에 합류했다.

알아야 할 맥주들

미국 고유의 스타일도 몇 있기는 하지만, 미국식 브루잉은 사실 생각하기 나름이다. 가장 철저히 미국적인 맥주는 홉이 강한 페일—페일 에일, IPA, 더블 IPA—이며, 이 맥주들이야말로 미국 브루잉의 미래다. 그러나 밀 에일을 향한 애정이 다소 식기는 했지만, 미국에서 밀 에일은 여전히 대체로 가장 인기 있는 축에 속한다. 그리고 특히 레드 에일은 눈여겨볼 만한 스타일이다—언젠가는 미국인들의 마음을 얻기 위해 IPA에게 도전장을 내밀지도 모른다.

앰버 에일

FULL SAIL AMBER
풀 세일 앰버

원산지: 미국 오리건 후드리버
몰트: 페일, 크리스털, 초콜릿
홉: 마운트후드, 캐스케이드
6.0% ABV, 31 IBU

어느 브루어리가 최초의 앰버를 만들었는지를 두고 논쟁이 있는 듯한데, 나는 풀 세일에 한 표 던지겠다. 풀 세일은 모든 대표적 특징들을 다 갖추고 있다. 캐러멜 풍미의 농후한 바디와 적당한 단맛, 크림 같은

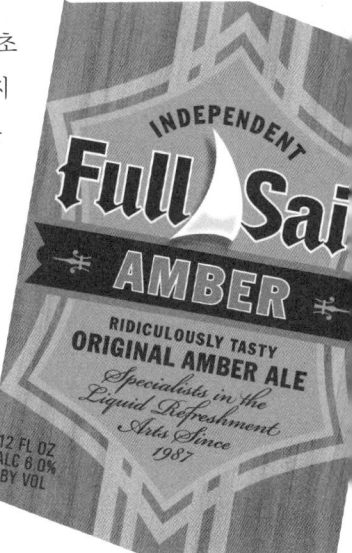

헤드, 캐스케이드 홉의 여운이 긴 시트러스 마무리감의 미국 스트롱 비터로, 당연히 캐스크에서 서빙될 때 훨씬 맛이 좋다.

ANDERSON VALLEY BOONT AMBER
앤더슨 밸리 분트 앰버

원산지: 미국 캘리포니아 분빌
몰트: 페일, 캐러멜
홉: 콜럼버스, 브라보, 노던 브루어, 마운트후드
5.8% ABV, 16 IBU

앤더슨 밸리의 앰버 역시 클래식이다. 하지만 풀 세일이 홉 쪽으로 기울어 있다고 한다면 이 앰버는 몰트를 부각시킨다. 근사한 비에르 드 가르드('프랑스 에일' 참고)처럼 실키하고 풍성하며, 몰트는 토피, 토스트, 곡물의 풍미를 내며 따스한 기운을 전달한다. 홉은 균형을 잡기보다는 장식적인 느낌으로, 몰트에 섬세한 허브향을 더한다.

STONE LEVITATION ALE
스톤 레비테이션 에일

원산지: 미국 캘리포니아 에스콘디도
몰트: 페일, 캐러멜, 블랙
홉: 콜럼버스, 심코, 크리스털, 애머릴로
4.4% ABV, 45 IBU

홉으로 유명한 브루어리는 수없이 많지만, 스톤은 그중에서도 단연 최고다. 스톤의 맥주 중에는 심각하게 쓴 것들이 많아서, 작은 병의 레비테이션은 가계도로 치자면 여동생 정도라 할 수 있겠다. 자몽에서 소나무향으로 넘어가는, 스톤 특유의 쓴맛은 지니고 있으니 적어도 성마른 여자애임은 틀림없다. 하지만 몰트가 이 모든 것을 한데 아우르며, 잉글랜드의 부드러움을 선사하는 잘 만든 맥주로 만들어준다.

레드 에일

MARBLE RED ALE
마블 레드 에일

원산지: 미국 뉴멕시코 앨버커키
몰트: 페일, 빈, 캐러멜
홉: 치누크, 캐스케이드, 센테니얼, 심코, 크리스털
6.5% ABV

마블은 상대적으로 신생 브루어리에 속한다. 하지만 여기서 만드는 레드는 6.5%짜리 터프한 에일로, 약간 구식 맥주 같은 느낌이 들고 앰버 에일처럼 진한 캐러멜 몰팅이 특징적이다. 마블은 이런 몰팅을 이용해 시트러스향과 자몽향이 강풍처럼 몰아치는 홉의 풍미에 균형을 잡는다.

TRÖEGS NUGGET NECTAR
트로그스 너깃 넥타

원산지: 미국 펜실베이니아 해리스버그
몰트: 필스너, 빈, 뮌헨
홉: 너깃, 워리어, 토마호크, 심코, 팰리세이드Palisade
7.5% ABV, 93 IBU

트로그스는 과감한 호핑으로 유명하고, 너깃 넥타는 그 일등공신이다. 심코 홉이 소나무향이나 파인애플향을 내는 듯하지만, 변화무쌍한 맥주여서 멜론과 리치의 풍미도 드러낸다. 몰트는

약간 캐러멜 풍미를 더하지만, 주요한 맛을 해칠 정도는 아니다.

CIGAR CITY TOCOBAGA RED ALE
시가 시티 토코바가 레드 에일

원산지: 미국 플로리다 탬파
몰트: 페일, 캐러멜, 다크초콜릿, 빈, 뮌헨
홉: 뱅가드Vanguard, 심코, 윌래밋, 캐스케이드, 시트라
7.2% ABV, 1.070 SP. GR., 68 IBU

시가 시티 역시 홉으로 유명한 브루어리로, 이곳의 자이 알라이Jai Alai IPA는 가장 큰 주목을 받았다. 하지만 나는 토코바가를 더 좋아한다. 마이애미의 석양을 닮은 색에 열대과일 구아바와 사쓰마 오렌지의 풍미로 화사하고 시원한 느낌을 선사한다. 몰트는 현대적인 레드 에일의 좋은 본보기가 될 만하다—달콤함과 빵의 향기를 살짝 더하면서도 실제로는 색과 균형감에 제 몫을 다한다.

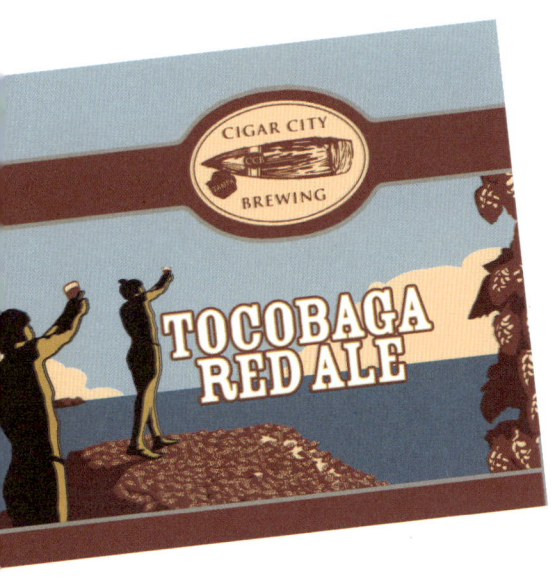

TERRAPIN BIG HOPPY MONSTER
테라핀 빅 호피 몬스터

원산지: 미국 조지아 애선스
몰트: 페일, 뮌헨, 캐러멜
홉: 워리어, 센테니얼, 캐스케이드, 아터넘
8.8% ABV, 1.088 SP. GR., 73 IBU

토코바가와는 대조를 이루는 빅 호피 몬스터는 상당량의 몰트가 들어 있어 홉의 풍미를 끌어올려준다. 캐러멜이라기보다는 태운 설탕 같고, 홉의 강렬한 쓴맛을 상쇄하는 데 굉장한 효과를 발휘한다. 삼키는 순간 단맛은 청량감 속으로 사라지고, 홉은 후추향과 (심코와 흡사한) 소나무향으로 바뀌며 무거운 느낌은 남기지 않는다.

밀 에일과 과일 에일

BELL'S OBERON ALE
벨스 오베론 에일

원산지: 미국 마이애미 캘러머주
몰트: 비공개
홉: 자츠
5.8% ABV, 1.057 SP. GR., 26 IBU

오베론은 대자연의 힘 같은 맥주로, 매년 축하받는 기념일까지 있을 정도다. 희미하게 빛나는 밝은 오렌지색의 이 에일은 시트러스향과 향신료 향의 은은한 첫 느낌이 청량감 있으면서도 크래커 같은 느낌의 바디를 아우른다. 울버린 주(미시건 주의 속칭)에 여름이 찾아오기 한참 전인 3월 말에 출시되며, 꽤 높은 알코올 도수는

여전한 추위를 견디는 데 도움이 된다.

WIDMER HEFEWEIZEN
위드머 헤페바이첸

원산지: 미국 오리건 포틀랜드
몰트: 페일, 뮌헨, 캐러멜, 밀
홉: 독점계약한 비터링 블렌드, 윌래밋, 캐스케이드
4.9% ABV, 1.047 SP. GR., 30 IBU

위드머의 밀 에일에서 핵심은 외양이다. 흐릿한 레모네이드 같은 모습에 눈 덮인 듯한 헤드가 맨 위에 쌓여 있고 —일부 레스토랑이나 펍에서는— 레몬 조각이 장식되어 있다. 따라 나오는 시트러스에는 마음의 준비를 하게 만드는 묘한 재주가 있는 것 같지만, 착각이다. 그 향은 북서부의 홉에서 나오는 것이지 레몬 조각에서 나오는 것이 아니기 때문이다(진정 맥주를 위한다면 레몬은 치워버리는 편이 좋다). 빵 같은 바디를 지니고 있지만, 가볍고 상쾌한 탄산 덕분에 계속 기분 좋게 마실 수 있다.

THREE FLOYDS GUMBALLHEAD
스리 플로이즈 검볼헤드

원산지: 미국 인디애나 먼스터
몰트: 비공개
홉: 비공개
5.5% ABV, 28 IBU

아무거나 마셔대는 사람이 보기에 밀 에일은 대량 판매용 라거와 굉장히 비슷해 보일 수 있다. 밀 에일인지도 모른 채 여섯 개 한 묶음을 몽땅 해치울지도 모른다. 최고의 밀 에일들이 연거푸 마시기에 완벽한 맥주임은 사실이지만 섬세한 특성도 숨겨져 있다. 검볼헤드는 가벼운 인상이기는 하나, 굉장히 밝고 생기 넘치는 맥주다. 밀로 만든 에일 특유의 빵 같은 느낌보다는 레몬 껍질 쪽을 택하고 있다. 블라인드 테스트에서라면 엑스트라 페일 에일과 혼동될 만큼 호핑이 가볍게 느껴진다.

21ST AMENDMENT HELL OR HIGH WATERMELON
트웬티퍼스트 어멘드먼트 헬 오어 하이 워터멜론

원산지: 미국 캘리포니아 샌프란시스코
몰트: 페일, 밀
홉: 콜럼버스, 마그눔
기타: 수박 퓌레
4.9% ABV, 17 IBU

여름날 오후에 어울리는 느긋하고 흐릿한 맥주. 이 맥주에 속임수 같은 것은 없다—그저 가벼운 멜론 풍미와 결혼한 보드라운 밀의 풍미가 미끄러지듯 시원한 산미와 어우러지며 마무리된다. 복잡하거나 복합적이지 않으며, 햇볕 아래서 당신이 원할 바로 그 맥주다.

KONA WAILUA WHEAT
코나 와일루아 휘트

원산지: 미국 하와이 코나
몰트: 페일, 밀
홉: 할러타우
기타: 패션프루트 퓌레
5.4% ABV, 1.048 SP. GR., 15 IBU

코나는 섬에서 나는 재료들을 이용해 맥주 맛을 향상시키는 법을 터득해왔다. 코코 브라운Koko Brown은 코코넛이 몰트의 달콤한 풍미와 함께 춤추고, 와일루아 휘트는 릴리코이—하와이 사람이 아니라면 패션프루트라고 부를 것이다—가 홉과 함께 훌라춤을 춘다. 릴리코이는 그 자체에 강렬한 산미가 있는 시트러스 계열의 풍미를 내는데, 레몬과도 비슷하다. 와일루아 휘트의 경우, 주로 미국산 홉이 바탕이 되어 릴리코이의 시트러스 특성을 살려준다. 릴리코이는 놀라우리만치 훌륭한 모조품이지만, 사실 더 낫다. 홉은 방향제에 함유된 원자화된 오일 같은 방식으로 시트러스 풍미를 내는데, 혀에서는 신선한 주스 같은 느낌을 낸다.

FOUR PEAKS ARIZONA PEACH
포 피크스 애리조나 피치

원산지: 미국 애리조나 템피
몰트: 페일, 페일 캐러멜, 밀
홉: 마그눔
기타: 복숭아
4.2% ABV, 9 IBU

애리조나에서 포 피크스는 스코틀랜드 에일과 IPA로 유명하지만, 37℃가 넘는 한여름 폭염에 내가 원하는 것은 균형감이 뛰어난 애리조나 피치다. 애리조나 피치는 순수한 과일 아로마와 달콤한 주스 같은 느낌뿐 아니라 바삭한 크래커 같은 몰팅의 풍미를 지니고 있다. 최고의 과일 에일답게 질리지 않는다. 복숭아의 핵심만 취하고 맥주가 주인공임을 잊지 않는다. 포 피크스가 해냈다.

오리건 후드리버 HOOD RIVER, OREGON

Double mountain
더블 마운틴

미국식 브루잉이 뿌리를 내리다

한동안 나는 '미국 맥주'라는 말이 마케팅 수법에 불과한 것이 아닐까 생각했었다. 크래프트 브루잉이 시작되고도 미국인들은 브루잉을 혁신하기 위한 별다른 노력을 하지 않았다. 페일 에일과 필스너와 스타우트―죄다 다른 나라에서 온 맥주들―를 만들었을 뿐이다. 역설적이게도, 내 생각이 바뀐 계기는 유럽 여행이었다. 영국, 프랑스, 벨기에, 독일, 체코의 브루어들이 들려주는, 세고 홉이 강한 미국의 배럴 숙성 맥주들이 그들의 브루잉 방식에 미친 영향에 관해 듣고 깜짝 놀랐다. 좋다, 그렇다면 대체 무엇이 미국 맥주인가?

미국 맥주에 대해 생각할수록 두 가지 기억이 자꾸만 떠올랐다. 그 기억들은 모두 한 브루어리, 오리건의 더블 마운틴과 관련돼 있었다. 첫번째 기억에서, 이 브루어리의 공동창립자이자 브루어인 맷 스위하트는 후드리버에 자리한 브루어리 근처 본인 소유 땅으로 향하더니, 들쑥날쑥 키가 제각각으로 줄지어 선 벚나무와 복숭아나무들 사이로 거닐며 나를 안내했다. 매년, 맷은 산미가 있는 숙성 체리 맥주를 두 종류 만드는데, 이 땅에서 수확한 것들을 늘 주재료로 삼는다. 워낙 아름다운 곳이라 나는 서서 멀리 언덕배기까지 펼쳐진 과수원을 감탄하며 바라보았다. 과수원 중간중간 토종 미송들이 열매가 열린 이웃 나무들 위로 삐죽이 솟아 있었다.

북서부 지역의 수많은 브루어리들이 그렇듯, 더블 마운틴도 현지에서 자란 보리와 홉, 현지에서 몰팅한 곡물, 심지어 현지에서 배양된 효모까지도 활용할 수

더블 마운틴의 공동 창립자인 맷 스위하트(왼쪽)와 찰리 데버룩스

있었다. (미국 내 양대 효모 생산업체 중 하나인 와이스트 랩스Wyeast Labs도 16킬로미터 거리에 있다.) 후드리버 밸리 출신의 브루어가 지역에서 나는 과일을 이용하는 것은 자연스러운 일이었다. 농업과 맥주는 분리된 적이 없었고 지역에서 자란 재료를 바탕으로 하지

맷 스위하트 소유의 토지에서 바라본 경관

않는 지역 맥주를 상상하기는 어렵다. (물론, 자극적이고 시트러스 풍미가 강한 미국산 홉은 미국 맥주만의 개성을 부여하는 요소임에 누구나 동의한다.)

그러나 문제는 농업 이상의 것이다. 맥주가 상품 이상인 곳에서 맥주는 지역 주민들이 금세 알아듣는 관용어구가 된다. 여기서 나는 또 한 가지 기억이 떠오른다. 더블 마운틴이 개업한 이듬해였던가 그곳에 들렀었는데, 당시는 늦가을이라 오후 5시였는데도 벌써 어둑했고, 후드리버의 관광객들은 다들 한참 전에 떠나고 없었다. 그런데도 더블 마운틴은 북적댔다. 둘러보니 때가 묻은 청바지와 플란넬 셔츠 차림으로 바에 둘러앉은 노동자들이 눈에 들어왔다. 홉을 넣어 흐릿하니 향기로운 스위하트의 맥주 파인트를 앞에 두고 한가로운 시간을 보내고 있었다. 당시 이 브루어리는 IPA로 어느 정도 명성을 쌓은 상태였고, 이유는 분명했다. 지역 주민들이 원하는 바로 그 맥주였고, 사람들은 갤런 단위로 마셔댔으니까.

이는 유기적인 전개였다. 만드는 사람과 마시는 사람 간에 소통이 이루어졌고, 이것이야말로 현지 토착 맥주의 행보에서 가장 중요한 요소다. 더블 마운틴이 처음 문을 열었을 때는 굉장히 다양한 맥주—페일 에일, 알트비어, 퀼슈, 벨기에 스트롱 에일—를 탭에서 제공했다. 스위하트는 나처럼 페일 라거를 좋아하는 사람이고, 내가 보기에 앞으로도 쭉 기꺼이 헬레스 비어를 만들 테지만, 사람들이 마셨던 것은 따로 있었다. 사람들은 펄 홉을 듬뿍 넣어 맛을 강조한 IPA와 퀼슈에 매료됐다.

몇 개월이 채 지나지 않아 더블 마운틴은 홉 라바 Hop Lava라는 또 하나의 IPA를 선보였다. 이는 순전한 웨스트코스트 스타일—풋풋한 시트러스 풍미가 강렬하고, 치아의 치석까지도 바로 긁어낼 것만 같은 과일 껍질처럼 묵직한 쓴맛이 있다—이었다. 스위하트는 홉 라바를 브루잉하기 위해 새로 마련한 게 있는데, 그는 홉백hop back이라 부르지만 실제로는 거대한 보조 탱크였다. 그는 여기에 홀 홉을 가득 채워넣고 맥주에 푹 잠기게 한 다음 그야말로 초록색이 될 때까지 둔다. 얼마 지나지 않아 이 브루어리는 베이퍼라이저Vaporizer라는 또 다른 IPA를 레귤러 라인업에 추가했다. 필스너 몰트와 챌린저 홉만을 넣어 만든 좀더 가볍고 무난한 맥주였다. 그로부터 7년 뒤 이들 세 IPA는 연중 내내 판매되는 레귤러 라인의 4분의 3을 차지하게 된다(나머지 4분의 1은 호피한 퀼슈다).

"펍을 만들거나 효모를 고르거나 혹은 필터링 여부를 결정하거나 할 때 우리가 고려했던 결정적인 요소는 오리건의 맥주 애호가가 미소를 띨 만한 맥주인가 하는 것이었죠." 스위하트는 이렇게 설명했다. 능숙한 브루어들은 특별하고 독특한 맥주를 만들어 수요를 끌어내려는 생각을 하지만, 현실은 정반대다. 맥주 문화가 발달하게 되면 최종결정권은 맥주를 마시는 이들이 가진다. 그들의 선호도가 브루어들을 이끈다는 이야기다. 맷 스위하트 같은 최고의 브루어는 방향을 설정

홉백

발효 탱크

한 다음, 기호에 부합하는 특별한 맥주들을 만들어낸다. 그는 이렇게 말했다. "효모가 내는 향긋한 아로마와 가벼운 질감이 살아 있는 잘 만든 맥주를 매일 한결같이 선보일 수 있다면, 그 브루어리는 성공할 가능성이 높지요."

그것이 바로 영국의 캐스크 에일, 벨기에의 스트롱 골든 에일, 바이에른의 다크 라거—지역 주민들이 마시고 싶어했던 제각기 다양한 맥주들—를 탄생시킨 과정이다. 그 과정이 전개되면서, 미국 내 다른 지역에서도 '미국적인 것'이 어떤 의미인지를 맥주를 마시는 평범한 사람들이 결정하게 된다. 위스콘신의 뉴 글래러스는 독일 이민자들의 후손에게 수많은 라거와 라거 같은 에일을 판매한다. 뉴잉글랜드에서는 십야드, 포츠머스, 케임브리지가 옛 영국에서와 비슷하게 —지역 주민들이 기대하는 바대로— 맥주를 만든다. 노스캐롤라이나 더럼의 풀스팀Fullsteam 브루어리는 남부 브루잉이라는 새로운 개념을 전파했다. 옥수수 그리츠, 고구마, 감, 파파야, 밤 등을 사용해 남부 요리의 전통을 맥주에도 도입한다.

유럽인들이 미국 맥주에 대해 이야기할 때는 다양한 미국인들의 취향에 부합하도록 개발된 이런 측면을 한 가지 이상 지적한다. 더블 마운틴은 태평양 연안 북서부 특유의 맥주를 만든다. 홉의 풍미와 아로마로 꽉 찬 시골풍의 탁한 맥주로, 대개 '웨스트코스트' 페일 에일과 IPA를 유명하게 만든 몇몇 캘리포니아 맥주들보다 쓴맛이나 알코올 도수가 덜하다. 더블 마운틴은 이 종류의 북서부 맥주를 완성한 공로를 종종 인정받지만, 사실 브루어들은 고객의 목소리를 들었을 뿐이다. 물론, 더블 마운틴이 특출난 맥주를 만드는 것은 사실이다. 그러나 핵심은 이것이 바로 오리건 —혹은 미국— 맥주이며, 마시는 이들이 원하는 대로 만들어졌다는 점이다.

발리 와인과 올드 에일
BARLEY WINES AND OLD ALES

Barley Wines and Old Ales. 묵직하고 도수가 높은, 벨벳처럼 농밀한 맥주인 발리 와인은 포도주 못지않게 풍미가 탄탄하다. 종류에 따라서는 디저트 와인처럼 부드럽고 달콤한 것도 있고, 굉장히 쓴 것도 있다. 전부 병입 이후 시간이 지나도 변질되지 않으며, 잘 저장된 발리 와인은 몇 년에 걸쳐 계속 맛이 더 좋아지기도 한다. 올드 에일은 브루어에 따라 천차만별이어서, 라이트 바디에 다크한 것에서부터 발리 와인 수준의 알코올 도수인 묵직한 에일에 이르기까지 다양하다. 실제로, 두 타입은 상당 부분 겹친다. 역사적으로 올드 에일은 야생효모에 오염된 배럴에서 숙성되어 셰리주처럼 드라이한 맥주—최근 미국에서 인기를 얻기 시작한 배럴 숙성 방식으로 다시 등장한 스타일—가 됐다. 발리 와인과 올드 에일은 웬만한 음식의 맛도 압도할 만큼 풍미가 강해서 디제스티프digestif* 나 잠자기 직전 마시는 술로 아주 적합하다.

주요 수치

발리 와인
ABV 범위: 8-14%
쓴맛: 50-100 IBU

올드 에일
ABV 범위: 5-9%
쓴맛: 30-75 IBU

서빙 온도: 10-15.6℃
전용잔: 스니프터

* 소화를 돕는 식후주

오늘날 마케팅 팀이라면 절대 맥주에 '올드'라는 이름을 붙이지 않았을 것이다. 이름에서 활기가 넘치고 흥미를 유발해야 하는데, 문제의 '올드'가 '젊다'와 '새롭다' 중 어느 쪽의 반의어로 쓰였는가는 별로 중요하지 않다. 나쁘기는 매한가지니까. 발리 와인이라는 이름도 별로 나을 것이 없다. 어쨌거나 와인이라는 경쟁 제품을 떠올리게 하니까. 하지만 올드 에일과 발리 와인은 현대 마케터의 제품이 아니다. 맥주 스타일을 사람으로 치자면, 발리 와인과 올드 에일은 거실에 앉아 파이프 담배를 피우는, 희끄무레한 구레나룻이 있는 대머리 사내들일 것이다. 좀더 격식이 있던 과거 어느 시대를 떠올리게 만드는 스타일들이다.

공교롭게도, '올드'는 실제로 맥주 나이를 지칭하며, 나이가 들었다는 것은 발리 와인과 올드 에일 모두에 해당되는 이야기다. 이 스타일들을 만드는 데 엄청난 양의 몰트와 홉이 들어간다는 것 자체가 이들이 원래는 굉장히 풋풋했다는 뜻이다. 다시 말해, 처음에는 아주 까칠하고 공격적이었다. 브루어리에서 이 맥주들을 감미로운 묘약으로 변화시키기 위해 첨가하는 재료가 또 하나 있으니, 바로 시간이다. 몇 개월의 시간은 모난 부분들을 누그러뜨리고 이 우락부락 덩치 큰 맥주들의 풍미를 부드럽게 만들어줄 것이다. 숙성을 통해 이 맥주들은 마치 근사한 고급 포트와인처럼 농밀하고 복합적인 맥주로 변화한다. 발리 와인의 경우 대개 오래된 위스키 캐스크의 영향으로 이 효과가 더욱 두드러진다. 오늘날 '올드 에일'이라는 명칭은 알코올 도수가 페일 에일 수준인 맥주를 지칭할 수도 있으며, 탱크나 캐스크 안에서 있었던 시간은 천차만별이다. 그러나 두 경우 모두 최상급 맥주라면 그 유서 깊은 스타일의 정수—숙성과 정제—를 계속 부각시킬 것이다.

기원

올드 에일과 발리 와인, 두 맥주 모두의 기원—오늘날에도 하나로 합쳐져 있는 경우가 많다—을 이해하기 위해서는 먼저 센 맥주들의 역사로부터 출발해야 한다. 맥주가 미식의 승리라는 것은 틀림없지만, 대중적인 인기를 얻게 된 데에는 알코올의 공헌이 있었음을 인정해야 할 것이다. 그냥 맛있기만 한 맥주와 긴장을 풀어주고 기분을 좋게 해주면서 맛있는 맥주는 별개의 것이며, 후자가 더 좋은 맥주다.

결과적으로, 사람들은 늘 최대한 센 맥주를 만들어왔다. 영국에서 그 결정적 계기는 400여 년 전 홉의 등장이었다. 그전만 해도, 오염은 중세의 브루어들에게 주된 골칫거리였다. 센 맥주일수록 익히는 데 더 오래 걸렸지만, 바로 서빙하지 않고 나무통에 얼마간 담아두다보면 대부분 원치 않는 미생물들에 노출됐고 브루어들이 손쓸 방법은 전혀 없었다. 맥주는 '마일드'한 마실거리였다—다시 말해, 갓 만들어 아직 식초로 변하지 않은 상태거나 아니면 야생효모와 박테리아로부터 유쾌하지 않은 풍미를 얻은 상태였다. 홉의 등장은 힘의 균형에 변화를 초래했고, 브루어들은 유산균과 브레타노미세스 등의 난동을 최소화할 수 있게 됐다. 초기의 스트롱 에일들은 상당히 산미가 강했겠지만, 홉 덕분에 식초가 되지는 않았다.

당시 수세기 동안 센 맥주들은 다양한 스타일로 브루잉되어왔다. 오늘날 우리가 발리 와인 및 올드 에일이라 부르는 맥주들은 본래 구분 없이 여러 다양한 이름으로 불리던 에일 중 일부였다. 초창기 종류는 매시 1차 유출분을 곡물층 위에 도로 부어 다시 매싱하여 만든 ―비중 1.100을 초과하게 되는 방식― '더블double' 비어였다. '더블더블'(당시 영어 표기로는 '도블도블doble-doble')이라 알려진 훨씬 센 버전도 있었는데, 이 맥주는 재료가 많이 들어가고 도수가 높고 위험하다는 이유로 국가에서 잠정 금지시키기도 했다. 물론, 민간의 유행에 대한 국가의 개입이라는 것이 늘 그렇듯, 이 브루잉 방식은 어떻게든 명맥을 이어갔다.

1740년대부터, 영국의 버턴의 브루어리들이 발트해 지역 시장을 공략하기 위해 비슷한 센 맥주를 만들기 시작했을 무렵 눈에 띄는 스타일들이 등장했다. 비중 1.100을 초과하도록 브루잉된 버턴 에일은 숙성할 시간도 필요했으며, 그 기간은 보통 최소 18개월 정도였다. 발트해 연안 국가들로 가는 버턴 에일은 저감도가 낮고 단맛이 강했지만, 제품 설명을 보면 단맛이 과도하게 강하지는 않았던 것 같다. 러시아의 과세로 인해 발트해 지역과의 교역이 중단되자, 버턴의 브루어리들은 레시피를 다듬었고 그 결과 국내 시장을 겨냥하여 출시된, 여전히 버턴이라는 이름으로 불린 맥주들은 단맛이 줄었다.

그다음으로 센 영국 맥주는 런던에서 브루잉된 포터였다. 이 맥주는 정제되고 산미가 생길 때까지 숙성시킨 블랙 에일이었다. 런던의

유명인사들

지난 몇 년간 브루어리와 고객들은 빅 비어big beer* 들을 다양한 애칭으로 불러왔다. 여기에 몇 가지를 소개한다.

- 앤젤스 푸드Angel's Food
- 매드 도그Mad Dog
- 클램버스컬Clamber-skull
- 메리고다운Merry-go-down
- 크랙스컬Crackskull
- 올드 톰Old Tom
- 도블도블(더블더블)Doble-Doble(Double-Double)
- 스테일 에일Stale ale
- 드래곤스 밀크Dragon's Milk
- 스팅고Stingo
- 허프캡Huffcap
- 스톡 에일Stock ale
- 파이브 엑스XXXXX

*적은 양만 마셔도 큰 만족감을 얻을 수 있는 맥주를 지칭하는 표현으로, 대개 호피하고 바디도 묵직하며 알코올 도수도 높은 축에 속하는 맥주들이다.

브루어리들은 다양한 도수로 포터를 생산했는데 그중에는 아주 센 것들도 있었다. 이 센 포터들을 위한 가장 유명한 시장은 ―당연히― (워낙 인기가 많은 포터는 세금까지 면제해주던) 러시아와 발트해 연안 국가들이었지만, 묵직한 포터들은 영국 내에서도 인기가 많았다.

마침내 '올드' '스톡'* '스테일' 에일이라는, 스트롱 에일을 통칭하는 좀더 포괄적인 카테고리가 생겼다. 홉을 다량 넣어 높은 도수로 브루잉한 이 맥주들은 캐스크 안에서 숙성되었다. 이름에서부터 성격을 엿볼 수 있다. 캐스크에서

*육수라는 뜻

1년간 숙성을 거친 맥주는 '스테일'될 것이다—즉, 나무에 살던 미생물이 천천히 맥주에 산미를 더하는 과정에서 기포는 없어지고 드라이하고 새콤한 특성을 띠게 된다. 올드 에일 역시 블렌딩 '스톡' 같은 용도로 사용됐다—갓 만든 맥주에 부어 깊이 있고 복합적인 느낌을 더했다. 우리가 흔히 올드 에일과 발리 와인이라 일컫는 맥주들의 먼 조상이다.

이 맥주들이 탄생한 배경에는 스트렝스strength*가 한몫했지만, 이들의 특성을 규정짓는 요소는 산미였다. 1901년 작성된 어느 유명한 기술적 매뉴얼에 따르면, 과학자 로버트 월과 맥스 히니어스는 잉글랜드 스톡 에일을 분석해보면 다량의 젖산이 농축되어 있는데 이는 4분의 1에서 절반 이상까지 그 비율이 다양하다고 밝히고 있다. 19세기 런던에 들르는 시간 여행자가 있다면 현대적 해석보다는 벨기에의 새콤한 맥주들에 훨씬 더 가까운 올드 에일들을 발견할 것이다.

'발리 와인'이라는 용어의 기원은 실제로 올드 에일을 새로운 것인 양 리브랜딩한 것에 불과했다. 배스는 1903년 자기네 맥주 중 가장 도수가 높은 '넘버1Number 1'을 발리 와인이라 부르기 시작하면서 이 이름을 유행시켰다. 수많은

* 술의 센 정도 주로 알코올 농도나 발효 전 당 비중의 수준을 의미

컨트리 브루잉

1600년대, 근대의 영국 가정을 겨냥한 광고를 상상해보자. 주부와 하인들의 영역인 주방에는 근대식 일상의 필수품들이 근사하게 비치돼 있다. 식료품 저장고, 맥주 및 와인 저장고, 각종 허브와 채소를 가꾸는 정원이 갖춰져 있고 당연히 화덕도 딸린 주방 옆에는 빵 굽는 베이크하우스와 맥주를 만드는 브루하우스도 있었다. 그렇다, 브루하우스. 이런 설비는 엘리자베스 시대 가정에 없어서는 안 될 요소였고, 수백 년 전에는 맥주를 만드는 것이 영국 곳곳 시골 지역에서 행해지는 수많은 일상적 의무 중 하나일 뿐이었다. 시골 브루어리의 흥미로운 역사에 관한 책 『1500-1900년 잉글랜드의 컨트리하우스 브루잉Country House Brewing in England, 1500-1900』을 쓴 패멀라 샘브룩은 "크기나 연식에 상관없이 브루하우스가 없는 시골 가정 주택은 드물었다"고 적고 있다. 영국인들이 커피와 차를 발견하기 전 안심하고 마실 수 있는 선택지는 맥주였다(당시 물은 안심할 수 있는 마실거리가 아니었다). 아이들도 일찍부터 맥주를 마셨던 것으로 알려져 있고, 가족 구성원이든 하인들이든 모두가 매일 맥주를 마셨다.

17세기까지만 해도 가정 내 브루하우스는 가사의 영역이자 여성이 담당하는 영역에 속했다. 시간이 흐르면서 차츰 더 정교한 작업이 된 브루잉은 전용공간인 별채에서 이루어지는 경우가 많았고, 남자들이 개입하기 시작했다—남성 위주의 상업적 브루잉의 등장과 맞물린 시기다.

그러나 상업적 브루잉으로 인해 가정 내 브루잉 관습이 끝난 것은 아니었다. 사실, 컨트리 에일country ale들은 모든 맥주들 가운데 최상의 호평을 받았다. 그 이유 중 하나는 '10월 맥주October beer'로 알려진 값비싼 스페셜티 맥주였다. 냉장이 가능해지기 이전에 브루잉은 계절별로 이루어지는 활동이었다. 시원한 몇 개월 동안만 가능한 작업이었기 때문이다. 브루잉 최적의 시기는 곡물 수확이 끝나고 홉이 들어온 이후인 청명한 10월이었다. ('3월 맥주March beer'라 불리던, 봄에 만들어지는 비슷한 맥주도 있었으나 재료의 신선도가 상대적으로 떨어진 탓에 10월 맥주만큼 호평을 받지는 못했다.) 10월 맥주를 만드는 데 드는 그 모든 시간과 재료와 관련된 비용은 상업 생산을 하기에는 적합하지 않았지만 상류층은 이 감미롭고 센 겨울용 맥주에 얼마든지 돈을 들일 수 있었다.

스타일 '혁신'이 그렇듯, 이 역시 단지 마케팅일 뿐이었다—배스는 새 스타일을 만들어낸 것이 아니라 단지 새 이름을 붙였을 뿐이다. 그 밖의 다른 브루어리들은 자사의 올드 에일들을 계속 '올드 에일'로 불렀다. 이 계보가 갈라지기까지는 수십 년이 더 걸리게 된다. 한동안 배스는 발리 와인이라는 이름을 사용하는 유일한 브루어리였다. 그렇다면 발리 와인은 어떻게 그 나름의 독자적인 스타일이 된 것일까?

아마도 스트롱 에일의 진화에서 훨씬 더 중요한 것은 배스 같은 상업적 브루어리들이 아니라 사유지의 소형 브루어리들에서 만든 맥주일 것이다. 지방 귀족들이 소유한 이 작은 브루어리들은 제 식구나 하인이 마실 맥주를 만들었다. 이는 당시 흔한 풍습이었고(조지 워싱턴 같은 미국 식민지 개척자들도 직접 맥주를 만들었다), 그들이 만든 맥주는 대부분 중도수 이하의 테이블 비어였다. 물론 드물지만 아주 센 에일도 있었다. 1703년도의 브루잉 관련 기록에 따르면 그중 하나는 비중이 1.130 정도 됐다고 한다. 저장고에 처박아둔 채 최소 1년 이상은 숙성을 시켰고 간혹 10년 이상 두어 정제하는 경우도 있었다. 마침내 제대로 숙성됐다 싶으면 귀족들은 작은 글라스에 이 맥주를 따라 마시곤 했다. 중과세 대상이 되어 이제는 밀려나버린 프랑스산 와인이나 브랜디의 자리를 맥주가 대신하게 된 것이다.

발리 와인은 양차 대전 이후 올드 에일과는 전혀 다른 별개의 스타일로 자리잡았다. 영국에서 대부분의 맥주가 약해지는 추세였지만, 희한하게도 발리 와인은 예외여서 1970년대까지 높은 도수를 유지했다. 대다수 발리 와인은 8% ABV가 넘었고 몇 가지는 알코올 도수가 두 자리에 달하기도 했다. 아마도 다른 모든 스타일의 약화 추세가 발리 와인을 중요한 예외로 만들었는지도 모른다. 반면, 올드 에일은 나머지 대부분의 영국 맥주의 추세대로 비중이 하락하면서 스타일도 따로 갈라져나왔다. 몇몇 올드 에일은 계속 전통적인 방식으로 브루잉됐다. 대표적으로 벤스킨Benskin의 콘 스프링 에일Colne Spring Ale과 게일Gale의 프라이즈 올드 에일Prize Old Ale이 있다. 실제로는 '올드'하지 않지만 향수를 자극하고자 그 개념을 사용한, 숙성을 거치지 않은 좀더 약한 버전의 에일들도 뒤이어 등장했다.

결국에는 발리 와인도 비중이 하락하는 추세를 따르게 되었고, 오늘날의 미국 IPA를 약간 상회하는 수준의 도수가 됐다. 합병 바람으로 영국 에일 시장이 무너지고 한때는 개성 넘치던 수많은 맥주들이 묽고 무미해지면서 시작된 변화였다. 수많은 다른 스타일들이 그렇듯, 이들

X와 K를 눈여겨보라

영국 맥주의 옛 가격 목록을 보게 된다면(분명히 볼 기회가 있을 것이다), 알파벳—주로 X와 K—에 따라 정리된 경우를 흔히 볼 수 있을 것이다. K는 저장 혹은 숙성 맥주를 뜻하고 X는 숙성하지 않은 마일드한 맥주를 뜻한다. 줄지어 선 글자의 개수는 상대적인 세기에 해당했다. 즉, XXX는 XXXX보다 가볍지만, KKK와 XXX는 도수가 같다. 단지 전자는 숙성 상태로 판매되고 후자는 숙성되지 않은 상태로 판매된다는 차이뿐이었다. (그리고 숙성 맥주는 대개 50% 정도 더 호피하기도 했는데, 캐스크 안에서 산미가 더해지는 것을 막기 위해서였다.)

을 부활시키는 데는 크래프트 브루어리들이 필요했고, 이제 발리 와인과 올드 에일은 더 이상 희귀한 맥주가 아니다. 심지어 나무통에서 숙성한 종류들도 있다.

상세 설명 및 특성

발리 와인은 아주 센 에일이라는 오랜 전통의 일환으로, 오늘날의 발리 와인들은 산미가 있고 도수 높은 '스톡' 에일을 즐기던 빅토리아 시대 펍 손님들에게도 썩 친숙했을 것이다. 농후하고 진한 이 맥주들은 강하게 치고 들어오는 알코올의 열감과 에너지로 가득하다. 올드 에일은 전혀 다르다. 여전히 전통적인 방식—상당히 높은 알코올 도수와 상당 기간에 걸친 나무 캐스트 숙성—으로 브루잉되고 있는 종류도 몇 있지만 대부분은 여느 맥주와 다를 바 없이 브루잉되어 신선하고 마일드한 상태로 판매되는 세션 에일 수준이다. 이들에 대해서는 따로 다룰 예정이다.

발리 와인

지금까지 살펴봤듯이, 영국 스트롱 에일들은 한때 다양하게 —어떤 것은 밝고 어떤 것은 어둡게, 어떤 것은 달콤하고 어떤 것은 드라이하게— 브루잉되었다. 시간이 흐르면서 이처럼 다양하게 변주된 맥주들이 모두 별개로 분류되어 어두운색의 버전은 포터/스타우트 범주에 속하게 되고 밝은색의 버전은 발리 와인 범주에 속하게 됐다.

그러나 색이 밝다는 것은 상대적인 기준이다. 발리 와인은 결코 밝은색이라 부를 만한 색

> ### 발리 와인인가 발리와인인가?
>
> 영국에서는 이 용어가 거의 '발리 와인'으로 통일돼 있는 반면, 미국에서는 '발리 와인'과 '발리와인' 두 가지 표기를 모두 볼 수 있을 것이다. 이게 다 프리츠 메이태그 때문이다. 1975년, 그는 주류, 담배 및 화기 단속국으로부터 앵커의 올드 포그혼 발리 와인Old Foghorn Barley Wine의 라벨을 사용하는 데 승인을 받고자 했다. 당국에서는 '와인'이라는 단어가 단독으로 쓰이는 것을 탐탁잖아했다—소비자들이 보고 병맥주로 이해할 것 같지가 않았기 때문이다. 그러자 메이태그는 라벨을 올드 포그혼 발리와인 스타일 에일Old Foghorn Barleywine Style Ale로 바꾸어 다시 제출했다. 이 버전이 무사히 통과되어 오늘날 미국인들이 두 가지 표기를 혼용하게 된 것이다.

이 아니다—대개 아이스티와 비슷한 색이다. 이는 상당한 몰트 함량 때문에 병 속의 농밀한 당과 단백질 분자들이 빛을 반사하기 때문이다. 발리 와인은 대개 다른 맥주에 비해 케틀에서 보내는 시간이 더 긴데—시에라 네바다의 빅풋Bigfoot은 세 시간 동안 끓는다—이 과정에서 맥아즙이 캐러멜화되고 색이 짙어진다. 발리 와인이 지닌 수많은 장점 가운데 겉모습은 별로 중요하지 않다. 칙칙하고 탁한 모습을 하고 있으면서도 완벽한 맛을 자랑하는 발리 와인도 여러 종 있기 때문이다.

아무튼 상관없다. 진정한 쇼는 마시는 이의 콧구멍과 입안 깊숙한 곳에서 일어나는 법이니까. 발리 와인은 이름에서부터 많은 정보를 얻을 수 있는 흔치 않은 맥주 스타일 중 하나다. 이 맥주는 몰트가 만든 묘약이다. 방 안을 가득 채울 만큼 풍부한 토피와 당밀 아로마로 아

찔한 알코올을 뿜어낸다. 몰트에서 나오는 알코올은 독특한 개성—낡은 가죽과 담배 연기 같은 향—이 있다. 가당 맥주의 중성 알코올과는 다르다—보드카를 생각해보라. 중성 알코올은 냄새만큼이나 코를 톡 쏘는 듯한 감각으로 경험된다. 일부 브루어리에서는 실제로 맥아즙에 설탕을 첨가하지만 이는 위험한 방식이다. 발리 와인은 몰트의 풍미와 아로마를 내뿜어야 한다. 맥주가 스카치위스키라면, 발리 와인은 아일러 싱글 몰트에 해당할 것이다. 피트peat* 없는 아일러는 없고, 보리의 묵직함 없는 발리 와인은 없다.

이들 맥주의 맛은 놀라우리만치 다양하다. 항상 농밀하고 진한 몰트 베이스에서 출발하는데, 간혹 빵 같은 토스티한 풍미의 몰트로 만드는 경우도 있고 좀더 캐러멜이나 럼 같은 풍미를 지닌 몰트를 쓰는 경우도 있다. 달콤함은 기본이지만 검붉은 과일 계열인지 혹은 브레드 푸딩** 계열인지는 브루어리에서 고르기—그리고 몰트를 선택하기— 나름이다.

일부 브루어리—물론 대부분 미국 서부—에서는 발리 와인에 농밀한 몰트 베이스와 견줄 만큼 홉을 잔뜩 넣기도 한다. 그레이트 디바이드의 올드 러피언Old Ruffian이나 로그의 올드 크러스테이션Old Crustacean 같은 종류는 워낙 쓴맛이 강해서 거침없이 터져나오는 풍미가 다소 잦아들 때까지 보관해두었다 마시도록 소비자에게 권장할 정도다. 사실, 올드 크러스테이션의 수직적 테이스팅***에서 맛본 3년 된 발리 와인도 여전히 혀가 얼얼할 정도로 쓴맛이 강했다.

영국 발리 와인들의 비중 폭락은 모든 잉글랜드 에일에 영향을 미친 것이 사실이지만, 오늘날 그 맥주들이 전부 약한 맥주가 됐다 생각한다면 오산이다. J. W. 리스Lees는 무려 11.5%의 하비스트 에일Harvest Ale을 만들고, 새뮤얼 스미스는 9%의 요크셔 스팅고Yorkshire Stingo를 만들고 있으며, 스코틀랜드의 트라퀘어 하우스Traquair House는 19세기에 만들어졌던 발리 와인에 버금가는 알코올 도수의 스페셜티 발리 와인을 정기적으로 출시하고 있다. 미국에서는 대체로 이를 발리 와인이라는 스타일에 대한 다른 해석으로 간주한다. 웨스트코스트 지역의 과감한 맥주들에 비하면 전부 덜 호피하기 때문이다. 그러나 이는 섣부른 일반화일지 모른다. 이 미국 버전들이 크래프트 시대의 시장에 가장 먼저 등장하여 가장 잘 알려져 있을 뿐, 스트렝스와 복합성을 갖추고 몰트 특성에 초점을 맞춘 맥주는 모두 발리 와인 스타일에 속할 수 있다.

올드 에일

브루잉 역사가 알려주는 사실이 하나 있다면, 바로 맥주는 진화한다는 것이다. 우리가 정해진 스타일로 여기는 특정 맥주는 수십 혹은 수백 년 전에 같은 이름으로 만들어졌던 것과는 사뭇 다르다. 이 같은 변화 때문에 스타일을 정의할 때면 약간 논쟁의 소지가 생긴다—물론 이 같은 혼란은 대개 무리로부터 어느 정도 떨어져 어슬렁거리던 주변부 맥주들에 한해서만 일어나기는 하지만 말이다. 그러나 우리가 '올드 에일'이

• 연기 풍미를 더하기 위해 맥아를 건조시킬 때 사용하는 토탄土炭
•• 빵 위에 우유, 달걀, 과일, 설탕 등을 부어 구운 디저트
••• 동일한 제품을 생산 시기별로 시음하는 방식. 동일한 시기에 생산된 다른 종류의 제품들을 시음하는 수평적 테이스팅과 대비된다.

그린 킹에서 내려다본 전경. 이 브루어리의 스트롱 서퍽은 마지막 올드 에일로, 법에 따라 영국 내에서 만들어야만 한다.

라 부르는 카테고리는 살아 숨 쉬는 박물관과도 같다. 현대 버전이 나타났지만, 고대의 존재가 여전히 유령처럼 펍 주변을 배회하고 있다.

오늘날 우리에게는 달콤한 맛이 가미되고 다크한 4.3%짜리 하비스 올드 에일Harvey's Old Ale과 자두와 토피 풍미가 있는 4.1%짜리 애드넘스 올드 에일이 있지만, 캐스크 숙성된 깊은 풍미의 게일스 프라이즈 올드 에일도 있다. 이 올드 에일의 알코올 도수는 하비스 올드 에일의 두 배에 달한다. 안타깝게도 이제는 단종됐지만 한때 이름을 날렸던 토머스 하디스 에일Thomas Hardy's Ale 역시 무려 12%—하비스의 세 배에 가깝다!—에 달하는 육중한 올드 에일로, 클럽에 가면 빠뜨릴 수 없는 멤버였다. 그렇다면 대체 올드 에일은 무엇일까?

우선 진짜 올드 에일들, 그러니까 그야말로 수세기에 걸쳐 예전 방식 그대로 만들어져온 맥주들 이야기부터 시작해보자. 가장 유명한 영국 맥주들 가운데 여기 해당하는 대표적인 두 가지는 바로 게일스 프라이즈 올드 에일과 그린 킹의 스트롱 서퍽Strong Suffolk(미국에서는 올드 서퍽)이다. 대단한 연속성을 자랑하는 이 맥주들의 이야기는 배럴 숙성이 올드 에일의 전형적인 제조 방식이던 수십 년 전 시절까지 거슬러 올라간다. 게일스는 2006년 풀러스에 매입되기 전까지 150년 이상 햄프셔 혼던에서 브루잉됐다. 프라이즈 올드 에일은 오래된 나무통에서 최대 1년까지 숙성시키는 과정에서 특유의 개성이 생겼다. 초창기의 올드 에일들이 그렇듯, 나무 속에 살면서 천천히 산미를 생성하는 야생 미생물들이 침투했다. 풀러스에 인수될 당시 많은 이들은 이 전통의 흔적이 영영 사라질까봐 걱정했다. 하지만 브루어 존 킬링은 먼저 자기 배럴에 햄프셔에서 운송해온 숙성 맥주를 주입한 뒤 런던에서 계속 브루잉했다.

그린 킹의 스트롱 서퍽은 비슷한 방식으로 만들어졌다. 브루어 존 벡슨은 XXXXX(파이브 엑스)라는 이름의 12%짜리 맥주를 2년간 나무통에서 숙성시킨다. 그는 이렇게 설명한다. "오크통의 나뭇결에 침투하여 숙성을 촉진하는 미생물들이 있습니다. 산도가 아주 낮은 환경에서 생성되는 풍미라 2년 정도는 셰리주처럼 가벼운 산미를 띠게 되죠." 스트롱 서퍽을 얻기 위해서 벡슨은 그 통 안의 맥주를 다시 갓 만든 마일드한 에일에 섞어 6% ABV짜리 맥주를 만든다. 이렇게 만들어진 맥주는 붉은 과일의 풍미가 가득한 와인 같은 느낌이면서도 나무, 담배, 육두구의 풍미가 켜켜이 쌓이며 탄탄하게 받쳐준다.

미국의 브루어리들은 올드 에일—대다수의 미국인들에게는 도무지 이해 안 가는 스타일—을 받아들이는 데 느린 편이었지만 몇

피큘리어peculiar한 피큘리어

맞춤법 강박이 있는 독자라면, 식스턴의 올드 피큘리어 병을 보고 피식 웃을지도 모른다. 하지만 오타가 아니다. 돋보기를 쓰고 병에 붙은 그 작은 우스꽝스러운 상표를 잘 살펴보라. 2포인트짜리 활자로 이렇게 찍혀 있을 것이다. "매섬의 피큘리어 재판소장 인장Seal of the Official Peculier of Masham." 희한하다. 사실, '피큘리어peculier' 라는 단어는 주교 부재시 영성체 중 모자 착용이라든가 교회 경내에서 죽은 사람의 유골을 들어내 옮기는 문제 등 긴박한 사안들을 교회 법으로 중재하기 위해 설립된 교회재판소를 지칭한다. 뭐, 널리고 널린 것이 죄니까. 이 경우, 이 작은 재판소는 요크 대주교가 매섬(요크 셔에 있는 동네)에 설립한 것이다. 이곳은 150년 전 일련의 법률들에 의거하여 철거됐지만, 어느 브루어리를 통해 (잘 알려지지는 않았지만) 이 희한한 역사적 흔적 한 조각이 남게 되었다.

매섬의 피큘리어 재판소장 인장

몇 종류는 이 옛 스타일을 충실히 재현해내고 있다. 노스 코스트의 올드 스톡 에일Old Stock Ale(12% ABV)이나 파운더스 커머전Founders Curmudgeon(10% ABV) 등 미국의 올드 에일들은 대부분 세다. 일부 올드 에일들은 '끈적'하다고 묘사되기도 하는데, 이는 커머전에도 해당되는 수식어다. 럼과 무화과 풍미도 있지만, 중심에는 오크향이 균형을 잡고 있다. 반면, 노스 코스트의 올드 에일은 좀더 드라이하고 더 가벼운 느낌이면서도 묵직한 술기운으로 꽉 차 있다.

몇몇 브루어리는 진정한 경험이 되도록 심지어 올드 에일을 배럴 숙성시키고 브레타노미세스 클라우세니라는 영국 품종을 투입하기도 한다. 이 방면의 최고는 오리건 포틀랜드의 작은 브루어리 업라이트Upright가 만든 빌리 더 마운틴Billy the Mountain이다. 베리 잼과 생강쿠키 같은 맛이 나며, 이따금씩 발사믹향이 기분 좋게 치고 들어온다.

올드 에일에는 —어쨌거나 영국에서는— 시적인 느낌이 있다. 브루어리마다 지난날에 대한 촉촉한 감상을 선사한다. 이제 '올드 에일'이라는 이름은 향수와 애정이 가득 담긴 맥주를 가리킨다. 마치 우리가 가장 좋아하는 조부모나 삼촌을 떠올릴 때처럼 말이다. 하비스나 애드넘스에게도 마일드 에일은 곧 향수에 젖은 이름으로, 히틀러를 이겨낸 이들이 선택한 바로 그 스타일이다. 이들의 버전은 본질적으로 스트롱 마일드다—전화당을 넣고 심홍색으로 브루잉한 맥주로, 따스한 기운이 감도는 자두향이 있다. 사실, 오늘날 이 에일과 좀더 밝은색의 발리 와인을 구별짓는 중요한 차이점 중 하나가 바로 어두운 색상이다. 이 역시 상대적인 차이기는 하지만 말이다. (이는 스타일 변형의 놀라운 사례에 해당한다. 올드 에일은 숙성된 맥주 계보의 후손임을 잊지 말자. 그리고 '올드'라는 이름은 '마일드' 에일로 불렸던, 갓 만든 혹은 미숙성된 맥주와 구분하기 위해 사용됐다는 것도 잊지 말자. 하비스에서 사용하는 "마일드 에일을 연상시킨다"는 식의 겸연쩍은 묘사를 보는 일은 의미가 완전히 뒤집히는 광경을 목격하는 것과 같다. 하지만 이는 이론만 따지는 이들에게나 그렇지, 하비스나 애드넘스는 좀더 고차원적인 언어를 구사한다. 은유의 왕국이다.)

비중이라는 사다리를 오르다보면, 식스턴 Theakston의 올드 피큘리어Old Peculier라는 맥주를 비롯한 특정 부류의 맥주들을 만나게 된다. 올드 에일 스타일의 표준으로 종종 여겨지는 올드 피큘리어는 1.057이라는 상당한 비중과 5.6% ABV의 알코올 도수(영국 맥주치고는 상당히 센 편)로 브루잉되며, 시골풍의 흐릿한 겉모습을 지니고 있다. 풀러스에서는 올드 에일이라 할 만한 맥주 3종을 만들고 있다. 빈티지 에일, 골든 프라이드, 그리고 이 카테고리에 딱 들어맞는 1845라는 병입 숙성 맥주다. 그 밖에 버턴 브리지의 올드 익스펜시브Old Expensive와 새뮤얼 스미스의 윈터 웰컴Winter Welcome 등도 있다. 이 맥주들은 자두와 건포도 풍미가 더 강하고, 중심부는 더욱 강렬하며, 그윽하고 진한 맛이 있다. 그러면서도 중간 정도의 무게감을 지니며 와인처럼 복잡한 풍미 덕에 실제보다 더 빅 비어처럼 느껴진다.

브루잉 노트

고비중 맥주를 만드는 일은 비교적 단순명료해 보인다. 그냥 재료를 더 넣으면 되지 않을까? 하지만 맥주의 연금술은 사실 직선적인 것이 아니어서, 비중의 총합을 단순히 증가시키는 것 이상으로 복잡한 일이다. 일반적인 맥주의 경우 대개 저절로 잘 굴러갈 거라 여겨지는 생물학과 화학의 문제들이 있다. 발리 와인과 올드 에일은 맥아즙의 농도가 엄청나게 높아 효모가 완전 발효시키기 힘들다. 그 힘든 발효 과정에서 이 작은 균들은 당분이 적절히 소화되기도 전에 잠미를 생성하거나 지쳐 나가떨어질 수 있다. 이런 경향은 특히 발리 와인처럼 보리만 넣어 만드는 맥주에 특히 두드러진다. 알코올 도수만 깔끔하게 끌어올리는 한 가지 방법은 발효가 쉬운 단당류를 첨가하는 것이다. 발리 와인은 늘 발효되지 않은 성분이 남고, 괜찮은 고도수 맥주를 만들어내려면 다양한 방식으로 이를 조절하는 것이 관건이다.

일단 가장 먼저 대처할 것은 매시다. 브루어들은 다양한 요소를 조절하여 맥아즙을 어느 정도 발효 가능하게 만들 수 있다. 사용하는 물의 양에 변화를 주고 다양한 온도에서 매싱을 하는 것인데, 여기에 따라 단당 또는 복합당의 양이 결정될 것이다. 맥아즙 속 복합당 함량이 높을수록 발효는 적게 일어나고 바디는 무거워진다. 단당류 함량이 높으면 더 가볍고 알코올 도수가 높은 맥주가 만들어진다. 발리 와인은 초기 비중부터가 상당하기 때문에, 발효 후 발효되지 않고 남는 당분의 양이 많을 수밖에 없다. 브루어가 발효도 높은 맥주를 만들어낸 경우에도 마찬가지다. 그러므로 발리 와인을 브루잉할 때 브루어들은 매시 속 발효 가능한 단당류의 양을 최대치로 만들고자 한다.

오리건 해안 지역의 펠리컨Pelican 브루어리의 수석 브루어 대런 웰치는 스톰와처스 윈터페스트Stormwatcher's Winterfest라는 유명한 발리 와인을 만든다. 몇 가지 이유에서 이 맥주는 브루잉이 쉽지 않은 대표적인 사례다. 첫째, 저효소 몰트에 속하는 영국산 골든 프로미스 몰트를 베이스로 삼는다. 전분을 단당류로 변환시키는 데는 효소가 결정적인 역할을 한다는 점을 기억하자. 둘째, 이 맥주는 13% ABV에 달한다—자연발효된 올몰트 맥주로는 최고치에 가까운 알코올 도수다. 그러므로 곡물을 으깨기도 전에 벌써 투아웃인 셈이다. 웰치는 이 문제를 해결하기 위해 61℃라는 낮은 매시 온도를 사용한다. "이 낮은 온도에서 효소는 더 많은 당분을 발효시키는 방향으로 반응한다"는 설명이다.

다음 단계는 발효인데, 웰치가 모든 가능성을 시도하기는 하나 이는 주로 효모에 달려 있다. 액체의 농도가 효모에 압력으로 작용해 빠른 증식이 어렵기 때문이다. 대신, 그는 보통의 맥주에 들어가는 효모 양의 대여섯 배를 일단 투입하고 시작한다. 그리고 아무 효모나 사용하지도 않는다. 저비중 맥주 발효를 방금 마친 세포들만 쓴다. 이들이라면 과로로 지쳐버리지 않은 상태라, 건강하고 힘이 넘칠 것이다.

발리 와인은 본래 달콤한 맥주이므로, 웰치는 에스테르 생성량을 줄이고자 애쓴다—과일 향이 나는 이 화합물은 단맛을 더 강하게 감지하게 만들기 때문이다. 그는 이를 위해 발효 온도를 조절한다. 18℃—펠리컨 맥주의 통상적인 온도—에 맞춤으로써 발효가 즉각 시작되게 한다. 하루나 이틀 뒤 효모의 활동이 최고조에 달하면 웰치는 -16℃로 온도를 낮춘다. 발효 초기에 가장 왕성한 에스테르 생성을 냉기와 압력이 억제한다.

또 한 가지 중요하게 고려할 점은 호핑 비율이다. 알코올 도수가 매우 높다고 해서 모든 발리 와인의 호핑 비율이 높은 것은 아니다. 홉 때문에 실제로 푸른빛이 도는 경우도 있다. 모든 맥주는 몰트의 단맛과 홉의 쓴맛이 조화를 이루어야 하며, 발리 와인은 여러 다른 접근을 고민한 결과물이다. 브루어들은 몰트 베이스의 농도 및 강도와 씨름하며 결정을 내려야 한다. 홉의 풍미에 몰트의 강도를 비슷한 수준으로 맞추거나 아니면 몰트가 존재감을 드러내며 미각을 점령하게 해야 한다. 이 두 접근 방식 중 어느 쪽을 택하는가에 따라 발리 와인은 확연히 다른 타입으로 나뉘어 만들어진다.

쓴맛의 인식은 상대적이어서, 당분 함량에 따라 맥주는 더 쓰게도 덜 쓰게도 느껴질 수 있다. 10%가 넘는 당분 함량과 맞붙을 만한 쓴맛의 수준에 도달하기 위해서 브루어리들은 엄청난 양의 홉을 쓸 수밖에 없다. 게다가 맥주의 비중이 높을수록 쓴맛을 내는 성분은 덜 흡수되므로, 더 많은 홉이 필요해진다. 언젠가 웨스트코스트의 어느 브루어에게 발리 와인에 어떤 홉들을 사용하냐고 물어본 적이 있는데, 그는 농담조로 이렇게 답했다. "몽땅 다 넣죠."

쓴맛을 증가시키는 작업이 호피한 발리 와인을 만들 때 기술적 도전이라면, 몰티한 발리 와인에서 균형을 잡는 일은 예술적 도전이다. 레시피를 개발하고 깔끔하고 개성 있는 —필요하다면 달콤한— 풍미를 내는 몰트 목록을 구성해야 한다. 브루어들은 최대한 깔끔하게 맥주를 완성하고 과도한 에스테르의 생성을 막는 데 특별히 심혈을 기울인다. 달콤한 발리 와인에서 균형점은 뚜렷한 몰트 풍미와 날카로운 알코올 기운에 좌우될 것이다.

진화

현재 시점은 스트롱 에일이 진화하는 시작 단계인 것 같다. 브루어리들의 뼈와 신경을 강철과 전기로 바꾼 20세기는 기계화의 승리였다. 이 변화는 대부분의 경우 더 나은 맥주를 만들 수 있는 여력으로 연결됐지만, 발리 와인과 올드 에일만큼은 분명 예외였다. 현대식 브루어리들이 새로 등장하면서 두 스타일 모두 본래 특성의 핵심 요소 두 가지—나무 그리고 시간—를 잃어버렸기 때문이다.

다행히 브루어리들은 지금까지의 이런 '향상'에 대처하기 시작했다. 21세기 들어서면서 점차 사라져가는 배럴 숙성 프로그램은 이제 대서양 양쪽 지역 모두에서 흔해졌다. 미국의 크래프트 브루어리들이 이 흐름을 이끌고 있지만, 이들뿐 아니라 영국 브루어리들도 옛 방식을 재발견하는 중이다—신생 크래프트 브루어리들의 등장 덕분인 경우가 많다.

물론 늘 같은 효과가 나타나는 것은 아니다. 현대식으로 배럴 숙성한 올드 에일과 발리 와인은 오래된 캐스크에 사는 브레타노미세스의 영향은 거의 받지 않는다. 그 대신, 브루어리들은 증류소나 와이너리에서 버린, 여전히 리큐어나 와인이 묻어 있는 배럴들을 가져다 쓴다. 예를 들어 맨체스터의 J.W. 리스는 그 유명한 발리 와인 하비스트 에일을 만드는 데 포트 및 셰리 배럴을 사용하는 반면, (올드 넘스컬Old Numbskull 발리 와인을 만드는) 에일스미스AleSmith나 (버번 배럴 발리와인Bourbon Barrel Barleywine을 만드는) 센트럴 워터스Central Waters 같은 미국 브루어리들은 지역 내 버번 배럴을 활용한다.

이는 고유한 개성을 부여한다. '크랙스컬' 올드 에일처럼 배럴 숙성 과정은 숨 쉬는 나무 캐스크에서 비롯되는 고유의 특성을 맥주에 부여한다. 즉, 숙성되고 원숙한 느낌의 정제된 성격을 띠게 된다. 현대식 배럴 숙성 발리 와인과 올드 에일은 야생효모를 통한 2차 발효 대신 이전에 그 안에서 숙성시켰던 리큐어와 와인 성분으로부터 풍미를 취한다. 선택하는 홉과 몰트에 따라 풍미와 아로마가 달라지지만, 배럴의 특성 역시 레시피의 일부분이 된다.

알아야 할 맥주들

올드 에일과 발리 와인의 범위를 살펴보면 꽤나 지루하고도 장황한 집합 같다. 수백 년 전부터 이어져 내려오는 가늘고 긴 스타일이니 그럴 만도 하다. 이 맥주들은 숙성시키기에 그만이니 몇 병 사다가 저장고에 보관해둬도 괜찮다는 것을 기억하자.

올드 에일

HAIR OF THE DOG ADAM
헤어 오브 더 도그 애덤

원산지: 미국 오리건 포틀랜드
몰트: 오가닉 필스너, 캐러멜, 뮌헨, 초콜릿, 블랙, 피트
홉: 노스웨스트산
10% ABV, 1.094 SP. GR., 65 IBU

헤어 오브 더 도그는 음악으로 치자면 벨벳 언더그라운드 같은 맥주다. 브루어 앨런 스프린츠 Alan Sprints가 만드는 맥주는 동료들 사이에서 가장 칭송받는 맥주에 속하기도 한다. 애덤은 지금은 단종된 독일의 아담비어 adambier 스타일을 기본 바탕으로 삼는다고 알려져 있지만, 정말 끝내주는 올드 에일이다. 애덤은 에스프레소의 크레마 헤드를 지닌 블랙에 가까운 맥주로, 훈연 몰트와 상당량의 홉이 균형을 맞추고 있으며 이 모든 요소를 겹겹의 크리미한 몰트가 감싸고 있다.

GREENE KING STRONG SUFFOLK (OLDE SUFFOLK)
그린 킹 스트롱 서퍽 (올드 서퍽)

원산지: 영국 베리세인트에드먼즈
몰트: 페일, 캐러멜
홉: 챌린저, 퍼스트 골드, 타깃
기타: 나무통 숙성
6% ABV, 32 EBU

그린 킹은 영리하게도 이 맥주를 미국의 올드 서퍽으로 마케팅하고 있으며('스트롱'이라는 표현은 6%짜리 맥주는 중간 정도의 세기로 여기는 미국인들에게 분명 혼란을 안겨줄 테니까), 실제로 다른 시대로부터 온 듯한 맛이 난다. 깊이 있는 색감을 지니고 있으면서도 비교적 바디는 가벼우며, 이는 말베크* 같은 복합적인 느낌—타닌, 자두, 산미—에 의해 더욱 부각된다. 숙성된 —스트롱 서퍽 블렌딩만을 위해 만들어진— 파이브 엑스 맥주는 발사믹향과 더불어 약간 철분맛이 나기도 한다. 그러나 이는 병입 전 첨가하는 신선한 에일의 과일 풍미가 나는 밝은 향에 의해 상쇄된다.

THEAKSTON OLD PECULIER
식스턴 올드 피큘리어

원산지: 영국 매섬
몰트: 페일, 크리스털, 구운 밀
홉: 노던 브루어, 퍼글, 기타 비공개 홉들
기타: 캐러멜 설탕
5.6% ABV, 1.057 SP. GR., 29 IBU

올드 피큘리어는 최소 1890년부터 브루잉되어왔으니, 두 가지 의미 모두에서 '올드'라 부를 만하다. 점성이 있는 올드 스타일 에일로, 오밀조밀 예쁜 거품이 얹힌 뿌연 콜라 같은 모습을 하고 있다. 겉모습에서 예상되듯이 빵내음 나는 풍부한 느낌의 아로마가 있다. 건포도와 자두의 과일 향이 은은하게 퍼지고, 미각적으

• 본래 프랑스가 원산지인 적포도 품종의 이름으로, 이 품종의 포도로 만든 와인을 일컫는다. 색이 짙고 풍미가 진하며 타닌 특성이 두드러진다.

로는 호밀이나 심지어는 사워도우 느낌의 흙냄새가 감돈다.

UPRIGHT BILLY THE MOUNTAIN
업라이트 빌리 더 마운틴

원산지: 미국 오리건 포틀랜드
몰트: 페일, 마일드, 캐러멜, 검정보리(약간 변경 가능)
홉: 해마다 다름
기타: 당밀 및 브레타노미세스 클라우세니
9.1% ABV, 1.085 SP. GR., 40 IBU

브루어 알렉스 개념은 산미가 있는 나무 숙성 게일스에서 영감을 받아 빌리 더 마운틴(이름은 프랭크 자파의 노래에서 따왔다)을 만들었다. 올드 서퍽과 마찬가지로, 빌리 역시 블렌딩의 산물이다. 1년 이상 된 빌리와 마일드 에일을 약간 섞고 야생효모를 접종시켜 나무통에서 숙성시킨다. 발사믹향의 새콤한 산미가 살아 있는 — 다시 한번 강조하지만, 올드 서퍽처럼 말이다— 짜릿한 풍미가 바탕에 깔려 있지만, 이를 오크향이 배어 있는 달콤하고 농밀한 생강쿠키 풍미가 완전히 감싼다. 기포도 없이 묵직하여 지루할 뻔했던 이 맥주를 살려내는 것은 상큼한 산미

다. 스파이시한 풍미도 어느 정도 있으며, 마지막에는 포트와인처럼 긴 여운이 남는다.

NORTH COAST OLD STOCK ALE
노스코스트 올드 스톡 에일

원산지: 미국 캘리포니아 포트브래그
몰트: 메리스 오터
홉: 퍼글, 이스트 켄트 골딩
12.5% ABV, 36 IBU

노스코스트는 이 올드 에일에 유독 까다롭다. 이 브루어리는 미국식 발리 와인은 만들 생각이 없었다. 알코올 도수가 굉장히 높은 이 에일은 비슷한 도수의 발리 와인들과는 밀도 면에서 전혀 다르다. 그보다는 달콤한 건포도향과 검붉은 과일맛에 날카로운 알코올이 균형을 잡고 있는 벨기에 크바드뤼펠에 더 가깝다. 그러나 색상은 거의 붉은색으로 보일 만큼 아주 어두운 호박색으로 잉글랜드식 에일 같은 느낌을 준다. 몰트는 가죽향도 지니고 있고, 브레타노미세스로 인해 드라이해진 잉글랜드 올드 에일의 느낌도 있다. 야생효모는 쓰이지 않지만 약간 매캐한 향이 난다.

발리 와인

J. W. LEES HARVEST ALE
J.W. 리스 하비스트 에일

원산지: 영국 맨체스터
몰트: 메리스 오터
홉: 이스트 켄트 골딩
11.5% ABV

리스는 3종의 효모종을 사용하여 하비스트 에일을 생산하며, 포트와인, 위스키, 셰리주 캐스크에서 일부분을 숙성한다. 병에는 해당 맥주가 어느 배럴에 담겨 있었는지 표시한다. 그러나 각 버전의 맥주가 전부 비슷하다. 어둡고 탁하며 (오래 지속되지는 않으나) 풍부한 헤드를 밀어올린다. 달콤하고 아주 농밀한 맥주지만, '뜨거운' 알코올향은 없어서, 계속 마시기에도 큰 부담이 없다. 이 버전들 가운데 위스키 배럴 숙성이 가장 강렬한데, 스모키한 매혹적인 풍미가 중심에 자리한다.

GOOSE ISLAND KING HENRY
구스 아일랜드 킹 헨리

원산지: 미국 일리노이 시카고
몰트: 페일, 캐러멜, 크리스털 밀, 초콜릿
홉: 필그림Pilgrim, 스티리언 골딩
13.4% ABV, 60 IBU

보기 드물게 아주 어두운 색상의 발리 와인 중 하나인 킹 헨리는 포터라고 해도 믿을 정도다 (물론 빛을 받으면 짙은 밤색으로 보인다). 미국식과 영국식 스트롱 에일의 혼종이라고도 할 만하며, 부드럽고 풍만한 보리의 달콤함을 지닌 베이스 맥주에 홉이 입을 맞추는 듯한 느낌이다. (알코올 도수가 IPA의 두 배에 달하는 발리 와인 가운데서 60 IBU 호핑은 좀 누그러진 느낌이 든다.) 전형적인 영국 스타일에 해당하지만, 버번의 특성이 가미되어 미국식 에일의 느낌이 더해진다. 하지만 어쩌면 이로 인해 오히려 더 영국적인 성격이 강해지는지도 모르겠다—특히, 스코틀랜드의 주류 생산자들은 오래전부터 위스키에 버번 배럴을 써왔으니까. 어쨌거나 킹 헨리는 근사한 맥주다. 확연한 포트와인 향에는 심지어 신선한 포도향이 가득하며, 버번은 절제되어 있다. 미각적으로는 좀더 과감하게 느껴지지만, 따끈한 술기운의 느낌으로 다가온다. 리큐어에 절인 과일 케이크를 연상시키는 맛으로, 바디 역시 케이크처럼 농밀하다. 이 정도 도수의 맥주는 병입 숙성이 아니더라도 무한정 숙성이 가능할 것이다.

PELICAN STORMWATCHER'S WINTERFEST
펠리컨 스톰와처스 윈터페스트

원산지: 미국 오리건 퍼시픽 시티
몰트: 골든 프로미스, 뮌헨, 멜라노이딘melanoidin, 크리스털, 구운 밀
홉: 헤르스브루커Hersbrucker, 골딩, 퍼글, 글레이셔Glacier, 마그눔
12.7% ABV, 1.140 SP. GR., 40 IBU

미국의 브루어리들은 다량의 홉을 사용하지 않고도 맥주에 균형을 잡는 법을 알아내기까지 애를 먹곤 한다. 그렇다면 스톰와처스 윈터페스트를 연구해볼 필요가 있다. 대런 웰치는 몰트에서 엄청나게 복합적인 —황설탕이나 무화과에서부터 셰리주나 파이프 담배에 이르기까지 온갖— 풍미들을 끌어내면서도 감지되는 단맛은 억제할 줄 안다. 상당히 강한 알코올 도수에 힘입어 몰트 자체가 충분히 복합적이어서 모든 홉들이 한데 어우러지며 풍미를 더한다. 그 옛날의 10월 맥주가 연상되는 발리 와인이다.

미국 스트롱 에일
더블 또는 트리플 IPA
AMERICAN STRONG ALES DOUBLE OR TRIPLE IPAS

American Strong Ales.

미국 스트롱 에일의 이름은 다양한데, 대개 앞에 '더블' '트리플' '임페리얼' 등이 붙는다. 홉산으로 감싸인 뒷맛이 남기는 강렬한 홉 아로마와 풍미가 특징이다. 발리 와인에 비하면 바디, 색, 몰트 특성이 모두 가벼우며, 홉의 풍미를 전달하는 데 주력하는 느낌이다. 미국 스트롱 에일은 대부분의 음식에 곁들이기에는 너무 압도적이지만, 진한 맛의 치즈와는 묘하게 어울리기도 한다.

주요 수치

ABV 범위: 7.5-12%
쓴맛: 65-100 IBU
서빙 온도: 10-13℃
전용잔: 파인트글라스 또는 스니프터

미국은 절제가 없는 곳이다. 가능하기만 하다면, 더 크게, 더 좋게, 더 강하게 만든다. 미국인들이 일단 강하고 호피한 에일에 빠진 순간 자연히 그 에일들을 텍사스 크기로 만들어보려 한 것은 불가피한 수순이었다. 자동차, 시나몬 롤, 슈퍼볼 하프타임 쇼가 그랬듯이. 바로 그 불가피성이 무르익어 그 어떤 스타일보다도 더 미국적인 맥주들이 탄생했다. 더블(또는 임페리얼) 또는 트리플 IPA 같은 이름들로 단계적으로 강도를 표시하는 이 미국 스트롱 에일들은 맥주 세계의 V-8 엔진*과도 같은 존재들이다.

미국 스트롱 에일의 주요 특징은 홉—강렬하게 타는 듯한 루풀린의 풍미—이다. 몰트는 홉의 양을 최대치로 끌어올리는 데는 유용하지만, 발리 와인의 경우와 마찬가지로 실제 풍성한 느낌이나 풍미, 바디 등에는 별로 영향을 미치지 않는다. 호핑의 영향을 조금 막아줄 수 있기 때문이다. 괜찮은 미국 스트롱 에일이 있다면, 마시고 있는 사람 옆에만 앉아 있어도 간접적으로 취하는 기분이 들 것이다.

기원

스트롱 에일이 전혀 새로운 것은 아님은 이제 분명해졌다. 호피하고 알코올 도수가 높은 에일도 아니다. 심지어 미국에서도 밸런타인 계통을 따라 거슬러 올라가는 오래된 유산이 있다. 1975년 앵커는 올드 포그혼을 만들 때 이 전통을 활용했다. 오늘날 더블 또는 트리플 IPA만의 두드러지는 특징은 강력한 호피함에 초점을 맞춘다는 데 있다. 브루어리들은 알코올 함량을 높여 훨씬 더 풍부한 풍미와 아로마—쓴맛은 말할 것도 없고—를 맥주 안에 담을 수 있음을 알게 됐다.

이 타입에서 가장 영향력이 강한 맥주는 시에라 네바다의 셀러브레이션Celebration이었다. 1981년 처음 소개된 이 맥주는 첫 수확한 홉을 이용할 방편으로 구상됐다. 시에라 네바다가 현재의 레시피에 정착한 것은 1983년으로, 우리가 오늘날 IPA라 부르는 넓은 범주에 대한 기본 틀이 이때 만들어졌다. 갓 수확한 홉의 진한 풍미와 아로마, 미국적인 거친 맛이 사탕처럼 달콤하면서도 대체로 무겁지 않은 바디 위로 겹겹이 더해진다. 수십 년 동안 이 맥주는 가을마다 상자째 사들이는 미국의 홉헤드들 사이에서 컬트 맥주로 통했다. 7% ABV에 채 못 미치는 맥주라 오늘날의 고비중 스트롱 에일에 해당하지는 않았지만 대체적인 윤곽은 비슷했다.

그러나 시에라 네바다는 시대를 앞서갔다. 미국의 브루어리들과 맥주 애호가들은 이후 15년을 가볍고 무난한 에일들을 가지고 소심한 실험을 하며 보냈다. 맬컴 글래드웰**이 '티핑 포인트' 이론을 설명하기 위해 크래프트 맥주를 들먹인 적은 없었지만, 그 이후의 전개는 그 이론에 꼭 맞는 사례였다. 소수의 골수 팬들—셀러브레이션을 상자 단위로 사던 이들—은 더 세고 더 호피한 맥주를 원했다. 1980년대 후반부터 1990년대 초반에 브루어리들은 호피한 페일 에일과 IPA를 만들기 시작했다. 크래프트 브루잉

* 주로 고급 대형 차량에 탑재하는 고출력, 고배기량 엔진
** 저서 『티핑 포인트』에서 극적인 변화가 시작되는 지점을 '티핑 포인트'라 지칭했다.

익스트림 비어

2000년대 중반 어느 시점에 알코올 도수 및 호피함의 군비 경쟁에도 이름이 생겼으니 그것은 바로 익스트림 비어였다. 이 용어에 대한 정확한 정의는 없으며, 그저 단어 자체의 일반적인 정의—"엄청난 혹은 지나친 수준에 이르는"—가 있을 뿐이다. 『뉴요커』의 버카드 빌저는 이 맥주들이 보통의 라이트 라거에 비하면 들어가는 몰트와 홉의 양이 몇 배에 달한다는 점을 지적하면서 "익스트림 비어와 버드와이저의 관계는 부야베스bouillabaisse*와 피시 스톡fish stock의 관계와도 같다"고 표현하기도 했다. 보스턴 비어는 최초의 익스트림 브루어리 중 한 곳으로, 1994년에는 무려 18%에 달하는 트리플 보크를 만들었다. 도그피시 헤드가 2003년 같은 도수의 120미닛 IPA를 만들면서 경쟁은 이어졌다. 2009년에는 부두Voodoo의 블랙 매직Black Magic(15%)도 이 익스트림 대열에 합류했지만 힘에 부쳤다. 듀클로DuClaw의 콜로서스Colossus(17.3%)는 알코올 도수를 더 높였고 마침내 보스턴 비어는 유토피아스Utopias(27%)로 트로피를 다시 가져갔다.

익스트림의 철학이 미국 특유의 것은 아니다. 실제로, 다른 곳에서는 더 높은 곳까지 뻗어나갔다. 기네스 세계기록이 유토피아스를 세계에서 가장 센 맥주로 기록하자, 독일 브루어리 쇼르슈브로이Schorschbräu는 이를 경쟁 상대로 삼고 2009년 2월 급기야 유토피아스를 넘어서는 40%짜리 쇼르슈보크Schorschbock를 내놓았다. 이후 3년에 걸쳐 최고의 익스트림 비어를 가리는 전투는 국경을 넘어 이어져서 쇼르슈브로이와 스코틀랜드의 브루도그가 타이틀을 서로 뺏고 뺏기기를 계속하다가, 2012년 쇼르슈브로이의 승리로 일단락됐다. 57.5%까지 알코올 도수를 끌어올린 쇼르슈보크는 115프루프proof**였으니, 어지간한 실제로 리큐어보다도 독한 셈이었다. 이 알코올 도수 경쟁은 이 기록을 깨는 데 전력을 다하는 (역시 스코틀랜드 회사인) 브루마이스터Brewmeister라는 또 하나의 브루어리를 탄생시키는 도화선이 됐다. 이 브루어리에서 만든 스네이크 베넘Snake Venom이라는 맥주는 자그마치 68%에 달했다. 이 브루어리들은 냉동 시스템을 사용하여 물을 얼려 얼음 형태로 제거해내고 나머지 액체를 계속 응축하는 방식으로 그런 아찔한 수준의 알코올 도수에 도달할 수 있었다.

* 향신료를 많이 넣은 프랑스식 생선 수프
** 증류주의 알코올 농도 단위

에서 이는 사소한 하위문화에 불과했지만, 이 종류의 맥주에 대한 열정은 뿌리를 내렸다.

미국은 1990년대 중반 티핑 포인트에 도달했다. IPA는 이미 충분한 인기를 구축한 상황이라 브루어리들은 강도를 높이고 있었다. 블라인드 피그Blind Pig와 로그는 1994년과 1996년에 '더블 IPA'와 '임페리얼 IPA'라는 용어—알코올 도수를 나타내기에는 부정확한 용어—를 새로 추가했다는 평을 받고 있으며, 헤어 오브 더 도그나 스톤 브루잉 같은 브루어리들은 1997년에 각각 프레드Fred와 애러건트 배스터드Arrogant Bastard 같은 유명한 스트롱 에일들을 출시했다.

드문 예들이지만 이들은 호피한 맥주의 정의를 확장시키는 데 일조했고, IBU는 계속 증가했다. 이 맥주들은 이미 확실히 자리를 잡은 상태여서 그레이트 아메리칸 비어 페스티벌에서는 2003년에 '임페리얼 및 더블 IPA' 카테고리가 새로 생겼다. 2012년경(이 카테고리가 '임페리얼 IPA'로 지칭된 시점)에는 이 카테고리에 두번째로 많은 128종의 맥주가 출품됐다.

상세 설명 및 특성

미국 스트롱 에일과 발리 와인은 별개의 카테고

리로 확실히 나눌 만큼 충분히 다를까? 달리 말하자면, 이 스타일은 단지 특별히 호피하고 바디가 가벼운 발리 와인의 일종이 아닐까? 사실, 차이는 이런 사소하다면 사소한 구별에서 비롯되는 법이다.

미국 스트롱 에일은 이를 만들고 선호하는 이들에게는 홉이 선사하는 환희의 플라토닉한 이상을 맛보기 위한 끝없는 여정과 같은 것이다. 균형감이 중시되는 여느 다른 맥주 스타일과는 달리, 미국 스트롱 에일은 한 가지 특성을 완벽하게 표현해내는 데 최적화된 스타일이다. 몰트나 효모의 성격과 알코올의 세기는 홉의 근사함을 한껏 드러내기 위한 용도에 불과하다. 미국 스트롱 에일의 목표는 홉의 아로마, 풍미, 쓴맛을 최대한 생생히 드러내는 데 있다. 균형은 몰트와 홉 사이에는 존재하지 않으며, 대신 여러 종의 홉들 자체가 선사하는 다양한 요소들 사이에서 존재한다. 다양한 아로마, 풍미, 쓴맛이 조화를 이루어야 한다.

러시안 리버 브루잉 컴퍼니Russian River Brewing Company는 플리니Pliny 2종—더 영거the Younger와 디 엘더the Elder—에서 두 가지 시제품을 만든다. 1994년 브루어 비니 칠러조가 캘리포니아 터메큘라에 있는 자신의 첫 브루어리 블라인드 피그에서 이노규럴 에일Inaugural Ale을 만들었을 때, 그는 엄청나게 호피한 맥주의 선봉에 서 있었다. 2000년에는, 맞은편에 있는 샌타로자에서 브루잉을 하며 더블 IPA인 플리니 더 엘더를 선보였고, 이는 '트리플 IPA'인 플리니 더 영거의 탄생으로 이어졌다. 대부분의 스타일에서 '더블'과 '트리플'은 몰트에 관한 표현인데, 칠러조는 호핑 수준을 지칭하는 표현으로 썼다. 두 맥주 모두 황금빛의 가벼운 바디를 지니고 있고 홉의 특성은 깜짝 놀랄 만한 수준이다. 각 요소들은 플리니 디 엘더에서 가장 잘 어우러진다. 위험하리만치 바디가 가벼운(8%) 맥주지만 호피함을 통합하는 방식만큼은 타의 추종을 불허한다.

스트렝스는 중요한 부분이다. 센 맥주일수록 더 진하게 응축된 풍미를 뽑아낸다. 알파산—홉의 쓴맛을 내는 성분—은 물보다 알코올에 더 쉽게 녹으므로, 센 맥주일수록 브루어리는 더 쓴맛을 낼 수 있다. 알코올은 아로마를 발산하는 역할도 하여, 휘발성 향이 코에 닿을 때 입안에서 특히 강한 풍미를 느끼게 만든다.

퍼즐의 마지막 조각들은 신대륙 홉이 선사하는 이국적인 풍미들이다. 시트러스 주스와 열대 과일의 풍미를 지닌 미국산 홉이 나이 지긋한 예비역이라고 한다면, 뉴질랜드산 홉은 '뉴 키즈 온 더 블록'*이다. 뉴질랜드산 홉들은 농축되면 마늘, 사향, 양파 같은 풍미를 내기 때문에 훨씬

앨리머니 에일Alimony Ale

미국 최초의 '익스트림' 맥주는 아마 캘리포니아 헤이워드에서 버팔로 빌스Buffalo Bill's—미국 최초의 브루펍 중 하나—가 만든 앨리머니 에일일 것이다. 1987년 창립자 빌 오언스가 어느 고객의 이혼을 기념하여 만든 이 맥주는 "미국에서 가장 씁쓸한 맥주"라는 딱 들어맞는 슬로건을 내걸었다. 알려진 바로는 100 IBU였지만, 세월이 흐르면서 점차 쓴맛이 줄었다. 버팔로 빌스는 여전히 앨리머니 에일을 판매하고 있지만, 비중은 많이 낮아져 현재는 70 IBU다.

더 이국적이며, 미국 스트롱 에일에서 점점 더 흔히 사용되는 추세다. 전통적인 풍미의 완성을 추구하는 다른 수많은 스타일과는 달리, 미국 스트롱 에일의 경우 브루어리들과 애호가들은 최후의 가장 이국적이고 새로운 풍미를 끊임없이 찾아나선다.

브루잉 노트

질척하니 탁하고, 독하게 호피한 스트롱 에일을 만들기는 쉽다―홉만 잔뜩 넣으면 된다. 하지만 미국 스트롱 에일은 무지막지한 호핑과 알코올이 뒤범벅돼서는 안 된다. 미국 스트롱 에일은 사실 몇 가지 예민한 요소들에 의존하는 섬세한 맥주다. 홉의 풍미와 아로마는 쓴맛 못지않게 중요하지만, 쓴맛이 공습하는 와중에 이를 보존하기는 매우 까다로운 일이다. 마찬가지로, 몰트 베이스는 그와 같은 홉의 효과를 적당히 누그러뜨려줄 만큼의 단맛을 내야 하지만(실제로 홉의 특성에 변화를 주는 데 중요하다) 그렇다고 해서 단맛이 절대 두드러져서도 안 된다.

　브루어리들이 이 문제들을 해결하는 방법은 몇 가지가 있다. 그중 하나는 설탕이다. 설탕은 몰트의 영향을 줄여주는 동시에 옥탄을 끌어올린다. 뿐만 아니라 좀더 청량한 마무리감을 선사하는데, 이는 홉의 휘발성 요소들을 보존하는 데 결정적인 역할을 한다. 러시안 리버는 플리니에 설탕을 효과적으로 활용한다. 설리의 어브레이시브 에일Abrasive Ale이나 데슈츠의 홉 헨지Hop Henge도 마찬가지다. 벨스의 인기 있는 스트롱 에일인 홉슬램Hopslam은 설탕 대신 꿀을 사용하여 동일한 효과를 이끌어낸다. 설탕의 사용은 미국 스트롱 에일이 사촌 격인 발리 와인과 어떻게 다른지 보여주는 부분이다. 발리 와인은 바디가 매우 농후하며, 가장 호피한 미국의 발리 와인들의 경우에도 몰트 특성이 아주 강하다. 미국 스트롱 에일은 의외의 맥주―벨기에 트리펄―와 더 비슷하다. 둘 다 저감도가 상당하고 페일하며, (여타 미국의 맥주 스타일들에 비해) 캐러멜 몰트에는 관심이 없고 홉을 부각시킨다―물론 미국 스트롱 에일이 벨기에 트리펄보다 더 그렇다. 이상하게 들릴지 모르겠으나, 플리니 디 엘더는 시럽처럼 농밀한 로그 올드 크러스테이션보다는 오히려 섬세하고 산뜻한 베스트말러 트리펄Westmalle Tripel에 더 가까울 수 있다.

　물론, 호핑이 모든 것의 핵심이며, 브루어에게 줄 수 있는 최상의 조언은 모든 것을 다 시

> "[플리니와] 발리 와인의 차이를 찾자면, 들어 있는 크리스털 몰트 3.5-4% 정도다. 크리스털 몰트 함량을 낮은 수준으로 하면, 실제로 홉이 캐러멜 특성에 뒤죽박죽 파묻혀버리지 않고 존재감을 드러낼 수 있다. 또한, 발효성 물질 속의 다량의 당분을 소비해버려서 드라이한 맥주를 만들 수 있다. 이렇게 만든 맥주는 청량감이 뛰어나면서도 쓴맛은 굉장히 강한, 가볍고 드라이한 바디를 지닌다. 몰트는 토대를 이루지만 달콤한 비스킷 같아지거나 지나치게 몰티해지지는 않고 홉을 견제하는 역할만 한다. 몰트 구성 목록은 매우 단순하며 홉이야말로 이 맥주의 주인공이다."
>
> ―러시안 리버 브루잉의 비니 칠러조가 플리니 디 엘더에 관해 설명한 내용 중에서

• 1980년대 후반부터 1990년대 초반까지 큰 인기를 얻었던 미국의 보이밴드 이름으로, '그 동네의 신출내기'라는 뜻이다.

1년에 한 번씩 출시되는 벨스 홉슬램은 따로 팬클럽이 있을 정도로 인기가 많은 맥주다.

으로 그는 홉 콘에서 데친 채소 같은 아로마를 끌어내지 않고서도 순수하고 명쾌한 쓴맛만 추출해낼 수 있다. 끓이는 과정에서 홉을 넣는 타이밍은 브루어리마다 천차만별이지만, 풍미 그리고 특히 아로마를 터뜨리기 위해서는 반드시 늦게 홉을 넣어야 한다. 브루어리들은 홉을 추가로 넣을 때 홉백[+]이나 월풀을 사용하기도 하며, 드라이호핑은 보편적으로 사용되는 방식이다.

수많은 홉 품종들을 사용할 것인가 아니면 두어 가지만 넣을 것인가에 대해서는 브루어리마다 지론이 다르지만, 이는 호핑 방식보다는 덜 중요한 문제인 듯하다. 스톤과 설리는 단 두 가지 품종의 홉에서 훌륭한 풍미를 추출해내는 쪽이다. 반면, 대부분의 브루어리들은 여러 품종을 사용하는 것을 선호한다. 데슈츠는 무려 여덟 가지, 벨스와 파이어스톤 워커(DBA)는 여섯 가지, 에이버리(마하라자Maharaja)와 러시안 리버는 네 가지를 사용한다.

도해보라는 것이다. 일부 브루어리들은 매시에서부터 시작한다. 끓는 온도에 도달하기 한참 이전에 홉이 물에 닿는 단계다. 이 기법은 풍미의 추출을 극대화하며, 데슈츠는 이를 이용해 매년 홉 헨지를 만든다. 원하는 쓴맛을 내는 데 필요한 엄청난 양의 홉은 칠러조가 플리니에 홉 추출물을 사용하게 만들었고, 이 농축된 형태의 홉

뉴질랜드 홉

퍼시픽 노스웨스트Pacific Northwest 홉이 전 세계적인 슈퍼스타 홉으로서 홀로 주목받게 된 것은 그리 오래된 일이 아니다. 퍼시픽 노스웨스트가 여전히 가장 많은 관심을 받고는 있지만 풋풋한 신인이 무대에 등장했으니 그것은 바로 뉴질랜드 홉이었다. 최초의 대성공은 열대우림 지역 과일의 풍미와 아로마(사람에 따라서는 체취 같은 향을 느끼기도 한다)를 지닌 넬슨 소빈이라는 홉이었다. 또 다른 품종인 모투에카는 레몬, 라임, 후추향이 가득한 반면, 그린 불릿Green Bullet은 좀더 정제된 스파이시한 특성을 지닌다. 그 밖에 이름부터 이국적인 리와카(소나무와 베르가못), 퍼시픽 젬(오크와 블랙베리), 퍼시픽 제이드Pacific Jade(시트러스와 흑후추) 등도 있다.

뉴질랜드는 훨씬 규모가 큰 미국 홉 산업보다도 확실히 유리한 고지를 점하고 있다. 통상적으로 홉에 해를 끼치는 토착 병충해가 없어서 화학 처리를 하지 않기 때문이다. 간접 방열기를 사용하여 건조시킨 이 홉들은 유증기나 기타 증기에 오염되는 일이 없다. 덕분에 뉴질랜드 생산자들은 수월하게 유기농 홉을 생산할 수 있어서, 이는 해외 시장 개척에 든든한 발판이 되고 있다.

미국 스트롱 에일 **235**

진화

1990년대 중반에 탄생한 더블 IPA는 여전히 신생아 같은 맥주다. 1990년대와 2000년대에 시장에 흘러들어온 수많은 신품종 홉들 덕분에 만들어질 수 있었던 맥주로, 여러 면에서 브루잉보다는 원예학의 발명품이다. 최신 품종은 기존 품종에 비해 알파산 함량도 높고 이국적 풍미도 풍부하다. 크래프트 브루잉은 맥주 풍미의 중심이 되는 오묘한 매력의 신품종 홉들에 대한 관심을 촉발하고 관련 시장을 형성했고, 생산자들은 매년 브루어리들로 새로운 흐름을 기꺼이 유입시키고 있다.

호피하고 센 맥주들의 기본 바탕은 주로 홉의 풍미와 아로마이므로, 이 맥주들의 미래는 다양한 풍미를 지닌 신품종 개발과 밀접하게 연관돼 있다. 뉴질랜드 홉—특히 넬슨 소빈—이 유럽에서 인기를 얻으면서, 국제 시장에서도 이런 현상이 일어나고 있다. 미국 스트롱 에일 현상은 더 이상 미국에만 국한된 것이 아니다—가장 호평받는 미국 스트롱 에일 가운데는 덴마크의 미켈러, 영국의 손브리지, 뉴질랜드의 에픽 같은 브루어리들이 만드는 맥주들도 포함돼 있다. 시작은 미국이었지만 이제 국제적인 스타일이 된 것이다.

알아야 할 맥주들

더블 및 트리플 IPA는 대개 브루어리에서 계절 한정으로 출시된다. 브루어리가 보유한 라인에서 특별한 위치를 부각시킬 뿐 아니라 유한성도 강조하는 것이다. 레귤러 IPA나 발리 와인과는 달리 이 맥주들은 오래가지 않는다. 늦은 시기에 끓이고 건조 홉을 첨가함으로써 홉의 특성을 상당히 끌어낸 탓에 아로마와 풍미는 출시 시점으로부터 며칠 안에 변질되기 시작한다. 한 달이 지나면 맥주의 질이 저하될 것이고 —풍미는 밋밋해지고 아로마는 옅어진다— 석 달이 지나면 이들 맥주를 특별하게 만들던 요소들이 상당 부분 사라져버릴 것이다. 구입 즉시 마셔야 한다.

RUSSIAN RIVER PLINY THE ELDER
러시안 리버 플리니 디 엘더

원산지: 미국 캘리포니아 샌타로자
몰트: 페일, 크리스털
홉: 애머릴로, 센테니얼, CTZ, 심코
기타: 덱스트로스
8.0% ABV, 1.070 SP. GR., 100 IBU

플리니 디 엘더는 크래프트 브루잉 과정을 바꿔 놓은 몇 안 되는 미국 맥주들 중 하나이지만, 그보다 더 중요한 것은 미국 최고의 맥주 가운데 하나라는 사실이다. 겉모습과 질감만 보면 6%짜리 맥주가 분명하다는 생각이 들 것이다. 글라스에 담긴 모습은 휘핑크림을 살짝 얹은 페일 에일 같다. 소나무와 자몽을 증류해 뿌린 듯한 아로마가 워낙 강렬해서 냄새로도 맛이 느껴질 정도다. 이런 강렬함은 미각으로도 이어지지만, 완벽하게 균형잡힌 상큼한 레모네이드처럼 감각을 압도하지 않은 채 기분 좋은 느낌에 머무른다.

AVERY MAHARAJA
에이버리 마하라자

원산지: 미국 콜로라도 볼더
몰트: 페일, 다크 크리스털, 빅토리
홉: 심코, 콜럼버스, 센테니얼, 치누크
10.2% ABV, 1.090 SP. GR., 102 IBU

새하얀 헤드를 지닌 밝은 살구색 맥주인 마하라자는 겉모습이 주는 첫인상과는 다른 정체성을 향—파인애플과 망고의 폭발적인 향—에서 드러낸다. 플리니와 마찬가지로 마하라자도 소나무향이 있지만, 이 경우는 유칼립투스 쪽의 느낌이다. 홉의 기본 틀을 신선한 망고향이 부드럽게 감싸며, 쓴맛이 혀를 지나치게 자극하지 않도록 몰트의 달콤한 풍미가 막아준다.

SURLY ABRASIVE ALE
설리 어브레이시브 에일

원산지: 미국 미네소타 브루클린센터
몰트: 페일, 골든 프로미스, 크리스털, 귀리
홉: 워리어, 시트라
8.8% ABV, 1.081 SP. GR., 120 IBU

어브레이시브*는 사실 이 맥주와는 잘 안 맞는 이름—본래 이름은 사포의 등급에서 비롯됐다—인데, 이 흐릿한 황금빛 맥주는 신선한 홉의 풍미가 가득해서 파격적이라고 하기는 어렵기 때문이다. 몰트 베이스는 가벼운 느낌이지만 달콤한 꿀의 풍미가 있어서 홉의 특성을 잘 살려낸다. 홉은 처음에는 시트러스 향기로 퍼지다가 뒤로 갈수록 좀더 스파이시하고 다크하며 대마 같은 '축축한' 느낌을 낸다.

DESCHUTES HOP HENGE
데슈츠 홉 헨지

원산지: 미국 오리건 벤드
몰트: 페일, 뮌헨
홉: 밀레니엄, 노던 브루어, 캐스케이드, 센테니얼, 제우스, 심코, 브루어스 골드, 시트라(매년 변경)
기타: 설탕
8.5% ABV, 95 IBU

매년 1월에 출시되는 홉 헨지는, 홉 수확 이후 브루어가 눈에 드는 것들로 다양하게 선별해 구성한 홉의 이점을 활용한다. (여기 언급된 목록은 2012년 빈티지 기준이다.) 홉은 매시부터 1차 발효 그리고 숙성에 이르기까지 매 단계마다 투

* 연마재라는 뜻

입된다. 매년 풍미는 달라지지만, 홉 헨지는 늘 적정 강도—즐거움을 주는 비율—를 포착해낸다.

ALCHEMIST HEADY TOPPER
알케미스트 헤디 토퍼

원산지: 미국 버몬트 워터베리
몰트: 비공개
홉: 비공개
8% ABV, 비공개 IBU(캔에는 'IBU-높음'으로 적혀 있다)

헤디 토퍼는 (캔에 적힌 조언을 무시하고) 글라스에 따라놓으면 썩 구미가 당기지 않는 모습이다. 뭐라 말하기 힘든 애매한 색을 띤 탁한 맥주다. 하지만 사람들이 이 맥주를 칭찬하는 것은 외양 때문이 아니라 그 풍미와 아로마 때문이다. 여느 맥주보다도 진하게 농축된 강한 풍미는 실제 자몽처럼 느껴지는데, 주스 같기도 하고 때로는 껍질 같은 향이 나기도 한다. 끝으로 가면서 소나무향으로 바뀐다.

LAGUNITAS HOP STOOPID
라구니타스 홉 스투피드

원산지: 미국 캘리포니아 페털루마
몰트: 비공개
홉: 비공개
7.7% ABV, 1.085 SP. GR., 102 IBU

헤디 토퍼를 보고 난 뒤라면 홉 스투피드의 투명도에 감탄할지도 모르겠다. 바닥쪽에 비치는 약간의 음영 말고는 거의 완벽하게 환하다. 라구니타스는 특정 허브*와 연루—물론, 은유적 표현이다—된 것으로 유명한데, 이 홉 추출 맥주는 그 허브를 단순히 연상시키는 것 이상이다. 소나무로 시작해 대마로 이어지는 '축축'한 풍미라 할 만하다. 머리가 어질어질할 정도로 끈끈한 송진 같은 느낌도 있다. 더블 IPA 특유의 가벼운 바디는 가벼운 느낌이고 아주 희미한 비스킷향만 남는다.

* 대마를 지칭한다. 라구니타스에서는 대마의 비향정신성 성분을 추출해 넣은 탄산수와 맥주를 판매한다.

스코틀랜드 에일
SCOTTISH ALES

Scottish Ales. 잉글랜드에서와 마찬가지로, 맥주의 스탠더드 범위에는 다양한 도수의 페일 에일이 포함된다. 스코틀랜드는 캐스크 에일을 버리고 잉글랜드보다도 먼저 라거를 받아들였으며, 지역 생산품에도 이런 흐름의 흔적이 남아 있다. 이 에일들은 캐스크보다 인공적으로 탄산을 주입한 케그에서 나올 가능성이 훨씬 높으며, 대개 더 차갑고 기포도 많다. 스코틀랜드 에일은 잉글랜드 에일에 비해 홉의 특성이 훨씬 약하지만, 예외도 얼마든지 있다. 스코틀랜드 세션 에일은 잉글랜드 캐스크 에일에 상당히 가까우며, 부드럽고 균형감이 좋아서 파인트 서너 잔을 마시는 내내 물리지 않는다. 위 헤비는 몰트 풍미가 풍부한 바디와 과일향이 어우러진 센 맥주이다. 스모키 몰트를 넣어 만든다. 미국의 스코틀랜드 에일도

세지만, 미국 브루어리들의 오해 때문에 스코틀랜드 증류소에서 유명해진 스모키 몰트로 만들어진다. 마침내 스코틀랜드의 브루어리들은 고유한 특성을 나타내는 스페셜티를 만들 수 있게 됐다. 스카치위스키 배럴에서 숙성시키거나 헤더를 넣어 생기는 이 특성들은 어쩌면 스타우트를 만들던 시대 이전부터 비롯된 것일지 모른다. 모든 경우에서, 지역 브루어리마다 잃어버린 전통을 되찾기 위한 노력의 일환으로 새로운 풍미와 기법을 두고 실험을 하고 있다. 스코틀랜드 에일은 굉장히 다양해서 몇 가지 수치만으로 쉽게 요약할 수는 없다.

영국 북부에는 어딘가에는 불길한 바위들이 비를 흠뻑 머금은 채 고독한 황야를 굽어보는 외딴 지방이 있다. 이곳에서는 겨울해가 느릿느릿 떠올랐다가 단 일곱 시간 만에 남부의 지평선 너머로 떠내려간다. 킬트 차림의 윌리엄 월리스*가 잉글랜드인의 피를 쏟게 만들었던 곳이자, 로버트 번스**가 영예로운 잉크를 쏟았던 곳이다. 한마디로, 수많은 낭만적 감성을 자극하는 곳이다.

　낭만적 감상의 중심에는 스코틀랜드 에일도 있다. 그렇게 먼 북쪽 지역에서는 홉이 자라지 않기 때문에 스코틀랜드 에일이 달콤한 풍미를 지니는 것이라고 사람들은 믿는다. 다시 말해 직화로 장시간 끓인 탓에 맥주가 캐러멜화된 것이고, 스코틀랜드 스트롱 에일은 피트로 로스팅한 몰트 덕분에 스모키한 것이며, 가장 유명한 스코틀랜드 에일은 수저가 똑바로 꽂힐 만큼 엄청나게 묵직하고 농후할 뿐 아니라 토스트 위에 발라도 좋을 만큼 달콤하다는 속설도 있다. 그러나 이는 전부 사실이 아니다. 그런 신화들에는 일말의 진실도 있기는 하나, 스코틀랜드 에일에 대한 진짜 이야기의 바탕에는 스코틀랜드의 상업과 무역의 역사—애덤 스미스, 산업, 금융 정복에 관한 부분—가 있다.

　사실, 스코틀랜드 맥주들은 남쪽 사촌들과 크게 다르지 않으나, 예나 지금이나 좀더 세상 물정에 밝고 유행에 민감한 경향이 있기는 하다. 만일 센 스타우트나 날 선 느낌의 IPA 등 배럴 숙성된 영국 맥주를 원한다면, 국경 아래쪽보다는 오히려 스코틀랜드에서 만날 확률이 더 크다.

기원

스코틀랜드인들이 맥주를 브루잉한 지는 오래됐다. 고고학적 증거에 따르면 파이프와 오크니 제도에서는 4-6천 년 전부터 브루잉은 물론 몰팅도 했음을 알 수 있다. 이 초기 브루어들은 가장 가까운 홉 산지로부터도 한참 북쪽에 있었으므로 (어쨌거나 수천 년간 홉은 유용한 맥주 재료로 여겨지지는 않았을 테고), 헤더, 터리풀, 기타 야생화를 향신료로 맥주에 첨가했다. 논쟁의 여지는 있으나, 가장 초기 브루잉의 실마리가 되는 묵직한 증거들이 있다—이 고대인들에게 수메르인들과 더불어 세계 최초의 브루어라는 자

벨헤이븐 베스트 파인트가 한 잔 놓여 있다.

* 스코틀랜드의 독립을 위해 싸운 영웅적인 인물
** 스코틀랜드의 대표적인 시인

부심을 가질 권리를 부여하고 있는 셈이다. 스코틀랜드인들은 그 이후로 계속 맥주를 만들어 왔다.

스코틀랜드의 브루잉 역사는 대체로 이웃 잉글랜드의 브루잉 역사와 비슷하다. 중세 시대의 맥주는 대개 집에서 만든 시골풍 음료로, 홉은 유럽 대륙의 레시피에 뿌리를 내린 한참 뒤에야 향신료에 포함되기 시작했다. 그러나 수세기에 걸친 더딘 변화 이후, 스코틀랜드의 브루잉 산업은 19세기 초의 잉글랜드만큼이나 급속도로 변화했다. 런던에 사는 이들에게는―심지어 요크셔 사람들에게도― 스코틀랜드가 외딴곳처럼 보일지 모르지만 스코틀랜드의 항구 도시들은 세계와 이어져 있었다. 잉글랜드에서와 마찬가지로, 스코틀랜드의 브루어리들은 산업화와 혁신을 겪었다. 사실, 스파징―오늘날은 보편적으로 사용되는 방식으로 곡물층에 물을 뿌리는 것―이 발달된 것도 스코틀랜드에서였다.

스코틀랜드 맥주들은 거칠고 농가풍이라는 오랜 믿음이 있다. 모종의 이유로, 수많은 미국인들은 옛날 스코틀랜드 에일이 스모키했으리라고 생각한다. 일부 증류소의 몰팅이 실제로 그렇듯 몰트 건조용 가마는 피트 연기로 가득 찼을 것이기 때문이다. (이것이 바로 미국 브루어들이 스모키한 '스카치Scotch' 에일을 만들게 된 이유다.) 그러나 이미 17세기부터 스코틀랜드 브루어들은 건조용 가마에 코크로 불을 지펴 스모키한 풍미를 줄이고자 했다. 아일러 싱글 몰트에서라면 스모크가 괜찮겠지만, 스코틀랜드 맥주에 어울렸던 것은 300년이나 지난 이야기다.

19세기에 스코틀랜드는 가장 현대적인 브루잉이 이루어지는 나라 중 하나였다. 18세기 말, 브루어리들의 상업적 고민이 깊어지면서 에든버러나 앨로어 같은 도시들이 브루잉의 중심지가 됐다. 주된 이유는 아마 경수일 것이다. 영국의 버턴 지하에서 발견된 미네랄이 풍부한 수원과 비슷했다. 만일 스코틀랜드의 시그니처 맥주가 있었다고 한다면, 그것은 그 경수로 만든 따뜻한 느낌의 맥주인 에든버러 에일이었을 것이다. 100% 페일 몰트로 만든, 샴페인처럼 키 크고 호리호리한 글라스에 서빙되던 이 맥주는 버턴의 유명한 에일들과 흡사했다. 1852년에 당대의 누군가는 이 맥주를 "점성이 있고 끈끈하다"고 표현하기도 했다. 1833년 이후로는 이런 식의 묘사도 등장했다. "호박琥珀만큼 투명하고 색도 동일하며, 부드럽고 맛이 있다. 굉장히 세서 몇 잔만으로도 취기가 오르거나 졸음이 밀려온다. 맨 위에는 크림 같은 거품이 얇게 얹혀 있다."

에든버러는 브루잉의 중심지―1825년경 이미 28개의 브루어리가 있었다―여서 '올드 리키Auld Reekie*'라는 별명을 얻기도 했다. 이 도시를 겹겹이 감싸고 있던 검은 연기는 단지 브루어리에서만 내뿜는 것은 아니었을 테고 공업이 한몫했다. 브루어리마다 불을 때어 보일러를 돌릴 뿐 아니라 곡물을 몰팅하고 건조시키기도 했으므로 연기는 나날이 짙어졌다. 포스만 연안 에든버러 서쪽 48킬로미터 지점에 있는 앨로어 역시 브루잉 산업으로 유명했다. 19세기 중반, 앨로어에서 연간 생산되는 맥주 배럴 수는 거

* 올드 스모키old smoky라는 뜻으로, 에든버러의 수많은 굴뚝에서 뿜어내던 연기를 뜻한다.

실링 그리고 기니

스코틀랜드 에일도 잉글랜드 에일처럼 오랫동안 알코올 도수에 비례해 가격을 매겨왔다. 또한 잉글랜드에서와 마찬가지로 스코틀랜드 에일도 이 범위를 나타내는 특정 척도를 사용했다. 하지만 19세기 중반 스코틀랜드에서는 여러 개의 X나 K보다는 에일을 담는 큰 통인 호그스헤드hogshead당 실제 가격을 사용했다—그러므로 에일들은 기본 60-80실링이었고, 이는 오늘날에도 그대로다. 나름 명확한 방식이기는 했지만, 혼란스러운 면이 있는 유산이다. 몇 가지 문제가 있었다. 가격은 캐스크 크기에 따라 달라졌다—통상적인 배럴은 더 큰 호그스헤드 캐스크보다 더 저렴했다. 모든 맥주는 실링으로 가격이 매겨졌기 때문에, 캐스크 안에 무슨 종류의 맥주가 들어 있는지에 관한 정보는 거의 없고 단지 알코올 도수만 알 수 있을 뿐이었다. 60실링짜리 호그스헤드 하나에는 스타우트나 페일 에일이 담겨 있을 수도 있었다. 게다가 또 다른 통화 단위인 기니를 사용해 스트렝스를 명시하는 경우도 많아서 혼란은 더욱 가중됐다. 1816년부터 기니는 더 이상 쓰이지 않게 됐기 때문이다(그런데 1기니는 왜 하필 21실링이었냐고?—나도 모르니까 나한테 묻지 마시라). 파울러스는 이 동전 사용이 중단된 지 150년이 지나서도 12기니 에일을 만들고 있었다. 다행히 20세기 들어 12기니 에일에는 '위 헤비wee heavy'라는 훨씬 더 명료한 새로운 이름이 붙었다. 일단 '위'가 맥주를 담아 판매하는 작은 병을 지칭하고 '헤비'는 맥주의 도수가 상당하다는 뜻이라는 걸 안다면.

주 인구보다도 많았다. 이 도시들에서 만들어내는 맥주는 잉글랜드에서 고가로 팔렸고, 1850년부터 1870년까지 스코틀랜드의 맥주 생산은 두 배로 늘었다. 스코틀랜드 에일은 영국 밖에서도 유명했다. 프랑스의 과학자 루이 피기에는 1860년에 쓴 글에서 "영국에서 만든 가장 훌륭하고 가장 센 맥주다. 알코올 함량, 근사한 호박색, 향긋한 풍미에서 국내의 여느 맥주들과 확연히 구분된다"고 평했다.

스코틀랜드 맥주는 제조 방식이나 재료 면에서 실제로 몇 가지 고유한 특징이 있었다. 영국 맥주에 비해 호피함이 대체로 덜했는데, 이는 명백히 의도적인 것이었다. 스코틀랜드 에일에 관한 오래된 오해 중 하나는 스코틀랜드의 비교적 덜 호피한 맥주들은 필요한 것이 없어서 그리됐다는 —근처에서 홉이 자라지 않았기 때문이라는— 것이다. 이 그럴싸한 해석은 스코틀랜드 에일을 싣고 떠나 (빅Bigg 보리로 알려진 토착 품종 보리보다 품질이 더 좋았던) 잉글랜드 보리를 싣고 되돌아오던 선박의 수에 비추어볼 때 맞지는 않는 것 같다. 보리를 수입해올 수 있었다면 당연히 홉도 수입할 수 있었을 것이다—원했다면 말이다. 실제로, 스코틀랜드의 브루어리들은 IPA 무역 경쟁에 뛰어들었고 호핑을 충분히 한 맥주를 많이 만들었다.

그 외 다른 점들

스코틀랜드의 브루어리들은 상대적으로 설탕을 쓰는 경우가 드물었고 잉글랜드 브루어리들에 비해 저감도가 낮은 맥주들을 선호했던 것 같다. 스코틀랜드 에일에 관한 오래된 오해 중 하나는 장시간 끓인 탓에 맥아즙이 캐러멜화됐다는 것인데, 역사가 론 패틴슨이 『스코틀랜드 Scotland!』에 기록한 바에 따르면 19세기 및 20세기의 브루잉 관련 기록을 샅샅이 뒤져봐도 이를 뒷받침하는 증거는 전혀 없었다고 한다. 오히려 스코틀랜드의 브루어리들은 끓이는 시간이 짧았다—심지어 그 시간 이하인 경우도 있었다.

스코틀랜드의 브루어리들은 포터와 스타우트를 만들었는데, 양은 얼마 안 됐지만 20세기 내내 꾸준히 만들어왔다. 스코틀랜드 고유의 맥주에 관해 주장할 만한 것이 있다면, 이 버전의 포터와 스타우트가 그에 해당할 것이다. 잉글랜드 스타일에서 벗어나기 시작한 것은 19세기부터였다. 잉글랜드 포터에 비해 맥아 가루의 높은 다크 몰트 비율이 두드러지는 특징으로 나타난 때였다. 저감도는 자연히 낮아졌다—경우에 따라서는 60%를 밑돌기도 했다. 스코틀랜드의 브루어리들은 20세기 들어 좀더 달콤한 스타우트를 만들던 잉글랜드의 경향을 따랐으나, 이를 새로운 차원으로 끌어올렸다. 대부분은 저감도가 70% 미만이었고 3분의 1가량은 50% 미만이었다—현대의 맥주치고는 놀라운 수치다.

스코틀랜드 에일의 마지막 특징은 낮은 발효 온도였다. 일정 범위가 있기는 했으나 대부분의 브루어리들은 15.5℃(고비중 맥주의 경우 더 낮음) 미만을 유지하도록 조절함으로써 잉글랜드 에일들에 비해 좀더 라거에 가까운 특성을 부여하고 과일 풍미는 크게 줄였다. 최소 19세기 초반부터 시작된 이런 흐름은 스코틀랜드식 브루잉에서 사실상 유일하게 지속돼온 특징이다. 벨헤이븐의 조지 하월도 확인해준 사실인데, 스코틀랜드 맥주에서 효모는 단 한 번도 중요한 요소였던 적이 없다. 1970년대와 80년대에 그가 테넌츠Tennents에서 일할 당시, 테넌츠는 인근 브루어리들에 사실상 효모 은행 같은 역할을 하고 있었다. 구할 수만 있다면 어떤 효모든 괜찮았다. 어떤 품종을 써도 특성에 별 차이가 없을 정도로 온도가 낮았기 때문이다.

스코틀랜드의 산업 구조는 한 가지 중요한 측면에서 독특했고, 이는 결과적으로 전후 시기 스코틀랜드 국내 브루어리들에 굉장한 악영향을 끼친 셈이 됐다. 잉글랜드에서는 브루어리가 펍을 소유하려면 허가를 받아야 했는데, 스코틀랜드에서는 훨씬 더 어려웠다. 그 결과 브루어리들이 각자 지역에서 펍을 중심으로 세력권을 형성했던 잉글랜드의 경우와 정반대의 상황이 나타났다. 스코틀랜드에는 독립 펍들이 흔했기

베어bere, 빅bygg 또는 빅 보리

스코틀랜드는 '베어'라는 전통적 혹은 '토착' 품종의 원산지다. 본래의 기원은 잘 알려져 있지 않으나, 빅bygg이 보리를 뜻하는 고대 노르웨이어인 것을 보면 어쨌든 바이킹의 후손인 듯하다. 그러나 베어 품종들끼리도 유전적 편차가 상당하며 스칸디나비아산 보리와도 다른 것을 보면, 바이킹보다도 빅이 먼저였음을 알 수 있다—고고학자들은 신석기인들도 최소 기원전 2000년부터 맥주를 만들었다고 본다.

어떤 경우든, 베어는 낮은 길고 생장 기간은 짧은 계절 그리고 pH 수치가 낮은 토양—모두 스코틀랜드 농업에 특히 적합하도록 적응된 요소—에 특히 적합한 계통의 보리다. 베어는 19세기까지 스코틀랜드 브루어리들에서 사용됐으나 더 하품이고 매시에도 덜 효과적이라 여겨졌다(그래서 심지어는 더 낮은 세율이 매겨졌을 정도였다). 그러나 과학자들은 베어가 병충해에 강한 품종일 가능성을 재검토하기 시작했고, 수많은 효소가 들어 있고 실제로 발효도 잘된다는 사실을 발견했다. 여기서 의문이 생긴다. 그렇다면 베어는 왜 없어졌을까? 어쩌면 셰틀랜드 제도의 발할라Valhalla 브루어리는 베어의 부활에 힘을 보태기 위해 보리로만 아일랜드 베어를 만들고 있는지도 모르겠다.

때문에 브루어리들은 탭 핸들을 두고 경쟁했다. 생산 배럴 수를 끌어올리기 위해 브루어리들은 점점 더 멀리 진출했고 수출 무역은 상당히 흔해졌다. 제2차 세계대전이 끝날 무렵, 스코틀랜드의 브루어리들은 —영국 맥주 중 소량만 생산하는데도 불구하고— 영국 전체 수출의 절반을 차지했다. 불행히도, 대영제국이 무너지면서 수익성 높던 이 시장도 함께 무너졌다. 이를 지탱할 지역 펍 기반이 전무했으므로, 수많은 브루어리의 매출도 곤두박질쳤다.

여파는 대대적인 합병(영국인들에게는 '경영 합리화')이었다. 브루어리들은 엄청난 속도로 서로를 사들이기 시작했다. 1990년대 중반에는 단 여섯 개의 브루어리만 남아 총 20개의 맥주 브랜드를 만들게 됐다. 다행히, 이것이 최저점이었다. 곧 크래프트 브루어리들이 문을 열기 시작하여 현재는 스코틀랜드 전역에 약 200개의 브루어리가 있다.

상세 설명 및 특성

에든버러의 펍 한 곳에 들어가보면 대부분의 영국 펍에서 판매하는 전형적인 범위의 맥주—라거와 라이트 에일—를 찾을 수 있을 것이다. 첫인상에서 얼핏 느껴지는 바로는 잉글랜드와 스코틀랜드 펍에서 볼 수 있는 광경은 서로 별다른 차이가 없어 보인다. 어느 정도는 사실이다—어디까지나 어느 정도만이다. 항상 펍에서 팔고 있는 것은 아니지만, 스코틀랜드 브루어리 수십 곳은 굉장히 흥미로운 —그리고 범상치 않은— 맥주들을 만들고 있다. 이 신참들은 위 헤비들을 다시 소개함으로써 스트롱 에일의 전통을 되살려냈다. 그중 최고 버전들은 세계 최고급 맥주에 속한다. 그러나 실험적인 —굉장히 스코틀랜드적인 방식이기도 한— 측면도 있다. 홉 사용이 일반화되기 이전 에일들을 실험적으로 만들어보는 곳들도 있고, 지역의 위스키 캐스크를 이용하거나 배럴 숙성 맥주를 만드는 곳들도 있다. 그런가 하면 스타우트 같은 흥미로운 복고 스타일을 시도해보기도 한다.

스코틀랜드 에일에 대한 총평을 마무리하려면 신대륙적 해석을 언급하지 않을 수 없다. 미국 브루어리들은 피트향이 느껴지는 스타일을 만들어 여기에 동참했는데 이는 스코틀랜드식 몰팅에 대한 오해 때문에 생긴 뜻밖의 결과였다. 미국의 스카치 에일은 전통적이지는 않을지 모르나, (소수이기는 해도) 국내에 헌신적인 팬층을 형성해왔고 적어도 명목상으로는 '스코틀랜드식'이다.

세션 에일

에일 계열 중 가장 대중적인 것은 여전히 '스코틀랜드식' 에일임이 분명하다. 이 에일들은 대개 80실링80 Shilling, 세인트앤드루스 에일St. Andrews Ale, 플라잉 스코츠먼Flying Scotsman 등 스코틀랜드식 이름을 가진 것이 특징이다. 그리고 파인트글라스에 담겨 구릿빛을 띠는 모습은 마치 비터 같다. 이들은 남쪽 지방 펍에서 가장 인기 있는 메뉴들과 굉장히 비슷한 탓에 스코틀랜드인들조차도 이들을 완벽히 구분할 줄은 모른다. 나는 벨헤이븐의 브루어 조지 하월과 이야기를 나누다가 이 맥주들을 '스코틀랜드식'으로 만드는 요소가 무엇인지 물어보았다. 한참 뜸을 들이다 입을 연 그는 어쩌면 홉과 관계가 있을 것 같다고 답했다(북쪽으로 갈수록 홉이 적으니까). 대체로는 그렇지만 크게 다르지는 않다.

비터와 똑같지는 않지만 스코틀랜드 맥주 특유의 개성을 짚어내리려면 자세히 살펴볼 필요가 있다. 하월은 홉 이야기를 꺼냈지만 —외부인의 관점도 허락해준다면— 사실은 몰트의 문제다. 스코틀랜드 세션 에일은 몰트 풍미의 표현력에 관한 소논문으로 읽힐 법하다. 절제된 호핑을 통해 부드러운 과일향 에스테르가 발산하는 정제된 나무향을 느낄 수 있다. 여러 브랜드에서 몰트와 관련해 단골로 등장하는 온갖 수식어들—토피, 빵 껍질, 호두, 비스킷—이 있지만 그 어느것도 이 얌전한 에일들을 생각하면 떠오르는 좀더 도발적인 요소들을 포착해내지는 못할 것이다. 공항 라운지에 앉아 스튜어트의 80/- (80 실링 클래식 헤비) 파인트 한 잔을 주문했는데 샘물에서 흔들리는 갈대가 떠올랐다. 이 역시 스코틀랜드에 대한 또 하나의 낭만적 감상일까? 그럴지도 모르겠다. 하지만 괜찮은 에일 파인트 두세 잔은 시적인 느낌을 불러내기 마련이니까.

가장 뚜렷한 요소는 이들이 혀에서 느껴지는 방식이다. '실키'하다고밖에 표현이 안 될 것이다. 이들 맥주 중 일부는 4%도 채 안 되지만, 약간의 점성이 있어서 혀를 부드럽게 어루만진다. 세션 에일치고는 절제되지 않은 느낌이지만 —위 헤비의 경우도 마찬가지— 이 실키한 특성은 그 어느 맥주보다 가장 잘 표현돼 있다. 묽은 느낌의 펍 에일은 한 파인트도 다 마시기 어렵지만, 바디가 은근히 풍만한 스코틀랜드 에일은 밤새 마셔도 거뜬한 맛이다.

새로운 표현들

신세대 스코틀랜드 브루어들은 미국 크래프트 브루어리들과 어느 정도 닮은 면이 있다. 창의적이고 즉흥적이어서 대담하고 호피한 에일과 위스키 배럴에서 숙성시킨 센 맥주를 만들면서도 또 한편으로는 역사적인 맥주를 재해석한다는 점에서 그러하다. 가장 역동적인 —그리고 논란의 여지가 있는— 곳 중 하나는 바로 애버딘셔의 브루도그로, 브루잉 못지않게 도발 자체에도 열심이라 할 만한 브루어리다. 그러나 이곳에서 만드는 맥주의 범위—미국 홉을 넣은 IPA, 스카치위스키 숙성한 임페리얼 스타우트, 그리고 앱스트락트Abstrakt라 불리는 라인의 실험적인 맥주들—를 보면 많은 것을 알 수 있다.

그러나 브루잉으로 유명한 도시 앨로어에서, 스콧과 브루스 윌리엄스는 윌리엄스 브라더스 브루잉에서 정반대 방향으로 움직여왔다. 이들은 기본적으로 1,000년 전에 만들어졌을 법한 맥주를 브루잉하고 있다. 대표 맥주인 프레이오크는 헤더 에일이고, 시간이 흐르면서 엘더베리, 소나무, 구스베리, 해초 등을 넣어 만든 희한한 맥주들도 추가됐다. 이 맥주들 가운데 프레이오크는 가장 흥미로운 맥주로, 달콤하고 꽃향이 가득해 특히 미국에서 수많은 아류들에 영감을 일으켰다.

아마 신생 브루어리 가운데 가장 흥미로운 곳은 앨로어에서 길을 따라 조금 올라가면 나오는 앨바의 하비스툰일 것이다. 1984년에 창립된 하비스툰의 맥주 범위는 전형적—실링 스타일*의 비터와 계절한정 맥주들—이었다. 그러나 2005년에는 올라 덥이라는 맥주 라인을 출시했다. 스트롱 에일로 불리지만 영락없이 스타우트처럼 보이는 이 맥주는 하이랜드 파크 스카치 위스키 배럴에서 숙성된다. 미국 브루어리들은 한동안 미국산 위스키 배럴을 사용해왔지만, 하비스툰은 처음으로 스코틀랜드의 가장 유명한 마실거리를 사용했다. 올라 덥은 농후하고 달콤하여 스모키하고 피트향이 나는 리큐어를 주입하기에 완벽한 베이스다. 그 후 브루도그나 오크니 같은 다른 브루어리들도 그 뒤를 따르기 시작했다. 이 맥주들은 그야말로 스코틀랜드 그 자체 같은 맥주로, 200년 전에 만들어졌던 것과 같은 맛을 낸다.

• 실링은 1980년대 초까지 사용됐던 화폐단위로, 과거 스코틀랜드의 전통 에일에는 도수에 따라 세금이 매겨졌다. 당시 에일을 도수에 비례해 매겨진 가격(예를 들어, 90실링)으로 부르곤 했던 데서 유래된 명칭으로 오늘날에는 비교적 도수가 낮은 스코틀랜드식 세션 맥주를 가리킨다.

미국 스카치 에일

미국으로 건너온 수많은 이민자들은 똑같은 대우를 받았다. 이름도 바뀌고 국적도 뒤섞였으니까. 몇 세대에 걸쳐 유전체는 모국으로부터 어느 정도 거리를 둘 수 있게 됐다. 물론 이는 맥주 스타일들의 역사이기도 하다. 미국은 국가적 정체성 이상의 것들을 한데 녹인 용광로다—그 과정에서 맥주도 변한다.

스코틀랜드 에일이 바로 그 예다. 원생지에서는 다른 영국 스타일들과 별 차이가 없는데, 미국화된 스코틀랜드 에일은 피트향이 강해져서 종종 "흙냄새가 난다거나 스모키하다고 느껴졌다". 이 같은 묘사는 미국 홈브루어 협회의 표현에서 인용한 것인데, 스코틀랜드 에일에 대한 초창기의 대표적 오해였다. 스코틀랜드의 또 하나 대표적인 마실거리인 위스키가 그랬듯, 낭만적 감상이 스며들기 시작했다. 미국의 브루어들은 심슨스 같은 국내 증류소에 납품하는 업체로부터 피트향이 나는 몰트를 구입할 수 있었다는 사실까지 감안해야 한다—이제 새로 발명해낼 모든 준비가 된 셈이다.

헤더 에일

고고학자들은 최초의 헤더 에일이 6,000만 년 전에 만들어졌을 것이라 생각하지만, 스코틀랜드에서 처음 헤더 에일을 만든 것으로 기억되는 이들은 고대 픽트족이다. 이들이 만든 헤더 에일은 워낙 유명해서 민속 문화에 들어갈 정도였다. 이 이야기에서 헤더 에일은 잃어버린 것에 대한 은유로서의 성격이 더 강하다—희귀한 묘약이기도 하지만, 픽트족이 비밀스러운 레시피를 무덤까지 가져갔기 때문이다. 이처럼 온갖 전설들이 많지만, 놀라운 것은 헤더 에일이 멸종되지는 않았다는 점이다. 헤더 에일은 19세기 말까지 비상업적으로 브루잉되어왔다. 식물학자 존 라이트풋은 1770년대에 헤더 맥주를 만들던 아일러와 주어러의 주민들에 대해 기록했다. 민속학자 R. C. 맥래건은 1800년대에 헤더 에일을 마시거나 만들어본 기억이 있는 이들을 인터뷰했다. 이 맥주들은 전부 제각각 달리 만들어졌던 것은 분명하나 그 혈통은 인상적이다—신석기 시대부터 픽트 시대를 거쳐 오늘날 윌리엄스 브라더스의 프레이오크처럼 재탄생한 맥주로까지 이어져 내려왔다. 헤더 에일의 6,000년 역사라니!

세고 몰티하고 종종 피트향이 두드러지거나 스모키한 에일들은 이제 미국인들이 스코틀랜드 맥주 하면 떠올리는 것이 됐다. 결과적으로 미국에서 볼 수 있는 이런 에일들은 스코틀랜드에서 영감을 받은 종류들이다. 명명 방식이 조금 애매하기는 하나 미국에서 '스코티시 에일'은 캐스크 스트렝스cask-strength*의 세션 맥주를 지칭하는 반면, '스카치 에일'은 훈제 몰트를 가미한 상당히 건장한 맥주를 일컫는다. 스모키한 스카치 에일 중 인기 있는 몇 가지를 꼽자면 파이크 킬트 리프터Pike Kilt Lifter, 오델 90실링 Odell 90 Shilling, 새뮤얼 애덤스 스카치 에일 등이 있다.

위 헤비

미국식 브루잉과 스코틀랜드식 브루잉은 위 헤비와 교차하는 지점이 있다―어쩌면 평행한지도 모르겠다. 7% 내지 9% ABV 사이의 도수를 자랑하는 ―거대하지는 않지만 건장한 느낌의― 위 헤비는 저녁식사 후에 마실 에일로 완벽하다. 클래식한 종류 가운데 다수―오크니 스컬 스플리터Orkney Skull Splitter, 트라퀘어 하우스 에일, 벨헤이븐 위 헤비, 브로턴 올드 조크 Broughton Old Jock―가 스코틀랜드산이다. 사실, 이 맥주들은 여타 영국 스트롱 에일에서 크게 벗어나지 않는다. 몰트 특성이 강하고, 원만한 느낌이며, 과일 풍미가 강하고, 따스하며 아주 부드럽다.

미국 버전들은 ―늘 그렇듯― 좀더 극단적이다. 8%에서 10% ABV로 좀더 알코올 도수가 높을 뿐 아니라 더 무겁고 홉을 충분히 넣은 경우가 많다. 물론, 특유의 스모키함과 피트향을 지닌 경우도 많다. 파운더스 더티 배스터드 Founders Dirty Bastard는 미국 내에서 가장 잘 알려진 위 헤비일지도 모른다. 이 맥주의 바탕에는 훈제 몰트가 짙게 깔려 있다. 그러나 50 IBU인 위 헤비는 스스로를 신대륙의 맥주로 확실히 각인시킨다. 다른 주요 위 헤비로는 에일스미스의 위 헤비, 그레이트 디바이드의 클레이모어 Claymore, 오스카 블루스Oskar Blues의 올드 처브 Old Chub, 실버 시티Silver City의 팻 스카치 에일 Fat Scotch Ale 등이 있다.

브루잉 노트

스코틀랜드의 브루어리와 잉글랜드 브루어리들은 맥주를 만드는 방식에 차이가 거의 없다. 차이가 있다 하더라도 점점 더 구분이 모호해지는 중이다. 역사적으로 스코틀랜드에서는 10℃ 즈음의 온도에서 맥주를 발효했다. 잉글랜드에 비해 12℃ 이상 낮은 발효 온도다. 오늘날에도 여전히 좀더 낮은 편에 해당하기는 하나, 발효 온도가 잉글랜드의 발효 온도에 더 근접해졌다. 보드라운 과일 풍미가 특징적인 잉글랜드 에일과는 달리 스코틀랜드 맥주들은 에스테르 특징이 그리 두드러지지는 않는다. 스코틀랜드 에일은 잉글랜드 에일에 비해 홉이 강타하는 느낌이 약하다고 알려져 있지만, 캘리도니언의 듀카스 IPA 같은 맥주들은 그런 통설에 의구심을 품게 만든다.

* 캐스크에서 꺼낸 그대로의 알코올 도수

지금까지 살펴본 대로, 스코틀랜드에는 아주 다양한 스타일의 맥주가 있다. 실링 스타일의 세션 에일은 **잉글랜드 비터**와 매우 비슷하다. 스코틀랜드 맥주는 저온에서 발효되기 때문에 라거처럼 맛이 깔끔하다. **보크**도 비슷하다—몰티하고 알코올 도수가 높으며 색은 호박색이나 갈색을 띠는 경우가 많다. 풍성하고 몰티한 바디와 강한 알코올 기운을 지닌 **도펠보크**Doppelbock는 위 헤비와 얼핏 닮은 듯한 느낌 그 이상이다. 만일 피트의 스모키한 향을 즐길 줄 안다면, 독일에는 그런 당신을 위한 라거도 있다. 바로 **라우흐비어**Rauchbier다.

오늘날에는 대체로 더 많은 정보가 있지만, 수많은 미국 브루어리들은 여전히 피트로 훈제한 몰트를 사용해 맥아 가루를 만든다. 고객들이 특정 스타일에 길들여져 있어서 생기는 현상이다—그 같은 스모키한 피트의 풍미가 비록 실제로는 미국에서 생겨난 것이라 하더라도 대다수 미국인들에게는 스카치 에일의 핵심 특징으로 인식돼버렸기 때문이다. 이 맥주 종류는 여러 브루어리에서 비교적 잘 팔리고 있으므로, 이 같은 미국식 해석이 계속 기준으로 남을 가능성이 높다. 물론, 이들이 비주류로나마 인기를 얻은 이유가 있으니, 바로 맛있다는 사실이다. 이들이 소개된 이래 브루어리들은 피트 훈제 몰트를 적정량만 넣는 법을 익혀왔다—맥주를 압도하지는 않을 만큼만 넣어서 스코틀랜드 고지대의 느낌을 살짝 더한다.

진화

우리는 이미 스코틀랜드의 크래프트 브루어리들 사이에서 일어나고 있는 변화의 물결에 대해 짚어보았다. 만일 다른 나라에서 비슷한 사례를 찾을 수 있다면, 이 브루어리들이 만드는 일부 맥주 타입은 주류 시장으로 흘러들 것이다. 어쩌면 좀더 중요한 것은, 이 브루어리들이 맥주를 마시는 이들을 더욱 모험적인 풍미의 방향으로 조금씩 떠민 결과, 기본적인 실링 타입의 에일마저 좀더 고비중에 좀더 홉을 과감하게 넣은 버전을 새로 선보일지도 모른다는 점이다.

스코틀랜드 에일은 오랫동안 먼 타지의 브루어리들의 상상력을 자극해왔고, 100여 년 전 이미 스코틀랜드 에일에 특히 마음을 빼앗겼던 벨기에의 브루어리들은 나름의 해석을 계속 시도했다(미국만큼이나 벨기에에서도 맥주 스타일은 계속 표류하고 있다).

차세대 스카치 에일의 물결은 피트향 강한 재해석 버전들을 통해 1980년대에 북아메리카를 강타했다. 그러나 마치 자신의 청소년기를 돌아보는 예술가처럼 오늘날 피트향 가득한 스카치 에일을 바라보는 미국의 시선에는 머쓱함이 묻어난다. 사실, 초창기 실수들에 흔적으로 남겨진 유산으로서의 '정통성'—최대한 클래식한 종류에 근접하게 만든 맥주—은 점점 더 품질을 나타내는 중요한 요인으로 자리잡고 있다. 그레이트 아메리칸 비어 페스티벌에서 스모키한 스카치 에일을 별도의 카테고리로 따로 둔 것은 어쩌면 다시 정통성을 추구하는 방향으로 브루어리들을 끌고 가려는 시도일 수 있다. 그러나 피트향 나는 종류들은 팬층이 한정돼 있다—당분간은 미국 스카치 에일이라는 개념을 감수하는 수밖에 없을지도 모르겠다. 그러나 문화제

국주의라는 측면에서 보면 이것이 가장 어처구니없는 경우는 아니다. 혹시 스코틀랜드식 카레를 맛본 적 있으신지?

알아야 할 맥주들

대표적인 스코틀랜드 에일을 찾기란 영문학 비평 강의를 듣는 것과도 같다. 워낙 다양한 사례들이 많아서, 할 수 있는 최선은 그저 뛰어들어 이것저것 맛보는 것이다. 엄선한 다음 목록은 스코틀랜드 에일의 네 가지 카테고리—스코틀랜드의 스탠더드 세션 에일, 스코틀랜드식 브루잉의 독특한 표현, 위 헤비, 미국 스카치 에일—를 보여준다.

스코틀랜드 세션

BELHAVEN ST. ANDREWS ALE
벨헤이븐 세인트앤드루스 에일

원산지: 영국 스코틀랜드 던바
몰트: 페일, 크리스털, 블랙
홉: 챌린저, 골딩
기타: 양조용 설탕
4.6% ABV, 24 EBU

세인트앤드루스는 스코틀랜드식 브루잉에 맞춰 미각을 조율하는 출발점으로 적합한 맥주다. 전통적인 느낌의 부드럽고 무난한 특성들을 지니고 있다—마치 빗물 같다. 몰트 쪽에 치우친, 완벽한 스코틀랜드 느낌의 에일로, 원숙한 울림이 있다. 벨헤이븐의 맥주들에서는 미세한 에스테르가 감지되는데, 내 입맛에는 장미수 같은 느낌이 들었다. 미국 브루어리라면 완전히 몰트에 초점을 맞추면서도 절대 묵직하거나 달콤하지는 않은 세인트앤드루스의 맥주를 연구해봄직하다. 세인트앤드루스는 기분 좋은 청량감으로 마무리되며 자꾸 더 마시고 싶어지는 맥주다.

STEWART BREWING 80/- (80 SHILLING)
스튜어트 브루잉 80/- (80실링)

원산지: 영국 스코틀랜드 에든버러
몰트: 메리스 오터, 밀, 크리스털, 초콜릿, 캐러필스
홉: 챌린저, 마그눔, 테트낭, 스티리언 골딩
4.4% ABV, 18 IBU

이 호박색의 놀랍고 깊이 있는 맥주는 시중에서 볼 수 있는 최고급 스코틀랜드 에일 중 하나다—스코틀랜드에서만 캐스크에서 맛볼 수 있기는 하지만. 첫 향은 순전한 몰트 쪽이었다가 차츰 견과류와 연마된 나무 같은 향이 난다. 좀 더 오래된 브루어리들에서 만드는 클래식한 맥주들에 비하면, 스튜어트의 스코틀랜드 에일은 진하고 풍성한 느낌이다. 바디는 크림 같지만 단맛은 절대 강하지 않다.

ODELL 90 SHILLING
오델 90실링

원산지: 미국 콜로라도 포트콜린스
몰트: 페일, 캐러멜, 초콜릿
홉: 비공개
5.3% ABV, 23 IBU

오델은 방정식의 거의 모든 부분을 제대로 해내어 불가능에 가까운 결과를 만들어낸다. 오델의

90실링은 맑고 석류석 같은 근사한 갈색을 띠며, 토피, 견과, 흙 등의 향이 난다. 미국식 알코올 도수로 브루잉되어 무게감이 있으나, 에든버러 에일처럼 부드럽고 나긋나긋한 느낌이다.

스코틀랜드 본연의 맛

ORKNEY DARK ISLAND
오크니 다크 아일랜드

원산지: 영국 스코틀랜드 오크니
몰트: 페일, 초콜릿, 캐러멜, 밀
홉: 퍼스트 골드, 골딩
4.6% ABV

마일드와 포터 사이 어딘가에 위치하는 다크 아일랜드는 오크니가 스코틀랜드 에일에 약간의 색을 입히려 노력한 결과다. 다크 몰트 특유의 달콤한 풍미가 있지만, 로스티한 균형감을 선사하는 초콜릿 몰트와 더불어 에스테르―스코틀랜드 에일에서는 의외의 요소―의 풍미도 느껴진다. 크림 같고 보드라우면서도 약간의 따스한 기운이 느껴지는, 기나긴 추운 겨울을 위한 맥주다.

HARVIESTOUN OLA DUBH
하비스툰 올라 덥(12, 16, 18, 30, 40년)

원산지: 영국 스코틀랜드 앨버
몰트: 페일, 로스팅한 보리, 귀리
홉: 이스트 켄트 골딩, 퍼글, 갈레나
8.0% ABV, 45 IBU

올라 덥은 다섯 가지 버전이 있지만, 버전들 간의 차이는 숙성에 사용된 하일랜드 파크 위스키 배럴의 나이다. 배럴에 들어가는 베이스 맥주는 올드 에일과 임페리얼 스타우트 중간 즈음에 해당하며 본래 도수는 10% ABV이다. 그런 다음 하비스툰은 다섯 가지 빈티지―12, 16, 18, 30, 40년―의 스카치 배럴 중 하나를 선택한다. 나이가 적은 배럴일수록 위스키향이 약한 편이다. 12년짜리는 나무향, 파이프담배향, 바닐라향과 함께 풍부한 초콜릿향을 머금고 있는 반면, 30년짜리는 훌훌하며 강렬한 위스키향이 맥주를 배경으로 밀어낸다. 중간에 해당하는 빈티지들의 경우 감

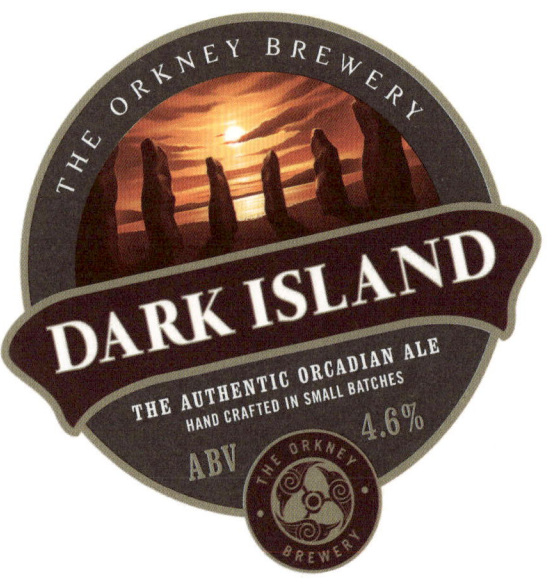

짠맛과 바다소금향이 나고, 버섯이나 송로에서 나는 듯한 흙냄새도 있다.

 게일어로 '블랙 오일'이라는 뜻인 올라 덥이라는 이름이 잘 어울리는 맥주다. 다섯 가지 버전 모두 극도로 풍성하고 크림처럼 부드러우며, 맥주에서는 보기 드문 점성이 느껴진다.

WILLIAMS BROTHERS FRAOCH HEATHER ALE
윌리엄스 브라더스 프레이오크 헤더 에일

원산지: 영국 스코틀랜드 앨로어
몰트: 페일, 캐러멜, 몰팅한 밀
홉: 없음
기타: 헤더, 들버드나무
5.0% ABV, 1.050 SP. GR., 0 IBU

거창한 표현을 동원해본다면 이 맥주는 고대 스코틀랜드의 맛이라 할 수 있을 것 같다. 홉이 대영제국에 등장하기 한참 전부터 브루어들은 현지의 각종 허브를 넣어 맥주를 만들고 있었다. 헤더 맥주는 스코틀랜드식 브루잉만큼이나 오래된 전통이다. 프레이오크는 그 오래전에 만든 것과 같은 맛일까? 그렇지는 않을 것이다. (스코틀랜드 토착 품종 보리의 선조 격인 베어가 아닌) 현대의 보리와 밀로 만들어져 오늘날 스코틀랜드 맥주 특유의 부드러운 특성을 지닌다. 그러나 그 옛날 헤더와 들버드나무가 사람들의 입맛을 어떻게 사로잡았을지는 쉽게 알아차릴 수 있다. 헤더와 들버드나무는 달콤하고 풋풋하며 살짝 민트향까지 나는 풍미를 몰트에 더한다.

위 헤비

TRAQUAIR HOUSE ALE
트라퀘어 하우스 에일

원산지: 영국 스코틀랜드 이너리슨
몰트: 페일, 로스팅한 보리
홉: 이스트 켄트 골딩
7.2% ABV, 1.066 SP. GR.

트라퀘어 하우스는 수십 년간 세고 간결한 맥주를 만들어왔으며, 스트롱 에일이 다시 인기를 얻게 만든 장본인이라 할 만하다. 트라퀘어의 에일들은 대부분의 다른 에일들보다 도수가 높고 맛이 더 깊다. 하우스 에일은 나무 같은 어두운 호박색을 띠며, 캐러멜향, 건포도향, 황설탕향이 느껴지는 몰트가 온전히 뿜어내는 향이 감돈다. 바디는 부드럽고 원숙하나 청량감도 있다. 매력 만점의 맥주다.

ORKNEY SKULL SPLITTER
오크니 스컬 스플리터

원산지: 영국 스코틀랜드 오크니
몰트: 페일, 캐러멜, 초콜릿
홉: 이스트 켄트 골딩
8.5% ABV

오크니의 바이킹족 7대 백작이었던 소르핀 에이나르손의 무시무시한 별명에서 이름을 따온 '스컬 스플리터'(두개골을 쪼개는 사람)는 술기운으로 '머리가 깨질 듯한' 숙취를 가리키는 말이기도 하다. 묵직한 술기운과 과일향이 풍부한 남성적인 맥주로, 럼을 연상시키는 열감이 느껴질 것이다. 복합적인 에스테르—주로 대추야자와 무화과—와 풍부한 캐러멜의 달콤한 풍미가 어우러지며 맥주의 맛을 완성한다.

미국 스카치 에일

ALESMITH WEE HEAVY
에일스미스 위 헤비

원산지: 미국 캘리포니아 샌디에이고
몰트: 비공개
홉: 비공개
10.0% ABV, 1.096 SP. GR.

미국 스카치 에일은 개인의 입맛을 알아볼 수 있는 진짜 척도다—미국 스카치 에일에 무관심한 사람은 드물다. 에일스미스의 맥주들은 두 진영 사이 최고의 중재자라 할 만하다. 굉장히 묵직하고 달콤하지만 비슷한 다른 맥주들과는 달리 훈제한 죽 같은 맛은 나지 않는다. 갓 구운 빵 같은 향은 복합적인 향으로 바뀌며 점차 생강쿠키와 비슷한 향으로 옮겨간다. 스모키하다기보다는 피트향이 두드러지고 색은 스타우트에 가까우며 감초 같은 느낌도 있다. 담배 느낌의 헤드와 핫초콜릿 같은 바디를 지닌, 상당히 매력적인 맥주다.

PIKE KILT LIFTER
파이크 킬트 리프터

원산지: 미국 워싱턴 시애틀
몰트: 페일, 캐러멜, 뮌헨, 캐러필스, 피트 훈연
홉: 마그눔, 골딩
6,5% ABV, 1.064 SP. GR., 27 IBU

절제된 이미지의 파이크 킬트 리프터는 피트향이 폭탄처럼 터지거나 과하게 달콤한 맥주가 아니다. 몰트 아래로 피트향이 살짝 느껴지지만, 이 맥주는 정말이지 에든버러를 향해 고개를 끄덕이며 인사를 건네는 것 같다. 처음에는 호밀빵과 흡사한 향이 난다—스파이시하면서도 흙냄새가 나는 듯한 빵의 풍미가 있다. 깊이 있는 앰버 맥주다운 견과류의 풍미와 달콤함이 느껴지는 맛이다.

FOUNDERS DIRTY BASTARD
파운더스 더티 배스터드

원산지: 미국 미시건 그랜드래피즈
몰트: 비공개
홉: 비공개
8.5% ABV, 50 IBU

대체로 단순한 느낌의 흔치 않은 미국 버전의 이 갈색 에일은 약간의 견과류향이 균형을 잡는 캐러멜 과자 같다. 스코틀랜드의 에일보다는 훨씬 농밀하고 크리미한 느낌이지만, 트라퀘어 하우스 에일과 같은 종류의 후손임이 명백하다.

스코틀랜드 던바 Dunbar, Scotland

Belhaven
벨헤이븐

연속성 그리고 변화

스코틀랜드식 브루잉의 역사를 대표할 브루어리 한 곳을 골라야만 한다면, 스코틀랜드에서 가장 오래된 던바의 벨헤이븐을 선택해도 좋을 것이다. 해당 부지는 보리밭 근처인 데다, 독특한 수질의 상류에 자리하고 있었다—이는 수백 년간 스코틀랜드의 브루어들에게 힘이 돼온 두 가지 재료다. 12세기에 이곳에 정착한 베네딕트회 수도사들은 이후 위스키를 만들고 증류하게 된다. 1719년 존 존스톤은 최초의 상업적 브루어리를 설립했고 —당시 본래의 건물은 여전히 벨헤이븐의 일부로 남아 있다— 1814년 그의 가족은 이곳에서 몰팅을 시작했다. 1887년 화재 이후 새 소유주가 브루어리를 확장했다. 특유의 올드 몰팅은 1970년대 초에 다른 방식으로 바뀌기는 했으나, 이 모든 구성과 변화가 켜켜이 쌓여 오늘날의 벨헤이븐 브루어리를 이루고 있다.

브루어리의 나이를 알 수 있는 직인

벨헤이븐이 몰팅을 그만두던 당시 스코틀랜드의 브루잉 산업은 완전한 위기였다. 수십 개 브루어리들이 이미 파산했고 남아 있는 몇 안 되는 브루어리들은 아슬아슬하게 낭떠러지에 매달린 처지였다. 벨헤이븐은 1972년에 가족 경영에서 벗어났지만, 독립적인 상태를 유지할 수 있었고 1990년대에 수석 브루어가 된 조지 하월을 고용할 만한 재정적 여력이 있었다. 하월이 브루어리에서 일한 지 20년 만에 생산량이 영국 배럴로 2만9천 배럴(보다 작은 단위인 미국 배럴로는 4만 배럴에 해당한다)에서 13만 배럴로 증가했다. 이 시기 벨헤이븐은 현대화되고 진화했다. 스코틀랜드식 브루잉의 흐름이 분명히 반영된 결과였다.

대표 맥주는 벨헤이븐 베스트Belhaven Best로, (캐스크가 아닌) 케그에서 아주 차갑게 서빙되는 3.2%짜리 스파클링 맥주다. 스코틀랜드는 잉글랜드보다도 수십 년 앞서 라거를 받아들였고 캐스크 에일은 거의 사라지다시피 했다. 견과류향의 몰트 풍미가 있으면서도 청량감 있고 기포가 풍부한 벨헤이븐 베스트는 과

옛 브루어리 앞에 새로 들어선 신축 브루하우스

거와 현재의 만남이다. 스코틀랜드에서 가장 잘 팔리는 케그 에일로, 그 의미에 대해 브루어 하월은 다음과 같이 정리한다. "벨헤이븐 베스트가 없었다면 우리는 지금 여기에 없을 겁니다." 베스트는 스코틀랜드의 맥주 애호가들을 위한 스코틀랜드의 맥주다.

만일 이것이 스코틀랜드 에일에 대해 미국인들이 가진 이미지와 한참 동떨어져 있다면, 사실이 그렇기 때문이다. 그러나 벨헤이븐에는 '스코틀랜드 스타일'의 세션 에일들로 구성된 또 다른 라인도 있으니, 바로 80실링, 세인트앤드루스, 로버트 번스 에일, 스코틀랜드 에일이다. 이들은 병 또는 캐스크로 만나볼 수 있고 실크처럼 부드러운 몰트의 풍미로 외부의 기대에 좀더 부합한다. 나는 이들 맥주에서 마치 빗물 같은 상쾌함을 느끼는데 때로는 장미꽃향이 살짝 나기도 한다. 섬의 나머지 지역 곳곳에서 만날 수 있는 스탠더드 펍 에일—영국 전통의 영국 에일—에도 매우 가깝다.

스코틀랜드의 브루어들은 잉글랜드의 브루어들과는 달리 절대 배타적인 적이 없다. 상당한 양의 맥주를 수출하고 해외 시장에 민감하게 반응한다. 벨헤이븐도 예외는 아니다. 스타우트, 위 헤비, IPA 등 외국 소비자들의 입맛을 겨냥한 수많은 맥주들을 선보이고 있다. 스코틀랜드 스타우트는 무려 7% ABV로, 몰트의 특성이 깊고 풍성한 맛을 내고, 따뜻하며 크림 같은 느낌의 (그리고 사실대로 말하자면, 어둡고 추운 던바의 밤에 완벽하게 어울릴 만하지만 안타깝게도 해외에서만 판매되는) 맥주다. 벨헤이븐의 위 헤비는 스코틀랜드 기준에서는 상당히 센 편에 속하는 6.5% ABV로, 농후하고 끈적한 느낌이 있다. 트위스티드 시슬은 영국 IPA 중 가장 홉의 특성이 두드러지는 대표적인 맥주 가운데 하나다. 내가 벨헤이븐에 끌린 데는 트위스티드 시슬도 한몫했지만, 하월은 홉 특성이 두드러지지 않는 맥주를 선호한다고 털어놓기도 했다. 트위스티드 시슬

오래된 매시 턴이 여전히 그 근사한 자태를 뽐내고 있다.

은 맥주를 마시는 미국인을 위한 스코틀랜드 맥주인 셈이다.

이 세 영역은 서로 다른 세 고객층을 겨냥하고 있는 셈이지만, 이 맥주들은 전부 철저히 스코틀랜드 느낌이다. 베이스로는 스코틀랜드 페일 몰트를 사용한다. 홉은 주로 영국산 챌린저나 골딩을 쓴다. 대다수의 맥주에는 청량한 마무리감을 위해 설탕이 약간씩 들어간다. 그리고 역사가 20년 정도밖에 되지 않은 효모 품종을 사용해 저온 발효한다—"이 효모가 정확히 어디서 났는지는 아무도 몰라요"라고 하월도 인정한다. 전형적이다—스코틀랜드 맥주들은 에스테르가 생기지 않게 브루잉된다. 거의 라거에 가깝게 가볍고 깔끔하다.

2005년, 영국의 대형 브루어리 그린 킹이 벨헤이븐을 매입했다. 그린 킹의 여러 다른 인수 건들과는 달리, 벨헤이븐은 설비와 건전성 두 가지 면 모두에서 대상이 됐다. 두 브루어리가 서로 상대 지역의 펍에 접근성을 확보하게 되니 좋은 전략이었다. 최근 수많은 스코틀랜드 브루어리들이 폐업하게 되면서, 파트너십은 벨헤이븐의 영업 지속에 필수적인 요소가 됐다. "사실 그린 킹이 들어오지 않았다면 우리는 지금 여기 없을지도 모릅니다"라고 하월은 말한다.

특이하게도 그린 킹은 브루어리 운영을 던바에 남겨두었다. 현명한 선택이었던 것 같다. 만일 스코틀랜드의 브루어리들이 20세기의 대대적인 합병 바람에서 얻은 교훈이 있다면 그것은 '브랜드' 단독의 힘만으로는 현지에서 맥주를 팔지 못한다는 점이다. "스코틀랜드에 브루어리를 두는 것은 매우 중요한 문제 같습니다. 스코틀랜드 사람들은…… 애국심이 강하거든요, 뭐 어느 나라든지 그렇겠지만요. 벨헤이븐의 스코틀랜드 맥주를 남쪽에서 만들어 스코틀랜드에서 판매하려 했다면 잘 안 먹혔을 겁니다."

2011년, 벨헤이븐은 새로운 브루하우스를 세우고 기존의 오래된 매시 턴과 월풀을 교체했다. 스코틀랜드의 역사보존기구인 히스토릭 스코틀랜드Historic Scotland가 유서 깊은 이 건물에 대대적인 개조를 허가하지 않으려 해서 브루어리는 기존의 브루하우스 옆 뜰에 철재 및 유리로 된 근사한 구조물을 따로 만들었다. 이 새로운 공간 바로 뒤에는 한때 검은 연기를 내뿜어 하늘을 시커멓게 뒤덮던 낡은 굴뚝이 있다. 이는 성공한 스코틀랜드 브루어리에 대한 괜찮은 은유이기도 하다. 현대화와 적응은 중요하지만, 브루어리들은 절대 자기 출신을 잊을 수 없다.

신축 브루하우스를 보여주는 수석 브루어 조지 하월

라인 지방 에일
쾰슈와 알트비어
ALES OF THE RHINE

Kölsch and Altbier. 두 도시는 쌍둥이 같지만, 라인 지방에서 유명한 두 에일은 형제지간이라기보다는 사촌지간에 가깝다. 쾰슈는 섬세하고 균형 잡힌 맛으로, 쿠키처럼 부드러운 몰트맛 속에 스파이시한 홉의 풍미가 역력히 드러난다. 쾰슈는 필스너의 대항마로 탄생했지만 필스너를 흉내 내지는 않는다. 알트비어는 좀더 옛날식으로(알트alt는 오래되었다는 뜻이다), 짙은 색의 나무향이 나는 몰트를 사용하고 쓴맛이 더 확연하다. 그러나 쾰슈와 알트비어 모두 청량감에 미네랄의 풍미가 더해져 있고 라거링 탱크에서 수주간 숙성된 데서 오는 섬세한 부드러움을 간직하고 있다. 다수의 중도수 라거와 마찬가지로, 쾰슈와 알트비어는 파인다이닝fine dining* 에 잘 어울린다.

주요 수치

알트비어 ABV: 4.5-5.5%
쓴맛: 25-50 IBU
쾰슈 ABV: 4.5-5.5%
쓴맛: 15-30 IBU

서빙 온도: 쾰슈 3-7°C, 알트비어 7-10°C
전용잔: 슈탕게Stange 글라스

• 격식 차린 고급 정찬

뒤셀도르프의 슐뤼셀 브루어리는 구시가지에서 손님들을 유혹하는 수많은 브루어리 중 하나다.

쾰른과 뒤셀도르프. 라인 지방에서 라이벌로 언급되는 이 두 도시는 경쟁에 목숨을 건다. "여기선 그 동네 이름은 입밖에 꺼내지도 않죠." 쾰른의 한 브루어는 뒤셀도르프에 대해 이렇게 말했다. 하지만 브루잉으로 유명한 도시 가운데서 이 세상에 그렇게 서로 닮은 도시도, 또 그렇게 서로 다른 도시도 없을 것이다. 마티스를 빼고 피카소를 상상할 수 없듯이, 이들 두 도시의 브루잉 전통 역시 따로 생겨났을 거라 생각하기는 어렵다.

쾰른의 멋진 알트슈타트(구시가지)에서는 며칠이고 온갖 브루어리와 펍을 드나들며―물론 한두 시간씩은 성당, 박물관, 강변에도 들러― 시간을 보낼 수 있고, 가는 곳마다 황금빛 쾰슈가 담긴, 똑같이 생긴 일자형 잔들로 가득 찬 쟁반을 든 웨이터를 마주치게 될 것이다. 쾰른의 모든 펍은 이 맥주를 팔고, 모든 브루어리는 이 맥주를 만든다. 만일 다른 맥주를 찾으려면 눈에 불을 켜고 뒤져야 할 것이다.

뒤셀도르프는 쾰른에서 기차로 불과 30분 거리의 북쪽에 자리 잡고 있으며, 이곳의 구시가지도 눈여겨볼 만하다. 브루어리와 펍 들이 줄줄이 늘어서 있어서 여기저기 들르다보면 또 여러 날이 걸릴 것이다(물론 쾨니히스알레 주변에서 쇼핑을 하거나 강변, 박물관 등을 둘러볼 수도 있다). 뒤셀도르프의 브루어리와 펍 들에서는 짙은 구릿빛 알트비어가 담긴, 똑같이 생긴 일자형 글라스로 가득 찬 쟁반을 든 웨이터들을 볼 수 있다. 모든 펍마다 이 맥주를 팔고, 모든 브루어리는 이 맥주를 만든다. 만일 다른 맥주를 찾으려면 눈에 불을 켜고 뒤져야 할 것이다. 이 두 라이벌 맥주는 일란성 쌍둥이까지는 아닐지 몰라도, 이란성 쌍둥이임에는 틀림없다.

기원

호피한 에일은 독일 북부에서는 전혀 새로운 것이 아니다. 사실, 독일 북부야말로 홉이 강한 에일들이 태어난 곳이었다. 아마도 12세기의 어느 시점까지만 하더라도 맥주는 그루이트라는 혼합 향신료만으로 만들어졌을 것이다. 향신료는 맥주맛의 균형을 잡아주는 데 도움이 됐겠지만, 보존에는 도움이 되지 않았다―홉이 맥주의 보존에 도움이 된다는 사실을 처음 발견한 것은 한자동맹의 상업도시 브레멘의 브루어들이었다. '브레멘 맥주'는 독일의 다른 소도시들로 뻗어나갔고(함부르크 등 일부 지역에서는 브레멘 맥주를 도용하기도 했다), 그곳들의 다른 브루어들은 브레멘 출신의 사람들을 통해 홉을 넣은 맥주는 그루이트를 넣은 맥주보다 보존 기간이 길다는 사실을 알게 됐다. 그루이트 맥주는 며칠만

브로이하우스 프뤼는 그 유명한 쾰른 대성당에서 바로 몇 걸음 거리에 있다.

지나도 시큼해지기 시작했다. 수십 킬로미터씩 운송을 해도 홉을 넣은 맥주는 현지 맥주에 비해 훨씬 오래갔으므로, 브레멘 맥주는 전 세계—스칸디나비아, 발트해 동쪽 연안, 북해 연안 저지대 국가들, 영국 등지—로 뻗어나가기 시작했다. 브레멘 맥주의 종착지 가운데는 향후 수세기 동안 홉과 떼려야 뗄 수 없게 된 지역인 라인 강변의 소도시들도 있었다.

홉을 넣은 맥주가 오늘날 독일 북부에 해당하는 지역 전체로 확산되면서 브루어들은 바이에른 지방에서 제조된 콜드에이징 맥주에 관한 소문을 듣게 됐다. 북부 지역의 브루어리마다 실험에 도전했지만, 한층 더 온화한 기후 탓에 맥주는 더 쉽게 상했다. 맥주맛이 나빠질 가능성이 너무 컸기 때문에 1603년 쾰른 시의회에서는 하면발효bottom-fermenting 효모의 사용을 법으로 금지시켜 에일 브루잉 방식을 법제화했다. 바이에른 지역에서 라거링 기술을 발달시키는 동안 북부 지역의 브루어리들은 쟁쟁한 상면발효top-fermenting 맥주들을 다양하게 계속 만들어냈다.

초창기 기록을 보면 북부의 여러 소도시들에서 브루잉된 모든 맥주들—수십 종—이 열거돼 있다. 신맛이 거의 없다시피 한 저도수 맥주로부터 젖산 발효 저도수 맥주, 고도수 맥주, 단맛이 나는 맥주 등 다양하며, 알코올이 함유된 것도 있고 거의 함유되지 않은 종류도 있다. 훗날 쾰슈와 알트비어가 된 맥주의 혈통은 각기 다른 것 같다. 쾰슈의 혈통은 좀더 뚜렷한 편으로, 당시 북부 지역 에일의 주요 유형 중 하나는 베스트팔렌과 라인강 인근에서 브루잉된 비터비어Bitterbier였다. 20세기 초의 에일들은 오늘날의 쾰슈와 굉장히 흡사했던 것 같다.

그에 비해 알트비어의 역사는 다소 모호하다. 이 주제와 관련하여 거의 모든 기록마다 '알트'라는 단어를 언급하면서, 에일이 라거보다 먼저라는 사실을 지적하고 기정사실로 받아들인다. 뭐, 틀린 말은 아니다—그러나 독일의 모든 에일에 대해서도 똑같이 말할 수 있을 것이다. 오늘날 알트비어의 조상은 남쪽으로 40킬로미터 더 내려간 지역에서 브루잉된 좀더 짙은 색의 비터비어일까? 아니면 동쪽으로 80킬로미터 떨어져 있는 도르트문트 출신의, 마찬가지로 알트비어라 불리는 도수 높은 브라운 맥주와 더 관련이 있는 걸까? 한때 '아담비어'라고도 불렸던 이 맥주는 신맛이 있었고 당시 영국 포터에 더 가까웠다. 도르트문트에서 북쪽으로 64킬로미터 더 떨어진 뮌스터에도 현지의 알트비어가 있었다. (이 맥주가 조상일 가능성은 비교적 낮다—마찬가지로 신맛이 있으나, 황금빛을 띠고 홉의 풍미도 살짝 가미된 맥주였다. 한마디로 뮌스터는

모든 맥주를 지배할 절대 맥주

얼핏 생각하면, 뒤셀도르프에서는 알트비어를, 쾰른에서는 쾰슈를 마신다는 게 당연한 일인 것 같다. 하지만 3분만 생각해보면, 정신 나간 소리다. 우리는 시장경제 속에 살고 있다. 새로운 것이 추앙받고 다양함이 요구되는 시대가 아니던가. 그러나 쾰른의 흔한 펍 한 곳에 들어가면—뒤셀도르프에서도 사실 그렇지만, 쾰른의 경우는 더 그렇다—당신에게 선택지는 두 개뿐이다. 마시거나 안 마시거나. 마실 것이라곤 쾰슈뿐이고 당신이 웨이터에게 전달할 의사는 반갑게 고개를 끄덕이거나 단호하게 고개를 젓거나 둘 중 하나다.

놀라운 일이다. 쾰른의 브루어리들은 자기네 매시 턴으로부터 반경 50킬로미터 안에 사는 사람들에게 생산량의 거의 전부를 판매한다. 이 작은 구역을 제외하면(업체 두어 곳을 통해 수출하는 극소량을 제외하고는) 여기 맥주를 마시는 사람들이 없는 셈이다. 또 한 가지 놀라운 것은 쾰슈의 심장부에는 브루어리 간의 치열한 경쟁이나 '진짜' 혹은 '원조' 쾰슈 논쟁 같은 것이 전혀 없다는 사실이다. 쾰른은 우아한 공생과 신사협정을 지켜나가는 도시로, 만드는 사람은 단 하나의 맥주만 만들고 마시는 사람은 단 하나의 맥주만 마신다. 쾰슈는 왕이다. 다만 쾰른에서만.

삼진아웃이다.) '올드비어old beer'라는 이름은 사실 특정 스타일이라기보다는, 단지 이 지역에서 만들어진 라거 이전의 맥주라는 넓은 범주를 지칭한다는 해석이 가장 우세하다.

쾰슈와 알트비어는 한 세기가 훌쩍 넘도록 여러 혹독한 여건에 시달려왔다. 바이에른의 관문을 지키고 서 있던 첫번째 수문장은 라거로, 필스너의 유례없는 성공에 편승하여 바이에른부터 휩쓸고 있었다. 1870년경 총 생산량에서 '라거비어Lagerbier'가 앞서기 시작하면서 에일의 전성기는 막을 내렸다. 19세기 말경, 상면발효 맥주는 단순히 시장점유율이 떨어지는 데 그치지 않고, 급격한 쇠퇴의 길로 들어섰다. 두번째 불운은 다름 아닌 전쟁이었다. 제2차 세계대전 당시 두 도시 모두 연합국 측의 대대적 폭격으로 잿더미가 되고 말았다. 종전 후, 브루어들은 재건을 시작했지만 고립된 스타일이었던 쾰슈와 알트비어는 생산이 꾸준히 감소했다. 1980년, 두 도시는 독일 시장의 10% 이상을 장악했지만, 2008년경 이들의 시장 점유는 3% 수준에 불과했다.

알트와 쾰슈는 지금도 본고장 어디에서나 만날 수 있지만 브루어리들은 매년 감소하는 생산량에 초조해한다. 이는 이 두 맥주에 드리운 얄궂은 운명의 그림자를 가리키는 것이기도 하다. 각자 태어난 도시의 정체성에 단단히 묶여 있어, 이후 수십 년간 다른 스타일의 맥주들이 점차 인기가 시들해지는 동안에도 변함없이 계속 인기를 구가할 수 있는 태생적 발판을 마련할 수 있었다. 하지만 이제 지역 주민들이 그 생산량을 유지할 수 있을 만큼 맥주를 마시지 않게 되면서, 뒤셀도르프와 쾰른의 브루어들은 달리 갈 곳이 없어졌다. 드래프트 판매 일변도에서 탈피한 전국적 흐름 역시 그러한 감소 추세에 도움이 되지 못했고, 알트 및 쾰슈 둘 다 펍 소비량(전체 판매량의 절반이자 전국 평균의 두 배)에 의존해 생산 배럴 수를 안정적으로 유지하고 있다. 브루어리들이 이러한 흐름을 우려하는 데는 몇 가지 명백한 이유가 있다.

상세 설명 및 특성

단일 스타일의 맥주만 있는 도시의 브루어리들은 각자 자기네 맥주를 다른 곳과는 조금씩 다르게 만들어 차별화를 꾀한다. 다른 도시 출신은 그 차이를 구분해 음미해내지는 못할지 모르지만, 분명 차이는 존재한다. 사실, 알트비어와 쾰슈는 상당히 폭넓은 해석의 여지가 있다.

쾰슈

쾰슈는 섬세한 필스너를 흉내 내는 듯한 첫인상을 준다. 맑고 가벼운 황금빛을 띠고 있고 눈이 쌓인 듯 거품이 소복하다. 라이트 바디로, 목넘김이 수월하고 뒷맛이 깔끔하고 청량하다. 여러 면에서 필스너와 굉장히 비슷하다. 그러나 미묘한 차이들이 분명 존재한다. 음미해보면 약간의 효모 특성이 느껴지는데, 특정 과일 이름을 대기에는 어려운 굉장히 섬세한 과일향이 있다. 배 혹은 허니듀 멜론이라 할 수 있으려나? 쾰른의 쾰슈는 탄산이 강해 소다수 느낌도 있으며, 홉의 풍미를 끌어올렸고 허브향이 감돈다. 대체로 드라이한 필스너에 비해 쾰슈는 좀더 부드러운 크림 같다.

지금까지는 전반적인 특징을 살펴보았다. 구체적으로 세세히 살펴보면, 쾰른의 브루어리들은 세 가지 주된 요소—라이트호핑, 부드러운 과일 향미, 청량한 마무리감—를 택하고 있고, 이 요소들이 강조된 쾰슈를 심심찮게 찾아볼 수 있다. 가펠Gaffel은 홉의 풍미가 가장 강할 뿐 아니라 사용된 홉 역시 가장 독특하고 오레가노와 흑후추 등 허브 계열의 향이 강하다. 이에 반해 라이스도르프Reissdorf는 몰트의 달콤함이 좀더 두드러진다. 프뤼Früh는 톡 쏘는 레몬 느낌의 효모가 사용되고 가장 강렬한 몰트의 풍미를 자랑한다. 이에 비해 파펜Pfaffen은 좀더 풀향이 나는 홉을 사용하고 효모의 느낌은 줄여 필스너에 가장 가까운 맥주를 생산한다.

쾰른 외부 지역, 특히 미국에서는 더욱 다양한 해석이 존재한다. 대다수 맥주들은 좀더 도수가 높고 홉의 풍미도 강한 편이나, 섬세한 복잡성은 떨어진다. 미국의 브루어리들은 쾰슈에 밀의 풍미를 더하는 경우가 많고, 쾰른의 쾰슈와는 달리 투명도에 연연하지 않는 경향이다.

쾰슈 협정

1980년대 중반, 쾰른 지역의 브루어리들은 어떻게 하면 사업을 지켜내고 쾰른의 시그니처 맥주인 쾰슈를 홍보할 수 있을지 의논하고자 한데 모였다. 쾰슈 협정에서 나온 것은 뻔한 선언문 한 장이었고, 오늘날 쾰슈가 쾰른에만 매여 있는 이유는 이와 무관하지 않다. 당시 해당 선언문에는 24개 업체가 참여했고 이들은 쾰슈를 상면발효한 옅은 색의 맥주로만 엄격하게 정의 내렸다. "홉의 풍미가 두드러지고", 필터링을 거쳐야 하며, 비중 11-14°플라토 범위 이내(1.044-1.053 SP. GR. 이내)에서 브루잉이 이루어지고, 20센티리터짜리 일자형 글라스에 서빙되어야 한다. 뿐만 아니라, 쾰슈는 쾰른 수도권 지역 내에서만 브루잉이 가능하도록 법으로 정하고 있다. 독일이 유럽연합에 가입한 이후, 쾰슈는 지리적 표시보호PGI: Protected Geographical Indication—특정 원산지에서 특정 방식으로 만들어진 제품에 대한 법적 지정— 대상이 되었다. 북아메리카 지역에서는 명칭을 붙이는 규칙이 별로 엄격하지 않은 편이나, 독일 내에서 쾰슈라는 이름으로 불리는 맥주라면 예외없이 쾰른 시에서 브루잉되었을 것이다.

알트비어

알트는 굉장히 단순한 맥주다. 두어 가지의 몰트와 두어 가지의 홉을 한데 넣고 특별할 것 없는 방식으로 브루잉하고 숙성 탱크에서 한 달 정도 숙성시킨다. 그러나 뒤셀도르프 이외 지역에서 알트비어를 재현해내기는 굉장히 힘들다. 게다가 미국 브루어리들은 세상의 어떤 맥주든 새롭게 재창조해내는 데 워낙 선수라, 알트비어도 있는 그대로 다루는 법이 거의 없다. 맛이 훌륭한 미국산 알트비어를 맛본 적이 몇 번 있

뒤셀도르프의 퓍센 브루어리에서는 캐러멜향이 나는 산뜻한 알트비어를 만날 수 있을 뿐 아니라, 떠들썩한 활기가 넘치는 아늑한 펍의 분위기도 즐길 수 있다.

기는 하지만, 뒤셀도르프산 알트비어라고 깜빡 속아 넘어갈 뻔한 적은 한 번도 없었다.

알트는 쓴맛이 강한 맥주라고들 하지만, 이 설명은 오해의 소지가 있다. 사실 알트의 가장 중요한 특징은 곱고 부드러운 몰트의 풍미다. 물론, 홉이 몰트의 풍미를 지탱해주기는 하나 단지 쓴맛만 지닌 것은 아니고, 알트비어에 나무와 후추의 독특한 향을 더한다. 쾰슈와 마찬가지로, 알트비어 역시 미네랄이 주축을 이루고 있어서 본질적으로 뒤셀도르프 밖에서는 재현이 힘들다. 생산 지역의 수원과 직결된 부분이기 때문이다. 나는 뒤셀도르프의 알트비어 몇 종류에서 불에 직접 그을린 몰트를 쓴 듯한 캐러멜의 풍미를 느낄 수 있었다. 이러한 여러 요소마다 약간씩 변화를 줄 수는 있겠지만, 알트비어라는 유형의 맥주에서 빠질 수는 없는 핵심 요소들이다.

브루어리들이 본질적인 알트스러움을 지켜나가면서도 각 맥주의 다양한 퀄리티를 부각시키는 방법에 관해서라면 현지의 세 가지 알트가 좋은 본보기일 것이다. 슐뤼셀Schlüssel은 셋 중 가장 홉 느낌이 약하고 가장 부드러우면서도 경수의 청량한 느낌이 확연하다. 반대쪽 끝에 위치한 위리게Uerige는 호핑이 가장 강하고 캐러멜 향은 전혀 나지 않으며 경수의 느낌은 살짝 스치는 정도다. 퓍센Füchschen은 중간 즈음에 위치하는 맥주로, 캐러멜 풍미가 가장 강하지만 동시에 홉의 느낌도 살아 있다. 몰트의 부드러운 풍미는 공통적이다. 미국에서 재현하는 알트비어들은 호핑에 너무 힘이 들어간 느낌이다. 뒤셀도르프에서는 홉을 늦게 첨가하지 않지만, 그렇다고 해서 맥주에 자극적인 맛을 과하게 더하려 하지도 않는다. 알트비어는 몰트의 포근한 느낌으로 혀를 부드럽게 감싸야 한다는 전제를 바탕으로 삼는다면, 절제된 호핑이 필수다.

물론 좀더 강한 느낌의 브루잉 전통도 있

고, 특별한정 알트도 있다. 그 가운데 가장 유명한 것은 위리게의 슈티케Sticke로, 1년에 두 번만 선보인다. 일반 알트비어보다 조금 더 센 버전의 맥주지만, 가장 특별한 점은 숙성 탱크에 슈팔트 홉을 넉넉히 넣어 만들어내는 숲속 흙냄새에 있다. 픽셴에서는 크리스마스이브에 바이나흐츠비어Weihnachtsbier라는 특별 알트비어를 출시하며, 슈마허Schumacher에서는 3월, 9월, 11월 1일 하루씩만 라첸비어Latzenbier를 선보인다.

브루잉 노트

쾰슈와 알트가 에일인가 라거인가에 대한 격렬한 논쟁은 지금도 여전히 진행 중이다. 쾰슈와

> **IF YOU LIKE KÖLSCH & ALTBIER**
>
> 쾰슈의 가장 가까운 친척이자 굉장히 친근한 맥주는 바로 과일 풍미가 덜 한 바이에른 스타일의 **헬레스**로, 이 둘은 블라인드 테이스팅에서 헷갈리기 쉽다. 홉 느낌이 좀더 강한 쾰슈를 선호하는 사람이라면 **독일 필스너**가 마음에 들겠지만, 몰트 느낌이 더 강한 맥주를 선호한다면 **미국 밀 에일**이나 **골든 에일**에 눈이 갈 것이다. 쾰슈처럼 에일과 라거의 중간 즈음에 자리하는 **스팀 비어**도 좋은 선택이다. 알트비어는 가까운 친척지간이라 할 만한 맥주가 거의 없다. **바이에른 지방의 다크나 앰버 라거**는 몰트의 풍미는 있으나, 홉의 특성은 거의 없다. **브라운 에일**의 경우 홉의 느낌을 묻는다면 약간은 있다고도 할 수 있겠으나, 알트비어에는 없는 과일 풍미가 굉장히 풍부하다.

알트는 일단 오버게리게obergärige 맥주, 즉 상면발효 맥주에 속한다. 다른 나라에서는 보통 이 유형의 맥주를 '에일'로 칭하지만, 독일의 분류 방식은 좀 다르다. 오버게리게 맥주의 경우, 브루어들은 발효통에서 효모—상면발효 부분—만 뽑아낸다. 독일은 효모가 맥주에 미치는 영향보다 효모의 작용 자체에 더 관심이 많다. 맥주는 다른 어느 경우보다 효모의 영향을 훨씬 더 섬세하게 받아서, 에스테르가 과일 및 향신료 풍미를 풍성하게 더한다. 이러한 이유에서 이 맥주들을 보통 오버게리게 라거비어—탱크 안에서 숙성 또는 저장 과정을 거친 상면발효 에일—라 불러왔다. 독일인들은 게르만 특유의 방식대로 완벽히 정확한 명칭을 붙여줬지만, 이 명칭은 독일 이외 지역 사람들에게는 대체로 혼란스러운 것이었다. 하지만 상황은 변하기 마련이다. 라이스도르프의 브루어 프랑크 하젠크루크는 이 맥주의 과일 풍미를 강조했고 내가 라거링된 에일이라는 개념을 꺼내자 그는 동의하

쾰른에서 웨이터들이 사용하는 손잡이 달린 쟁반에는 글라스 크기에 맞춰 홈이 파여 있다.

지 않는다며 "에일이 맞습니다"라고 했다.

독일의 에일 브루어들은 오해받기 일쑤다. 다른 나라의 좀더 과일 풍미가 강한 에일들과는 비교를 거부하면서도 자기네 맥주에 대해 '라거 같다'는 외국인들의 의견에는 또 반대한다는 것이다. 그리고 외국의 에일이나 독일 내 라거를 기준으로 삼지도 않는다. 자기네 맥주는 그저 그 자체로 —살짝 과일향이 나고 부드러우며 숙성되고 정제된 맛으로— 충분하다는 것이다. 17℃(가펠, 슐뤼셀)-21℃(위리게) 정도의 고온 발효를 통해 과일 풍미를 얻는다. 강렬한 에스테르를 생성할 만큼 높지는 않지만, 그래도 상당히 높은 편에 속하는 온도다. 통상적으로 빙점에 근접한 온도에서 3-4주 동안 이루어지는 라거링은 독일산 에일들의 맛을 제어하고 이 맥주들이 특유의 부드럽고 정제된 성향을 띠게 하는 데 도움이 된다.

몰트 목록은 단순하다. 필스너 몰트를 기본으로 하여 쾰슈에는 뮌헨 몰트를 소량 넣어 황금빛이 돌게 하고, 알트에는 좀더 짙은 뮌헨 몰트나 캐러멜 몰트를 넣어 색을 낸다(그러나 로스팅된 느낌까지는 아니다). 일부 브루어리에서는 맥아 가루에 밀을 소량 —10% 정도— 첨가하기도 한다. 홉 구성 역시 복잡하지 않고, 후추 풍미의 독일산 홉이 인기가 많다. 물론, 헤르쿨레스Herkules 같은 고알파 홉을 이용해 쓴맛을 내

음주 의식

뒤셀도르프와 쾰른의 브루펍은 미국인들의 눈에는 그야말로 거창해 보인다. 프뤼나 슐뤼셀 같은 곳은 무도회장 크기의 홀을 갖추고 있지만, 위리게 같은 곳은 좀더 아늑한 분위기를 풍기는 작은 방들로 나뉜 벌집 구조로 돼 있다. 저녁이 되면 사람들로 북적이기 시작해 어느덧 정신을 차려보면 낯모르는 이들과 같은 테이블에 합석한 상태다. 상관없다. 어차피 거기 온 사람들이 원하는 건 하나니까. 바로 맥주. 뭐, 음식을 먹기도 하겠지만, 어쨌든 무조건 맥주다. 뒤셀도르프와 쾰른에서는 웨이터를 쾨베스Köbes라 하는데, 쾰른의 웨이터들이 들고 다니는 쟁반에는 슈탕게 크기에 맞는 홈이 파여 있다—영성체 의식에 사용되는 쟁반이 떠오르는 물건이다. (몇몇 브루펍에는 실제로 스테인드글라스 창이 있어서, 종교적인 느낌이 물씬 나기도 한다.) 뒤셀도르프의 쾨베스들은 평범한 쟁반을 쓰지만, 홀쭉하고 자그마한 베허becher 글라스(똑같은 종류의 글라스지만, 쾰른에서 쓰는 글라스를 살짝 변형한 듯한 모양으로 약간 더 크다)를 쟁반 가득 빽빽이 담아 나르곤 한다. 뒤셀도르프에서든 쾰른에서든 치르는 의식은 동일하다. 일단 맥주를 한 잔 시키고 나면 담당 쾨베스는 당신의 맥주잔을 계속 예의주시할 것이다. 그러다 이따금씩 새 쟁반을 들고 홀을 가로질러 와서는 당신의 잔에 맥주가 4분의 1도 안 남아 있다면 테이블 위에 한 잔 새로 내려놓은 다음 당신 잔 밑의 코스터에다 선을 하나 긋고 갈 것이다.

뒤셀도르프에서 사용되는 맥주잔은 1/4리터 잔이지만, 쾰른에는 1/5리터 잔만 사용된다. 처음 온 사람들 가운데는 너무 조금씩 준다고 불평하는 이들도 있기는 하지만, 다 이유가 있다. 알트비어와 쾰슈는 섬세한 종류라, 적정 온도로 냉각되고 신선한 기포가 올라올 때가 최적의 상태이기 때문이다. 맥주를 마시는 동안, 미지근해지고 김빠진 맥주 때문에 지루해지는 일은 절대 없을 것이다—거품이 살아 있는 차가운 새 맥주가 순식간에 테이블에 도착할 테니까. 그만 마시려면 각자 코스터를 마지막 마신 잔 위에 올려두면 된다—물론 반드시 그래야 하는 건 아니다. 위리게의 미하엘 슈니츨러는 이렇게 말한다. "그렇게 해도 되고요, 웨이터에게 부탁하셔도 됩니다. 부탁하는 것도 편한 방법이죠." 물론 그렇겠지만, 의식을 행하듯 따라해보는 것도 특별히 재미있는 경험이 될 것이다.

는 일부 브루어리를 제외하고는, 나머지 대부분의 브루어리에서는 아로마 홉을 선호하기는 하지만 말이다.

쾰른 및 뒤셀도르프의 물은 경수이고, 이들 도시에서 브루잉된, 내가 맛본 모든 쾰슈와 알트비어는 미네랄 풍미가 강했다. 살짝 느껴지는 경우도 있었지만, 어쨌든 장소를 나타내는 확연한 지표인 셈이다. 최고의 알트와 쾰슈를 만드는 것은 바로 이 수질로, 청량감은 라인 지방 에일의 대표적인 특징이다.

진화

라인 강변에만 한정되어 있는 이들 맥주 가운데 어떤 것도 이들 도시 이외 지역에서 생산될 가능성은 없어 보인다. 특히 알트비어는 명백하다. 뒤셀도르프 바깥의 몇 안 되는 브루어리에서만 알트를 상시 구비해두고 있으며, 가게나 펍 등에서 알트를 찾아보기는 쉽지 않다. 위리게는 정식 미국 수입업체를 두고 거래하고 있으나, 그 밖에 다른 브랜드들은 일정하지 않은 편이다. 미국 브루어리들이 알트에 손을 댄 적도 종종 있었으나, 대체로 알코올과 홉의 느낌이 더 강한 경향이 있다—알트비어의 센 버전인 슈티케 맥주를 참고하는 경우가 많다.

쾰슈는 또 다르다. 몇몇 이유로 인해 좀더 많은 해외 브루어리들이 손을 댔다. 연중 내내 맛볼 수 있는, 미국에서 브루잉된 쾰슈는 그리 많지 않지만, 여러 브루어리에서 일종의 여름 한정 특별 쾰슈를 선보인다. 구스 아일랜드, 하푼, 알래스칸Alaskan, 새러낵Saranac이 그 대표적인 예다. 슐래플리Schlafly, 코스트Coast, 처커넛Chuckanut 같은 몇 안 되는 브루어리에서는 연중 내내 쾰슈를 제공하기도 한다. 브루어리들은 거의 예외없이 쾰슈를 정통 방식, 즉 표준 원료를 가지고 표준 정도의 도수와 쓴맛으로 만든다. 쾰슌을 찾는 수많은 브루어들은 전통을 존중하고 지키고 싶어하므로, 실험적인 시도는 예외적인 경우에 한한다.

알아야 할 맥주들

본고장에서 브루잉된 쾰슈와 알트비어를 찾아내 맛볼 것을 권한다. 물론 흔치 않아 구하기가 쉽지 않겠지만, 이 방법이야말로 두 맥주를 이해하는 첫걸음이다. 쾰슈와 알트비어를 쾰슈와 알트비어로 만드는, 딱히 뭐라 꼬집어 말할 수 없는 특성은 라인 지방 이외 지역에서는 찾아보기 힘들다. 그러나 타지에서 생산된 여러 종류도 그 나름대로 맛볼 만한 가치는 있다.

알트비어

UERIGE ALT
위리게 알트

생산지: 독일 뒤셀도르프
몰트: 필스너, 카라-뮌헨, 카라파Carafa 로스트
홉: 슈팔트, 할러타우어 할러타우, 펄
4.7% ABV, '약 50' IBU

거품은 거칠고 색상은 다크 앰버인 산뜻한 맥주로, 몰트 아로마—나무나 빵의 풍미—를 풍긴다. 이러한 향은 맛에서도 느껴진다. 싱싱한 독

일산 홉 덕분에 뚜렷해진 허브 계열의 풍미를 물에 함유된 각종 미네랄 성분이 더욱 두드러지게 만든다. 풍성하면서도 산뜻한 맛을 지닌 위리게 알트는 5% 미만인 맥주 중에 아주 맛있는 맥주로 꼽을 만하다.

UERIGE STICKE
위리게 슈티케

생산지: 독일 뒤셀도르프
몰트: 필스너, 카라-뮌헨, 카라파 로스트
홉: 슈팔트, 할러타우어 할러타우, 펄
6.0% ABV

슈티케는 위리게의 기본 알트비어와 큰 차이는 없지만, 드라이호핑으로 약간의 아로마와 더불어 쌉싸름한 느낌을 더한 것으로 볼 수 있다. 미국인들이 특히 사랑할 만한 맥주로, 캐러멜 몰트의 진한 풍미와 스트렝스, 여러 겹으로 느껴지는 스파이시 호핑, 그리고 이 모든 풍미를 폭신하게 감싸안는 몰트의 느낌을 갖추고 있다. 세계적으로도 손에 꼽히는 훌륭한 맥주다.

FÜCHSCHEN ALT
퓍셴 알트

생산지: 독일 뒤셀도르프
몰트: 비공개
홉: 비공개
4.5% ABV

퓍셴의 알트는 위리게의 알트에 비해 약간 더 가벼운 느낌이고 밝은 빛을 띤다. 사용된 홉은 쓴맛이 덜하지만 이 알트에 뚜렷한 개성을 더하며, 노블 홉의 깔끔한 향신료 느낌이 감돈다. 그 바탕의 부드러운 몰트가 캐러멜의 살짝 달콤한 풍미를 낸다.

쾰슈

GAFFEL KÖLSCH
가펠 쾰슈

생산지: 독일 쾰른
몰트: 비공개
홉: 비공개
4.8% ABV, 1.044 SP. GR., 26 IBU

가펠은 홉 느낌이 살아 있고 쾰른의 쾰슈 가운데 쓴맛이 가장 강한 맥주로 알려져 있다. 그러나 그걸로 다 설명되지 않는, 허브향이 감도는 복합적인 맛의 맥주다. 오레가노나 흑후추를 떠올리게 만드는 풍미가 느껴지고 그 중심에는 부드러운 몰트가 자리잡고 있어서 흡족스러운 청량한 마무리감을 남긴다. 대담한 맛을 좋아하는 미국인들이 특히 선호하는 쾰슈다.

FRÜH KÖLSCH
프뤼 쾰슈

생산지: 독일 쾰른
몰트: 비공개
홉: 할러타우, 테트낭
4.8% ABV, 1.046 SP. GR., 18-25 IBU

가펠은 쾰슈 중에 홉 특성이 가장 강한 종류인 반면, 프뤼는 효모 특성이 가장 강하다. 섬세하고 복합적인 느낌의 맥주로, 효모의 청량하고 톡 쏘는 특성과 레몬과 흡사한 풍미가 살아 있다. 몰트는 달콤한 빵 같은 풍미가 느껴진다. 프뤼는 쾰슈 중에 그다지 많이 알려져 있지는 않지만, 가장 뛰어난 쾰슈로 꼽을 만하다.

REISSDORF KÖLSCH
라이스도르프 쾰슈

생산지: 독일 쾰른
몰트: 필스너, 뮌헨
홉: 헤르쿨레스, 펄
4.8% ABV

라이스도르프는 미국에서 가장 쉽게 만날 수 있는 쾰슈로, 마일드한(다시 말해, 홉이 약한) 버전의 쾰슈라고 할 만하다. 라이스도르프는 살짝 달콤한 몰트의 풍미와 미네랄 성분의 청량감 그리고 라이트호핑의 각 요소 사이에서 절묘한 균형을 찾아낸다. 각 요소는 슈탕게로 서너 잔쯤 마셨을 때 가장 잘 음미할 수 있다. 안타까운 것은 쾰슈는 특히 이동에 취약한 탓에 대서양을 횡단하는 운송 과정에

독일 캐스크 에일?

뒤셀도르프와 쾰른에서는 쾰슈와 알트비어가 바 상단에 놓인 캐스크에서 바로 서빙되어 나오는 광경을 흔히 볼 수 있다. 심지어 캐스크가 나무통인 경우도 있다(특히 뒤셀도르프에서는 그렇다). 하지만 바보처럼 속지 말 것! 실제 제조를 위한 것이라기보다는 보여주기 위한 거니까. 위리게의 오너인 미하엘 슈니츨러는 이 관행에 대해 이렇게 설명했다. "맥주를 폼나게 보여주는 전통적인 방식이죠. 바 위에 통을 얹어두고 수동으로 맥주를 따릅니다…… 하지만 발효 같은 건 없어요. 맛과는 아무 상관이 없죠." 맥주가 캐스크 안에 머무는 건 아주 잠깐이고, 나무통 안은 코팅돼 있어서 내용물이 나무나 산소에 노출되는 일은 없다.
그럼에도 불구하고 사람들은 이 나무통을 굉장히 진지하게 받아들인다. 위리게의 모든 나무캐스크는 빨간색 페인트칠이 된 금속띠로 고정돼 있다. 원래부터 그랬던 것은 아니었다. 위리게에는 한때 녹색과 노란색 띠를 두른 캐스크들도 있었는데, 시간이 흐르면서 손님들은 빨간색 띠가 둘러진 통에서 나오는 맥주가 가장 좋은 맥주라고 생각하게 됐다. 슈니츨러는 웃으며 말했다. "왜 그렇게들 생각했는지는 아무도 모르죠. 단골손님들이 녹색 띠가 둘러진 통을 보면 그러더라고요. '아니요, 이건 안 마실래요.'" 결국 위리게는 통마다 띠를 빨갛게 칠해야 했다.

서 특유의 산뜻함을 잃어버리는 경우가 많다는 점이다.

DOUBLE MOUNTAIN KÖLSCH
더블 마운틴 쾰슈

생산지: 미국 오리건 후드리버
몰트: 필스너, 뮌헨
홉: 펄
5.2% ABV, 40 IBU

더블 마운틴은 어쨌거나 쾰슈를 제대로 —독일산 몰트와 펄 홉으로— 다루고 있다. 여러 요소가 쾰슈 특유의 균형을 빚어낸다. 곡물의 풍미가 살아 있는 청량한 몰트가 섬세한 과일향을 잘 받쳐주고 흑후추 같은 홉의 풍미와 놀라우리만치 잘 어우러진다. 하지만 이 맥주가 브루잉된 곳이 어디인지 간과하려야 간과할 수 없는 맛이기도 하다. 모든 풍미가 대담한 미국적인 느낌이며, 쓴맛도 강하게 살아 있기 때문이다.

SAINT ARNOLD FANCY LAWNMOWER
세인트아놀드 팬시 론모워

생산지: 미국 텍사스 휴스턴
몰트: 페일, 몰팅한 밀
홉: 할러타우
4.9% ABV, 1.045 SP. GR., 20 IBU

본고장 출신의 쾰슈와 가장 닮은 미국 맥주 중 하나인 팬시 론모워는 가벼운 곡물 풍미와 청량하고 드라이한 느낌 덕분에 미네랄이 풍부한 쾰른의 물맛을 떠올리게 만든다. 홉에서는 꽃향이 나지만 레몬그라스의 느낌도 스친다. 독일로 여행을 갈 여력이 없다면 끝내주는 쾰슈 한 잔으로 대신해보자.

독일 뒤셀도르프 Düsseldorf, Germany

Hausbrauerei Uerige
브루펍 위리게

오랜 역사의 대명사 '알트'

아직도 개방형 냉각조cool ship를 쓰고 보들로형 드립식 냉각기를 쓰며, 개방형 발효를 하고 브루어리 내에 있는 나무통에서 맥주를 따라 갖다주는 브루어리 이름을 하나 대보라. 자, 이제 그 모든 것들을 하고 있는 독일 브루어리의 이름을 맞혀보자. 내 두 눈으로 직접 그 놀라운 광경들을 훑기 전에는 도저히 믿을 수가 없었지만, 정말 그런 곳이 존재한다. 다음에 뒤셀도르프에 가게 되면 직접 들러보시길. 양조 시설은 미로 같은 느낌의 근사한 펍과 얽혀 있는데, 펍 안 구석구석에는 각종 발효통, 브루하우스 등 여러 장비가 자리잡고 있다. 벽에는 홉으로 만든 리스가 걸려 있고, 창은 스테인드글라스로 장식되어 있으며, 카운터에는 나무로 된 술통들이 놓여 있고, 수십 명의 손님들이 그 앞에 작은 알트 글라스를 들고 앉아 있다. 어둑한 가운데 오묘하게 빛나는 휴대전화 불빛만 뺀다면, 과거로 시간 여행을 하는 기분이 들 것이다.

위리게가 (독일 내에서는) 생각만큼 오래되지 않았다는 사실은 놀랍다. 위리게의 시작은 1862년으로, 빌헬름 퀴르텐이라는 브루잉 총책임자가 이 부지를 매입한 뒤 와인을 주로 팔던 식당을 브루어리로 바꾸면서부터였다. 퀴르텐은 그다지 사교적인 사람이 아니었고, 일요일에 교회 갈 때만 브루어리를 비웠다. 사람들은 그를 '무뚝뚝한 빌헬름'이라 불렀고, 이는 고유명사처럼 굳어졌다. 이 지역 방언으로 무뚝뚝하다는 단어가 바로 위리게였다. (발음은 다양하지만, 지역민들은 '우어'와 '에어' 중간쯤에 해당하는 긴 감탄사 같은 소리로 시작해 '픽pick'의 '이' 발음 같은 단모음을 뒤따라 내뱉고 마지막에는 짧게 끊기는 '거'로 끝낸다.) 이 브루어리는 주인이 네 차례 더 바뀐 뒤 마침내 1976년 크리스타와 요제프 슈니츨러가 인수했다. 현재 이곳 살림을 꾸려나가는 것은 바이엔슈테판Weihenstephan에서 교육받은

위리게에서 맥아즙을 냉각시키는 데 사용되는 공간. 이곳 특유의 전통적인 브루잉 과정 1단계다.

1976년 크리스타와 요제프가 인수한 뒤, 슈니츨러 가문이 위리게를 소유하고 운영해오고 있다. 현재는 아들 미하엘이 운영 중이다.

히 전통 방식대로, 가공하지 않은 홉만을 사용한다. 이제 맥아즙은 케틀에서 출발하여 과거로 떠나는 기묘한 여정을 시작한다.

이 여정에서 첫번째 경유지는 널찍한 개방형 냉각조로, 실내 온도에 따라 한 시간 내지 한 시간 반 정도 머물게 된다. 끓는 맥아즙은 겨울에는 50℃, 여름에는 66℃ 정도까지 식혀진다. 효모가 활동하기에는 여전히 너무 높은 온도이므로 맥아즙은 냉각수가 흐르는 울퉁불퉁한 파이프 더미 위로 다시 한 시간 반쯤 낙하하는 과정을 거친다. 그리하여 마침내 발효통에 도달하면, 발효에 최적인 20℃가 된다.

위리게의 효모는 놀라우리만치 효율적이어서 개방형 발효통 안에서 단 하루만 있으면 된다. 늘 그래왔다는 건 알겠는데, 마치 나이트클럽처럼 파란 불빛을 번쩍이며 손님들을 홀리는 새 발효실이 과연 효모에도 에너지를 불어넣는 것인지 궁금하다. 아마도 그 효율성 때문에 효모는 적절히 높은 발효 온도임에도 불구하고 과일 풍미의 에스테르라고 할 만한 성분은 거의 생성해내지 않는지도 모른다. 그러나 결빙 온도에 가까운 숙성 탱크 안에서 한 달 정도 머무는 동안 맥주는 고급스럽고 부드러운 맛의 알트비어가 된다.

위리게는 필터링되지 않은 버전의 알트로, 일반적인 알트에 비해 좀더 순하고 훨씬 더 맛이 풍부하다. 위리게의 슈티케야말로 보기 드문 맥주로, 온갖 신화에 둘러싸여 있다. 슈티케 역시 지역 방언이 어원인데, '비밀'이라는 의미다. 우리가 숙성 탱크에서 슈티케를 조금씩 홀짝이고 있으려니 브루어리의 마리 테슬라프가 설명을 해줬다. "슈티케라는 단어는 전통적으로 브루어가 계속 더 센 맥주를 만들어왔다는 뜻이에요, 물론 비밀리에요. 남몰래 어떤 일을 한다는 뜻의 일종의 동사죠. 아마 홉과 몰트를 조금씩 더 넣어서 점점 더 센 맥주를 만들었을 텐데, 사람들은 혹시나 하며 이렇게 말했던 거예요. '아, 브루어가 뭔가 슈티케한(비밀스러

아들 미하엘이지만 어쨌든 아직까지도 슈니츨러 가문이 위리게를 운영하고 있다.

브루어리는 최근 확장됐고 슈니츨러가 위스키 증류 시설까지 새로 구비했다는 사실을 알고 나면 더욱 놀라게 된다. 물론, 이러한 확장은 그저 브루어리의 설비만 추가한 것이고, 각종 위스키는 위리게 자체의 맥주 레시피에서 나온다. 슈니츨러는 사업 변경에 부정적인 입장은 아니지만, 어쨌거나 맥주만큼은 신성불가침의 영역이다. 그는 독일이 "맥주의 전통을 잃어버렸다"고 했다. "전통적인 브루잉 방식을 잃어버렸다. 알트비어라고 하면, 오래된 방식, 즉 전통적인 방식으로 브루잉했다는 의미다."

위리게는 세계 어느 브루어리보다도 전통을 가장 무겁게 받아들이는 곳이다. 때문에 지금도 단 한 종류의 맥주만 브루잉하고 있다. 물론 필터링하지 않은, 조금 센 몇 가지 버전이 있기는 하다. 만드는 과정은 그리 복잡하지는 않지만 정교하다. 맥아 가루에는 단 3종의 몰트만이 포함되고, 브루어리에서는 할러타우어 할러타우, 슈팔트 펄을 혼합한 홉을 두 차례 첨가한다. 당연

위리게에 들르면 과거로 시간 여행을 하는 기분이 든다.

하지만 알트는 에일, 다시 말해 아예 다른 녀석이고 —맥주순수령은 본래 라거를 규제하는 바이에른 지방의 법이니까— 드라이호핑 덕에 슈티케는 스파이시한 아로마를 풍부하게 지니게 됐다. 한번은 내가 슈티케를 시음하고 있는데, 브루어 제바스티안 데겐이 탱크 안에 병입이 거의 가능한 단계의 도펠슈티케가 좀 있다는 것을 발견했다. 보통의 슈티케에 비해 훨씬 더 크림 같은 느낌에 꽃의 풍미가 강했다. 8.5% ABV의 그 도펠슈티케는 차가운 숙성실의 냉기를 그대로 품고 있었다.

운) 일을 했나 봐.'"

슈티케에는 또 다른 의미도 있으니, 맥주의 출시와 관련된 것이다. 슈티케는 1년에 두 번만 나오는데, 원래 브루어리에서는 이 맥주가 언제 맥주통에 담겨 준비되는지 알리지 않았다. 단골손님들에 대한 감사의 표시로 뭔가 특별한 대접을 하는 차원이었기 때문이다. 그러나 요즘은 위리게가 출시일(1월과 10월 셋째 화요일)을 알리면 사람들이 때맞춰 몰려든다. 뒤셀도르프 사람들뿐 아니라 전 세계 각지에서 사람들이 찾아온다.

슈티케 혹은 도펠슈티케라는 도수가 더 높은 맥주는 일반 알트와 똑같은 방식으로 만들어지는데 단 두 가지만 다르다. 라거링 기간이 훨씬 길고 —슈티케는 8-10주, 도펠슈티케는 최대 20주— 드라이호핑을 한다는 점이다. 특히 드라이호핑은 슈티케를 흔치 않은 맥주로 만드는 요소인데, 맥주순수령 기준에서 보면 드라이호핑은 완전히 인증된 방식이 아니기 때문이다.

뒤셀도르프의 펍과 브루어리들을 방문하면서 그렇게 근사한 시간을 보냈던 탓에, 나는 사업적으로 어떤 상태인지 궁금했다. 가는 펍마다 손님들이 넘쳐났고, 심지어 추운 10월에도 마찬가지였다. 미하엘 슈니츨러는 솔직히 털어놓았다. "알트비어는 보통 상황이 안 좋아요. 예전에 뒤셀도르프에서 가장 큰 브루어리였던 곳들은 20-30년 전부터 뒤셀도르프 안에서 브루잉을 하지 않기 시작했어요…… [부동산] 가격이 너무 올라서 다들 그래요, '이봐, 맥주 팔[팔아서 될] 때가 아니야. 차라리 임대업을 하자고.' 그래서 브루어리들이 바르슈타이너Warsteiner, 앤하이저 부시 등에 팔렸죠. 그럼 이제 '진정한 뒤셀도르프 브루어리'는 어디에 있는 걸까요? 어딜 가나 그게 문제예요."

글쎄, 어딜 가나 그런 건 아니다. 라인강에서 그리 멀지 않은 구시가지의 베르거 슈트라세에는 여전히 '진정한 브루어리' 한 곳이 전통을 지키고 있으니까.

벨기에 에일
BELGIAN ALES

Belgian Ales. 벨기에 에일은 워낙 다양해서 간단히 설명할 수가 없다는 것이 정확한 표현이다. 어떤 벨기에 에일은 색도 알코올 도수도 약하지만, 검은색에 알코올 기운이 아주 강한 것도 있다. 각종 향신료가 들어가기도 하고 과일이 들어가는 경우도 있다. 레몬처럼 산미가 강한 것도 있는가 하면 사탕처럼 달콤한 것도 있다. 하지만, 아무리 그렇다 해도…… 어쨌거나 벨기에 에일을 하나로 묶어주는 공통점은 분명 있으니, 대개 다음 같은 요소들의 조합이다. 바디는 가볍고 쓴맛은 적은 편이며 효모의 특성은 확연해서 스파이시하거나 과일 풍미가 두드러지거나 혹은 펑키한 느낌을 줄 수 있다. '벨기에'라는 단어는 중심부에서 약간이라도 벗어난 맥주를 통칭하기도 한다. 여느 특정 국가적 전통에 딱 들어맞지 않는 맥주를 보면 사람들은 벨기에 계열이라 생각한다.

스코틀랜드 에일과 마찬가지로 벨기에 에일 역시 너무 다양해서 규정하기가 불가능하므로, 여기에 주요 수치를 따로 적지는 않았다.

맥주 세계를 진지하게 탐험하는 사람이라면 누구나 결국은 벨기에 에일이라는 복잡한 세계를 만날 수밖에 없다. 벨기에 에일들은 마치 빽빽한 우림 속에 사는 이국적인 생명체처럼 가까운 독일이나 영국의 문명화된 차분한 사촌들과는 멀리 떨어진 채 자기들만의 영역에서 지낸다. 그토록 토착 맥주 스타일이 다양한 나라도 없고, 산업 시대를 거치면서도 그토록 그 스타일들을 집요하게 고수하는 나라도 없다.

몇 세기 전, 브루어리들은 옆 동네와는 차별화되는, 자기네 동네만의 고유한 맥주를 만들곤 했다. 현대 벨기에의 맥주들은 그런 전통을 명백히 계승하고 있으며, 메릴랜드 크기만 한 이 나라에서는 오늘날까지도 그 어느 나라보다도 더 많은 고유한 종류들이 살아남아 있다. 산미가 있는 것도 있고, 센 것도 있으며, 다크한 것도 있다. 상업적 브루어들이 만든 것도 있고, 가톨릭 수도사들이 만든 것도 있다. 밀로 만든 것도 있고, 향신료가 사용된 경우도 많다. 대부분은 효모에서 나오는 특성—스파이시함, 펑키함, 과일 풍미—에 의해 규정된다. 덕분에 '벨기에'라는 단어는 지역을 뜻할 뿐 아니라 특성을 나타내는 형용사로도 자리잡았다. 벨기에 에일은 굉장히 다양해서 입장을 정하려면 조금 시간이 걸리테지만, 충분한 시간을 가지고 벨기에 에일을 탐구하고 나면 다른 맥주들은 상대적으로 단조롭게 느껴질 것이다.

기원

1830년까지도 독립을 쟁취하지 못했던 작은 나

벨기에 브루어리들 중에는 이런 신기한 옛날식 증기기관이 있는 곳이 있다.

라가 어떻게 자국의 맥주 전통은 이웃 강대국에 포섭당하지 않고 유지할 수 있었을까? 어떻게 벨기에는 그렇게 유별난 다양성과 한결같은 토착 스타일을 간직한 나라가 됐을까? 이 대단히 신기한 맥주 나라는 이런 호기심을 불러일으키고야 만다.

출발점은 맥주에 대한 벨기에의 애정이었다. 그리스의 역사학자 디오도로스 시켈로스는 그들이 "지토스zythos 또는 맥주라 부르는 보리로 마실거리를 만든다"고 적은 바 있었다. 훗날 아테나이오스는 이를 꿀을 넣어 만든 밀맥주라고 좀더 정확히 표현하기도 했다. 율리우스 카이사르도 전원생활을 하던 벨가에Belgae 부

호로터 마르크트 남쪽의 종탑에서 바라본 브뤼허의 전경. 이곳은 아마도 세계에서 가장 아름다운 맥주 도시일 것이다.

족*을 만나고는 갈리아의 "세 민족 중 가장 용맹하다"며 찬탄했다. (용맹이 반드시 와인을 마시는 사회로부터만 나오는 것은 아님을 인정할 수밖에 없었다.)

로마는 훗날 벨기에가 되는 지역 도시들을 제국의 지배 아래 포섭한 최초의 외세였다. 이후 다른 여러 국가들이 전철을 밟았고, 유럽 역사의 상당 부분은 안트베르펀**과 아르덴*** 사이 땅에서 쓰였다. 이 지역은 유럽의 가장 유명

* 기원전 1세기경 프랑스 북부, 벨기에 지역에 살던 켈트계 종족으로 오늘날 벨기에인의 조상이다.
** 벨기에 북단의 항구 도시
*** 프랑스와 접해 있는 벨기에 남쪽 산림 지대

한 정복자들 몇몇의 군대가 집결한 곳이기도 해서 수세기 동안 그곳에 살았던 수십 명의 소지주나 귀족 들은 말할 것도 없고 카이사르 이후 나폴레옹과 히틀러까지 지켜봐야 했다.

그 모든 과정을 통틀어 한 가지 익숙한 흐름이 있었다. 훗날 벨기에가 된 지역의 도시들은 여러 제국을 거치는 내내 번성했다는 것이다. 일찍이 헨트는 유럽에서 (파리 다음으로) 두 번째로 큰 도시였고, 브뤼허, 뢰번(또는 루뱅), 브뤼셀 역시 각기 다양한 시대에 번영을 구가했다. 안트베르펀 항구는 예나 지금이나 유럽 최대 규모에 속한다. 이 지역이 15세기 부르고뉴

가문의 지배 아래 있던 당시, 부르고뉴 공작이던 필리프 3세는 프랑스가 아닌 브뤼셀과 브뤼허에서 살기로 했다. 막시밀리안 대공과의 결혼으로 저지대 국가들*이 합스부르크 지배 밑으로 들어가는 결과를 초래했던 부르고뉴의 마리는 브뤼허에 묻혔다. (페르하허Verhaeghe 브루어리는 사랑스러운 플랑드르 타트 에일인 뒤셰스 드 부르고뉴Duchesse de Bourgogne를 통해 마리를 기리고 있다.) 따라서 벨기에는 1830년에 마침내 독립국이 됐지만, 상대적으로 안정을 유지하며 특정한 문화적 전통—맥주 브루잉을 포함해서—이 형성되고 지속될 수 있었다.

초기 로마제국이 남긴 문헌들 이후로, 유럽 전역에 교회의 영향력이 커져가면서 8세기와 9세기에 수도사들이 관련 내용을 쓰기 전에 브루잉 관련 사료는 전무했다. 이 시기에 수도원들은 번영했고 자급자족했다. 이들은 따로 보리를 (이후에는 홉도) 기르고 자체적으로 마실 용도 및 방문객 접대용으로 맥주를 만들었다. 기록에 따르면 이들 브루어리 가운데 일부의 운영 규모는 당대 기준으로 어마어마해서, 오늘날 크래프트 브루어리의 생산 규모에 필적했다.

안타깝게도 9세기부터 19세기까지 이어진 벨기에 맥주의 진화를 언급한 문헌은 아주 적다. 독자적으로 활동하던 소수의 관찰자들이 간접적으로 언급해준 덕분에, 우리는 중세 시대 벨기에인들이 밀, 귀리, 스펠트를 브루잉에 사용했다는 사실을 알 수 있다. 이는 조르주 라캉브르Georges Lacambre(라 캉브르La Cambre라고 표기하기도 한다)라는 브루어가 벨기에 맥주를 연구했던 광범위한 내용에도 잘 부합한다. 라캉브르의 『맥주 제조에 관한 완전한 개론서Traité complet de la fabrication des bières』은 전통적인 벨기에식 브루잉에 대한 최초의 진지한 접근이었다. 1830년대에 뢰번의 한 브루어리에서 일한 적이 있었던 그의 이 저술은 같은 세기 J.B. 브랑켄과 오귀스트 뒤브룅포가 함께 쓴 글에 부연 설명을 한 것이다. 1851년에 처음 출간된 이 책에 세부적으로 담긴 내용은 브루잉이라는 아주 특별한 세계였다—마을마다 제각각 엄청난 다양성이 존재하면서도 다른 한편에는 상상을 뛰어넘는 바로크식 브루잉도 공존한다.

* 베네룩스 3국을 지칭한다.

19세기 벨기에의 세금 제도

벨기에 에일을 이해하려면 희한한 19세기 세법을 반드시 알아야만 한다. 당시 정부는 맥주 생산량이나 알코올 도수를 기준으로 세금을 부과하지 않고, 브루어리의 매시 턴 크기를 기준으로 삼았다. 법 하나가 맥주의 발달에 지대한 영향을 미친 사례 중 하나다. 물론 그 결과 브루어리들은 아주 작은 매시 턴을 사용했다—아무리 많은 맥주를 만들더라도 말이다. 작은 통을 사용하면서도 일정한 효율성을 담보하고자 했던 브루어들은 극도로 되직한 매시를 사용했다. 최대한 많은 양의 곡물을 안에 집어넣고 나면 물이 들어갈 공간이 거의 남지 않았다. 결과적으로, 브루어리들은 매시에서 물을 빼낸 다음 매 배치마다 곡물층에 예닐곱 번씩 물을 새로 넣어야만 했다. 람비크 생산자들은 여전히 탁한 매시를 사용하는데, 바로 이 세법이 남긴 유산인 셈이다.

19세기 벨기에 맥주

조르주 라캉브르 같은 역사 여행의 안내자가 몇 명 더 있었더라면 좋았을 텐데. 맥주 만드는 노동자였던 그에게는 나름의 견해와 편견이 있었다. 몇몇 맥주 스타일들에 대해서는 의심의 눈초리를 보냈고 —심지어 유명한 맥주라고 인정하면서도 그랬다— 그 브루어들이 사용하는 방식에 대해 신랄한 평가를 내리기도 했다. 그러나 이처럼 객관성이 결여되어 있기 때문에 독자들은 오히려 그의 글을 더욱 생동감 넘치고 흥미진진하게 읽을 수 있다. 다음은 그가 묘사한 그 옛날 맥주들 중 일부다.

- **아위첫**Uytzet(Uitzet) 라캉브르가 깎아내렸던 유명한 맥주 가운데 하나인 아위첫은 두 가지 알코올 도수—오디너리(약 4% ABV)와 더블(6% ABV)—로 출시됐다. "아위첫은 앰버 맥주로, 꽤 짙은 노란빛을 띠며, 품질은 상당히 뛰어나다. 그러나 오디너리 아위첫은 대개 특유의 드라이하고 어느 정도 날카로운 맛을 지닌다."

- **플랑드르 브라운 비어**FLEMISH BROWN BEER 20시간 가까이 끓여 만든 맥주로, 아위첫과 비슷하지만 좀 더 다크하다. 지역 주민들에게 사랑받았지만 바로 이 이유로 라캉브르는 익숙해져버린 맛일 수는 있겠다고 마지못해 인정했다. 그러면서도 자기 뜻을 굽히지 않고 이 맥주는 "사실 기분 좋은 맛과는 거리가 멀다. 쓰고 거칠고 떫다"고 덧붙였다. 지금도 플랑드르 지방에서는 이 맥주의 후손들이 만들어진다.

- **뢰번 비에르 드 마르스**LEUVEN BIÈRE DE MARS, **엥컬 헤르스트**ENKEL GERST, **도벌 헤르스트**DOBBEL GERST 라캉브르가 직접 만들었던 맥주들로, 당연히 그는 이 맥주들을 최고로 여겼다. 보리 외에는 아무것도 넣지 않은 맥아 가루를 사용했고 동일한 매시에서 네 번에 나누어 흘러나오게 해 만들었다. 처음 두 차례 흘러나온 분량으로 도벌 헤르스트를 만들고 나머지 두 차례 분량으로는 비에르 드 마르스를, 네 가지 모두를 혼합해서는 엥컬 헤르스트를 만든다.

- **뢰번의 밀맥주**WHEAT BEER OF LEUVEN(비에르 블랑슈 드 루뱅bière blanche de Louvain) 이 맥주는 지나치게 길고 복잡한 매시 체계를 거쳤지만, 라캉브르는 이 방식을 선호했던 것으로 보인다. 그는 뢰번의 밀맥주를 가볍고 상쾌하다—람비크와 윗비어를 섞은 것 같다—고 묘사했다.

- **페이테르만**PEETERMAN 이 맥주 스타일은 1960년대까지도 이어졌지만, 라캉브르의 설명을 보면 의아해진다. 뢰번의 밀맥주와 비슷했으나 주로 생선 껍질에서 추출한 젤라틴으로 만든 갈색 맥주였다. 맛있다! 라캉브르에 따르면 "점성이 있는 다크 브라운의 맥주로, 살짝 날카로운 듯한 아로마 향취를 지닌다". 실제로 아로마가 강하다.

- **비에르 드 디스트**BIÈRE DE DIEST 스트롱 골든 에일로, 라캉브르의 설명을 보면 맛있는 맥주였던 것 같다. "크림처럼 부드럽고 살짝 달콤한 풍미가 있고 미식가들이 특히 선호하는 꿀 같은 느낌이 있다. 물론 미식가에는 여성 대다수 그리고 특히나 영양이 풍부하고 강장 효과가 있는 마실거리를 찾는 유모들도 포함시켜야 한다."

- **메헬런 브라운 비어**MECHELEN BROWN BEER 플랑드르 타트 에일의 선조 격에 해당하는 맥주 중 하나다.

- **후하르던 비어**HOEGAARDEN BEER 라캉브르의 설명을 토대로 보면, 람비크와 흡사한 맥주였던 것 같다. 그러나 람비크와는 달리 숙성을 거치지 않은 신선한 상태로 서빙되는 것이 원칙이었다. 라캉브르는 이렇게 표현했다. "이 맥주는 굉장히 페일하고 상쾌하며, 신선할 때 특히 탄산이 강하다. 본연의 맛은 와일드한 느낌이 있는데 여러 면에서 닮은 뢰번 맥주와 비슷하다."

- **리에주 세종**LIÈGE SAISON 주로 스펠트로 만들며, 최소 4개월에서 최대 2년까지 숙성시킨 맥주다. 이 브루잉 방식을 좋아하지 않았던 라캉브르는 시골뜨기들이 후다닥 만든 조악한 맥주라 여겼다. 여름에 그는 리에주를 즐기는 불쌍한 사람들을 두고 "좋은 점이라고는 찾기 힘든 나쁜 맥주"를 마신다고 표현했다.

라캉브르는 20여 종의 맥주 타입(더 많은 종류를 찾아냈지만 '주요' 타입에 대해서만 다뤘다고 한다)을 나열해 기술했다. 이 가운데 세 가지 타입만이 보리만 들어가는 레시피에 해당했다. 귀리를 사용하여 브루잉하는 스타일이 절반이 넘었고, 밀은 그보다도 조금 더 자주 사용됐다. 상대적으로 스펠트는 사용 빈도가 떨어졌지만, 적어도 한 가지 스타일의 맥주에는 기본 바탕이 됐다. 당시 세법은 브루어리들이 낯선 매싱 방식을 시도하게 만드는 동기로 작용했지만, 특이한 점은 이뿐만이 아니었다. 라캉브르는 비에르 블랑슈 드 루뱅bière blanche de Louvain(뢰번의 밀맥주)을 다루면서 여섯 단락을 할애해 매싱 체계를 설명했다. 맥아즙을 거르고 떠내는 데 다섯 개의 용기와 바구니와 팬이 필요했고 그 고난의 과정을 해결할 "건장한 브루어가 여덟에서 열 명 정도" 필요했기 때문이다.

끓이는 시간도 놀라웠다. 평균 아홉 시간을 끓였다. 라캉브르가 언급한 맥주 가운데 네 가지만이 세 시간 이하로 끓였고, 다섯 가지는 열 시간 이상 끓였다. 가장 오래 끓인 경우는 스무 시간(!)이었다. 맥아즙의 색을 어둡게 하기 위해 오래 끓이는 경우도 있었다. 다크한 맥주 스타일들의 경우, 이는 온전함의 증표나 마찬가지였다. 그러나 브루어리들은 요령을 부렸다—시간을 약간 절약하고 맥아즙의 색을 인위적으로 어둡게 만들고자 할 경우 석회를 첨가했다. 물론 라캉브르는 이 방식에 거부 반응을 보였다("백해무익하며 특히 소비자의 건강에도 해롭다").

결과적으로, 모든 맥주의 특성에서 핵심은 냉각 방식이었다. 냉수를 이용한 냉각기 대신, 영국에서 사용됐던 방식대로 브루어리들은 '냉각조'로 알려진 널찍하고 평평한 통에 맥주를 하룻밤 두어 식혔다. 이 방식은 람비크 제조에 여전히 쓰이고 있으며, 오늘날 우리는 냉각 과정에서 시간이 지날수록 야생효모가 맥아즙을 오염시킬 수밖에 없다는 사실을 잘 안다. 대개의 경우, 브루어리들은 냉각된 맥주를 캐스크에 넣기 전에 효모를 투입하기도 했다. 하지만 어느 쪽이든 상관은 없었다—맥주는 이미 접종된 상태였으니까. 그 결과는 맥주에 관한 라캉브르의 기록에 이미 예견돼 있다—어느 시점에서든 숙성이 이루어졌을 그 맥주는 효모의 작용 덕분에 드라이하고 산미가 있었다.

20세기

양차 대전—특히 제1차 세계대전—은 벨기에에 가혹했다. 벨기에는 전투의 중심지이자 최대 격전지였고, 나라 곳곳에 참호들이 상흔으로 남았다. 독일은 벨기에의 모든 구리를 전략 물자로서 조직적으로 동원했다—오늘날까지도 벨기에에서는 1920년경 이전의 케틀은 볼 수 없

브라스리 생푀앵은 한 세기가 넘도록 프리아트 가문 소유였다.

> ## 음주 의식
>
> 자국의 맥주를 소비하는 방식을 보면 그 나라가 무슨 종류의 맥주를 생산하는지 어렴풋이 감을 잡을 수 있다. 가령, 미국에서는 절대 다수가 맥주를 상자째 구입하고 캔에서 바로 들이붓는다. 절대 다수의 맥주는 최대한 혀의 관심을 끌지 않고 곧장 배 속으로 내려가도록 만들어진다 해도 과언이 아니다.
>
> 벨기에 사람들이 맥주를 대하는 방식에는 이 나라의 좀더 세련된 접근 방식이 반영돼 있다. 품질이 우수한 국산 맥주를 한 모금씩 음미한다. 맥주를 마실 수 있는 카페에서 맥주를 주문하면, 종업원이 맥주병과 함께 해당 맥주 전용으로 특별히 만들어진 글라스를 함께 갖다준다. (벨기에 에일은 거의 대부분 병입 숙성이므로, 병에 담겨 판매된다.) 그런 다음 글라스에 옮겨 따르는데, 폭신하니 완벽한 헤드가 생기는 속도다. 그러고는 1센티미터 조금 넘는 정도(가라앉았던 효모가 떠올라 맥주를 탁하게 만들 수 있는 양)의 맥주를 남겨둔 채 병을 글라스 옆에 세워두는데, 라벨이 보이도록 돌려놓는다. 벨기에에서는 맥주 한 잔 마시는 일도 일종의 감각적 경험이다. 맥주가 만들어지는 방식, 색, 탄산, 글라스 종류 등은 모두 눈, 코, 혀에 즐거움을 선사하도록 최적화된다.

다. 벨기에는 곡물 배급을 제한했고, 이미 낮았던 비중은 한층 더 떨어졌다. 제1차 세계대전 이후, 브루잉이 다시 시작됐고 맥주도 다시 돌아왔다. 비중도 회복됐고 맥주의 품질도 개선됐다. 제2차 세계대전으로 상황은 다시 악화되어, 독일의 점령으로 벨기에는 식량 및 연료 배급에 곤란을 겪었다. 그러나 종전 이후 브루잉 산업은 다시 회복됐고 브루어들은 예전에 늘 해오던 방식으로 다시 맥주를 만들기 시작했다.

1950년대까지만 해도 라캉브르가 언급했던 수많은 스타일들은 여전히 존재감이 있었다. 라캉브르 이후 100년이 지난 시점에 뢰번 대학교의 양조학 교수 장 드 클레르크는 『브루잉 교과서 A Textbook of Brewing』(1957)에서 브루잉의 세계에 관한 또 하나의 폭넓은 연구를 선보였다. 그가 나열한 맥주 스타일 가운데는 라캉브르가 언급한 것들—블랑슈 드 루뱅, 페이테르만, 디스트, 아위첫, 안트베르펀 보리맥주, 후하르던, 리에주 세종 등—도 다수 포함돼 있었다. 이 '구식' 맥주들은 당시에도 놀라우리만치 복잡한 옛 방식 그대로 만들어졌다(페이테르만의 경우 매시를 완성하는 데 무려 열일곱 시간이 소요됐다). 슬프게도, 그는 이 스타일들 중 다수의 마지막 순간을 기록하고 있었다. 라거와 현대식 에일이 시장을 공략하고 있었으니, 시골의 독특한 소규모 브루어리들은 더 이상 거칠고 투박한 19세기 맥주로는 사업을 유지해나갈 수 없었다. 전쟁통에는 살아남았지만 현대화된 브루잉 시장에서는 살아남지 못했던 것이다.

자기 이름을 딴 람비크를 만들었던 프랑크 본은 브루어 가문 출신으로 자신이 유년기를 보냈던 그 시절에 대해 이렇게 회상했다.

1950년대와 60년대에 브루어리들은 하나둘 문을 닫고 있었고 벨기에 곳곳에서는 지역 고유의 스타일들이 사라지고 있었다. 뢰번 화이트도, 페이테르만도, 아위첫도 사라졌다. 여름에는 맥주를 2주간 보관할 수 있다고 삼촌들이 말했던 기억이 난다. 중간 규모의 브루어리들은 한 달 내지 6주 정도 보관할 수 있었다. 1960년대에 스텔라 아르투아Stella Artois는 최초로 6개월간 보관이 가능한 맥주를 만들었다. 소비자들은 좀더 저렴하고 기술적으로 개선된 맥주로 옮겨갔다. 마을 및 소도시마다 브루어들은 말했다. "우리가 할 수 있는 일이라고는 브루어리를 파는 것뿐이다. 작은 브루어리에게 미래는 없다."

전 세계의 다른 나라들에도 다 그랬듯, 벨기에에도 합병 바람이 불어닥쳤다. 1900년 당시 벨기에에는 3,000개가 훨씬 넘는 브루어리들이 있었는데, 20세기 중반에는 1,000개 미만으로 급감했다. 대부분의 나라에서는 브루어리 수가 1970년대에 최저점에 달했지만, 벨기에의 경우 이는 1990년대로 당시 단 115개의 브루어리

골루아즈는 1858년 뒤보크에서 가장 처음으로 만든 맥주다.

만이 살아남았다. 결국 벨기에에는 두 개의 거대 기업과 가족이 운영하는 소규모의 몇몇 브루어리만이 남게 됐다.

최대 규모의 거대 기업은 바로 인터브루로, 아르투아가 피에뵈프Piedboeuf(주필러Jupiler의 제조사)와 합병했던 1987년 당시 벨기에 시장을 장악하기 시작한 회사다. 인터브루는 곧이어 러뱃Labatt, 배스, 훳브레드, 벡스Beck's를 인수했다. 마지막에는 브라질의 암베브AmBev와 합병하고 결국 앤하이저 부시까지 인수하여 세계 최대 규모의 맥주 회사가 탄생하게 됐다. 호가든, 레프Leffe, 벨뷔Belle-Vue, 주필러, 스텔라 아르투아는 모두 인베브 소유로, 오늘날 브뤼셀 공항에서부터 그 밖에 어디서든 인베브가 운영하는 펍을 만날 수 있다. 본사는 현재 뢰번에 있다.

한때 인베브(당시 인터브루)는 벨기에 시장을 70% 정도 점유했으나, 오늘날 이 점유율은 라이벌 하이네켄의 부상으로 60% 아래로 떨어졌다. 네덜란드의 대기업 하이네켄이 벨기에 시장을 뚫고 들어온 것은 2000년으로, 아플리헴Affligem과 알컨마어스Alken-Maes를 합병하여 흐림베르헌Grimbergen, 마어스 필스Maes Pils, 시네Ciney, 합킨Hapkin 등 수많은 메이저 브랜드를 포트폴리오에 추가했다. 이들은 펍 공간을 두고 거대 기업 인베브와 힘겨루기를 하고 있다. 작은 브루어리들은 상대해볼 엄두도 낼 수 없는 싸움인 셈이다.

벨기에의 맥주 산업은 이제 전환점에 와 있다. 국제적인 크래프트 맥주의 흐름이 시장에 어느 정도 생기를 불어넣기는 했으나, 벨기에의 브루어리 수는 여전히 전례 없이 최저 수준이

다. 한편, 인베브와 하이네켄이 소유한 수많은 브랜드는 각자 자기 출신을 성공적으로 감춰왔다—덕분에 소규모 에일 브루어들은 지역 내 경쟁이 더 힘들어졌다. 반면, 다른 나라들에서는 벨기에 맥주의 우수성에 눈뜨기 시작했다. 수출 시장이 수많은 소규모 브루어리들을 떠받치고는 있으나 내수 시장의 침식은 여전히 힘든 문제다. 인베브와 하이네켄은 최대한 시장을 흡수해 나가려 할 테지만, 벨기에 소비자들은 현지 브랜드를 선호한다. 향후 10년에 벨기에 맥주의 미래가 달린 셈이다.

상세 설명 및 특성

벨기에 맥주는 색과 알코올 도수가 아주 다양하다. 물론 고정불변은 아니다. 시대별 흐름에 따라 생산자들은 한동안 어떤 방향으로 휩쓸렸다가는 20-30년 뒤에는 또 다른 방향으로 움직인다. 격동과 변화의 연속이다. 고참 브루어들은 전통 스타일들이 사라졌다거나 특정 유명 브랜드들의 대중화가 수준을 낮춘다면서 안타까워 한다. 실제로 그런 면이 있기도 하나, 여타 오래된 브랜드들이 얼마나 부단히 노력하는지, 신생 브루어리들은 또 어떻게 새로운 스타일들을 맞아들이는 데 일조해왔는지는 간과한 말이다. 벨기에에서는 변화야말로 고정불변의 요소다.

지난 수십 년간, 벨기에 에일은 좀더 강해지고 색은 더 밝아졌다. 오늘날 가장 대중적인 스타일 가운데는 블론드blond 또는 골든 에일—불과 한 세대 전만 해도 비주류에 속했다—도 있고, 이들 중에는 알코올 도수가 와인에 근접하는, 실크처럼 부드러우면서도 센 맥주도 있다. 홉은 다시 인기를 얻고 있으며 수많은 브루어리에서 유기농 브루잉을 시작하는 추세다. 그러나 이는 대략적인 윤곽일 뿐이다. 벨기에는 1,000여 종의 다양한 브랜드를 자랑으로 여기며, 그중 수십 개 브랜드는 스타일 분류 범위에서도 벗어나 있다.

벨기에 에일에 대해 우리는 무엇을 기대해야 할까? 워낙 괴상하다는 소리가 많아서 수많은 맥주 애호가들이 지레 겁을 먹어버리지만, 이는 대체로 오해다. 산미가 있는 에일들은 좋아지기까지 대체로 시간이 좀 걸릴 만하지만, 대부분의 에일들은 상당히 무난한 편이다. 기대할 요소는 다음 네 가지다.

• **발효 특성** 벨기에 맥주들은 비교적 고온에서 발효되어, 독특한 페놀향(스파이시함)과 에스테르의 풍미(과일 및 향신료 풍미)가 있다. 거의 벨기에 전역에서 사용되는 방식으로, 병 안에서 일어나는 재발효 덕분에 이 특성은 더 강해진다.

• **라이트 바디** 설탕은 매우 흔한 재료로, 바디를 가볍게 하고 알코올 도수를 높이며 홉 함량이 낮은 맥주에 청량감 있는 균형을 잡아준다.

• **스트렝스** 벨기에 에일은 알코올 도수가 아주 다양하지만, 7% ABV가 넘는 맥주가 이렇게 많은 나라가 없다.

• **향신료** 벨기에 맥주가 향신료를 첨가하는 데 관한 세간의 인식은 과장된 측면이 있다. 비교

적 소수의 맥주에만 해당되는 이야기다. 벨기에 에일의 본질은 과일과 향신료 풍미로, 실제 향신료를 첨가하면 이 특성이 강해진다. 몇몇 경우 브루어리들은 첨가했다는 언급조차 하지 않는다. 벨기에 에일의 핵심은 실제 향신료의 첨가 여부보다는 과일과 향신료 풍미를 얼마나 잘 살려냈는가 여부에 달려 있다.

앰버 에일과 블론드 에일

벨기에 앰버 에일의 역사는 수세기를 거슬러 올라가며, 최근 등장한 블론드 에일보다 앰버 에일이 브루잉 업계에서 훨씬 큰 부분을 차지하던 시절도 있었다. 여러 세기 동안 벨기에 사람들은 블론드 에일에 별 관심이 없었다―심지어 브루어리에서 페일 몰트 만드는 법을 알게 된 이후에도 마찬가지였다. 어두운 호박색(앰버)이나 갈색은 맥주가 충분히 장시간 끓었고 그 과정에서 캐러멜화됐다는 표시―맥주에서 중요시되는 특성들―였다. 여전히 데 코닝크 암버르De Koninck Amber나 뒤뷔송Dubuisson의 유서 깊은 (강렬한) 앙브레Ambrée, 그리고 카라콜Caracole이라는 브랜드 명으로도 불리는 카라콜의 농가풍 대표 맥주 등 클래식한 종류도 여럿 있다. 이 맥주들을 통해 이 범주가 얼마나 광범위할 수 있는지 알 수 있을 것이다. 데 코닝크의 맥주는 불과 5.2% ABV이고, 가벼운 몰트맛에 부드러

벨기에 맥주 라벨 읽기

벨기에 맥주 라벨에는 영어, 프랑스어, 플랑드르어 설명이 병기돼 있다. 관련 정보를 파악하는 데 도움이 될 만한 표기는 다음과 같다.

플랑드르어	영어	프랑스어	의미
hergist in de fles	bottle-conditioned	sur lies	병입 숙성
kruiden	spices	épices	향신료
gerst	barley	orge	보리
mout	malt	malt	몰트
tarwe	wheat	blé	밀
hop	hops	houblon	홉
suiker	sugar	sucre	설탕
gist	yeast	levure	효모
kriek / krieken	cherries	cerises	체리
frambozen	raspberries	framboises	라즈베리

벽에 플랑드르어로 이렇게 쓰여 있다. "쉿, 여기서 듀벨이 숙성됩니다." 듀벨은 악마를 지칭하는 단어이므로, 좀더 음산한 의미로도 읽힐 수 있겠다.

운 과일향의 에스테르가 생기를 불어넣는다. 좀더 농가풍 버전인 카라콜은 7.5% ABV로 훈훈한 느낌이며, 산딸기향의 에스테르와 효모에서 나오는 살짝 드라이하면서도 알싸한 풍미가 한데 어우러져 스파이시한 향을 느낄 수 있다. 뒤뷔송의 에일(미국에서는 스캘디스 앰버Scaldis Amber로 판매되고 있다)은 무려 12% ABV로 견과류향이 풍부한 몰트 특성을 지니며 따끈한 술기운이 느껴진다.

벨기에에는 라거의 물결이 아주 늦게, 1960년대가 돼서야 밀려왔다. 하지만 당시에도 에일 브루어들은 굉장히 옅은 페일 에일로 이 바람에 대응했다. 가장 중요한 초기 페일 에일은 모르트핫에서 만들었다 해도 과언이 아니다. 이곳의 대표 맥주였던 듀벨(정확한 발음은 '뒤-벨')은 당시까지 수십 년 동안 좀더 전통적인 앰버 에일이었다. 1970년, 모르트핫은 시장의 흐름을 따라 이 맥주를 좀더 가볍게 만들기로 결심했다. 그리고 시메Chimay, 로슈포르Rochefort, 오르발 등에 자문을 담당했던 과학자 장 드 클레르크와 협업해 듀벨을 투명한 골든 에일로 변신시켰다. '악마'라는 뜻의 플랑드르어가 어원인 이 이름은 오늘날 버전의 맥주보다도 훨씬 역사가 길다. 그럼에도 불구하고 오늘날 이 맥주의 놀라운, 실크처럼 부드러운 느낌, 균형감, 그리고 샴페인 같은 기포를 생각하면 그 어느 때보다도 지금과 더 잘 어울리는 이름이다. 악마의 힘은 죄 짓는 자가 자신의 죄를 깨닫기도 전에 그를 타락시키는 교활한 능력에 있다. 8.5% ABV의 듀벨 역시 실제 알코올 도수의 절반 정도로 느껴지는 탓에 나도 모르게 과음하게 되곤 하는 맥주다.

자기네 블론드 에일의 최종 버전이 에스테르와 홉 특성이 굉장히 풍부하다는 사실은 모르트핫의 큰 자랑거리다. 듀벨은 다른 브루어리들에 블론드 맥주의 가능성을 제시해 보인 셈이었다—그리고 수십 년간 그 브루어리들은 기꺼이 시간을 허비했다. 오늘날 블론드 맥주는 많지만 최고 수준 맥주에는 베스트블레테런Westvleteren(5.8%)의 수도사들이 만든 놀라운 '세션' 블론드도 포함되는데 이 맥주에는 농가풍 수제 맥주의 느낌이 살아 있다. 벨기에 내 뒤퐁의 명성은 벨기에에서 가장 오래된 페일 에일 축에 속하는 무아네트Moinette를 기반으로 한다. 향과 개성이 느껴지는 좀더 가벼운 블론드로는 데 할버 만De Halve Maan의 브뤼흐서 조트Brugse Zot가 있다. 미국에서는 오머갱의 벨기에 페일 에일이 경쾌하고 홉 특성이 두드러지는 맥주에 해당된다. 이를 보면 블론드나 앰버가 벨기에에서 어떤 위치에 속하는지 대략적인 범위—약한 맥주부터 센 맥주, 달콤한 맥주부터 홉 특성이 두드러지는 맥주에 이르기까지 모두 이 계보에 속한다―를 감 잡을 수 있을 것이다.

브라운 에일

브라운 에일은 한때 플랑드르어를 쓰는 벨기에 지역 전반에서 상당히 인기가 있는 맥주였다. 수십 년 전 이 맥주들은 모두 플랑드르 타트 에일들―로덴바흐Rodenbach, 리프만스Liefmans, 페르하허―에서 여전히 찾아볼 수 있는 특성을 지니고 있었다. 그러나 현대적 기술 덕분에 브루어리들은 맥주에 산미를 더하는 미생물들의 영향에서 벗어났고, 브라운 에일들은 영국 스타우트나 포터와는 별 차이가 없을 정도로 진하고, 대체로 굉장히 센 맥주들까지 등장했다. 브라운 에일은 예전만큼 인기가 있지는 않지만, 여전히 벨기에 맥주의 유산에서 중요한 부분을 차지한다.

기준이 되는 브라운 에일 중 하나는 뒤 보크Du Bocq의 골루아즈 브륀Gauloise Brune으로, '우리 조상들의 맥주la bière de nos ancêtres'―벨기에의 옛 맥주―를 연상시킨다. 뒤 보크는 1858년부터 이 맥주를 만들어왔지만, 레시피는

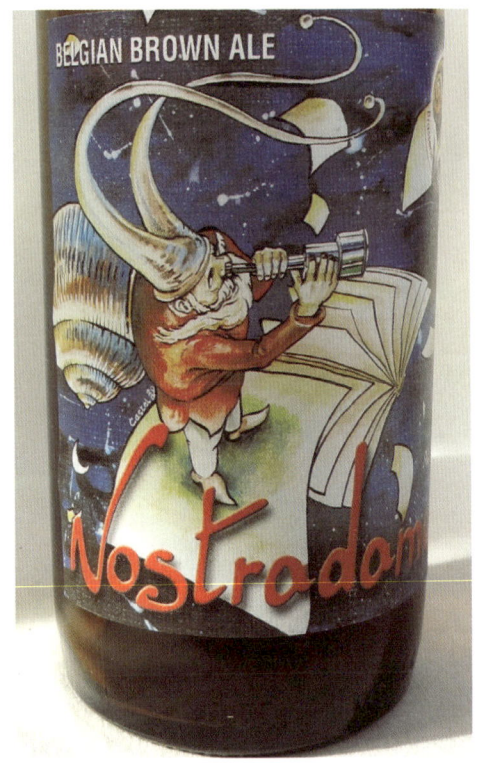

카라콜의 노스트라다무스는 9.5% ABV짜리 스파이시한 벨기에 브라운 에일이다.

달라졌다. 나이 많은 사람들 가운데는 뒤 보크가 브륀을 멋대로 바꿔놓았다고 불평하는 이들도 있지만, 여전히 브륀은 상당히 개성 있는 맥주로, 로스티한 빵의 풍미, 럼향이 감도는 태운 설탕의 풍미가 모두 한데 어우러져 균형을 이룬다. 아마 뒤 보크에 대해 비판적인 이들은 알코올 도수가 8.1%에 불과하다는 것도 불만일 것이다―이들은 아마 9.5%에 달하는 스파이시한 카라콜의 노스트라다무스 같은 종류를 더 선호할 것 같다. 그들을 탓할 수는 없다―그런 맥주가 겨울에 몸을 데우기에는 그만이니까.

> **애비 로드**
>
> 수도원의 전통은 벨기에에서 중요한 요소이고 수도원과 무관한 수많은 것들에도 영감을 주었다. 가장 중요한 애비 에일 스타일 두 가지는 트리펠과 뒤벌로, 전자는 듀벨과 비슷하고 후자는 브라운 에일의 일종이다. 이 맥주들은 사실 여기서 언급하는 블론드 에일이나 브라운 에일과 크게 다르지는 않지만, 나름의 풍부한 전통이 있다. 따라서 이들은 별도의 장에서 다루었다(이 책의 '애비 에일' 부분을 참고하자).

클래식한 브라운 에일이라면 단연 헷 앙커르Het Anker의 대표 맥주인 하우던 카롤뤼스 Gouden Carolus로, 보통의 브라운 에일들에 비해 훨씬 달콤한 쪽으로 기울어진 풍미를 지니고 있다. 반면, 최상급 브라운 에일 중 하나인 케르콤 빙크 브라윈Kerkom Bink Bruin은 가볍다(5.5% ABV에 불과하다). 그러나 깊이 있는 카카오 풍미와 비스코티 같은 드라이한 마무리감이 특징적이다. 이 맥주들은 몇 가지 공통된 특성이 있지만 스파이스(카라콜), 로스트(골루아즈 브륀), 달콤한 풍미(하우던 카롤뤼스) 같은 서로 다른 요소들까지도 브라운 에일 계통에 속해 있음을 보여준다. 빙크 브라윈을 보면, 브라운 에일이라고 해서 반드시 알코올 도수가 높은 것은 아니라는 걸 알 수 있다.

비에르 드 노엘 그리고 향신료 첨가 에일

유럽에는 공통적으로 어둑한 겨울에 마시면 좋을 특별한 맥주와 휴가 기념 특별 에일을 만드는 전통이 있다. 최근 통계에 따르면 벨기에에서 가장 큰 기대를 한몸에 받는 이 맥주들은 그 수가 100종에 가깝다─브루어리 수가 130개에 불과한 나라에서 말이다. 벨기에 사람들은 비에르 드 노엘Bière de Noël*을 사랑한다.

일반적인 에일에 향신료를 넣는 것이 드문 일은 아니지만, 크리스마스 맥주라면 거의 필수다. 크리스마스 맥주는 숙련된 벨기에 브루어들이 어떤 방식으로 향신료를 활용하여 효모가 생성하는 에스테르와 페놀 풍미를 부각시키는지 엿볼 수 있는 좋은 사례이기도 하다. 매년 생푀앵St. Feuillien의 팬들은 전형적인 겨울 에일인 퀴베 드 노엘Cuvée de Noël을 기다린다. 몸을 따스하게 만드는(9%) 다크한 이 맥주에는 겨울 향신료들이 들어 있어서(브루어리에서는 레시피를 비밀에 부치고 있지만, 맛을 보니 생강과 시나몬이 들어 있었다) 로스티하고 초콜릿 같은 바디

* 프랑스어로 크리스마스 맥주라는 뜻

벨기에 맥주 스타일에 관해 주의할 점

벨기에 맥주는 분류가 까다롭다. 몇몇 스타일은 극도로 엄격한 기준에 따라 정의되므로, 이들은 괴즈나 플랑드르 타트 에일 같은 맥주의 전통적인 생산 방식을 고수한다. 또한 스타일─윗비어, 트리펄, 세종(이 책에서는 이들을 전부 따로 다룬다) 등의 맥주─과 일치할 정도로 엄격하게 나뉘는 맥주 무리도 있다. 그러나 훨씬 많은 맥주들은 스타일상 어디에도 속하지 않는 미지의 영역에 속하는데, 이런 맥주들은 스타일이라는 틀을 아예 벗어나서 보는 것이 상책이다. 여기에는 어느 정도 대략적 분류를 의미하는 명칭─블론드, 브라운, 페일 에일 등─이 붙기도 한다. 하지만 다 신기루에 불과하다. 브루어리들은 자기네가 만드는 맥주들을 구분하거나 고객에게 대략 예상되는 맛을 알려주기 위해, 혹은 보통 사람들은 알 수 없을 만한 여러 이유로 이런 명칭들을 사용한다. 그러나 바깥에서 이해하는 것과는 달리 사실 이 명칭들은 실제 스타일을 지칭하는 것이 아니다.

실제로, 벨기에의 브루어리들은 자신이 만드는 맥주를 각각 유일무이한 피조물처럼 여기는 경향이 있다. 완전히 고유하여 범주화가 불가능하다는 것이다─혹은 적어도 그렇게 보이게 만들고자 한다. 개성에 대한 이런 열망 탓에 맥주들을 유의미한 방식으로 분류하기가 굉장히 어렵지만, 비교적 폭넓은 카테고리로 나눠보는 것은 가능하다.

를 지닌다. 알코올 도수가 상당히 높아 따스한 기운을 느낄 수 있다. 하위허Huyghe의 델리리움 노엘Delirium Noël은 일곱 가지 향신료의 산뜻한 발효 특성들이 풍부하게 한데 어우러져 다소 강렬한 느낌의 풍미를 만들어낸다.

    그러나 모든 겨울 에일에 향신료가 첨가되는 것은 아니다—효모의 복합적 풍미에서 향신료의 느낌이 살짝만 느껴지는 겨울 에일들도 있다. 향신료를 넣지 않은, 최고의 정제된 겨울 에일을 하나 꼽아보라면, 데 돌러 브라우어르스De Dolle Brouwers의 스틸러 나흐트Stille Nacht일 텐데, 밝은색 에일로 에스테르 향취와 여운이 길게 남는 마무리감이 인상적이다. 미국에서는 스캘디스라는 이름으로 판매되는 뒤뷔송의 부시 드 노엘Bush de Noël 역시 향신료를 넣지 않은 근사한 에일 중 하나다. 호박색이지만 역시 알코올 도수가 높다(12% ABV).

    한편, 향신료를 넣은 맥주라고 해서 전부 크리스마스 맥주인 것도 아니다. 몇몇 스타일은 향신료가 필수이거나(윗비어) 혹은 스파이시한 효모 특성을 살리기 위해 향신료를 사용하거나(농가풍 에일) 특정할 수는 없는 향신료향을 더하기도 한다(로슈포르). 생쥐엥 같은 브루어리들은 향신료를 에일에 아주 능숙하게 활용하기 때문에 스파이시한 풍미 가운데 어떤 요소가 효모에서 나오고 또 어떤 요소가 실제로 첨가한 향신료에서 나오는지 구분하기 어렵다.

호피 에일

벨기에 맥주를 다른 나라의 맥주에 비해 '달콤'하다고 규정한다 해도 틀린 말은 아니다. 대부

현지 홉을 사용한 포페링스 호멀비어르에서는 야생화 아로마가 느껴진다.

분 무난한 홉 특성을 드러낸다—홉을 크게 쓰지 않고 섬세한 풍미와 아로마만 더하는 수준이다. 이처럼 달콤한 풍미를 지니는 경향은 전통에서 비롯된 것이기도 하고, 탄산음료가 맥주 시장의 상당 부분을 점유해버린 데 대한 대응이기도 하다. 또한 벨기에의 에일들은 완전 발효되는 당분을 이용해 가볍게 브루잉되기 때문이기도 하다. 발효 이후 소량의 맥아당만 잔여 당분으로 남은, 바디가 가벼운 맥주의 경우 홉 풍미가 변질되기 쉬운 탓에, 벨기에 에일은 대개 다른 에일에 비해 홉을 적게 쓴다. 설탕이 선사하는 청량감과 알코올 성분 덕에 이 맥주들은 어쨌든 균형을 잡아줄 홉이 많이 필요하지 않다.

    그러나 홉은 지역 내에서 생산되는 재료이고, 이 재료를 유독 잘 활용하는 브루어리들도 있었다. 벨기에의 홉 생산지 안에 위치한 마을인 바타우에 있는 판 에이커Van Eecke 브루어리

가 그 완벽한 예다. 현지의 홉을 넣고 만든 포페링스 호멀비어Poperings Hommelbier는 잉글랜드 스트롱 에일과 좀더 오래된 농가풍 맥주인 벨기에 에일의 중간 즈음에 해당한다. 묘하게 섬세한 풍미의 7.5%짜리 에일로, 홉은 스파이시한 느낌의 세련된 쓴맛과 함께 야생화 아로마를 선사한다.

전반적으로 달콤해지던 경향이 살짝 저항에 부딪히자 홉은 벨기에식 브루잉에서 좀더 중요한 역할을 담당하기 시작했다. 그 최전선에는 미국 크래프트 브루어리들의 영향을 받은 것이 분명한 신생 브루어리들이 있다. 그러나 이들의 해석에는 흥미로운 시사점이 있다. 벨기에 최고의 신생 브루어리 중 하나인 브라스리 드 라 센 Brasserie de la Senne은 홉 성분을 충분히 침출해 넣은 인퓨즈드 에일 두 가지—지네비르Zinnebir와 타라스 불바Taras Boulba—를 만든다. 하지만 둘 다 너무나 벨기에식이다. 좀더 묵직하고 캐러멜 풍미가 있는 미국이나 영국의 호피한 맥주들과는 달리, 비교적 가볍고 청량하며 기포가 많다. 이 브루어리의 효모종은 세종의 특성들—후추향이 나고 농가풍—을 지니고 있어서 이 맥주들의 주된 강점인 스파이시하고 풋풋한 풀내음 나는 홉에 완벽하게 어울린다.

홉에 초점을 맞춘 또 하나의 크래프트 브루어리는 데 랑커De Ranke로, 꼭 어울리는 이름의 XX 비터르Bitter를 만든다. 브라스리 드 라 센의 맥주들과 마찬가지로, 이 맥주 역시 라이트 바디이다. 그 결과 훨씬 더 깊이 있는 쓴맛이 탄생했다. 이 브루어리는 온화한 풍미의 브루어스 골드와 할러타우 홉을 사용하지만, 그럼에도 불구하고 쓴맛은 날카롭게 느껴질 정도다. 미국이나 영국의 전통에서는 이와 비슷한 맥주가 전무하다. (미국의 홉헤드들은 데 랑커를 좋아한다.) 다른 브루어리들도 호피한 맥주들을 만들어보려 시도해왔고, 그중 몇몇은 하우던 카롤뤼스 홉

성 아르놀트 그리고 감브리누스

벨기에 역사와 위인전에서 단연 돋보이는 인물이 두 명 있으니 바로 브루잉의 성자 아르놀트와 맥주의 왕 감브리누스다.

브루어의 아들이기도 했던 아르놀트는 1040년 아우데나르더 근처에서 태어났다. 원래 그는 기사였으나 삼십대가 되어 (그의 표현에 따르면) '빛을 본' 뒤 하느님을 따르는 삶을 살게 됐다. 1081년 그는 프랑스 수아송에 있는 생 메다르 수도원의 수도원장이 됐다. 미화된 일화 가운데는 아르놀트가 브루 케틀 속에 자신의 지휘봉을 던져넣었더니 수질 오염 때문에 지역 내에 돌던 전염병자들이 그 맥주를 마시고 치유되는 기적이 일어났다는 이야기도 있다. 돌이켜 생각해보면 이는 열의 살균 작용 덕분인 듯하지만, 뭐 아무래도 상관없다. 아르놀트는 성인으로 인정받은 인물이며, 지금도 벨기에 전역의 브루어들에게 널리 칭송받고 있다.

감브리누스의 이야기는 그에 비하면 조금 밋밋하다. 13세기 초 브라반트와 로렌의 공작이었던 그의 주된 업적은 지방 군주들에게 맥주 양조 자격을 부여할 권한을 주고 있었다는 데 있다. 그의 명성은 맥주에 대한 열렬한 사랑과 아주 공공연한 음주를 바탕으로 쌓아올려진 것 같다. 감브리누스는 한때 벨기에 브루어 길드의 명예회장으로 선정되기도 했고, 오늘날 이 길드에서는 감브리누스를 기리며 맥주 홍보대사로 선정된 이들에게 브루어 기사 작위를 주고 있다.

시뇨르Hopsinjoor의 경우처럼 괄목할 만한 성공을 거두기도 했다. 홉시뇨르는 풍미가 가득하고 후추향이 나는 호핑으로 적절히 장식된 느낌의 맥주다. 예를 들어 듀벨의 트리플 홉Triple Hop의 경우, 그렇게 가벼운 바디에 케틀 홉이 지나치게 많이 사용된 결과 쓴맛이 혹독할 정도로 느껴지는 맥주가 됐다.

브루잉 노트

벨기에의 브루하우스에는 신기한 브루잉 방법들이 수없이 많지만, 진정한 이국풍 맥주는 주로 람비크나 플랑드르 타트 에일 부분에서 다루어질 것이다. 단순한 느낌의 에일을 만드는 경우, 과정 역시 —벨기에치고는— 그다지 복잡하지 않다. 브루어들은 대개 다단계 방식의 스텝 매시를 사용하고 대다수는 맥주에 설탕이나 곡물을 첨가한다. 곡류를 익히는 시리얼 쿠커cereal cooker를 본 적도 있는데, 스테인휘펄 지역의 팔름Palm 브루어리에서였다. 흔하지는 않지만 어느 정도 통용되는 기법이다—심지어 로덴바흐 같이 굉장히 전통적인 브루어리에서도 사용하는 방식으로, 곡물마다 세율이 다르던 시절부터 존재했다. 곡물의 효과는 설탕과 흡사하다—맥주를 보강하는 역할로, 바디를 가볍게 하고 알코올 도수를 높이며 마무리감에 청량한 느낌을 더한다.

벨기에의 브루어리들도 현대화되면서 점점 더 많은 곳에서 전 세계적으로 사용되고 있는, 원통에 원뿔을 붙인 형태인 실린드로코니컬cylindro-conical 발효통을 사용하고 있지만, 여전히 사각형 혹은 개방형 발효통을 고집하는 곳도 있다. 많은 장인들은 맥주가 발효되는 동안 온도가 상승하게 두되 하우스 효모종에 가장 적합한 수준 이상으로는 올라가지 않게 관리한다. 27℃ 또는 32℃까지도 올라갈 수 있는 이 온도 범위는 상당히 인상적이다. 이 온도에서 에일은 특유의 과일 및 향신료 풍미를 얻는다. 수많은 브루어리에서는 주발효 이후 며칠 혹은 몇 주에 걸쳐 맥주맛을 부드럽게 하기 위해 '라거링'을 한다.

거의 보편적이라 할 수 있는 마지막 단계인 병입 숙성은 여러 모로 벨기에 에일과 다른 곳의 에일들을 차별화하는 부분으로, '온실warm room'(약 16℃)에서 몇 주—통상적으로 4주—간 숙성 기간을 거친다. 벨기에 에일이 거치는 화학적 진화의 마지막 단계에 해당하며, 제2차 효모 배치가 나름의 특성을 더한 다음에야 맥주가 비로소 완성되는 것이다. 멀리 있는 미국 소비자에게는 이 역시 또 하나의 장점이다. 병입 숙성이야말로 맥주를 보관하는 최상의 방식이므로, 에일들이 미국에 도착할 때쯤이면 브루어가 의도했던 상태에 상당히 근접하기 때문이다.

> **시리얼 쿠커**
>
> 시리얼 쿠커는 마치 매시 턴의 남동생 같은 장치다. 실제로, 매시 턴과 비슷하게 작동하며, 쌀이나 옥수수 같은 몰팅하지 않은 곡물을 위한 장치라는 점만 다를 뿐이다. 곡물은 시리얼 쿠커 안에서 끓으면서 젤라틴화되어 적은 효소로도 변환 가능한 상태가 된다. 이렇게 준비된 곡물이 레귤러 매시에 첨가되면 보리 속 풍부한 효소의 도움을 받아 발효 가능한 당분으로 변환된다.

영국, 체코, 독일의 맥주들은 이런 면에서는 대체로 뒤지는 편이다.

진화

벨기에 에일은 늘 변화무쌍했고 지금도 꾸준히 변화하고 있다. 라거의 인기가 높아지면서 벨기에의 브루어들은 소규모이거나 전통적인 가족 소유 기업의 미래를 점차 회의적으로 바라보게 됐다. 이미 시장의 70%를 점유한 인베브나 하이네켄 같은 거대 기업이 흐림베르헌과 레프 같은 브랜드로 나머지 시장까지 호시탐탐 넘보고 있음을 알아차렸기 때문이다.

다 사실이다. 하지만 벨기에의 상황은 그리 나쁘지만은 않다. 가족이 운영하는 수십 년 혹은 수백 년 된 브루어리들이 아직도 수십 곳 남아 있고, 상당수의 크래프트 브루어리들은 전통적인 브루잉 방식을 고수하고 있다. 한편, 다른 나라들은 벨기에 에일에 반해버렸고, 수출 시장은 호황이다.

이런 전반적인 흐름은 크게 두 가지 효과가 있었다. 한편으로는 고가의 전통 에일의 판매를 뒷받침함으로써 가장 매력적인 브루어리 몇몇을 지켜내는 데 도움이 됐으며, 또 한편으로는 벨기에 외부에서 벨기에 스타일 에일의 생산을 폭증시켰다. 미국과 이탈리아가 이 흐름의 선두에 있으며, 스칸디나비아와 네덜란드도 바짝 그 뒤를 좇고 있다. 심지어 몇몇 영국 브루어리들도 벨기에 에일을 만들려 시도 중이다.

벨기에의 브루어리들은 이런 경쟁을 겁낼 필요가 없다. 다른 나라에서 만든 이 에일들은 벨기에 맥주에 도전장을 내민 것이 아니라 벨기에의 매력을 소개하고 시장 확대에 일조하고 있기 때문이다. 점점 더 많은 이들이 벨기에 에일이라는 놀라운 세계를 알아갈수록 이 시장은 계속 성장해나갈 것이다.

알아야 할 맥주들

뛰어난 벨기에 에일 목록을 짧게 작성하는 것보다 힘든 일이 또 있을까? 100가지 맥주 100종을 목록으로 작성한다 치면, 평균 정도의 맥주는 명함도 못 내밀 것이다. 우선 다음의 선택지들을 출발점으로 삼길 바란다. 이 맥주들을 알아가는 최고의 방법은 쌓아두고 맛보는 것이다. 긴 여정이 될지도 모르겠지만, 아마도 즐거울 것이다.

맥주를 즐기기에 브뤼허만큼 낭만적인 도시가 또 어디 있을까?

블론드 및 앰버 에일

MOORTGAT DUVEL
모르트핫 듀벨

원산지: 벨기에 브레인동크
몰트: 필스너
홉: 자츠, 스티리언 골딩
기타: 덱스트로스
8.5% ABV, 1.069 SP. GR., 32 IBU

세계에서 가장 아름다운 맥주를 하나 뽑으라고 한다면 나는 듀벨에 한 표를 던지겠다. 필스너 몰트를 잘 사용한 이 맥주는 튤립글라스에 따라 놓으면 황금빛으로 반짝이고, 거품방울들이 글라스 바닥에서부터 소용돌이쳐 올라가면서 근사한 기둥을 형성한다. 듀벨의 효모는 전설이다. 엄청나게 탄산이 생성되고 말도 안 되게 조밀한 헤드가 눈처럼 소복하게 쌓인다. 듀벨의 비밀은 그 균형감에 있다―크림처럼 부드러우면서도 피노 그리pinot gris* 같은 달콤한 풍미가 최전선으로 밀고 나오지만, 놀랍게도 후추 계통의 풍미와 여러 겹의 호핑 특성도 지니고 있다. 이 32 IBU의 에일은 좀더 묵직한 미국 페일 에일 파인트에서보다도 미끈한 글라스에서 더 빛을 발한다.

OMMEGANG BPA
오머갱 BPA (벨기에 스타일 페일 에일)

원산지: 미국 뉴욕 쿠퍼스타운
몰트: 필스너, 페일, 뮌헨, 벨전 아로마, 캐러멜
홉: 콜럼버스, 스티리언 골딩, 캐스케이드
6.2% ABV, 1.056 SP. GR., 21 IBU

오머갱은 1997년 창립 이래 정통 벨기에 스타일 에일을 재탄생시키는 데 주력해왔다(뿐만 아니라 브루어리까지 벨기에식 외관으로 재현해냈다). BPA는 거의 그대로 재현해냈다고 볼 수 있다. 효모의 특성과 정통 벨기에 에일의 복합성이 함께 느껴지지만 바디는 약간 더 무겁고 (무설탕) 후추향은 캐스케이드 홉의 꽃 아로마와 풍미에 확실히 압도되는 느낌이다. 정말이지, 벨기에 사람이라면 엄청나게 좋아할 만한 맥주다.

BRASSERIE DE LA SENNE TARAS BOULBA
브라스리 드 라 센 타라스 불바

원산지: 벨기에 브뤼셀
몰트: 비공개
홉: 비공개
4.5% ABV

듀벨이 실제보다 가볍다고 착각하게 만드는 쪽이라면, 타라스 불바는 정반대의 착각을 일으킨다. 이 정도 저도수에서는 나오기 힘든 대단한 걸작이다. 듀벨 못지않게 탄산

* 화이트 와인이 되는 포도 품종

이 매우 강하고 흰색의 헤드는 휘핑한 달걀흰자처럼 빽빽한 느낌으로 안정적이다. 그러나 두드러지는 것은 아로마로, 후추와 라벤더향이 짙고, 아몬드향이 크래커와 향신료를 받쳐주는 듯한 풍미가 예상치 못한 느낌을 선사한다. 마무리감은 세종처럼 아주 드라이하다.

HALVE MAAN BRUGSE ZOT
할버 만 브뤼흐서 조트

원산지: 벨기에 브뤼허
몰트: 비공개
홉: 비공개
기타: 양조용 설탕
6% ABV, 1.055 SP. GR., 26 IBU

세션 맥주의 불모지에 가까운 벨기에에서 브뤼흐서 조트는 반가운 이단아다. 가볍고 부드러운 맥주로, 반투명한 황금빛을 띠며 섬세한 꽃향과 야생화의 풍미가 느껴진다. 마무리감은 가벼운 시트러스 계열의 청량한 느낌이다.

BRASSERIE D'ACHOUFFE LA CHOUFFE
브라스리 다슈프 라 슈프

원산지: 벨기에 아슈프
몰트: 비공개
홉: 비공개
기타: 고수, 양조용 설탕
8% ABV, 1.065 SP. GR.

정원에 사는 난쟁이 요정 그림인 귀엽고 엉뚱한 마스코트로 유명한 라 슈프는 전문가들 사이에서 그 복합성으로 호평을 받는다. 부드러운 고도수 맥주의 대명사로서, 달콤함과 향신료—메이어 레몬과 오렌지, 고수와 라벤더—를 빼놓고는 논할 수 없으며, 힘을 과시하는 느낌은 전혀 없다.

VAN HONSEBROUCK KASTEEL BLOND
판 혼세브라우크 카스테일 블론트

원산지: 벨기에 잉헬뮌스터르
몰트: 비공개
홉: 비공개
7% ABV, 1.057 SP. GR., 20 IBU

재미있게도, 판 혼세브라우크에서는 이 맥주를 '저도수low-alcohol content'라 칭한다. 상대적인 용어(다른 카스테일 맥주 두 가지는 11%다)이기는 하지만, 어떤 맥주인지 대충 감이 잡힐 것이다—굉장히 섬세하고 가벼운 맥주다. 에스테르가 굉장히 풍부한 에일이라 에스테르 풍미를 테스트해 보기에도 좋다. 꿀과 사과, 바나나와 풍선껌 향이 느껴지고 셔벗 같은 풍미도 있다.

브라운 에일

KERKOM BINK BRUIN
케르콤 빙크 브라윈

원산지: 벨기에 신트트라위던
몰트: 비공개
홉: 비공개
5.5% ABV, 1.048 SP. GR., 35 IBU

브루어리 케르콤은 과거 시골 농가의 유령이 부

활한 것 같은 맛의 맥주를 만드는 데 일가견이 있다. 하지만 빙크 브라윈은 그런 맥주는 아니다―필터링을 거쳐 투명하고 깔끔한, 현대적으로 해석된 맥주다. 상당히 강한 호핑으로 코코아향과 플럼향은 스파이시하고 풀내음이 더해진 듯한 풍미를 지닌다. 비중이 낮은 맥주임에도 불구하고 맛이 풍성하며 정제된 드라이한 마무리감을 지닌다.

HET ANKER
GOUDEN CAROLUS CLASSIC
헷 앙커르 하우던 카롤뤼스 클래식

원산지: 벨기에 메헬런
몰트: 비공개
홉: 벨기에산
기타: 흑설탕
8.5% ABV, 1.074 SP. GR., 16 EBU

헷 앙커르의 뿌리는 고향인 메헬런의 위대한 전통이다. 심지어 하우던 카롤뤼스라는 이름도 오래전에 없어진 현지의 주화 이름에서 따온 것이다. 메헬런의 옛 맥주들처럼 하우던 카롤뤼스도 갈색이다. 비교적 고온에서 발효되어 진한 바나나빵 같은 향이 나며 매우 달콤한 과일맛이 난다. 가장 먼저 치고 나오는 풍부한 에스테르의 풍미 뒤에 알코올이 잘 감춰져 있다. 아페리티프 aperitif* 로 잘 어울리는 굉장히 달콤한 맥주다.

CARACOLE NOSTRADAMUS
카라콜 노스트라다뮈스

원산지: 벨기에 팔미뉼
몰트: 비공개
홉: 비공개
9.5% ABV

마지막 한 방울을 다 마실 때까지 엄청나게 풍성한 헤드가 그대로 남아 있다―이 정도 도수의 맥주에서는 놀라운 일이다. 처음 따를 때부터 마지막 한 모금을 마시는 순간까지 헤이즐넛과 캐러멜화된 설탕의 풍미가 가득하다. 카라콜

* 식욕을 돋워주는 식전주

은 이 같은 풍미를 내기 위해 직화 방식의 케틀을 사용하며 —이 방식을 사용하는 브루어리는 전 세계적으로 몇 남지 않았다— 놀랍게도 여전히 나무를 땔감으로 쓴다. 추운 계절에 잘 어울리는 진한 느낌의 맥주다.

호피 에일

VAN EECKE POPERINGS HOMMELBIER
판 에이커 포페링스 호멀비어르

원산지: 벨기에 바타우
몰트: 비공개
홉: 비공개
7.5% ABV

호멀비어르는 겉모습부터 농가풍이다—캐러멜이나 오렌지가 연상되는 빛깔에 약간 탁하다. 이 같은 첫인상은 그대로 들어맞아서, 세종이라고도 할 수 있을 정도다. 바디는 케이크 같고, 레몬, 야생화, 꿀의 풍미가 겹겹이 쌓인다. 알코올의 센 느낌을 완벽히 숨기고 있는 맥주이므로, 신나서 벌컥벌컥 들이켜면 곤란해진다.

DE RANKE XX BITTER
데 랑커 XX 비터르

원산지: 벨기에 베벨험
몰트: 필스너
홉: 브루어스 골드, 할러타우
6.2% ABV

호불호가 갈리는 맥주이지만, 교육적—호피한 벨기에 에일이 어떤 식으로 미국식 전통에서 벗어나 있는지 알려준다—이라는 데는 누구나 동의할 것이다. 미국식 브루잉에서 홉의 쓴맛은 대체로 풍부한 홉의 풍미와 아로마 그리고 적어도 어느 정도 완충 역할을 하는 몰트에 의해 보강된다. 반면, 데 랑커의 이 XX 비터르는 아주 희미한 잔여 당분의 느낌을 제외하면 거의 순전한 쓴맛만 지닌 맥주다. 엄청난 쓴맛 이외에도 굉장히 드라이하고 기포가 많아서 까끌거리는 느낌이 든다. 홉 폭탄 같은 북아메리카 맥주들에서 영감을 받아 탄생했으면서도 완벽한 플랑드르적 개성을 지닌 맥주다.

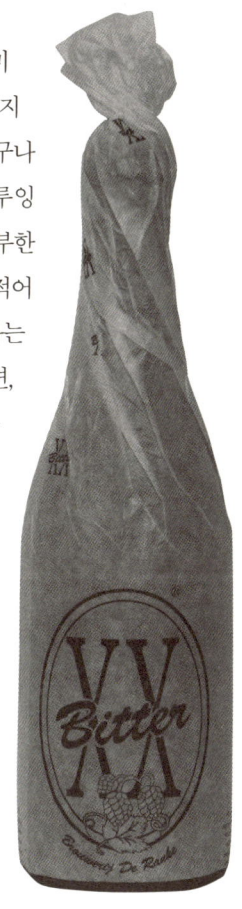

비에르 드 노엘 그리고 향신료 첨가 에일

ST-FEUILLIEN CUVÉE DE NOËL
생푀양 퀴베 드 노엘

원산지: 벨기에 르 뢰
몰트: 페일, 캐러멜, 로스팅한 몰트
홉: 비공개
기타: 향신료(비공개), 덱스트로스, 맥아당 시럽
8.5% ABV

퀴베 드 노엘은 생푀앵의 스파이시한 라인 가운데서도 가장 과하게 향신료를 첨가한 맥주지만, 그럼에도 불구하고 마치 은은하게 배합된 포푸리처럼, 다크 몰트에서 로스팅향을 끌어내고 있다. 여러 풍미들이 한데 합쳐져 초콜릿 같은 느낌을 내지만, 드라이한 마무리감 덕분에 물리지 않는다.

DE DOLLE BROUWERS STILLE NACHT
데 돌러 브라우어르스 스틸러 나흐트

원산지: 벨기에 에선
몰트: 페일
홉: 휫브레드 골딩
기타: 고형 캔디슈거
12% ABV, 1.092 SP. GR., 32 IBU

'고요한 밤'이라는 이름을 지닌 맥주로, 데 돌러 브라우어르스에서는 이 맥주를 크리스마스 시즌에 맞춰 출시한다. 스틸러 나흐트는 장시간 끓이는 과정에서 캐러멜화된 몰트 때문에 어두운 호박색을 띠고 기포가 많다. 효모는 이 묵직한 맥주에서 존재감을 마음껏 드러내는 느낌이며, 핵과류 계열의 과일향 및 시트러스향이 풍부하다. 브루어리에서는 이 맥주를 살짝 산성화시켜 완전히 드라이하게 만들어 보존한다. 숙성에 최적인 맥주다.

DUBUISSON SCALDIS (BUSH DE NOËL)
뒤뷔송 스캘디스 (부시 드 노엘)

원산지: 벨기에 피페
몰트: 비공개
홉: 비공개
기타: 양조용 설탕
12% ABV, 1.101 SP. GR., 25 EBU

처음으로 맛본 벨기에 에일 가운데 하나로, 기포가 톡톡 터지는 이 작은 병에 매료됐다. 그 안에서 벨기에식 브루잉의 세계를 발견했고 숨이 멎는 줄 알았다. 굉장히 농밀한 맥주로, 몰트에서 나오는 말린 과일 풍미가 가득하다. 알코올은 마치 럼 케이크처럼 몰트를 흡수하고, 마무리감은 루비 포트ruby port*처럼 달콤하다.

CORSENDONK CHRISTMAS ALE
코르센동크 크리스마스 에일

원산지: 벨기에 퓌르노드에 위치한 뒤 보크
몰트: 비공개
홉: 비공개
8.5% ABV

코르센동크의 결론은 크리스마스에는 누구나 원하는 것을 얻어야 한다는 것이다. 맥주에 적용시켜본다면 모두의 입맛을 만족시키는 맥주를 뜻하는 셈이다. 거품이 일고, 달콤하고, 스파이시하면서도, 겨울에 어울리는 독한 맥주 말이다. 한 병을 꺼내면 사람들은 점잖게 고개를 끄덕이며 말할 것이다. "벨기에 맥주군." 온갖 전형적인 특징들—맑은 느낌이면서도 기포가 거침없는 바디, 풍성하고 달콤한 과일 풍미, 약간의 계절별 향신료—을 지니고 있으니까.

---

* 포르투갈 포트와인의 일종으로 루비색을 띤다.

세종˚ 그리고 농가풍 벨기에 에일
SAISONS & RUSTIC BELGIAN ALES

Saisons and Rustic Belgian Ales.
농가풍 에일들은 맥주가 신선한 곡물과 두드러지는 홉 풍미, 새콤한 야생효모의 특성을 간직하고 있던 초기 브루잉 시대를 연상시킨다. 당시에는 노동자들의 갈증을 해소시켜주면서도 마음을 차분하게 하기보다는 기분전환을 시켜주는 가벼운 느낌의 에일이 필요했다. 여전히 이 에일들을 규정하는 특성들이다. 라이트할 수도 다크할 수도 있고, 알코올 도수가 낮을 수도 높을 수도 있고, 호피하거나 몰티할 수도 있지만, 예외없이 농장 직송이며 원기를 회복시켜준다는 특징이 있다. 세종과 농가풍 에일은 그 복합성과 드라이함 때문에 폭넓은 음식에 가장 잘 어울리는 맥주다. 조개류의 단맛을 끌어올리기도 하고, 연성 치즈의 크림 같은 느낌을 극대화하는가 하면, 강렬한 향신료의 풍미를 적절히 누그러뜨려주기까지 한다.

주요 수치

세종 ABV 범위: 5-8%, 쓴맛: 20-50 IBU
기타 농가풍 에일 ABV 범위 및 쓴맛: 유동적
서빙 온도: 7 - 13˚C
전용잔: 텀블러, 고블릿, 브루어리 전용 글라스

• 프랑스어로 '계절season'이라는 뜻으로, 프랑스어를 사용하는 벨기에 왈로니 지역에서 겨울 초입에 만들어 숙성시켰다가 농번기인 여름에 마시던 맥주여서 붙은 이름이다.

맥주는 농산물이지만, 일상적인 농장 운영과는 멀어진 지 오래다. 항상 그랬던 것은 아니다. 수세기 전, 유럽 전역의 농장들은 각자 나름의 소규모 브루어리들을 운영해왔다. 자기네 곡물—물론 보리를 뜻하지만 밀, 귀리, 스펠트, 메밀 등도 가능—로 맥주를 만들 수 있었다. 아마 각종 향신료, 꿀, 과일 등—손에 잡히는 것은 무엇이든—도 사용했을 것이다. 맥주가 공산품이 되면서 땅과 글라스 간의 연결고리는 끊어져버렸다. 사실, 현대의 거대 브루어리들은 화학공장으로 진화해가는 양상이다. 그곳에서는 분자 단위로 균일한 맥주를 통에 담아 내보내는 정밀한 과정 속에서 몰트와 홉이 혼합된다. (화학자들이 운영하는 경우도 많다)

농가풍 에일들은 그 옛날 에일과 비슷하다. 이들 에일과 산업적으로 생산된 라거의 차이는 농장에서 갓 짠 우유와 파스퇴르 살균된 탈지유의 차이와도 같다. 농장에 그대로 남아 있는 브루어리는 이제 거의 없지만, 농가풍 에일을 만들고자 하는 곳에서는 옛날에 농부 겸 브루어였던 이들의 방식대로 재료들을 사용한다. 세종은 농가풍 맥주의 원년 멤버인 셈이지만, 그 외에도 이 맥주에는 다양한 종류들이 있다. 유기농 브루잉이 부상하고 현지 재료의 중요성이 부각되고 전통적인 브루잉 방식이 다시 주목받게 되면서, 농가풍 에일들은 21세기 브루잉의 성공 사례 중 하나로 꼽히고 있다.

기원

대부분의 맥주 스타일에 관한 이야기는 곧 진화에 관한 이야기다. 원시적인 장비를 가지고 브루어들이 고군분투하던 초기 이래 맥주 스타일은 새로운 기술적 도약이 있을 때마다 단계적으로 발전을 거듭해왔다. 농가풍 에일들은 특히 보존에 관한 연구의 집약체라 할 수 있다. 당연히 농가풍일 수밖에 없었던 오리지널 세종과 컨트리 에일이 계속 그 상태로 머물러 있다가 1960년대 들어 거의 사라지다시피 했던 것은 태만과 고집 때문이었다. 오늘날 브루어리들은 정밀 조정된 기계들과 정제된 재료들을 가지고 노력해야 하고 한때 맥주를 규정했던 본질도 되짚어보아야만 한다.

기나긴 맥주 역사 전반에 걸쳐 브루잉은 보통 집안일에 속했다. 브루어리들은 농장 일의 연장선에 있었고, 맥주는 사람들이 노동을 생계로 전환하는 방식 중 하나일 뿐이었다. 이것이 서서히 바뀌기 시작한 첫 계기는 7, 8세기 수도

프랑스와 벨기에의 농가 에일이 갈라선 순간에 대하여

벨기에 서플랑드르 지역의 바타우에서 에노의 피페까지 차로 이동할 때면, E42를 타고 남쪽으로 조금 내려가는 순간부터 거의 내내 프랑스 땅을 지나게 된다. 구획되지 않은 유럽연합을 관통하다보면 그 경계가 모호하다. 일종의 과거로의 회귀. 현재 벨기에 국경 양쪽의 두 지역은 문화와 역사의 많은 부분을 공유하고 있기 때문이다.

맥주 역시 공통된 유산의 한 부분이며, 프랑스 브루어리의 최대 밀집지는 노르 파 드 칼레 지역에 있다. 세종을 만드는 벨기에 에노 바로 옆에 붙어 있는 곳이다. 프랑스의 이 지역은 농가 브루잉과 자기네만의 고유한 농가 스타일 맥주—비에르 드 가르드 bière de garde—로도 유명하다. 그러나 비에르 드 가르드는 세종처럼 농가 스타일 특유의 매력이 가득하면서도 정제되고 세련된 맥주다. 어떻게 된 일일까?

한마디로, 전쟁 때문이었다. 1900년대 초가 돼서야 비에르 드 가르드는 온통 벨기에 세종다운 용어들로 "일부러 산미를 띠게 만든 동시에 와인 같은 풍미도 있는" (1905년 R. E. 에번스의 글을 인용하자면) 통 숙성 맥주로 묘사되기 시작했다. 그러나 제1차 세계대전은 프랑스의 브루잉에 엄청난 타격을 입혔다. 전쟁통에 수많은 건물들 자체가 아예 파괴됐고, 브루잉은 중단됐으며, 인명 피해로 고객 기반은 25% 감소했다. 종전 후 복귀한 브루어리는 거의 없었고 다시 문을 연 곳도 산미가 있는 농가풍의, 전쟁 이전의 비에르 드 가르드는 만들지 않았다. 수많은 다른 나라들처럼 프랑스 역시 라거로 눈을 돌렸고, 살아남은 북부의 에일 브루어리들은 이 라거와 경쟁할 —부드럽고 무난하여 편하게 마시기 좋은— 맥주를 만들었다. 1970년대에 비에르 드 가르드가 다시 판매되기 시작했을 당시, 이 스타일은 바로 국경 너머의 세종보다는 보크 또는 스코틀랜드 에일과 더 닮아 있었다. 농가풍 에일과는 거리가 멀었고, 라거링을 통해 정제된 (그리고 간혹 라거 효모를 넣어 만든) 새틴처럼 결이 곱고 부드러운 맥주가 되어 있었다.

비에르 드 가르드와 세종은 통상적으로 '농가 에일'로 한데 묶이곤 하지만, 오해의 소지가 있다. 이들은 조상은 같지만, 이제는 전혀 다른 스타일이 됐다. 벨기에의 농가 에일들 역시 전쟁을 겪었지만, 그 계보가 완전히 끊긴 적은 단 한 번도 없다. 벨기에는 농가풍 에일맛을 잊지 않고 있었던 것이다.

원 브루어리들의 등장이었고, 그 이후로는 도시에서 이루어진 점진적인 브루잉 상업화도 한몫 했다. 상업 무역이 증가하고 맥주도 좀더 상품의 모습을 갖추게 되면서, 컨트리 브루잉은 쇠퇴의 길로 접어들었다. 산업혁명이 이를 가속화했고 컨트리 브루잉은 프랑스 북동부, 벨기에의 왈로니, 독일의 프랑켄의 몇몇 작은 지역에서만 명맥을 이어갔다.

브루잉은 제대로 기록된 직업이 아니었고, 전문적으로 이루어진 경우라 해도 마찬가지였다. 컨트리 브루잉에 대한 기록은 19세기 이전에는 거의 전무하다시피 해서, 당대 상업적 브루어리들을 통해 추론해볼 수 있는 내용 외에 농부들이 만들었던 맥주 형태, 제조 방식, 사용 재료 등은 전혀 알 길이 없다. 실질적인 최초 기록은 1800년대 중반 것이다. 당시 세종과 농가풍 에일은 농부들이 원시적인 장비—대형 농장의 경우 단독 소유, 소규모 농장은 공동 사용 설비—로 만들었다. 농부들이 봄과 가을에 만든 맥주는 겨울 내내 영양공급원이 되고 여름에는 갈증을 해소시켜주었다. 맥주를 만들고 남은 곡물 찌꺼기는 가축 사료로 재사용됐다.

맥주는 본래 농부가 쉽게 이용할 수 있는 재료들로 만들던 것이라, 대개 맥아 가루는 여러 종류의 곡물로 만들어졌다. 보리뿐 아니라 밀과 귀리도 굉장히 흔했다. 스펠트—리에주 세종의 핵심 재료—는 흔한 편이었고, 메밀도 간혹 볼 수 있는 재료였다. 농부들은 각자 자신이 가진 곡물을 몰팅한 탓에 일관성이 없고 조악하게 변형된 몰트가 만들어졌다. 조악한 몰팅 기법의 결과가 바로 그 '농가풍'의 특성이었는데, 톡 쏘는 듯 날카롭고 거칠기까지 한 맥주가 만들어지기도 했다. 몰트뿐 아니라 현지에서 생산된 홉 역시 '알싸하다'는 평을 받았고 발효 역시 편차가 컸다. 밀과 귀리를 첨가하면 그 거칠고 날카로운 요소들을 부드럽게 누그러지는 장점이 있었다.

온전한 그대로의 농가 에일farmhouse ale은 낭만적으로 보이기 쉽지만, 브루어들은 낡아서 삐걱거리는 녹슨 장비로 1년에 몇 차례만 맥주를 만드는 아마추어였고, 이렇게 만들어진 맥주는 대체로 질색할 만한 맛이었을 것이다. 향신료를 더하는 것은 그런 거친 느낌을 조정해보려는 조치 중 하나였다. 생강이 주가 됐고, 19세기 기록에 따르면 스타아니스, 세이지, 말린 후추 열매, 고수, 쿠민 등이 일반적으로 쓰였던 듯하다.

효모 특성은 예나 지금이나 농가 에일의 주된 요소다. 벨기에의 브루어들은 현대적인 맥아즙 냉각 기법을 가장 늦게 받아들였고, 20세기 들어서도 한참 동안 뜨거운 맥아즙을 평평한 팬 같은 통(개방형 냉각조)에서 하룻밤 동안 식혔다. 맥아즙이 냉각되면서 공기 중에 떠다니던 야생효모들이 그 표면에 자리 잡곤 했다. 브루어들은 아침에 효모를 넣었지만 그래도 문제는 발생했다—신맛이 돌게 만드는 미생물들이 이미 맥주에 들어간 상태였다. (람비크는 여전히 이 방식으로 만들어진다.) 모든 농가 에일들은 산미가 있었다. 브루잉된 시점으로부터 1-2주 안에 서빙되기 때문에 테이블 비어에 비하면 산미가 별로 두드러지지 않는다. 그러나 보관창고에서 몇 개월 또는 몇 년 숙성된, 좀더 알코올 도수가 높은 맥주는 람비크 같은 거친 산미를 띠었다.

1850년대에 루이 파스퇴르가 효모의 존재를 발견한 지 수십 년 만에, 초기 미생물학은 브루어리들이 효모종을 통제하여 상하지 않는 좀더 안정되고 일관된 품질의 맥주를 만드는 데 기여했다. 그로부터 수십 년이 채 지나기도 전에 영국에서 야생효모는 대부분 사라졌다. 그러나 벨기에의 브루어들은 길들여지지 않은 효모가 내는 맥주 풍미를 선호했고, 일부는 옛 품종을 재배하기도 했다. 그들은 대부분 (결국) 개방형 냉각조를 포기했지만, 완전히 길들여지지는 않은 하우스 효모를 계속 사용했다.

20세기에는 현대성이 농부 겸 브루어들을 집어삼켰다. 두 차례의 세계대전이 끝나고 남은 것은 거의 없었다. 시장에 전문화 바람이 불면서 어떤 농부들은 브루잉을 포기했고, 어떤 이들은 농사를 그만두고 브루어가 됐다. 1950년대 즈음, 대부분의 농가풍 스타일은 죽었거나 죽어가고 있었다.

19세기 농가 에일들은 모두 비교적 약한 편이었지만 제2차 세계대전 이후 브루어리들은 좀더 센 병맥주에 세종(이전까지는 왈로니 지역의 맥주 한 가지 타입에만 사용되던 용어) 라벨을 붙여 생산하기 시작했다. 이는 숙성된 농가 에일의 후손이었으나, 평판에는 차이가 있었다. 독일의 라거와 영국의 에일은 이미 벨기에 시장에 들어와 품질과 스트렝스의 흐름을 주도하고 있었다. 현대의 세종은 드라이하고 복합적이었으며, 벨기에의 프랑스어권에서 인기가 많았다. 품질 외에는 농장과는 아무 관련이 없었다—그리고 소비자의 관심을 끌기 위해 샴페인 스타일의 병을 사용했다.

이들의 시대는 그리 오래가지 않았다. 1970년대가 되자 구시대의 농가풍 벨기에 에일들—뢰번 밀 에일, 페이테르만이나 아위첫의 맥주들—은 모두 자취를 감췄다. 진정한 농가풍 에일의 살아 있는 계보는 뒤퐁Dupont이나 실리Silly 같은 소수의 브루어리에만 남아 있고, 그곳들에서조차 소수의 비주류 스타일이 된 지 오래다. 다행히 멸종은 되지 않았지만 말이다. 뒤퐁에 대한 외부의 관심은 1970년대와 80년대에 해당 스타일에 대한 새로운 관심을 불러일으켰고, 구식의 농가풍 에일을 부활시키는 데 전념하는 브루어리들이 왈로니 전역에서 여기저기 생겨나기 시작했다. 농가풍 에일들은 여전히 벨기에의 생태계 안에서는 비주류에 속하지만, 멸종 위기 목록에서는 제외됐으니 다행이다.

상세 설명 및 특성

농가풍 에일들은 일관된 특정 스타일로 브루잉된 적이 없었다. 농가 브루어리라는 매우 특정한 환경에 맞춰진 방식으로 만들어졌고, 당연히 농장마다 천차만별이었다. 현대의 농가풍 에일들은 그에 비하면 훨씬 더 일관성이 있고, 특히 세종은 상당히 명료한 윤곽을 지닌다. 어떻게 된 것일까? 브라스리 뒤퐁. 이처럼 단일 스타일과 동의어나 다름없고 특정 스타일의 존재를 이만큼 책임지고 있는 브루어리도 없을 것이다.

1980년대 중반까지만 해도 브라스리 뒤퐁은 마치 1880년대를 그대로 재현해놓은 듯 완벽하게 보존된 브루어리였다. 1759년 이래 농장을 운영해 오던 뒤퐁은 1986년까지 자체적으로 곡물을 몰팅했고 (브루어리가 새로 생겼던) 1844년 이전부터 사용해온 매시 턴을 사용했으며, 케틀을 직화로 가열했고, 최소 1920년대부터 효모를 사용했다. 마치 과거로의 시간 여행과도 같았을 것이다.

굳이 짚자면, 맥주는 훨씬 더 놀랍다. 벨기에 맥주 전문가인 팀 웹—말을 아끼는 성향의 사람이다—은 이렇게 말했다. "세계 최고의 맥주 같은 것은 없지만, 만일 있다고 가정한다면 아마도 그건 세종 뒤퐁일 겁니다." 세종 뒤퐁은 병에 든 기쁨 그 자체다. 소복이 쌓인 눈 같은 헤드의 거품방울들을 오렌지빛 맥주가 받쳐올리고 있다. 먼저 깊이 있는 허브향과 흙냄새 같은 특성이 코끝을 스치지만 기포가 터지는 표면에서는 여름과일향까지 뿜어나온다. 겉으로 드러난 느낌은 상쾌하고 무난해 보여서 이 맥주에 대해 '복잡하다'는 단어를 사용하기가 조금 조심스러울 수 있다. 그러나 잘 음미해보면 그 중심에는 (탄산 및 경수에서 나오는) 미네랄 특유의 느낌과 곡류 몰트 베이스의 캐러멜향, 스파이시한 호핑에서 오는 놀라운 깊이, 그리고 길게 여운이 남는 드라이한 마무리감이 있음을 알 수 있다. 세종은 한때 갈증 해소용으로 만들어졌던 맥주이니만큼, 이 측면에서라면 잘 만든 세종을 따를 맥주는 세상 어디에도 없을 것이다.

세종 구출 작전

세종 스타일은 1970년대쯤에는 거의 멸종되다시피 한 상태였다. 브라스리 드 실리와 뒤퐁에서 각각 한 종류씩 만들었다. 하지만 그중 어느 브루어리도 세종을 크게 중요하게 여기지는 않았다. 세종은 찾는 사람이 극히 소수였고 뒤퐁의 미래는 탄탄한 페일 에일인 무아네트에 달린 듯했다. 1970년대에 잃어버린 보물 같은 맥주를 찾아 벨기에를 뒤지고 다니던 작가 마이클 잭슨은 세종을 발견하고는 극찬했다. 영어권 소비자들이 처음으로 세종의 존재에 대해 알게 된 것이다. 마이클 잭슨은 미국 수입업자들이 이 무명의 소수한 스타일에 눈을 돌리게 만들었고, 다행히도 밴버그 앤드 드울프Vanberg & Dewulf의 돈 파인버그는 그의 말에 귀를 기울였다.

파인버그는 이렇게 회상한다. "내가 [뒤퐁에] 갔을 때, 거기서 그러더군요. 우리가 무아네트를 수입하면 좋겠다고. 그래서 내가 그랬죠, '훌륭한 맥주인 건 맞지만, 제가 정말 관심 있는 맥주는 세종 뒤퐁입니다.' 그러자 그 사람들은 자기네는 사실 세종 뒤퐁을 단종시킬 생각이었다는 겁니다. 당시 전체 매출의 2%까지 떨어졌다면서요." 파인버그는 뒤퐁에게 패키징에 변화를 주라고 권유했고 이후 미국 판매를 시작했다. 농가풍 에일을 좋아하는 이들에게는 결정적인 순간이었다.

미국으로(이후에는 다른 나라들로도)의 수출은 뒤퐁이라는 브랜드를 구했을 뿐 아니라 해당 맥주 스타일도 구한 셈이었다. 세종은 벨기에에서는 여전히 틈새에 있는 비주류 스타일이다—뒤퐁 내에서의 상황도 크게 달라지지는 않았다. 뒤퐁 소유 일가이자 브루어이기도 한 올리비에 드데케르는 내게 벨기에에서는 "브라스리 뒤퐁에 대해 말한다면 그건 무아네트를 말하는 겁니다. 벨기에 사람들은 대부분 세종 뒤퐁을 몰라요"라고 말하기도 했다. 세종 뒤퐁은 대표 맥주에 속한다고 볼 수 있지만 매출의 40%에 달하는 해외 수출에만 해당되는 이야기다.

브루잉 세계에서는 무척 놀라운 일화일 수 있다. 뒤퐁은 전설적인 브루어리가 됐으니 말이다. 미국 브루어들에게 가장 큰 영향을 준 곳 가운데 하나로 꼽을 만하다. 미국에서 세종은 희한한 비주류에서 벗어나 살짝 주류에 가까워진, 덜 희한한 스타일로 자리를 옮겨왔다. 그러나 벨기에서보다 미국에서 훨씬 더 많이 브루잉되는 맥주다. 혁신적인 음악으로 너바나와 REM 등 훨씬 더 대중적 성공을 거둔 밴드들에 영감을 불어넣었던 픽시스나 벨벳 언더그라운드와 마찬가지로, 소규모인 브라스리 뒤퐁보다 더 훌륭한 지위에 있는 브루어리는 동급에서 거의 찾아볼 수 없다.

왈로니에서는 세종이 급격히 늘어서, 블로지Blaugies, 팡톰Fantôme, 바푀르Vapeur, 르페브르Lefebvre, 장드랭장드르누유Jandrain-Jandrenouille, 에코신Ecaussinnes, 엘젤루아즈Ellezelloise, 가벼운 느낌의 카조Cazeau 등이 실리와 뒤퐁에 합류했다—그러나 여전히 벨기에서도 찾아보기 힘들다. 농가풍 에일들이 실제로 인기를 얻은 곳은 미국으로, 현재 뛰어난 농가풍 에일이 여럿 생산되고 있다.

당연히, 벨기에인들과 미국인들은 농가풍 에일에 대한 각자 나름의 견해가 있다. '농가풍rustic'이라는 단어는 라틴어에서 거의 그대로 가져온 것으로, 본래 시골을 의미한다. 벨기에에서는 이를 문자 그대로 받아들여 수많은 생산자들은 오래된 농가에 자리 잡고 있다. 간혹 예외가 있기는 하나 미국인들은 브루어리를 시골에 두는 대신 시골을 세종 속에 넣었다. 벨기에의 브루어리들은 홉의 특성은 줄이고 향신료를 강화하는 경향을 보인다. 야생효모로 실험을 계속해온 것은 두 나라 모두 마찬가지이지만, 미국의 브루어리들이 좀더 실험적이다.

대서양 중심으로 양쪽 지역 모두에서, 세종은 다른 맥주들과 구분되는 독특한 특성들이 있다. 이 모든 요소를 다 갖춘 세종은 드물지만, 어쨌든 목표는 그 모든 요소를 활용해 농가풍 유산을 드러내는 것이다.

• **흥미로운 곡물 특성** 밀 특유의 보드라움, 귀리의 실키함, 스펠트의 견과류 풍미 등을 의미할 수 있을 것이다. 이들 맥주는 본래 맥주를 만드는 데 적합하다고는 볼 수 없는 좀더 거친 곡물을 사용해 만들어졌다. 이 맥주들은 공장에서 찍어낸 흰 빵처럼 완벽하게 부드럽거나 정제된 맛이 나서는 안 되고, 수제 통밀빵처럼 어느 정도의 풍미와 질감이 살아 있어야 한다.

• **탁한 겉모습** 곡물이나 전분, 홉 성분 또는 효모에서 비롯되는 특성일 수 있다. 브루어리들이 만들어낸 완벽하게 투명한('맑은') 맥주는 소비자 입장에서는 오염이나 품질 문제가 완전히 없어졌다는 표시였다. 약간 탁한 겉모습은 필터링되기 전 단계 수제 에일이라는 느낌을 준다.

• **스파이시함** 실제 향신료들에서 비롯되는 풍미일 수도 있고, 홉이나 발효에서 비롯된 특성일 수도 있다. 실제 향신료가 사용된 경우라도 맥주맛을 압도해서는 안 된다. 농가풍 에일은 상쾌한 느낌이어야 하며, 허브가 들어간 달착지근한 스튜 같아서는 안 된다.

• **청량하고 상쾌한 드라이함** 농가풍 에일은 본래 농부의 세션 맥주였으므로, 굉장히 풍성하거나 무거운 맥주일 수는 없었다. 발포성, 미네랄 성분, 홉, 효모 특성 등은 중요한 구성 요소일 수 있다. 대부분의 세종은 저감도 높은 효모에서 비롯되는 와인 같은 가벼운 특성을 지닌다.

• **확연한 효모 특성** 농가풍 에일에서 없어서는 안 되는 가장 중요한 특성이다. '농가풍'은 길들여지지 않은 효모와 이 효모들이 만들어내는 거침없고 스파이시하며 과일향 가득한 화합물을 뜻하는 말로 받아들여질 수 있다.

그 밖의 다른 농가풍 에일들

세종은 벨기에의 유일한 농가풍 에일은 아니다. 농가에서 맥주를 만들던 시대를 지나 그 모습 그대로 살아남은 유일한 스타일이었지만 브루어리들은 더 오래된 전통들을 잊지 않았다. 농가풍 특성은 연속체 같아서, 공식적인 명칭으로는 세종이라 불리지 않는 수많은 맥주들과도 닿아 있다. 샤를루아와 시메 중간쯤에 위치한 브라스리 실랑리외Brasserie Silenrieux의 경우처럼 브루어리에서 나름의 흥미로운 특정 곡물을 사용할 수도 있다. 이곳의 창립자인 에리크 브도레는 메밀이나 스펠트 같은 구식 곡류에 매료됐고 이

프랑스 에스켈베크의 브라스리 티리에. 이 인상적인 모습의 작은 건물에서 다니엘 티리에가 자신의 이름을 걸고 농가풍 에일을 만들고 있다.

들을 이용해 맥주를 만드는 것이 가능하지 않을까 생각했다. 뢰번 대학 교수진과의 협업을 통해 브도레는 메밀 에일인 사라Sara와 향신료를 넣은 스펠트 윗비어인 조제프Joseph의 레시피를 만들어냈다. 사라는 다양한 풍미—담배, 커런트, 약한 산미—들의 예상치 못한 조합인 반면, 조제프는 레몬과 허브 풍미가 느껴진다. 농장에서 곧바로 온 맥주는 어떤 맛이 날 수 있는지 어렴풋이 알게 해주는 맥주들이다.

벨기에 동쪽 마스트리흐트에서 불과 40킬로미터 정도 떨어져 있는 브루어리 케르콤(병에는 '빙크Bink'로 표시돼 있다) 역시 옛 전통에서 많은 부분을 차용하는 브루어리다. 이곳의 맥주 5종은 모두 전통적인 방식으로 만들어지며 농가풍 느낌이 확연하다. 빙크 블루셈Bink Bloesem은 여름에 현지에서 나는 꿀과 배 시럽을 넣고 만든다. 현지 수도원의 이름을 따서 붙인 아델라르두스Adelardus는 들버드나무를 사용한다. 그러나 가장 흥미로운 맥주는 빙크 블론트Bink Blond로, 레시피는 상당히 단순하다(꿀, 배, 들버드나무 같은 건 들어가지 않는다). 이 맥주의 특성은 순수한 농가 스타일이라는 것이다. 탁한 호박색의 바디와 허브 계열의 호핑, 스파이시하고 산미를 띠는 효모 특성을 지닌 이 맥주는 역사서에 등장하는 19세기 맥주들을 연상시킨다.

주변을 살펴보게 되면, 여러 고블릿에 담긴 맥주에서 농가적인 느낌을 읽어낼 수 있을 것이다. 80년 이상 한결같은 방식으로 브루잉된 오르발은 홉 잎 전체와 브레타노미세스를 포함한 여러 종의 효모를 혼합해 사용한다. 보스테일스Bosteels의 트리펄 카르멜리엇Tripel Karmeliet은 농가풍이라 하기에는 난감하게 느껴질 요란한 맥주지만, 레시피를 보면 밀, 귀리, 각종 향신료를 넣어 만든 17세기 에일로 돌아간 느낌이다. 브라스리 카라콜에서는 장작불에 직화하여 농가풍 맥주를 만든다. 농가풍 특성은 수없이 다양한 방법을 통해 접근할 수 있기 때문에, 농가 에일의 세계는 우리가 흔히 세종이라 부르는 범주 너머로도 확장될 수 있다.

브루잉 노트

다른 대부분의 스타일보다도 세종과 농가풍 에일의 특성은 재료보다는 과정에서 비롯된다. 재료가 중요하지 않다는 이야기는 아니다—여러 곡물이 섞인 맥아 가루와 향신료는 해당 에일을

벨기에 브라스리 뒤뷔송에 있는 이 측정기로 알 수 있듯, 브루어리들은 단지 오래됐다는 이유로 장비를 교체하지는 않는다.

세종과 농가풍 에일의 특징을 규정하는 것은 주로 효모다. 드라이하고, 때로는 가벼운 산미를 띠기도 해 그야말로 상쾌함 그 자체 같은 특성을 지닌다. 똑같은 맥주는 없지만, 드라이한 윗비어가 상당히 비슷하고, 독일 프랑켄 지역 농가에서 만드는 필터링하지 않은 호피한 맥주 **켈러비어**도 비슷한 편이다. 비슷한 맥주들을 찾아내는 최상의 방법은 역시 시행착오인지도 모르겠다―농가풍 특성은 특정 스타일이라기보다는 분위기나 기분에 더 가깝다.

정의하는 데 어느 정도 일조한다. 그러나 브루어리들이 되살려낸 그 옛날의 풍미는 주로 재료보다는 만들어지는 방식에서 형성된다.

벨기에에서는 브루어리들이 직화식 케틀 등 오래된 장비를 구하기가 좀더 쉬웠다. 세종 뒤퐁의 경우 불길이 직접 닿는 소위 핫 스폿hot spot 덕에 맥아즙이 캐러멜화되고 특유의 오렌지색이 만들어지며, 가벼운 토피 풍미도 생긴다. 현대 미국의 브루어리들은 대개 직화 방식 대신 다크 계열의 곡물들을 사용하는 편이다. 이러면 대략 비슷한 색은 낼 수 있을지 모르지만, 여러 풍미들이 통합된다기보다는 층층이 쌓이는 느낌이다. 스페셜티 몰트들은 각자 나름의 풍미를 지니고 있고, 이는 직화로 인해 생기는 풍미와 같을 수가 없다. 마찬가지로, 벨기에의 물은 경수여서 맥주에 뻣뻣한 느낌을 더한다. 벨기에 이외 지역의 브루어리들 중에는 좀더 연한 느낌을 선호하는 곳도 있겠지만, 물을 바꿔 쓰는 브루어리도 있다. 뒤퐁을 모방하려는 곳이라면 특히 더하다.

매싱 기법은 상당히 표준화돼 있지만, 발효성을 극대화하고 바디를 가볍게 하고자 할 때 저온을 이용―성질이 까다로운 농가 효모를 쓰는 경우 중요―하기도 한다. 농가풍 에일 브루잉의 대표적 특징은 고온 발효다. 실제로, 벨기에의 어느 브루어리가 그 과정을 '고高 발효'라고 한다면, 이는 높은 온도를 의미한다―그리고 농가풍 효모 품종을 사용한다는 뜻이기도 하다. 고온 발효는 농가풍 맥주 특유의 에스테르와 페놀 화합물의 생성에 결정적인 역할을 한다. 미국의 브루어리들은 발효 중에 온도가 너무 높아지지 않도록 경계하는 경우가 많지만, 이는 탱크가 글리콜 냉각기glycol chiller*에 맞춰 제작되기 이전의 전통적 방식이다. 효모는 21-27℃(뒤퐁은 최대 38℃까지도 허용한다) 범위에서 온도를 조절할 수 있고 저온 발효는 개성이 두드러지지 않는 무난하고 부드러운 맥주를 만들어낸다.

그 밖에도 농가적 특성을 더하는 기법은 여러 가지가 있다. 오래된 농가의 브루어리들은 원통에 원뿔을 붙인 형태의 키 큰 발효통을 사용하지 않았다. 길쭉한 형태는 에스테르의 형성을 억제하며, 효모가 더 많은 특성을 발휘하려면 넓적한 발효통―특히 개방형―이 더 유리하기 때문이다. 또 하나의 기법은 여러 효모종을 사용하는 것으로, 에스테르와 페놀의 생성에도 일조한다. 병에 든 세종은 병입 숙성(특히 벨기에)으로 필터링을 거치지 않았다. 따라서 어느 정도 뿌연 느낌이 있고 경우에 따라서는 미묘하게 탁한 쪽에 가깝기도 하다. 이 같은 기법들은 모두 맥주의 풍미에 영향을 미친다. 병입 숙성 중에 병을 눕혀놓았다든가 하는, 얼핏 보기에는 사소

* 글리콜 성분의 부동액을 사용하는 냉각 시스템

한 요소도 확연한 영향을 미칠 수 있다.

레시피와 관련하여 법칙이 있다면 이루 말할 수 없이 좋은 농가풍 맥주를 만든다는 것 하나다. 스파이시한 풍미는 효모, 곡물, 홉, 혹은 실제 향신료에서 비롯되는 것일 수 있다. 팡톰의 다니 프리농은 각종 허브와 향신료를 세종에 첨가하는 것을 좋아하지만(흑후추를 사용한 것이 특히 절묘하다), 다른 세종 브루어들은 허브와 향신료를 기피하는 경향이 있다. 캘리포니아 오렌지카운티의 더 브루어리The Bruery에서 일하는 타일러 킹은 세종에 특별한 재료를 한 가지 넣는다—대부분의 사람들은 이 재료가 들어갔는지 눈치조차 못 챘다. "한 가지 근사한 사실은 세종 뤼Saison Rue 안에 스피어민트가 들어간다는 겁니다. 갓 만든 세종 뤼를 마시면 민트맛이 느껴질 거예요. 하지만 맥주가 숙성되면서 민트향은 사라지고 브레타노미세스가 존재감을 드러내기 시작하죠. 애초에 의도한 바는 아니었지만, 대개 맥주에서 민트맛이 나지 않는 시점에 판매가 이루어지게 됩니다. 복합적인 층위 하나를 더해주는 거죠. 어지간하면 그 존재 자체도 감지하지 못합니다." 홉, 곡물, 향신료, 효모는 모두 세종을 만드는 이의 도구함 속 도구들이다. 어떤 경우든 하나가 나머지 요소들을 압도하지 않는다.

진화

농가풍 에일들은 브루잉 역사상 절대 불가능할 것 같던 부활의 기쁨을 만끽하는 중이다. 1980년대만 해도 방치된 채 소멸해가던 이 농가풍 에일들은 벨기에의 맥주계에서 멸종돼버린 맥주들 무리에 어떻게든 합류했어야 했다. 이들은 현대의 브루어리들이 만들고 싶어하는 종류의 맥주들과 정반대다. 최고의 농가풍 에일들은 가장 펑키하고 가장 오래되고 혹은 가장 이상한 장비를 사용해 가장 까다로운 재료들을 넣어 반드시 일관성 없는 과정으로 만들어져야 하니까. 하지만 수십 년이 채 지나지 않은 지금 여기 우리는 미국 브루어리들이 일상적으로 세종을 만들어 선보이는 세계에 살고 있다. 실제로, 식료품점에서 독일산 보크보다는 벨기에산 세종을 찾기가 더 쉽다.

문법학자들은 '역성어back formation'*의 실수를 경고한다. 작가들이 어떤 한 단어를 줄여 쓰고는 좀더 정수에 가까운 간결한 뿌리로 돌아갔다고 여기는 경우다(가령, 'disgruntled'**라는 단어로부터 'gruntle'***을 만들어냈다). 맥주 스타일과 관련하여 미국인들이 보이는 경향도 바로 이와 같아서, 절반쯤 의미를 이해한 것을 가져다가 정통성을 '높인'답시고 슬쩍 손을 댄다 ('스코틀랜드 에일' 부분을 참고하자). 그러나 이들은 세종으로 설욕을 했던 것인지도 모르겠다. 수많은 미국 브루어리들에게 세종은 깊은 영감의 원천이자 애정 어린 눈으로 바라보는 대상이다. 세계 최고의 세종 몇 가지를 미국 브루어리에서 만들고 있을 뿐 아니라, 역사적으로 가장 정통한 세종 몇 가지도 미국 브루어리에서 만들고 있다.

* 기존 단어의 처음 또는 끝 부분을 없애거나 바꿔서 새로 만든 단어
** 불만스럽다는 의미의 형용사
*** 만족시킨다는 의미의 동사

"세종을 내놓을 겁니다."

2011년에 나는 미국의 크래프트 브루어리 창업 붐에 대해 기사를 쓴 적 있었다. 어쩌다 앨라배마 버밍햄의 애번데일 브루잉Avondale Brewing의 코비 레이크와 통화를 하게 됐다. 브루어리 개업이 굉장히 어려웠던 금주법 시대*가 지나간 이후 주 의회에서 통과시킨 규제 완화 법안은 아직 오픈 전이던 애번데일 사업을 좌우할 만했다. 당시 법 기준으로 시음실은 불법이었는데 이는 애번데일의 운명을 결정지을 수도 있는 요소였다. 레이크—목소리나 말투가 배우 월턴 고긴스(역시 버밍햄 출신)와 거의 똑같다—는 도박꾼 같은 태도로 위험에 대처하는 사람이다. 수화기 너머로는 브루어리에 새로운 바를 만드느라 공사하는 소리가 들렸다—당시만 해도 아직 합법이 아니었다. (훗날 해당 법안은 통과됐다.)

이 모든 것은 흥미진진했고, 맥주 이야기까지 가는 데는 조금 시간이 걸렸다. 레이크에게 어떤 맥주를 브루잉할 계획이냐고 물으면서 나는 앨라배마의 네번째 브루어리 —버드 컨트리 한구석에 박혀 있는— 주인이라면 페일이나 골든 에일이라는 답변을 내놓을 거라 예상했었다. 그런데 아니었다. 월턴 고긴스는 수화기 너머로 느릿느릿 이렇게 말했다. "세종을 내놓을 겁니다. 이름은 스프링 스트리트라고 할 거고요." 놀라웠다.

코비만 그런 게 아니었다. 노스 다코타의 두번째 브루어리인 에드윈턴Edwinton의 폴 넬슨과 이야기를 나눠봤는데, 이곳 역시 세종을 맨 앞에 내세우고 있었다. 텍사스, 네브래스카, 플로리다의 브루어리들은 현재 모두 세종을 만들고 있다. 맥주 세계에서 외딴 지역에 자리 잡고 있는 브루어리들이 대표 맥주를 세종으로 정하고 있다면, 더 이상 이 스타일은 무명이 아니라고 봐야 할 것이다.

* 1919년에 금주법이 비준되어 1933년에 폐지되기까지 술의 판매, 운송, 수출입이 전면 금지됐던 시기를 지칭한다. 이후 주별로 주류 관련 규제가 단계적으로 제각각 완화됐으나, 앨라배마 주에서는 비교적 더 천천히 규제 완화가 이뤄졌다.

가장 대표적인 예 중 하나는 뉴욕 기반의, 모르트핫 소유 오머갱 그리고 여기서 만드는 뛰어난 맥주 헤너핀Hennepin으로, 효모의 복합적인 특성이 살아 있는 이 맥주와 견줄 만한 라이벌은 뒤퐁뿐이다. 하나를 더 꼽자면, 두드러지는 효모의 특성뿐 아니라 옥수수와 밀에서 나오는 몰트의 농가적 느낌을 지닌 맥주, 불러바드의 탱크Tank 7 정도일 것이다. 이 맥주는 미주리 캔자스시티에 있는 브루어리 주변 작물들에 대한 존중의 표현이기도 하다. 졸리 펌프킨Jolly Pumpkin, 구스 아일랜드, 힐 팜스테드Hill Farmstead 역시 전부 세계적인 수준의 세종을 만든다.

하지만 미국이 정말 빛을 발한 대목은 세종을 야생효모의 진정한 농가적 뿌리로 다시 되돌려놓았다는 것이다. 두 브루어리가 단연 눈에 띈다. 더 브루어리는 여러 종의 벨기에식 맥주들을 만들고 있으며, 그중에는 브레타노미세스를 접종한 종류도 두 가지—세종 뤼와 세종 드 랑트Saison de Lente—도 포함돼 있다. 두 가지 모두 야생효모를 사용하여 드라이한 청량감에 균형을 더한다. 호밀을 넣어 만드는 세종 뤼의 경우 야생효모는 좀더 스파이시하고 새콤한 풍미를 만드는 효과를 낸다. 오리건 코밸리스의 브루어리 블록Block 15의 닉 아즈너는 숙성 및 미숙성 세종을 혼합하여 페름 드 라 빌 프로비지옹Ferme de la Ville Provision을 만드는데, 야생효모는 퀴닌 같은 드라이한 향만을 더해 몰트 및 주요 효모의 특성을 부각시킨다.

맥주가 천천히 미국의 고급 레스토랑 테이

와이스트 랩스의 창립자 데이브 로그즈던은 최근 오리건 후드리버 근처의 진짜 농가에 자기 소유의 농가식 브루어리를 개업했다.

블에서도 모습을 드러내기 시작하면서 세종은 이미 자연스러운 메뉴가 됐다. 세종의 드라이하고도 청량한 특성은 와인 소믈리에들에게도 인정받는 수준이며, 타고난 농가적 특성은 신선함과 단순함을 철칙으로 삼는 셰프가 농장과 식탁을 바로 연결하고자 하는 레스토랑과도 근사하게 어울린다. 세종은 다양한 음식에서 다양한 풍미를 이끌어내는 다재다능한 맥주다. 조개류의 단맛은 부각시켜주고, 신선한 녹색 채소의 쓴맛은 보완해준다. 또한 치즈와 가장 잘 어울리는 맥주 중 하나이기도 하다.

알아야 할 맥주들

특정 스타일의 맥주를 조사한다는 것은 대개 그 스타일을 규정하는 전형적 특징들을 찾는다는 뜻이다. 농가풍 에일이나 세종의 경우, 그 과정은 조금 난해하다. 농가풍 특성의 '정신'을 찾는 과정이기 때문이다. 이 에일들은 정해진 색이나 스트렝스가 없어서, 대신 재료나 국가적 전통이 아닌 산업 시대 이전의 방식들에서 비롯되는 다양한 특성들을 찾아야 한다. 하지만 겁낼 필요는 없다. 이 에일들 몇 가지를 골라 맛보고 나면, 여느 IPA의 홉 못지않게 그 농가풍 정신이 대체 어떤 것인지 바로 감이 잡힐 테니까.

SAISON DUPONT
세종 뒤퐁

원산지: 벨기에 투르프
몰트: 필스너
홉: 비공개
6.5% ABV

뒤퐁은 튀어나와 있는 코르크로 바로 알아볼 수 있다. 구슬처럼 솟아오르는 거품방울과 소복하게 눈처럼 쌓인 헤드를 밀어올리는 활기가 느껴진다. 색은 약간 흐릿한 황금빛과 오렌지빛의 중간 정도로, 키 큰 글라스나 텀블러에 담겨 있을 때 가장 근사하게 보인다—빛과 거품방울이 가장 돋보인다. 세종 뒤퐁은 계속 진화하는 맥주이며, 병입된 지 얼마 안 됐을수록 홉 특성이 두드러지며 특히 그 향이 강하다. 그리고 숙성

되어가면서 홉의 특성은 누그러지고 미네랄 성분의 상쾌하고 청량한 느낌이 두드러진다. 효모 특성은 증가하며 조금씩 달라진다. 시트러스 풍미가 가득 느껴지는 세종 뒤퐁들도 마셔봤지만 좀더 후추와 허브 풍미가 강한 것들도 있었다. 저녁식사에 자주 곁들일 만한 친근한 맥주로, 맛보는 순간 이 에일과 친해지고 싶을 것이다.

DUPONT AVRIL
뒤퐁 아브릴

원산지: 벨기에 투르프
몰트: 비공개
홉: 비공개
3.5% ABV

아브릴은 현재 만나볼 수 있는 몇 안 되는 농가풍 테이블 비어 중 하나다(소개된 지는 불과 몇 년 안 됐다). 대단히 잘 쓴 하이쿠처럼, 이 맥주는 비슷한 다른 맥주들에 비해 더 적은 종류의 재료를 사용했는데도 놀라우리만치 풍미가 가득하다. 탁하고 기포가 풍부하고 산뜻하며 스파이시하고 흙냄새 나는 홉을 충분히 넣어 호핑한 이 맥주는 봄날 아침처럼 상쾌하다.

KERKOM BINK BLOND
케르콤 빙크 블론트

원산지: 벨기에 케르콤-신트트라위던
몰트: 비공개 2종
홉: 챌린저, 이스트 켄트 골딩, 자츠
5.5% ABV, 1.050 SP. GR., 55 EBU

근사하지만 잘못된 이름이다. 이 맥주는 황금빛이 아니라 흐린 호박색이기 때문이다. 중성적 스파클링 에일을 기대했던 이들은 허브향과 로즈마리향을 뿜어내는 호핑의 농가풍 맥주를 마주하고 분명 깜짝 놀랄 것이다. 토피향과 살짝 페놀 느낌이 감도는 효모 풍미도 있다―전혀 중립적인 느낌이 아니다. 탄산이 강한 맥주로, 마시는 동안 적당한 헤드가 유지돼 코끝 아래 일렁이는 휘발성 홉 아로마를 즐기기에도 최고다.

JANDRAIN-JANDRENOUILLE IV
장드랭-장드르누유 IV

원산지: 벨기에 장드랭-장드르누유
몰트: 비공개
홉: 비공개
6.5% ABV

브뤼셀 남동쪽에 위치한, 생긴 지 얼마 안 된 어느 브루어리에서 나는 이 맥주를 처음 마시자마자 반했다―하지만 반 잔을 마시고 난 뒤에야 마음을 정할 수 있었다. 핵심은 리치였는데 향으로도 맛으로도 확연히 느껴진다. 리치의 풍미가 그야말로 엄청나고도 엄청나다. 아주 약간의 기포가 있는 흐릿한 꿀색의 맥주다. 호핑에서는 꽃향도 느껴지며, 무난하고 드라이한 맛에 약간 퀴닌과 레몬그라스 풍미가 감돈다. 하지만 이 드라이한 마무리감에서도 리치향이 진하게 감돌고 심지어 좀더 길게 여운으로 남는다.

BOULEVARD BREWING TANK 7
불러바드 브루잉 탱크 7

원산지: 미국 미주리 캔자스시티
몰트: 페일, 몰팅한 밀, 몰팅하지 않은 밀, 옥수수
홉: 애머릴로, 심코, 트래디션
8% ABV, 1.071 SP. GR., 38 IBU

불러바드의 브루어 스티븐 파울스는 벨기에에서 아버지가 운영하는 브루어리를 보며 자랐다. 불러바드에 합류하기 전에는 브루잉으로 유명한 도시 뢰번에서, 그다음에는 브뢰허에서 맥주를 만들었다. 맥주 만드는 일은 집안 내력이고, 세종은 그가 가장 좋아하는 맥주 스타일이다. 이 브루어리는 농가가 아니지만 그의 레시피는 캔자스시티 불러바드 인근 농장들에서도 인정받았다. 밀과 옥수수는 보드랍고 달콤한 몰트 베이스가 되어 마치 죽 한 그릇처럼 편안하고 친근하다. 하지만 아로마는 순수 세종 계열로, 살짝 곰팡내 나는 지하실 같은 느낌의 효모 특성을 지닌다. 발효 과정에서 생긴 백후추향 및 시트러스향은 가볍고 달콤한 곡류의 풍미와 완벽하게 어우러진다. 몇몇 세종들만큼 아주 드라이하지는 않으나, 깔끔하게 마무리된다.

OMMEGANG HENNEPIN
오머갱 헤너핀

원산지: 미국 뉴욕 쿠퍼스타운
몰트: 페일, 필스너, 옥수수
홉: 스티리언 골딩
기타: 고수, 오렌지 필, 생강, 그레인스 오브 파라다이스 grains of paradise*, 덱스트로스
7.7% ABV, 1.067 SP. GR., 24 IBU

브루어리 오머갱은 세종을 선보인 최초의 미국 브루어리들 중 하나로, 세종을 미국화시키려 들지 않았다. 향신료의 섬세한 활용이 특징적이며, 특히 생강의 풍미가 적당한 호핑과 어우러져 해당 IBU에서 흔히 예상되는 것보다 더 뻣뻣한 느낌의 쓴맛이 난다. 향신료 특성의 종료 지점과 효모 특성의 시작 지점은 정확히 짚어내기 어려우나, 서로 조화롭게 잘 어우러진다.

* 생강과 식물의 씨

BLOCK 15 FERME DE LA VILLE PROVISION
블록 15 페름 드 라 빌 프로비지옹

원산지: 미국 오리건 코밸리스
몰트: 필스너, 밀, 귀리, 호밀
홉: 골딩, 스털링
기타: 꿀
6.9% ABV, 1.049 SP. GR., 25 IBU

페름 드 라 빌은 세 가지 빈티지 맥주를 혼합해 만든다. 그중 두 가지는 12개월, 18개월짜리 배럴 숙성분으로, 최종 결과물의 15%씩을 차지한다. 나머지는 갓 만든 세종이다. 이 세 가지의 혼합으로 탄생하는 맥주는 그야말로 농가풍의 정석이라 할 만하다. 복합적인 곡물의 풍미가 가득하고 핵과류 특유의 새콤하고 상큼한 과일향이 있으며 마무리감은 드라이하고 청량감이 있다. 야생효모로 인해 산미가 생긴 맥주와 갓 만든 신선한 맥주를 혼합했기 때문에 적당히 균형이 느껴진다. 마치 살짝 새콤한 레모네이드 한 잔처럼 갈증을 풀어주는 청량감이 있다.

FANTÔME SAISON
팡톰 세종

원산지: 벨기에 수아
몰트: 비공개
홉: 비공개
기타: 비공개
8% ABV

팡톰의 세종은 과연 농가풍 에일답게 내가 처음 마셨던 20여 년 전부터 끊임없이 변화해왔다. 처음 마셔봤을 때는 가미된 흑후추 풍미가 느껴지고 톡 쏘는 페놀향으로 마무리되는 느낌이었는데, 이후 좀더 케이크와 시트러스 느낌의 풍미가 진해졌고 산미와 허브 풍미도 점점 강해졌다. 그러나 농가풍 느낌은 놓친 적이 없으며, 그 변화무쌍함은 매력을 배가시키는 요소이기도 하다.

BLAUGIES LA MONEUSE
블로지 라 모뇌즈

원산지: 벨기에 블로지
몰트: 비공개
홉: 비공개
기타: 과립형 설탕
8% ABV

21세기 세종은 대부분 굉장히 페일하며 밝은 오렌지빛—현대적 버전 농가 에일의 색—을 띠는 경향이 있다. 모뇌즈는 풍성한 느낌의 앰버로 초기 전통적 농가 에일이 떠오른다. 기포가 풍부한 맥주로 무스 형태의 헤드는 활발히 움직이는 거품방울들 덕분에 꺼지지 않는다. 거친 느낌이 살아 있으며, 발사믹에 가까운 풍미는 타닌 가득한 치커리향이 받쳐준다. 시중의 세종 가운

데 가장 드라이한 축에 속한다―가장 드라이한 맥주 스타일 중 하나라 해도 과언이 아니다.

GOOSE ISLAND SOFIE
구스 아일랜드 소피

원산지: 미국 일리노이 시카고
몰트: 페일, 필스너, 밀
홉: 애머릴로
기타: 오렌지 껍질을 넣고 와인 배럴에서 숙성
6.5% ABV, 20 IBU

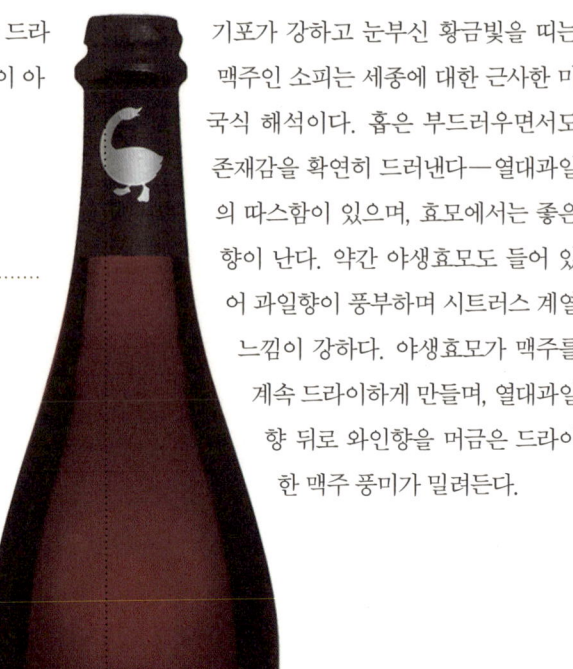

기포가 강하고 눈부신 황금빛을 띠는 맥주인 소피는 세종에 대한 근사한 미국식 해석이다. 홉은 부드러우면서도 존재감을 확연히 드러낸다―열대과일의 따스함이 있으며, 효모에서는 좋은 향이 난다. 약간 야생효모도 들어 있어 과일향이 풍부하며 시트러스 계열 느낌이 강하다. 야생효모가 맥주를 계속 드라이하게 만들며, 열대과일 향 뒤로 와인향을 머금은 드라이한 맥주 풍미가 밀려든다.

벨기에 투르프 Tourpes, Belgium

Brasserie Dupont
브라스리 뒤퐁

맥주는 바꾸지 않고 농가만 바꾸다

브라스리 뒤퐁 투어를 하다 보면 여러 가지 놀라운 점을 발견하게 된다. 직화식 케틀, 깜짝 놀랄 만한 발효 온도, 현지 주민들만 아는 농가풍 필스너 등이 그것이다. 하지만 가장 놀라웠던 것은 내가 떠날 때 즈음 올리비에 드데케르로부터 들은 이야기였다. 그의 가족이 운영하는 브루어리는 (2012년 기준) 매년 약 13,000 U.S.배럴의 맥주만 생산한다고 했다. 여기서 확실히 알 수 있는 것은 뒤퐁이 연간 총 4만 배럴 이상을 생산할 수 있는 수준으로 확장했으면서도 실제로는 여전히 작은 농가 브루어리처럼 운영되고 있다는 사실이다.

뒤퐁은 프랑스에서 14킬로미터쯤 떨어져 있는 에노 지방의 작은 농촌 마을 투르프에 자리 잡고 있다. 이 지역 농지는 마치 자잘한 조각들을 이어붙인 퀼트 같은 모습이다—반듯한 사각형은 하나도 없다. 투르프는 그 끝에 걸쳐 있는 지역이다. 자체가 농장이기도 한 뒤퐁은 미국이라는 나라보다도 나이가 스무 살 많지만, 소유주들이 브루잉을 하기 시작한 것은 '불과' 1844년의 일이었다. 1920년 루이 뒤퐁이 이 농장을 매입한 이래 이 가문 소유로 계속 남아 있다. 드데케르는 이 일가에 태어났다. "부모님은 여기서 500미터 떨어진 곳에 사셨고 할아버지는 여기 사셨으니, 우리는 늘 브루어리에서 지냈던 셈이에요. 휴가는 전부 이곳 브루어리에서 보냈죠." 그는 1990년 브루잉 엔지니어로 일을 시작했고 2002년에는 전설적인 브루어이자 그의 삼촌인 마르크 로지에로부터 브루어 일을 인계받았다.

놀랍게도 뒤퐁은 1980년대 중반을 지나서도 아무런 본질적인 변화를 꾀하지 않은 채 한 세기 전과 거의 동일한 방식으로 운영하면서도 살아남았다. 19세기에 농장들은 브루잉을 일상적인 활동에 편입시켰는데, 이는 모든 것이 현장에서 이루어진다는 의미였다. 뒤퐁의 경우 이는 지금까지도 유효해서, 자체 소유의 우물물을 사용하고 자체 생산 보리를 몰팅하며 19세기에 쓰던 장비를 그대로 사용하여 맥주를 만들고 있다. (한 가지 달라진 것이 있다면, 본래 있던 케틀을 독일군이 전쟁 물자로 가져가버려 1920년에 불가피하게 교체한 것뿐이다.)

로지에와 드데케르는 지난 30년에 걸쳐 아주 천천히 브루어리를 발전시키며 장비가 현대화되어도 맥주는 바뀌지 않을 방법을 모색해왔다. 1986년, 로지에는 몰팅이라는 고되고 위험한 과정(불은 계속 문제 요인이며, 다른 여러 브루어리들과 마찬가지로 뒤퐁도 화재를 겪은 적이 있다)을 그만두었고, 1844년부터 써왔

가스불을 붙이고 있다. 맥아즙을 캐러멜화하는 데 중요한 과정이다.

던 오래된 매시 턴을 2008년에 드디어 버리고 새것으로 교체했다. 로지에와 드데케르는 브루어리 업데이트를 하는 동안 농장의 기본 정신을 지키는 데 필요한 방법을 잘 알고 있었다. 브루어리에서 현대화하지 않기로 한 부분들도 물론 있었다. 뒤퐁은 여전히 브루어리 내에 있는 우물에서 곧바로 길어올린 경수를 사용한다. 미네랄 성분 덕에 이 맥주에는 특유의 뻣뻣한 느낌이 있으며, 드데케르는 이를 바꿀 이유가 전혀 없다고 생각했다. 그는 직화 케틀을 아주 선호하는 사람이기도 해서, 내가 방문했을 당시에는 시동이 걸리는 순간을 직접 보고 들을 수 있게 스위치를 올려주기도 했다. 불길이 케틀 바닥을 집중적으로 가열하여 맥아즙을 캐러멜화한다. 덕분에 전부 필스너 몰트로 된 맥아 가루를 쓰면서도 세종 뒤퐁 특유의 꿀색을 얻을 수 있다.

발효실에서는 뒤퐁의 남다른 효모가 널찍한 사각형 발효통에서 맥아당을 먹어치운다. 이는 드데케르가 가장 애지중지하는 부분처럼 보인다. 효모는 뒤퐁만이 지닌 개성의 핵심으로, 브루어리에서는 효모의 활동 방식에 굉장히 주의를 기울여 관리한다. 뒤퐁의 효모는 아마도 세계에서 가장 유명한 효모일 테고, 많은 이들이 익히 그 명성을 들어왔다. 발효가 이루어지는 동안 효모는 활성화되면서 열을 발생시킨다. 지구상의 거의 모든 브루어리는 이 온도가 올라가는 것을 억제한다. 거의가 그렇다. 그런데 드데케르는 효모가 원하는 만큼 얼마든지 뜨거워지게 둔다. 여느 다른 효모라면 마치 가솔린 같은 맛을 낼 법한 지점을 훌쩍 넘긴 온도다. 하지만 어쨌거나 뒤퐁의 효모는 사람의 체온 같은 미지근한 온도에 적응돼 있다—그리고 실제로 이런 온도가 아니면 효모는 이 맥주 특유의 스파이시하고 흙냄새가 나는 풍미를 만들어내지 못한다. 내가 그곳을 방문했을 때, 전자 모니터는 무난한 22°C 정도에서 무려 35.3°C에 이르기까지 다양한 단계의 발효통을 보여주고 있었다. 하지만 겁먹을 필요는 없다. 간혹 열이 오른 효모들이 38.9°C를 넘는 흔치 않은 경우가 생기면 드데케르가 나서서 이 대책없는 술꾼들을 제지한다.

뒤퐁 효모의 신비는 수십 년간 브루어들을 사로잡아왔다. 일각에서 추정하듯 정말 이 효모가 레드 와인으로부터 배양되었냐는 질문에 드데케르는 씩 웃으며 답했다. "그럴 수도 있죠." 그 비밀과 효모 둘 다를 지키는 또 한 사람은 바로 연구실에서 효모를 재배하는 드데케르의 아내—미생물학 박사—다. 이 브루어리에서는 새로 배양을 시작하기 전 150-200세대에 걸

사각 형태의 발효통은 효모를 기반으로 하는 뒤퐁의 맥주 생산 방식의 또 하나의 요소다.

발효통 내부 온도(왼쪽에서 오른쪽으로 각각 21.1℃, 34.1℃, 35.3℃)를 보여준다.

쳐 효모를 재투입하는 일이 가능하다(일부 브루어리에서는 단 몇 세대 동안만 효모를 재사용한다).

대개는 별로 중요하게 여기지 않는 병입 라인 역시 뜻밖에 이 브루어리에서는 눈여겨볼 만한 부분이다. 일단 병입된 맥주는 따뜻한 방에서 6-8주간 눕혀 보관하여 병입 숙성 과정을 마무리한다. 문제는 병입 라인 이다—병입 직후 맥주병은 똑바로 선 상태가 되기 때문이다. 이렇게 한다고 해서 결과물에 별 차이가 생길 것 같지는 않지만, 그렇지 않다. 관련 현상을 심층 연구해온 뒤퐁에 따르면 숙성을 세운 상태로 하는가 혹은 눕힌 상태로 하는가에 따라 맥주가 달라진다. 세워두면 "전혀 다른 맥주가 나옵니다. 사소한 것 같지만, 맛에 굉장히 큰 영향을 미칩니다."

과거 수년간의 해법은 종업원들이 병들을 일일이 수거해서 상자에 눕혀 넣어두는 것이었다. 그러나 내가 방문했던 시점으로부터 한 달 뒤 뒤퐁은 새로운 장비—사람을 대신해 해당 과정을 마무리하는 로봇—를 설치했다. 드데케르는 말했다. "이 로봇을 사기까지 오래 기다려야 했답니다." 이 말이야말로 뒤퐁의 진화에 대한 이상하면서도 완벽한 은유였다. 새로운 장비와 기법을 이용해 가장 오래된 브루잉 전통들을 보존하는 것 말이다.

뒤퐁의 하우스 치즈가 빠진 맥주 샘플은 허전하다.

세종 그리고 농가풍 벨기에 에일 311

프랑스 에일
FRENCH ALES

French Ales. 가장 유명한 프랑스 맥주 스타일은 비에르 드 가르드로, 부드러운 몰트의 질감이 부각되도록 라거링한 깔끔한 에일이다. 지난 수십 년간 크래프트 브루어리 운동이 프랑스 전역을 휩쓸면서 프랑스의 자생적인 철학은 새로운 맥주들—햇살 가득한 봄 에일, 훈훈한 느낌의 겨울 에일 그리고 엄청나게 다양한, 때로는 향신료를 첨가한 농가풍 컨트리 에일들—에도 영감을 선사한다. 아티저널 퀴진artisanal cuisine* 의 전통에 기반을 둔 이 맥주들은 섬세하고 복합적이다—현지의 곡물, 허브, 향신료들이 정제돼 있으면서도 퇴폐적인 느낌으로 바뀔 수 있음을 보여주는 또 하나의 사례다. 물론 음식과도 섬세한 조화를 이룬다.

주요 수치

비에르 드 가르드
ABV 범위: 6-8%
쓴맛: 20-35 IBU

향신료를 첨가한 컨트리 에일 ABV 범위: 4.5-7%
쓴맛: 15-25 IBU

봄 에일(3월 맥주, 비에르 드 프랭탕) ABV 범위: 4-6%
쓴맛: 15-25 IBU

겨울/크리스마스 에일(비에르 디베르, 비에르 드 노엘) ABV 범위: 7-9%
쓴맛: 20-40 IBU

서빙 온도: 3-7°C

전용잔: 튤립, 고블릿, 또는 브루어리 전용 글라스

* 장인이 만드는 요리라는 뜻으로, 보통 현지의 재료를 이용해 직접 손으로 만드는 영양이 풍부한 건강식을 일컫는다.

프랑스의 브루어들은 참 딱하다. 전설적인 와인의 나라에서 피땀 흘려 맥주를 만들고 있으니 말이다. 국경 두 곳만 넘으면 동료들이 전 세계적으로 사랑받는 유명한 맥주를 만들고 있지만, 정작 자신의 노고는 자국에서 별다른 관심도 받지 못하는 것이 보통이니까. 맥주 전문가들 사이에서도 프랑스는 각주 같은 존재다―그저 비주류 스타일인 비에르 드 가르드의 고향 정도일 뿐이다.

맥주 애호가들도 참 딱하기는 마찬가지다. 자신도 모르는 사이에 프랑스―오늘날 맥주 세계에서 가장 활기 넘치는 중심지―를 못 보고 지나치고 있으니 말이다. 프랑스는 이웃 벨기에의 두 배나 되는 브루어리 수를 자랑하며, 비에르 드 가르드―단지 하나의 비주류 스타일이 아니라 나름의 풍부한 역사와 프랑스적 세련의 과정을 거친 맥주―말고도 엄청나게 다양한 맥주를 선보이고 있다. 프랑스의 브루어리들은 지역별 예상이나 기대에 연연하지 않고 상당히 흥미로운 맥주들을 묵묵히 만들어낸다. 그중에는 각종 향신료, 밀, 꿀―브루어리의 상상력을 자극하는 것은 무엇이든지―을 넣어 만든 것들도 여럿 있다. 프랑스의 미식가 정신이 이처럼 맛있는 맥주들에도 생기를 불어넣는 듯하다. 방대한 맥주 스타일이 수록된 카탈로그에서 각주 이상의 대우를 받을 만하다.

기원

프랑스와 벨기에는 브루잉에서 비슷한 역사적 유산을 상당 부분 공유했다. 브루잉 스타일 면에서 끓이는 시간이 굉장히 길고 저감도가 낮으며 통상적으로 밀을 사용하고 개방형 냉각조에서 냉각시키는 등 한가족으로 묶일 만한 비슷한 점들이 많았다. 영국이나 독일의 전통과는 구분되는 부분들이다. 그러나 기본적인 부분들 이외에도 브루잉은 지역 기반의 기술이었고 맥주 스타일은 동네마다 각양각색이었다. 만일 19세기에 마스트리흐트로부터 서쪽으로 여행을 하고자 했다면, 아마 뢰번, 메헬런, 벨기에의 플랑드르 지역을 관통하여 지그재그로 움직이며 각 도시마다 제각각 다른 맥주 스타일을 만나볼 수 있었을 것이다. 현재의 국경을 넘으면 릴과 파리에서 서로 다른 스타일들을 계속 만나게 된다. 네덜란드와 프랑스 릴 사이 240킬로미터에 이르는 길을 가는 동안 당신은 다크 스펠트 맥주, 숙성 보리 맥주, 밝은색의 밀맥주, 케틀 직화 브라운 에일로 이어지는 길을 따라 질주하게 될 것이다.

벨기에의 브루어 조르주 라캉브르에게는 1840년대에 프랑스에 가서 만난 맥주들이 고

곳이었다. 와인 같은 산미를 품은 맥주들이 이곳 전역에서 유명했다. 리옹은 또 하나의 앰버를 만들었는데, 저감도가 아주 낮고 릴의 좀더 센 맥주들과 비슷하지만 "약간 더 풍성한" 맥주였다. 또한 프랑스 및 독일 제국과 상호 교역 관계였던 스트라스부르는 굉장히 흥미로운 맥주를 만들었으니, 현재는 단종되고 없는 스타일처럼 들리는 폴란드의 그로지스키에Grodziskie다. 훈제 몰트로 만들고, 고도수로 브루잉되며 최대 2년까지 숙성시키기 위해 "홉을 많이 넣어 상당히 쓴맛이 강한" 맥주였다. 라캉브르 이후 불과 몇 년 뒤 글을 썼던 프랑스의 과학자 루이 피기에도 이 벨기에 브루어가 꼽은 주요 브루잉 도시 순위에 동의했지만, 마르세유 그리고 스트라스부르 서쪽에 있는 탕통빌을 목록에 추가했다.

20세기 들어서는 프랑스 에일의 대중성이 예전 같지 않게 되었다. 상승세에 있던 라거가 이미 시장의 4분의 1을 차지했고, 릴은 여전히 프랑스 브루잉의 중심지였지만 전통적인 에일들의 아성은 무너진 상태였다. 영국의 양조학자

국의 수많은 맥주들보다도 더 깊은 인상을 남겼다. 기포가 강한 프랑스 에일을 칭송하며 그는 헤드가 금세 꺼져버리는 샴페인과 견주어도 손색이 없다고까지 했다. 파리에서는 주로 스트롱 다크 에일을 만들었지만 그는 새로 뜨기 시작한 스타일인 비에르 블랑슈 드 파리bière blanche de Paris가 상당히 인상적이었다고 언급했다. 고수와 딱총나무꽃을 넣어 만든 이 맥주는 "가장 유명한 화이트 맥주 중 하나로 언급될 자격이 있는", 여름에 완벽하게 어울리는 에일이었다.

라캉브르는 릴, 리옹, 스트라스부르, 이렇게 세 도시를 프랑스의 주요 브루잉 도시로 꼽았다. 릴은 프랑스에서 가장 유명한 도시로, 라캉브르가 벨기에 플랑드르 지역의 앰버 아위첫에 견줄 만하다고 본 일단의 스타일들을 만드는

아블랭 생 나제르의 노트르담 드 로레트 바실리카는 이 지역에 있는 수많은 1차대전 기념관 중 하나다.

잠깐, 그 브루어리 이름이 뭐라고요?

프랑스 맥주는 누가 만든 것인지 알아내기가 의외로 쉽지 않다. 이런저런 이유로 아무도 모르는 듯 보이는 데다, 현지 관습상 맥주는 보통 해당 브루어리 이름과는 별개인 자체 브랜드가 있기 때문이다. 슈티는 브루어리 이름이 아니고 카스틀랭이 바로 브루어리다. 슈티 블롱드Ch'ti Blonde, 브륀, 트리펄도 보겠지만, 카스틀랭 맥주에는 생타망도 있다. 물론, 아주 모호하게 말하자면, 모든 브루어리가 이런 것은 아니다―라 슐레트와 티리에 맥주는 라 슐레트와 티리에에서 만든다. 다음은 주요 브루어리와 거기서 생산되는 브랜드 목록이다.

브루어리	브랜드
카스틀랭Castelain	슈티Ch'ti, 생타망St. Amand
뒤크Duyck	장랭Jenlain
게양Gayant	생랑들랭St. Landelin
잔 다르크Jeanne d'Arc	그랭 도르주Grain d'Orge, 벨제뷔트Belzebuth
생제르맹St. Germain	파주 뱅카트르Page 24
생실베스트르St. Sylvestre	트루아 몽3 Monts, 가브로슈Gavroche
테이예Theillier	라 바베지엔La Bavaisienne

R. E. 에번스는 1905년 프랑스를 방문한 뒤 영국의 양조 교육 기관인 브루잉 연구소Institute of Brewing에 이렇게 보고했다. "5년 전, 소비되는 맥주의 약 50%는 프랑스 에일류였지만, 이제 그 소비량은 20%를 넘지 않을 것으로 보인다." 그로부터 10년이 채 지나지 않아 발발한 제1차 세계대전은 곳곳의 브루어리들을 초토화시켰다. 프랑스 에일이 가장 흔했던 노르 파 드 칼레 지역은 유독 피해가 컸다.

제2차 세계대전이 끝날 때 즈음, 프랑스의 브루잉은 에번스가 보고했던 당시에 비해 이미 90% 감소한 상태였고, 결국 20여 곳의 브루어리만 남고 말았다. 옛 스타일들은 대부분 사라져버렸다. 브루잉을 지속해온 곳은 저도수 라거 브루잉의 형태를 택했다. 부담없이 마실 만한 상쾌한 느낌의 맥주를 원하는 산업 노동자들의 입맛에 맞춘 결과였다. 에일도 여전히 만들어지고는 있었지만 대체로 기록도 남지 않을 정도로 시장에서 아주 적은 부분을 차지할 뿐이었다.

1970년대 말, 에일이 다시 등장할 당시 릴의 학생들 사이에서는 브루어리 뒤크에서 만든 장랭 비에르 드 가르드라는 희한한 복고풍 맥주가 인기를 끌었다. 1945년경 처음 만들어진 이 맥주는 당시의 희귀한 괴짜 에일들 중 하나였지만, 전쟁 이전의 비에르 드 가르드와는 전혀 달랐다. 사실, 장랭은 제1차 세계대전 이전 에일을 대체하기 시작했던 보크와 훨씬 더 비슷했다. 도수가 높고 굉장히 부드럽고 몰티했으며 라거링을 거친 맥주였다. 홉은 최소한도의 역할을 담당했고, 벨기에의 세종들과는 달리 효모 특성은 거의 없다시피 했다.

1970년대 말 장랭의 인기는 현대 비에르 드 가르드의 본보기가 됐으며, 라 슐레트, 카스틀랭, 생실베스트르 같은 브루어리들에서 비슷한 버전의 맥주들을 만들기 시작했다. 하지만 이 맥주들의 성공은 대단한 수준은 아니어서 당장 브루잉의 부흥으로 이어지지는 못했다. 1990년대만 하더라도 여전히 문을 닫는 브루어리들이 많았고 프랑스 맥주의 미래는 위기에 처한 상태였다. 하지만 그 뒤 크래프트 브루잉이라는 전 세계적 흐름이 마침내 프랑스에도 당도하여 불과 10년이 채 지나기도 전에 신생 브루어리들이 폭발적으로 생겨났다. 현재 브루어리 수는 250개가 넘으며, 이들은 전통적인 비에르 드 가르드와 세종에서부터 잉글랜드 캐스크 에일에 이르기까지 온갖 다양한 맥주를 만들고 있다. 시장은 실험적인 단계에 와 있고, 브루어리들은 소비자들보다 앞서나가는 중이다. 어떤 실험이 호응을 얻고 어떤 실험이 실패할지는 알 수 없다. 프랑스는 지금 변혁의 시기를 맞았고, 10-20년 내로 진정한 프랑스 맥주가 무엇인지 좀더 명확해질 것이다.

상세 설명 및 특성

프랑스 맥주라고 하면, 외국인들은 몇몇 브루어리가 프랑스의 특정한 작은 지역에서 브루잉하여 수출하는 단일 스타일에 국한시켜 생각한다. 아, 그저 선발대라 익숙한 것뿐인데 말이다. 북

카스틀랭의 매시 턴에서 나온 증기가 가득하다.

부 노르 파 드 칼레의 브루어리들은 팔릴 만한 에일 스타일을 처음으로 찾아냈고, 비에르 드 가르드의 입지를 굳히는 데 성공함으로써 프랑스를 다시 맥주 지도 위로 되돌려놓을 수 있었다. 확실히 그런 명성을 누릴 만한 스타일이기는 하다―다른 곳에서는 찾아보기 힘든 프랑스식 브루잉을 정통으로 표현해낸 맥주다.

비에르 드 가르드

프랑스식 브루잉에서 북극성처럼 빛나는 맥주는 여전히 비에르 드 가르드다. 프랑스의 최대 에일 생산자라면 모두 이 스타일을 만들고 있고, 이제 해외 맥주 시장에서는 프랑스의 홍보대사가 됐다. 그 유명세나 상업적 성공 덕분에 비에르 드 가르드라는 스타일은 점점 더 윤곽이 명확해졌다. 브루어들은 심지어 비에르 드 가르드를 보호하기 위해 특수한 카테고리(아펠라시옹 도 리진 콩트롤레appellation d'origine contrôlée, 보통 와인이나 치즈에 사용되는 원산지 통제 명칭과 유사한 개념이다)를 지정하려고도 했지만 생산 방법의 차이를 좁힐 수 없었다. 그러나 스타일

> "물론 제가 처음 영향을 받은 것은 지역의 비에르 드 가르드입니다. 70년대에 저는 십대였는데 7%짜리 장랭 앰버 에일은 마치 신의 계시 같아서 눈이 번쩍 뜨이더군요. 스텔라 아르투아 라거나 우리 부모 세대가 목마르면 마시곤 했던 다른 브랜드들보다 훨씬 더 맛과 개성이 진했으니까요. 라 슐레트, 바베지엔[테이예], 또는 이후에 나온 트루아 몽[생실베스트르] 같은 비슷한 다른 맥주들 역시 상당히 좋은 평가를 받았습니다. 1996년에 전문적으로 브루잉을 시작했을 당시 저는 그저 제가 마시고 (남으면 팔고) 싶은 맥주를 만들겠다고 결심했었죠."
>
> —브라스리 티리에의 다니엘 티리에

비에르 드 가르드는 어떤 색이든 될 수 있다. 전통적으로는 밝은 호박색(프랑스어로는 앙브레ambrée)이었지만, 황금색이나 갈색(브륀brune)도 흔히 볼 수 있다. 아로마와 풍미는 몰트에 달려 있다. 황금색 비에르 드 가르드는 가장 몰트 특성이 적고 빵이나 크래커 향이 살짝 나며, 호박색은 좀더 토스티하거나 캐러멜향이 나고, 갈색은 검붉은 과일이나 토피, 빵의 풍미가 있다. 홉의 특성은 거의 느껴지지 않을 정도로 아주 약하다—이는 다년간 지속돼온 전통이다. 비에르 드 가르드를 IPA와 혼동할 사람은 아무도 없을 테지만, 홉 사용량은 최근 증가 추세에 있다. 파주 뱅카트르 레제르브 일드가르드Page

의 관점에서 보면 상당한 일관성이 존재한다.

이 스타일의 정수는 마치 벨벳 같은 정제된 느낌에 있다. 재료보다는 방법을 통해 얻을 수 있는 질적 특성이다. 비에르 드 가르드의 핵심은 몰트와 알코올 도수다. 달콤한 쪽에 속하기는 하나, 절대 질리지 않는 맛이다. 숙성 탱크에서 섬세하게 관리되는 덕분이다. 관용어구가 되다시피 한 '드 가르드+'는 맥주를 보관 또는 숙성하는 방식을 지칭한다. 20세기 전에는 산미의 원인이 되는 맥주 속 효모와 박테리아가 배럴 안에서 잘 익는 데는 시간이 필요했다. 이 스타일은 엄청난 변화를 거듭해왔지만, 여전히 이름에 잘 부합한다. 지난 수십 년간 라거로부터 영감을 얻은 비에르 드 가르드는 이제 저온 발효를 통해 에스테르 생성을 최소화한 뒤 수주간 숙성—현대적 표현으로는 '라거링'— 과정을 거친다. 결과는 일관성이다. 높은 알코올 도수에도 불구하고 섬세한 부드러움이 살아 있는, 연마된 느낌의 몰트향이 살아 있는 맥주다.

다니엘 티리에가 자신이 만든 농가풍 비에르 드 가르드를 글라스에 따라 붓고 있다.

프랑스 에일

24 Réserve Hildegarde나 티리에 엑스트라Thiriez Extra 같은 맥주의 경우 좀더 꽃향이 강하고 그 위에 후추의 맛이 살짝 겹쳐 느껴진다.

비에르 드 가르드는 센 맥주로, 대개 6.5%-8.5% ABV 정도지만, 알코올은 몰트 바디 속으로 부드럽게 녹아든다. 부드러움이 좌우명이고 이 부드러움은 바디로도 이어진다. 바디는 대개 설탕을 조금 넣어 가볍다. 싫증나는 맛이 될 법도 한 이 모든 요소들—높은 알코올 도수, 설탕, 적은 홉 함량—에도 불구하고 비에르 드 가르드는 낮은 저감도와 드라이한 마무리감으로 균형이 잘 잡혀 있다.

비에르 드 가르드는 두 가지 변형된 종류가 있는데, 밀을 기본으로 쓰기도 하는 좀더 가벼운 봄 맥주와 향신료를 첨가하기도 하는 좀더 훈훈한 느낌의 겨울 에일이다. 둘 다 프랑스 전역에서 쉽게 만나볼 수 있다. 봄과 겨울 맥주를 나누어 출시하는 것은 브루잉이 계절에 따른 활동일 수밖에 없던 시절부터 내려오는 전통이다. 봄 맥주(비에르 드 프랭탕bière de printemps)는 한창 일하는 시기에 땀을 식히고 기분 전환하기에 좋았던 반면, 겨울 맥주 혹은 크리스마스 맥주(비에르 디베르bière d'hiver 혹은 비에르 드 노엘bière de Noël)는 추운 계절에 몸을 녹이고 편안함을 느끼게 해주었다. 오늘날 선보이는 맥주들도 이 전통을 따르고 있으며, 특정 브루어리의 동절기용 맥주는 특히 기대와 칭송을 한몸에 받고 있다.

> **IF YOU LIKE BIÈRE DE GARDE**
>
> 1970년대에 브루어리들이 처음 비에르 드 가르드를 다시 만들기 시작했을 때는 라거에 길들여진 대중의 관심을 사는 것이 급선무였다. 결과적으로 몇몇 독일 맥주 스타일과 거의 비슷해졌다. 가장 가까웠던 것은 **헬레스 보크**로, 부드러운 몰티함과 알코올의 세기 면에서 차이가 없었다. **스코틀랜드 에일** 역시 저온 발효를 통해 라거 같은 깔끔한 몰트 풍미를 낸다.

브루잉 노트

프랑스에는 서로 다른 조건에서 각자 나름의 장비를 가지고 만든 수많은 다양한 스타일들이 있지만, 여기서는 특징 몇 가지를 지닌 비에르 드 가르드에 한정해 이야기하려 한다. 노르 파 드 칼레 브루어들 대다수에게는 새틴처럼 부드럽고 몰티한 스트롱 에일을 마지막에 얻게 되는 것만으로는 충분치 않다. 만드는 과정 자체야말로 이 스타일에서 중대한 부분이다.

매시 그리고 끓이는 과정은 전형적이다. 브루어들은 이국적인 몰트는 사용하지 않는다—대개 페일 베이스 몰트에 뮌헨 같은, 색을 내기 위한 몰트를 조금 첨가한다. 바디를 무겁게 하는 크리스털 몰트는 사용하지 않으며, 사실, 바디를 가볍게 하고 발효에 기여하는 설탕을 약간 첨가하는 경우도 많다. 홉을 최소한도로 사용하는 버전의 경우, 이는 특히 중요하다. 현지의 재료들이 최고라는 인식이 늘고 있지만(맛보다는 철학의 문제), 한정된 종류의 프랑스산 홉 품종에 얽매이지 않는 브루어리들도 있다. 전 세계적으로 널리 알려진 프랑스산 몰트들은 따스한 곡물의 느낌을 더한다—물론 이는 미묘한 특질이지만.

비에르 드 가르드의 정체성은 발효 탱크 안에서 생성된다. 효모의 역할은 라거나 스코틀랜드 에일의 경우처럼 맥주를 깔끔하게 발효시킨 다음 사라지는 것이다. 몇몇 브루어리는 라거 품종을, 몇몇은 에일 품종을 사용하지만, 발효는 모두 에스테르와 페놀 생성을 억제할 수 있는 저온에서 이루어진다. 맥주를 라거링 또는 '가르드'하여 특유의 부드러운 느낌을 만들어낸다. 이는 브루어리들이 고민하거나 선택할 수 있는 과정이 아니다―그냥 그렇게 만들 뿐이다. 내가 브라스리 생제르맹의 스테판 보가르트에게 맥주를 가르드하는 이유에 대해 물었더니 그는 어리둥절한 표정을 지었다. 너무 당연한 소리를 한다는 듯 말이다. 처음에 그는 질문 자체를 이해하지 못했고, 그다음에는 그 과정을 다시 짚어줬다. 마치 학습 부진아를 대하듯이. 브루어리들은 저마다 다른 기간 동안 맥주를 라거링한다. 최소한 3주, 한 달에서 6주까지가 통상적이다. 카스틀랭은 맥주를 최소 6주에서 최장 12주까지 숙성시킨다.

대체로 표준화된 최종 과정은 여과filtration*(비에르 드 가르드가 세종과 차별화되는 또 하나의 중요한 부분)다. 브루어리들이 여과를 하는 이유 가운데는 최종 제품―큰 병에서 폭포처럼 쏟아져내리는 고탄산의 맥주―이 라거 같은 투명도를 지녀 반짝거리게 한다는 점도 있다. 그러나 숙성에 도움이 된다는 믿음에서 여과시키는 곳들도 있다. 대부분 병입 숙성이 아니기

* 병입 전 불순물을 제거하는 과정

때문이다.

지역 브루어들은 자기네 맥주의 계보에 대해 애국심 비슷한 감정을 가지고 있다. 현지의 재료들 역시 비에르 드 가르드 정체성의 일부분이다―의무적인 것은 아니지만 분명 풍미의 일부분에 해당하니까. 라 슐레트의 소유주이자 브루어인 알랭 도시는 이것이 스타일을 새롭게 탄생시키는 데 중요한 부분이었다고 본다. "북부의 작은 브루어리들은 현지에서 조달 가능한 자원―효모, 스페셜티 몰트, 홉―을 활용해 과거의 상면발효 맥주에서 새로운 클래식 라거 맥주로의 전환을 대표할 만한 맥주들을 만들어왔습니다."

진화

프랑스의 다른 지역들에서는 비에르 드 가르드가 제왕이 아니다. 프랑스의 에일 브루어리 대부분은 소기업이다. 대개 유통 범위는 그 고장을 크게 벗어나지 않으며, 수출은 관심 밖이다. 이 브루어리들은 매우 영세해서 절반 정도는 심지어 웹사이트조차 없다. 19세기에 브루잉은 지역별로 독특한 차이들이 있었고, 이런 패턴은 다시 나타나고 있는 듯하다. 북부의 영향권으로부터 멀리 떨어진 이들은 영국, 독일, 벨기에로부터 영향을 받고 있다. 이들이 만드는 맥주는 모두 일반적인 몇몇 타입으로 통합되며, 이 원형적 스타일들은 이후 프랑스 본연의 브루잉을 대표하는 또 다른 사례들로 꼽히게 된다.

엄청나게 급성장하는 국가면 으레 경험하듯, 현재 과도기에 있는 프랑스의 맥주 업계는

프랑스 북부 워르무트의 한 카페. 이곳에서 가장 인기 있는 메뉴는 비에르 드 가르드다.

실험적이고 불안정하다. 미국이 1980년대와 90년대에 다른 여러 전통에서 이것저것 샘플링을 했던 것처럼, 프랑스도 아마 그런 전철을 밟을 것이다. 닌카지의 IPA(오리건 유진의 닌카시가 아니라 리옹의 닌카지)나 라 프랑슈la Franche의 이름도 희한한 XXXYZ 비터처럼 잘나가는 요즘 브루어리들의 호피 에일들에서 미국의 영향을 포착할 수 있다. 다만, 스트라스부르처럼 여전히 라거가 위세를 떨치는 (크로낭부르Kronenbourg, 메테오르Meteor, 피셔Fischer를 떠올려보라) 지역에서는 옛 독일의 영향이 여전히 강세다.

그런가 하면 영국의 영향을 받은 맥주들도 있다. 메르시앵Merchien, 특히 영국인인 윌리엄 킹 소유로 캐스크 에일만 만드는 바스티드Bastide 브루어리에서 만든 맥주들처럼 영국 스타일의 에일들(비터, 포터, IPA)이 그에 해당한

다. 프랑스에서 스코틀랜드는 여전히 '오랜 동맹Auld Alliance'—영국의 침략을 막아주기 위한 양국 간 통상 및 군사 협정—으로 좋은 인상이 남아 있다. 물론 이 협정이 종결된 지는 400년도 넘었겠지만, 그에 대한 애정 어린 오마주는 스코틀랜드 스타일 에일들과 심지어 파리 시내에 올드 알리앙스라는 이름의 스코틀랜드 스타일의 펍의 형태로 여전히 남아 있다.

가장 크게 영향을 미친 곳이 벨기에라는 사실은 별로 놀랍지 않다. 프랑스는 벨기에의 최대 수출 시장이니까. 트리펄, 윗비어, 농가풍 에일은 처음에는 수입품으로서 시장에 들어왔고 워낙 인기가 많다보니 비슷한 아류들이 생겨났다. 트리펄은 게양에서 나온 생랑들랭처럼 이름에 따라 지역 내 수도원의 전통과 연관되는 경우가 많지만, 늘 그런 것은 아니다(카스틀랭 말테스Castelain Maltesse는 교회 느낌이 모호하게 날 뿐 수도원과는 관련이 없다).

윗비어는 모방이라기보다는 우연한 재현에 가까워 보인다. 수많은 브루어리들이 블랑슈(밀맥주)를 만들고 있고, 프랑스의 브루어들은 어쩌다보니 자연스럽게 향신료를 첨가하기 시작한 것 같다. 실제로, 향신료 사용은 벨기에보다는 프랑스의 브루잉에서 더 중요하다. 고수나 오렌지 껍질 같은 향신료들은 매우 흔해서 블랑슈뿐 아니라 비에르 드 가르드, 봄 맥주, 겨울 맥주—거의 모든 스타일에 조금씩은 다 들어갈 수 있다—에도 들어가게 된다. 하지만 프랑스의 브루어리들은 창의력을 훨씬 더 발휘한다. 현지 대마밭에서 영감을 얻은 브라스리 뒤 샤드롱Brasserie du Chadron은 헴프 에일hemp ale을 만

프랑스어 라벨 읽기

프랑스어로 적힌 대부분의 맥주 라벨(벨기에 맥주를 포함해서)은 미국으로 건너오기 전에 번역이 이루어진다. 하지만 대다수의 프랑스 맥주는 수출되지 않으므로, 프랑스에 가서 병맥주 몇 개를 집어든다면 그때 병에 쓰인 글자는 전부 프랑스어일 것이다. 몇몇 단어는 굳이 번역이 필요 없다—블롱드, 앙브레, 브륀, 비에르 드 노엘 같은 단어들은 뜻이 뻔하니까. 하지만 그렇지 않은 용어들도 있을 것이다. 여기 간단히 참조할 만한 용어들을 정리해보았다.

avoine	귀리
bière artisanale	핸드크래프트 맥주
bière blanche	밀맥주(직역하면 '흰 맥주')
bio/biologique	유기농
blé, froment	밀
châtaigne	밤
coriandre	고수
épeautre	스펠트
gingembre	생강
haute fermentation	고온 발효(에일)
houblon	홉
levure	효모
maïs	옥수수
miel	꿀
non-filtrée	필터링하지 않음
non-pasteurisé	파스퇴르 살균하지 않음
orge	보리
refermentée en bouteille	병입 숙성
sur lie/sur levure	병입 숙성(직역하면 '효모 사용')

든다. 뮈틴Mutine 라인을 만드는 브라스리 데 자베르des Abers 역시 히비스커스를 넣은 맥주와 해초를 넣은 맥주를 만들고 있다. 라르 쿠르투아즈Rare Courtoise는 터리풀과 민들레로 농가 스타일의 맥주들을 만든다. 브라스리 뒤 소르냉du Sornin은 타의 추종을 불허한다. 엘더베리, 렌즈콩, 아니스, 버섯, 꿀, 밤 추출액 등을 넣은 엄청나게 다양한 맥주를 선보이고 있다.

최근 추세는 그 어느 때보다도 흥미진진하다—농가풍의 세종 스타일 에일들이 다시 등장하고 있다. 본래 벨기에의 세종과 프랑스의 비에르 드 가르드는 전혀 차이가 없었다는 사실을 기억하자. 둘 다 새콤하고 스파이시했으며, 통밀 풍미가 가득했다. 벨기에 세종들이 전 세계적으로 유행하자, 프랑스 북부에서도 브루잉이 다시 시작된 것이다. 정확히 벨기에와의 접경—사실은 몇 킬로미터 정도 거리—에 위치한 브라스리 오 바롱au Baron은 가장 유명한 세종 스타일 맥주 가운데 하나인 퀴베 데 종키유Cuvée des Jonquilles를 만든다. 다니엘 티리에도 계속 농가풍 경향이 강한 맥주를 만들고 있다. 엑스트라 및 라 루주 플라망드La Rouge Flamande가 그 예다.

안타깝게도, 프랑스 외 지역에서는 이 같은 맥주들이 극소수다. 프랑스식 브루잉을 전부 경험해보려면 프랑스에 가보는 수밖에 없다. (자, 이 정도면 프랑스에 갈 핑계로 충분하지 않은가.)

알아야 할 맥주들

프랑스의 브루잉 르네상스는 워낙 시작 단계라 프랑스 전역에 유통되는 맥주들 대부분은 비행기 티켓을 사야 맛볼 수 있다. 수출되는 맥주들은 대개 노르 파 드 칼레의 라거 브루어리들에서 생산되는 비에르 드 가르드가 대부분이다. 끔찍한 상황이라고만 할 수는 없는 것이, 이 맥주들은 탐험해볼 만한 근사하고 독특한 세계를 선사하기 때문이다.

ST. GERMAIN RÉSERVE HILDEGARDE BLONDE
생제르맹 레제르브 일드가르드 블롱드

원산지: 프랑스 엑스눌레트
몰트: 페일, 뮌헨
홉: 브루어스 골드, 스트리셀슈팔트Strisselspalt
6.9% ABV, 1.076 SP. GR., 32 IBU

생제르맹의 파주 뱅카트르 라인 맥주들은 다른 맥주에서라면 밀(여기서는 블랑슈에만 밀이 사용된다)에서나 나올 법한 섬세한 부드러움을 자랑한다. 블롱드는 부드럽기는 하나 다른 비에르 드 가르드만큼 다듬어진 느낌은 아니다. 아마도 섬세한 허브향 호핑 덕분일 것이다. IBU는 레몬 껍질과 야생화 중간의 확연한 실제 풍미를 살짝 감춰주는 느낌이다.

CASTELAIN CH'TI AMBRÉE
카스틀랭 슈티 앙브레

원산지: 프랑스 베니퐁텐
몰트: 필스너, 앰버, 크리스털
홉: 비터링 홉*은 마그눔, 풍미를 내는 홉은 비공개
5.9% ABV, 18 EBU

---

* 쓴맛을 내는 용도로 끓이는 과정 초기에 넣는 홉

1983년에 처음 브루잉된 앙브레는 현재 시중에 나와 있는 가장 오래된 비에르 드 가르드 중 하나다. 앰버는 본래 가장 전통적이어서, 이 맥주는 최초의 앰버 스타일에 해당하는 맛이다. 슈티는 탄산과 기포가 강하지만, 크림처럼 부드러운 농밀함을 압도하지는 않는다. 향이나 맛에서 홉은 전혀 드러나지 않으므로, 순수 몰트의 특성을 만끽하기 좋은 맥주다.

BRASSERIE AU BARON CUVÉE DES JONQUILLES
브라스리 오 바롱 퀴베 데 종키유

원산지: 프랑스 기시니
몰트: 비공개
홉: 비공개
7% ABV

브라스리 오 바롱은 그야말로 벨기에서 엎어지면 코 닿을 거리여서, 퀴베 데 종키유가 국경 너머 세종의 전통을 상당 부분 차용하고 있다 해도 별로 놀랍지 않다. 수선화의 이름을 딴 이 기포 풍부한 맥주는 이름에 걸맞게 햇살 가득한 황금빛을 띠며 심지어 꽃향도 살짝 느껴진다. 풍미는 청량감, 미네랄 특성, 레몬, 라벤더, 그리고 약간의 독특한 페놀 향이 특징적이다.

LA CHOULETTE AMBRÉE & LA CHOULETTE BIÈRE DES SANS CULOTTES
라 슐레트 앙브레 & 라 슐레트 비에르 데 상 퀼로트

원산지: 프랑스 오르댕
몰트: 비공개
홉: 비공개 (앙브레) / 마그눔, 브루어스 골드, 골딩 (상 퀼로트)
8% ABV (앙브레) / 7% ABV, 22 EBU (상 퀼로트)

이 두 맥주는 스타일이나 매력 면에서 서로 상반된다. 라 슐레트의 첫번째 맥주인 앙브레는 현대적인 방식으로 만들어진다—몰트 특성이 지배적인 맥주로, 굉장히 부드럽고 살짝 농후한 느낌도 있다. 브루어 알랭 도시는 '초창기에 오래 끓이던 방식'을 떠올리게 만드는 캐러멜 몰트를 사용하고 있지만, 발리 와인을 연상시킬 만큼의 탄탄한 풍미도 있다. 상 퀼로트(문자 그대로 해석하면 '바지 안 입은 맥주'라는 뜻으로, 1789년 프랑스 혁명 당시 상류층이 입는 퀼로트를 입지 않은 농민 반군을 가리키는 말이다)는 앙브레가 만들어진 지 2년 뒤인 1983년에 브루잉됐지만, 옛 농가식 전통을 부활시킨 셈이었다. 이 맥주는 훨씬 더 홀홀한 느낌이고, 기포가 풍부하며 스파이시하고 새콤하다―오늘날 세종이라 부를 법한 맥주에 가깝다. 미국인들의 입맛에 상 퀼로트는 잘 맞을 테고 앙브레는 무겁고 둔탁하게 느껴질 것 같다. 프랑스에서는 앙브레가 훨씬 더 흔하고 익숙한 스타일이다.

THIRIEZ EXTRA
티리에 엑스트라

원산지: 프랑스 에스켈베크
몰트: 페일, 프랑스산 보리
홉: 브루어스 골드, 브램링 크로스Bramling Cross
5.5% ABV, 1.050 SP. GR., 50 EBU

다른 맥주들과 상당히 차별화되는 이 맥주는 수출용 프랑스 비에르 드 가르드 중에 가장 호핑이 강한 맥주다. 엑스트라(프랑스에서는 에투알 뒤 노르Étoile du Nord*)는 흰색의 헤드가 인상적인 투명한 꿀색 맥주지만, 흙냄새가 느껴지는 호핑의 향으로 먼저 다가온다. 라 슐레트와 마찬가지로, 티리에는 스탠더드 프렌치 앙브레를 만들고 있으므로 엑스트라는 뚜렷한 대척점에 있다―국경 너머에서 만들어진 스파이시하고 드

* 북극성이라는 뜻

라이한 세종에 더 가까운 느낌이다. 다니엘 티리에는 이 맥주의 기름진 느낌에 후추향이 느껴지는 맛의 비결로 ('듬뿍 넣는') 영국산 브램링 크로스 홉을 꼽는다.

ST. SYLVESTRE 3 MONTS
생실베스트르 트루아 몽

원산지: 프랑스 생실베스트르 카펠
몰트: 두줄보리 및 여섯줄보리
홉: 너깃
8.5% ABV, 1.074 SP. GR., 20 EBU

생실베스트르의 맥주에는 코르크를 여는 순간 터져나오는 엄청난 기포와 마치 샴페인처럼 흘러나오는 황금빛 거품방울들로 시작되는 우아함이 있다. 여타 비에르 드 가르드에 비해 에스테르 특성이 조금 더 강하며, 부드러운 몰트의 풍미에 복숭아향(아니, 살구향인가?)이 살짝 입맞추는 듯한 느낌은 페일 와인을 연상시킨다.

THEILLIER LA BAVAISIENNE
테이예 라 바베지엔

원산지: 프랑스 바베
몰트: 비공개
홉: 비공개
7% ABV

라 바베지엔은 클래식한 비에르 드 가르드로, 짙은 호박색에 탄산이 강한 맥주다. 맥아즙의 캐러멜화에서 기인하는 특유의 색은 황설탕에서부터 토피로 이어지는 맛에서 시작되지만, 의외로 달콤하지는 않다. 마무리감은 딱히 드라이하지 않으나 단호하게 끝나는 느낌인데, 여기에는

한 모금 넘길 때마다 미각을 자극하는 나무향과 허브향도 한몫한다.

SOUTHAMPTON BIERE DE MARS
사우샘프턴 비에르 드 마르스

원산지: 미국 뉴욕 사우샘프턴
몰트: 페일, 밀, 빈, 뮌헨, 아로마틱
홉: 마그눔, 스티리언 골딩, 자츠
기타: 비공개 향신료들
6.5% ABV, 22 IBU

프랑스 본토의 맛을 찾는다면, 사우샘프턴에 끝내주는 맥주가 있다. 브루어 필 마코우스키는 프랑스 정통의 특성이 살아 있는 크래프트 맥주를 만들어왔다—천도복숭아 느낌이 살짝 나는, 구운 풍미의 몰트는 리슬링을 연상시킨다. 마코우스키는 향신료를 사용하기는 하나 풍미를 극대화하기 위한 용도로 아주 미묘하게만 활용한다.

프랑스 엑스눌레트 Aix-Noulette, France

Brasserie St. Germain
브라스리 생제르맹

프랑스 본연의 브루잉

벨기에와의 접경 지역인 노르 파 드 칼레는 전통 및 현대 프랑스 브루잉의 중심이다. 역사가 살아 숨 쉬는 장소들 중 하나로, 여행책자에 겉만 번드르르하게 소개된 이미지들로 가득한 그런 곳이 아니다. 탄광이 있던 시골로, 원뿔 모양의 언덕들이 굽이굽이 이어지는 듯 보이지만 실은 거대한 광석 찌꺼기들이 풍경을 따라 산재해 있는 마을이다. 수십 년간 석탄은 지역 산업의 동력이 돼왔고, 노르 파 드 칼레도 별다를 것 없는 노동의 과거가 있다. 이곳 역시 제1차 세계대전 중에는 최전선에 있었다. 몇 킬로미터마다 모습을 드러내는 전쟁기념비와 묘지 들을 통해 그 기억은 시각적으로 지속된다.

역사에 대한 이런 감각은 브루잉으로도 연결된다. 프랑스의 다른 대부분의 지역은 다양한 맥주 스타일을 자유롭게 탐색하며 만끽하는 반면, 노르 파 드 칼레에서는 여전히 전통적인 브루잉을 중시한다. 엑스눌레트의 아라스 대로변 안쪽으로 물러나 자리 잡은 브라스리 생제르맹 건물에 들어서면 바로 그 역사가 반갑게 달려나와 맞아주는 느낌이다. 현재 펍으로 허가는 나 있지 않아, 홉으로 덮인 아름다운 방 안의 벽에는 흥미롭게도 비에르 브라슴Bières Brasme 간판이 걸려 있다. 공동소유주 스테판 보가르트는 생제르맹의 이야기를 들려줄 때면 2003년에 형 뱅상, 에르베 데캉과 함께 브루어리를 창립했던 시절에서부터 시작하지 않는다. 훨씬 더 이전으로 거슬러 올라가 노르 파 드 칼레 지역 브루잉의 역사, 1970년대의 현대적인 비에르 드 가르드의 부상, 한때 엑스눌레트에서 한번에 215,000배럴

브라스리 브라슴의 오래된 간판이 브루어리 벽에 장식으로 걸려 있다.

씩 맥주를 브루잉했던 브라슴의 중요성 등에서부터 이야기를 시작한다. 대부분의 브루어리들은 자사의 창립 시점부터 역사가 시작되지만, 생제르맹의 역사는 더 이전의 계보까지 거슬러 올라간다.

브라스리 생제르맹에 있는 미래적 외양의 필터.

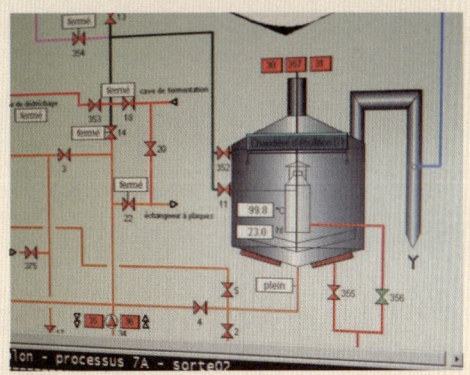
컴퓨터 모델도 프랑스식이다.

실제로, 그 모든 역사는 아주 중요하다. 생제르맹 사람들은 프랑스에서 브루어리를 운영한다는 것이 어떤 의미인지에 대해 진지하게 고민해왔기 때문이다. 보가르트와 데캉 가족에게 미래란 로컬 브루잉, 장인의 브루잉, 프랑스 본연의 스타일이 살아 있는 브루잉으로의 회귀를 뜻할 것이다.

비에르 드 가르드의 전통을 존중하는 것이 바로 우리의 철학이다. 우리 브루어리의 주된 활동은 이 종류의 맥주를 계속 만드는 것과 병행해야 한다. 이것이 바로 내가 동료들에게 '비에르 드 가르드'라고 라벨에 적어야 한다고 강조하는 이유다. 모두에게 좋은 일일 수 있다. 우리는 벨기에와 차별화하고 싶고 특히 미국에서 프랑스 맥주에 대해 논했으면 좋겠다. 비에르 드 가르드는 이렇게 말할 수 있는 맥주다. "좋아, 이게 프랑스 스타일이지."

—스테판 보가르트, 브라스리 생제르맹

프랑스의 브루잉에는 사실 두 가지 전통이 있다. 최신 전통은 1970년대에 후속 흐름—알코올 도수가 높고 몰티하며 '가르드한'(라거링한) 맥주들—을 형성한 비에르 드 가르드다. 하지만 좀더 농가풍이고 지역 농업에 의존하는 더 오래된 전통도 있다. 생제르맹은 지역 내의 오래된 브루어리들의 전통을 존중한 비에르 드 가르드를 만들기로 했다. 이들이 만든 맥주는 장랭이나 슈티 등이 제시한 일반적인 모델을 따른다. 블론드, 앰버, '프랭탕', 그리고 큰 인기를 끈 '노엘'을 1종씩 브루잉한다. 그러나 농가 브루어리들이 더 많은 홉과 지역 재료들을 사용했던 시절인 더 이전의 전통에 속했던 맥주들도 만들고 싶어했다.

노르 파 드 칼레는 온갖 현지 재료들을 조달할 수 있는, 세계에서 몇 안 되는 장소 중 하나이며, 생제르맹은 지역 농산물만을 사용해 맥주를 만드는 것을 원칙으로 삼았다. 홉은 바로 길 아래에서 생산되고, 오늘날은 벨기에로 가서 몰팅되는 보리 역시 현지 생산이다(인근의 몰트 생산자 수플레가 스페셜티 몰트를 공급한다). 이 브루어리는 심지어 지역의 사탕무로 만든 설탕으로 맥주를 강화한다. 스페셜티 맥주에는 대황을 넣어 톡 쏘는, 옛날 소다 음료를 연상시키는 맥주(루바브 rhubarb)와 치커리—한 세기 반 전 프랑스 맥주에 흔히 들어갔던 재료—를 넣어 만든 구릿빛의 로스티한 맥주(시코레 chicorée)도 있다. 물론, 대황과 치커리 역시 지역 농산물이다.

홉은 생제르맹 라인—미국 스타일의 강도 높은

호핑 대신 풍미와 아로마 위주의 호핑―의 중심이 됐다. 이것이 바로 파주 뱅카트르라는 이름이 유래된 지점으로, 빙겐의 힐데가르트를 지칭한다. 그녀는 맥주에 들어가는 홉을 최초로 언급한 기록자 중 한 명으로, 파주Page 뱅카트르는 그녀의 글에서 홉이 언급된 24페이지page를 가리킨다. 물론, 지역 재료들만을 쓰게 되면 홉의 경우에는 몇 가지 단점이 생긴다. 로컬 생산자들이 생산하는 홉 타입은 몇 가지에 불과하기 때문에, 생제르맹의 레시피에도 제한이 생긴다. 또 현지의 농부들 역시 관습적인 방식으로 작물을 기르기 때문에 브루어리는 오가닉 맥주를 포기하는 수밖에 없었다. 한편, 생제르맹은 좀더 다양한 품종의 홉을 재배하기 위해 농가들과 협력하고 있으며, 영국 품종인 챌린저도 곧 이용이 가능해질 전망이

다. 현재 남아 있는 생산자는 여덟 곳에 불과하며, 어쩌면 생제르맹의 단골 거래 덕분에 이들이 앞으로도 수년간 지역 내에서 홉 공급을 이어나갈 수 있을지도 모른다.

프랑스의 브루잉에서 주된 과제는 정체성을 확립하는 일이다. 프랑스에서조차 벨기에 맥주가 훨씬 더 유명하다. "맥주라고 하면 누구나 벨기에 맥주를 생각하죠. 이 지역에서 우리는 벨기에 브루어리들에 비하면 그다지 유명한 편이 못 됩니다"라고 보가르토도 인정한다. 한 세대 전 비에르 드 가르드의 제조자들이 활동을 시작하고 프랑스를 널리 알렸다. 생제르맹은 그 작업을 이어나가며 훨씬 더 개성과 풍미가 풍부한―그리고 더 프랑스적인― 비에르 드 가르드를 만들고 싶어한다.

애비 에일과 트라피스트 에일
ABBEY AND TRAPPIST ALES

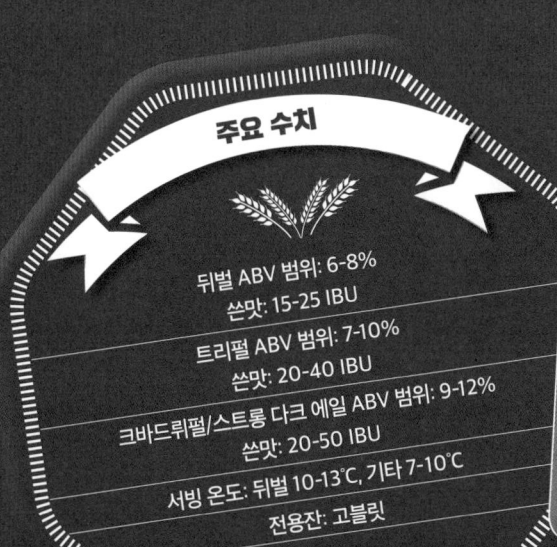

주요 수치

뒤벌 ABV 범위: 6-8%
쓴맛: 15-25 IBU

트리펠 ABV 범위: 7-10%
쓴맛: 20-40 IBU

크바드뤼펠/스트롱 다크 에일 ABV 범위: 9-12%
쓴맛: 20-50 IBU

서빙 온도: 뒤벌 10-13°C, 기타 7-10°C
전용잔: 고블릿

Abbey and Trappist Ales.

최근 수십 년간 좀더 일관성이 확보되기는 했으나, 이 에일들은 특정 스타일이라기보다는 그저 한 부류다. 이들은 (벨기에에서 브루잉되지 않는 경우에도) 벨기에 전통에 따라 브루잉되며 와인과 자주 결부되는 특징—도수가 높고, 복합적이면서도 부드러움—을 지닌다. 설탕을 사용하여 바디는 가볍게, 알코올 도수는 높게, 마무리감은 드라이하게 만든다. 가장 흔한 세 가지 스타일들은 알코올 도수에 따라 나뉘어 어두운색의 뒤벌(플랑드르어로 '더블')에서부터 좀더 색이 연한 트리펠('트리플') 그리고 굉장히 센 —색은 연할 수도, 어두울 수도 있다— 맥주가 있다. 하지만 그 밖에도 향신료를 첨가한 맥주에서부터 좀더 가벼운 세션 맥주, 그리고 이들과는 상당히 동떨어진, 전설적이고 독특한 오르발 등도 있다.

베스트블레테런 근처의 신트식스튀스 수도원에서 만든 에일은 정기적으로 생산되는 맥주 가운데 세계에서 가장 사랑받는 맥주 중 하나로 꼽히곤 한다. 이는 —단지— 맥주 자체 때문은 아니다. 병 하나를 구하려면, 벨기에 내 인근 도시에서 적어도 113킬로미터 정도 떨어져 있는 이 수도원에 직접 가야만 한다. 이 여정의 막판에는 방울양배추 밭을 가로지르는 구불구불한 일 차선 도로가 기다리고 있다. 수도원 자체는 놓치기 어렵지만, 여행자들을 반기는 레스토랑 안내 문구는 전혀 없다.

지구상에서 유일하게 베스트블레테런 병 맥주들이 판매되는 그 건물에 마침내 도착하면 마지막 관문이 남아 있다. 기념품 가게가 문을 열었을까? 만일 모든 일이 계획(수도원에서 만든 크림처럼 부드럽고 마일드한 두툼한 치즈 조각과 드래프트 맥주 한 잔을 곁들인 식사를 반드시 포함하는 계획)대로 순조롭게 흘러간다면 마지막에 당신은 맥주 딱 한 상자를 들고 그곳을 나서게 될 것이다—수도사들은 사재기를 허용하지 않으니까.

모든 애비 에일이 이처럼 찾기 힘든 것은 아니고, 전부 수도원에서 만드는 것도 아니다. 그러나 애비 에일에는 신트식스튀스에 감도는 숭배, 존엄, 고요의 정신이 깃들어 있는 것 같다. 사실, 세속적, 상업적 브루어들마다 자기네 제품에 종교적 성격을 부여하고자 애를 쓰기는 하지만, 실제 브루잉을 하는 수도원은 몇 되지 않는다. 수도원 영역에 속하는 맥주들은 성배에 잘 어울리게 깊이 있고 풍부하며 알코올 특성이 강하다. 특정한 한 가지 타입이 있는 것은 아니어서, 가벼운 것, 다크한 것, 도수가 높은 것, 별로 그렇지 않은 것 등 다양하다. 다만 온갖 신비로운 느낌을 풍길 만큼 특별하고 희귀해야 한다.

기원

수도원에서 맥주를 만든다니 어쩐지 모순—악마의 음료와 신의 수도사들—으로 느껴지기도 하지만 여기에는 긴 역사가 있다. 시작된 이래 늘 가사의 영역이었던 브루잉에 7, 8세기경 수도원들이 뛰어들기 시작하면서 변화가 시작됐다. 브루잉 관습은 시토 수도회가 원칙으로 삼았던 수도사들의 자립과 환대 수준 이상으로까지 계속 성장했다. 물보다 안전한 맥주는 두 목적에도 부합한다. 수도사들은 보리(그리고 훗날에는 홉도 함께)를 직접 기르고 맥주를 직접 만들어 마셨으며, 지나는 순례자들에게 안심할 만한 마실거리로 제공하기도 했다.

이 모자이크 속 성인은 매싱할 때 쓰는 갈퀴를 들고 있다.

트라피스트 제품들을 만나보자

현재 가톨릭 교단 중에서는 단 한 곳—시토 수도회의 개혁 성향 분파인 트라피스트 수도회—만 맥주를 만들고 있다(곧 바뀔 수도 있겠지만). 1660년대에 아르망 장 드 랑세가 주도한 이 개혁은 『베네딕트 규칙서』를 더 엄격하게 준수할 것을 요구했고, 트라피스트라는 분파의 이름은 그가 수도원장으로 있었던 '라 트라페La Trappe' 수도원에서 따온 것이다(공식 명칭은 현재도 엄률시토회Order of Cistercians of the Strict Observance로 남아 있다).

그러나 1962년까지 트라피스트 수도회는 라벨에 '트라피스트'라는 단어를 사용하는 유일한 브루어가 아니었다—상업적 브루어리들도 통상적으로 이 이름을 갖다 썼다. 시메와 오르발이 법적 보호를 요구하며 법 개정을 이끌어냈지만, 상업적 브루어리들은 계속해서 허점들을 이용했다.

1985년, 트라피스트 수도회는 법 개정을 해냈고, 이제는 수도원에서 만든 치즈, 맥주 등에 한해서만 '트라피스트 진품Authentic Trappist Product'이라는 표현을 사용할 수 있다. 이 과정에서 수도사들은 법을 한층 강화하여 해당 표시는 반드시 수도원 경내에서 브루잉된 맥주에만 할 수 있게 만들었다. 충분히 명료한 기준인 것 같다, 그렇지 않은가? 육각형 표시와 '트라피스트 진품' 표시가 붙은 맥주를 샀다면, 확실히 수도원에서 브루잉된 맥주라고 믿어도 된다.

문제는 또 다른 명칭 표시에 있다. 1962년 법이 통과될 당시, 수도원에서 영감을 받은 맥주들을 만들던 브루어리들은 치열한 경쟁을 해야만 했다. 이들 브루어리가 전부 트라피스트라는 이름으로만 맥주를 판 것은 아니었다—지역 수도원의 이름으로 맥주를 판매하고자 해당 수도원과 협약을 맺은 브루어리도 있었고, 수도사들을 직접 찾아나서는 경우도 있었다. 그런가 하면 자기네 동네나 브루어리의 역사를 연상시키는 수도원 이름을 사용하기도 했다. 수도원과 무관한 브루어리들은 자기네 맥주를 설명하는 문구에 수도원을 의미하는 '애비'라는 단어를 썼다. 1999년에 벨기에 브루어 연합the Union of Belgian Brewers이 16개 브루어리에 수도원과 연관된 모호한 설명을 넣은 '인정받은 벨기에 애비 맥주Recognized Belgian Abbey Beers'라는 특별 표시를 부여하기 전에는 별문제가 없었다.

이런 여러 관계들이 워낙 복잡하게 얽혀 있고, 대개 다른 나라의 비슷한 경우와 다르지 않다. 해당 표현은 이들의 지위에 혼동을 야기하고 스텔라 아르투아/인베브(레프), 하이네켄(아플리험), 알컨마우스(흐림베르헌) 같은 거대 기업들이 오르발이나 베스트블레테런 같은 곳들과 어깨를 견줄 수 있도록 했다. 너그럽게 보자면 사기라고까지는 여기지 않을 수 있겠으나, 대규모 생산자들 입장에서는 '트라피스트 진품'과 똑같이 수도원에서 브루잉된 맥주라 믿으며 마시고 있는 사람들에게 굳이 서둘러 틀린 점을 바로잡아줄 필요는 없으리라는 점만 말해두겠다.

수도사들은 규모나 범위 면에서 브루잉을 예술의 경지로 끌어올렸다. 샤를마뉴 대제 치하 수도원의 수는 유럽 전역에서 급격히 늘어났다. 한창 때에는 수도원 600곳에서 맥주를 만들었다. 늘어만 가는 고객층을 감당하려다보니 수도사들은 대량 생산 기법을 발달시켰다. 이후 12, 13세기에 상업적 브루어리들이 이를 받아들여 더 큰 케틀과 턴을 사용했고, 매싱하고 끓이고 발효시키는 과정을 관리하기 위한 더 나은 시스템을 마련했다. 홉이 기본 재료가 되기 수백 년 전에 가장 먼저 사용—혹은 적어도 사용한 사실을 가장 먼저 기록—한 것 역시 수도사들이었다.

상업적 브루잉은 결국 수도원들의 우위에 종지부를 찍었지만, 수도원들은 소규모로 맥주 만드는 일을 계속했다. 18세기 말 수도원의 맥주 생산을 완전히 중단시킨 것은 바로 프랑스 혁명이었다. 수도원의 재산을 몰수한 혁명 정부는 도망치는 수도사들을 멀리 러시아까지 흩어지게 만들었다. 그러나 나폴레옹이 몰락하고 특히 1830년에는 벨기에가 탄생하면서 수도사들은 오래된 수도원들을 재건하거나 새 수도원을 지을 기회를 얻게 됐다. 베스트말러와 베스트블레테런이 19세기에 브루잉을 시작한 이래, 얼마 되지 않는 형제들로 명맥을 이어가던 수도원의 브루잉은 이제 구성원들을 새로 영입하고 있다. 심지어 완전히 새로운 얼굴도 있다. 오스트리아의 엥겔스첼Engelszell 수도원은 2011년에 브루어리를 만들었다. 국제트라피스트협회International Trappist Association(트라피스트 수도회의 경제적 이익을 관장하는 기구)는 특유의 신중함을 발휘해 상당 시간에 걸친 검토를 끝내고서야 2012년 공식 목록에 이곳을 추가했다.

수도원의 낭만주의는 19세기경 트라피스트 수도회의 신비를 끌어다 쓰며 맥주를 판 전력이 있었던 상업적 브루어리들에도 유효했다. 오늘날 법은 트라피스트라는 브랜드를 보호하고 있지만, 그 낭만주의는 실로 막강했다—트라피스트 에일과 애비 에일은 여전히 벨기에에서 급성장하고 있는 시장이다. 수도원을 주제로 한 브랜드들은 가장 인기 있는 축에 속하며 더 오래되고 더 전통적인 브랜드들을 제쳐왔다. 교회 신도 수가 사상 최저치를 기록하고 있는 나라에서 수도원에서 만들었거나 수도원과 관련이 있는 맥주가 그 어느 때보다도 인기가 있다는 것은 묘한 아이러니다.

상세 설명 및 특성

19세기에 옛 브루잉 관습으로 회귀할 당시 수도사들은 특정 전통을 택할 수는 없었다. 수도원은 늘 지역에 고정돼 있었고 트라피스트 수도사들의 취향보다는 지역적 취향에 따라 맥주를 만들었다. 만일 현존하는 트라피스트 브루어리들을 가까이서 관찰한다면 그 옛 전통들의 흔적을 볼 수 있을 것이다. 안트베르펀 주변 지역과 마찬가지로, 베스트말러는 스트롱 블론드 에일로 유명하다. 베스트블레테런은 서西플랑드르 스타일로 풍부한 느낌의 다크한 맥주를 만든다. (스탠 히어로니머스는 『수도사처럼 브루잉하라Brew Like a Monk』에서 베스트블레테런의 맥주들 역시 산미가 있었다며, 훨씬 더 지역적 전통을 고수했던 맥주로 분류하고 있다.) 마지막으로, 오르발이 있다. 여타 애비 에일들과는 아무런 공통점이 없어 보이는, 야생효모를 넣어 향이 풍부하고 드라이호핑을 한 독특한 맥주다. 하지만 맛은 오르발이 위치한 벨기에 남부에서 흔히 볼 수 있었던 세종과 굉장히 흡사하다. 트라피스트 에일들은 최근 수십 년 사이에 스타일 면에서 서로 가까워졌지만, 제각각 다른 전통으로부터 출발했다—라인업을 보면 어렴풋하게나마 여전히 구분이 가능하다.

어쨌거나 이들을 하나로 묶어 지칭할 수 있는 것은 소비자의 기대에 따라 변하는 시장의 지속적 압력 덕분이다. 상업적 브루어리들은 각자 버전의 기존 맥주들을 가지고 시장에 들어와 오리지널 맥주들의 특징을 재생하고 있다. 뒤벌 및 트리펄 같은 스타일들은 더블 및 트리플 스트렝스로 만들어져 표준으로서의 입지를 한층 더 공고히 했다. 결과적으로, 애비 에일들은 오늘날 일관된 유사점들이 있는 다양한 범위의 에일로 구성돼 있다. 이들은 고온 발효로 만들어져 매력적인 효모 특성을 내는 센 맥주지만, 드라이하고 청량하다. 색은 어두운 것도 있고 밝은 것도 있지만, 모두 설탕을 넣어 브루잉해 바디는 가볍고 알코올 도수는 높으며 드라이한 풍미를 낸다는 공통점이 있다. 진하고 기포가 많으며 화려한 느낌이다.

그러나 '애비 에일'이란 말끔한 스타일은 아니다. 귀리, 밀, 각종 향신료를 넣어 만든 보스테일스 트리펄 카르멜리엇 같은 엉뚱한 맥주도 있다. 오르발은 독자적인 스타일로, 야생효모를 넣어 만든 애비 에일이다. 수도원들은 종종 베스트블레테런의 신선하고 호피한 블론드, 시메의 도레Dorée, 베스트말러의 엑스트라 같은 좀 더 라이트한 맥주들을 제공하기도 한다. 레프, 아플리헴, 흐림베르헌 등 애비 스타일의 상업적인 에일들은 페일 에일에 좀더 가깝다.

뒤벌과 트리펄

오늘날 뒤벌과 트리펄이라 알려져 있는 맥주들은 두 가지 측면에서 호기심을 불러일으킨다. 첫번째는 수도원의 브루잉과 관련돼 있다는 점이다. 역사적으로, 브루어리들은 통상적으로 더블 스트렝스의 맥주(세 가지만 꼽아보자면, 도벌 헤르스트, 더블 디스트Diest, 더블 아위쳇은 19세기의 기본 맥주 스타일들이었다)를 만들었다. 내가 알기로는 20세기 이전 트리플 스트렝스 맥주에 대해 참고할 만한 문헌은 없지만, 오리지널보다 점점 도수가 높아지는 여러 버전의

넉넉한 공간에 광택이 나는 구리 재질 장비가 놓여 있고, 옆에는 스테인드글라스 창이 보인다. 로슈포르의 브루하우스를 설명할 때는 세계에서 가장 아름다운 브루하우스라는 수식어가 늘 따라붙는다.

맥주라는 개념은 아주 오래전부터 있었다. 그런데도 오늘날 뒤벌과 트리펄은 수도원 스타일 맥주로만 인식된다.

두번째는 오늘날 뒤벌은 무조건 어두운색의 맥주인 반면 트리펄은 황금빛이라는 사실이다. 어떤 브루어리에서 어두운색의 트리펄과 황금빛 뒤벌을 만들지 못할 이유는 없다—다만 관습상 그러지 않을 뿐이다. 변화무쌍한 스타일의 진화라는 것은 대개 이런 식이다.

출발점이 무엇이든(다양한 설이 있다), 베스트말러가 골든 트리펄을 대중화시켰다는 데는 이견이 없으며, 절반가량의 트리펄은 궁극적으로는 베스트말러의 트리펄과 비교를 당하리라는 데에도 다들 동의한다. 이 맥주의 대표적 특징은 고도수(9.5% ABV), 드라이함, 과감한 호핑이다. 이 수도원은 도수 높은 호피한 맥주들이 일찍이 인기를 얻었던 안트베르펀 지역 근처에 자리 잡고 있다. 이 스타일이 진화하고 확산되면서, 이처럼 도수가 높아졌지만 전부 호피

> ### 벨기에식 온도 체계
>
> 수도원 시설들은 보존에 전력을 다하며, 수도원의 맥주들은 브루잉 역사 박물관의 전시품 같은 역할을 할 수 있었다는 사실은 별로 놀랍지 않다. 가령, 아헐과 로슈포르는 여전히 비중 측정에 있어 구식 벨기에 온도 체계를 사용하고 있다. 해당 숫자에서 1을 빼고 100을 곱함으로써 고유 비중이 도 단위로 변환되는 단순한 체계로, 시각적으로 직관적이다. 가령, 1.060짜리 맥주는 6°가 되고, 1.080짜리는 8°가 되는 식이다. 로슈포르 라인에는 6, 8, 10이 포함되며, 이들은 각각 1.063, 1.078, 1.096에 해당한다.
>
> 플라토 체계에 익숙한 사람들에게는 이런 벨기에식 단위가 혼란스러울 수 있다. 플라토 체계에서 1도는 고유 비중 척도 상에서 약 0.004에 해당한다. 그러므로 8°플라토의 맥주는 불과 1.032에 해당한다. 반대로, 벨기에 구식 체계 기준 8°짜리 맥주는 약 1.079 또는 19°플라토에 해당한다.

한 것은 아니다. 생푀양, 하우던 카롤뤼스, 신트 베르나르뒤스St. Bernardus 모두 훌륭하지만, 비교적 달콤한 편이다.

오늘날 트리펄은 벨기에에서 가장 잘 팔리는 맥주 스타일 축에 속하지만, 항상 그랬던 것은 아니다. 1980년까지만 해도 베스트말러의 스타일의 정의라 할 만한 트리펄은 전체 생산량의 30% 미만을 차지했다. 나머지 부분에 해당하는 뒤벌이 대표 스타일이었다. 그로부터 30년 뒤 시장이 또다시 변덕을 부리는 바람에 이 제품들은 사실상 위치가 바뀐 셈이 됐다.

결과적으로, 뒤벌은 그 계보가 더 긴데도 불구하고 오늘날 덜 흔한 스타일이 됐다. 갈색의 이 맥주는 한때 벨기에의 표준이었고, 풍부한 색감은 맥주 품질을 나타내는 표시나 다름없었다. 오르발은 예외지만, 오늘날에도 여전히 모든 트라피스트 계열에서는 갈색 맥주를 생산하고 있으며, 많은 곳에서는 이를 강조한다. 트리펄의 알코올 도수에 가깝게 브루잉된 이들 뒤벌은 좀더 편안한 느낌의 스타일로, 따스한 몰트의 풍미가 친근한 토스트나 코코아향을 포근한 담요처럼 부드럽게 감싼다. 로슈포르 8은 이 스타일의 전형이라 할 수 있지만, 신트베르나르뒤스 8은 가장 개성이 강하고 흥미로운 뒤벌로, 풍성한 코코아 베이스에 약간 로스티한 풍미가 있으며, 비스코티향의 드라이한 마무리감을 지닌다.

스트롱 다크 에일과 크바드뤼펄

마치 8-9% ABV도 성에 차지 않는다는 듯, 트라피스트 맥주들은 계속 사다리를 타고 더 높은 곳으로 올라갔다. 상당히 센 축에 속하는 이 에일들은 대부분 다크하다—베스트블레테런 12, 신트베르나르뒤스 앱트 12, 아헐Achel 엑스트라, 로슈포르 10. 굉장히 센 맥주들이라고 해서 새로울 것은 없지만, '크바드뤼펄'이라는 이름만큼은 새롭다. 라 트라프는 여타 다크 애비 에일 같은 다크함을 어느 정도 지니고 있으면서 동시에 대중적인 트리펄들을 연상시킬 만한 선명한 호박 오렌지빛도 띠고 있는 맥주를 지칭하고자 이 용어를 만들었다. 다행히도 아직은 어떤 브루어리도 크빈튀펄quintupel*을 만들고자 시도하지 않았다. 아직은.

흥미로운 점은 다크하고 센 애비 에일들만

* 뒤벌(2), 트리펄(3), 크바드뤼펄(4)에서 연상되는 숫자가 상승하는 데 착안하여 5를 의미하는 접두사 퀸트quint를 이용해 만든 명칭으로, 맥락상 크바드뤼펄보다 더 도수가 높은 에일을 의미

큼 잘 숙성되는 맥주도 드물다는 것이다. 장인다움을 내세우는 벨기에의 브루어리들은 대개 병에서 맥주를 재발효시킴으로써(모든 수도원 브루어리들이 사용하는 방식과 같다) 더 잘 숙성될 수 있는 기반을 마련한다. 저온에 보관한다면 마치 포트와인처럼 수년에 걸쳐 숙성되며 계속 진화해갈 것이다.

유명 트라피스트 브루어리들

가톨릭 수도사들이 특출난 맥주를 만들 거라고는 생각하지 않을지 모르지만 벨기에와 네덜란드의 트라피스트 수도원에서 생산된 맥주들 가운데 세 가지만큼은 전 세계에서 손꼽히는 수준급으로 인정받고 있다. 그중 하나는 단연 세계 최고의 맥주고, 세 가지 모두 뛰어난 품질을 자랑한다. 하지만 그 비즈니스 모델을 잠시 생각해보면, 수도사들의 브루잉 솜씨가 굉장하리라 짐작할 수 있다. 수도사들은 맥주를 하나의 상품으로 보는 것이 아니라 신께서 하시는 일의 또 다른 연장선이라 여기니, 장기적인 안목을 지닌 셈이다. 돈 버는 데 급급하지도 않고 다국적 거대기업이 될 생각도 없다. 정성을 다해 맥주를 만드는 데만 집중하고 수십 년간 완벽한 맥주를 만들기 위해 최선을 다해왔다. 이 같은 사실들을 고려할 때, 이 트라피스트 브루어리들마다 하나같이 뛰어난 맥주를 만든다는 사실은 조금도 놀라울 것이 없다.

다음은 각 트라피스트 브루어리에 대한 설명이다. 가장 오래된 곳에서부터 시작한다.

브루어리인가 예배당인가? 트라피스트 수도회에서는 맥주를 만드는 일을 주님의 일의 연장으로 본다.

• **베스트말러(베스트말러 트라피스트 수도원)** 이 수도원은 1794년에 안트베르펀 바로 북동쪽에 세워졌다. 1830년대에는 수도사들이 직접 마실 용도로 브루잉을 시작했고 1870년대에는 지역 내에서 맥주 판매를 시작했다. 1921년, 베스트말러는 좀더 판매 범위를 넓히기로 결정했다. 그 유명한 라인업은 1950년대에 현재와 같은 세 가지로 정착되기까지 진화를 거듭했다. 그 이후 몰트에 따라 레시피는 변화했지만 라인업에는 더 이상 변화가 없었다.

트리펠이 금빛인 것은 누구나 알고 있지만, 불과 수십 년 전까지만 해도 스트롱 에일들은 대체로 갈색이었다. 트리펠은 어쩌다 자기 색을 잃게 됐을까? 한 가지 예상되는 답안은 베스트말러다. 베스트말러만큼 골든 트리펠의 유구한 전통과 깊이 연관된 브루어리는 없는 것이 명백하다. 베스트말러는 스트롱 골든 에일을 처음 만든 장본인이 아님에도 불구하고 스트롱 골든 에일을 대중화했다. 이 수도원의 뒤벌은 인지도는 약간 떨어지나, 그 영향력만큼은 못지않다. 여전히 붉은 갈색—벨기에의 클래식한 색상 중 하나—이다.

이 맥주들은 서로 그럴싸한 대척점에 있다. 둘 다 상당히 스파이시하고 에스테르 느낌이 강한 효모 특성을 드러내지만, 이 특성들과 관련하여 서로 취하는 방향은 다르다. 화려한 느낌의 트리펄은 헤드가 그대로 오래 유지되는 것으로 유명하다. 9.5%짜리 맥주에서는 보통 거품이 없어져야 마땅하지만, 마지막 한 모금을 마시고 나서 고블릿 안을 들여다보면, 마치 쌓인 눈처럼 거품이 글라스 바닥을 덮고 있는 모습을 볼 수 있다. 트리펄은 39 IBU로 호피하며, 아로마는 별로 뚜렷하지 않다(홉 성분 덕에 거품이 모양을 유지한 채 남는다). 대신, 첫인상은 달콤하고 진하며 알코올 특성이 강한 향이 은근한 존재감을 드러낸다. 이후에 밀려오는 스파이시한 홉의 풍미가 맥주가 지나치게 묵직한 느낌이 드는 것을 막아준다. 바디는 풍성하고 크림 같은 느낌이며 기포가 강하지만 무겁지는 않다. 트리펄의 경우, 효모가 향신료 풍미를 부각시킨다. 뒤벌은 좀더 온화하고 편안한 느낌이다. 이들의 아로마와 풍미는 토피 같은 달콤함을 지니고 있고, 무화과향과 바나나향이 가미돼 있다. 그러나 몰트는 드라이해서 마치 스콘 같은 느낌이며 마무리감은 청량하다. 여기서 효모는 좀더 과일풍미 쪽이고 향신료의 향이 균형을 잡아준다.

- **베스트블레테런(베스트블레테런 신트식스튀스 수도원)** 신트식스튀스 수도원은 (50년 뒤에는 라 트라프 건립을 위해 수도사들을 파견했던) 생트 마리 뒤 몽 데 카 Sainte Marie du Mont des Cats 수도원 출신 수도사들이 숲속에서 은둔 생활을 함께 시작했던 1831년에 건립됐다. 이 숲은 벨기에 홉 산지 안에 있는 포페링어 바로 외곽에 자리 잡고 있다. 작은 공동체는 천천히 성장했고, 수도사들은 7년 뒤 이 브루어리를 새로 만들었다. 혼치 않게 역사의 지배에서 비껴선 채 제1차 세계대전의 영향도 받지 않았던 이 브루어리는 1928년 확장 기금을 마련하고자 일반 대중에 판매를 시작했다. 그러나 제2차 세계대전 당시에는 그만큼 운이 따르지 않아서 브루잉을 중단할 수밖에 없었다. 1946년, 베스트블레테런은 인근 신트베르나르뒤스가 신트식스튀스 이름으로 맥주를 만들 수 있게 허가했고, 이 조치는 1992년까지 지속됐다. (신트베르나르뒤스는 자체 이름으로 이전의 베스트블레테런 라인 브루잉을 계속했다.)

베스트블레테런의 맥주들은 전 세계적으로 —적어도 1년 내내 나오는 레귤러 맥주들로는— 가장 열망의 대상이 되는 맥주들임은 분명하다. 수도사들이 생산을 늘리려 하지 않기 때문이다. 맥주는 수도원 내 카페 '인 데 프레더 In de Vrede'와 브루어리 창고에서 상자 단위로(딱 한 상자라는 사실을 명심할 것!)만 판매한다. 수도사들은 브루어리가 수도원을 위해 봉사하는 것이지 그 반대는 아니라고 믿는다. 그리고 제한된 생산량은 하루 여섯 시간을 기도에 쓰는 수도사들의 일과와도 연관된 문제다.

유명 브루어리 시메가 위치한 스쿠르몽 수도원

　1999년까지만 해도, 브루어리는 4% ABV 짜리 가벼운 테이블 맥주에서부터 오늘날 12로 알려져 있는 대표적인 10%짜리 스트롱 다크 에일에 이르기까지 다양한 맥주를 만들었다. 1999년에 브루어리는 가장 약한 맥주 두 가지를 호피한 블론드 에일로 대체했다—지역 홉 산지뿐 아니라 변화하는 관습에도 동조한 셈이었다. 가장 유명한 것은 앞서 언급했던 12로, 2차시장 aftermarket에서 20달러 이상의 가격으로 통상 판매되는 맥주였다. 이는 바나나향과 헤이즐넛 향이 있는, 따스한 느낌에 빵의 풍미를 지닌 맥주로, 몇 년에 걸쳐 잘 숙성되며 영국산 발리 와인의 특성을 지닌다. 8은 좀더 로스티하고, 스모크와 캐러멜화된 설탕의 풍미가 살짝 스치는 느낌이다. 백미는 바로, 가장 유명하지 않은 더 블론드 The Blond다. 다른 맥주들에 비해 훨씬 더 복합적인 이 맥주는 세종 같은 탁한 농가풍 특성이 있다. 향과 맛에서 만개한 꽃 같은 느낌과 꿀 같은 달콤함이 느껴지지만, 홉 특성이 풍부한 청량하고 드라이한 맥주이기도 하다. 아이러니지만 사실이다—진정한 클래식이면서도 아직 제대로 인정받지 못한 놀라운 맥주는 바로 가장 유명한 맥주들 사이에 숨어 있는 법이니까.

● **시메(노트르담 드 스쿠르몽 수도원)** 시메는 트라피스트 브루어리 가운데 가장 유명한 곳으로, 맥주 애호가라면 대부분 이곳의 글라스 하나쯤은 가지고 있을 것이다—여러 식료품점에서 쉽게 구할 수 있고 술집에서도 종종 볼 수 있다(이런 식으로 판매되는 유일한 트라피스트 맥주다). 하지만 쉽게 접할 수 있다고 해서 흔한 대량생산 맥주라고 생각해서는 안 된다. 시메는 세계에서 가장 높이 평가되는 브랜드 중 하나다.

　수도사들은 1850년 시메 마을 인근에 노트르담 드 스쿠르몽 수도원을 세우고 그 안에 브루어리도 마련했다. 대다수 트라피스트 수도원이 그렇듯, 나름의 개성을 찾아 정착하기 전 수도사들은 다양한 레시피와 여러 절차를 이리저리 시도하며 고민했다. 현재의 맥주는 테오도르 신부와 유명한 과학자 장 드 클레르크 간의 협업으로 탄생한 것들이었다. 1940년대 후반부터 1966년까지 이 수도원은 익숙한 색채 시리즈—레드, 화이트, 블루—를 선보였다. 그러나 레시피들은 약간 달라졌다. 발효 과정의 변화와 더불어 홉 역시 달라졌다. 의외로 시메는 미국산 홉을 선호하여 여러 경우에 갈레나, 너깃, 클러스터를 쓴맛을 내는 용도로 사용하고 있으며, 최적의 풍미를 내기 위해 품종들을 조금씩 바꾼다. (할러타우는 풍미를 내는 용도다.) 흥미로운 점은 홀홉을 쓰지 않고 추출액을 사용한다는 것인데, 오르발과 베스트블레테런에서도 택하고 있는 방식이지만 다른 곳에서는 흔히 찾아볼 수 없는 특

신트베르나르뒤스

야생 삼림지대를 돌아다니다보면 이따금씩 너무 가까이 붙어 자란 나머지 땅에 가까운 줄기 하나를 공유하고 있는 두 나무를 볼 수 있는데, 올려다보아야만 비로소 이들이 두 그루임을 알 수 있다. 신트베르나르뒤스와 베스트블레테런이 바로 그와 같은 경우다. 제2차 세계대전 이후, 베스트블레테런의 수도사들은 수도원 외부에서 브루잉 활동을 하기로 하면서 바타우 마을의 치즈 장인을 찾았다. 이렇게 운영된 작은 브루어리는 당시에도 신트베르나르뒤스로 불렸다. 프랑스를 벗어나 이곳에 온 수도원 공동체였던 시작점이 흔적으로 남아 있는 셈이다.

베스트블레테런 출신의 수도사들은 브루잉 설비를 바타우로 옮겼고 브루마스터는 신트베르나르뒤스에 베스트블레테런의 규격과 방식에 따라 맥주 만드는 법을 전수했다. 그곳에서 처음으로 만들어진 맥주 3종─압트Abt 12, 프리오르Prior 8, 파터르Pater 6─은 모두 플란드르 전통에 따라 만들어진 다크 에일로, 오늘날의 팬들에게도 낯설지 않을 것이다. 신트베르나르뒤스에서는 과거 베스트블레테런에서 썼던 것과 동일한 효모와 재료들을 그대로 사용하여 이들 맥주를 만들었다. 이 세 맥주가 베스트블레테런의 유산을 가장 근접하게 계승하고 있다고 할 만하다는 점은 흥미진진한 반전이다. 이들(과 이 브루어리의 모든 맥주들 그리고 여덟 가지로 확장된 라인)은 베스트블레테런의 원 효모품종을 사용하는데, 수도사들은 더 이상 해당 품종을 사용하지 않는다. 신트베르나르뒤스는 오리지널 맥주 3종과 함께 좋은 평가를 받는 트리펄, 윗비어, 크리스마스 에일도 브루잉하고 있다.

이한 점이다.

대부분의 사람들은 이들을 색으로 구분하지만, 이 맥주들은 사실 이름이 따로 있다. 프르미에르Première(레드)는 7.1%로 가장 가벼우며, 스타일상 대체로 뒤벌과 비슷하다. 생크 상Cinq Cents(화이트)은 8.2%짜리 트리펄이며, 9%짜리 그랑드 레제르브Grande Réserve(블루)는 베스트블레테런의 제품처럼 좀더 센 다크 애비 에일로 분류가 가능할 듯싶다. 이 라인의 맥주들은 마치 한 가족처럼 굉장히 닮은 점이 많아서, 전부 깔끔하며 아찔하면서도 정제된 아로마와 풍성한 느낌을 풍기지만, 동시에 섬세하고 가벼우며 상당히 드라이하다. 셋 중에서도 그랑드 레제르브는 단연 독보적이다. 스파이시하고 복합적인 향이 먼저 느껴지며 깊이 있는 밤색 바디에 부드러운 우유 거품 같은 헤드가 놓여 있다. 풍미는 마치 디저트 같아서, 크림처럼 보드라우며 바닐라향과 자두 풍미가 퍼지다 마지막에는 살짝 날카로운 듯한 알코올 느낌의 긴 여운을 남기며 마무리된다. 이 맥주야말로 어른의 음료라는 생각이 들 것이다.

● **라 트라프**(코닝스후번 수도원) 1880년, 종교 기관들에 대한 프랑스 정부의 태도에 우려를 품었던 생트마리 뒤 몽 데 카 수도원의 원장은 와이아트 신부를 네덜란드로 보내 좀더 우호적인 지역에서 쓸 만한 부지를 찾아보게 했다. 파견단은 현지에서 코닝스후번─왕의 농장─이라 일컬어지는 틸뷔르흐 인근의 아름다운 농장 지역을 찾아냈고 신부들은 이곳에 제2의 수도원을 짓기로 결정했다. 양을 키우던 헛간을 개조했고, 늘어나는 인구에 맞춰 4년 뒤에는 브루어리를 새로 지었다.

라 트라프는 여타 트라피스트 브루어리들과 몇 가지 다른 점이 있는데, 장소와 별 관계가 없다는 점이다. 특히, 이 수도원은 100년째 라거를 브루잉해오고 있다. 1969년, 코닝스후번(지역뿐 아니라 수도원에도 통용되는 명칭)은 자기네 브루어리 라이센스를 스텔라 아르투아 측에 내줬고, 이 협약은 10년 넘게 유지됐다. 1980년 수도사들은 브루어리 관리를 재개하면서 라거를 포기하고 트라피스트 계열의 전형적인 맥주들을 생산하겠다는 중대한 결정을 내렸다. 그러나 라이센싱 시도로 수도원이 상업적 파트너들에 대한 관심을 접게 된 것은 아니었고, 1999년에 코닝스후번은 바바리아Bavaria 브루어리(이름이 주는 인상과는 달리 네덜란드 회사다)와 파트너십을 체결했다. 오늘날 바바리아는 수도원으로부터 설비와 건물을 임차하여 수도사들을 위한 브루어리를 운영하고 있다. 이 파트너십으로 인해 트라피스트 브루어리로서의 라 트라프의 지위를 두고 갈등이 있었지만, 2005년 국제트라피스트협회에서는 이 제휴관계를 재확인하고 트라피스트 맥주로 공식 인정했다.

수도원의 역사적 뿌리에도 불구하고, 라 트라프의 맥주들은 오늘날 스트롱 에일─뒤벌, 트리펄, 그리고 크바드뤼펄이라 불린 최초의 맥주─이라는 친숙한 범주에 속한다. 모든 트라피스트 맥주 가운데 라 트라프의 맥주들은 가장 달콤하고 가장 덜 복합적이다. 홉 특성은 거의 없다시피하며, 효모 특성이 달콤한 느낌을 한층 부각시킨다. 라 트라프의 맥주들은 알코올의 열감을 통해 균형─크바드뤼펄의 경우가 대표적─을 찾지만, 저감도가 비교적 낮은 수준이라 달콤한 쪽에 가깝다.

- **로슈포르(노트르담 드 생레미 수도원)** 노트르담 드 생레미는 1230년에 수녀원으로 처음 문을 열었고, 수도원이 된 것은 1464년이었다. 브루잉은 1595년에 시작됐고, 수도사들이 홉과 보리를 재배하기 시작했다. 이후 각종 전염병, 종파 간 분열, 전쟁 등으로 초토화된 이후(1568년에는 칼뱅파가 침탈한 바 있었고), 1887년에 시작된 수도원 전체 복구 작업은 1899년에 ─홉과 보리밭은 제외하고─ 완료됐다.

로슈포르의 초기 맥주들은 사실 별로였다. 1950년경, 로슈포르는 97킬로미터 정도 떨어져 있는 시메 때문에 장사를 접을 위기에 처했다. 하지만 시메는 장 드 클레르크를 로슈포르에 보내 더 나은 맥주를 만들도록 도왔다. 이후 5년간, 로슈포르는 지금까지도 생산 중인 ─그러나 그중 두 개는 이름이 바뀐다─ 맥주들을 선보이게 된다.

로슈포르의 맥주들은 단순하게 만들어진다. 두 가지 주요 베이스 몰트와 설탕 그리고 밀 녹말을 사용하여 알코올 도수를 끌어올린다. 순도와 경도 면에서 좋은 평가를 받는 물이 사용되는데, 브루어들은 이 물이 로슈포르의 복합적 풍미의 열쇠라고 믿는다. 이들은 할러타우와 스

티리언 골딩, 두 가지 홉 품종을 사용하며, 효모 종 역시 두 가지를 혼합한 것을 사용하여 마무리한다. 그리고 이 모든 요소가 어우러지도록 고수를 조금 첨가한다.

로슈포르 브루어리에서는 단 3종의 맥주—6, 8, 10—만을 생산한다. 전부 브라운 에일로 건포도, 빵, 흙냄새 같은 향이 느껴진다. 풍미는 달콤한 편이며, 혀에 닿는 느낌은 마치 겨울 과일이 듬뿍 든 과일케이크가 액체로 변신한 것 같다. 럼에서 느껴질 법한 온기가 있고, 혀에서 한참 머물게 두면 빵이나 견과류 풍미도 느껴진다. 활발한 기포와 경수 특유의 향이 균형을 잡아주는 덕분에 질리는 느낌이 없다.

• **오르발(오르발 수도원)** 브루어리 및 맥주에 대한 자세한 설명은 이 챕터 뒤에 있다.

• **아헐(신트베네딕튀스 수도원)** 사람들 대부분은 트라피스트 브루어리라고 하면 보통 벨기에 브루어리 여섯 곳과 네덜란드 브루어리 한 곳을 떠올린다. 하지만 실제로 벨기에에 있는 브루어리는 1.5개로 봐야 한다. 신트베네딕튀스 수도원은 1686년에 벨기에 아헐에 은둔처(비공식 명칭인 아헐서 클라위스Achelse Kluis)로 처음 문을 열었다. 이곳은 네덜란드 팔켄스바르트에 가까운 곳으로, 일부 해당 부지는 네덜란드 국경에 걸쳐 있었다. 수도사들은 1789년에 수도원에서 쫓겨났지만, 1844년에 베스트말러 출신의 수도사들이 브루어리와 몰트하우스를 갖춘 수도원 분원을 재건립했다. 익숙한 이야기지만, 제1차 세계대전 중 독일군이 브루어리를 파괴했고, 재건 계획이 수립됐음에도 불구하고 아헐에 브루어리가 다시 생긴 것은 1990년대 말에 들어서였다.

수도원이 브루어리를 다시 갖추기로 결정했을 때, 수도사들은 베스트말러에 크게 의존했다. 베스트말러 출신의 퇴직 수도사인 토마스 신부가 초기 제조 방식의 기반을 마련하고 최초 테스트 배치들을 만들었다. 아헐 라인의 레시피는 (훗날 로슈포르 출신의 앙투안 신부의 도움을 받아) 초기 몇 년에 걸쳐 구체화됐고 2000년대 중반 이후로는 그대로 유지돼왔다. 수도원들 간의 연계는 동일한 효모 품종을 사용함으로써 이어지고 있다.

아헐의 주요 맥주 3종은 블론드와 8°라 불리는 브라운(둘 다 8%), 9.5%짜리 스트롱 다크다. 이 브루어리에서는 5° 맥주도 선보이고 있지만 현장에서만 판매한다. 대부분의 트라피스트 에일이 그렇듯, 아헐의 레시피도 간결하고 단순하다. 필스너 몰트, 설탕(맥주에 따라서 라이트 또는 다크), 필요에 따라 약간의 다크 몰트 그리고 자츠 홉 정도가 첨가된다. 다크한 맥주이자 아헐의 가장 센 맥주인 엑스트라가 가장 복합적이다. 보통의 갈색이라기보다는 어두운 호박색에 가까우며, 높은 도수에도 불구하고 거품이 대단하다. 럼향이 냄새와 맛으로 풍겨져나오고, 태운 설탕, 말린 자두, 사르사, 그리고 약간 바나나 같은 에스테르 풍미가 있다. 알코올 성분은 맥주의 헤드에는 치명적이나 마실 때는 부드럽게 느껴진다. 아마도 고유의 뚜렷한 맛이 정제될 수십 년의 시간적 여유가 없었기 때문인지, 아헐의 맥주는 매력적이기는 하지만 어쩐지 베스트말러나 로슈포르에서 영감을 받았다는 인상을 풍길지도 모른다.

• **슈티프트 엥겔스첼** 슈티프트 엥겔스첼 수도원은 오스트리아 북단 도나우강 근처에 있다. 독일 접경으로부터 남쪽으로 불과 1.6킬로미터 떨어져 있고, 32킬로미터 정도 떨어진 체코 남동부보다도 가깝다. 1293년에 세워진 이 수도원은 500년간 시토 수도회 수도원으로 운영되다가 1786년 해산된 후 사기업에 매입됐다. 트라피스트 수도회에서 이곳을 1925년에 다시 인수했지만 제2차 세계대전 중 또다시 잃었고(히틀러가 신부 다섯 명을 수용소로 보냈다) 종전 후에야 다시 운영을 시작했다.

이 수도원은 리큐어와 치즈로 더 유명하지만, 2012년에는 세계 최신의 소규모 트라피스트 브루어리로도 이름을 알리게 됐다. 국제트라피스트협회는 1년 뒤 이곳의 신청을 받아들였고 현재는 두 가지 제품—스트롱 세종인 베노Benno(브루어리에서는 트리펄이라 부른다)와 스트롱 다크 에일인 그레고리우스Gregorius—을 선보이고 있다. 둘 중 좀더 재미있는 맥주인 베노는 스파이시한 농가풍 향에 약간의 꿀이 달콤한 케이크 같은 풍미를 더한다. 초기의 병입 버전들은 별로 주목을 받지 못했지만 이 맥주는 트라피스트 범주 내에서는 비슷한 것을 찾을 수 없을 정도로 독특한 개성을 자랑한다—앞으로 진화해갈 시간을 생각하면, 충분히 자력으로 입지를 다져나갈 수 있을 것이다.

브루잉 노트

애비 에일을 차별화시켜주는 요소는 방법—벨기에 고유의 방법—에 있는 것이 아니라 실행 자체에 있다. 대표적 맥주를 만드는 브루어리들은 아주 오랜 세월에 걸쳐 같은 일을 계속해왔다. 가령, 시메의 가장 최근 레시피는 1960년대의 것이고, 오르발의 경우는 1930년대, 로슈포르와 베스트말러는 1950년대의 레시피를 여전히 그대로 쓰고 있다. 서로 뒤엉킨 역사를 지닌 신트베르나르뒤스와 베스트블레테런 두 브루어리가 최근까지 쓰고 있는 레시피들 역시 제2차 세계대전 직후의 것 그대로다. 방법, 설비, 재료는 모두 심사숙고를 거친 뒤에야 변화를 주었고 이마저도 점진적으로 이루어졌다. 이들 맥주가 뛰어난 이유는 수십 년에 걸쳐 섬세하게 조정돼온 과정 덕분이다.

이 맥주들은 유럽 필스너 몰트 베이스와 상당량의 설탕을 바탕으로 시작한다—이 맥주들의 핵심 특성이다. 가장 묵직한 애비 에일들조차도 바디가 가벼운데, 이는 최대 20%의 설탕이 들어간 맥아 가루 덕분이다. 통상적으로 '캔디슈거'라 불리는 벨기에식 맥아 가루에는 사실 다양한 타입의 당분이나 때로는 혼합물이 포함된다. 기본 당분은 자당(베이킹에 사용하는 바로 그 설탕)으로, 주로 액상이며 현지에서 자란 사탕무를 원료로 삼는 경우가 많다. 다크한 맥주는 캐러멜화된 호박 시럽을 사용하여 색도 더하고 과일향과 럼향이 나는 풍미도 더한다. 덱스트로스는 약간 다른 형태이나 마찬가지로 흔하다.

홉은 벨기에의 브루잉에서 자주 간과되는 요소이지만 수도원 맥주에서는 십분 활용되는 경우가 종종 있다. 수도원 맥주들은 상당히 세서, 홉 특성이 두드러지지 않을 때라도 균형감이 필요하다. 스파이시함은 수많은 애비 에일의 중요한 특징으로, 홉은 효모와 더불어 결정적인 풍미를 만들어낸다. 미국 기준에서 베스트말러와 오르발의 맥주는 쓴맛이 대단히 강한 축에 속하지는 않지만, 풋풋하고 생기 넘치는 느낌이며, 대부분의 벨기에 에일보다 호피하다. 이러한 경향은 데 랑커의 맥주(휠덴베르흐Guldenberg)처럼 홉 특성이 강하면서도 여러 다른 해석을 가미한 맥주들의 등장으로 이어졌다. 향신료를 첨가하여 대개 섬세하고도 개성적인 향을 더하는 소수의 브루어리들도 있다.

수많은 벨기에 스타일이 그렇듯, 주인공은 효모다. 벨기에 에일 품종은 미국산이나 영국산보다 더 많은 에스테르와 페놀을 생성하는 것으로 잘 알려져 있다. 효과는 제각각이지만, 트라피스트 효모의 경우 실제로 그렇다. 와이스트 랩스는 브루어리들로부터 분리 배양해낸 품종들로 실험을 해 그중 일부(시메 및 베스트말러)에서 정향의 향이 난다는 사실을 발견했다. 로슈포르의 효모는 장미나 꿀 같은 맛이 나는 특정한 에스테르를 생성한다. 이들 효모는 모두 알코올 내성이 있고 유사한 환경에서 다른 품종이 내는 거친 느낌의 몇 가지 퓨젤 알코올은 생성하지 않는다.

이 효모들이 작용하는 방식에 가장 크게 영향을 미치는 요인 중 하나는 온도다. 온도가 높아질수록 효모는 에스테르와 페놀을 더 많이 생성하게 된다. 벨기에의 브루어들은 다양한 온도에서 효모를 투입함으로써 효모의 활동에 의해

> **IF YOU LIKE ABBEY ALES**
>
> 애비 에일은 기본적으로 다수의 벨기에 에일과 비슷하다. 뒤벌처럼 세고 호피한 에일은 **트리펄**과 견줄 만하지만 의외로 **더블 IPA**와도 비슷하다. 트리펄과 더블 IPA는 강렬한 호핑을 음미하기 좋은 에일들이지만, 트리펄의 특성으로 꼽히는 비교적 가볍고 청량감 있는 바디와 탄탄한 강도는 이들 벨기에 에일들 모두의 공통점이다. 뒤벌은 물론 **벨기에 브라운 에일**의 더 센 버전이고 **스위트 스타우트**와 몇 가지 공통된 특징이 있지만 분명 좀더 가볍다. 아헐 5°나 베스트블레테런 블론드 등 라이트한 계열의 트라피스트 맥주는 사실 **벨기에 페일 에일**이며, 굉장히 센 다크 애비 에일은 **영국 발리 와인** 및 **올드 에일**과 아주 비슷하다.

온도가 다양한 수준으로 상승하게 만든다. 로슈포르는 20℃에 투입하여 23℃까지 온도를 상승시킨다. 시메의 투입 시점은 로슈포르와 동일하나 28℃까지 온도를 상승시킨다. 오르발은 다소 낮은 15℃에 투입하여 22℃까지 온도를 상승시킨다. 그러나 오르발의 경우 브루어들은 해당 범위 내의 온도보다도 시간이 더 중요하다는 사실을 알게 됐다. 오르발은 항상 닷새간 발효시키며, 브루어들은 발효 속도를 높이거나 낮추기 위해 온도를 조절한다. 이런 모든 선택들이 최종 결과물인 맥주의 맛에 영향을 미치고, 고유한 특성을 부여한다.

동일한 효모종이 환경에 따라 어떻게 달리 작용하는지에 대해서는 실시간으로 흥미로운 실험이 가능하다. 베스트말러에서는 갓 배양된 신선한 효모종을 아헐과 베스트블레테런에 공급하며(즉, 효모가 세대를 거치는 과정에서 변화하는 소위 '하우스 효과house effect'는 없다는 의미다) 모두 비슷한 뒤벌 에일을 만든다. 베스

트말러는 18℃에서 발효를 시작하여 20℃까지 온도를 상승시킨다. 아헐 역시 동일한 18℃에서 시작하지만 23℃까지 온도가 오르게 두며, 베스트블레테런은 고온을 택해 20℃에서 무려 29℃까지 오르게 둔다. 효과는 뚜렷하다. 베스트말러의 뒤벌은 부드럽고 드라이하며, 효모보다는 몰트와 당분 특성이 더 두드러진다. 아헐 8°는 에스테르 성분으로부터 더 많은 과일 풍미를 끌어낸다. 반면, 베스트블레테런 8은 페놀이 확연히 느껴지는 스모키향을 지닌다. 서로 혼동이 불가능할 만큼 완전히 다르다.

애비 스타일 에일들이 인기를 끌다보니 이제는 전 세계 곳곳에서 브루잉된다. 그 경건한 출발점을 존중하는 차원에서 대부분의 브루어리들은 트라피스트 에일의 정신을 따르는 경향이 있다. 미국 브루어리들 중에는 설탕을 사용하지 않는 (혹은 사용하더라도 더 적게 사용하는) 곳이 더 많지만 색이 진한 몰트를 사용하는 경우는 더 많고 좀더 저온에서 발효시키는 경향을 보인다. 오늘날 이 같은 맥주들은 수백 종이 있으며, 이처럼 세속의 브루어리에서 만든 수많은 애비 스타일 에일들은 굉장히 우수하다.

진화

애비 에일은 이제 주류가 됐다. 우리가 만일 트라피스트 수도회를 출발점으로 여긴다면, 당시 술의 기준으로부터는 조금씩이나마 꾸준히 진보해온 셈이다. 벨기에에서 가장 잘나가는 브랜드 세 곳은 기독교의 후광을 입고 팔리지만(아플리험, 흐림베르헌, 레프) 모두 6% ABV 선—트라피스트 수준의 도수에는 한참 못 미치는 선으로 대량판매를 위한 타협으로 보인다—이다.

미국에서 애비 에일은 고도수 맥주라는 다른 방향을 택했다. 뒤벌 수준은 건너뛰고 곧장 센 트리펄로 직행하는 경우가 많다. 심지어 자연스레 '쿼드'라는 이름을 들먹이며 크바드뤼펄을 옹호하기도 했다. 미국 소비자들이 왜 뒤벌은 브라운이고 트리펄은 블론드이며 크바드뤼펄은 또 브라운인지 혼란스러워하는 것도 이해가 간다. 그리고 '골든 쿼드'의 유행도 어쩌면 이런 맥락에서 시작된 것인지도 모른다. 에이버리의 더 레버런드The Reverend, 빅토리Victory의 V-12, 슐래플리 크바드뤼펄은 모두 구릿빛과 오렌지빛 사이 어딘가에 놓여 있다.

트리펄과 굉장히 미국적인 더블 IPA 사이에는 모종의 관계가 있을 수도 있다. 가벼운 골든 베이스의 맥주를 만들어 홉 느낌을 내보려던 미국 브루어리들은 트라피스트 수도회에서 오래도록 사용해온 기법들을 발견했던 것이다. 두 스타일 모두 페일 몰트를 넣어 만들고 가벼운 느낌과 발효를 위해 설탕을 사용하고 고도수로 브루잉한다. 베스트말러 같은 호피한 트리펄의 경우에는 직접적인 연관성도 발견할 수 있다. 그토록 미국적인 스타일을 그토록 벨기에적인 맥주의 후손으로 보는 것이 이상하겠지만, 연관성은 피상적인 수준 이상이다.

알아야 할 맥주들

애비 에일과 트라피스트 에일은 특유의 낭만과 신비로움 때문에 이 카테고리의 대표 맥주가 됐고, 같은 이유로 이번 장에서도 별도로 다루었다. 그러나 이들 제품도 분명 세속성이 있다. 전부 하나의 그룹에 몰아넣기는 어렵지만 ―한마디로, 사실 애비 '스타일' 같은 것은 없다― 대다수는 정체성을 드러낼 때 종교적 뉘앙스를 반드시 풍긴다. 다음은 그 종교적 맥주들을 흉내내어 만든 상업적 맥주들 가운데 마셔볼 가치가 있는 괜찮은 것들을 선별한 것이다.

뒤벌

ST. BERNARDUS PATER 6
신트베르나르뒤스 파터르 6

원산지: 벨기에 바타우
몰트: 알렉시Alexis, 프리스마Prisma, 로스팅한 몰트
홉: 타깃, 스티리언 골딩
6.7% ABV

사람들이 자주 빠뜨리는 파터르 6는 사실 가장 세련된 애비 에일 중 하나다. 놀라우리만치 부드럽고 폭신한 느낌으로, 깊이 있는 견과류 풍미에 로스트 및 검붉은 과일향이 살짝 더해지며 마무리감은 놀라울 정도로 드라이하다. 벨기에서 6.7% ABV는 '자꾸 마시고 싶은' 알코올 도수

정도일지도 모르겠다―그렇다면 이 맥주야말로 바로 그런 맥주에 해당할 것이다.

NEW BELGIUM ABBEY
뉴 벨점 애비

원산지: 미국 콜로라도 포트콜린스
몰트: 페일, 초콜릿, 캐러필스, 캐러멜, 뮌헨
홉: 윌래밋, 타깃, 리버티
7% ABV, 1.066 SP. GR., 20 IBU

뉴 벨점의 맥주는 숨길 수 없는 '고발효'의 특성들을 지니고 있다. 바나나, 풍선껌, 정향 등 에스테르 및 페놀 특성은 고온 발효에서 나온다. 이 맥주의 핵심은 캐러멜향과 빵향이 살짝 감싸는 듯한 코코아의 풍미다. 달콤하고 따스하며 마음을 설레게 한다.

CHOC DUBBEL
초크 뒤벌

원산지: 미국 오클라호마 크렙스
몰트: 벨기에 필스너, 스페셜 B, 아로마틱
홉: 펄
8% ABV, 20 IBU

초크의 뒤벌은 굉장히 달콤한 맥주지만, 폭발적인 기포감 덕분에 질리는 느낌은 들지 않는다. 다크 계열의 음식―흑설탕, 건포도, 초콜릿―이 떠오르는 풍미다. 달콤하게 올라오는 단맛이 축하 파티 같은 분위기를 자아낸다.

트리펄

UNIBROUE LA FIN DU MONDE
위니브루 라 팽 뒤 몽드

원산지: 캐나다 퀘벡 샹블리
몰트: 비공개
홉: 비공개
기타: 고수
9% ABV, 19 IBU

위니브루는 시대를 한참 앞서간 브루어리다. 오리지널 맥주들과 어깨를 나란히 할 만큼 뛰어난 벨기에 스타일 에일들을 북아메리카로 가져갔다. 라 팽 뒤 몽드는 초기에 거둔 승리였다. 튤립 글라스 안으로 거품과 함께 에너지와 생기를 가득 채우는, 위풍당당하고도 활기 넘치는 에일이다. 고수로 단맛을 한층 더 끌어올린 이 달콤한 맥주를 마시면, 복합적인 에스테르와 페놀 풍미가 입안 가득 퍼진다. 목으로 넘어갈 때 놀라우리만치 청량한 느낌으로 마무리된다.

LA RULLES TRIPEL
라 륄 트리펄

원산지: 벨기에 륄
몰트: 필스너, 페일
홉: 애머릴로, 캐스케이드, 워리어
기타: 다크 슈거
8.4% ABV, 1.074 SP. GR., 38 EBU

라 륄은 현대 벨기에 브루잉에서 단연 돋보이는 브루어리다. 그레고리 브렐스트는 2000년에 이 브루어리를 설립하고 오르발의 효모를 차용했다. 하지만 트리펄을 만들면서는 워싱턴 야키마

흐림베르헌을 브루잉하는 것은 수도사들이 아닌 알컨마어스다. 하지만 대형 맥주기업 입장에서는 이런 혼동을 십분 활용한다.

시 출시했던 트리펄은 이제 이곳의 대표 맥주가 됐다. 미네랄이 풍부한 경수와 굉장히 드라이한 맛을 기본 바탕으로 삼는 스타일이 특징적이다. 몰트 아로마는 알 수 없는(구체적인 제조 방식을 공개하지 않는 이 브루어리에서 비밀에 부친) 향신료들과 한데 어우러져 허브, 풀, 톡 쏘는 유칼립투스향 등이 번갈아 느껴진다. 효모는 좀 더 스파이시한 쪽으로, 드라이한 맛과 미네랄 특성을 더욱 부각시킨다.

다크 스트롱 에일과 크바드뤼펄

ST. BERNARDUS ABT 12
신트베르나르뒤스 압트 12

원산지: 벨기에 바타우
몰트: 필스너, 블랙
홉: 타깃, 자츠
기타: 자당, 다크 캐러멜 시럽
10.5% ABV, 1.090 SP. GR., 22 IBU

압트 12는 흑단에 가까운 색을 지니고 있음에도 불구하고 로스티한 향은 드라이한 코코아의 느낌이며, 그밖에 과일의 향과 맛이 강하게 느껴지는 맥주다. 풍부한 자두와 건포도 풍미가 마치 와인 같은 세련된 맛과 어우러진다. 파터르 6와 마찬가지로 크림처럼 부드러운 맥주이기는 하나 맥아 가루에 다량의(20%에 살짝 못 미치는 정도) 당분이 첨가된 덕분에 좀더 가볍고 마치 브랜디처럼 예리한 느낌의 알코올 특성이 느껴진다. 한 잔의 디저트 같은 맥주라 할 수 있겠다.

의 홉을 썼고 여기서 열대풍 느낌이 생기게 된다. 그러나 라 릴 트리펄은 후추 풍미의 효모 특성, 곡물향과 꿀향을 지닌 몰트 베이스, 야생화 아로마를 지닌 농가풍 맥주다.

ST. FEUILLIEN TRIPEL
생푀앵 트리펄

원산지: 벨기에 르 뢰
몰트: 비공개
홉: 비공개
기타: 비공개 향신료, 덱스트로스 및 맥아당 시럽
8.5% ABV

생푀앵이 과거 10년간 뒤 보크 브루어리에 의탁했다가 나름의 브루잉 전통을 되찾았을 당

OMMEGANG
THREE PHILOSOPHERS
오머갱 스리 필로소퍼스

원산지: 미국 뉴욕 쿠퍼스타운
몰트: 필스너, 페일, 캐러멜, 엑스트라 스페셜, 뮌헨, 벨기에 아로마틱
홉: 스티리언 골딩, 할러타우, 슈팔터 셀렉트
기타: 덱스트로오스, 리프만스 크리크Liefmans Kriek*
9.2% ABV, 1.090 SP. GR., 21 IBU

스리 필로소퍼스는 오머갱과 홈브루어 노엘 블레이크의 합작으로 탄생했으며 클래식한 벨기에 맥주와는 약간 거리가 있다. 황설탕 계열의 달콤함을 지닌 베이스 맥주는 건포도, 초콜릿 특성을 띤다. 그다음 리프만스 크리크(오머갱과 리프만스는 모르트핫 소유다)를 2% 혼합하여 체리향이 감도는 마무리감을 만든다. 어쩐지 퇴폐적인 매력이 느껴지는 맥주다.

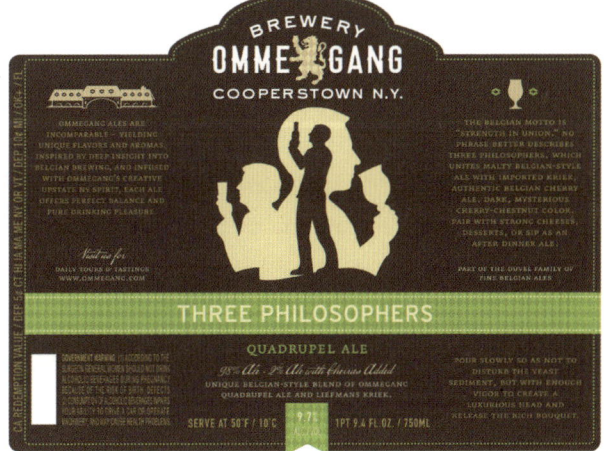

• 벨기에의 체리 에일

벨기에 빌레르 드방 오르발 Villers-devant-Orval, Belgium

Abbaye Notre-Dame d'Orval
오르발 노트르담 수도원

트라피스트 브루어리 그 이상의 브루어리

만일 메릴랜드 크기의 어느 국가에 오지 같은 곳들이 있다고 한다면, 오르발 노트르담 수도원의 수도사들이 찾아낸 곳은 바로 그중 하나였다. 벨기에 중부 지역에서 잔잔하게 파동을 그리던 곡선은 남부 아르덴 숲 속에서 거칠게 변한다. 아르덴 숲은 탁 트인 넓은 땅이 펼쳐지다 삼림지대와 물안개 자욱한 강 계곡이 이어지는 곳이다. 그다지 큰 산들은 아니지만, 나무들과 산등성이로 둘러싸인 조용한 땅에서 위안을 얻고자 하는 이들에게 드라마틱한 경관을 선사한다. 1천 년 가까이, 사람들은 수도원 주변의 땅을 바로 이 용도로 사용해왔다.

1070년 최초의 수도사들이 이탈리아로부터 건너왔지만, 머지않아 이곳을 버리고 떠났다. 수도사들은 1124년에 돌아와 수도원을 완공했다. 이후 수세기 동안 수도원은 유럽 전역을 할퀴고 간 그 고난을 견뎠다. 오르발은 13세기와 16세기에 화재와 전쟁으로 파괴됐다(그리고 충실히 재건됐다). 17세기 말, 샤를 드 벤체라트 수도원장이 오르발을 엄률시토회(트라피스트 수도회)의 일원으로 받아들였다. 그러나 수도원의 유예 기간이 지속되지는 않았다. 1793년 프랑스 대혁명으로 수도원은 또다시 파괴됐기 때문이다. 현재의 수도원은 수백 년은 된 듯한 모습이지만, 오르발의 마지막 —현지에서는 피에르 드 프랑스pierre de France*라 알려진 황토색 사암을 다시 사용한— 재건 작업은 1920년대부터 시작됐다.

브루어리가 완공된 것은 1931년으로 수도원보다도 한참 먼저였다—그리고 브루어리는 사실 수도원 공사 자금을 조달하기 위한 방책이었다. 수도원은 브루어리를 관리하는 나름의 방법이 있었다. 수도사들이 여전히 관여하고 있는 경우도 있지만(베스트블레테런), 브루잉은 수도사가 아닌 브루어들에게 넘기는 경우가 많았다. 오르발에서는 수도사가 브루잉을 하는 경우는 전혀 없다. 대신, 브루어리를 수도원 내에서 지침에

*프랑스의 돌이라는 뜻

따라 사기업 형태로 운영하고 있다. 현재는 수익금의 45%로 오르발 살림을 충당하고, 나머지 55%는 수도사들이 자선 활동에 사용한다. 브루어리의 행정 및 영업 총괄담당인 프랑수아 드 아렌은 이렇게 말했다. "브루어리는 수도원 안에 있는 수도원 소유의 기업이죠. 하지만 실제로 그들이 활동을 하지는 않고요."

여타 트라피스트 브루어리들과는 달리, 오르발은 한결같이 단일 맥주만 생산해오고 있다. 여러 요소가 별나게 섞여나온 결과다. 첫번째 브루어는 마르틴 파펜하이머라는 독일인이었고, 영국에서 장기간 브루잉을 해봤던 벨기에인 존 판후엘러가 그를 도왔다. 오르발에 따르면, 과감한 호핑은 파펜하이머의 생각이었고, 인퓨전 매싱과 드라이호핑은 판후엘러의 작품이다.

오르발 노트르담 수도원의 아름다운 전경

이곳에서는 영국 맥주가 벨기에서 인기를 얻던 당시에 작성된 오리지널 레시피와 달라진 부분이 거의 없는 레시피로 맥주를 만들고 있다. 오르발에서는 두 가지 타입의 캐러멜 몰트를 사용한다. 잉글랜드 에일에서는 흔한 일이지만 벨기에 맥주에서는 드문 경우다. 경수를 사용하고, 저온에서 매싱하여 끓이는 동안 상당량의 홉(할러타우, 미국 홉, 스티리언 골딩 대신 스트리셀슈팔트)을 첨가한다. 이 지점에서 오르발의 맥주는 잉글랜드 페일 에일과 매우 흡사하며, 이 효과는 드라이호핑을 통해 한층 더 극대화된다. 그러나 오르발은 방향을 바꾼다. 닷새간의 발효가 끝난 맥주는 수평형 탱크로 옮겨져 브레타노미세스를 포함해 2차로 효모가 투입된다.

파펜하이머와 판후엘러의 이야기에 미심쩍은 부분은 없다. 하지만 야생효모는 어떤가? 만일 그 영감의 원천이 누구인지 아는 사람이 있다면, 입을 닫고 있는 모양이다. 효모는 맥주를 극도로 드라이하게 만들기 시작하고, '마틸데 샘 Matilde spring'에서 바로 길어올린(이 글 마지막의 '전설' 부분을 참고) 탄산수까지 함께 작용해 뻣뻣한 느낌을 만들어낸다. 맥주는 수평형 탱크에서 3주간 있다가 병으로 옮겨져 다시 한 달간 숙성된다. 시판 시점에 맥주의 알코올 도수는 6%를 살짝 넘기는 수준

매시/라우터 턴과 케틀은 마치 오래된 구리솥 같은 모습을 하고 있지만, 유리 바닥을 보면 브루어리가 얼마나 현대적 시설인지 잘 알 수 있다.

오르발에서는 수평형 발효통에 야생효모를 주입하고 드라이호핑한다. 발효통의 길이는 4.5-6미터 정도다.

수평형 발효통에 넣기 위해 특별히 준비된 홉 봉지. 발효통 하나당 10봉지가 들어간다.

이며, 호피하고 드라이하며 농가풍 느낌이 난다. 무엇보다도 가장 신기한 점은, 두 가지 외국 브루잉 전통의 영향과 수십 년의 세월에도 불구하고 오르발은 현지의 19세기 세종 생산자들에게도 굉장히 친숙하게 느껴질 만한 맥주라는 사실이다. 오르발의 맥주는 단연 벨기에에서 가장 전통적인 맥주 중 하나이며 분명 세종 계열에 속한다.

오르발은 2007년 대대적인 개조를 단행하여 브루어리의 생산 규모를 67,000헥토리터(약 57,000배럴)까지 거의 두 배로 키웠다. 수도원에서는 브루하우스의 효율을 한층 개선했고, 과거 시스템에서는 일주일 걸리던 브루잉을 이제는 하루 만에 끝낼 수 있게 됐다. 증가된 용량을 발효시키기 위해 오르발은 기존의 개방형 1차 발효통을 원통에 원뿔을 붙인 형태의 좀더 공간 효율이 좋은 발효통으로 바꾸어야 했다. 혹여 이로 인해 풍미의 구성이 달라지지 않을까 하는 우려 때문에 완전 교체까지는 3년이 걸렸다. 드 아렌은 이 과정에 대해 다음과 같이 설명했다. "우리는 개방형 발효통에서 일부, 원통에 원뿔을 붙인 형태의 탱크에서 일부를 각각 발효했습니다. 양쪽에서 만들어져 나오는 맥주의 맛에 아무런 차이가 없다는 확신이 완전히 들고 나서야 원통에 원뿔을 붙인 형태의 탱크 다섯 개를 추가로 마련했지요."

벨기에 브루어리로서는 드물게, 오르발의 생산량은 대부분 벨기에에서 소비된다. 단 14%만이 세계 각지로 운송되며, 수요가 공급을 한참 앞지른다. 수도원 경내에는 더 이상 확장할 공간이 없으며, 수도사들은 맥주 전부를 오르발 경내에서 계속 생산하기를 희망한다. 그 어느 때보다도 전 세계적으로 오르발의 인기가 높아지고 있다.

맥주

오르발이 단일 제품만 만드는 것은 사실이지만, 이렇게 생산된 맥주는 숙성 과정에서 굉장히 다양한 맥주로 변해간다. 여느 벨기에 맥주처럼 송진 같고 풋풋한 홉 특성이 두드러지는, 활기차고 생기 넘치는 맥주인 시기도 있다. 숙성되어가면서 점차 홉 특성은 누그러지고 브레타노미세스가 존재감을 드러내며 레몬 껍질의 향이 풍기기 시작한다. 숙성 시간이 길어질수록 맥주는 드라이해지며, 굉장히 복합적인 느낌의 셰리주처럼 살짝 떫은 느낌의 에일이 될 것이다. 생생한 느낌은 조금 사라질 수 있지만 마치 음역 대신 인생과 개성을 얻은 노년의 가수처럼 좀더 깊어진다. 야생효모는 계속 맥주를 변화시키며 변화무쌍함 그 자체를 성격으로 만든다.

병입 시 도수는 6.2%지만, 브레타노미세스가 계속 활동하면서 알코올 도수를 한층 더 끌어올릴 수 있다. 오르발은 다른 벨기에 브루어들 사이에서도 종종 최고로 꼽히는데, 완벽한 순간에 도달하는 숙성 기간에 대해서는 브루어마다 선호도가 다르다. 저장고에 몇 병 넣어두고 숙성시키다보면 각자 자신이 선호하는 숙성도를 파악할 수 있을 것이다.

전설

오르발의 라벨에는 물고기 한 마리가 그려져 있는데 자세히 보면 입에 금반지를 하나 물고 있다. 이 그림과 관련된 전설이 하나 있다. 토스카나 출신의 백작 마틸데로부터 이야기는 시작된다. 과부였던 마틸데는 11세기에 그 지역에 처음 도착한 이들 중 한 명이었다. 수도원이 건립되기 전, 마틸데는 어느 샘 근처에 앉아 휴식을 취하고 있었는데 결혼반지가 미끄러져 떨어지고 말았다. 낙담한 그녀는 곧바로 기도를 시작했고 머지않아 물 위로 올라온 송어 한 마리의 입에는 그녀의 금반지가 물려 있었다. "이곳은 정말로 발도르Val d'Or[금의 계곡]구나"라고 마틸데는 외쳤다. 오늘날까지 이 전설 속 웅덩이는 수도원의 명소로 자리매김하고 있고, 이 샘은 여전히 맥주의 원천이다.

수도원 앞 외곽 들판. 트라피스트 수도사들의 자급자족이 생각나는 광경이다.

이탈리아 맥주
THE BEERS OF ITALY

구불구불한 언덕들과 포도밭 사이에 끼어 있다시피 한, 맥주의 나라 이탈리아는 얼핏 보면 눈에 잘 띄지 않는다.

세계 곳곳에서 소규모 브루어리들이 우후죽순으로 등장하고 있다. 크래프트 브루잉은 전 세계적인 현상이 됐고, 상업적 규모로 판매를 시작해도 손색이 없을 만큼 커다란 매시 턴이나 케틀을 장만한 홈브루어가 없는 나라도 드물어졌다. 브라질, 뉴질랜드, 스페인 모두 한때는 맥주의 불모지였지만 이제 크래프트 브루잉 유행을 좇는 데 앞장서는 나라들이 됐으며, 인도나 우크라이나 같은 곳들도 이제 그 대열에 합류하려는 참이다.

그러나 이탈리아만큼 독창성과 표현력을 뽐내는 나라는 없다. 1995년에 이탈리아에는 크래프트 브루어리가 한 곳도 없었으나 오늘날에는 450곳이 넘는다. 맥주 전통이랄 것이 없으므로 이탈리아인들은 전 세계 각국의 다양한 스타일과 기법을 자유로이 취사선택해왔고, 벨기에, 독일, 영국, 미국으로부터 다양한 방식을 수용했다. 그러면서도 상당한 이탈리아적 독창성을 발휘하고 있다. 수많은 이탈리아 맥주들은 하이브리드 기법으로 —심지어 와인제조자들로부터도 차용한 기법으로— 만들어지며 대부분은 저녁식사 반주용이다. 대부분의 맥주들은 현지 재료들이 포함된 레시피를 사용하고 있으며 최근에는 한 가지 새로운 현지 재료인 밤을 통상적으로 넣기 시작했다. 이탈리아 맥주는 다른 지역 맥주를 떠올리게 하지만 선율만 유사할 뿐, 편곡도 템포도 다르며 놀라우리만치 독창적인 오리지널 작품이다.

기원

밀라노에서 토리노까지 차를 몰고 달릴 때 오른쪽으로 보이는 들쑥날쑥 솟은 알프스 산맥의 봉우리들은 맥주의 나라 같지는 않을 것이다. 초록빛 언덕은 산맥을 향해 펼쳐지고 포도밭은 햇볕을 쬐고 있다. 홉밭이나 보리밭은 보이지 않는다. 역사 이래 이탈리아는 맥주의 나라들 아래, 좀더 고온다습한 포도와 올리브의 땅에 자리 잡고 있다. 그러나 이제 이곳 역시 맥주의 나라, 혹은 적어도 새로운 맥주의 나라이며, 소규모 브루어리들이 이 아름다운 지역 곳곳의 골짜기 마을마다 들어서 있다.

수치는 여전히 소소한 편이다. 이탈리아의 맥주 생산량 1,300만 헥토리터(1,100만 배럴)는 스페인이나 폴란드(독일이나 영국까지는 갈 것도 없다) 같은 나라들보다 한참 적고, 프랑스나 루마니아보다도 아래다. 이탈리아의 산출량 대부분은 여전히 전형적인 대량생산 라거를 제조하는 페로니Peroni와 모레티Moretti 같은 회사들에서 만드는 것들이다. 그러나 이탈리아에서 맥주의 역사는 길다—고고학적 발견에 따르면 맥주가 이탈리아에 도착한 것은 그리스도 시대 한참 이전이고 맥주의 나라가 곡물을 생산하는 국가들로 한정돼야 할 이유는 전혀 없다. 이탈리아의 맥주 팬들도 분명 20년 전부터 이 같은 생각이 들었을 것이다. 그들은 서로 협력하거나 서로에 대해 잘 알지도 못한 채로 와인의 나라에 다시 맥주를 들여오려는 노력의 일환으로 소규모 브루어리들을 열기 시작했기 때문이다.

초기 선두에 서 있었던 두 선구자—발라딘Baladin의 테오 무소와 비리피초 이탈리아노

이탈리아 브루잉의 선구자 테오 무소가 피오초에서 통역사 파비오 모초네와 함께 빈티지 맥주를 시음하고 있다.

Birrificio Italiano의 아고스티노 아리올리—의 영향은 이탈리아의 브루잉을 규정하게 됐다. 맥주를 향한 이 두 남자의 열정은 1980년대부터 불타기 시작했다. 첫 타자였던 아리올리가 홈브루잉을 처음 접한 것은 대학생이었던 1985년이었다. 당시에는 각종 재료와 장비를 현지에서 구하는 것이 불가능했지만—이탈리아에서 홈브루잉을 하는 사람은 전무했다— 아리올리의 아버지는 브루잉을 시작하는 데 도움이 되는 브루잉 업계 내 정보통을 찾아주었다. 브루잉에 대한 관심은 그를 독일로까지 이끌었고, 그곳에서 그는 유서 깊은 전통 방식을 바탕으로 섬세한 실험을 지속하던 '새로운 스타일'의 브루펍들로부터 조언을 얻었다. (아리올리는 처음에 독일인들과 함께 공부를 했던 탓인지 그들과 어딘가 비슷한 구석이 있다—맥주에 대해 생각하는 방식이 정연하고 정밀하다.) 그 이후, 아리올리는 점차 생화학 및 냉장학 등 브루잉에 도움이 될 만한 기술적 과목들 위주로 수강하기 시작했고, 졸업 후에는 독일의 브루펍 두 곳에서 잠깐씩 일했

다. 그러다 1996년에 마침내 롬바르디아 지역에 자신만의 브루어리인 비리피초 이탈리아노를 세웠다.

무소도 비슷한 시기인 1986년에 피오초라는 피에몬테 지방의 작은 동네에 펍을 차렸다. 과학자를 자처하는 아리올리와는 달리, 무소는 외모로 보나 행동으로 보나 마치 록스타 같다. 내가 처음 피오초에 도착했을 때, 그는 자신이 만든 맥주에 열광하는, 스페인에서 온 팬들에게 둘러싸여 있었다. 무소는 헝클어진 머리에 수염은 대충 기른 채, 워낙 느릿느릿 말을 해서 제대로 알아들으려면 그를 향해 몸을 기울일 수밖에 없다. 무소의 브루잉 여정이 시작된 것은 열성적인 맥주 애호가로서였다. 조금씩 모은 맥주병이 어느 날 급기야 200개에 달하게 된다. 거의 모든 유럽 수입 맥주를 마셔본 셈이었다. 다양한 세계 맥주를 하나씩 차근차근 마셔본 그를 사로잡은 것은 벨기에 맥주들이었고, 그는 "맥주 생산의 비밀을 발견"하기 위해 본토로 여행을 떠났다. 1995년경 무소는 벨기에 농가 맥주 생

> "이탈리아에는 세 가지 맥주 계열이 있습니다. 처음 두 계열로는 벨기에파(가장 중요한 생산자는 테오 무소)와 비리피초 이탈리아노의 아고스티노 아리올리(독일파)가 있죠. 이들 두 계열 혹은 두 갈래의 영감이 1세대였어요. 그다음 등장한 것이 비라 델 보르고Birra del Borgo인데 처음에는 좀더 영국적이었습니다. 하지만 훗날 미국적인 느낌으로 바뀌었죠. 이것이 세번째 계열입니다. 아무래도 좀더 창의적이고 좀더 과감하죠."
>
> —토칼마토Toccalmatto(세번째 계열에 속하는 브루어리)의 브루노 카릴리

크래프트 브루어리란 무엇인가?

'크래프트 브루어리'라는 문구의 기원은 미국이다. 1970년대와 80년대에 생긴 작은 브루어리들에 처음 붙여진 '마이크로브루어리'라는 명칭에서부터 진화해왔다. 미국적 맥락에서는 적어도 약간 효용이 있는 명칭이다. 마이크로 브루어리들이 생겨나던 당시 시장은 대량판매용 라거가 전부였다. 거대 국내 기업들이 만드는 밍밍한 맥주 스타일이었다. 마이크로브루어리들의 차별점은 명료했다. 독립적이고 소규모였으며, '미식'의 기준에 맞는, 장인정신이 살아 있는 맥주를 만들었다. '수공예hand-crafted'라는 의미도 들어 있는 '크래프트craft'라는 단어에는 브루어리의 작은 크기뿐 아니라 맥주 품질도 강조해 관심을 끌려는 의도도 있었다. 시간이 흐르면서 차츰 이 용어의 명료성은 흐릿해졌지만 여전히 의미는 있다. 크래프트 브루잉이 이탈리아 같은 —국내 대기업들 외에는 전무한— 나라에서도 시작되면서 유용해졌다.

다른 나라들에서는 훨씬 더 문제의 소지가 많다. 대규모와 소규모, 독립과 기업, 대량판매와 장인제조 같은 이분법은 아무런 의미가 없다. 영국, 벨기에, 독일, 체코, 프랑스 등지에서 가장 뛰어난 브루어리들 대다수는 이런 정의들을 직접 내던지고 있다. 독립적이면서 대규모이고 장인이 만들며 심지어 **오래되기까지** 할 수도 있는 것이다. 이 나라들에 있는 비교적 작은 신생 브루어리들은, 얼마 떨어지지 않은 거리에 있는, —어쩌면 당연히— 각종 메달이 벽마다 주렁주렁 걸려 있고 수십 년째 브루잉을 계속하고 있는, 빛나는 별 같은 기존 브루어리들을 상대로 경쟁을 해야 할 수도 있다.

산업체 라 브라스리 아 바푀르의 장루이 디의 도움을 받아 자신의 브루어리를 운영할 준비를 마치고, 5헥토리터 규모의 브루어리를 지어 발라딘 간판을 내걸었다.

이들이 1990년대 중반에 문을 연 유일한 이탈리아 브루어리들은 아니었지만(람브라테에 모여 있던 다른 브루어리들도 무모한 열망을 지니기는 매한가지였다), 무소와 아리올리는 이후 이탈리아의 브루잉을 규정하게 된 두 스타일—독일 라거와 그리고 벨기에 병입 숙성파—을 소개한 셈이었다. (미국 쪽 영향을 받은 또 다른 계열은 나중에 소개하겠다.) 1970년대의 미국처럼 1990년대의 이탈리아에는 특정한 브루잉 전통이 없었고, 소비자들에게는 크래프트 브루잉된 맥주의 맛은 어떠하리라는 기대치가 전무했다. 발라딘과 비리피초 이탈리아노를 모델 삼아, 그 기준이 형성되기 시작했다.

무소와 아리올리는 성공을 거뒀고, 이들의 접근 방식이 이탈리아의 크래프트 브루잉을 규정하게 됐다. 소비자들은 곧 이탈리아노의 맥주처럼 풍성하면서도 깔끔한 라거 혹은 발라딘 쪽의 복합적이고 음식과 두루 잘 어울리는 에일 중 하나를 기대하기 시작했다. 초기 10년간 이탈리아의 브루어리들은 이 두 갈래의 전통 중 어느 쪽에든 속할 수 있었을 것이다. 시간이 흐르면서 제3의 전통이 등장했으니, 바로 미국의 생기 넘치는 호피한 맥주들에서 영감을 얻은 계열이었다. 이들 브루어는 '2세대' 브루어를 자처하기도 하는데, 미국의 저돌적인 풍미를 지향하면서도 여전히 무소와 아리올리를 표준으로 삼고 있기 때문이다. 이들은 몇몇 맥주는 라거링하고 몇몇 맥주는 병입 숙성하며, 저녁식사 테이블의 중요성을 늘 염두에 둔다.

이탈리아의 브루어들은 미국의 영향을 받

은 그 시점에 배럴 숙성 및 새콤한 맥주를 생산하는 실험도 시작했다. 이 부분에 있어서 미국 브루어리들로부터 어느 정도 영감을 얻었겠지만, 더 중요한 것은 본토에서 받은 영향—와인—이었다. 이탈리아의 브루어리들은 이탈리아 와인 캐스크를 사용해 맥주를 숙성시켰을 뿐 아니라 와인 자체로부터도 다양한 실마리를 얻어, 미국식 배럴 숙성 맥주보다도 좀더 새콤하고 깔끔하며 균형감이 좋은 맥주를 만들게 됐다.

상세 설명 및 브루잉 노트

라거를 만들든 에일을 만들든, 이탈리아에서는 저녁식사 테이블을 위해 맥주를 브루잉한다. 이는 선천적인 본능 같은 것이다. 어리둥절한 표정을 몇 번 마주한 뒤로 나는 이탈리아의 브루어들에게 이곳에서는 맥주가 요리를 보완하는 것이 중요한 역할이냐는 질문을 그만두었다. 숨을 쉬려면 공기가 중요하냐고 묻는 것이 차라리 나을 뻔했는지도 모르겠다. 아리올리는 이렇게 말했다. "우리는 이탈리아의 식음료 문화에서 태어난 후손이잖아요. 본능적으로 맛있는 것을 찾게 되지만, 동시에 우아하면서도 균형이 잡힌 것을 찾죠. 제가 조금이라도 더 복합적인 어떤 것을 찾고자 했던 이유도 바로 여기에 있어요."

이는 몇 가지 실질적인 효과로 이어진다. 이탈리아의 브루어들은 균형을 중시한다. '극단적인' 맥주 스타일—호피한 에일, 배럴 숙성한 새콤한 맥주, 스트롱 에일 등—을 만들 때조차 도 과시는 최대한 피한다. 호피한 맥주는 풍미가 폭발하지만 괴로울 정도로 쓰지는 않다. 배럴 숙성한 맥주는 새콤할 수 있지만, 미국의 일부 와일드 에일처럼 신맛을 극단으로까지 끌고 가지는 않는다. 이는 이탈리아의 브루어들이 맥주를 요리의 일부처럼 대한다는 의미이기도 하다. 수프에 맛을 내듯 맥주에 허브와 향신료를 더하고, 샐러드를 만들듯 지역에서 나는 과일과 채소를 사용한다. 보통 와인 머스트wine must*, 밤, 각종 허브 등 지역색이 확연한 재료들이 목록을 마무리한다.

저온 저장고

이탈리아의 라거를 이해하기 위해서는 밀라노 북부 루라고 마리노네의 비리피초 이탈리아노로 돌아가야만 한다. 이곳은 아고스티노 아리올리가 처음으로 자기 나름의 '독일식' 라거를 브루잉했던 곳으로, 그 이후 브루어리들이 따르는 원형이 바로 이곳에서 탄생했다. 중요한 것은 이 라거들이 완전히 독일식은 아니라는 점이다. 아리올리는 실제로 독일에서 브루잉을 공부하

이탈리아의 브루어리에서는 와인 배럴이 흔히 눈에 띈다.

* 와인을 만드는 첫 단계에서 포도를 압착한 것으로 즙과 껍질, 씨앗 등이 한데 으깨어져 섞인 상태

기는 했으나, 독일 맥주를 그대로 복제해내겠다는 생각으로 이탈리아로 돌아간 것이 아니었다. 그는 자기 분야에서 박학다식한 사람이었고, 독일과의 접점은 그가 필요로 하는 일부분에 불과했다. "좋은 효모를 찾을 유일한 가능성은 라거 효모였습니다. 그러다보니 독일 스타일의 맥주를 주로 만들게 됐죠."

첫 배치에서부터 그는 전통적인 맥주를 재해석하기 시작했다. 대개 그는 클래식한 독일식 디콕션 매싱 방식을 사용하여 브루잉했지만(전통적이다), 라거치고는 높은 축에 속하는 온도인 11-13℃ 정도에서 발효시켰다(이례적이다). 독일에서 브루어들은 에스테르의 형성에 아주 민감한 반응을 보이는 편이지만, 아리올리는 이같은 발효 온도를 권장했다. 그는 맥주의 군더더기를 벗겨내는 쪽이라기보다는 풍만한 과일향을 덧입히는 쪽이다.

아리올리의 대표 맥주인 티포필스Tipopils는 과일향이 풍성하고 호피한 필스너로 응용의 완벽한 사례다. 그는 디콕션 대신 단계별 인퓨전 매싱을 사용하지만—완벽한 변절로는 볼 수 없다— 거기서도 조금 더 나아간다. 그가 영국의 브루어들을 찾아가 영국식 캐스크 맥주들을 연구할 때, 한 가지 중점적으로 눈여겨본 부분이 있었다. "캐스크 안에서 드라이호핑을 하고 있다는 걸 알았죠. 우리 티포필스에도 이 방법을 써보는 건 어떨까 싶은 생각이 들더군요." 그래서 현재 그는 맥주를 1차 발효 및 숙성 두 과정 모두에서 드라이호핑을 해 홉 미립자들을 통해 은은하게 반짝이는 느낌을 낸다. 고온 발효, 단계별 인퓨전, 드라이호핑. 더 이상 뮌헨식이라

비르피초 디 코모의 브루펍 안에 마련된 식당에서는 창을 통해 라거링 탱크를 볼 수 있다.

할 수는 없겠다.

아리올리가 다른 이들이 따르는 일종의 원형을 만들어낸 것이든 혹은 집단무의식에 근접했던 것이든, 어쨌든 그가 만든 좀더 충만하고 호피하고 과일 풍미가 가득한 라거 스타일은 이탈리아에서 인기를 얻었다. 독일인들은 가볍고 깔끔한 라거를 선호하는 반면, 이탈리아인들은 좀더 고온에서 발효시킨 더 묵직한 맥주를 좋아한다. 아리올리 같은 브루어들은 라거링에도 시간을 아낌없이 쓴다—한 달 이상 숙성시켜 원숙하면서도 부드럽고 깔끔한 맥주를 탄생시킨다.

아리올리와 초기 라거 브루어들은 부차적인 기대치를 반영한 맥주 스타일을 위한 시장을 새로 만들어냈지만, 변화에 초연한 것은 아

니다. 초기부터 라거를 만들었던 람브라테 역시 홉 쪽으로 움직이기 시작했다. 이곳의 주력 상품 중 하나인 몬테스텔라Montestella라는 헬레스 맥주는 굉장히 쓴맛이 강하다. 토칼마토 우베르 필스Uber Pils 역시 마찬가지로, 심지어 벨기에식으로 병입 숙성까지 한다. 그리고 현재 스탠더드 에일, 과일 에일, 타트 에일이 포함된 라인도 보유하고 있는 아리올리 역시 건조시키지 않은 생홉을 사용한 필스너를 만들고 있다. 이탈리아에서 스타일이란 시작점일 뿐, 종착점이 아니다.

온실

아리올리가 독일 브루어리들을 방문하여 라거의 언어에 흠뻑 빠져들던 바로 그때, 테오 무소는 벨기에를 여행하고 있었다. 이미 자신의 피오초 펍에서 각국의 맥주 스타일 연구를 끝낸 뒤였던 그의 상상력을 사로잡은 것은 바로 과일 풍미 가득한 벨기에 에일들이었다. 무소는 아리올리에 비해 브루잉 관련 지식에 접근하기가 쉽지 않았으므로, 직접 근원을 찾아나섰던 것이다.

분자생물학과 컴퓨터 브루잉의 시대에도, 각국은 본연의 방식을 고수하고 있다. 영국 브루어들이 플로어 몰팅을 포기하지 않듯 독일 브루어들 역시 맥아 가루에 쌀을 첨가하는 것은 상상조차 하지 않을 것이다. 저마다의 특성이 다양하게 드러나는 가운데, 벨기에식 브루잉이 가장 뚜렷하게 차별화되는 특성은 스타일의 특이점들이 아니라 온실을 사용한다는 데 있다. 여기서 병입숙성 맥주는 2차 발효를 거치면서 1차 발효 중에 생성된 스파이시한 과일향을 한층 더 끌어올린다. 브루어리가 만드는 것이 세종인지

밤맥주

이탈리아의 브루어들이 영업을 시작한 지는 20년 정도밖에 안 됐지만, 이미 고유한 타입을 갖추고 있다. 밤맥주라는 아이디어가 나온 것은 이탈리아의 브루어리들이 현지 재료들을 맥주에 넣으면서부터였다. 이탈리아의 가장 중요한 농산물 중 하나인 밤은 당연한 선택이었다. 수세기 동안 이탈리아에서는 밤을 갈아 가루로 만들어 베이킹에도 사용해왔다—그런데 액체 빵이라 할 수 있는 맥주에 넣지 못할 이유가 어딨겠는가?

비리피초 디 코모Birrificio di Como의 안드레아 브라비가 만드는 비롤라Birolla는 가장 유명한 밤맥주 가운데 하나다. 그가 사용하는 밤가루는 너도밤나무를 땔감으로 쓴 불 위에서 구운 밤으로 만든 것으로, 연기를 머금고 있다. "전분을 젤라틴화해야 하므로 처음에 75℃에서 밤을 매싱합니다. 그런 다음 몰트와 물을 더해 당화가 잘 이루어지게 합니다. 이탈리아에서는 모두들 각자 기호가 있으니, 나는 으깬 밤을 쓰지만 누군가는 로스팅한 밤을, 또 다른 누군가는 삶은 밤을 쓸 수도 있겠지요. 그러니 엄청나게 다양한 맥주들이 나오는 겁니다." 코모는 라거 전통에 속하는 반면 비롤라는 하면발효 효모를 넣어 브루잉하고 라거링을 거친다. (그러나 독일 전통에 푹 빠져 있는 안드레아 브라비는 밤과 밤꿀을 넣은 자신의 맥주를 라거라 부르는 것을 망설인다.) 다른 브루어리들은 에일을 만드는데, 어떤 것은 좀더 라이트하게, 어떤 것은 좀더 다크하게, 어떤 것은 향신료를 첨가하고 또 어떤 것은 첨가하지 않는다.

밤나무는 오크와 같은 과이며, 밤 자체는 도토리와 마찬가지로 전분을 함유하고 있다. 이들 재료가 맥주에 미치는 영향은 미세하지만 질감 면에서는 굉장히 명백하여 마치 귀리처럼 되직하고 —기름진 느낌이 들 정도로— 부드럽다. 풍미는 밤을 손질한 방식에 따라 로스티하거나 혹은 스모키할 수 있고, 이 같은 뚜렷한 향들 이면에서는 간혹 뿌리채소에서 느낄 수 있는 흙냄새 같은 풍미가 날 때도 있다.

페일 에일인지 혹은 아웃 브라윈oud bruin*인지는 별로 중요치 않다. 온실에서의 발효는 맥주를 만드는 과정에서 중요한 단계다. 벨기에 밖의 브루어리 가운데 이 방식을 받아들인 경우는 거의 없다. 벨기에 스타일 에일을 통상적으로 만드는 브루어리들도 마찬가지다. 하지만 이탈리아에서 무소는 온실을 만들었고, 이것이 결국 운명을 결정지었다.

발라딘의 라인에는 벨기에 맥주로 볼 만한 맥주들—세종(와얀Wayan), 윗비어(이사크Isaac), 애비(수페르Super), 크리크(마마 크리에크Mama Kriek)—가 포함돼 있다. 그러나 스타일을 벗어나 브루잉된 맥주들의 경우에도 벨기에의 풍미를 지니고 있다. 이집트산 밀을 사용하고 몰약을 향신료로 첨가하여 만든 노라Nora는 그 전형적인 경우와는 거리가 멀지만, 새콤한 발사믹향과 풍부한 과일 풍미 그리고 기포감은 모두 벨기에 맥주를 연상시킨다. 병 안에서 재발효가 일어나 그 어느 기법보다도 벨기에만의 뚜렷한 풍미를 선사한다. 심지어 무소가 이탈리아 방식을 써서 '이탈리아 에일'이라 부르는 맥주를 만드는데도, 맥주에서는 벨기에의 맛이 난다. 수많은 브루어리들이 그 뒤를 따라오고 있다보니 이는 이탈리아식 브루잉의 특징이 됐다.

시간이 흐르면서 브루어리들은 한 걸음 더 나아가 독특한 재료들과 다양한 생산 방식까지 받아들이고 있다. 벨기에의 베이스 맥주들은 과일이나 향신료를 첨가하기에 완벽한 플랫폼이다. 이 맥주들은 굉장히 흔하다보니 —대다수의 브루어리에서는 적어도 하나 이상을 만든다— 이탈리아 브루잉에서 나름의 입지를 구축하게 됐다. 음식의 영향이 가장 두드러지는 것도 바로 이 지점이고, 맥주와 음식의 경계는 흐려진다. 피콜로 비리피초Piccolo Birrificio는 몇 가지 친숙한 벨기에 스타일 맥주들을 브루잉하고 있지만, 약쑥을 넣은 블론드 에일(키오스트로Chiostro)도 있다. 비리피초 트롤Birrificio Troll 펍의 별난 샹그릴라는 열 가지 인도 향신료를 넣고 만들어 마치 탄두리 요리 같다.

음식이 브루어리에 영향을 미칠 수 있었으니, 와인의 등장 역시 불가피했을 것이다. 배럴 숙성은 오늘날 이탈리아에서는 적어도 미국에서만큼 흔해졌지만, 당연히 와인 캐스크가 사용

비리피초 발라딘 벽에는 "이 문은 절대 열지 마시오"라고 쓰여 있다. 상단에 적힌 글은 '병입 재발효'라는 뜻이다.

* 영어로는 올드 브라운old brown에 해당되는 네덜란드어 이름으로, 포터나 스타우트와 기원이 같다.

러버비어의 온실 내부

된다. 수많은 브루어리에서 와인 머스트를 레시피에 포함시키기 시작했고, 이는 벨기에식 방법과 완벽하게 어울린다. 실제로, 이탈리아에서는 맥아 가루에 설탕을 잘 사용하지 않는 반면 — 벨기에에서는 사용한다 — 포도를 사용하여 맥주의 바디와 청량감에 비슷한 효과를 낸다. 포도는 또한 맥주에 화사한 과일의 풍미도 더해주며, 브루어리들은 특정 품종을 통해 각자 나름의 개성을 표현하는 데 성공을 거둬왔다. 이 방면의 선구자는 러버비어LoverBeer의 발테르 로베리에르로, 그는 맥아즙에 포도를 사용하지만 특히 이 기법은 비라 델 보르고(산조베제 포도 머스트 50%를 넣어 브루잉한 레퀼리브리스타L'Equilibrista)와 비리피초 몬테조코Birrificio Montegioco(티모라소 포도를 넣어 브루잉한 티비르Tibir)에 사용돼온 기법이기도 하다.

홉백

최신 이탈리아 브루잉 역시 국제적인 추세를 따라 홉과 사랑에 빠졌다. 겉으로 보기에는 지금껏 브루어들이 택한 가운데 가장 덜 '이탈리아다

> ### 이탈리아산 몰트와 홉?
>
> 테오 무소는 이탈리아 브루잉에 르네상스를 가져온 사람이다. 그는 최초의 크래프트 브루어리들 가운데 하나를 창립했을 뿐 아니라, 라벨과 병도 직접 디자인했으며 이후에는 크래프트 맥주 펍 체인을 열고 사운드 엔지니어까지 두어서 맥주 발효에 음악이 미치는 영향을 실험하기도 했다. 아마도 그의 최대 관심사는 이탈리아에서 곡물과 홉을 재배하는 일인지도 모르겠다. 그가 보유하고 있는 곡물 재배 면적—대부분 보리지만 스펠트 밀의 사촌쯤 되는 파로Farro도 있다—은 230에이커로 늘었고 2012년 기준 몰트 318톤을 생산했다. 그는 두 곳에 홉 밭이 있는데, 한 곳에서는 독일산 미텔프뤼와 헤르스브루크를 재배하고 다른 곳에서는 뉴월드 홉 여러 종을 재배하고 있으며, 같은 해에 1,300파운드를 생산했다. 섬세한 벨기에식 페일 에일인 발라딘 나치오날레Baladin Nazionale는 이 모든 이탈리아 재료들을 넣어 만든 최초의 맥주다.

운' 방향 같지만, 사실 이들 맥주는 홉 특성이 엄청나게 두드러지는 미국 스타일과는 상당히 다르다. 가장 큰 차이점은 홉을 활용하는 대부분의 브루어들이 온실 내 병입 숙성에 맞춰진 전형적인 이탈리아식 또는 벨기에식 시스템을 사용한다는 것이다. 호피한 미국 맥주는 효모 특성이 거의 없고, 달콤한 몰트, 특히 캐러멜 몰트를 통해 균형을 잡는다—소용돌이치는 홉의 풍미에 플랫폼 역할을 할 만큼의 균형이다. 분명 이는 이탈리아적인 접근법은 아니다.

이탈리아의 브루어리들은 레시피에서 쓴맛을 내는 면을 극대화하기보다는, 균형을 중시한다. (음식과의 궁합을 늘 염두에 둔다.) 7년간 칼스버그Carlsberg에서 일한 브루노 카릴리는 홉과 사랑에 빠졌다. 그러나 그가 파르마 피덴차에

토칼마토를 창립할 당시 목표로 삼았던 것은 단지 강도가 아니었다. 그는 "미국적 풍미를 지니면서도 마시기 편한 유럽적 특징을 갖춘 맥주"를 원했다. 카릴리에게 이는 공식의 수정을 의미했다. "몇몇 미국 IPA는 캐러멜 특성이 너무 강하고 바디도 너무 무겁습니다. 우리는 미국산 홉의 아로마를 좋아하지만 캐스케이드 홉을 사용하여 좀더 드라이하고 여백 있는 미국식 페일에일을 만들 생각이었지요."

그는 이탈리아의 브루어들 사이에서 흔히 쓰이는 페일 에일 몰트 대신 필스너 몰트를 사용하며 캐러멜 몰트는 사용하는 경우가 거의 없다. 카릴리는 필터를 홉백 용도로 고쳐 쓰면서 맥주에 수십 톤의 아로마 홉을 넣는다. 이들 홉 가운데 다수는 뉴질랜드 및 호주산이다. 이들 맥주는 강렬한 아로마와 풍미가 살아 있지만 쓴맛은 아주 살짝만 느껴진다. 홉산과 홉 오일은 발효 및 병입 숙성 단계에서 다양한 효모들과 상호작용을 하며, 이 결합으로부터 뜻밖의 풍미들이 나온다. 토칼마토 레Re 홉('왕의 홉')은 뚜렷한 레몬민트 풍미가 있는 반면, 오세아나Oceana 홉을 사용하는 호피한 세종의 경우 얼그레이의 베르가못향이 느껴진다.

이 계열 맥주 가운데 이탈리아에서 최고로 흥미로운 맥주도 있으니, 바로 비리피초 람브라테에서 만든 가이나Gaina다. 람브라테Lambrate는 1997년에 이 사업을 함께 시작한, 여전히 젊은 공동 창업주 다섯 명이 운영하는 활기 넘치는 브루어리다. 바이첸에서부터 보크 그리고 훈제 임페리얼 스타우트에 이르는 굉장히 폭넓은 맥주 포트폴리오를 보유하고 있다. 그러나 이들 맥주는 홉이 가득 찼을 때 가장 밝게 빛난다. 가이나는 과일바구니 같은 맥주로, 살구와 딸기 풍미가 폭발적이다. 람브라테 오르티가Lambrate Ortiga는 골든 에일로 불리지만 그 예리한 느낌은 굉장히 미국적이고, 이곳에서 만드는 라거 몬테스텔라는 비터에 가깝다.

진화

이탈리아 맥주의 역사는 아직 20여 년밖에 안 됐지만, 1990년대 말 비슷한 단계에 있던 미국을 이미 한참 앞서버렸다. 이제 전 세계 각국과는 차별화되는 '이탈리아식 브루잉'의 특색에 대해 이야기해보는 것도 가능해졌다. 이탈리아에서는 이 새로운 유형의 맥주로 관심이 천천히 옮겨지는 중이나, 시장은 여전히 작은 편이다. 가장 큰 크래프트 브루어리들도 생산량은 10,000-12,000배럴에 불과하며 대다수 브루어리의 생산량은 이 규모의 극히 일부분 정도다. 이탈리

람브라테 5인방(왼쪽에서부터 차례대로): 다비드 산조르지, 파올로 마란, 파비오 브로카, 알레산드라 브로카, 잠파올로 산조르지

아의 신생 브루어들의 확신과 자신감 그리고 기술적 진화에 대한 이들의 실질적 기여를 고려하면 시장의 작은 규모가 믿기지 않는다. 20년이라는 단기간 내에 이탈리아는 이미 브루잉의 선두주자로 발돋움했다.

알아야 할 맥주들

이탈리아 전국에서 생산되는 맥주 가운데 대표적인 표본을 제시해야 한다는 생각만으로도 겁이 덜컥 난다—특히 이들 맥주 대부분이 찾기 힘든 경우라면 더더욱 말할 것도 없을 것이다. 이탈리아의 세 가지 전통에 따라 각각 맥주를 만드는 훌륭한 브루어리들이 수없이 많다. 이 브루어리들을 기점으로, 그 너머에 무궁무진하게 존재하는 훌륭한 맥주들을 알아가보자.

BALADIN NAZIONALE
발라딘 나치오날레

원산지: 이탈리아 피오초
몰트: 이탈리아산
홉: 이탈리아산
6.5% ABV, 1.056 SP. GR., 27 IBU

이국적인 느낌을 팔아보겠다는 발라딘의 창립자 테오 무소의 전략은 성공적이었지만, 테오에게 결국 가장 중요한 것은 자신이 직접 기른 이탈리아산 곡물과 홉을 넣은 나치오날레가 아닐 수도 있겠다는 생각이 든다. 나치오날레는 꾸밈이 없어서 좋다. 홉, 허브, 레몬향 가득한 풍미가 농가풍 몰트와 효모의 에스테르와 근사하게 어우러진다. 단순함이 매력인 맥주가 때로는 장식적이고 요란한 맥주보다도 더 많은 것을 보여주기도 한다.

BIRRIFICIO ITALIANO TIPOPILS
비리피초 이탈리아노 티포필스

원산지: 이탈리아 루라고 마리노네
몰트: 필스너
홉: 노던 브루어, 펄, 슈팔터 셀렉트
5.2% ABV

티포필스는 이탈리아노가 선보인 맥주로, 이탈리아식 브루잉을 보여주는 대표적인 맥주다. 체코의 필스보다 4℃ 정도 높은 온도에서 발효되고 발효 및 라거링 중에 드라이호핑되어 과일의 풍미와 홉의 생기가 잘 살아 있다. 곡물의 풍미 역시 빛을 발하며 건강하고 신선한 느낌을 더하고 맥주는 대부분의 필스너에 비해 부드럽다. 예상되듯이 아로마는 풍성하며 스파이시하다.

LOVERBEER BEERBERA
러버비어 비어베라

원산지: 이탈리아 마렌티노
몰트: 메리스 오터, 스페셜티 3종
홉: 이스트 켄트 골딩
기타: 바르베라 달바 포도
8% ABV

발테르 로베리에르의 새콤한 에일들은 모두 와인 같은 ―다시 말해, 비교적 절제된― 산미가 있다. 바르베라 달바 품종 포도의 껍질에서 채집한 야생효모들만을 넣어 만든 비어베라도 마찬가지다. 포도에서 나오는 사쓰마 오렌지와 딸기 향이 와인 같은 느낌을 더하지만, 타트 에일보다는 와인에 가까운 느낌을 주는 이유는 과일 향이 아니라 청량한 산미에 있다. 독특하고 놀라운 맥주다.

LAMBRATE GAINA
람브라테 가이나

원산지: 이탈리아 밀라노
몰트: 메리스 오터, 캐러멜, 캐러필스
홉: 치누크, 센테니얼, 보디시아Boadicea, 심코
6% ABV

이탈리아에 처음 들렀을 때 나는 그간의 경험으로 미루어 이 나라의 맥주가 놀라움을 선사하리라는 사실을 알 수 있었다. 몬테셀라에서 마일드한 헬레스 스타일로 브루잉된 맥주에 홉이 사용된 놀라운 방식을 겪어본 뒤라, 나는 이 미국 스타일 페일에 신중하게 접근했다. 이 경우에도 홉은 놀라웠지만, 이유는 전혀 달랐다. 과일 풍미가 워낙 강해서 나는 그야말로 바보처럼 멍해져서 뭐가 첨가된 것인지 물어볼 수밖에 없었다. 내 예상은 딸기와 살구였다. 또한 쓴맛은 절제된 느낌이어서 지금껏 만나본 가운데 어디쯤 속하는 새로운 종류인지 가늠하게 되는 맥주다.

COMO BIROLLA
코모 비롤라

원산지: 이탈리아 마렌티노
몰트: 필스너, 뮌헨, 카라뮌헨
홉: 이스트 켄트 골딩, 캐스케이드
기타: 너도밤나무에 훈연한 밤, 밤꿀
8% ABV, 1.066 SP. GR., 22 IBU

만일 맥주에서 밤 느낌이 나기를 원한다면, 풍미가 아니라 마우스필로 확인해보자. 밤가루는 크림 같은 농밀함을 선사한다. 비롤라는 밤색에 밀크셰이크 같은 크림의 느낌을 지니고 있다. 약간 가벼운 에스테르와 무난한 꿀 아로마가 어우러진 로스트 풍미가 가을날에 어울리는 근사한 온기를 선사한다.

TOCCALMATTO RE HOP
토칼마토 레 홉

원산지: 이탈리아 피덴차
몰트: 필스너, 스페셜
홉: 펄, 캐스케이드, 트래디션
5% ABV

이탈리아어로 '레'는 왕에 해당하는 단어로, 라벨에 그려진 머리가 홉으로 돼 있고 망토를 두른 왕과 쉽게 연관 지을 수 있는 이름이다. 가이나 방식의 맥주로, 홉의 풍미가 깔끔하게 조절돼 있지만, 예상치 못한 면모들이 있다. 토칼마토의

몇몇 맥주는 민트향이 나는데, 이 맥주의 경우에는 향수나 레몬 같은 진한 홉의 풍미와 근사하게 어우러진다.

MONTEGIOCO QUARTA RUNA
몬테조코 콰르타 루나

원산지: 이탈리아 몬테조코
몰트: 비공개
홉: 비공개
기타: 신선한 볼페도 복숭아
7% ABV

와인 산업에서 배럴 숙성 방식에 관한 영감을 얻은 또 다른 브루어리인 몬테조코는 다양한 멋진 맥주들을 만들고 있다. 콰르타 루나는 복숭아를 통째로 사용하여 복숭아 특유의 화사한 느낌뿐 아니라 씨 부분에서 나오는 아몬드 풍미도 더하고 있다. 거품이 풍부하고 살짝 산미가 도는 맥주로, 우아하고 매혹적이다.

DUCATO LA LUNA ROSSA
두카토 라 루나 로사

원산지: 이탈리아 론콜레 베르디 디 부세토
몰트: 비공개
홉: 비공개
기타: 모렐로 체리 및 신맛 강한 아마레나 체리
8% ABV

조반니 캄파리는 이탈리아의 젊은 신진 브루어 중 가장 존경받는 인물 중 한 명으로, 전문분야는 배럴 숙성 맥주다. 라 루나 로사('붉은 달'이라는 뜻)는 다양한 빈티지의 와일드 에일 여러 종을 혼합한 것으로, 모렐로 체리와 신맛이 강한 아마레나 체리와 함께 숙성된다. 과감한 맥주로, 드라이하고 새콤하며, 바닥에 깔린 체리맛이 진하게 느껴진다.

이탈리아 마렌티노 Marentino, Italy

Lover Beer
러버비어

와인 기법을 차용하다

이탈리아식 사고방식으로 생각해보면, 러버비어의 발테르 로베리에르는 '2세대' 브루어다―1세대라고 해도 고작 10년쯤 선배라는 사실은 괘념치 말자. 이 사람의 경우라면 말이 될 수도 있다. 로베리에르는 그 누구보다도 '이탈리아 맥주'―브루잉 세계에서 볼 때 참신한 동시에 완벽하게 이탈리아적인 맥주―란 무엇인가를 놓고 고민하기 시작한 브루어다.

로베리에르는 2009년 자신의 브루어리를 시작하기에 앞서 브루잉 기법 공부에 천천히 공을 들였다. 그는 테오 무소 같은 숙련된 선배들에게 조언을 구했지만, 시선은 사실 더 멀리 미국과 벨기에까지 뻗어 있었다. "이탈리아 사람들은 독일이나 영국 같은 오래된 전통에 얽매이지 않는 자유로운 생각을 가지고 있어요." 그는 여러 나라에서 다양한 요소들을 취사선택하기 시작했다. 대다수 이탈리아 브루어들의 통상적인 길―혹은 분야―을 뛰어넘어 와인 제조자들이나 포도 재배 전문가들과도 의견을 나눈다. "우리는 신제품을 만들어야 했고 이탈리아는 다른 구석이 있는 데다 와인이나 음식 분야와도 문화적 연결고리가 있지요"라고 그는 말했다.

이런 요소들로부터 영향을 받아 어떻게 맥주를 만들지 아이디어가 나왔다. "우리 브루어리의 철학은 이렇습니다. 함께하는 것, 플랑드르 지역의 오래된 레시피들, 때로는 잊힌 레시피들을 피에몬테의 와인 생산자들 레시피들과 결합하는 것. 그래서 우리는 나무, 과일, 포도를 사용합니다."

그가 마침내 창립한 이 브루어리 러버비어(자신의 성姓을 응용한 이름이다)는 마렌티노의 주거 지역―피에몬테의 토리노에서 19킬로미터 정도 떨어져 있는 작은 마을― 내 아름다운 언덕에 자리 잡고 있다. 알프스에 둘러싸인 지역이라 이탈리아 최고의 포도나무들을 병풍처럼 두른 농가풍 경치가 펼쳐진다. 로베리에르가 자기 나름의 규격에 맞춰 지은 이 브루어리는 전 세계 어느 브루어리와도 닮은 구석이 없다. 메인 브루어리는 대체로 잉글랜드식 디자인을 따르고 있어서 결합된 형태의 매시턴과 라우터 용기 및 케틀을 갖추고 있다. 또한 맥아 가루도 영국 전통을 차용하여, 한 가지 맥주를 제외한 나머지에는 전부 메리스 오터 몰트를 기본으로 사용한다. 이 브루어리의 벨기에적인 뒷부분에는 다 만든 맥주를 병입 숙성시키는 온실이 있다. 그러나 가운데 부분은 브루어리라기보다는 와이너리 같은 느낌이다.

맥주 세계에서 자연발효는 점차 드물어지는 추세다. 와인은 다르다. 늘 자연발효 전통을 따라왔다. 하지만 람비크 브루어리들이 공기 중에 떠다니는 효모에 의존하는 반면, 와인 제조자들은 좀더 편하게 작업한다. 포도는 야생효모로 온통 뒤덮여 있어서 와인은 자체적으로 자연접종이 되기 때문이다. 이들 두 전통에 대해 생각하던 로베리에르는 지금 보면 뻔해 보이는 통찰을 얻었다—이 둘을 합치면 되지 않겠나! 이렇게 하여 비어베라가 탄생했던 것이다(맞다, 당신이 떠올린 그 말장난에서 유래된 이름이다). 로베리에르는 효모를 투입하는 대신, 바르베라 달바 품종으로 만든 와인 머스트를 맥아즙에 넣었다. 그런 다음 통상적으로 와이너리에서 사용되던 17헥토리터들이 프랑스산 오크통 속에서 맥주를 숙성시킨 다음 와인 배럴로 옮겨 담아 익힌다. 그 결과 탄생하는 오렌지빛 혹은 진홍빛—색은 포도 빈티지에 따라 달라지게 된다— 맥주는 와인 같은 가벼운 산미와 딸기나 만다린의 풍부한 과일 풍미를 지닌다.

숙성이 이루어지는 이 통들은 로베리에르 라인의 맥주에 아주 중요하다. 비어베라는 이곳의 맥주 가운데 유일한 자연발효 맥주로, 야생효모와 박테리아가 서식하는 큰 통에서 대부분의 시간을 보낸다.

이 계보의 다른 맥주들 가운데는 내가 가장 좋아하는 비어브루냐BeerBrugna도 있다. 이 맥주는 라마신이라 불리는, 현지에서 나는 아주 작은 자두를 넣어 만든다. 이 자두는 익은 정도가 적절한 시기가 아주 짧으며, 땅에 갓 떨어진 신선한 열매를 막 주웠을 때 가장 맛이 좋다. 나는 아직 라마신 자두를 못 먹어봤지만, 이 과일의 풍미는 보존성이 좋고 화사해서 비어브루냐를 마시면 마치 나무에서 막 딴 과일을 생으로 먹는 것 같은 느낌이다. 머스트를 넣은 또 다른 맥주는 두바비어 D'uvaBeer로 프레이사 포도를 넣어 만들었지만 일반 효모를 넣고 접종된 통에서 숙성시켰다. 특징은 비어베라와 비슷하나, 좀더 포도 풍미가 뚜렷하고 약간 달콤한 느낌이 있다—그러나 로베리에르의 맥주들은 모두 굉장히 드라이하다. 다마 브룬-아Dama Brun-a는 지역의 전통 규격에 따라 브루잉한 브라운 에일로, 큰 통에서 4개월간 숙성된 다음 와인 배럴에서 또다시 1년간 숙성된다. 앰버 에일인 마다민Madamin은 오크통에서 4개월 숙성되어 나무향이 나고 스파이시한 특성을 지닌다.

이들 효모는 피에몬테 포도에 있던 것이어서, 이 맥주의 거친 새콤한 맛은 러버비어만의 고유한 개성이다. 미국의 와일드 에일이나 심지어 벨기에의 타트 에일과도 달리, 로베리에르 에일들의 산미는 마일드한 수준이다. 이탈리아 방식에 충실한 이 맥주들은 균형과 깊이가 대표적 특징이다. 하지만 다른 브루어리들이 맥주와 와인을 나누는 경계선까지 계속 근접하고 있다면, 로베리에르는 아예 그 선을 지워버렸다. 로베리에르의 맥주들이 와인과 구분이 안 갈 정도로 비슷하다는 이야기는 아니다. 그보다는, 로베리에르가 발효 본연의 전통 방식을 사용하고 맥주를 만들 때 이를 활용하는 법을 찾아낸 것이다. 이는 브루잉의 1천 년 전통과도 그대로 들어맞는 것으로, 자생적인 스타일들은 늘 이런 식으로 등장해왔다. 이탈리아인들은 과거의 전통과 조화를 이루어낼 즉흥성을 발휘할 줄 알며, 로베리에르는 여기서 한 걸음 더 내디뎌 맥주 세계에서 가장 드문 보물—완전히 새로운 유형의 맥주—을 창조하고 있다.

생홉 에일
FRESH-HOP ALES

Fresh-Hop Ales. 어떤 스타일의 맥주든 갓 수확한 생홉을 넣고 만들 수 있지만, 생홉 에일을 만들기 시작한 지 20년 만에 브루어리들은 전형적인 베이스인 스탠더드 페일 에일에 안착했다. 라거는 너무 천천히 숙성되고 다크 계열의 맥주는 홉의 풍미를 모호하게 만들어버린다. 이 에일에서 당신은 홉 특성에 초점을 맞추고 싶을 것이다. 관습적인 방식으로 호핑한 맥주와는 확연히 다른 홉 특성이 느껴진다. 농축되거나 날카로운 느낌은 아니고 섬세하고 나긋나긋하며 식물의 풍미가 가득하다는 단순한 정도의 차이가 아니라 종류가 다른 것이다. 건조되지 않은 생홉은 건조된 홉에는 전혀 없는 풍미를 내기도 하고 그 반대도 마찬가지다. 성장하는 식물로서의 홉이 거칠고 싱그러운 느낌을 선사해 전 세계 홉헤드들에게 큰 즐거움을 준다.

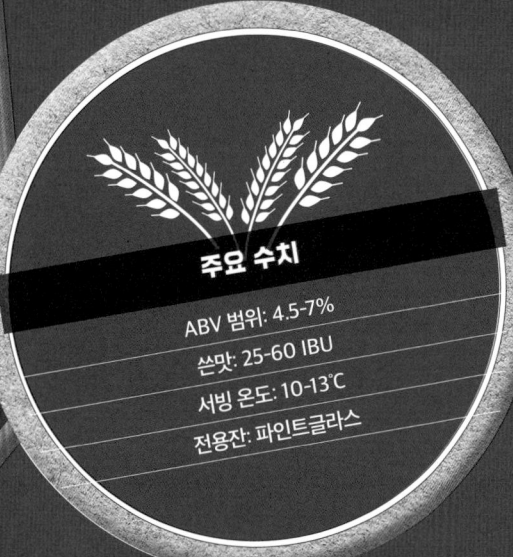

주요 수치

ABV 범위: 4.5-7%
쓴맛: 25-60 IBU
서빙 온도: 10-13°C
전용잔: 파인트글라스

8월 말이 가까워오면, 홉 생산자들은 작물을 애지중지하기 시작한다. 과일이 그렇듯 홉도 익어가며, 농부는 홉 콘의 탱탱하고 끈적한 정도를 보고 수확할 때가 됐는지 알아낸다. 수분 함량을 측정하는 정교한 기술도 있지만, 베테랑 농부는 홉 하나를 쥐어짜고 반으로 쪼개어 안에 있는 노란 루풀린 입자들만 봐도 알 수 있다. 홉 콘이 완벽하게 익었다고 판단되는 날이면 생산자들은 브루어들에게 전화를 건다. 준비가 됐다고 알리는 것이다. 수확 시점으로부터 불과 몇 시간 안에, 여름의 뜨거운 햇살이 아직 그 수확물들을 데우고 있는 동안, 홉은 맥주가 끓고 있는 케틀 안으로 들어가 생홉 에일이 된다.

홉 재배는 워낙 특수 업종이어서 홉을 따는 장비를 만드는 제조업체가 없다. 개별 생산자가 직접 기존 장비를 홉 덩굴을 제거하는 용도로 개조해야 한다.

우리는 이 에일을 '루풀린 누보Iupulin nouveau'라 부른다—1년에 한 번 수확철에 빛을 발하는 맥주 스타일이다. 생홉 에일은 풋풋한 생채소의 정수를 그대로 포착해낸 맥주다. 말린 홉을 사용하여 만든 맥주에 비해 좀더 부드럽고 촉촉한 느낌으로 흙냄새가 나며 거친 풍미가 있다. 케그에 담은 시점으로부터 며칠 이내로 마셔야 생홉 본연의 풍미가 생생하게 살아 있어 가장 맛있다. 추수감사절 즈음에는 전혀 남지 않는다. 생홉 에일은 궁극의 수확철 맥주로, 준비된 바로 그 순간에 맛봐야만 하는 맥주다. 잔뜩 사서 쟁여놓거나 보관할 수는 없다.

기원

브루어리들은 수천 년 전 추운 날씨에서 브루잉하는 법을 익혔고 가장 평이 좋은 에일들은 수확 직후에 만든 것들이었다. 생홉과 건조홉을 명료하게 구분하여 언급한 문헌은 없지만 생홉이 사용되기 시작한 것은 홉의 시대 초기부터였을 것으로 보인다. 만일 브루어들이 오래전 10월 맥주에 생홉을 넣었다고 한다면, 이 방식은 산업 시대에는 폐기됐다가 1992년경 이후에야 다시 사용됐던 셈이다.

미국의 브루어리들이 처음 시도를 했을 수도 있지만—1990년대 초에 이름이 밝혀지지 않은 어느 브루어리 한 곳에서 시도했다는 언급이 있다— 기록에 따르면 영국 디바이지스의 워드워스Wadworth 브루어리가 생홉을 넣은 배치를 처음 만든 것으로 확인됐다. 가을 수확 광경을 지켜보다 영감을 얻은 브루어 트레버 홈스는 맥주 양조에 생홉을 넣으면 어떤 맛이 날까 궁금해졌다. 그가 이 아이디어를 구체화시킨 덕에, 그의 양조 방식이 오늘날 이런 맥주를 만드는 표준적인 방식으로 자리 잡았다. 종업원 한 명은 새벽녘에 농장으로 파견되어 전날 갓 말려놓은 홉과 당일에 갓 수확하여 푸릇한 생홉을 6시까지 수거한다. 그리고 9시 30분까지 브루어리로 돌아와 구리솥 두 개 중 첫번째 것에 홉을 담는다. 이 타이밍은 매우 중요하다. 현직 브루어 브라이언 요스턴은 이 과정에 대해 이렇게 설명한다.

> 2008년에는 제가 직접 이 홉을 배달하기로 했는데, 돌아오는 길에 커피를 한 잔 사는 실수를 저질렀어요. 결국 제가 오기만을 기다리며 대문 앞에 잔뜩 모여 초조하게 서 있는 브루어리 운영자들을 마주하게 됐죠. 정시에 홉을 갖다주는 일은 이토록 중요합니다.

다음으로 미국의 브루어들이 1996년경 생홉 맥주들을 만들었다. 시에라 네바다와 버트 그랜트는 둘 다 다양한 버전들을 만들었지만, 그랜트에게는 확실히 유리한 점이 있었다. 바로 야키마에 있는 그의 브루어리가 홉 밭에서 불과 몇 킬로미터밖에 떨어져 있지 않다는 점이었다. 1990년대 말, 생홉 맥주를 만드는 곳이 늘기는 했지만 —주로 야키마 및 윌래밋 주변 지역— 여전히 생홉 사용은 흔한 방식이 아니었다.

5년 뒤 생홉 맥주는 폭발적으로 증가하게 되는데, 그 계기는 오리건과 워싱턴(이들 두 지역은 상업적 홉 재배의 90% 정도를 차지한다)의 추수감사 축제였다. 브루어리들은 홉 생산자들과 관계를 형성해나가기 시작했고, 생홉 에일은 폭증했다. 오늘날에는 브루어리 수십 곳에서 약 200가지—이 수는 매년 증가 추세다—에 달하는 다양한 생홉 에일을 선보이고 있다.

생홉 에일 스타일은 태평양 북서부에 집중됐었지만, 미국 전역에서 점차 더 많은 브루어리들이 이 흐름에 동참했다. 처음에는 원거리의 브루어리들이 야키마산이나 윌래밋 밸리산 홉을 공수했지만, 여기에는 어마어마한 비용이 들었고, 밭에서 수확한 홉이 케틀에 들어가기까지 긴 시간(간혹 하룻밤)이 소요되기도 했다—바람직한 상황은 아니었다. 미국 내 몇몇 다른 브루어리들은 자체 소비할 용도로 작은 홉 밭을 일구기 시작했다. 그 뒤 규모가 훨씬 확장되면서 현지 홉—생홉 및 건조홉 모두—에 대한 관심이 높아지다보니 뉴욕, 위스콘신, 콜로라도 지역 농부들도 홉 밭을 경작했다. 이미 이들 홉 밭은 현지 크래프트 브루어리들에 하비스트 에일용 생홉을 공급하고 있다. 다른 주의 작물들은 현재 계획 단계다.

상세 설명 및 특성

생홉 에일은 종종 보졸레 누보Beaujolais Nouveau* 와 비교되지만, 사실 비슷한 점은 많지 않다. 둘 다 수확철의 제품이고 생물 그대로의 재료로 만든 신선한 주류로, 수확의 기쁨이 담겨 있다는 공통점은 있지만 중요한 차이점이 있다. 『와인 바이블』에서 캐런 맥닐은 보졸레 누보에 대해 이렇게 표현했다. "최상급 품질의 누보는 베리의 싱싱한 풍미를 지닌다. 순수한, 와인 같지 않은 특성이 바로 매력인 셈이다. 이 와인은 쿠키 반죽을 생으로 먹을 때와 같은 어처구니없는 종류의 쾌감을 선사한다."

* 프랑스 보졸레 지방에서 매년 9월에 수확한 포도로 만들어 4-6주간만 숙성하여 11월 셋째 주 목요일부터 판매하는 와인

생홉 에일은 단순하고 가벼운 느낌이지만 완전히 진화된 맥주다. 이 맥주에 활기를 더하는 홉은 무엇인가가 되어가는 과정에 있지 않다—이미 목표 지점에 도착한 상태이고, 활기차고 생생한 풍미를 선사하며, 쿠키 반죽 같다기보다는 갓 구운 쿠키에 가깝다. 최상급 품질의 생홉 에일은 여러 요소를 드러내 보여주며, 풍미는 더 완결된 느낌으로 풍성하면서도 풋풋하다. 건조홉에서 풍미는 농축되고, 그 결과 탄생하는 맥주도 더 농밀하다. 그러나 생홉 에일은 매우 섬세한 풍미들과 살아 숨 쉬는 듯한 아로마—봄에 피어나는 꽃들처럼 온화하고 신선한 베리류처럼 달콤한 향—를 지니고 있다.

그러나 생홉은 사실 예측이 불가능하다. 보통의 건조홉은 실험과 분석을 거친 상태고, 브루어리들은 홉이 맥주에서 어떻게 작용할지 알고 있다. (브루어리들이 레시피를 변경하지 않을 때에도 풍미를 일정하게 유지하기 위해서는 계절별 변화에 따라 몰트와 홉을 적절히 조정해야만 한다.) 생홉에서 나오는 각종 풍미와 아로마는 건조홉을 쓴 경우와는 분명 다르다. 아로마와 풍미도 다르고 농도도 달라진다.

생홉 에일을 다량으로 만들어내기 시작한 지 10년 만에 브루어리들은 일부 홉 품종은 생으로 사용하기에 적합하지만 그렇지 않은 품종들도 있음을 발견했다. 맞지 않는 홉을 생으로 쓸 경우 가스 냄새나 풀 냄새가 날 수 있고 심지어는 퇴비 같은 채소맛이 나기도 한다. 시간이 흐르면서 브루어들은 비교적 소수의 믿을 만한 오랜 품종들에 정착하게 됐다. 가령, 캐스케이드, 센테니얼, 크리스털 홉 같은 품종들은 최근 전체 생홉 에일 가운데 3분의 1 내지 2분의 1까지를 점유하기에 이르렀다. 애머릴로, 윌래밋, 너깃은 그보다는 약간 아래다. 그 밖에 나머지 품종들이 4분의 1에서 3분의 1 정도를 차지한다.

브루잉 노트

덩굴에 달려 있는 홉의 경우 이들 중량의 상당 부분은 물의 무게다. 이 수분은 대개 홉이 보관용으로 포장될 때 제거된다. 식물은 전체를 수확한다. 뿌리 가까운 부분에서 절단한 뒤 특별 장비가 갖춰진 트럭이 들러 격자구조물 상단에서 홉을 잘라내어 뒷칸에 싣는다. 밭에서부터 바로 실내로 들여와 홉 콘(너무 전문적인 표현 같다면, 동그란 열매)과 가지, 잎을 분리해내는 처리 시설로 옮긴다. 홉 건조의 마지막 단계는 60℃로 맞춰진 건조용 가마—마치 홉이 가득 들어찬 수영장이 딸린 거대한 창고 같은 모습—에 홉을 넣는 것이다. 아홉 시간이 지나고 나면, 홉

윌래밋 밸리에 있는 이와 같은 가마에서는 90센티미터 정도의 높이로 쌓인 홉들이 진하고 풋풋한 아로마를 뿜어낸다.

의 수분이 8%까지 줄어들고 포장만 하면 되는 상태가 된다.

생홉 브루잉의 경우, 홉이 가마로 들어가기 전 브루어리의 젊은 일꾼들이 분주히 움직이는 모습을 볼 수 있다. 그 뒤 홉은 부글부글 끓는 케틀이 기다리고 있는 브루하우스로 다시 들어오게 된다. 어쨌거나 이것이 이상적이기는 하다—그리고 홉 밭이 가까운 경우라면 브루어리들이 해낼 만하다. 타이밍은 단지 한 편의 시처럼 맞물리는 시간의 문제는 아니다—젖은 상태의 홉이 트럭에 실린 채로 오래 있을수록 가장 섬세한 특질들은 뜨거운 공기 중에 노출되어 더 많이 파괴된다. 홉을 생으로 넣어 에일을 만들지 않는 경우 이유는 여기에 있다. 생산자들은 홉을 가마에 바로 집어넣어 건조시키는 쪽을 선호한다.

실제 브루잉은 단순하며 진짜 변수는 호핑 스케줄뿐이다. 브루어리들이 쓴맛 내기 용도로 젖은 홉을 사용할 경우, 마른 홉과 동일한 수준의 쓴맛을 내려면 최소 다섯 배 많은 홉이 필요하다. 때문에 이 방식 대신, 많은 브루어리에서는 처음에는 마른 홉을 사용하여 쓴맛을 내고 그 다음에는 끓이는 동안 젖은 홉을 넣는다. 두 방식 모두 맥주에 특유의 풋풋한 생홉의 좋은 풍미를 더하지만, 처음에 마른 홉을 먼저 쓰는 경우 좀더 깔끔한 쓴맛이 난다. 처음부터 끝까지 생홉만 쓴 맥주는 끓일 때 엄청나게 많은 홉이 들어가기 때문에 훨씬 부드럽고 더 풋풋한 풀내음이 나며, 생홉에서 간혹 나오는 특이하고 불쾌한 풍미를 지닐 가능성도 더 높을 수 있다. 젖은 홉으로 드라이호핑(숙성 탱크에 홉을 첨가하는 것)이 가능할까? 가능하다. 영국 서식스에 있는 다크스타에서 생홉으로 맥주를 만드는 마크 트랜터는 기존의 심코 홉(말리면 소나무향이나 자몽향이 난다)을 넣어 쓴맛을 낸 다음 갓 수확한 타깃(말리면 과일 마멀레이드향이나 가벼운 시트러스향이 난다)을 사용한다. "다음 날 수확해서 드라이호핑 용도의 홉 탱크에 넣은 다음 며칠 동안 휘젓습니다. 마치 열대과일 같은 맛이 납니다. 신기하게도 심코와 타깃은 서로 잘 어우러져요."

진화

생홉이 유행했던 시기는 농부와 브루어의 관계가 변화하기 시작하던 때와 겹친다. 심지어 10년 전만 해도, 크래프트 브루어리들은 홉 농부들과 별로 가까운 사이가 아니었다. 초기에는 생산자들이 대기업하고만 거래를 했고, 그런데 대기업들은 쓴맛을 내는 용도로만 홉을 구매했다. 그 구매량이 어마어마했기 때문에 생산자들은 사실상 대기업 소속이나 마찬가지였으므로 대기업 입맛에 맞는, 알파산 함량이 높은 품종을 재배했다.

생홉 에일들이 등장하자 크래프트 브루어리들은 농부들과 나름의 특별한 관계—소량의 생홉 구매 이외에도 상호이익을 누리는 관계—를 구축하기 시작했다. 이는 특히 야키마 밸리에 비해 생산자들이 다국적 기업들과 비교적 관련이 적은 윌래밋 밸리에서는 정말 그러하다. 생홉 에일이 가교를 놓았지만 오늘날 농부들과 브루어들은 크래프트 브루잉에 사용되는 기타 작물들을 협력하여 생산하고 있다. 농부들은 크

생생함인가 첫 수확인가

생홉 에일이 생홉 에일이 아닌 것은 어떤 경우인가? 갓 수확한 홉 대신 갓 말린 홉을 사용하는 경우라 할 수 있겠지만, 일부 브루어리에서는 굳이 두 경우를 뚜렷이 구분하지 않는다. 생홉은 다루기가 까다로워서 특성이 계속 변하기 때문에, 예상치 못한 풍미들을 낼 수도 있다. 때문에 일부 브루어리에서는 굳이 생홉을 써서 골칫거리를 만드는 대신 그 해 첫 수확된 홉을 쓰되 건조된 것들을 사용한다. 차이는 작지 않다. 생허브와 건조 허브를 생각하면 쉽다. 의미를 명확히 하기 위해 맥주 라벨에 '젖은 홉wet hop'—혼동의 소지가 없는 용어—이라 표기하는 브루어리도 있다. 하지만 혼동해서는 안 된다—생바질이 말린 상태로 서빙될 수 없듯이, 생홉 에일 역시 당연히 갓 수확한, 말리지 않은 홉을 넣고 만든 것이어야만 한다.

알아야 할 맥주들

생홉 에일을 만드는 브루어리 수는 계속 증가 추세다—시에라 네바다, 그레이트 디바이드, 브리지포트, 데슈츠 등은 비교적 자리를 잡은 브랜드들에 속한다. 하지만 나는 병입된 생홉 에일을 구매하는 것은 말리고 싶다. 생홉 에일이 아주 신선할 경우라면 —한 달 미만이 절대적 기준이며, 2주 이하가 최상— 생홉 에일에 필수적인 생생함이 유지되어 있을 것이다. 그러나 생홉 에일은 맥주 스타일 가운데 가장 순식간에 스쳐지나가는 맥주로, 몇 주만 지나도 생생함을 잃고 밍밍해진다. 생홉의 맛을 제대로 살려낸 병입 생홉 에일을 나는 아직 본 적이 없다. 언젠가 어느 브루어리에서 드래프트로 따라주는 생홉 에일을 맛본 적 있었는데, 이후 집에서 동일한 맥주의 병입 —병입된 지 일주일이 넘지 않은— 버전을 맛보았지만 생생함은 느껴지지 않았다. 드래프트가 훨씬 맛이 좋았다. 생홉 에일을 맛보는 가장 좋은 방법은 브루어리에서 바로 마시는 것이다. 매년 10월이면 생홉 맥주 축제가 벌어지는 태평양 연안 북서부의 원산지에서라면 더할 나위 없이 좋을 것이다. 시애틀이나 포틀랜드에서도 생홉 에일을 맛볼 수 있게 되면서 생홉 에일을 파는 펍의 위치를 추적 표시하는 웹 사이트들도 생겨났으며, 야키마 및 후드리버에는 이 귀한 계절 한정 맥주를 기념하는 축제들이 매년 열린다. 뉴잉글랜드의 낙엽처럼 생홉 에일은 단 2-3주 동안만 전성기를 누리다 어둑한 겨울 속으로 서서히 사라진다.

크래프트 브루어리들이 기꺼이 아로마 및 풍미 품종(특히 캐스케이드 및 센테니얼)을 구매하리라는 것을 알고 있기에 더 많은 홉을 심게 되고, 홉 생산자와 브루어는 협업으로 신품종을 개발하는 경우도 종종 있다.

생홉 에일은 현재 다른 어느 곳에서보다도 미국에서 특히 열렬히 환영받고 있지만 뉴질랜드도 곧 비슷해질 분위기다. 영국의 브루어리들 역시 워드워스의 뒤를 좇기 시작하고 있으며 10여 곳에서 현재 생홉 맥주를 만들고 있다. 라거는 생홉에 적합하지 않기 때문에 독일이 나름의 우위를 활용할 기미는 아직 보이지 않지만, 앞으로 어찌될지는 아무도 모르는 일이다. 수많은 혁신이 이뤄졌어도 생홉만큼은 독일 맥주순수령을 따른다.

덜 알려진 스타일 그리고 뜨는 스타일
LESSER-KNOWN & EMERGING STYLES

맥주 스타일은 절대 고정된 것이 아니다. 딱 들어맞는 비유는 아닐지 몰라도, 맥주 스타일을 동물 종이라 생각해보자. 페일 라거 같은 몇몇 맥주 스타일은 흔히 볼 수 있고 번성했지만, 다른 것들—가령 람비크—은 협소한 틈새에서 고도로 특수하게 분화돼 있다. 기술 혁신이나 소비자 기호 등 환경 변화에 따라 적응을 잘하는 스타일들은 번성하지만, 돌이킬 수 없는 내리막길을 걷게 되는 스타일들도 있다. 격변은 끊임없는 새로운 스타일의 탄생으로 이어지고, 자연히 어떤 스타일들은 멸종하기도 한다. 이 챕터에서는 맥주 세계의 여백을 살펴보고자 한다. 바로 이곳에서 다양한 맥주 스타일이 등장하고 또 사라지고 (때로는 돌아오고) 혹은 끊임없이 줄어드는 서식지에 간신히 매달려 있기도 한다.

허브, 향신료, 과일, 채소를 넣은 맥주들

굉장히 최근까지도 전문적인 미국식 고급 브루잉의 영역에서는 과일, 채소 등 다른 재료를 맥주에 첨가하는 것은 저급한 일로 취급받았다. 이들은 '부가물' 혹은 불순물로 불렸다—이런 일은 홈브루어 혹은 벨기에인들이나 하는 것이지 진지한 브루어들의 영역은 아니라고 여겨졌다. 하지만 음식에 초점을 둔 고급 펍 같은 곳만 슬쩍 보더라도, 이는 다 옛날이야기다. 마치 셰프가 수프에 각종 향신료를 넣듯이 오늘날 브루어들은 통상적으로 새로운 재료를 첨가하여 맥주 안에 잠재돼 있던 특징들을 끌어낸다. 이러한 경향은 이미 널리 퍼져서 향후 몇십 년 이내에 우리가 오늘날 맥주라 생각하는 것에 대한 고정관념 자체가 바뀔지도 모른다.

오늘날 우리가 지닌 엄격한 정의—물, 몰트, 홉, 효모—는 사실 이상한 것이다. 홉을 사용한 것은 불과 1천 년 정도밖에 되지 않았고, 그전에는 모든 맥주에 향신료가 첨가됐다. 브루어들은 흔히 그때그때 활용 가능한 과일, 채소, 꿀 등을 넣어 알코올 도수를 높이고 풍미를 더하곤 했다. 중세 맥주의 첨가물 목록은 오늘날 현지 시장에서 찾을 수 있는 것들과 대략 일치했고, 브래곳braggot—벌꿀술honey mead과 에일을 섞은 것—등 일부 혼합물들은 따로 이름이 있을 정도로 흔했다. 그리고 홉이 맥주계에 등장한 이후로도 한참 동안 브루어리들은 계속해서 자연적인 풍미를 이용했다. 독일, 영국, 프랑스, 그리고 당연히 벨기에에서도 이 전통의 흔적은 20세기 들어서까지 그 명맥을 잘 이어왔다. 크래프트 브루어리들이 특히 과일 에일이나 향신료를 첨가한 호박맥주를 만들기 시작했을 때, 이들은 새로운 스타일을 창안했다기보다는 되살려낸 것이었다.

오늘날의 흐름은 실험 정신이 강한 크래프트 브루어리들의 열정이 반영된 것이기도 하다. 실제로, 이들은 거의 브루잉을 시작할 당시부터 특이한 재료들을 활용했다. 크래프트 브루잉은 화학물질이나 안정제를 사용하는 대규모 브루잉을 거부하는 맥락에서 등장했으며, 건강하고 전통적인 재료들을 사용한다는 개념과도 맞아떨어졌다. 안타깝게도 이들 초기 브루어들은 과일이나 향신료를 처음으로 사용했을 당시 방식을 완전히 터득한 상태는 아니었기 때문에, 맥주

초콜릿향이 나는 농밀한 스타우트에 들어갈 체리들

의 풍미를 뒤덮어버리는 경우도 많았다.

　2000년대 들어 브루어들은 다소 다른 철학을 가지고 향신료를 다시 찾았다. 다양한 풍미들을 감추기보다는 드러내기로 한 것이다. 이는 브루잉 기법들이 한층 정교화되고 과거 여러 스타일에 대한 이해가 깊어진 덕분이기도 했다. 그러나 좀더 현지의 신선한 제철 재료들을 활용하는 음식 세계 역시 영감의 원천으로 작용했다. 향신료 활용은 맥주에 다층적 깊이를 더하는 한 가지 방법으로, 대개의 경우 맥주에 내재해 있던 다양한 풍미들을 부각시킨다. 반면, 현지의 과일이나 채소를 사용하는 것은 좀더 전통적이고 장소에 기반을 둔 브루잉으로의 회귀다. (가령, 말린 후추 열매peppercorn를 넣은 맥주는 어딘가 향신료를 쓴 느낌은 나지만 후추맥주 같은 맛은 아니다. 그러나 체리를 넣은 맥주라면 체리맛이 날 것이다.) 뉴잉글랜드 사람들은 현지에서 나는 블루베리를 좋아하는 반면(예닐곱 브루어리에서 사용한다), 위스콘신의 뉴 글래러스는 유명한 도어 카운티 체리를 활용한다. 이탈리아에서는 밤이 굉장히 인기가 좋아서 별도의 장르를 구성하고 있다.

　코나 브루잉Kona Brewing은 특히나 이런 방면에 능숙해서, 현지의 풍미들을 차용하여 전통적 맥주 레시피를 돋보이게 만든다. 브라운 에일에는 코코넛으로 견과류 풍미를 더해 균형을 맞추고, 여름용 페일 에일에는 패션프루트를 넣어 홉의 시트러스 계열 특성을 활용하며, 포터에는 코나 커피의 부드럽고 로스티한 풍미를 더한다. 그러나 풍미가 반드시 지역적일 필요는 없다. 뉴 벨점은 타트 리치Tart Lychee에서 가장 뛰어난 마리아주mariage의 예를 보여준다. 과일과 시나몬에서 열대 느낌의 정수를 끌어내고 배럴 숙성을 통해 약간의 산미를 더한다.

　맥주에 각종 허브와 향신료를 사용하는 것이 특히나 요리를 보완하는 브루잉 경향과도 맞아떨어지는 것—혹은 이 흐름의 선두에 있는 미국에 프랑스나 이탈리아가 합류한 것—은 어쩌면 전혀 놀라운 일이 아니다. 요리와 어우러지는 맥주를 열렬히 옹호하는 대표적 인물인 리치 히긴스는 샌프란시스코에 소셜 키친 브루펍을 열면서 메뉴에 특별히 어울리는 라거와 에일을 만들었다. 각종 향신료들이 주방에서 브루어리로 자리를 옮겼고, 그는 생강에서부터 레몬그라스와 겨자씨에 이르는 온갖 재료들을 넣어 맥주를 만들었다. 한 가지 예를 들자면, 뒤벌에는 비트를 넣었다. "비트에서 나오는 흙냄새 감도는 근사한 달콤함이 로스팅한 몰트와 과일향 나는 효모 풍미와 아주 잘 어우러지는 걸 느끼실 거예요. 효모에는 굉장히 들뜨는high—나는 '톡톡 튄다spiky'고 표현하는— 요소들이 있어요. 풍선껌, 무화과, 자두, 체리의 풍미 같은 것들이죠.

그 뒤로는 맥주의 바탕을 이루며 나즈막하게 가라앉는 풍미들과 함께 이 비트에서 나오는 식물 특유의 흙냄새가 은은하게 다가올 겁니다." 로스트향을 부드럽게 감싸면서 "맥주가 잘 어울릴 만한 음식의 범위를 넓혀준다"는 설명이다.

독특한 풍미들을 더한다고 해서 무조건 새로운 맥주 스타일이 되는 것은 아니다. 기존 스타일의 범위를 확장하는 방식에 더 가깝다—그리고 거의 모든 맥주는 약간의 향신료로 장식이 가능하다. (전통적인 독일 라거 같은 일부 스타일의 경우, 만드는 이들이 그런 불순물이 섞이는 것 자체를 질색할 수도 있다.) 에스테르와 페놀 풍미가 한층 두드러지는 벨기에 에일들은 확실한 후보들이지만, 브루어들은 거기서 멈추지 않는다. 미국 브루어들은 보통 시트러스 겉껍질과 향신료로 홉의 시트러스 계열의 향신료 풍미를 돋운다. 포터와 스타우트에는 초콜릿, 커피, 고추가 들어가는 경우가 흔하다. 라이트한 밀 에일은 과일이 첨가되어 살짝 달콤하고 아로마가 풍부하며 때로는 산미를 띤다. 경우에 따라 크리스마스 시즌 라거에도 간혹 약간의 향신료 풍미를 더하기도 한다.

계절 한정 에일들

맥주를 마시는 데에도 계절에 따른 리듬 같은 것이 있다—추운 겨울날에는 좀더 다크하고 센 맥주가, 뜨거운 여름날에는 좀더 밝고 약한 맥주가 제격이다. 어떤 맥주들은 특정 계절에 너무도 잘 어울리는 탓에 딱 그 시기에만 마시는 맥주로 생각하기 쉽다. 묵직한 스타우트나 발리 와인,

도펠보크는 겨울에, 쾰슈, 바이첸, 필스너는 여름에, 이런 식으로 말이다. 하지만 정말로 한 계절만을 위해 스페셜티로 등장한 맥주도 몇 가지 있다. 무교병matzoh*이나 통옥수수, 생강쿠키처럼 말이다.

왜 유독 겨울에 뭔가를 마시는 의식이 그리 많은 것일까? 아마도 그 계절을 나기 위해서일 것이다. 중앙난방이 시작되기 이전에는 겨울을 난다는 것 자체가 일종의 도전이었고, 누구나 해내는 일이 아니기도 했다. 손끝이 얼고 창이 얼어붙는 여러 달을 말 그대로 견뎌내야만 했다. 사람들은 영영 끝나지 않을 듯 기나긴 가혹한 추위와 어둠을 버텨낼 묘약을 만들고자 했다. 영국에서는 이를 '워세일링wassailing'이라 불렀는데, 캐럴을 부르며 집집마다 방문하는 전통의 시초가 됐다. 최소 1천 년은 된 전통인 셈이다. 고대 스칸디나비아어인 '베스 헤일ves heill'이 그 어원으로, '건강'이나 행운을 비는 축배사를 의미한다. 노르만 정복 이전에 영국인들이 하던 워세일링 전통이 19세기까지 이어져 내려온 것이다.

정확히 말하자면, 워세일wassail은 본래 따끈한 향신료가 첨가된 에일이 담긴 오목한 그릇을 일컫는다. 준비 방식은 다양했으나, 맥주에 리큐어와 더불어 설탕과 각종 향신료, 과일, 심지어는 달걀까지도 섞어넣는 것이 보통이었다. 볼 위에 토스트를 띄우는 경우도 있었다—토스트를 내는 풍습의 시초다. 이렇게 혼합한 것은 데워지기는 했으나 절대 끓이지는 않았다(끓

* 유대인들이 유월절에 먹는 일종의 빵

는점에 도달하면 홉이 좋지 않은 쓴맛을 낸다). 1835년 작성된 어느 레시피에는 이렇게 쓰여 있다. "황설탕과 갈아놓은 육두구와 생강 0.5파운드 위에 호피하고 센 맥주 1파인트를 부어 섞는다. 얇게 썬 레몬 세 조각과 레몬 껍질에 문지른 각설탕 두 개를 넣는다." 그다음 이 혼합물에 살짝 구운 빵을 ―이상하지만― 넣고 한꺼번에 또 한차례 발효시킨다. 며칠이 지나면 구운 사과를 뜨거운 채로 띄워 (아마도 데워서) 서빙할 수 있게 된다. 이 레시피는 알코올 기운이 거의 없는 것으로 유명하지만, 스코틀랜드에서 온 또 다른 레시피는 맥주 2파인트에 위스키 0.5파인트―그리고 달걀 두 개―를 넣고 섞으며, "추운 밤에도 남자가 장화를 벗게" 만드는 술이라고 쓰여 있다.

무슨 이유에서인지 향신료를 첨가하고 달걀을 넣어 데운 맥주는 유행에서 차츰 뒤처지다. 그 대신 '윈터 워머winter warmer'라 불리는 모호한 카테고리가 등장했다. 앰버 에일이나 레드 에일처럼, 이들 역시 일종의 미국적 발명이다. 영국 브루어들도 간혹 어떤 맥주에 윈터 워머라는 라벨을 붙일 수 있겠지만, 이것은 카테고리일 뿐 스타일을 말하는 것은 아닐 것이다. 미국의 브루어리들은 이 개념을 계속 다듬어왔다. 미국의 윈터 워머들은 깊이 있는 호박색에서부터 적갈색까지 다양하며, 상당한 도수(보통 7% 정도)로 브루잉된다. 스파이시한 홉을 더한 캔디 또는 검붉은 과일 몰트가 특징이다. 브루어리들은 이런 식의 브루잉을 1980년대에 시작했고, 아마도 당시 브루어들이 부가물 사용을 꺼렸기 때문에 대개는 향신료가 들어가지 않았다.

수많은 크래프트 스타일들이 그렇듯, 이는 서부 해안에서 개척됐고 오리지널 스타일 가운데 다수―피라미드의 스노 캡Snow Cap, 데슈츠의 주벌에일Jubelale, 앤더슨 밸리의 윈터 솔스티스 Winter Solstice―가 여전히 기준이 되고 있다.

또 다른 계절 한정 혼합주의 뿌리는 전적으로 미국에 있다. 추수감사 축제 기간에 만드는 하비스트 스타일인 호박 에일이 바로 그것이다. 미국 식민지 개척자들은 핼러윈의 상징이기도 한, 별다를 것 없는 호박(사실 잭 오 랜턴jack-o'-lantern*을 발명한 것은 아일랜드 사람으로, 이 측은한 사람은 순무를 처리해야만 했다)을 사용하여 좋은 수입산 맥주를 살 돈이 없던 이들을 위해 조악한 맥주를 만들었다. 미국 독립 이전에 72편의 글을 쓴 버지니아 출신의 역사학자 로버트 베벌리는 호박 에일을 두고 "당밀, 브랜, 인도산 옥수수 몰트, 폼피언[호박]을 넣어" 만든 "한심한 부류"라고 표현했다. 맥주 안에서 효모가 소화하기에 적합한 당분을 찾는 것은 당시 사람들에게 늘 성가신 일이었다. (그러니 미국이 주로 사이다나 럼을 마시는 나라였던 것도 놀랍지 않다.)

크래프트 브루어리들은 1980년대에 호박 맥주를 새롭게 부활시켰다. 그러나 옛날식 폼피언 맥주가 아닌, 호박파이 향신료를 가미한 오렌지빛 에일로 만들었다. 이에 대한 책임은 빌 오언스에게 물을 수 있을 것이다. 버팔로 빌스 Buffalo Bill's 브루어리의 창립자인 빌은 식민지 시대에 만들었던 이 맥주에 관한 이야기를 읽

* 속을 파내 도깨비 얼굴 모양으로 만든 호박 안에 촛불을 켜놓은 등

은 적이 있었고 1980년대 중반 이를 만들어보기로 했던 것이다. 그는 실제로 직접 키운 호박을 앰버 에일에 첨가했지만, 안타깝게도 "맥주에서 호박 풍미는 전혀 느껴지지 않았다." 그러다 그는 탄산화 직전 호박파이맛 향신료를 숙성 탱크에 넣으면 호박 풍미가 날지도 모른다는 생각이 문득 들었다. 이렇게 만든 맥주는 히트를 쳤고, 이후 30년간 버팔로 빌스 펌프킨 에일Pumpkin Ale은 수많은 아류를 낳았다.

사실 호박맥주가 향신료를 첨가한 핼러윈 오렌지 에일이어야 할 이유는 없지만, 대부분의 호박맥주는 핼러윈 에일이다—그렇다보니 호박맥주는 나름의 독자적인 스타일로 차츰 진화했다. 버팔로 빌스 오리지널은 무던한 맥주(5.2%)지만, 알코올 도수가 상당히 높은 것도 있다. 가령 현재 이 타입의 표준이라 할 만한 서던 티어 펌킹Southern Tier Pumking은 8.6%다. 슐래플리 펌프킨 에일Schlafly Pumpkin Ale은 8%다. 몇몇 브루어리에서 다양한 시도를 하기도 하지만, 모두 예외적인 경우에 해당된다. 시애틀의 일리전 브루잉Elysian Brewing은 그 어느 브루어리보다도 호박에 더 관심이 많은 곳이다. 이곳에서는 스타우트나 IPA를 포함, 수많은 호박맥주들을 만들고 있다. 레이크프론트Lakefront에서는 펌프킨 라거Pumpkin Lager를 만들고, 콜로라도 스프링스의 트리니티 브루잉Trinity Brewing에서는 에마스 펌프킨 세종Emma's Pumpkin Saison을 만든다.

잃어버린 훈제 에일들

독일인들에게는 지나치게 엄격하고 정확하며 심지어는 거만하게 군다는 —일을 하는 데는 옳은 방식이 있고 그 방식은 바로 독일식이라는— 깊은 고정관념이 있는데, 이는 맥주로까지 연결된다. 독일 맥주는 까다로운 기준에 맞추어 만들어지며 즉흥은 금물이라는 것이다. 여기에는 일말의 진실도 있는데, 특히 유명 라거라면 그렇다. 하지만 독일이라도 온통 필스너와 보크만 있는 것은 아니다. 알트비어와 베를리너 바이세—혹은 심지어 바나나맛과 정향맛이 나는 바이에른 바이첸—같은 스타일들도 떠올려보자. 좀더 두리번거려보면, 결국은 단종되고 만 잘 알려지지 않은 맥주들의 이름—리히텐하이너Lichtenhainer, 그로지스키에, 고제—에 대한 기록도 발견하게 될 것이다. (그러나 다행히 독일, 폴란드, 미국에서는 모두 이런 맥주들의 소소한 부활을 반긴다.) 이 맥주들은 스모키하거나 산미가 있고(혹은 동시에 두 특성을 다 지니고), 짭짤하며 향신료가 첨가돼 있다. 그리고 독일보다는 규칙에 얽매이지 않는 벨기에가 떠오르는 종류의 맥주들이다. 잘 알려지지 않은 이 에일들은 놀라우리만치 풍성한 —영원히 잃어버렸다고 생각했던 맥주들을 만들면서 브루어들이 되찾기 시작한— 역사를 가리킨다.

전혀 다른 지형을 찾기 위해 베일에 싸인 시대까지 뒤져볼 필요는 없다—150년만 거슬러 올라가도 충분할 것이다. 19세기 중반의 독일은 오늘날의 독일보다도 당시의 이웃 벨기에와 훨씬 더 닮아 있었다. 벨기에의 경우와 마찬가지로, 독일의 맥주 스타일들은 극도로 지

19세기 독일 에일들의 맛 교차도

- 밀 풍미
- 베를리너 및 고제
- 신미
- 리히텐하이너
- 그로지스키에
- 스모키함

역적이었다. 맥주의 이름에는 대개 현지 동네 이름 뒤에 접미사 '어er'가 붙어 있었다. 코트부저Cottbuser, 크로세너Crossener, 쿨름바허Kulmbacher, 쾨페니커Köpenicker, 레부저Lebuser, 베르나우어Bernauer 등이 그 예다. 수세기에 걸쳐 이뤄진, 다양한 맥주에 관한 기록 수십 건은 플랑드르나 왈로니 못지않게 독일에도 아주 다양한 맥주들이 있었음을 보여준다. 그중 일부―무메Mumme, 브로이한broyhan, 아담비어, 요펜비어jopenbier 같은 아주 옛날 스타일들―는 굉장히 인기가 많아서 지역별 기호를 뛰어넘기도 했으나 실은 굉장히 독자적이고 때로는 기이하기까지 한 맥주였다.

요펜비어를 예로 들어보자. 프로이센 시대의 도시 단치히(오늘날의 폴란드 그단스크)에서 만들었던 이 맥주는 당시 굉장히 유명해서 영국까지 운송되기도 했다. 대부분의 발리 와인을 한참 넘어서는 엄청난 초기 비중으로 브루잉

덜 알려진 스타일 그리고 뜨는 스타일

됐고, 벨기에 에일풍으로 24시간 끓이고 자연 발효시켜 만들었다. "푸르스름한 곰팡이가 두껍게 덮이도록" 최장 1년까지 숙성시킨 다음 센(1,080 이상) 비중으로 마무리했다. 대개 극도로 농밀한 맥주는 다들 맛있다고 한다—하지만 많이 마실 수 있는 종류의 맥주는 아니다. 때문에 혼합 용도로 사용되는 경우가 많았다.

마치 축제의 호객꾼처럼 그 옛날 독일의 브루잉에 대한 희한하고 별난 표현들을 하나하나 짚어가며 열거할 수도 있다. (이것만으로도 흥미진진한 책이 한 권 만들어질 것이다.) 하지만 이 올드 에일들을 관통하는 한 가닥 실 같은 것이 있었다. 이 에일들 대부분은 상당히 약해서 3% ABV 미만이었고, 그중에는 1%밖에 안 되는 것들도 있었다. 통상적으로 저감도가 30-60% 수준인(오늘날 맥주들의 경우 75% 선이다), 불완전하게 발효된 맥주들이었다. 산미가 있었고, 벨기에의 렘베이크Lembeek 지역 맥주들처럼 박테리아와 야생효모에 오염됐다. 역사학자 론 패틴슨은 『디콕션!』에서 이렇게 설명했다.

독일의 수많은 전통 상면발효 스타일의 공통된 특징은 무엇인가? 낮은 ABV와 높은 산도가 핵심이다. 오늘날 기준에서 쓴맛은 극도로 낮고 산도는 극도로 높은 축에 속하는 베를리너 바이세 같은 맥주는 150년 전에는 상당히 평범한 맥주였다.

이 네 가지 종류의 맥주—베를리너 바이세, 리히텐하이너, 고제, 그로지스키에—는 20세기에 들어서도 잘 살아남았다. 베를리너 바이세를 제외한 세 가지는 1993년경 단종된 듯했지만, 앞서 언급했듯이, 깊은 우림 속에서 발견된 길 잃은 새처럼 최근 5년간 모두 다시 발견됐다. 알코올 도수가 낮고 대체로 산도가 높다는 것 외에도, 19세기 독일 에일들은 주로 밀을 넣고 만들었으며 스모키한 요소를 지닌 경우도 있었다. 네 가지 스타일의 풍미를 다이어그램으로 그려보면 앞 페이지에 나오는 벤다이어그램 같은 모습이 될 것 같다.

교차 부분이 상당히 많다는 걸 눈으로 확인할 수 있다. (리히텐하이너는 유일하게 세 그룹 모두에 해당되는 맥주지만, 일부만 그렇고 모든 리히텐하이너가 그렇다는 의미는 아니며, 보리만 사용한 맥아 가루로 만든 버전도 있고, 밀을 사용한 경우도 있었다.) 이 같은 특성들은 당시 '바이세'로 불렸던 맥주들에 공통적으로 나타났다. 흰색이지만, 반드시 밀인 것은 아니다. 필스너가 한바탕 유행하기 전에 더 흔히 볼 수 있었던 갈색 맥주와는 확실히 달랐다. 특히 매력적인 부분은 당시 벨기에와 프랑스의 '비에르 블랑슈'를 이 다이어그램에 연계해 넣어본다면 교차 지점에 들어가리라는 것이다. 그리고 벨기에, 프랑스, 독일의 브루어리들은 저마다 브라운 에일을 만드는 각각의 전통이 있었다.

베를리너 바이세는 이 계보의 에일들로 이어지는, 오늘날 유일하게 살아 숨 쉬는 연결고리지만, 나머지도 이 계보와 그리 오래 떨어져 있지는 않았다. 양차 대전 이전에 고제를 만들던 브루어리 10여 곳 가운데 단 한 곳만이 1960년대까지 살아남았고 1960년대 중반에는 그마저도 문을 닫았다. 그러나 1980년대에 브루어리들은 스타일 실험을 시작했고, 1999년에 고제브라우에라이 바이에리셔 반호프Gosebrauerei Bayerischer Bahnhof에서는 하루 종일 이 맥주만 만들기 시작했다(이 두 스타일은 뒤에서 별도로 다루어질 예정이다).

훈제 에일 중 그로지스키에는 다른 맥주들보다 좀더 생명력이 있었다. 이 맥주는 프로이센 이후로도 살아남았지만, 라거의 공격은 당해내지 못했다. 그로지스크라는 폴란드의 동네에서 여러 세대를 거쳐 브루잉됐던 이 스타일은 1990년대 중반까지도 계속 만들어졌다. 그로지스키에와 그의 사촌격이자 한 번도 단종 위기에 처한 적 없는 독일의 라우흐비어 사이의 확실한 차이점은 바로 밀이다. 라우흐비어는 훈제 보리를 사용했고 그로지스키에는 훈제 밀—이 스타일과 함께 사라져버린 재료이자, 부활을 훨씬 더 어렵게 만드는 요소—을 사용했다. 그러나 2012년에 바이에르만 몰츠Weyermann Malts에서 오크 훈제 밀 몰트를 다시 선보이자, 즉각 다른 많은 브루어리에서도 각자 나름의 그로지스키에를 브루잉하기 시작했다. 또 하나의 훈제 에일인 리히텐하이너는 가장 알려지지 않은 종류로 남아 있다. 그로지스키에와 베를리너 바이세의 교집합 어디쯤에 해당하는 이 맥주가 마지막으로 브루잉된 것은 1983년이었다. 리히텐하이너가 사라진 뒤로 흥미롭게도 잠깐씩 몇 가지가 재등장하기도 했으나, 훈제 에일은 없었다. 브라우에라이 탈솅케Brauerei Talschänke에서는 바로 그 방식으로 뵐니츠Wöllnitz 바이스비어라는 맥주를 선보였다. 예상했겠지만(그 예상은 정확하다), 많은 이들이 이 맥주를 베를리너 바이세로 분류한다. 약간의 스모키함이 그런 구분을 더 명확히 하는 데 일조한다.

그로지스키에와 리히텐하이너는 서로 관련 있는 맥주들이었다. 둘 다 훈제 몰트를 사용했고 둘 다 바디가 가벼웠다. 1860년대부터 제1차 세계대전 직전까지 여러 시점에 언급된 각종 레시피들을 통해 알 수 있듯이, 그로지스키에는 변화했다. 제1차 세계대전이 끝날 무렵 그로지스키에는 100% 밀 몰트를 사용했고 호핑은 굉장히 묵직했다. 어느 기록에서는 이 맥주를 "거칠고 쓴 맥주"라 표현하기도 했다. 그러나 초기 레시피들은 좀 달랐다. 어느 레시피에 따르면 그로지스키에는 산미가 강한 부류로 볼 만하다. 브루어들은 매시 턴에 버드나무 껍질을 넣고 맥주를 하룻밤 식힌 뒤 버드나무를 발효통으로 옮겨 담아 발효 과정을 돕는다. 이렇게 만들어진 맥주에서는 연기 '맛'이 '살짝'만 날 뿐이었다.

병 안에서 심지어 2년이 경과해도 산미가 생기지 않았던 후기 버전과는 달리, 초기 버전은 좀더 산미가 강한 편이었던 것 같고, 따라서 좀더 리히텐하이너 쪽에 가까웠다. 그로지스키에와 마찬가지로 리히텐하이너는 여러 시대에 각기 다양하게 브루잉됐다. 어느 기록에 따르면 오로지 보리 몰트만을 사용했다고 하는 반면, 다른 기록들을 보면 밀을 최대 50%까지 넣기도 했다고 한다. 그러나 리히텐하이너의 경우, 스모크 풍미를 선사한 것은 보리였다—남쪽의 밤베르크와 인근 지역에서 만들었던 라우흐비어의 경우와 비슷하다. 이 맥주에 대한 설명은 굉장히 호기심을 자극한다. "저감도가 높고 탄산 함량도 높고 건강하며 특별한 맥주로 간주된다."

스모키한 풍미는 보통 육류를 떠올리게 되는 특성이기 때문에, 이를 표현하는 데는 몰트 훈제에 사용하는 나무 타입이 중요하다. 히코리 나무는 햄, 오리나무는 연어 같은 느낌을 낸다. 바이에르만은 오크로 밀을 훈제한다—몰트를 최대 100%까지 넣는 레시피를 압도해버리지 않는, 균형 잡히고 깔끔한 스모키함이 특징이다. 한편, 너도밤나무로 훈제한 바이에르만의 보리 라우흐몰트는 40-50% 비율을 넘기면서부터 육류 느낌을 내기 시작한다.

비슷한 맥락에서 이들 맥주의 발효에는 바이첸 효모가 아닌, 중립적인 풍미의 에일 품종을 사용해야 한다. 정향 느낌의 페놀이나 바나나향이 나는 에스테르는 스모키한 풍미와 충돌한다. 리히텐하이너는 젖산 발효나 일반적인 알코올 발효(모두 역사적으로 사례가 있다)로 시작할 수 있지만, 리히텐하이너는 베를리너 바이세만큼 산미가 강하지 않았다. 그로지스키에는 일반적으로 새콤한 맥주로 분류되지 않지만, 150년 전에는 산미가 있었음이 기록으로 확인된다. 간혹 그로지스키에 산미가 있는 몰트나 매시를 넣어 균형을 잡은 브루어들도 있었다. 이런 방식이 이 스타일 고유의 강도를 조절하는 데 도움이 됐다는 사실을 알 수 있다. 몰트나 홉의 작용을 그대로 방치하면 '거친 쓴맛'으로 흘러버리기 쉽기 때문이다.

브래곳

만일 '브래곳'이라는 단어에서 떠오르는 이미지가 있다면, 아마도 튜닉 차림에 긴 양말을 신고 거품이 얹힌 커다란 글라스를 들고 뭔가를 마시고 있는 사내들의 모습이 담긴 중세 목판화와 관련된 어떤 것일지 모른다. 아니면 『캔터베리 이야기』 속 방앗간 주인 이야기에 나오는 유명한 시구와 관련된 것일 수도 있다. "그녀의 입은 브래곳 혹은 벌꿀술처럼 달콤했고 / 혹은 건초나 잡풀 위에 수북한 사과들 같았다." 중세 영국의 연애시만큼 확고히 머릿속에 박힌 것도 없다. 그렇지 않은가?

이런 기록들에서 보듯, 브래곳은 아주 오래된 술이다. 꿀을 넣은 맥주라는 것 말고는 아무런 엄격한 정의는 없으며, 설명에 따르면 역사는 수메르제국까지 거슬러 올라간다. 고고학자들은 기원전 700년 프리기아 그리고 대략 같은 시기 갈리아의 도기에서 꿀을 넣은 맥주가 담겨

> **브래곳 레시피**
>
> 비커다이크의 글에서, 빅토리아 시대의 저자들이 말하는 1584년도 레시피는 요즈음의 동네 길모퉁이 브루펍에서는 상상하기 힘든 내용이다.
>
> "괜찮은 에일을 최소 3-4갤런 이상 원하는 만큼 가져다 불순물을 제거한 후 2-3일 두었다가 항아리 안에 따로 넣은 다음 거기서 반 갤런 정도 떠낸다. 거기에 좋은 영국 꿀을 한 쿼트 넣고 용기에 담아 불 위에 올린 다음, 잔잔하게 충분히 끓게 두고 거품이 일어날 때마다 걷어내서 깨끗하게 유지하여 그 상태로 불에서 내려 식힌다. 거기에 후추 한 자밤, 정향, 말린 육두구씨 껍질, 생강, 육두구, 시나몬을 두 자밤씩 넣고 저어 잘 섞고 다시 불에 올려 한동안 끓인 뒤, 뭉근하게 데운 우유처럼 되면 나머지 분량에 넣어 전부 휘저어 섞고 2-3일 그대로 두었다가 거품 효모barm를 얹어 각자 원하는 식으로 마신다."

있었던 흔적을 발견했다(전설의 왕 미다스가 통치하던 제국으로, 이 맥주는 마이더스 터치Midas Touch라 불리는 도그피시 헤드의 맥주에 영감을 주었다). 그러나 브래곳은 주로 중세, 특히 중세의 영국 및 아일랜드와 결부되곤 하는데, 이들 지역에서는 브래켓bracket, 브래고트bragotte, 브래고드bragawd 등으로 다양하게 불렸다. 대개 향신료가 첨가됐고, 런던 등지 및 웨일스 지역에서 다양한 버전으로 브루잉됐다.

초서가 말했듯이, 브래곳은 달콤한 술이었다. 영국인들은 유럽에서 가장 나중에 홉을 받아들였고, 브래곳은 아주 달콤한 맛이 선호되는 동안 인기를 끌었다. 이후 사람들의 취향이 홉을 넣은 맥주 쪽으로 기울게 되면서 브래곳의 인기는 시들해졌고 결국 19세기 중반에는 자취를 감추게 됐다. 수많은 사라진 스타일들이 그렇듯, 브래곳은 크래프트 브루어리들의 호기심을 자극했고, 이따금씩 부활하기도 했다.

1889년 존 비커다이크라는 필명으로 글을 쓰던 찰스 헨리 쿡, 존 그레빌 페넬, J.M. 딕슨의 다음과 같은 표현은 브래곳을 논할 때 자명한 사실로 받아들여야 할 것이다. "어느 정도 정확성을 기하며 브래곳을 정의하기란 '수프'를 정확히 정의하는 것만큼이나 어려운 일일 것이다." 브래곳은 대개 벌꿀술—꿀 와인—과 에일을 섞은 것이라고 설명되지만, 항상 그런 것은 아니었다. 꿀을 재료로 넣어 만든 맥주를 지칭할 때도 있었고, 꿀과 각종 향신료를 넣어 단맛을 더한 맥주를 가리킬 때도 있었다. 또는 앞쪽의 레시피를 보면 브루잉이 끝난 맥주에 꿀과 각종 향신료를 넣어 끓인 다음 다시 발효시켜 만든 술일 수도 있다. 수세기를 지나는 동안 그밖에도 다른 수십 가지의 변환이 분명 있었을 것이다.

중세 브래곳의 묵직한 달콤함은 현대인들의 미각을 깜짝 놀라게 했을 것이다. 아마 살짝 산미가 도는 죽과 비슷했으리라 생각된다(숙성 기간이 길어질수록 산미는 강해졌을 것이다). 21세기에 브래곳을 만드는 브루어리들은 현대인들의 진화된 입맛에 맞도록 업데이트하고자 애쓰고 있다. 현대적으로 해석한 버전은 맥주치고는 약간 달콤하게 만들어 꿀맛—실제로는 발효 중에 대부분 소모—을 부각시키고 있다(중세에 만들어졌던 것에 비하면 명함도 못 내미는 수준일 테지만). 상당히 센 축에 속하는 이들 맥주는 간혹 벌꿀술과 맥주의 중간쯤에 —트리펠 같은 종류로— 안착하기도 한다. 그러나 브래곳은 여전히 잘 알려지지 않은 스타일로, 실험과 탐험의 가능성이 얼마든지 열려 있는 분야다.

글루텐프리Gluten-free 맥주

만성소화장애증은 말할 것도 없고 그보다는 가벼운 글루텐 민감증 같은 증상 역시 실질적인 통증과 불편감을 야기할 수 있는 심각한 이상 증상이다. 글루텐 민감증 진단을 받은 사람이 늘면서 글루텐프리 제품—맥주 포함—에 대한 수요가 계속 늘고 있다. 오랫동안 글루텐—밀, 보리, 호밀 같은 곡류에 함유된 단백질—은 해당 재료들로 만드는 마실거리에서는 어쩔 수 없는 요소로 여겨져왔다. 그러나 글루텐프리 음식이 점차 자리를 잡아가자, 앞서가는 브루어들은 이 수요에 맞춰 보리, 밀, 호밀을 쓰지 않은 맥주를 개발하기 시작했다.

글루텐프리 맥주는 2000년대 중반부터 시중에 나오기 시작했고, 모든 초기 제품들은 수수를 사용해 만들었다. 이해가 된다. 수수는 수천 년간 아프리카 맥주들의 기본 재료로 쓰였으니까. 그러나 사람들이 특정한 맛을 기대하는 맥주 시장에서는 이 수수맥주들이 보리로 만든 맥주와 맛이나 질감이 완전히 다르다는 것이 문제가 됐다. 이 역시 이해가 된다. 아프리카의 수수맥주는 호핑을 하지 않고, 산미가 있으며, 왕성한 발효로 기포가 활발히 이는 상태로 서빙되기 때문이다—평소에 볼 수 있는 필스너나 페일 에일과는 굉장히 다르다. 브루어리들은 다른 곡물, 심지어는 콩과 식물들을 이용해 좀더 맥주맛이 나는 맥주를 만들어보려는 실험을 계속해왔다. 영국 브루어리인 그린스Green's는 메밀, 쌀, 기장을 사용한다. 오리건의 글루텐프리 브루어리인 그라운드 브레이커Ground Breaker는 밤과 렌즈콩을 사용하고 있다.

글루텐프리 기준

'글루텐프리'의 정의는 명료할 것 같다. 글루텐이 없다는 것 아닌가? 그러나 각국의 정부 규제는 천차만별이다. 세계보건기구는 글루텐프리의 기준을 좀더 높게 설정하고 있다—20ppm(백만분율)이하여야 한다. 유럽 기준도 동일하다. 미국의 경우, FDA는 현재 글루텐 검사 수치와 상관없이 "금지된 곡물에서 유래된" 모든 음식(혹은 맥주)을 배제하는 기준 쪽으로 기우는 추세다. 이러한 결정은 신생 업계의 운명에도 영향을 미칠 예정이고, 수수를 기본으로 하는 레시피를 사용하는 브루어리들은 FDA의 현 방침을 반기는 분위기다.

보통의 맥주를 닮은 그럴싸한 복사판 맥주를 만들어내는 일은 글루텐프리 브루어리들에게는 여전히 최후의 성배로 남아 있다. 초기의 노력들은 별로 성공을 거두지 못했다. 수수는 보리나 밀 같은 맛이 나지 않았고, 가벼운 느낌의 신맛이나 금속 같은 맛이 날 수 있다. 농밀하면서도 폭신한 헤드는 단백질로 만들어지는 것이라, 수수맥주는 헤드가 오래 유지되지 않는다는 문제도 있었다. 이 같은 차이를 좁히기 위해 브루어리들은 과일을 첨가하고 추가로 거품을 얹고 단맛을 더하고자 애를 썼다—그러나 소비자의 기대에 부응할 정도로 연금술에 성공한 적은 없었다.

최근의 획기적인 방식 가운데 가장 희망적인 소식이자 위장장애가 있는 이들 사이에서 논쟁의 대상이 됐던 것은 보통의 보리를 몰팅하여 사용하는 방식이었다. 브루잉 과정에서 효소들이 단백질 분자를 변성시키고 나면 글루텐 함량이 국제 기준 미만에 해당하는 맥주가 만들어진다. 이 기법은 사실 보통 맥주의 칠 헤이즈chill haze[*]를 줄여보려는 과정 중에 우연히 발견된, 일종의 반가운 사고였다. 그러나 이렇게 만들어진 맥주에는 여전히 어느 정도 글루텐이 함유돼 있기 때문에, 관련 위장장애가 있을 경우 과민 반응을 야기할 수 있다. 글루텐이 다량 함유된 보통의 맥주들에 비하면 좀더 가벼운 맛을 내기는 하지만 그 외에는 동일하다. 연구를 통해 글루텐 불내증이 있는 이들에게도 안전하다는 것이 확인만 된다면, 시장은 분명 이 방향으로 움직이기 시작할 것 같다.

맥아 가루에 다른 곡물들을 첨가하는 브루

글루텐프리 맥주 및 맥아 가루에 사용된 재료

수수 베이스
바즈 테일Bard's Tale(미국 뉴욕 버팔로)
그린스Green's(영국 스톡포트) - 메밀, 쌀, 기장 포함
그라운드 브레이커Ground Breaker(미국 오리건 포틀랜드) - 밤, 렌즈콩 포함
음베게Mbege(미국 위스콘신 밀워키, 스프레처) - 기장, 바나나 포함
뉴 그리스트New Grist(미국 위스콘신 밀워키) - 쌀 포함
뉴 플래닛New Planet(미국 콜로라도 볼더)
오브라이언O'Brien(호주 베이커리 힐) - 기장, 쌀 포함
레드브리지Redbridge(미국 미주리 세인트루이스, 앤하이저 부시)
세인트피터스St. Peter's(영국 번게이)

효소처리 보리 베이스
브륀오Brunehaut(벨기에 브륀오)
다우라Daura(스페인 바르셀로나, 에스트렐라 담)
오미션Omission(미국 오리건 포틀랜드, 위드머 브라더스)

어리들은 더 좋은 결과를 얻어왔다. 바디에 풍성함을 더하고 복합적인 풍미를 향상시킬 뿐 아니라, 수수에서 나는 사이다 같은 풍미를 상쇄하는 데도 도움이 된다. 다양한 실험은 이제 시작 단계일 뿐이므로, 앞으로 더 많은 발견들이 이루어질 것이다.

알아야 할 맥주들

다음은 스타터 코스로, 풀코스 식사가 아니다. 이 맥주 타입들 대부분은 스페셜 또는 일회성으로 나오기 때문에 각자 자신에게 맞는 것을 찾아볼 필요가 있을 것이다. 브래곳이나 리히텐하이너 같은 혼합주는 정말 희귀해서, 맥주라면 줄줄 꿰고 있는 사람조차도 몇 달은 헤매고 다녀야 간신히 만날 수 있는 야생동물 같은 맥주다.

다양한 맛이 가미된 에일들

DOGFISH HEAD MIDAS TOUCH
도그피시 헤드 마이더스 터치

원산지: 미국 델라웨어 밀턴
몰트: 비공개
홉: 비공개
기타: 꿀, 포도, 사프란
9% ABV, 12 IBU

어느 고고학자가 시작한 실험은 결국 고대 프리기아(오늘날 터키)의 맥주를 연상시키는 맥주를 탄생시켰다. 약간은 브래곳 같고 약간은 와인 같기도 하며 약간은 향신료를 넣은 에일 같기도 한 맥주다—기분 좋게 반짝이는 이 골든 에일에는 몸을 식혀주고 기분을 상쾌하게 만들어주는 모든 요소가 들어 있다. 실제로 상당히 깔끔하

며, 게뷔르츠트라미너gewürztraminer˙처럼 복숭아 풍미를 지닌다.

DIEU DU CIEL
ROSÉE D'HIBISCUS
디외 뒤 시엘 로제 디비스쿠스

원산지: 캐나다 퀘벡 몬트리올
몰트: 페일, 몰팅한 밀과 몰팅하지 않은 밀
홉: 비공개
기타: 히비스커스 꽃, 고수, 오렌지 필
5.9% ABV

디외 뒤 시엘('하늘에 계신 하느님')에서는 로제 디비스쿠스를 윗비어라 부르지만 오해의 소지가 있는 명칭이다. 히비스커스는 소극적인 재료가 아니다. 색뿐 아니라 굉장한 풍미도 더한다. 밀의 느낌이 강하고 청량하지만 ―새콤한 쪽에 가까운 맥주다― 히비스커스는 향이 강하고 톡 쏘는 느낌이 있다. 홉 특성은 전혀 없는 탓에 그루이트 같은 느낌도 난다. 제대로 음미하려면 일단 한 병은 완전히 비워봐야 하는 맥주다―어쩌면 두번째 병까지 비워야 할 수도.

계절 한정 에일

SOUTHERN TIER PUMKING
서던 티어 펌킹

원산지: 미국 뉴욕 레이크우드
몰트: 페일, 캐러멜
홉: 마그눔, 스털링
기타: 호박 퓌레
9.6% ABV, 1.079 SP. GR., 40 IBU

야망에 찬 '킹'이라는 단어가 포함된 이 이름은 앞으로의 일을 예측했는지도 모르겠다. 펌킹은 가장 인기 있는 호박 에일 중 하나가 됐으니까. 이 맥주의 콘셉트는 간단하다. 더 많이 넣으라는 것. 전통적인 호박 에일 그 자체지만, 파이 속처럼 충분한 밀도로 압축된 느낌도 있다. 향신료와 달콤한 풍미가 가득하여, 알코올 특성을 영리하게 감춘다.

HIGHLAND COLD MOUNTAIN
WINTER ALE
하일랜드 콜드 마운틴 윈터 에일

원산지: 미국 노스캐롤라이나 애슈빌
몰트: 페일, 필스너, 빈, 캐러멜, 초콜릿, 밀
홉: 캐스케이드, 마운트후드

˙독일산 백포도주

기타: 각종 향신료(매년 변동)
5.2% ABV, 28 IBU

하일랜드의 겨울 한정 맥주에는 고정된 향신료가 들어가는 것이 아니라서(앵커스 크리스마스 에일과 유사하다) 매년 성격이 달라진다. 베이스 맥주는 깊이 있는 앰버(자세히 살펴보면 크리스마스가 연상되는 빨간빛이 돈다)이고 검붉은 과일향과 토피향이 나는 따스한 느낌의 몰트 풍미가 있다. 브루어리에 따라 바닐라를 사용하기도 하는데, 이 경우 정말 달콤한 간식 같은 맥주가 탄생한다.

UINTA OAK JACKED IMPERIAL PUMPKIN
유인타 오크 잭트 임페리얼 펌프킨

원산지: 미국 유타 솔트레이크 시티
몰트: 비공개
홉: 비공개
기타: 비공개 10.3% ABV, 39 IBU

맥주에서 호박의 풍미를 감지해내기란 거의 불가능한데, 유인타는 바로 이 점을 이용하고 있다. 호박을 뭉근히 삶는 대신 알코올, 버번, 바닐라와 함께 으깬다. 이 파이맛 향신료들은 맥주보다는 나무와 리큐어에 작용하여 향을 끌어내 크렘 브륄레crème brûlée* 같은 독특한 풍미를 낸다.

PYRAMID SNOW CAP
피라미드 스노 캡

원산지: 미국 워싱턴 시애틀
몰트: 페일, 캐러멜, 초콜릿
홉: 너깃, 윌래밋, 이스트 켄트 골딩
7% ABV, 1.071 SP. GR., 47 IBU

1980년대에는 거친 느낌의 호핑에 주로 삼나무나 전나무 같은 숲향이 나는 탄탄한 다크 에일의 물결이 태평양 연안 북서부를 휩쓸었다. 꾸준히 인기를 끌었던 스노 캡은 알코올뿐 아니라 몰트의 달콤한 풍미로 인해 따스한 기운이 도는 맥주였다. 나무향이 나는 영국산 홉들을 사용하여 계절 한정으로 만들어졌다.

ST. PETER'S WINTER ALE
세인트피터스 윈터 에일

원산지: 영국 번게이
몰트: 페일, 캐러멜, 초콜릿, 밀
홉: 챌린저, 골딩
6.5% ABV, 1.065 SP. GR., 34-38 IBU

* 녹인 설탕을 크림 위에 얹은 차가운 디저트

겨울의 에일은 몸을 따뜻하게 녹여줘야 하는데, 몰트 역시 이 역할을 하는 요소다. 홉의 풍미에 강철처럼 차갑고 예리한 느낌이 있지만, 토피향이 풍부한 몰트가 부드럽게 감싸주며 균형을 잡아준다. 초콜릿 풍미도 약간 있고, 몰트 풍미는 가문비나무 비슷한 홉의 느낌으로 마무리된다. 무화과 푸딩figgy pudding*을 먹는 대신 윈터 에일을 마셔보자.

훈제 에일

CHOC GRÄTZER
초크 그레처

원산지: 미국 오클라호마 크렙스
몰트: 비공개이나 훈제 밀 몰트는 포함됨
홉: 루블린
4% ABV

만일 그로지스키에 스타일이 미국에 등장한다면 그 모든 공은 초크에게 돌릴 만하다. 크렙스에서 가장 뛰어난 맥주가 일정 수준 이상을 뛰어넘을 수 있었던 것은 폴란드산인 오리지널 그로지스키에 효모종을 기어이 찾아내는 데 그치지 않고 독일 바이에르만 몰츠를 설득해 오크 훈제 밀 몰트를 생산하게 한 덕분이었다. 폴란드의 루블린 홉을 첨가하면 역사상 최후의 그로지스키에에 가장 근접할 수 있다. 가장 마지막 그로지스키에를 모방하려 애쓰는 초크의 맥주는 라이트호핑으로, 주 선율—청량하고 보송보송하면서도 스모키한 훈제 밀 소나타— 너머로 건초향이나 허브향이 살짝 스친다. 훈제향이 갈증을 해소시켜줄 것 같지는 않지만 가벼운 밀 에일의 경우 정말로 갈증 해소에 효과적이다.

브래곳

ATLANTIC BROTHER ADAMS BRAGGET HONEY ALE
애틀랜틱 브라더 애덤스 브래깃 허니 에일

원산지: 미국 메인 바 하버
몰트: 페일, 블랙, 뮌헨
홉: 필그림, 와이 골딩
기타: 꿀
10.5% ABV

브루어리에서는 이 맥주를 6개월간 숙성시키는데, 원하는 만큼 얼마든지 더 숙성시켜도 좋다고 한다. 꿀향을 머금은 달콤하고 신선한 맥주지만 시럽 같은 캐러멜 몰트의 풍미와 알코올 특성이 탄탄한 바탕을 이루고 있다. 맥주가 숙성돼가면서 달콤한 풍미가 알코올 특성을 겹겹이 감싸고, 검붉은 과일과 캐러멜 풍미도 풍부해진다.

글루텐프리 맥주

OMISSION GLUTEN-FREE LAGER
오미션 글루텐프리 라거

원산지: 미국 오리건 포틀랜드

---

* 무화과 등 건과일과 각종 향신료, 브랜디, 밀가루 등을 넣어 만든 일종의 케이크로, 크리스마스에 먹는 디저트라 크리스마스 푸딩으로도 불린다.

몰트: 페일, 캐러멜
홉: 시트라, 스털링, 마운트후드
4.6% ABV, 20 IBU

글루텐프리 맥주는 대개 맥주 애호가들의 기대를 저버린다. 하지만 오미션만큼은 예외여서 글루텐이 풍부한 수많은 맥주들 사이에서도 무사히 통과될 정도다. 이 맥주는 보리가 변성되는 과정에서 밝은 지푸라기색을 띠게 되며 기포가 활발하다. 섬세한 홉 특성과 조화를 이루는 몰트 특성이 살아 있는 헬레스라 해도 좋을 만한 맥주다. 오미션의 맥주 3종(모두 글루텐프리 맥주) 가운데 라거가 제일 낫다. 나머지 두 에일들의 가벼운 바디에서는 무엇인가 빠진 듯한 느낌이 든다—홉헤드라면 이 IPA도 좋아할 테지만.

BRUNEHAUT AMBRÉE
브륀오 앙브레

원산지: 벨기에 브륀오
몰트: 비공개
홉: 비공개
6.5% ABV

브륀오도 오미션과 마찬가지로 보리를 원료로 한 효소 추출 방식을 사용한다. 그러나 브륀오의 맥주는 벨기에식으로 과일 풍미의 에스테르와 효모 특성이 풍부하다. 무화과와 럼향이 살짝 나고, 마무리감은 드라이하다. 글루텐프리라는 점을 굳이 언급하지 않고 내놓아도 충분히 괜찮은 맥주다. 벨기에다운 풍미에 빠져 다들 글루텐에 대해서는 신경조차 안 쓸 테니까.

GROUND BREAKER IPA
그라운드 브레이커 IPA

원산지: 오리건 포틀랜드
몰트: 살짝 로스팅한 밤, 렌즈콩, 유기농 타피오카 말토덱스트린
홉: 호라이즌, 윌래밋, 캐스케이드, 메리디언
5.8% ABV, 60 IBU

고백하건대 나는 효소 과정을 거치지 않은 대부분의 글루텐프리 맥주들에는 아무 감흥이 없다. 보통의 맥주에서 느껴지는 바디나 깊이가 없기 때문이다. 그러나 그라운드 브레이커는 밤과 렌즈콩을 사용함으로써 질감을 더하고 가장 성공적으로 '보통'의 맥주에 근접한 맥주를 만들어내고 있다. 여전히 가벼운 편이기는 하나 실크처럼 부드러운 느낌은 놀랄 만하다. 바디가 가볍다는 것은 보통 홉이 짜릿하고 생생하다는 의미지만 이 맥주에서 홉은 주로 생생한 풍미와 썩 괜찮은 쓴맛을 더한다.

지역 전통 에일
TRADITIONAL REGIONAL ALES

'전통'이라는 단어는 상업적 브루잉의 정교한 기술적 세계에서는 어딘가 심난한 위치를 차지한다. 농가풍 브루잉의 향수를 자극하는 이미지를 이용하려는 마케팅 수단에 불과할 때가 많다. 이 단어는 '넘겨주는 행위'를 뜻하는 라틴어 트라디토tradito가 어원으로, 진정한 전통적 브루잉을 상당히 잘 정의한다. 지식이 세대에서 세대로 전수된다는 것이다. 20세기 전 대부분의 맥주가 만들어지는 방식이 바로 그랬으니까. 지역 내에서 구할 수 있는 재료들을 사용하고, 브루어가 도제에게로, 또 세대에서 세대로 이어져내려온 방식대로 만들어졌다. 이런 식의 브루잉은 기껏해야 준전문적인 수준이었고, 진화는 더디고도 점증적이었다.

다행스럽게도 상업적 맥주가 전통적인 방식의 흔적을 모두 없애버리지는 않았다. 아프리카에서는 여전히 수수맥주를 만들고 있고, 핀란드에서는 호밀 맥아즙을 노간주나무로 걸러내며, 인도 남부에서는 코코넛 토디toddy*를 만들고 있다. 이 맥주들은 여러 세대를 거쳐 내려오는 동안 비슷한 방식으로 계속 만들어져왔고, 냉장 시설이 흔치 않은 마을에서 음용되고 있다. 심지어 유럽에서도 아주 오래전 조상들로부터 내려온 맥주가 여전히 명맥을 유지하며 시장에서 현대적인 라거 및 에일과 경쟁하기도 한다. 전통적인 방식으로 만든 맥주마다 공통으로 나타나는 특정한 특색들이 있으며, 각각의 맥주를 지역의 고유한 제품으로 차별화시키는 특색들도 있다. 전 세계 곳곳에서 볼 수 있는 이 옛 맥주들은 브루잉 전통으로 얻은 지역의 유명세보다도 더 오래 명맥을 유지하는 경우가 많다.

아프리카

가장 풍부한 브루잉 전통이 흐르는 곳이 바로 아프리카다. 이곳에서 맥주는 여러 이름—움콤보티umqombothi, 우트왈라utwala, 말와malwa—으로 불린다. 가나에서 에티오피아, 남아프리카에 이르기까지 거의 비슷하다. 아프리카 토착 맥주는 2,500년 전과 거의 똑같은 방식으로 만들어진다. 온화한 기후에서나 열대기후에서나 모두 잘 자라는 곡물인 수수를 사용한다. 수수는 혹독한 환경—염류 토양, 고온건조 기후, 심지어 홍수—에서도 살아남으므로, 아프리카 대륙의 다양한 지역 어디서든 잘 자란다.

서아프리카의 움콤보티 맥주

* 설탕과 뜨거운 물, 향신료 등을 넣어 만든 독한 술

오늘날 수수는 상업적으로 몰팅되지만(글루텐이 없어서 미국에서 인기를 얻고 있다) 전통적인 아프리카 브루어들은 보통 인조 잔디 위에서 각자 소규모로 몰팅을 한다. 일단 싹이 나면 가마에 넣지 않고 자연건조한다. 이렇게 만들어진 맥주는 우유처럼 뽀얀 색을 띤다. 브루어에 따라 수수만 쓰기도 하고, 옥수수나 기장, 카사바나무 뿌리를 맥아 가루에 섞어넣기도 한다. 매시는 좀더 물기가 많은 편이다—미지근한 물에 하룻밤 담가놓으면 사워 매시처럼 젖산 풍미가 생긴다.

다음 날, 전부 섞어 한데 끓인 뒤 식힌다. 이때 관습에 따라 질척한 맥아즙을 발효통에 넣을 수도 있고 수수를 더 넣어 하루 정도 그대로 두었다가(새로운 박테리아를 접종하는 효과다) 다시 끓이기도 한다. 마지막으로, 이 맥아즙을 뚜껑이 있는 발효통에 넣고 며칠간 자연발효시킨다. (다 됐는지는 브루어가 재량껏 판단한다.) 발효가 완전히 끝나기 전, 대개 맥주 도수가 3-4% 정도 됐을 때 서빙한다. 이 시점의 맥주는 약간 흐릿하고 효모 풍미가 살아 있으며 새콤한 맛이 도는 잔여물이 그대로 남아 있다. 거품이 올라온 상태로 글라스에 따라진다.

제조 방식이나 재료 면에서 몇 가지 변주가 이뤄지기도 한다. 서아프리카에서는 젖산으로 신맛이 돌게 하는 단계를 건너뛰어 맥주의 산미를 줄인다. 나미비아와 나이지리아에서는 주 곡물이 기장이다. 물론, 브루어에 따라서는 수수를 첨가하는 경우도 있고, 맥주에 히비스커스, 게쇼gesho(비터링 용도로 사용되는 관목류), 바나나, 그 밖에 지역산 각종 과일 및 향신료를 첨가한 다양한 지역별 베리에이션들도 있다.

아시아

아시아의 맥주 스타일을 떠올려보라. 곡물—쌀—을 빼고는 쉽게 떠오르는 게 없을 것이고 곧이어 일본 사케가 머릿속에 떠오를 것이다. 사실, 아시아의 브루잉 전통은 유럽 등지 못지않게 오래됐고 그 못지않게 중요하다.

쌀맥주

세계에서 가장 오래된 에일이 아직도 생산되는 곳은 어디일까? 정답은 벨기에도 독일도 아니다. 바로 중국이다. 이곳에서는 '황주黃酒'라 불리는 제품이 최소 2,500년째 그 계보를 이어오고 있다. 여러 잡곡이 함유된 이 맥주가 처음 만들어진 곳이 어디였는가에 대해서는 고고학자들의 의견이 분분하지만, 쌀, 기장, 수수로 만든 현대의 마실거리가 그 후예인 것은 분명하다. 생산 방식과 소비 의식은 맥주의 풍부한 유산을 증명한다.

수세기 동안 중국에서는 맥주를 즐겨 마셔왔다. 당대와 송대에는 이 술이 시, 음악, 그림에서 영감의 원천이 됐으며, 오늘날에도 황주는 여전히 의식과 전통의 일부로 남아 있다. 딸이 태어나면 중국 가정에서는 '뉘얼홍女兒紅'이라 불리는 붉은색의 도수가 높은 황주를 땅속에 묻었다가 딸의 결혼축하연까지 몇 년간 숙성시킨다. 이 술의 이름을 번역하면 '붉은 딸' 혹은 '처녀의 붉은색'이다. (남자아이들도 비슷한 대우를 받지만, '학자의 붉은색'이라 불리는 맥주는 사랑

쌀맥주인 중국 황주가 담긴 항아리들

대신 학문과 관련이 있다.)

브루어들은 술에 들어갈 쌀을 쪄서 젤라틴화한 다음 산성화시킨다. 미지근한 물에 곡물을 충분히 불려 죽 상태가 되면 거기에 효모, 곰팡이, 박테리아로 이루어진 일종의 특별한 떡(누룩)을 투입한다. 일주일쯤 지나면 이 혼합액은 산미를 띠고 알코올이 생성된다(최대 16% ABV). 최종적으로 만들어진 제품은 필터링, 숙성, (대개) 파스퇴르 살균을 거친다. 다양한 효모 및 박테리아 덕분에 풍미는 가볍고 달콤한 것에서부터 날카롭거나 곰팡내가 나거나 톡 쏘는 것, 풍성하고 와인 같은 풍미를 띠는 것에 이르기까지 —심지어는 짭짤한 것도 있다— 굉장히 다양하다.

쌀로만 만든 일본의 사케는 맥주와 굉장히 비슷하다. 한때는 전통적인 마실거리였지만(대략 3-8세기부터 만들기 시작했다), 오늘날 사케는 완전히 상업적인 세련된 술이다. 특유의 브루잉 과정—황주의 경우와 유사하나 좀더 복잡한—을 거치면 아주 섬세하고 꽃향 가득한 술이 탄생하는데, 와인과도 굉장히 흡사해서 독일 필스너보다는 캘리포니아 화이트에 가까운 느낌이다. 적어도 한 회사, 일본의 키우치木内만큼은 일본과 유럽 전통을 한데 녹여내는 데 있어 자기 몫을 다해왔다. 사케와 맥주를 만드는 이 업체는 두 제품을 결합시켜 레드 라이스 에일Red Rice Ale을 만들고 있다.

인도 동부에는 한디야 handiya(또는 하디야hadiya)라는 지역산 쌀맥주가 있는데 적어도 겉보기에는 사케나 황주와 비슷하다. 한디야 브루어들은—대부분의 전통 문화권이 그렇듯 주로 여성이다—쌀을 (통으로 또는 갈아서) 찌고 효모 덩어리를 넣어 발효를 시작해 이틀에서 닷새간 둔다. 한디야와 중국 및 일본의 쌀맥주의 차이는 효모 덩어리에 있다.

키우치의 레드 라이스 에일

인도의 브루어들은 현지에서 나는 20여 종 식물의 뿌리, 껍질, 풀 등을 원료로 삼아 특별히 라누ranu라 부르는 이 덩어리를 만든다. 이 재료들을 미리 갈아서 물에 불렸다가 건조시킨 쌀가루와 한데 섞는다. 사실, 그 속의 유일한 효모는 부차적이고 주변적인 요소다. 라누는 술에 풍미를 더할 뿐 아니라, 첨가되는 일부 재료들—배합은 브루어의 재량으로 언제나 비밀이다—은 알코올 도수를 높이기 위한 목적도 있다.

야자맥주

곡물을 발효시킨 것은 대개 맥주라 부르고, 과즙을 발효시킨 것은 와인이라 부른다. 하지만 몇몇 지역의 토착 발효 음료를 보면, 이런 식의 해석이 늘 통하는 것은 아님을 알 수 있다—쌀이 주 원료인 중국 맥주는 와인으로 불린다. 아시아 남부 대부분의 지역에서는 나무 수액으로 만든 '맥주'를 볼 수 있을 것이다. 분류학적으로 엄밀히 말하자면 맥주라 보기는 어렵지만(벌꿀술에 더 가깝다) 어쨌든 살펴보겠다.

야자나무와 코코넛나무에서 채집한 수액은 발효가 굉장히 잘된다. 중매쟁이 역할을 하는 바람 덕분에 수액을 담아둔 용기 속 효모와 접종이 이루어지면 몇 시간 안에 발효가 활발하게 일어나기 시작한다. 대다수 토착 에일들과는 달리 산성화와 발효라는 이중의 과정이 굉장히 신속하게 일어나기 때문에 이 수액 맥주는 만든 당일에 바로 마셔야 한다. 그러지 않으면 산미를 돌게 하는 박테리아가 맥주를 압도해 변질시켜버리기 때문이다.

인도에서는 야자나무에서 술 이름 '타디 tadi'가 유래됐고, '토디'라는 단어도 여기서 나왔다. 인도네시아에서는 '투아크tuak', 필리핀에서는 '투바tuba'로 불린다. 아프리카뿐 아니라 아시아 남부 및 남동부 전역에서도 야자맥주를 만든다—한동안은 남아메리카 지역에서도 만들어졌다. 앤더슨 밸리의 팰 앨런은 싱가포르에 거주하며 브루잉을 하던 당시 거품이 소복한 투아크 머그를 우연히 보고는 이렇게 묘사했다. "발효된 과일과 갓 구운 빵 같은 아로마에 살짝 부패한 듯한 느낌이 스치며, 시트러스 계열의 맛은 날카롭다."

아메리카 대륙

북아메리카와 남아메리카는 토착 맥주 스타일의 계보가 적은 편이다. 맥주와 관련된 곡류—보리, 밀, 호밀, 귀리—는 본래 아메리카 대륙에 없었다. 최소 기원전 150년경부터 사람들은 옥수수로 맥주를 만들고 있었지만, 아메리카 대륙에는 옥수수도 없었고 아메리카 대륙 원주민들은 나무 수액에서 발효성 당분을 얻을 것으로 기대할 수밖에 없었다. 옥수수 및 수액으로 만든 구식 맥주는 한때 흔했으나 수많은 버전 가운데 단 3종만 오늘날까지 생산되고 있다.

치차Chicha

옥수수로 만든다는 사실을 제외하면, 신대륙의 토착 맥주는 아프리카 및 아시아에서 브루잉됐던 맥주들과 밀접한 관련이 있다. 치차는 뿌옇고 산미가 있는 마실거리로, 숙성하지 않은 신선한 상태로 서빙되고 대개 가정용 또는 준상업용 분량만 만들어진다. 중남아메리카 전역에서는 2,000년 넘도록 거의 변함없는 방식으로 치차를 만들어왔다.

치차가 다른 음료와 차별화되는 지점—그리고 미국의 맥주광들 사이에서 소소한 명성을 얻게 된 이유—은 생산 방식이다. 치차는 몰팅하지 않은 옥수수로 만들며, 옛 방식이 급격히 쇠퇴하기는 했으나 브루어들은 옥수수 전분을 당분으로 변환시키는 효소를 생성하기 위해 옥수수 낟알을 씹곤 한다. 다소 입맛이 뚝 떨어지는 이 이상한 절차를 거치는 것은 보통 몰팅한 곡물로 만든 매시 속에서 생성되는 효소들이 사람의 타액에도 들어 있어서 매싱을 따로 할 필요가 없기 때문이다. 대신, 브루어들—절대 다수가 여성—은 씹은 옥수수 알갱이들을 햇볕에 널어 말렸다. 그런 다음 이 말린 옥수수를 끓여 묽은 죽을 만들고(타액을 살균) 도기 재질의 항아리에 넣어 자연발효시켰다. 사흘에서 엿새가 지나면 치차에 알코올이 생성됐고(1-3% ABV) 이 상태에서 바로 서빙했다. 발효가 활발하게 일어나는 중이어서 기포가 살아 있는 상태다.

오늘날 브루어들은 호라jora라 부르는 몰팅한 옥수수를 사용하며, 대부분의 치차 데 호라chicha de jora는 사람의 침이 들어가지 않는 개운한 방식으로 생산된다. 그러나 현대식 생산 방식이 도입된 것은 고객의 비위를 고려해서라기보다는 제조상의 편이(와 대량 생산 가능성) 때문이다. 치차는 유카 뿌리(카사바)로 만들 수도 있고 무알코올 음료(치차 모라다chicha morada)로 만들어지기도 한다.

아가베 및 메이플 수액 맥주

미국산 곡물이 넉넉지 못한 상황도 발효에 관한 다양한 실험을 막지는 못했다. 사람들은 창의성을 발휘하여 다양한 종류의 당분을 찾았다. 콜럼버스 도착 이전의 멕시코에서 가장 선호했던 원료는 아가베였고 그렇게 해서 만들어진 음료가 풀케pulque였다. 아가베는 메스칼과 테킬라의 원료이기도 하지만, 식물의 과육을 손질해 사용하는 이 마실거리들과는 달리 풀케는 수액을 넣어 만든다.

대부분의 전통 맥주는 레시피가 단순하며 가정에서도 간단히 만들 수 있지만, 풀케는 결코 단순하지 않다. 아가베는 수액을 받으려면 적어도 몇 년간 생장해야 하기 때문에 풀케 생산자들은 아가베 재배도 겸한다. 일단 수액을 채취하기 시작하면 식물은 몇 개월 동안만 생존이 가능하기 때문에 이 기간 동안 모든 수액을 받아내야 한다. 풀케가 대부분의 전통적인 맥주와 구별되는 또 하나의 차이점은 야생효모로 발효되지 않고 풀케에만 있는 특수한 박테리아로 발효된다는 것이다. 풀케 제조자들은 발효를 새로 시작하기 위해 수액에 다 만들어진 풀케를 접종하고 1-2주간 변화를 관찰하며 최적의 숙성 상태가 될 때까지 기다린다. 효모와는 달리 박테리아는 풀케를 계속 갉아먹으며 결국 완전히 망쳐놓는다. 오늘날 멕시코에서는 여전히 풀케를 만들고 있지만, 여러 요인들로 인해 대규모 생산은 이루어지지 않고 있다. 식물이 충분히 생장할 때까지 10년간 기다려야 하는 것도 장애요인이지만, 무한정 수액이 있다고 하더라도 신선도가 유지되는 기간이 짧아서 포장이나 유통이 굉장히 어렵다. 익숙해지기까지 시간이 필요한 맛이라는 것도 문제다—처음에는 끈적하고 걸쭉한 질감에 질색하기 쉽다. 잘 만든 풀케는 약간 곰팡내도 느껴지고 펑키하며 아가베향이 살짝 감돈다—그러나 여행자들은 풀케리아pulqueria*에서 나오는 머그에 담긴 풀케에서 썩은 과일 같은 맛과 냄새를 느끼곤 한다. 아마도 풀케가 생과일 주스와 혼합하여 서빙되는 경우가 많은 것도 이런 이유에서일 것이다.

수액 맥주가 중남아메리카 지역에만 있었던 것은 아니다. 미국 뉴잉글랜드에서도 단풍나무로 만든 비슷한 맥주가 있었다. 시럽 상태가 되기 직전까지 끓인 수액으로 만든 맥주로, 홉과 설탕 또는 건포도를 넣는 경우도 많다. 발효에는 일반(아마도 빵에 사용하는) 효모를 사용했다. 이 스타일은 대공황 시기를 거치고도 살아남았으나 오늘날에는 사실상 단종된 상태다—버몬트의 로슨스 파이니스트 리퀴즈Lawson's Finest Liquids에서 주기적으로 소량씩 만들어 전통을 되살리고 있기는 하지만.

유럽

브루어들이 지난 200년간 이뤄온 놀라운 기술적, 상업적 진보를 떠올려보면, 유럽에서 전통적 브루잉이 거의 소멸돼버린 것은 별로 놀라운 일이 아니다. 하지만 주변부—가령, 스칸디나비아, 발트해 연안, 러시아 등—에는 여전히 놀랄 일이 몇 가지 있다. 이들 지역에서는 브루어

• 풀케를 서빙하는 술집

들이 홉이 사용되기 이전(어쩌면 한참 전)에 흔했을 기법들을 여전히 고수하고 있다. 전통적인 핸드크래프트 맥주 스타일에 대한 관심이 되살아나면서 시장에서도 이들 맥주가 다시 활기를 띠고 있다.

사흐티

도그피시 헤드나 뉴 벨점 같은 브루어리들이 앞장서서 부활시킨 덕분에 이제 핀란드 토착 맥주 스타일의 비밀이 밝혀지기 시작했다. 호밀과 노간주나무로 만드는 사흐티는 그 묘한 풍미로 유명하다. 그러나 이 맥주를 탄생시킨 옛날 방식은 묘한 것 이상이다—희귀하고 놀랍다.

브루어들은 몰팅한 보리와 10-40%의 몰팅한 호밀로 만든 맥아 가루를 가지고 매싱을 시작한다. 사우나에서 사용되는 것과 동일한 종류의 가마솥을 장작불에 올린다. 브루어들은 적당히

도그피시 헤드가 사티를 재해석해 내놓은 사티Sah'tea는 핀란드 전통 방식으로 브루잉한 맥주로, 홍차와 핀란드 시골에서 채취한 주니퍼베리를 넣어 만든다.

식혔다가 재가열하는 일련의 과정을 거쳐가며 온도를 60℃ 정도의 단일 온도까지 올려놓는다. 그다음 과정이 흥미롭다. 브루어는 전체 매시를 끓는점까지 끌어올리고 홉과 노간주나무를 첨가하며 경우에 따라서는 뜨겁게 달군 돌들을 케틀 안에 직접 넣기도 한다(이렇게 만들어진 맥주가 바로 키비사흐티kivisahti, 일명 '돌stone 사흐티'다). 또는 맥주를 끓이지 않기로 한 경우 곧장 여과 단계로 넘어갈 수도 있다. 이 부분은 해묵은 질문—브루어들은 홉을 사용하기 이전에도 굳이 맥주를 끓였을까?—에 대한 답을 찾는 데 도움이 될지도 모르겠다. 사흐티 브루어들은 끓이지 않았던 것 같다—게다가 왜 끓이겠는가? 끓이는 과정은 더디고 수고스러우며, 홉을 넣지 않은 사흐티는 그 자체로도 맛이 좋은데.

현대의 브루어리에서는 맥아즙과 곡물 찌꺼기를 분리하기 위해 라우터 턴이라 불리는 통을 사용한다. 사흐티를 만드는 곳에서는 이 통을 '쿠우르나kuurna'라고 부르며 생김새도 약간 다르다. 과거에는 사흐티 브루어들이 사시나무 줄기 속을 파낸 다음 노간주나무 가지로 채워넣었다. 오늘날에는 철망이 달린 비슷한 모양의 스테인리스스틸 통을 사용하는 것이 더 일반적이다. 브루어는 스파징—가벼운 맥주일수록 더 많이, 묵직한 맥주일수록 더 적게—을 통해 맥주 비중을 조절한다. 과거에는 브루어들이 첫 유출분을 받아낸 다음 스파징하여 두번째 유출분으로부터 좀더 가벼운 스몰 비어를 만들었다.

몇 가지 현대적인 방식을 받아들이기도 했다. 그중 하나로, 오늘날 사흐티는 더 이상 자연발효로 만들어지지 않는다—요즘 브루어들은 빵 효모를 사용한다. 사흐티는 대개 알코올 도수가 높으며—6% ABV 이상—색상은 페일에서 브라운까지의 범위에 해당한다. 바나나향의 에스테르와 호밀, 노간주나무의 흔치 않은 조합이 특징적인 풍미이며 빵이나 민트 계열의 맛이 날 수도 있다.

크바스

훨씬 더 오래된 —그리고 놀라울 정도로 단순한— 브루잉 방식의 시작은 빵이다. 빵에다 물을 넣고 그대로 뒀다가 걸러내서 마시면 된다. 변형된 형태로는, 다 구워진 빵 대신 밀가루를 넣고 만든 혼합물로 시작하는 것도 있다. 이는 러시아의 크바스kvass를 만드는 데 필히 사용되는 방식으로, 크바스는 오늘날까지도 널리 음용되는 세계에서 몇 안 되는 전통 맥주 중 하나다.

신선하지 않은 빵을 해결하는 손쉬운 방법이라는 점도 크바스가 처음 인기를 끌게 된 이유였을 것이다. 만드는 과정도 더 이상 쉬울 수 없었다. 우선 빵을 짓이긴 다음 끓는 물을 붓는다. 풍미를 더하기 위해 페퍼민트나 얇게 썬 레몬 조각 같은 다른 재료들을 넣을 수도 있으며, 건포도나 설탕은 알코올 도수를 높이는 데 도움이 된다. 한데 잘 섞어 하루쯤 그대로 둔 다음 베이킹용 효모를 한 움큼 첨가하거나 사워도우 스타터를 사용해 발효시킨다. (본래는 자연발효 방식이었을 것이다.) 이렇게 만든 맥주—탄산이 살아 있고 알코올 도수는 낮다—는 병에 담겨 거리 매점에서 팔린다.

독일 바이첸 402
벨기에 윗비어 417

독일의 밀 타트 에일:
베를리너 바이세 그리고 고제 428

제 3 부

Wheat Beers

밀맥주

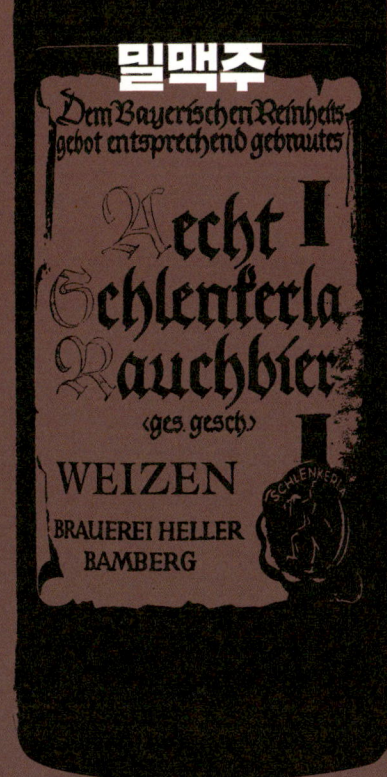

밀과 보리의 역사는 아주 오래전부터 서로 뒤엉켜 있다. 두 야생식물은 처음 메소포타미아에서 수확된 이래 대대로 수천 년간 빵과 맥주를 만드는 데 사용돼왔다. 각종 영양소와 탄수화물이 풍부한 이 곡물들은 마실거리로든 구운 형태로든 문명이 싹트는 데 일조했다. 수메르인들은 밀과 보리의 옛 품종으로 술을 만들었고, 이집트인들 역시 밀맥주를 만든 것으로 잘 알려져 있다. 맥주가 유럽에 알려지면서 밀은 좀더 정제됐고 결국 오늘날 우리가 아는 그 품종으로까지 진화하게 됐다. 그동안 브루어들은 늘 매시에 밀을 넣어왔다. 17세기까지도 보리만으로 만든 맥주는 드물었고, 대다수의 통상적인 레시피에서 밀은 맥아 가루의 4분의 1에서 3분의 2가량을 차지했다.

그러나 밀과 보리가 완전히 똑같지는 않다. 밀은 보리에 비해 단백질 함량이 더 높고, 80%는 점성과 탄성이 있는 글루텐이다—폭신하게 부풀어오르는 빵 반죽을 만들기에 안성맞춤이다. 하지만 글루텐은 브루잉에서는 그다지 반가운 존재가 아니다. 브루잉에서 '점성'은 별로 달갑지 않은 특성이기 때문이다. 브루어의 입장

저온 저장고에서 병입된 슈나이더 아벤티누스 바이첸보크가 숙성되고 있다.

에서 보면 중요한 해부학적 차이도 있다. 보리의 껍질은 곡물 여과층에서 자연 필터 역할을 한다. 반면, 밀은 그렇지 않아서 갈린 상태에서 물을 흡수하면 마치 페이스트 같은 상태가 되어버린다.

보리의 장단점은 밀과 정반대다. 글루텐 함량이 낮을수록 더 밝은 맥주가 나오며, 보리는 효소가 풍부하기 때문에 전분은 더 쉽게 당분으로 변환된다. 그러나 베이킹의 경우, 글루텐이 적다는 것은 보리 반죽이 부풀어오르지 않는다는 의미다. 보릿가루는 맛 좋은 플랫브레드 flatbread*는 될 수 있겠지만, 밀로 만든 빵에 비해 좀더 딱딱하고 맛은 덜 깔끔하다.

빵을 만드는 사람이든 술을 빚는 사람이든 두 곡물을 혼합하여 사용한 것은 양쪽의 장점을 더하기 위해서였다. 하지만 시간이 흐르면서 밀과 보리의 사용이 분화되기 시작했다. 밀은 오븐으로, 보리는 브루 케틀로 가게 된 것이다. 게다가 각국 정부가 기근에 시달리는 기간에는 맥주에 밀을 사용하지 못하게 하는 바람에 이 흐름은 가속화됐다. 영국에서는 1697년부터 1880년까지 200년 가까이 밀 사용이 금지됐다. 바이에른은 이런 제재 가운데 가장 유명한 규제인 맥주순수령을 내렸다. 실제로 제빵사의 밀 공급으로부터 브루어리들을 차단하기 위한 법이었다. (물론 해당 지역에서 유명한 바이첸 제조의 경우는 예외였다—이 혼란스러운 이야기는 차후에 다시 하겠다.)

그러나 밀이 맥주 업계를 완전히 떠나버린 것은 아니었다. 바이에른의 유명 에일의 인기는 당장 위기에 처했고, 북부에서는 새콤한 밀 에일들이 베를린 사람들의 갈증을 해소시켜주었다. 한편, 벨기에의 광범위한 지역에서는 브루어리들이 20세기 전반 내내 계속 밀을 사용했다. 그러나 양차 대전 당시까지 살아남은 밀맥주들은 좀더 오래된 브루잉 전통에 속한 맥주들이었다. 벨기에의 람비크, 페이테르만, 호가든과 독일의 고제, 리히텐하이너, 베를리너 바이세, 그리고 폴란드의 그로지스키에가 그 예다. 이들은 수 세기 전부터 만들어져 내려오며 지금까지 살아남은 맥주들로, 헨델이나 브뤼헐에게도 친숙했을 법한 시큼하고 스모키하며 뿌옇게 흐린 혼합주였다. 몇몇은 양차 대전을 거치고도 살아남아 그 뒤로도 한동안 만들어졌고, 일부—바이에른 바이첸, 베를리너 바이세, 벨기에 람비크—는 지금까지도 명맥을 이어오고 있다.

다행인 것은 밀맥주에 대한 관심이 다시 증가하고 있다는 점이다. 독일에서는 바이첸의 인기가 계속 상승세를 유지하고 있으며 본거지 바이에른 밖에서도 인기를 누리고 있다. 피에르 셀리스는 1960년대에 윗비어를 다시 띄워 벨기에 맥주의 부흥기를 이끌었다. 그리고 최근에는 독일 북부의 새콤한 맥주들이 다시 부활하는 추세로, 미국까지 진출했다.

• 납작한 전병 같은 빵

독일 바이첸
GERMAN WEIZEN

German Weizen.

바이에른의 밀 에일은 좀더 농가풍이던 초기 브루잉 스타일을 그대로 유지하며 살아남은 흔치 않은 맥주 중 하나다. 대다수의 독일식 바이첸은 뿌옇게 필터링되지 않은 상태로 서빙되며, 강한 탄산 덕분에 일렁이는 흰 헤드가 유지된다. 풍선껌, 바나나, 정향 같은 독특한 풍미를 지닌 이 맥주는 여름 맥주로 더할 나위 없이 완벽하고, 피자에서부터 돼지고기 요리나 샐러드 그리고 해산물에 이르기까지 저녁식사 자리의 모든 음식과도 근사하게 어울린다.

주요 수치

바이스비어 ABV 범위: 4.5-5.5%
쓴맛: 10-18 IBU

바이첸보크 ABV 범위: 7-9%
쓴맛: 20-35 IBU

서빙 온도: 7.2°C
용기: 바이첸 베이스

독일 맥주 계보의 중심은 아주 무난하고 괜찮은 라거다. 라거는 한마디로 맥주 세계의 은행장 혹은 박물관장이다—시원시원한 생김새에 섬세한 세련미까지 갖췄다. 하지만 그 계보를 한참 파고 들어가보면, 괴짜와 골칫덩어리들도 나오기 시작한다. 대표적인 예는 깜짝 놀랄 만큼 대담한 바이에른 밀 에일이다. 바이스비어, 바이첸, 헤페바이첸 등 여러 이름으로 알려진 이 거품 많은 맥주는 독특한 과일(특히 바나나)향 및 매캐한 느낌의 향신료(특히 정향)향이 특징이다. 개방형 발효통에서 발효가 이루어지는 탓에 풍미나 성질 면에서 정제된 보크나 필스너보다는 벨기에 세종에 더 가까운, 옛날 느낌의 농가풍 맥주다.

수세기 동안 만들어져 내려오면서 바이첸('바이첸 비어' 또는 '바이스비어')의 운명은 부침을 거듭했다. 19세기 어느 시점에는 거의 단종되다시피 했다. 하지만 후텁지근한 오후에 특히 기분을 상쾌하게 만들고 힘이 나게 하는 특유의 생생한 느낌 덕분에 다시 팔리기 시작했다. 최근 바이첸은 고향 바이에른을 떠나 독일 북부로 옮겨갔고 이제는 유럽 전역에서 만날 수 있는 맥주가 됐다. 미국은 바이첸을 받아들이는 데 비교적 느린 편이었다. 하지만 시에라 네바다, 라이브 오크 등의 제품 덕분에 이제는 미국에서도 바이첸을 찾는 이들이 늘고 있다.

기원

바이에른 바이첸처럼 오래된 스타일의 계보를 훑다보면 어느 정도는 어림짐작을 할 수밖에 없

브라우에라이 아이잉의 프란츠 인젤카머 2세가 자사의 헤페바이첸 글라스를 들어 보이고 있다.

다. 현재의 스타일은 완벽히 현대만의 것이 아니라, 구식 요소들을 포함한다. 가령, 개방형 발효라든가 개성이 강한 가보家寶 같은 에일 효모종, 물론 밀도 빼놓을 수 없다. 이 마지막 요소야말로 가장 확실한 단서다. 밀맥주는 맥주 자체만큼이나 그 역사가 길지만, 밀은 오락가락 사용됐다. 비용 문제로 인해 브루어리에서 아예 밀을 사용하지 않기로 —혹은 사용하기로— 한 경우도 있었다. 빵을 만드는 데 으뜸인 밀은 늘 달리 쓸 곳이 있었고, 공급이 부족한 시기에는 정부가 나서서 술을 만들지 못하게 사용을 제한하기도 했다. 그러므로 지난 수세기에 걸친 밀맥주의 흥망성쇠를 추적하다보면 시작점으로 추정되는 지점들을 찾아볼 수 있을 것이다.

역사가들은 바이첸의 할아버지의 할아버지의 할아버지는 보헤미아 출신이었을 것으로 본다. 1400년대에 귀족들 사이에서 새로운 맥주가 유행하기 시작한 곳이 바로 보헤미아였다. 농부들이 거친 느낌의 갈색 맥주를 마실 때 귀족들은 최신식 밀맥주를 홀짝거렸다. 이 화려한

바이스weiss가 늘 밀wheat을 뜻하는 것은 아니다

오늘날 바이스비어weissbier라는 단어는 사실상 '밀맥주'를 뜻한다. 하지만 바이스는 본래 '하얗다white'는 뜻이다. 수세기 전, 이 용어는 맥주의 색을 지칭했고 사용된 곡물 목록을 의미한 것이 아니었다. 어쩌다 '하얗다'가 '밀'로 받아들여진 것일까? 밀은 몰팅되지 않거나(날것의 상태) 또는 약불로 건조시킨 것을 썼기 때문에 흰색에 가까운 맥주가 만들어졌는데, 당시 센 불에 로스팅한 보리 몰트로 만든 '붉은색' 혹은 '갈색' 맥주와는 특히 대비되는 색이었다. 그러므로 흰 맥주는 사실상 밀맥주였고, 바이스비어의 경우처럼 윗비어나 비에르 블랑슈도 마찬가지였다. 하지만 보리 몰트 품종 중 하나는 바람에 자연건조되어 밀처럼 옅은 색을 띠었으며, 이 몰트로 만든 맥주 역시 '바이스비어'로 불렸다. (할 일 없는 오후에 어쩌다가) 우연히 오래된 역사 자료를 들이파게 되어 그런 노파심이 계속 들지는 몰라도, 오늘날 독일 펍에서 바이스를 주문했는데 보리로만 만든 맥주가 나올 위험은 전혀 없으니, 안심해도 된다.

신예는 1500년쯤 바이에른에 들어왔지만 실험적 성격이 강했다. 오늘날 체코 국경 근처에 해당하는 소도시 슈바르차흐에서는 데겐스베르크 가문의 공작이었던 한스 6세가 최초이자 유일한 바이첸 브루어리를 세웠다. 밀 에일을 만들 권리는 바이에른을 통치하던 비텔스바흐 가문이 틀어쥐고 있었으므로, 데겐스베르크가 한 세기 동안 독점 소유했다. 1602년, 데겐스베르크 계보가 끊기자, 바이에른의 공작 막시밀리안 1세(한 세기 전 신성로마제국을 통치했던 막시밀리안 황제와는 다른 사람이다)는 공작의 소유권을 몇몇 다른 특별 지정 브루어리들로까지 확대하기로 했다.

이쯤에서 구체적인 질문 하나가 떠오른다. 공작이 왜 브루어리들에 밀맥주 제조권을 허락해주어야 했을까? 정답은 맥주순수령, 바이에른의 그 유명한 '순도' 법이다. 수많은 법이 그렇듯, 이 법이 실제로 보호하고자 한 대상이 무엇이었는가가 문제의 핵심이다. 최대한 너그럽게 해석하면, 재료를 제한해 맥주의 순도를 확보하기 위한 목적이었다—버드나무 껍질 같은 불순물은 첨가가 금지였다. 그러나 이 법은 빵을 만드는 이들에게 맛 좋은 밀을 충분히 공급함으로써 제빵사들을 보호했다. 그다음으로는 한정된 수의 브루어리들에게 권한을 조금씩 나눠주는 정치적인 조치가 있었으며, 막시밀리안이 이 특권을 다른 브루어리들에까지 확장시킨 뒤로 이는 지역의 상당한 수입원이 됐다.

1800년쯤 벽에 부딪히기 전에는 바이첸은 17, 18세기 내내 순항했다. 라거가 지배적 위치를 점하기 시작하면서 밀맥주의 인기는 추락했다. 1812년경, 유행의 흐름은 이미 바뀐 뒤였고 바이첸비어를 상시 판매하는 브루어리는 단 두 곳만 남았다. 19세기 중반, 라거는 왕좌에 있었다—바이첸비어의 고향 보헤미아 옆 동네에서는 바이에른의 브루어 하나가 필스너 레시피를 완성한 터였다. 만일 당신이 내기를 해야 했다면 1850년 이후 바이첸이 살아남는다는 쪽에 많은 돈을 걸지는 않았을 것이다.

다행히도, 게오르크 슈나이더라는 브루어가 도박을 하기로 결심했다. 1855년 뮌헨의 바이첸 브루어리 임대계약을 했는데, 이 맥주를 만들 수 있는 자격을 두고 왕실이 더 이상 좌우하지 못하게 하려는 심산이었다. 1872년에 마침

바이엔슈테판의 브루어리는 독일의 차세대 브루어들을 위한 교육 기관으로서의 역할도 하고 있다.

내 계획대로 됐지만 혼자 일궈낸 성과는 아니었고, 모든 밀맥주 브루어리들이 합심한 결과였다. 슈나이더의 사업은 1927년 켈하임이라는 뮌헨 북쪽의 소도시로까지 확장됐고, 제2차 세계대전으로 본래의 브루어리가 파괴된 뒤에는 모든 사업이 그곳으로 옮겨졌다. 놀랍게도, 슈나이더가 사업을 해온 첫 세기 대부분의 기간 동안 바이첸의 미래가 탄탄한 적은 단 한 번도 없었다. 슈나이더 가문이 그토록 열심히 만들어 팔지 않았더라면, 오늘날 바이첸은 잊힌 수많은 어느 19세기 독일 맥주들처럼 각주에 불과한 맥주가 됐을지도 모른다. 1960년대까지만 하더라도 바이첸은 연간 바이에른 지역 생산량의 3%에 불과했다. 바이첸만큼 인기를 얻은 맥주—오늘날 바이에른에서 가장 인기 있는 맥주 스타일이자 독일에서도 굉장히 인기 있는 스타일—치고는 되살아나기까지 꽤 오래 걸린 편이었다.

그러나 어쨌든 기어이 되살아나고야 말았다—그것도 아주 제대로. 1960년대에는 생산량이 두 배가 됐고, 70년대에는 세 배가 됐으며, 80년대에는 또다시 두 배로 늘었다. 내가 쾰른의 라이스도르프를 방문했을 때, 옌스 슈테켄은 이 도시에서 쾰슈의 헤게모니에는 의심할 여지가 없지만 바이첸이 뜨고 있다고 말했다. "1970년대와 1980년대 초, 바이첸비어는 바이에른에서만 알려진 맥주였죠. 최근 10-20년 사이에 광고 덕분인지 아니면 사람들이 바이에른에서 휴일이면 햇볕 좋은 야외석에 앉았던 기억을 떠올리며 다시 찾는 덕분인지, 바이첸비어를 많이들 찾기 시작했어요."

바이첸의 총 생산량은 2008년 1천만 배럴을 넘어섰고, 침체돼 있던 독일 시장에 한 가닥 희망의 빛이 되고 있다. 1980년, 바이첸은 시장의 2% 미만을 좌우했지만, 30년이 지난 시점에는 10%를 상회했다. 밀맥주는 바이에른을 기점으로 계속 북쪽으로 진출하고 있으며, 바이에른에서는 지금껏 라거에 의존하던 브루어리들마다 밀맥주로 판매고를 올리고 있다. 미국인들에게 아마도 가장 반가운 소식은 바이첸이 가장 수입이 활발한 스타일이라 맥주 구성이 잘돼 있는 대부분의 식료품점이나 리큐어 판매점마다 한두 브랜드는 갖추고 있다는 사실일 것이다.

상세 설명 및 특성

어느 여름날 눈부시게 어룽거리는 햇빛 아래 바이에른의 어느 비어가르텐biergarten*에 앉아 있다고 상상해보자. 테이블 위 그릇에는 프레첼이, 작은 단지 안에는 브라운 머스터드가, 접시

* 야외 맥줏집

에는 소시지가 담겨 있다. 당신 앞에는 —그리고 나무 그늘 아래 여기저기 놓인 테이블마다 드문드문— 뿌연 밀맥주가 담긴 미끈한 곡선의 키 큰 글라스가 놓여 있다. 바이첸이 본래 있어온 자연스러운 환경이다. 그리고 이 유서 깊은 농가풍 에일의 본질에 대해 많은 것을 알려주는 풍경이기도 하다.

독일에서 가장 큰 주인 바이에른은 여러 전통의 수호자다. 레더호제lederhose*와 디른들dirndl**의 고장으로, 슈바인스학세Schweinshaxe***가 테이블마다 놓여 있고 박제된 사슴뿔이 벽에 걸려 있다. 또한 독일 농업의 대표적 중심지로, 보리와 가장 유명한 홉들의 산지이기도 하다. 한때 독립된 국가인 적도 있었던 바이에른은 나름의 고유한 개성, 방언, 문화가 있다. 맥주와 관련해서도, 수많은 전통적인 소규모 브루어리들이 살아남아 있어 필터링하지 않은 맥주나 '마개를 막지 않은unbunged' 맥주를 만드는 곳들도 있다. 벨기에의 어느 농가 브루어리에 갖다놔도 어색하지 않을 법한 구식 장비를 쓰는 경우가 많다. 이 요소들—농업, 전통, 장소—이 모두 모여 한 잔의 바이첸 글라스가 완성된다.

바이첸은 기분전환용으로 최고다. 일단, 대부분의 맥주들에 비해 탄산이 굉장히 강하며 무스처럼 뻑뻑한 헤드가 없힌, 생동감 넘치는 맥주다. 대다수의 맥주 스타일들은 색과 빛을 굴절시키는 투명하고 '밝은' 액체다. 하지만 바이첸은 아니다. 밀의 단백질 성분과 에일 효모 때문

* 가죽 반바지
** 허리는 꼭 맞고 폭은 넓은 전통 치마
*** 독일식 전통 돼지고기 요리

> "제게 밀맥주 생산은 끔찍한 일이에요. 손볼 것들이 너무 많은 데다, 이 개방형 발효통들은 다루기가 무지 까다롭거든요. 아주 난리가 나죠. 그래도 모든 일이 완벽하게 돌아가기만 한다면 결과물만큼은 근사하답니다."
>
> —G. 슈나이더 운트 존의 브루마스터,
> 한스 페터 드렉슬러

에 불투명하고 흐릿하다. 노랑에서 오렌지 중간쯤의 색을 지닌 바이첸은 맥주보다는 과일 스무디에 더 가깝다. 겉모습도 굉장히 매력적이지만 향이나 맛에는 비할 바가 아니다. 각종 브루잉 기법과 재료의 독특한 조합으로 과일향의 에스테르와 스파이시한 페놀이 생성된다. 가장 유명한 것은 바나나와 정향 풍미지만, 이는 여러 가지 중 단 두 가지일 뿐이다. 효모종이나 브루잉 장비에 따라 사과, 레몬, 바닐라, 풍선껌, 백후추, 아니스 등 다른 풍미를 끌어내기도 한다. 이런 풍미들은 글라스 주변에서 가볍게 감돌다, 입 안에 들어가는 순간 활짝 펼쳐지며 목으로 넘길 때까지 지속된다. 부드럽지만 섬세한 느낌은 아니다. 바이스비어가 기분전환에 효과적인 것은 부글대는 탄산과 가벼운 바디 그리고 드라이한 마무리감 때문이다. 밀 특유의 곡물 특성이 맛을 부드럽게 하고 폭신한 느낌의 바디와 더불어 들이켜기 좋은 매끄러운 맥주로 만들어준다.

바이스비어는 예닐곱 종류로 나오는데, 독일식 체계에서는 형용사적 접미사나 접두사로 구분된다.

- **헤페바이첸**Hefeweizen 헤페-바이첸hefe-weizen 또는 헤페-바이스비어hefe-weissbier라 불리는 이 맥주는 본래 탁한 오렌지색이다. '헤페'는 효모를 지칭하며, 맥주를 탁하게 만드는 데 일조한다.

- **크리스탈바이첸**Kristallweizen 필터링을 거친 바이스비어로, 바이에른보다는 독일 북부에서 더 인기가 많다.

- **둥켈바이첸**Dunkelweizen 다크한 바이스비어. 명칭은 상대적이어서, 둥켈바이첸은 대개 호박색에서 밝은 갈색 정도다. 브루어들은 헤페바이첸 레시피에 좀더 다크한 몰트를 첨가하여 바디가 농후하고 일반적인 헤페바이첸보다 견과류 및 토스트 풍미가 나는 맥주를 만든다.

- **바이첸보크**Weizenbock 대개 도펠보크 수준의 도수(7% ABV 이상)로 브루잉한 다크 바이스비어. 마찬가지로 과일 및 향신료 풍미를 지니고 있으면서도 좀더 강렬한 몰트 풍미와 확연하게 느껴지는 따스한 알코올 기운도 함께 있다.

- **라우흐바이첸**Rauchweizen 상당히 드문 축에 속하는 바이스비어 스타일로, 훈제 몰트로 만든다. 여느 바이첸들과 마찬가지로, 이들 맥주는 과일 및 향신료 풍미의 효모 특성을 지니고 있으나 약간의 훈제 몰트가 섬세한 뉘앙스를 더한다.

> 만일 이 바이스비어 식구 중 하나를 우연히 만나게 된다면, 가서 다른 친척들과도 인사를 나눠보라. **헤페바이첸, 둥켈바이첸, 바이첸보크, 크리스털바이첸**은 가장 가까운 친족관계다. 또 하나의 괜찮은 선택은 윗비어다. 윗비어는 실제 향신료들로부터 스파이시한 풍미를 끌어내는 벨기에 밀맥주다. 다소 애매한 느낌은 있으나 **세종**을 택해도 좋다. 바이스비어와 마찬가지로, 발효 특성이 강한 타입의 맥주이기 때문이다. 연관이 있어 보일 법한 스타일 하나를 꼽자면 미국 밀맥주가 있는데, 실은 바이스비어보다는 골든 에일에 더 가깝다.

브루잉 노트

파이 전문가라면 보드랍고 얇은 파이 크러스트를 만드는 비밀 레시피 같은 것은 없다는 사실을 잘 안다. 반죽이 잘되었으나 과도하게 치댄 것은 아닌 정확한 시점을 잡아내는 것이 비결이다. 전부 느낌에 달려 있다. 파이 만들기와 바이첸 브루잉은 공통점이 있다. 이론상 밀 에일 만들기는 그다지 어렵지 않아 보인다. 거의 예상 가능한 단계들을 따라가면 되고 색다른 재료도 쓰이지 않으니 말이다. 하지만 바이첸을 만드는 일은 상당 부분이 생물학적 과정(어떤 과정은 반드시 일어나야 하고, 어떤 과정은 절대 일어나서는 안 된다)에 좌우되며, 이를 통제하기란 정말 까다로운 일이다.

우선 전반적인 과정부터 살펴보자. 관례적으로 바이첸은 맥아 가루에 최소 50%의 몰팅한 밀(맥주순수령을 준수하기 위해서 밀은 몰팅해야 한다)을 넣고 만들되, 최대 70%까지도 넣을 수 있다. 다크 계열 몰트를 약간 넣어 색을 낼 수 있지만 필스너 몰트는 대개 균형을 잡아준

바나나, 정향 그리고 개방형 발효통

바이에른의 밀맥주는 겉으로 드러나는 열대과일들의 풍미로 규정되는데, 이런 풍미들을 내는 것은 발효 중에 효모가 생성하는 화학적 화합물들이다. 이 화합물들은 맥주에 복합적인 좋은 맛을 더할 수도 있고 맥주를 망칠 수도 있다. 많은 스타일에서 이런 화합물들은 결점으로 여겨진다. 바이첸 브루어들은 효모에서 이런 요소들을 뽑아내야 하는데, 맛이 좋은 화합물만 정확한 비중으로 뽑아내야 한다.

이 화합물들 이면에 놓인 과학은 놀랍다. 보리와 밀 둘 다 페룰산으로 알려진 유기화합물을 함유하고 있다. 이 페놀성 파이토케미컬phenolic phytochemical은 바이첸의 정향 계열 풍미를 낼 수 있지만, 밀과 보리에서 추출되어야 하며 특정 종류의 효모와 상호작용해야 한다. 해당 곡물은 40.5-45℃ 범위 내 온도에서 페룰산을 내뿜는다. 매싱 과정 중 해당 온도에서 작업을 해야 하는 핵심적인 이유가 바로 여기에 있다. 바이첸 효모는 또한 페룰산을 페놀로 바꾸어 맥주에 향신료 풍미를 더하는 특별한 능력도 지니고 있다. 산소가 있으면 페놀 생성이 더 잘되기 때문에, 개방형 발효통을 쓰는 것은 매우 중요하다.

개방형 발효통은 다른 면에서도 장점이 있다. 풍미를 구성하는 또 다른 중요한 요소인 에스테르도 발효 중에 생성된다. 페놀과 에스테르 측정 연구에 따르면, 발효통의 모양은 두 성분 모두에 큰 영향을 미치지만 특히 에스테르의 경우는 더욱 심하다. 원통에 원뿔을 붙인 모양의 긴 밀폐형 탱크에서보다 개방형 발효통에서 맥주는 50% 이상 많은 페놀을 생성했다. 그러나 놀랍게도 맥주의 바나나 풍미를 담당하는 에스테르(이소아밀 아세테이트)는 개방형 발효통을 사용한 경우 두 배 이상 생성됐다.

브루어는 맥주에서 자신이 원하는 맛을 만들어낼 때 페룰산의 온도, 투입된 효모 타입과 양, 발효 온도 등을 조절할 수 있다. 이는 한스 페터 드렉슬러가 "손볼 것"이 너무 많다며 언급했던 가변 요소들이다. 이 모든 요소들을 계속 예의주시하다보면 미칠 것 같겠지만, 그 모든 수고 끝에야 만족스러운 최종 결과물이 탄생한다―이렇게 만들어진 최고의 밀맥주는 세계에서 가장 복합적이고 흥미로운 맥주에 속한다.

다. 매싱 과정에는 디콕션이 포함될 수도, 포함되지 않을 수도 있는데, 바이첸만의 적정 온도인 40.5-45℃에서 휴지시키며 페룰산을 방출시킨다. 끓이는 시간은 비교적 짧고 특이점은 없다. 그런 다음 바이스비어는 발효통으로 옮겨지는데, 여기서 진짜 과정이 시작된다. 전통적인 브루어리의 경우, 발효통은 넓고 얕은 개방형이다―효모의 작용에 중요한 역할을 하는 세 가지 조건이다. 마침내 맥주가 병입될 준비가 끝나면 브루어리에서는 슈파이제Speise(말 그대로 '음식')라 불리는 신선한 맥아즙을 약간 첨가하여 맥주가 병 안에서도 계속 숙성되어 탄산 함량이 높아지도록 한다.

바이첸은 발효의 주 산물이다. 맥아 가루와 매싱 방식이 중요하기는 하나, 페룰산만 제외한다면 근사한 결과를 수많은 다양한 과정을 통해 이끌어낼 수 있다. 브루어라이 아이잉의 존 포스터는 "오늘날에는 인퓨전을 하는 게 더 효과적이에요. 디콕션은 옛날 브루어리들에나 해당되는 거죠. 우리도 하려면 할 수는 있습니다. 굳이 할 필요가 없으니까 안 하는 거죠"라는 말로 나를 놀라게 했다. 하지만 발효 문제에 있어서는 아이잉도 옛날 방식을 고수한다. 최근에는 고효율 최신식 브루어리 설비를 갖췄지만, 근사한 스틸 탱크들이 늘어선 한가운데에 2층짜리 글라스 큐브가 있다. 제멋대로인 효모들의 난입

슈나이더의 개방형 발효통이 가마솥처럼 부글부글 끓고 있다.

을 막기 위해 개방형 발효통들을 그 안에 넣어둔 것이다.

전통과 위생이라는 상반된 목표를 추구하는 독일 맥주의 동향은 이 바이스비어 브루어리에서 시험대에 올랐다. 우리가 슈나이더의 발효실에 들어섰던 날, 한스 페터 드렉슬러는 말 그대로 움찔하며 긴장한 눈치였다. 그는 이렇게 말했다. "브루어리의 최대 난제는 적절한 방식으로 생물학적 균형을 유지해야 한다는 겁니다." 1982년부터 슈나이더에서 브루잉을 해오고 있는 드렉슬러는 발효실 주위에 떠다니는 고약한 효모들, 달갑지 않은 세균들, 야생 박테리아들이 맥주를 위협한다는 사실을 잘 알고 있는 눈치였다. 사실 이곳은 슈나이더 바이세가 세계 최고로 꼽히는 맥주가 된 곳이기도 하다. "제가 보기에 바이에른의 밀맥주에는 세 가지 서로 다른 스타일의 아로마가 있어요. 대체로 과일 풍미가 강하죠. 하나는 좀더 중립적인 아로마 하나가 중심을 잡고요. 그리고 좀더 슈나이더 효모에 더 가까운 것들이 있습니다. 정향이나 육두구 같은 향신료 풍미죠. 우리가 특히 관심을 가지는 대상이 바로 이런 아로마들입니다."

주 발효가 끝난 바이스비어는 곧바로 병입된다―간혹 숙성 탱크를 잠시 거치지도 않는 경우도 있다. 여기서부터 바이에른 바이첸은 벨기에인들과 동일한 병입 숙성 기법을 사용한다. 독일에서는 이 시점에 맥주에 신선한 맥아즙―슈파이제―을 주입한다. 충분한 양의 맥아즙이

밀크셰이크처럼 농밀하다

바이스비어에 대해 사람들이 가장 먼저 느끼는 첫인상은 흐릿하니 탁한 겉모습이다. 어쩐지 자연스럽고 유기적인 구석이 있어서, 완벽히 필터링된 필스너를 바로 옆에 갖다대면 정말로 어딘가 처리가 덜 된 것처럼 보인다. 하지만 고르게 흐릿한 맥주를 만들기란 그다지 쉽지 않다―바이첸의 흐릿한 부분의 성분은 밀 단백질 및 효모다. 효모는 응집되는(덩어리져 한데 뭉치는) 성질이 있다. 다수의 세포가 좀더 큰 덩어리를 형성하면 부유하지 않고 가라앉지만, 다른 효모에 비해 응집성이 덜한 일부 효모는 부유 상태를 유지하기도 한다. 효모 특성이 풍부한 바이첸을 특히 좋아하는 사람이라면 병을 굴리거나 돌려서 가라앉은 효모를 다시 떠오르게 만들지도 모르겠다.
밀 단백질 역시 굉장히 비슷하게 작용한다. 특정 농도에서는 현탁액 속에 머물 수 있지만 농도가 너무 높으면 단백질이 내려앉는다. 브루어들은 매시 과정에서 단백질 잔여물을 포함시켜 화학적 최적화를 꾀할 수 있다. 바이첸 효모들―바이스비어에서 언제나 핵심은 결국 효모인 듯하다―도 하나의 요인이다. 발효 과정에서 생성된 폴리페놀은 단백질과 상호작용하여 더욱 뿌옇게 만든다. 그러므로 이 경우 역시 손볼 것들―효모의 작용, 그 산물 그리고 곡물에 함유된 단백질―이 더 많다. 보기에 아름답게 탁한 정도를 만들어내려면 말이다.

들어간 바이첸은 병 안에서 2차 발효를 거치며 계속 숙성이 이루어지고 탄산화된다. 보통의 에일들에 비해 탄산 함량이 두 배 수준인 바이첸은 가장 생기 넘치는 맥주 중 하나다.

진화

바이첸은 브루어들마다 앞다투어 손을 대는 맥주 카테고리라 해도 과언이 아니다. 오랫동안 이어져 내려온 특정 방식의 브루잉 전통에는 수많은 맥주들이 속해 있지만, 더 폭넓은 문화적 전통에서 보면 정말 중요한 맥주는 소수에 불과하다. 당신 곁에 풍만한 곡선의 키 큰 글라스에 담긴 바이스비어 한 잔이 없다면 햇살이 눈부신 비어가르텐도 별 볼일 없을 것이다. 하지만 바이첸이라는 스타일 자체는 조금씩 변화를 시도하기에 훌륭한 플랫폼이며 몇몇 과감한 실험에서는 약간의 혁신만으로 전통도 더 달콤해질 수 있다는 사실이 입증되기도 했다.

변화를 기꺼이 시도할 생각이 있어 보이는 유일한 브루어리는 바로 바이스비어로 확실한 평판을 구축한 곳, 슈나이더다. 이곳에서 한스 페터 드렉슬러는 외국의 방식들을 차용해 천천히 실험을 시작했다. 한 갈래로는 이국적인 홉을 사용하여 밀 에일에 한층 더 풍부한 풍미를 더하고 있다—최근에는 넬슨 소빈 홉을 사용하여 파파야향과 타마린드향을 지닌 열대풍 바이첸을 만드는 실험을 하고 있다. 또한 인근 할러타우 지역 생산자들과의 협업을 통해 아직 이름이 정해지지 않은 신품종의 홉으로 민트향 나는 봄 맥주를 만들어내고 있다.

또 한 갈래는 드렉슬러가 최근 시작한 배럴 숙성 프로그램이다. 슈나이더는 도펠보크와 아이스보크eisbock 두 가지 모두 만드는데, 장기 병입 숙성 실험을 하고 있다. 최근 몇 년 동안은 이들 맥주를 메를로와 피노 누아 와인 배럴에 넣어보기로 했다. 먼저 와인 배럴 네 통을 채우고 거기서 나온 결과물들을 한데 혼합했는데, 이렇게 만들어진 마인 퀴베 바리크Mein Cuvée Barrique는 놀라웠다. 블랙베리의 풍미와 셰리주의 깊이를 갖추고 있으면서도 브레타노미세스가 입맞춘 듯한 여운이 있었다—몇 년 전만 해도 상상할 수 없었던 조합이다. 그러나 드렉슬러는 자신은 맥주순수령을 전혀 위반하지 않았다는 점을 서둘러 짚고 나선다. 노파심일 것이다. 아직 슈나이더를 따르는 브루어리는 전혀 없지만 바이첸을 통해 선보인 다채로움은 다른 브루어리들도 언젠가는 관심을 보일 법한 대상이다.

독일 밖에서 바이첸은 점점 더 인기를 끄는 추세이며, 인접한 체코를 넘어 동쪽으로 우크라이나와 폴란드로까지 무섭게 뻗어나가고 있고 남쪽으로는 이탈리아로까지 그 세를 확장하고 있다. 북아메리카 지역에서 바이첸은 여전히 비주류에 속하는 스타일로, 어떤 면에서는 토착 밀 맥주들과 경쟁 관계라 할 수도 있겠다. 바이첸이 전파된 지역에서는 대체로 바이에른 오리지널의 특징들을 그대로 되살린 바이첸을 만들고 있다.

알아야 할 맥주들

이 계보에는 몇몇 다른 형제자매—헤페바이첸, 크리스탈바이첸, 둥켈바이첸, 바이첸보크—가 있지만, 알고 보면 이들은 닮은 구석에 비하면 다른 구석은 사소하다는 사실을 발견하게 될 것이다. 자극적인 페놀 풍미와 과일향 풍부한 에스테르를 찾고, 글라스에 담기면 어떤 모습인지 보고, 마무리감은 얼마나 청량하고 상쾌한지 느껴보라. 해당 바이첸이 가벼운 헤페든 묵직한 느낌의 보크든 이 계통 맥주의 특성들을 발견할 수 있을 것이다.

SCHNEIDER WEISSE
슈나이더 바이세

원산지: 독일 켈하임
몰트: 필스너, 몰팅한 밀, 초콜릿
홉: 마그눔, 트래디션
5.4% ABV, 1.052 SP. GR., 14 IBU

만일 이 맥주를 맛보기 전에 몇 가지 헤페바이첸을 마셔봤다면, 그 깊이 있는 호박색에 놀랄 것이다. 마셔보고 나면 감히 슈나이더의 뒤를 따르는 맥주가 왜 그토록 드문지 알게 될 법한 맛이다. 슈나이더 바이세야말로 타의 추종을 불허하는 세계 최고의 바이스비어니까. 바디는 풍만하고 부드러우며, 견과류 느낌의 몰트 풍미가 살짝 있다. 향신료는 정향뿐이나, 에스테르에서는 바나나향이 조금 난다—열대과일과 시트러스 계열에 가깝다.

LIVE OAK HEFEWEIZEN
라이브 오크 헤페바이첸

원산지: 미국 텍사스 오스틴
몰트: 비공개
홉: 비공개
5.3% ABV

브루어 칩 매켈로이는 디콕션도 하고 개방형 발효도 하여 헤페바이첸을 만들겠다는, 상당히 무모한 결정을 내렸다—하지만 그 결과물에 대해서는 반박의 여지가 없다. 라이브 오크는 고르게 흐릿한 외양에 폭포처럼 쏟아져내리는 기포가 농밀한 헤드를 떠받친다. 생기 넘치는 바나나와 향신료 사이쯤에서 균형을 잡은 아로마와 풍미에 레몬그라스향이 약간 더해진다. 나는 이 맥주를 최고의 신대륙 바이첸으로 꼽고 싶다.

SIERRA NEVADA KELLERWEIS
시에라 네바다 켈러바이스

원산지: 미국 캘리포니아 치코
몰트: 페일, 밀, 뮌헨
홉: 펄 또는 스털링
4.8% ABV, 1.050 SP. GR., 15 IBU

시에라 네바다는 전통적인 스타일을 전통적으로 만들기를 즐기는 브루어리지만 그렇다고 해서 단순히 모방만 하는 것은 아니다. 여기서 만드는 켈러바이스는 개방형 발효통과 바이에른 효모종을 사용하여—다시 말해, 전통적인 방식으로— 브루잉하지만, 사촌뻘인 다른 독일 맥주들과는 달리 흔치 않은 스모키한 풍미가 있다. 페놀에서 특유의 바이첸 정향 풍미가 나오지만, 이런 맥주가 그렇듯 불처럼 화끈한 느낌을 내기도 한다. 적당히 가볍고 밀 풍미가 있지만, 스모키한 느낌이 독특한 개성을 부여한다.

WEIHENSTEPHANER KRISTALLWEISSBIER
바이엔슈테파너 크리스탈바이스비어

원산지: 독일 프라이징
몰트: 필스너, 몰팅한 밀
홉: 비공개
5.4% ABV, 1.050 SP. GR., 16 IBU

이 맥주는 글라스에 따라놓으면 굉장히 투명하고 페일해서 잘 만든 필스너처럼 느껴지기도 한다―향수처럼 진한 향신료의 향이 훅 끼쳐오기 전에는 말이다. 크리스탈바이스비어는 복합적이면서도 섬세한 맥주로, 육두구, 풍선껌, 핵과류, 그리고 크래커 같으면서도 청량감 있는 밀의 풍미가 풍부하게 살아 있다.

AYINGER UR-WEISSE
아이잉거 우어바이세

원산지: 독일 아이잉
몰트: 비공개
홉: 비공개
5.8% ABV

아이잉에서는 우어바이세를 둥켈바이첸 스타일로 분류하고 있지만, 의아할 수도 있다. 상당히 다크한 호박색이기 때문이다. 어쩌면 브루어리에서는 이 바이첸의 풍부한 맛과 넉넉한 바디의 느낌을 내비치고 싶은 것인지도 모르겠다. 여타 바이첸에 비해 훨씬 진하고 빵 같은 풍미가 난다. 스파이시한 정향의 풍미가 먼저 치고 나오지만 그 뒤로는 바나나향과 약간 코코넛향도 느껴진다.

WEIHENSTEPHANER HEFEWEISSBIER DUNKEL
바이엔슈테파너 헤페바이스비어 둥켈

원산지: 독일 프라이징
몰트: 비공개
홉: 비공개
5.3% ABV, 1.050 SP. GR., 14 IBU

다크(둥켈) 바이첸은 사실 다크보다는 바이첸의 성격이 더 강하며, 바이엔슈테판 맥주들의 경우는 특히 더 그렇다. 보통의 슈나이더 바이스비어에 비해서도 그다지 더 다크하지 않고, 몰트에서 약간 토스트향 및 땅콩향이 난다. 육두구보다는 정향의 풍미가 두드러지며 과일 풍미는 약간 물러나 있다. 그럼에도 불구하고 눈을 감고 무슨 색의 맥주인지 맞히기는 어려울 것이다.

SCHNEIDER AVENTINUS
슈나이더 아벤티누스

원산지: 독일 켈하임
몰트: 필스너, 밀, 초콜릿
홉: 마그눔, 트래디션
8.2% ABV, 1.076 SP. GR., 16 IBU

아벤티누스는 슈나이더가 오랫동안 어떤 식으로 전통을 활용해왔는지 보여주는 증거 같은 맥주다. 처음 만들어진 것은 소유주였던 게오르크 3세가 사망한 뒤 그 아내인 마틸다가 보크 수준의 도수에 해당하는 바이첸을 만들기로 결심했던 1907년이었다. 그 뒤 이야기는 알려진 대로다. 아벤티누스는 처음 한 모금은 달콤하게 느껴지지만 그 이후로는 줄곧 드라이한 느낌이 유지되는, 무화과 풍미가 있는 진한 밀맥주이다. 향신료와 과일의 향이 줄줄이 엮인 타래 뒤로 알코올 기운은 완전히 숨어 있는 듯한 느낌이다.

AYINGER WEIZEN-BOCK
아이잉거 바이첸보크

원산지: 독일 아이잉
몰트: 비공개
홉: 비공개
7.1% ABV

아이잉거의 바이첸보크는 페일 버전으로, 빛을 머금은 듯 약간의 흐릿함이 감도는 황금빛 맥주다. 아로마에서는 정향과 빵의 풍미가 살짝 느껴지지만 맛은 훨씬 더 진하고 풍부하다. 빵 같은 향은 혀에 닿는 순간 스콘 같은 맛으로 변하고, 과일의 풍미는 와인의 느낌이 강한데 마치 피노 그리pinot gris 같다. 아주 독특한 맥주다.

독일 켈하임 Kelheim, Germany

G. Schneider und Sohn
G. 슈나이더 운트 존

바이스비어 전통의 수호자

켈하임이라는 동네는 가장 중요한 맥주의 도시지만 그 이름을 들어본 사람이 없을 것이다. 엄밀히 말하자면 숨어 있지는 않다—알트뮐강과 도나우강이 만나는 보리 재배지에 자리 잡고 있으며, 할러타우 홉 지대 바로 아래, 뮌헨에서는 불과 한 시간 거리다. 이 로컬 브루어리는 독일에서 가장 유명하지만 이 소도시의 기나긴 바이스비어 브루잉 역사는 그다지 잘 알려져 있지 않다. 그리고 본래 뮌헨 브루어리였던 슈나이더는 후발주자다—적어도 독일인들의 시간 척도에서는 그렇다. 그러나 바이에른과 보헤미아의 모든 장소들 가운데서도 이곳은 단연 바이스비어의 영혼이 살아 숨 쉬는 고장이다.

켈하임이 처음 바이스비어 브루어리를 연 것은 1607년이었고, 그 이후로 내내 밀맥주를 만들고 있다. 이런 식으로 이어져내려온 계보를 주장할 수 있는 브루어리는 여기밖에 없다. 바이에른 바이첸의 보존이라는 측면에서 가장 중요한 계보는 게오르크 슈나이더가 뮌헨의 바이스비어 브루어리를 매입하기로 할 때까지 이후 250년간 등장하지 않았다. 슈나이더 가문(아들들 모두 이름이 게오르크다)은 사라져가는 스타일 하나를 지켜냈다. 이 가족의 열렬한 헌신이 없었다면 완전히 단종되어버렸을지도 모른다. 1927년 슈나이더가 켈하임의 오래된 '바이세 브라우하우스Brauhaus'를 매입함으로써 밀맥주 브루잉의 초기 역사와 현대 역사가 한데 이어졌다.

슈나이더는 이 역사를 진지하게 받아들이고 있다. 브루어인 한스 페터 드렉슬러는 1982년 이래 슈나이더에서 일해왔으며, 1990년부터는 마스터 브루어로 있다. 그는 이렇게 설명한다. "우리에게는 전통적인 밀맥주 브루잉 시스템이 있어요. 적절한 장비를 갖추는 것은 굉장히 중요한 일이죠. 100년 전과 동일한 시스템이에요. 딱 하나 다른 점이 있다면 100년 전에는 나무로 만든 통을 썼고 현재는 스테인리스스틸을 사용하고 있다는 겁니다." 그가 말한 그대로다. 슈나이더는 오로지 밀맥주만 만든다—바이에른의 브루어리로서는 아주 드문 경우다. 바이스비어 브루어리에서 사용되는

한스 페터 드렉슬러

장비는 한정적이어서 2000년대 중반까지는 이 브루어리에서 다른 맥주는 만들 수가 없었다.

브루하우스는 여느 독일식 시스템과 다를 바 없이 구성되어 있지만, 끓는 맥아즙이 케틀을 떠나는 순간부터는 모든 것이 바이첸을 만드는 데 적합하게 설계돼 있다. 케틀을 떠난 맥아즙은 개방형 발효통으로 옮겨지는데, 드렉슬러는 이 부분이 바로 바이첸의 적절한 풍미를 만드는 핵심이라 믿고 있다. 병으로 직행하기에 앞서 주 발효에 5-6일 정도가 소요된다. 슈나이더 바이세는 필터링을 하지 않으며 숙성 탱크 역시 잠시도 거치지 않는다. 주 발효 이후에는 슈파이제(이 브루어리에서 효모에 공급하는 용도로 사용하는 특수 맥아즙)를 접종시켜 병 안에서 그 특성을 발현시켜나가도록 마무리한다. "저희 브루어리에서는 여과를 전혀 하지 않았습니다. 원통에 원뿔이 붙은 형태의 장치 같은 것은 전혀 없었죠." 변화가 생긴 것은 슈나이더가 필터링한 바이첸을 만들기로 결정하면서부터였다. 이 크리스탈바이첸을 만들기 위해서는 숙성 탱크와 필터가 필요했으므로, 오늘날에는 좀더 전형적인 보통의 브루어리 같은 모습이 됐다. 그러나 대부분의 맥주는 여전히 전통적인 옛날 방식의 과정을 거쳐 만들어진다.

바이첸 브루잉의 이 같은 특색들―개방형 발효, 슈파이제, 병입 숙성―은 바이스비어 브루어리에서는 별로 보편적이지 않다. 대다수는 개방형 발효를 포기했고, 어떤 브루어리들은 더 이상 병입 숙성을 하지 않으며, 일부 바이첸은 심지어 파스퇴르 살균을 하기도 한다. 그러나 슈나이더는 밀맥주 제조방식을 현대화할 생각은 없다. 다른 측면에서는 슈나이더가 혁신의 최전선에 나서고 있다는 사실이 놀라운 이유가 바로 여기에 있다.

예상 밖이지만, 독일에서 가장 전통적인 이 브루어리가 영감을 얻은 원천은 바로…… 미국이었다. 1998년에 드렉슬러는 맥주 심사위원 자격으로 미국에 초청을 받았다. "미국 맥주들을 전부 볼 수 있었죠. 제게는 맥주의 신세계였습니다. 제가 브루잉 산업에 뛰어들었을 때 사람들이 그러더군요, '아, 미국 사람들은 화학자 같기도 하고 약학자 같기도 합니다.' 바로 그때 저는 캐스케이드 홉을 찾았고 시트러스향이 풍부한 이 캐스케이드 홉과 바이에른 스타일의 바이스비어가 잘 맞겠다는 생각을 했습니다." 이때의 경험은 드렉슬러가 새로운 풍미로 실험을 시작하는 계기가 됐고, 캐스케이드 홉을 넣은 바이첸 에델바이세Wiesen Edel-Weisse라는 밀맥주의 탄생으로 이어졌다. 그 이후 슈나이더는

G. 슈나이더 운트 존 브루어리는 켈하임 도심에 자리잡고 있다.

독일 바이첸 415

미국식의 호피한 크래프트 맥주들을 시도하는 독일 브루어리들의 흐름에 늘 속해 있었다. 2007년, 드렉슬러는 미국인 브루어인 개럿 올리버와 협업하여 호펜바이세Hopfen-Weisse를 만들었다. 호펜바이세는 바이첸보크와 IPA 중간 즈음에 해당하는 호피하고 센 바이스비어다. 홉이 중심이 되는 일련의 바이세 제품들이 그 뒤를 따랐고 바이첸의 발효 풍미가 홉 안의 오일 및 산 성분들과 상호작용하는 방식을 두고 실험이 시작됐다.

슈나이더 역시 맥주를 숙성시키기 시작했다. 이런 변화는 슈나이더의 병입된 바이첸보크 아벤티누스가 익어가던 거미줄 가득한 몇몇 오래된 창고를 복원하겠다는 드렉슬러의 결심과 더불어 시작된 프로젝트였다. 이후 그는 와인 배럴에서 맥주를 숙성시키면 어떨까 하는 생각을 하게 된 것이다. 슈나이더가 이를 처음 시도한 브루어리는 아니지만, 독일에서는 드문 발상이었다. 첫 시도의 결과물들—와인 배럴 네 통에 나누어 넣은 아이스보크와 바이첸보크—은 브레타노미세스 때문에 산미가 감도는 맥주였다. 2012년에, 이렇게 만든 마인 퀴베 바리크를 맛볼 기회가 있었는데 초현실적인 경험이었다. 야생효모의 풍미는 독일 브루어리라면 한 번쯤은 움찔했을 법한 종류의 특성이다. 그런데 그런 시도를 사서 하려 드는 브루어리가 있다니 얼마나 이상한가—이 맥주는 일종의 새 지평을 여는 풍미였다.

하지만 어쩌면 그게 아닐 수도 있다. 드렉슬러는 곧 홉들과 나무통을 쓰는 것은 완벽히 독일적이라고 짚고 나섰다. "저는 옛 전통을 다양하게 다뤄보는 것이 재미있거든요"라고 그는 말했다. 슈나이더는 브루어리 실내에 맥주순수령 복사본을 자랑스레 걸어두고 있으며, 자신이 만드는 맥주들에는 맥주순수령에 위배되는 것이 전혀 없다고 본다. "그러니까 저희는 원재료를 세 가지만 쓴다는 얘깁니다. 홉, 몰트, 물이죠. 만일 다양한 품종의 홉이나 몰트를 고른다면, 그만큼 다양한 걸 만들 수 있는 거고요." 희한하게도, 이런 제약은 오히려 슈나이더를 해방시켜주는 것 같다. 이 브루어리는 바이스비어를 늘 제대로 —즉, 전통적인 방식으로— 만들 것이다. 그러나 전통이 400년쯤 되다보니, 시도해볼 만한 흥미로운 옛것들은 그 밖에도 얼마든지 더 있다. 슈나이더는 이제 막 시작한 셈이다.

바이에른의 수많은 소도시들이 그렇듯, 우뚝 솟아 있는 가장 키 큰 두 건물은 그 지역의 브루어리와 교회다.

벨기에 윗비어
BELGIAN WITBIER

Witbier. 더운 날이면 괜찮은 맥주가 필요하다. 하지만 그냥 괜찮은 맥주로는 충분치 않다. 시원하게 해줄 수 있는 맥주여야 한다. 이 기준에서라면 부드럽고 섬세하면서도 시트러스향 및 향신료향이 더해진 윗비어(화이트 에일, 화이트 비어, 또는 간단히 위트라고도 한다)만 한 것이 별로 없다. 페일 보리와 몰팅하지 않은 밀, 그리고 귀리의 혼합으로 고르게 흐릿한 밀짚색 맥주가 탄생한다. 고수, 오렌지 껍질, 그 밖에 여러 향신료들이 은은한 맛과 향을 더하여 조개, 스시, 염소젖으로 만든 치즈 등과 훌륭하게 어울린다.

주요 수치

ABV 범위: 4-5.5%

쓴맛: 10-20 IBU

서빙 온도: 4.5-13℃

전용 잔: 텀블러(전통적), 튤립(아로마를 살리기에 더 좋음)

긴 맥주 역사에서, 무려 60여 년 전 거의 따로 떨어져 있다시피 했던 스타일인 벨기에식 화이트(플랑드르어로는 빗wit 또는 비터witte, 프랑스어로는 비에르 블랑슈)가 부활한 것만큼 놀라운 이야기는 별로 없다. 산미가 있고 우유처럼 흰 빛깔을 띠는 이 맥주는 브뤼셀과 후하르던 사이 동네들에서 수세기 동안 브루잉되어왔지만 양차 대전과 라거, 그리고 산업화로 타격을 입었고, 마지막 남아 있던 윗비어 브루어리 톰신Tomsin은 1957년 문을 닫았다.

8년 뒤 이 스타일을 부활시키겠다고 마음을 먹은 우유 배달원이 있었다. 그는 수년 전 톰신에서 일해본 경험을 바탕으로 은퇴한 브루어한 사람에게 자문을 구해 새로운 레시피를 만들었고, 이렇게 부활시킨 윗비어를 1966년 판매하기 시작했다.

옛 윗비어의 젖산 풍미를 각종 향신료로 대신한 이 윗비어는 청량하고 상쾌한 에일로, 후하르던 지역을 넘어 더 광범위한 팬층을 차츰 확보해나가게 됐다. 놀랍게도, 별로 알려지지 않았던 이 맥주는 어느 날 미국의 거대 맥주 기업들로부터 선택받아 가장 잘 팔리는 에일 스타일이 됐다. 오늘날에는 프랑스에서 우크라이나, 그리고 아르헨티나와 일본에 이르기까지 맥주를 생산하는 나라면 대부분 각자 나름의 로컬 윗비어를 보유하고 있다.

기원

브뤼셀 남쪽 골짜기에서부터 북쪽 메헬런, 그리고 동쪽으로는 마스트리흐트와 리에주까지 펼쳐진 대략 직사각형 모양 지역에는 세계에서 가장 유명한 밀맥주 몇 가지를 만들어온 동네들이 줄지어 모여 있는 것으로 잘 알려져 있다. 오늘날 윗비어라고 하면 후하르던 마을을 떠올린다. 사실 후하르던의 명성은 수세기 전부터 이어져 내려왔다. 16세기 초, 자그마한 이 마을은 리에주와 브라반트 사이에 자리 잡고 있어서 18세기 말까지 내내 수출상 이점을 누릴 수 있는 비과세 경계에 해당했다. 이 기간 동안 맥주 수출은 동네 브루어리들—1700년대 중반에는 최대 38개—의 활력을 유지시키는 동력이 됐다.

그러나 이 지역에서 밀맥주로 유명한 동네는 비단 후하르던만이 아니었다. 디스트는 크림처럼 부드러운 황금빛 밀맥주를 생산했었는데, 19세기의 양조학자 조르주 라캉브르의 표현에 따르면 "전문가들 사이에서 인기가 많은" 맥주였다. 브뤼셀의 북쪽으로는 메헬런이라는 소도시가 브라운 비어로 유명했는데, 이 맥주는 플랑드르 지역의 새콤한 브라운 에일들의 육촌쯤에 해당했다. 후하르던 인근의 뢰번은 브루잉의 중심지로 널리 알려져 있었고, "상쾌하고 거품이 풍성한" 비에르 블랑슈 그리고 페이테르만이라

> "갓 만든 이 맥주는 굉장히 페일하고 상쾌하며 탄산이 강하다. 본연의 맛에서 느껴지는 거친 느낌은 여러 모로 닮은 구석이 많은 뢰번 맥주와 비슷하다—그러나 뢰번만큼 달콤하지는 않다. 물론 귀리 함량이 더 많고 밀 함량은 더 적기 때문이기도 하고, 이 달콤한 맥주는 끓이는 시간이 뢰번 화이트 비어에 사용되는 맥아즙에 비해 더 짧기 때문이기도 하다."
>
> —조르주 라캉브르, 1851

는 좀더 다크한 색의 밀맥주를 만들었다. 그리고 브뤼셀과 계곡이 있는 파요텐란트 지역에서 선택한 밀 에일은 람비크였다.

뢰번과 후하르던에서 생산된 람비크를 비롯한 여타 맥주들은 비슷한 점이 많았다. 몰팅하지 않은 밀(20-60%)로 만든 맥아 가루를 넣었고 귀리를 넣는 경우도 많았다. 블랑슈로 알려진 맥주들은 '바람으로 몰팅한wind-malted'— 가마에서 건조하는 대신 그냥 널어놓고 자연풍에 말린— 보리를 넣었다. 뢰번과 후하르던 맥주는 흐릿하고 굉장히 페일하다.

모든 벨기에 브루어리들은 20세기 전에는 '개방형 냉각조'로 알려진 낮고 평평한 냉각 용기를 사용했기 때문에, 야생효모와 박테리아에서 비롯된 새콤한 산미는 기본이었다. 브루어리들이 이 같은 특성을 한층 더 살리거나 억제하는 것은 맥주를 브루잉하는 방식에 달려 있었다. 람비크 브루어들은 절대 효모를 첨가하지 않고, 맥주를 자연발효시키거나 야생효모만 허용했다. 뢰번에서 사용된 방식 가운데는 맥아즙을 끓이는 것도 있었다. 그런가 하면, 끓이지 않은 몇몇 매시의 일부분을 따로 두어, 거기서 효모 겉을 감싸고 있는 야생의 미생물들이 계속 번식하게 두는 방식도 있었다. 후하르던의 브루어들은 이런 기법들을 적절히 섞어 사용했다. 라캉브르는 후하르던의 브루어들이 세 가지 도수의 맥아즙—끓이지 않은 것을 포함해—을 혼합한 뒤 맥주를 자연발효시켰다고 기록했다. (맥

후하르던은 밀맥주의 탄생지로 잘 알려져 있다.

주가 자연발효를 지속할 수 있게 하는 비슷한 방식은 1930년대까지 이용됐다.)

이들 맥주는 일종의 대가족을 형성했지만 서로 구분되는 차이점을 만드는 것은 숙성 시간의 길이였다. 브루어들은 수개월 또는 수년간 람비크를 그대로 두어 온갖 야생효모가 마음껏 작용하게 만든다. 뢰번과 후하르던의 맥주는 곧바로 맛볼 수 있었다. 뢰번 맥주의 경우, 숙성에 4-5일가량 소요됐고, 여름에는 절대 2주를 넘기지 않았다. 후하르던에서는 다소 느리게 작용하는 야생효모 때문에 숙성에 8-15일 정도 소요됐고, 서빙 캐스크 안에서도 발효는 계속됐다. 후하르던의 맥주는 사실상 '그린green' 람비크의 변주였다. 미생물 중 다수는 활성화될 기회를 얻지 못했으므로, 맥주의 주된 특성은 젖산의 산미가 됐다.

제2차 세계대전 이후 벨기에는 엄청나게 많은 토착 맥주 타입들을 잃어버렸다. 페이테르만, 아위촛, 안트베르펀 고유의 보리맥주 등 한때 유명했던 옛 스타일들이 모두 멸종되고 있었

다. 사람들이 산업적으로 생산된 라거를 찾기 시작했기 때문이다. 1960년대까지 최대 10여 종의 주요 맥주 스타일들이 사라지게 됐고, 람비크는 밀 곡창지대 출신의 올드 에일 중 몇 안 되는 생존자였다.

뜻밖의 부활

1960년대는 없어져버린 스타일을 되살리기에 끔찍한 시기이기도 했다. 소비자들은 전통으로부터 멀어져서 적어도 며칠 수준보다는 오래 지속될 만한 좀더 일관되고 현대적인 맥주를 찾고 있었다. 다른 한편으로는 타이밍이 기막히게 맞아떨어진 측면도 있었을 것이다. 멸종의 한 가지 미덕은 노스탤지어이고, 이제는 없어진 후하르던의 화이트 비어들은 피에르 셀리스 같은 이들의 기억 속에 여전히 묵직하게 자리하고 있었다. 우유 배달원이었던 피에르 셀리스는 후하르던의 마지막 브루어리에서 일했다.

셀리스는 옛 브루어리들이 그만두고 떠난 그 자리에서 다시 시작하는 대신, 다른 생각을 했다. 레시피를 다시 만들고 현대식 브루잉 방법을 받아들인 것이다. 그가 만드는 아우트 후하르트 비어Oud Hoegaards Bier는 전통적인 방식대로 페일 보리, 몰팅하지 않은 밀, 귀리를 넣고 만들어졌다. 그러나 셀리스는 자연발효를 시키는 대신 개성 있는 효모종을 넣었다. 청량감과 젖산의 톡 쏘는 느낌을 살리기 위해 광귤bitter orange 껍질과 고수를 사용했다. 오늘날 벨기에에서는 흔한 방식이지만 셀리스 역시 시판 전에 한 달간 맥주를 병입 숙성시켰다.

후하르던(호가든)Hoegaarden

1960년대 중반 피에르 셀리스는 윗비어 브루어리를 설립하면서 브루어리에 후하르던이라는 동네 이름을 붙였고, 훗날 1970년대 후반이 되자 수도원을 연상시키는 데 클라위스라는 이름으로 바꾼다. 판매고를 올리려는 계산된 전략이었다. 1985년 화재로 브루어리가 전소되자 셀리스는 지역의 거대 기업 스텔라 아르투아에 주식 대부분을 매각하고 텍사스로 옮겨가 새로 사업을 시작했다. 아르투아 및 여러 모기업(현재는 앤하이저 부시 인베브)은 해당 브랜드를 인수한 지 30년 만에 이 맥주에 후하르던(영어식 발음 '호가든')이라는 이름을 붙이게 됐다.

한때 벨기에의 작은 브루어리였던 이곳은 이제 거대 기업이 됐지만, 그 상징과도 같은 맥주는 여전히 그 이름의 출처가 된 동네에서 브루잉되고 있다. 인베브는 후하르던을 그 동네의 풍부한 유산과 결부시키고자 애를 쓰지만—라벨에 처음 설립된 날짜를 자랑스레 써놓았다—시간이 지날수록 매력이 떨어지고 있다. 1990년대 초, 마이클 잭슨은 "과일 같은 산미가 물러나면서 꿀 같은 달콤함이 들어선다"고 표현했다. 꿀 같은 느낌에 대해 뭐라고 표현하든, 2000년 이후의 소비자들이 느끼기에 산미는 전혀 남아 있지 않다. 국제적인 브랜드가 되겠다는 조급한 마음은 맥주를 자꾸 밋밋한 방향으로 몰고 갔다. 그러나 셀리스의 유산은 분명하다. 8년 만의 공백을 깨고 다시 만들어진 윗비어 덕분에 후하르던이라는 동네는 또다시 그 지역 맥주와 동일시되는 이름이 되었으니까.

> 2,500리터(1,000병)를 브루잉할 때마다 원재료—로스팅하지 않은 몰트, 귀리, 밀 등— 625킬로그램이 들어갑니다. 그런 다음 귀리와 밀을 갈아서 끓는 샘물을 넣고 3단계의 과정을 거칩니다. [45℃, 55℃, 73℃] 연이어서요. 혼합한 것을 보일러 안에 두 시간 동안 둔 다음 체코 홉 7킬로그램을 넣습니다. 이렇게 만들어진 맥아즙을 [17℃로] 식혀서 7일간 효모통에서 발효시키죠. 그런 다음 맥주 탱크에서 약 한 달간 2차 발효에 들어갑니다. 이 맥주는 필터링되지 않은 겁니다."
>
> —레이먼드 빌런의 『나의 삶My Life』 중 피에르 셀리스의 말 인용

이 맥주는 (천천히) 혁신적 변화를 일궈냈다. 셀리스는 수년간의 노력 끝에 매년 1,300배럴가량을 판매하게 됐고 1978년에는 자기 소유의 브루어리 명칭을 데 클라위스De Kluis('은둔처')로 바꿨다. 어떤 맥주를 수도원과 결부시키는 것은 벨기에에서는 이미 검증된 전략으로, 셀리스의 경우에도 통했다. 셀리스가 만든 맥주는 급부상했고, 곧 이 스타일은 네덜란드까지 퍼져나갔다. 1985년 무렵, 셀리스의 사업은 이미 50배 가까이 성장한 상태였다. 그는 회사 일부를 스텔라 아르투아에 매각했는데, 이렇게 시작된 흐름은 결국 인베브의 탄생으로까지 이어졌다. 또 하나 전격적인 결정은 1992년 회사를 매각하고 텍사스로 이전해 윗비어를 북아메리카로 진출시키기로 한 것이었다.

윗비어 스타일은 대단한 인기를 끌었다. 급기야는 일본이나 동유럽 등 예상 밖의 지역에서까지 존재감을 드러내기 시작했고, 프랑스와 북아메리카 지역에서는 크래프트 브루어리들의 주요 상품이 됐다. 셀리스는 미국에서 성공을 거두기는 했지만, 이 스타일에 블루문 라벨을 달아 엄청난 미국적 성공작으로 만들어낸 것은 사실 쿠어스Coors였다. 몇 년 동안 이는 그저 흥미로운 실험 정도로 보였지만, 2000년대 중반에 들어서자 성공을 향해 성큼성큼 내딛기 시작했다. 앤하이저 부시는 쇼크 톱 벨전 화이트Shock Top Belgian White로 맞섰고, 연간 생산량이 수백만 배럴에 달하는 이들 두 맥주는 윗비어를 미국에서 가장 잘 팔리는 에일로 만들어놓았다.

상세 설명 및 특성

윗비어 한 잔은 신기한 존재다. 마치 필스너에 코코넛 밀크를 섞은 듯한 모습인데, 열대과일 같은 아로마를 뿜어낸다. 하지만 입안에서 한번 휘둘러지고 나면 부드러운 빵내음과 상쾌한 청량감을 주는 마무리감을 느낄 수 있다—전부 구연산의 영향이다. 화이트 에일은 이국적인 인상을 풍기면서도 동시에 친숙하고 편안한, 아주 보기 드문 스타일이다.

30년간 화이트는 마티니의 특정 레시피—몰팅하지 않은 밀과 귀리로 만든 맥아 가루와 고수 그리고 쌉싸름한 퀴라소 오렌지 껍질—를 이용해 만들었다. 피에르 셀리스가 썼던 방식이었는데, 벨기에식 브루잉에 가볍게 접근하던 전 세계 각지의 브루어들에게 석판에 새겨진 계명 같았을지도 모르겠다. 밀과 고수는 여전히 칵테일에서 진gin과 베르무트vermouth* 같은 존재로 남

* 약초, 향료, 브랜디 등을 넣은 화이트 와인

아 있다. 한마디로, 불가침의 영역인 셈이다. 그러나 이 스타일도 더디게나마 소폭 진화한 덕에 브루어들은 레시피의 가장자리부터 조심스럽게 손을 대기 시작했다—말하자면, 생강과 고수를 함께 사용하는 식이다. 일부는 카밀러, 레몬그라스, 흑후추 등으로 실험—무난한 여름 느낌의 편안함과 활기 넘치고 청량한 상쾌함 사이의 균형에 약간의 변화를 주는 온갖 실험—을 하기도 했다. 완전히 재탄생시키기에는 사람들이 화이트에 대해 너무나 많은 것을 알고 있었지만, 주선율이 들리는 한 얼마든지 변화를 주어 편곡이 가능하다.

희한한 레시피라고 해서 특이한 화이트 비어를 만드는 것은 아니다. 최상급의 화이트 비어 대다수는 지금까지 벨기에 밖에서 만들어지고 있다. 실제로, 벨기에에서는 윗비어 스타일이 딱히 널리 퍼져 있지는 않다. 최고급 버전 두 가지는 각각 지구 반대편—미국 메인 주의 앨러개시Allagash 및 일본의 히타치노 네스트 화이트 Hitachino Nest White—에서 왔으며, 이 둘은 이 스타일의 범위가 어디서부터 어디까지인지를 잘 보여준다.

롭 토드가 1995년 앨러개시를 창립했을 때, 그는 벨기에 맥주 스타일들을 부각시키고 싶었고 케틀에서 처음 만든 것은 화이트였다—이는 20여 년이 지난 지금까지도 이 브루어리의 대표 맥주다. 이 맥주는 토드가 초창기에 만난 크래프트 맥주 중 하나였던 셀리스 화이트에서 영감을 얻었다. 처음에는 "뭔가 잘못된 것 같다고 생각했다"고 한다. 그러나 윗비어가 가장 좋아하는 맥주 스타일이 되면서 이 생각은 바뀌었다. 하지만 토드는 화이트 비어를 여름용 맥주라고 생각하지는 않으며, 대부분의 다른 윗비어 생산자들이 회피하는 방식으로 고급화를 시도한다. 몰팅하지 않은 밀을 사용하여 굉장히 페일한 화이트 비어를 브루잉하는데, 이 맥주는 거르지 않은 배 주스처럼 보이기도 한다. 저감도가 좋은 효모종을 사용하는 것은 토드가 맥주를 만들 때 중요하게 여기는 기준으로, 이렇게 하면 맥주가 청량하고 굉장히 드라이한 향으로 마무리된다. 고수와 오렌지가 이 효과를 더욱 부각시키며, 화이트는 드라이한 최상급 리슬링의 특성을 떠올리게 한다.

비교적 신참인 앨러개시와는 달리 키우치 사케 브루어리는 1823년부터 술을 빚어왔다. 그러나 맥주를 만들기 시작한 것은 1996년 들어서다. 여러 브랜드를 절충하고 혼합하며, 쌀로 만든 에일 같은—사케와 비슷한—각종 일본식 스페셜티와 일본산 몰트와 홉만을 넣어 브루잉한 맥주 등을 선보이기 시작했다. 여기서 만

또 하나의 저과세 화이트 비어

벨기에에서 밀맥주의 대중화에 일조했던 법과 꼭 닮은 특이한 법이 또 하나 있다—수세기가 지난 뒤 일본에 굉장히 비슷한 법이 있었던 것이다. 1990년대 중반 키우치가 맥주를 만들기로 했을 때, 아무렇게나 윗비어를 고른 것은 아니었다. 당시는 일본의 주류 관련법이 개정된 직후로, 소규모 생산자들도 맥주 시장에 쉽게 진입할 수 있었다. 새로 개정된 법규 중에는 50%의 부가물을 넣어 만든 맥주에 세제 할인을 해주는 법도 있었다. 플레이크(몰팅하지 않은) 보리와 밀로 된 맥아 가루를 넣고 오렌지 주스를 첨가하여 만든 히타치노 네스트 화이트 에일은 이 기준에 부합했다.

든 윗비어인 히타치노 네스트 화이트 에일은 앨러개시와는 다른 방향을 택하고 있다. 몰팅하지 않은 밀을 썼을 뿐 아니라, 몰팅하지 않은 보리도 사용해 좀더 뻑뻑하고 거의 메밀에 가까운 바디를 지닌 맥주가 탄생했다. 화이트 에일에 들어간 향신료에는 고수와 오렌지 껍질뿐 아니라 육두구와 오렌지 주스도 있다. 앨러개시와 마찬가지로 각 요소들은 가볍고 상호보완적이지만, 앨러개시가 정제된 느낌인 것에 비해 히타치노 네스트는 좀더 농가풍에 가깝다.

벨기에 내에서 현재 페이스메이커 역할을 하고 있는 두 브루어리 중 하나인 카라콜에서는 앨러개시처럼 드라이한 와인 같은 산미를 바탕으로 한 트루블레트Troublette라는 발랄한 느낌의 맥주를 만들고 있다. 또 하나는 최상급 브루잉으로 자주 인용되는 신트베르나르뒤스 위트로, 피에르 셀리스의 수많은 후손 중 하나다. 이 레시피는 셀리스가 만든 것은 아니었지만, 브루어리에서는 셀리스에게 조율을 부탁했다. 신트베르나르뒤스 위트는 고수를 듬뿍 넣어 향과 맛을 우려내지만, 새콤하게 톡 쏘는 마무리감으로 균형을 잡는다.

브루잉 노트

셀리스가 첫 모던 화이트 레시피를 수정했을 때 그는 여러 면에서 여타 벨기에 에일과 흡사한 병입 숙성 맥주를 생산했다. 각종 향신료와 귀리 및 몰팅하지 않은 밀로 만든 맥아 가루를 넣은 이 맥주는 평범하지는 않았다—그러나 이들은 전부 벨기에에서는 익숙한 재료들이었다. 셀리

> 블루문 덕분에, 많은 이들이 윗비어라는 문을 통해 맥주의 세계로 들어서고 있으며 지평을 더욱 넓히고 싶어한다. 온화하고 무난한 특성에 매료되는 사람이라면, 벨스 오베론이나 구스 아일랜드 312 어번 휘트 같은 **미국 밀 에일** 중에서 적당한 것을 골라볼 만하다. **골든 에일**과 **퀼슈**는 좀 다른 계열이다. 그러나 만일 당신이 앨러개시의 팬이거나 드라이하거나 복합적인 맛의 윗비어를 좋아하는 사람이라면, **애비 에일, 세종, 바이에른 바이스비어** 등을 권한다.

스는 대부분의 모던 버전에 비해 더 낮은 온도에서 윗비어를 숙성시켰지만, 이는 아주 사소한 변화에 불과했다. 결과적으로, 셀리스가 고유의 새로운 레시피를 처음 선보인 이래 50여 년간 이 스타일은 거의 변하지 않았다.

옛날 후하르던 맥주들의 경우 맥아 가루는 통상적으로 몰팅하지 않은 밀을 사용했다—본래는 세금을 최소화하기 위해서였으나 훗날 전통으로 자리 잡게 됐다. 귀리 역시 공통된 재료

퀴라소 오렌지

어떤 오렌지든 —또는 이 경우 어떤 시트러스 계열의 과일이든— 껍질을 화이트 비어에 향신료로 사용할 수 있지만, 가장 흔히 볼 수 있는 종류는 퀴라소다. 이 과일의 좀더 정확한 명칭은 라하라Lahara로, 스페인 사람들이 16세기에 퀴라소라는 카리브 제도의 섬에 심었던 오렌지의 후손이다. 이 섬의 나무들은 영양이 부족한 화산토와 건조한 기후에 적응해야 했고 열매는 그 적응 과정에서 변화했다. 쪼그라들면서 먹기 힘들 만큼 쓴맛이 강해졌지만, 증류주 생산자들은 아로마가 강한 껍질을 사용하여 퀴라소 리큐르를 만들 수 있겠다는 생각을 해냈다. 그리고 물론, 맥주도.

블루문 벨전 화이트

1995년, 키스 빌라는 쿠어스 브루잉 컴퍼니(현재는 밀러쿠어스) 내부에서 크래프트 맥주 시장에서 경쟁할 에일을 만들 유닛을 분사했다. 블루문이라는 명칭이 붙은 이 유닛은 쿠어스 필드의 샌들롯Sandlot 브루어리 안에 자리를 잡았고 곧 크래프트 맥주 팬들로부터 갈채를 받았다. 초기 제품 중 하나인 벨리슬라이드 벨전 화이트Bellyslide Belgian White라는 윗비어는 몰팅한 밀, 고수, 달콤한 발렌시아 오렌지 껍질, 잉글랜드 에일 효모를 넣고 만든 맥주였다.

브루어리마다 대량 판매용 라거 팬들의 마음을 어떻게 사로잡을지 고민하던 시기에 빌라는 얇은 바퀴 형태로 썬 오렌지 조각을 장식처럼 더해 자기네 맥주의 친근함을 부각시켰다. 초기 제품 가운데 두각을 나타낸 것은 이 벨전 화이트였고, 결국 블루문이라는 이름과 동의어로 여겨지게 된다. 이 맥주의 성공은 스몰 배치 임페리얼 스타우트 애호가들의 심기를 불편하게 했지만, 크래프트 브루어리들이 작성한 청사진의 초안인 셈이었다—전국적 유통은 이 브랜드가 미국 전역에 진출할 때 엄청난 자산이 됐다.

매출이 200만 배럴에 달하게 된 벨전 화이트는 이제 나머지 모든 미국 에일보다도 많이 팔리는 맥주가 됐으며, 생산량은 크래프트 브루어리 하나를 제외한 나머지 전부를 능가한다. 블루문은 대량 판매 에일의 제왕이지만, '크래프트 맥주'란 무엇인가 하는 질문을 던지게 만드는 고급 맥주이기도 하다. 귀리와 밀 풍미가 베이스로 깔리고 과하게 느껴질 정도로 진한 고수향이 밀려든다—그러나 금세 뚝 끊긴다. 블루문은 미국 최고의 화이트 비어로 꼽히지는 않을지 몰라도, 수많은 평범한 크래프트 맥주보다는 우수하다. 또한 에일이라고 해서 엄청나게 팔리지 말라는 법은 없다는 걸 보여준 맥주이기도 하다. 이는 모두 미국 맥주 시장의 변화를 보여주는 신호로, 대량 판매용 라거에 싫증난 사람이라면 굉장히 반가울 만한 소식이다.

블루문 광고는 '크래프트' 특성—그리고 오늘날 대표적 상징이 된 동그란 오렌지 조각 장식—을 부각시켰다.

였는데, 비에르 블랑슈뿐 아니라 벨기에식 브루잉 전반에 걸쳐 사용됐다. 셀리스의 레시피는 이 곡물들로 회귀했지만, 모든 브루어들이 그런 것은 아니었다. 몰팅한 밀을 사용하기도 하고 (블루문), 귀리를 사용하지 않는 경우도 있었다 (앨러개시). 브루어들은 각자 자기네 맥주의 다양한 면모를 부각시키는 용도로 맥아 가루를 활용한다. 이 스타일은 굉장히 약하고 섬세하기 때문에, 맥아 가루는 전체적인 특성에서 중대한 역할을 담당한다. 따라서 이 같은 결정들은 전혀 다른 해석들로 이어지기 마련이다. 좀더 풍만하고 빵 같은 특성 쪽으로 기우는 경우도 있고, 좀더 가벼운 청량감을 중시하는 경우도 있다.

윗비어의 진짜 개성은 산미를 띤 향신료 풍미에 있다—실제 사용된 향신료들에서 비롯된 것일 수도 있고 효모의 작용으로 인한 것일 수도 있다. 효모의 역할을 간과해서는 안 된다. 셀리스는 본래 화이트를 저온에서 발효했지만, 벨기에식 방법에 따라 온도가 21℃ 중후반까지 올라가게 두어 맥주에서 과일향 및 향신료향이 나게 만드는 것이 좀더 일반적이다—후르르던, 뉴 벨점, 오머갱 등에서 만드는 윗비어의 경우가 그 예다. 그런 다음 각종 향신료가 이 효모 특성을 더욱 부각시킨다. 브루어리 오머갱의 필 라인하트는 이렇게 말한다. "섬세하고 상쾌한 맥주가 만들어지는데, 이런 접근 방식은 굉장히 가벼운 느낌이어야 합니다. 아주 잘 혼합된 맥주를 만들어야 하고, '이건 뭐지?' 하는 호기심을 불러일으켜야 해요."

고수는 이 스타일의 일꾼과도 같다. 워낙 다재다능한 향신료라 달콤한 풍미와 레몬향, 은은한 꽃향을 더할 수 있다. 셀리스의 레시피에는 광귤 껍질이 들어가 있지만, 브루어들은 달콤한 오렌지 껍질이나 오렌지 겉껍질—또는 다양한 시트러스를 섞어서—을 쓰기도 한다. 시트러스의 껍질류는 고수에 비하면 그래도 선택에 달린 요소이기는 하나, 여전히 기본 재료에 속한다. 그 밖에 다른 향신료들은 좀더 브루어리의 재량에 달려 있으며, 수많은 향신료가 화이트 에일에 들어간다—그러나 항상 명시적으로 첨가되는 것은 아니다. 추가로 넣는 비공개 향신료가 있느냐는 질문에는 셀리스조차도 말을 아꼈다. 윗비어의 경우, 약간의 신비감을 더하는 것은 브루어의 특권이다.

진화

상업적 성공만큼 혁신을 신속히 막아낼 수 있는 방법은 없다. 그러므로 화이트 에일이 밀과 귀리 그리고 고수와 오렌지 껍질이라는 기본 틀에서 아주 약간씩만 변화를 허용하고 있는 것은 전혀 놀랍지 않다. 그러나 화이트 에일의 성공은 그 인기를 활용해보려는 브루어들의 눈에는 더 매력을 배가시키는 요소이기도 하다. 흥미로운 전개 중 하나는 '화이트 IPA'다. 윗비어의 부드러운 향신료와 미국 홉의 자연 산미를 결합시킨 이 스타일의 데뷔는 불러바드와 데슈츠의 컬래버레이션이었지만 새러낵, 블루 포인트Blue Point 등 다른 브루어리들도 그 뒤를 따랐다. 몇몇 혼합 맥주들은 파인트글라스에 담긴 실제 모습보다 종종 지면에서 더 그럴싸하게 묘사되기도 하는데, 화이트 IPA는 약속하는 그대로다. 브루어리들은 풍미를 위해 홉의 쓴맛을 최대한 드러내지 않으려 하고, 시트러스 계열 풍미의 연속체—고수에서 캐스케이드 홉에 이르기까지—는 근사하게 조화를 이룬다.

또 하나의 흥미로운 변주는 후르르던이 전통적인 와일드 에일로 회귀한 경우다. 개척자는 2004년에 문을 열며 칼라바자 블랑카Calabaza Blanca를 선보였던 미시건 브루어리의 졸리 펌프킨이었다. 이 맥주는 4.8% ABV의 가벼운 해석으로, 보통의 고수와 오렌지 껍질을 넣었지만 야생효모로 배럴 숙성하여 만들었다. 불러바드는 전혀 다른 버전인 투 조커스Two Jokers라는 스트롱 위트를 선보였는데, 이 맥주에는 소두구, 라벤더, 그레인스 오브 파라다이스를 향신료로 첨가했다. 이들 하이브리드 위트는 지난 수십 년간 있어온 야생효모와 셀리스가 도입한 (옛 문헌에서는 전혀 언급되지 않은) 신품종들을 결합시키고 있다. 산미가 있는 에일이 점차 인기를 끌면서, 우리는 좀더 다양한 종류의 옛날식 비에르 블랑슈를 보게 될지도 모르겠다. 누가 알겠나, 언젠가 어떤 브루어리에서 자연발효를 선호한 나머지 향신료를 아예 포기할지.

알아야 할 맥주들

윗비어의 풍미는 폭이 좁다—적어도 최고급 윗비어들의 경우는 그렇다. 물론 다양한 윗비어가 더 있기는 하지만, 여기서 소개하는 여섯 가지 정도면 윗비어 스타일을 이해하기에 충분할 것이다.

ALLAGASH WHITE
앨러개시 화이트

원산지: 미국 메인 포틀랜드
몰트: 페일, 붉은 밀, 몰팅하지 않은 흰색 밀
홉: 자츠, 스티리언 골딩
기타: 고수, 오렌지 필
5.0% ABV, 1.048 SP. GR., 21 IBU

앨러개시의 맥주 가운데 굉장히 페일한 종류들을 보면, 사람들이 왜 처음에 이 맥주들을 '화이트' 비어라고 부르기 시작했는지 알 수 있다. 고수, 후추, 레몬 느낌이 나는 아로마는 곧 가볍고 청량한 맛으로 이어진다. 윗비어 가운데 가장 드라이한 종류로, 화이트 와인을 가장 많이 닮은 맥주이기도 하다. 앨러개시는 복합적이면서도 건조한 느낌으로, 다수에게 환영받는 맥주들과는 상당히 거리가 있다.

KIUCHI HITACHINO NEST WHITE ALE
키우치 히타치노 네스트 화이트 에일

원산지: 일본 나카
몰트: 페일, 몰팅한 밀, 밀 플레이크, 보리 플레이크
홉: 펄, 스티리언 골딩
기타: 고수, 육두구, 오렌지 껍질, 오렌지 주스
5.5% ABV, 1.055 SP. GR., 13 IBU

맥주 속에 일본산 오렌지의 다양한 부분이 들어가 있다고 아는 상태에서 레몬 머랭 파이의 향을 맡으면 깜짝 놀라겠지만, 착각이 아니다. 히타치노 네스트는 혀에 닿으면 허브 풍미로 바뀌고 호지차와 백후추 느낌도 난다—그리고 고수 향도 빼놓을 수 없다. 대부분의 윗비어에 비해 묵직한 편이며, 곡물은 메밀맛이 강하게 난다.

ST. BERNARDUS WIT
신트베르나르뒤스 위트

원산지: 벨기에 바타우
몰트: 필스너, 밀
홉: 타깃, 스티리언 골딩
5.5% ABV

생기 넘치고 탄산이 강한 신트베르나르뒤스는 병에서 따라내면 바닐라 밀크셰이크처럼 불투명한 모습이다. 고수를 듬뿍 넣었지만 레모네이드가 연상되는 매력적인 산미가 이 맥주를 구해낸다. 상쾌하고 복잡하지 않은 느낌이다.

OMMEGANG WITTE
오머갱 위트

원산지: 미국 뉴욕 쿠퍼스타운
몰트: 필스너, 밀, 몰팅하지 않은 밀, 귀리 플레이크
홉: 슈팔터 셀렉트
기타: 고수, 오렌지 필
5.2% ABV, 1.046 SP. GR., 11 IBU

위트는 표준적인 레시피를 따르지만 결과물은 좀더 농가풍의 맥주로, 향신료를 첨가한 세종 같다. 톡 쏘고 가벼우며 굉장히 상쾌한 느낌의 이 맥주는 향신료 풍미가 강하지만 질리지 않는다. 각종 향신료와 효모가 한데 어우러져 와인 같은 산미를 만들어내는데, 달콤하다기보다는 산뜻한 느낌이다.

CARACOLE TROUBLETTE
카라콜 트루블레트

원산지: 벨기에 팔미뉼
몰트: 필스너, 몰팅하지 않은 밀
홉: 자츠, 스티리언 골딩
기타: 향신료(비공개)
5.0% ABV

생기 넘치고 매력적인 농가풍 밀 에일인 트루블레트는 산미가 강하고 고수향이 살짝 스치는 산뜻한 백포도맛이 난다. 가볍고 상쾌해서 피노 그리에 비견되기도 하지만, 좀더 예리하고 산미가 강하다. 새콤한 풍미

와 꽉 찬 밀의 풍미는 옛 후하르던 윗비어가 아마 이런 맛이었겠다는 느낌을 준다.

JOLLY PUMPKIN CALABAZA BLANCA
졸리 펌프킨 칼라바자 블랑카

원산지: 미국 미시건 덱스터
몰트: 필스너, 밀 몰트, 생밀
홉: 테트낭
기타: 고수, 달콤하고 쓴 오렌지 필
4.9% ABV, 1.039 SP. GR., 15 IBU

트루블레트의 모험을 한 단계 더 끌고 가보고 싶다면, 산미가 훨씬 더 강한 배럴 숙성 윗비어인 칼라바자 블랑카를 맛보자. 이 맥주의 새콤함은 젖산 특유의 톡 쏘는 밝은 산미로 레몬향이 풍부하다. 시트러스향의 고수와 오렌지 껍질의 풍미가 활기를 더하는 이 맥주를 마시다 보면 화이트보다는 '옐로'라는 말이 떠오른다. 자극적이지는 않지만 잘 만든 상큼한 레모네이드만큼이나 상쾌한 느낌을 선사한다.

독일의 밀 타트 에일
베를리너 바이세 그리고 고제
TART GERMAN WHEAT ALES
BERLINER WEISSE AND GOSE

Tart German Wheat Ales.
만일 풍미와 스트렝스가 서로 반전인 맥주가 있다면, 밝으면서도 날카로운 산미가 살아 있는 베를리너 바이세가 바로 거기에 해당할 것이다. 나폴레옹의 군대는 베를린 점령 당시 베를린의 바이스비어를 '샴페인'이라 불렀는데, 강렬한 기포와 와인 같은 겉모습을 떠올리면 쉽게 이해가 간다. 고제는 좀더 특이하고 복잡한 맥주다. 베를리너 바이세보다 밀 풍미가 강하고 짭짤하며 산미는 약한 반면, 베를리너 바이세는 고수향이 첨가된 부드럽고 섬세한 맛을 지니고 있다. 놀라운 점은 소금을 첨가한 덕분에 뜨거운 날씨에 갈증을 해소하는 데 특별히 효과적인 균형 잡힌 맥주가 만들어졌다는 것이다.

주요 수치

베를리너 바이세 ABV 범위: 3-4%, 쓴맛: 약 5 IBU

고제 ABV 범위: 4-6%, 쓴맛: 5-10 IBU

서빙 온도: 4.5-7°C

전용잔: 고블릿(베를리너 바이세), 슈탕게(고제)

세계는 늘 괴상한 발효 음료로 가득했다. 어떤 음료는 꿀, 과일, 향신료 등을 잔뜩 넣어 말도 안 되게 뻑뻑한 죽 같아서 맥주라기보다는 음식에 가까운 경우도 있었고, 알코올 특성은 굉장히 가볍지만 오늘날 맥주에서는 보기 드문 재, 나무 껍질, 콩 등의 재료를 듬뿍 넣은 음료도 있었다. 다들 무메, 요펜비어, 쾨페니커 몰Cöpenicker Moll 같은 근사한 이름을 가지고 있었는데, 대부분 무난한 보리와 홉을 넣어 만든 차분하고 온건한 맥주들로 대체됐다. 대개는 그랬다.

하지만 독특한 맥주들을 감정해야 하는 전문가들 입장에서는 다행스럽게도, 여전히 명맥을 유지하고 있는 희한한 맥주들은 소수다. 그중 하나는 베를리너 바이세로, 이 저도수 스파클링 맥주는 젖산의 날카롭게 쏘는 느낌이 강해서 베를린의 브루어들은 보통 설탕 시럽을 섞었다. 베를리너 바이세는 산뜻한 마무리감 덕분에 프렌치 로스트 커피 한 잔보다도 더 빨리 졸음을 쫓아줄 것이다. 그런데 이는 고제에 비하면 평범하다. 또 하나의 밀 타트 에일인 고제에는 향신료로 고수가 첨가된다…… 게다가 소금도. 짭짤한 요거트를 생각하면 될 것 같다. 본래 고슬라어 지역 출신인 고제는 라이프치히로 이주하기 전 실제로 한동안 단종됐었지만, 베를리너 바이세는 단종된 적이 없었다. 다행히도, 크래프트 맥주에서 맛볼 수 있는 희귀한 새로운 풍미들을 찾아나섰던 맥주 팬들의 바로 그 취향은 독특한 '옛' 풍미를 찾아나서는 동력으로도 작용했다. 고제와 베를리너 바이세는 여전히 잘 알려지지 않은 편에 속하지만 북아메리카와 유럽 양쪽에서 팬층을 확보해나가고 있다.

기원

독일의 브루잉 역사는 대다수의 사람들이 알고 있는 것보다 훨씬 더 기이하다. 20세기까지만 해도 라거 전통은 남부에 고립돼 있었다. 맥주순수령은 바이에른 지역만의 법령으로, 북부에는 전혀 해당되지 않았다. 그곳 맥주는 이웃 벨기에의 맥주들과 마찬가지로 펑키하고 다양했다. 당시 벨기에에서는 밀맥주 역시 인기 있는 스페셜티 맥주였다. 벨기에에서와 마찬가지로, 독일 북부의 많은 에일들은 특정 소도시나 동네에 국한돼 있었다. 1500년대 말 맥주에 관한 초창기 개론서 중 하나를 집필한 하인리히 크나우스트는 150종의 맥주를 정리했다. 당대의 또 다른 작가는 당시 맥주 재료 일부에 대해 설명했는데, 그 맥주들이 실제로 얼마나 희한했는지 감이 잡히는 내용들이었다. 월계수와 담쟁이덩굴은 정결한 방부제라고 적혀 있지만, 사리풀은 정신 이상을 유발할 수 있고 굴뚝의 그을음(!)은 폐와 신장을 손상시킬 것이라고 돼 있다. (설마……) 만일 그을음마저 적절한 재료로 여겼다면, 16세

병입 고제

고제와 베를리너 바이세의 경우, 브루어리가 발효 중인 맥아즙을 펍에 가져다주면 거기서 저장고에 보관하는 경우가 많았다. 일단 발효가 거의 다 끝난 맥주를 펍에서 병입했다. 고제를 넣는 병은 모양이 독특하다—아랫부분이 펑퍼짐하게 둥근 데다, 길다란 목은 점점 가늘어지는 모양이다. 이렇게 생긴 이유는? 이 맥주는 발효가 끝나면, 효모 거품이 끓어올라 뭉친 채 가느다란 목 안에서 일종의 마개 역할을 하기 때문이다—그러므로 별도의 코르크나 크라운 캡이 필요 없다.

기의 브루어는 과연 배제하는 재료가 있기나 했을지 상상하기 힘들다.

오늘날 기준으로는 괴상하게 들리지만, 이 옛 스타일들 중 다수는 20세기, 즉 현대까지도 살아남았다. 그러나 점차 소멸돼갔고, 리히텐하이너와 아담비어 같은 이름들은 대부분 역사의 뒤안길로 사라졌다. 그 밖에 그로지스키에 같은 것들은 비교적 늦게 저물기 시작해 아직 사람들의 기억 속에 남아 있다. 고제와 베를리너 바이세는 독일 북부의 평키한 밀 에일 중 마지막 세대로, 불과 수십 년 전만 해도 남아 있던 브루잉 전통으로 이어지는 중요한 연결고리다.

1500년대부터 1900년대까지의 맥주의 범위는 넓지만, 바디가 가벼운 밀 에일의 특정한 무리에는 뚜렷한 유사점들이 있다. 레시피와 제조 방법은 시기별로 상당히 차이가 있지만, 고제와 베를리너 바이세 둘 다 대체로 저도수에 해당되어 상쾌한 느낌을 주며 젖산의 톡 쏘는 특성을 지닌다. 베를리너 바이세는 적어도 1600년대 후반까지 거슬러 올라가지만, 훨씬 이전부터 있었는지도 모른다. 고제는 베를리너 바이세와 동시대 맥주일 수도 있고 어쩌면 훨씬 더 오래된 스타일일 수도 있다—적어도 한 문헌에 따르면 1300년대 후반부터 고슬라어 지역의 고자gosa가 함부르크에 수입된 기록이 있다.

두 맥주에 관한 내용을 통해 공통되게 알 수 있는 것은 시간이 흐르면서 제조 방식과 스타일이 변화해왔다는 사실이다. 1860년대 이전에 만들어진 몇몇 베를리너 바이세는 그로지스키에처럼 훈제 밀 몰트를 사용했다. 1700년대의 어느 기록에 따르면, 브루어들은 해당 배치 대

> ### 구두수선공의 접착제
>
> 다양한 브루잉 기법에 대한 옛 기록들을 보면 머리를 긁적이게 되는 경우가 많다. 가령, 1773년 발간된 『경제백과사전Oekonomische Encyklopädie』에는 다음과 같은 부분이 있다. 번역은 역사학자 론 패틴슨이 했다.
>
> > 발효가 잘 이루어지고 대여섯 시간이 지나면 흰 반점이 맥주 중앙부에 나타난다. 그러면 보통 바이스비어 브루어가 이 맥주를 즉각 [배럴 속에] 집어넣는데, 매시 턴에서 완전 발효되기를 기다리지는 않는다. 이 맥주는 저장고로 옮겨져 그곳에서 발효된다. 사람들은 이를 두고 트림을 시킨다고 하기도 한다. 처음에는 끈적거리는 피치pitch* 같은 효모가 보이는데, 베를린에서는 실제로 이를 피치 또는 피치 밤barm이라 부른다. 구두수선공들은 이 효모를 일종의 접착제로 활용한다.
>
> 피치처럼 끈적거리는 효모라니? 옛날 사람들은 살기 참 힘들었겠다.
>
> * 석유 증류 뒤 남는 찌꺼기

부분을 끓였지만, 끓이지 않은 일부분은 따로 놓아두었다가 효모를 투입했다고 한다. (유산균으로 코팅된 밀알들은 맥아즙에 미생물을 접종시켜 산미를 생성했을 것이다.) 한 세기 뒤 어느 기록에 따르면 맥아즙을 전혀 끓이지 않았던 브루어들도 있었다. 20세기 초에는 일부 브루어리에서 여전히 이 같은 과정을 거쳤으나, 다른 브루어리들은 배치들을 분리하여 절반은 보통의 에일 효모로 발효시키고 나머지 절반에는 유산균을 넣었다. 이 같은 혁신이 가능했던 것은 브루어들이 과정 전반을 제어할 수 있게 만들어준 기

술 덕분이기도 했다. 유산균으로 발효시킨 절반이 적정 pH 수준에 도달하고 나면 브루어들은 이 맥주를 끓여서 나머지 절반과 혼합한 뒤 발효를 마쳤다.

고제는 그야말로 변화무쌍했다. 한때는 자연발효로 만들어졌지만(역사학자들은 이 점 때문에도 고제와 람비크가 어떤 식으로든 관련이 있지는 않을까 생각한다), 19세기쯤에는 전혀 끓이지 않고 만들었다. 물론 이는 젖산 발효에 상당히 유용했을 것이다. 고제는 굉장히 인기가 많아서 1740년경에는 남동쪽으로 160킬로미터 정도 떨어진 라이프치히의 선술집들에서도 판매를 시작했다. 그보다 한참 전부터 라이프치히 브루어리들은 직접 고제를 만들고 있었으며, 마침내 고슬라어보다도 고제로 더 유명세를 떨치게 됐다.

두 스타일 모두 20세기에는 위험에 처하고 부침을 겪었다. 고제는 그중에서도 더 상황이 나빠서, 전쟁과 라거의 등장으로 독일 에일들이 타격을 입자 나타났다 사라지기를 반복했다. 최후의 고제 브루어리였던 부르츨러Wurzler는 이미 문을 닫았고, 고제 레시피가 수록된 부르츨러의 브루잉 지침서는 어쩌다보니 파기되고 말았다. 부활은 영웅들의 손에 달려 있었는데, 성큼 나서서 이 스타일을 구해낸 것은 로타어 골트한이라는 펍 주인이었다. 그는 기적적으로 맥주에 관한 오래된 메모 몇 개를 간직하고 있던 부르츨러 종업원을 찾아냈고, 곧 베를린의 어느 베를리너 바이세 브루어리에서 그대로 재현해 브루잉을 해냈다. 옛 고제를 마셔봤던 사람들이 그 정통성을 인정하면서, 고제는 다시 만들어지기 시작했다―단종된 지 정확히 20년 만이었다. (지금도 라이프치히에 가면 골트한의 고젠솅케 gosenschenke―고제를 파는 술집―인 오네 베뎅켄Ohne Bedenken에 들를 수 있다.)

베를리너 바이세는 고제보다 더 큰 시장을 점유해왔으며, 냉전 이후에는 동독의 스페셜티가 되어 여러 브루어리에서 다양한 버전이 만들어졌다. 좀더 센 맥주로 만든 다음 물을 섞어서 전통적인 낮은 도수로 희석시키는 것이 보통이었지만 각 브루어리마다 방식은 조금씩 달랐다. 그리고 이 방식들은 수십 년간 본질적으로 변하지 않고 그대로 이어져왔다. 그러나 1970년대 즈음 이 맥주는 이미 품질이 어느 정도 떨어진 상태였다. 현대인들의 입맛에는 너무 산미가 강해진 데다 펍 주인들은 녹색 또는 빨강색의 달콤한 시럽을 곁들여 바이스비어를 서빙하기 시작했다. 마이클 잭슨은 1977년에 쓴 글에서 이 스타일의 변화에 대해 이렇게 적었다. "'화이트'는 확실히 잘못된 이름이다. 대개 그린이나 레드로 마시게 되는 맥주니까. 맥주 자체가 아무리 마음에 든다 한들 다른 나라에서 온 사람이라면 일단 이런 색에 놀라기 마련인데, 독일인들은 베를

> "베를린은 퀼레 블론데kühle blonde['차갑고 아름다운 아가씨']를 단연 가장 완벽하게 만드는 도시이자, 단골손님들에게는 다른 음료는 전혀 안 파는 작은 맥주집이 곳곳에 널린 도시다. 이 맥주는 특정 숙성 시기별로 기호에 따라 마시면 되는데, 대체로 탄산가스가 주입되고 특유의 날카롭고 드라이하면서도 거슬리는 부분은 전혀 없는 풍미가 형성되면 마시기에 완벽한 시점이라 볼 수 있다."
>
> ―헨리 비제텔리, 『베를린 언더 뉴 엠파이어』, 1879

리너 바이세를 슈스schuss(소량의 라즈베리 주스)나 발트마이스터Waldmeister(선갈퀴 에센스)를 넣지 않고 마신다는 상상만으로도 깜짝 놀란다."

고제와 베를리너 바이세는 여전히 널리 알려지지는 않은 스페셜티 맥주지만, 오늘날까지 살아남은 것은 어쩌면 그 덕분인지도 모른다. 늘 뭔가 색다른 것을 찾는 미국의 크래프트 맥주 팬들도 이 맥주들을 재발견하고 (미국에서는 다른 풍미를 가미하는 경우가 거의 없다) 팬이 됐다. 독일에서는 지역민들에게 호평을 얻어내는 데 좀 더딘 편이기는 하나, 그곳에서도 고제와 베를리너 바이세는 새로운 팬층을 확보해나가고 있다.

베를리너 바이세 안에는 브렛이 들어 있을까?

베를리너 바이세는 펑키하지 않다. 베를리너 바이세에는 건강한 유산균으로부터 나오는 분명하고 '깔끔'한 산미가 있다. 때문에 베를리너 바이세는 염소나 말을 떠올리게 하는 풍미의 원천인 브레타노미세스 같은 야생적인 요소가 없는 맥주로 여겨지기도 한다. 그러나 사실 맛은 기만적일 수 있다. 브레타노미세스는 50여 년 전부터 맥주 안에 있었을 뿐 아니라, '전형적'인 베를리너 바이세에 산미를 생성하는 데 중요한 기여를 하는 듯 보인다. 브레타노미세스는 베를리너 바이세에서는 전형적인 염소 냄새까지는 풍기지 못하지만, 두 가지 주요 에스테르인 초산 에틸(배, 사과 같은 맛)과 젖산 에틸(와인, 코코넛 같은 맛)을 생성한다. 더 브루어리와 베어 리퍼블릭에서 만드는 맥주처럼 현대의 수많은 해석에는 브레타노미세스도 포함되어, 그 '전형적'인 풍미를 재현해내고 있다.

상세 설명 및 특성

멸종 위기에 처한 맥주 스타일들, 특히 남아 있는 한두 가지 맥주의 성쇠에 의지해 위태롭게 매달려 있는 스타일들에 대해 설명한다는 것은 위험천만한 일이다. 일단 샘플 규모에 문제가 있을 수 있다—그렇게 몇 안 되는 맥주를 가지고 스타일을 논하는 것이 정말 합리적인가? 하지만 더욱 중요한 것은, 그렇게 몇 가지에만 매달리다 보면 어떤 맥주를 특성이나 개성이라는 측면으로 한정해버리게 된다는 사실이다. 현존하는 맥주들만 살펴봐도 충분할까? 물론, 거기에 만족하지 않고 역사로 눈을 돌려 드문드문 남아 있는 기록을 살펴보거나 해당 스타일을 자유롭게 실험하며 부활시킨 옛 맥주나 일회성으로 등장했던 맥주들을 찾아볼 수도 있겠다. 또는 이 모든 측면을 다 살펴보고 종합할 수도 있다. 그래, 뭐 다 해보자.

고제와 베를리너 바이세가 한창 르네상스를 맞고 있다고 볼 만한 이유는 충분하다. 브루어리들은 지난 10년간 흥미롭게 만들어볼 만한

시럽 넣으시겠어요?

만일 펍에서 베를리너 바이세를 한 잔 주문한다면 (미국보다는 베를린일 가능성이 훨씬 높지만) 그린과 레드 중 어떤 것으로 하겠느냐는 질문이 되돌아올 것이다. 굉장히 단맛이 강한 라즈베리(레드)나 선갈퀴(그린) 시럽 중 어떤 것을 맥주에 넣겠냐고 묻는 것이다. 선택은 당신 몫이지만, 미리 경고한다. 이 시럽들은 맥주를 환타처럼 만들어버릴 것이다. 그리고 어쨌거나 선갈퀴는 허브로 만든 마시멜로 같은 맛이 난다—그리고 굉장히 선명한 녹색을 띤다.

맥주들에 대한 기록을 발굴해왔고 새콤한 에일들은 열띤 —소수이기는 하지만— 반응을 얻고 있다.

특히 베를리너 바이세는 되살려낼 때가 된 것 같다. 베를린에서 마지막으로 만들어진 바이세는 기존 '샴페인들'의 측은한 그림자 같았다—거품이 있지만 생기는 없고 산미는 있지만 이상하리만치 단맛이 강한, 예전의 베를리너 바이세와도 다르고 오늘날 베를린 사람들이 원하는 맛도 아닌 맥주였다. 하지만 새로운 베를리너 바이세, 특히 더 브루어리, 도그피시 헤드, 베어 리퍼블릭 등에서 만든 베를리너 바이세는 전혀 다르다.

굳이 가장 '정통성' 있는 베를리너 바이세를 꼽자면 더 브루어리의 호튼로스Hottenroth라고 할 수 있을 것이다. 미국 브루어리의 손에 들어가면 맥주는 결국 거대화에 굴복하는 경향이 있다—내내 3% 수준에 머물렀던 맥주로서는 특히 위험이 아닐 수 없다. 3.1% 정도의 낮은 도수의 호튼로스는 마치 자그마한 발전소 같은 맥주다. 더 브루어리에서는 맥아즙에 브레타노미세스를 약간만 넣지만, 풍미를 압도하는 젖산의 날카로운 산미가 갈증을 시원하게 해소시켜준다. 헨리 비제텔리라면 '탄산가스 주입'으로 만들어내는 가볍고 균형 잡힌 맥주맛에 감탄했을 것이다. 도그피시 헤드는 복숭아를 넣어 발효시킨 맥주를 만들었는데 설탕을 많이 넣지 않았는데도 과일향이 난다. 과일 풍미와 산미를 지닌 드라이한 맥주다—소비뇽 블랑을 절대 해치지 않는다. 자연발효를 하는 베어 리퍼블릭은 그중 가장 날카로운 맛을 낸다. 슈스를 떠올리게 할 정도니까.

고제는 베를리너 바이세에 비하면 덜 알려진 편이지만, 토착적인 특성은 더 잘 살아 있는 맥주다. 최우선으로 꼽히고 가장 잘 알려진 곳은 고제브라우에라이 바이에리셔 반호프로, 2000년 라이프치히에서 처음 문을 열었다. 이곳의 시그니처 맥주는 가볍고 무난하면서도 당연히 고제 느낌이 난다…… 한마디로 혼란스럽다는 얘기다. 겉모습이나 향은 밀맥주 같은데(고수 때문에 윗비어 같은 향도 난다), 새콤짭짤한 맛이 맞물려 전혀 다른 느낌을 만들어낸다—인도의 라씨lassi 같다. 라씨는 요구르트에 단맛 또는 짠맛을 첨가한 대중적인 음료로, 짠맛을 더한 라씨는 반호프의 라이프치거 고제 Leipziger Gose의 짭짤하게 톡 쏘는 풍미와 흡사하다. 또 하나 유명한 독일 고제는 될니처 리터구츠Döllnitzer

Ritterguts다. 19세기 고제 브루어리 소유주들의 후손들과 하르트만스도르프Hartmannsdorf와의 계약에 따라 브루잉된 이 맥주는 좀더 과감하다. 모든 다이얼—신맛, 짠맛, 고수의 풍미—을 한껏 돌려놓았다. 게다가 바이에른 남부의 바이스비어처럼 정향도 어느 정도 더했다.

어느 쪽이 좀더 정통성이 있을까? 일찍이 라이프치히는 고제 브루어리 수십 곳의 본고장이었고 당연히 아주 다양한 고제가 있었다. 정통성이란 움직이는 표적 같은 것이다. 미국의 몇몇 브루어리들은 고제를 만들어보려는 시도를 꾸준히 하고 있다—그 가운데는 고수, 소금, 젖산 등 낯선 풍미들을 녹여내고자 하는 곳도 있고(보스턴 비어 벌로런Verloren), 아이디어만 취하고 곧장 다른 방향으로 틀어버린 경우도 있다(위드머 메리언베리 히비스커스 고제Marionberry Hibiscus Gose). 맥주 스타일은 일단 등장하고 나면 전통을 충실히 지키고자 하는 이들을 끌어들이기 마련이므로, 몇 십 년 뒤에 다시 살펴보는 것도 좋은 방법일 것이다.

브루잉 노트

이 옛날 스타일들에 대한 다양한 해석이 워낙 많다보니, 만드는 방식도 그만큼 다양하리라고 상상할지 모르겠다—그리고 그 상상은 아마 맞을 것이다. 그렇다면 먼저 이 맥주들의 공통점부터 살펴보자. 밀이 고제와 베를리너 바이세 모두에서 핵심 재료인 것은 분명하다. 맥주순수령은 몰팅하지 않은 밀을 저평가하고 있기 때문에, 브루어리들은 몰팅한 밀을 사용한다—이 순수령

> **IF YOU LIKE TART GERMAN WHEAT ALES**
>
> 출발점에서 멀어지면 멀어질수록 비슷한 맥주끼리 짝을 맞추기는 더 어려워진다. 고제는 본질적으로 독자적이다. 즉, 비슷한 종류를 찾을 수 없는 고유한 부류다. 아마 **괴즈**를 비슷한 맥주라 할 수도 있겠지만, 고제의 새콤하고 짭짤한 풍미와는 차이가 있다. **람비크**(그리고 **괴즈**)는 베를리너 바이세에 좀더 가깝다. 닮은 구석은 극히 일부분이기는 하나, 새콤한 플랑드르 에일이나 아메리칸 와일드 에일 등 산미가 있는 다른 맥주들도 찬찬이 들여다볼 가치는 있다.

의 지침에서 한참 거리가 먼 맥주를 만드는 경우에도 마찬가지다. 두 스타일 모두 맥아 가루의 최소 3분의 1에서 최대 절반까지는 밀이어야 한다. 킨들Kindl•은 4분의 1만 쓰고 있지만, 이는 낮은 축에 속한다. 색이나 헤드에 영향을 미치는 소량의 곡물과 더불어, 필스너 몰트가 곡물 목록을 채운다.

두 스타일에서 또 하나의 공통 핵심 요소는 젖산이다. 브루어리들은 매우 다양한 방식으로 젖산을 사용한다. 가장 쉬운 —그리고 대개 가장 조악한— 방법은 젖산을 직접 맥주에 첨가하는 것이다. 브루어들은 살아 있는 박테리아를 다루는 수고를 덜고자 이 방법을 쓰기도 하고, 첨가되는 젖산의 양을 정확히 통제할 수 있다는 이유로도 이 방법을 택한다. 그런가 하면 야생효모와 박테리아를 사용하는 브루어리들도 있다. 프리츠 브림Fritz Briem은 베를리너 바이세를 끓이지 않는 대신 자연 유산균에 의존한다. 건강한 젖산 발효를 위해 보통의 에일 효

• 베를린의 대표적 브루어리

젖산 대 유산균

동물의 체취나 곰팡내를 연상시키는 펑키한 풍미를 내는 야생효모로 만든 맥주들과는 달리, 베를리너 바이세와 고제는 대개 유산균이라 불리는 박테리아로부터 얻어지는 깔끔하고 화사한 산미가 있다. 브루어들이 사용하는 보통의 효모들이 그렇듯, 유산균은 당분을 먹어치우지만, 알코올 대신 젖산을 생성한다. 간혹 브루어리들이 언급하는 '젖산 발효'로 이어지는 과정은 바로 이를 의미한다. 요구르트 같은 발효된 유제품에서 흔히 찾아볼 수 있는 젖산은 베를리너 바이세나 고제에 비슷한 산미를 선사한다.

자연 상태에서 유산균은 곡물의 겉껍질에 달라붙는다. 이 작지만 튼튼한 녀석은 끓기 직전의 고온에서도 살아남을 수 있다. 젖산 발효를 시작하는 방법 중 하나는 맥아즙의 일부 또는 전부를 끓이지 않고 두어 야생 박테리아가 작용하게 만드는 것이다. (유산균을 투입하는 브루어리들도 있다.) 그러나 유산균이 제 실력을 발휘하면 —일반 효모의 경우와 마찬가지로— 단지 하나의 화합물만 생성하지는 않는다. 여러 종류의 산, 효소, 그리고 박테리오신 bacteriocin*이라는 물질 등을 만들어낸다. 젖산 발효로 만든 맥주는 식용 젖산을 단순 첨가한 맥주에 비해 좀더 원숙하고 풍성하며 복합적인 맛이 나기 때문에 이 작용은 중요하다. 젖산은 그 자체로 좀더 날카롭고 —'화학적'인 강렬한 느낌이 있는 경우도 있고— 때로는 미끄럽거나 짭짤한 경우도 있다. 훌륭한 브루어는 잡미를 감출 수 있지만, 발효에서 비롯되는 좀더 섬세한 풍미들까지 대체할 수는 없을 것이다.

* 세균이 방출하는 단백질성 항생 물질

모를 투입할 때 몰트에서 배양한 유산균도 함께 넣는다. 반호프에서는 마티아스 리히터가 자기 지하실에서 유산균을 배양한 뒤 라이프치거 고제를 만들 때 끓이는 과정에서 투입한다. 베를리너 바이세를 만들 때도 같은 과정을 거치지만, 오늘날 리히터는 2차 발효시 브레타노미세스를 첨가한 버전의 베를리너 바이세도 만든다. 가장 급진적인 곳은 베어 리퍼블릭이다. 타타어 Tartare를 만들기 위해서 자연발효를 이용한다—그런데도 젖산의 산미가 (두드러지기는 하나) 상당히 깔끔하다.

이 맥주들은 절대 완벽하게 '전통적'인 생산 방식을 사용하지는 않았다. 그리고 이 원칙은 지금도 유효하다. 더 브루어리의 경우, 타일러 킹은 완전히 독특한 방식을 사용한다. 그는 75.5℃에서 20분간 호핑한 단일 매시를 택한다. 이 맥주는 딱 20분만 끓인 다음 유산균과 브렛 효모만 넣고 2주간 주발효를 거친다. 킹은 이렇게 말한다. "우리는 우리 스스로가 어떤 풍미를 원하는지 잘 알고 있었어요. 산미가 있으면서도 한편으로는 바디도 있는 맥주를 원했지요—가벼운 맥주는 원하지 않았어요. 그래서 그렇게 휴지休止에 중점을 두어 일정 수준의 바디를 유지하고자 하는 겁니다."

이 맥주들의 경우, 홉은 사실상 예상을 벗어난다. 단지 항균 역할만 담당하고, 풍미나 쓴맛은 더하지 않는다. 프리츠 브림은 1809 베를리너 바이세를 만들 때 매시에 홉을 넣는데, 거기서 디콕션을 통해 이성화가 일어난다—그러나 다른 면에서는 별로 흔적을 남기지 않는다. 반호프에서는 브루어 마티아스 리히터가 고제에 홉을 한 차례 넣는다. 물론, 고제의 풍미는 대부분 소금과 고수에서 나오며, 두 재료 모두 끓이는 과정이 거의 끝나갈 때쯤 첨가된다. 마지막 단계는 병입 숙성으로, 특히 베를리너 바이세의 경우 병입 숙성 중에 샴페인 같은 탄산이 형성된다.

진화

베를리너 바이세와 고제는 사실 둘 다 부활한 스타일이다. 베를린 사람들은 더 이상 고향 맥주에 별 관심이 없는 듯 보인다. 다른 지역의 브루어리들, 특히 미국의 브루어리들이 바통을 넘겨받고 있다는 의미다. 지금까지는 이 브루어리들이 적어도 전통이라는 정신은 따르고자 애써왔다. 이들은 산미가 있고 화려한 풍미를 지닌 저도수 밀맥주를 만든다. 그러나 미국의 브루어리들이 3%짜리 맥주를 팔기란 어려운 일이라서, 이들은 알코올 도수 면에서 명백한 일탈을 시도했다. 대부분은 4%를 상회하고, 사우샘프턴과 화이트 버치White Birch 같은 몇몇 맥주는 6%도 넘는다. (뮌헨 기반의 프리츠 브림조차도 1809는 무려 5%다.)

실험적인 과일 맥주로 모험을 감행하고 있는 도그피시 헤드와 캐나다의 브라스리 디외 뒤 시엘은 완전히 새로운 흐름을 이끌고 있다. 디외 뒤 시엘은 발효 과정 중에 과일을 사용한 최초의 브루어리였다—1999년 솔스티스 데테Solstice d'Été에 벨기에 프랑부아즈framboise처럼 라즈베리를 넣었다. 한편, 도그피시 헤드가 복숭아를 사용한 것은 굉장한 발상이었다. 핵과류의 풍미는 맥주의 풍미와 완벽하게 어울리기 때문이다. 수없이 많은 열대과일을 넣고 실험적인 맥주를 만드는 플로리다의 펑키 붓다Funky Buddha, 체리를 맥주에 첨가한 플라잉 도그 등 다른 브루어리들 역시 다양한 과일 버전의 맥주를 만들었다.

고제는 좀더 예측불허다. 일단 너무 독특한 맥주여서 곧바로 고제부터 브루잉한다는 것은 너무 비약적인 상상이다. 그보다도, 고제는 여전히 굉장히 희귀하며 대부분의 브루어리들은 아직 발견조차 하지 못했다. 그러나 2010년쯤부터 이 스타일은 뜻밖에 미국 오리건 포틀랜드 지역을 휩쓸었고, 이 지역 내 최소 네 곳의 브루어리에서 고제를 만들기 시작했다—총 12종의 고제가 탄생했다. 캐스케이드 브루잉Cascade Brewing에서는 론 갠스버그가 계절 한정 상품을 만들기로 결정했다. 서머 고제Summer Gose는 전통적이었던 반면, 나머지 계절 한정 고제들은 다양한 향신료를 넣었고 몰트 역시 밝은색이나 어두운색의 여러 종류를 사용했다. 위드머는 두 가지 직선적인 레시피로 시작하여 점차 과일과 꽃을 첨가하기 시작했다. 브레이크사이드Breakside의 브루어 벤 에드먼즈는 어느 레시피에서 오이를 사용하기도 했고, 또 어떤 레시피에서는 베를리너 바이세처럼 여러 가지 시럽을 넣기도 했다. 이런 것이 고제의 미래일까? 포틀랜드는 새로운 라이프치히가 될 것인가? 두고 봐야 할 것이다.

• 라즈베리를 넣은 벨기에 에일, 548쪽 참고.

알아야 할 맥주들

처음 우연히 고제 스타일을 접했을 때, 나는 마치 플로리다의 사이프러스 습지대를 펄럭이며 날아다니는 커다란 흰부리딱따구리를 본 듯한 느낌이었다. 이 놀라운, 길 잃은 생명체는 무엇인가? 반호프 한 병—내 인생 최초의 고제—을 맛본 직후, 나는 보스턴에서 메인으로 점심을 먹으러 가는 길에 우연히 포츠머스Portsmouth 브루어리에 들르게 됐다. 기적 같은 우연인데, 거기서는 고제를 탭으로 판매하고 있었다. 베를리너 바이세와 고제를 우연히 마주치게 된다면 아마 이런 식일 것이다. 뜻밖에 우연히. 만일 근처에 아주 훌륭한 맥주 가게가 있다면, 내가 아래에 정리해둔 선택지 중 한두 가지를 찾는 행운을 누릴 수 있을지도 모르겠다. 하지만 그게 아니라면, 그저 눈을 크게 뜨는 수밖에 없다. 스쳐 지나가는 것을 놓칠 수도 있으니까.

THE BRUERY HOTTENROTH
더 브루어리 호튼로스

원산지: 미국 캘리포니아 플러센치아
몰트: 빈, 60% 몰팅하지 않은 밀
홉: 스티셀스팔트
3.1% ABV, 1.026 SP. GR., 2 IBU

꿀색의 매력적인 베를리너 바이세에 사랑스러운 하얀 헤드와 레몬향. 빅 비어라 해서 무조건 좋은 건 아니라고 생각하는 사람에게 보드라운 빵 같은 느낌과 꽉 차는 마우스필, 시트러스 계열의 산미를 지닌 이 화려한 맥주를 맛보이고 싶다. 풍미가 주렁주렁 달린 느낌이지만 청량감 있는 마무리감 덕에 곧장 더 마시고 싶어진다.

BEAR REPUBLIC TARTARE
베어 리퍼블릭 타타어

원산지: 미국 캘리포니아 힐즈버그
몰트: 비공개
홉: 비공개
4% ABV, 8 IBU

타타어는 선갈퀴 시럽을 넣어보고 싶어질 만한 종류의 베를리너 바이세다. 그야말로 '새콤'하다는 뜻이다. 브루어리에서는 자연발효를 하지만, 풍미는 —얼굴을 찌푸리며 악 소리를 내뱉을 만큼— 순수 젖산의 산미에 가깝다. 어느 빈티지의 타타어에서는 브레타노미세스의 확연한 가죽향이 느껴지기도 했지만 말이다. 일단 적응만 되면, 타타어는 사과향 또는 사과꽃향이 나는 에스테르가 들어 있는, 레몬향 가득한 간식처럼 느껴진다.

DOGFISH HEAD FESTINA PÊCHE
도그피시 헤드 페스티나 페슈

원산지: 델라웨어 밀턴
몰트: 비공개
홉: 비공개
4.5% ABV

페스티나 페슈는 누구나 사랑할 만한 구석이 있다. 밀 풍미 가득한 부드러운 바디에 상큼한 산미도 돈다. 이 두 요소는 잘 익은 한여름 복숭아의 신선하고도 진한 풍미 속에 잘 녹아든다. 이 햇살 가득한 바이세는 정신까지는 아니라 하더라도 오감을 취하게 만든다.

BAYERISCHER BAHNHOF LEIPZIGER GOSE
바이에리셔 반호프 라이프치거 고제

원산지: 독일 라이프치히
몰트: 밀, 필스너
홉: 노던 브루어
기타: 고수, 소금
4.5% ABV, 1.044 SP. GR., 10 IBU

맥주 맛이 어때야 하는가에 관해 고정된 태도를 가진 이들에게 고제는 진정한 도전이 될 것이다. 고제는 평범해 보인다. 거품과 향은 고수를 넣은 윗비어 같고, 색은 탁한 오렌지빛이다. 톡 쏘는 느낌의 산미가 먼저 나오고, 케이크 같은 밀 풍미가 그 뒤를 받쳐준다. 목으로 넘어갈 때 소금과 고수가 훅 들어오며 거친 느낌을 낸다. 소금을 넣은 요구르트 같은 맛이다.

DÖLLNITZER RITTERGUTS GOSE
될니처 리터구츠 고제

원산지: 독일 하르트만스도르프
몰트: 비공개
홉: 비공개
기타: 비공개
4.2% ABV

만일 반호프에서부터 시작한다면, 될니처는 훨씬 더 기이하게 느껴질 것이다. 짠맛이 좀더 강한 이 맥주는 더 달콤하고 더 오렌지향이 강한 고수향을 지니고 있으며, 산미가 더욱 날카롭게 팡 터지며 마무리된다. 어쨌든 여러 풍미들이 이런 식으로 퍼진다—그리고 밀의 청량감과 정향의 향이 두드러지며 중심을 잡는다. 정향은 과한 재료일 수 있다—그러나 될니처는 이를 정통성의 기준으로 삼고 있다.

다크 라거: 둥켈, 슈바르츠비어, 체코
트마베 442
페일 라거: 필스너, 헬레스, 도르트문더
엑스포르트 456

앰버 라거: 메르첸, 빈 라거 478
보크 490
대량 판매 라거 506
잘 알려지지 않은 라거들 517

제 4 부

Lagers
라거

라거 맥주란 정확히 무엇일까? 본질적으로 이 질문은 실존주의적이다. 라거는 객관적인 최종 상태일까 아니면 무엇인가 되어가는 과정인가? 어떤 정의에 따르면, 라거로 판단하는 기준은 사용되는 효모 타입—저온 상태를 좋아하고 떠오르기보다는 가라앉는 성질이 있는 효모—이다. 또 다른 정의에 따르면, 라거는 주발효 이후 숙성 과정이 필수다. 독일어 라거lager는 사실 '저장'한다는 뜻에서 온 단어다.

대부분의 구분은 순전히 학술적이다. '라거'는 특정 효모 타입을 사용하고 숙성 시기를 거친 맥주로 이해된다. 그러나 몇몇 에일들은 '라거링'되는데, 이는 에일 효모를 사용해 브루잉한 뒤 일정 시간 동안 그대로 둔다. 이렇게 만든 맥주는 상면발효 라거(오베르게리게스 라거비어obergäriges lagerbier)라 부를 수 있다. 프랑스의 비에르 드 가르드는 보통 '에일'로 분류되지만 수주 또는 수개월간 숙성을 거치며, 라거 효모종을 이용하여 브루잉되는 경우도 있다. 한편, 미국에서 가장 유명한 토착 스타일은 다른 방향으로 움직인다. '스팀 비어'는 에일처럼 브루잉되지만 라거 효모를 넣는다는 차이가 있다. 논의를 이어가기 위해, 희한한 예외들은 일단 건너뛰자. 라거는 대체로 두 가지 정의를 충족시킨다. 저온을 선호하는 효모종을 사용하고 수주 또는 수개월 동안 숙성을 거친다.

라거를 다른 맥주와 구분짓는 특징은 제조 방식보다는 맛에 있다(물론 인과관계가 있기는 하다). 저온에서 활발히 작용하는 효모는 비교적 온도가 높은 에일에서 작용하는 효모들에 비해 풍미가 덜 화려하다. 냉기는 에스테르와 페놀 생성을 억제하기 때문이다. 과일이나 향신료 같은 맛을 내는 이 화합물들은 맥주의 기본 재료들이 제 역할을 성공적으로 해내도록 돕는다. 라거를 한 모금 마시면 몰트의 보드랍고 건강한 풍미와 홉의 섬세한 향을 아무런 여과 없이 경험할 수 있다. 저온 발효한 맥주는 거칠고 마무리가 덜된 듯한 맛을 남기지만, 숙성 과정을 거치면 울퉁불퉁 거친 면들을 사포질로 깎아낸 듯 몰트와 홉의 곡물 풍미가 풍성하게 드러나게 된다. 라거는 정제되고 다듬어진 깔끔한 맥주다. 독일이 이런 새로운 브루잉 방식에서 최고의 자리에 오르다니, 놀라우리만치 대칭적이지 않은가? 군더더기가 없고 디자인과 기능이 조화를 이룬다는 점은 바우하우스 건축뿐 아니라 라거 브루잉에도 해당되는 설명이다.

라거의 놀라운 여정은 브루어들이 효모의 존재를 직감하기 시작한 13세기 후반으로 거슬러 올라간다. 당시까지만 해도 자연발효로 맥주를 만들었으나, 활발히 발효가 일어나고 있는 맥주로부터 효모를 걷어내어 다음 배치의 맥아즙에 접종하는 방법—14세기 중반부터 기록된 일지에 처음 언급된 방식—을 마침내 알게 된 시점이다. 수십 년간 브루어들은 제조 과정을 정제함으로써 보유한 효모를 일정하게 이후에도 유지할 수 있었다. 이 자그마한 세포들이 대체 무엇인지 알아내기 수세기 전이었음에도 불구하고 브루어들은 그 활용법을 이미 알고 있었던 것이다. 효모 거품barm(효모 덩어리yeast cake)을 걷어내어 다시 투입하는 과정을 통해 아주 천천히 효모를 길들여가고 있었다.

1500년대 초 바이에른에서는(어쩌면 인근 보헤미아에서도) 이 효모 중 일부가 좀 다르게 작용하기 시작했다. 대부분의 효모는 고온을 선호했지만, 한 종류만은 저온을 선호하는 것으로 나타났다. 사실, 이 효모종은 부유하지 않고 가라앉아 따뜻한 계절—브루어들이 따뜻한 날씨를 좋아하는 기존 효모를 다시 찾을 수밖에 없을 때—에는 제대로 활동하지 않았다. 이렇게 탄생한 최초의 라거들은 지역에서 호평을 받았다. 1539년경, 바이에른 당국은 효모가 요술을 부릴 수 있는 시원한 계절에만 브루잉을 할 수 있도록 강제했다. 17세기로 넘어올 무렵, 다른 지역 브루어들은 이 두 가지 효모에 대해 이미 알고 있었다. 그러나 상대적으로 기온이 낮은 바이에른과 보헤미아 이외 지역에서는 라거를 브루잉하기가 힘들었다. 사실, 결과물이 너무 형편없었기 때문에 1603년 쾰른 시의회에서는 라거 효모의 사용을 금지했고, 잉글랜드와 플랑드르는 라거 효모를 쓰기에는 날씨가 너무 온화했다. 그리하여 수백 년간 라거는 지역 스페셜티로 남게 되었고, 생산은 맥주 저장고 역할을 하는 동굴 같은 남부의 작은 지역에 국한되었다.

라거의 전성기가 시작된 것은 19세기 이후였다. 1840년대 초, 각기 다른 나라에서 일하던 브루어 세 명은 페일 몰트로 황금빛과 호박색 중간쯤에 해당하는 스파클링 라거를 만드는 실험을 시작했다. 빈의 안톤 드레어, 뮌헨의 가브리엘 제들마이어, 보헤미아 플젠의 (또 한 명의 바이에른 출신 브루어) 요제프 그롤이 바로 그 주인공들이다. 그로부터 20여 년 뒤, 루이 파스퇴르가 마침내 효모 속에 숨은 과학의 비밀을 밝혀냈다. (그는 순도를 향상시키는 방법으로 라거링을 강력 추천했다.) 그리고 마침내 1870년대

뮌헨의 파울라너 같은 세계 최대 규모의 브루어리들의 정맥 속으로 라거가 빠르게 퍼지고 있다.

에 냉장 기술이 등장하면서 더 따뜻한 기후에서도 라거를 만들 수 있게 됐다.

일련의 전개 속도는 느렸지만, 결과는 대단했다. 그롤이 필스너를 브루잉하기 시작한 지 20년이 지나도 보헤미아에서 에일을 만드는 브루어리는 여전히 라거 브루어리의 두 배를 넘었다. 그러나 1875년경, 전국적 흐름은 이미 뒤집혀 있었다—브루어리 849곳 가운데 831곳이 라거를 만들고 있었다. 독일에서는 좀더 긴 시간이 걸렸다. 1870년쯤, 대다수의 브루어리들은 여전히 에일을 만들고 있었으나, 라거 브루어리는 성장세였고 에일 생산량을 이미 앞지른 상황이었다. 다음 세기로 들어서면서 라거는 시장의 80% 이상을 차지하고도 성장세를 이어갔다. 전 세계적 경향이 될 전조였다. 라거보다는 여전히 에일 스타일이 더 많기는 하나 주도권 싸움은 끝난 지 오래다—라거는 전 세계 맥주 생산의 95% 이상을 차지한다(그리고 대다수는 페일 라거다). 150년 전, 비율은 정반대였다.

다크 라거
둥켈, 슈바르츠비어, 체코 트마베

DARK LAGERS
DUNKEL, SCHWARZBIER, AND CZECH TMAVÉ

주요 수치

둥켈 ABV 범위: 4.7-5.5%
쓴맛: 15-25 IBU

슈바르츠비어 ABV 범위: 4.7-5.2%
쓴맛: 20-30 IBU

트마베/체르네 ABV 범위: 4.0-5.5%
쓴맛: 15-35 IBU
서빙 온도: 7.2-10°C
전용잔: 머그 또는 파인트글라스

Dunkel, Schwarzbier, & Czech Tmavé. 바이에른 둥켈 라거는 호박색에서 검정색까지 어떤 색도 띨 수 있지만, 부드럽고 몰티하며 약간의 로스티한 향이 있다는 것은 고정불변의 법칙이다. 좀더 드문 스타일인 슈바르츠비어는 색상은 확실히 다크한 쪽이고 미끄러지듯 매끄러운 느낌이 특징이지만, 풍미는 코코아와 바닐라에서 감초나 커피에 이르기까지 아주 다양하다. 체코에서는 다크 라거를 트마베(다크) 또는 체르네(블랙) 같은 이름으로 부르며, 스트렝스는 다양하나 대부분은 비슷한 독일 맥주 수준 정도로 브루잉된다. 그러나 몰트의 품질에서 차이가 나는데, 좀더 꽉 찬 캐러멜 풍미에 가깝다. 이 맥주들은 고기 요리를 사랑하는 나라들 출신답게 오븐에서 구워낸 요리와 근사하게 어울린다— 그러나 미국식 바비큐와도 잘 어울린다.

바이에른에서 이 맥주들은 '다크'(둥켈)로, 튀링겐에서는 '블랙'(슈바르츠)으로, 체코에서는 둘 다(트마베tmavé 또는 체르네černé)로 알려져 있다. 무뚝뚝하고 다크한 이 라거들은 이름만큼이나 단순적이고 직접적이며, 라거를 마시는 대부분의 지역에서 지난 수세기 동안 그래왔듯 여전히 스테디셀러로 남아 있다. 실제로, 거품이 소복한 밤색 맥주 한 잔을 보고 있으면 마치 초창기 라거 시절로 되돌아간 느낌이다. 거칠고 스모키한 몰트를 넣어 만든 뒤 시원한 저장고에서 한참의 숙성을 거쳐 한층 부드러진 이 다크 라거를 보헤미아와 바이에른 지역 사람들은 갤런 단위로 마셨다.

시간이 흐르면서 편안한 즐거움을 선사하는 부드러운 둥켈은 밀려나고 그 자리에 화려하게 반짝이는 필스너가 들어섰다. 그러나 최신 유행의 이 새로운 황금빛 맥주에 밀려나면서도 다크 라거는 그 어느 때보다도 더욱 부드러워졌다. 스모키한 풍미가 거의 없는 새로운 뮌헨 몰트를 넣어 만든 이 라거들은 여전히 편안한 매력을 자랑하지만, 좀더 정제되어 매끄럽고 원만한 느낌의 맥주가 됐다. 이들의 이야기에는 잉글랜드 마일드 에일의 성공을 떠올리게 만드는 요소가 있다. 물론 오늘날 뮌헨에서 —기꺼이— 둥켈 반 리터를 찾기란 런던에서 마일드 1리터 찾기보다는 훨씬 수월하다. 그리고 트마베에 대한 애정이 가득한 체코에서 트마베 찾기는 상당히 쉽다.

기원

대학가 분위기가 물씬 풍기는 프라이징이라는 매력적인 동네를 가로지르면 바이엔슈테판에 있는 브루어리에 도착하게 된다. 한때 수도사들이 살았던 프라이징 외곽의 구릉 지역은 이제 조용한 묵상 대신 수업을 들으러 들락거리는 학생들 소리로 부산스럽다. 수도원이 있던 자리에 마침내 들어선 대학 캠퍼스는 언덕을 망토처럼 어깨에 두른 모습을 하고 있다. 수도사들이 이곳에서 처음 맥주를 만들기 시작한 것은 1040년이었고, 수세기 동안 브루하우스는 한결같이 자리를 지켜왔다. 이 브루어리를 찾으려면 계속 올라가야 한다. 브루어리가 현재 자리 잡고 있는 곳은 초기 바이에른의 라거 브루어리에서 흔히 볼 수 있었던 특색을 활용하고 있는 위치다—구릉지대는 저온 발효시킨 맥주를 보관할 만한 깊숙한 동굴이나 지하 저장 공간이 많아서 편리했다. 아직 냉장 시설이 없던 중세 후기에

독일 사람들은 쌀쌀한 날씨에도 길가에 나와 앉아서 맥주 한잔을 즐긴다.

브루어들은 지하 저장고에서 맥주를 차가운 상태로 보관할 수 있다는 사실을 발견했다. 이것이 바로 초창기 라거의 비결이었다.

둥켈

최초의 라거가 브루잉된 곳은 보헤미아 또는 바이에른이었고, 최소 1300년대 말이나 1400년대 초에는 뉘른베르크와 뮌헨 같은 도시에서 이미 이 맥주들을 규제하기 시작했다. 몰팅 기술은 원시적인 수준이었고, 가마 건조한 몰트로 만든 맥주는 다크하고 스모키했으며 아마 약간은 거친 느낌도 있었을 것이다. 분명 '둥켈'이었지만 오늘날의 둥켈과는 달랐다. 브루어들은 라거 맥주를 만드는 기법을 발달시키면서 상면발효 에일을 변질시키는 시큼한 맛을 억제하는 법을 알게 됐다. 물론 또 하나의 장점은 동굴 속에서 라거가 숙성되는 동안 거친 화합물이 부드럽게 익는다는 것이었다.

런던의 영향일까?

슈바르츠비어는 거의 500년 가까이 바트 쾨스트리츠에서 브루잉되어왔으나, 오늘날 우리가 아는 슈바르츠비어와 늘 동일했던 것은 아닐 것이다. 런던의 유명 포터들이 국제적인 스타일로서 전성기를 맞고 있던 19세기 중반, 독일에서도 나름의 버전을 개발했다. 이 맥주들은 발트해 연안으로 운송된 포터와 비슷하게 세고 진했으며, 간혹 브레타노미세스의 영향으로 산미를 띠기도 했다. 독일 스타일 레이더에는 아주 작은 점으로 찍힌 정도였지만, 이들이 남긴 유산은 오늘날 슈바르츠비어의 로스티한 풍미 속에 여전히 남아 있는 것이 아닐까? 나보다 좀더 용감한 사람들이 그렇게 추측했지만, 아쉽게도 그렇게 확신할 만한 근거는 없다.

1800년대에 몰팅 기법으로 인해 변화가 시작되기 전 둥켈 라거는 바이에른과 (바이에른 북부의 공국이었던) 프랑켄에서 수세기 동안 지배적인 위치를 점해왔다(보헤미아에서는 에일 선호 경향 탓에 하락세였던 것으로 보인다). 이 새로운 방법을 개척한 이들은 사실 라거의 땅 남부와는 분명 거리가 멀었던 영국인들이었다. 이들은 몰트를 살짝만 건조하고 그을리지는 않는 방법을 터득했지만, 이 지식을 다시 바이에른으로 들여온 것은 뮌헨의 한 브루어의 아들이었다. 그는 바로 가브리엘 제들마이어 2세로, 부친으로부터 슈파텐Spaten 브루어리를 이어받아 앰버 몰트를 개발해냈고 이로써 기존의 스모키하고 로스티한 맥주는 부드럽고 풍부한 특성을 지닌 둥켈로 완전히 변모하게 됐다. 이것이 바로 현대적 버전의 둥켈 라거가 탄생한 과정이다. 둥켈 라거는 지금도 제들마이어의 뮌헨 몰트에 전적으로 의존하다시피 하여 만들어진다.

슈바르츠비어

둥켈 라거와 슈바르츠비어 사이의 유사점들을 살펴보면 공통된 조상이 있으리라는 생각을 하게 되지만, 밝혀진 바에 따르면 단일 조상에서 갈라져 나왔다기보다는 나란히 진화해온 것 같다. 둥켈 생산의 중심지는 뮌헨이었지만, 슈바르츠비어는 한참 북부에 위치한 두 동네―프랑켄에서 맥주의 도시로 유명한 쿨름바흐와 튀링겐 북단의 바트 쾨스트리츠라는 작은 마을―가 중심지였다. 쿨름바흐의 브루잉 역사는 기원전으로까지 거슬러 올라간다. 이곳에서 고고학자들은 흑빵을 재료 삼아 만든 맥주 잔여물을 발견

한때 수도원이었던 바이엔슈테판에는 현재 대학 캠퍼스와 브루어리가 들어서 있다.

했다. 이 잔여물과 오늘날의 슈바르츠비어의 거리는 모델 A•와 하이브리드 차 사이의 거리와 비슷하지만, 이 동네의 오랜 브루잉 역사를 보여주는 것이기도 하다. 현대의 역사—고고학적 증거가 아닌 문헌 기록—는 12세기 수도원의 브루잉으로까지 거슬러 올라가며, 이는 오늘날 이 동네의 기본적인 슈바르츠비어로까지 연결된다. 슈바르츠비어는 한때 수도원 부지였던 쿨름바흐에서 만들었던 맥주다.

마찬가지로 수도사들은 1543년에 바트 쾨스트리츠에 수도원을 건립하고 이곳에서 다크 계열의 맥주를 브루잉하기 시작했다. 라이프치히에서 그다지 멀지 않은 남쪽에 자리 잡은 이 동네는 에일이 꽉 잡고 있었다—그리고 실제로 수도사들은 당시 상면발효 슈바르츠비어를 브루잉하고 있었다. 쾨스트리츠의 이 브루어리가 이 맥주를 라거로 바꾸게 된 것은 1878년에 와서였고, 이는 세속화된 지 거의 100년이나 지난

• 1920년대 포드에서 출시했던 자동차

시점이었다. 그러나 뜻밖의 흥미로운 반전은, 제2차 세계대전의 여파가 이 스타일이 보존되는 데 일조했을 수 있다는 점이다. 다양한 혁신과 유행 측면에서 훨씬 속도가 느렸던 독일 동부의 바트 쾨스트리츠는, 통일이 될 때까지 잘 알려지지 않았던 이 로스티한 맥주를 계속 만들 수 있었다.

체코 트마베와 체르네

체코의 다크 라거에 대해서는 알려진 바가 별로 없다. 보헤미아는 초기의 라거 브루잉 분야에서 바이에른의 자매 같은 지역이었지만, 요제프 그롤이 1842년에 그 유명한 페일 라거를 브루잉하던 당시까지만 해도 상면발효 맥주가 가장 흔했다. 북서부 보헤미아는 바트 쾨스트리츠로부터 뮌헨에 이르는 다크 비어 브루잉의 초승달 지대로 깊숙이 들어가 있으므로, 많이는 아니었더라도 체르네와 트마베를 브루잉했던 것만은 분명하다. 어쨌든 그롤이 만든 라거에 대한 소식이 퍼지자, 황금빛 맥주들이 다크 라거를 빠르게 대체하기 시작했다.

옛 스타일들에 대한 이야기는 주로 세계대전과 페일 라거의 영향으로 거의 멸종되다시피 한 맥주들이 주역이다. 둥켈에 관한 이야기의 전반적인 윤곽 역시 그 궤를 같이하지만, 좀더 눈여겨 볼 만하다. 제2차 세계대전 직전, 둥켈은 바이에른 시장의 약 3분의 2를 좌지우지했지만, 1960년대에 들어서면서는 10% 수준까지 뚝 떨어졌다. 그리하여 페일 라거가 무대 중앙을 차지한 뒤로는 둥켈 역시 여느 맥주 스타일과 다를 바 없이 조연이나 맡는 처지가 됐다. (그러나

바이에른에서 주인공은 필스너 대신 헬레스 라거였다.) 생산 비율은 다소 오해의 소지가 있다. 오늘날에도 바이에른 전역의 펍 곳곳에서는 둥켈이 기본이며, 대부분의 브루어리들은 둥켈을 한 가지씩 만들고 있다. 슈바르츠비어는 독일에서는 훨씬 더 찾아보기가 힘들지만, 변함없이 만들어지고 있는 것만은 분명하다. 체코의 경우, 블랙 라거는 르네상스를 맞이하고 있다. 여전히 비율로는 얼마 안 되지만 가장 빠른 속도로 성장 중인 맥주 타입 가운데 하나이며, 가장 많은 펍과 레스토랑에서 쉽게 찾아볼 수 있는 맥주다.

크로이츠베르크 클로스터Kreuzberg Kloster(수도원)는 여전히 브루어리를 유지하고 있는 몇 안 되는 곳 중 하나다. 이곳의 하우스 비어는 라이트하고 상쾌한 느낌의 둥켈 라거다.

상세 설명 및 특징

다크 라거들은 공통점이 상당히 많지만, 이들을 쉽게 구분할 수 있는 방법은 로스티한 정도를 살펴보는 것이다. 바이에른의 둥켈은 로스티한 풍미가 전혀 없거나 거의 없고, 슈바르츠비어는 약간 있으나 특별히 튀지는 않는다. 체코 다크 라거의 경우 거의 없을 수도 있고, 아주 많을 수도 있다. 어떤 것들은 굉장히 로스티해서 드라이한 아일랜드 스타우트로 여겨질 정도다. 이 맥주들을 묘사하는 용어가 두 가지—트마베(다크) 및 체르네(블랙)— 있고 이는 독일식 용어와도 나란히 연결되므로, 이들을 독일 다크 라거의 체코식 버전이라 생각하기 쉽다. 그러나 체코에서는 사실 이 논리를 따르지 않는다—다크는 묵직하게 로스팅된 것, 블랙은 덜 무겁게 로스팅된 것이거나 혹은 그 반대일 수도 있다.

둥켈

'둥켈'은 얼마나 다크한가? 바이에른의 하우스 브루어리 수백 곳에서 제시하는 범위를 기준으로 보면, 다양한 답이 있을 수 있다. 어느 브루어리는 호박색보다 아주 약간 짙은 —갈색에 가까운— 색의 맥주를 만들고 이를 둥켈이라 부를 수도 있다. 이와 반대로 다른 곳에서는 적갈색 맥주를 만들어놓고는 본래는 좀더 라이트한 앰버를 지칭하는 메르첸이라는 이름을 붙이기도 한다. 밝은 빛에 비추면 붉은빛이 도는 것이 전형적이다.

그러나 풍미에는 좀더 일관성이 있다. 둥켈 라거는 뮌헨 몰트의 진열대 같은 맥주로, 원숙하고 달콤한 풍미를 지닌다. 브루어들은 견과류에

다크 라거는 몰티한 것에서부터 로스티한 것에 이르기까지 다양하다. 몰트 특성이 강한 쪽은 **앰버 라거**와 **보크**다. 로스트 쪽은 포터와 스타우트의 영역이다. 로스티하면서도 알코올 도수가 낮은 맥주를 좋아하는 사람이라면 **발트해 포터**가 좋은 선택이 될 것이다—임페리얼 슈바르츠비어와 비슷하다.

서부터 빵 껍질, 그리고 커피와 초콜릿에 이르기까지 각양각색의 풍미를 끌어낼 수 있다. 그러나 몰트의 바탕에는 달콤함이 깔려 있어서 이런 풍미와 통상적으로 결부시킬 만한 쓴맛이나 로스티한 풍미들은 전부 몰트 시럽에 흠뻑 적셔지는 듯한 느낌이 든다. 홉 특성은 풍부하지만 섬세하고 대개는 독일 품종 특유의 후추 풍미를 지닌다—그러나 보통 강하지는 않다. 둥켈은 펍 맥주로 완벽하며, 영국의 세션 마일드와 영혼의 형제라 할 만하다.

슈바르츠비어

좋다. 그렇다면 '슈바르츠'는 얼마나 짙은 검정일까? 이름에서 풍기는 느낌보다는 폭이 넓다. 어두운 밤색에서부터 다홍빛이 도는 검정에 이르기까지 다양하며, 아이러니하게도 칠흑 같은 검정은 포함되지 않는다. 실제로, 라이트한 슈바르츠비어는 유리 같은 투명도를 자랑한다—자칫하면 그 깊이 있는 빛깔에 넋을 놓을지도 모른다. 그리고 둥켈 라거보다 좀더 복합적인 맥주다. 콜라 같은 달콤한 몰트향과 좀더 쌉쌀한 감초향 및 로스트향 사이에서 균형을 잡는다. 다크 계열의 이 같은 특성들은 절대 강하지 않으며, 아주 살짝만 느껴질 뿐이다. 마무리감은 부드럽고 드라이하다. 균형감이 훌륭한 맥주로, 제대로 만든 슈바르츠비어는 놀라운 경험을 선사할 것이다.

체코 트마베와 체르네

체코에는 다크 라거가 여전히 비교적 드문 편이지만, 성장세가 빠르다. 특별히 어떤 스타일들을 염두에 두고 따라 만들지 않으며, 아주 달콤한 것에서부터 얼얼할 정도로 톡 쏘는 것에 이르기까지 굉장히 다양하다. 가장 흔하게는 스탠더드 레자크ležák*의 범위—약 4.5-5% ABV—로, 보통 커피나 다크초콜릿의 로스티한 풍미를 지닌다. 체코의 필스너와는 달리, 일반적으로 묵직한 호핑이 특징적이나, 다크 로스트 풍미 아래로 쓴맛이 은근히 느껴지는 경우도 있다. 체코 맥주에서 영감을 받은 다양한 과거를 브루잉하는 오리건 풀 세일의 제임스 에머슨은 이들 맥주와 독일의 비슷한 맥주들의 차이점에 대해 이렇게 표현한다. "아마 맥주를 만드는 철학의 차이일 겁니다. 체코 맥주는 대체로 크림처럼 부드러운 느낌이 아주 근사한데, 이는 뮌헨 맥주에서 느껴지는 몰트 특성과는 분명히 다른 종류거든요." 그러나 최근 일부 브루어리에서는 좀더 홉 특성이 두드러지는 맥주도 만들기 시작했다—아마도 요즘 체코 브루어리들에 영향을 주고 있는 크래프트 맥주 유행의 일환인지도 모르겠다. 또한 포터라 불리는 조금 덜 알려진 다크 라거도 있다. 엄밀하게 정의하자면 빅 비어로, 고유 비중은 18°플라토 또는 1.074를 상회한다. 체코의

* 체코 라거의 일종

이 포터들은 본질적으로는 발트해 포터다(이 스타일에 관한 좀더 자세한 내용은 '포터와 스타우트' 부분을 참고하자).

브루잉 노트

브루어리의 디자인은 그곳에서 만들어지는 맥주의 성격을 보여주는 확실한 증거인 경우가 많다. 캐스크 안에 든 맥주는 당신이 지금 영국이라는 섬나라에 있음을 실감케 해준다. 맥주병 가득한 상자들이 들어찬 온실이라면 그건 당신이 벨기에에 있다는 뜻이다. 그렇다면 4기식 four-vessel 브루하우스를 보게 된다면 당신은 어디에 있는 것일까? 바로 라거랜드다. 독일과 체코 말이다. 스탠더드 에일 키트는 매시 턴, 라우터 턴, 브루 케틀로 구성된다. 이것이 바로 통세 개짜리 3기식 시스템이다. 대다수 라거 브루하우스—그리고 체코의 거의 모든 브루어리—에 하나 더 있는 네번째 통이 바로 디콕션 과정에 사용되는 매시 쿠커mash cooker라 불리는 장치다.

> "독일에서는 한 10년간 내내 비가 오고 추울 수도 있어요. 그러니 보리는 단백질 수치가 형편없고 간신히 목숨이나 부지할 만한 수준의 글루칸[맥주를 탁하게 만들거나 여과 장치에 응어리가 지기도 하는 포도당 복합체glucose]이 들어 있죠. 독일 사람들이 그렇게 복잡한 매싱 방식을 고안해낸 것은 바로 그 때문이에요. [그렇게] 기술을 이용해야 맥주의 일관성을 확보할 수 있으니까요."
>
> ―유르겐 크뇔러,
> 미국 몬태나 주 미줄라에 위치한 바이에른 브루잉

대부분의 매싱 시스템에서는 원하는 타입의 당분과 아미노산을 생성시키는 일련의 단계들을 통해 매시의 온도를 높이는 것이 가능하다. 디콕션은 좀더 오래된, 온도계 발명 이전의 기법으로, 매시 일부분을 덜어내어 끓인 다음 다시 매시 턴에 집어넣는 방식이다. 끓인 부분이 다시 들어가면 전체 매시의 온도가 올라간다. 이 과정을 1-3회 반복한다. 몰트의 효소 함량이 다시 적어지면, 대개 트리플 디콕션 매시를 수행했다. 적절히 변형된 현대식 몰트의 경우, 너무 많이 끓이면 오히려 몰팅된 곡물의 질이 떨어져 맥주 품질까지 저하된다. 오늘날 대부분의 독일 전통주 브루어리들은 더블 디콕션을 하고 있으며, 이는 체코에서도 표준에 해당한다.

이 같은 디콕션은 괜찮은 둥켈과 체코 다크 라거를 만드는 데 한몫을 한다. 둥켈 라거처럼 몰트에 전적으로 의존하는 스타일도 드물며, 디콕션이 중요하게 작용하는 것 역시 바로 이 부분이다. 미국의 펜 다크Penn Dark와 프라하의 우 플레쿠 트마비 레자크U Fleků tmavý ležák(다크 라거), 이 둘을 특별히 훌륭한 예로 들 수 있겠다. 프라하를 찾는 이들은 대개 우 플레쿠의 놀라운 다크 라거(수십 년간 이 다크 라거는 프라하를 상징하는 맥주였다)를 맛보곤 하는데, 이는 우 플레쿠에서 만드는 단 하나의 맥주다. 코코아처럼 크리미한 —그리고 실제로 초콜릿 같은— 몰트는 무겁지 않은 숯향과 그을린 설탕향, 캐러멜향 사이를 오간다. 펜의 둥켈은 좀더 섬세해서 몰트의 원숙한 느낌을 한껏 끌어올린다. 여기서 몰트는 은근한 당밀의 풍미와 함께 콜라와 흑빵의 느낌을 낸다. 몰트향이 꽉 찬 풍

디콕션에 대한 끝장토론

아주 오래전에 디콕션은 브루잉 방식의 일관성을 유지하면서도 정제되지 않은 거친 보리로부터 좀더 활기찬 느낌을 끌어낼 수 있는 기발한 방법이었다. 그러나 이제 디콕션의 장점은 조금 애매해졌다. 디콕션을 선호하는 사람들은 디콕션이 원숙하고 풍부한 질감을 더하는 동시에 헤드도 오래 유지되게 만든다고 믿는다. 그러나 시간, 노력, 돈을 확실히 낭비하는 방법에 불과하다고 비판하는 이들도 있다.

이 논쟁과 관련해 두 가지 질문이 떠오른다. 보통 사람들이 디콕션한 맥주를 감지해낼 수 있을까? 만일 그렇다면, 디콕션은 그 정도 수고를 들일 가치가 있는가? 첫번째 질문은 분명히 '그렇다'이다. 바이에른을 여행하며 동네 하우스 브루어리에서 만든 전통적인 라거를 맛본다면, 그 모든 맥주들이 얼마나 풍부하고 원숙한 느낌인지 알게 될 것이다. 체코 부드바르의 브루마스터 아담 브로시는 이렇게 말한다. "디콕션은 굉장히 중요합니다. 소규모 브루어리에서 디콕션과 인퓨전을 비교해봤어요. 인퓨전 과정을 거쳐 만든 맥주는 맛에 좀더 여백이 있더군요—바디는 라거에 어울리지 않았고요. 게다가 색도 변했습니다. 만일 디콕션 과정에서 끓이게 되면, 황금색을 내는 화합물을 따로 준비합니다. 인퓨전 라거는 노란빛을 띠었고, 맛은 그다지 꽉 찬 느낌이 아니었습니다."

디콕션은 수고할 가치가 있는 걸까? 브루어리마다 나름의 답이 있다. 거기에는 브루어리들을 고민에 빠뜨리는 상충하는 요소들이 있다. 한편에는 전통이, 다른 한편에는 효율과 생태적 친화성이 있다. 브루어리에 따라서는 전통을 이유로 옛 방식을 고수하기도 한다—디콕션의 섬세한 특성 안에 분명 우월한 부분이 있다고 보는 것이다. 그런가 하면 디콕션은 브루잉하는 시간, 노력, 비용만 늘리기 때문에 딱히 얻는 것도 없이 거창하기만 한 과정을 감당할 이유가 전혀 없다고 보는 브루어리도 있다—이들도 어쨌거나 풍성한 풍미와 색을 얻기 위해 다른 여러 방식을 쓴다. 이 질문을 파고드는 노력을 상당히 해본 사람으로서, 나는 이렇게 결론을 내릴 수 있을 것 같다. 어떤 결론에 도달하든, 고민은 그 자체로 재미있다고.

부한 풍미들은 디콕션에서 비롯되는 것일까? 펜의 닉 로직은 여기에 동의하며 이렇게 말한다. "디콕션은 여분의 풍미를 더해주죠. 장작불 위의 스테이크처럼요." (불에 대해 언급하면서 그는 인퓨전 매싱이 "전자레인지처럼 시간을 단축시키는" 과정이라면서 또 다른 논쟁거리를 땔감으로 던져준다. 논쟁이여, 불붙어라!) 물론, 디콕션을 하지 않는 굉장히 예외적인 경우들도 있다. 아이잉거 알트바이리슈Altbairisch[옛 바이에른] 둥켈이 대표적인 경우다—약간 구운 듯한 향이 더해진 견과류 풍미에 홍차향이 난다. 뛰어나면서도 독특한 맥주다.

체코에서 디콕션은 추가적인 장점이 있다. 체코의 수많은 브루어리들이 여전히 전통적 방식으로 플로어 몰팅한 보리를 베이스 몰트로 주로 사용하지만, 그 무엇보다도 전통적인 디콕션을 고수한다. 차이가 있다면, 아마도 몰팅 방식보다는 보리의 품종과 좀더 관련이 있을 것이

바이엔슈테판의 4기식 시스템

다. 이 과정은 현대의 몰팅 방식에 비하면 덜 효율적이고 덜 정밀하며, 몰트의 경우 오늘날의 현대식 설비를 이용한 것만큼 잘 변형되지도 않는다. 세션 블랙에 체코 라거 같은 크리미함을 더하려 애썼던 풀 세일의 에머슨은 몰트를 핵심 요소로 지적한다. "체코에서 쓰는 종류의 몰트가 확실히 현재 우리가 쓰는 종류의 몰트에 비해 디콕션에 더 잘 맞습니다. 우리가 택한 정도의 몰트 변형은 분명 많은 장점이 있지만, 그만큼 잃는 부분이 있기는 하죠. 우리의 과제는 미국산 몰트와 스페셜티 몰트를 사용하여 그 풍미들을 최대한 재현해내는 겁니다." 체코의 브루잉 전통에서 디콕션 브루잉은 워낙 핵심이라 농업부에서는 이 방식으로 만든 맥주에 한해서만 '체스케 피보České pivo'(체코 맥주)라 부르도록 허용하고 있다.

매싱 문제를 빼면 다크 라거는 단순하다. 둥켈은 뮌헨 몰트—붉은색의 원천—를 기반으로 하지만 필스너 몰트를 사용할 수도 있고 색을 내기 위해 다크 몰트를 소량 넣기도 한다. 슈바르츠비어는 다크 몰트의 비중이 좀더 높으며, 로스팅한 몰트도 들어간다. 체코의 다크 라거 역시 이 방식을 따른다. 캐러멜 몰트를 쓰기도 한다. 호핑은 대개 가벼운 편이라 홉의 풍미와 쓴맛이 아예 안 느껴지거나 아주 약하게 느껴진다.

진화

슈바르츠비어, 바이에른 둥켈 라거, 체코 다크 라거는 풍미에 크게 차이가 없어서 구분 자체가 어려울 때도 있다. 몇몇 홉과 다양하게 로스팅

아우구스티너 브루어리는 둥켈을 사랑하는 뮌헨 여행자라면 가장 먼저 들러야 할 곳이다—헬레스를 사랑하는 여행자라도 마찬가지다.

된 몰트 그리고 다크 몰트는 어쨌든 검은색을 내니까. 하지만 독일 및 체코 이외의 지역에서 이들 맥주의 상황은 꽤 다르다. 슈바르츠비어가 이동에 강한 듯 보인다. 상당수가 일본에서 만들어지고, 브라질에서는 싱구Xingu가 잘 팔리며, 미국의 스프레처, 딕시Dixie, 새러낵 등도 이 스타일로 선전해오고 있다. 그러나 외국 버전들은 오리지널에 충실하다—신대륙 슈바르츠비어에서는 거친 느낌의 호핑이나 알코올 도수를 높인 경우를 찾아보기 힘들 것이다.

바이에른 둥켈 라거는 약간 다르다. 이 맥주의 굉장히 부드러운 맛에는 구체적으로 표현하기 힘든 무엇인가가 있다. 바이에른 둥켈 라거를 만드는 브루어리가 소수 있지만 —대표적

으로 펜과 하푼— 바이에른 바깥보다는 안에 훨씬 더 흔하다.

    셋 중 마지막 다크 라거가 가장 흥미롭다. 심지어 체코 내에서도 스타일이 계속 진화 중이다—크래프트 맥주 운동으로 최근 수년 사이에 각종 에일과 다크 라거가 다시 돌아왔다. 오늘날 체코, 특히 프라하에서는 IPA도 만나볼 수 있다. 다크 라거는 체코 밖에서는 거의 알려져 있지 않지만, 이 역시도 얼마든지 변할 수 있는 부분이다. 풀 세일에 이어 버지니아의 데블스 백본Devils Backbone이 이들 맥주를 앞지르기 시작했으며, 이 브루어리에서 만드는 모든 다크 라거들 가운데서는 모라나 트마베Morana Tmavé가 가장 인기가 많다. 눈에 불을 켜고 더 찾아볼 것.

알아야 할 맥주들

다크 라거는 그 진가에 비해 브루어들의 관심을 덜 받는 경향이 있다. 특출한 구석 없이 수수하고 단순한 맥주다. 하지만 그렇다고 해서 꼭 평범하다는 뜻은 아니다. 잘 만든 둥켈은 그 편안한 매력을 보완할 만한 깊이 있는 풍미와 풍부한 느낌을 지닌다. 좋은 슈바르츠비어는 로스트 풍미, 달콤함, 청량감 사이에서 어느 한 요소가 다른 요소들을 짓누르지 않게 아슬아슬한 균형을 잡는다. 체코의 다크는 —마셔볼 기회가 생긴다는 가정하에— 좀더 풍부한 느낌의 겨울 맥주에 가깝다.

AUGUSTINER DUNKEL
아우구스티너 둥켈

원산지: 독일 뮌헨
몰트: 비공개
홉: 비공개
5.6% ABV

아우구스티너는 세계 최고의 둥켈 중 하나를 만드는 곳이다. 아우구스티너의 둥켈은 풍부하면서도 반들반들 잘 닦인 느낌이고 청량하면서도 바디는 가볍다. 브라운과 앰버 중간 즈음에 해당하지만 라테 크림 같은 헤드가 얹혀 있고 효모의 아로마가 살아 있다. 마무리감은 약간 톡 쏘는 느낌이다.

CAPITAL DARK
캐피털 다크

원산지: 미국 위스콘신 매디슨
몰트: 뮌헨, 블랙, 캐러멜
홉: 마운트후드
5.4% ABV, 1.055 SP. GR., 28 IBU

캐피털에서 만든 둥켈 라거는 토스트 같은 몰트 풍미가 특징이다. 살짝 로스트 풍미가 있으나 —바이에른 둥켈 라거에 비하면 조금 강할 수도 있다— 바디는 원숙하고 부드럽다. 마무리감은 기분 좋게 드라이해서 오븐에서 갓 꺼낸 따스한 빵 같은 여운이 혀에 남는다.

MOTHER EARTH DARK CLOUD
마더 어스 다크 클라우드

원산지: 미국 노스캐롤라이나 킨스턴
몰트: 비공개
홉: 비공개
5.1% ABV

여느 다크 라거보다 고기류의 음식과 잘 어울리는 이 다크 앰버는 원숙한 느낌의 견과류맛에 에일 같은 과일 풍미까지 더해진 맥주다. 균형을 잡아주는 것은 홉보다는 로스팅한 몰트다. 이들 몰트가 초콜릿과 토스트 풍미를 더해 다크 클라우드를 자꾸 마시고 싶은 맥주로 만들어준다. 드라이한 맛과 미네랄 특성이 깊이를 더한다.

세계적으로 정말 놀라운 맥주 중 하나인 쾨스트리처는 아주 강렬한 로스트 풍미와 함께 캐러멜의 섬세한 달콤함도 간직하고 있다. 이 콜라색 맥주의 맨 위층을 차지하는 커피 같은 로스트향은 아일랜드 스타우트와 굉장히 흡사하지만, 맛은 상당히 복합적이어서 감초, 초콜릿, 포트와인 등이 제각각 독특한 향을 더한다. 아마 가장 인상적인 부분은 드라이한 마무리감을 지니고 있어서 맛에서는 아무런 여운을 남기지 않는다는 점일 것이다. 마무리감이 너무도 완벽해서 한 잔 더 맛보기 위해 바로 글라스를 들게 될 것이다.

KÖSTRITZER SCHWARZBIER
쾨스트리처 슈바르츠비어

원산지: 독일 바트 쾨스트리츠
몰트: 비공개
홉: 비공개
4.8% ABV, 1.046 SP. GR., 26 IBU

MÖNCHSHOF SCHWARZBIER
묀히스호프 슈바르츠비어

원산지: 독일 쿨름바흐
몰트: 비공개
홉: 비공개
4.9% ABV, 1.050 SP. GR.

쾨스트리처와는 달리 뮌히스호프의 슈바르츠는 더 부드럽고, 로스티한 풍미는 아주 살짝 스치는 정도다. 다크 몰트는 초콜릿과 캐러멜 느낌을 낸다. 그러나 균형감이 뛰어나며, 일부 둥켈에 비하면 개성이 살아 있다. 이 스타일의 표준이라 할 만한 맥주다.

FULL SAIL SESSION BLACK
풀 세일 세션 블랙

원산지: 미국 오리건 후드리버
몰트: 비공개
홉: 비공개
5.4% ABV, 18 IBU

풀 세일은 다크 버전으로 올몰트all-malt 세션 라이트 라거의 성공을 이어갔다 (브루마스터 제임스 에머슨의 표현에 따르면 "세션이 양陽이라면 음陰에 해당하는 조화"다). 트마베를 기준으로 보면 덜 어둡고 부드러우며, 약간 로스티한 향도 있다. 5.4%로 살짝 센 느낌이기는 하나 세션 맥주처럼 술술 들어간다.

XINGU BLACK BEER
싱구 블랙 비어

원산지: 브라질 산타마리아
몰트: 비공개
홉: 비공개
기타: 양조용 설탕
4.6% ABV, 1.048 SP. GR., 20 IBU

브라질의 싱구는 특정 스타일에 정확히 들어맞는 맥주는 아니지만(설탕이 들어가는 것은 교과서적인 독일 맥주가 아니다), 슈바르츠비어와 별로 거리가 멀지 않다. 열대우림에서 마셔도 좋을 만큼 가벼운 느낌이지만 캐러멜과 로스트 풍미의 놀라운 조합이 깊이와 복합성을 더한다. 가벼운 발트해 포터에 가까운 느낌이다—풍미는 가득하지만, 알코올 도수는 절반 수준에 불과하다.

DEVILS BACKBONE MORANA TMAVÉ
데블스 백본 모라나 트마베

원산지: 미국 버지니아 로즐런드
몰트: 보헤미아 플로어 몰트, 뮌헨, 카라보헤미안, 카라파 스페셜
홉: 자츠
5.8% ABV, 1.056 SP. GR., 22 IBU

데블스 백본은 최선의 신대륙적인 노력으로 구대륙적인 맥주를 만든다. 더블 디콕션 매시와 전통적인 재료들을 사용하여 센 크래프트 맥주를 만들었다. 부드러운 빵 풍미의 몰트가 느껴지고 로스트향이 거침없이 풍긴다. 온화한 겹겹의 몰트 풍미 속에 아슬아슬하게 감춰진 알코올 도수가 상당히 높다.

Czech Lagers
체코 라거

체코 라거의 세계는 숨어 있어서 유럽 밖에서는 잘 보이지 않는다. 다들 '보헤미아 필스너'에 대해 알고 있고, 체코의 맥주라고 하면 세계에서 가장 유명한 이 스타일을 탄생시킨 것이 전부라고들 생각한다. 하지만 체코는 독일만큼이나 풍부한 라거 전통이 있고 운 좋게 체코에 가볼 수 있다면 그곳에서 골든 라거 이외에도 다양한 맥주를 만나게 될 것이다. 우리가 필스너로 알고 있는 맥주는 체코에서는 '라이트 라거'(스베틀리 레자크světly ležák)라 불린다—'필스너'는 우어크벨 브루어리에서 붙인 이름이다. 하지만 밝은 호박색에서 검은색에 이르기까지 색이 다양한 트마베, 체르네, 폴로트마베라 불리는 맥주들도 만나게 될 것이다.

체코의 맥주 생산 시스템은 스트렝스와 색, 두 축을 중심으로 돌아간다. 한쪽 면에는 플라토 스케일을 기반으로 한 다양한 스트렝스 범주의 맥주들이 있다. 이 같은 구분은 사실 법적 규제와 관련된 부분으로, 2011년에 약간의 변화가 있었다. 다음과 같다.

- **스톨니 피보**Stolní pivo   최대 6°플라토의 테이블 비어

- **비체프니 피보**výčepní pivo 7-10°플라토. 비체프니는 흥미롭게도 원래 탭룸taproom에서 쓰던 단어였는데, 문자 그대로 '드래프트 맥주'를 의미한다. 패키지와는 상관없이, 이 범주의 모든 맥주에 해당된다.

- **레자크**Ležák   11-12°플라토. 또다시 혼란을 더하자면, 레자크는 말 그대로 '라거'라는 뜻이다—그리고 이 역시 라거든 에일이든 이 범주의 모든 맥주에 해당된다.

- **스페치알**speciál 13°플라토가 넘는 센 맥주

색은 좀더 단순하다. 아무렇게나 놓아두면 훨씬 더 뚜렷하게 보이기는 하지만.

- **스베틀레**světlé 페일

- **트마베**tmavé 다크

- **폴로트마베**polotmavé 문자 그대로 '세미다크' 즉 '절반쯤 다크'하는 의미로, 앰버 계열의 색을 지칭한다.

- **체르네**černé 블랙

스트렝스와 색을 양축으로 하는 격자를 생각해보면 그 원리가 분명히 감이 잡힐 것이다. 물론 늘 정확히 눈금대로 움직이는 것은 아니겠지만, 센 맥주들은 색으로는 설명이 불가능할 수 있고, 체르네와 트마베는 정밀한 범위가 있는 것은 아니다(체르네가 트마베보다 더 밝아 보일 때도 있고 반대인 경우도 있다).

그러나 이는 개괄일 뿐이고, 펍에 들어서면 훨씬 더 많은 표현들을 접하게 될 것이다. 『좋은 맥주 길잡이 프라하편Good Beer Guide Prague』에서 에번 레일은 이렇게 말하며 겁을 준다. "이해하기 가장 어려운 것은 동일한 맥주를 지칭하는 단어가 두 개 있을 수도 있고 전혀 다른 두 맥주를 같은 이름으로 부를 수도 있다는 사실이

다. 그리고 이 용어들은 눈보라 속의 폭스바겐 차들처럼 층층이 쌓아올려질 수 있다." 프리마토르Primator의 헤페바이첸 역시 "상면발효한 밝은색의 밀 효모 맥주"라 할 수 있다. 사실, 이는 그리 까다로운 문제는 아닐 수도 있다. 이런 명칭들로 무장한 상태라면, 몇 가지 키워드만 더 알아두면 된다.

- **크바스니초베 피보** kvasnicové pivo 말 그대로 '효모 맥주'다. 완전히 라거링된 맥주를 케그에 주입하기 직전에 효모나 발효 맥아즙을 첨가—독일에서는 크로이제닝kräusening이라고 한다—하는 특정 단계를 거친다. 이 과정에서 더해지는 생생한 느낌은 체코 맥주 팬들을 열광시킨다.

- **네필트로바네 피보** nefiltrované pivo 필터링하지 않은 맥주. 크바스니초베와 네필트로바네 둘 다 완벽하게 투명하지는 않은 데다 좀더 풍성하고 화사한 풍미를 살리고 있기 때문에 약간 헷갈릴 수도 있다. 필터링되지 않은 맥주에는 생효모를 첨가하지 않는다.

- **프셰니치네 피보** pšeničné pivo 밀맥주. 바이첸 스타일의 맥주가 점점 인기를 얻는 추세이며, 펍에서도 이 단어를 자주 들을 수 있을 것이다.

- **탄코바** Tanková 탱크 맥주. 브루어리의 레귤러 맥주를 서빙하는 상당히 새로운 방식이다. 펍의 대형 탱크 안에 맥주가 주입돼 있다. 이 맥주는 파스퇴르 살균을 거치지 않은 상태로 탱크 안에서 자연적으로 탄산이 생성되어 한층 더 날카롭고 생생한 풍미가 만들어진다.

체코 사람들도 크래프트 브루잉 파티에 동참하게 됐으니, 이제 라거뿐 아니라 IPA(현지에서는 '이파'라 불린다)를 포함한 에일들도 만나볼 수 있다—아마 프라하 위주이겠지만. 만일 프라하에 가게 되면 이파는 건너뛸 것—당신이 맛보고 싶은 것은 그 근사한 크바스니초베 라거들일 테니까. 체코 밖에서는 그와 비슷한 맥주를 찾을 수 없다.

페일 라거
필스너, 헬레스, 도르트문더 엑스포르트
PALE LAGERS
PILSNER, HELLES, AND DORTMUNDER EXPORT

Pilsner, Helles, Dortmunder Export.
필스너는 종종 체코 오리지널과 이후 독일에서 만들어진 것으로 나뉘기도 한다. 둘의 차이는 주로 호핑 방식에 있다. 체코 버전은 색이 좀더 깊고 톡 쏘는 보헤미아 홉을 사용하여 더 생생한 느낌이 있는 반면, 독일의 필스너는 몰트 특성이 강하고 호핑은 후추 느낌이 강하다. 두 경우 모두 부드러운 곡물 풍미의 몰트 바디와 상큼한 —그러나 결코 압도적이지 않은— 홉 풍미 사이에서 균형을 잡고 있다. 청량감 있고, 기포가 강하며, 상쾌하다. 헬레스 라거는 공통점이 많지만 보드라운 몰트의 풍미가 훨씬 더 두드러진다. 호핑은 절제되어 있으면서도 독일산 아로마 홉을 바탕으로 섬세한 풍미를 이끌어낸다. 도르트문더 엑스포르트는 알코올, 몰트, 홉 특성이 모두 강한, 선 굵고 거친 느낌의 맥주로, 석탄 및 철강 노동자들의 갈증을 해소시켜주기에 부족함이 없었다.

그러나 이들 맥주도 점차 가벼워지고 온건한 느낌으로 변해갔다—현재는 정체성을 찾아가는 중이다. 클래식한 페일 라거들은 모두 나름의 스트렝스가 있는 반면, 필스너 음식과 두루 가장 잘 어울리는 맥주로, 향신료를 곁들인 튀김 요리의 맛도 얼마든지 깔끔하게 씻어주는 역할을 할 뿐만 아니라 돼지고기(특히 바이에른 소시지!)의 달콤한 풍미를 한층 더 돋워주기도 한다.

주요 수치
필스너 ABV 범위: 4.4-5.5%, 쓴맛: 20-45 IBU
헬레스 ABV 범위: 4.5-5.5%, 쓴맛: 15-25 IBU
도르트문더 엑스포르트 ABV 범위: 5.0-6.0%, 쓴맛: 25-35 IBU
서빙 온도: 3.3-7.2℃
전용잔: 필스너 글라스(필스너, 엑스포르트), 슈타인(헬레스)

수수께끼 같은 이 페일 라거는 최고의 호평과 최악의 혹평을 동시에 받은 맥주다. 최초의 페일 라거는 1842년 어느 바이에른 출신의 브루어가 만든 것이었다. 보헤미아에서 일자리를 구한 그는 플젠 사람들을 겨냥한 최신식 라거를 만들게 됐는데, 그가 만든 맥주는 당시 기준에서는 신선한 충격이었다—투명한 황금빛의 깔끔한 스파클링 맥주라니. 빵 같은 몰트 풍미와 후추 같은 홉의 풍미를 지니고 있으면서도 당시 현지 에일들 같은 시큼한 맛은 전혀 나지 않았다. 지금까지 브루잉된 모든 맥주 가운데 가장 중요한 맥주로, 맥주 역사의 방향을 바꾸어놓았다.

오리지널 페일 라거—필스너 또는 체코에서는 스베틀리 레자크—의 후손들은 여전히 맥주 애호가들을 사로잡고 있다. 페일 라거는 가장 만들기 어려운 맥주인 데다 잘 만들기만 하면 가장 큰 만족감을 주는 맥주이므로 브루어들은 늘 페일 라거에 감탄하곤 했다. 수세기 동안 페일 라거의 풍미, 시각적 즐거움, 갈증을 해소시켜주는 청량감 등의 균형은 마시는 이들의 감탄을 불러일으켰다. 최초의 필스너와 초기 아류작들—바이에른의 헬레스 라거와 도르트문트의 '엑스포트' 라거—은 페일 라거가 언젠가는 지구를 한 바퀴 순식간에 돌아 다른 맥주 스타일들을 다 집어삼키며 퍼져나갈 법한 이유다. 페일 라거는 만들기가 쉽지 않고, 통상적으로 개성이 배제되며, 무미건조하거나 심지어는 기분까지 상하는 경우도 있을 수 있다. (물론 혹평받은 경우다.) 하지만 제대로만 만들면, 필스너 헬레스는 예술의 극치—세계를 정복하고도 남을 만한 힘이 넘치면서도 섬세한 맥주다.

기원

위대한 필스너 스타일의 전설적인 대서사시는 정작 그 시작이 소소했으니, 바로 지방의회에서의 사소한 논쟁이 출발점이었다. 보헤미아는 라거의 탄생지라 해도 과언이 아니지만, 19세기경 에일 브루잉—특히 밀 에일 브루잉—은 단연 최고로 흔했다. 플젠이라는 서부의 이 자그마한 동네의 모든 현지 맥주는 에일이었다. 딱히 잘 만든 에일도 아니었다. 그렇다보니 지역의 펍 주인들은 인근에서 만든 더 질 좋고 값싼 라거를 들여오고 있었다. 라거가 인기를 끌면서 동네에서 만든 에일은 너무 오래 묵히게 됐고 변질되다 보니 상황은 더 나빠졌다. 이런 상황이 극에 달했던 1838년, 지역 당국은 변질된 맥주 36배럴을 시내 광장에 쏟아버렸다.

현지 버거burghers들—맥주를 만들 수 있는 특권을 가진 이들—은 행동에 나서기로 했다. 이들은 돌파구가 될 새로운 하면발효 '바이에른' 맥주 시장을 원했다. 그리하여 〈파크스 앤드 레크리에이션Parks and Recreation〉*의 어느 에피소드에 나온 장면처럼 주민들은 동네에서 집회를 열었고 시장을 설득하는 데 성공했다. 이들은 뮌헨과 바이에른 등지에서 유학하고 돌아온, 지역 내 저명한 건축가 마르틴 슈텔처에게 새 브루어리 건설 계획을 맡겼다. 최신식 설비를 갖춘 이 브루어리에는 몰트하우스와 "영국식으로 장착된" 건조용 가마도 있었다. 가마는 당시 영국에서 유명한 페일 에일을 만드는 데 사용되던 종류의 밝은색 몰트를 만들 수 있는 설비였으므로

* 2009-2015년에 미국 NBC에서 방영한 시트콤 드라마

필스너 우어크벨 밖의 이 상징적인 기념문은 브루어리 창립 50주년을 기념하여 세워졌다.

핵심적인 부분에 해당했다.

퍼즐의 마지막 조각은 스텔처가 바이에른에서 만난 브루어 요제프 그롤이었다. 이 사람은 아주 오만하고 무례했으며, 이곳 브루어리에서 단 3년만 있었다. (그의 아버지조차도 자기 아들을 "바이에른에서 가장 무례한 사내"라고 할 정도였다.) 그러나 그는 당시 그 어떤 라거 브루어도 해내지 못한 일을 해냈으니, 바로 잉글랜드 페일 에일의 색을 지닌 스파클링 라거를 탄생시킨 것이었다. 그는 1842년 10월 5일에 자기만의 '필스너'를 브루잉했고, 이 맥주는 11월 11일 성 마르티노 축일에서 첫선을 보였다. 그롤은 1845년에 일을 그만뒀다.

반면, 그가 만든 맥주는 확실히 자리매김했다. 필스너 우어크벨—이 브루어리는 이 이름으로 알려지게 된다—은 첫해에 약 3,000배럴을 팔아치웠고, 곧 오늘날 크래프트 브루어리들에서 볼 수 있는 유형의 성장곡선을 그리기 시작했다. 3년 뒤 생산량은 거의 5,000배럴까지 증가했고, 1847년이 되자 이 지역 브루어리는 첫 번째 대대적인 확장을 시작했다. 기계로 만든 유리 제품의 등장으로 투명한 잔이 흔해지는 혁신적 변화와 우연히 맞물리면서, 필스너는 더욱 큰 성공을 거두었다—투명 글라스는 이 새로운 투명한 맥주를 보기에 더할 나위 없이 좋았다. 1873년, 브루어리는 본래의 건물을 허물고, 무려 36만 제곱미터에 달하는 면적으로까지(계속 더 많은 저장 공간을 마련해나갔으므로 지하로까지) 넓히는 대대적인 확장 공사를 했다.

지역 맥주로서 성공하기는 했으나, 필스너는 느릿느릿한 거인 같았다. 필스너가 탄생할 즈음 에일 브루어리들은 여전히 보헤미아에 몰려 있었다—어느 기록에 따르면, 라거 브루어리보다 열 배 가까이 많았다고 한다. 라거 브루어리가 이를 따라잡기까지는 20년 넘게 걸렸다. 1865년까지만 해도 에일 브루어리가 281곳 있었지만 —보헤미아가 작은 지역임을 생각해보면 놀라운 수치— 이 수는 급감하여 5년 뒤에는 137개, 그리고 1876년에는 단 두 곳(!)으로 줄어들었다.

오늘날 버거들의 브루어리는 미적으로나 기술적으로나 뛰어난 설비를 갖추고 있다.

밀수꾼 수도사들과 그 밖의 다른 신화들

여느 굵직한 맥주 스타일이 그렇듯, 필스너 역시 수십 년 세월의 더께 속에서 온갖 신화와 전설로 둘러싸여 있었다. 그중에는 사실인 것도 있지만, 가장 널리 알려진 두 가지 속설은 확실히 사실이 아니다. 첫번째는 플젠 버거들이 운영하던 브루어리에서 사용된 효모는 바이에른에서 밀반출된 것이라는 주장이다. 어느 이야기에 따르면 그롤이 몰래 반출했다고 하고, 또 다른 이야기에 따르면 불량한 수도사 한 명이 빼돌렸다고 한다. 수도사의 비행이라는 상상 자체가 워낙 매력적이라 기록으로 남겨두고 싶지만, 안타깝게도 두 이야기 모두 사실이 아니다. 라거 브루잉은 이미 보헤미아에서 한창 이루어지고 있었던 터라, 라거 효모는 바이에른 주의 기밀이 아니었다. 이 브루어리가 그냥 그 효모를 사왔다는 것이 재미는 없지만 사실이다.

회자되는 두번째 신화는 그 유명한 골든 라거를 만드는 데 사용된 페일 몰트에 관한 것이다. 오래전부터 전해내려 오는 바로는 이 몰트는 그롤에게 잘못 배달된 것이었다고 한다. 이 역시 확실히 거짓이다. 플젠 버거들은 몰트하우스를 따로 갖춘 브루어리를 지었으므로, 배달할 일 자체가 없었다. 체코의 맥주에 대해 광범위한 저술 활동을 해온 에번 레일은 여기에 중요한 내용을 덧붙인다. "체코에서 '브루어'에 해당하는 주 단어는 슬라데크sládek로, '몰트를 준비하는 사람' 혹은 '몰트 장인'이라는 뜻이다. 지난 수세기 동안 그롤 같은 수많은 브루어들의 일은 주로 몰트를 만드는 것이었다." 여기서 우리가 알 수 있는 사실은 그롤이 해당 브루어리가 자체 생산한 보리를 사용했으며 자기 나름의 기준에 맞춰 몰팅을 했다는 것이다.

페일 라거의 성공적인 행보는 처음에는 남부로 뻗어나갔고 1850년대에는 빈에서 팔리기 시작했다. 어렴풋이 가능성을 감지한 플젠 버거들은 1859년 이 이름에 상표를 등록하고자 했다(하지만 실패했다). 뮌헨의 브루어리들이 페일 라거에 손을 대기 시작하던 1890년대에 필스너는 바이에른 국경을 넘었다. 전신 격인 맥주도 일부 있었지만 전통적 기준에서 진정한 최초의 바이에른 페일은 1894년 슈파텐 브루어리에서 처음으로 만든 크래프트 맥주로 볼 수 있다. 슈파텐은 이 맥주를 필스너라 부르지 않고 '헬레스'라 불렀다. 이 단어는 단지 '라이트' 혹은 '페일'의 의미는 아니고, '환하다'는 뜻이기도 했다—이 반투명한 황금빛 맥주는 둥켈(다크) 라거에 익숙해져 있던 바이에른 사람들의 눈에 분명 밝게 보였을 테니까. 경쟁 관계에 있던 뮌헨의 브루어리 토마스브로이Thomasbräu는 바로 이듬해에 자기네 나름의 버전을 선보이며 이 흐름에 동참했다—다만 이 맥주에는 필스너라는 라벨을 붙였다.

이 새로운 페일 맥주들이 대단한 파문을 불러일으키다시피 했다는 사실은 지역 브루어들이 고유의 둥켈 라거를 얼마나 중요시했는지 알 수 있는 증거다. 분노한 뮌헨 브루어리들은 이 불쾌한 상황에 저항하기 위한 회의를 소집했고 심지어 둥켈 연합을 형성해 헬레스의 가입을 막겠다고 으름장을 놓기도 했다. 일부 브루어리들이 새 스타일을 보이콧하면서 일시적인 분열이 생기기는 했으나, 결국 헬레스는 이를 이겨냈다. 그러나 헬레스를 필스너로 착각할 수는 없다. 바이에른 사람들은 부드럽고 원숙한 느낌의 다크 라거를 즐겨 마셨고, 라이트 라거로 옮겨가는 과정에서도 다크 라거의 일부 특성은 그대로 넘어왔다. 헬레스는 그때나 지금이나 보헤미아

라거는 늘 커다란 통에서 숙성되었다. 강철통 이전에는 나무통을 썼다.

의 필스너보다는 더 달콤하고 덜 호피하다.

19세기 후반의 수십 년은 라거의 운명을 영원히 바꿔놓은 두 사건으로 인해 200년에 걸친 폭발적인 기술 혁신이 마무리된 시기였다. 첫 번째는 루이 파스퇴르의 효모 관련 논문이었다. 이 논문은 발효의 생화학에 대해 밝혔을 뿐 아니라 하면발효와 라거링이 왜 변질을 막아주는지도 설명해냈다. 두번째는 냉장 기술의 도입으로, 브루어리에서 연중 내내 기후와 상관없이 라거를 만들 수 있게 됐다. 바이에른이나 보헤미아 인근의 비교적 추운 지역에서나 가능했던 일이 이제 어디서든 가능해진 것이었다.

라거는 그렇게 퍼져나갔고, 사람들은 보헤미아 출신의 그 아름다운 페일 라거를 마시고 싶어했다. 페일 라거는 바이에른으로부터 북쪽으로 뻗어나갔고 뒤셀도르프 북동쪽으로 72킬로미터 정도 떨어져 있는 도르트문트로도 진출했다. 이곳은 산업혁명으로 석탄 철강 산업이 시작된 19세기에 이미 전성기를 맞았고, 19세기 중반 즈음에는 라거 브루잉도 시작했다. 도르트문더 우니온Dortmunder Union은 1887년에 최초의 페일 라거를 만들었다. 이 브루어리에서는 맥주를 두 가지 강도로 만들었는데, '엑스포트'라 불리는 도수 높은 버전이 더 인기를 끌었다. 당시 도르트문트는 맥주를 즐겨 마시는 부지런한 노동자들로 북적댔고, 브루어리들 역시 산업적 규모로 성장했다. 엑스포트는 알코올 도수가 5.5% 이상인 센 맥주였다. 헬레스 같은 달콤한 몰트의 풍미도 어느 정도 있었지만, 필스너 같은 호핑과 현지 물에서 비롯되는 유황향도 더해졌다. 잔뜩 목이 마른 노동자들을 위한 탄탄한 맥주였다.

독일에서 페일 라거는 필스너에 이 같은 토착적인 느낌을 살짝 얹은 형태를 띠었다. 에일을 생산하는 쾰른에서도 산뜻한 느낌의 또렷한—에일 효모의 영향으로 살짝 과일 풍미가 느껴지면서도 저온 숙성으로 부드럽고 깨끗한— 황

본래 우녜티츠키Únětický 브루어리는 18세기 초부터 있었지만 제2차 세계대전으로 파괴됐다. 2011년, 진취적인 사업가들이 나서서 이 브루어리를 되살려냈고, 이곳에서는 뛰어난 두 가지 스베틀리 피보와 비체프니, 레자크를 만들고 있다.

독일 대 체코

우리는 종종 세상이 얼마나 바뀌었는지 잊곤 한다. 가령, 1842년에는 체코가—그리고 독일도— 없었다. 이 지역은 두 열강이 지배했다. 남쪽은 오스트리아 제국이, 북쪽은 프로이센이 차지하고 있었다. 신성로마제국 시기에 연이어 권력의 중심에 있었던 보헤미아는 합스부르크 왕조 당시 독일어가 통치 언어가 되자 이후 수세기 동안 언어와 문화적 침식을 겪게 됐다. 그리고 결국 체코 민족운동으로 불린 부흥 운동—언어를 되찾으려는 운동—으로 이어졌다. 언어와 국적은 동일한 것이 아니며, 체코 민족운동 당시 보헤미아에는 독일인이 상당수 살고 있기도 했다. 페일 라거가 서서히 떠오르던 시기이기도 하다. 흥미롭게도 이 맥주와 가장 관련 깊은 두 동네인 플젠과 체스케 부데요비체는 모두 독일인 비중이 상당히 높았고, 맥주는 필젠Pilsen 및 부트바이스Budweis라는 독일어 이름으로도 불렸다. 이런 역사는 20세기 초 체코와 독일 간 갈등의 요인이 됐고 훗날 양차 대전의 주요 사안이 되기도 했다. 30년도 채 되지 않는 기간에 보헤미아와 모라비아는 오스트리아 제국, 히틀러 치하의 독일, 소련에 나뉘어 집어삼켜졌다—그리고 잠시 독립하기도 했다. 이런 과정은 독일어 사용 집단(제1차 세계대전 이후 인구의 4분의 1에 해당)과 체코인들 사이의 관계에 치명적인 영향을 미쳤고, 제2차 세계대전 이후 260만 독일어 사용 인구는 오스트리아와 독일로 추방당했다. 이 갈등으로 점철된 역사의 유산은 얄궂게도 가장 유명한 맥주들—필스너 우어크벨Pilsner Urquell('오리지널 필스너'라는 의미의 독일식 이름. 체코어로는 플젠스키 프라즈드로이Plzeňský Prazdroj)과 부트바이저 부트바어Budweiser Budvar(부데요비츠키 부드바르Budějovický Budvar)—의 이름에 고스란히 남아 있다. 아니 어쩌면 얄궂을 일조차 아닌지도 모르겠다. 이 이름들은 먼 곳의 팬들에게는 혼란스러울지 몰라도, 이 나라 긴 역사의 산 증인이나 마찬가지니까.

금빛 맥주를 만들기 시작했다. 20세기 전반은 지역 맥주들—특히 엑스포트 라거—의 승리였다. 도르트문트의 수출 사업은 급기야 독일 브루잉 전체를 장악하며 제2차 세계대전 이후 시장의 3분의 2를 차지했고 1960년대를 지나면서는 전체 매출의 절반 이상을 차지하게 됐다. 바이에른 사람들은 자기네 헬레스 라거—지금도 여전히 바이에른 시장의 25% 정도 차지하며 필스너 못지않은 세를 과시한다—를 계속 마셔댔고 필스너는 천천히 상승세를 탔다.

다른 지역에서의 행보는 좀더 직진에 가까웠지만, 그렇다고 해서 지름길로 들어선 것은 아니었다. 스칸디나비아는 라거를 받아들이기 시작했고 투보르Tuborg와 카를스베르(칼스버그)의 고향인 덴마크는 1907년경 주요 페일 라거 국가가 됐다. 미국은 초기 독일 이민자들에게 다크 라거를 브루잉했던 경험이 있었지만, 1870년대에는 밝은색의 새로운 라거를 만들어보고자 했다. 거친 느낌의 여섯줄보리를 넣어 맥주를 만들던 브루어들은 색을 밝게 하고 단백질이 엉겨붙지 않게 만들 방법을 찾아야만 했는데, 결국 찾아낸 해법은 쌀이나 옥수수를 첨가하는 것이었다.

산업화 덕분에 20세기 들어 페일 라거의 확산은 더욱 가속화됐다. 대규모 브루잉으로 맥주 가격이 떨어졌을 뿐 아니라, 품질은 향상됐고 소규모의 지역 브루어리들은 놀라운 속도로 문을 닫기 시작했다. 에일 생산국들(독일 포함)에서 전통적인 스타일들이 대대적으로 단종돼버렸다—그리고 양차 대전, 금주법에 대처하는 다양한 노력, 세계화 등 모든 요소가 각자 나름의 역할을 했다. 냉장 기술과 산업 생산은 과거에 맥주가 없던 나라들까지 브루어리를 설립하게 하는 데 일조했으며, 20세기 전반 수십 년 사이 맥주는 국제적인 상품이 됐다. 신설 브루어리들은 인기 많은 페일 라거를 만들고 싶어했고, 이는 결국 전 세계적인 흐름이 됐다. 이제 상파울루, 시드니, 스커넥터디, 스톡홀름 어느 곳에서든 펍에 들어가면 성에 낀 잔에 담긴 골든 라거를 만날 수 있을 것이다. 오늘날에는 이것이 당연하게 여겨지지만, 19세기까지만 해도 어느 맥주 스타일 하나가 전 세계적 생산량의 극히 일부분 이상을 차지한 적은 없었다. 1842년, 요제프 그롤이 페일 몰트를 넣어 첫 필스너를 만들기로 했을 때 이런 상황을 상상이나 했을까?

상세 설명 및 특성

개념으로 설명하면 사람들은 페일 라거 카테고리—체코 필스너, 독일 필스너, 헬레스, 도르트문더 엑스포르트—에 따라붙는 정의들에 동의한다. 체코 필스너는 독일 필스너에 비해 좀더 호피하며, 둘 다 헬레스보다는 더 호피하다. 도르트문더 엑스포르트는 살짝 더 호피하고 센 버전의 헬레스라 할 수 있다. 그러나 실전에서 이 맥주들을 구분하기란 늘 쉬운 것은 아니다. 경계는 모호하게 중첩되고 브루어들은 각자 나름의 방식으로 예상을 벗어나고 싶어하기도 한다. 그러다 보니 한편으로는 체코 라거가 독일 라거보다 대체로 홉 특성이 더 강하다고 말할 수 있겠지만, 이 스타일의 두 기준 중 하나인 부드바르(미국에서는 체크바Czechvar로 표기해 판매)의 쓴맛 단위가 22—대다수 독일 필스너보다도 낮고 수많은 헬레스 라거와 비슷한 수준—에 불과할 수도 있음을 감안해야 한다. 즉, 엄밀히 구분되지는 않는다.

이제 각 타입의 페일 라거를 구분하는 주요 기준들을 살펴볼 텐데, 같은 맥락에서 어떤 맥주든 겉모습과 명칭이 늘 일치하는 것은 아님을 알 수 있을 것이다.

필스너

필스너에는 얼마나 다양한 타입이 존재할까? 하나? 둘? 혹은 넷? 당신이 어느 땅을 향해 얼마나 가까이 갈 것인지에 따라, 어떤 대답이든 일리가 있을 수 있다. 보통은 두 가지 타입으로 본다. 어

단 하나의 필스너

체코에서는 어느 누구도 '필스너' 스타일에 대해 언급하지 않는다. 그곳에서는 필스너를 스베틀리 레자크—라이트 라거—라고 부른다. 필스너라고 하면 한 가지 맥주—필스너 우어크벨에서 브루잉한 맥주—를 지칭한다. 부드바르를 방문했을 때 브루마스터 아담 브로시는 이렇게 설명했다. "필스너 라거의 정의에 대한 논의는 늘 있어요. 필스너[우어크벨]와 경쟁하기는 정말 어렵죠. 필스너 타입의 스타일이 됐으니까요. 이 카테고리에서 우리가 약간 다른 점이 있다면 쓴맛이 굉장히 정제돼 있고, 그 필스너에 비하면 알코올 도수도 조금 높다는 겁니다." 그러더니 잠시 말을 멈추었다가 이렇게 덧붙였다. "부드바르 맥주는 완전히 다릅니다." 묘한 아이러니지만, 사실이다. 필스너의 고향인 체코는 실제로 '필스너'라 불리는 스타일을 찾을 수 없는 나라다.

떤 숫자에 착륙하게 되든, 출발은 체코에서 할 수밖에 없다. 이곳의 스베틀리 레자크는 꽉 찬 느낌의 황금색 바디에 자츠(체코에서는 자테츠) 홉 풍미를 띤다. 모두 보헤미아 특유의 요소다. 색과 바디는 체코식 브루잉 특유의 농가풍으로 플로어 몰팅한 보리 그리고 덜 변형된 몰트를 변환시킨 디콕션 방식에서 비롯된다. 매시를 끓임으로써 색은 더 짙어지며 이 과정에서 살짝 캐러멜화된 몰트가 꽉 찬 느낌을 자아낸다. 디아세틸의 버터 풍미는 체코 필스너에서는 흔하며—필스너 우어크벨은 대표적인 체코 필스너— 이로 인해 더욱 꽉 찬 마우스필이 생긴다. 자츠 홉 역시 개성이 뚜렷하며, 보통 향신료 같은 풍미가 있다고 묘사되지만 내가 맛본 바로는 톡 쏘는 독특한 풍미가 있고 삼나무향과 라벤더향이 난다. 체코 사람들은 좀더 달콤하고 꽉 찬 풍미에 홉을 더 넣어 균형을 잡는 경우가 많아서, 체코 버전에서는 모든 요소가 더 풍부하고 강해진다. 체코 필스너는 특히 덜 자동화된 소규모 브루어리에서 만든 것일수록 영국식 캐스크 에일을 떠올리게 한다—비교적 자연적이고 변하기 쉬우며 정제되지 않았으면서도 생기가 가득하고 건강한 느낌을 준다. 마치 살아 있는 생명체 같은 맥주다.

맥주 분류에는 적어도 또 하나의 필스너 카테고리—독일산 필스너—가 포함될 때가 많다. 일반인이 보기에 체코와 독일의 필스너는 대강 윤곽이 비슷하다. 하지만 자세히 살펴보면 분명한 차이가 있다. 독일 필스너는 굉장히 정제되고 충분히 변형된 몰트를 사용하고 경수를 사용하며 더 섬세하고 스파이시한 홉을 사용한다. 따라서 더 가볍고 색은 밝으며 좀더 정제되고—'깨끗하고'— 할러타우와 헤르스부르크 홉 특유의 향신료 같은 풍미를 지닌다. 이 중 그 어느 특성도 독자적으로 튀지 않지만 한데 합쳐지면 이 스타일에 전혀 다른 느낌을 더해 굉장히 독일

뮌헨의 유명하고도 악명 높은 호프브로이하우스

전 세계에서 가장 인정받는 펍 중 하나는 뮌헨 중심부에 있으며, 수세기 동안 여행자라면 누구나 빼놓지 않고 들르는 명소였다. 바이에른의 공작 빌헬름 5세는 1589년에 호프브로이하우스를 짓도록 명했지만, 오늘날 누구나 아는 그 펍은 사실 1607년에 밀맥주를 만들기 위해 지어진 제2 브루어리 부지다. 이 브루어리는 1828년 루트비히 1세의 지시에 따라 아주 넓게 확장됐으며 그 후 블라디미르 레닌, 모차르트, 오스트리아의 엘리자베트 황후, 조지핀 베이커, 루이 암스트롱 등 수많은 유명인사들이 모이는 술집으로 자리 잡았다.

그러나 역사상 가장 유명한 단골고객—어쩌면 당연한 일이지만, 이 호프브로이하우스 관련 공식자료에는 어디에도 언급된 바 없는 사람—은 아돌프 히틀러였다. 제1차 세계대전 종전 직후 혼란기였던 몇 달간, 정치집단들은 정치 사안을 논하느라 뮌헨의 맥주집에 자주 모이곤 했다. 독일 노동당의 선전부 수장이었던 히틀러가 1920년 2월 이 호프브로이하우스에서 기획한 행사에는 거의 2천 명이 모였다. 그가 기조연설을 하지는 않았지만, 히틀러는 국가사회주의 독일노동자당(나치당)으로 개명하는 25개조 프로그램의 기틀을 마련하는 데 동참했다. 히틀러는 마지막 연설을 했던 1944년까지 이 호프브로이하우스에서 정기적으로 연설을 하곤 했다. 이듬해에 동료들은 히틀러가 빠진 상태에서 행사 25주년을 기념해야 했다. 더 이상 뮌헨에서는 안전이 담보되지 않는 처지가 된 히틀러는 대신 전보를 보냈다.

적인 풍미가 탄생한다. 늘 다듬어지고 균형 잡히고 일관성을 유지하는 필스너지만 경우에 따라서는 약간 단조롭거나 심지어는 까다롭게도 느껴질 수 있다. 경수는 독일 필스너의 홉 특성에 일종의 날을 세우는 역할을 할 수 있고, 몰트는 저온에서 가마 건조되기 때문에 디메틸설파이드에서 비롯되는 양배추 풍미가 살짝 느껴질 수도 있다.

아주 구체적으로 파고든 느낌이 든다면, 이제 이 독일 맥주를 사실상 세 부분으로 쪼개볼 차례다. 오스트리아 및 독일 남부 타입, 독일 중부 타입, 독일 북부 타입은 몰트와 홉 사이의 균형점에 따라 나눌 수 있는데, 남부에서는 몰트 풍미가, 북부에서는 홉 풍미가 두드러지며, 중부에서는 두 가지 사이에서 각기 다양한 균형을 잡는 것이 특징적이다. 독일에서 나고 자란 사람이 아니라면 파악하기가 쉽지 않겠지만, 필스너를 지배적인 스타일로 굉장히 중요하게 생각하는 독일 사람들 사이에서는 이런 차이들이 세세하게 구분이 가능할 만큼 확연한 것들이다.

헬레스 라거

바이에른 지역을 벗어나면 페일 라거의 제왕은 단연 필스너로, 전국 시장을 장악하고 있다. 그러나 바이에른 내에서 필스너는 또 다른 금빛 맥주—독일의 오리지널 페일 라거인 헬레스—와 왕좌를 놓고 다툰다. 헬레스가 바이에른에서 이렇게 계속 잘 팔리는 이유를 하나 꼽는다면, 병이나 케그에 담겨 나오는 필스너와는 달리 헬레스는 탭에서 마시는 맥주라는 점이다. 뮌헨의 커다란 비어홀에 들어서면 리터(적게는 반 리터) 단위로 서빙되는 눈부신 헬레스 머그들을 볼 수 있을 것이다. 바이에른 사람들에게 헬레스는 캐스크 비터—몇 시간이고 끊임없이 신나게 들이부을 수 있는 세션 맥주—다. 무딘 사람이라면 헬레스를 그저 홉 특성이 덜한 필스너라 할지도 모르겠다. 반면, 시인이라면 베개처럼 폭신하고 스콘처럼 달콤한 몰트의 깊이 그리고 이따금씩 허브향으로 화사한 느낌을 불어넣는 홉의 특성을 감지해낼 것이다.

도르트문더 엑스포르트

도르트문트의 이 유명한 스타일에는 슬픈 사연이 있으니 이는 축소(줄어듦)에 대한 이야기다. 첫째는 시장점유율 면에서, 둘째는 중량감이나 특색 면에서 그렇다. 엑스포르트 라거가 헬레스보다 더 세고 드라이하고, 필스너보다 바디가 묵직하며, 호핑 수준은 그 둘의 중간쯤에 해당한다는 설명을 할 수 있게 된 것은 그리 오래

> "만일 좋은 필스너를 만들 줄 아는 사람이라면, 당신은 어떤 맥주든 만들 수 있습니다. 좋은 필스너를 만드는 일은 어렵거든요. 이 맥주—그 안에서는 아무것도 숨길 수가 없죠—를 만들 수 있다면, 우리가 건네는 모든 기술적 도구들을 이용해 그 맥주를 만들 수만 있다면, 당신은 못 만들 것이 없다는 게 바로 독일의 철학이죠. 당신은 헤페바이첸을 만들 수 있습니다. 약간은 다르지만, 원리는 똑같아요. 다른 여러 재료들을 사용하고, 밀에 맞는 다른 제조 방식을 사용하고, 다른 효모를 사용하며, 개방형 발효통을 사용하지만, 필스너 맥주를 만드는 법을 터득했으니 당신은 전부 알고 있는 셈이죠."
>
> —앨런 테일러,
> 초이글하우스 브루잉 Zoiglhaus Brewing

> **IF YOU LIKE PALE LAGERS**
>
> 한 가족이 된 페일 라거들은 서로서로를 추천한다. 비슷하지만 약간 덜 페일한 라거에는 **켈러비어**와 **웅게스푼데트**ungespundet 같은 비교적 농가풍의 버전뿐 아니라 **옥토버페스트/메르첸**과 **빈 라거** 등도 포함된다. 만일 홉 특성에 시큰둥한 사람이라면 **크림 에일**도 괜찮을 테고, 약간의 쓴맛을 원한다면 **퀼슈**나 **스팀 비어**가 더 나은 선택일 것이다.

전 일이 아니었다. 그러나 독일에서 이 도르트문더 엑스포르트 스타일은 입지가 좁아지고 침체되는 상황이다. 한때 도르트문트 거리에 줄줄이 늘어서 있던 엑스포르트 브루어리들은 합병을 거쳐 DAB 단 하나만 남았으며, 이곳의 맥주는 헬레스보다 도수가 높지도 홉 특성이 더 강하지도 않다(4.8% ABV, 22 IBU). 여전히 견고한 느낌의 라거로, 칼슘이 풍부한 현지의 물을 써서 경수의 느낌이 나지만, 개성이 엄청 강한 맥주는 아니다. 다른 브루어리들도 돌아가며 엑스포르트를 만들기 시작했다. 도르트문더 골드Dortmunder Gold를 대표 맥주로 내세운 그레이트 레이크스Great Lakes가 단연 눈에 띄지만, 도르트문트 시가 이 맥주의 원조로서 이름을 되찾으려 들지 않는다면, 이 스타일의 미래는 불확실하다.

브루잉 노트

브루어들은 좋은 필스너 만들기라는 도전 과제를 즐긴다. 왜 그럴까? 물어보면 다들 거의 한결 같은 대답을 내놓는다. 필스너에는 아무것도 감출 것이 없기 때문에 필스너─헬레스 라거나 도르트문더 엑스포르트에 대해서도 똑같이 해당된다─는 놀라우리만치 기본에 충실한 맥주다. 몰트 한 가지, 홉 한 가지, 11-12°플라토 정도의 호리호리하고 나긋나긋한 기본 골격에 균형이 잘 잡혀 있다. 잡미(필스너에서 아주 흔한 디아세틸과 DMS─디메틸설파이드─ 약간은 괜찮다)를 교묘하게 감출 길이 전혀 없다. 그러나 그보다도 중요한 것은 필스너에서 나는 모든 풍미는 브루어가 의도적으로 집어넣은 것이라는 점이다. 필스너 브루잉에서 난제라면, 실수는 다 드러나기 마련이라는 것을 인지한 채, 원하는 곳에 원하는 풍미들을 배치해야 한다는 점이다.

필스너를 만들 때 중요한 순간이 두 번 있는데, 한 번은 매시, 또 한 번은 첫번째 홉을 첨가할 때다─여기서 독일식 브루잉과 체코식 브루잉이 구분되기도 한다. 독일 방식의 체계에서는 브루어들이 이제 좀더 시간이 많이 드는 디콕션 절차보다 주로 단순화된 단계별 인퓨전을 활용한다. 몰트 변형이 잘 안 됐을 경우 48-50℃ 정도에서 단백질 휴지부터 시작할 수도 있지만, 20-35분간 62℃에서 먼저 당화시킨 다음 67.7-72℃로 올리고 마지막에는 77.7℃에서 마무리하는 것이 보통이다. 전체 매시는 약 한 시간 반 정도 걸릴 것이다. 이 같은 수치는 비전문가에게는 그다지 중요하지 않겠지만, 브루어의 매뉴얼에서 필스너는 핵심이기 때문에 ─다른 모든 맥주는 필스너를 참조 기준점으로 삼는다─ 구체적으로 짚어볼 가치가 있다.

물론, 체코에서는 이런 방식을 쓰지 않는다. 이곳에서는 여전히 디콕션이 최고로 여겨진

보헤미안 플로어 몰팅

체코의 스베틀리 라거가 다른 곳의 라이트 라거와 다른 맛이 나는 이유를 알고 싶다면, 프라하 바로 남쪽에 있는 베네쇼프 지역의 피보바르 페르디난트Pivovar Ferdinand 같은 곳에 가보라. 1897년에 세워진 이 브루어리는 1872년부터 직접 현장에서 몰팅을 해왔다—19세기에는 세계 각지 브루어리에서 흔한 일이었지만 21세기에는 그 비율이 크게 감소했다. 실제로, 플로어 몰팅은 대체로 두 나라에서만 흔히 볼 수 있고, 이런 종류의 몰트를 사용해 라거를 만드는 곳은 체코의 브루어리들뿐이다. 이 오래된 체계에서는 완벽하게 단일한 기준에 맞는 몰트를 만들지 못한다. 따라서 플로어 몰트는 좀더 개성 강한 맥주들을 탄생시킨다.

플로어 몰팅 과정은 건물 옥상의 바람이 잘 통하는 곳에서 시작한다. 날것 그대로의 봄보리를 쌓아두고 시원한 상태로 말린다. 쌓여 있는 더미는 각각 다른 농부에게서 온 것이다. 따로따로 몰팅하여 혼합함으로써 각각의 품질을 최상으로 끌어올린다. 보리를 몰팅할 때가 되면, 쌓아놓은 보리 더미에서 기계로 50킬로그램씩 달아 2층 아래에 있는 큰 통에 가져다 넣고 찬물에 흠뻑 적신다. 그렇게 1회분을 완전히 적시고 나면 다른 묶음을 하나씩 계속 가져다 넣으며 그 통을 꽉 채운다. 그로부터 사흘간은 이 통에서 적셨다 말리는 과정을 지속한다. 곡물이 적정량의 물을 흡수하게 하는 것이다. 몰트마스터 다비트 마레시에 따르면 이는 "숨고르기를 통해 숨을 쉬게 하는" 과정이다.

일단 보리가 물을 충분히 빨아들이고 나면, 통 바닥을 통해 아래 몰팅 플로어에 보리를 놓는다. 그곳에서 몰트 장인들이 젖은 곡물을 15-30센티미터 정도의 두께로 펼쳐두고 나흘간 싹을 틔우게 한다. 발아 기간 중에 곡물은 재생산 과정을 시작한다. 세포벽과 단백질이 전분으로 바뀌고 각종 효소가 생성되기 시작한다. 이 같은 변환이 일어나려면 온도가 12°C 이하야 하는데, 이는 페르디난트 같은 전통적 설비로는 겨울에만 몰팅을 할 수 있다는 뜻이다. 그러나 현대적 기술을 수용하는 차원에서 페르디난트는 오늘날 전기 팬을 자동으로 켜고 끄는 온도계를 갖추고 있다. 발아를 시작한 곡물에서는 열이 발생하며, 브루어리에서는 약 12시간 간격으로 잼보니Zamboni* 크기만 한 자그마하고 재미있는 기계를 사용하여 곡물을 뒤적거려가며 쌓인 열을 방출시켜준다. 몰트마스터는 몰트를 손가락으로 으스러뜨려 밀가루 반죽 같은 전분이 묻어나는 정도를 보고 몰트가 준비된 상태인지 판단한다. 양 손가락은 마레시가 사용하는 기술 장비의 중대한 부분이다.

마지막으로, 몰트는 다시 2층 위의 두 칸짜리 가마에서 건조된다. 그런 다음 3-4주간 냉각 및 숙성이 이루어진다. 그 뒤 마레시는 각 분량별로 기술적 규격을 평가하는 테스트를 시행한다. 일관성 있는 제품을 만들기 위해서 그는 자기 나름의 표준에 도달할 때까지 여러 배치를 혼합한다. 마레시는 페르디난트가 사용할 수 있는 것 이상의 몰트를 생산하기 때문에 그는 바이에르만에 나머지를 판매한다. 바이에르만은 이를 '보헤미안 플로어 몰트'로 패키징하여 판매한다.

* 얼음 표면을 고르게 만드는 정빙기

기계를 운전하며 보리를 뒤적거리고 있다.

옛날식 냉각 시스템. 브루잉 장비가 지난 수십 년간 엄청난 진화를 거듭해왔음을 알 수 있다.

다. 보통 매시를 덜어내고 끓이는 두 과정을 거치지만, 필스너 우어크벨과 다른 맥주들은 전통적이고 수고스러운 트리플 디콕션 시스템을 여전히 사용하고 있다. 체코의 브루어들이 다른 여러 나라의 브루어들에 비해 훨씬 더 고집스럽게 전통을 고수하기는 하지만, 이들이 디콕션을 선호하는 데는 또 다른 이유가 있다. 필스너는 페일 몰트만을 사용해 만들어지며(색을 내기 위해 뮌헨 몰트를 아주 소량 첨가할 수는 있다) 체코에서 이는 현대적 기준에서 볼 때 덜 변형된 undermodified* 몰트를 의미한다. 디콕션 과정은 단백질 휴지 단계에서 시작되어 단백질이 전분으로 변환되면서 마무리된다. 체코 몰트와 디콕션 과정 두 가지 모두의 효과는 결코 작지 않아서 꽉 찬 바디의 필스너를 더욱 개성 있게 만들어준다.

체코에서 페일 라거는 기본 스타일로, 모든 브루어리에서 만드는 맥주다. 그렇다고 해서 전

* 몰팅이 덜 됐다는 뜻

부 똑같은 방식으로 만들어진다는 뜻은 아니다. 크래프트 맥주 팬들이 곧바로 이해할 만한 비유를 들자면, 미국 IPA를 생각해보자. 멀리서 보면 다 비슷해 보일 수 있다. 하지만 브루어리마다 제각기 다른 방식을 사용하여 자기네 IPA를 차별화한다. 디콕션은 필수에 가깝지만, 브루어리들은 (대개 비공개로) 여러 기법을 차용해 고유의 개성을 맥주에 새겨넣는다. 우네티츠키 피보바르Únětický Pivovar는 좀더 농가풍 특성을 내기 위해 일부러 다른 브루어리들보다 라거링 시간을 짧게 한다—홉은 더 자유분방하게 풍미를 내고 몰트는 더 거칠고 설익은 향을 낸다.

가장 흥미로운 사례는 남동쪽 끄트머리 독일 국경 근처에 있는 코우트 나 슈마베Kout na Šumavě라는 브루어리다. 비교적 최근에 생긴 곳이지만, 이전에 브루어리가 있었던 18세기 건물에 입주해 있다—허물어져내리다시피 하여 지금은 마치 폐허 같아 보인다. 이곳의 브루어 보후슬라프 흘라브사는 실제로 스베틀리 레자크를 만들 때 세 가지 흥미로운 과정을 거친다. 전통적인 트리플 디콕션 매시를 거친 뒤 두 시간 동안 끓인다. 내가 본 것 중 가장 오래 끓이는 경우였다. 그런 다음 홉을 세 번 첨가하는데, 끓이기 시작할 때, 45분 뒤, 그리고 다시 45분 뒤에 각각 같은 양의 자츠 홉을 넣는다. 마지막 첨가 시점으로부터 30분간 더 끓인다. 예상되듯이, 코우트의 맥주는 홉 아로마가 강하지 않지만, 오래 끓인 덕에 홉의 쓴맛이 굉장히 뻣뻣한 느낌으로 살아 있다.

그러나 가장 놀라운 점은 바로 캐러멜 몰트를 사용한다는 것이다. 너무 뻔한 이야기 같

을 수도 있다. 미국의 브루어라면 누구든 할 만한 일이기 때문이다—하지만 체코 브루어리에서 이는 전적으로 유동적인 부분이다. 필스너는 오직 필스너 몰트만 사용하여 만든다는 것을 누구나 '안다'. 그 황금색과 캐러멜 풍미는 재료가 아니라 과정에서 나오는 것이다. 그런가? 꼭 그렇지만은 않다. 흘라브사는 마치 내 마음을 들여다보기라도 한 듯 통역을 통해 이렇게 덧붙였다. "체코식 브루잉에서는 완벽하게 적절한 방식입니다."

체코 사람들이 맥주를 설명할 때 쓰는 개념으로 '리스říz'라는 말이 있는데, 이는 '자르다'라는 의미다. 이 말은 좋은 맥주가 남기는 인상을 일컫는 표현으로, 좋은 맥주의 '성격' 또는 날카로우면서도 꽉 찬 풍미를 의미할 수 있다. 옆 동네의 헬레스와 맛이 거의 비슷한 헬레스를 만드는 경우가 많은 독일의 브루어들과는 달리, 체코의 브루어리들은 차별화가 목표다. 그들은 '리스'를 원하며, 그렇게 단순한 맥주로 차별화에 성공하려면 창의성을 발휘할 필요가 있다.

흥미롭게도 독일 맥주도 나름의 고유한 특성이 없는 것은 아니다. 맥주에 변화를 주는 한 가지 방법은 매시의 pH를 조절하는 것이다. 매시의 산도가 높을수록 '더 부드러운' 쓴맛을 내고, 라우터링과 발효를 가속화하며, 맥주의 색은 옅어지고, 핫/콜드 브레이크hot/cold breaks•를 개선한다. 미국에서 브루어는 인산이나 젖산을 첨가할 수도 있다. 독일 브루어들은 이물질 첨가를 금하는 맥주순수령에 제약을 받는다. 그

수평형 탱크는 수압을 줄일 수 있어서 체코에서는 라거링 용도로 선호된다.

러나 몰트 겉껍질에 자연적으로 존재하는 유산균 박테리아는 이물질로 간주되지 않으므로, 브루어들은 나름대로 산을 생성하는 용도로 사용할 수 있다. 산을 배양하는 데 사용되는 새콤한 매시는 본질적으로 '생물학적 산성화'로 시간이 많이 들고 오염 위험마저 있는 수고스러운 과정이다—그러나 이는 맥주순수령을 준수하며 pH 수준을 낮추는 전적으로 자연적인 방식으로 인정받는다.

필스너를 정의하는 데 홉은 중요한 역할을 맡는다. 유럽산 저알파 홉은 필스너의 섬세한 균형을 유지하는 데 결정적인 요소다. 이 특성을 얻는 전형적인 방법은 '1차 맥아즙 호핑first-wort hopping'이라 불리는 과정으로, 홉을 케틀에

• 끓일 때/냉각시킬 때, 고온/저온에서 각각 단백질이 응고, 침전되는 현상

넣고 맥아즙이 흘러들어오는 동안 우려낸다. 맥아즙이 끓기 시작하면 홉을 다시 첨가하고, 90분간 끓이는 과정이 끝나기 30분 전쯤에 다시 한번 첨가한다. 예상과는 달리, 1차 맥아즙 호핑을 통해서 맥주에 더해지는 특성은 어쨌든 대개 나중에 첨가한 것에서 발견되는 종류의 특성이다. 전문가들은 그 이유에 대해 아직 명확히 설명하지는 못하지만 부드바르와 필스너 우어크벨 두 가지 모두를 가지고 이 이론을 시험해볼 수 있다. 내 경우는 부드바르에서 특히 확연하게 느껴졌다. 부드바르는 우어크벨보다 쓴맛이 절반 정도 덜했다. 브루마스터 아담 브로시도 여기에 동의한다. "부드바르에서는 쓴맛이 아주 은은하게 느껴질 겁니다. 그렇다고 해서 아주 약한 건 아니고 말 그대로 은은하죠."

다시 말하지만 발효 및 숙성 과정은 상당히 표준적이다. 다만 체코에서는 약간 다른 방식을 쓸 뿐이다. 부드바르는 매 포인트 플라토마다 하루씩 — 그리하여 12일간 — 주 발효를 하는 옛 시스템을 따른다. 그러나 통상적으로 다 이렇지는 않고, 대다수의 브루어리들은 좀더 신속한 주 발효 과정을 거친다. 부드바르 역시 무려 석 달이나 맥주를 라거링한다. 1980년대에 방문했던 이들의 기록에 따르면 필스너 우어크벨도 그렇게 장시간 라거링을 했다고 하지만, 오늘날 이 브루어리는 좀더 평범한 4주 과정을 택하고 있다. 브로시는 장기 숙성을 "가장 중요한 일"이라 표현한다—그리고 실제로, 부드바르는 라거링 탱크 수가 세 배 필요한 방식에 전적으로 맞춰져 있다.

진화

요제프 그롤의 오리지널 페일 라거보다 더 많은 '혁신'을 겪은 맥주는 없다. 그 혁신적 변화 중에는 거스를 수 없는 것들도 있었지만 —가령, 헬레스와 엑스포트의 탄생— 필스너가 브루잉의 국제적 기준이 되면서 다른 수많은 변화들은 재앙이 됐다. 페일 라거가 어떤 홉들은 숨아내고 어떤 홉들은 잃어버리기까지 하며 라거와 라거 팬들을 유혹하려다보니, 불순물이 혼입되고 교묘한 편법들이 끼어드는 등 끔찍한 풍파를 겪을 수밖에 없었다. 상상해보면 이상하지만, 올드 잉글리시 800 Olde English 800[*]이나 내추럴 라이트 같은 맥주들—세계 최악으로 꼽히곤 하는 맥주들—은 그롤이 처음 만든 맥주

[*] 밀러에서 생산하는 저가의 미국산 맥주 브랜드

버드와이저 수수께끼

이미 눈치챘을지도 모르겠다. 세상에는 두 버드와이저가 있다. 이게 어떻게 된 일인지, 그리고 글로벌 경제는 그 두 버드와이저를 어떻게 수용하는지에 관한 이야기의 골자는 한 세기 이상 지속된 대립과 소송이었다. 말하자면, 드라마와 아이러니로 가득한 정말 흥미진진한 이야기다.

체스케 부데요비체는 보헤미아 남단에 자리 잡은 동네로, 버드와이저를 부트바이스라 부르는 독일어 사용자들이 오랫동안 살아온 지역이다. 따라서 13세기 이래 이곳에서 브루잉돼온 맥주는 부데요비츠키 또는 부트바이저가 됐다—말 그대로, 부데요비체 또는 부트바이스라는 동네의 맥주라는 뜻이다. 요제프 그롤의 페일 라거가 1842년 플젠에서 성공을 거둔 이후로 일단 넘어가자. 다른 체코 브루어리들도 페일 라거를 만들기 시작했다. 당시 부트바이스라 불리던 플젠의 시립 브루어리도 그중 하나였다. 빌헬름 2세의 왕실에 납품하던 이 브루어리의 라거는 '왕들의 맥주'라는 별명을 얻었다. 들어본 기억이 있지 않은가?

1860년대 보헤미아 맥주의 매력에 빠져 있던 어느 모험심 강한 미국 브루어는 부트바이스의 맥주가 최고라는 결론을 내렸다. 미국에서 이런 종류의 맥주를 만드는 것은 쉬운 일이 아니었지만, 앤하이저 브루어리의 아돌푸스 부슈는 그 일을 해냈고 1876년 자신의 부트바이저 맥주를 처음으로 선보였다. 부슈는 버드와이저, 즉 부트바이저라는 이름으로 20년간 맥주를 판매하다 부트바이스로 돌아가 새 브루어리를 열었다. 독일인 소유인 옛 회사의 라이벌이 된 셈이었다. 조인트 스톡Joint Stock 브루어리라는 이 신생 브루어리는 19세기 후반 체코 민족운동의 일환으로 등장한 체코 맥주의 새 물결에 속해 있었다. 이 브루어리는 훗날 부데요비츠키 부드바르가 됐다.

이 역사에서 놀라운 부분은 두 기업이 고소와 맞고소로 난타전을 벌인 기록을 심심치 않게 발견할 수 있다는 것이다. 공교롭게도 아돌푸스 부슈는 실제로 부트바이스에서 영감을 얻었으며, 맥주 타입과 이름 모두 부트바이스의 맥주에서 가져다 쓴 것이 맞았다. 그러나 그가 부트바이저 부드바르가 존재하기 이전부터 자기만의 맥주를 브루잉했던 것 역시 사실이다. 그가 '왕들의 맥주'라는 별명을 가져다가 '맥주들의 왕The King of beers'—세계에서 가장 가치가 높은 기업 슬로건 중 하나—으로 바꾸어 쓴 것도 분명한 사실이었던 것 같다. (부드바르는 '왕들의 맥주'의 역사에 동의하지 않는다.) 그러나 부슈에 영감을 줬던 그 브루어리는 더 이상 존재하지 않는다. 그리고 가장 난감한 아이러니는 두 회사 중 어느 곳도 버드와이저, 즉 부트바이저라는 이름의 소유권에 관한 명확한 역사적 근거를 제시하지 못한다는 사실이다. 부슈가 차용하여 해당 도시나 사람들과 아무 관련 없이 리브랜딩한 것은 분명하다. 한편, 가치가 높은 상표라는 점을 제외한다면, 체스케 부데요비체 사람들은 그 이름을 왜 원하겠는가? '부트바이스'는 해당 도시에서 버린 이름이다. 부드바르는 여전히 국유 상태로 남아 있으며 체코 민족운동의 소산이기도 하다.

이 같은 갈등이 국제적 차원으로 번진 이후 오랜 시간이 흐르자, 처음에는 전 세계를 나누어 특정 시장이라도 사수해보려 했던 두 기업은 그러기에는 세계가 너무 작다는 결론에 도달했다. 이들은 동일한 시장에서 판매하되 서로 다른 이름을 쓰기로 합의했다. 그리하여 미국에서는 체크바라는 이름으로 팔리는 부드바르를 볼 수 있게 된 것이다. 법적 분쟁은 여전히 진행형이다. 그러나 부드바르를 쉬운 상대로 여기지는 말자. 앤하이저 부시가 비교적 소규모인 이 국유 기업을 인수하려 했음에도 불구하고 이곳은 여전히 독립 상태를 유지하고 있다. 실제로, 이곳은 경쟁 관계에 있던 세계 최대 규모의 브루어리보다도 오래 살아남았다. 2008년에 그 라이벌은 거대 맥주기업 인베브에 잡아먹혔다.

의 먼 후손에 해당한다.

다행히도, 최근에는 개성 있는 라거로 회귀하려는 바람이 불고 있다. 체코는 브루잉 르네상스를 만끽하고 있으며, 전통적인 라거가 그 선두에 있다. 체코의 맥주 팬들은 자기네 라거를 체코 특유의 색채를 띠게 만드는 특질들에 유독 관심이 많다. 오늘날의 최신 경향에 포함돼 있는 네필트로바네 피보(필터링하지 않은 맥주)나 크바스니초베 피보(효모 맥주—다 만든 맥주에 발효 중인 맥아즙이나 순수 효모를 첨가하여 만든 맥주)는 개성과 신선함을 유지한 채 맥주를 서빙하는 두 가지 방식이다. 이 탁한 외양의 맥주들이 워낙 대중적이라 내가 우네티츠키 피보바르를 방문했을 당시 그곳에서는 탁하지 않은 예외적인 12°플라토 맥주는 판매를 못 한다고 말했다. "만일 그 [맥주] 라거링이 한 달 넘게 이루어진다면 맥주가 지나치게 투명해져서 펍에서 항의를 할 겁니다. 좀더 효모가 있는 걸 원하니까요."

더 소규모의 신생 브루어리들이 산업적 규모의 거인들로부터 라거를 되찾으려 움직이면서 체코 밖에서도 비슷한 흐름이 형성되고 있다. 북아메리카 지역에서는 수많은 브루어리들이 체코 및 독일의 호평받는 라거들—빅토리, 문라이트Moonlight, 식스포인트Sixpoint, 버크셔Berkshire—을 만들고 있으며, 워싱턴 주의 처커넛 같은 일부 브루어리들은 거의 라거에만 전념하고 있다. 금주법 이전 시대의 라거라 불리던 이 소소한 흐름은 두번째 10년을 맞으며 더욱 힘을 얻는 중이다. 이 맥주들은 옥수수나 쌀이 든 맥아 가루를 써서 비교적 거친 느낌의 미국산 보리를 부드럽게 하면서도 여전히 탄탄하고 홉 풍미가 가득한 라거를 만들던 미국식 브루잉의 시대로 거슬러 올라간다.

소규모 브루어리들은 라거 기법을 탐색하는 과정에서 자기네 전통에서 영감을 얻었다. 런던에서는, 앨러스터 훅이 런던 라거로 엄청난 성공을 거뒀다. 런던 라거는 영국산 재료를 사용하면서도 바이에른 방식(훅이 이곳에서 브루잉을 배웠다)으로 만든 맥주다. 미국의 브루어리들도 정기적으로 토착 홉으로 비슷한 실험을 하고 있다. 이탈리아에서는 다양한 전통—벨기에식의 병입 방식, 영국식의 드라이호핑, 독일식의 라거링—을 차용하여 화려하고 풍부한 맥주를 만들고 있다.

가장 흥미로운 흐름 중 하나는, 수십 년에 걸쳐 점점 약한 맥주를 만들어온 다국적 거대 맥주 기업들은 반대 방향의 길을 택하고 있는 듯하다는 점이다. 대표 브랜드의 매출이 감소하자 2012년 앤하이저 부시는 프로젝트 12라는 계획 하에 다양한 페일 라거 레시피로 실험을 시작했다. 버드와이저의 공장 여러 곳에서 모인 브루마스터들은 각자 나름의 레시피로 작업했고, 회사에서는 2013년 블랙 크라운Black Crown을 선보이기에 앞서 대대적인 시음 행사를 열었다. 이 맥주의 출시는 벡스 사파이어Beck's Sapphire의 데뷔와 맞물렸다. 두 회사 모두 앤하이저 부시 인베브 소유로, 사파이어 역시 이곳의 통상적인 제품들보다 더 홉 특성이 두드러지고 도수가 높은 맥주다. 두 맥주에 직접적인 변동은 없지만, 시장의 흥미로운 변화 가능성을 시사한다.

알아야 할 맥주들

페일 라거는 식료품점 선반에 쭉 늘어서 있겠지만, 양이 질과 비례하는 것은 아니다. 체코 브루어리들은 수출을 잘 안 하기 때문에, 흔히 볼 수 있는 토착 필스너는 2종에 불과한데, 이 두 맥주야말로 스타일의 정의라 할 수 있다. 좀더 독일적인 필스너들도 있기는 하나, 가장 유명한 필스너들—벡스, 장크트 파울리 걸St. Pauli Girl, 바르슈타이너—은 대개 개성이 별로 없다. 평균 이하의 페일 라거들이 도처에 널려 있지만, 다행히도 평균 이상의 페일 라거도 쉽게 찾아볼 수 있다. 수많은 크래프트 브루어리들이 뛰어난 맥주들을 만들고 있기에 가능한 이야기다.

PILSNER URQUELL
필스너 우어크벨

원산지: 체코 플젠
몰트: 필스너
홉: 자츠
4.4% ABV, 1.047 SP. GR., 35 IBU

브루잉에서 최악의 범죄 중 하나는 녹색병을 사용하는 것이다. 이 녹색병 때문에 미국인들은 '스컹크' 냄새가 곧 필스너 우어크벨 등 유럽 맥주의 풍미라고 의심없이 받아들이게 돼버렸다. 물론 전혀 그렇지 않다. 대신 캔으로 이 맥주를 사보면, 풍부한 곡물향이 나는 몰팅과 톡 쏘는 체코산 홉의 강렬한 느낌으로 가득한 풀바디의 라거를 발견할 수 있을 것이다. 버터스카치향을 느낄 수도 있다—이는 디아세틸로, 우어크벨 효모가 풍부할 때 생성된다.

BUDĚJOVICKÝ CZECHVAR
부데요비츠키 체크바

원산지: 체코 체스케 부데요비체
몰트: 모라비아 페일Moravian pale
홉: 자츠
5.0% ABV, 1.047 SP. GR., 22 IBU

체크바(다른 지역에서는 부드바르로 판매된다)는 우어크벨과 동일한 비중으로 시작하지만 마무리감은 좀더 꽉 찬 느낌이다. 더 드라이하고 알코올 특성이 강하나, 호핑은 더 라이트하다. 두 맥주 중 아로마가 풍부한 몰트 풍미 면에서는 체크바가 더 우수하다. 쓴맛은 마찬가지로 낮은 편이지만, 홉은 우어크벨보다 실제로 더 아로마가 강하다.

JEVER PILSENER
예버 필제너

원산지: 독일 예버
몰트: 비공개
홉: 비공개
4.9% ABV, 1.045 SP. GR., 40 IBU

예버의 평판은 홉 위주지만, 이는 상대적이다. 미국인들은 대체로 그 강렬함—독일산 홉의 통상적인 허브 풍미와 함께 레몬향이 느껴진다—에 깜짝 놀라며 즐거워하지만, 압도당하지는 않는다. 바디는 가볍고 우아하며, 마무리감은 청량하고 드라이하다.

SLY FOX PIKELAND PILS
슬라이 폭스 파이크랜드 필스

원산지: 미국 펜실베이니아 포츠타운
몰트: 필스너
홉: 자츠
4.9% ABV, 1.047 SP. GR., 44 IBU

브루어 브라이언 오라일리는 뛰어난 라거를 만들고 있으며, 파이크랜드가 보유하고 있는 메달이 이를 입증한다. 슬라이 폭스는 이 맥주를 독일 북부 필스라 부르지만, 사실은 혼종에 가깝다—독일식으로 굉장히 청량하고 드라이한 동시에, 호핑은 체코 수준이다. 곡물향 나는 몰트 풍미는 표현이 풍부하고, 홉은 향이 강하면서도 꽃 느낌이 스친다. 캔에 담긴 이 맥주에서는 스컹키한 풍미를 느낄 수 없을 것이다.

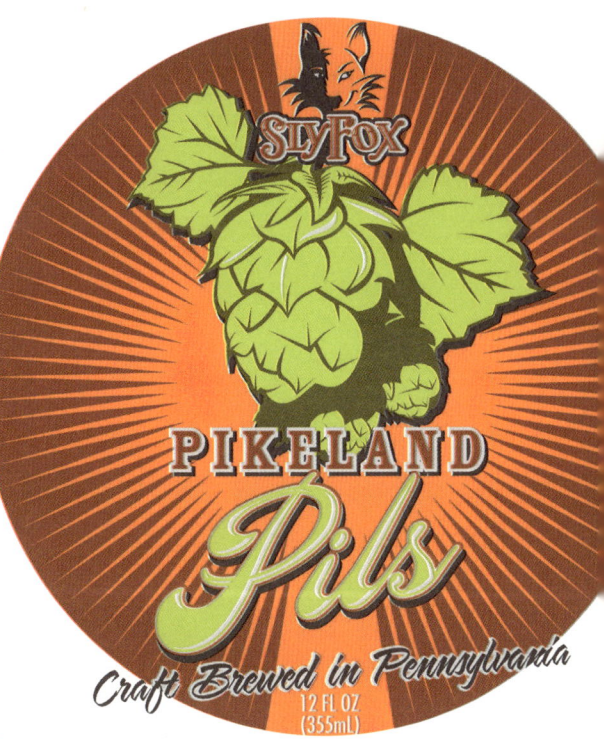

VICTORY PRIMA PILS
빅토리 프리마 필스

원산지: 미국 펜실베이니아 다우닝타운
몰트: 독일 필스너
홉: 자츠, 노던 브루어
5.3% ABV

프리마는 오랫동안 미국에서 가장 칭송받는 필스너 중 하나였고, 그런 평판을 받을 만했다. 홉과 몰트의 섬세한 조합은 클로버와 꿀, 야생화와 흑후추 같은 풍미를 만들어낸다. 필스너는 차갑게 마시는 것이 당연하겠지만, 프리마는 워낙 잘 만든 맥주라 글라스에 따른 채 한참을 두면 스콘 같은 몰트 풍미와 홉에서 나오는 꽃향이 만발한다.

CHUCKANUT PILSNER
처커넛 필스너

원산지: 미국 워싱턴 벨링햄
몰트: 필스너
홉: 테트낭, 슈팔트
5.0% ABV, 1.050 SP. GR., 38 IBU

업계 베테랑인 윌 켐퍼는 지난 수십 년간 수많은 브루어리를 창립하거나 혹은 브루어리 창립을 도왔다. 그런 그가 2008년에 문을 연 처커넛은 독일식 라거 맥주에 초점을 맞추고 있다. 튀지 않는 곡물향 베이스 위에 생생하고 청량감 있는 호핑을 한 이 필스너는 현지 취향에서 일부 영감을 얻고 있지만, 유럽 대륙 스타일에 충실하다.

GREAT LAKES DORTMUNDER GOLD
그레이트 레이크스 도르트문더 골드

원산지: 미국 오하이오 클리블랜드
몰트: 페일, 캐러멜
홉: 캐스케이드, 마운트후드
5.8% ABV, 1.057 SP. GR., 30 IBU

엑스포트 스타일에 미국적인 느낌을 더해서 도르트문더 엑스포트가 잃어버린 스트렝스를 되살렸으며 시트러스를 장식처럼 더해 원만하면서도 살짝 달콤한 맥주를 만들어낸다. 오리지널 스타일의 몇몇 대표적 특징은 사라졌지만(대신 미국적인 느낌을 더했다), 여전히 엑스포트의 정신만은 잘 포착해냈다.

STOUDTS GOLD LAGER
스타우츠 골드 라거

원산지: 미국 펜실베이니아 애덤스타운
몰트: 비공개
홉: 비공개
4.7% ABV, 25 IBU

이 황금빛 헬레스는 뮌헨의 라거를 떠올리게 만드는 면들이 있지만, 미국적인 느낌도 있다. 몰트는 가볍지만 청량하고 크래커 풍미가 있고 꿀향이 나며, 홉은 풀향이 나고 (대부분의 바이에른 헬레스비어에 비해) 강렬하다. 홉을 더 첨가하면 좀더 미국적인 느낌을 낼 수 있겠지만, 연거푸 마시기 좋은 맥주를 만들기에 좋은 방법은 아니다.

AUGUSTINER LAGERBIER HELL
아우구스티너 라거비어 헬

원산지: 독일 뮌헨
몰트: 비공개
홉: 비공개
5.2% ABV

아우구스티너의 헬레스는 풍성하고 크리미하다. 거품이 조밀한 헤드에 바디는 황금빛으로 반짝거린다. 몰트는 바이에른 지역 헬레스비어 특유의 온화한 부드러움이 살아 있다—약간 설탕쿠키 느낌도 있다. 그러나 독일식 라거에서는 이례적인, 농가풍 느낌이 더해진 톡 쏘는 효모 특성이 남다른 점이다.

─── 체스케 부데요비체(부트바이스), 체코 ───
Česke Budějovice (Budweis), Czech Republic

Budějovický Budvar (Czechvar)

부데요비츠키 부드바르(체크바)

디콕션 매싱과 깊은 숙성

내가 부데요비츠키 부드바르를 방문했던 10월의 어느 날, 막 내리기 시작한 첫눈의 굵직한 눈송이가 보헤미아 땅을 축축하게 적시고 있었다. 그런 날씨에도 브루마스터 아담 브로시는 브루어리 바깥에 있는 두 우물로 나를 데리고 갔다. 체코 맥주를 차별화시켜주는 여러 특색이 있는데, 우리는 그중 한 가지 앞에 서 있었던 셈이다. 그 우물은 거의 300미터가 넘는 깊이의 순수한 연수 유역까지 내려간다—페일 라거의 비밀을 푸는 열쇠 하나가 바로 여기에 있었다. 오늘날에는 물을 조정하기가 쉬워졌지만, 부드바르는 브루어리 경내 아주 깊은 곳의 수원에서 길어올린, 처리하지 않은 물만을 사용하는 전통을 고수하고 있다.

우리는 브루하우스의 후끈한 열기 한가운데 깊이 틀어박혀 있었는데, 그곳에서 브로시는 부드바르가 사용하는 재료들에 대해 이야기해주었다. 대다수의 사람들에게 이런 논의는 필스너의 재료로 유명한, 스파이시한 자테츠(자츠) 홉으로 시작해서 자테츠 홉으로 끝난다. 부드바르에서도 이 홉을 온전한 꽃 전체 형태로 사용한다. 하지만 사실 체코 맥주에서 더 중요한 것은 아로마가 강한 몰트다. 보리는 모라비아와 보헤미아 두 곳 모두에서 자라며, 영국의 경우와 마찬가지로 농부들은 신품종으로 실험을 계속해오고 있다. "육종업자들은 3-5년마다 신품종을 만들어내고 있습니다." 브로시의 설명이다. 각 브루어리마다 선호하는 지역에서 생산된 보리를 선택—부드바르는 모라비아 몰트만 사용—한 뒤 풍미와 품질의 일관성을 유지하기 위해 계속 엄격한 관리를 해야 한다. 해마다 보리가 조금씩 달라지기 때문이다. "분석 결과를 보면 거의 비슷하거나 동일하기는 하지만, 품종과 원산지 모두 맥주맛의 구성에 변화를 줄 수 있지요."

브루하우스는 내 예상대로 클래식한 4기식 디콕션 시스템을 갖추고 있다. 그러나 라우터와 케틀 사이에 그랜트가 있으리라고는 예상하지 못했다. 체코 사람들이 굉장히 중요하게 여기는 듯한(필스너 우어크벨의

오래된 엽서에 한창 가동 중인 브루어리의 모습이 그려져 있다.

학문적 연구 결과를 활용하지는 않고 있다. 오히려 반대로 그런 연구들을 활용해 부드바르의 옛날 방식이 여전히 우월한 이유를 입증하고자 한다. 한번은 케틀 내부의 구리로 된 작은 부분에 대해 설명했다—이 역시 산화 위험 요소다. 그는 씩 웃으며 일종의 "동종요법"이라고 했다. 이에 대해서도 연구했다고 했지만, 나는 아무런 효과를 발견하지 못했다는 느낌을 받았다. "애써봤지만, 측정은 불가능했어요." 그래서 그 구리로 된 부분은 그대로 남았다.

2006년도 최신식 브루어리에서도 사용하는) 구식 장비인 이 그랜트는 라우터 턴 아래 달린 움푹한 포켓 안에 자리 잡고 있고, 밸브가 부착된 긴 수도꼭지가 쭉 연결돼 있다. 오늘날에는 수동밸브 대신 컴퓨터로 작업이 이루어지기는 하나, 이들 장치는 라우터 턴 밖으로 나오는 흐름을 통제하기 위해 설계된 것이다. 맥아즙에 공기를 주입하는 과정은 언제나 위험 요소인데, 그 위험한 작업을 기꺼이 선택한 것에 놀라는 눈치를 보이자, 브로시는 내 우려를 수긍하면서도 자기 맥주에서는 이 작업이 충분히 가치가 있다고 믿으며 그 우려와는 반대되는 연구 결과도 있다고 했다. 공기 주입은 "폴리페놀과 단백질의 반응에 영향을 미칩니다. 여기, 이런 반응에 영향을 미치는 거죠. 단맛이 있는 맥아즙이 이 밸브를 통과하면 소량의 산소가 주입되어 단백질과 폴리페놀 사이의 반응이 잘 마무리되는" 것이라고 그는 설명했다.

다시 말하지만, 나는 이전에도 비슷한 토론을 브로시와 여러 번 했었다. 그는 최신 과학 연구 내용을 다 파악하고 있는 브루어다. 하지만 여러 다른 브루어리들과 마찬가지로 그 역시 기술적 변화로 이어지는 그런

투어의 마지막 순서로 발효하는 곳으로 내려갔고, 그다음 더 깊이 내려가자 엄청나게 넓은 지하창고가 나왔는데 그곳에는 어뢰같이 생긴 육중한 라거링 탱크들이 마치 고래처럼 줄줄이 늘어서 있었다.

브로시는 부드바르의 브루어들이 수십 년간 사용해온 오래된 주석 코팅 구리잔을 가져왔고 우리는 여

이 우물은 약 300미터 깊이에서 부드바르의 그 유명한 연수를 길어올린다.

아담 브로시의 모습

러 탱크로부터 맥주—대표 격인 페일 라거, 로스티한 트마베, 놀라우리만치 부드러운 스페치알—를 조금씩 맛보았다. 아직 포장 단계는 아니었지만, 각각은 여느 맥주의 경우보다도 라거링 탱크 안에서 긴 시간을 이미 보낸 터였다. 부데요비츠키 부드바르는 연간 약 100만 배럴을 생산하고 있으며 생산 과정을 효율화함으로써 비용을 절감할 수 있었다. 부드바르가 기본적인 숙성 시간을—전 세계 대부분의 브루어리들 수준으로—줄인다면, 우리가 시음한 맥주가 담겨 있던 그 커다란 고래들은 지금보다 두세 배는 더 많은 맥주를 집어삼킬 수 있을 것이다. 하지만 브로시는 맥주가 탱크 안에서 왜 그토록 오래 머물러야 하는지 관련 연구 결과를 인용해 들려주었다. 그가 "깊은 숙성"이라 지칭한 이 과정은 맥주를 부드럽게 할 뿐 아니라 홉 특성을 향상시킨다는 것이었다.

(정수압 및 기타 화학적 효과에 관한 다른 여러 사항도 있었는데 내가 다 이해하기에는 너무 기술적인 내용이었다.)

물론 나는 브로시의 연구를 의심하지 않으며, 부드바르가 연구 결과 더 나은 맥주를 만들 수 있는 뭔가 다른 방식을 발견한다면 지금껏 사용해온 방식들을 바꾸리라 생각한다. 그러나 이 추운 저장고에서 갓 뽑아낸 신선한 맥주를 홀짝이며 덜덜 떨고 서 있으면서, 나는 브로시와 동료들이 가장 확신하고 있는 바가 무엇인지 분명히 알아차렸다. "브루어리에서 이곳의 시음 패널은 가장 중요한 분석 도구죠. 고가의 장비나 여러 장치를 구비할 수는 있다 해도, 맛을 보는 것, 그게 가장 좋은 방법입니다." 그는 말했다. 그리고 그렇게 부드바르는 자기네 고유의 디콕션, 구리 그랜트, 긴 숙성 시간을 여전히 고수하고 있다.

벽 전체가 통창으로 돼 있는 브루하우스 실내는 공항터미널만큼이나 채광이 좋다.

앰버 라거
메르첸, 빈 라거
AMBER LAGERS
MÄRZEN AND VIENNA LAGER

Amber Lagers. 엄밀히 말하자면, 메르첸의 핵심은 색이 아니라 스트렝스다. 물론, 메르첸이 이제 호박색의 맥주를 뜻하게 되어버린 것은 사실이다. 글라스에 담긴 메르첸(옥토버페스트라고도 불린다)과 빈 라거는 호박색보다는 좀더 황금빛이나 붉은빛을 띨 수 있고, 실제로 아름다운 겉모습은 이 맥주의 핵심 특징 중 하나이기도 하다. 우선 풍성하고 원숙한 느낌의 몰트 풍미로부터 시작되며 캐러멜 풍미가 듬뿍 느껴지거나 토스트향이 살짝 나기도 한다. 라거 대가족 중에 앰버 라거만큼 음식과 잘 어울리는 맥주도 드물다. 앰버 라거는 피자전문점이나 타코 전문 멕시코 식당에서도 흔히 볼 수 있는 맥주로, 구운 닭 요리와도 아주 잘 어울려서 바이에른 지역의 축제에서는 그 완벽한 페어링을 만끽하기 위해 소중한 소시지마저 마다하는 경우가 종종 있다.

주요 수치

- ABV 범위: 4.5-6%
- 메르첸 ABV 범위: 5-6.5%
- 쓴맛: 18-30 IBU
- 빈 라거 ABV 범위: 4.5-5.5%
- 쓴맛: 15-30 IBU
- 서빙 온도: 3.3-7.2°C
- 전용잔: 슈타인

어떤 맥주들의 존재 이유는 한여름 낮 같은 때에 더위를 식혀주는 것이고, 또 어떤 맥주들의 존재 이유는 캄캄한 한겨울에 몸을 덥혀주는 것이다. 가을 낙엽색을 띠는 앰버 라거는 8월의 태양으로부터 받아 남겨두었던, 타다 남은 장작 같은 온기를 그 안에 은은하게 품고 있다—추분秋分 같은 맥주다. 냉장이 가능해지기 전, 이 맥주는 봄에 만들어져 서늘하고 어두운 동굴 속에서 더위를 견뎌내고 첫서리가 내린 날 마실 수 있었다. 이들은 세계에서 가장 유명한 추수감사 축제의 주인공인 축하용 맥주가 됐다.

뮌헨에서 메르첸 라거는 지금도 9, 10월 중 3주간은 주인공 노릇을 하지만, 빈은 한때 유명했던 동명의 맥주를 잃고 말았다. 이들 맥주는 바다를 건너 이제는 북아메리카 지역에서 좀더 흔히 볼 수 있게 됐다. 멕시코시티에서 보스턴까지 가장 손쉽게 탭에서 마실 수 있는 맥주에 속한다—그리고 대부분의 사람들은 이 맥주가 본래 오스트리아 출신임을 전혀 모른다.

기원

만일 할리우드에서 맥주 업계의 이야기를 하나 고르게 된다면 그것은 아마 빈과 뮌헨 출신의 후손 중에 맥주를 만드는 두 사람이 나오는 이야기가 아닐까. 이야기는 버디 무비처럼 시작되다가 〈시민 케인Citizen Kane〉 같은 클래식한 자본주의 이야기로 변해갈 것이다. 이 이야기의 주인공들을 '시민 메르첸'이라 부르자. 우리의 이야기는 젊은 두 브루어, 빈의 안톤 드레어와 뮌헨의 가브리엘 제들마이어가 크래프트 맥주를 배우던 1830년대부터 시작된다. 둘은 훈련의 일환으로 다른 나라들로 서사시적인 여정을 떠나 여러 브루어의 다양한 방법들을 배우기로 한다. 드레어는 뮌헨으로, 제들마이어는 빈으로, 그런 다음 둘은 북쪽으로 향한다.

야심과 호기심이 가득한 이 사내들은 외국 브루어리들로부터 비밀만 캐내올 수 있다면 무엇이든 할 태세다. 1833년, 이들은 함께 영국에 도착한다. 당시 영국은 브루잉이 가장 발달한 나라로, 오늘날로 치자면 기술 분야 엘리트들과의 교류를 위해 실리콘밸리로 간 것이나 마찬가지였다. 이야기는 여기서부터 흥미진진해진다. 버턴에 머무는 동안 이들은 이언 플레밍*을 따라 속을 파낸 지팡이를 사용해 분석용 맥아즙과 효모를 훔쳐낸다. 우리의 영화 버전에서 드레어가 발효통 모서리에 기댄 채 부글부글 거품이 이는 맥아즙 속에 손을 풍덩 담그는 동안 제들마이어가 망을 보는 장면을 상상한다.

앰버 라거가 분위기를 한층 돋우는 축제, 뮌헨 옥토버페스트

* 영국의 작가이자 저널리스트. 007 영화의 원작인 '제임스 본드' 시리즈 소설들이 대표작이다.

그러나 영화가 아닌 현실 버전에서는 효모와 맥아즙이 이 젊은 라거 브루어들에게 딱히 귀중한 것은 아니었다. 이들이 영국에서 가져온 것은 생물학적 표본보다도 훨씬 더 가치 있는 것이었으니, 바로 페일 몰트를 만드는 '잉글랜드식 방법'에 관한 지식이었다. 고국으로 돌아와, 드레어는 자기 아버지 소유의 클라인-슈베하트 Klein-Schwechat 브루어리로, 제들마이어는 자기 아버지 소유의 슈파텐으로 각각 들어갔다. 드레어는 1836년에, 제들마이어는 1839년에 브루어리를 물려받았다. 이 둘은 자신의 지식을 십분 활용하여 1841년에 첫번째 앰버 라거를 선보였다—그리고 제들마이어는 그해 뮌헨 옥토버페스트를 데뷔 무대로 삼았다. 이들 맥주를 브루잉하기 위해 개발한 몰트는 고향 도시의 이름을 땄고, 브루잉의 기준이 되어 지금도 전 세계 브루어리들에서 대대적으로 이용하고 있다.

이 맥주들은 출시 이후 서로 다른 길을 갔다. 드레어의 맥주는 거의 곧바로 엄청난 성공 가도를 달렸다. 붉은빛이 도는 황금색 맥주였는데, 당시 세계에서 가장 페일하고 색이 가장 아름다운 라거 중 하나였다—적어도 요제프 그롤이 보헤미아에서 필스너를 소개하기 전 1년 간은 그랬다. 이 맥주는 오스트리아 제국 전역으로 퍼져나갔고, 드레어는 백만장자가 됐다. 1867년 파리 세계 박람회에서 빈의 맥주 홀은 대히트였고, 1870년대에는 런던과 파리에서 '빈 맥주'를 한 잔씩 살 수 있었다. 당시만 해도 슈베하트 브루어리는 유럽 대륙에서 가장 대규모였다.

드레어의 라거는 그 브루어리를 능가했

메르첸은 얼마나 다크할 수 있을까? 가족이 운영하는 슐렝케를라에서 마티아스 트룸이 훈제 메르첸을 앞에 두고 앉아 있다. 오늘날 메르첸비어는 대체로 앰버 같은 색이지만, 한때 이 용어는 색이 아니라 특정 비중의 맥주를 지칭하는 말이었다.

다—이 맥주 덕분에 빈이 유명해졌다. 빈을 찾는 이들은 이 맥주의 마법에 걸린 듯했다. 다음은 1866년에 빈을 방문했던 어느 영국 남자가 쓴 글이다.

무엇보다도, 얼음장처럼 차가운 저장고에서 방금 꺼내온 캐스크에서 곧바로 글라스에 따라내면 호박색의 액체가 반짝인다. 맨 위에는 섬세한 거품방울들이 모여 왕관처럼 얹혀 있는데, 이 거품이야말로 진정한 천상의 공기방울들로, 스코틀랜드 에일의 비누거품 같은 지상의 공기방울들과는 차원이 다르다. 라거 한 잔을 홀짝이며 엄선한 라타키아

3월 맥주

3월 맥주(메르첸비어)의 기원은 1553년 바이에른의 공작이 4월 23일부터 9월 29일까지는 맥주를 만드는 것을 법적으로 금지하는 칙령으로 거슬러 올라간다. 이 시기는 야생효모와 박테리아가 특히 맥주를 잘 변질시키는 기간이었다. 기나긴 여름에 대비하여 브루어들은 가을까지 동나지 않을 만큼 충분한 양의 맥주를 만드느라 정신이 없었다. 오리지널 메르첸비어는 물론 앰버가 아니었다—당대의 기준에서는 조금 다크한 라거에 가까웠다. 슈파텐이 1841년 앰버 라거를 출시했을 때, 제들마이어는 이 맥주를 메르첸이라 불렀고, 빈에서는 드레어도 자신이 만든 라거를 메르첸이라 불렀다. 그때부터 지금까지 메르첸은 앰버 맥주를 의미한다.

담배를 피워물고 연기를 화관 모양으로 뿜어내면서, 이글거리는 황금빛 태양이 하늘을 붉게 물들이는 도나우강 유역의 노을을 멍하니 바라보는 동안 왈츠나 마주르카의 리듬을 타는 것, 이것이야말로 완벽하게 무심하고도 자동적인 축복이다. 이런 축복은 다른 어디서도 찾아보기 힘들 것이다.
—『콘힐 매거진』, 1866년 제14호

제들마이어의 앰버 라거가 도착했을 때 뮌헨의 리히터 척도에 기록된 진동 규모는 훨씬 더 작았다. 뮌헨은 이미 세계 최고 브루잉의 도시로 손꼽히는 수준이었고, 그곳의 맥주 애호가들은 밤색 둥켈 라거에 충분히 만족하고 있었다. 바이에른 사람들은 페일 라거에는 워낙 관심이 없는 편이어서 헬레스를 만들 생각을 하기 시작한 것은 불과 수십 년 전이었다. 대신, 슈파텐의 메르첸은 옥토버페스트에서 가장 사랑받는 맥주가 됐다. 좀더 다크한 뮌헨 몰트로 만든 메르첸은 둥켈과 보헤미아의 새로운 페일 라거의 중간 정도에 해당했다. 그다지 라이트하지는 않아서—훗날 1890년대에 헬레스가 그랬듯이—논쟁을 불러일으켰고 다른 브루어들은 슈파텐을 따라하기 시작했다.

우리의 버디 무비 후반부에 들어서면 드레어와 제들마이어는 '시민 케인' 단계로 진입하여 거대한 제국들을 거느리게 된다. 드레어는 실제로 정계에 입문했다—1861년 의원이 됐다. 제들마이어는 혁신을 계속하여 1844년 브루어리에 증기기관을 도입하고 1873년에는 냉장 기술을 도입했다(슈파텐이 냉장을 처음 시작한 브루어리였다는 것이 통설이다). 그는 앰버 라거의 공동발명자였지만, 제들마이어의 브루어리가 뮌헨 최대 규모로 성장한 것은 주로 둥켈의 성공에 힘입은 결과였다. 냉장 설비를 갖춘 직후 은퇴한 제들마이어는 역대 가장 중요한 브루어로서의 입지를 확고히 했다.

마지막 부분에서는 약간의 시적 허용을 통해 더 극적인 이야기를 만들어야 할지도 모르겠다. 이들 둘의 고독한 말년이나 실패 같은 몰락에 관한 기록은 전혀 없기 때문이다. 드레어는 사실 1863년에 요절했지만, 제들마이어는 아들들이 슈파텐에서 가업을 이어나가며 자신처럼 혁신을 시도해나가는 모습을 지켜봤다. (이들은 헬레스 라거를 뮌헨에 소개한 장본인들이다.) 제들마이어는 뮌헨 시에서 그 공로를 치하하는 영예를 누린 몇 안 되는 시민이기도 했다. 슈파텐은 뮌헨에서 가장 잘나가는 브루어리 중 하나로서 그 명맥을 유지해나갔으며, 오늘날까지도 그 자리를 지키고 있다. 뭐, 로즈버드*가 있든 없든, 아무튼 흥미로운 스토리다.

상세 설명 및 특성

앰버 라거라는 카테고리는 완벽하게 엄밀한 것은 아니다. 옥토버페스트나 메르첸 맥주(이하, 메르첸)는 이 스타일에서 한때 비교적 다크한 버전이었을 것이다. 빈 라거가 비교적 라이트 로스팅한 빈 몰트로부터 추출해내는 색에 비해 이 맥주들은 뮌헨 몰트로부터 색을 더 많이 추출해낸다. 그러나 이들 색을 서로 비슷하게 만든 흥미로운 역사적 전환점이 있다. 메르첸이 처음 소개됐을 때 뮌헨은 다크 맥주가 주류인 동네였다. 전 세계 다른 지역들은 한창 유행 중인 페일 맥주와 사랑에 빠져 있었을지 모르지만, 충실한 바이에른 사람들은 그렇지 않았다. 때문에 메르첸은 비교적 다크한 라이트 비어(또는 다크 비어)에 가까웠다. 그러나 상황은 변했다. 한 세기 반 동안 페일 맥주는 천천히 상승세를 탔다. 메르첸은 여전히 지배적 스타일인 헬레스에 비견되지만, 현재는 라이트 비어를 의미한다. 지난 20-30년간 메르첸의 색은 변해왔지만, 오늘날에는 좀더 밝은 앰버 맥주에 해당한다—빈 라거와 흡사하다. (바이에른의 몇몇 소규모 브루어리에서는 여전히 다크 메르첸을 브루잉하기는

• 영화 〈시민 케인〉에 등장하는 키워드

한다.) 현재는 색만 따로 논하기는 어렵다.

메르첸

아시아의 일부 미적 전통에서는 표현의 정수를 지칭하는 일정한 개념이 있다. 인도에서 해당 표현은 '라사rasa'로, 예술에 동반되는 분위기나 감정 상태를 지칭한다. 특히 음악은 늦은 오후나 로맨스 또는 경이로움 같은 분위기를 포착한 결과물이다. 3월 맥주에도 그런 '라사'—축하의 의미—가 있다. 메르첸에는 축제의 정신이 깃들어 있다. 스탠더드 라거보다 조금 더 알코올 도수가 높지만 목을 타고 부드럽게 넘어가는 이 맥주는 유쾌함의 원천이자 결과다. 가을맥주보다도 추수 기념 맥주에 더 가깝고, 청량하고 시원하다기보다는 햇살처럼 따스한 기운을 품은 이 맥주를 사람들은 편안한 여름 분위기가 아직 감돌 때 마신다.

캐러멜 풍미의 뮌헨 몰트가 지닌 부드럽고도 견고한 바탕 위에 쌓아올려진 이 맥주는 알코올과 마실거리의 훌륭한 결합이다. 메르첸은 풍부하게 목을 타고 내려가는 느낌을 최대한 끌어올릴 만큼 달콤하면서도 갈증 해소에 탁월하고 자꾸 더 마시고 싶은 마음이 들 만큼 청량하다. 홉은 이 맥주를 구성하는 중요한 부분으로, 최고의 메르첸은 균형감에 조화를 더한다. 클래식한 홉 프로필에는 독일 품종의 섬세한 스파이시 풍미가 담겨 있고 폭신한 몰트 풍미 가운데서 생강 쿠키가 연상되는 향이 나기도 한다. 시간이 흐르면서 독일 메르첸은 본래의 색을 상당 부분 잃고 호박색보다는 좀더 황금빛에 가까워졌다. 그러나 미국에서는 옥토버페스트(흔히 이 이름으

뮌헨 옥토버페스트

최초의 옥토버페스트는 결혼식이었다. 떠들썩한 잔치, 퍼레이드, 경마 등 온갖 행사 등으로 축하연은 닷새 동안 이어졌다. 신혼부부는 평범한 뮌헨 사람들은 아니었으니, 바로 장차 바이에른의 왕이 될 루트비히와 작센-힐트부르크하우젠의 테레제 공주였다. 이 결혼식에 딸린 예식에는 분명한 마력이 있었음에도 불구하고 당시 뮌헨 사람들은 이 행사가 또 있을 것이라는 생각은 물론 하지 않았다. 특히 경마는 사람들을 흥분의 도가니로 몰아넣는 듯 보여서 뮌헨 당국은 다음해에 또 한차례 축제를 열기로 했다. 혼인 서약 대신 농업 박람회를 함께 열었다. 나폴레옹 전쟁 직후에 있었던 이 행사 전반에는 정치 논리와 지역적 자긍심이라는 요소도 녹아 있었다. 축제 장소는 신부의 이름을 따서 테레지엔비제Theresienwiese라고 불렀고 그 이후로 옥토버페스트는 쭉 열려왔다.

축제의 중심은 거의 곧바로 맥주가 됐다. 우리가 오늘날 알고 있는 메르첸비어는 최초의 옥토버페스트 당시에는 존재하지 않았다—뮌헨은 당시만 해도 여전히 다크 라거의 고장이었다. 슈파텐이 앰버 메르첸을 처음 선보인 것은 1841년 옥토버페스트에서였고 1872년에는 브루어리 최초로 앰버 메르첸을 옥토버페스트라 명명했다. 1896년 이래 뮌헨의 덩치 큰 브루어리들은 오늘날까지 매년 '성' 같은 거대한 텐트들을 세워 맥주를 독점적으로 공급하다시피 하고 있다. 이곳에서 맥주를 판매할 수 있는 브루어리는 단 여섯 곳—아우구스티너, 하커 프쇼어Hacker-Pschorr, 뢰벤브로이Löwenbräu, 파울라너, 슈파텐, 호프브로이하우스—이며 옥토버페스트비어라는 명칭을 쓸 수 있는 독점권도 이들에게만 있다.

옥토버페스트는 세계 최대의 맥주 축제일 뿐 아니라, 자연의 불가항력 같은 수준이 됐다. 9월의 마지막 2주와 10월 첫 주 동안 최대 700만 명의 사람들을 맞는다. 이 방문객들은 800만 리터의 맥주를 마시고 50만 마리의 닭과 12만5천 개의 소시지를 해치운다. 이런 과정을 통해 10억 유로 이상이 지역경제로 유입된다. 이렇게 옥토버페스트는 관광객들을 끌어모으는 행사로 유명하기는 하지만, 여전히 지역 축제로서의 성격이 강하다. 축제 참가자의 60%는 뮌헨 사람이고, 총 75%는 바이에른 출신들이다. 디른들과 레더호젠은 외국인들의 사진 촬영을 위한 것만은 아니다.

디른들, 레더호젠, 맥주, 소시지—매년 뮌헨의 테레지엔비제에 700만 명이 텐트 안으로 몰려드는 것은 어쩌면 당연한 일이다.

로도 불린다)가 추수의 색―깊고 풍성한 호박색―을 띤다.

빈 라거

빈 라거에 관한 재미있는 사실은 대부분 더 이상 빈에서 브루잉되지 않는다는 것이다. 지금까지 ―특히 북아메리카 지역 사람들에게― 가장 유명한 빈 라거들은 오늘날 신대륙으로부터 비롯된 것이다. 이 스타일이 천천히 몰락해온 긴 시간 동안 미국에서 빈 라거는 국경 남쪽의 중심이었다―지난 수년간 미국의 식료품점에서 가장 흥미로운 맥주 자리를 차지하고 있는 빅토리아Victoria와 도스 에키스 암바르Dos Equis Ambar를 생각해보라. 짐 콕은 전공한 법 분야를 포기하고 가업을 잇기로 하면서, 고조부의 레시피를 파헤쳐 샘 애덤스 보스턴 라거Sam Adams Boston Lager라 명명한 빈 라거를 만들었다.

역사적으로 메르첸은 좀더 다크하고 캐러멜 풍미가 강한 맥주였지만, 빈 몰트는 빈 라거에 청량하면서도 토스트 같은 고소한 풍미를 더했다. 그러나 극명하던 이 구분은 이제 허물어지는 중이다. 빈 라거 스타일이 바다를 건너면서 브루어리들은 이제 좀더 미국산 홉 목록에 의존하게 됐으며, 페일 몰트를 주로 쓰고 캐러멜 몰트로 색과 맛을 더하게 됐다. 가장 유명한 두 곳으로는 그레이트 레이크스와 샘 애덤스를 꼽을 수 있겠다. 둘 다 페일 및 캐러멜이라는 기준을 따른다. 그레이트 레이크스도 엘리엇 네스Eliot Ness에는 뮌헨 몰트를 첨가하지만, 한때 빈 라거라는 스타일을 규정했던 빈 몰트는 이제 두 곳 모두 사용하지 않는다. 엘리엇 네스는 6.2%

> **IF YOU LIKE AMBER LAGERS**
>
> 메르첸과 빈 라거 둘 다 라거 계열 맥주들 중에서는 상당히 가까운 관계다. **헬레스**와 **둥켈 라거**는 알코올 특성이 덜하지만 빛깔은 중간 즈음에 해당한다. **보크**는 홉 특성은 덜 두드러지지만 스트렝스나 강렬함 면에서는 비슷하다. 체코의 **폴로트마베**는 또 다른 버전의 앰버 라거다. 앰버 에일들은 몇몇 비슷한 면이 있지만, 더 묵직하고 꽉 찬 느낌이며 과일 풍미도 더 강하다(간혹 홉 특성이 더 강한 경우도 있다).

ABV에 달하는 반면, 샘 애덤스는 4.9%에 그친다. 둘 중 어느 한 쪽이 좀더 메르첸에 가까운 것일까? 이들은 한때 오스트리아에서 브루잉됐던 그 맥주들과 같은가? 정확히 알기는 어렵지만, 맥주마다 다 다르다. 미국과 멕시코에서 빈 스타일 라거는 보통 캐러멜향이 특징적인 가볍고 몰트 특성이 두드러지는 바디를 지닌다. 미국산 몰트는 독일산 몰트에 비해 약간은 더 뻣뻣한 느낌이 있으므로, 만들어지는 맥주는 부드럽기보다는 청량하고 깔끔한 쪽이다. 무엇보다도, 사실 이건 전적으로 브루어리의 선택에 달린 문제다.

브루잉 노트

실존주의적 질문: 만일 원산지에서 6,400킬로미터를 넘게 이동하고 그 맥주를 규정하던 핵심 재료를 뺀다면, 우리는 그것을 여전히 같은 맥주라 할 수 있을까? 오늘날 빈 라거에 대해 생각할 때 우리는 보스턴 라거를 떠올리지, 1841년에 안톤 드레어가 처음 브루잉했던 그 맥주를 떠올리는 것은 아니므로 이는 타당한 질문이다. 이 질문은 또한 본질적으로 하나 마나 한 질문

멕시코 빈 라거

멕시코 마리아치 악단mariachi band*이 독일의 움파oom-pah**곡을 흥겹게 흉내 내는 것을 들어본 적 있는가? 아마도스 에키스 암바르를 한 피처 마시는 동안 그 연관성을 눈치챘을 수도 있겠다. 음, 재미있는 이야기가 있다. 이상하게 들릴지도 모르지만, 1860년대에 멕시코는 잠시 프랑스의 실질적 지배를 받았다. 1864년에 프랑스는 멕시코 황제 자리에 오스트리아 대공 페르디난트 막시밀리안을 앉혔다. 그는 1867년 체포되어 처형됐지만 짧은 통치 기간 중 수많은 오스트리아의 브루어들을 데려올 수 있었다. 이 브루어들은 당시 멕시코에 남아 머물며 기존의 라거—빈 라거—를 계속 브루잉했다. 독일계 이민자들이 엄청나게 밀려들며 폴카를 가지고 들어왔던 그때는 아니었다—이는 더 나중이었으니까. 그러나 나는 당시 먼저 도착해 있던 그 모든 훌륭한 맥주가 이주의 동기로 작용했던 것은 아닐까 혼자 상상해본다.

* 멕시코 전통음악을 연주하는 유랑 악단
** 튜바 소리를 나타내는 의성어로 행진곡풍의 관악합주를 일컫는다.

이기도 하다—맥주 스타일은 변화하며, 앰버 라거 브루잉의 전통이 빈에서 살아남았다면, 이 스타일은 메르첸의 경우처럼 나름대로 변화를 거듭했을 것이다.

그러나 보스턴 라거를 살펴보면 흥미롭다. 맥주의 진화를 볼 수 있기 때문이다. 짐 콕이 자기네 집안에 가보로 내려오던 레시피—세인트 루이스에서 브루잉되던 당시에는 루이스 콕 라거라 불린 적도 있었다—를 사용하여 앰버 라거를 재해석해 내놓았을 때 그는 오스트리아에서 이미 한걸음 떨어져나온 미국 맥주를 보고 있었던 것이다. 콕에 따르면 그가 만든 보스턴 라거는 "완전히 똑같은 레시피"다. 약간의 시적 허용—몰트의 변화, 기술의 개선—이 포함된 이 레시피를 통해 우리는 많은 것을 알 수 있다. 루이스 콕은 디콕션 매시를 사용했고, 짐에 따르면 그는 "전통적인 4기식 과정" 역시 활용하고 있다고 한다. 미국산 홉은 특히 평이 별로여서 루이스는 독일산 홉을 사용했다. "할러타우와 테트낭 홉은 여전히 같은 농장에서 재배되고 있고, 같은 가족이 대를 이어 재배하는 경우도 많다"고 그는 말했다.

적어도 이 요소들은 드레어 시대 이후로도 별로 변하지 않았다. 그러나 루이스는 미국산 몰트를 사용했는데, 빈 몰트가 아닌 캐러멜 몰트로 앰버 라거에 색을 입혔다. 콕은 이 차이를 인정했다. "저희는 똑같은 두줄보리를 썼습니다만 품종은 달라졌습니다. 19세기의 몰트와 맛의 차이가 있는지는 모르겠습니다." 콕의 아버지에 따르면, 이 맥주는 1950년대에 다시 브루잉됐는데, (보스턴 라거처럼) 드라이호핑을 했다고 한다. 이는 분명 좀더 현대적이고 또 미국적인 변화다. 유럽 대륙의 브루어들은 라거를 드라이호핑하지 않으며, 이민자 출신 브루어들도 마찬가지일 것이다. 요약하자면, 이는 미국산 보리, 캐러멜 몰트를 넣고 드라이호핑한 맥주로, 이 맥주 스타일의 표준이다. 만일 어느 브루어리가 드레어가 그레이트 아메리칸 비어 페스티벌에서 선보였던 것 같은 맥주를 출품한다면 빈 라거 같은 맛이 아니라는 이유로 점수를 잃을 것이다.

미국의 브루어들은 몰트 사용 목록에 상당히 무관심한 편이다. 기꺼이 미국산 페일 두줄 보리를 사용하고 컬러 몰트들을 사용해 독일 스타일에 최대한 가깝게 만든다. 독일 맥주와 미국 맥주를 나란히 시음해보면 미국 맥주가 더 캐러멜 풍미가 강하고 더 뻑뻑하다는 느낌이 들 것이다. 독일의 앰버 라거는 그에 비해 더 부드럽고 빵 풍미가 느껴질 것이다. 나는 독일에서 배우고 미국에서 일하는 브루어 두 명에게 몰트를 다루는 방식이 어떻게 다른지 물었다. 1993년 뉴 글래러스 브루잉을 설립한 댄 캐리는 큰 차이가 있다는 데 동의했다. "우리는 지금까지 미국산 몰트만 썼는데, 독일 맥주에서 영감을 얻은 스태그혼Staghorn 같은 몇몇 맥주의 경우는 거의 독일산 몰트만 사용하다시피 합니다. 저는 개인적으로 풍미에 상당한 차이가 있다는 데 대단히 동감합니다."

몬태나에서는 위르겐 크뇔러가 캐나다산 곡물을 사용하고 있지만 원하는 기준에 맞는 몰트를 얻기 위해 몰팅은 독일인 몰트스터maltster(몰트, 즉 맥아를 만드는 사람)에게 맡

1985년 당시의 보스턴 라거

기고 있다. "저는 브루잉과 몰팅에 학위가 있어서 몰트스터에게 부탁할 때 정확히 제가 원하는 것이 무엇인지 알려줄 수 있죠. 하지만 맥주 프로필의 75%는 몰트하우스에서 완성됩니다. 아마 브루하우스 안에서 브루어로서 영향을 미칠

이름에 얽힌 사연

옥토버페스트, 메르첸, 옥토버페스트메르첸. 이들은 다 똑같은 맥주 한 가지를 지칭하는 이름들일까? 만일 그렇다면, 우리는 달 이름과 관련된 혼란을 어떻게 해석해야 할까? 첫번째는 10월(옥토버Oktober), 두번째는 3월(메르츠März), 그리고 가장 헷갈리는 것은 달 이름이 두 개 다 들어 있는 세번째다. 이게 다 무슨 소리일까?
실제로 이들은 다 한 가지 맥주를 일컫는 것이 맞는다. 3월은 이 맥주가 본래 브루잉됐던 달을 가리켰고, 10월은 이 맥주를 저장고에서 꺼내 마시던 시기를 가리켰다. 독일어에 있는 움라우트가 없는 미국에서는 이 맥주를 옥토버페스트라 부른다. 그러나 독일에서는 이 표현에 법의 무게가 얹힌다. 뮌헨의 전설적인 옥토버페스트에서 맥주를 선보일 수 있는 단 여섯 개 브루어리만이 이 용어를 사용할 수 있다. 해당 스타일의 다른 맥주들은 메르첸이라 불린다. 미국 내에서는 양쪽 모두 사용 가능하다. 만일 당신이 독일어를 안다면, 움라우트 때문에 첫째 모음은 '에어' 비슷하게 발음이 되므로 '메어첸'에 가깝게 읽을 것이다.

수 있는 —주는 것이든 받는 것이든— 부분은 25% 정도일 겁니다. 맥주 성격의 75%는 이미 몰트하우스에서 정해지는 셈이지요." 미국산 페일 및 스페셜티 몰트들로 독일 메르첸처럼 보이는 앰버 라거를 만들 수는 있겠지만 맛까지 똑같을 수는 없을 것이다.

진화

앰버 라거는 최근의 여러 변화에 별로 영향을 받지 않았다. 멕시코 기업들은 미국 맥주 업계에서 합병 바람이 불던 긴 암흑기에도 빈 라거를 지켜냈고, 별다른 변화도 겪지 않았다. 새뮤얼 애덤스가 보스턴 라거로 대성공을 거두었을 때도 혁신에는 일조한 바가 별로 없었다. 다른 브루어리들은 크래프트 맥주 부문을 짐 콕에게 상당 부분 넘긴 상태였고 별다른 예는 찾아보기 힘들다. 독일 메르첸은 본연의 색을 조금 잃었으며, 홉 특성 역시 마찬가지였을 것이다. 뉴 글래러스의 댄 캐리는 이들을 가리켜 "기본적으로 13.5°플라토 헬레스비어"라 한다. 그러나 옥토버페스트의 슈파텐 텐트에서 서빙되는 맥주는 50년 전 버전에 대해 들어본 이들에게는 대체로 익숙한 모습일지도 모르겠다. 색이 약간 옅어진 것 말고는 옛 모습 그대로다. 북아메리카에서는 온타리오에서 애리조나까지 지역별로 옥토버페스트가 개최되며 자긍심 넘치는 독일계 주민들은 바이에른에서 마시는 것과 똑같은, 거품이 풍성한 앰버를 찾는다. 그러므로 당신이 생각하는 앰버 라거는 사실 진화의 여정 중에 있는 스타일은 아니다.

알아야 할 맥주들

앰버 라거 계열 맥주의 풍미는 그 범위가 여느 스타일보다도 특히 좁은 축에 속한다. 단 몇 가지만 맛보고 나면 그 맥주들이 알아서 많은 정보를 전해줄 것이다. 모순이지만, 평범한 앰버 라거와 독특한 앰버 라거 간의 차이는 즉각 알아차릴 만큼 확연하다. 정말 괜찮은 앰버 라거를 몇 가지 소개해보겠다.

메르첸 그리고 옥토버페스트

PAULANER OKTOBERFEST
파울라너 옥토버페스트

원산지: 독일 뮌헨
몰트: 페일, 뮌헨, 캐러멜
홉: 마운트후드
6.0% ABV, 1.055 SP. GR., 20 IBU

디른들을 입고 옥토버페스트 맥주가 담긴 머그 잔들을 양손에 든 여성들의 클래식한 이미지에서는 맥주 위에 소복이 얹힌 두툼한 헤드가 빠질 수 없다. 파울라너는 여기서 구름 같은 거품이 가득한 페스트비어festbier*를 선보인다. 구운 듯한 풍미에 약간 자두향도 나며, 입안을 깔끔하게 하는 홉의 삼나무 풍미도 있다.

* 말 그대로 축제맥주로, 독일에서 크리스마스나 부활절 또는 맥주축제 등에 특별히 만드는 맥주를 주로 지칭한다.

NEW GLARUS STAGHORN OCTOBERFEST
뉴 글래러스 스태그혼 옥토버페스트

원산지: 미국 위스콘신 뉴 글래러스
몰트: 페일, 뮌헨, 캐러멜
홉: 캐스케이드, 자츠
5.5% ABV, 1.053 SP. GR.

위스콘신은 옥토버페스트로 떠들썩한 곳이지만, 옥토버페스트 장르에서 훌륭한 예로 꼽을 만한 맥주는 소수에 불과하다. 내가 가장 좋아하는 맥주는 뉴 글래러스에서 만든 것으로, 뉴 글래러스는 위스콘신에 사는 독일계 미국인들에게 라거를 팔아 기틀을 마련했다. 뉴 글래러스 스태그혼 옥토버페스트는 후추 느낌의 호핑에 피칸 풍미의 크림처럼 부드러운 바디를 지닌 핼러윈 호박 색깔 맥주다.

SLY FOX OKTOBERFEST
슬라이 폭스 옥토버페스트

원산지: 미국 펜실베이니아 포츠타운
몰트: 필스너, 빈
홉: 독일 품종들
5.8% ABV, 1.056 SP. GR., 25 IBU

뮌헨까지 여행할 여력이 안 되는 이들에게 슬라이 폭스 옥토버페스트는 옥토버페스트 맥주를 맛볼 수 있는 아주 좋은 방법이다. 오늘날 독일에서 인기를 끄는, 좀더 밝은 빛깔로 만들어 5주간 라거링한 이 페스트비어는 놀라우리만치 부드럽다. 마지막에는 허브 풍미의 호핑이 가볍게 스치고 지나가면서 더 마시고 싶은 마음이 들게 한다.

FREE STATE OKTOBERFEST
프리 스테이트 옥토버페스트

원산지: 미국 캔자스 로런스
몰트: 필스너, 뮌헨, 카라뮌헨, 카라헬
홉: 너깃, 헤르스브루크
5.4% ABV, 1.054 SP. GR., 25 IBU

프리 스테이트의 맥주처럼 생긴 —중간 등급의 메이플시럽* 같은 진한 호박색을 띠는— 19세기의 메르첸을 상상해보라. 비교적 가벼운 곡물향과 비스킷향이 비교적 뚜렷한 캐러멜 풍미를 떠받치는 복합적인 바디이다. 약간 시나몬향이 나는 홉이 가을 느낌을 불러일으킨다.

* 메이플시럽은 색의 밝기에 따라 3-5등급으로 분류된다.

빈 라거

GREAT LAKES ELIOT NESS
그레이트 레이크스 엘리엇 네스

원산지: 미국 오하이오 클리블랜드
몰트: 페일, 뮌헨, 캐러멜
홉: 마운트후드
6.2% ABV, 1.061 SP. GR., 27 IBU

대개 브루어리들은 별다른 특성이 없는 라거에 그저 색만 더하느라 '빈 라거'를 제대로 만들지 못한다. 그러나 그레이트 레이크스는 풍성한 몰트 풍미와 아로마를 빈 라거에 제대로 입혀냈다. 몰트는 원숙하고 온화하며 꿀처럼 달콤한 느낌이고, 전반적으로 스파이시 호핑으로 근사하게 균형 잡혀 있다.

SAMUEL ADAMS BOSTON LAGER
새뮤얼 애덤스 보스턴 라거

원산지: 미국 매사추세츠 보스턴
몰트: 페일, 캐러멜
홉: 할러타우어 미텔프뤼, 테트낭
4.9% ABV, 1.053 SP. GR., 30 IBU

반면, 보스턴 라거는 빈 라거를 좀더 청량감 있게 해석한 버전이다. 몰트에서는 캐러멜향이 나지만, 주인공은 홉이고 몰트는 조연이다. 보스턴 라거는 스파이시하고 아로마가 강한 호핑의 마지막 한 겹을 할러타우어 미텔프뤼로 드라이 호핑하여 완성한다. 기포가 풍부하고 가볍고 청량하며 장식적인 느낌의 화려한 이 맥주는 예나 지금이나 미국에서 맛 볼 수 있는 최고의 맥주 중 하나다.

앰버 라거

보크
BOCKS

Bocks. 보크는 독일에서 사랑받는 맥주다. 도수가 높을 뿐 아니라 정제되어 깔끔하며, 따스한 알코올 기운과 화사하게 섞이는 고급스러운 몰트 풍미를 지니고 있다. 페일 보크는 매끈한 몰트 풍미가 추가 되는 반면, 둥켈 보크와 도펠보크는 검붉은 과일과 가죽의 풍미도 지니고 있다. 보크 가운데 가장 센 아이스보크는 사실 증류된 맥주로, 증류주의 맛과 함께 포트와인을 연상시키는 농축된 풍미가 느껴진다. 보크의 훈훈한 느낌은 향신료를 넣은 자극적인 음식의 맛을 누그러뜨리지만, 초콜릿 계열의 디저트를 보완하는 역할도 한다—이보다도 보크와 더 좋은 궁합을 보이는 것은 치킨 몰레chicken mole*다.

주요 수치

헬레스 또는 마이보크 ABV 범위: 6-8%
쓴맛: 15-30 IBU

둥켈 보크 ABV 범위: 6-8%
쓴맛: 15-30 IBU

도펠보크 ABV 범위: 6.5-10%
쓴맛: 15-35 IBU

아이스보크 ABV 범위: 9-13%
쓴맛: 20-40 IBU

서빙 온도: 7-10°C

전용잔: 스템**이 있는 포칼stemmed pokal(고블릿)

* 다크초콜릿을 넣은 매콤쌉싸름한 칠리소스를 곁들인 멕시코식 닭고기 요리
** 유리잔의 가느다랗고 길쭉한 손잡이 부분

대부분의 사람들은 맥주 하면 나무 배럴과 염소의 이미지를 떠올리곤 한다. 별로 연관은 없는 것 같지만 어쨌든 익숙해 보이는 오래된 그 그림들 말이다. 그게 바로 보크다. 보크는 오래된 스타일이지만, 그렇다고 해서 또 굉장히 오래된 것은 아니다. 명맥을 줄곧 이어온 맥주 스타일로, 자리를 지켜온 스타일이 몇 안 되는 미국 같은 곳에서는 특히 흔치 않은 경우다. 보크와 관련하여 여전히 남아 있는 문화적 상상은 센 맥주라는 것 그리고 옛것에 대한 막연한 선입견 정도일 것이다. 씁쓸한 박하사탕이라고 하면 바로 떠오르는 느낌처럼 말이다.

센 맥주인 것은 맞다. 비교적 가벼운 편에 속하는 메이 보크May bocks*도 견고한 맥주고, 좀더 다크한 도펠보크와 아이스보크는 세계에서 가장 도수가 높은 맥주 축에 속한다. 그러나 이들 맥주에 대한 선입견들은 모두 오해다. 독일 출신의 수많은 맥주들이 그렇듯, 보크비어bockbiers 역시 몰트가 중심이며 정제를 거친다. 보크 역시 메르첸처럼 특별한 경우에 맞춰 만들어지는 경우가 많다. 추위를 견딜 수 있게 따뜻한 기운을 불어넣는다든가, 사순절** 시기에 체력을 북돋운다든가 하는 식이다.

기원

누군가가 보크 맥주 계보에 대해 이야기하기 시작하면 보통 옛날 스크랩북을 끄집어내서는 아인베크라는 독일 북부 소도시에 살았던, 보크의 할아버지의 할아버지쯤 되는 맥주의 사진을 짚어 보여준다. 물론 그곳에 미스터 보크가 살았던 것은 확실하며, 그는 실제로 그 동네 유명인사였다. 중요한 물류 도시였던 아인베크는 멀리까지 맥주를 실어보냈다. 뮌헨이 아인베크에서 맥주를 수입했다는 기록은 1570년대까지 거슬러 올라가는데, 1612년에 작성된 출처에 따르면 아인베크에서 만든 맥주는 "묽고 섬세하며 투명하고…… 씁싸름"했으며 "기분 좋은 산미가 느껴지고 그 밖에도 여러 다른 좋은 특성들이 있었다"고 한다. 이런 설명에서 그 옛 아인베크 맥주는 우리가 오늘날 알고 있는 라거와는 사뭇 달랐음을 알 수 있다. 이 맥주는 에일에 해당했고, 여느 북부 지역 맥주들처럼 야생효모로 인한 산미가 있었다.

보크 스크랩북은 마땅히 엘리아스 피힐러에서 시작해야 한다. 그는 아인베크의 방식대로 맥주를 배운 아인베크 출신이었지만, 1614년에 뮌헨에서 새로 개장한 호프브로이하우스의 생

---

* 색이 연해서 페일 보크pale bock라고도 하며, 이름처럼 주로 봄(5월)에 마신다.
** 그리스도교에서 부활절 전 40일간 예수 그리스도의 희생을 기리며 금식기도나 육식 금지 등 절제된 생활을 하는 기간

산 설비를 운영하는 직무를 맡았다. 이 호프브로이하우스를 소유한 왕실에서는 아인베크 맥주 같은 강력한 무엇인가를 원해서 피힐러에게 바이에른식 맥주를 복제하라고 지시했다. 그가 브루잉한 맥주는 전혀 다른 굉장한 것이었다. 라거 전통 속에서 일해온 피힐러는 '마이보크 maibock'라 칭한 맥주를 선보이기에 앞서 수없이 실험을 계속했다. 이것이 최초의 진정한 보크비어였으며, 아인베크에서 브루잉된 맥주들로부터 영감을 받았을지는 모르나, 속속들이 바이에른적인 맥주였다.

잘바토어는 지금도 구리로 된 구대륙 스타일의 근사한 브루하우스에서 만들어진다.

도펠보크

도펠보크Doppelbock 역시 바이에른의 작품인데, 아인베크와의 연관성은 오히려 빈약하다. 도펠보크는 본래 뮌헨 인근(오늘날 기준으로는 뮌헨 내) 프란치스코회 수도사들이 만들었던 맥주다. 극단적으로 센 특별한 보크로, 이후에는 가톨릭 축제 기간에 판매하기 시작했다. 이 맥주는 장크트 파터 비어Sankt Vater Bier(교황 성하 맥주 holy father beer)로 불리다 나중에는 발음이 비슷한 단어인 잘바토어Salvator*로 줄여서 불렸다. 이 맥주가 출시된 기간이기도 했던 8일간의 이

* 라틴어로 '구세주'라는 의미

아인베크 보크

아인베크가 한자동맹에 합류했던 1368년 당시, 동맹 도시 브레멘과 함부르크는 이미 스칸디나비아와 영국까지 맥주를 운송하고 있었다. 늦게 합류한 아인베크는 뒤처진 시간의 양을 맥주의 질로 메웠다. 나름의 브루잉 장비를 지속 사용하고 전문 브루어들을 고용했다. 아인베크 주민들은 자체적으로 곡물을 몰팅하고 맥주를 생산할 수 있었다—그러나 시 소유의 장비를 사용해야 했다. 집집마다 옮겨가며 쓸 만큼 장비는 소규모였고, 당시 케틀과 턴을 들일 수 있게 지어진 널찍한 출입구는 아인베크의 몇몇 옛 건물들에 지금까지 남아 있다. 브루마스터는 몰트 품질을 확인하고 브루잉 과정 전반을 관장했다. 모두가 동일한 레시피를 사용하고 동일한 기준의 맥주 품질을 고수해야 했다. 마지막으로, 아인베크에서 만들어진 모든 맥주는 판매 또는 수출에 앞서 시의 브루마스터에게 인증을 받도록 하여, '아인베커 비어Einbecker Bier'라는 이름이 늘 일정 품질을 보장할 수 있게 했다.

독일 북부 전역의 도시들은 맥주를 만들었고, 그중 일부는 소소한 수준의 명성을 얻었다. 그러나 아인베크의 명성은 타의 추종을 불허했다. 무려 마틴 루터가 신성로마제국 의회 앞에서 스스로를 변호하면서 아인베커 비어를 가득 채운 잔을 들기도 했다. 그의 표현에 따르면 "인류가 가진 최고의 맥주"였다. 멀리 뮌헨의 어느 공작도 본래의 맛에 좀 더 근접한 아인베크 보크를 만들어줄 아인베크 출신의 브루어를 고용할 만큼 이 맥주가 유명했다고 하면, 훨씬 더 감이 잘 잡힐지도 모르겠다.

10월, 뷔르가우의 브라우에라이 하르트만은 화려한 느낌의 보크 맥주를 출시한다.

루어리 수십 곳은 각자 나름의 잘바토어를 만들어 팔고 있었다. 브루어들은 앙갚음이라도 하듯 접미사 '아토어ator'를 가져다 썼고 그 결과 오늘날에는 첼레브라토어, 아니마토어, 옵티마토어, 막시마토어 등 이와 관련된 무수히 많은 변주가 존재한다. 이 같은 불경한 죄에 대한 기억은 적어도 나머지 브루어리들에게는 여전히 어딘가 심기불편한 구석으로 남아 있다. 그러나 파울라너는 매년 사순절 즈음 축제를 재현하고 잘바토어 배럴의 탭에서 맥주를 따르면서 이런 역사를 기리고 있다.

축제에는 각계각층이 두루 참석했고 바이에른 공작을 위해 잘바토어로 건배하는 것이 관례로 자리 잡았다. 잘바토어 맥주는 독자적인 스타일―굉장히 묵직하고 달콤하며 저발효된 혼합주―이었다. 이는 수도사들이 왜 사순절 기간에 금식을 하는 동안 긴장을 푸는 데 이 맥주를 이용했는지에 대한 설명이 될지도 모른다. 오늘날 알코올 특성이 훨씬 강해진 도펠보크와는 달리 옛 잘바토어는 묵직하면서도 알코올 함량은 높지 않은 편이었다―그야말로 '액체 빵'이었다.

1799년, 수도사들은 브루어리를 당국에 팔았다. 몇 년 뒤 차헤를zacherl이라는 브루어가 이 브루어리를 매입했다―그리고 한참 뒤 이 브루어리는 파울라너로 이름을 변경했다. 수십 년이 지나고 잘바토어는 헬레스나 메르첸의 경우처럼 총칭이 되어 도펠보크를 지칭하는 단어가 됐다. 파울라너가 이 맥주에 대한 상표권을 신청하여 획득했던 20세기 초, 이미 바이에른의 브

아이스보크

뮌헨 외부 지역에서 만들어진 가장 독특한 보크가 있는데, 그것은 바로 아이스보크다. eisbock 또는 ice-bock라고도 표기한다. 이 맥주 스타일의 역사에 대해서는 가장 유명한 버전 중 하나인 쿨름바허를 만드는 브루어리가 그 소유권을 주장하고 있다. 독자적인 기록을 찾기 힘들다는 점을 빼면, 딱히 반박할 이유는 없다. (브루어리 역사라는 것이 늘 가장 학문적인 작업인 것도 아니고, 특히 홍보 부서에서 특정한 주장이 이득이 된다고 보면 그 판단에 따라 좌우되기 때문이다.) 그러나 쿨름바허의 이야기는 다음과 같다. 1890년 가을, 라이헬브로이Reichelbräu 브루어리(현재는 쿨름바허 소유)의 어느 브루어가 보크 배럴 두 통을 저장고로 옮기는 것을 깜빡 잊고 말았다. 이 배럴들은 얼음과 눈에 뒤덮인 채 프랑켄 지방의 혹독한 겨울 날씨를 실외에서 견뎠다. 봄이 되어 이 배럴들을 발견했을 때 일부

보크라는 이상한 이름

보크가 담긴 병에는 통상적으로 라벨에 염소 그림이 그려져 있다—일종의 시각화된 언어유희인 셈이다. 독일어로 '보크'라는 단어가 가진 여러 의미 중 하나가 염소다. 하지만 애초에 이 맥주는 어쩌다 보크라 불리게 됐을까? 음, 시간을 거슬러 올라가보자. 독일은 수많은 방언의 땅이다. 1880년대 제국의 언어학자 게오르크 벵커는 독일 전역에 아홉 가지 방언이 있음을 발견했다. 오늘날까지도 북부 지역 사람들은 바이에른 사람들의 말투가 독특하다며 놀리기도 한다. 그렇다면 16세기 말 아인베크 사람들(벵커는 이들의 방언을 "서부 저지대 독일어"라 부른다)이 맥주를 뮌헨으로 실어나르던 시기를 상상해보자. 아인베크에서 처음 아인푀키슈ainpöckisch라 불리던 이 맥주는 결국 뮌헨에서 보크비어가 됐다. 어느 도시 기준의 발음이든 염소와는 아무 상관이 없었다.

터널은 터져버린 상태였지만, 안에 든 보크 일부는 얼음에 갇힌 채 남아 있었다. 맥주 속 수분이 얼면서 농축된 묘약이 남은 셈이었다—이것이 세계 최초의 아이스보크였다.

상세 설명 및 특성

매년 10월 찬 기운이 프랑켄 지방을 뒤덮기 시작하면 브루어리들은 보크비어의 특별한 배럴 태핑tapping* 일정을 계획한다. 밤베르크에서는 브루어리 —마어스Mahr's, 슐렝케를라, 패슬라 Fässla, 암브로이지아눔Ambräusianum, 슈페치알 Spezial 등— 바깥 거리마다 반 리터짜리 머그에 도수 높은 맥주를 채워 들고 다니며 흥청대는 사람들로 가득 찬다. 밤새도록 춤을 추고 입을 맞추고 술잔을 부딪치며 난리법석일 것이다. 만일 메르첸비어가 독일 맥주 스타일 가운데 가장 순수하게 축하주의 성격이 강한 맥주라고 한다면, 보크는 과도기를 위한 스타일이다. 프랑켄에서 보크는 추위를 기꺼이 맞아들이는 맥주지만 뮌헨에서 도펠보크는 사순절기를 떠올리게 하는 맥주다. 그리고 봄이 마침내 겨울의 얼음을 부수고 나면 —그러나 아직 초여름 열기가 찾아들기는 전에— 이제 메이 보크의 시기가 온 것이다.

페일 보크
(마이보크 혹은 헬레스 보크라고도 알려진 맥주)

보크는 특정 맥주 타입일 뿐 아니라, 독일법에서는 하나의 카테고리—슈타르크stark** 혹은 '스타우트' 맥주, 한마디로 센 부류—이기도 하다. (이런 것 역시 잡다한 맥주 상식에 도움이 될 것이다. 독일식 스타우트가 뭐냐고? 그야 물론 보크다.) 그러나 페일 보크는 초겨울 비어가르텐에서 온기를 맞아들이기 위한 맥주였다. 그러므로 섬세한 느낌이 있다—탄탄하면서도 가볍다. 이는 가장 까다로운 기법으로, 지나치면 너무 달콤하고 끈끈한 느낌이 생긴다. 제대로 만든 마이보크는 섬세한 몰트 풍미가 크림처럼 부드럽게 느껴지면서도 청량감이 살아 있으며, 홉의 풍미가 장식처럼 틀을 잡아주며 생기를 더한다. 마이보크가 꼭 밝은색을 띨 이유는 없지만—피힐러가 만들었던 초창기 라거들은 당연히 밝은

* 처음 개봉하여 시음하는 것
** 독일어로 강하고 힘세다는 뜻

색이 아니었다—가장 어두운 마이보크라도 어두운 꿀색을 띠는 정도다.

독일에서 수입된 마이보크는 흔치 않으며, 대개 계절 한정으로 선보이는 미국산 마이보크들도 그다지 선택의 폭이 넓지는 않다. 물론, 몇몇 훌륭한 마이보크들도 있다. 밀을 첨가하여 청량감을 살짝 더하고, 약간 비중이 낮으면서도 화려한 느낌을 지닌 스프레처의 마이보크Mai Bock에서부터 몰트 풍미를 잘 살려내면서도 가벼운 라벤더향의 홉 풍미가 감도는 마무리감으로 놀라움을 선사하는, 엄청난 중량감의 스머티노즈의 마이보크Maibock에 이르기까지 여러 가지가 있다.

도펠보크

지난 10년간, 에일 브루어들은 임페리얼이네 트리플이네 뭐네 해가며 스테로이드로 근육을 키우듯 맥주를 부풀려왔다. 도펠보크는 등장하기 한참 전부터 맥주 세계의 제왕으로서 패권을 장악했다. 단지 스트렝스만으로는 아니다—도펠

오래된 아이잉거 브루어리. 이곳에서 첼레브라토어가 탄생했다.

보크의 모든 것이 강렬한 인상을 남긴다. 간혹 아주 밝은 곳에서는 루비색으로 반짝이기도 하는 도펠보크는 다크한 색으로, 산속 호수처럼 맑고 무스mousse*처럼 농밀하고 부드럽다. 마치 아주 힘이 좋은 스포츠카를 모는 것처럼, 안에 웅크리고 있는 어떤 힘이 느껴지지만 나즈막하게 부릉대는 소리만 들릴 것이다. 도펠보크는 몇 가지 면에서 최상의 라거 사례에 해당된다.

* 달걀 흰자나 생크림 등을 섞어 크림처럼 부드럽게 만든 디저트

보크비어안슈티헤Bockbieranstiche

밤베르크라는 프랑켄 지역의 작은 동네는 사람들이 많이 다니는 익숙한 길에서 벗어나 있다. 제2차 세계대전의 포화도 빗겨날 만큼 외딴곳이어서 이 오래된 동네 전체는 1993년 유네스코 세계유산으로 등재됐다. 자갈길, 중세에 지어진 목재 골조 건물들, 그리고 오래된 예배당들은 수많은 관광객들의 발길을 끌기에 충분하지만 밤베르크는 다른 이유로도 맥주 애호가들의 마음속에서 특별한 장소이다. 브루어리 아홉 곳과 그 유명한 바이에르만 몰팅이 (주민이 7만 명에 불과한 이 도시에) 자리 잡고 있어 관광청이 '맥주 도시'라 자랑스레 부르는 곳이기도 하다. 이 도시를 경험하기에 가을만큼 좋은 계절도 없다. 이때는 브루어리들이 돌아가며 보크비어안슈티헤—'보크 맥주 태핑'—를 하기 때문이다. 밤베르크에서 일어나는 일 대부분은 마치 아주 오랫동안 계속되어온 것처럼 느껴지며, 거리를 가득 메운 동네사람들 틈에 끼어 어울리기에 앞서 배럴에서 바로 따라낸 맥주가 담긴 크루크krug 잔을 받아들고 나면 마치 몇 세기 전의 어떤 장면 속에 자신이 있는 것처럼 금세 상상이 된다. 상세한 배럴 태핑 일정을 알고 싶다면 다음 사이트를 방문해보자. Bamberg-guide.de/Bamberg/bierundbierkultur/bockbieranstiche.php

자미힐라우스 Samichlaus

전 세계에서 가장 센 맥주 가운데 하나는 1980년에 처음 출시됐다. 그런 맥주가 유행하리라는 예상을 아무도 못 하던 시절이었다. 취리히의 휘를리만 브라우에라이Hürlimann Brauerei에서 만든 이 맥주는 자미힐라우스라 불렸다. 자연발효로 만드는 것이 특징적인, 무려 14%의 무시무시한 맥주였다—그런데도 굉장히 인상적인 맛을 냈다. 휘를리만에서는 이 맥주를 1년에 단 하루, 12월 6일에만 만들었고 이렇게 만든 맥주는 1년 중 나머지 거의 대부분의 시간 동안 숙성 탱크에 넣었다. 자미힐라우스는 호평과 사랑을 받는 맥주였지만, 휘를리만을 구해낼 만큼은 아니었던 탓에 휘를리만은 1997년 문을 닫았다. 그러나 이야기는 여기서 끝나지 않았다. 휘를리만의 브루어들 몇 명과 오리지널 레시피 덕분에 자미힐라우스는 부활했다. 이번에는 슐로스 에겐베르크Schloss Eggenberg에 의해 오스트리아에서였다. 우어보크Urbock 23(숫자는 비중을 지칭한다)이라는 또 하나의 엄청난 보크를 오랫동안 만들어온 이 독특한 브루어리야말로 이 맥주의 맞춤형 구세주였다. 자미힐라우스의 거의 모든 요소가 그대로 유지됐다. 깜짝 놀랄 만한 스트렝스, 단 하루 동안의 브루잉, 그리고 심지어 라벨까지 말이다. 지난 30여 년간 자미힐라우스는 근육질 도펠보크의 상단에서 늘 자리를 지켜오고 있다.

스트롱 에일에서는 몰트의 달콤한 풍미뿐 아니라 과일향 같은 에스테르의 풍미도 느낄 수 있다. 게다가 로스트 또는 홉 풍미로 균형도 잡혀야 한다. 잘 만든 도펠보크는 순수한 몰트 풍미만을 지닌다—그리고 대개 홉의 풍미는 별로 느껴지지 않는다. 토스트나 빵 또는 좀더 다크한 쪽의 풍미—초콜릿, 감초, 당밀—를 지닐 수도 있고 로스티한 경향이 가장 두드러지는 스타일이기도 하다. 이 모든 풍미가 세련되게 다듬어진 느낌으로 혀를 적시지만, 마시는 사람은 따스하게 밀려드는 느낌 속에 잘 감춰진 알코올의 느낌을 감지하게 된다.

가장 호평받는 도펠보크 중 하나는 아이잉거의 첼레브라토어Celebrator로, 균형이 잘 잡힌 복합성으로 좋은 평가를 받고 있다. 이 도펠보크는 흔치 않게 도수가 6.7%에 불과한데, 좀더 센 버전의 쟁쟁한 도펠보크들에 결코 밀리지 않을 만큼의 풍부함을 지니고 있다. 그러나 파울라너와 바이엔슈테판의 클래식한 맥주들의 경우와 마찬가지로 이 맥주들 역시 8% ABV 정도까지 올라가는 일이 더 흔하다. 위스콘신(독일식 유산이 강하게 남아 있는 주) 매디슨의 캐피털 브루어리는 도펠보크에 가내 수공업 같은 요소를 남겨두었다. 브루마스터 커비 넬슨에 따르면 오텀널 파이어Autumnal Fire는 "캐피털의 가장 악명 높은 맥주"로, 엄청난 미국산 도펠이다. 8%를 살짝 밑도는 이 도펠보크는 몰트에서 빵과 캐러멜 풍미가 나고 어느 정도 홉 특성이 두드러지는 스파이싱이 더해지며 따스한 알코올 기운이 곧바로 휩쓸고 지나간다.

아이스보크

아이스보크는 어쩐지 평판이 별로다—아이스보크는 잘못이 없다. 이들이 풍미에 집중해 만들어진 맥주라 한다면 다들 깜짝 놀랄 수도 있다. 하지만 1990년대 중반에 브루어리들은 동결증류 기법으로 리큐어 수준 도수의 맥주를 만들기 시작했다. 선두에 있던 새뮤얼 애덤스는

2007년 무려 27%에 달하는 유토피아스라는 맥주를 선보이며 알코올 도수 전쟁을 촉발했다. 급기야 2012년에는 어느 스코틀랜드 브루어리에서 65%(130프루프)짜리 '맥주'를 만들기까지 했다. 미국 내 기업들이 동결증류 기법을 사용하여 아이스하우스Icehouse, 부시 아이스Busch Ice, 내추럴 아이스Natural Ice 같은 저렴한 대중적 맥주를 만드는 것은 자연스러운 흐름이었다. 증류 과정은 별다른 매력을 더하기는커녕, 오히려 라이트 라거에서라면 감출 법한 들척지근하고 덜 매력적인 몇몇 특성을 농축시키는 경향이 있다.

훨씬 더 절제된 수준인 10-15%의 진정한 아이스보크는 희한한 비주류 정도로 치부할 맥주가 아니다. 실제로, 맛이 대단히 인상적일 수 있다. 증류는 각종 풍미를 압축하기도 하는데, 이는 이들 맥주에는 균형이 전부라는 뜻도 된다. 홉은 날이 들쭉날쭉한 칼로 돌변할 수도 있고, 몰트는 금세 설탕에 졸인 자두처럼 될 수도 있다. 쿨름바허 아이스보크처럼 좋은 아이스보크는 진한 풍미를 곧장 끝까지 밀고 나가면서도 선은 넘지 않는다.

다크 보크와 미국 보크

대부분의 다크 보크는 도펠보크이고 대부분의 마이보크는 밝은색을 띠지만, 도펠보크 수준의 도수 미만으로 만들어진 다크 보크도 아주 드물게 있다. 둥켈 라거와 마찬가지로 다크 보크는 몰트를 첨가하여 약간의 풍미를 끌어내지만 커피보다는 코코아-초콜릿 쪽에 좀더 가까운 원숙하고 달콤한 느낌이다.

미국에는 여러 세대 전부터 '복bock'이라 불려온 맥주가 여전히 몇 종—샤이너, 제네시Genessee, 후버Huber— 남아 있다. 이들은 독특한 혼합 맥주로, 미국 역사 초기의 암흑시대를 떠나온 망명자들과도 같다. 맥주가 점점 약해지고 개성이 없어지는 추세 속에서, 미국 보크는 스트렝스를 잃었다. 오늘날까지 남아 있는 것은 미국의 스탠더드 라거의 도수—4.4-5.5%—를 넘지 않는다. 하지만 맥주 색과 스트렝스를 연관짓는 미국인들은 이 맥주들—다크 앰버나 브라운—을 '센' 맥주로 여겼다. 다크 보크와 미국 보크는 나름의 고유한 스타일을 구축할 수도 있었겠지만, 수십 년에 걸쳐 천천히 사라져가는 중이다. 지금이 아닌 다른 시대의 맥주 애호가들을 겨냥했던 이들 맥주에 자연스레 어울리는 자리는 오늘날 맥주 지형에는 없는 듯 보인다.

브루잉 노트

보크를 브루잉하는 다양한 방법과 기법은 레시피 공식을 제외하면 여느 독일 라거 타입과 크게 다르지 않다. 그러나 업계 기준과 기대치에는 차이가 있다. 미줄라에 있는 바이에른 브루어리의 위르겐 크뉠러가 만든 도펠보크가 바로 그 완벽한 예시에 해당한다. 바이에른 출신의 크뉠러는 뮌헨 지역에서 브루잉을 배우고 경력을 시작했다. 바이에른의 도펠보크와 관련해 그가 한층 더 흥미로운 이야기를 덧붙였다. "저는 독일 내 브루어리 네 곳에서 일을 해봤습니다. 그중 세 곳은 지금 없고요. 처음 일했던 곳은 브라우에라이 시프 Brauerei Schiff—'배ship'란 뜻이죠—였고 무지하게 전통적인 브루어리였어요. 하강 탱크가 있는 4기식 브루하우스 이야기죠. 영어로는 하강 탱크를 뭐라고 하는지 모르겠지만 사실상 다섯 번째 용기인 셈이죠. 거기 있던 냉각조가 아주 근사했어요. 그곳에서 만든 맥주는 제가 지금껏 다른 어디서도 볼 수 없었던 맥주였습니다."

바이에른 브루어리는 워낙 오래된 곳이어서 핫 브레이크가 일어나는 과정에서 신선한 홉 아로마를 추출하는 동시에 필터링도 하는 홉백 같은 장치를 사용했다. 그런 다음 콜드 브레이크가 발생되는 발효통으로 맥주를 옮겼다. 크뉠러는 이렇게 덧붙였다. "정말 끝내주는 맥주였죠. 거기서 브루잉한 도펠보크는 1년 가까이 탱크 안에서 머물게 됩니다. 독일에서 우리는 상을 수 없이 탔죠." 물론, 브루어리들은 1970년대 이후 한층 더 현대화됐다. 브라우에라이 시프 브루어리의 소유주는 세상을 떠났고 결국 이 브루어리는 이후 경영 실수가 거듭되면서 문을 닫게 됐다.

그러나 크뉠러가 브루잉했던 바이에른 맥주 역시 다른 맥주였다. "그러니까, 우리가 그 예전 독일에서 브루잉을 하던 시절에는, 이렇게 설명하죠. 나는 1985년부터 만들어져 내려온 독일식 라거를 지금도 브루잉하고 있다고요. 여기 맥주들과의 대략적인 차이를 꼽자면 그때 그 맥주들이 전부 조금 더 세고, 더 다크하다고 할

IF YOU LIKE BOCKS

어떤 측면에서 보면 보크는 알코올 특성이 적은 독일 맥주들—**헬레스**, **둥켈 라거**, **메르첸**—과 크게 다르지 않다. 딱 떨어지는 깔끔한 느낌이 있고 몰트 풍미가 중심을 잡고 있다는 공통점 때문이다. 그러나 강도에 따라 몇 가지로 나뉜다. **발트해 포터**나 **임페리얼** 스타우트 같은 맥주들은 둥켈 라거보다는 도펠보크에 더 가까워 보인다. 이와 비슷한 맥주들이 있을 것 같지 않은 또 하나의 의외의 지역은 프랑스 북동부로, 이곳에서는 알코올 도수가 높으면서도 부드러운 **비에르 드 가르드**를 만든다. 어쩌면 별로 놀랍지 않을 것이다. 프랑스의 브루어들은 보크의 영향을 상당히 받았으니까.

수 있습니다. 현재 독일에서는 훨씬 더 라이트해졌지만요." 맥주순수령 당시의 길드 법과 규정에서부터 이어져 내려오는 관행들이 여전히 존재하는 바이에른 지역에서도 변화는 고정불변의 상수다. 위르겐 크뇔러가 뜨거운 맥아즙을 냉각조로 흘려보냈던 1970년대는 오늘날과 그리 동떨어진 시대가 아니다. 하지만 생산 방법이 극적인 변화를 겪어왔고 맥주도 조금씩 변화해왔다. 때로는 외부인의 관점으로 이러한 변화를 바라보는 편이 더 쉬울 때도 있다.

진화

보크는 스페셜 브루처럼 여겨지지만 독일에서 만들어지는 약 100여 종 맥주 가운데 그저 하나일 뿐이다. 이 맥주 스타일은 둥켈 라거나 엑스포르트처럼 전국 맥주를 이끄는 수준의 자리에는 가본 적이 없다. 특별함은 본토 내에서 보크를 지키는 요소인 동시에 제약을 가하는 요소이기도 한 것 같다. 다른 곳으로 이주를 시작하는 독일계 이민자들은 보크를 가지고 갔다. 미국으로 가는 경우에도 물론 마찬가지였다. 독일인들이 건너온 이래 보크는 꾸준히 만들어져왔고, 금주법과 대대적 합병 바람도 견뎌낸 몇 안 되는 스타일 중 하나이기도 했다. 크래프트 브루잉이라는 새로운 물결 속에서 이 같은 익숙함은 그들의 현재를 제한해온 것처럼 보인다.

일말의 새로운 움직임이 있다면 그것은 브루어리들이 초고도수 맥주를 얻기 위해 시도하는 동결증류다. 절대적 수치로 보면 이 맥주 유형은 상당히 소수지만, 이들 맥주에 쏟아지는 관심은 오히려 상당하다. 이 흐름을 주도해온 새뮤얼 애덤스는 10여 년째 2년에 한 번씩 유토피아스라는 맥주를 선보이고 있다. 스코틀랜드, 벨기에, 이탈리아, 독일의 브루어리들도 비슷한 시도를 하며 같은 시기 동안 20% ABV를 상회하는 맥주 30여 종을 내놓고 있다. 브루어리들이 증류 과정에 앞서 쓰는 베이스 맥주의 종류는 워낙 다양해서, 이를 하나의 스타일로 보기는 어렵다. 게다가 맥주를 동결하고 또 동결하고 다시 동결하는 데 드는 노력을 생각하면 상업성 있는 사업으로서의 성격은 갖추기가 힘들 것 같다. 하지만 대중의 관심이 지속되는 한, 이 맥주들도 명맥은 계속 유지할 것으로 보인다.

알아야 할 맥주들

보크는 특히 비전문가들 사이에서 가장 유명한 스타일 중 하나이지만, 미국에서는 기껏해야 간헐적으로 브루잉되는 맥주다. 독일의 유산이 풍부한 위스콘신이나 펜실베이니아 같은 지역에 괜찮은 보크가 가장 많다. 장르를 넘나드는 매력을 지닌 도펠보크는 비교적 찾기 쉬운 편이다.

SPRECHER MAI BOCK
스프레처 마이 보크

원산지: 미국 위스콘신 밀워키
홉: 마운트후드, 테트낭, 윌래밋
6% ABV, 1.061 SP. GR., 24 IBU

가장 먼저 꿀향이 훅 나는 꿀색의 이 맥주에는 갓 구운 빵과 캐러멜의 풍미도 있다. 스프레처에서는 드라이호핑을 하여 이 맥주를 만드는데,

여기에 살짝 낮은 비중이 더해지면 보크라는 스타일의 엄밀한 테두리는 벗어나는 맥주가 탄생한다—그러나 이는 맥주에 산뜻한 꽃향을 더해 케틀 홉에서 나오는 허브 특성을 한층 부각시킬 수 있는 직관적인 탁월한 선택이다.

EINBECKER MAI-UR-BOCK
아인베커 마이우어보크

원산지: 독일 아인베크
몰트: 뮌헨
홉: 할러타우, 헤르스브루크, 펄
6.5% ABV, 1.065 SP. GR., 32 IBU

아인베커의 역사는 아인베크 시에서 맥주 제조권과 브루어리 설립권을 통합하던 1749년부터 시작된다. 매년 3월마다 출시되는 마이우어보크는 사실 최초의 마이보크는 아니다—'보크'의 뿌리는 아인베크일지 모르나, 이 라거처럼 토피 풍미가 물씬 나는 간식 느낌의 맥주는 아니었다. 이 맥주는 뮌헨에서 역수입됐지만, 엄연한 아인베크 보크다.

PENNSYLVANIA ST. NIKOLAUS BOCK
펜실베이니아 세인트 니컬로스 보크

원산지: 미국 펜실베이니아 피츠버그
몰트: 페일, 뮌헨, 초콜릿, 덱스트린, 캐러멜, 블랙
홉: 펄
6.5% ABV, 1.061 SP. GR., 25 IBU

펜실베이니아의 보크는 다소 흔치 않은 축에 속하는 둥켈 보크로, 추운 가을 저녁에 몸을 데워주는 밤베르크의 전통에 따라 브루잉된다. 다양한 몰트가 한데 어우러져 바싹 구운 토스트, 견과류, 시나몬의 근사한 풍미를 만들어내고, 약간의 토피향으로 마무리된다.

증류하여 더 센 맥주 만들기

이 책을 쓰고 있는 현재 기준으로 증류된 가장 센 맥주 기록은 브루마이스터라는 스코틀랜드의 작은 브루어리에서 보유하고 있다. 이 브루어리는 2012년 65% ABV짜리 아마겟돈Armageddon을 만들었다. 문제는 1회 동결로는 알코올 도수는 단 몇 도밖에 못 올린다는 것이다. 아마겟돈처럼 엄청난 도수를 얻기 위해서는 맥주를 여러 차례 반복해서 얼려야 한다. 한동안 최고 기록은 독일의 쇼르슈브로이 브루어리가 보유하고 있었다. 브루어 게오르크 초이슈너는 이것이 왜 그렇게 어려운 작업인지 이렇게 설명했다. "43%짜리 맥주를 만들려면 거의 15번은 여과를 해야 합니다. 정확한 횟수는 잊었지만 대충 열다섯 번은 됐던 것 같아요. 처음에 800-1,000리터로 시작을 했는데 결국 50리터만 건진다는 이야기죠." 그가 2010년에 기존 기록을 깬 이후 두어 차례 기록은 갱신돼왔다. 언젠가는 또 어떤 브루어리에서 아마겟돈을 능가하는 맥주를 분명 내놓을 것이다. 하지만 물리적으로 최대 한계가 존재하며(70%나 75% 정도?) 그 지점에 브루어리들이 도달하고 나면 이 도수 경쟁의 열기도 식을 수밖에 없다.

VICTORY ST. BOISTEROUS
빅토리 세인트보이스터러스

원산지: 미국 펜실베이니아 다우닝타운
몰트: 페일
홉: 테트낭, 자피어
7.5% ABV

어쩌면 모순된 이름일 수도 있다—빅토리의 이 조용하면서도 강한 페일 보크에는 사실 요란한 boisterous 구석이 전혀 없기 때문이다. 풍미는 전부 '미묘'하다—실크 같은 느낌의 몰트에서는 빵의 풍미가 느껴지고 온화한 꽃향에는 시트러스향이 녹아 있다. 알코올 특성은 따스한 기운을 풍기면서도 압도하지는 않는다.

AYINGER CELEBRATOR DOPPELBOCK
아이잉거 첼레브라토어 도펠보크

원산지: 독일 아이잉
몰트: 비공개
홉: 비공개
6.0% ABV 1.055 SP. GR., 24 IBU

첼레브라토어는 코나 혀를 움직이기 전부터 강력한 인상을 전달한다. 어두운색을 띠면서도 투명한 이 맥주에서는 건포도향과 당밀향이 풍긴다—따스하게 마음을 어루만지는 느낌의 향이다. 이 같은 향이 입안에 확 퍼지며 당밀이나 로스트 등 다크한 계열의 풍미가 중심을 차지하지만 동시에 달콤한 토피 풍미가 주위를 감싼다. 첼레브라토어에서 느껴지는 숙성 맥주의 자두 풍미야말로 이 맥주를 독특하고 특별하게 해주는 요소인 것 같다.

BAYERN DOPPELBOCK
바이에른 도펠보크

원산지: 미국 몬태나 미줄라
몰트: 비공개
홉: 자츠, 할러타우, 펄
8.1% ABV, 1.080 SP. GR., 23 IBU

바이에른은 그 어떤 맥주보다도 이 맥주 속에 알코올을 잘 숨기고 있다. 숨긴 곳은 새틴처럼 곱게 겹겹이 쌓은 몰트 속이다. 풍미는 초콜릿처럼 달콤한 느낌으로 시작되어 토스트와 견과류 계열로 깊어지다가 호밀에 가까운 쪽으로 나아간다. 풍성하면서도 정제된 느낌의 바이에른 도펠보크는 술술 넘어가는 은근히 위험한 맥주다.

CAPITAL AUTUMNAL FIRE
캐피털 오텀널 파이어

원산지: 미국 위스콘신 매디슨
몰트: 페일, 뮌헨, 줄
홉: 할러타우어 미텔프뤼
7.8% ABV, 1.081 SP. GR., 30 IBU

이 맥주의 이름(가을의 불)은 색에서 영감을 얻은 것이 틀림없다. 오렌지빛 석양 같은 색으로, 대부분의 도펠보크보다 라이트하다. 전체적인 표현은 사실 메르첸을 연상시킨다—맛있는 빵 같은 풍미에 후추향 나는 굉장히 신선한 홉이 균형을 잡는다. (저알파 품종인 미텔프뤼가 과연 몇 파운드나 들어갔을지 상상이 안 간다.) 따스한 기운과 함께 꿀향이 퍼진다.

SCHLOSS EGGENBERG SAMICHLAUS
슐로스 에겐베르크 자미힐라우스

원산지: 오스트리아 에겐베르크
몰트: 비공개
홉: 비공개
14% ABV

자미힐라우스는 여러 번 마셔봐야 매력을 알 수 있는 맥주다. 처음에는 팬케이크 시럽으로 착각할지도 모른다. 워낙 고도수라 기포라 할 만한 것이 거의 없기 때문에, 알코올의 따스한 기운으로 최대한 균형을 잡는 달콤하고 점성 있는 맥주다. 마음을 가다듬고 이 맥주의 강도를 견뎌낸다면 다양한 몰트 풍미의 진정한 향연이 펼쳐질 것이다.

독일 아이잉 Aying, Germany

Ayinger
아이잉거

어느 바이에른 브루어리의 진화

아이잉이라는 마을은 뮌헨으로부터 한참 남쪽의 푸르른 농토 한가운데 자리 잡고 있다. 주의를 기울이지 않으면 아이잉거의 새 시설을 몰라보고 지나쳐서 그냥 그 소도시에 들르게 될지도 모른다. 안개 자욱하던 10월 어느 오후에 내가 그랬던 것처럼 말이다. 이 오래된 브루어리는 여전히 처음 그 자리에 그대로 있다―어쨌든 적어도 건물 외관만은 그대로다. 그리고 그 앞에는 아이잉거의 맥주 라벨에 등장해 유명해진 양파 모양 돔 지붕의 350년 된 성 안드레아스 교회가 서 있다. 라벨 속 장면은 목가적이고 노스탤지어적이지만, 실물은 좀더 웅장하고 역사적인 느낌이 강하다. 안개에 휩싸인 모습은 더더욱 그렇다.

이곳은 1878년에 브루잉을 시작하여 120년간 지속해 온 바로 그 브루어리로, 두 차례의 세계대전과 가족경영 구조의 변화, 뮌헨 북부의 대형 브루어리들과의 경쟁을 전부 견뎌냈다. 독일 통일 이후 인젤카머 가문은 계속 낡아가는 브루어리를 보며 결정―새 장비에 재투자를 할 것인지 아니면 가게 문을 닫을 것인지―할 때가 됐음을 깨달았다. 재정적으로는 결코 작은 규모가 아니었다. 투자 지출을 결정한 이후, 결과적으로 2,100만 마르크를 들여 옛 브루어리의 서쪽에 신규 설비를 구축하게 됐다. 어느 아이잉 주민이 내게 브루어리를 지나쳐 곧바로 동네로 들어와버린 거라고 이야기해준 뒤에야 나는 그 새 장소를 찾을 수 있었다.

성 안드레아스의 아이콘에 해당하는 이 첨탑은 아이잉거 맥주 라벨을 장식하고 있기도 하다.

19세기 말 요한 리브하르트가 이끄는 아이잉거는 크게 번창했다.

나이의 기본 단위가 세기인 바이에른의 기준에서 보면 아이잉거는 혈기왕성한 청소년기에 막 들어선 셈이다. 연간 85,000배럴의 맥주 생산량은 슈파텐이나 파울라너 같은 거대 기업에 비하면 훨씬 적다. 하지만 젊음, 작은 규모, 가족경영—여기에 최근의 죽다 살아난 경험까지 더해져—은 독일 브루어리치고는 흔치 않은 종류의 대담함을 아이잉거에 불어넣고 있다. 그러나 아이잉거는 여전히 전통주의를 고수하는 괴짜 같은 구석도 있다. 따라서 인젤카머 가문은 한편으로는 첨단 에너지 절감 녹색 기술을 갖춘, 세계에서 가장 현대적인 축에 속하는 브루어리를 지으면서도 다른 한편으로는 밀맥주를 만들 때 사용하는 전통적인 개방형 발효 과정을 지키기 위해 사방이 유리로 된 특수 공간을 마련했다. 아이잉거는 독일 브루어리로는 이례적으로 수많은 브랜드를 판매하는 곳으로, 상시 선보이는 맥주가 12종이나 있다. 이들 전부가 바이에른 계보 스타일들로, 인젤카머 가문은 할러타우산 홉, 뉘른베르크 인근 수원의 물, 로젠부르크산 및 밤베르크산 몰트 등 현지 재료만 사용하고 있다. 그리고 브루어리 지하의 순수 광천수를 이용하기 위해 176미터 정도의 깊이를 파 내려가기도 했다.

• British thermal unit, 영국 열량 단위

가장 놀라운 변화는 디콕션 브루잉을 포기하겠다는 결정이었다. 바이에른에서는 흔한 편이지만 디콕션은 이제 더 이상 독일식 브루잉의 표준이 아니다. 하지만 더 중요한 점은 이 브루어리가 이 같은 결정을 내린 시점이 이미 새 브루하우스 설비를 마련한 '이후'였다는 사실이다. 엄청나게 큰 매시 쿠커가 있지만, 시간이나 BTU• 외에는 맥주에 아무런 도움될 것이 없다는 결론에 도달하자 온도 통제 매싱으로 전환했다.

느린 디콕션 과정을 건너뜀으로써 아이잉거는 여름 피크 시즌에 매일 150헥토리터 분량의 배치들을 브루어리에서 처리해낼 수 있게 됐다. 압력을 가해 맥아즙을 끓이기는 하나 굉장히 전형적인 시스템이다. 이후에는 깊은 곳에서 끌어올린 물로 맥아즙을 식히며, 이 과정에서 다음 배치 처리에 사용되기에 앞서 온도가 올라간다. 유리로 된 특수 공간으로 옮겨 밀맥주에 에일 효모종을 투입하는데, 아이잉거의 경우 워낙 충분한 양의 효모를 넣기 때문에 최대 3년까지 효모 재사용이 가능하다. 이 브루어리에서는 신품종에 해당하는 라거 효모도 재사용하지만 최대 7-8세대에 한한다(라거의 경우 전형적인 방식이다). 어떤 맥주든 라거링에 1개월 이상이 소요되며, 숙성 탱크에서 4개월 이상 보내는 경우도 있다—물론 아이잉거에서는 다른 몇몇 브루어리

마치 별장처럼 지어진 신축 브루어리는 환대 개념을 염두에 두고 설계됐다.

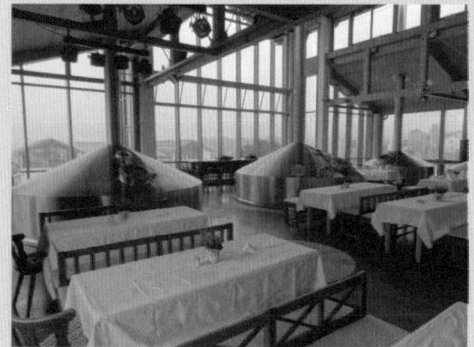

전통적인 바이스비어 개방형 발효조는 브루어리와 떨어진 곳에 따로 자리잡고 있다.

들에 비해 맥주 온도를 조금 더 높게 7℃ 정도로 조절하고 있다.

인젤카머 가문은 바이에른 맥주의 전통적인 풍미들에 집중하면서도, 꼭 필요하다고 생각되는 방식들만 사용하는 기업이라는 인상을 준다. 결과물에 대해서는 이의를 달 수 없을 것이다. 아이잉거보다 더 일관되게 더 훌륭한 맥주를 만들어내는 브루어리는 그 어디에도 없다—메르첸, 둥켈, 엑스포르트 라거, 헤페바이첸, 둥켈바이첸, 마이보크, 도펠보크 할 것 없이 전부 각 스타일의 표준으로 여겨진다.

맥주 평가 사이트를 둘러보거나 맥주 시음기를 읽어보면 아이잉거의 바이첸 라인—헤페, 둥켈, 보크—은 마이보크 못지않게 사랑받고 있음을 알 수 있을 것이다. 그러나 이 브루어리의 가장 빛나는 부분은 단연 도펠보크인 첼레브라토어다. 이 맥주의 역사는 하도 오래돼서 이 집안 사람들도 가장 처음 브루잉한 시점을 정확히 알지 못할 정도다. 프란츠 인젤카머 2세는 브루어리 설립 즈음까지 거슬러 올라간다고 보고 있다. "적어도 우리가 알기로는 레시피는 한 번도 변경된 적이 없습니다. 하지만 1980년대 초반에 이름은 한 번 바뀌었지요. '장크트안드레아스(성 안드레아스) 보크'에서 '첼레브라토어'로요." 어느 미국 수입업자가 이 같은 이름 변경에 도움을 주기는 했지만—인젤카머는 알려주려 하지 않는— 그 공식과 과정은 너무나도 바이에른적이다. 첼레브라토어는 이 브루어리에 대한 훌륭한 은유로서 기능하기도 한다. 알코올 도수가 가장 낮아 대다수의 도펠보크와는 차이가 있다. 아이잉거는 이름은 기꺼이 바꾸었지만(동명의 교회 '성 안드레아스'를 보아온 이들에게는 옛 이름에 특별한 의미가 있었을지 모르지만) 레시피에는 손을 대지 않았다. 다른 곳에서 만든 맥주들과는 다를지 몰라도 그렇다고 해서 불만인 사람은 없다. 전통적이기 위해 늘 똑같을 필요는 없는 것이다.

대량 판매 라거
MASS-MARKET LAGERS

Mass-Market Lagers.

어떤 이들은 대량 판매 라거를 몇 그룹의 카테고리로 나누고 싶어하며 대개 미국 맥주들을 '부가물 라거'라는 일종의 스타일 게토 속에 몰아넣지만, 전부 상당한 공통점이 있다. 핵심은 갈증 해소로, 드라이한 일본 맥주인가 아니면 비교적 달콤한 미국 맥주인가 또는 좀더 견고한 유럽 맥주인가 하는 구분은 비전문가들이 논쟁을 벌이기에는 충분하지 않다. 이 맥주들은 청량감을 유지하려면 얼음처럼 차가운 정도로 서빙되는 것이 가장 좋으며, 핫윙이나 칠리페퍼 같은 매운 음식의 맛을 중화시키는 용도 이상이다.

주요 수치

ABV 범위: 4-5%

쓴맛: 5-20 IBU

서빙 온도: 1.6-3.3°C

전용잔: 필스너 글라스

오늘날 전 세계에서 만들어지는 거의 모든 맥주는 기포가 있는 페일 라거다. 페일 라거 이외의 나머지 모든 맥주 스타일들을 다 합해도 그 총량이 차지하는 퍼센트는 한 자리 수에 불과한 정도다. 맥주 전문가들 사이에서 차가운 라거 한 캔은 가장 무시당하는 대상인데, 여기에는 어느 정도 정당한 이유도 있다. 지난 세기에 맥주 회사들은 풍미를 덜어내고 양질의 몰트 대신 가격이 저렴한 발효당원을 넣고, 심지어 각종 첨가제와 색과 향료를 쏟아부어 필스너 스타일의 품질을 저하시켰다. 브루어리들은 시장에 선보인 일부 제품들에 부끄러움을 느껴 마땅하다.

하지만 또 다른 측면이 있다. 사람들이 항상 틀릴 수는 없다. 사람들이 이 톡 쏘는 액체를 몇 갤런씩 마셔대는 데는 다 이유가 있는 법이다. 상쾌함을 더하고 갈증을 해소시켜준다. 대량 판매 라거—버드와이저, 하이네켄, 파시피코 Pacifico, 삿포로—는 기포가 풍부한 심플한 맥주로 약간 달콤하다. IPA 애호가들조차도 더운 날에는 시원함을 간절히 원할 것이다. 이들 주류 맥주는 대다수의 스타일에 비해 풍미는 적지만 이는 의도한 것이지 잘못 만든 탓이 아니다. 앤하이저 부시 같은 브루어리들은 지구상의 그 어느 브루어리 못지않게 자기네 맥주의 일관된 품질에 각별히 신경을 쓰고 있다. 버드와이저 하면 딱 버드와이저 같은 맛이 나기를 기대하는 수백만 명의 팬들을 거느리고 있으니까.

기원

대량 판매 맥주의 이야기가 왜 대량 판매되는 모든 제품의 이야기와 다를 바 없어졌는지 설명하자면 이렇다. 산업혁명으로 맥주의 대규모 생산이 가능해졌고 이는 곧 대규모 마케팅과 대규모 유통 그리고 규격화와 보존 관행으로 이어졌다. 그리하여 맥주 역시 고기나 빵 또는 치즈와 크게 다를 바 없게 됐다. 대중 시장의 발달은 제품을 적은 비용으로 제조하고 유통시키는 것을 가능하게 만듦으로써 최대한 많은 사람들 앞에 제품을 선보일 수 있게 했다. 수많은 사람들에게 맞는 제품을 만드는 일은 다른 제품 카테고리들의 경우와 마찬가지로 맥주에서도 정상분포 곡선bell curve의 중앙에 근접한다는 의미로, 가장 많은 사람들의 취향이 몰리는 지점이다. 제품을 취향의 중위값에 적합하게 만들면, 특유의 개성이나 모난 구석은 사라지고 좀더 무던한 버전으로 바뀐다. 어쨌든 20세기 맥주의 이야기는 이러했다.

숫자들 역시 이야기의 일부분을 말해준다. 금주법의 영향도 있어서 미국은 가장 뚜렷한 예를 보여준다. 브루어리들이 17년에 걸쳐 회복을 하고 난 뒤인 1950년, 미국 4대 양조업체(슐리츠, 앤하이저 부시, 밸런타인, 팝스트)가 미국 전체 맥주의 20% 이상 생산했다. 2000년경에는 4대 기업(앤하이저 부시, 밀러, 쿠어스, 팝스트)이 전체 맥주의 95%를 만들었다—그리고 그 생산량 전부는 대량 판매 라거였다.

그러나 같은 시기에 독일에서 벌어진 상황을 보면 좀더 확실히 감이 잡힐지도 모르겠다. 독일은 브루어리 전체 수가 1,234개보다 적어진 적이 한 번도 없는 곳으로, 다양성에 관한 성공 사례로 여겨진다. 하지만 맥주 생산은 이곳에서

> **스컹크 경계경보**
>
> 앞에서도 언급한 적 있지만, 여기서 다시 짚고 넘어가겠다. 맥주에서는 절대 스컹크 같은 맛이나 냄새가 나서는 안 된다. 소비자들이 녹색병에 담긴 맥주만 살 것이라는 생각은 유럽 브루어들의 신조지만, 녹색병은 홉 화합물이 빛에 노출될 경우 일어나는 화학적 변화에 취약하다. 내가 샀던 녹색병에 담긴 수입 맥주 중 최소 절반가량은 스컹크 느낌이 있었고 이제 녹색병에 담긴 맥주는 사지 않는다는 것이 내 철칙이 됐다. 녹색병 맥주를 사지 않으려는 똑똑한 대중이 늘면, 기업들도 점차 갈색병이나 캔으로 바꿔나갈 것이다.

도 대량 판매용으로 급격히 움직이기 시작했다. 1958년에는 독일 네 개 브루어리들이 전체 맥주의 단 12%를 만들었다. 2000년경에는 이 수치가 50% 정도가 됐고, 이는 상위 여덟 개 생산자로 확대할 경우 3분의 2까지 상승했다. 독일에서 이들은 굉장히 다른 시장들이며, 독일에서 가장 큰 맥주 회사는 클래식 필스너인 에버와 라데베르거Radeberger를 만든다. 여기서 말하고자 하는 핵심은 가장 다양성이 존중되는 나라에서도 대량 판매 맥주는 표준이 됐다는 것이다.

이런 현상은 나라마다 비슷하다. 아무 나라나 한곳을 떠올려본 다음 그곳의 유명한 맥주 브랜드명을 대보는 게임이 있다면 재미있을 것이다. 네덜란드? 쉽지, 하이네켄이니까. 덴마크? 조금은 어려워 보이지만 잠시 생각해보면 칼스버그를 기억해낼 수 있다. 호주? 그 유명한 텔레비전 광고가 생각나겠지―포스터스. 국가별로 브랜드를 생각해내기 쉽지 않을 법한 나라들―터키(에페스Efes), 태국(싱하Singha), 케냐(터스커Tusker)―도 있다. 라바트, 칭타오Tsingtao, 스텔라 아르투아, 파나마Panama, 브라마Brahma, 킹피셔Kingfisher, 어쨌든 목록은 끝이 없다.

회사들 간 합병이 많다 해서 반드시 모든 나라마다 맥주맛이 똑같아지는 것은 아니다. 19세기에 미국의 브루어들은 맥아 가루에 옥수수와 쌀을 더함으로써 현지의 여섯줄보리가 가진 거친 특성을 부드럽게 만들었다. 이런 일종의 현지화는 결국 여섯줄보리를 일찌감치 포기한 미국 내 브랜드들까지도 옥수수와 쌀을 사용하게 되는 결과로 이어졌다. 비슷한 이야기로, 인도 맥주는 오랫동안 대체로 가축 사료용으로 재배된 저품질의 ―수분이 많고 낱알 크기가 들쑥날쑥하고 거친― 보리를 사용해 만들어졌다. 이 상황 역시 쌀을 섞으면서 나아졌지만 품질은 여전히 별로 좋은 편이 아니었기 때문에 브루어리들은 맥주 도수를 높게 만들어 작업 속도를 높이곤 했다. 일본에서 맥주는 문화적 기대치를 비롯하여 여러모로 전혀 다른 환경에서 발달해왔다. 일본 사람들은 '키레kire'한―직역하면 '자르다'는 뜻으로 예리하고 깔끔하다는 의미― 품질의 좀더 엄격한 제품을 기대한다. 따라서 아사히는 쌀을 사용하여 청량감을 더한 굉장히 드라이한 맥주를 만들었고, 이는 시장 전체를 바꿔놓았다. 그 결과 일본 맥주는 극도로 청량한 경향을 띤다.

그러나 쿠어스, 벡스, 포스터스 맥주는 다 다르면서도 비슷한 점이 많다. 이 또한 대규모 시장의 영향이다―운송에 용이하게 만들어진다. 20세기를 지나면서 전통적인 맥주 스타일들은 사라지거나 비주류로 밀려났고, 맥주가 법적으로 허용된 나라면 어디서든 찾을 수 있는 보편적인 노란색 라거가 그 자리를 대신했다.

상세 설명 및 특성

대량 판매 라거는 필스너의 후손으로, 여전히 닮은꼴이다. 둘 다 투명한 황금빛의 스파클링 맥주로, 위에는 서리가 내린 것 같은 화이트 헤드가 덮여 있다. 사람들은 대개의 경우 이 두 맥주를 구분조차 못 한다. 하지만 필스너 우어크벨과 버드와이저의 차이는 사소하지 않다. 필스너는 풀 바디에 홉 특성이 두드러진다(반드시 씁쓸한 것은 아니다). 풍부한 느낌이 있지만 달콤하지는 않으며, 각종 몰트는 명료하고 선명하다. 곡물, 빵, 토스트 계열의 풍미가 난다. 대량 판매 라거는 필스너만큼 강렬한 느낌은 아니며, 호피한 정도도 대개 떨어진다. 그렇다면 헬레스 라거에 더 가깝다는 결론으로 흐르기 쉽다. 하지만 사실 그렇지도 않다.

다른 스타일들에 비해 대량 판매 라거의 풍미가 약하지는 않다. 그보다는 풍미들이 처리 과정을 좀더 거치면서 구분해내기가 어려워진 것이다. 설탕 같은 달콤함은 대량 판매 먹거리의 대표적 특징이다—제조업체마다 좀더 눈에 띌 만한 요소들을 제품에 가득 채워넣는다. 탄산음료가 대중적 인기를 끌면서 단맛에 대한 기대치가 높아졌고 이제 토마토소스, 샐러드드레싱, 커피 음료 같은 제품들도 점점 설탕 함량이 높아지는 추세다. 지난 20세기 동안 맥주 역시 단맛이 강해지는 동시에 쓴맛은 점점 약해져왔다. 보통의 슈퍼마켓 맥주에서는 이 같은 하락 추세가 일반적인 음식에서 흔히 볼 수 있는 형태로 나타난다. 사용된 곡물 타입이나 가마 건조된 방식을 맛볼 수 있는 필스너 특유의 몰트 풍미는 없다. 설탕 같은 단맛 외에도 대량 판매 라거는 탄산이 묵직하고(맥주는 '톡 쏜다'는 대중적인 인식은 여기서 나왔다) 홉 특성은 별로 강하지 않다. 쓴맛을 살짝 낸다는 느낌 말고는 대개 홉 타입의 성격을 특정하기도 굉장히 어렵다. 무엇보다도, 가벼운 느낌의 맥주로서 포만감도 적고 칼로리도 상대적으로 낮다.

물론 모든 대량 판매 라거가 동일한 것은 아니라서, 라인업마다 특정한 차이들을 알아차릴 수 있을 것이다. 좀더 꽉 찬 느낌을 주는 것도 있고 묽은 것도 있으며, 좀더 달콤한 것도 있고 드라이한 것도 있다. 옥수수 풍미가 확연한 것이 있는가 하면 탄산수와 크게 다를 바 없는 느낌의 맥주도 있다. 세 가지 타입의 대량 판매 라거와 그 특징을 다음에서 살펴보고자 한다.

> **'싸구려' 부가물들**
>
> 맥주를 마시는 이들은 대개 옥수수와 쌀을 브루어리들이 맥주 제조 비용을 한 푼이라도 아끼려고 사용하는 '싸구려 충전재'라고 생각한다. 하지만 이는 '대체로 잘못된' 주장이다. 이 부가물들은 브루어리들이 처음 사용하기 시작했을 때는 보리보다 비싼 곡물들이었다. 심지어 지금도 물가는 오르락내리락하며, 쌀은 보리보다 비싸다. 10년 전쯤에는 더 저렴했을 수 있는 옥수수도 2000년 이후로는 가격이 세 배로 뛰었다. 이 곡물들의 풍미는 특정한 맥주의 맛을 규정하는 데 일조하며, 브루어리들의 관심사는 사실 특정 시점에 가장 싼 곡물을 골라 사용하는 것보다는 일관된 풍미 프로필을 유지하는 것이다.

옥수수 및 쌀 첨가 맥주

1870년대 미국에서는 아돌푸스 부슈를 필두로 맥주에 쌀과 옥수수를 넣어 자생종 여섯줄보리의 거친 느낌을 완화시키고자 했다. 미국산 보리는 맥주 속에 눈에는 보이지 않는 미세한 단백질 부유물을 남기는 탓에 골든 라거에는 적합하지 않았다. 이 같은 진화 끝에 토착 맥주종 하나가 미국산 보리의 각종 제약도 견뎌내고 오래도록 살아남았다. 대부분의 미국 라거는 한 세기가 넘도록 맥아 가루에 옥수수와 쌀을 사용했다. 맥주의 바디를 가볍게 하면서도 별다른 풍미는 더하지 않을 수 있어서 전 세계적으로 인기를 끌었다. 알코올로 깔끔하게 변환되는 쌀은 맥주를 드라이하게 만든다—일본 맥주맛의 핵심이다. 옥수수 역시 맥주를 가볍게 만들지만 밀러나 쿠어스 같은 미국 라거 특유의 성격에 일조하는 나름의 풍미를 더한다.

올몰트 맥주

일부 대량 판매 라거는 보리 몰트만을 사용해 만든다. 이는 맥주순수령에 따라 보리만을 사용하는 독일 라거의 경우는 특히 그렇다. 올몰트 맥주는 조금 더 꽉 찬 느낌이어서 특유의 몰트 풍미가 더 강할 수 있다—물론 항상 그렇지는 않지만. 대량 판매 영역에서 올몰트는 굉장히 드문 타입의 맥주다.

라이트 맥주

이 카테고리의 맥주들에서 '라이트'는 바디를 지칭하는 표현으로 저칼로리 맥주라는 뜻이다. 1960년대에 브루클린의 라인골드Rheingold 브루어리에서 일하던 조지프 오와디스는 효모가 전분을 소모하도록 돕는 효소를 발견했다. 그 결과 만들어진 맥주는 탄수화물 함량이 상대적으로 낮아서 저칼로리였다. 라인골드는 오와디스의 연구를 바탕으로 1960년대 후반에 게이블린저스 다이어트 비어Gablinger's Diet Beer를 출시했다. 1975년에 밀러가 '맛은 뛰어나고 배는 덜 부른' 맥주라는 인상적인 광고를 앞세워 자체 출시한 라이트 맥주는 이 흐름을 주도했다. 성

'드라이' '아이스' '트리플 홉 브루잉'이라고?

맥주 회사들은 늘 번드르르한 말을 잘한다. "최고급 재료" 또는 "로키 산맥의 물"을 썼다며 자랑한다. 이런 표현들이 단순한 슬로건 이상인 경우도 있다. '아이스'는 맥주를 얼려서 수분을 제거하여 아이스하우스Icehouse 및 몰슨 아이스Molson Ice처럼 약간 더 센 맥주를 만드는 과정을 가리키는 표현이다. 그런가 하면 번드르르하고 그럴싸한 마케팅 기법과 실제 기법이 모호하게 합쳐진 주장일 때도 있다. 가령, '드라이'한 맥주는 저감도가 높은 맥주를 지칭할 수도 있고 전혀 아닐 수도 있다. 한편, '트리플 홉 브루잉' 같은 아무 의미 없는 슬로건도 있다. 표준적인 브루잉 방식인데 마치 특별한 것인 양 과장광고를 하는 것이다.

사랑스럽고도 예리한 내 아내는 '회오리병vortex bottle'에 담긴 밀러 라이트 광고를 보자마자 엄청나게 유용한 격언을 내뱉었다. 내가 샐리의 법칙이라 부르게 된 그 격언은 바로 '브루어리에서 맥주 대신 패키지를 팔려고 들면 절대 사지 말라'는 것이다. 보타이 모양의 캔, 맥주 온도를 알려주는 캔, 케그 모양의 캔 등을 볼 때마다 나는 아내의 법칙을 떠올리며 자주 감탄하곤 한다.

장 속도는 느렸지만, 라이트 맥주는 결국 미국 시장을 제패했다. 현재 가장 잘 팔리는 맥주 넷 중 셋은 버드 라이트, 쿠어스 라이트, 밀러 라이트다. 2013년, 일반 버드와이저는 밀러 라이트를 간신히 제치고 3위 자리를 탈환했다.

라이트 맥주는 보통의 대량 판매 라거보다 풍미가 훨씬 덜하고 바디는 거의 없는 느낌이며 몰트의 풍미는 살짝 스치고 지나가는 정도다. 호핑은 대체로 풍미의 경계 아래다. 알코올 도수는 낮고(판매 상위 3종 모두 4.2%) 탄산이 강하며 당연히 '청량감'이 높은 맥주로 분류된다. 그 밖에 덧붙여 설명할 요소는 거의 없다. 라이트 맥주는 아주 차갑게 해서 빠른 속도로 그리고 최대한 별생각 없이 마시기에 좋은 맥주다.

브루잉 노트

세인트루이스의 앤하이저 부시 브루어리에 도착하면 무엇을 기대해야 할지, 나는 사실 알 수가 없었다. 이곳에서 판매하는 맥주량이 워낙 엄청나다보니 주문량을 채우기 위해서는 미국 전역에 브루어리 열두 곳이 필요할 정도다. 세인트루이스를 대표하는 이 회사는 미국 2위 규모의 브루어리로, 미국 내 모든 크래프트 브루어리들이 만드는 맥주를 전부 합한 것보다도 연간 맥주 생산량이 많다. 나는 창고처럼 거대한 매시 턴, 유조선만 한 발효통, 시멘트와 강철이 산업적 규모로 수 톤씩 쌓여 있는 그런 모습을 상상했다.

너무 순진했다. 사실, 세인트루이스의 설비는 지금껏 내가 본 가운데 가장 아름다운 브루어

브루마스터 짐 비클라인이 세인트루이스의 앤하이저 부시 브루어리 앞에 서 있다.

리일 수도 있을 것 같다. 20세기에 들어서면서 지어진 이곳은 본래 중력을 이용한 기본적인 시스템으로, 5층 높이에, 우뚝 솟은 아트리움과 꼭대기에서부터 바닥까지 중앙부에 뚫려 있는 개방형 원기둥의 공간을 통해 빛이 환하게 들어온다(초창기 형태의 통신 시스템이다). 1904년 세인트루이스 세계박람회에 출품됐던 샹들리에가 마치 홉 덩굴처럼 길게 구불구불 휘감아 내려오며 늘어져 있다. 개방형 공간의 끝에는 황금빛 이파리와 백합 모양의 문장紋章이 섬세하게 장식돼 있고, 눈부신 흰색으로 칠해진 철제 난간이 달려 있어서 빛이 쏟아져 들어오는 허공에 발을 헛디디지 않게 해준다.

운영 규모는 어마어마하지만 —매싱과 라우터링이 각각 다른 건물에서 이루어질 정도다— 개별 장비들은 기껏해야 사람 키 높이다. 단위 규모 면에서는 훨씬 작은 여느 브루어리와 다르지 않아 보인다. 앤하이저 부시가 이 공장을 통해 매년 맥주 1,500만 배럴을 쏟아내는 방식은 거대한 장비를 사용하는 것이 아니라, 한

꺼번에 움직이는 수많은 통들로 촘촘하게 얽힌 매트릭스와 함께 치밀하게 구성된 안무와도 같다. "브루하우스는 세 곳이고, 각 브루하우스마다 이런 매시통이 여섯 개씩 있지요," 브루마스터 짐 비클라인의 설명이다. 브루하우스라는 것은 따로 떨어진 별개의 설비를 말하는 것이 아니다—모두 메인 브루어리로 통합돼 있다. "그러니까 총 열여덟 개의 매시통이 있는 셈이고 각 브루하우스마다 라우터 턴은 두 개씩 있으니까 총 여섯 개의 라우터 턴과 여섯 개의 브루 케틀이 있는 겁니다." 비클라인은 매일 50-60개 배치의 일정을 관리한다.

브루잉 과정은 완전히(그리고 실망스럽게도) 평범 그 자체다. 버드와이저는 1870년대에 아돌푸스 부쉬가 도입한 오리지널 맥주와 흡사한 맥아 가루를 사용한다. 두줄보리와 여섯줄보리에 쌀을 35% 혼합한다. 쌀은 별도의 쿠커를 사용해 준비—벨기에서도 흔히 볼 수 있는 방식—한 뒤 보리 매시에 투입한다. 버드와이저는 추출액보다는 펠릿 형태의 홉을 사용하고, 끓이는 과정 처음과 끝에 이 홉을 첨가한다. 비클라인은 줄줄이 늘어선 6,000배럴 규모의 발효통이 있는 방으로 들어서면서 "정말 엄청나죠"라고는 했지만, 발효 방식 역시 전형적이다. 효모는 오리지널을 쓰는데, 세인트루이스 브루어리는 이 부분을 적극 홍보하는 유일한 브루어리다—시간이 지나도 효모종이 변하지 않을 수 있는 확실한 방법이라는 것이다. 매일 생효모가 가득 찬 케그들이 트럭이나 비행기에 실려나가 전 세계 각지로 운송된다. 버드와이저는 닷새간 11°C에서 발효한 뒤 3주간 숙성된다—10°C 언저리는 발효 온도로서는 상당히 높은 편에 속하기는 한다.

물론, 엄청난 양의 맥주를 생산하기 위해 좀더 효율적인 과정을 거치는 것도 가능하다. 수많은 브루어리들은 고비중 브루잉을 택하거나 매시 필터를 사용한다(또는 두 방법 모두 활용할 수도 있다). 또는 라거링 시간을 며칠 정도 단축함으로써 비용을 절감하기도 한다. 이런 몇몇 기법은 맥주맛에 영향을 미치기도 하고 미치지 않기도 한다. 그러나 많은 이들이 오해하는 것 하나는 짚고 넘어갈 필요가 있다. 맥주는 맥주라는 것이다. 이 대량 판매 라거들이 크래프트 브루잉한 IPA들보다 더 가볍고 밋밋한 것은 브루어리 디자인이나 브루잉 기법 때문이 아니다—맥주를 그렇게 만들려고 의도적으로 선

고비중 브루잉

고비중 브루잉의 기본 개념은 아주 단순하다. 농축 맥아즙을 만든 다음 용기에 담기 직전에 물을 타서 희석하는 것이다. 브루어리에서 처리하는 맥주 양을 줄임으로써 비용을 절감하고 탱크가 차지하는 공간을 줄일 수 있기 때문에 라거 브루어리들 사이에서는 상당히 널리 퍼져 있는 방식이다. (앤하이저 부시에서는 버드와이저나 버드 라이트에는 이 방식을 사용하지 않지만, 다른 몇몇 브랜드에는 사용한다.) 브루어리들은 최종적으로 6-8% 맥주로 만들어질 맥아즙에서부터 시작한다. 좀더 농밀한 맥아즙에서는 효모가 다르게 작용하기 때문에, 적정 비중으로 다시 희석됐을 때 최종 결과물인 맥주의 풍미 특성을 좀더 센 이 맥주들이 바꿔놓지 않도록 주의해야 한다.

택한 것이다. 또한 브루어리가 맥주를 건성으로 만들기 때문도 아니다.

실제로, 세인트루이스 방문 당시 내가 가장 매료됐던 순간은 너도밤나무 탱크들 앞에 도착했을 때였다. 완전히 살균하고 풍미를 제거한 나선형의 너도밤나무 널판들을 사용하여 효모를 확실히 모음으로써 순환하는 맥주가 효모와 접촉하는 기회를 늘리고 있었다. 이는 맥주를 천천히 숙성시키는 동안 디아세틸 및 그 밖의 다른 여러 잡미를 줄이기 위해 고안한 방법이다. 하지만 오늘날의 브루어리에서 이는 구식 기술에 해당한다. 앤하이저 부시의 미생물학자들과 화학자들은 맥주 제조법을 알고 있으며 이런 구식 방법을 쓰지 않고도 이 같은 문제들을 확실히 해결할 수 있다. 하지만 버드와이저는 늘 너도밤나무 널판들을 사용하는데, 구리 케틀 및 그랜트를 고수하는 브루어리들과 마찬가지로 그 이유는 화학적으로만은 설명이 불가능하다. 이와 관련해 비클라인에게 거듭 묻자 그는 이렇게 말했다. "이 방식이 [전반적인 맥주 풍미에] 영향을 미친다 혹은 안 미친다 주장할 수는 있겠지만 어쨌든 저희는 바꿀 생각이 없습니다. 버드와이저의 유산 중 하나니까요."

버드와이저, 밀러, 쿠어스 같은 맥주들의 기술적 성취가 대단한 수준인지에 대해서는 사람마다 생각이 다를 텐데, 이는 늘 주관적 판단의 영역일 것이다. 하지만 앤하이저 부시 같은 브루어리들은 도그피시 헤드, 로덴바흐, 슐렝케를라 못지않게 맥주와 더불어 살고 더불어 숨쉰다. 만드는 맥주는 굉장히 다르지만 다른 브루어리들이 하는 것과 동일한 방식—매싱하고

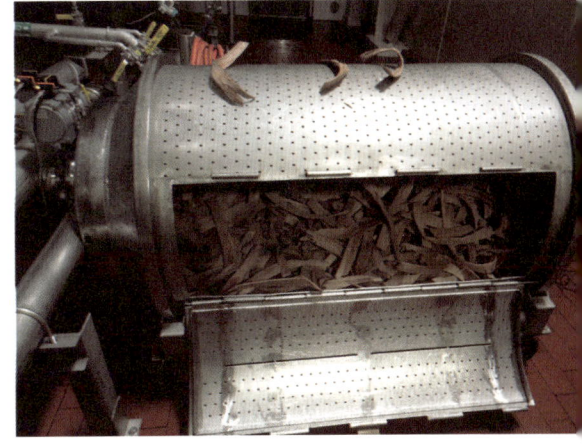

버드와이저 특유의 너도밤나무 조각들이 탱크 안에 준비되어 있다.

끓이고 발효하여—으로 만든다. 그러니까, 그저 더 많은 양을 만들 뿐이다.

진화

경제학자 리사 M. 조지는 글로벌화와 더불어 20세기 중반 전국적으로 텔레비전 광고가 등장하면서 로컬 브루어리들의 몰락이 더 가속화됐다고 말했다. 설득력 있는 주장이다. 리사의 분석에 따르면 텔레비전과 맥주 시장의 전국적 확대로 인해 로컬 브루어리 수가 25% 정도 감소했고, 생산량은 3분의 1 정도가 감소했다.

그렇다면 21세기 미디어의 분화는 기호와 경향성에 어떤 영향을 미쳤을까? 크래프트 브루잉은 미국 전체 맥주 시장의 (달러 규모로) 10% 이상을 차지하며 매년 두 자릿수 성장을 계속하고 있다. 한편, 가장 인기 많은 대량 판매 라거에 대한 수요는 매년 1-2포인트씩 빠져나가는 추세

다. 이런 흐름의 최전선에는 미국이 있지만 전 세계적인 현상이기도 하다. 30년 전, '대량 판매'는 이해하기 쉬운 고정불변의 개념이었다. 지금으로부터 30년 후 대량 판매 시장의 중심부는 어떤 모습일지는 전혀 알 수 없다. 20세기를 지나오면서 맥주는 계속 라이트해지고 덜 호피해졌다. 이 같은 흐름은 얼마든지 바뀔 수도 있고, 그렇게 된다면 더 규모가 큰 라거 브루어리들은 좀더 바디가 묵직하고 더 호피한 맥주를 만들 것이다. 라거는 결국 에일에 자리를 내어주게 될지도 모른다는 예상이 충분히 가능하다. 아마도 우락부락한 느낌의 임페리얼 레드 에일이 아닌, 페일한 밀 에일이 대규모 시장을 발견하여 에일이 지배하게 될 미국 시장을 그려볼 수 있을 것이다.

오늘날 상상조차 힘든 것 중 하나가 바로 1970년대의 지배와 합병으로의 회귀다. 이를 파악한 거대 다국적 브루어리들은 대량 판매 에일들을 선보이는 것으로 대응했고(밀러쿠어스, 블루문 라인) 크래프트 브루어리들을 매입하거나(앤하이저 부시 인베브 및 구스 아일랜드) 제품 개발 부분을 매입했다(앤하이저 부시 및 블랙 크라운). 한편, '마이크로브루어리'들은 마이크로 규모로 오래 남아 있을 것 같지는 않다. 시에라 네바다, 뉴 벨점 같은 대형 에일 회사들은 버드와이저의 뒤를 따라 생산량을 늘리고 이스트코스트 운송분의 품질을 향상시키기 위해 신규 브루어리들을 계속 열고 있다. 맥주의 미래는 훨씬 더 많은 선택과 크래프트 브루어리들의 성장으로 점철된, 훨씬 더 다채로운 지형이 될 것은 분명해 보인다. 그리고 이는 대량 판매 시장에 영향을 미칠 것이다—아마도 예상치 못한 방식으로 말이다. 앞으로 일어날 일에 대한 가장 안전한 예측? 일단은 두고 보자.

알아야 할 맥주들

한때, 사람들 사이에서는 대량 판매 라거 중 어떤 것이 맛이 가장 좋은가를 두고 의견이 분분했다. 이후 논쟁에 지친 맥주광들은 대량 판매 라거들 사이에는 별다른 차이가 없다면서 논의 자체를 일축해버리기도 했다. 어느 쪽도 정답은 아니다. 이들 라거는 하나의 그룹으로 보면 대다수의 다른 스타일들보다는 서로 비슷한 점이 많다. 구분해낼 줄 안다고 생각하던 이들도 블라인드 테이스팅에서 종종 깜빡 속을 정도다. 그러나 한 걸음 물러서서 지역별로 이들 라거를 비교해보면 그 윤곽 파악이 좀더 쉬워진다. 대량 판매 라거의 영역에서도 문화는 영향력을 발휘한다. 독일은 좀더 풍미가 꽉 찬, 맥주순수령에 따른 라거를 고수하는 반면, 일본은 정반대 방향을 택해 쌀을 넣어 드라이하게 만든다. 버드 라이트와 쿠어스 라이트를 구분해내기는 쉽지 않을지 모르지만, 버드와 벡스, 벡스와 포스터스를 구분하기는 훨씬 쉽다. 지역별 차이 및 주요 브랜드에 관해 간단히 설명하자면 다음과 같다.

• **미국** 미국인들은 곡류의 개척자들이었고 **밀러 제뉴인 드래프트**를 마셔보면 그 맛의 차이를 알 수 있을 것이다. 차가울 때는 리슬링 같은 청량감이 살아 있지만, 온도가 올라가면 점차 옥

수수 풍미가 느껴진다. **쿠어스** 역시 옥수수향이 있지만, 좀더 청량하고 무난한 중립적인 풍미다. 쌀을 넣은 **버드와이저**는 홉의 쓴맛을 줄이고 비교적 고온숙성을 통해 에스테르 특성을 더한 데서 오는 달콤한 풍미가 느껴진다.

• **멕시코** 더운 나라에서는 라이트 라거가 최적이다. 라이트 라거는 마시는 사람을 그다지 빨리 탈수시키지 않기 때문이다. 북쪽에서 만들어지는 맥주들과 마찬가지로 멕시코 맥주들도 기본 바탕에 옥수수 풍미가 있다. **파시피코**는 미디엄 바디에 토스티하지만, 약간 달콤하며 계속 더 마시고 싶어지는 맥주다. **모델로 에스페시알** Modelo Especial은 부드럽고 깨끗하며 홉의 느낌이 살아 있다. **도스 에키스**는 청량하나 맛은 미네랄워터처럼 금세 옅어진다.

• **독일** 대조적으로 독일 라거들은 모두 100% 보리 몰트로만 만들어진다. 좀더 꽉 찬 느낌이고 탄산은 적다. **바르슈타이너**는 보드라운 곡물향의 몰트 베이스에 홉 풍미가 살짝 더해진 느낌이다. **벡스**는 비교적 묵직하고 미국 스탠더드 라거들에 비해 홉 특성이 상당히 두드러진다. 가장 가볍고 거품이 풍부한 **슈파텐**은 브루어리가 쌀이나 옥수수에 의존하지 않고도 얼마나 미국적 모델에 근접할 수 있는가를 보여준다.

• **유럽** 유럽 전역의 기대치는 아주 다양해서, 맥주가 얼마나 서로 다를 수 있는지 살펴보는 것도 흥미로운 일이다. **칼스버그**(덴마크)는 세계에서 가장 유명한 이름 중 하나로, 달콤하고 옥수수향이 나며 연하다. 세련된 라거 이미지로 마케팅하는 **스텔라 아르투아**(벨기에)는 탄산수처럼 깔끔하고 청량하지만 실제 맥주 풍미는 적다. 반면, **하이네켄**(네덜란드)은 단맛, 호피함, 바디 모두 끌어올려 풍미가 가득하다. 하지만 유럽

라거 중 **페로니**(이탈리아)는 숨겨진 보석 같은 맥주다. 빵 같은 풍미의 진한 몰트 특성이 살아 있으며, 허브 계열에서 스파이시한 쪽으로 넘어가는 홉 특성이 두드러진다. 자칫 독일 필스너로 착각할 법한 맥주다.

• **호주** 이 아랫동네에서는 비교적 탄탄한 맥주를 만든다. **포스터스**는 풍성하고 토스티한 몰트가 자꾸 더 마시고 싶어지게 만드는, 꽉 찬 느낌의 약간 달콤한 맥주다. 비슷한 계열로는 뉴질랜드의 **스타인라거**Steinlager가 있다. 상당히 꽉 찬 느낌의 풍미가 중간에 느껴지고 마무리감은 드라이하며, 전반적으로 상당히 레몬향 강한 홉 특성이 느껴진다.

• **일본** 1980년대 '드라이 전쟁'은 일본 라거들의 성격을 빚어냈다. 전반적으로 굉장히 청량하고, 정말 드라이하다. **삿포로**는 그중에서도 가장 드라이한 맥주로, 아주 약간의 토스트와 리치의 풍미가 느껴질 뿐이다. 꿀 몰트의 풍미와 꽃과 치자나무향을 지닌 **기린**은 좀더 꽉 찬 느낌으로 열대풍이다. 더 드라이한 맥주를 만들려는 경쟁을 처음 시작했던 **아사히**는 오늘날 풍미가 거의 남지 않은 맥주를 만들게 된 지점까지 와 있다.

잘 알려지지 않은 라거들
LESSER-KNOWN LAGERS

라우흐비어 브루잉 최후의 요새인 밤베르크는 레그니츠 강변에 자리 잡은 도시다.

라거 브루잉은 맥주의 진화에서 비교적 후발주자여서, 잊힌 전통들과 스타일들이 그다지 많이 남아 있지는 않다―소수지만 몇 개는 있다. 바이에른 북단으로 여행을 가게 되면, 프랑켄이라 불리는 시골 지역이 나올 것이다. 밤베르크라는 도시는 이 지역의 영적인 중심지나 마찬가지인데, 저장고 맥주cellar beer(켈러비어Kellerbier), '마개를 막지 않은' 맥주(웅게슈푼데트Ungespundet), 훈제 맥주(라우흐비어) 등을 만드는 브루어리들이 있다. 프랑켄 구릉 위쪽으로 가면 필터링하지 않은 농가풍 맥주를 만날 수 있는데, 오래된 농가풍 브루어리에서 만드는 경우도 종종 있다. 동쪽으로 계속 달리다보면 체코가 나오는데 여기서는 또 하나의 사라진 전통인, 초이글zoigl이라는 공동 브루하우스―역시 오래된―를 찾을 수 있을 것이다. 이들은 본질적으로 살아 숨 쉬는 라거 브루잉 박물관이나 마찬가지다. 좀더 남쪽으로 내려가 인근 오스트리아로 가면, 여러 농부들이 돌을 달궈 맥아즙을 끓이는 독특한 기법을 사용했다. 이곳은 라거의 태생지였던 곳이라, 잃어버린 보물의 흔적들이 가장 많이 남아 있는 건 어쩌면 당연한 일이다. 하지만 미국에도 본모습 그대로 살짝 숨겨져 있는 여러 다른 라거들도 있다.

현지에서는 '우'라 불리는 마어스 웅게슈푼데트는 보통의 헬레스보다도 더 탁하다.

필터링도 마개도 없이 저장고에 보관된 맥주

전형적인 라거는 밝고 맑으며, 빛을 받으면 작은 보석 같은 거품들이 표면으로 올라오는 모습이 보이는 스파클링 맥주다. 아주 차가운 온도에서 수주간 라거링하는 것의 중요한 장점 가운데 하나는 맥주를 탁하게 만드는 고형물질을 침전시켜 제거할 수 있다는 것이다. 대부분의 상업적 라거 역시 필터링을 거쳐 투명도를 향상시킨다. 그러나 독일 및 체코 일부 지역에서는 필터링하지 않은 농가풍의 라거를 더 선호하기도 한다.

프랑켄에서 표현은 한정적이다. '켈러비어'는 농가풍 라거의 일반 카테고리로, 저장고에서 숙성된 맥주라는 뜻이다. 저장고에서 맥주는 저온을 유지하지만 아주 차갑지는 않으며, 입자들은 계속 부유 상태에 있을 가능성이 높다. 브루어리들은 이 맥주를 필터링 및 파스퇴르 살균하지 않은 맥주라 부르기도 한다. (프랑켄 지방의 소규모 브루어리들에서 모든 맥주는 탭에서 바로 서빙된다.) '웅게슈푼데트'라 불리는 약간 다른 또 하나의 맥주 카테고리가 있는데, 이는 저장된 맥주를 다루는 방식을 지칭하는 명칭이다. 옛 낭만주의 시대에 브루어들은 저장고에 내려가 나무로 된 캐스크의 마개(슈푼트spunt)를 열어 가스를 내보내곤 했다. 탄산 함량이 낮은 맥주를 만들기 위한 방식으로, 좀더 맛이 부드럽고 온화해진다. 가스 배출 중에 맥주맛이 변질되는 것을 막기 위해 브루어리에서는 켈러비어에 좀더 호핑을 강하게 했다. 오늘날 대부분의 라거는 프랑켄 지방에서도 스틸 숙성을 하지만 웅게슈푼데트 맥주는 실제로 탄산 함량이 더 낮고 좀더 호핑이 생생한 느낌이다. 주로 케그에서 바로 따라내는 바이에리셔 안슈티히bayerischer anstich로, 태핑하고 그 비중대로 따라내어 서빙된 맥주는 영국의 캐스크 에일과 흡사하다.

 이 맥주 타입은 체코 국경 지역에서도 점점 더 흔해지고 있다. 네필트로바네 피보는 필터링하지 않은 라거로, 이제 상당히 대중화됐다. 수많은 체코 브루어리에 냉장 설비가 갖춰져 있기 때문에 네필트로바네 피보는 클림트의 그림에서 볼 수 있는 근사한 황금빛 색채로 빛나는 경우도 있지만 살짝 탁할 수도 있다. 이와 비슷한 크바스니코베는 병입 직전에 효모를 첨가하여 살짝 탁하다.

 콜드 라거링과 필터링은 맥주를 좀더 화려하게 만들어준다—수많은 브루어리에서 이런 과정을 거치는 이유다. 그러나 이 과정에서 아로마와 풍미를 지닌 입자들까지 제거되기도 한다. 병입 맥주의 스테일링을 가속화시키기도 하지만 신선한 맥주에 풍미와 아로마를 더 풍부하게 만들기도 한다. 밤베르크 마우스에서 슈타인 잔에 갓 따라 마신 그 유명한 웅게슈푼데트나 프라하 인근에서 마신 우네티츠카 12°Únětická 12°가 가장 기억에 남는다.

라우흐비어

몇몇 오래된 맥주들이 다른 곳에서는 단종되어 버린 뒤에도 오래 남은 이유는 무엇일까? 그 맥주들을 마시는 이들을 보자. 밤베르크에서 두번째 저녁을 맞은 10월의 어느 청명하고 온화한 밤에, 나는 슈페치알에 우연히 들르게 됐다. 지구상에 남아 있는 라우흐비어 브루어리 두 곳 중 하나—다른 하나는 같은 도시에 있는 라이벌 슐렝케를라—인 이곳은 사람들로 북적거렸다. 나는 실내의 몇몇 빈자리들을 기웃거리며 사람들 사이를 헤치고 다녔지만 '예약석' 문구가 걸려 있는 자리만 보일 뿐이었다. 아직 7시도 안 됐지만 그 자리들은 단골손님들이 오기를 기다리고 있었다. 슈페치알 입장에서는 당장 손해가 돼도 상관없다는 눈치였다. 나는 괘종시계가 7시를 알릴 때까지 바에 구겨져 앉아 있다가 마침내 자리를 잡았다.

 또 한 가지 설명은 슐렝케를라의 6세대 경영주 마티아스 트룸이 들려주었다. 그는 내게 단골손님들이야말로 라우흐비어 전통의 수호자였다고 말했다. "'아, 이거 진짜 별론데. 저는 필스너로 주세요'라고 하는 관광객이 있으면 그분들이 저희 편을 들어주죠. '필스너를 원하면 다른 데를 가셔야죠, 여기는 필스너 같은 건 없어요'라고 말해주는 겁니다." 그러면서 어느 관광객이 슐렝케를라를 한 모금 맛보더니 차라리 물을 달라고 했던 일화를 관광객 흉내를 내며 들려줬다. "옆 테이블의 남자가 관광객에게 물었어요. '몇 잔이나 마셔봤어요?' '이게 처음인데요' '아니, 그럼 지금 다른 걸 마실 게 아니에요. 일단 그 첫 잔부터 비운 다음에 다시 이야기하죠.'

마티아스 트룸이 슐렝케를라의 나무를 때는 건조용 가마 앞에서 설명 중이다.

결국 그 관광객은 그 잔을 다 비우고 한 잔을 더 마셨답니다." 이 이야기의 교훈은 밤베르크 사람들이 자기네만의 독특한 옛 라우흐비어를 애지중지하는 한, 밤베르크 사람들에게는 애지중지할 라우흐비어가 늘 있으리라는 것이다.

만일 여러 세기 전 맥주의 맛을 보고 싶다면, 라우흐비어는 좋은 출발점이다. 몰트를 불에 가마 건조하는 것은 아주 오래전부터 흔히 사용된 방법이었다. 몰트에 연기를 입히는 과정이다. 몰트 제조자들은 다양한 연료를 사용했지만, 나무는 가장 흔한 재료 중 하나였다. 밤베르크에서 슈페치알과 슐렝케를라는 너도밤나무 위에서 훈제하는 방식으로 계속 몰트를 만들어 오고 있다. 이 브루어리들은 자기네 비밀을 지키고 있지만, 슐렝케를라의 트룸은 무난한 말들로 이렇게 설명해줬다. "과정에 소요되는 시간이 얼마나 긴가에 좌우됩니다. [건조용 가마는] 낮은 온도에서 출발하여 약 100℃까지 올라가죠. 어느 시점에 얼마만큼의 나무를 넣어야 할지를 정확히 파악해 제어합니다. 과정 전반에 걸쳐 저희가 원하는 특정한 온도 곡선이 있거든요. 그대로 정확하게 하기는 아주 까다롭죠."

슈페치알의 기본 라우흐비어는 골든앰버 색상의 라거로 가벼운 스모키함이 느껴지는 반면, 슐렝케를라에서 메르첸이라고도 부르는 갈색 라우흐비어는 훨씬 더 몰트 풍미가 강하고 더 스모키하다. 라우흐비어와의 첫 만남은 대개는 무난한 느낌이 아니다.—밤베르크 사람들은 라우흐비어의 강한 풍미에 입맛이 적응하려면 세 '자이들라seidla'(머그)는 필요하다고들 한다. 문제는 연기맛을 뇌에서는 고기맛으로 착각한다는 점이다. 연기의 풍미는 익숙한 고기 요리 속에 스며든 연기를 연상시키기 때문이다. 이런 이유에서 라우흐비어에 '햄 같다'는 설명을 덧붙이게 되는 경우가 많다. (알래스칸 브루잉 Alaskan Brewing은 스모크드 포터Smoked Porter를 만들 때 오리나무를 써서 몰트를 로스팅하는데, 사람들은 이를 연어향처럼 느낀다—연어는 대개 오리나무로 훈제하기 때문이다.) 하지만 술집 안의 주변 소음과 마찬가지로 결국 그 풍미도 배경으로 옮겨진 듯 느끼게 된다. 트룸의 표현에 따르면 자주 마시는 사람의 인식 속에서는 "스모키함이 뒤로 물러나고 나면 몰트향이 앞으로 나오고, 쓴맛과 부드러운 맛도 다가온다"는 것이다. 그의 말이 맞는다—첫인상에서 스모키함이 강하게 느껴지는 슐렝케를라의 라우흐비어는 실은 풍부하고 몰트 특성이 두드러지는 맥주다. 달콤한 향이 분명히 있어서 기다려주면 그 모습을 드러낸다.

라우흐비어는 특정한 스타일이 아니라 일종의 관습이다. 슈페치알과 슐렝케를라는 여러 스타일로 스모키한 맥주들을 만든다. 맥아 가루에는 주로 라우흐몰트가 들어가지만, 색 때문에 스탠더드 스페셜티 몰트로 대체될 수도 있다. 도예 공방에서 먼지가 그러듯, 연기는 맥주에 스며든다. 바이첸이나 슐렝케라 헬레스처럼 몇몇 맥주는 라우흐몰트를 사용하지 않음에도 불구하고 스모키한 느낌이 살짝 묻어난다. 이유가 무엇일까? 효모는 맥주에서 연기 일부를 벗겨내어 지니고 다닌다. 브루어리에서 이 효모를 재투입하면 새 맥주에도 그 풍미가 약간 감돌게 되는 것이다.

초이글 브루잉

밤베르크에서 약 96.5킬로미터 동쪽으로 가면 체코 국경 근처에 오베르팔츠라는 지역이 있고, 다섯 동네 곳곳에는 공동 브루잉의 흔적이 남아 있다. 이는 한때 유럽 전역에서 흔했다. 지역 주민들은 공동체 소유의 브루잉 설비를 이용해 맥주 배치를 만들어 집에 가져가 발효 및 숙성시킬 수 있었다. 1800년대 중반까지만 해도 이 지역의 동네 75곳이 공동 브루어리를 가지고 있었지만, 그 수는 이제 한 줌으로 줄어들어버렸다. 초이글이라 알려진 이 오래된 브루어리들을 지금도 사용하고 있는 이들은 전문 브루어가 아닌 평범한 동네 주민들로, 이렇게 만든 맥주를 외부에 판매도 한다. 독일어 차이헨zeichen('기호sign'라는 뜻)의 지역 방언의 발음을 차용한 이 명칭은 판매 가능한 맥주가 있음을 알리는 표시로 브루어들이 집 밖에 걸어두었던 육각별을 가리키는 단어다.

브루어리들은 아주 오래전부터 전해 내려오는 놀라운 유물이다. 나무, 철, 구리 등으로 된 대체로 오래된 장비—당장 박물관으로 옮겨질 법한 도구들—를 쓰고 있으니 말이다. 냉각조를 사용하고 나무를 땔감으로 써서 케틀을 데운다. 18세기 브루어가 오늘날 이들 브루하우스 한 곳에 들어선다 해도 쉽사리 작업을 시작할 수 있을 것이다. 브루어들은 라거를 만들고 이들 라거는 대체로 살짝 흐릿하며 황금빛을 띠지만, 장비는 너무도 부정확해서 배치마다 편차는 어쩔 도리가 없다. 이것이 바로 심혈을 기울여 만든 수제 맥주다—하지만 비전문가들이 만든다. 일부 맥주는 완벽한 농가풍에 근접했다는 평가를 얻지만, 어떤 맥주는 좀더 펑키하고 덜 정제돼 있으며, 때로는 완전히 실패작인 경우도 있다. 초이글 맥주에 대해서만큼은 일반적인 기대는 전복된다. 고객 입장에서 기대하는 것은 변화무쌍함이기 때문이다. 이것이야말로 초이글 맥주의 중요한 매력이다.

초이글 맥주에는 굉장한 신비가 있다. 펍에 간혹 캐스크가 있는 경우도 있지만, 진짜 탐색이 시작되는 지점은 용감한 맥주 애호가 안에서 초이글 맥주 시음이 가능하다는 표시인 육각별이 걸린 개인 브루어의 집을 찾아 마을에 들어서는 순간이다. 이는 대부분의 여행자들이 꿈꾸는 경험—'초이글 슈투베stube'(펍)에 들러 차가운 고기 요리 한 접시에 탁하고 홉 풍미가 두드러지는 신선한 홈메이드 맥주를 큰 잔으로 하나 마시는 것—이다. 안내자 역할을 해줄 온라인 사이트가 몇 개 있는데, 출발점으로는 웹사이트 zoiglbier.de가 괜찮다.

스팀, 크림 그리고 옥수수: 오래전 미국 라거

19세기 후반, 맥주는 본격적인 여정을 시작했다. 북아메리카 지역으로 쏟아져들어온 독일계 이민자들이 중서부 및 서부 곳곳 소도시들에 정착하여 새로운 라거 브루어리들을 열었다. 페일 라거가 보헤미아와 오스트리아를 벗어나 유럽 전역으로 퍼지기 시작했다. 미국에서는 이민자들이 더 나은 삶을 찾아 대륙 곳곳을 휩쓸고 있었다.

스팀 비어

이민자들이 주로 향한 곳 가운데 하나는, 황금이 물처럼 흐르는 곳이라고들 하는 샌프란시스코였다. 1848년, 이곳은 만 옆의 작은 마을에 불과했고, 주민이 천 명도 안 되는 지역사회였다. 하지만 1850년 7월경, 노동자 인구는 9만5천 명에 육박했다—꿈을 간직한 채 여기저기 떠도는 이들이 뿜어내는 땀과 열기가 가득했다. 프랑켄 지방의 사업가 리바이 스트라우스는 이 노동자들을 튼튼한 바지가 필요한 고객들로 보았지만, 그 동네 사람들 다수는 이 노동자들이 맥주도 마실 거라는 생각을 했다. 1900년경, 브루어리들이 들어섰고 —한창때는 20여 곳 넘게— 주민들은 '스팀 비어steam beer'라 부르는 맥주를 만들었다. 목이 타는 노동자들로 술집이 터져나갈 듯 북적댄다는 것은 브루어리에서 괜찮은 라거

맥주 스타일의 상표 등록

미국식 브루잉의 르네상스가 시작되던 1981년, 프리츠 메이태그는 '스팀 비어'를 상표 등록하겠다는 중대한 결정을 내렸다. 당시 미국의 마이크로브루어들이 어떤 방향으로 갈지는 완전히 불투명한 상황이었고, 스팀 비어는 미국의 것이라 할 만한 스타일로 당시 가장 중요한 맥주 이름이었다.

이 같은 결정은 두 가지 실질적 효과가 있었다. 첫째, 이로써 제국은 메이태그의 손에 넘어갔다. 스팀 비어는 여전히 미국적인 맥주 스타일의 대명사로 인정받지만, 다른 브루어리들은 '캘리포니아 커먼 비어California common beer'— 앵커가 상표 등록한 명칭을 쓸 수 없어 대신 선택한 우스꽝스러운 이름—를 되도록 만들지 않으려 했다. 오늘날까지도 계절 한정 일회성으로 선보이는 경우를 제외하고는 굳이 스팀 비어를 만들려는 브루어리는 거의 없다. 미국 브루어들이 미국 고유의 것이라 받아들일 법한 유일한 스타일은 이제 앵커의 손에 맡겨진 상태다.

두번째 효과는 스팀 비어 시장에 대한 제약이었다. 앵커는 지금까지 스팀 비어라는 스타일의 최대 생산자이지만, 절대치로 보자면 딱히 대량 생산을 하고 있는 것은 아니다—이 브루어리가 만드는 맥주의 양은 서밋 브루잉Summit Brewing 및 스위트워터 브루잉과 비슷하다. 미국적 기준에서는 다른 스타일들이 스팀 비어를 능가한 지 오래다. 페일 에일, IPA, 앰버 라거, 밀맥주는 스팀 비어보다 훨씬 더 생산량이 많으며, 각 카테고리를 대표하는 맥주를 만드는 브루어리들(시에라 네바다, 라구니타스, 보스턴 비어, 벨스 각각)은 앵커보다 더 많은 양의 맥주를 판매한다. 스팀 비어가 상표로 등록되지 않고도 미국의 시그니처 스타일이 될 수 있었을까? 답하기는 쉽지 않다. 하지만 정말 그럴 수 있었다면, 앵커는 지난 30여 년보다 더 많은 수익을 올릴 수 있었을 것이다.

를 만들 시간적 여유가 없다는 뜻이었다. 라거 몰트를 넣어 브루잉을 했고 (늘 그렇지는 않지만) 대체로 독일식 디콕션 방식을 사용했지만, 저온 발효 및 몇 주에 걸친 숙성 대신 에일 온도에서 라거 효모를 투입했다. 널찍하고 얕은 '투명도 향상 탱크'에서 발효 과정이 마무리된 맥아즙을 숙성 과정 없이 바로 패키징하는 방식이었다. 전체 과정은 일주일도 채 걸리지 않았다.

'스팀 비어'라는 이름의 기원은 명확하지 않지만 몇 가지 설득력 있는 가설이 있다. 그 수십 년간 스팀 비어 스타일을 지켜낸 앵커 브루잉에서는 이 이름이 맥아즙이 식는 동안 수증기를 내뿜는 옥상의 냉각조에서 유래되었다고 본다. 로버트 월과 맥스 헤니어스는 1902년에 펴낸 『브루잉, 몰팅 그리고 부수적 거래에 관한 미국 핸디북American Handy-book of Brewing, Malting and Auxiliary Trades』에서 이런 이론을 제시했다. "이 맥주는 대부분 캘리포니아주 전역에서 소비된다. 탄산이 강한 특성과 패키지 내부의 압력('스팀') 때문에 스팀 비어라 불린다." 이름의 기원이 무엇이든, 월과 헤니어스는 이 스팀 비어의 맛에 관해 "색은 밝고, 홉 아로마와 쓴맛은 별로 튀지 않으며 굉장히 생기가 넘치지만 딱히 훌륭한 편은 아니"었다고 적고 있다.

스팀 비어의 인기는 1890년대 냉장 기술의 도입으로 위기를 맞았다. 샌프란시스코처럼 따뜻한 지역에서도 라거를 만들 수 있게 됐기 때문이다. 1906년의 지진과 도시 대부분을 태운 연이은 화재로 또다시 타격을 입었다. 10여 년 뒤 시행된 금주법은 화재가 미처 끝장내지 못했던 것들마저 끝내버렸다. 금주법 이후 앵커 브루잉은 스팀 비어를 알리는 유일한 생존자였고, 이후 30여 년에 걸쳐 절룩거리면서도 여러 차례 시련을 버텨냈다. 그 후 1965년 파산 위기를 맞자 폐업 결정을 내렸다.

가족의 세탁기 사업으로 모인 자금 일부를 가지고 있던 프리츠 메이태그가 개입하여 5,000달러에 앵커 브루잉 주식을 매입해 대주주가 된 것은 이 시점이었다. 그는 1968년까지만 해도 전부 매입하지는 않고, 빌 라이넨쿠겔 같은 동료들로부터 브루잉 기술을 배우고 장 드 클레르크의 『브루잉 교과서』로 공부도 하면서 몇 년의 시간을 보냈다. 1969년에는 새 장비를 사들이고 자신이 맥주에 대해 얻은 따끈한 지식을 무기 삼아 스팀 비어 레시피를 개편했다. 그 몇 년간, 앵커는 이미 라거 브루어리들이 비용 절감을 위해 채택했던 바로 그 지름길들을 택한 상황이었고, 메이태그는 그 방식들을 모두 폐기처분했다. 그는 스팀 비어를 만들던 옛 전통에서 영감을 얻고자 했다.

오늘날 앵커는 수십 년 전 브루어리들이 사용하던 것과 거의 흡사한 방식으로 스팀 비어를 만들고 있다. 폭이 넓은 개방형 발효통과 라거 효모종을 사용한다. 월과 헤니어스는 책에서 크로이제닝─완성된 맥주에 발효 맥아즙을 첨가해 탄산을 발생시키는─ 과정을 통해 탄산 함량을 높인다고 설명하고 있는데, 앵커는 지금도 그렇게 하고 있다. 레시피는 단순하다. 페일 및 캐러멜 몰트와 노던 브루어 홉이면 된다. 아마도 샌프란시스코의 옛 브루어들 역시 이 방식대로 맥주를 만들었을 것이다. 특별할 것은 없다─그냥 단순하고 편안한 맥주다.

크림 에일과 옥수수맥주

'크림 에일'이라고 하면 근사하게 들리지 않나? 입안에서는 풍성하고 실크처럼 부드럽게 느껴지며, 유기농 하프앤드하프half-and-half*처럼 상쾌할 것 같다. 이것은 크림 스타우트와 페일 에일 같은 맥주들에 대한 현대적인 사전지식을 가진 상태라면 할 수 있는 생각이다. 하지만 크림 에일은 종종 —모호하게도— '바로 마시는 에일present use ale'이라 불리던 19세기만 하더라도 페일 라거의 경쟁 상대였다. 묵직하고 풍성한 것과는 거리가 먼 크림 에일은 실제로 가볍고 밝고 기포가 풍부했다. '크림'은 그저 시적인 표현일 뿐이다—크림 에일을 만드는 과정에 사실 젖소는 아무 관련이 없었다. 그야말로 초창기 마케팅 기법의 사례다.

월과 헤니어스 같은 예전 사람들의 기록을 훑다보면, 유독 미국적인 한 가지가 눈에 띄는데 바로 옥수수다. 19세기 후반 무렵, 페일 라거는 신대륙에 이미 들어와 있었고 브루어들은 맥주 색을 밝게 하고 투명도를 높이기 위해 온갖 노력을 하고 있었다. 미국의 여섯줄보리는 단백질 함량이 높아서 브루어들이 보헤미아 맥주 같은 깔끔하고 투명한 맥주를 만들기가 굉장히 힘들었다. 옥수수와 쌀 같은 부가물들을 —대개 최

• 검은색 계열의 쓴 맥주와 밝은색 계열의 에일 등을 반씩 섞은 것

켄터키 커먼 비어Kentucky common beer

켄터키 루이빌과 그 인근에서 만들던 혼합주는 사라져버린 맥주 가운데 가장 다채로운 스타일에 속한다. 워시wash*에 옥수수를 사용했던 현지 버번 제조자들에게 영향을 받은 것으로 보이는 독특한 맥주였다. 월과 헤니어스에 따르면 스팀 비어와 마찬가지로 이 맥주 역시 "노동계급에서 주로 소비"했다고 한다. 켄터키 커먼 비어는 평범한 방식으로 브루잉되거나 혹은 일종의 사워 매시sour mash**("낮은 매싱 온도")로부터 만드는 경우도 있었던 것 같다. 옥수수를 30% 넣고 만든 이 맥주는 딱히 버번 워시 같지는 않았고, 캐러멜색이나 다크 계열의 몰트도 넣었다. 재미있는 것은 이 맥주는 고제처럼 다뤄져서 아직 발효 중인 상태로 술집으로 운반됐다는 점이다. 배럴들은 "수조 위에 놓여서 효모가 그 안에서 활발히 작용"할 수 있었다. 정제되지 않은 이 맥주는 대개 "흙탕물 같은" 모습이었지만, "태핑 전에 며칠간 가라앉히면 적당히 투명한 맥주를 만들어낼 수 있다." 다행히 이 맥주는 완전히 사라지지는 않은 듯하다. 몇몇 크래프트 브루어리들은 월과 헤니어스의 설명에 따라 켄터키 커먼 비어를 되살리려는 노력을 해왔다. 만일 그중 상표 등록을 해버리는 곳만 아니라면, 어쩌면 켄터키 커먼 비어는 미래가 있을지도 모르겠다.

월과 헤니어스가 발굴해낸 또 다른 어떤 보물들이 있는지 궁금한 이들에게 소개할 맥주가 여기 몇 가지 더 있다. '스파클링' 혹은 '브릴리언트brilliant 에일'은 굉장히 투명하고 기포가 풍부한 에일로, 페일 라거처럼 보인다. 펜실베이니아 '스왱키swankey'는 알코올 도수가 매우 낮은 맥주였고, '미국 바이스비어'는 베를리너 바이세를 흉내내어 만들었지만 밀이 아닌 옥수수 그리츠를 사용했다. 그러나 작가들은 이 방식에 얼굴을 찌푸렸다. 흥미로운 대목이 있다. "물론 미국 맥주는 재료 선택을 통해 상당히 개선될 수 있다…… 밀 몰트와는 달리 옥수수 그리츠는 어떤 환경에서도 바이스비어에 특유의 성격을 부여하는 알부미노이드를 생성할 수 없기 때문이다…… 투명한 바이스비어는 탁하고도 생기 넘치는, 유명한 베를린 맥주에 길들여진 소비자들의 마음을 끌지 못하는 것 같다."

• 증류주를 만들기 전 단계의 완전히 발효된 액체
•• 산미가 생기도록 일정 시간 방치한 매시

20세기 초에 만들어진 맥주 중에는 약제사들을 통해 '약용'으로 판매되던 고도수 '몰트 토닉'뿐 아니라 저도수인 펜실베이니아 스왱키 및 절제 맥주 같은 것들도 있었다.

대 30% 비율로— 첨가해야 가능했다. 각종 스타일—크림 에일, 페일 라거, 스팀 비어, 스파클링 에일, 켄터키 커먼, 미국 바이스비어—별로 브루어들은 옥수수를 사용하여 원하는 결과를 얻어낼 수 있었다.

보리와 각종 곡류로 만든 맥아 가루는 미국 맥주의 대표적 특징이 됐다. 브루어들은 쌀과 설탕 등 다양한 재료를 써서 바디를 가볍게 만들었지만, 옥수수는 그 재료 중에서도 가장 미국적이었다. 그리고 미국에서 금주법 시대 이전에 만든 맥주 가운데 크림 에일은 토착적인 것들 가운데서도 단연 가장 토착적인 맥주였는지도 모르겠다. 19세기의 크림 에일은 14°플라토(1.057 sp. gr.)에 알코올 도수 6%인 센 맥주였다. 비교적 쓴 편으로 당대의 포터보다도 홉을 많이 넣었다. 19세기에는 클러스터 홉이 으뜸이었고, 이 홉은 미국 맥주에 미국적 풍미를 더했다. 스팀 비어와 마찬가지로 크림 에일 역시 라거와 비슷하게 만들어졌으나, 에일 효모, 라거 효모, 또는 여러 효모종을 혼합하여 넣는 등 발효는 다양한 방식으로 이루어졌다. 쾰슈와 마찬가지로 청량하고 깔끔했으나, 에일 같은 약간의 과일 풍미가 있었다.

크림 에일은 금주법 이후 더 가벼운 맥주로 다시 등장했다. 스트렝스나 쓴맛 모두 줄어들었고 1950, 60년대쯤에는 주로 중동부 대서양 연안의 상품이었다. 노스탤지어를 자극하는 스타일 중 하나였지만, 사실 20세기 말에는 입지가 줄어든 상태였다. 다행히도 크래프트 맥주 시대에는 크림 에일을 되살리려는 건실한 노력이 계속되었다. 어떤 면에서 보면 크림 에일은 과거 어느 때의 스팀 비어보다도 더 미국적인 맥주다. 유럽 대륙의 토착 품종이라 할 수 있는 홉과 자생종 곡물로 만든 크림 에일은 19세기의 토착 맥주에 가장 근접한 오늘날의 맥주다. 다시 등장한 크림 에일들은 클러스터 홉으로 만들지는 않지만, 브루어리들은 이제 그 지역 풍미를 더해주는 현지 홉들로 만든 완전히 새로운 메뉴를 선보이고 있다. 식스포인트 스위트 액션Sixpoint Sweet Action은 21세기 크림 에일은 어디까지 진화할 수 있는가를 보여주는 좋은 예다. 온화하면서도 꽉 찬 느낌이고, 상큼한 시트러스 계열의 홉으로 향신료 풍미를 더한 이 맥주는 더운 오후에 편안한 즐거움을 선사한다.

돌을 이용한 브루잉

맥주를 만드는 가장 어려운 방법을 하나 꼽으라면 나는 바이에른, 보헤미아, 오스트리아를 잇는 마법의 삼각 지대에서 사용됐던 방법을 꼽겠다.

여기서 쓰던 기법은 이렇다. 현지에서 구한 충격에 강한 종류의 돌을 예닐곱 시간쯤 달군 다음 매시턴과 케틀을 직화로 데우는 대신 달군 돌을 그 안에 담가놓는 방식이다. 이에 대해 오늘날 가장 흔한 주장은 이는 브루어들이 금속 용기를 사용할 수 있게 되기 이전 시대부터 사용한 방식이거나 혹은 너무 가난해서 금속 용기를 마련할 형편이 못 되던 농부들이 고안해냈을 수 있다는 것이다. 하지만 이런 주장의 근거는 그저 단순한 맹신이다. 특히 20세기 넘어서까지 계속 사용된 방식이었음을 감안하면 더욱 그렇다.

아니, 그보다는 이 브루잉 방식이 최종 결과물에 미친 영향 때문에 브루어들이 이 슈타인비어steinbier(돌 맥주stone beer)를 계속 만들어 왔을 가능성이 크다. 케틀 안에 들어가는 돌들은 극도로 뜨겁게 달궈진 상태라 여기에 그을린 맥아즙의 당분이 캐러멜화됐다. 슈타인비어를 상업 생산하는 최후의 브루어리인 바이에른의 라우헨펠스Rauchenfels 브루어리에서는 돌을 2,480℃까지 달궜다. 이곳에서는 케틀 측면의 특수 통로를 통해 돌을 내렸는데 돌이 맥아즙에 닿는 순간은 굉장히 유쾌했다. 돌 때문에 출렁이는 맥아즙에서 쉬익 소리와 함께 증기가 뿜어져 나왔다. (오래된 영상에서 이 모습을 확인할 수 있다.) 방금 장작불에서 꺼낸 이 돌들은 연기와 그을음으로 뒤덮여 있기도 했다. 식은 뒤의 돌을 보면 표면에 검게 그을린 설탕이 달라붙어 있는 것을 볼 수 있다. 라우헨펠스에서 이 돌들은 라거링 탱크 속에 다시 들어가는데, 이때 표면의 당분 결정이 천천히 녹아들어가며 맥주의 바디를 묵직하게 하고 토피 및 숯의 풍미를 더한다.

돌 맥주에는 어쩐지 원초적인 낭만이 있어서 이를 차마 포기 못하는 브루어리도 일부 남아 있다. 라우헨펠스 같은 특수 장비 없이도 케이지와 드럼통 등을 임시로 마련하여 일단 달궈진 돌에 의한 캐러멜화를 노리는 현대식 브루어리들도 있다. (실제로 이 방식으로 맥아즙을 끓이지는 않는다.) 극적인 요소 때문에 가장 많은 기록이 남아 있는 브루잉 방식 중 하나로, 상업용이든 가정용이든 슈타인비어가 만들어지는 한두 시간짜리 온라인 영상은 즐거움을 선사할 것이다.

라들러, 루스, 섄디

스포츠드링크 및 수분 유지라는 개념이 등장하기 한참 이전에는 라들러radler가 있었다. '자전거 타는 사람cyclist'이라는 뜻의 단어다. 배경은 다음과 같다. 1922년, 바이에른에서 프란츠 크사버 쿠글러가 운영하던 여관에서 맥주가 떨어졌다. 여관에는 자전거 및 도보 여행으로 잔뜩 갈증이 난 이들이 맥주를 기다리고 있었으므로, 그는 충분한 양이 있던 레몬라임 소다를 둥켈 라거에 섞어 혼합주를 만들었다. 와! 게토레이의 원형이 탄생한 순간이었다. 오늘날 라들러는 주로 페일 라거로 만들지만 보크와 둥켈 라거로 만들기도 한다. 독일에서 저도수 및 무알코올 맥주가 점점 인기를 끌게 되면서 브루어리들은 미리 혼합해 만든 라들러를 병입하기 시작했다.

맥주에 무알코올 음료를 섞는 아이디어는 사실 전혀 새로운 것이 아니다. 대부분의 나라마다 다양한 변주가 존재한다. 독일에서는 바이첸과 탄산음료를 섞어 루스Russ라 부른다. 라거와 탄산음료를 섞은 경우는 디젤Diesel이라 한다. 반면, 영국에서 디젤은 라거, 사이다, 블랙커런트 시럽을 혼합한 것을 가리킨다. 그리고 영국 및 과거 식민지였던 지역에서 샌디shandy는 라들러와 거의 동일하며, 샌디개프shandygaff는 맥주와 진저에일을 혼합한 것이다. 무한히 다양한 변주가 가능하며, 칵테일과 크래프트 맥주 세계가 충돌하게 되자 칵테일 전문가들은 이제 종종 다양한 '맥주 칵테일'을 시도하며 이 개념을 더욱 확장하는 추세다.

무알코올 맥주

알코올이 들어 있지 않은 맥주라는 개념은 매혹적인 동시에 심난하다. 맥주의 그 모든 풍미를 지니고 있으면서도 정신을 흐리게 만드는 알코올은 빠져 있는 마실거리라는 개념은 점심식사 자리나 운전을 할 일이 있는 경우라면 이상적이겠다는 점에서 매혹적이다. 그러나 그 모든 장점에도 불구하고, 맥주의 핵심은 알코올이라는 생각을 떨칠 수 없어 어딘가 개운치 않은 기분이 드는 것도 사실이다. 알코올만 빼면 완벽할 듯한 이 마실거리에 생기를 더하는 것 역시 알코올이라는 악마의 속삭임.

사실 이것 말고도 심난한 구석은 또 있다. 그 모든 풍미는 더하고 알코올은 들어가지 않은 마실거리를 만들기란 까다로운 일일 수 있기 때

핫 스카치

세계의 위대한 발명가 중 한 명의 이름이 역사 기록에서 빠져 있다. 하지만 그는 본래 유아용으로 만든 '몰트 우유malted milk'라는 제품을 발명한 영국인 제임스 홀릭과 같은 생각이었다. 결국 이 제품의 파우더 버전이 어른들 사이에서 인기를 끌게 됐고 몰트 밀크셰이크, 몰트 밀크볼, 그 밖의 몰트 베이스 음식들까지 등장하게 됐다. 몰트의 전성기는 20세기 전반 동안 계속됐다. 홀릭의 몰트 우유 음료는 아시아 전역에서 여전히 상당한 인기를 끌고 있다. 아침용 시리얼처럼 곡물 풍미가 있고 달콤한 건강식 느낌이다. 추운 날씨에 몸 좀 녹이라며 엄마가 건네줄 법한 음식 맛이다—실제로 그런 음식이 되기도 했다.

홀릭의 동료였던 발명가는 이 따스한 이미지를 약간 다른, 좀더 극적인 방향으로 끌고 갔다. 개념은 거의 동일하다. 브루어들은 곡물층에서 갓 빠져나와 아직 따뜻한 매시 1차 유출분을 한 잔 뽑아낸다. 여기에 스카치 위스키를 소량 첨가한다. 그러고 나면 뭔가 신비한 일이 생긴다. 매시에서 흘러나온 분량은 굉장히 들척지근하다—약간 홀릭스Horlicks* 비슷하기도 하나 풍미에는 아무런 또렷한 것이 없다. 스카치를 첨가함으로써 어쨌거나 이 모든 것에 변화가 생긴다. 마치 전류가 흐르듯 리큐어가 곡물에 생기를 불어넣어 고화질로 선명한 맛을 느끼게 해주는 셈이다. 스카치는 특유의 향은 그대로 남아 있지만, 따스하게 감싸는 몰트의 풍미와 겹쳐지면 날카롭게 찌르는 대신 부드럽게 달래는 느낌이 된다. 리큐어는 스트레이트 샷의 풍미를 고스란히 간직하면서도 엄마의 따뜻한 음식 같은 몰트 풍미 사이를 부유한다. 핫 스카치는 집에서 가장 쉽게 만들 수 있는 칵테일은 아니지만, 지금껏 만나보지 못한 가장 매혹적인 칵테일 중 하나일 것이다. 홈브루어라면 기억해두자.

• 제임스와 윌리엄 홀릭이 만든 맥아 우유의 브랜드명. 맥아 가루에 분유 또는 우유와 설탕 등을 넣은 음료.

문이다. 표준적인 두 가지 방식이 있다. 보통의 저비중 맥주를 브루잉한 뒤 발효가 시작된 직후에 발효를 중단시키거나, 보통의 맥주에서 알코올을 증류해내는 것이다. 둘 중 어느 기법도 진정한 라거를 만들어내지는 못한다. 발효를 중단시키면 맥주에 맥아즙의 맛이 강하게 남고, 증류 과정은 섬세한 풍미들을 손상시킬 수 있기 때문이다. 지난 수십 년간 증류 방식은 거의 마실 수 없는 수준의 맥주를 만들었지만, 브루어리들은 장비를 계속 미세하게 조정해왔다. 무알코올 맥주가 조만간 알코올이 듬뿍 든 맥주를 대체할 것 같지는 않지만 10-20년 전의 무알코올 맥주에 비하면 풍미가 일취월장했다.

무알코올 맥주(알콜프라이 alkoholfrei)는 독일에서 가장 전망이 밝은 분야 중 하나로, 생산 규모를 갖춘 대다수 브루어리들은 나름의 무알코올 버전이 하나씩 있다. 라인업에 무알코올 맥주를 더한 것은 슈나이더가 새 브루하우스에 투자한 이유 중 하나다. 브루어 한스페터 드렉슬러는 내가 방문했을 당시 자기네 과정에 대해 이렇게 설명했다. "일종의 증발 시스템입니다. 저희는 스페셜 브루를 생산하죠. 1차 발효 후 이 설비로 옮깁니다. 37-38℃까지 올라가죠. 증발 시스템이기 때문에 압력을 0으로 낮추어 이 낮은 온도에서 알코올이 증류되게 합니다. 그럼 굉장히 부드러워져요."

그날 밤 펍에서 이 맥주를 한 잔 마셔봤는데, 탄산과 몰트를 물에 탄 것 같은 예전의 무알코올 맥주에 비하면 정말 장족의 발전이었다. 하지만 그 잔을 비우자마자 나는 종업원을 불러 슈나이더 바이세 한 파인트를 주문했다. 알코올이 듬뿍 든 바이첸비어가 주는 즐거운 감각이 확실히 좋기는 하다.

알아야 할 맥주들

특이한 맥주들은 찾기가 쉽지 않지만, 그래도 가끔씩 눈에 띄기는 한다. 라우흐비어나 크림에일은 동네 브루어리에서 계절 한정이나 일회성으로 만날 가능성이 높기 때문에, 이런 맥주들을 만난다는 것은 대단한 행운일 수 있다. 종종 볼 수 있는 몇 가지 맥주를 소개하고자 한다.

필터링도 마개도 없이 저장고에 보관된 맥주

MAHR'S UNGESPUNDET LAGER
마어스 웅게슈푼데트 라거

원산지: 독일 밤베르크
몰트: 비공개
홉: 비공개
5.2% ABV

꿀색에 살짝 탁한 듯하고 거품이 풍성한, 근사한 500cc 한 잔. 이 맥주는 크림처럼 부드러우면서도 미네랄 특성을 지니고 있고 약간 거친 풍미도 있다. 밤베르크의 캐스크에서 갓 꺼내 서빙되는 이 맥주는 병입되어 운송되는 중에 사라

지기 쉬운 생생한 느낌이 살아 있지만, 약간 날 것의 느낌도 남아 있다.

URBAN CHESTNUT ZWICKEL
어반 체스트넛 츠비켈

원산지: 미국 미주리 세인트루이스
몰트: 페일, 필스너
홉: 할러타우
5.1% ABV, 1.046 SP. GR., 19 IBU

플로리언 쿠플런트가 어반 체스트넛을 시작하기 이전에 그 지역의 거대 기업 앤하이저 부시에서 일했다는 사실은 많이 알려져 있다. 하지만 그보다도 더 전에는 자신이 태어난 바이에른 지역의 브라우에라이 에르하르팅Brauerei Erharting이라는 작은 곳에서 맥주를 만들었다는 사실을 아는 사람은 많지 않다. 당시 그가 즐겨 마셨던 바이에른의 켈러비어를 당신은 이 어반 체스트넛 츠비켈 한 잔으로 맛볼 수 있다. 바이에른의 맥주는 세계에서 가장 부드러워서, 이를 어설프게 흉내낸 미국 맥주가 완전히 들통나는 부분은 바로 거친 곡물의 풍미다. 츠비켈은 섬세한 독일산 홉이 입맞추고 안개 같은 효모가 농가풍의 느낌을 더한, 부드러운 바이에른 맥주다. 병입 버전도 살 수 있지만, 브루어리에서 갓 따라 나온 것과는 비교가 안 될 것이다.

라우흐비어

AECHT SCHLENKERLA RAUCHBIER
에히트 슐렝케를라 라우흐비어

원산지: 독일 밤베르크
몰트: 너도밤나무 훈제 몰트(100%)
홉: 비공개
5.4% ABV, 1.053 SP. GR., 30 IBU

오늘날 슐렝케를라는 모든 맥주를 운송하며 오리지널 라우흐비어에는 '메르첸'이라는 라벨을 붙인다. 굉장히 농밀한 이 맥주는 캠프 모닥불 같은 풍미로 존재감을 드러낸다. 그 아래로는 견과류 및 자두 계열의 상당히 꽉 찬 몰트의 풍미가 있다. 드라이한 마무리감은 훈제된 타닌 성분으로 한층 근사하게 완성된다. 여러 병을 사서 한 번에 연달아 마실 것. 두 병째부터는 그 풍미들을 제대로 음미할 수 있게 될 테고, 세 병째 마시면 반해버릴 것이다.

SPEZIAL RAUCHBIER
슈페치알 라우흐비어

원산지: 독일 밤베르크
몰트: 훈제 몰트(40%), 페일(60%)
홉: 비공개
5.0% ABV

화물열차 같은 슐렝케를라에 비하면, 슈페치알의 라우흐비어는 상당히 절제된 느낌이다. 훈제 몰트는 일부만 사용하여 훨씬 더 가벼우며, 연기는 몰트 풍미에 영향을 미치면서도 약간의 흙냄새와 스모키함을 더한다. 몇 잔 마시고 나면 연

기향은 거의 사라진다.

ALASKAN SMOKED PORTER
알래스칸 스모크드 포터

원산지: 미국 알래스카 주노
몰트: 비공개
홉: 비공개
6.5% ABV, 1.068 SP. GR., 45 IBU

훈제 맥주는 미국에서 점점 인기를 얻는 추세이며, 그 중심에는 알래스칸 브루잉이 있다. 처음 출시된 1988년에 제프 라슨이 몰트를 오리나무로 훈제하기 위해 지역 내 연어 훈제업체와 제휴를 결정한 이래, 같은 방식을 고수해오고 있다. 슐렝케를라와 마찬가지로 스모크드 포터는 자두와 콜라 계열의 몰트 풍미가 강조된 맥주다—훈제 풍미에 일단 익숙해졌다는 전제에서 말이다. 저장이 가능한 맥주 가운데 최고인 이 맥주의 맛은 수년에 걸쳐 계속 진화해갈 것이다.

스팀, 크림, 옥수수

YAZOO BREWING SUE
야주 브루잉 수

원산지: 미국 테네시 내슈빌
몰트: 페일, 캐러멜, 초콜릿, 블랙, 훈제 체리나무
홉: 갈레나, 펄
9.2% ABV, 1.087 SP. GR., 72 IBU

야주의 브루어 라이너스 홀이 런던의 올드 포터를 떠올리게 하는 맥주를 실제로 의도한 것인지는 모르겠으나, 수를 한 모금 마시면 그런 느낌이 든다. 연기가 아주 살짝 스며든 듯한 향을 머금은 농밀하고 크림처럼 부드러운 이 맥주는 달콤하게 그을린 풍미가 인상적이다.

SIXPOINT SWEET ACTION
식스포인트 스위트 액션

원산지: 뉴욕 브루클린
몰트: 비공개
홉: 비공개
5.2% ABV, 34 IBU

스위트 액션은 크림 에일 하면 기네스부터 떠올리는 사람들에게서는 스타일에서 벗어났다는 소리를 종종 듣는다. 하지만 사실 이 맥주는 복원된 크림 에일로, 전적으로 미국적인 풍미를 지닌 대표적인 맥주다. 맛은 보드랍고 여름날의 들판 같은 곡물향이 있으며, 홉에서는 신대륙의 열대과일 풍미가 느껴진다. 크림 에일의 본래 정체성이라 할 수 있는 다정하고 근사한 단순함을 식스포인트는 잘 살려내고 있다.

ANCHOR STEAM
앵커 스팀

원산지: 미국 캘리포니아 샌프란시스코
몰트: 페일, 캐러멜
홉: 노던 브루어
4.9% ABV, 37 IBU

앵커 스팀은 이 맥주에 얽힌 거창한 전설이 오히려 방해가 되는 듯할 때가 많다. 차분한 느낌의 구릿빛 맥주로, 망고 계열의 홉향이나 강렬한 알코올 기운을 훅 뿜어내지 않는다. 절대 그렇게 만든 맥주가 아니다. 대신, 다정하게 반기는 듯한 빵의 풍미가 바닥에 깔리고, 호핑은 허브와 나무 계열의 향이 살짝 난다. 라거의 청량한 부드러움을 지니고 있으며, 갈증을 해소하도록 만들어졌다—실제로도 그렇다.

독일 밤베르크 Bamberg, Germany

Schlenkerla
슐렝케를라

마지막 라우흐비어 브루어리 중 한 곳

10세기에 밤베르크 한중간의 가파른 비탈을 차지했던 바이에른 공작은 1007년에 왕위에 오르자 밤베르크를 '제2의 로마'로 만들려는 생각으로 이곳을 주교 관할 중심지로 만들었다. 네 지점의 교회들을 중심으로 십자가 비슷한 모양으로 펼쳐진 주교령 밤베르크 시는 풍요의 시대를 맞고 있었다. 당시의 풍요는 가장 높은 지대에 자리 잡은 교회와 주거용 건물들에 지금도 흔적이 남아 있다. 언덕을 내려오면 일상을 영위하느라 분주한 동네 사람들로 북적댔는데, 1405년에는 어느 수수한 목재 골조 건물에 술집 하나가 문을 열었다. 현재는 그 옆에 좁다란 자갈길이 나 있고, 어두운 빨간색으로 칠해진 목재가 겉으로 드러난 이 술집 건물은 그때 그 자리에 지금도 서 있다. 나무로 불을 때던 15세기의 건조용 가마를 떠올리게 하는 이곳에서 스모키한 맥주를 한잔하며 잔다르크 시대부터 별로 바뀐 것이 없는 풍경을 바라볼 수 있다. 전통이라는 관점에서 보면 에히트 슐렝케를라의 분위기를 능가하는 곳은 찾기 힘들다.

시각적으로 약간 부조화스럽기도 한데, 이 건물의 소유자인 마티아스 트룸은 아직 마흔도 안 됐다—물론 사십 평생을 슐렝케를라 술집의 역사와 더불어 숨쉬며 살아온 사람이기는 하지만 말이다. "맥주병이 나를 키웠죠." 그는 그렇게 말하며, 역사 못지않게 신화가 얽혀 있는 듯 보이는 브루어리의 뒤편 깊숙한 곳으로 나를 안내했다. 그러더니 1877년 안드레아스 그라저가 새주인이 되고 훗날 브루어리가 같은 이름을 가지게 된 이야기를 들려줬다. "전해져 내려오는 이야기에 따르면 그는 브루어리에서 사고를 당하고 그 뒤로 다리를 절게 됐답니다. 프랑켄 지역 방언에서는 다리를 절며 양팔을 흔들거릴 때 그 흔들거리는 모양새를 슐렝켄schlenken이라고 불러요. 그러니까 슐렝케를라는 그렇게 걸으면서 —술 취한 사람도 딱 그렇게 걷겠죠— 흔들거리는 사람을 가리키는 일종의 별명 같은 겁니다. 그게 두번째 의미이자 이 표현이 굳어져 내려오게 된 이유죠. 그래서 사람들은 이렇게 말해요, '좋아, 당신은 훈제 맥주를 마시니까 슐렝카schlenka하게 될 거야, 흔들리게 될 거라고.'"

이 술집은 슐렝케를라의 영혼의 집과도 같은 곳이지만 실제 브루어리가 있지는 않다. 브루어리는 몇 블록 떨어진 거리에 있다. 수많은 독일 술집들이 그렇듯 슐렝케를라 술집도 여러 개의 방과 틈새공간으로 나뉘어 있으며, 손님들이 맥주를 사 들고 나가 거리에

밤베르크는 맥주를 즐기러 가기에 세계에서 가장 즐거운 곳일 것이다.

서 음주를 즐길 수 있는 —전형적인 밤베르크식— 뜰까지 이어져 있다. 건물 일부는 한때 예배당이었고, 아치와 둥근 지붕은 여전히 성스러운 장소인 듯한 인상을 준다. 훈제 맥주를 제대로 맛보려면 맥주를 마시는 동안 이 술집의 분위기에 푹 젖어야 한다. 그래서 나는 벽면에 여러 세대에 걸쳐 내려온 고색이 창연한, 본래의 옛 건물 동을 선호한다. 이곳이야말로 라우흐비어를 마실 장소다.

트룸이 격언 하나를 들려줬다. "밤베르크에 가서 슐렝케를라에 들르지 않았다면 당신은 밤베르크를 가본 것이 아닙니다." 6세기 동안 이 펍은 나름의 규칙과 의식들을 몇 가지 내세워왔는데, 적어도 한 가지—처음 마셔보는 사람은 미각이 적응하도록 석 잔은 마셔야 한다는 것—만큼은 특히 현명한 충고 같다. "처음에는 연기 풍미가 미각을 완전히 압도해버립니다. 이 맛이 낯설다면 훈제 풍미 말고는 아무것도 못 느끼겠죠. 두세 파인트는 마시고 나야 스모키한 풍미가 뒤로 물러서서 느껴지고 그다음에야 몰트향과 쓴맛 그리고 부드러움 같은 것들이 나옵니다. 초반에는 몇 모금 크게 들이켜세요. 마셔야 하니까요. 입안을 헹궈내는 겁니다."

트룸과 나는 브루어리 투어를 할 예정이었지만 두 시간 내내 길드의 역사와 중세의 효모 관리법에 대해 이야기하느라 시간 가는 줄을 몰랐다. 트룸은 밤베르크 대학에서 경제학 학위를 취득한 뒤 바이엔슈테판에서 브루잉을 공부했는데, 이곳에서 그는 크래프트 맥주 제조뿐 아니라 브루잉의 역사도 중점적으로 공부했다. 결국 우리는 이 갈래들을 한데 연결시킬 수 있었다.

바이엔슈테판에서는 "[몰트] 훈제에 대해서는 아무것도 가르쳐주지 않아요. 그런 게 있다는 것만 알려주고 훈제는 밤베르크에서 하죠. 하지만 훈제 과정의 세부사항에 관한 연구나 박사 논문은 없답니다."

뮌헨의 교수들이 라우흐비어에 대해 별다른 학문적 흥미를 못 느끼는 것이 이해는 간다. 이 전통—당연히, 오래됐으니까—을 유지해온 브루어리는 오늘날 전 세계에 단 두 곳뿐이고 두 브루어리 모두 밤베르크에 있다. 라우흐비어 제조는 가족 활동으로 이뤄진다. 트룸은 대학 졸업 후 브루어리에서 일을 시작하여 어머니의 술집 경영을 도왔고, 영어가 유창한 그는 곧 수출 부문으로 옮겼다. 브루잉으로 학위를 취득한 뒤에는 몰트하우스와 브루어리에서 아버지를 도왔다. 트룸의 아버지는 2003년에 고문을 역임하고 5년 뒤 퇴임했다. 현재 라우흐비어의 비밀은 바로 마티아스 트룸의 손에 달려 있다.

우리는 마침내 펍에서 나왔다. 엄밀한 의미에서 브루어리는 프랑켄의 전형적인 시스템이다—작고 깔끔하고 전통적이다. 브루어리 30미터 지하의 저장고 역시 전형적인 수평형 숙성 탱크를 갖추고 있다. 브루잉 과정은 특별하지 않다. 트룸은 1930년대 장비로 더블 디콕션 매시를 하고 맥주를 5℃에 저장한다. 라거

근사한 이 슐렝케를라 펍은 600년 역사를 자랑한다.

링 시간은 긴 편이다—스탠더드 중비중 라우흐비어(1.054)는 8주, 빅 보크(1.072)는 12주다. 마티아스 경영 체제에서 트룸 가문은 맥주 종류를 확대해왔다. 물론, 확대 방식에 있어서는 신중을 기해야 했다.

"시작할 당시, 나는 내가 원하는 것들을 하고 싶었어요. 내 자식이라 할 만한 것들을 만들고 싶었죠. 물론 독일에서는 괴즈나 트리펠을 할 수는 없습니다. 그래서 밤베르크에서 저는 한편으로는 역사적으로 정확하면서도 또 한편으로는 창의적인, 내가 할 수 있는 일은 뭐가 있을까 생각했어요." 그는 훈제하지 않은 몰트를 약간 넣은 사순절 맥주, 오크로 훈제한 몰트로 만든 도펠보크, 미숙성 맥주 10-15%를 혼합한 여름 맥주 등을 선보였다. 지역 주민들은 이 맥주들을 마치 오랜 친구처럼 받아들이며 좋아하게 됐고, 해외의 맥주 애호가들은 슐렝케를라가 수십 년째 이 맥주들을 만들어왔다고 생각할 것 같다. 라우흐 몰트를 약간 첨가하면 새로운 스타일에서도 옛스런 맛이 난다.

나는 밤베르크에 도착한 날 트룸을 만났는데, 이후 밤베르크에서 사흘 연속 그 분위기에 취해 있었고 시내의 다른 브루어리들에서도 맥주를 맛보았다. 이 사랑스럽고 유서 깊은 동네의 구석구석을 살펴보다보면 한 달은 훌쩍 지나갈 것 같다. 하지만 여기저기 돌아다니다가 정신차려보면 꼭 이 오래된 슐렝케를라 펍으로 돌아와 있곤 했다. 시간이 멈춰버린 듯한 이 펍이 마치 나를 기다리고 있는 기분이었다. 이곳에서는 사슴고기 요리, 맛있는 소시지, '밤베르크 양파'라 불리는 돼지고기를 채워넣은 지역 특산 요리를 만든다. 모두 진하고 스모키한 맥주에 어울리게 만들어진 요리들로, 갈 때마다 하나씩 어울리는 음식을 찾아 맛보느라 행복했다. 하지만 음식은 사실 그저 보너스에 불과했다. 나는 맥주 때문에 계속 그곳을 다시 찾았으니까.

람비크 패밀리 538
플랑드르 타트 에일 559
와일드 에일 575

제 5 부

Tart and Wild Ales
타트 에일과 와일드 에일

모르 쉬비트는 현존하는 단 여덟 개의 람비크 브루어 중 하나다.

분류학적으로 맥주를 속屬이라 본다면, 라거와 에일은 현대의 종種에 해당한다. 하지만 한때 거의 멸종 위기에 처했던 이 오랜 유산—우리가 어설프게 '타트' '사워' '와일드'하다고 일컫는 이 공룡—을 어찌해야 할까? 이 맥주들의 공통점은 산미가 있다는 것인데 레몬 못지않게 신맛이 강한 경우도 있으나, 아주 드라이하고 떫은 것도 있다. 이들은 가장 오래된 맥주로, 현대의 카테고리에 딱 맞아떨어지지 않는다. 보통의 사카로미세스 세레비시아 (에일) 효모로 만든 이들 맥주는 이후 공중에서 날아드는 거친 야생의 습격자들—브레타노미세스, 페디오코쿠스, 유산균—로부터 공격을 받는다. 이 카테고리의 스타일들은 대부분 미처 '개선'하기 이전 상태로, 일종의 복고 브루잉이다. 하지만 지난 10여 년간 일부 브루어리에서는 이 옛 스타일들의 대담한 풍미에 매료된 나머지 새 스타일들을 옛 방식으로 만들기 시작했다.

타트 에일을 규정하는 것은 야생효모와 박테리아다. 이 무지막지한 미생물들은 온갖 이상한 화합물들을 만들어내기 때문에 오늘날 브루잉에서는 골칫거리로 여겨진다. 젖산과 초산은 그중 두 가지에 불과하고, 전체 가짓수를 다 합하면 수십 개는 된다. 그 결과 만들어진 맥주의 풍미는 시큼하거나 새콤할 수 있지만 '가죽 같은' '염소 냄새 나는' '레몬 같은' 느낌을 줄 수도 있다. 그러므로 이들이 엄밀히는 에일은 아니며, 항상 끔찍할 정도로 신맛이 나는 것도 아니다. 그렇다면 우리는 이 맥주들을 대체 어떻게 불러야 할까?

의도하지 않아도 일찍이 모든 맥아는 야생효모 접종이 이루어졌다. 브루어들은 발효가 생물학적 메커니즘이라거나 그 효모는 어디에든 산다는 사실을 알지 못했다. 이전 맥주 배치에서 다시 채집한 효모를 투입하면서도 냉각 중인 맥아즙에 야생효모가 자리 잡으면서 나름의 고유한 특성을 더한다는 것을 알지 못했다. 루이 파스퇴르가 1857년 발효 실험을 하고 나서야 사람들은 알코올(효모)과 산미(박테리아)가 생성되는 다양한 작용에 대해 이해하기 시작했다. 현미경으로 효모를 관찰하던 그는 길들여진 효모와 야생효모는 형태가 서로 다르다는 사실을 발견했으며, 곧 맥주가 어떻게 산미를 띠게 되는지도 알아낼 수 있었다. 브루어들은 이 사실을 알지 못한 상태에서도 산미를 생성하는 야생 유기체의 특성들을 제어하고자 상당한 노력을 기울였다. 새콤한 에일을 즐기는 이들도 있지만, 신맛이 없는 달콤한 에일을 좋아하는 사람이 훨씬 많다. 에일 제조업자들은 (야생효모와 박테리아가 가장 많은 시기인) 여름에는 맥주가 변질되기 쉽지만 바로 서빙되면 대체로 오염되지 않은 상태이며 달콤하다는 것을 알았다. 라거

제조업자들은 맥주 온도를 낮게 유지하여 특수 효모만 작용하게 했다.

그러나 야생효모를 받아들인 브루어들도 있었다. 18세기 런던에서 포터 제조업자들은 훗날 브레타노미세스로 밝혀진 효모를 이용하여 와인 같으면서도 정제된, 굉장히 복합적인 느낌의 에일들을 만들었다. 벨기에의 람비크 제조업자들은 산미가 있는 다양한 빈티지의 맥주를 혼합하여 샴페인처럼 독특한 스파클링 괴즈를 만들어냈고, 이는 지금까지도 맥주 업계에 대단한 업적으로 남아 있다. 서쪽으로 가면 플랑드르 지역 브루어리들이 달콤하면서도 시큼한 레드 에일을 만들었는데 발사믹 식초 같은 특성이 있었다. 독일에서도 일부 브루어리에서는 이탈리안 소다*처럼 상큼하고 기포가 풍부한, 새콤한 여름 에일을 만들고자 했다.

사워 에일은 지금도 의심 섞인 눈초리를 받는다. 브루어리에 따라서는 아예 언급조차 하지 않는 곳도 있고 대부분 자기네 설비로는 만들지 않으려 한다. 이들 브루어리가 상상하는 것만큼 위험하지는 않을지 몰라도, 야생효모는 극도로 치명적이고 주의하지 않으면 다른 맥주 속으로 들어갈 수도 있다. 하지만 소수의 브루어리와 맥주 애호가들에게 이 독특한 구시대의 유물은 그야말로 숭고함 그 자체다.

새콤한 맥주들은 맥주 세계에서 찾을 수 있는 그 무엇보다도 훨씬 더 복합적이고 다양하며 이국적이다. 효모는 아주 작은 화학공장으로, 흥미로운 풍미들을 만들어낸다. 야생효모와 박

리프만스 하우덴반트는 최대 10년까지 병 안에서 숙성이 가능하다.

테리아는 맥주에 신맛을 더할 뿐 아니라 화사한 과일 풍미를 지닌 에스테르와 펑키한 여러 가지 화합물들을 만들어낸다. 이 타트 에일은 최근까지도 벨기에 브루어리들이 주축이 된 영역이었으나, 이제 미국, 이탈리아 등에서도 수많은 팬들의 마음을 사로잡기 시작해 다양한 지역의 브루어리들에서도 야생효모를 받아들이는 추세다. 이 그룹의 맥주들이 절대 에일과 라거를 대체하지는 않겠지만, 더 이상 멸종위기에 처하는 일도 없을 것 같다.

* 탄산수에 과일 시럽 등을 넣어 만든 청량음료

람비크 패밀리
THE LAMBIC FAMILY

Lambic, Fruit Lambic & Gueuze.

이 명문가의 근간이 되는 람비크는 1-3년간 숙성시키면 야생 효모가 선사하는 특성을 충분히 발현해낸다. 오크통에서 갓 꺼낸 람비크는 아직 굉장히 드라이하다—그리고 산미는 정점에 다다른 상태다. 이들 맥주는 정제된 종류이기는 하나 개성이 다양하다. 브루어리마다 다른 것은 물론이고 심지어 캐스크마다도 차이가 있다. 람비크에 과일을 통째로 넣으면 크리크kriek(체리)나 프랑부아즈framboise(라즈베리) 또는 그 밖에 여러 다른 과일 풍미의 새로운 술로 변신한다. 람비크 패밀리에서 가장 선명한 느낌을 주는 것은 괴즈로, 어린young 람비크와 늙은old 람비크를 섞어 만든다. 복합적 풍미가 켜켜이 쌓이고 기포가 계속 솟아오르는 괴즈는 '브뤼셀의 샴페인'이라 불리기도 한다. 고유의 성질만큼이나 유명한 별명이다.

주요 수치

람비크 ABV 범위: 3.5-5%
쓴맛: 미미함

괴즈 ABV 범위: 4-8%
쓴맛: 미미함

과일 람비크 ABV 범위: 4-6%
쓴맛: 미미함

서빙 온도: 7.2-12.8°C

전용잔: 플리티드 텀블러(람비크, 괴즈), 튤립(과일 람비크)

람비크는 야생 발효 과정을 통해 만든, 보기 드문 벨기에 전통 맥주다. 지구상의 맥주 둘 중 하나는 브루어가 배양된 효모를 투입할 때 발효를 시작한다. 수세기 전에 이미 다듬어진 과정이다. 람비크는 그렇지 않다. 효모를 투입하는 대신 브루어리에서는 갓 끓여낸 맥아즙을 하룻밤 동안 식게 놓아두어 야생효모와 박테리아가 마음껏 식사할 수 있는 뷔페로 만든다. 그러면 열린 창을 통해 들어온 야생효모와 박테리아가 신이 나서 맥아즙 표면에 내려앉아 허겁지겁 식사를 시작한다. 다음날 아침, 브루어는 이 맥아즙을 캐스크 안에 넣고 수년간 숙성시킨다. 캐스크는 이제 야생의 포로들이 사는 일종의 생태계가 된 셈이다.

다른 여러 형식의 벨기에식 브루잉에 법칙이 있다면, 법칙이 없는 것이 바로 법칙이다. 마음이 이끄는 대로, 그 어떤 기준이나 스타일과도 상관없는 맥주를 만들라는 것. 그러나 람비크만큼은 예외다. 람비크처럼 의식에 가까울 정도로 규격화된 과정을 거쳐 만드는 맥주 스타일도 드물다. 하지만 틀에 박혔다는 뜻은 아니다. 람비크와 그 변형 버전들—괴즈, 크리크, 프랑부아즈, 파로faro—은 모두 생기 넘치는 즉흥성 강한 맥주들이다. 야생의 미생물들은 관리가 까다롭고, 이들이 만드는 맥주에는 통제와 일관성이 요구된다. 노력한 보람이 있는 결과물이 나온다—좋은 람비크 그리고 특히 좋은 괴즈는 세계에서 가장 복합적인 성격의 맥주로, 많은 이들에게 가장 큰 즐거움을 선사하는 맥주이기도 하다.

기원

람비크는 고대 이래 수천 년간 같은 방식으로 만들어지고 있는, 변함없는 맥주라 일컬어지기도 한다. 엄밀히 말하자면 사실이 아니다. 21세기의 람비크 브루어리는 전기, 정수된 물, 현대식으로 재배된 최상급 과일 등을 사용할 수 있기 때문이다. 하지만 완전히 틀렸다고도 할 수 없다. 람비크는 고대 브루잉 전통의 후손이며, 최소 수백 년은 된 기법들을 택하고 있기 때문이다. 과거의 방법들이 조금씩 다듬어졌을 뿐, 폐기되지는 않았다.

람비크는 브뤼셀 인근에서 단일한 맥주 스타일로 등장했다—브뤼셀은 람비크의 유일한 고향이다. 람비크가 최초로 언급된 것은 1300년대 초지만, 그 선조 격인 농가 브루잉의 전통에 대한 기록은 제대로 남아 있지 않다. 람비크는 알려진 것보다 훨씬 오래됐거나 훨씬 오래된 다른 맥주들과 밀접하게 연관돼 있을 가능성이 높다. 최소 450년간 대체로 변함없이 지속돼 온 것으로 알려져 있고, 할레라는 소도시에서 발

가족이 경영하는 드리 폰테이넌은 화사한 레몬껍질향에 짭짤한 감칠맛이 결합된 아우더 괴즈를 블렌딩한다.

자연발효

'자연적spontaneous'이라는 단어에는 몇 가지 의미가 있지만, 우리의 관심사에는 '뚜렷한 외부적 영향이나 원인 없이 일어난다'는 뜻이 포함돼 있다. 자연발효란 브루어의 아무런 개입 없이 맥주가 발효된 듯 보일 때 일어난 일을 지칭한다. 오늘날에는 원인이 존재한다는 것을 알지만 1857년 루이 파스퇴르의 대발견 이전 브루어들에게는 전혀 그렇게 보이지 않았다. 당시에는 맥아즙을 케틀에서 곧바로 가져다가 냉각조cool ship(플랑드르어로 쿠알스힙 koealschip)라 불리는 팬 모양의 큰 용기에서 식혔다. 저녁에 브루 과정이 끝나면 맥주를 그 자리에 그대로 두어 하룻밤 식혔다. 아침이 되면 브루어는 이 맥주를 배럴에 넣고 잘되길 빌었다. 맥아즙이 어떻게 맥주로 변했는가는 마법 혹은 신비였다―어쨌든, 자연히 됐다.

람비크는 지금도 그렇게 만들어진다. 오늘날 우리는 작용하는 요인들―수백만 가지―이 있다는 것을 잘 안다. 눈에는 보이지 않지만 식어가는 맥아즙 표면에는 효모와 박테리아가 가득하다. 현대의 브루어리에서는 선풍기를 사용해 미생물들이 맥아즙을 찾아가도록 돕는다. 바깥 공기를 펌프로 주입하는 경우도 있다. 하지만 절대 브루어리에서 효모를 첨가하지는 않는다. 나무통에 서식하는 미생물들의 작용에 의존하여 브루어리가 효모를 '투입'하는 비슷한 과정이 있다―하지만 이는 진정한 자연발효가 아니다. 람비크에 접종하는 이 작은 괴물들은 방목해야 한다. 자연발효는 맥주 제조 중 가장 핵심적인 과정에 대해 브루어리가 아무런 통제를 할 수 없다는 점에서 가장 급진적인 유형의 브루잉이다. 위험하지만 숭고하기도 하다. 그런데 원치 않는 특성들이 나타날 경우에는 어떻게 할까? (람비크를 만들어온 장인들도 야생효모가 불쾌한 풍미와 아로마를 만들어내는 일을 겪는다.) 람비크를 만드는 이들이 블렌딩을 하는 이유다. 거친 모서리를 부드럽게 다듬는 것이다. (자연발효의 방식과 원리에 관한 좀더 자세한 내용은 '람비크의 과학'과 '브루잉 노트' 부분을 참고하자.)

견된 기록을 보면 맥아 가루의 적정 비율은 밀 37%와 보리 63%―오늘날의 맥주와 비슷한 비율―이고 이 규정은 1400년 당시의 기록을 참고한 것이라 돼 있다. 이 지역의 붙박이 같은 이 맥주들은 워낙 일상생활 속에 깊이 자리 잡고 있어 플랑드르의 거장 대 피터르 브뤼헐이 벨기에 농부들의 모습을 담은 그림 속에 영원히 남아 있을 정도였다.

적게 잡아도 최소 700년간 있어온 람비크는 지구상에서 가장 오래된 맥주 스타일 중 하나다. 이 시기 이전에는 자연발효―효모 투입 없는 맥주 제조―가 에일을 발효시키는 표준적인 방식이었다. 오늘날 독일과 영국에 해당하는 지역의 브루어리들은 맥주의 품질을 향상시킬 수 있다는 사실을 깨닫자마자 곧바로 효모를 투입하는 쪽으로 바뀌었다. (스타터를 사용하는 제빵사들과 마찬가지로, 브루어들 역시 기존의 맥주 제조분을 아주 조금 집어넣어 다음 맥주 제조분에서도 작용할 수 있게 했다―당시만 해도 자신들이 정확히 뭘 집어넣고 있는지 알지는 못했겠지만.)

벨기에 사람들이 자연발효를 그만둔 것은 훨씬 나중이었다. 19세기 말까지만 해도 벨기에에서는 기존 방법으로 맥주를 만들고 있었고, 대부분의 브루어리에서는 기술적 진보를 이룬 잉글랜드에서 이미 한 세기 정도 사용해온 맥아즙 냉각기 대신 평평한 냉각 용기를 여전히 사용하고 있었다.

람비크가 벨기에에서 어떻게 살아남을 수 있었는가 하는 것은 전통적인 방식에 대한 브루

캉티용의 루 페페 맥주는 이 브루어리의 다른 맥주들과 차별화되는 과일맛이 있다.

어들의 충성심으로 설명이 가능할 것 같다. 벨기에 사람들은 레시피와 각종 재료에 변화를 주는 것을 즐기며 다른 맥주는 흉내 내고 싶어하지 않는다. 느리게 변화하는 구석이 있다면 그것은 기법이다. 독일, 보헤미아, 영국의 브루어리들이 앞다투어 새로운 기술을 받아들이고 커져가는 시장을 지배하고자 할 때에도, 벨기에의 브루어리들은 소규모 수제 방식을 고수했다. 후하르던에서는 윗비어의 전신 격인 맥주가 자연발효 에일로 12세기까지 살아남았다. 벨기에식 브루잉에서 발달의 중심지 역할을 했던 뢰번은 '람비크와 파로처럼 만든' 도벌 헤르스트dobbel gerst 라는 또 다른 자연발효 맥주의 고향이기도 했다. 람비크가 살아남을 수 있었던 것은 수많은 오래된 스타일들이 살아남았기 때문이다.

그렇다고 해서 람비크가 전혀 변하지 않았다는 뜻은 아니다. 벨기에 정부는 19세기에 이상한 세법을 통과시켰으니, 브루어리의 매시 턴 크기에 따라 요율을 측정하는 것이었다. 이상한 세법은 종종 있지만, 이 경우는 브루어리에서 생산하게 되는 맥주량에 대한 특이나 복잡한 지표였다. 브루어리들은 맥주 판매량에 상관없이 작은 매시 턴을 사용하고자 하게 됐다. 그 결과 브루어리들이 작은 매시 턴에 곡물을 최대한 채워 넣은 다음 몇 시간에 걸쳐 천천히 매싱하는 방식의 벨기에 특유의 브루잉이 탄생했다. '혼탁 매시turbid mash'로 알려진 이 과정은 오늘날까지도 람비크 브루어리에서 따르는 표준이 됐다.

여러 세기 동안 스트레이트 람비크 그리고 특히 파로는 람비크 브루어리들의 주요 제품이었다. 초록색으로 출시되어 설탕으로 단맛을 더한 파로는 불과 10여 년 전까지도 흔한 테이블 비어였고 브뤼셀 인근에서는 피처 단위로 서빙되는 모습도 흔히 볼 수 있었다. 최근에는 거의 사라졌다. 한편, 괴즈는 비교적 나중에 생긴 맥

파로는 거의 단종됐다. 한때 람비크의 나라 벨기에의 카페들에서 상당히 인기가 있었던 시절도 있었다.

옛 공상과학 영화 속 증기기관처럼 생긴 이 19세기 장비는 람비크 브루잉 분야에서는 첨단 기술이다.

주로 브루어리들이 람비크를 처음으로 병입하기 시작하던 19세기 중반 즈음부터 있었다. 하지만 첫인상으로는 별로 인기를 끌지 못했다. 100년 전 괴즈는 람비크 판매량의 10% 미만 수준이었다.

양차 대전은 당연히 람비크 제조업체들에 타격을 입혔다. 1910년, 람비크 브루어리들은 무려 100만 헥토리터(85만 US배럴)를 생산했었다. 전쟁 후 독일 라거들과 품질 낮은 —숙성하지 않고 인공 감미료와 탄산을 넣은— 람비크가 전통적인 맥주를 대체하기 시작하면서, 이 수치는 폭락했다. 람비크의 풍부한 특성을 그대로 간직한 파로와는 달리, 이 현대적 마실거리들은 탄산음료를 마시는 이들의 관심을 겨냥해 만들어졌다. 이 소비자층은 옛날식의 기분전환 대신 좀더 현대적인 음료를 찾고 있었고, 당시의 새로운 마실거리들은 람비크보다는 살짝 새콤한 탄산음료에 더 가까웠다. 1965년경에 남아 있는 람비크 브루어리는 단 27곳, 블렌더blender*는 20곳에 불과했다.

당시 람비크를 만들던 프랑크 본은 1970년대에 람비크 스타일을 구하는 데 일조한 핵심 인물 중 한 명이었다. 그는 맥주를 만들어온 가문 출신으로, 라거가 마침내 시장에 침투해 들어올 당시 시작된 변화들을 기억한다. 작은 브루어리들은 지역적 스타일을 포기하고 "더 저렴하고 기술적으로 나은 맥주로 갈아탔습니다." 람비크 제조업체들도 별다른 도움이 되지 못해서, 괜찮기는 하지만 품질이 떨어지는 람비크를 내놓았다. "나이 지긋한 교수가 설명한 것과 같아요. '이 오래된 람비크 브루어들은 마치 돼지를 팔듯이 괴즈를 팝니다. 모두들 최상급 고기만 원하지만 당신은 돼지 한 마리 전부를 팔아야 하는 거죠.' 손님들이 맥주에 헤드가 없다고 불평하면 [브루어리들은] 그건 바로 첨가물을 전혀 안 넣었다는 증거라고 말했어요. 탁한 맥주의 경우에는 이렇게 말했죠. '보세요, 필터링 안 한 맥주라는 증거입니다.' 거품이 많으면 겨울이 되기를 기다려 맥주를 팔았고요."

1970년경 람비크 제조업체 벨뷔(현재는 앤하이저 부시 인베브 소유)는 공격적인 매수에 돌입하여 캉티용을 제외한 브뤼셀의 온갖 람비크 제조업체들을 사들였다. 인수한 브루어리들

---

* 람비크를 직접 제조하지 않고 사들여 나름의 비율로 배합, 발효, 숙성하는 업체

로부터 전통적인 괴즈 생산을 한 곳으로 통합했다. 그러나 프랑크 본, 캉티용의 장 피에르 반 루아, 드리 폰테이넌의 아르망트 데벨더르 같은 전통주의자들은 옛 스타일이 사라지는 것에 반기를 들었고, 람비크는 그 이후 천천히 복귀했다. 오늘날 최대 위험 요소는, 진짜 람비크를 극히 소량만 넣고 만든 달콤한 혼합주에다 전통적인 과일 람비크의 이름을 대충 발라놓는 회사들이다. 벨기에에서 잘 만든 크리크를 찾기란 이제 어려운 일이 됐고(다만, 수출 시장에서는 드리 폰테이넌과 아우트 베이르설Oud Beersel에서 몇 가지 근사한 맥주를 찾아볼 수 있다), 탄산음료처럼 달콤한 과일 맥주를 연상시키는 이름이 돼버렸다. 하지만 여전히 일반적인 기준에서는 소규모에 속하는(가령 거대 규모인 본Boon은 오크 숙성 분량이 8,500배럴에 달하는데, 이는 미국의 비교적 작은 크래프트 브루어리에 해당하는 규모다) 전통적인 브루어리들은 이제는 작아진 시장에서 나름의 성공을 거두고 있다. 람비크 블렌더들 역시 작업량은 소량에 불과하지만, 신생 블렌더인 틸캥Tilquin이 시장에 새로 진입하기까지 하는 것을 보면 다들 순항 중인 것 같다.

상세 설명 및 특징

대부분의 브루어리 투어는 잘 닦인 타일을 붙인 브루하우스에서 많은 시간을 보낸다. 유려한 곡선의 케틀들이 희미하게 빛나며 유혹적인 자태를 뽐내는 곳이다. 발효통 근처에 다다를 때쯤이면 발효 일수와 온도 측정치를 큰 소리로 말하는 브루어를 따라 꽤나 빠른 속도로 종종걸음을 하게 된다. 브라우베레이 본Browereij Boon을 방문했을 당시, 나는 수수께끼 같은 인물인 소유주 프랑크 본—체셔 고양이Cheshire Cat[*]과 윌리 웡카Willy Wonka[**]를 섞어놓은 듯한 인물—이 두

[*] 『이상한 나라의 앨리스』에 등장하는 고양이로 히죽거리며 웃는 것이 특징
[**] 『찰리와 초콜릿 공장』에 등장하는 초콜릿 공장의 공장장

'여름의 맛'

옛날의 람비크 브루어들은 발효 기제에 대해서는 잘 몰랐겠지만, 무슨 일이 일어났는지는 알고 있었다. 그리고 더운 계절에 맥주를 발효하는 일은 그런 차원이 아니었다. 벨기에 맥주 수십 종에 대해 기록했던 브루어 조르주 라캉브르는 1851년에 작성한 글에서 발효 온도가 지나치게 높아져서 벌어진 일에 대해 묘사했다. 심지어 이 현상을 지칭하는 '페르수머르versoemer'라는 말이 따로 있을 정도였다.

그 결과는 맛에 크게 영향을 미쳤고 약간 비위가 상하는 냄새는 이런 변질의 핵심 특징이었다. 워낙 독특한 냄새라서 겪어본 사람이라면 누구나 페르수머르, 즉 '여름의 맛'이 아주 살짝만 침투된 맥주 냄새만으로도 쉽게…… 이런 유형의 변질이 일어났음을 알아낼 수 있다.

냉각 시간과 야생 접종 속도의 균형을 잡고, 페르수머르를 피하기 위해서 지금도 람비크 브루어리들은 밤에는 결빙 온도 가까이까지 내려가는 10월부터 4월 사이에만 브루잉을 하고 있다.

배의 시간을 들여 브루어리 구석구석을 데리고 다니며 보여준 덕분에 이코노라인* 크기의 오크통이 겨울잠 자는 곰처럼 웅크리고 있는 창고에도 가볼 수 있었다. 람비크는 시간과 나무가 만들어내는 산물—다른 방식은 없다—이며 결정적인 작용은 바로 여기서 일어난다.

람비크

람비크 브루어들은 람비크라는 범주 안에 들어가는 맥주들—괴즈, 파로, 크리크, 프랑부아즈—을 위한 베이스 맥주가 되는 단일 레시피에서부터 작업을 시작한다. 전통적으로 람비크는 페일 보리, 몰팅하지 않은 밀로 만들었으며 여전히 그렇다. 1965년, 람비크는 어느 정도 법적 보호도 이끌어냈다. 람비크 자체는 보호 대상이 아니지만, 람비크는 괴즈의 베이스가 되므로 유럽연합에서 제시하는 다음 기준들을 고수해오고 있다.

- 람비크에는 반드시 최소 30%(전통적으로는 40%)의 몰팅하지 않은 밀이 함유되어야 한다.
- 람비크는 자연발효되어야 한다. 효모는 첨가하지 않는다는 의미다.
- 홉은 최소 1년간 숙성되어야 한다(통상적으로는 3년).
- 괴즈는 병입 후 병 안에서 재발효되어야 한다.
- 특정 구성 요소들은 실험실 조건에서도 측정 가능해야 한다. 가령 브레타노미세스는 있고 초산 이소아밀(숙성 판단 기준)은 없으며 기타 특정 휘발성 산은 없는 것이 확인 가능해야 한다.
- 람비크는 최소 1년은 나무 캐스크 안에서 숙성되어야 하며, 괴즈는 1년, 2년, 3년 숙성 맥주를 포함하고 있어야 한다.

람비크는 본래 바이에른 바이첸이나 윗비어와 공통점이 있는 탁한 밀 에일이다. 사카로미세스 세레비시아—표준 에일 효모의 시골뜨기 친척—는 맥주에 가장 먼저 작용하는 야생효모다. 며칠이 지나면 맥아즙은 과일향 나는 특유의 곤죽 같은 상태로 변한다. 이는 람비크가 아니다—아직은. 시간은 맥아즙 속의 다양한 미생물들이 복잡하게 얽혀 왈츠를 추게 만든다. 미생물들은 각각 어떤 순간에 들어왔다가 다른 미생물이 있을 자리를 마련해주기 위해 뒤로 물러난다. 섬세한 숙성 효과는 그 이후 여러 해에 걸쳐 맥주맛에 영향을 미치겠지만, 1-3년간 맥주는 완성된 상태가 아닐 것이다.

제대로 숙성된 상태(통상적으로 2년)의 람비크는 공급된 당분을 전부 소모하여 상당히 드라이한 상태가 된다. 그 고유한 특성은 발효 중 접종된 효모와 박테리아에서부터 캐스크 안에

이국적으로 놓인 이국적인 맥주

* 포드의 대형 밴

서 일어나는 나무, 산소, 맥아즙의 상호작용에 이르기까지 무수히 많은 요인들로 규정될 것이다. 놀랍게도, 캐스크 내부 생태계는 내용물에 제각각 다른 성격을 부여하기 때문에 동일한 배치의 람비크라도 여러 캐스크에 나누어 담기고 나면 서로 다르게 진화할 수 있다. 어떤 람비크는 패키징되거나 스트레이트로 판매되거나(3년 된 스트레이트 람비크인 캉티용 그랑 크뤼 브룩셀라Cantillon Grand Cru Broucsella는 가장 잘 알려진 예다) 혹은 브뤼셀 인근에서 드래프트로 판매될 만큼 균형이 잘 잡혀 있다. 하지만 대다수의 람비크는 완벽한 균형을 갖추지 못한 탓에 블렌딩을 통해 조화로운 괴즈로 재탄생하기도 한다.

괴즈

괴즈('gueuze' 대신 'geuze'라고 표기하기도 한다)를 스트레이트 람비크의 열등 버전이라 짐작하는 것도 무리는 아니다—싱글 몰트 스카치에 비해 블렌디드 위스키가 그런 것처럼. 하지만 실은 정반대다. 스트레이트 람비크는 깊이와 개성을 지닐 수 있지만, 절대 잘 만든 괴즈가 만들어내는 교향악 같은 복합적인 느낌에는 근접할 수 없다.

스트레이트 람비크와는 달리 괴즈는 기포가 강하고 상큼한 산미가 있다—벨기에 사람들은 괴즈를 스파클링 와인에 비유하곤 한다. 마치 불 위에서 끓기라도 하듯 병 위로 부글거리며 두툼하고 근사한 헤드를 밀어올린다. (벨기에의 어느 카페에서는 서버가 괴즈 병을 자그마한 고리버들 바구니에 담아 테이블로 가져다준다. 서

> "저는 제가 만든 오래된 람비크부터 일단 맛을 봅니다. 향기롭게 익은 람비크와 부드러운 종류의 맥주만 있다면, 2년짜리 맥주와 순한 1년짜리로 배합 작업을 할 수 있는 셈이죠. 개성 있는 나이 많은 맥주가 있으면 다른 유형의 맥주를 찾아보야 합니다. 블렌드마다 달라져요. 때때로 괴즈는 너무 나무 향이 강할 때가 있어요—오래된 나무 배럴에서 나오는 풍미죠. 한번은 블렌딩을 하면서 탄산이 맛을 감소시켰을 것이라 예측한 적이 있었습니다. 제 생각이 틀렸더군요! 똑같이 만들어도 절대 똑같은 맥주는 안 나옵니다. 절대요. 뭘 발견하게 될지 절대 모릅니다. 람비크가 흥미로운 이유죠."
> —장 반 루아(장 피에르의 아들), 브라스리 캉티용

버는 일단 거품 가득한 황금빛 이 맥주를 농가풍의 플리티드 텀블러pleated tumbler*에 옮겨 붓고 나서 테이블 위 아까 그 바구니 위에 병을 눕혀놓는데, 목이 약간 위로 올라오도록 비스듬히 놓는다.) 최고의 괴즈는 굉장히 복합적이면서도 동시에 완전히 다가가기 편한 느낌이다. 시트러스 껍질의 향기와 백포도 그리고 흙냄새에서부터 섬세하게 펑키한 느낌에 이르기까지 온갖 다양한 요소가 어느 하나 크게 두드러지지 않게 그 안에 들어 있다. 새콤한 맥주지만, 이런 설명으로는 괴즈의 진정한 본성이 전달되지 않는다. 가벼운 산미가 있지만 식초처럼 시큼해지는 않고, 맥주이면서도 와인에 더 가까운 느낌이다. 전 세계적으로 비슷한 술은 찾아볼 수 없다.

주된 이유 중 하나는 나이age다. 괴즈는 여러 빈티지를 블렌딩한다. 람비크는 숙성되는 과

* 측면을 따라 세로 주름 형태의 요철이 있는 글라스로, 농가풍 맥주를 마실 때 주로 쓴다.

벨기에의 블렌더들

블렌더(플랑드르어로는 스테커르steker)들은 맥주 세계에서 특이한 —그리고 대체로 오해받는— 존재다. 접종시 킨 최초의 맥아즙을 만드는 일을 제외하면, 전통적인 람비크 제조업자들이 하는 모든 일을 한다. 대신, 이들은 람비크 브루어리—대개 프랑크 본으로, 전체의 60%가량을 공급—로부터 접종된 맥아즙을 다량으로 구매한다. 그 이후로 블렌더들은 자기 창고에서 맥주를 숙성시킨다. 이후에 자기네 배럴로부터 블렌딩하거나 자기네 배럴에서 곧바로 판매하거나 또는 과일을 첨가해 크리크, 프랑부아즈, 그 밖에 다른 과일 람비크를 만들기도 한다. 라벨에 블렌더나 브루어를 늘 뚜렷이 구분하여 표기하지는 않으며, 그래야 하는 것도 아니다. 고된 작업이나 기술은 숙성 및 블렌딩 과정에 있는 것으로, 데 캄De Cam, 한선스Hanssens, 아웃 베이르설, 그리고 신생인 틸캥 같은 블렌더들로부터 나오는 맥주도 이들이 받는 맥아즙을 제조하는 브루어리들의 맥주에 견주어도 손색이 없다. 괴즈를 블렌딩할 때는 여러 브루어리 각각의 특성과 생산에 의존할 수 있다.

정에서 매 순간 다양한 특성들이 나온다. 처음에는 보통의 사카로미세스의 1차 알코올 발효가 일어나는데, 이는 수개월간 지속될 수도 있다. 다음으로는, 젖산 발효가 시작되어 맥주를 굉장히 시큼하게 만드는데 이 과정에 또다시 수개월이 소요된다. 마지막으로, 브레타노미세스가 활성화되면서 또 한차례의 알코올 발효 단계가 시작된다. (사실, 브레타노미세스는 과정 전반에 걸쳐 작용한다. 다만 아주 느리기 때문에 람비크의 풍미에 영향을 미칠 정도로 화합물을 생성하기 시작할 만한 충분한 양이 누적되려면 시간이 한참 걸린다.) 이 브레타노미세스는 수년간 계속 활동하며 당분을 먹어 없애고 풍미와 아로마 화합물을 더할 것이다. 람비크 제조업체 및 블렌딩 업체들은 다양한 빈티지를 혼합함으로써 수많은 순간에 풍미의 스냅샷들을 찍은 뒤 이들을 한데 혼합하여 전혀 다른 무엇인가를 만들어낸다.

블렌딩에는 다른 장점들도 있다. 브루어나 블렌더나 절대 배치마다 똑같은 수준의 일관성에 도달할 수는 없지만(그러기를 바라지도 않을 테지만) 제품이 차별화되기를 바란다. 캉티용의 경우 블렌딩은 레몬 특성을 부여하고 본은 부드러움을, 드리 폰테이넌은 뜻밖의 짭짤한 중심을 더한다. 블렌딩을 통해 여러 람비크 배치로부터 단일한 향을 선별하여 단일 맥주에서는 절대 낼 수 없는 다층적 풍미를 구축할 수 있다. 이 때문에 최종적으로—그리고 기능적으로—브루어리들은 너무 펑키하거나 너무 산미가 강해진 람비크들 혹은 따로 서빙하기에는 부족한 특성을 지닌 람비크들로 작업을 하게 된다.

과일 람비크

만일 벨기에 이외 지역의 사람들이 람비크에 대해 들어봤다면, 대개 과일 버전들의 이름—크리크(체리) 및 프랑부아즈(라즈베리)—이었을 것이다. 이들은 가장 유명하고 흔한 종류들이지만, 브루어리들은 미숙성 람비크에 과일을 넣어 6개월간 우려내어 카시스(블랙커런트), 딸기, 복숭아, 포도, 사과, 블루베리 람비크를 만든다.

람비크에 과일을 넣는 효과는 놀랍다—과일의 당분은 맥주를 달게 만들지 않으면서도 과일을 갓 땄을 때의 풍미와 아로마는 그대로 담겨 있다. 각종 효모는 여러 달에 걸쳐 발효 가능한 모든 물질을 소모하며 과일의 정수만 뽑아 남긴다. 사실, 산미가 있는 맥주일수록 보통의 맥주에 비해 그런 농축된 과일 풍미를 보존하고 표현하는 데 더 효과적이다. 람비크에는 여타 맥주들의 묵직한 느낌이나 몰트 풍미가 없다. 증류액 같은 용액에 가깝다.

• **크리크** 적어도 400년 전부터 브뤼셀 인근의 주민들은 자생종 사워 체리를 수확하여 당나귀를 타고 도시로 실어날랐다. '당나귀 마을'이라는 별칭이 붙은 스하에르베이크Schaerbeek는 체리 재배의 중심지였고 본래 크리크와 동의어였

브뤼셀 스하에르베이크에 있는 교구 교회인 에글리즈 루아얄 생마리는 한때 크리크에 사용되는 체리로 유명한 작은 마을이었다.

던 과일에 그 이름을 붙여주었다. 오늘날 브뤼셀 안에 있던 이 동네는 도시가 확장되는 과정에서 점차 전원 지대로까지 뻗어나가 과일 나무들을 모두 집어삼키고 말았다. 오늘날 크리크 람비크에 사용되는 대부분의 체리는 비슷한 품종이 있는 폴란드에서 들여오는 것이다. 그럼에도 불구하고 크리크는 여러 과일 람비크 —그리고 대부분의 벨기에 과일맥주— 가운데 여전히 왕좌에 있다.

체리의 승리는 지역의 역사나 기호보다는 체리라는 과일과 맥주의 조화 방식에 더 관련이 있다. 체리는 당분, 산, 그리고 씨 부분(항상 사용된다)의 타닌 성분에서 나오는 진한 풍미가 있다. 그리고 빛깔! 그 어떤 다른 과일도 그토록 강렬한 흔적을 맥주에 남길 수 없으며, 다른 과일들과는 달리 체리의 색은 흐려지지 않는다. 최고의 아우더 크리크oude kriek(문자 그대로는 '옛날 크리크'로, 옛날 방식으로 만들었다는 의미)은 향긋한 맥주로, 과일향이 워낙 신선해서 마치 그날 수확한 과일 같은 맛이 난다. 새콤하지만 원숙하며, 나무, 향신료 그리고 심지어는 시나몬 특성도 지니고 있다.

안타깝지만 모든 크리크가 똑같이 만들어지는 것은 아니다. 지난 20년간 달콤한 마실거리가 계속 인기를 끌게 되면서 제조업들은 크리크에 보통 맥주를 섞어 희석시키고 필터링한 뒤 감미료나 설탕을 첨가하고 풍미를 더하기 위해 주스나 시럽을 사용하기도 하면서 질을 떨어뜨리기 시작했다. 심지어 몇몇 전통 람비크 제조업체들조차 이 같은 추세를 따라 수요와 생산을 계속 끌어올리려 했다. 이들 맥주는 훨씬 더

'아우더' 찾기

플랑드르어로 '아우더'는 '오래된' 것을 뜻하고, 람비크에서 오래된 것은 좋은 것이다. 람비크가 벨기에 시장에서 극히 작은 부분만을 차지한다 해도 '크리크'와 '괴즈'라는 단어는 여전히 문화적으로 유효하다—이들 맥주 스타일은 부담없이 가볍게 마시는 용도로 다시 이용되어 대량 판매 브랜드 맥주들과 경쟁을 할 정도니까. 지난 수십 년간, 람비크 제조업체들은 법정에서 자사 제품을 보호하고자 애써왔으며, 정통성 있는 제품에 대한 보호를 어느 정도는 쟁취해낼 수 있었다. 키워드는 '아우더'다. 이 표시가 돼 있는 맥주는 몰팅하지 않은 밀이 반드시 들어가며, 자연발효 후 캐스크 숙성을 거친다. 오늘날에는 '전통 특산품 보증Traditional Specialty Guaranteed'으로 유럽연합의 보호를 받고 있다. 그 외에는 무조건 의심의 눈초리를 보낼 것.

비싸고 까다로운 진짜 람비크를 위협할 뿐 아니라 맛 자체도 정말로 끔찍하다—끈적한 시럽 감기약에 탄산을 주입한 것 같으니까. 정통성 있는 람비크를 찾아나서는 여정에서 지침이 될 만한 한 가지 법칙은 라벨에 '아우더oude'라는 단어가 들어 있는 것을 사라는 것이다. 이들은 전통적인 방식으로 만들어진 람비크다. 벨기에에서, 크리크 람비크 또는 크리켄람비크kriekenlambik는 간혹 드래프트로 판매되는 것을 볼 수도 있다. 이 역시 브루어리에서 곧바로 나오는, 정통성 있는 좋은 람비크다.

• **프랑부아즈** 크리크만큼이나 유명한 —그리고 어쩌면 더 오랜 역사를 자랑하는— 것이 라즈베리 람비크다. 하지만 현재는 더 드문데, 라즈베리가 그만큼 풍부하지 않은 탓도 있고 작업에 사용하기 더 까다로운 탓도 있다. 프랑부아즈는 크리크보다는 더 밝은 분홍빛으로 이 색은 시간이 지날수록 옅어진다. 크리크에 비해 산미가 더 강하고 더 드라이하지만, 한편으로는 더 가볍고 생기가 넘치는 특성도 있다.

• **체리와 라즈베리 이외의 다른 과일들** 어떤 유형의 과일이든 람비크에 풍미를 더하는 용도로 사용될 수 있고, 브루어들과 블렌더들은 다양한 과일로 실험을 해볼 수 있다. 린데만스는 맥주에 과일—복숭아, 사과, 카시스—을 사용하는 것으로 잘 알려져 있지만 이들 맥주는 정통 람비크는 아니다. 처음에는 고유한 진짜 람비크로 출발하지만, 6-8개월이 지나면 설탕이나 과일 시럽을 넣어 혼합한 뒤 2차 발효 없이 병입한다. 이들 맥주는 제조 과정에서 어떤 식으로든 람비크가 들어갔다는 증거를 완전히 감춘다.

가장 실험적인 람비크 제조업체로 늘 손꼽히는 캉티용은 여러 다양한 과일을 사용해왔지만, 정통 람비크에 부합하는 기준 내에서다. 이곳에서는 크리크과 프랑부아즈 외에도 포도(비뉴론Vigneronne, 생랑비뉘스St Lamvinus), 살구(푸푼Fou'Foune), 블루베리(코펜하겐에서만 살 수 있는 블로베르 람비크Blåbær Lambik)를 넣은 람비크들을 만든다. 그 밖에 주목할 만한 또 하나의 맥주는 아우트베이티에Oudbeitje로, 블렌더 한선스에서 나오는 딸기 람비크다. 베리류에서 나오는 색은 맥주를 따라마실 때쯤이면 이미 거

린데만스는 아마도 가장 유명한 과일 람비크 생산업체일 것이다—여기서 생산되는 '람비크'는 해당 스타일에 멋대로 변화를 주고 있지만.

의 사라져버린 상태이고, 곰팡내 나는 혹은 펑키한 종류의 람비크에 가깝지만 흔히 사용되지 않는 종류의 과일이 들어간 가장 흥미로운 람비크 중 하나다.

기타 람비크

오래된 람비크 유형 세 가지를 꼽자면 과일 람비크와 괴즈, 그리고 파로다. 제1차 세계대전 당시만 하더라도 파로는 람비크 중 가장 유명해서 브뤼셀과 파요텐란트 인근 카페에서 흔히 볼 수 있었다. 새콤한 비슷한 맥주 종류들에 비해 비교적 저비중으로 브루잉되었고, 종종 카페에서는 손님에게 내기 전에 캐스크에서 단맛을 더하여 탄산화를 촉진시키기도 했다—잉글랜드 캐스크 에일과 별 차이가 없다. 오늘날 파로는 거의 단종된 상태다. 혹 만드는 곳이 있더라도 대개 병입되어 팔린다. 오늘날에는 알코올 도수가 높아졌으며, 현대의 '크리크'로 만드는 달콤한 맥주 취향도, 전통적인 새콤한 람비크에 대해 늘어가는 관심도, 그 어느 쪽도 만족시키지 못하는 이상한 외톨이 같은 람비크다.

람비크 제조업체들과 블렌더들은 간혹 어딘가 색다른 제품들로 실험을 하기도 한다. 캉티용은 이리스Iris라는 순수 보리 람비크를 만드는데 여기에는 보통의 홉을 사용한다(통상적으로 숙성 홉을 사용하는 것과 대조적이다). 모르쉬비트Mort Subite가 블랑슈Blanche라는 이름으로 선보이는 아주 어린 람비크는 20세기 초 무렵의 윗비어에 가깝다. 당시의 이 자연발효 에일은 람비크의 아주 가까운 사촌이었다.

산미가 있는 벨기에 맥주 세계에서 가장 흥미로운 현상 중 하나는 전통적인 람비크 방식이 벨기에 내 (그리고 전 세계) 다른 브루어리들로까지 확산된 것이다. 이 람비크류를 만드는 브루어리들은 전통적인 특징들 전부를 겨냥하지는 않지만, 자연발효나 나무 배럴 숙성 같은 중요한 단계들은 절대 건너뛰지 않는다. 서플랑드르 지역 브루어리 보코르Bockor는 100년 가까이 지역 고유의 아우트 브라윈—이후에 소개할 또 하나의 새콤한 맥주—을 만들어왔지만 1970년에는 자연발효로 실험을 시작했다. 이 맥주는 18개월간 오크 숙성을 하지만, 일반적으로 람비크 아닌 맥주 및 각종 시럽을 혼합한다. 카스테일 라인을 만드는 서플랑드르 지역 브루어리 판 혼세브라우크 역시 자연발효를 통해 맥주를 만

브라스리 캉티용에서는 여전히 파로를 전통적인 도기 피처에 담아낸다.

들고 있는데 비슷한 결과물을 얻는다.

더 흥미로운 사실은, 크래프트 브루어리 데 랑커(역시 서플랑드르 지역에 위치)는 두 가지 블렌드로 실험하는데, 그중 절반은 직접 브루잉한다. 크리크 데 랑커 및 퀴베 데 랑커는 브루어리에서 생산하는 새콤한 플랑드르 브라운 에일로 만든다. 이들은 브뤼셀 인근의 전통적인 람비크 제조업체 지라르댕Girardin에서 나오는 람비크와 혼합한다.

람비크의 과학

⟨심슨 가족The Simpsons⟩의 오래된 에피소드에는 호머의 늙은 상사이자 등이 구부정한 몽고메리 번스가 병원에 갔다가 자신이 세상의 거의 모든 병에 걸려 있음을 알게 되는 장면이 나온다. 하지만 그는 양호한 건강 상태를 유지하는데 그 비결은 온갖 질병이 서로를 다 상쇄시켜버리기 때문이다. 람비크도 비슷하다. 초산균, 엔테로박터, 페디오코쿠스, 유산균, 브레타노미세스 그리고 기타 산화 효모들의 영향을 받는다. 과학자들은 람비크 안에서 작용하는 200여 미생물들의 존재를 밝혀냈다. 이들 각각은 모두 맥주를 망칠 수 있지만 적정 환경조건에서 함께 넣으면 놀랍게도 서로 일정한 조화를 유지한다.

이제 람비크의 생애 주기에 대해 이야기를 할 예정이지만, 우선 각종 산과 에스테르 이야기부터 해야겠다. 다양한 미생물들이 당분을 소화시키기 시작하면, 알코올을 생성한다—하지만 동시에 각종 산도 생성하며, 이들 산 성분에서는 에스테르도 나온다. 산 성분은 시큼한 풍미와 펑키하거나 톡 쏘는 풍미를 내지만, 에스테르는 과일의 풍미와 아로마를 생성한다. 람비크가 그토록 복합적인 느낌을 내는 이유가 바로 여기에 있다—수십 종의 화합물들이 작용하고 있다. 초산과 젖산은 람비크에 산미를 더하는 두 가지 화합물이고, 이들에서 나오는 에스테르는 초산에틸(낮은 함량에서는 사과맛, 높은 함량에서는 용제맛)과 젖산에틸(과일에서 버터에 이르는 다양한 풍미)이다. 람비크에서 펑키한 향이 느껴진다면 우리는 이 이상한 화합물들을 감지해내고 있는 것이다. 람비크 브루잉의 비결은 그 화합물들 사이에서 균형과 조화를 찾는 데 있다. 다행히도 자연이 대부분의 일을 한다.

람비크의 생애 주기

아직 균이 없는 상태의 끈적한 맥아즙이 브루 케틀을 떠나 냉각조에 들어가는 순간부터 브루어는 공기 중의 작은 괴물들의 손에 운을 맡긴 채 맥아즙이 람비크로 바뀌기를 기다린다. 미생물들은 쉴 새 없이 연이어 작용하며 제각각 나름의 역할을 하여 맥주의 성질을 바꿔놓는다. 가장 빠르게 작용하는 것은 엔테로박터와 클로케라 아피쿨라타kloeckera apiculata라는 거친 성격의 두 미생물이다. 이 중 후자는 이후 발효 단계에서 단백질 분해를 할 수 있지만 엔테로박터는 유독한 수준을 넘어 위험한 정도로 음식을 변질시키는 원인이 된다. 식물 같기도 하고 뭔가가 썩는 것 같기도 하며 배설물 같기도 한 냄새가 나는 화합물들을 생성하며 아세트산(식초)을 분비한다.

> 완전히 독특한 이 맥주는 맥주 세계 안에서도 가까운 친척이나 친구를 찾아볼 수가 없다. 하지만 미국 및 이탈리아의 브루어리들은 유사하게 펑키하고 새콤하며 드라이한 특성을 지닌 **와일드 에일**로 실험을 계속하고 있다. 그 밖에 멀게나마 연관된 스타일로는 **플랑드르 타트 에일**과 **베를리너 바이세**가 있다.

며칠이 지나면 사카로미세스 세레비시아―일반 에일 효모― 세포 수가 알코올 발효를 시작할 수 있을 만큼 충분히 증식하여 클로케라 아피쿨라타를 압도한다. 두어 달이 지나면, 엔테로박터는 pH 농도를 낮춤으로써 스스로에게 유독한 환경을 만들게 된다. 엔테로박터는 그다지 좋지 않은 맛을 맥주에 남기지만, 람비크 특유의 새콤함에 결정적으로 기여하는 산을 생성한다. 이 같은 잡미들은 맥주를 압도해버릴 수도 있지만, 그러려면 여러 차례 화학 변화를 거치고도 살아남아야만 한다.

일단 1차 알코올 발효가 잦아들고 나면, 젖산 발효가 치고 들어오며 람비크의 생애 중 대략 첫 4개월이 시작된다. 람비크 속 유산균은 살아 있는 동안 홉산의 억제를 받는다. 대신, 페디오코쿠스가 람비크 내 젖산의 원천이 될 것이다. 이 단계는 3-6개월간 지속된다. (시간의 차이는 주로 온도와 관련이 있다.) 젖산 발효는 람비크 브루어들의 표현에 따르면 '질병sick' 단계를 유발한다―맥주는 불쾌한 기름진 질감을 띠게 되며 긴 점액질 가닥들을 쌓아올린다. 추운 계절이 돌아올 때쯤, 이 병에 걸린 단계는 마무리되고 젖산은 맥주 속에 다시 흡수된다. 람비크가 '완치'됐다고 볼 수 있는 첫 단계지만, 결정적인 단계 하나가 남아 있다.

이 드라마에 마지막으로 등장하는 배우는 위대한 브레타노미세스다. 이 야생효모는 수개월에 걸쳐 아주 천천히 증식한다. 마지막 단계에는 (약 20%의) 잔여 당분에 작용하며 또 한차례의 알코올 발효를 시작한다. 1년이 훌쩍 넘도록 지속될 수도 있는 이 단계 중에 브레타노미세스는 나름의 고유한 특성을 부여하며 맥주에 최종적인 아로마 및 풍미 화합물들을 생성하고, 얇은 막―이 역시 표면에 곰팡이가 낀 것 같은 달갑지 않은 모습―이 형성될 수도 있다.

람비크의 놀라운 점은 이 기나긴 과정의 끝에 다다르면 끔찍한 맛은 나지 않는다는 것이다. 생애 주기 전반에 걸쳐 다양한 미생물들이 환경―캐스크 안의 온도, 나무 통널을 통해 들어오는 산소의 양―과 제각각 작용하며, 이 같은 요인들이 화합물의 수준이나 양 측면에서 편차를 만들어낸다. 대다수 캐스크의 맥주는 단독으로는 그다지 근사한 수준이 아니지만, 한데 혼합하면 근사한 맥주를 탄생시킬 만한 품질은 갖추고 있다. 2년에 걸친 생화학적 변화 이후에는 다양한 야생효모들과 박테리아들이 마침내 극 중 자기 역할을 소화해낸 상태일 것이다. 람비크는 이듬해에는 산소의 영향에 따라 계속 변화해갈 테지만, 2년이 지나고 나면 안정된 맥주가 된다.

브루잉 노트

맥아즙이 냉각조에 도착한 뒤 일어나는 일에 대해서는 지금까지 충분히 이야기를 나눴지만, 그전에 일어나는 일은 대부분 신기하고 변칙적이다. 브루어들은 최소 30%의 몰팅하지 않은 밀을 넣어 혼합한 맥아 가루로 작업을 시작하고 고된 매싱 작업을 통해 다양한 미생물들이 향후 2년간 먹을 양분이 될 만큼 충분한 단백질과 전분이 함유된 맥아즙을 만든다. 냉수 주입으로 '혼탁 매시'가 시작되면 브루어는 수시간에 걸쳐 맥아즙을 덜어내고 가열하고 다시 첨가하기를 계속 반복하면서 온도를 높인다. 위험성이 다분한 초기 발효 단계에, 유효 양분은 더 적고 효모가 이후 단계들에서 먹어치울 덱스트린과 전분의 양은 더 많은 탁한 맥아즙을 만들기 위해서다.

소모되는 이 매시는 마라톤의 전반부에 불과하다. 그다음 기다리고 있는 것은 19세기 문헌에 묘사된 방법들을 연상시키는, 여러 시간에 걸쳐 끓이는 고된 과정이다.

기후변화와 람비크 생산

이상적으로는, 람비크 브루어라면 밤새 온도가 영하 언저리로 뚝 떨어져서 아침이 되면 맥아즙 온도가 17.7-20℃ 언저리에 도달하는 기후를 선호할 것이다. 맥아즙이 위험천만한 야생효모 및 박테리아에 오염되는 것을 막을 수 있기 때문이다. 50년 전 람비크 브루어리들은 10월 중순에 브루잉을 시작하여 4월 말까지 계속 맥주를 만들 수 있었다. 오늘날 벨기에가 적당히 낮은 온도에 도달하게 되는 시기는 더 늦다. 칸티용의 장 반 루아에 따르면 할아버지의 기록과 비교해볼 때, 브루잉이 가능한 시기가 평균 한 달 정도 줄어들었다—그리고 계속 줄고 있다.

끓이는 시간은 4-6시간 사이로 다양하며, 이론상으로는 목표 비중까지 부피를 줄일 수 있다는 점 이외에도 오래 끓이는 것은 밀의 단백질을 응고시키고 숙성 홉으로부터 항균 물질을 최대 수준으로 끌어내는 데 도움이 된다. (람비크 제조업체들은 최소 1년 이상 된 홉을 사용하는데, 보통은 3년 된 홉을 사용한다. 이들 홉에서는 약

인디애나의 업랜드 브루잉에서는 과일 풍미를 가미한 람비크 스타일의 다양한 맥주를 사워 에일 프로그램에 포함시키고 있다.

간 쓴맛이 추출되는데 이 쓴맛은 오래 끓이는 과정에서 거칠어지기도 하지만, 야생발효의 과잉 요소들을 억제시키는 데 결정적인 역할을 하는 항균성 화합물들을 얻을 수 있다.)

앞서 언급했듯이 이후로는 냉각, 숙성, 블렌딩 단계를 거치게 된다.

진화

정통 람비크 생산의 기준 가운데 하나는 브뤼셀 인근 작은 지역에서 만들어진다는 것이다. 이 규칙을 보호하는 법은 없으며, 10여 년 전만 하더라도 위반은 기껏해야 이론상의 문제처럼 보였다. 하지만 어느 브루어리에서 정말로 모든 지침, 특히 냉각조에서 맥주를 자연발효시키라는 원칙까지 따랐는데도 브뤼셀 밖에서 브루잉됐다고 한다면 어떨까—이런 맥주는 뭐라고 불러야 할까?

이 질문은 더 이상 이론적인 문제가 아니다. 미국 및 이탈리아의 몇몇 브루어리들이 판을 살피고 있다. 자신들이 찬탄하는 벨기에 브루어리들을 존중하는 의미에서 이들은 자기네 맥주를 람비크라 부르지 않는다—'람비크 스타일' 또는 '자연발효된 맥주' 등의 표현을 사용한다. 하지만 이들 맥주 가운데는 지역을 제외한 모든 조건에 부합하는 경우도 있다. 사워 계열 맥주들은 양국에서 모두 중요한 틈새시장이 됐다—절대적으로 보면 그리 크지는 않지만, 나라 안에서는 계속 비중이 커지고 있을 정도로 인기가 있다. 전통적인 람비크의 생산지와 혼동되는 것을 피하기 위해 이들 맥주는 다음 챕터에서 다루기로 한다. 하지만 명심하자. 람비크의 맛은 이미 다른 나라에도 알려졌고, 이제 사람들이 두루 맛보기에는 부족한 상황이다. 벨기에의 브루어리들과 블렌더들은 외국의 수요를 다 받아들일 수가 없다. 그 결과, 다른 곳의 브루어리들은 자체적으로 옛 방식을 익히고 맥주를 자연발효시키고 있다.

알아야 할 맥주들

지금까지 남아 있는 람비크 브루어리는 단 여덟 곳으로, 본, 캉티용, 데 트로흐De Troch, 지라르댕, 린데만스, 모르 쉬비트, 티머만스Timmermans, 드리 폰테이넌이다. 이 중 드리 폰테이넌은 2009년 사고 발생 이후 브루잉을 중단하고 3년간 람비크 블렌딩만 했다. 다행히도 2012년 아르만트 데벨더르가 새 장비를 살 수 있는 자금을 모음으로써 드리 폰테이넌은 다시 브루잉을 시작할 수 있게 됐다. 이와 더불어 블렌더는 데 캄, 한선스, 아우트 베이르설, 틸캥 이렇게 4곳이 더 있다. 이들 브루어리와 블렌더들이 생산하는 정통 람비크의 양은 굉장히 적어서 수출 가능한 분량도 극히 적다.

이들 브루어리에서 생산하는 정통 람비크 및 괴즈는 전부 뛰어난 품질을 자랑하지만, 곳곳에 가짜들도 숨어 있다. 데 트로흐는 과일 람비크인 샤포Chapeau 라인을 만드는데, 전부 시럽으로 단맛을 낸 비정통 람비크다. 가장 널리 유통되는 린데만스의 과일 람비크들 역시 시럽 같아서 피해야 한다. 그러나 이 브루어리는 퀴베 르네Cuvée René라 불리는 정통 괴즈와 완전히 전통적인 아우더 크리크를 만든다. 티머만스는 단맛을 첨가하기는 했으나 어느 정도 날카로운 풍미는 지니고 있다.

본, 캉티용, 드리 폰테이넌, 지라르댕의 최상급 제품들과 이들 브루어에서 만드는 모든 브랜드는 확실히 정통성을 갖추고 있으며 —더욱 중요한 것은— 굉장히 뛰어나다. 만드는 과정에 가변적인 요소가 포함돼 있기 때문에, 같은 빈티지라고 해도 절대 완벽하게 똑같지는 않다. 그러므로 나는 여기에 특정한 리뷰는 하지 않겠다. 특정 시점의 찰나를 스냅샷처럼 포착해낼 뿐이니까. 이들 람비크는 전부 강력 추천한다.

벨기에 브뤼셀과 벨기에 렘베이크
Brussels, Belgium and Lembeek, Belgium

Brasserie Cantillon and Brouwerij Boon

브라스리 캉티용 그리고 브라우베레이 본

람비크의 계곡에서

람비크 브루잉은 본래 오래된 관습이지만, 람비크 브루어리들 가운데서도 캉티용은 시간이 흘러도 가장 변함없는 곳이다. 장비, 브루어리, 제조 방법들, 모든 것이 19세기 그대로다. 캉티용에는 박물관도 있지만, 들러보면 조금 중첩된다는 느낌을 받을지도 모르겠다. 캉티용 자체가 박물관이니까.

나는 브루어 장 반 루아가 브루잉 담당인 날에 맞춰 방문 일정을 잡았다—현재는 브뤼셀에 있는 별 특징 없는 동네인 이곳의 비좁은 캐스크 공간 때문에 제약을 받는 관습이다. 캉티용의 장비는 옛 SF영화에 나올 법한 오래된 수동식 증기기관이다. 내가 도착했을 때, 반 루아는 홉백처럼 생긴 통에 팔꿈치 부분까지 팔을 담근 채 비닐막 같은 부분을 걷어내고 있었다.

반 루아는 워낙 방문객들을 편하게 대해서 상대방은 자기도 모르는 사이에 무장해제된다. 나의 브라스리는 곧 당신의 브라스리라는 듯. 그는 나더러 나머지 장소 중 보고 싶은 곳이 있으면 얼마든지 둘러보라고 했다—그가 직접 투어를 시켜줄 시간은 없었다. 캉티용에는 창고 같은 느낌이 있다. 흐릿한 조명에 빡빡한 공간. 나는 나무 계단을 통해 케틀 룸으로 올라갔다가 다시 캐스크가 어둠 속에서 쉬고 있는 곳까지 더 올라갔다. 냉각조는 캐스크 룸 위 로프트에 있는데, 이곳에는 열린 창문으로 브뤼셀의 공기가 드나든다. 냉각조는 마지막 계단 하나 위에 있다. 사방의 벽은 흰 벽돌로 돼 있고 층계참에는 마감이 거친 문이 나온다. 추운 날, 김이 피어오르는 맥아즙에서 나온 아스라한 안개가 서까래들 사이에 감돌았고, 나는 아마 15분쯤 머물며 그 분위기에 젖어 있었던 것 같다. 람비크에 미쳐 있는 미국인에게 이곳은 브루잉에서 가장 놀라운 사건 중 하나를 기리는 '그라운드 제로'와도 같았다.

람비크 브루잉이라는 낭만적인 이야기에서 빠지지 않고 등장하는 장면은 브뤼셀 바로 남쪽에 위치한, 과일나무들과 만면에 미소를 띠고 일하는 농부들로 가득한 센 계곡의 목가적 풍경이다. 나는 현대의 삶에 오염되지 않은 야생효모들이 자연 그대로 있는 일종의 보존 처리된 시골을 떠올렸다. 캉티용의 경우라면 나는 완전히 잘못 짚었다. 먼지 풀풀 날리는 도시 한가운데에 있는 이 브루어리를 휘젓고 다니는 야생효모들이라면 틀림없이 세상 물정에 빠삭할 것이다.

하지만 브루어리 바깥의 효모들은 공식의 일부에 불과하다. 그 자체로 박물관 같은 캉티용은 생명으로 충만하다. 방해하는 것이 아무것도 없어 내부의 생태계는 균형을 유지한다. "건물 내부에 나름의 분위기를 조성해야죠." 반 루아의 설명이다. 나는 이전에도 거미줄도 그대로 둔다는 등의 이야기들을 들은 적이 있었다―실제로 람비크 숙성이 이루어지는 오래된 캐스크나 대들보 같은 곳에는 거미줄들이 그대로 있었다.

반 루아는 브루잉 당번 일과를 끝내고 맥주 마실 준비를 마쳤다. 그는 잠시 어디론가 사라지더니 한때 파로가 항상 담겨 서빙되던 종류의 작은 피처를 들고 다시 나타났다. 또다시 사라지더니 이번에는 5년 된 괴즈 한 병과 서빙할 때 사용하는 전통적인 고리버들 바구니를 하나 들고 나왔다. 그만의 과정에 대해 물어보자, 그는 이 주제에 대해 신학자처럼 모호하게 접근했다. "그런 람비크를 맛볼 때 우리는 굉장히 자랑스럽습니다. 저 자신에 대해서도, 그리고 그 람비크에 대해서도요. 어느 누구도, 세상의 그 어떤 브루어도 자기가 만든 맥주와 이런 라포르rapport*를 형성하고 이런 교감을 하지는 못할 겁니다. 프랑스어로 그런 문장이 있지요. '투테당투Tout est dans tout'라고요. 번역하자면 '모든 것은 모든 것 안에 있다'라는 뜻입니다. 이 브루어리에서 모든 것은 최후의 완성품 속에서 각자 역할을 하고 있어요." 그러더니 그는 이야기를 이어갔다. "저는 제 맥주를 잘 압니다. 제가 만든 제품은 느낄 수 있어요. 살아 있거든요. 나는 정말로 맥주와 안부를 주고받으니

• 신뢰를 바탕으로 구축된 친밀한 관계를 뜻하는 심리학 용어

캉티용의 브루어 장 반 루아의 람비크 제조 기술에 대한 접근 방식은 거의 영적이라고 해도 과언이 아니다.

다. 이 맥주가 뭘 받아들이고 혹은 뭘 받아들이지 않을지 냄새로, 느낌으로 알지요." 반 루아는 마치 수도사 같은 태도로 신학적 묘사를 이어갔다―마침내 입을 떼게 만들고 보니 그는 청산유수였고, 확신에 차 있었다.

캉티용은 아마 세계에서 가장 호평받는 람비크 브루어리일 것이다. 맥주도 맥주지만, 기술을 보존하는데 앞장서온 반 루아 가족―장 그리고 그의 아버지 장 피에르― 덕분이기도 하다. 장은 복잡한 계산없이 온화하게 사람들을 환대하고 미국 및 이탈리아 브루어리들의 자연발효 시도를 돕고 있다. 하지만 어쨌든 그는 세계에서 람비크를 대표하는 얼굴이며, 람비크 브루어리라고 하면 다들 가장 먼저 캉티용을 떠올린다.

이 유명한 브루어리에서 몇 킬로미터만 남쪽으로 가면 렘베이크라는 작은 동네가 나온다. 람비크가 태어난 곳이다. 이곳은 내가 캉티용에 들른 다음 날 방문했던 브라우베레이 본의 본거지이기도 하다. 두 곳의 스타일은 완전히 대조적이어서 흥미로웠다. 브루어 프랑크 본은 박물관 스타일의 브루어는 분명 아니다. 사실, 그는 내가 지금껏 유럽에서 만나본 가운데 가장 생화학적으로 정교한 맥주를 만드는 브루어 중 하나다. 그는 현재 전통적인 옛 브루어리 한 곳을 운영하고 있지

브라우베레이 본은 렘베이크에 남은 마지막 람비크 제조업체다.

만, 전반적으로 —음, 거의 전부라 할 수 있겠다— 업그레이드 중이다. 그는 세계 최초의 현대식 람비크 브루하우스를 설치할 계획이다. 혼탁 매싱의 효과를 얻을 수 있는 동시에 각 맥아즙 배치마다 완벽한 일관성을 유지할 수 있게 특별 설계했다고 한다. 과정 중 전통적인 부분—냉각조, 나무 숙성, 블렌딩—은 수세기에 걸쳐 내려온 전통적인 방식 그대로 유지할 예정이다.

본 브루어리는 유명한 센강이 보이는 곳에 자리하고 있지만, 여기서도 내 예상은 빗나갔다. 센강은 작다—걸어서 건널 수도 있을 정도의 개울이다. 캉티용에 비하면 훨씬 더 시골스러운 곳에 자리 잡고 있기는 하지만 이곳 역시 브뤼셀의 그랑플라스로부터 불과 21킬로미터 정도 거리다—미국인이라면 분명 교외라 부를 만한 곳이다. 본은 계곡이 람비크 브루어들에게는 역사적으로 중요했다—그리고 고지대를 선호하는 보통의 브루어리들에게는 위험하다—고 설명했다. 계곡은 정체된 공기 웅덩이를 만들고 미생물들은 그곳에 모인다. 강이 흐르는 하곡河谷은 훨씬 더하다. 안개와 습기 때문에 야생의 벌레들이 떠내려가지 못한다. 본 브루어리는 캉티용에서 불과 몇 킬로미터 거리지만, 야생 효모 구성은 완전히 다르다—두 곳의 맥주를 맛본 사람이라면 누구나 바로 알아차릴 만큼 다르다.

본과 캉티용의 또 다른 차이점은 바로 캐스크다. 캉티용은 와인 배럴을 사용하지만 분은 큰 통vat을 사용한다—와인 배럴의 20-40배 정도 크다. 이런 차이는 맥주에 중대한 영향을 미친다. 작은 배럴의 경우 나무에 노출되는 맥주 비율이 더 높으며, 이는 서식하는 미생물 농도 및 배럴의 통널로 침투하는 공기량에 영향을 미친다. 나는 본에게 그간 람비크의 생애 주기 동안 활동하는 효모에 대해 분석한 출판물들을 봤다고 언급하면서 그의 경우도 같은 패턴을 따르고 있는지 물어보았다. 본은 자사의 효모에 대해 좀더 알기 위해 대학의 어느 미생물 연구원과 협업 중이다—아마도 지금까지 이루어진 람비크의 생물학 관련 연구 중 가장 지대한 영향을 미치는 연구가 될 것이다. 그는 알 듯 모를 듯한 미소를 지어 보이며 그런 차트들은 자신의 효모에는 적용되지 않는다고 말했다—그러나 자기네 람비크가 어떻게 다른지 알려줄 마음은 없어 보였다.

본의 접근 방식과 반 루아의 접근 방식 간의 차이를 느낀 대목은 이뿐만이 아니었다. 본은 계속 람비크의 과학, 즉 미생물학이라는 야생의 가변성 일부를 어

프랑크 본이 2년 된 람비크 샘플을 꺼내고 있다.

떻게 길들일 수 있는가에 대해 끊임없이 이야기했다. 그는 자신의 신생 브루어리를 둘러보면서 전통이 한때 의미했던 바를 짚어주었다. "무쇠로 된 매시 턴으로 더 좋은 맥주를 만들 수는 없습니다. 저희도 있었죠. 120년 전에는 오크 매시 턴을 손으로 휘저었으니까요. 다른 것이 아무것도 없을 때는 옛날 시스템도 괜찮았지요." 모든 것은 본의 규격에 맞추어 만들어진다. 그가 사용하는 필스너 몰트도 마찬가지다. (그가 한때 사용했던 이 독일산 몰트는 너무 고온에서 재배되고 건조된 탓에 원치 않는 화합물이 생성된다.)

하지만 본은 천천히 여유를 가지고 수작업을 진행한다. 오래된 통널이 썩어서 교체가 필요해지면, 본은 이 작업을 직접 한다. 브루어리 내에서 여전히 그가 직접 완전히 수작업으로 하는 유일한 영역이다. 투어를 마칠 무렵 그는 숙성 중인 맥주가 조용히 쉬고 있는 통을 바라보았다. "최고급 풍미에 해당하는 최상급 에스테르는 천천히 쌓여갑니다. 시간이 필요하지요. 첫째도 시간, 둘째도 시간, 셋째도 시간입니다. 엄청 시간을 잡아먹는 맥주 제조 방식이죠."

람비크, 특히 괴즈는 콤콤한 치즈, 오페라, 추상화 등이 층층이 쌓아올려진 예술적 성취 속에서 살아 숨 쉬는 듯한 맥주다. 한 가지 괴즈를 접하고 나서 거기서 무슨 일이 벌어지고 있는지를 음미하기란 아주 어려운 일이다. 그 경험에서 받은 충격이 좀 가시고 나서야, 그 풍미들 그리고 그것들이 한데 어우러지는 방식을 비로소 이해할 수 있게 된다. 또한 다양한 브루어리에서 나오는 병맥주들을 시음해보면 야생효모들이 담당하는 역할도 선명히 느낄 수 있을 것이다. 괴즈는 개의 품종과도 좀 비슷하다―각각 고유하게 뚜렷이 구분되지만 사람들은 저마다 다른 종을 선호한다. 나는 람비크 애호가들과 괴즈에 대해 이야기를 나눠본 적이 있는데, 각자가 본, 캉티용, 드리 폰테이넌, 지라르댕 등 특정 브루어리에 하도 빠져 있다보니 자신이 좋아하는 곳 외

블렌더로 보낼 캐스크에는 브루어리 고유의 표지가 있다.

에 다른 브루어리를 좋아하는 것을 일종의 신성모독처럼 여긴다는 사실을 발견했다. 애호가들이 지니는 이런 식의 열정은 이들 맥주가 얼마나 깊이가 있는지를 보여주는 증표다. 브루어의 접근 방식을 반영하는 것일까? 아니면 람비크라는 맥주의 본질적 특성의 일부일까? 람비크의 경우, 답은 거의 확실하다.

> "만일 브루어리가 언덕 꼭대기에 있다면, 상대적으로 늘 야생효모의 양이 적을 겁니다. 한 가지 이유로는 밤 기온을 들 수 있겠고, 바람도 영향이 있겠지요. 또 다른 측면에서 본다면, 영어로 된 옛날 책들이 참고가 될 텐데, 새로 브루어리를 지을 때는 언덕 꼭대기에 터를 잡고 창고의 출입구는 북쪽으로 내라고 돼 있을 겁니다. 야생 벌레들을 멀리하라는 것이죠. 그러니까 만일 강변에 브루어리를 짓고 출입구를 남쪽으로 내게 되면, 야생효모가 훨씬 많아지겠죠. 공기 중의 야생효모 수를 세어본다면, 언덕 꼭대기에서보다는 강변에서 더 많을 테고, 박테리아 수를 세어봐도 마찬가지일 겁니다. 굉장히 흥미롭죠. 어떤 이들은 그게 자연산화가 아니라 자연발효라는 사실을 망각합니다. 핵심 개념은 야생효모로 발효시킨 밀맥주를 만드는 거예요."
>
> ―프랑크 본, 브라우베레이 본

플랑드르 타트 에일
THE TART ALES OF FLANDERS

• 부르고뉴산 와인
•• 고기와 양파에 맥주를 넣고 끓여 향신료를 첨가한 스튜

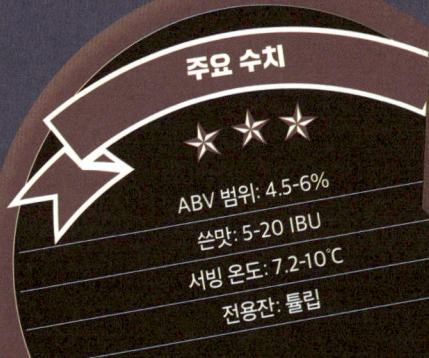

Tart Ales of Flanders. 만일 맥주광이나 전문가들이 매료될 만큼의 제품을 만들고자 했다면, 그것은 마치 '벨기에의 버건디'*와 흡사했을 것이다. 이 갈색빛이 도는 붉은색(혹은 붉은빛이 도는 갈색이라고 해야 하려나?) 맥주는 화사하고 산미가 있지만, 과일향이 풍부하고 살짝 단맛이 있는 경우도 흔하다. 한때는 이들 지역 특산 맥주가 수십 종에 달했고, 플랑드르 레드와 브라운의 구분이 유효했다. 이제 그 수는 감소하고 맥주 간 차이도 훨씬 줄어들어 비슷비슷해졌다.

이들 맥주를 하나로 아우르는 공통점은 다크하고 균형감이 좋으며 와인 같은 산미가 있다는 것이다—간혹 날카로운 산미가 있는 경우도 있다. 그러나 편안한 느낌의 달콤함이 균형을 잡아준다. 음식과의 조화가 두루 좋은 편으로, 홍합 요리나 새콤달콤한 맛의 플랑드르식 카르보나드**와도 근사하게 어울린다.

주요 수치

ABV 범위: 4.5-6%
쓴맛: 5-20 IBU
서빙 온도: 7.2-10°C
전용잔: 튤립

벨기에는 문화적, 언어적으로 구획되어 있어서, 북부에는 플랑드르어(네덜란드어의 한 분파) 사용자들, 남부에는 프랑스어 사용자들이 주로 산다. 브뤼셀은 두 지역의 교차 지점에 있다. 벨기에 북부는 플랑드르, 남부는 왈로니로 알려져 있다. 뭐 지금까지는 그럭저럭 괜찮다. 문제는 플랑드르 서부는 한때 부르고뉴 지역, 프랑스 발루아 왕가에 속해 있었다는 것이다. 서플랑드르 지방의 벨기에 홉밭을 지나다보면 프랑스 플랑드르 지역으로 들어서게 된다. 벨기에의 포페링허 시내에서는 사람들이 플랑드르어를 쓰지만, 몇 킬로미터만 내려가면 나오는 스테인보르더라는 네덜란드식 이름의 프랑스 지역에서는 프랑스어가 사용된다.

그래도 헷갈린다고? 지역 토착 맥주들에는 이 지역의 복잡한 사정이 전혀 드러나지 않는다고 말해준다면 위안이 될지도 모르겠다. 하지만 안타깝게도 실제 상황은 그렇지가 않다. 플랑드르 지역에서 만든 맥주들도 혼란스럽기는 매한가지다. 로덴바흐로 대표되는 발사믹향의 에일들은 어두운 적갈색이지만 전통적으로 '레드 에일'로 불려왔다. 이들 에일의 가까운 친척으로 현지에서 아우트 브라윈으로 알려진, ―새콤달콤하고 살짝 고기 같은 느낌도 있는― 밝은 데서는 호박색을 띠는 맥주는 '브라운 에일'로 불린다. 그러나 그 밖의 다른 브루어리들은 두 종류의 특성을 모두 갖춘 맥주들과 어느 쪽도 닮지 않은 특성의 맥주들을 만들고 있다. 안타깝게도 그 구분은 점점 더 학술적 차원이 되어가는 추세다. 이 가운데 먼 과거를 되비춰줄 만한 정교한 맥주는 천천히 멸종되고 있다. 이들의 미래는 람비크보다도 더 빠르게 그 수가 줄고 있는 한 줌의 생산업체들의 생존에 달려 있다.

기원

플랑드르 타트 에일은 수세기 전부터 있었으며, 동쪽으로 메헬런(브뤼셀 바로 북쪽)까지 해당하는 플랑드르 지역에서는 일찍이 지역 특산품이었다. 그러나 마찬가지로 산미가 있는 렘베이크 인근의 람비크와는 달리, 하나로 묶일 만한 스타일을 지속적으로 형성한 적이 없었다. 조르주 라캉브르는 1850년대에 쓴 글에서 이들 맥주를 편의상 하나로 묶으면서도 "수없이 다양하며…… 지역마다 편차가 크고 때로는 같은 지역 내에서도 차이가 있다. 심지어 같은 동네의 두 브루어도 같은 맥주를 만드는 경우는 없었다"고 인정했다.

플랑드르 전역에서 이들 맥주는 호평을 받았고 짙은 색감은 품질을 가늠하는 기준으로 여겨졌다. 놀랍게도, 브루어들은 이런 색을 내기 위해 다크 몰트나 설탕을 쓰지 않고 맥아즙을 아주 오래 끓여 천천히 캐러멜화시키는 방법을 썼다. 10-12시간 정도가 메헬런의 유명한 맥주들의 기준이었고, 서플랑드르 지역에서는 이보다도 더 오래 끓였다―간혹 무려 20시간을 끓이는 경우도 있었다. 이처럼 집중적인 끓이는 과정으로 인해 캐러멜 풍미를 지닌 묵직하고 농축된 맥주가 만들어졌을 것이다. 물론, 이렇게 끓이는 데는 노력과 비용이 많이 들었으므로, 몇몇 브루어리들은 맥주에 광물질을 섞는 속임수를 쓰기도 했다.

오늘날 플랑드르 타트 에일은 나무 캐스크에서 숙성되는 과정에서 고유의 특성이 생기며, 이는 수세기 전부터 써오던 방식이다. 서플랑드르 지역의 맥주 제조 방식은 각양각색인데, 보통 3개월은 지나야 맛있게 익은 것으로 보았다. 메헬런에서는 최대 10개월까지 맥주를 숙성시켰고 유명 생산자인 로덴바흐의 방식대로 갓 만든 맥주를 묵은 분량과 블렌딩했다. 흥미로운 것은 로덴바흐는 자기네 블렌딩 방식의 기원을 영국에서 찾는다는 점이다. 1872년, 로덴바흐 3세대인 외젠은 영국에서 포터 브루잉의 비결을 배우고 잠시 일하다 귀국했다. 통 숙성은 플랑드르의 브루어리들에 알려져 있었지만, 로덴바흐는 이 방식을 사용하지 않았던 것이 분명하다. 외젠은 첫번째 거대한 통(플랑드르어로 푸더르 foeder, 프랑스어로 푸드르 foudre)을 모아 로덴바흐를 숙성시키기 시작했다. 예전에 포터가 유명해졌던 바로 그 유형의 와인 같은 산미를 얻기 위해서였다. (이외에도 또 다른 맥락이 있었으니, 외젠의 할머니인 레히나 바우터르스가 메헬런 출신 브루어의 딸이었다.)

타트 에일은 20세기 들어서도 여전히 인기를 끌었다. 전쟁으로 전부 파괴되어버리고 난 이후 1940년대 말 타트 에일은 다시 상승세를 탔으며 60, 70년대까지도 여전히 지역에서 가장 사랑받는 맥주였다. 그러나 상대적으로 여유가 있고 규모가 큰 브루어리들만이 푸더르로 가득한 대규모 저장고를 유지할 수 있었으며, 저렴한 라거가 인기를 끌게 되자 나무 숙성시킨 타트 에일을 만드는 브루어리 수는 감소했다. 1970년대에는 타트 에일의 위대한 수호자가 등장해 세

로덴바흐의 맥주는 순수하고 날카로운 산미를 지닌다.

상을 떠나기까지 늘 한결같이 열렬한 지지자 역할을 자처했으니, 그는 바로 맥주 전문 작가 마이클 잭슨이었다. 다양한 벨기에 맥주들을 카테고리 또는 '스타일'로 정리해보려는 진지한 시도를 최초로 했던 그는 플랑드르 타트 에일을 두 가지로 나누면서도 이런 결정에 딱히 설득력 있는 이유를 대지는 못했다. 물론 『맥주 친구 Beer Companion』의 아래 단락에는 어떤 숨은 사정이 있을지도 모르겠지만.

새콤달콤한 특성은 동플랑드르의 브라운 에일과 서플랑드르의 '레드' 에일에서 흔히 볼 수 있으며, 이들 둘은 형제 같은 맥주다……
두 에일의 근본은 모두 스테인리스스틸이나

냉장 기술이 활용 가능해지기 이전에 주변 온도의 나무통에 달려 있다. 지리적으로는 각각 외딴곳에 있으며, 어쨌거나 살아남는 데 성공했다.

각 스타일의 경우, 서플랑드르의 루셀라러와 동플랑드르의 아우데나르더의 유명한 옛 브루어리들(로덴바흐와 리프만스)이 "동플랑드르 브라운 에일과 서플랑드르 '레드' 에일"의 기준이 됐지만 동행은 나날이 줄어들었다. 잭슨의 충성심이 이들 브루어리를 구해냈는지는 몰라도, 스타일 분류는 오늘날 유효하지 않다. (불과 40킬로미터 정도밖에 떨어져 있지 않다는 점을 생각하면 심지어 동서 구분조차 방문객들 눈에는 이상해 보였을 수 있다.)

1990년대 초, 타트 에일은 대규모 브루어리 연합인 리바Riva가 리프만스를 매입하면서 심각한 위기에 처했다. 새 주인들은 아우데나르더의 별난 옛 브루어리를 접고 생산 시설을 인근 덴테르험으로 이전했다. 2007년, 리프만스는 듀벨 모르트핫의 정리 작업에서도 살아남았다. 고객층을 넓히려는 노력의 일환으로 대대적인 정리를 마친 리프만스를 두고 일각에서는 복합적인 성격이 약해졌다 느끼기도 했다. 페르하허, 보코르, 판 혼세브라우크를 필두로 한 플랑드르 지역의 몇몇 다른 브루어리들은 전통을 지켜왔다. 보코르와 판 혼세브라우크는 타트 에일을 1종만 만드는 데 반해, 페르하허는 로덴바흐와 리프만스와 함께 이 유형에 전념하는 브루어리다. 오늘날은 타트 에일이라는 스타일에는 절망적인 시기로 —잃어버린 스타일을 되살려내곤 하는 든든한 구조자인 미국조차 오리지널 맥주의 품질을 복원해내는 데 애를 먹어왔다— 앞으로 더 입지가 좁아질 가능성도 높다. 그러나 여전히 일말의 희망은 남아 있다. 플랑드르 지역의 두 크래프트 브루어리인 데 돌러와 데 스트라위서의 복원주의자들은 인상적이고도 뛰어난 21세기식 플랑드르 타트 에일을 만들고 있다.

상세 설명 및 특징

사람들은 100년이 훌쩍 넘도록 플랑드르 지역의 브라운 에일들 간의 차이를 카테고리화하고자 애써왔지만, 맥주는 끊임없이 변화해왔다. 최근 수십 년간 작가들은 스타일의 원형으로서 두 브루어리에 주목해왔지만, 이는 다양한 제품이 뒤섞인 집단에 잘못된 일관성을 부여하는 결과를 낳았다. 결국 살아남아 산미가 있는 다크 에일의 계보에 속하는 맥주들을 여전히 생산하는 브루어리들을 보면, 브루어리 수만큼이나 제각기 고유한 다양한 맥주 종류들이 있음을 알 수 있다—'스타일'이라는 개념은 플랑드르 타트 에일을 살펴보는 데는 별로 도움이 되지 않는다.

이 지역에서 가장 중요한 브루어리는 로덴바흐로, 단지 가장 유명한 브루어리여서는 아니다. 로덴바흐는 혼합 배양한 효모를 사용하며, 거대한 통—가장 큰 통의 경우 8천 갤런 규모에 이른다—에서 최대 2년까지 맥주를 숙성시킨다. 이 시간 동안 람비크의 경우보다 훨씬 더 극단적인 pH 수준까지 산화가 일어난다. 1970년대까지 로덴바흐는 냉각조를 사용하여 맥주를 자연발효시켰고, 1998년 쿰에서 브루어리

플랑드르의 타트 에일 가운데 벨레헴스 브라윈은 가장 부드럽고 산미는 가장 약하다.

(보기 드문 방식)하지만 주로 나무 숙성한 맥주를 사용하여 갓 만든 에일과 혼합한다. 레귤러 로덴바흐는 25% 빈티지 에일을 사용하며, 그랑 크뤼는 75%를 사용한다. 전자는 새콤한 산미가 살짝 스치는 상당히 달콤한 에일로 어떤 음식에나 두루 잘 어울린다. (맛이 달라진 이후 로덴바흐에서는 이 블렌드에 단맛을 첨가해야 했고, 이 결정에 대해 일부 골수 팬들은 여전히 냉랭한 반응이다.) 그랑 크뤼는 브루어인 루디 헤키러가 말하는 "맛의 삼각형"—달콤함, 드라이함, 산미—을 기본으로 한다. 드라이함과 산미는 숙성에서 비롯되는 것으로, 숙성된 에일의 저감도는 98%에 달할 수도 있다. 갓 만든 맥주에서는 약간의 달콤함과 기포가 느껴지지만 오랜 숙성 중에 생성되는 에스테르도 못지않게 중요한 요소다. 에스테르는 로덴바흐 그랑 크뤼에 발사믹 식초 같은 뚜렷한 풍미를 부여하는데, 이는 관련 에스테르와 더불어 초산과 젖산이 그 원천이다.

루셀라러 바로 남동쪽에 있는 비흐터의 브라우베레이 페르하허는 비슷한 과정에 따라 대표 맥주 뒤셰스 드 부르고뉴를 생산하고 있다. 페르하허 역시 드라이하고 나무향이 느껴지는 블렌딩하지 않은 비흐테나르Vichtenaar라는 제품을 생산한다. 로덴바흐의 경우와 마찬가지로, 사워 에일의 본질은 뚜렷한 발사믹향이다.

리프만스의 올드 브라운 에일 역시 비슷하지만, 한 가지 뚜렷한 차이점이 있다. 브루잉은 부지 밖에서 이루어지며, 옛 아우데나르더 자리에서 이루어지는 발효는 혼합 발효와 더불어 개방형 발효통에서 이루어진다. 루셀라러와 비흐터에서 만들어지는 맥주의 가장 큰 차이는 리프

를 인수할 때까지는 해당 지역의 브루어리들 대다수—페르하허, 데 돌러, 리프만스, 스트뤼버 Strubbe 그리고 더 이상 사워 계열의 브라운 에일을 만들지 않는 다른 브루어리들—에 다균주multistrain 효모를 공급했다. '혼합 발효mixed fermentation'*로의 이동은 로덴바흐의 변화를 암시하는 신호였고, 로덴바흐의 효모에 의존하던 브루어리들은 더 이상 신선한 배양 효모를 조달할 수 없게 되자 변화하기 시작했다. 심지어 지난 수십 년 사이에도, '전통' 맥주들은 진화를 거듭해왔다.

먼저 로덴바흐 이야기부터 시작해보자. 이 브루어리는 최상급 부분을 선별하여 따로 병입

플랑드르 레드? 플랑드르 타트 에일? 호칭이 뭐 그리 중요할까.

만스는 스틸 숙성이라는 점이다. 아우트 브라윈 블렌딩은 3-4개월된 맥주로 하며, 하우덴반트는 최소 1년간 숙성된다.

하지만 다른 브루어리들은 전혀 다른 방식들로 맥주에 접근한다. 벨레험의 브라우베레이 보코르Brouwerij Bockor는 브라운 라거와 18개월 숙성된 자연발효 에일을 혼합하여 맥주를 만든다. 이 맥주의 특성은 부드럽고 중성적인 브라운 에일과 살짝 산미가 있는 에일 사이 어디쯤에 해당한다. 판 혼세브라우크 브루어리 역시 이 방법을 사용하여 바휘스Bacchus라는 브라운 에일을 만든다. 이와는 대조적으로, 바빅Bavik은 오크 턴에서 2년간 스트롱 페일 맥주를 숙성시킨다. 이 맥주는 페트뤼스 에이지드 페일Petrus Aged Pale이 되지만, 이 브루어리 역시 좀더 가볍고 신선한 브라운 에일과 블렌딩하여 아우트 브라윈을 만든다. 마지막으로, 데 돌러는 수많은 방법을 이용해 우르비어르Oerbier를 만드는 실험을 해오고 있지만, 현재는 굉장히 전통(이라 쓰고 19세기라 읽는)적인 브루잉 방식을 쓰고 있다. 여기에는 오래 끓인 다음 냉각조에서 트루브trub(침전물)*를 가라앉히고, 스틸 숙성으로 산미를 생성시키는 과정이 모두 포함된다.

이들 맥주는 전부 어느 정도 닮은 구석은 있지만 각각 개성이 있다. 페트하허와 로덴바흐는 식초향이 있고 순수하고 날카로운 산미가 있다. 보코르 벨레험스 브라윈 역시 향은 비슷하나, 좀더 부드러우며 로덴바흐의 발사믹 계열 산미는 없다. 데 돌러는 건장하고 깊이 있는 느낌의 맥주로, 마무리감은 드라이하고 떫은맛이 있다. 리프만스는 달콤하면서도 유산균 계열의 산미가 특징적인 맥주로, 비교적 복잡한 느낌은 적고 편안한 느낌이다. 바빅 페트뤼스 우트 브라윈은 나무향과 쓴맛이 강하지만, 발사믹 계열이 아닌 식초향이 미각을 자극한다. 이들의 차이점은 맥주 계보에서 가장 흥미로운 부분에 속하며, 각각 한 번쯤은 맛볼 만한 가치가 충분하다.

브루잉 노트

방법상의 몇몇 다양한 변주들에 대해서는 이미 다뤄봤지만, 플랑드르 타트 에일 브루잉의 몇 가지 (보편적이지는 않더라도) 중요한 측면—혼합 발효 및 나무 숙성—을 좀더 파고들어 자세히 살펴볼 필요가 있다. 자연발효는 브뤼셀 주변 지역에 국한된 방식이 아니다—플랑드르 지역 브루어들은 여전히 자연발효로 타트 에일을 만들며, 로덴바흐의 전설적인 효모 품종은 본래 자연발효 방식에서 나온 것이다. 대부분의 브루어리들은 오늘날 '혼합 발효'—개방형 냉각조에서 야생으로 거둬들이기보다는 블렌딩한 야생 배양물을 투입—라 불리는 과정을 사용했다.

어느 누구도 로덴바흐의 브루어 루디 헤키러보다 이 과정에 대해 잘 설명할 수는 없을 것이다.

우리는 여덟 가지 다양한 품종의 효모 배양물과 약간의 젖산균을 가지고 작업합니다. 첫 주에는 효모 세포로부터 알코올 발효가 일어나고, 첫 주 이후로는 젖산균이 장악하죠. 라거링 기간(4-5주) 중에는 침전을 통해 맥주 속 효모 세포를 줄인 다음 밝은색의 어린 맥주를 나무통으로 보냅니다. 자연발효와 혼합 발효의 큰 차이점은 전자는 맥아즙을 나무통에 넣는다면 후자는 미숙성 맥주를 넣는다는 데 있죠. 맥주의 알코올 성분이 보호 작용을 하여 오염 위험은 상대적으로 낮아집니다. 자연발효로부터 효모를 재사용한다면 '혼합 발효'에 도달한 겁니다.

나무 숙성 과정에서 비롯되는 변화들은 이들 타트 에일에 고유한 특성을 부여한다. 오크 턴에는 서식하는 야생효모와 박테리아가 있지만, 이들은 이미 접종된 맥주에 영향을 미칠 뿐이다. 오히려, 결정적 차이를 만드는 것은 산소의 작용이다. 일부 미생물들은 혐기성으로, 산소가 없는 상태에서 활동하지만, 브레타노미세스 같은 호기성 미생물들도 있다. 나무에 많이 나 있는 구멍으로 드나드는 산소는 호기성 효모의 먹이가 되는 동시에 혐기성 박테리아는 억제한다. 하지만 못지않게 중요한 것은 맥주 속에 들어가는 산소의 양—푸더르의 크기나 오크통 널판의 두께에 따라 달라지는 요인—이다. 담는 통이 클수록 산소와 접촉하는 맥주의 양은 적어진다. 통널이 두꺼울수록 산소량은 줄어든다. 표준 크기의 와인 배럴은 로덴바흐의 대형 턴들에 비해 약 열 배에 달하는 양의 산소를 들여보낸다.

미국의 브루어리들이 산과 에스테르의 균형을 재현해내는 데 계속 애를 먹는 이유 중 하

하우덴반트는 최소 1년간 숙성된다.

나가 바로 여기에 있다. 이 같은 균형은 푸더르에서 숙성된 벨기에 맥주의 풍성한 복합적인 느낌의 바탕을 이룬다. 와인 배럴은 맥주를 드라이하게 만드는 브레타노미세스를 활성화시켜 푸더르에서 숙성된 플랑드르 맥주에서 전형적으로 나타나는 날카로운 느낌의 산미를 줄인다. 간혹 좀더 큰 유럽 와인 턴을 찾아내는 브루어리들(불러바드, 트로그스, 뉴 벨점)도 있지만, 브루어들이 반기는 결이 고운 유럽산 오크 통을 찾기는 쉽지 않다. 두 가지 요소—야생효모 및 박테리아를 이용한 혼합 발효 그리고 대형 푸더르에서의 느린 숙성—가 이들 맥주의 핵심이다.

플랑드르 타트 에일의 레시피들은 굉장히 비슷비슷하다. 페일 또는 빈 몰트, 캐러멜, 옥수수, 설탕은 공통 요소다. 호핑은 항균 용도일 뿐, 쓴맛 등의 풍미를 더하는 용도로 사용되지는 않는다. 대다수의 플랑드르 타트 에일에서 홉은 풍미의 경계를 넘지 않는다. 대개 두 시간 이상에 달하는 비교적 긴 시간 동안 끓이는 과정을 거친다—현대적 기준에서는 긴 편이지만 람비크의 기준에서는 훨씬 짧은 수준이다.

푸더르에서 휴지 중인 맥주의 완성 기준은 특정한 나이가 된 시점이 아니라 브루어가 판단하기에 복합적이고 원숙한 맛이 날 때다—이 시점은 여러 통에 담긴 배치들마다 몇 달씩 차이가 나기도 한다. 맥주가 준비되면, 브루어들은 숙성된 여러 배치의 맥주를 단일의 마더배치 mother-batch(바탕이 되는 배치) 속에 혼합해 넣는다. 마더배치는 이미 그 자체로 좀더 어린 맥주와 혼합되거나 경우에 따라서는 그 상태 그대로 판매되기도 한다. 로덴바흐처럼 굉장히 기술적인 브루어리에서도 이 과정은 여전히 시음에 의존한다. 화학적 분석은 작업 내용을 확인하는 절차일 뿐이다.

진화

플랑드르 타트 에일들은 늘 오해, 무명의 설움, 전반적인 기이함 등으로 고전을 면치 못하지만 적어도 브루어들만큼은 람비크를 만드는 이들에 비하면 방법 면에서 운신의 폭이 더 넓은 편이니 그나마 천만다행인지도 모른다. 30여 년 전 데 돌러 브라우어르스—'미친 브루어들'*—은 옛 브루잉 스타일을 부활시키는 데 앞장섰다. 실제로, 그들은 거의 사라져버렸던 브루어리 하나를 부활시켜 프랑스 국경 근처 에선에 위치한, 1840년대부터 있었던 어느 삐걱대는 낡은 장소를 구했다. 이들은 벨기에 크래프트 브루어 1세대—물론 크래프트 브루어 1세대이기도 하다—로 알려져 있지만, 파트너들은 문화적 기록자로서의 성격이 더 강해서 전통을 구해내고 보존했다. 이들이 만든 첫번째 맥주는 당연히 플랑드르 타트 에일이었고 이 맥주를 우르비어르라 불렀는데, '우르oer'는 독일어 '우어ur'와 같은 의미—오리지널—다. 이 맥주가 그들의 오리지널 맥주이기는 했지만, 실제 의미는 그 지역의 오리지널 맥주, 즉 오리지널 플랑드르 브라운이라는 뜻이다.

우르비어르는 여러 차례 변신을 했는데, 본

* dol은 '미친', '열광적인'이라는 뜻의 형용사.

래는 로덴바흐의 효모를 썼다. 이 효모를 구할 수 없게 되면서 우르비어르는 레귤러 스트롱 브라운—창립자인 브루어 크리스 헤르텔레이르의 표현에 따르면 "트라피스트 같은 맥주"—이 됐다. 오늘날 우르비어르는 스틸 탱크에서 따로 혼합 발효를 거친다. 캐스크에 담긴 작은 배치

하나는 특히 성공적이었는데, 이것이 바로 우르비어르 레세르바Oerbier Reserva다. 브루어들은 앞으로 이 양을 더 늘리고 싶어한다.

이 맥주는 냉각조에서 한 시간 동안 휴지시키기에 앞서 최대 세 시간까지 오래 끓이는 클래식한 과정을 거친다—야생효모를 유인하려는 것이 아니라(그러기에는 맥주가 너무 뜨겁다) 작은 입자들을 가라앉히기 위해서다. 이는 라캉브르가 19세기 중반에 호평했던 기법으로, 트루브를 제거하지 못하는 잉글랜드식 신식 냉각조의 단점을 없앤 방식이라고 생각했다. 19세기 브루어들과 마찬가지로 데 돌러의 헤르텔레이르 역시 오래 끓이는 방식을 선호한다. "풍미의 상당 부분은⋯⋯ 몰트를 캐러멜화하는 [마야르] 반응 덕분"이라는 것이다. (마야르 반응은 불에 그을린 스테이크, 구운 빵, 다크 에일에 좋은 풍미를 입히는 화학적 갈변 과정을 지칭한다.) 하지만 데 돌러의 경우, 오래 끓이는 과정에서 몰트 풍미가 더 풍부해지고 쓴맛은 더 깊어진다. 삐딱한 여담 한마디 덧붙이자면, 헤르텔레이르는 오늘날 양조학자들이 오래 끓이는 과정에서 맥주의 유통기한이 단축된다고 보는데 "새로운 검사 장비를 동원하면 이 사실을 입증할 수도 있을 것"이라고 인정했다. 그럼에도 불구하고 하르텔레이르는 고집을 꺾지 않았으며, 호평받는 데 돌러의 맥주들에 이의를 제기하기도 어렵다.

지역의 역사적 전통에 푹 빠져 있는 또 하나의 신생 브루어리는 바로 데 스트라위서 브라우어르스De Struise Brouwers—'건실한 브루어들'—다. 이 브루어리는 본래 타조 농장에 세워

플랑드르 타트 에일

졌고 '건실한'이라는 단어는 플랑드르어 '타조'에 대한 언어유희다.* 타조가 공식 상표에 등장하는 이유다. 데 스트라위서는 데 돌러보다 훨씬 더 대규모 라인을 갖추고 있으며 임페리얼 스타우트 같은 현대적인 크래프트 맥주 스타일에 진입할 준비도 훨씬 잘돼 있다. 대표 맥주인 파네폿Pannepot에는 이 브루어리에 대한 좀더 개인적인 사연이 얽혀 있다. 이 맥주의 이름은 한때 청어를 잡으러 데 파너De Panne 근처 물가를 드나들던, 카를로 그로타르트의 증조부의 작은 낚싯배에서 따온 것으로, 당시 아낙들이 가정에서 만들던 옛날식 홈브루 맥주를 본따 만들었다. 여기에는 불속에 넣어 벌겋게 달군 부지깽이를 맥주 속에 담가 맥주를 데우는 독특한 시스템이 있었다. 이 방식은 맥주를 캐러멜화하는 부차적인 효과도 있었다. 데 스트라위서가 선보이는 진한 파네폿은 당시의 이 홈브루에 근접한다. "라벨 속 그림은 실제로 저희 증조부가 타던 보트예요. B-50이죠"라고 그는 내게 말했다.

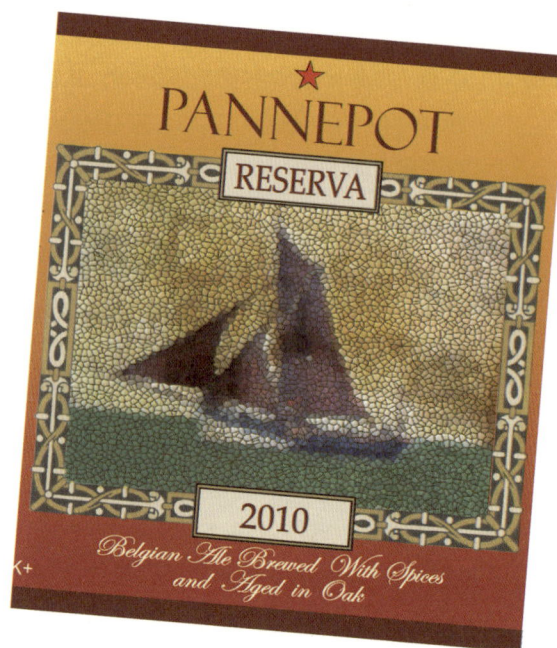

그러나 브루잉과 관련된 데 스트라위서의 최고 업적은 캐스크 용량의 제약을 받는 희귀한 맥주다. 뚜렷한 산미가 느껴지는 아르드모닉Aardmonnik이라는 스트롱 브라운 에일은 젖산균—브레타노미세스는 들어가지 않는다—을 접종한 와인 배럴에서 2년간 숙성시킨 맥주다. 블렌딩을 통해 날카로운 산미와 달콤한 몰트 풍미가 풍부한, 복합적인 맥주가 최종적으로 탄생한다. 데 돌러의 브루어들과 마찬가지로 데 스트라위서의 브루어들 역시 옛 전통을 되살리고 싶어한다.

이 유형의 맥주들은 플랑드르 지역 외에서는 이름을 떨치지 못했다—딱 하나 예외는 있었다. 콜로라도의 뉴 벨점 브루잉에서는 오리지널 맥주들의 복합성과 깊이를 모두 간직한 라 폴리La Folie라는 맥주를 생산한다. 놀라울 것은 없다. 뉴 벨점의 브루어 페테르 바우카르트는 로덴바흐 출신이다. 립스 오브 페이스Lips of Faith 시리즈에 속하기도 하는 라 폴리는 로덴바흐 브루어도 인정하는 맥주다.

* struis는 '건실한'이라는 뜻과 '타조'라는 뜻을 함께 가지고 있다.

알아야 할 맥주들

이 모든 에일들을 한꺼번에 들여놓을 만큼 큰 텐트를 친다 한들, 슬프게도 정작 추천할 만한 플랑드르 타트 에일은 몇 안 된다. 그러나 이들 중 몇몇 맥주는 쉽게 구할 수 있고, 전통에 익숙하지 않은 사람이라면 특히 꼭 맛보아야 한다. 와인을 즐기는 손님들에게 내놓기에도 좋은 맥주들이다. 특히 평소에 맥주라면 별 관심이 없던 사람들도 플랑드르 지역의 타트 에일을 내놓으면 생각이 달라질 것이다.

RODENBACH GRAND CRU
로덴바흐 그랑 크뤼

원산지: 벨기에 루셀라러
몰트: 페일 몰트 비공개 품종, 로스팅한 보리, 옥수수 그리츠
홉: 현지산 홉(품종은 매년 달라질 수 있음)
6% ABV

시작은 숙성 맥주 25% 함량의 로덴바흐 레귤러 한 병으로 하는 것도 괜찮은 방법이다. 그런 다음 숙성분이 75% 들어간 그랑 크뤼를 맛보면 그 차이가 대략 감이 잡힐 것이다. 후자는 훨씬 날카로운 산미가 뚜렷이 느껴지지만, 깜짝 놀라게 되는 부분은 에스테르 함량이 높아 체리를 실제로 첨가했다고 속여도 믿을 만큼 과일향이 물씬 난다는 점이다. 그랑 크뤼는 드라이한 맥주지만, 에스테르 때문에 미각에서는 실제보다 더 달게 느껴진다—이것이 바로 이 스타일의 매력을 부각시키는 화학작용이다. 로덴바흐는 때때로 단일 푸더르에서 만든, 희석하지 않은 맥주를 선보이기도 한다—잔여 당분이 거의 없음에도 불구하고 풍성한 풍미와 체리맛이 살아 있다. 그랑 크뤼는 세계 최고 맥주 중 하나로 꼽을 만하며, 맥주 애호가라면 누구나 한 번쯤은 맛볼 필요가 있다.

VERHAEGHE DUCHESSE DE BOURGOGNE
페르하허 뒤셰스 드 부르고뉴

원산지: 벨기에 비흐터
몰트: 비공개
홉: 비공개
6.2% ABV, 1.065 SP. GR.

뒤셰스 드 부르고뉴는 로덴바흐 그랑 크뤼에 대해 페르하허가 내놓은 답이다—하지만 더 가볍고 달콤하다. 로덴바흐와 비슷한 요소가 많지만 뒤셰스는 와인에 좀더 가까운 느낌으로, 옛날에 와인을 담았던 가죽 부대에서 날 법한 떫은맛이

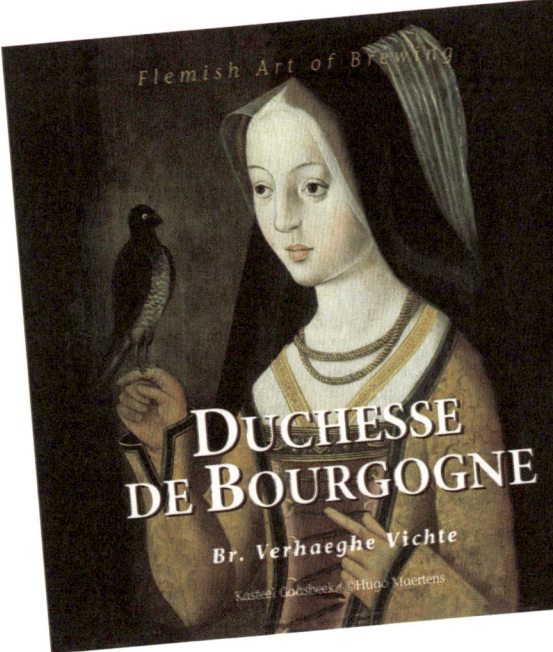

있다. 만일 와인을 좋아하는 친구들을 맥주의 세계로 인도하고 싶다면, 이 맥주가 좋은 출발점이 될 것이다.

VERHAEGHE ECHTE KRIEK
페르하허 에흐터 크리크

원산지: 벨기에 비흐터
몰트: 비공개
홉: 비공개
기타: 림부르크 지역산 체리
6.8% ABV, 1.065 SP. GR.

시럽을 써서 맛을 내지 않는다는 인식을 소비자들에게 확실히 심어주는 방법 중 하나는 맥주에 '진짜 체리'라는 이름을 붙이는 것이다—페르하허가 쓴 방법으로, 플랑드르어로 에흐터 크리크는 바로 그런 의미다. 한때 흔했던 베리에이션 종류 중 페르하허에 유일하게 남아 있는 이 맥주는 브라운 에일의 각 요소들, 산미, 체리가 얼마나 조화를 잘 이루는지 보여준다. 브라운 에일의 초콜릿향 몰트는 실제로 체리 풍미가 람비크보다도 더 확연히 드러나도록 돕는다—체리와 초콜릿이 얼마나 잘 어울리는 조합인지는 다들 알 것이다. 드라이한 느낌의 타닌은 실제로 과일이 들어갔다는 증거다.

DE STRUISE AARDMONNIK
데 스트라위서 아르드모닉

원산지: 벨기에 오스트블레테런
몰트: 비공개
홉: 비공개
8.0% ABV

아르드모닉에서 퍼져나오는 발사믹 아로마는 이 맥주가 정통 플랑드르 타트 에일임을 알려주지만, 이 향은 다소 기만적인 측면이 있다—맛은 훨씬 더 초콜릿, 나무, 몰트에 가깝기 때문이다. 플랑드르 지역의 전형적인 에일에 비하면 조금 더 다크하고 풍부한 느낌이다. 드라이한 느낌의 산미에 균형을 잡아주는 스타우트 같은 특성도 있다. 소량만 만들어지는 흔치 않은 이 에일은 이 지역에서 최고급으로 꼽히는 맥주 중 하나다.

LIEFMANS GOUDENBAND
리프만스 하우덴반트

원산지: 벨기에 아우데나르더
몰트: 비공개
홉: 비공개
7.9% ABV, 1.075 SP. GR., 6 IBU

하우덴반트는 오랫동안 로덴바흐의 '플랑드르 레드'와 대조되는 '아우트 브라윈'을 대표해왔다. 둘은 서로 다르다. 하우덴반트는 신선한 몰트 특성이 훨씬 더 강하며, 건포도 같은 달콤한 풍미가 있어서 새콤한 발사믹향을 잘 감싸는 느낌이다. 중국의 새콤달콤한 소스를 연상시키는 구석도 있다. 이들 맥락의 교차 지점에서 시나몬과 포트와인의 풍미가 느껴진다. 이 브라운 에일의 바디는 놀라우리만치 가볍고 기포가 살아 있다. 리프만스는 로덴바흐에 비해 산미가 조금 약하며 좀더 편안한 느낌을 주는 사탕 같은 가벼운 달콤한 풍미도 있다.

DE DOLLE BROUWERS OERBIER
데 돌러스 브라우어르스 우르비어르

원산지: 벨기에 에선
몰트: 비공개
홉: 포페링허산 휫브레드 골딩
기타: 고체형 다크 캔디슈거
9.0% ABV, 1.083 SP. GR., 30 IBU

우르비어르는 유산균으로 살짝 산화된 스트롱 브라운 에일이다. 일부 플랑드르 타트 에일에서 특징적으로 나타나는 발사믹향은 없으며, 산미가 두드러지지도 않는다. 그보다는 부드럽고도 생기가 넘치며 산미는 약하다. 동시에 나무향이 나고 드라이하면서도 상당히 홉 특성이 두드러진다. 원형적인 타트 에일을 복원해내려는 데 돌러의 노력은 오리지널 플랑드르 에일이 목표일 수도, 아닐 수도 있다. 운이 따른다면, 이것이 플랑드르 에일의 미래가 될 수 있을 것이다.

벨기에 루셀라러 Roeselare, Belgium

Rodenbach
로덴바흐

나무 숙성의 기술

소도시 루셀라러는 서플랑드르 전역에서 볼 수 있는 나른한 대부분 중세도시들에 비하면 좀더 현대적이고 북적거리는 느낌이다. 여기에는 이유가 있다. 제1차 세계대전 당시 최전선 부근에 있었던 루셀라러는 대부분 파괴됐기 때문이다. 양차 대전 이후 재건된 이 도시는 오늘날 산업과 무역의 중심지가 됐다. 2세기에 가까운 시간 동안 로덴바흐 가문은 상업의 중심에 있었고, 거의 같은 기간 동안 로덴바흐는 플랑드르 브루잉의 가장 전통적인 방식들을 지켜왔다.

로덴바흐의 마스터 브루어인 루디 헤키러가 나를 데리고 브루어리 투어를 시켜줬을 때, 우리가 실제 브루하우스에서 머문 시간은 10분이 채 안 됐다. 비슷한 정도의 시간을 브루어리 역사 이야기를 하는 데 썼고(물론 로덴바흐에서 역사란 중요한 부분이기는 하지만) 몇 분 정도는 발효 부분을 다뤘다. 하지만 투어에는 총 두 시간이 소요됐다. 그럼 나머지 시간에는 뭘 했냐고? 우리는 숙성 중인 맥주가 담긴 거대한 통들이 있는 미로 같은 창고 안에서 시간을 보냈다.

이는 사소하게 넘길 부분이 아니다. 로덴바흐는 맥주를 정말 정성들여 만들지만 —새 주인인 팔름 Palm은 1998년 브루어리 매입 후 근사한 새 브루어리를 마련하는 데 엄청난 돈을 쏟아부었다— 매시 턴과 케틀에서 일어나는 일들은 핵심이 아니다. 정말 중요한 일은 이곳의 그 유명한 오크 푸더르에서 일어난다. 이곳에는 총 294개의 오크 푸더르가 있는데, 이들은 거대한 창고 10개에 자리 잡고 있고, 각 창고마다 최대 33개씩 수용이 가능하다. 가장 작은 것은 120헥토리터(약 100배럴 또는 3,200갤런 분량), 가장 큰 것은 무려 650헥토리터(550배럴/1,700갤런)짜리다. 대부분 아주 오래된 것들이다—브루어리에서는 "150년은 더 됐

옛 몰팅용 건물로, 현재는 박물관이다.

콧수염만 빼면, 지난 100년간 로덴바흐에서 변한 것은 거의 없다.

브루어 루디 헤키러의 모습

다"고 하지만 그렇게 말한 지도 이미 꽤 됐다. 이 중 가장 오래된 것 세 개는 1830년대까지 거슬러 올라간다. 이 브루어리에는 나무통을 전담하는 쿠퍼cooper들이 따로 있는데, 이들은 숙성통을 만들지는 않고 유지보수만 한다. 산미를 띤 이곳의 레드 에일이 한 세기가 훌쩍 넘도록 계속 만들어져온 방식을 엿볼 수 있는 대목이다. 통 안에서는 소군락을 이룬 행복한 야생효모들이 수개월간 열심히 일하며 젖산을 맥주에 더하고 pH 수준을 떨어뜨린다. 진짜 로덴바흐는 바로 여기서 만들어지는 것이다.

맥주를 병입할 때가 되면, 헤키러가 이끄는 테이스팅 팀은 빈티지 맥주를 블렌딩하여 원하는 특성을 끌어낸다. 각 푸더르별로 맥주를 시음한 뒤 적절한 특성을 띠는 통들을 조합하여 블렌딩을 시작한다. 각각의 통마다 나름의 생태계가 있어서 다 다른 맥주가 나올 것이다. 내가 방문했던 날에는 헤키러가 푸더르들의 밸브를 여는 '열쇠'를 꺼냈다. 우리는 창고별, 숙성 기간별로 다양한 샘플을 맛보았다. 그중에는 기침이 나올 만큼 너무나 시큰한 맥주도 있었고, 초콜릿맛이 나는 것도 있었다. 어느 통에서는 헤키러가 브레타노미세스의 느낌—로덴바흐의 맥주에서는 나타나지 않는 풍미—을 감지해내기도 했다. 너무나 미묘한 수준이라 나는 감지하지 못했지만, 그는 기억해두면서 이렇게 말했다.

"블렌딩을 통해 밀어내야 할 겁니다." 빈티지 맥주종 조합을 최종적으로 마치면, 이를 다시 새 맥주와 합쳐서 로덴바흐와 그랑 크뤼를 만든다.

완성된 맥주가 평범하다면 로덴바흐의 유난스러운 생산 방식도 각주 정도로 달려야 어울릴 것이다. 물론, 그렇지 않다. 레귤러 로덴바흐는 음식과 놀라우리만치 두루 잘 어울리는 근사한 세션 맥주이며, 2년 된 푸더르 숙성 맥주(75%)와 어린 맥주(25%)를 블렌딩한 그랑 크뤼는 단연 세계 최고다. 대다수의 스타일들을 재해석하여 탄생시키는 데 선수인 미국인들조차 로덴바흐는 흉내 내기 까다로운 맥주다. 헤키러는 이는 전

한 줄로 늘어선 푸더르들

적으로 나무에 달려 있다고 본다. 곡물에 침투한 소량의 산소와 야생효모의 상호작용 없이는 로덴바흐 같은 깊이와 개성을 살려낼 수 없다. 거대한 턴 역시 이 과정의 핵심이다. 산소가 침투할 수 있는 나무에 닿는 맥주는 극소량이기 때문에 숙성 속도는 아주 느린 편이다. 소형 턴이나 와인 규모의 캐스크로 이런 종류의 맥주 작업을 하기는 훨씬 힘들다. 헥키러에 따르면 180헥토리터짜리 통이 이상적이다.

영국, 벨기에, 독일, 체코 등 맥주를 오래전부터 만들어온 나라에서 방문해봄직한 모든 브루어리 중에서도 로덴바흐는 아마 가장 놀라운 곳일 것이다. 내가 찾아갔던 브루어리들 가운데 오래된 곳일수록 전통과 효율 사이의 균형을 꼭 언급했다—상업적인 기업으로서는 중요한 고려사항이다. 하지만 로덴바흐가 맥주 한 병을 생산하는 데 들이는 비용과 감당하는 비효율성은 터무니없는 수준이다. 현대의 어떤 회사도 로덴바흐 모델을 고려하지 않을 것이고, 고려할 수도 없을 것이다. 대형 통들만 수천 달러이며, 저장고 공간을 유지하느라 소요되는 비용은 말할 것도 없다. 2년간 맥주를 대형 통에 담아놓는다는 개념 역시 말도 안 되게 비용이 많이 드는 모험이다. 하지만 이 브루어리는 맥주를 대형

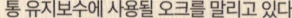
통 유지보수에 사용될 오크를 말리고 있다.

유리창을 끼운 신축 브루하우스는 최신식이지만, 맥주는 아래에 있는 저장고에서 로덴바흐식으로 만들어진다.

통에 집어넣고는 이에 비하면 극히 짧은 시간 내에 극히 적은 비용으로 산업적으로 라거를 만들어내는 시장에서 기꺼이 경쟁을 하겠다는 것이다.

플랑드르 지역의 새콤한 맥주들이 멸종 위기 목록에 올라 있는 것은 별로 놀랍지 않다. 정통 타트 에일을 만드는 브루어들은 몇 안 되고, 로덴바흐 같은 방식으로 만드는 곳은 전무하다. 가까운 시일 내에 로덴바흐 가는 길에 합류할 브루어리가 생길 것 같지도 않다. 만일 우리가 상업적인 압력에도 절대 굴하지 않을 '세계유산' 같은 브루어리들을 지정할 수 있다면, 나는 그 목록에 가장 먼저 로덴바흐를 넣을 것이다. 맥주 세계에서 로덴바흐 같은 곳은 없으며, 이곳이 전쟁, 대공황, 현대화의 소용돌이 속에서도 살아남았다는 것은 우리 모두에게 정말 큰 행운이다. 다행스럽게도 이따금씩 병에 담긴 그랑 크뤼를 마심으로써 우리는 누구나 이곳을 지켜내는 데 동참할 수 있다.

와일드 에일
WILD ALES

Wild Ales. 와일드 에일 카테고리에는 야생효모와 박테리아로부터 그 주된 성격을 끌어내는 모든 맥주가 포함된다. 색이나 스트렝스에는 아무런 제한이 없으며 수많은 와일드 에일들—산미가 있는 벨기에 과일 맥주의 전통에 따른—은 과일을 넣어 만든다. 이처럼 광범위하지만 와일드 에일에는 뚜렷한 공통된 특성이 있다. 맥주에 따라서 드라이함 또는 시큼함으로 느껴질 수 있으나 산도는 사실상 공식의 절반에 해당한다. 나머지 절반은 바로 '펑키'한 풍미다. 과일에서 시트러스 그리고 부패된 냄새나 동물 같은 냄새 등에 이르기까지 다양하다. 산미가 있는 이들 맥주는 기름지고 화려한 음식들과 굉장히 잘 어울린다.

펑키한 풍미는 그뤼예르 치즈의 흙냄새나 블루치즈의 허브향을 끌어올려준다. 맥주 세계에서 최상의 페어링 중 하나가 바로 산미가 있는 과일 맥주와 다크 초콜릿이다. 와일드 에일은 한 가지 스타일이라기보다는 한 가지 방법이라는 개념에 더 가깝다. 맥주로서는 카탈로그화하기가 힘들다. 알코올 도수가 극히 낮거나 극히 높을 수도 있고, 밝은색일 수도, 어두운색일 수도 있으며, 밀을 넣거나 과일을 넣어 만들 수도 있기 때문이다.

당신이 현대식 시설에서 일하는 브루어로, 번쩍거리는 스틸 숙성 탱크 앞에 서 있다고 상상해보라. 기나긴 맥주 역사에서 가장 깨끗한 맥주를 만들 수 있게 해준 기술적 진보에 놀라겠는가? 장비에 실험실 수준의 위생을 선사한 부식성 화학물질들에 조용히 찬사를 보낼까? 지난 수세기 동안의 전임자들과는 달리, 맥주를 금세 망쳐버릴 수 있는, 시큼한 맛을 더하는 미생물과 더 이상 씨름할 필요가 없게 됐다고 쾌재를 부르겠는가? 아닐 것이다.

그보다는, 30년전쟁 같은 상황 속에서 21세기의 맥주 애호가들 대다수의 입맛에는 별로 일 법한, 새콤하고 펑키한 맥주가 나올 것이 뻔한 기법들을 사용하여 맥주를 만든다는 것은 어떤 일이었을까 궁금할 것이다. 물론, 그 과정은 시간과 비용이 많이 든다—하지만 예측이 불가능하기도 하다! 희한한 일이지만, 미국과 이탈리아에서 이상하고도 놀라운 맥주들이 점점 더 많아지게 된 데는 바로 이 같은 사고방식이 배경에 자리한다.

기원

겸손한 댄 캐리는 자기 혼자 현대 세계에 타트 에일을 소개했다고 주장하지는 않는다—하지만 실제로는 그의 공일지도 모르겠다. 산미가 있는 에일들에 대한 댄의 애정은 미국으로 건너오기 한참 전부터 싹트기는 했지만, 그와 그의 아내 데브가 1993년 위스콘신에 뉴 글래러스 브루잉을 창립한 진짜 이유가 바로 타트 에일이었으니 말이다. "독일에서 견습 직원으로 일할 당시 저는 아내와 두 딸과 함께 그곳에서 살고 있었습니다. 우리 가족은 휴가 기간에 차를 한 대 빌려 국경 너머 벨기에로 갔죠. 1986년이었습니다." 우연히 린데만스 브루어리에 들렀던 그는 거기서 람비크 브루잉이라는 마술을 목격했다. "당시에는 시골 농가풍 브루어리[그리고 르네 린데만스]가 완전히 열려 있었고 어떻게 맥주를 만드는지도 보여줬었죠. 정말 근사하다고 느꼈어요."

댄은 린데만스의 방식을 파악하고자 했지만 그러기까지는 여러 해가 걸렸다. 그는 브루어리 관련 제조업체인 오리건의 JV 노스웨스트에서 일하면서, 회사의 스크랩 파일로부터 짜깁기한 15갤런짜리 시스템을 다양한 방식들로 시험해보았다. 이 시기에 대해 설명하면서 그는 두어 번쯤 말을 끊었다가 이어갔다. "힘들었습니다. 브루잉을 어떻게 하는지 알아내기가 힘들었어요. 당연한 일이었지요." 하지만 결국 그는 해냈고, 그런 다음 아내에게 가서 이렇게 말했다. "위스콘신 집으로 돌아갑시다. 가서 브루어리를 시작하는 거예요." 그는 독일에서 제조법을 배운 라거—독일계 주민 비율이 높은 이 지역에서는 좀더 익숙한 맥주—의 스트렝스로 뉴 글래러스를 시작했지만, 1995년 그 유명한 도어 카운티 체리를 넣어 만든 크리크인 위스콘신 벨전 레드 Wisconsin Belgian Red를 출시했다. 이 맥주는 곧 여러 상을 받았고, 미국 전역에서 소비자들의 관심을 불러일으켰다.

하지만 미국인들 가운데는 야생효모로 맥주를 만들 줄 아는 사람이 없었다. 이런 브루잉 방식은 양조학교에서 가르쳐주는 종류가 아니

브레타노미세스 원정대

2006년, 미국인 브루어 다섯 명으로 구성된 이 모임은 벨기에라는 유서 깊은 나라의 방식에서 여러 비결을 찾고자 함께 그곳으로 갔다. 가서 보니 정말 많은 비결이 있었다. 영감과 흥분에 휩싸인 채 미국으로 돌아온 이들은 각자 나름의 와일드 에일 프로그램을 시작했고, 오늘날 와일드 에일 브루잉의 명사들이 됐다. 애덤 에이버리(에이버리 브루잉), 토미 아서(포트 브루잉Port Brewing/로스트 애비Lost Abbey), 샘 캘러지오니(도그피시 헤드), 비니 칠러조(러시안 리버 브루잉), 롭 토드(앨러개시)가 바로 그 주인공들이다. 카리스마와 맥주를 주요 동력으로 삼은—브레타노미세스의 비밀을 이해하기 위해 나선—이 다섯 명, 브레타노미세스 원정대라는 이름은 너무도 완벽했다.

었고, 미국에는 관련 기법들에 관해 알려진 바도 없었다. 1990년대에는 수많은 사람들이 그의 성공 비결에 대해 듣고 싶어했지만, 그는 자기만의 비법을 공개하지 않았다. 2000년대부터 브루어리들은 배럴 숙성 및 야생효모 투입에 좀더 능숙해졌다. 일부에서는 사워 매시와 젖산 발효 실험을 했고 급기야는 자연발효도 시도하기 시작했다. 메인에서는 2008년 앨러개시의 롭 토드가 와일드 에일의 세계로 가장 대담한 여정을 시작했다. 건물을 새로 짓고 자연발효를 위한 냉각조를 마련한 것이다. 다른 한편에서는 미시건 소재 졸리 펌프킨의 론 제프리스 등도 이 같은 기법들을 시도했다.

이런 복고적 흐름의 선두에는 미국 브루어리들이 있었지만, 곧 다른 나라의 브루어들도 동참하기 시작했다. 미국 브루어리들이 기꺼이 받아들이는 이 방식들에 대해 아마도 소유권이 있다고 느끼고 있었을 벨기에 브루어리들이 가장 먼저 동참했다. 데 프루프나 데 스트라위서 같은 크래프트 브루어리들은 자국의 유산을 되찾고자 뛰어들었다. 하지만 야생효모 발효 방식을 가장 빨리 받아들인 것은 이탈리아의 브루어들이었다. 사실, 야생효모로 만든 맥주들은 벨기에나 미국에서보다도 최근 이탈리아식 브루잉에서 훨씬 더 중심부를 차지하고 있다. 벨기에나 미국에서 와일드 에일은 기껏해야 틈새시장에 해당한다. 비라 델 보르고, 발라딘, 러버비어, 파닐Panil, 두카토 같은 이탈리아의 브루하우스들은 모두 뛰어난 와일드 에일을 만들고 있다.

상세 설명 및 특성

1년 중 적절한 시기에 맞춰 방문한다면, 오리건에 있는 캐스케이드 배럴 하우스 주변에 잔뜩 쌓인 살구들을 볼 수 있을지 모른다. 브루어 론 갠스버그는 포틀랜드로부터 컬럼비아강 협곡을 따라 내려가며 자기가 만드는 배럴 숙성 사워 계열의 맥주에 넣을 과일들을 직접 선별해 채집하는 것을 좋아한다. (그 밖에도 체리, 블랙베리, 블루베리, 라즈베리, 무화과 등 자기 마음에 드는 것은 무엇이든지 넣는다.) 하지만 와인 산업에도 몸담은 적 있는 갠스버그는 브레타노미세스는 좋은 맥주의 골칫거리라고 굳게 믿는 쪽이다. 그가 직접 손으로 따서 배럴 속에 넣는 살구들은 맥주를 산화시키는 유산균만 접촉하게 될 것이다.

하지만 만일 당신이 채드 야콥슨의 덴버 소재 크루키드 스테이브Crooked Stave에 들르게 된

버번 배럴에서 숙성된 짙은 검정색의 와일드 에일인 캐스케이드의 버버닉 플레이그는 와일드 에일에 대한 고정관념을 거부한다.

다면, 브레타노미세스의 성소에 들어서는 셈이다. 수많은 브루어들이 브레타노미세스를 맥주에 활용하지만, 어느 누구도 야콥슨만큼 야생효모에 전념하지는 않는다. 양조학교에서 그는 유명한 영국산 균류에 관해 석사 논문을 썼으며, 더 나아가 모든 맥주에 다양한 종의 브레타노미세스만을 투입하는 브루어리를 설립하기에 이르렀다.

이들 두 브루어는 단 두 가지 사례일 뿐이며, 둘 다 보통의 브루어들이 가질 법한 것과는 완벽하게 반대되는 축에 속하는 견해를 가지고 있다. 핵심은 이렇다. 와일드 에일에는 규칙도, 일반 지침도, 표준 관행도 없다는 것이다. 브루어들에게 이는 와일드 에일의 핵심 매력 중 하나

다. 새콤한 산미가 있는 맥주들의 가장 끝에 있는 것은 빈 서판tabula rasa*이며 신성모독을 할 신학은 없다. 배럴 숙성 맥주의 선구자 격인 뉴 벨점의 브루어 페테르 바우카르트는 이렇게 말한다. "만일 제가 더 나은 맥주를 만드는 더 나은 방법을 발견한다면 실제로 더 나은 맥주를 만들겠지요." 루셀라러와 로덴바흐를 거쳐 콜로라도에 온 한 벨기에인은 자기가 무슨 말을 하고 있는지 잘 알고 있다. 뉴 벨점의 시스템은 와인 배럴에서 시작해 로덴바흐의 경우처럼 대형 와인통vat으로 진화했다. 하지만 포트콜린스에서는 셰리주 전문가들이 개발한 '솔레라solera 시스템'을 사용하여 그 유명한 라 폴리를 만든다. 이 맥주는 로덴바흐에 비교되지만, 생산 방법은 약간 다르다. "무엇이 전통적인 것일까요?" 바우카르트가 질문을 던지고는 답을 덧붙였다. "저는 전통에 얽매이지 않습니다―저는 박물관이 아니거든요. 끊임없이 배워가고 싶습니다."

와일드 에일의 산미는 아주 가볍게 느껴지는 정도일 수도 있고 움찔할 만큼 강렬할 수도 있으며, 어떤 스트렝스나 색도 다 가능한데, 과일이 들어가지 않을 수도 있다. 물론 들어가는 경우가 더 많다. 놀라우리만치 폭넓은 범위와 다양한 생산 방법으로 인해 와일드 에일 브루잉은 카테고리화하기가 굉장히 힘들다. 오스틴에 있는 제스터 킹에서 나오는 붓다스 브루Buddha's Brew라는 맥주도 와일드 에일에 포함된다. 이 브루어리는 생 맥아즙을 배럴에 채워 넣고 효모

* 아무 글자가 쓰이지 않은 석판이라는 라틴어 표현으로, 인간은 백지 같은 상태로 태어난다는 의미로 쓰이는 표현. 아무것도 미리 정해진 것이 없다는 뜻이다.

얼마나 셔야 너무 신 것일까?

어느 흔치 않은 기회에 나는 24시간에 걸쳐 브뤼셀 인근 캉티용, 드리 폰테이넌, 본의 브루어리 및 블렌더리들에서 람비크와 괴즈를 샘플링한 적이 있었다. 네번째 브루어리인 지라르댕에서 나온 괴즈를 마시려고 앉아 있다가 문득 깨달음이 왔다. 지금껏 내가 마셔본 사워 계열의 여러 다양한 맥주 중 어떤 것도 자극적인 느낌은 없었다는 것이었다. 간혹 밝은 느낌의 산미는 있었지만 풍미는 근사하게 조화를 이루며 어우러졌다. '극단적'인 것이 칭찬받는 미국에서 타트 에일은 아바네로habanero*를 생으로 먹었을 때 같은 얼얼한 한 방을 날리기도 한다.

그래서는 안 된다. 수많은 미국 와일드 에일의 경우, 타협하지 않은 산도는 식초처럼 시거나 기저귀, 탄 고무, 네일 폴리시 리무버처럼 '펑키'한 맛을 내기도 한다. 내 입장을 분명히 밝히자면, 탄 고무 또는 더러워진 기저귀 같은 냄새가 나는 식초 한 컵이라면 그건 맥주가 아니라 그냥 실패작이다. 미국인들은 어느 정도 요란한 수준이라면 무조건 이상한 아로마나 풍미조차 너무 자주 용서해주는 경향이 있다. 타트 에일에는 수없이 많은 희한한 풍미가 들어 있기 때문에 마시는 사람들은 이런 불쾌한 특성들이 의도라고 종종 믿어버린다. 야생효모와 박테리아로 좋은 맥주를 만드는 것은 브루잉에서 가장 모험적인 일 중 하나이고, 잘만 된다면 대부분의 사람들이 기꺼이 마실 만한 —좋아하지는 않더라도— 음료가 탄생할 수 있다. 이렇게 만든 맥주에는 익숙하지 않은 여러 풍미와 느낌이 있겠지만, 본질적으로 불쾌하지는 않을 것이다. 브뤼셀 맥주들과 겨룰 만한 맥주를 만드는 수많은 미국 브루어리들이 있다—그렇지 않은 맥주들을 참아주어서는 안 되는 이유다.

* 작고 동글동글하게 생긴 매운 고추

와 박테리아를 투입하며, 9개월의 숙성 기간을 거친 뒤 콤부차kombucha(초산균과 각종 효모를 넣어 만든 차)를 새로 주입시켜 병입한다. 4.7% ABV에 불과한 이 맥주는 윗비어 같은 금빛을 띤다. 이 카테고리에는 캐스케이드의 버버닉 플레이그Bourbonic Plague도 포함된다. 세 가지 다양한 타입의 배럴에서 숙성시켜 시나몬 스틱과 바닐라 빈을 넣어 숙성시켜둔 별도의 배치와 블렌딩한 12%짜리 맥주로, 마치 기름막처럼 검은 색을 띤다. 또한 이 그룹에는 앨러개시 쿨십 레드Coolship Red(5.7%)와 브루어 맷 스위하트의 과수원에서 수확한 체리를 넣어 만든 더블 마운틴 데블스 크리크Devil's Kriek(9%)도 포함된다. 그리고…… 사실 이 목록에는 맥주 수백 가지가 들어가며, 그중 같은 것은 어느 하나도 없다.

만일 벨기에와 독일에서 브루잉된 이들 맥주와 새로운 와일드 에일을 구분시켜주는 특정한 성향이 있다고 한다면, 그것은 스트렝스 및 강도와 관련이 있다. 타트 에일은 그 나름의 기준 자체로도 '극단적'이다—적어도 스탠더드 라거나 에일에 비하면 분명히 그렇다. 미국의 브루어리들은 센 맥주를 만듦으로써 이를 강조하는 경향이 있다. 러시안 리버, 로스트 애비, 뉴 벨점, 캐스케이드 브루잉에서 만든 유명한 맥주들은 대체로 7%를 상회한다. 게다가 이들의 풍미는 비슷한 유럽 맥주들에 비해 더 대담한 느낌이다. 브레타노미세스 특성은 좀더 드라이하고 가죽향이 나며, 젖산 특성은 좀더 날카롭고 더 두드러진다. 오리건 주립대학에서는 플랑드르 타트 에일들과 미국 맥주들을 비교하여 이들 특성을 판단했다. 오리건 주립대학 파일럿 브루어리 매니저인 제프 클로슨은 연구 결과를 설명하면서 그 차이에 대해 다음과 같이 요약했다. "미국 맥주들은 좀더 시고 떫고 쓰고 짜고 쓰며, 스테일한 풍미나 곰팡내, 흙냄새 등도 더 강하다. 다시 말하지만, 이는 미국 브루어들이 원하는 특성이다." 그는 벨기에 맥주들은 "비교적 덜 시고 더 달콤하며 알코올 도수는 더 낮고 쓴맛은 별로 강하지 않으며 굉장히 섬세하게 숙성된 느낌의 편안한 산미를 띠는 맥주"였다고 설명했다.

그러나 과도한 산미는 이탈리아 와일드 에일의 규칙이 아니다. 어떤 요소도 극단적이지 않게 만드는 것이 이탈리아식 브루잉의 특징이다. 음식과의 조화에 중점을 두어 호피 에일도 지나치게 호피하지 않고 와일드 에일도 지나치게 와일드하지 않다. 토리노 바로 외곽에 자리 잡은 러버비어는 현지의 바르베라 포도를 사용해 맥아즙에 접종시키지만 —이 배양액은 그 뒤로도 이 브루어리의 작은 나무통들에 접종되지만— 그 결과 무난하고 원숙한 산미가 얻어진다. 좀더 동쪽 알레산드리아의 비리피초 몬테조코 역시 와인 배럴에서 숙성시킨 섬세한 와일드 에일을 만든다. 이들 에일에는 흙냄새와 향긋한 풍미, 허브향이나 열대작물 풍미가 더해지며, 톡 쏘는 느낌의 마무리감이 있지만 찌릿할 정도의 강한 산미는 없다.

브루잉 노트

댄 캐리의 뛰어난 타트 에일을 맛보기 전에 대다수의 미국 브루어들은 그 솜씨를 어떻게 흉내 낼지 고민하느라 많은 시간을 보냈다. 하지만 일단 여기저기 헤매고 다니면서는 지난 수십 년 —그리고 수세기— 전의 오래된 기법들과 정말로 오래된 기법들의 보고를 발견해냈고, 실험을 시작했다. 람비크를 만드는 이들처럼 혼탁 매시를 만들 필요가 있을까? 이 같은 매시를 사용하는 브루어리도 있고(앨러개시) 그러지 않는 브루어리도 있다(러시안 리버). 숙성 홉을 사용할 필요가 있을까? 몰팅한 밀과 몰팅하지 않은 밀은 또 어떤가? 나는 개인적으로 19세기 중반에 조르주 라캉브르가 언급했던 20시간에 걸쳐 끓이는 방식을 시도해본 브루어리를 알지는 못하지만, 그대로 재현해내는 곳이 있다는 소리를 듣는다 한들 새삼 놀라지는 않을 것 같다.

미국의 브루어들이 사용하는 장비와 재료는 다양하며, 현대 브루어리의 변화들을 고려해 임의로 조정되는 부분들도 있다. 즉흥적으로 대처해야 하며, 대개의 경우 조언을 구할 곳도 없다. 뉴 벨점의 페테르 바우카르트는 자신이 푸더르 내 효모 축적의 문제를 겪고 있다는 사실을 깨달았다. 그러다 묘안이 떠올랐다. "지금 우리가 하는 것은 라거 발효니까 고온에서 효모를 걸러낸 다음 나무통에 넣는 거야." 라거링과 필터링. 렘베이크에서는 한 번도 사용해본 적 없는 현대적인 혁신이다.

러시안 리버의 비니 칠러조와 로스트 애비의 토미 아서—브레타노미세스 원정대원 두 명—는 벨기에와 캉티용에 들렀던 경험이 결정적 계기가 되어 그 후 자사의 자연발효 체계를 수정했다. 칠러조는 이렇게 말했다. "토미와 제가 매시 턴 작업을 해보자는 생각이 떠오른 게 바로 그때였죠. 저희는 냉각조가 없었으니까요." 금요일 저녁에 사워 매시 작업을 하고 나서 그는 매시 턴 밖으로 맥아즙을 흘려보내고 씻어낸 다음 맥아즙을 다시 넣었다. "보통⋯⋯ 매시 턴 속에 그대로 하룻밤 두어 밤새 사워 매시에서 [자라난] 온갖 미생물들을 얻게 만듭니다. 그런 다음 일요일이 되면 그 맥주를 퍼내어 배럴로 옮겨서 부어요. 그러고 나서 자연발효를 거치는 거죠." (러시안 리버는 최근 독립형 냉각조로 업그레이드했다.)

미국과 이탈리아에서 사용되는 기법들을 한데 합하면 와일드 에일 브루잉에 관한 살아 있는 박물관이 된다. 다음은 가장 흔히 사용되는 방법들을 모아놓은 것이다.

• **자연발효** 와일드 에일 기법의 할아버지와도 같다. 가장 많은 비용이 들면서도 가장 예측이 힘든 기법이다. 벨기에의 람비크 브루어리들은 전통 면에서 유리하다. 기법을 완성할 수십 년의 시간적 여유가 있었다. 앨러개시 같은 브루어리들이 완전한 야생 상태의 접종 방식을 사용하기 시작했을 때만 하더라도 브루어리 주변의 야생효모가 맛있는 맥주를 탄생시킬 수 있을지 확신이 없었다—그리고 실제로 늘 맛있는 맥주가 나오는 것도 아니었다. 하지만 몇몇 브루어리에서는—게다가 앨러개시는 원년 멤버다—자연발효 방식의 맥주를 만들 때 뛰어난 결과물을 내는 파트너가 될 만한 현지의 효모들을 찾아냈다. 이제 미국에도 자연발효 방식으로 맥주를 만드는 브루어리가 여럿 있다—벨기에보다 더 많다.

와일드 에일은 **람비크, 플랑드르 타트 에일, 베를리너 바이세**의 현대식 재현이다—그리고 산미를 즐길 줄 아는 사람에게 이들 맥주는 모두 즐거운 경험이 될 것이다.

• **매개에 의한 자연발효** 야생효모와 박테리아는 공기 중에 떠다니지만, 물체의 표면에도 서식한다. 벨기에의 브루어들은 람비크 브루어리에 그토록 건강하고 풍미 가득한 효모들이 있는 이유 중 하나는 벌레들이 과일 나무 근처에서 날아들었기 때문일 거라 짐작한다. 이탈리아 북부 와인의 고장에 있는 러버비아는 공기를 통한 접종 단계는 건너뛰기로 했다. 브루어 발테르 로베리에르는 그 대신 식힌 맥아즙에 효모로 뒤덮인 포도를 곧장 집어넣는다. 수세기 동안 와인 상인들이 쓰던 이 발효 촉발 방식은 맥주에도 활용된다.

• **솔레라** 발사믹 식초 및 셰리 같은 특정 와인의 생산 과정에 사용되는 솔레라는 나무 캐스크로 구성된 일련의 시스템이다. 솔레라는 액체를 점진적으로 숙성시키는 방식으로, 일정 간격을 두고 각 캐스크에서 일부분을 채취해 더 오래된 혼합물이 담겨 있는 다음 캐스크로 옮겨담는다. 마지막 캐스크 속의 액체를 꺼낼 때쯤이면 숙성된 액체들이 혼합된 상태가 된다. 맥주 생산에서 각 캐스크는 그 나름의 솔레라다.

이 기법에서 가장 독보적인 곳은 뉴 벨점으로, 이곳에서는 1,600에서 5,200갤런 이상의 대형 오크 통에서 맥주가 숙성된다. 이 대형 통들 가운데는 (펠릭스Felix라는) 페일한 베이스 맥주가 담긴 것도 있고, (오스카Oscar라는) 다크한 맥주가 담긴 것도 있으며, 이들은 전부 2년간 거의 계속 익어간다. 라 폴리 같은 맥주를 생산할 시점이 되면 마스터 블렌더인 로런 살라자는 여러 통에서 꺼낸 맥주들을 시음하고 마더블렌드mother-blend(바탕이 되는 블렌드)를 만든다. 그 이후 각 통마다 새 맥주가 들어가 마무리되며 이 과정은 되풀이된다. 시간이 흐르면 각 통은 다양한 미생물들이 모여사는 고유의 생태계가 되며, 각각의 맥주는 제각각 개성 있는 결과물이 된다.

- **배럴 접종** 효모 및 박테리아의 원생 군락과 함께 작업하는 또 하나의 방식은 배럴 속에서 이들을 길러서 펑키한 캐스크 속에 넣어 신선한 맥아즙에 접종시키는 것이다. 와이너리 및 브루어리들은 시간과 돈을 들여 미생물이 배럴 안에 들어오지 못하게 막는 경우가 많지만, 배럴 접종은 미생물들이 서식하는 배럴의 장점을 활용할 수 있는 방법이다. 뉴 벨점의 솔레라 시스템과 마찬가지로, 각 와일드 배럴은 각자 나름의 고유한 특성들을 발달시켜나갈 것이다.

- **야생효모 투입** 야생효모와 박테리아를 신선한 맥아즙에 넣는 가장 쉽고도 가장 흔한 방식은 실험실에서 만든 수준의 순수 배양 형태다. 화이트 랩스와 와이스트 같은 미국 기업들은 다양한 종류를 배양해왔고, 이는 사워 계열 맥주에 (비교적) 안전한 방식이다. 그러나 결과는 예측이 불가능하다. 나무 캐스크에 일단 주입되고 나면 산소, 온도, 그 밖의 기타 유기체들의 효과는 각 배치마다 다르게 나타나게 된다. 좀더 통제하기를 원한다면 스틸 재질을 사용하여 가변요소를 크게 줄일 수 있다.

앞에 소개한 방법들은 단지 가장 흔히 사용되는 것들일 뿐이며, 이 방식들을 조합해 활용하기도 한다. 가령, 칠러조는 자신이 사용하는 종류의 자연발효와 벨기에에서 사용되는 자연발효 과정을 구분짓는다. "수많은 자연[발효] 방식이 있지만, 우리가 효모를 투입한 배럴도 여럿 있었습니다. 아시겠지만, 박테리아는 바닥에 널려 있죠." 투입된 박테리아들과 효모들, 바닥에 널려 있는 박테리들과 효모들은 이제 배럴이 놓인 공간에 서식하며 '자연' 환경의 미생물 세계의 일부가 된다. 브루어리들은 대부분 고만고만한 부분들을 소소하게 나름대로 수정하여 각자 고유한 자연발효 과정을 갖춘다.

진화

와일드 에일의 부활은 20년이 채 되지 않는다. 와일드 에일 제조법은 이미 오래전에 (대개 의도하에) 폐기됐고 브루어들은 여전히 계속 손을 보는 형성 단계에 있다. 매년 확장 중인 원칙에 새로운 해석을 더하는 브루어리가 꼭 있다. 이 책을 쓰는 현재 시점을 기준으로, 맥주 평가 사이트인 비어 애드버킷에서는 약 700종의 상업 맥주를 목록화하고 있다—헬레스 보크와 슈바르츠비어 수의 거의 두 배다. 이런 흐름은 이제 시작에 불과하다.

알아야 할 맥주들

규격에 맞춰 대량 생산되는 대다수의 맥주들과는 달리, 와일드 에일에서 일관된 풍미들을 재현해내기란 불가능에 가깝다. 올해의 라 폴리는 붉은 과일들의 깊은 풍미가 담겨 있지만 작년의 라 폴리는 감 풍미가 묵직하게 느껴졌을 수도 있다. 온도, 주변 미생물들의 종류, 과일의 품질 — 어쩌면 달의 위치도 영향이 있을지 모르겠다— 등 모든 요소들의 영향으로 와일드 에일은 매년 고기향이 더 나거나 혹은 더 부드럽거나 혹은 더 드라이하게 만들어질 수 있다.

구입하자마자 마실 수 있는 과일 에일도 있지만, 병 안에서 1년 이상 계속 진화 가능한 것들도 있다—산도와 알코올은 효과적인 방부제라서, 섬세한 과일 아로마도 이들 타입의 맥주에서는 좀더 오래 화사한 느낌을 유지한 채 남아 있는다. 야생효모가 끼어들면, 원기왕성한 브레타노미세스가 당분을 소모하는 동안 맥주는 계속 변화할 수 있다. 맥주는 점점 더 세지고 더 드라이해질 것이다. 와일드 에일의 '와일드'는 효모의 성질을 가리키는 말이지만, 맥주 자체를 가리키는 말이기도 하다. 예측이 불가능하고, 이 타입의 맥주를 즐기는 이들은 지도 한 장 없이 모험을 떠나야 할 것이다. 야생의 세계로.

NEW BELGIUM LA FOLIE
뉴 벨점 라 폴리

원산지: 미국 콜로라도 포트콜린스
몰트: 페일, 뮌헨, 캐러필스, 캐러멜, 초콜릿
홉: 타깃
6% ABV, 18 IBU

뉴 벨점의 푸더르들은 제각각 확연히 다른 개성을 지니며, 그중 일부는 극도의 산미를 띨 때까지 맥주를 숙성시킨다. 넓게 보면 로덴바흐 방식과도 비슷하게 브루잉된 라 폴리는 루셀라러의 최고급 맥주에 비해 초산 특성은 더 강하고 젖산 특성은 더 약하다. 그리고 특유의 드라이한 타닌도 어느 정도 느껴진다. 다양한 블렌딩에서 나오는 화려한 단맛이 이런 날 선 요소들에 균형을 잡아준다. 섬세한 느낌의 맥주는 아니지만, 매년 빈티지별로 각기 조금씩 다르게 달고 시고 쓴 다양한 풍미들을 선보이고 있으니 관심을 가지고 볼 가치가 충분하다.

ALLAGASH COOLSHIP RESURGAM
앨러개시 쿨십 리서감

원산지: 미국 메인 포틀랜드
몰트: 비공개
홉: 비공개
6% ABV

리서감은 괴즈처럼 다양한 나이의 맥주를 혼합하여 만든다. 내가 맛본 배치에는 2년, 18개월, 6개월짜리 빈티지들이 들어 있었다. 벨기에 괴즈의 표지는 다름 아닌 밸런스와 친근함이며, 앨러개시는 이 기준에 부합한다. 레몬향과 후추향이 느껴지는 이 맥주는 밀의 부드러움과 마일드한 산미도 있다. 브루어리에서는 이 맥주의 생산량을 늘리려는 중이고, 앨러개시가 작업할 맥주가 늘어남에 따라 리서감은 계속 더 복합성을 띠는 방향으로 진화해갈 것이 분명하다.

NEW GLARUS WISCONSIN BELGIAN RED
뉴 글래러스 위스콘신 벨전 레드

원산지: 미국 위스콘신 뉴 글래러스
몰트: 페일, 뮌헨, 밀, 캐러멜
홉: 숙성 할러타우
기타: 도어 카운티 몽모렌시 체리
4% ABV, 1.052 SP. GR.

이 벨전 레드가 처음 등장했을 때가 기억난다. 믿을 수 없을 만큼 시게 느껴졌었다. 그 이후로 시장의 흐름은 풍미를 계속 극단으로 끌고 갔고, 이 사랑스러운 크리크는 신선한 체리향이 가득하면서도 날카로운 산미가 드라이함을 더해주어 완벽한 균형을 잡은 느낌이다. 신맛을 별로 달가워하지 않는 이들도 즐겁게 마실 만하다.

RUSSIAN RIVER BEATIFICATION
러시안 리버 비티피케이션

원산지: 미국 캘리포니아 샌타로자
몰트: 비공개
홉: 비공개
5.5% ABV, 1.050 SP. GR.

비티피케이션은 보통의 산미에서 극단적 산미—날카로운 식초 냄새마저 압도해버리는, 바짝 마른 듯도 하고 가죽 같기도 한 느낌—까지 다양하게 느껴지는 맥주다. 한두 모금이면 미각은 익숙해지는데 그다음 희한한 일이 일어난다. 가볍게 통통 튀는 레몬과 자몽 껍질 풍미가 활짝 펼쳐지는 느낌이 든다. 보글보글한 탄산감이 맥주에 생기를 더한다.

CASCADE APRICOT ALE
캐스케이드 애프리콧 에일

원산지: 미국 오리건 포틀랜드
몰트: 프랑코벨전 필스너, 페일
홉: 숙성 골딩
기타: 후드리버 살구
7.3% ABV, 1.065 SP. GR., 8 IBU

캐스케이드의 브루어 론 갠스버그는 품질이 뛰어난 사워 에일 군단—누아요Noyaux, 더 바인 The Vine, 버버닉 플레이그 등—을 선보이고 있으므로, 여기서는 이들 전부를 대표해 애프리콧을 소개하고자 한다. 갠스버그가 아주 까다롭게 고른 과일이 이 에일 속에서 농밀하고 달콤한 아로마와 만개한 과일꽃향을 뿜어낸다. 알코올 특성이 강한 맥주이기는 하ㅏ 바디는 가볍고 살구향이 더해져 여름 느낌의 청량감이 살아 있다. 산도 덕분에 과일 풍미와 아로마가 그대로 보존되어 있으며, 바디와 밸런스를 더하기에 충분한 단맛이 남는다. 샴페인 같은 자잘한 거품이 한층 더 생기를 더해준다.

JOLLY PUMPKIN LA ROJA
졸리 펌프킨 라 로하

원산지: 미국 마이애미 덱스터
몰트: 필스너, 페일, 뮌헨, 다크 캐러멜, 블랙, 밀
홉: 테트낭, 스트리셀슈팔트
기타: 덱스트로오스
7.2% ABV, 1.054 SP. GR., 25 IBU

라 로하는 플랑드르 타트 에일에서 영감을 얻은 맥주지만, 확실히 미국적이다. 브루어 론 제프리스는 1년, 6개월, 1개월짜리 빈티지 맥주들을

블렌딩한다. 상대적으로 갓 만든 분량을 첨가해도, 브레타노미세스로 인해 맥주는 굉장히 드라이해지고 돌 같은 느낌마저 나게 된다—브뤼셀의 그 어떤 맥주보다도 더 바싹 마른 느낌을 받을 것이다. 약간의 견과류 풍미와 나무향이 느껴지는 타닌 성분이 깊이를 더한다.

THE LOST ABBEY CUVEE DE TOMME
더 로스트 애비 큐베 드 토미

원산지: 미국 캘리포니아 샌마코스
몰트: 페일, 밀, 라이트 캐러멜, 다크 캐러멜, 스페셜 B, 초콜릿
홉: 챌린저, 이스트 켄트 골딩
기타: 덱스트로스, 건포도, 캔디슈거, 사워 체리
11% ABV, 1.092 SP. GR.

그야말로 미국식 크래프트 브루잉의 본능에 대해 말해주는 맥주다. 모든 측면을 극단까지 밀어붙여 알코올 특성도 강하고 강렬한 풍미로 꽉 차 있다. 체리의 달콤한 풍미로 시작하는 듯하지만 곧 당밀 및 검붉은 과일 풍미가 엎치락뒤치락하며 서로 정상을 차지하려 다툰다. 브레타노미세스의 적당히 넉넉한 산미가 균형감을 부여한다.

DESTIHL ST. DEKKERA ALES
데스틸 세인트데케라 에일스

원산지: 미국 일리노이 노멀
몰트: 다양함
홉: 다양함
ABV, SP. GR., IBU: 다양함

데케라는 브레타노미세스의 또 다른 이름이지만, 이 시리즈의 에일들은 사실 나무통에서 자연발효되어 람비크의 경우처럼 여러 미생물들이 함유돼 있다. 맥주들이 계속 변화하며 번갈아 나오는 셈이다. 내가 2011년에 시음했던 샘플에는 강렬한 프랑부아즈 한 가지와 좀더 마일드한 근사한 에일 두 종류가 포함돼 있었다. 마일드한 에일 하나는 딸기가 들어간 것이었고, 다른 하나는 플랑드르 타트 에일로 견과류 계열의 몰트 특성이 날카로운 산미와 과일향 나는 에스테르에 균형을 잡아주고 있었다.

메인 포틀랜드 Portland, Maine

앨러개시

파요텐란트 서부

메인 주 포틀랜드의 산업용 창고 시설인 앨러개시 브루어리 밖을 걷다보면, 문득 희한한 광경—럼블 시트*처럼 붙어 있는, 훨씬 작은 또 다른 건물—을 마주치게 된다. 브루어리 본관으로부터 뻗어나온 배관은 좀더 작은 구조물 내부 대부분을 채우고 있는 널찍하고 평평한 탱크로 이어져 브루 케틀로부터 곧바로 맥아즙을 이송한다. 맥아즙은 이 탱크에서 메인 주의 깨끗한 공기 속을 떠돌던 야생효모가 열린 창문을 통해 들어와 맥주를 '오염'시키는 열두 시간 동안 머물게 된다. 이는 수천 년간 계속돼온 가장 기본적 형태의 브루잉으로, 브루어리 소유주 롭 토드는 2008년 냉각조를 설치할 때만 해도 이 방법이 먹힐 줄은 전혀 몰랐다.

"성공 가능성을 타진하기 위한 테스트 같은 것을 했었나요" 내 질문에 토드와 수석 브루어 제이슨 퍼킨스는 아니라고 답했다. 전혀 불가능한 일이라는 것이었다. 퍼킨스는 이렇게 말했다. "저희도 그 생각을 해봤습니다. 하지만 사실 잘 안 됐을 거예요—음, 예상이 맞아떨어진 부분도 있었겠죠, 하지만 먼저 그 방부터 새로 마련해야 했거든요. 그냥 양동이 하나를 저기 바깥 숲속에 두고 무슨 일이 일어나는지 지켜볼 수도 있었겠지만, 효과가 똑같지는 않았을 테니까요." 하지만 그들은 이 프로젝트가 성공하리라는 느낌이 있었다. 브루어리의 배럴들 중 하나는 이미 어느 정도 야생효모가 들어간 상태였고, 내용물을 던져넣고 호스로 내려보내는 대신 야생효모를 배양했다. 처음에 토드와 퍼킨스는 그것이 무엇인지조차 확신할 수 없었지만 브레타노미세스를 가리키는 특성이 생겼다는 느낌이 들었다. 결국 그들은 와이스트 랩스에 격리하는 데 성공했고 그것이 브레타노미세스임을 확인했다. "이전에 본 적 없는 종이었어요. 성격이 달랐죠. 그러니까 그게 여기 서식하는 건 확실해요. 시간이 흐르면서 그 뒤로 우리 브루어리의 다른 배럴 두어 개로도 들어갔습니다. 장기 숙성 배럴들이었는데 의도한 건 아니었죠." 퍼킨스가 말했다.

두번째 요인은 위치였다. 그들은 지도를 보고 메인이 사실 브뤼셀보다 남쪽임을 알았지만, 가장 더운 여름과 가장 추운 겨울의 양극단을 제외하면, 실제 날씨는 굉장히 비슷하다. "3월부터 6월 그리고 10월 말부터 12월까지 날씨는 동일합니다." 퍼킨스의 설명이다.

그래도 이는 상당히 급진적인 결정이었다. 토드는 2006년 벨기에로 여행을 떠났던 그 유명한 브레타노

* 구형 자동차의 접이식 뒷좌석

마치 오두막집처럼 생긴 앨러개시의 냉각조는 지은 지 별로 오래되지 않았다. 그 안에서 이루어지는 과정은 수천 년은 되었지만.

미세스 원정대였던 미국 브루어들 중 한 명이었다. 동료들과 마찬가지로 그 역시 와일드 브루잉에 대한 생각에 굉장히 들떠 있었다—하지만 훗날 다시 생각해보게 됐다. "돌아와서 그런 생각이 들었죠, '힘이 너무 많이 들어. 브루어리에서 그 모든 미생물들을 다룬다는 건 너무 위험한 일이고. 그냥 우리가 하는 다른 벨기에 스타일 맥주들에 초점을 맞추자.'" 하지만 열정이 되살아났고, 그 이후로는 "우린 다들 그냥 서로를 쳐다보며 그랬죠, "젠장, 까짓것 냉각조 만들어버립시다." 요약하자면 대충 그렇게 된 거죠."

브루잉의 신들은 앨러개시에게 미소를 짓는다. 식히는 중인 맥아즙 위로 건강한 미생물들이 잔뜩 실린 바람이 대서양으로부터 불어와 훌륭한 람비크 스타일의 맥주를 탄생시킨다. 앨러개시의 와일드 에일은 밝고 균형 잡힌 산미가 특징적이다. 캉티용의 에일들처럼 살짝 레몬 껍질 향이 있어서 시트러스 계열의 풍미와 쓴맛을 더한다. 이들 포틀랜드 와일드 에일들은 균형잡힌 산미를 지니면서도 간혹 야생효모로 인해 생길 수 있는 화학물질 같은 거친 풍미는 전혀 없다.

벨기에의 오리지널을 존중하는 의미에서 앨러개시는 자기네 맥주를 람비크라 부르지 않는다—마음만 먹으면 얼마든지 그렇게 부를 수 있었지만. 앨러개시는 생밀 몰트를 쓰고 전통적인 혼탁 매시에 가까운 작업을 한다. 퍼킨스는 일부를 덜어내어 케틀에서 끓인 다음 도로 집어넣어 온도를 높이는 벨기에식 디콕션을 한다. 이후에는 쓴맛을 피하기 위해 숙성 홉을 첨가하고 장장 네 시간 동안 맥아즙을 끓인다. 벨기에 파요텐란트의 람비크 브루어들과 마찬가지로 맥아즙은 냉각조에서 여러 밤을 보낸 다음 배럴에서 몇 개월간 숙성 후 블렌딩을 하고 용기에 주입한다. 어느 면으로 보나 토드는 미국에서 람비크 브루어리를 재현해나가고 있다.

자연발효 프로젝트가 얼마나 많은 수익을 낼지 확인하기는 어렵지만 그런 생각 자체가 틀렸다. 뉴 벨점, 러시안 리버, 데스틸 등 이 종류의 맥주를 만드는 브루어리들은 에일이 품고 있는 풍미들을 사랑하기 때문에 그 방식을 택한 것이기 때문이다. 자연발효 및 와일드 에일은 브루어리들의 손익계산에서 일부분에 불과해 금전적으로 따질 필요는 없다. 브루어리들은 그 에일들을 기꺼이 만들고 손님들도 즐거이 마신다—평판에도 나쁠 것이 없다. 하지만 실질적으로도 이득이 있으며, 점점 더 많은 브루어리들이 이를 인식하고 있다. 브레타노미세스와 관련한 앨러개시의 초기 시도는 위험천만하고 시간낭비였으며 그다지 수익성도 없었다. 하지만 그 과정에서 오늘날 컨플루언스Confluence, 인터루드Interlude, 가가멜Gargamel 등에 사용하는 근사한 효모를 얻을 수 있었다. 그들의 용기는 결국 엄청난 호평을 받는 결과물로 이어졌고 —그 어떤 것도 이곳의 대표 맥주인 화이트 에일White Ale의 판매에 타격을 입히지 않았다— 여러 실험들을 통해 예상치 못했던 가능성들을 창출해내고 있다. 짜릿한 시기이다.

맥주 서빙하기, 맥주 보관하기 591
맥주와 음식 페어링하기 603

펍에서 즐기기 613
맥주 투어 627

제 6 부

Enjoying Beer
맥주 즐기기

어쨌든 맥주는 술이라는 것을 잊지 말자······.
맥주 애호가들은 맥주의 뛰어난 —감각적, 사회적, 건강적, 역사적— 특질들에 감탄하며 몇 시간이고 떠들어댈 수 있다. 하지만 맥주가 그토록 사회 속에 깊숙이 파고들 수 있었던 주된 이유는 좀더 활동적인 속성들과 관련되어 있다는 점을 인정해야 한다. 알코올이 안 들어간 올드 잉글리시 800°? 절대 많이 팔렸을 리 없다. 인류가 의식 상태에 생기는 변화에서 즐거움을 느끼는 데는 무엇인가 선천적인 구석이 있다. 커피, 차, 담배, 알코올(그리고 지역에 따라 합법화된 마리화나)은 연간 합법적 거래가 수십억 달러 규모다. 환각제에 취해 쾌감을 느끼려는 불법적인 시도는 그 몇 배 규모다.

늘 그랬다. 인간은 향정신성 식물에서부터 무르익어 살짝 발효된 과일까지 온갖 것들을 섭취하며 자기의식을 바꾸어보고자 애써왔다. 맥주는 실제로 놀라운 특성들이 있지만 —물이 마셔도 좋을 만큼 안전하지는 못하던 시절에 수백만 명의 생명을 구했던 것은 말할 것도 없고— 그 특성들이 주요한 매력은 아니다. 우리가 맥주를 마시는 것은 그 놀라운 맛 때문이기도 하고 동시에 뒤통수를 두드리는 쾌감 때문이기도 하다. 와인이나 리큐어에 비하면 도수가 낮은 편이라, 마시는 이들이 계속 편안히 이완되고 즐거움을 느끼게 도와주면서도 금세 취해서 비틀거리게 만들지는 않는, 사교의 뛰어난 윤활제이기도 하다.

이런 이유 때문에 맥주는 편안한 마음으로 살짝 취할 수 있는 꽤나 안전한 방법이다—그러므로 즐거운 활동을 한층 더 즐겁게 만들어주는 훌륭한 방편이 된다. 저녁만찬 자리나 펍, 맥주 축제, 야외 파티, 각종 게임 등 전부 맥주만 더해지면 한층 더 즐거워진다. 그리고 이는 단순히 육신의 즐거움만은 아니다—오래전부터 건배 의식에는 성스러운 의미가 담겨 있어서 13세기 동안 수도사들은 수도원에 찾아오는 순례자들에게 맥주를 대접하곤 했다. 집단적인 흥분을 경험하고 싶어하는 인류의 욕망에는 본래 구원과 맞닿은 맥락이 있다. 맥주는 인류의 이런 노력에 오랫동안 일조해온 마법 같은 묘약이었고, 적어도 분위기를 띄워주는 놀라운 마실거리라는 이 사교적 측면은 훑어볼 만한 가치가 있다.

• 일반 맥주보다 도수가 높다(5.9%와 7.5%).

맥주 서빙하기, 맥주 보관하기
SERVING AND STORING BEER

오래된 논쟁이 하나 있다. 바이에른의 밀맥주들은 병입시 굉장히 강한 기포가 주입되는데, 이는 바디에 생기를 더할 뿐만 아니라, 쌓인 눈처럼 밀도 있는 헤드를 만들어준다. 비결은 병에서 글라스에 맥주를 따를 때 손가락 두세 개 두께—글라스의 절반이 아니라—로 헤드가 얹히게 하는 것이다.

이를 달성해내는 데는 두 가지 방법—엄밀히는 두 파—이 있다. 좀더 전통적인 접근법을 선호하는 이들은 글라스를 45도로 기울여 들고 병에서 맥주를 천천히 졸졸 따라낸다. 이 무난한 기법은 헤드를 폭신하게 부풀리기에도 그만이다. 좀더 보여주기 좋아하는 이들은 글라스를 병 위에 얹은 다음 이것을 단번에 뒤집어 병이 수직형 글라스 바로 위에 놓이게 만든다. 맥주가 콸콸 쏟아져 나오면 병을 천천히 들어올린다. 병의 입구가 올라오는 맥주 표면 바로 위에 놓이게 유지하려면 기술이 필요하며, 이렇게 조절하는 데 실패하면 원치 않았겠지만 온천이 터지는 장면을 보게 된다. 병 안의 침전물이 헤드 위에 얹히고 유쾌한 건배사 속에 글라스의 발 부분이 서로 가볍게 쨍강 소리를 내며 부딪치고서야 비로소 이 의식이 완결된다는 데에는 두 진영 모두 동의한다. (바이에른의 비어가르텐에 햇빛이 어룽거리는 목가적인 풍경 속에서 오후 시간을 보낼 때는 뭔가 논쟁거리가 필요할 것도 같다.) 프로스트prost[•]!

이렇게 정해진 방식으로만 맥주를 따라야 할까? 반드시 바이스비어 바제Weissbier Vase에?

• 독일어로 '건배'라는 뜻

효모가 가라앉은 지게미는 또 어떤가—반드시 뒤섞어서 맥주를 탁하게 만들어야만 할까? 짧게 답하자면 아니다.

어떤 스타일의 맥주를 고르든 서빙 방식에 관한 원칙들은 있을 것이다. 그 맥주의 패키지, 권장 서빙 온도, 특색을 돋보이게 해줄 글라스, 따르는 방식—이들 전부 혹은 일부는 엄격한 서빙 의식에는 늘 포함될 것이다. 적절한 지식이 있는 맥주광이라면 바이첸 글라스와 플리티드 람비크 텀블러를 구분할 줄 알아야 하며, 그 이면의 과학 그리고 (간혹 과학처럼 제시되는) 문화적 기대치를 이해하는 것은 실제로 굉장한 재미다. 하지만 이 모든 의례에는 하나의 궁극적 목적이 있으니, 바로 맥주를 마시는 감각적 즐거움을 극대화하는 것이다. 누군가 당신에게 (당신이 어떤 식으로 마시고 있든) 맥주를 '잘못' 마시고 있다고 말하더라도, 서빙 방식이 맥주의 외양, 아로마, 맛에 미치는 영향에 대해 배워보려는 것—그런 다음 마음이 이끄는 대로 따라가려는 것—은 좋은 생각이다.

패키징

대다수의 마실거리와는 달리, 맥주는 다양한 패키지뿐 아니라 다양한 상태로 우리와 만난다. 캐스크 에일이나 용기 숙성 맥주의 경우처럼 자연적으로 탄산이 생성되고 '살아 있을' (또는 더 정확히 표현하자면, 살아 있는 효모가 들어 있을) 수 있다. 케그 맥주의 경우처럼 인공적으로 탄산을 주입했을 수도 있다. 혹은 이산화탄소만 넣지 않고 질소 혼합물을 넣어 더 생생한 느낌을 더하기도 한다. 맥주를 서빙하는 방식에 대한 모든 논의는 그 맥주가 우리에게 어떻게 오는가로부터 시작하므로, 여기서는 몇 가지 흔한 상태와 패키징에 관해 간단히 요약해 싣는다.

- **캐스크 에일** 가장 오래된 기본적인 맥주 스타일은 캐스크 안에서 '숙성'된 맥주다. 이 맥주는 발효가 끝나기 전에 실제로 캐스크—한때는 나무였으나 오늘날에는 대개 금속 또는 플라스틱 재질— 안에 들어간다. 효모는 계속 먹어치우면서 이산화탄소를 배출하여 맥주에 자연적으로 탄산을 생성한다. 이 캐스크들이 펍에 도착하면 저장고 관리자가 적당한 자리를 잡아 발효가 끝날 때까지 놓아둔다. 부유하던 효모가 아래로 가라앉으면, 맥주는 태핑할 준비가 된 것이다. 대부분의 전통적인 상황에서나 영국 전역에서, 캐스크는 맥주를 따라낼 때 공기가 유입되어 수명이 굉장히 짧아진다—기껏해야 며칠에 불과하다. 그 뒤로는 맥주에 신맛이 생긴다. 현대식 시스템에서는 캐스크의 빈 공간을 살균된 이산화탄소가 대체하지만, 전통주의자들은 이 방식을 못마땅해한다.

- **병입 숙성 맥주** 똑같은 원칙이 여기에도 적용된다. 맥주는 발효를 완전히 마치기 전에 패키징하거나 2차 발효가 시작되도록 준비시킨다. 병입된 맥주는 바닥에 소량의 효모가 남게 된다. 일단 용기를 개봉하고 나면 이 효모는 탄산 방울에 의해 천천히 위로 올라오게 되므로, 대개 개봉 즉시 옮겨 따르는 것이 최선이다.

- **일반 유리병** 병은 가장 먼저 등장한 형태의 맥주 패키징으로, 여전히 강세다. 해로운 빛으로부터 맥주를 보호하는 효과가 비교적 떨어진다는 사실에도 불구하고 키 작은 캔에 비해 좀더 홀쭉하고 긴 형태로 계속 나오고 있다.

- **캔** 캔은 병에 비해 몇 가지 장점이 있다. 더 가볍다. 편의성 면에서 우수할 뿐 아니라, 운송 과정에서 드는 에너지도 더 적다. 빛으로부터도

파스퇴르 살균 및 제균 여과

브루어리들은 맥주를 병입할 때 계산을 해야 한다. 한편으로는 맥주를 망치는 미생물들의 활동을 억제하기를 원하면서도, 또 한편으로는 유통기한을 늘리고 싶어한다. 파스퇴르 살균은 첫번째 목표를 달성한다. 두 가지 방법이 있다. '터널 살균tunnel pasteurization' 방법은 패키징된 맥주를 10분간 분사되는 60°C의 물에 노출시키고, '순간 살균flash pasteurization' 방법은 1분 미만의 짧은 시간 동안 맥주를 71°C로 가열한 뒤 재빨리 다시 냉각시킨다.

맥주를 파스퇴르 살균하는 것에는 두 가지 큰 단점이 있다. 가열은 실제로 숙성 과정을 촉진시키기 때문에 파스퇴르 살균된 맥주는 더 빨리 스테일된다. 이는 일부 스페셜티 맥주나 크래프트 맥주에 따라서 핵심일 수도 있는 섬세한 풍미와 아로마도 무디게 만든다. 때문에 일부 브루어리에서는 '제균 여과'라는 과정을 사용해 이를 절반씩 절충하고 있다. '저온 살균cold sterilization' 또는 '드래프트 필터링draft filtering'이라고도 불리는 이 과정은 극세 필터를 사용해 효모 세포 및 미생물을 제거한다. 파스퇴르 살균 방식과는 달리 맥주의 화학적 성질을 바꿔놓지 않지만, 풍미나 아로마를 지닌 입자들이 제거된다.

맥주를 완벽하게 보호한다. 그리고 소규모 브루어리의 경우 캔 라인은 설치 비용도 더 적게 든다. 오래된 각종 편견에도 불구하고, 금속은 맥주의 풍미에도 전혀 영향을 미치지 않는다―현대의 캔은 내부가 코팅 처리돼 있다.

- **케그** 사실상 캐스크 에일을 밀어낸 엄청난 혁신이다. 케그에 담긴 맥주는 무기한 변질되지 않도록 인공적으로 탄산을 주입하고 이산화탄소를 가압한 것이다. 저온에서는 맥주를 최상으로 보존할 수 있지만 결국 여느 맥주와 마찬가지로 시간이 흐르면 영향을 받을 수밖에 없다.

- **질소('니트로nitro') 맥주** 효모는 자연적으로 이산화탄소를 발생시키기 때문에 이는 맥주에 탄산이 생성되는 가장 흔한 방식이다. 그러나 1950년대에 기네스는 질소 가스로도 생생한 느낌을 더할 수 있음을 발견했다. 기네스 팬이라면 질소 가스가 맥주에 어떤 영향을 미치는지 잘 알 것이다. 무스처럼 극도로 조밀한 헤드를 만들어내며 폭포처럼 흘러내리는 거품 방울들을 생성한다. 병이든 캔이든 모든 맥주는 질소 충전이 가능하다.

- **그라울러** 브루펍과 크래프트 맥주 바마다 보통 '그라울러growler'라는 반 갤런짜리 주전자를 판다. 적어도 19세기부터 이어져 내려오는 이 시스템 덕분에 고객들은 펍에서 맥주를 사서 집에 가져갈 수 있었다. 펍 주인들은 맥주를 바로 탭에서 따라주며, 이 주전자는 며칠 동안은 탄산이 살아 있는 신선한 상태를 유지할 것이다―일단 개봉하고 나면 금세 김이 빠지겠지만.

온도

보통의 냉장고는 2℃로 기본 설정돼 있는데 이는 살얼음이 어는 데는 최적의 온도다. 문제는 살얼음이 얼기를 원치 않는 경우다. 맥주의 표현에 영향을 미치는 모든 요소 중에 온도는 가장 중요하다. 각 맥주 스타일마다 브루어가 표현하고자 의도한 풍미와 아로마가 드러나기에 최적인 범위가 있는데, 온도가 낮으면 이런 특질들이 억제된다―그리고 혀가 마비된다. 물론 맥주가 너무 따뜻할 수도 있는데, 이 경우 당연히 끈적하고 묵직한 느낌이 생긴다. 풍미와 아로마 이외에도 온도는 질감과 마우스필뿐 아니라 탄산에도 영향을 미친다.

이 책 대부분의 챕터에서 각 스타일에 맞는 권장 서빙 온도를 언급하고 있지만, 일반적인 경험칙이 몇 가지 있다. 섬세한 풍미를 지닌 잉글랜드 에일은 비교적 높은 온도인 13℃ 정도로 서빙되어야 한다. 한편, 몰트와 홉의 명쾌한 향이 왜곡되지 않고 표현되어야 하는 라거의 경우 4.5℃ 정도의 차가운 온도가 이 같은 요소를 드러내는 데 도움이 된다. 향이 강렬한 호피한 맥주―미국의 스페셜티―는 조금 더 높은 온도여야 아로마를 잘 드러낼 수 있다. 갈증을 해소시켜주는 가벼운 여름 맥주들은 아주 차갑게 서빙되어야 한다.

맥주가 글라스 안에 들어갈 때 몇 도였든, 마시는 동안 데워지기 마련이다. 그 특질들이 어떻게 변하는지 잘 살펴보자. 차가운 상태가 맥주의 결점을 감추는 데 도움이 될 수도 있지만, 진지하게 판단해보고 싶다면 그 맥주를 실온까지 두고 볼 수도 있다. 그러면 어떤 결점이든 확연히 드러날 테니까. 온도는 예상되듯 풍미와 아로마에 영향을 미치지만, 그 풍미와 아로마에 반응하는 방식은 사람마다 제각각이다. 실험을 통해 본인 취향에 맞는 적정 온도를 찾자.

글라스

페일 맥주의 역사는 대개 몰팅 혁신이라는 렌즈를 통해 이야기된다. 17세기 이전에 몰트는 열과 연기로 뒤덮여 있었고 그런 몰트로 만들어진 맥주는 밤색이나 칠흑처럼 검은색이었다. 분명히 그랬다. 하지만 그렇다면 좀더 페일한 맥주가 이들을 따라잡는 데 그토록 긴 시간이 걸린 이유는 무엇이었을까? 페일한 맥주들 역시 혁신—투명한 유리 제품의 대량생산—이 필요했다. 투명 유리가 등장하기 전에는 음료를 담는 그릇은 도자기, 나무, 가죽, 금속 등의 불투명한 재질이었다. 하지만 유리가 사용되면서 손님들은 마침내 자기가 마시는 음료를 잘 볼 수 있게 됐다. 뭔가가 씁히고 탁한 강물 같은 맥주—당시의 일부 갈색 맥주—에서 괜찮은 인상을 받았을 리는 만무하다(이 정도도 좋게 봐준 표현이다). 그러므로 페일 에일과 라거가 나왔을 때, 황금색 빛이 투명한 스파클링 맥주를 통과하며 굴절하는 모습에 사람들은 매료되고 말았다. 이제 절대 이전으로 돌아갈 수 없게 될 것이다. 우리는 주로 코와 입을 사용해 맥주를 탐색하지만, 유리잔 덕분에 이제 드디어 눈을 사용할 기회가 생긴 것이다.

의욕 넘치는 작가라면 유리잔 이야기에 책 한 권을 통째로 할애할 수도 있을 것이다. 글라스는 지역 특산품의 미덕을 부각시키기 위해 맥주와 손잡고 진화해왔기 때문에 맥주 스타일만큼이나 다양한 형태가 있다. 애비 트리펄에 맞는 글라스는 널찍하고 스템이 긴 고블릿이다. 쾰슈는 반대로 좁다랗고 막대처럼 곧게 뻗은 슈탕게 글라스가 필요하다. 각종 글라스를 꼼꼼하게 알아보느라 책 전체를 할애하지는 않겠지만, 가장 중요한 몇몇 특색을 집중적으로 살펴보고 몇 가지 핵심적인 타입은 따로 설명해보고자 한다. '글라스 해부하기'와 '글라스 타입'을 참고하자.

맥주 따르기

맥주를 따라내는 것—혹은 옮겨 담는 것은 고도의 과학이 아니다. 하지만 주의를 기울이지 않으면 결국 거품만으로 가득 차거나 아니면 아예 헤드가 없이 속이 훤히 들여다보이는 맥주잔을 받아들게 될지 모른다. 아일랜드 스타우트나 바이에른 밀맥주 같은 일부 스타일들은 실제로 반드시 따라 마셔야 하며, 펍 주인들은 제대로 따르는 법을 익혀야만 한다. (밀맥주는 옮겨 담는 과정에서 속에 가라앉았던 효모가 일어나고 강한 탄산감이 생성되며, 아일랜드 스타우트는 병이나 캔을 땄을 때 녹아 있던 질소가 끓어오르듯 흘러나오게 서빙된다.) 하지만 모든 스타일은 적어도 약간의 거품은 있어야 보기가 좋고, 손가락 한두 개 정도가 기준으로 삼기 좋은 두께다.

하지만 맥주를 따르기 시작할 때 탄산에 대

> ### 얼음잔
>
> 꽤 근사한 레스토랑이나 바에서 맥주 글라스를 전용 냉동고에 보관하여 글라스에 뿌옇게 살얼음이 낀 경우가 흔합다. 너무 차가운 맥주 같은 것은 있을 리 없다는 논리를 근거로 한 이들 글라스는 열 손실을 막아주었다—그리고 '얼음'잔이라는 비유적 표현을 실제로 바꿔버렸다. 서빙 의례—그리고 시각적 허세—라는 관점에서는 장점이 많은 아이디어. 하지만 맥주의 필수 요소들을 충족시키는 방법으로서는 딱히 좋을 것 없다. 얼음잔은 얼음처럼 차가운 맥주의 온도를 유지해줄 뿐 아니라, 실제로 맥주에 얼음이 녹아들어가면서 묽어지기 때문이다. 대량으로 생산된 라이트 라거라면 그다지 큰 죄일 것은 없겠지만, 여느 다른 맥주라면 얼음잔은 경험의 폭을 상당히 축소시킬 수 있다. 차라리 얼리지 않은 보통 글라스를 달라고 하는 게 좋다.

해서는 별생각이 없을지도 모른다. (탄산 그 자체는 고정불변의 요소가 아니다—13℃에서보다 3℃에서 헤드를 생성하는 것이 훨씬 더 어렵다.) 망설이지 말고 맥주를 따르기에 앞서 테스트부터 해보라. 글라스를 45도 각도로 잡고 글라스 가장자리에 바짝 붙여서 아주 천천히 따르기 시작하자. 탄산 함량이 높은 맥주들은 거품이 일겠지만, 탄산 함량이 비교적 낮은 맥주들은 헤드가 생기지 않고 그냥 흘러내릴 것이다. 고탄산 맥주라면 계속 가장자리에 붙여서 따르자. 헤드의 양은 따를 때 어느 정도 힘 조절을 하면서 조정할 수 있다.

만일 맥주에 거품이 별로 없어 보인다면, 글라스를 수직으로 들고 맥주병은 15-20센티미터 높이로 올려서 글라스 한가운데를 향해 수직으로 힘차게 따라붓는다. 급하게 부을 필요는 없다. 사실, 맥주가 콸콸 쏟아지면 예쁘지 않은 모양으로 요란하게 거품방울이 여기저기 튀면서 헤드가 쌓일 것이다. 병을 글라스로부터 좀 더 멀리 떨어뜨려 잡아서 맥주가 정중앙으로 떨어져내리게 하는 것이 더 좋다. 그렇게 하면 맥주 속의 이산화탄소가 나오면서 헤드가 잘 형성된다.

마지막 조언 하나. 맥주를 따라붓기에 앞서 병의 라벨이나 바닥 부분을 살펴보고 효모 침전물이 있는지 확인하자. 만일 침전물이 있다면, 결정을 내려야 한다. 병 안의 맥주를 전부 따라낼 경우, 마지막 부분은 효모 때문에 뿌옇게 가라앉아 있을 테고 이 부분 때문에 맥주는 탁해질 것이다. 전부 다 따라내지 않기로 한다면, 소중한 맥주 일부를 글라스에 남기게 되는 셈이다. 딜레마다! 간단한 해법을 제시해주겠다. 나는 맥주 대부분을 따라내되 맥주를 탁하게 만들지 않을 만큼의 분량을 남겨둔다. 제대로만 한다면, 딱 한 모금 분량이 남을 것이다—이게 맞있다.

보관하기, 숙성하기

맥주는 브루어리를 떠나는 순간 변하기 시작한다. 영향은 처음에는 사소하며 맥주 타입, 패키지 종류, 보관 방식에 따라 제각각 다양하다. 그 이유를 과학적으로 설명하자면, 벨기에 학자 바르트 판데르하헌의 표현대로 "갓 병입된 맥주의 성분은 화학적 평형상태가 아니"기 때문이다. 그리고 이는 여러분도 알다시피 "열역학적으로 맥주 한 병은 폐쇄계closed system여서 최소

글라스 해부하기

튤립 모양의 입술
글라스 바깥의 곡선 덕분에 거품과 맥주가 입안으로 동시에 들어가게 해준다.

널찍한 입
기포가 풍부한 맥주의 경우 거품을 분산시켜준다.

좁고 긴 모양
기포와 밝은색을 부각한다.

아로마 벌브 aroma bulb
안쪽의 곡선이 맥주의 아로마를 붙잡아 극대화한다.

스템 stem
이 스템 부분을 잡으면 체온이 맥주로 옮겨지는 것을 막을 수 있다.

패싯 facets
맥주의 색을 부각한다.

핵 생성 구역
nucleation site
일부 글라스는 바닥에 금이 그어져 있다. 맥주 속에 용해돼 있는 이산화탄소가 이 거친 면에 닿으면 거품 방울을 형성한다.

두꺼운 벽과 손잡이
손의 열이 맥주로 전달되는 것을 막아준다― 특히 야외에서 이런 머그에 담아 마시면 좋다.

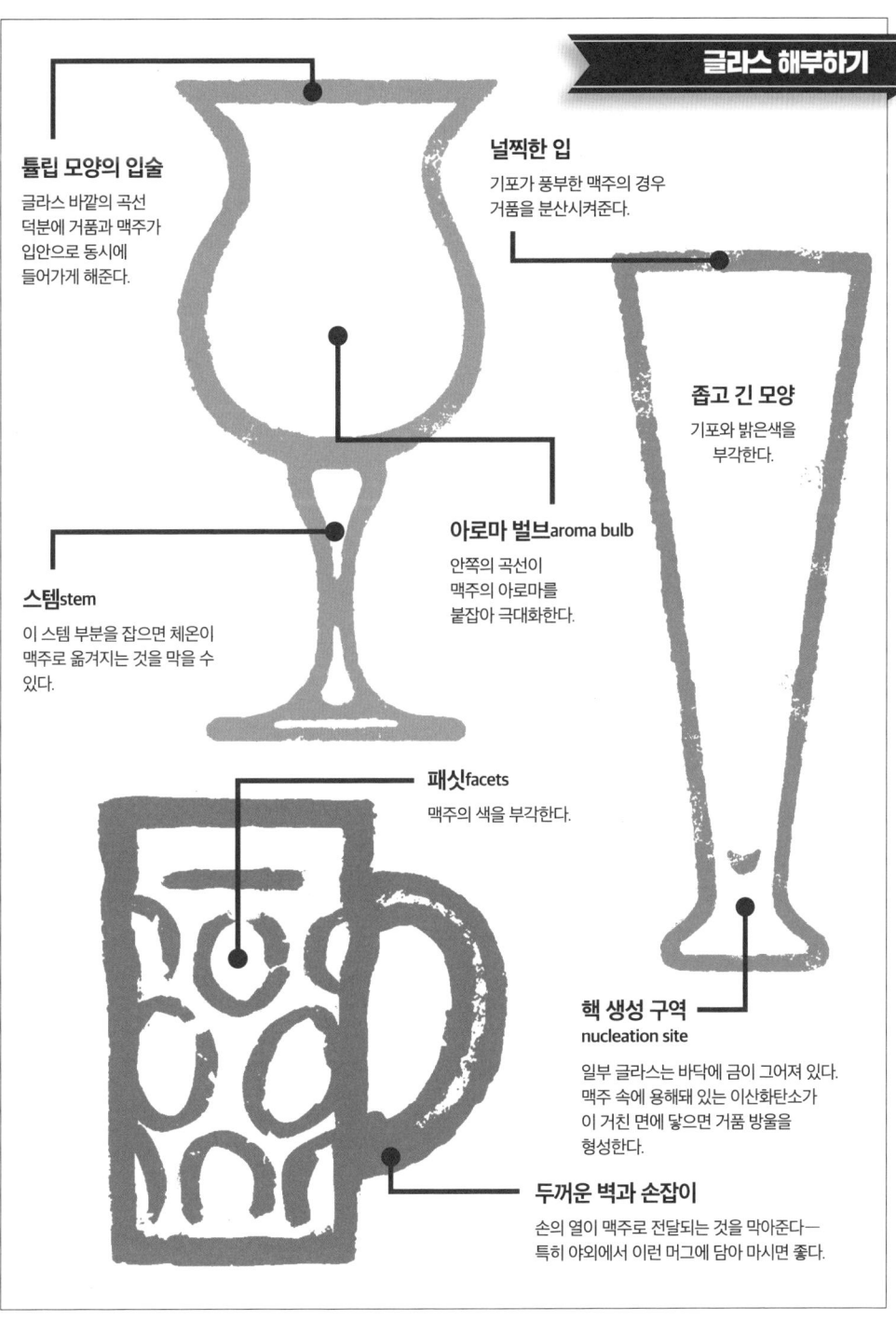

맥주 서빙하기, 맥주 보관하기

글라스 타입

맥주의 시각적 요소들은 단지 색에만 국한돼 있지 않다. 마치 끓는 솥처럼 거품이 일고 방울이 올라오며 글라스 내벽에 흔적을 남긴다. 브루어리들은 이런 특색들을 부각하기 위해 수십 년에 걸쳐 전용잔들을 만들어왔다. 경우에 따라서는 내구성과 편의성을 위해 펍 주인들이 글라스를 디자인하기도 했다. 기원이 어찌 됐든, 글라스 10여 종은 특정 맥주 스타일이나 카테고리 서빙에 표준으로 자리 잡았다. 다음은 가장 중요한 글라스들을 모아놓은 것이다.

글라스는 해당 스타일을 부각하는 데는 효과적이지만 모든 맥주마다 반드시 다른 글라스를 써야만 할 필요는 없음을 짚고 넘어가야겠다. 지나치게 까다로운 행동일 수 있다. 영국식 및 미국식 파인트글라스는 대다수의 맥주에 잘 맞는다. 스니프터, 튤립, 고블릿 같은 좀더 작은 글라스—또는 와인 글라스—는 도수가 비교적 센 스페셜티 맥주들에 잘 어울리며, 키가 크고 호리호리한 글라스는 필스너와 라이트 골든 에일에 적합하다. 한편, 온갖 글라스로 가득한 찬장은 손님에게 깊은 인상을 남길 수도 있다!

독일식 머그 (자이델/크루크)

옛날 도자기 머그의 현대적 버전으로, 축제 분위기에 더없이 잘 어울린다. 손잡이와 벽이 두꺼워서 더운 날씨에도 맥주를 차갑게 유지할 수 있다. 열정적인 건배에도 잘 어울린다.

튤립

스니프터와 비슷하게 생겼지만, 튤립 글라스는 꽤 다른 부분이 있다. 스템은 맥주를 차갑게 유지해주고, 입술 부분의 나팔 모양 곡선 덕분에 마실 때 맥주와 헤드를 동시에 들이켤 수 있다. 기포가 풍부한 벨기에 에일에 특히 잘 맞는다.

노닉/튤립 파인트글라스

영국 펍에서는 1960년대에 겹겹이 쌓일 수 있는 잔으로 노닉 글라스(왼쪽)를 개발했다. 튤립 파인트글라스(오른쪽)는 아일랜드 출신이다. 두 글라스 모두 영국 및 미국 에일에 잘 어울리며, 특히 튤립 글라스는 아로마를 보존하는 효과가 뛰어나다.

독일식 슈탕게

슈탕게는 독일어로 '막대기' 또는 '나뭇가지'라는 뜻이다. 이 글라스는 보통 쾰슈와 잘 어울리며 필스너 글라스처럼 맥주의 투명도와 구슬 같은 거품을 돋보이게 하는 특질들을 갖추고 있다. 알트 역시 베허becher라는 비슷한 글라스를 사용한다.

SNIFTER
스니프터
스니프터는 브랜디 같은 디제스티프를 위해 만들어진 잔이었다. 그리고 손으로 감싸쥐고 데우면 활짝 열리는, 비슷한 성격의 고도수 맥주와 정말 잘 어울린다.

STEMMED POKAL
스템드 포칼
수직선형으로, 튤립 글라스의 독일 버전이다. 도펠보크처럼 홀짝거리며 마시는 도수 높은 라거에 완벽하게 어울린다.

GOBLET
고블릿
기포가 풍부한 애비 에일을 위해 만들어진 고블릿은 거품이 과하게 나는 것을 막고 깊이 있는 색감을 강조한다. 핵 생성 구역을 만들어 맥주에 생기를 더하는 경우도 종종 있다. 풍부한 알코올 아로마를 퍼뜨리자 자꾸 더 마시고 싶은 마음이 들게 한다.

WEISSBIER
바이스비어
마치 필스너 글라스 같은 모습을 하고 있지만, 둥그스름한 상부는 소복이 쌓아올려지는 헤드를 품을 수 있고, 그다음으로는 아로마를 붙잡아두는 역할을 한다. 좋은 바이스 '바제'는 건배할 때 부딪치는 발 부분이 두툼하다.

PILSNER
필스너
필스너의 투명한 황금빛, 보글거리는 기포, 눈처럼 소복이 쌓인 헤드를 돋보이게 만들어주는 클래식한 디자인이다.

SHAKER PINT
셰이커 파인트
실제로 혼합 음료를 섞는 셰이커로 만들어진 이 튼튼한 파인트글라스는 펍 어디서나 볼 수 있다. 다만 못생긴 데다 아로마를 억누르는 것은 아쉬운 점이다.

flute
플루트
스페셜 맥주를 위한 스페셜티 글라스로, 기포가 풍부한 맥주나 과일 에일에 특히 잘 맞는다. 필스너 글라스와 마찬가지로, 탄산을 보존해주고 색을 돋보이게 한다.

ENGLISH DIMPLED
잉글리시 딤플드
한때 영국 전역의 펍에서 흔히 볼 수 있었던 이 파인트글라스는 오늘날에는 과거의 유물 같은 느낌을 풍긴다. 하지만 상당히 쓸모가 있다—손잡이 덕분에 맥주를 차갑게 유지할 수 있고(손은 차가워지지 않으며), 패싯들이 맥주 색을 부각시켜준다.

TUMBLER
텀블러
윗비어, 세종, 람비크 같은 농가풍 스타일에 사용된다. 전통적으로 람비크 브루어리들은 대개 플리티드 텀블러를 사용하지만, 윗비어는 좀더 땅딸막한 젤리 자jelly jar 스타일 글라스에 서빙된다.

의 에너지와 최대의 엔트로피 상태에 도달하려 할 것"이기 때문이다. 다시 말해, 완벽하게 신선하고 생생한 맛이 나는 맥주를 만들어내는 화합물은 안정적이지 않다.

그러므로 갓 만든 맥주일수록 좋은 맥주라는 것은 거의 자명하다. 거의. 그런 화학적 변화에 의해 실제로 더 좋아지는 작은 카테고리의 —도수가 높고 대개 다크한— 맥주도 있다. 혹은 나아지지는 않는다 하더라도 흥미롭고 반가운 방향으로 변한다. 시원한 저장고에 몇 달 혹은 몇 년 동안 그대로 두면, 이 맥주들은 풍부하고 깊이 있는 자두 풍미를 발달시킨다—그리고 특별한 날에 이런 맥주를 꺼내는 것은 대단한 즐거움일 수 있다.

대부분의 숙성 중인 맥주에서는 골판지, 셰리주, 꿀, 붉은 과일 같은 맛이 나는 특정 화합물들이 증가하는 반면, 섬세한 과일향이나 쓴맛 등은 감소한다. 이런 효과는 고온에서나 산소가 있는 환경에서 촉진된다—패키징 타입이나 관리가 결정적이라는 의미다.

맥주는 화학적으로 천차만별이라, 같은 타입의 맥주라 해도 화학적 변화 양상은 같지 않다. 몰트를 로스팅하면 화학적 변화—마야르 반응—가 일어나며, 로스팅한 몰트를 사용한 맥주에서는 이들 화합물이 서로 다르게 작용한다. 유사한 역동은 알코올에서도 일어나는데, 이는 숙성된 셰리나 위스키 같은 리큐어향의 느낌을 증가시킨다.

일단 저장고를 마련해 가동시키는 것 자체가 어려운 일이다—만족감을 유예하는 것은 맥주 애호가의 전공이 아니다. 하지만 매년 몇 병씩만 한편으로 치워둘 수 있다면 머지않아 공간을 비워내기 위해서라도 테이스팅 파티를 열게 될 것이다. 인내하라! 만일 이 모든 이야기가 흥미진진하게 들린다면, 당신은 저장고를 마련할 때가 된 것이다. 서늘하고 어둡고 한적한 공간

정직한 파인트

주유소에 갔는데 광고하는 가격은 할인된 가격 같았지만 펌프는 105온스짜리 갤런으로 눈금이 맞춰져 있다고 가정해보자. 또 다른 주유소의 경우, 가격은 높았지만, 기준 갤런이 128온스였다. 이는 미국 펍을 찾는 손님들이 처한 상황과 본질적으로 동일하다. 우리가 맥주 한 잔 하러 나가면 어쨌든 '파인트'라 불리는 12-20온스짜리 글라스를 받게 된다.

주범은 어디서나 흔히 볼 수 있는 셰이커 파인트다. 내구성이 좋아 바에서 선호하는, 두툼한 원뿔형 잔이지만, 일부는 —크기는 똑같은데도— 바닥이 두껍고 불과 14온스밖에 안 들어가기도 한다. 이런 잔이 바로 그 악명 높은 '사기꾼 파인트cheater pints'로, 글라스 크기를 투명하게 하자는 전국적 프로젝트를 촉발시켰다. (내친 김에 다 털어놓자면, 지금은 더 이상 참여하고 있지 않지만 나도 프로젝트 발기인이었다.) 그러나 문제는 단순히 속임수 차원에 그치지 않는다. 일부 펍에서는 20온스짜리 임페리얼 파인트를 서빙하고, 일부에서는 심지어 23온스짜리 임페리얼 파인트를 서빙한다—이 경우 헤드가 차지하는 공간을 감안하면 순수 맥주량이 20온스를 꽉 채우는 셈이다.

다른 나라들은 글라스 계량을 규제하고 있지만, 미국은 업자들의 손에 맡겨둔다. 소비자로서 할 수 있는 한 가지는 서버에게 이곳에서 쓰는 글라스 크기를 묻는 것이다. 의심스럽다면, '정직한 파인트honest pints'로 바꿔달라고 부탁하자. 합의된 기준이 없는 상황에서는 소비자들이 경계를 늦추지 말아야 한다.

저장고에 맥주 채워넣기

꽉 채워놓은 저장고라면 클래식 몇 가지―임페리얼 스타우트, 발리 와인, 스트롱 다크 애비 에일―는 있기 마련이다. 이런 종류는 애초에 저장을 염두에 두고 만들어진 맥주들로, 맥주에 따라서는 실제로 풍미가 통합되려면 반드시 몇 달쯤은 기다려야 하는 경우도 있다. 브레타노미세스가 들어간 맥주는 분명히 변해갈 것이다. 오르발처럼 가벼운(병입 시점에 6.2% ABV) 맥주조차 1년이 지나면 확연히 달라진다. 빅 비어일수록 훨씬 더 오래간다. 같은 맥락에서 람비크 그리고 특히 괴즈 역시 야생효모가 잔여 당분을 서서히 계속 먹어치우는 동안 근사하게 익어갈 것이다. 일부 맥주는 별로 많은 시간이 필요하지 않다―살짝 부드러워질 정도면 충분하다. 미국의 크래프트 브루어리들은 겨울에 몸을 데워주는 종류의 맥주들을 앞다투어 선보이는데, 10월에 이 맥주들을 사서 크리스마스 축제를 위해 아껴두는 것이 가장 좋다고 생각할지도 모른다.

만일 맥주를 저장해둘 생각을 하고 있다면, 몇 가지 명심할 원칙이 있다. 야생효모가 들어가지 않은 맥주들의 경우, 8% ABV가 넘는 센 맥주들에 한해 숙성을 고려할 것. 알코올 함량이 높을수록 맥주맛이 좋아질 수 있는 기간도 더 길다. 이 센 맥주들 가운데 두 가지 고려 사항은 색과 홉이다. 반드시 검은색일 필요는 없겠지만 어느 정도 색이 있는 맥주를 숙성시키는 것이 가장 좋다(호박색 발리 와인은 괜찮을 것 같다). 홉 특성이 두드러지는 맥주일수록 더 까다롭다. 쓴맛이 극도로 강한 맥주들은 부드러워지는 데 어느 정도 시간이 필요할 수 있지만, 스치는 듯 섬세한 아로마와 풍미는 가장 중요한 그 특질들을 잃어버릴 것이다. 그러므로 드라이호핑한 더블 IPA는 숙성시켜서는 안 되지만, 쓴맛의 미국 발리 와인은 숙성이 필요하다.

야생효모와 박테리아를 넣어 만든 맥주들(람비크, 와일드 에일)은 일반적으로 심지어 5% 정도의 높지 않은 도수에서도 숙성이 잘되는 또 하나의 카테고리다. 효모는 활동적이기 때문에 당분 그리고 ―반드시― 산소를 계속 소비한다. 진화 중인 생화학적 변화들은 이들 맥주 보존에 일조한다. 그러나 한 가지 주의할 점이 있다. 저장고에 넣어둘 계획이라면 야생효모로 만든 와일드 에일은 두 병 이상 사도록 할 것. 브레타노미세스는 숙성 중인 병 안에서 계속 일을 하기 때문에, 가장 마음에 드는 지점을 넘길 수도 있다. 주기적으로 한 병씩 시음하면서 아직 맛이 괜찮은지 확인해보자.

이기만 하면 된다(다시 말해, 지하 계단 뒤나 선반을 제거한 와인 냉장고도 좋다). 맥주는 15°C 미만으로 보관하되, 얼지 않게 해야 한다―온도가 너무 낮으면 숙성 과정이 지나치게 지연되기 때문이다. 어느 정도의 온도 변동으로는 별다른 피해가 없겠지만, 저장고 온도가 실온 이상으로 자주 올라간다면 문제가 된다. 저장고에 보관할 맥주로 최상의 선택은 8% ABV가 넘는 알코올 도수다―10%가 넘는 맥주는 훨씬 숙성이 잘될 것이다.

만일 병에 날짜가 표기돼 있지 않다면, 제조연월을 확인하자. 캡이 씌워진 병은 똑바로 세워두고 코르크 마개가 달린 병은 옆으로 눕혀둔다. 병입 숙성 맥주는 가장 잘 숙성되므로 바닥에 효모층이 가라앉아 있는 병을 찾자(하지만 그렇지 않은 맥주라 해서 배제할 필요는 없다―'저장고에 맥주 채워넣기' 부분을 참고하자). 마지막으로, 저장고에 두고 싶은 맥주마다 여러 병씩 사도록 한다. 그러면 여러 빈티지의 동일한 맥주를 주기적으로 시음해볼 수 있다.

숙성 맥주에서 당신이 찾고자 하는 것은 풍미의 깊이다. 결국, 어떤 맥주든 온전한 상태를 잃기 마련이고 풍미는 옅어지고 밋밋해질 것이다. '나이를 잘 먹은' 맥주에서는 어쩐지 마음 따스해지는 울림이 느껴질 것이다. 풍미들은 약간 진하다 싶게 느껴질 것이다—모든 날카로운 모서리들은 잘 닦이고 정제되고 원숙한 풍미들로 대체되어 사라진다. 산화oxidation되면 독특한 아로마와 풍미가 생긴다. 낮은 수준에서는 오래된 책에서 나는 것 같은 냄새—기분 좋은 곰팡내—가 나지만 지나치게 강해지면 젖은 골판지 같은 특성을 띠게 된다. 대부분의 숙성 맥주는 어느 정도 산화가 일어난 상태다—이는 '숙성된 풍미'의 주 요인이지만 캐러멜 및 검붉은 계열의 과일 풍미를 상승시키거나 셰리주 같은 정제된 느낌을 가미하는 방향이어야지 맥주를 압도하는 느낌이 들어서는 안 된다. 만일 특정 빈티지를 맛보았는데 마음에 든다면, 나머지 맥주들도 마셔보자—너무 오래 기다리다가 기회를 날려버린다면 그건 작은 비극일 테니까.

맥주와 음식 페어링하기
PAIRING BEER WITH FOOD

"그러니까 파이어스톤 워커의 우키 잭Wookey Jack이죠." 브루어들의 만찬 요리를 전문 분야로 삼아온 셰프 폴 캐스튼은 메뉴의 음식과 맥주를 페어링pairing*하는 요령에 대한 설명을 이렇게 시작했다. 나처럼 식도락과는 거리가 먼 사람에게는 일종의 보충 수업 같았다. "풍미를 나눠보는 겁니다. 좀 로스티한 느낌도 있었고, 호밀에서는 흙냄새나 후추 계열의 향도 있었고, 홉에는 소나무/시트러스와 더불어 약간의 흙냄새 같은 특성도 있었고, 풋풋한 풀내음 같은 특성도 있었고, 물론 쓴 풍미도 있었죠." 캐스튼은 셰프인데도 먼저 맥주 이야기부터 시작한다. 맥주의 풍미를 말 그대로 지도로 그려낸 다음 맥주 속에서 찾아낸 요소들과 잘 맞는 풍미들을 하나씩 배치함으로써 자신의 요리를 구성한다. 그의 앞에 놓인 노트는 마치 교실 칠판에 쓰인 짤막한 문장들 같은 온갖 설명과 그림으로 가득했다.

"요리의 각 구성 요소는 맥주 속의 수많은 풍미들과 정확히 맞아떨어집니다." 그는 우키 잭(블랙 호밀 IPA)을 탄두르**에 구워낸 돼지 허릿살과 페어링했다. "구운 감자는 맥주의 로스티한 풍미와 잘 어울릴 겁니다. 약간 그을린 느낌이 입혀지죠, 쓴맛이요. 곰보버섯에 곁들이면, 호밀과 홉으로부터 흙냄새 같은 향을 뽑아낼 겁니다. 과히요 후스Guajillo jus***는 스파이시하고 로스티하면서도 살짝 스모키한 풍미가 어울리죠. 호밀의 은근한 후추 풍미에 잘 맞을 테고, 홉의 쓴맛과도 어울릴 거예요. 그레몰라타 gremolata—잘게 썬 파슬리, 마늘, 레몬 겉껍질을 기본으로 하는—를 얹어서 살짝 색다른 맛을 더했습니다. 홉, 시트러스, 생마늘에서 나오는 풋풋한 향과 자극적 특성이 잘 맞을 겁니다."

이야기 도중에 나는 물어봤다. "생선에는 화이트 와인, 고기에는 레드 와인, 그런 건 아니라는 말씀이죠, 맞나요?" 그는 슬픈 표정으로 나를 쳐다봤다.

풍미의 연금술

맞는 음식을 고르는 것은 보기보다 까다로운 일이다. 그 이유는 풍미의 연금술적 성격과 관련이 있다. 단순한 덧셈처럼 적용되는 법칙이 있는 것이 아니기 때문이다. 어떤 것 하나에 또 다른 것 하나를 더한다고 해서 결과가 반드시 두 풍미의 합산은 아니다—음식과 잘 어울리는 크래프트 맥주를 만드는 에픽 에일스Epic Ales의 코디 모리스의 설명이다. "맥주 페어링은 맥주를 따로 마실 때 어떤 맛이 나고, 음식을 따로 맛볼 때 또 다른 어떤 맛이 나는데, 그 둘을 같이 먹어보니 전혀 다른 제3의 맛이 느껴질 때 가장 잘된 겁니다."

이런 비약적인 효과 때문에 음식 페어링은 예상치 못한 풍미를 만들어낼 수 있다. 나는 최근에 구운 채소 위주의 세 가지 요리에 청량하고 균형 잡힌 독일식 필스너를 곁들인 적이 있었다. 짭짤한 감자가 곁들여지니 필스너는 신선한 허브와 조화롭게 어우러졌고, 몰트의 달콤한 풍미는 감자껍질의 흙냄새 나는 풍미를 끌어냈다. 하지만 식초에 새콤하게 절인 양파를 곁들이자

* 풍미나 영양 등의 관점에서 함께 먹으면 좋은 것들끼리 짝을 맞추는 것
** 인도식 토제 화덕
*** 말린 미라솔고추를 넣어 만든 매운 소스

필스너에서 청량감과 드라이함이 터져나왔다. 마지막으로 쌉싸름한 녹색 채소들은 전혀 어울리지 않았다. 몰트의 달콤한 풍미는 채소의 쓴맛을 더 날카롭게 부각시키는 느낌이었는데, 이는 맥주의 스파이시한 호핑과 충돌했다.

프랑스 음식화학자이자 작가인 에르베 티스는 이런 현상이 일어나는 이유에 대해 한 가지 예를 들어 분자적 차원에서 설명한다. 그는 『분자 미식Molecular Gastronomy』에서 이렇게 적고 있다. "식초 한 잔은 마실 수가 없지만 거기에 설탕을 잔뜩 넣으면 먹을 만해진다. 하지만 pH─수소 원자 기준으로 측정한 식초의 산도─는 달라지지 않았다. 산도에 대한 감각은 왜 약해진 것일까? 맛에 대한 지각은 미각 수용기가 작동하는 환경에 좌우되기 때문이다." 내가 독일식 필스너를 짭짤하고 새콤하고 씁쓸한 풍미들과 페어링했을 때, 비슷한 종류의 화학작용이 입안에서 일어났던 것이다.

그리고 여기에는 희망이 있다. 일단 이런 상호작용에 대해 이해하고 나면 그 뒤로 예측이 가능해지기 때문이다. 당분과 산의 경우가 그한 가지 예다. 폴 캐스튼은 페어링을 기획할 때, 먼저 맥주의 구성 요소들에서부터 시작하여 역방향으로 작업한다. 그가 그린 도식은 자기 요리 속에 포함시킬 것들을 맥주 속의 해당 요소들과 맞춰보는 데 도움이 된다. 우리가 식탁에 앉을 때도 비슷한 시도를 해볼 수 있다. 결과는 연금술적이지만 항상 무작위적인 것은 아니다.

바람직한 페어링을 향한 발걸음

맥주에는 수많은 요소가 있다. 탄산 함량은 천차만별이며 질감은 물 같은 것에서부터 시럽 같은 경우까지 다양하다. 어떤 맥주는 드라이하고 청량─저감도를 나타낸다─하지만, 좀더 묵직하고 달콤한 맥주도 있다. 맥주마다 강도도 다양해서 속삭이는 것 같은 맥주에서부터 펑크록을 고래고래 소리지르며 부르는 것 같은 맥주에 이르기까지 다양하다. 물론, 풍미 역시 엄청나게 폭이 넓다─와인보다 훨씬 넓다.

우리가 레스토랑에 저녁 먹으러 가거나 냉장고를 열 때, 한 가지 또렷한 질문이 생긴다. 어떤 맥주가 이 음식에 어울릴까? 사람들은 지금까지 수년간 이 난제로 골머리를 앓아왔다. 브루클린 브루어리의 브루마스터 개릿 올리버와 음식 전문작가 루시 손더스가 처음으로 이 주제에 관한 책을 펴낸 뒤로 10여 년의 세월이 흘렀다. 이들의 저술과 미국 전역에서 새로운 시도를 해나가고 있는 몇몇 셰프 덕분에 사람들은 맥주도 와인만큼이나 저녁식사 자리에 잘 어울린다는 개념을 진지하게 받아들이기 시작했다. 사람들이 맥주의 다재다능한 면모를 발견하게 되면서 맥주는 천천히 2등급 지위에서 벗어나는 중이다. 전문가들은 시서론Cicerone˙이나 전미 마스터브루어협회Master Brewers Association of the Americas(MBAA)에서 제공하는 공인인증 프로그램을 만들어 맥주와 음식을 매칭하는 법을 가르친다. 셰프들은 시행착오를 거치며 자기 나름의 페어링 방식을 개발하고 있다. 일단 새로

˙ 본래는 안내원이라는 뜻으로, 동명의 프로그램을 이수하고 자격을 취득한 맥주 전문가

운 시도를 해봐야 잘 어울리는 짝을 찾을 확률도 높아진다는 사실을 아는 이들도 늘고 있다. 이 론은 대체로 보완적이고 중첩적이다—이론은 단지 개념을 다양하게 조직할 뿐이다. 다양하게 시도해 자신에게 잘 맞는 조합을 찾자.

기초

식사에 맥주를 곁들이는 것은 양념을 첨가하는 것과도 같다—음식에 약간 손을 대는 것이다. 결과는 어울릴 수도, 안 어울릴 수도 있고, 또는 아무런 의미도 없는 단순한 조합일 수도 있다. 맥주도 칠리소스와 다를 바가 없다. 그렇다면 한 가지 중요한 경험 법칙은 강도를 맞추는 것이 다. 칠리소스는 요리를 쉽게 압도해버릴 수 있 는데, 람비크나 IPA 같은 강렬한 맥주도 마찬가 지다. 역도 참이다. 반면 아주 맵거나 기름진 요 리에는 맛이 강하지 않은 비교적 물 같은 맥주가 필요하다.

또 하나 편리한 경험 법칙은 맥주가 담당할 역할에 대해 생각해보는 것이다. 구운 고기와 로스티한 맥주처럼 같이 녹아들고 서로 보완하 는 풍미를 찾고 있는가, 아니면 달콤한 몰트 풍 미의 맥주와 매운 엔칠라다enchilada*의 조합처 럼 대비되는 역할을 원하는가? 어떤 맥주들은 음식의 묵직한 풍미나 열감을 잠시 끊어 미각을 정돈해주는 역할을 하기도 한다. 이런 세 가지 개념은 '3C'로 알려져 있다.

* 칠리소스를 더한 고기 등을 속에 채워 옥수수 토르티야로 말아놓은 멕시코 요리

- **보완**Complement 이는 비슷한 구성 요소들을 통해 조화를 이루는 풍미들을 일컫는다. 몰트의 달콤한 풍미는 고기의 단맛을 부각시켜주고, 홉 의 허브 풍미는 실제 허브가 들어간 요리의 맛을 돋워준다.

- **대비**Contrast 좋은 대비를 이루는 페어링의 경 우, 각 요소들은 서로를 뚜렷이 부각시켜 조화 를 이룬다. 로스팅한 몰트는 달콤한 맛과 균형 을 이루는 반면(커피와 디저트처럼), 홉의 쓴맛 은 조금 더 단맛이 있는 고기와 근사하게 대비된 다. 달콤한 몰트 풍미의 맥주는 오일 및 식초를 기본으로 한 드레싱과 근사하게 대비된다.

- **정돈**Cut(또는 씻어냄Cleanse) 맥주가 지닌 최상 의 쓰임새는 음식의 강한 맛을 정돈해주는 데 있 다. 기름진 음식을 접할 때, 홉, 탄산, 산미는 훌 륭한 도구다. 산은 짠맛을 정돈하는 데도 탁월 하다.

지역별 스페셜티와 클래식한 페어링을 참 작하는 것도 잊지 말자. 고향이 같은 맥주와 음 식은 대개 서로 잘 어울릴 것이다. 바이에른 지 역의 스모키하고 풍부한 맛의 고기는 둥켈 라거 와 완벽하게 어울린다. 플랑드르 지역의 카르보 나드는 새콤한 플랑드르 에일과 최상의 조합이 며, 생굴의 달착지근하고 짭짤한 풍미는 로스티 한 아일랜드 스타우트나 불에 그을린 듯한 풍미 의 포터와 근사하게 어우러진다.

알코올은 식욕을 돋운다. 아페리티프로는 무겁거나 배부르지 않은 맥주 또는 혀를 코팅

해버리거나 입맛을 망가뜨리지 않는 맥주를 원할 것이다. 드라이하고 살짝 쌉싸름하면서 기포가 풍부하고 산미가 있는 맥주가 잘 맞는데, 과일 람비크, 괴즈, 세종, 필스너, 기포가 있는 페일 에일 등이 해당된다. 디제스티프로는 반대 성격의 맥주를 찾을 것이다—식사 후에 나오는 브랜디나 포트 같은 마실거리들이다. 이 경우에도 역시 몇몇 특정 스타일이 최적인데, 발리 와인, 올드 에일, 스트롱 애비 에일, 도펠보크 등이다. 이 묵직한 맥주들은 포만감이 있고 알코올 특성도 강하다—그 자체로 디저트 같은 맥주들이다.

이런 몇 가지 기초는 유용한 토대가 된다. 조금 더 깊이 파고들어가서 바람직한 페어링에 대한 직관적 감각까지 지니게 되려면, 맥주와 요리의 서로 다른 여러 요소들을 고려해보는 것이 도움이 된다. 거기에는 몇 가지 체계가 있어서 한데 조합할 수 있다면 완벽한 페어링을 해낼 확률이 굉장히 높아진다.

풍미의 구성

마스터브루어협회 회원들은 맥주 스타일과 지역별 전통을 떠나 풍미에만 집중하며 맥주 타입들을 재구성해왔다. 맥주가 혀를 적시고 그 아로마가 우리의 콧구멍을 가득 채울 때 그 경험에서 스타일은 그저 부차적인 것에 불과하다. 우리가 즉각적으로 받는 인상은 지적 차원이 아니고 감각적 차원이다. 마스터브루어들은 맥주의 주요 풍미를 바탕으로 하여 4가지 카테고리—1)몰트, 2)홉, 3)발효 풍미, 4)과일이나 스모크 등 첨가된 풍미—로 나누었다.

몰트 풍미

음식을 페어링할 때, 주요 풍미를 이해하는 것은 가장 중요한 일—성패를 좌우하는 핵심 요인—이다. 몰트 중심의 풍미는 굉장히 달콤한 것에서부터 아린 맛에 이르기까지 다양하고, 이들 풍미는 음식에 굉장히 다양한 영향을 미친다. 몰트 특성이 두드러지는 맥주를 생각할 때는 이 풍미들이 얼마나 뚜렷할지 생각하자.

몰트 타입	주요 해당 맥주	풍미
페일 몰트	페일 라거, 잉글랜드 비터, 벨기에 페일 에일	곡물, 빵, 스콘, 비스킷
캐러멜 몰트	미국 페일 에일, 앰버 에일	캔디, 토피, 캐러멜, 꿀, 검붉은 과일
미디엄 몰트	앰버 라거, 마일드 에일, 브라운 에일	견과류, 토스트, 빵 껍질, 캐러멜
블랙 몰트/ 로스팅한 몰트	포터, 스타우트, 슈바르츠비어	다크 초콜릿, 커피, 숯, 로스트

홉 풍미

홉은 좀더 복합적이고 많은 고민을 안기는 요소다. 어떤 맥주를 호피하다, 즉 홉 특성이 두드러진다고 할 때, 우리는 사실 세 가지 특성—쓴맛, 풍미, 아로마—을 동시에 지칭하는 것이다. 어떤 호피한 맥주는 굉장히 쓴맛이 강하면서도 홉의 풍미나 아로마라 할 만한 것이 거의 없다(일부 알트비어가 여기에 속한다). 그런가 하면 별로 쓴맛은 없지만 풍미나 아로마가 굉장히 강한 호피한 맥주도 있다—여러 페일 에일이 여기에 해당한다. 진정한 고민은 홉의 성격을 파악하려 할 때 생긴다. 홉은 나무 계열인가 아니면 시트러스 계열인가? 폴 캐스튼은 자신의 요리들이 홉의 풍미를 '빌려올' 수 있게 메뉴를 구성한다. 홉을 마치 양념처럼 활용하는 셈이다. 프로슈토, 고트 치즈, 살구, 발사믹 비네그레트가 들어간 요리를 예로 들어, 그는 이렇게 말한다. "살구 풍미가 확연한 맥주가 있다고 해봅시다—요리에 따로 살구를 쓰는 대신에 그 풍미를 활용하지 않을 이유가 어디 있겠습니까?" 이런 식의 매칭을 하기 위해서는 자신이 가진 호피한 맥주가 어떤 풍미군에 속하는지 생각해야 한다.

풍미군	비슷한 맛
허브	후추, 건초, 민트, 아니스, 세이지, 노간주나무, 딜, 마리화나
나무	삼나무, 소나무, 흙, 송진, 향
시트러스	자몽, 베르가못, 레몬, 패션프루트, 레몬그라스
꽃	라벤더, 재스민, 제라늄, 사과꽃
과일	살구, 망고, 멜론, 블랙커런트, 모과, 복숭아

발효 풍미

발효 풍미라는 카테고리는 가장 낯설게 느껴지겠지만, 여러 모로 가장 정확하다. 몰트와 홉이 만들어내는 다소 인상주의적이고 시적인 특징들에 비해 효모는 좀더 구체적인 —실증적이고 측정 가능한— 풍미와 아로마 화합물을 생성한다. 일단 개념에만 익숙해지면, 발효 풍미의 구별은 홉이 소나무 쪽인지 자몽 쪽인지 구별하는 것보다는 쉬워진다. 발효 특성이 중심이 되는 맥주들—농가풍 에일, 바이첸, 타트 에일, 와일드 에일—은 소믈리에나 셰프가 음식과 페어링하기 가장 쉽다며 자주 언급하는 맥주들이기도

하다. 따라서 이 풍미들을 잘 알아두면 각자 나름의 페어링을 할 때 유용할 것이다.

특성	비슷한 맛
에스테르(과일)	사과, 아니스, 바나나, 배, 파인애플, 꿀, 장미
페놀(향신료)	후추, 정향, 스모크, 바닐라
야생효모(산미)	발사믹 비네그레트, 요거트, 가죽, 농가 헛간, 퇴비

첨가된 풍미

과일이나 향신료 같은 기타 재료들에서 비롯되는 각종 풍미가 중심이 되는 맥주들이 포함된다. 여기에는 훈제 몰트와 배럴 숙성 맥주도 포함되는데, 이들 맥주는 위스키나 와인에서 여러 풍미를 얻는다. 이런 타입의 맥주와 음식을 페어링하는 일이 좀더 직관적인 이유는 이 풍미들이 독특하고 뚜렷해서다. 체리가 첨가된 특징을 지닌 맥주는 체리에 어울리는 짝을 찾는다는 기분으로 페어링하면 되고 스모키한 맥주는 바비큐 요리법처럼 고기의 풍미에 영향을 미친다고 생각하면 된다.

일곱 가지 풍미 카테고리

워싱턴 DC에서 주로 활동하는 맥주 소믈리에 그레그 엥거트가 개발한 방법은 마스터브루어 협회의 것과 비슷하나, 소믈리에로서 그는 맥주에 대한 비전문가의 불완전한 감각 렌즈를 통해 풍미들을 살펴본다. "풍미 프로필의 첫번째 과제는 본인이 관심 있는 맥주에서부터 시작하는 겁니다"라고 그는 말한다. 그는 카테고리 분류체계를 만들던 당시 본인이 좋아하지 않는 맥주

에 대해 확고한 견해를 피력하는 —그러나 자신이 싫어하는 것이 그 맥주의 어떤 부분인지 오해하는— 사람들을 늘 봐왔다. 이 같은 풍미에 대한 '역방향' 접근은 그 손님의 모든 경험을 활용할 수 있다는 장점이 있다. 그는 손님들이 올 때마다 하나씩 배워가기 좋을 만한 카테고리를 생각해냈다. "평범한 손님이 접할 수 없는 맥주 목록보다는 차라리 조언해줄 만한 목록이 있으면 좋겠다 싶었죠."

엥거트의 일곱 가지 카테고리는 점점 강도가 세지는 순서로 배열돼 있으며, 각 풍미는 다시 여러 타입으로 나뉜다.

청량함	섬세한 과일 풍미, 몰트가 강조됨, 상쾌한 호피함
홉	흙냄새가 있고 드라이함, 몰트 풍미가 중심, 진한 허브 및 시트러스 풍미
몰트	토스트, 견과류, 과일, 토피 풍미
로스트	부드럽고 실키함, 다크하고 드라이함
스모크	절제된 그을린 향, 고기 풍미 및 스파이시함
과일 및 향신료	화사함, 다크함
산미와 펑키함	섬세함, 과일 및 와인 풍미, 흙냄새

풍미들을 가장 덜 강한 것에서 가장 강한 것 순으로 정리함으로써 엥거트는 사람들이 저녁식사 자리에 맥주를 고를 때 출발점이 될 만한 기준을 제시하고 있다. 하위 카테고리는 맥주 타입을 어울리는 음식에 따라 고르는 데 상당히 좋은 지침이 된다. 하드 치즈에는 어떤 호피한 맥주를 마셔볼까? 아마도 흙냄새가 감도는 드라이한 맥주가 몰트 특성이 중심이 되는 묵직한 맥주보다는 잘 어울릴 것이다. 퀼슈처럼 섬세한 과일 풍미가 있는 에일은 매운 요리에는 그다지 잘 맞지 않을 것이다—그 대신 빈 라거처럼 몰트 특성이 부각된 청량감 있는 맥주로 맞춰보자.

풍부함, 쓴맛, 로스티함

폴 캐스튼의 체계는 단순하다. 그가 보기에 모든 것은 풍부함richness에서 출발한다. 음식이든 맥주든 마찬가지다. "풍부함에는 풍부함을 매치시키는 것이 일반 규칙이에요." 이는 강도와는 약간 다른 차원의 개념이다. 어떤 맥주는 쓴맛은 강하지만 풍미가 풍부하지는 않을 수 있고, 음식의 경우도 매운맛은 강하지만 풍부하지는 않을 수 있다.

일단 캐스튼은 맥주의 풍부함부터 판단해 놓은 뒤 두 가지 다른 요소를 생각한다. 그가 택한 접근 방식은 향신료와 홉을 페어링하는 것이다. "일부 페어링 전문가들은 맥주를 음식으로 굴복시켜야 한다고 말하기도 해요." 맥주는 희생시키고 음식을 돋보이게 만드는 방식이다. 그는 맥주를 사용하여 음식에 여러 겹의 풍미를 덧입히는 쪽을 선호한다. 마지막으로는 몰트 그리고 몰트의 로스티하거나 토스티한 풍미를 본다. 로스티한 풍미는 비교적 묵직한 느낌의 훈제 또는 구운 고기와 잘 어울리는 반면, 토스티한 풍미는 견과류향이나 토스트향을 보완적으로 살려줄 수 있다. 캐스튼은 이들 세 가지 주요 풍미 요소를 고려하고 나서 개별적인 풍미의 구체적 특징들을 살펴보며 맥주와 음식의 짝을 맞추기 시작한다.

한데 아우르기

맥주에 대해 서너 가지 카테고리로 생각하는지 혹은 일곱 가지 카테고리로 생각하는지는 별로 중요하지 않다. 내가 이야기를 나눠본 전문가—브루어, 셰프, 소믈리에—마다 전하는 메시지는 똑같았다. "맥주는 복합적이거든요." 풍미뿐 아니라 강도, 질감, 밀도, 풍부함도 고려할 요소다. 맥주와 음식의 페어링을 처음 시도해볼 때 그 모든 것을 고려하기란 쉬운 일이 아니다. 하지만 낙담하지는 말자—지금껏 해본 숙제 중에 가장 재미있는 숙제일 테니까. 풍미들이 서로 섞이고 변화할 때 무슨 일이 일어나는지, 잘 섞이고 있는지 음미해보자. 그 연금술은 직관적 차원에서 금세 이해되기 시작할 것이다. 기쁨은 곧 실험과 발견에 있는 것이지만, 누구나 올바른 방향으로 인도해줄 지도 한 장쯤은 활용할 수 있다. 다음은 당신의 출발에 도움이 될 '경험칙'에 근거한 지침이다—물론 규칙은 깨지기 마련이지만.

호피하거나 쓴 맥주에는…

- 쓴맛은 짭짤한 음식의 자연스러운 지원군이 된다. 둘 다 강렬한 풍미지만, 서로 진정시키는 효과가 있다. 짠맛은 쓴맛을 억제하고 쓴맛은 짠맛이 훑고 간 뒤에 달래주는 역할을 한다.
- 쓴맛은 풍부한 음식의 맛을 정돈해주는 효과가 있다. 미각에서 지방 성분의 느끼함을 줄여주기 때문에 묵직한 고기나 치즈류와도 잘 어우러진다.
- 홉의 풍미를 활용하여 음식 속의 허브 풍미를 보완해보자. 특히 시트러스, 과일, 향신료, 녹색 채소 맛이 나는 경우에 효과적이다.

달콤한 맥주에는…

- 단맛은 대비 효과에 뛰어난 요소로, 짭짤한 요리에 깊이를 더하고 요리의 신맛은 완화해준다.
- 단맛은 매운 음식으로 인한 불타는 듯한 느낌을 달래주는 데 효과적이다. 달콤한 맥주의 점성은 불을 끄는 데도 도움이 될 것이다.
- 맥주의 단맛과 음식의 단맛을 매치하는 것은 두 가지 풍부한 느낌을 끌어낼 수도 있지만, 강도는 주의할 필요가 있다. 극도로 단 맥주를 단 음식과 페어링하면 질리는 느낌일 수 있다.

새콤한 맥주에는…

- 산미는 풍부한 크림이나 치즈, 오일, 지방의 맛을 정돈하는 가장 좋은 방법이다. 새콤한 맥주는 특히 펑키한 치즈와 근사하게 어울린다.
- 소금은 산을 중화시키는 역할을 하므로, 새콤한 맥주는 짭짤한 음식 맛으로 완화될 것이다.
- 타트 에일을 페어링할 때는 과일이나 에스테르 풍미 같은 부차적인 특성을 고려할 것. 이런 특성은 음식의 단맛을 보완해줄 수 있다.

로스티한 맥주에는…

- 고기는 포터나 스타우트 같은 로스티한 맥주에 확실한 선택이 될 수 있지만, 맥주와 고기 둘 다의 강도와 맛의 풍부함이 어느 정도인지는 주의를 기울여 적절히 매치하는 것이 좋다.
- 몇몇 로스티한 맥주에는 바비큐, 고기 요리, 버섯이나 트러플 요리 등과 근사하게 어우러지는 스모키한 요소가 있다.

- 커피와 마찬가지로, 로스트 풍미는 풍부하고 크림처럼 부드럽고 달콤한 음식과 근사하게 대비를 이루는 효과를 내는 데 활용 가능하다.

몰티한 맥주에는…
- 몰트 특성이 두드러지는 맥주는 대개 강도가 낮아서 피자나 구운 뿌리채소 같은 무던한 요리들과 잘 어울린다.
- 쾰슈나 알트비어 같은 독일 맥주들은 고기 요리의 훌륭한 파트너다. 톡 쏘는 풍미나 스모키한 특성을 모두 아우를 수 있다.
- 비교적 다크하고 달콤한 풍미의 맥주는 스튜나 몰레 소스 등 향신료 풍미가 강한 요리와 맞춰보자.

알코올 특성이 강하거나 도수가 높은 맥주에는…
- 고도수 맥주는 거의 예외없이 강도가 높으므로 맛이 묵직한 음식과 함께 내야 한다.
- 벨기에 에일처럼 달고 센 맥주는 디저트 와인처럼 생각하면 된다. 짭짤한 하드 치즈나 디저트류와 함께 낸다.
- 알코올 함량이 높으면 매운 음식의 열감을 강화시키기 때문에 아주 매운 음식과 라이트 바디의 스트롱 벨기에 에일은 어울리지 않는다.

쓴 음식에는…
- 달콤한 맥주는 채소의 쓴맛에 균형을 잡기에 좋은 선택이지만, 채소의 섬세한 풍미를 압도해버리지 않도록 달콤하되 가벼운 맥주를 고르는 것이 좋다.
- 드레싱을 얹은 샐러드는 여러 흥미로운 페어링 기회를 제공한다. 달콤한 드레싱에 산미가 있는 청량한 맥주를 곁들이면 맛의 삼각형이 완성되겠지만, 식초를 넣은 드레싱의 경우라면 좀더 달콤하고 청량한 맥주가 나은 선택이 될 것이다.
- 풍미가 강한 다크 초콜릿은 올드 에일이나 달콤한 발리 와인 같은 묵직하고 달콤한 맥주에 잘 어울린다.

단 음식에는…
- 살짝 달콤한 음식에는 가볍고 청량한 맥주가 잘 어울린다. 탄산이 맛을 정돈하고 청량감으로 씻어내는 역할을 하기 때문이다.
- 신선한 과일의 달콤한 풍미와 대비되기를 원한다면, 새콤하거나 청량한 맥주를 골라보자. 새콤한 풍미는 과일의 당분과 대비되는 반면 에스테르는 조화를 이룬다. 청량감 있는 맥주는 과일의 맛을 살린다.
- 맥주는 놀라우리만치 디저트와 잘 어울리는 술이다. 로스티한 다크 맥주는 초콜릿, 캐러멜, 검붉은 과일, 향신료의 풍미를 부각시켜주는 반면, 산미가 있는 청량한 맥주는 크림이나 버터 풍미 가득한 디저트의 풍부하고 농밀한 느낌을 깔끔하게 씻어내주는 역할을 한다.

산미가 있는 음식에는…
- 시트러스는 밝고 청량한 맥주에 더할 나위 없이 잘 어울린다. 특히 시트러스 계열의 홉향을 지닌 맥주라면 금상첨화다.
- 과일 에일은 신 음식에 대비되는 요소로 고르면 좋다.

- 헬레스처럼 몰트 특성이 두드러지는 맥주는 식초에 절인 요리(자우어크라우트sauerkraut 등)에 자연스럽게 어울리는 짝이다. 달콤한 몰트의 풍미가 산미를 완화시킨다.

고기가 들어간 음식에는…

- 몰트와 고기의 마야르 반응이 근사한 조화를 이루며, 다크한 맥주와 구운 고기는 클래식한 조합이다.
- 포터나 슈바르츠비어처럼 라이트 바디의 다크한 맥주는 미묘하게 달콤한 향—돼지고기나 조개류의 단맛 등—이 확 터져나오게 만드는 역할을 한다.
- 미국 밀 에일이나 스코틀랜드 에일 등 색이 밝고 몰트 특성이 강한 맥주는 가금류 등 비교적 가벼운 고기 요리나 향신료를 듬뿍 넣은 멕시코, 태국 요리 등에 잘 어울린다.

짭짤한 음식에는…

- 짠 음식은 알코올 기운을 극대화시키므로, 저도수 맥주를 고르자. 특히 자꾸 맥주를 홀짝이게 만드는 짭짤한 스낵류라면 더욱 그렇다.
- 새콤한 맥주는 짠맛을 상쇄하며, 달콤한 맥주는 맛있는 대비를 더해준다—하지만 강도를 잘 맞춰야 한다는 것을 기억하자.
- 로스티한 맥주는 피하는 것이 좋다. 소금의 맛과 충돌한다.

매운 음식에는…

- 쓴 맥주는 매운 음식의 열감을 더욱 부각할 수 있지만, 홉 풍미는 향신료가 시트러스나 꽃 계열일 경우 조화를 이루는 데 활용될 수도 있다.
- 향신료를 감지해내는 신경이 탄산도 감지하기 때문에, 굉장히 매운 음식이라면 탄산 함량이 높은 맥주는 피하자. 대신 좀더 달콤하고 진한 맥주를 곁들이면 얼얼한 느낌을 달랠 수 있다.
- 칠리를 먹기 전에 미리 맥주부터 한 모금 마셔보는 것도 좋다. 맥주가 혀를 코팅해주어 혀를 거세게 훑고 지나가는 매운 불길에 균형을 잡아주는 역할을 할 것이다.

- 소금에 절여 발효시킨 양배추

펍에서 즐기기
AT THE PUB

언제든 마음을 달래주고 힘을 내게 하는 장소가 있다면, 그곳은 바로 길모퉁이에 있는 허름한 펍이다. 쌀쌀한 밤에 펍은 곧 온기와 유쾌함이다. 무더운 여름 낮에 펍의 테라스는 시원함을 만끽할 수 있는 근사한 장소다. 사람들과 어울려 마신다는 개념은 수메르—최초의 브루잉 문화—로까지 거슬러 올라갈 수 있겠다. 당시 사람들은 맥주를 큰 호리병에 담아놓고 지푸라기 빨대를 길게 꽂고 둘러앉아 다 같이 빨아올려 마셨다. 켈트족에게는 펍이 있었고, 로마인들은 영국 지배 당시 나그네들을 위한 술집을 길가에 만들었다. 다른 이들과 함께하는 술자리는 즐거운 일이었으므로 원주민들은 그 이후로도 기꺼이 그 전통을 이어왔다.

미국에서 선술집tavern은 그 나름의 화려한—그리고 악명 높은— 명성이 있다. 1654년에 세워진 보스턴의 그린 드래곤에는 폴 리비어나 존 행콕 같은 유명 인사들이 포진해 있었고, 지역 주민들이 영국군의 렉싱턴 및 콩코드 공격 논의를 엿들은 것도 이곳이었다. 터무니없지만 재미있는 이야기가 그렇듯, 그 이야기가 진짜인지는 사실 중요하지 않다—술집 이야기는 원래 맛있음 그 자체가 핵심이니까. 필라델피아의 우아한 시티 태번City Tavern은 제1차 대륙회의the First Continental Congress*의 비공식 개최 장소를 담당하기도 했다. 물론 뉴욕은 첨리스Chumley's 같은 전설적인 주류 밀매점**들의 본산지이기도 했다. 첨리스는 누군가 혹은 무엇인가를 "86하다"라는 표현의 어원이 된 곳이기도 했다(주소지가 86 베드퍼드 스트리트였던 그 입구를 지칭한 표현으로, 술취한 위법자들이 이곳으로 달아났다). 다른 유명 펍들은 건달들, 매춘부들, 시인들, 사장들이 모여드는 곳이었다—펍이라는 렌즈를 통해 보는 각 동네의 역사는 한층 더 흥미진진한 법이다.

불행히도, 공간으로서의 펍은 금주법 시행 이후 위기를 맞았고, 크래프트 브루잉이 등장하기 전에는 대체로 주변부로 밀려나 있었다—창문도 없이 담배 연기로 자욱한 이 상자 같은 곳은 취객들의 행태를 보지 않을 수 있게 바깥의 '점잖은' 사람들을 지켜주는 공간이었다. 오늘날에는 이런 바를 다이브 바dive bar라고 부르지만 1970년대와 80년대에는 그냥 보통 바였다. 이런 현상은 미국적 경험—술과의 기나긴 갈등 관계—의 또 다른 측면을 반영하는 것이기도 했다. 문화적 관점에서 우리는 알코올에 대해 약간은 불편한 구석이 있을 수밖에 없다. 누군가는 늘 그것을 소비하려 들고, 또 누군가는 그 소비를 억제하려 애쓴다. 창문 없는 펍은 술을 마시는 이들을 마시지 않는 이들로부터 격리시켜주는 방편이었지만, 이는 여전히 펍이 '미성년자 출입금지' 표시를 입구에 걸어놓은, 주로 남자들의 공간으로 남아 있다는 뜻이기도 했다.

21세기가 되면서 상황은 또다시 변했다. 유리창이 다시 등장하면서 여성과 아동도 다시 등장한다. 술을 마시는 이들은 입안에서 음료와 음식이 섞일 때 일어나는 연금술에 관심이 생겼고, 마시기 위해서도 펍에 가지만 먹기 위해서도 펍에 가게 됐다. 이와 관련하여 최근 눈에 띄는 한 가지 현상은 '개스트로펍gastropub'—메뉴와

* 미국독립혁명 당시 13개 식민지의 대표자 회의.
** 1920, 30년대 미국 금주법 시대에 있었다.

탭 리스트가 서로를 보완할 수 있게 선별된 고급 펍—이다. 좋은 맥주가 등장하면서 풍미가 다시 고려 대상이 됐는데, 아마 음주운전 관련 법규도 어느 정도 변화에 일조했을 것이다. 드래프트로 서빙되는 맥주는 열 개 중 하나에 불과하지만, 이 수가 감소하지 않고 상승 중인 것은 수십 년 만에 처음이다. 펍은 미국인들의 삶 속에 다시 들어왔으며, 다시 중요한 관심사가 된 이 술을 곁들인 유쾌함은 적어도 당분간은 자리를 지킬 것 같다.

세계의 펍

해외여행에서 흥미로운 부분 중 하나는 우리가 당연시하며 무관심했던 삶의 소소한 측면들이 바다를 건너면 어떻게 달라지는가 하는 것이다. 바에 가는 일에는 우리가 오랫동안 잊고 살던 모든 종류의 전문 지식이 동원된다. 하지만 다른 나라에 가면 얼마나 많은 소소한 사회적 합의들이 있는지 새삼 깨닫게 된다. 가령, '바bar'라는 단어를 예로 들어보자. 이는 미국식 단어이고, 범위가 좁지 않다. 이 단어는 음식 메뉴는 전혀 없는 장소를 가리키는 간단한 표현으로 쓸 수도 있지만, 당구대와 싸구려 맥주가 있는 장소에도 쓸 수 있다—또는 20달러짜리 앙트레entrée와 8달러짜리 파인트 메뉴가 있는 고급 레스토랑 안의 놋쇠와 오크로 장식된 탭룸을 지칭하는 말일 수도 있다. (아, '앙트레'? 프랑스어로 메인 코스 말고 그전에 첫번째로 나오는 코스 요리라는 뜻이다.) 우리는 '펍' '태번' '바' '라운지' '브루펍' 등의 단어를 사용해 술을 마실 수 있는 다양한 장소를 일컫는다. 그리고 이들 단어는 약간씩 의미가 다르다는 것도 알고 있다.* 외국인 방문객이 느낄 혼란을 상상해보라.

알고 보면 파인트 하나를 주문하는 일은 늘 현지의 문화, 기대 그리고 그 밖의 여러 가지 소통을 포함한다. 각 나라의 관습들을 설명하려면 책 한 권 —사랑스럽고 멋진 책 한 권— 정도는 필요하겠지만, 여기서는 맥주 만드는 것으로 가장 유명한 나라들의 습관들에 관해서만 간단히 적어보고자 한다.

영국

영국에서 측정의 표준 단위는 펍이다. 미국에서 우리가 사용하는 그 난해한 명명 체계와는 달리, 영국에서는 펍은 펍이고 펍이라는 이야기다. 어두운색의 목재 벽과 크리스털 조명, 그리고 반짝이는 놋쇠 장식이 있는 우아한 펍도 있고, 아주 간소한 펍도 있다. 하지만 가장 허름한 곳에서부터 가장 고급스러운 곳에 이르기까지 영국의 펍들은 대부분 아늑하고 환대하는 느낌이 있다. 얼마든지 떠들어도 되는 분위기이고, 완전히 처음 보는 사람들 틈에서도 거리낌없이 이야기 나눌 수 있다. 바에서 옆 사람에게 지금 마시고 있는 맥주가 뭐냐고 물으면 봇물 터지듯 이야기가 흘러나올 것이다. 지구상 그 어떤 곳에서도 맥

* 요즘은 각 단어들이 구분 없이 혼용되며 주류를 상업적으로 판매하는 장소를 통칭하는 추세지만, 다음과 같은 약간의 차이가 있다.
펍: 널찍한 공용 공간이 있고, 술과 간단한 음식을 판매하는 곳.
태번: 펍과 거의 동일한 의미로 사용되나, 여행자용 숙박 시설이 딸려 있는 경우도 종종 있다.
바: 대개 손님이 앉을 수 있는 카운터와 스툴이 놓인 자리가 있는 술집.
라운지: 술을 판매하는 것은 동일하지만, 주로 호텔이나 공항 등의 휴식용 공용 공간을 가리킨다.
브루펍: 맥주를 직접 만드는 브루어리를 겸한 펍.

주 한 잔 사 먹는 일이 이보다 다정한 경험으로 이어지기는 힘들 것이다.

모든 것이 아주 단순명료하다. 바에 다가가서 파인트를 주문하고 테이블로 파인트를 들고 되돌아온다(또는 바에서 바로 파인트를 마셔도 좋다). 바에서는 음식도 주문할 수 있다—하지만 누군가가 음식은 가져다줄 것이다. 친구들과 맥주를 마실 때는 돌아가며 사는 것이 보통이다. 이런 과정 덕분에 첫 파인트 한 번만 사고 나면 그 이후로는 일어날 필요 없이 그냥 자리에 앉아 있을 수 있다. (자기 차례가 돌아왔을 때, "내가 살 차례야It's my shout"라고만 하면 된다.) 팁을 주는 경우는 흔하지 않지만, 만일 펍 한 군데서 저녁 내내 있었다면 마지막 잔을 마신 뒤에 1-2파운드쯤 감사의 표시로 낼 수 있겠다. 2006년부터 2007년부로 영국 정부는 펍에서의 흡연을 금지했고 이 정책은 엄청난 논쟁을 촉발했지만(스코틀랜드가 가장 먼저, 잉글랜드는 가장 나중에), 어쨌든 그 충격의 여파에도 펍은 결국 살아남았다.

잉글랜드 남부에서 파인트는 캐스크에서 바로 따라낸 그대로 서빙될 것이다. 정통성의 미덕을 갖춘 방식이다—당신은 이 방식으로 어떤 것도 혼입되지 않은 순수 맥주를 마시고 있는 것이다. 비방하기 좋아하는 이들은 이 방법이 거품방울이 큰 탓에 얄팍한 헤드를 만들어서 별로 보기 좋지 않다고 지적하기도 한다. 북부에서는 크림 같은 질감의 헤드를 만들기 위해 '스파클러sparkler'를 사용한다. 질소 탭에서 따라낸 것과 흡사한 효과가 있다. 이 방법에 대해 비판적인 이들은 스파클러가 맥주에 거품을 내는 과정에서 맥주 파인트에서 얻을 수 있는 경험을 변형시킨다고 느낀다. 스파클러는 식을 기미가 안 보이는 뜨거운 논쟁거리다.

어느 펍에 들어가서 남자들이 유난히 많다고 놀라지 말자. 맥주를 마신다는 것은 아직도 남자들의 영역으로, 어쩌면 펍의 문화적 소산인지도 모르겠다. 만일 여자 손님이 보인다면 와인을 마시고 있을 확률과 맥주를 마시고 있을 확률이 반반이다. 맥주 회사들은 '여자들의 맥주'—화이트 와인인 양 나풀나풀한 느낌의 맥주들—를 선보이며 반전을 꾀해보지만 바에 앉아 있는 영감탱이의 이미지야말로 원흉이다. 미국에서 그랬듯 여성 고객들은 크래프트 맥주를 수용했으며, 이를 시작으로 마침내 흐름은 바뀔 것이다. 오늘날까지 이런 진전은 천천히 지속적으로 이루어지고 있다.

벨기에

벨기에에서 맥주는 도처에 있으며, 그래서 실제로 레스토랑과 바는 한 끗 차이다. '카페'는 펍보다 더 흔히 쓰이는 단어다. 미국에서와 마찬가지로, 바에 앉는 것을 택할 수도 있지만 테이블 자리에 앉았다면 서버를 통해 주문하면 된다. 벨기에의 맥주 카페beer café는 영국 펍만큼 획일적이지는 않다. 좀 더 쾌활하고 밝으며, 바보다는 테이블 쪽에 더 치중한 분위기다. 놀라운 문화적 성향 가운데는 벽 장식도 있다—맥주 용품, 사진, 잡지 표지가 붙어 있고 선반에는 장식용 골동품들이 놓여 있다. 가끔씩은 내가 바에 와 있는 것인지 박물관에 와 있는 것인지 헷갈릴 정도였다.

영국과는 달리, 벨기에에서는 스페셜티 맥주의 대다수가 탭을 통해서가 아니라 병에 담겨 판매된다. 이렇게 되면 대체로 맥주 자체의 작용이 관건인데, 대부분 병 안에서 2차 발효를 거치게 된다. 이 때문에 겉으로 드러나는 서빙 방식은 음주 경험의 중대한 부분을 차지하며, 맥주를 옮겨 붓는 의식에서 서버가 수행하는 역할은 결코 사소하지 않다. 이 절차의 시작은 적절한 글라스다. 모든 브루어리마다 각자 나름의 특별한 형태의 디자인이 있을 뿐 아니라, 브루잉하는 맥주 스타일마다 따로 글라스를 갖추고 있을 수도 있다. 람비크는 가장 바로크적이다. 괴즈 병은 특유의 작은 바구니에 놓여 있다가 따르고 남으면 목 부분을 위로 비스듬히 기대어놓는 반면, 파로는 토기로 된 피처에 옮겨 담긴다. 서버는 탄산 함량—맥주별로 편차가 엄청나게 크다—을 잘 파악하고 있어서, 완벽한 헤드가 생성되게 맥주를 붓는다. 벨기에 맥주는 병입 숙성되기 때문에 병 바닥에 효모가 약간 가라앉아 있다. 서버는 병에 담긴 맥주를 전부 따라내기에 앞서 잠시 멈추고 효모를 가라앉힐 것이다. 직접 그 효모를 마저 부어 맥주를 탁한 상태로 만들 수도 있고, 또는 따로 마실 수도 있다. 마지막으로, 서버가 당신 앞에 병을 내려놓으면서 라벨이 보이도록 돌려놓을 것이다. 영국에서와 마찬가지로, 팁은 기본이 아니다.

벨기에에서는 여자들이 맥주를 마신다. 카페나 레스토랑에서 여자 손님들도 다를 바 없이 저녁식사에 곁들여 고블릿에 담긴 트리펄을 마시고 있을 것이다—튤립 글라스에 담긴 황금빛 맥주를 마시고 있을 수도 있다. 사실, 누구나 맥주를 마신다. 최근 수십 년 사이에 사라진 전통이기는 하나, 심지어 학교에서 어린이들에게 맥주를 주었던 것도 사실이다—'어린이용 맥주'는 일종의 비에르 드 타블의 형태였다. 오늘날에도 16세 이상의 아이들은 부모 동반인 경우 레스토랑에서 맥주 한 잔은 마실 수 있다. 2007년에 부분적으로 금지됐던 흡연은 2011년 전면 규제 대상이 됐다.

독일

내가 처음 들어선 독일 술집은 뒤셀도르프에 있는 춤 슐뤼셀Zum Schlüssel이었다. 국제선을 타고 온 터라 너덜너덜한 상태였다. 거리에서 들여다보이는 아늑한 (그러나 사람들로 꽉 찬) 실내로 홀린 듯 들어섰다가 다시 바 근처로 옮겼는데, 펍 실내는 몇 개로 나뉜 공간들을 가로질러 광활한 동굴처럼 펼쳐진 모습이었다. 특이한 모습은 아니었다. 독일식 맥주홀의 핵심적 특징은 거대함이다. 작은 방과 틈새 공간들로 나뉜 벌집 같은 구조의 펍도 있지만, 무도회장처럼 광활한 곳도 있다. 알고 보니 400석 규모의 슐뤼셀은 딱히 큰 축에 속하지도 않는다—뮌헨의 호프브로이하우스는 3,000석 규모니까. 하지만 규모는 차치하더라도 독일식 술집은 의식, 문화, 현지 관습으로 가득 찬 공간이다.

독일의 어느 낯선 술집에 들어서면 멍해질지도 모른다. 작은 펍조차도 방 하나 이상 크기로 펼쳐져 있는 편이라 자리 하나 찾으려면 대개 두리번거리며 뒤져야 한다. 번잡한 경우에는 서버가 기꺼이 자리를 찾게 도와줄 수도 있겠지만, 누군가가 자리를 안내해주는 일은 드물다. 전형적인 펍에는 대형 테이블들이 놓여 있고, 일행

끼리 빈자리에 자유로이 앉는다. 독일에서 합석은 공동체 분위기의 일환이기도 하다. 픽센 브루어리의 펍에서 나는 커다란 피자 크기만 한 입식 테이블을 손님 세 명과 함께 썼다. 우리는 테이블 위에 글라스를 올려놓고 서로 공간을 만드느라 조금씩 뒤로 물러서 있었다. 술집마다 교회 같은 분위기가 분명히 느껴진다—어디에나 스테인드글라스가 있었고, 엄청난 수의 십자가상에 놀라기도 했다. (어쩌면 이는 놀랄 일이 아닌지도 모른다. 브루잉과 교회는 인류 역사상 가장 오래된 것들이니까.) 지역별로 편차가 있는데, 바이에른만큼 독특한 곳도 없다. 모든 장소마다 테이블은 밝은색 목재이고, 벽에는 사슴뿔이 걸려 있으며, 어두운색의 패널들을 실내 전체에 덧댄 듯 보였다.

독일에서는 모두 맥주를 마신다. 술집은 모임 장소이고, 술집에 가면 도시 전체를 발견하는 느낌이 들 정도다. 남녀노소 할 것 없이 누구나 펍에 와서 파인트(반 리터)를 즐긴다. 펍이 워낙 공동체 삶의 중심을 차지하고 있어서 단골손님들을 위한 테이블을 따로 마련해둔 경우도 많다. 밤베르크 같은 소도시에서 이는 관광객이 보기에는 어리둥절한 광경일 수 있다. 어느 금요일 저녁 7시가 좀 안 된 시간에 들어선 슈페치알 브루어리는 삶의 활기로 가득했다. 빈자리 서너 곳 중 하나를 골라 앉으려 하자 현지인들이 내게 정색하며 핀잔을 주었다. 그 테이블들은 단골손님들을 위한 자리였다. 7시가 다 되자 때마침 자리 주인들이 나타나 앉았다. 나는 반 리터를 들고 바 근처를 서성거리며 마셨다.

서버들은 신경을 쓰고 있기는 하지만 지나친 참견은 하지 않으며, 사람들이 마음에 드는 맥주를 고를 수 있게 돕는 습관이 몸에 배어 있다. 새 글라스를 가져다주고 손님의 코스터에 표시를 해주는 관습은 쾰른과 뒤셀도르프에서 체계화돼 있지만, 다른 곳에서도 비슷한 표시 체계를 쓴다. 대개는 서버에게 간단히 고개를 끄덕이는 것만으로도 맥주를 한 잔 더 주문할 수 있다. 그러나 마무리 단계에서는 서버를 불러야만 한다. 미국에서와는 달리 손님이 요청하기 전에는 계산서를 갖다주지 않기 때문이다. 좀더 흔하게는, 서버가 튼튼한 벨트에 달린 주머니 속에 현금과 손님별 계산서를 넣고 다니다가 즉석에서 주문 내역을 수정한다. 소액의 팁을 주는 것이 관례로, 금액 끝자리 수를 올림하는 것이 일반적이다—계산서 총액이 22.5유로이면 25유로를 지불하는 식이다. 독일에서 흡연은 주별로 규제하므로 불을 붙이기에 앞서 현지 규정을 확인할 필요가 있다.

체코

체코와 영국은 닮은 구석이 많다. 우선, 플로어 몰트를 사용한다는 점에서 비슷하고 향긋하고 가벼운 세션 맥주에 집중하는 것도 비슷하다. 그러나 펍이야말로 가장 뚜렷한 연결고리다. 영국인들과 마찬가지로, 체코인들도 편안하고 다정한 느낌의 구석진 곳을 선호한다. 똑같이 닮은 펍 같은 것은 없지만, 일단 자리를 잡고 앉으면 절대 일어나고 싶지 않은 풍수 같은 것이 분명 존재한다. 펍 주인들은 아늑한 공간, 나무 패널로 덧댄 벽, 편안한 느낌을 줄 만큼 적당히 낡은 자리를 만들고자 한다.

앉을 자리 하나를 찾아나서는 과정은 어딘가 신비로운 구석이 있다. 체코에는 분명 바가 있지만, 관심의 중심에 있지 않다―때에 따라서는 앉을 수조차 없다. 대신, 빈 테이블을 찾자―독일의 경우처럼, 펍은 보통 방 여러 개가 서로 연결되면서 넓게 펼쳐져 있으므로 구석구석 돌아보자. 테이블을 찾아 돌아다니다보면, '예약석' 표시가 된 빈 테이블들을 발견할 수도 있다. 분명, 공산주의 시대로 돌아가면 직원들이 이 표시들을 여기저기 뿌리고 다니며 담당할 테이블 수를 제한했을 텐데, 바로 그 관습이 오늘날까지도 자꾸 작동하는 것 같았다. 대개 이는 사람들을 관리 가능한 규모로 유지하는 방편이기도 하다. 독일에서와 마찬가지로 몇몇 테이블은 늘 단골손님들을 위해 비워져 있다.

일단 앉고 나면 당신은 우수고객이다. 체코의 서버들은 응대를 잘하고 다정하다. 한번은 프라하에서 어떤 펍을 알게 됐는데 작고 근사한 막힌 공간을 갖추고 있었다. 늦은 오후에 나는 그 방에 혼자 있었는데도 내 머그가 아슬아슬하게 비어갈 때쯤이면 담당 웨이트리스가 귀신같이 알고 때맞춰 나타났다. 체코어는 배우기 어려운 언어지만(나는 끝까지 '감사합니다'에 해당하는 단어인 Děkuji를 완벽히 익히지 못했다―발음은 '디예쿠이'에 가깝다), 서버들은 기꺼이 도와줄 것이다―필요하다면 수신호도 괜찮다. 체코 펍에서 흡연은 허용되지만, 대개 저녁 시간에 한해서다. 체코 사람들은 팁을 주지 않지만, 코루나koruna('왕관crown*')는 아주 소액이라 계산서 금액을 올림하여 반영하면 서버의 기분을 망치지 않을 수 있다.

건강을 위해 건배

이런 장면을 떠올려보자. 친구들과 어울려 놀러 나왔는데, 펍 주인이 방금 당신 앞에 거품이 소복한 신선한 맥주잔을 놓고 갔다. 그다음 순서는 무엇일까? 세계 어디서든 어지간한 곳에서라면 건배나 인사말이 오갈 것이다. 경우에 따라 이 단계를 건너뛴다면 일제히 인사말을 나누는 것보다도 훨씬 더 많은 의미가 실려 있을 수도 있겠다. 테이블에 앉은 이들이 그저 고개만 서로 까딱하는 자리에도 앉아봤고, 옆 사람과 글라스를 부딪치는 것이 어울리는 자리에도 앉아봤다. 그런가 하면 또 어떤 곳에서는 누구나 모든 사람과 일일이 글라스를 부딪치며 눈인사를 나눠야 하는 경우도 있다. 때때로 우리는 글라스 바닥 부분을 서로 부딪친다. 그리고 외치는 것이다. 치어스Cheers 또는 슬론처Sláinte, 또는 나즈드라비Na Zdraví 또는 프로스트Prost! 이유에 대해 궁금해본 적이 있는지?

그 근원은 의식을 지향하는 인간의 본능이다. 흔히 의식이라고 하면 종교적인 것으로 생각하지만 의식에는 종교적 성격 못지않게 사회적 성격도 있다. 우리는 손을 맞잡거나 서로의 뺨에 입을 맞추며 인사를 나눈다. 아이가 태어나면 시가를 나눠주기도 하고, 생일에는 노래를 부르기도 한다. 의식은 서로의 관계를 다시 확인하고 중요한 이정표를 새기도록 돕는 역할을 한다. 우리는 인생의 가장 중요한 순간들마다 의식을 동원하기도 하지만 가장 단조로운 순간에도 의식을 치른다.

* 체코의 화폐 단위

동서고금을 막론하고 무엇인가를 축하하고 기념하는 수많은 자리에는 알코올이 빠지지 않았다. 통과의례—성인식, 결혼식, 졸업식, 장례식—에는 대개 알코올이 함께한다. 배에 처음 이름을 붙일 때는 샴페인과 함께하고(브루어리들도 똑같이 하는 경우를 보았다—물론 샴페인이 아닌 희귀 맥주들을 가지고), 일부 문화권에서는 새집을 사면 기포가 풍성한 샴페인을 따는 풍습이 있다.

우리가 알코올을 사용하는 데는 이유가 있다. 알코올이 함유된 다양한 마실거리마다 지위 개념을 연상시키는 요소가 있지만(샴페인은 높고, 맥주는 낮지만), 대체로 우리는 알코올이 사회적으로 평등하게 만드는 역할을 한다고 본다. 사람들은 공공장소에 술을 마시러 가고 그 안에서만큼은 사장과 공장 노동자 사이의 지위 격차가 사라진다. 분위기를 바꾸는 힘은 유대감 형성을 돕고, 이는 다시 다양한 집단을 결속시킨다. 그리고 기운을 북돋우는 알코올에는 힘과 변화의 성질이 있다. 특별한 자리에 레모네이드를 곁들일 수도 있겠지만 알코올은 축하하는 자리의 즐거움을 극대화시키는 촉매제 역할을 한다. 술에는 효능이 있다.

서로 '건배toasting'하는 전통은 1,000년도 더 됐다. 중세 영어의 건배사 와스헤일wœs hœil—건강이나 행운을 기원—이 그 시초다. '술잔치wassail'라는 단어도 여기서 온 것으로, 그 출처는 『베오울프*Beowulf*』다.

말 탄 자는 잠들고,
영웅은 멀리 숨어 있다. 하프도 울리지 않는구나,
한때 들렸던 떠들썩한 술잔치 소리도 뜰 안에 없도다.

예로부터 이 인사법과 연관된 마실거리가 있고, 우리는 그 마실거리와 더불어 단어의 기원에 가까이 다가선다. 이 음료는 전통적으로 따스하게 데워졌고 그 안에 들어간 재료 가운데는 맥주도 소량 포함돼 있었다. 중세 영어 초창기는 홉이 없었으므로 맥주에 향신료를 첨가하고 대개 리큐어나 벌꿀술을 섞던 시기였다. 호핑이 등장하면서, 준비 과정은 끓이지 않고 무엇인가를 섞는 과정mulling에 좌우됐다. 쓴맛이 강해지지 않게 하기 위해서였다. 다양한 술 레시피에는 과일과 설탕에서부터 계란에 이르기까지 온갖 다양한 재료들이 필요했다—대개는 알코올 함량이 더 높은 술일수록 더 강한 재료가 들어갔다. 조지 및 빅토리아 왕조 시대 영국은 중앙난방 없이 겨울을 났으므로 마실거리에서 온기를 찾고자 했다. 특별한 볼에 혼합주를 담고 공동체적, 의식적 분위기를 첨가했다. 일찍이 13세기부터 볼 위에 띄운 바삭한 빵—다시 말해, 토스트—은 가장 흔한 재료 중 하나였다. 사람들의 안녕을 비는 일과 평범한 그릇에 담아 술을 마시는 일을 결합시킨 것이 결국—적어도 언어적으로— 체계화되어 서로의 건강을 기원하는 건배 관습이 된 것이다.

"건배!"라고 말하기

문화적 의식의 다양함을 생각하면, '건배cheers'에 해당하는 표현은 어디나 꽤 비슷하다. 로망스어나 슬라브어에서는 건강을 기원한다.

독일과 네덜란드에서는 비슷한 의미의 라틴어가 기원이다. 중국과 일본의 개념은 '잔을 비운다'에 더 가깝다. 단어 자체는 낯설지 몰라도, 영어권 화자들에게는 전부 익숙한 개념이다.

펍 게임

'스포츠 바'라고 하는 꼴불견이 등장하기 전만 해도 사람들은 대개 펍에는 술을 마시러만 갔다. 시간을 보내기 위해 사람들은 게임을 만들어냈는데, 멍하니 입 벌린 채 구경만 하는 게임

아일랜드 게일어 IRISH GAELIC — sláinte! 슬론처! ('건강')

중국어 CHINESE — 干杯! 간베이! (직역하면 '잔을 말리다'로 '잔을 비운다'는 의미)

이탈리아어 ITALIAN — SALUTE! 살루테! ('건강')

체코어 CZECH — Na zdraví! 나 즈드라비! (직역하면 '건강을 위하여!')

일본어 JAPANESE — かんぱい! 간파이! ('잔을 말리다')

덴마크어, 스웨덴어, 노르웨이어 DANISH, SWEDISH, NORWEGIAN — SKÅL! 스콜! (직역하면 '사발'로, 옛날식 잔을 가리킴)

폴란드어 POLISH — Na zdrowie! 나 즈드로비에! ('건강을 위하여!')

네덜란드어 DUTCH — Proost! 프로스트! ('[당신이] 형통하기를 빕니다')

스페인어 SPANISH — salud! 살루드! ('건강')

독일어 GERMAN — PROST! 프로스트! ('형통하기를 빕니다')

대신 술 마신 사람들이 직접 참여하며 즐길 만한 게임들을 만들어냈다. 이 가운데는 셔브 하페니Shove Ha'penny*, 앤트 샐리Aunt Sally**, 토드 인 더 홀Toad in the Hole*** 등 인기가 시들해지고 있다고 볼 만한 게임도 있었고, 다트, 셔플보드shuffleboard, 당구 등 계속 인기를 끄는 게임도 있다. 최근에는 펍 퀴즈가 선풍적 인기를 끌고 있다. 지금부터는 바에서 흔히 즐기는 고전적인 게임들을 소개해보고자 한다.

다트

펍 게임의 대표적인 아이콘을 꼽으라면 바로 맥주와 이 뾰족한 발사체일 것이다―너무나도 막강한 조합이다. 다트에 단점이 있다면, 수학에 의존한다는 점이다. 때문에 후반 라운드로 가면 게임 속도가 느려진다. 목표는 단순하다. 501점 또는 301점에서 시작하여 참가자마다 돌아가면서 총점을 0점으로 만들어가는 것으로, 자기 다트가 꽂힌 보드 위 숫자만큼 점수를 빼나간다. 각 참가자에게는 한 회당 다트가 세 개씩 주어지고, 마지막에 던지는 다트는 중심점bull's eye 또는 더블doubles 구역에 꽂혀야 한다(초보들은 이 규칙을 제외하는 경우가 많다). 보드는 20개 조각으로 나뉘어 있고, 각 부분마다 숫자가 매겨져 있다. 바깥 가장자리에는 해당 숫자의 두 배에 해당하는 가느다란 띠가 있고, 그 가장자리와 중심점 사이의 중간쯤에는 해당 숫자의 세 배에 해당하는 가느다란 띠가 있다. 중심점은 안쪽 눈동자와 바깥쪽 홍채로 구분되는데 각각 50점과 25점이다. 훌륭한 다트 선수가 501에 도달해야 하는 최소 드로throw 횟수는 9회다. 당신은 몇 번 던져야 할까?

당구

교양 있는 사람들은 당구를 언급할 때 풀pool 대신 빌리어즈billiards라는 단어를 쓰지만, 보통의 미국 바에서는 다들 풀이라고 한다. 크래프트 브루잉 이전 시대에 당구는 미국 전역의 술집 어디서나 볼 수 있을 정도였다. 바에서 하는 유일한 일은 마시는 것뿐이었으므로, 당구는 시간을 보내기에 좋았다. 당구의 고수라면 나인볼nine-ball이나 스트레이트 풀straight pool 같은 게임을 할지 모르지만 평범한 펍 손님들이 주로 하는 게임은 에이트볼eight-ball****이다. 규칙은 아주 단순해서 아이들도 알 수 있을 정도다―줄무늬 공이나 단색 공 중 한쪽을 선택해 자기 공을 전부 넣고 숫자 8이 적힌 검정색 공까지 넣으면 이긴다. 당구의 인기에 크게 일조한 게임이다.

당구 테이블은 많은 공간을 차지하기 때문에, 땅값이 어마어마하게 비싼 도심 지역의 바에서는 갈수록 보기가 힘들어지고 있다. 그 결과 당구 테이블이 있는 바는 그 자체로 이상하게 믿음이 가는 곳이 됐다―마치 술을 즐겨 마시는 육체노동자들이 선호하는 환경의 지표처럼 여겨지니까. 당구 테이블 시설은 믿을 만한 술집인지 가늠할 수 있는 또 하나의 지표이며, 유서 깊은 시스템은 번잡한 바에서 최상급 선수들을 당구 테이블에 붙잡아둔다. 새로 온 손님

* 보드 위에서 동전을 치는 게임
** 인형 얼굴에 공 던지기
*** 작은 테이블 상판 가운데 뚫린 구멍에 동전을 던져 넣는 게임
**** 숫자 8이 쓰인 검은 공을 중심으로 하는 당구의 일종

들도 챔피언과 붙어볼 수 있지만, 그 지역 챔피언에게 지면 마시던 팝스트 블루 리본Pabst Blue Ribbon* 피처나 마저 마셔야 할 것이다.

드문 경우지만 빨간 공들이 잔뜩 있는 거대한 테이블이 놓인 곳도 있다. 바로 영국식 게임인 스누커snooker다. 크리켓과 마찬가지로 게임 방법은 아무도 모른다.

셔플보드

누가 나에게 맥주를 마시면서 할 수 있는 최고의 기분전환용 게임을 꼽으라 한다면, 셔플보드라는 고상한 게임을 꼽겠다. 하지만 세상은 내 의견에 동의하지 않는 것이 분명하다. 내가 성인이 된 이래 셔플보드 테이블 수는 급격히 줄고 있는 추세니까. 복고의 가능성에 기대를 걸어보자(몇몇 도시에 하나씩은 있다는 이야기를 들었다). 지금까지 언급한 모든 게임 중에서 가장 쉬우며, 목표는 실리콘 재질의 알갱이들이 깔려 있어 미끄러운 긴 테이블 위로 묵직한 원반을 미끄러뜨려 21점을 얻는 것이다. 원반은 네 개이고, 던지는 사람들이 돌아가며 수비를 해 상대편의 원반을 통쾌하게 탁 하고 테이블에서 쳐낸다. 꼼꼼한 사람들은 가장 멀리 있는 원반만 (또는 동일한 색이 여럿 있을 경우 복수의 원반들을) 득점으로 인정하자고 한다. 하지만 내가 게임에 참여했던 대다수의 술집에서는 그냥 다 합산했다. 한번 잘 치고 나면, 아예 헤아릴 원반 자체가 거의 안 남는 경우가 많다.

• 저렴한 미국식 라거

술 마시기 게임

대학 1학년을 마치고 2학년이 되기 전 지루하던 여름날, 친구들과 나는 축구공을 빨래바구니에 던져넣는 게임을 고안해냈다. 공을 차는 사람이 골을 넣으면 다른 한 사람은 맥주를 마셔야 했다. 술 마시기 게임의 핵심이 담긴 게임이다. 사람들이 계속 맥주를 홀짝이게 만드는 아주 단순한 활동이 핵심이니까(비어퐁beer pong의 아주 기초적인 형태이기도 했다). 술 마시기 게임은 다양한 버전으로 팀별 대항도 하고, 카드를 곁들여서도 하고, 텔레비전을 보면서 하기도 한다. 놀라우리만치 단순한 게임도 있고, 난해한 게임도 있다. 주로 친목도모를 목적으로 하지만, 빨리 취하기 위해 좀더 인정사정없이 몰아칠 때도 있다. 다음은 오랫동안 사람들이 해온 인기 있는 게임들 몇 가지를 추려본 것이다.

보트 경주 또는 컵 뒤집기

팀별 대항으로, 플라스틱 컵과 컵 개수만큼의 사람들만 있으면 된다(최소 총 여섯 명). 게임을 하려면 플라스틱 컵들을 가득 채운 다음 팀원들에게 나눠준다. 팀별로 한 명씩 최대한 빠른 속도로 맥주를 마신다. 보트 경주에서는, 마신 사람이 컵을 거꾸로 뒤집어 머리 위에 얹으면 바로 다음 팀원이 마시기 시작할 수 있다. 컵 뒤집기에서는, 컵을 테이블 모서리에 올려놓고 튀어나온 부분을 휙 뒤집어 컵이 테이블 위에 거꾸로 착지하게 한다. 그러면 다음 사람이 게임을 이어갈 수 있다.

비어퐁

비어퐁 역시 팀 게임으로, 긴 테이블(탁구 테이블일 때도 있다—이 게임 이름의 유래이기도 하다) 한쪽 끝에 플라스틱 컵 여섯 개 또는 열 개를 볼링 핀처럼 세워놓는다. 참가자들은 탁구공을 반대편 컵에 던져넣는다. 만일 공이 컵 안에 들어가면, 상대팀은 그 내용물을 마셔야 한다. 여러 가지 버전들이 있고 지역마다 규칙도 다양하다.

불싯

다양한 카드 게임이 있지만 전략적 요소들과 사교적 요소들을 다 포함하고 있는 불싯bullshit은 수준이 한 단계 높은 게임이다. 카드 한 벌을 참가자들에게 나눠준다. 첫번째 사람은 자기 카드 중 에이스를 전부 버리고, 두번째 사람은 2를 전부 버리는 식으로 모두 돌아간다. 이렇게 하여 자기 카드를 모두 없애는 것이 목표다. 게임에 이기기 위해서 거짓말을 하거나 엉뚱한 카드를 버릴 수도 있다. 하지만 누군가가 "불싯"이라고 외쳤는데 방금 카드를 낸 사람이 실제로 거짓말을 했으면, 그 버려진 카드 더미를 다 가져가고 맥주도 마셔야 한다. 만일 카드를 낸 사람이 정직했다면 "불싯"을 외친 사람이 그 카드 더미를 가져가고 맥주를 마신다.

쿼터스

이 게임에 사용되는 도구는 쿼터 달러*와 작은 샷 글라스다. 참가자들은 돌아가면서 테이블에서 쿼터를 튕겨내어 글라스 안에 넣는다. 넣는 데 성공하면 던져넣은 사람이 나머지 중 한 사람을 지목해서 맥주를 마시게 한다.

술 마시기 게임은 무수히 많다. 여기에 어느 정도 소개하기는 했지만, 마스터 오브 더 섬Master of the Thumb이나 줌 슈와츠 프로피글리아노Zoom Schwartz Profigliano 게임을 하는 이들은 당연히 빠진 것이 있다고 말할 것이다. 새로운 게임도 끊임없이 등장하며, 어쩌면 당신이 직접 자기만의 게임을 만들어냈을 수도 있다. 최고의 게임은 단순하고 재미있으면서도 어색한 분위기를 깨는 역할을 훌륭히 해내는 게임이다. 그 옛날의 축구공과 빨래바구니 게임도 한번 해볼 만하다. 이왕이면 통통 잘 튀는 공을 추천한다.

속도, 체격, 용량으로 겨루기

자기 친구에게 "나는 너보다 맥주를 빨리 마실 수 있다"고 말한 최초의 남자—분명 남자였을 것이다—는 누구였을까? 아마도 맥주를 발명한 사람이었겠지. 속도, 체격, 용량에 대한 힘겨루기는 워낙 인간의 본성이라, 맥주 세계 역시 그런 것들로 가득하다는 사실은 놀랍지 않다. 1970년대 기네스 세계기록에 따르면 스티븐 페트로시노가 1리터—거의 34온스—를 1.3초에 마셨다고 한다. 이쯤 되면 이 남자의 최대 장애물은 중력인 것 같다. 2003년 영국인 에릭 린은 5분 만에 7.75임페리얼 파인트를 털어넣음으로써 용량 기록을 세웠다. 미국 사람들아, 이건 반 상자도 넘는 양이다. 고인이 된 앙드레 더 자이언트는 여섯 시간 동안 맥주 12온스짜리를 무려

* 25센트

119개나 마셨다. (기네스는 이후로는 알코올에 관한 기록 집계를 중단했다. 이 모든 일을 시작한 것이 동명의 브루어리의 임원이었음을 생각하면 재미있는 아이러니가 아닐 수 없다.)

이런 것들이 건강하지 못하고 대부분 위험한 행동이라는 것은 말할 필요도 없다. 다들 이런 사실을 알면서도 어쨌거나 참여한다는 것 역시 두말하면 잔소리다. 빠르게 취해버리기에 대한 유혹은 동서고금을 막론한다. 내가 술을 살살 마시던 시절에는 시간을 보내기 위해 쿼터스 게임을 했다. 오늘날에는 비어퐁이 대세다. 이런 관습들을 아주 깊이 파고들어 살펴보는 것은 아무 의미가 없다. 여러 세기를 지나오고도 살아남은 몇 가지 관습을 짚어보는 것으로 충분하다. 그런 관습들은 일종의 문화적 수용가능성을 획득했으며 샷거닝shot-gunning*이라든가 보트 경주라든가 비어퐁 게임 등 좀더 평판이 나쁜 관

* 맥주캔 측면을 절개하거나 구멍을 내어 최대한 빨리 맥주를 마시는 것

습들을 대신할 수 있다. 이와 관련해서는 인터넷에 더욱 상세히 기록돼 있다.

야드 오브 에일

감탄이 절로 나오는 직설적인 이름이다. 야드 오브 에일은 한쪽 끝은 트럼펫처럼 생기고 반대쪽은 어항처럼 생긴 유리잔으로, 길이가 1야드(약 0.9미터)다. 빅토리아 시대의 목마른 마부들이 휘파람 불게 만들었던 이 장치는 옛날식 밤나무 거치대에 고정되어 있다. 마부들은 워낙 바빠서 파인트를 마시러 후다닥 내려올 시간조차 없을 지경이었는데, 이 야드 글라스는 워낙 길어서 마부에게 건네기가 쉬웠다. 19세기에 관한 수많은 이야기들이 그렇듯, 아마도 이는 사실이 아닐 것이고 —마차 통행에 관한 당대의 기록에는 이런 이야기가 언급된 적이 없다— 오늘날에도 그렇듯 음주를 두고 호기를 시험해보는 것에 가까웠다.

이 글라스의 개념은 한 번에 다 마시는 것

알코올중독

숫자로만 보면, 알코올은 지구상에서 가장 치명적인 물질 가운데 하나다. 세계보건기구 추산에 따르면 매년 250만 명이 알코올로 인해 사망하고 있으며 질병을 유발하는 위험 요인으로는 세번째다. 미국에서는 음주운전으로 매년 1만 명 이상이 목숨을 잃고 있다. 장기 알코올 남용은 수많은 신체 질환과 정신건강 문제를 유발한다. 알코올 남용은 치매 유발 요인 2위다. 이는 문화적으로도 심각하게 유해한 영향을 미치며, 음주자 본인만의 문제가 아니다. 알코올 남용은 폭력, 아동 방치 및 학대, 각종 사고로 이어진다. 알코올이 사회에 미치는 영향을 인정하기 위해 도덕적 패러다임을 따로 개발할 필요도 없다.

알코올이 정신과 감정에 영향을 미치는 약물이라는 사실은 인간이 알코올을 소비하는 이유인 동시에 중독이라는 더한 위험을 동반하는 이유다. 알코올 의존의 정의는 문화마다 다르지만 그 현상은 분명히 실재한다—금단증상을 보아도 알 수 있듯, 치명적일 수도 있다. 누구나 어쩌다 한번씩 유쾌한 저녁 시간을 즐길 수도 있고, 야드잔이나 장화잔으로 맥주를 들이켜는 극단적인 행동도 나쁠 것 없고 그저 재미일 수 있다. 하지만 알코올 소비에는 위험이 따른다는 사실을 인정하는 것은 중요하다. 취하는 것에 초점이 맞춰져 있을 때 위험은 훨씬 더 심각해진다.

이다. 어려운 이유 가운데는 부피도 있다. 1야드에는 약 50온스(1.4킬로그램 남짓)의 액체가 담긴다. 또 한 가지 관건은 요령이다. 바닥 부분의 널찍한 구 형태로 이어지기 직전에 엄지손가락 너비 정도로 좁아지는 이 사악한 디자인은 공기의 움직임에 문제를 일으킨다. 안에 든 액체는 그 좁은 부분을 지나 바닥의 둥근 부분으로 들어가기까지 애를 먹기 때문에 맥주 파도를 일으켜 마시는 사람의 얼굴을 흠뻑 적신다—당사자를 제외한, 바 안에 있는 모든 사람에게 즐거움을 선사한다. 비법이 있다면 천천히 마시면서 조금씩 잔을 돌려주어 공기가 살짝살짝 들어가게 해주는 것이다. 물론 중간에 끊지 않고 2.5파인트짜리 임페리얼 파인트 에일을 다 마실 수 있다는 전제하에서 말이다.

맥주 장화

야드 오브 에일과 밀접한 관련이 있는 것이 바로 맥주 장화, 혹은 비어슈티펠bierstiefel이다. 직설적인 이름을 가진 또 하나의 맥주잔인 이 장화 모양의 글라스에는 보통 맛있는 독일 라거 2리터가 담긴다. 야드잔과 마찬가지로, 이 장화의 기원은 안개에 싸여 있으며 속설들은 사실이 아닐 가능성이 높다. 좀더 믿음이 가는 이야기는 야드 오브 에일의 경우와 마찬가지로 재미로 하는 술 마시기 게임의 일환으로 생겼다는 것이다. 장화잔을 처음 들이켜보는 사람을 겨냥한 함정도 있을 수 있지만 그래도 이겨내기 쉬운 편이다. 장화의 발가락 부분이 하늘로 향하면, 야드잔과 마찬가지 방식으로 이 장화잔 역시 마시는 사람의 얼굴에 맥주를 울컥 토해낼 것이다. 만일 장화의 발가락 부분이 땅 쪽을 향하게 한 채 맥주를 거의 다 마시고는 막판에 천천히 잔을 돌리며 수평으로 든다면 맥주가 쏟아질 염려는 없다.

맥주 투어
BEER TOURISM

와인의 나라로 여행을 가는 것은 워낙 자리 잡힌 관행이라 이를 지칭하는 말—이노투어리즘 enotourism—이 따로 있을 정도다. 스코틀랜드로 여행을 떠나는 사람이라면 적어도 위스키 증류소에 들러보는 것을 생각해봄직하다. 브루어리들은 좋은 이유로든 나쁜 이유로든 사람을 끌어당기는 면이 좀 약한 것 같다. 맥주는 와인이나 위스키에 비하면 장소의 영향을 덜 받는 술이므로, 그럴 만도 하다. 보통의 브루어리에 영향을 미치는 테루아르는 별로 없다. 다른 한편으로는 맥주가 만들어지는 그 장소들을 방문해볼 만한 아주 좋은 이유들이 몇 가지 있다.

여기 두세 가지 예가 있다. 브뤼셀은 10월이면 공기가 싸늘해지기 시작하고 11월이면 확실히 추워진다. 이때가 바로 람비크 브루잉이 시작되는 시기다. 브라스리 캉티용의 페이스북 페이지에서는 다음과 같은 모호한 소식을 보게 될 것이다. "다음 브루는 19일 화요일과 21일 목요일." 사실 이는 팬들에게 브루어리에 들러 장 반 루아의 작업을 봐달라는 섬세한 초대다. 그리고 프라하에서 기차로 한 시간 반 거리에 있는 플젠에서는 지하저장고에서 나무 숙성 라거인 필스너 우어크벨을 맛볼 수 있다—지구상에서 이것이 가능한 유일한 장소다. 혹은 런던은 어떤가? 풀러스의 고향이기도 한, 등나무가 드리워진 우아한 그리핀 브루어리는 템스강 바로 옆에 자리하고 있으며 빅토리아 시대 브루잉의 유산들을 간직한 살아 있는 박물관이다. 풀러스는 특별 프로그램을 운영할 때가 있는데, 브루어리의 비공개 저장고에서 꺼낸 8년 된 빈티지 에일을 개봉하는 것으로 대미를 장식하는 투어 같은 일정이 포함되기도 한다.

직접 방문하는 것보다 브루어리를 더 잘 파악할 수 있는 방법은 없다. 브루어리들은 다른 곳에서는 쉽게 찾아볼 수 없는 특별한 맥주들을 이따금씩 선보이기도 한다. 만일 용기를 조금 낼 수 있다면, 브루어와 이야기를 나눠보거나 좀 더 전문적인 투어에 참여하거나 숙성 탱크 하나에서 익어가는 맥주를 따라보게 만들 수도 있겠다. 어느 브루어리의 맥주에 깊은 관심이 있다면, 그 사실을 알려보자—열성적인 고객은 기꺼이 환대하려 애쓰는 경우가 많으니까. 미리 전화나 이메일로 연락을 취해 요청에 응할 수 있는지 확인할 것.

하지만 좀더 약식의 간편한 경험을 원한다면, 미리 계획을 짜서 공개 투어 프로그램에 참여하자. 이전에 브루어리 내부에 들어가본 적이 없다면, 놀랍고 신선한 경험이 될 것이다. 만일 브루어리 안에 이미 들어가봤더라도—혹은 슬쩍 보기만 했다 하더라도— 아마 놀라운 경험이 될 것이다. 나는 유럽과 미국에서 브루어리 수십 곳에 들러봤지만, 익숙하지 않은 곳에 들어설 때마다 늘 예상치 못했던 무엇인가를 발견하곤 했다. 우선 세계 각지의 몇몇 클래식 투어를 여기 소개하겠다. (망설이지 말고 온라인으로 둘러보고 각자 나름의 계획을 세워보자.)

다음 기호를 사용하여 지금부터 나오는 투어 지도 위에 관심 있는 주요 명소들을 찾아보자.

- 브루어리
- 레스토랑
- 펍
- 카페
- 수도원
- 브루펍

필스너 우어크벨의 오래된 지하창고

벨기에

중심 도시 브뤼셀에서는 어느 방향으로든 두 시간이면 벨기에의 브루어리 130곳 어디든 갈 수 있다. 덕분에 여행 계획 선택의 폭이 넓어진다. 이제 결정을 내려야 한다. 특정 타입의 브루잉을 깊이 파고들 것인지 아니면 벨기에 전역을 뷔페 삼아 여기저기서 맥주맛을 보고 다닐 것인지. 람비크 브루잉은 브뤼셀을 중심으로 이루어지며, 사워 계열 맥주 애호가라면 대개 브뤼셀 지역의 브루어리와 블렌더리 들을 반드시 순회하기 마련이다. 가령, 본, 캉티용, 데 캄, 드리 폰테이넌, 지라르댕, 한선스, 린데만스, 모르 쉬비트, 아우트 베이르설 등이다. 그런가 하면 트라피스트 브루어리들을 둘러보는 것을 좋아하는 이들도 있다. 아마 이쯤되면 맥주 투어가 일반적인 관광과 얼마나 잘 어울리는지도 궁금해질 것이다. 브뤼허나 헨트 같은 벨기에의 명소에는 굉장히 볼거리가 많다. 나무를 보느라 숲을 놓치고 싶지는 않을 것이다. (어쨌든 어디를 가든 브루어리 한두 곳쯤은 찾을 수 있다.)

어디로 갈까

다음 지도에 나오는 곳들을 근사한 경험의 출발점으로 삼고 여정을 시작해보자. 브뤼셀에서 출발한다면 기점으로는 **캉티용**이 좋다(Cantillon. be). 가이드 투어 일정을 미리 짜거나 영업시간—꽤 길다—에 맞춰 들를 수도 있다. 이 브루어리는 바깥에서 보면 —안에서도 사실 비슷하다— 자동차 정비소처럼 생긴 독특하고 자그마한 공간이어서 마음을 단단히 먹어야 한다. **무더르 람비크**Moeder Lambic 펍 두 곳 중 한 데는 꼭 들러 람비크 세계의 좀더 많은 맥주들을 맛볼 기회를 얻길 바란다. 만일 시간적 여유가 있다면, 베이르셀란트 마을 안, 브뤼셀 바로 아래쪽에 **드리 폰테이넌**과 **아우트 베이르설**이 있으므로 편하게 들러볼 만하다(3fonteinen.be; oudbeersel.com).

벨기에에서 가볼 만한 브루어리들

브뤼셀 남부 르 뢰라는 작은 도시에는 세계에서 가장 그림같이 아름다운 브루어리 중 하나로 꼽히는 농가풍의 **생 푀양**이 있다(st-feuillien.com). 생산 규모가 더 큰 브루어리라면 다른 어디에든 있겠지만 한 세기 넘게 이곳을 경영해온 프리아트 가문의 오래된 탑을 돌아보는 것도 좋겠다.

단연 백미는 플랑드르 지역의 브뤼셀 서부다. 최고의 브루어리 체험 다섯가지 중 하나는 **로덴바흐**(rodenbach.be)의 30개 저장고 안에 높다랗게 솟아 있는 오크 푸더르 옆에 서보는 것이다. 전반적으로 근사한 이 브루어리는 최첨단의 현대적인 느낌부터 19세기의 전통적인 느낌까지 모두 지니고 있다.

사람들이 벨기에를 찾는 이유 가운데 하나는 베스트블레테런 **신트식스튀스**의 가장 은둔적인 수도사들이 만든 맥주를 맛보기 위해서다—이것이 가능한 유일한 장소는 동명의 도시

내에 있는 그 수도원이다. 작은 카페 **인 데 브레더** In de Vrede에 들러(indevrede.be) 고블릿에 담긴 맥주 한 잔과 두툼하게 썬 치즈를 맛보자. 이곳의 브루어리는 방문 불가하지만, 걸어서 경내를 약간 둘러볼 수는 있으며 외부의 성지로 이어지는 예쁜 산책로를 따라 내려갈 수도 있다(sintsixtus.be).

마지막으로, **데 돌러 브라우어르스**는 매주 일요일 오후마다 브루어리 투어를 제공한다. 비교적 신생 회사이나, '미친 브루어들'이 수집한 놀라우리만치 펑키한 구식 장비들을 볼 수 있다—그리고 투어 막바지에는 훌륭한 맥주도 즐길 수 있다(dedollebrouwers.be).

언제 갈까

맥주는 벨기에 문화 속에 아주 촘촘히 얽혀 있기 때문에 방문하기 부적절한 시기는 없다. 오히려, 본인이 보고 싶은 것 위주로 여행 일정을 계획하면 된다. 람비크 브루어리의 생생한 모습을 직접 보고 싶다면, 11월부터 3월 사이에 가야 한다. 그러나 여름에는 좁은 마을길을 따라 자전거를 타고 싹이 트는 보리밭이나 홉밭 사이를 다녀볼 수 있다(아무튼 플랑드르에서라면). 하지만 9월만큼은 기억해두자. 벨전 비어 위켄드 Belgian Beer Weekend 기간이 되면 브뤼셀의 그랑플라스가 브루잉 의식과 역사에 관한 볼거리로 북적댈 테니까.

독일

독일의 경우, 근접성이 주는 여유는 없다. 워낙 넓고 다양성이 존재하는 국가여서, 맥주 투어를 하러 가는 사람에게는 불행인지 다행인지 모르겠지만 가볼 만한 근사한 곳들이 많다. 라인 지방의 두 도시 뒤셀도르프와 쾰른은 모두 대단한 맥주 도시이다. 세계적으로 손꼽히는 고유한 음주 문화가 있으며 독일에서 가장 전통적인 브루어리 중 한 곳인 위리게 투어는 그 자체만으로도 그 근방에 들를 이유다. 그러나 중력의 힘은 어쩔 수 없이 관광객을 남부 프랑켄과 바이에른 지방으로 이끈다. 라거 브루잉의 본거지이자 독일식 전통의 심장부다. 가장 유명한 곳들뿐 아니라 독일 브루어리들 대다수는 이곳에 자리 잡고 있다. 만일 맥주를 찾아 독일에 간다면, 바이에른으로 갈 것.

어디로 갈까

만일 독일에서 맥주를 찾아 딱 한 군데만 간다면, 프랑켄 그리고 그 중심부에 있는 도시 밤베르크로 가자. 밤베르크는 그 자체로 보석 같은 놀라운 도시로, 목재 골조로 된 근사한 중세 건축과 역사가 곳곳에 그대로 남아 있는 소도시다. 사실, 유네스코는 1993년에 이 오래된 도시 전체를 세계유산으로 지정했다. 여기에는 **마우스, 슐렝케를라, 암브로이지아눔, 슈페치알** 등 지역 브루어리가 아홉 곳 있다—인구 7만의 소도시치고는 인상적인 수다. 브루어리들은 이곳 지역 특산품이나 마찬가지인 라우흐비어와 웅게슈푼데트를 만든다. 밤베르크의 브루어리들은 투어를 진행하지는 않지만 어쨌거나 펍들 자체가 대단한 볼거리다. 일주일쯤은 쉽게 머물 수 있다. 밤베르크의 구시가지에서 발

독일에서 가볼 만한 브루어리들

걸음이 떨어지지 않겠지만, 혹시 장거리 자동차 여행을 원한다면 인근 뷔르가우의 **브라우에라이 하르트만**은 훌륭한 선택이며, 여기에는 투어 프로그램도 있다(brauerei-hartmann.de). 밤베르크 남쪽 할레른도르프에 있는 **브라우에라이 리트마이어**(rittmayer.de) 역시 만족스러운 여정이 될 것이다. 좀더 멀리 야외로 나가고자 한다면 바이로이트로 바람 쐬러 다녀오자. **악티엔** Aktien, **베허 브로이**Becher Bräu, **마이젤**Maisel(안에 박물관도 있다), **시너**Schinner 등이 자리 잡고 있다(aktienbrauerei.de; becherbraueu.de; Maisel.com; buergerbraueu-schinner.de).

흥미라는 기준에서라면 밤베르크 바로 다음으로 대대적인 브루잉의 도시 뮌헨을 꼽을 수 있겠다. 브루잉에서 뮌헨의 중요성은 아무리 강조해도 지나치지 않으며, 방문객 입장에서 볼 때 단연 최고의 장점은 전통의 대부분이 끊기지 않고 그 계보를 이어오고 있다는 점이다. **파울라너**, **슈파텐**, **하커 프쇼어**, **아우구스티너**, **호프브로이하우스** 같은 오래된 유명 브루어리들이 여전히 그 유명한 라거와 바이세를 만들고 있다. 대부분 투어가 가능하므로, 자세한 정보는 웹사이트에서 확인하기 바란다(paulaner.com; spatenbeer.com; hacker-pschorr.com; augustiner-braeu.de; hofbraeu-muenchen.de).

뮌헨을 벗어나면 바로 주요 명소 두 곳이 나온다. 도시 북부의 뮌헨 공항 근처 프라이징에 **바이엔슈테판**이 있다(weihenstephaner.de). 이곳에서는 세계 그 어디보다도 더 오래 브루잉을 계속해왔다. 바이에른 주가 소유하고 있는 이 브루어리는 대학의 두 배 규모로, 세계에서 가장 중요한 브루잉 프로그램의 중심이다. 이곳 투어에 참여한다면, 대학생 한 명이 안내를 맡아줄 것이다. 이 브루어리는 나무가 무성한 대학 캠퍼스에 자리 잡고 있고 근처에는 작고 아늑한 펍도 있다.

들러봐야 할 또 하나의 브루어리는 수도원 느낌이 물씬 나는 **안덱스**(andechs.de)로, 뮌헨 바로 남서쪽에 자리 잡고 있다. 고전적인 바이에른 스타일의 양파 모양 첨탑과 경사가 급한 지붕이 얹힌 건물이 딸린 근사한 이 수도원은 아머호숫가 언덕에 있다—시에서 당일 여행으로 느긋하게 다녀올 수 있다. 수도원을 둘러보고 브루어리 투어도 한 뒤 널찍한 비어가르텐에서 몇 유로를 내고 맥주를 즐기며 시간을 보낼 수 있을 것이다.

언제 갈까

거의 1년 내내 무엇인가가 진행되는 독일에서 유일하게 한가한 때는 연초부터 봄까지다(하지만 이 시기에도 따뜻한 펍에서 소시지와 다크 라거를 끼고 앉아 있는 일은 즐겁다). 뮌헨의 옥토버페스트는 9월 마지막 2주와 10월 첫 주에 열린다. 9월부터 12월까지 프랑켄 지방 전역에서는 보크 태핑을 한다. 그러고 나면 여름이다. 다들 알다시피 비어가르텐에서 헬레스를 홀짝이라고 있는 바로 그 계절 말이다.

체코

맥주 투어 위시리스트에 체코를 포함시키는 사람은 극소수다—그리고 맥주계의 이 놀라운 오

체코에서 가볼 만한 브루어리들

아시스를 무시하는 것은 자기기만이나 마찬가지다. 놀라운 사실은 체코 맥주는 계속 더 발전하고 있다는 점이다. 크래프트 브루잉의 열기가 지난 수년간 체코를 강타했고, 현재는 플젠에서만큼이나 프라하에서도 괜찮은 파인트를 쉽게 맛볼 수 있다. 사실, 수십 년 만에 처음으로 프라하는 체코의 브루잉 업계에서 중요한 자리를 차지하게 됐다. 체코 서반부인 보헤미아는 작은 나라인 벨기에(독일의 7분의 1 크기)의 두 배 면적에 불과하기 때문에 얼마든지 부담없이 들러볼 만한 목적지다.

어디로 갈까

플젠에 **필스너 우어크벨**을 만나러 갈 만한 가치는 여전히 있다(prazdrojvisit.cz). 전 세계 브루잉의 얼굴을 바꿔놓은 브루어리 거대한 기념문을 통과하며 안으로 들어가는 것에는 어딘가 의미심장한 구석이 있다. 체코어, 영어, 독일어로 제공되는 이 근사한 투어는 나무통에서 숙성시킨 필스너를 마셔보는 그 유명한 시음 행사로 마무리된다. 플젠 역시 대성당 근처에 맥주 박물관이 하나 있고, 2개의 작은 브루펍 **푸르크미스트르**와 **그롤**(purkmistr.cz; pivovargroll.cz)은 용감하게도 우어크벨 바로 아래에 자리 잡고 있다. 플젠은 프라하에서 서쪽으로 불과 96킬로미터 정도 떨어져 있어서 기차로 쉽게 오갈 수 있다. 수도 프라하 남쪽으로 145킬로미터 정도 떨어진 부트바이스(체스케 부데요비체)에는 또 하나의 유명한 국영 브루어리 **부드바르**가 있다(budejovickybudvar.cz). 투어는 4월에서 11월까지, 월요일부터 금요일까지 여러 언어로 운영한다.

세계적인 도시 프라하는 때때로 황제나 왕이 머물기도 했고, 주머니 사정이 넉넉하지 못한 여행자들이 절반의 경비로 서유럽보다도 더 근사한 첨탑의 도시를 관광하는 즐거움을 만끽하곤 하는 곳이다. 프라하는 플젠이나 부트바이스에 필적할 만큼 유서 깊고 유명한 브루어리들이 많은 도시는 아니지만, 오늘날 나름대로 맥주 도시로서의 입지를 다졌다. 다양한 브루어리에서 들여온 여러 탭을 갖춘 독립 펍의 출현(치트브르타 피파 čtvrtá pípa, 즉 '제4의 탭 fourth tap'이라 불린다)으로 상황은 완전히 바뀌었다. 다른 곳에서도 일어나고 있는 일이지만, 이 펍들은 각종 에일을 비롯한 맥주들을 폭넓게 선보이고 있다. 다양한 체코 맥주를 만나고 싶다면 당연히 가보아야 하는 장소다.

즐리 차시 Zlý Časy(zlycasy.eu)는 평범한 동네 펍 같은 모습을 하고 있지만 아마도 시내에서 가장 방대한 탭리스트를 보유한 펍일 것이다. 오래된 실제 트램에 앉아볼 수 있는 **트람웨이** Tramway는 제4의 탭이라는 개념이 탄생한 곳이기도 하다(prvnipivnitramway.cz). **우 사두** U Sadu(usadu.cz)는 벽에 기이한 물건들이 왕창 걸려 있고, 현지 특산 에일부터 심지어 채식주의자를 위한 요리까지 ―그리고 영어로 된 메뉴판도!― 별게 다 있는 브루어리다.

프라하에도 염두에 둘 괜찮은 브루어리들이 몇 있다. **우 플레쿠** U Fleků(ufleku.cz)는 수백 년 된 동네 명물로, 이곳의 다크 라거는 한 번 마셔볼 만하다. 비교할 겸, 시내에서 비교적 신생 브루어리에 속하는 **우네티츠키 피보바르**(unetickypivovar.cz)에도 들러보자. 프라하성에서 북쪽으로 11킬로미터 거리에 있어서 대중교통으로 가기는 조금 힘들다. 인내심이 필요하다. 이 브루어리는 단 두 종의 맥주만 만들며, 둘 다 페일 라거인데 내가 체코에서 마셔본 중 최고였다. 지나가는 사람에게 물어보면 자기네 작은 브루어리를 구경시켜줄 수도 있다. 마지막으로, **피보바르스키 둠** Pivovarský Dům(pivovarskydum.com)도 들러볼 만하다. 체코가 어떻게 변화해 왔는지를 보여주는 곳이기도 하다. 최근 오래된 수도원에서 새 브루어리를 시작한 회사 소유의 이 브루어리는 평범한 라거 라인업을 갖추고 있으나 최근에는 사워 체리 및 쐐기풀 맥주 같은 특이한 맥주도 선보이고 있다.

언제 갈까

체코에 들르기 적절하지 않은 시기 같은 것은 없다. 체력에 자신 있다면 눈 덮인 겨울도 매력적일 수 있다. 아늑한 펍만큼 몸을 따스하게 데워주는 곳도 없을 테니까.

영국

영국 본토 크기는 미네소타 주만 하지만 훨씬 더 크게 느껴진다. 남북 방향도 엄청 길어 보인다. 다시 말해 영국에서 돌아다니는 것은 실제보다 더 고되게 느껴진다(그다지 좋은 점은 아니다)는 뜻이지만 다양한 지역마다 전혀 새로운 지역

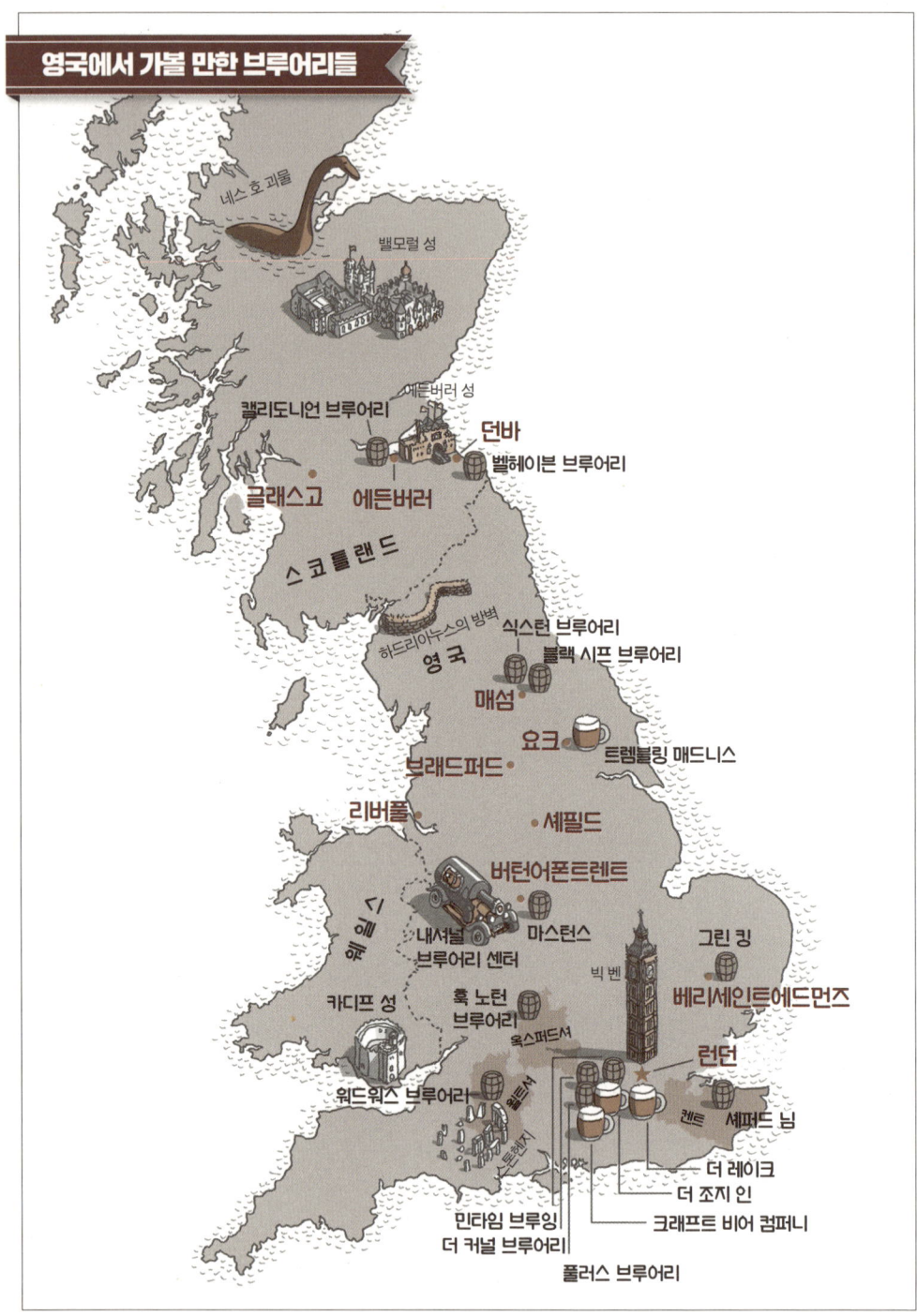

맥주가 보상으로 주어진다는 뜻이기도 하다(좋은 점이다). 잉글랜드와 스코틀랜드의 브루어리들은 투어에 상당히 호의적이지만, 일정은 미리 약속해두어야 한다. 오래된 브루어리 몇 군데는 반드시 들러봄직하다. 이들 브루어리의 존재는 그 자체로 지난 수십 년의 기록과도 같아서 캐스크 에일이 왜 여전히 영국의 전통 유산으로 남아 있는지 이해하는 데 도움이 될 것이다. 하지만 펍에서 넉넉히 시간을 보내는 것도 필수다—영국의 맥주 문화가 흥한 곳이니까. 방문해볼 만한 유서 깊은 훌륭한 브루어리들 몇 군데를 간단히 적어보았다. 영국 전역에 골고루 흩어져 있다. 하지만 어느 한 곳을 깊이 파고들 새도 없이 영국 전역을 마냥 누비고 다니기보다는, 어느 한 지역을 선택해서 제대로 파악하는 쪽을 권하고 싶다.

어디로 갈까

지금부터 소개하는 브루어리들은, 만일 당신이 내 조언을 무시하고 싹 훑는 대대적인 투어를 하고자 한다면 도움이 될 만한 순서로 나열돼 있다. 혹시 정말로 내 조언을 귀담아 듣고 한 곳을 기지로 삼는다면, 인터넷을 잘 뒤져서 근처에 위치한 유명 브루어리를 확인하자—이 목록은 출발점일 뿐이다. 대부분의 투어 요금에는 끝날 때쯤 주는 맥주 파인트도 포함돼 있음을 기억해두기 바란다.

옛 브루어리 중 일부는 쿠퍼를 고용하고 마차용 말을 이용해 맥주를 나르는 등 19세기 전통을 그대로 지키고 있다. 그중 하나는 영국 남서부 윌트셔에 있는 브루어리 **워드워스** Wadworth다(wadworthvisitorcentre.co.uk). 투어에서는 나무통과 마구간도 볼 수 있다. **훅 노턴**(hooky.co.uk)은 근처 옥스퍼드셔에 자리 잡고 있으며 아마도 빅토리아 시대의 대표적인 타워 브루어리로 꼽을 수 있을 것이다—적어도 투어를 개방하고 있는 곳들 가운데서는 말이다. 훅 노턴은 여느 다른 곳에서 볼 수 있는 오래된 설비들을 다수 보유하고 있을 뿐 아니라, 영국의 마지막 증기기관도 유지 관리하고 있다.

런던은 훅 노턴에서 남동쪽으로 130킬로미터 정도 떨어져 있으며, 여기서는 **풀러스**에 들러볼 수 있다(www.fullers.co.uk). 풀러스는 인근에서 가장 멋진 펍 몇 군데를 운영하고 있기도 한데, 런던 곳곳에서 이들 펍을 만날 수 있다—망설이지 말고 들어가서 파인트 한잔하자. 런던은 맥주를 마시기에 근사한 도시이기도 하지만, 신제품 크래프트 맥주들을 찾아보기에도 더할 나위 없이 좋은 곳이다. 버러 마켓의 **더 레이크** The Rake(utobeer.co.uk/the-rake)와 클러큰웰 및 다른 동네의 **크래프트 비어 컴퍼니** Craft Beer Company(thecraftbeerco.com/pubs)는 가장 잘 알려진 두 곳이다. 만일 피트 브라운의 저서 『셰익스피어의 동네 Shakespeare's Local』를 읽어봤다면, 사우스워크의 그 고색창연한 펍을 찾아볼 수도 있겠다. 런던에 있는 동안은 새로 생긴 브루어리들에도 관심을 가져볼 만하다. 버몬지의 스파 터미너스에 있는 **더 커널** The Kernel(thekernelbrewery.com)과 그리니치의 **민타임** Meantime(meantimebrewing.com) 둘 다 찾아갈 만한 가치가 있다.

홉의 고장인 남동쪽에는 **셰퍼드 님** Shepherd

Neame(shepherdneame.co.uk)이 있는데 영국에서 가장 오래된 브루어리다. 북쪽으로 올라가면 서퍽의 베리세인트에드먼즈라는 그림 같은 작은 도시에 도착하게 된다. 여기에는 영국 최대 에일 브루어리인 **그린 킹**(greenekingshop.co.uk)이 있다.

좀더 북쪽으로 가면 웨스트미들랜즈의 **마스턴스**Marston's(marstons.co.uk)가 나온다. 이곳은 버턴어폰트렌트의 위대한 브루잉 전통이 남긴 유산 중 하나다. 이 브루어리를 방문하면 오래된 나무 배럴을 기본으로 하여 작동 중인 마지막 버턴 유니언 발효 시스템을 볼 수 있는 소중한 기회도 얻게 된다. 버턴에서는 **내셔널 브루어리 센터** 박물관도 찾아보자.

잉글랜드 북부도 당신을 기다린다. 만일 딱 한 곳만 갈 수 있다면 나는 요크셔를 선택할 것 같다. 그 옛 도시 요크 하나만 보는 것으로도 영국 여행의 가치가 충분할 정도다—**트렘블링 매드니스**Trembling Madness(tremblingmadness.co.uk) 펍에도 들를 수 있다. 벽에 걸린 사냥한 짐승의 머리 같은 기괴한 수집품 가운데는 설치류 가족도 있다—하지만 매섬까지 내려오기 전에 북부에서 좀더 머무르자. 200년 역사를 자랑하는 **식스턴**(theakstons.co.uk)을 만날 수 있을 것이다. 올드 피큘리어를 만들고 쿠퍼를 두어 전통 에일들을 브루잉하는 곳이다. 길 건너편에는 식스턴 가문의 일원이 운영하는 브루어리가 또 하나 있으니 바로 **블랙 시프**Black Sheep 브루어리다(blacksheepbrewery.com). 1987년 이 브루어리를 세울 당시 폴 식스턴은 특유의 요크셔 스퀘어스에 맞는 옛날 장비를 발견하고는 오래된 몰트하우스 안에 이 장비를 조립해 넣어 옛날 브루어리처럼 보이게 —실제로는 다르지만— 만들었다.

스코틀랜드를 찾는 이들은 대개 다른 종류의 몰트를 찾는다. 위스키 투어에 브루어리 방문을 곁들이고자 한다면 **캘리도니언**(caledonianbeer.com)을 추천한다. 에든버러 안에 있는 이곳은 굉장히 독특하고 펑키한 브루하우스를 갖추고 있는데 안에는 종 모양의 구리 케틀이 있고 브루어라면 보자마자 피해 달아나 마땅한 긴 구리 파이프가 연결돼 있다. 전통적인 스코틀랜드 브루어리 한 곳에서 제대로 갈증을 풀지 못했다면 인근 던바에 **벨헤이븐**(Belhaven.co.uk)이 있다.

언제 갈까

정말로 영국 맥주에 푹 빠져보고 싶다면 8월에 열리는 그레이트 브리티시 비어 페스티벌이 좋은 기회다. 여름은 대체로 근사한 계절이다—자전거를 타고 구불구불한 언덕과 그림처럼 아름다운 코츠월드 마을을 달리거나(갈증을 극대화시키는 좋은 방법) 피크 디스트릭트의 황야를 거닐어봐도 좋다. 마일드 에일 애호가라면 5월이 좋겠다. 한 달 내내 마일드 에일 관련 행사가 있다.

미국

소수의 예외를 제외하면, 미국에는 눈이 호강할 만한 화려한 옛 브루어리는 별로 없다. 절대 다수는 현대적이고 실용적이며 산업적으로 놀라운 모습의 브루어리들이다. 사람들이 기꺼이 미국으로 여행을 오고자 한다면 맥주 때문이지 브루어리 때문은 아니다. 독일이나 영국 같은 다른 (비교적) 큰 맥주의 나라와 마찬가지로 미국도 맥주 특화 지역을 개발하기 시작했다. 대부분의 브루어리는 맥주를 두 개 이상의 주 건너까지 이동시키는 경우가 드물기 때문에 뉴 글래러스, 러시안 리버, 쉽야드 등에서 만든 상당히 유명한 맥주들조차 원산지 주변에서 멀리 벗어나면 만나기가 힘들다. 맥주 세계에서 즉흥과 실험은 미국의 몫이고, 갓 출시된 맥주나 신생 나노브루어리를 찾아서 멀리 떨어진 도시들을 순방하는 일은 마치 부활절 계란 찾기easter egg hunt*와도 같다.

어디로 갈까

현재 시점 기준으로 미국에는 대략 3천 개의 브루어리가 있다—10여 년 전에 비하면 두 배다. 각 주마다 브루어리들이 있고 대부분의 사람들은 거주지에서 몇 킬로미터 거리 내에 브루어리가 있다. 지역 브루어리가 보이는데 그곳이 초행이고 사전지식이 없다면 주변 아무에게나 물어보자—대부분 기꺼이 한 수 알려줄 것이다. 여행을 할 때도 마찬가지다. 특히 소규모 브루어리에 관해서는 주변에 물어보자. 하지만 중요한 일은 글라스 안에서 일어난다. 가능한 곳이라면, 작은 글라스로 마시자. 시음을 최대한 많이 할 수 있을 테니까.

만일 미국식 브루잉의 다양함을 맛보고 싶다면, 들러볼 만한 도시가 몇 군데 있다. 이스트코스트의 메인 포틀랜드는 인상적인 뉴 잉글랜드의 맥주업계를 이해하는 데 도움이 될 것이다. **기어리스**(gearybrewing.com)와 **앨러개시**(allagash.com)는 미국에서 가장 세련된 곳이고, **쉽야드**(shipyard.com)와 **그리티 맥더프스**Gritty McDuff's(grittys.com)에서 샘플을 마셔보면 맥주의 (옛) 영국적 뿌리를 알게 될 것이다. 신생 브루어리인 **메인 브루잉**Main Brewing(mainebeercompany.com)은 맥주의 미래를 보여줄지도 모른다.

또 다른 이스트코스트 대도시—그리고 미국 최고로 인정받는 곳—는 필라델피아다. 필라델피아는 미국에서 가장 오래된 맥주 타운이 있는 도시로, 금주법 시대를 거치고도 살아남은 몇몇 브루어리가 있는 흔치 않은 주에 있으며, 이제는 크래프트 맥주의 선두에 있다. 도시 안팎에는 훌륭한 개척자들—**독 스트리트**(dockstreetbeer.com), **야즈**(yardsbrewing.com), **플라잉 피시**(flyingfish.com), **빅토리**(victorybeer.com), **슬라이 폭스**(slyfoxbeer.com) 등—이 있고, **필라델피아 브루잉**(philadelphiabrewing.com)과 **어스 브레드 + 브루어리**(earthbreadbrewery.com) 등 신생 브루어리들도 있다. **몽크스 카페**(monkscafe.com) 같은 음식 메뉴까지 훌륭한 펍도 가볼 만하니, 갈 곳은 많다.

해안 지역에 비하면 미국 중부는 아직 꼭 봐야 할 도시가 많지는 않다. 하지만 시카고가 있다. 이 오래된 도시를 지키는 주역은 **구스 아일랜드**(gooseisland.com)다. 여러 지원군이 도착하기까지 수년간 자리를 지켰다. 마지막으로 헤아린 그 지원군들의 수는 20에 육박한다.

* 부활절을 기념하여 채색하거나 그림을 그린 삶은 계란을 여기저기 숨겨놓고 아이들이 보물찾듯이 찾아내는 일종의 놀이

맥주 투어 641

시카고가 정말 두각을 나타내는 분야는 음식인데, 대표적으로는 전국적으로도 유명한 **퍼블리컨**(thepublicanrestaurant.com)이 있다. **홉리프**(hopleaf.com), **더 브리스틀**(thebristolchicago.com), **롱맨 앤드 이글**(longmanandeagle.com) 같은 개스트로펍도 기억해두자. 시카고는 좋은 맥주와 좋은 음식을 한 테이블 위에 나란히 올리는 일에 가장 관심이 많은 도시이기도 하다.

덴버도 미국 중부에 위치하고 있지만 브루잉만큼은 역사가 길다. 브루어협회 the Brewers Association 및 그레이트 아메리칸 비어 페스티벌의 본거지인 덴버는 브루어를 시장으로 뽑을 만큼 맥주를 사랑하는 동네다. (정말 그랬다. 존 히큰루퍼를 시장으로 선출했다.) 클래식한 브루어리들 몇 군데가 여기 덴버에 있으니, **그레이트 디바이드**(greatdivide.com), **윙쿠프**(존 히큰루퍼 시장의 브루어리, Wynkoop.com), 그리고 길을 따라 내려가면 바로 나오는 볼더의 **에이버리**(averybrewing.com), **볼더 비어**(boulderbeer.com) 등이다.

웨스트코스트는 시애틀(브루어리 20곳 이상), 포틀랜드, 오리건(50곳 이상), 샌프란시스코(20곳 이상), 샌디에이고(40곳 이상, 단 도시의 경계를 얼마나 여유있게 잡느냐에 따라 다를 수 있음) 등 맥주의 도시들이 포진해 있다. 저마다 자기네가 미국 최고의 맥주 도시라고 주장해왔으며 —다들 일리가 있다— 공통점이 있다. 샌프란시스코는 아마도 가장 식도락이 발달한 곳이고, 포틀랜드는 가장 펑키하고, 샌디에이고는 가장 호피하며, 시애틀은 아마도 가장 비가 많이 오는 도시일 것이다. 이 중 어느 도시를 가든 얼마나 길게 머물든 떠날 때는 더 머물고 싶은 마음이 들 것이다.

언제 갈까

필라델피아를 필두로 미국 도시들은 '맥주 주간 beer week'을 개최하여 지역 브루어리들을 알리고 있다. 이때가 방문하기 좋은 시기다. 샌프란시스코는 2월, 시카고와 시애틀은 5월, 필라델피아는 6월, 샌디에이고는 11월이다. 덴버의 맥주 주간은 사실 미국의 맥주 주간이나 마찬가지다—그레이트 아메리칸 비어 페스티벌이 덴버에서 10월에 열린다. 포틀랜드, 오리건, 시애틀을 방문하기에 가장 좋은 시기는 생홉 맥주가 제철을 맞는, 수확기인 9월 말부터 10월까지다.

맥주 축제

맥주를 마시러 온 사람들로 가득 찬 널찍한 술집만큼 좋은 것이 또 어디 있을까? 햇살이 내리쬐는 피크닉 테이블들로 북적대는 공원은 또 어떤가? 전부 두말하면 잔소리다. 뮌헨은 꽤나 널리 알려진 10월 축제를 200년 넘게 주최해왔다—당신도 들어본 적이 있을 것이다. 하지만 이 옥토버페스트는 계속 진화해왔다. 최신 유행하는 색다른 맥주들에 관심이 집중되기 시작하던 1980년대에 브루어리들은 각종 축제가 사람들에게 자기네 맥주를 소개할 좋은 기회임을 깨달았다. 가장 유명한 경우가 그레이트 아메리칸 비어 페스티벌로, 당시 여기저기 생겨나던 신생 마이크로브루어리들에 힘을 실어주는 행사이기도 했다. 하지만 오리건 브루어스 페스티벌

글라스를 통해 바라본 그레이트 아메리칸 비어 페스티벌

Oregon Brewers Festival과 그레이트 테이스트 오브 더 미드웨스트Great Taste of the Midwest는 포틀랜드와 위스콘신 매디슨의 여름 행사로 자리 잡았다.

이런 미국 맥주 축제는 옥토버페스트 모델과는 접근법이 약간 다르다. 페스트비어 한 가지를 몇 리터씩 들이붓기보다는 좀더 다양한 스펙트럼의 맥주를 샘플링하여 맛보는 것에 초점이 맞춰져 있다. 수십 년이 흐르면서 축제들은 점점 더 전문화되었다. 캐스크 에일 축제, 겨울 맥주 축제, 수입 맥주 축제, 심지어는 과일 맥주나 갓 수확한 홉을 넣어 만든 맥주 등 소수 취향의 맥주를 위주로 한 축제도 있다. 도시마다 일주일 내내 이어지는 파티를 열고 있으며, 각국에서 뉴질랜드 웰링턴의 비어바나 페스티벌Beervana Festival, 그레이트 재팬 비어 페스트Great Japan Beer Fest, 벨전 비어 위켄드 등 다양한 축제를 선보이고 있다. 미시건에서 주로 활동하는 맥주 전문 작가 폴 루시먼은 전 세계 맥주 축제를 총망라한 웹사이트(beerfestival.org)를 운영 중이다. 마지막 업데이트를 기준으로, 1,300여 개의 축제 정보가 여기에 기록되어 있었다. 만일 특정 타입의 축제를 상상할 수 있다면, 이미 누군가가 바로 그런 축제를 열고 있을 것이다.

축제는 단지 배 속에 맥주를 들이붓기 위한 자리가 아니다. 잘 짜인 축제는 엄청나게 흥미진진하다. 오후 시간 동안 10여 종의 맥주 샘플을 맛볼 수 있다. 내가 난생처음 맛본 윗비어는 1990년대 초에 오리건 브루어스 페스티벌에서 마신 것이었다. 당시 벨기에 에일은 인지도가 낮은 독특한 맥주에 속했고, 나는 그때까지는 윗비어에 대해 들어본 적도 없었다. 심지어 그 개념—'흰' 맥주— 자체도 이상했다. 하지만 7월의 그 향긋한 오후에 마신 밀맥주는 태어나 처음 맛보는 근사한 에일이었다. 그 뒤로 나는 매년 맥주 축제에서 생애 첫 버번 배럴 숙성 맥주, 생애 첫 브래곳, 생애 첫 블랙 IPA를 시음했다. 궁금했던 맥주를 마셔보기에는 좋은 축제만 한 곳이 없다.

월별로 축제를 몇 가지 선별해 소개한다. 그 다양함을 엿볼 수 있을 것이다. 휴가를 계획 중이라면 다음을 중심으로 생각해봐도 좋겠다.

• 세이버Savor(워싱턴 DC, 5-6월)

브루어협회가 주최하는 세이버는 맥주와 음식의 페어링을 주축으로 하는 최고의 축제다. 여기서는 각각의 맥주와 잘 어울리는 요리도 함께 맛볼 수 있다. 교육용 공간도 마련되어 있고, 음식과 맥주 특유의 궁합을 활용한 다양한 부대행사도 있다.

- **그레이트 테이스트 오브 더 미드웨스트(위스콘신 매디슨, 8월)와 오리건 브루어스 페스티벌(오리건 포틀랜드, 7월)**

미국 최대로 꼽히는 유서 깊은 양대 지역 축제다. 각각 1986년과 1988년에 시작됐다. 그레이트 테이스트는 매디슨의 모노나 호숫가에 있는 올린 파크에서 열린다. 너무 짧아서 아쉬운 — 8월의 어느 토요일에 다섯 시간 동안만 진행된다— 축제지만, 애호가들이 휴대전화 앱이나 100페이지가 넘는 두툼한 안내책자를 들고 돌아다니며 찾는 독특한 종류의 맥주들을 선보인다. 오리건 브루어스 페스티벌은 수요일부터 일요일까지 열리며 주로 지역 맥주들로 구성된 좀 더 무난한 목록을 선보인다. 포틀랜드 시내의 윌래밋 강둑에서 열리는 이 축제에는 매년 10만 명이 다녀간다.

오리건 브루어스 페스티벌은 포틀랜드 시가 행진으로 시작된다.

- **그레이트 브리티시 비어 페스티벌(런던, 8월 초)**

전통 에일을 알리는 데 열심인 영국 단체 CAMRA가 주최하는 이 축제는 세계 최대의 캐스크 에일 축제다. 전 세계 각지의 맥주와 사이다도 있지만, 현지 제품 수백 종을 캐스크에서 맛볼 수 있다—영국 에일 애호가들에게는 천국이나 다름없다. 이 축제에서는 판정단이 그해 '영국 최고 맥주'를 뽑는다—마일드 에일이 자주 왕관을 차지하는 세계 유일의 행사다. 크래프트 브루어리들이 오래된 캐스크 에일 브루어리에 맞서는 에일 라이벌이 되자, 자기들만의 축제를 따로 진행하게 되었다. 이 축제 —런던 크래프트 맥주 페스티벌— 역시 8월에 런던에서 열린다.

- **옥토버페스트(뮌헨, 9-10월)**

마치 자연의 불가항력과도 같은 축제다. 사람들은 맥주 때문에 옥토버페스트에 가기도 하지만, 디른들과 레더호젠을 입은 사람들을 보러 가기도 한다—하지만 맥주는 여전히 축제의 주인공이다. 이 축제에서는 단 여섯 곳의 브루어리— 아우구스티너, 하커 프쇼어, 뢰벤브로이, 파울라너, 슈파텐, 호프브로이하우스—만이 맥주를 판매하며 이들은 이 맥주들을 옥토버페스트비어라고 부를 수 있는 독점권을 가진다. 뮌헨에는 사람들—매년 100만 명이 축제에 온다—이 북적대기 마련이니 6개월 전에 미리 예약을 해두는 편이 현명하다.

- **벨전 비어 위켄드(브뤼셀, 9월)**

브뤼셀의 으리으리한 그랑플라스에서 열리는 이 축제는 벨기에의 브루어리 40여 곳이 참여한다. 구세계 특유의 화려함과 거창함이 묻어나는 분위기로, 브루어들의 매시 기사단 Knighthood of the Brewers' Mash Staff의 독특하고도 근사한 퍼레이드도 있다—전통적인 모양새의 맥주 트럭과 희한한 중세식 복장을 한 사내들의 행진도 포함돼 있다. 그레이트 브리티시 비어 페스티벌처럼 이 축제 역시 내로라하는 벨기에 브루어리들의 집합으로, 주요 벨기에 맥주 스타일의 대표들은 모두 참여한다.

- **그레이트 아메리칸 비어 페스티벌 (콜로라도 덴버, 10월)**

그레이트 브리티시 비어 페스티벌의 미국판에 해당하는 이 축제에는 미국 전역의 브루어리 수백 곳이 참여하며 브루어리 수의 두 배가량에 달하는 종류의 다양한 맥주가 준비된다. 덴버 도심의 광대한 콜로라도 컨벤션 센터에서 온갖 맥주를 다 맛볼 수 있으니, 소규모 브루어리들이 만든 맥주를 한 장소에서 시음해볼 수 있는 최고의 기회라 할 수 있다. 각 지역을 벗어나서는 유통되지 않는 맥주가 대부분이므로, 지역별로 구성된 미국 맥주 투어를 할 수 있는 좋은 기회다. 행사 장소 자체는 좀 우중충하지만, 축제가 열리는 주말은 덴버 전역이 온통 파티 장소로 변신한다. 청명한 초가을 날씨를 배경으로 다양한 부대행사가 열린다.

- **프레시 홉 페스티벌 (오리건 후드리버, 워싱턴 야키마, 10월)**

갓 수확하여 말리지 않은 홉을 넣어 만든, 생홉 에일은 연 1회만 만들어진다. 변질되기 극히 쉬운 이 에일은 단 몇 주 만에 풍미가 사라져버린다. 이들을 맛보는 최상의 방법은 후드리버와 야키마에서 열리는 축제 중 하나에 참가하는 것이다. 이들 축제는 현지의 맥주들에 초점을 맞춘다. 둘 다 야외에서 열리는데 최근 몇 년간 빗방울이 듣기도 했다. 그래도 짧은 기간 동안만 마실 수 있는 이 귀한 맥주들을 1년 내내 기다리는 홉헤드들 사이에서는 인기가 식을 줄 모르는 축제다.

- **더 페스티벌 (장소 및 시기는 변동)**

맥주 수입업자인 댄 셸턴이 2012년부터 주최하고 있는 이 신생 축제는 수입 맥주들을 선보이는 최고의 장을 지향한다. 전 세계의 다양한 맥주 스타일을 선보일 뿐 아니라 브루어들이 현장에서 직접 자기네 제품과 제조 방식에 대해 소개하기도 한다. 첫 두 해를 기준으로 보면, 출발이 순조롭다.

맥주 용어 648
스타일 출생 지도 654
품종별 홉 알아보기 658
참고문헌 665
투어와 인터뷰 667

부록

맥주 용어

주
굵은 글씨로 적힌 단어들은 이 '맥주 용어' 섹션에 수록된 단어들이다.

가르드 '숙성시킨다age'는 의미의 프랑스어.

가마 건조 발아된 곡물을 가열 건조하는 **몰팅** 과정 중의 단계.

계약 브루잉 특정 브루어리에서 다른 회사에서 판매할 맥주를 최소 한 가지 이상 생산하기로 하는 사업적 협약.

고비중 맥주 고도수로 **발효**된 맥주로, 물을 첨가하여 원하는 도수로 낮출 수도 있다.

고유 비중 맥주 내 고형 물질의 밀도를 나타내는 수치. 물 밀도를 기준으로 수치화한다.

고제 새콤한 풍미의 독일식 밀 에일로, 부드럽고 섬세한 맛에서 고수와 소금의 풍미가 두드러지는 것이 특징이다.

과일 람빅 미숙성 **람빅** 맥주에 과일 성분을 주입한 스타일.

괴즈 다양한 빈티지의 **람빅**를 혼합하여 만든 맥주.

구리솥 브루 케틀을 지칭하는 영국식 용어.

구슬bead 맥주 속 거품방울들 혹은 표면으로 떠오르는 거품 행렬.

구운 밀torrefied wheat(부풀린 밀Puffed wheat) '굽다torrefy'는 가열하거나 불에 그을린다는 의미다. 고열 처리한 밀은 낟알이 부풀어 세포 구조가 깨져서, **발효** 중 완전히 사용될 수 있는 전분의 양이 증가한다.

그랜트 라우터 턴과 케틀 사이에 위치한 용기로, **맥아즙**의 흐름을 조절하는 용도로 쓰인다.

그루이트 홉 사용에 앞서 브루잉에 사용되는 혼합 허브 및 향신료. 최근에는 브루잉 과정에서 홉을 사용하지 않는 맥주를 지칭하는 말로도 쓰인다.

나노브루어리 애매한 용어이기는 하나, 아주 작은 브루어리들을 지칭한다. 대개 홈브루 시스템과 별 차이 없는 규모다.

냉각조(쿨쉽koelschip) 브루잉 과정에서 **맥아즙**을 식히는 데 사용되는 평평하고 넓적한 용기.

노블 홉 유럽의 전통적 품종의 **홉** 네 가지로, 할러타우, 테트낭, 슈팔트, 자츠가 있다. 이들 **홉**은 대체적으로 아로마가 풍부하고 쓴맛이 적다.

도르트문더 엑스포르트 페일 라거의 일종으로, 한때는 선 굵고 거친 느낌의 맥주였으나 오늘날은 좀더 가볍고 무난한 맛이다.

독일 바이첸 바이에른의 밀 에일로, 필터링하지 않아 탁한 상태로 서빙되며, 탄산이 강하다. 스파이시하고 정향과 홉사한 **페놀**향과 바나나향의 **에스테르** 풍미가 특징적이다.

동결 증류freeze-distillation 물은 얼지만 알코올은 얼지 않는 온도까지 맥주를 냉각시키는 과정. 동결된 부분을 제거함으로써 알코올 도수를 높일 수 있다.

둥켈 몰트의 달콤한 풍미와 약간의 로스티한 향이 특징인 부드러운 다크 라거.

드라이 몰트의 달콤한 풍미가 적은 맥주를 지칭

한다. '저감도가 높다"는 말과 같은 의미다.

드라이호핑 초기 **발효**가 끝난 맥주에 마른 **홉**을 첨가하는 것.

디콕션 **매싱** 방식의 일종으로, **맥아즙** 일부를 덜어내고 가열한 다음 다시 **매시**에 넣는다.

라거링 **하면발효** 맥주를 저온에서 보관하는 과정으로, **숙성** 및 투명도가 증가하는 효과가 있다.

라거 효모 **하면발효** 효모를 참고할 것.

라우터 턴 라우터링에 사용되는 용기. 라우터링은 여과를 통해 곡물에서 **맥아즙**의 당분을 제거하는 과정이다.

람비크 나무통에서 1-3년간 숙성시킨 스타일로, **야생효모**에서 비롯되는 특성을 충분히 드러낸다.

마우스필 풍미 외에 맥주가 지닌 특성들로, **바디**와 탄산량 등을 포함한다.

마야르 반응 음식이나 **맥아즙**에 열이 닿았을 때 당분과 단백질 사이에서 일어나는 자연 갈변 현상. 직화로 브루잉한 맥주나 로스팅 몰트에서 발생한다.

마이크로브루어리 본래는 1970년대에 문을 연 작은 브루어리들을 지칭하는 표현이었다. 오늘날에는 연간 1만5천 **배럴** 미만의 맥주를 생산하는 브루어리를 가리킨다.

마일드 에일 알코올 도수가 낮고 **홉** 함량이 적은 영국식 맥주 스타일.

매시 으깨거나 **밀링**한 곡물에 따뜻한 물을 섞은 것.

매시 턴 **매싱**에 사용되는 용기. 바닥에 구멍이 뚫려 있어 액체가 빠져나갈 수 있다.

매싱 으깨거나 **밀링**한 몰트를 따뜻한 물에 담가, **효모**가 전분을 소모하여 알코올로 바꿀 수 있는 당분으로 변환시키는 과정.

맥아 가루 브루잉용으로 **밀링**된 곡물 또는 혼합 곡물.

맥아즙 매시로부터 추출하여 **발효**시켜 맥주로 만드는 액체.

맥주순수령 1516년부터 내려진 바이에른 지역의 법령으로, 맥주에 들어가는 재료를 물과 **몰팅**한 보리, 홉으로 제한했다.

메르첸 앰버 라거의 일종.

몰트 발아시킨 뒤 자연건조 또는 **가마 건조**한 곡물(대개 보리)로, 브루잉의 기본 재료다.

몰트 빌malt bill **매시**에 사용된 곡물의 배합.

몰팅 곡물(대개 보리)을 물에 흠뻑 적셔 싹 틔운 뒤 건조시키거나 로스팅하는 과정. **몰트**를 참고할 것.

미국 스트롱 에일 강렬한 **홉** 아로마와 풍미를 지닌 스타일.

미국 에일 도수가 상당히 높고, 토착종 **홉**들 각각의 꽉 찬 풍미, 아로마, 쓴맛이 특징적인 스타일.

밀링 **매싱** 전에 곡물을 갈거나 으깨는 것.

바디 맥주의 무게감 혹은 묽은 정도. 묽은 느낌의 맥주를 '라이트 바디light-bodied'라 부르는 반면, 되직한 느낌의 맥주는 '풀 바디full-bodied'라 부른다.

발리 와인 매우 센 에일의 일종인 맥주 스타일.

발효 브루잉 과정 중 **효모**가 당분을 소모하고 알코올과 이산화탄소를 생성하는 단계.

밤맥주 이탈리아에서 만들기 시작한 스타일로, 보리 몰트 일부분을 밤가루로 대체했다.

배럴 31.5갤런 혹은 2 스탠더드 케그에 해당하는 측정 단위.

버튼 유니언 여러 개의 연결된 캐스크 안에서 맥주를 **발효**시키는 방식으로, **효모** 잉여분은 제거된다. 시간이 흘러도 안정적인 **효모** 종을 개발하는 데도 도움이 된 방식이다.

베를리너 바이세 새콤한 풍미의 독일 밀 에일로, 와인 같은 외양과 풍부한 거품으로 유명하다.

벨기에 에일 변화무쌍한 스타일로, 대개 **바디**는 가볍고 쓴맛은 적으며 독특한 **효모**의 특성을 지닌다. **효모**는 스파이시하거나 펑키하거나 과일 풍미를 띨 수 있다.

벨기에 윗비어 페일 보리, 밀, 귀리 그리고 각종 향신료를 혼합하여 만드는 스타일로, 지푸라기 색에 희뿌옇게 흐린 맥주.

병입 숙성 맥주가 병에 들어간 뒤에도 더 **발효**가 진행되게 하는 것. **숙성**도 참고할 것.

보들로 뜨거운 **맥아즙**에 냉수를 흘려보내 맥주를 냉각시키는 장치.

보크 도수가 높고, 정제돼 있고, 간결한 맥주로, 풍부한 몰트의 풍미와 알코올 특유의 더운 기운을 품고 있다.

부가물 브루잉 과정에서 보리, **홉**, **효모**, 물 이외에 첨가되는 모든 발효성 물질. 대개 ―대표적인 저렴한 재료로 여겨지는― 옥수수나 쌀을 지칭하지만 과일이나 당분일 수도 있다.

브라운 에일 몰트의 풍미와 에일 **효모**의 부드러운 과일향이 두드러지는 스타일.

브라이트 **효모**를 필터링해 걸러내거나 숙성 탱크 바닥에 가라앉혀 만드는 맥주를 지칭.

브라이트 비어 탱크(숙성 탱크) 초기 **발효** 이후로도 맥주를 안에서 숙성시키는 용기. 이 **2차 발효** 단계에서 탄산이 발생하고 투명도가 증가한다.

브레타노미세스 야생효모속屬으로, 독특한 아로마와 맛을 내는 데 사용된다.

브루 케틀 홉을 넣고 **맥아즙**을 끓이는 용기.

비터 홉을 충분히 넣은 영국 에일로, 도수는 다양하다.

빈 라거 앰버 라거의 일종.

빛 손상 자외선 노출 후 반응이 일어난 맥주를 가리키는 표현으로, 스컹키한 향과 풍미가 생긴다.

뻑뻑함 미네랄, 특히 칼슘이 함유된 맥주의 특성을 나타내는 표현으로, 좀더 날 선 느낌의 풍미를 뜻한다.

상면발효 효모 에일 **효모**의 동의어로, **발효** 중인 **맥아즙** 표면으로 세포들이 떠오른다고 해서 이렇게 불린다. 이렇게 떠오른 효모 세포들은 따로 걷어내어 차후에 재사용하기도 한다.

생홉(젖은 홉) 갓 수확하여 **가마 건조** 혹은 자연 건조하지 않은 그대로의 **홉**으로, 주로 가을 계절 한정으로 브루잉한 맥주를 만드는 데 사용된다.

생홉 에일 **생홉**으로 만든 스타일로, 흙냄새 같은 와일드한 풍미가 있다.

샌디 맥주와 영국식 레모네이드, 진저 비어, 시트러스 소다를 혼합한 것.

세션 맥주 바디가 가볍고 비교적 알코올 도수가 낮아서 좀더 많은 양을 마실 수 있는('세션하기 좋은sessionable'이라고도 표현되는) 맥주. 영국에서는, 앉은 자리에서 맥주를 여러 잔 마시는 것을 '세션'이라 부른다.

세종 독특한 곡물 특성, 탁한 외양, 스파이시한 풍미, **드라이**한 맛 등을 지닌 농가풍 에일.

수수 당분이 많은 곡물로, 글루텐이 없는 맥주를 만드는 데 자주 사용된다.

숙성 초기 **발효** 이후 시간이 흐르면서 맥주가 익고 더욱 투명해지는 과정.

슈바르츠비어 부드러움이 특징적인 다크 라거로, 코코아나 바닐라에서 감초와 커피에 이르는 다양한 풍미를 지닌다.

스카치 에일 스코틀랜드 에일에 대해 오해했던 미국인들이 만들어낸 스타일. 스카치 에일은 대개 도수가 높으며 토탄으로 로스팅한 몰트를 반드시 함유한다.

스코틀랜드 에일 스코틀랜드 에일은 영국식 에일처럼 바디가 가벼운 **세션 맥주**의 성격을 띠거나 도수가 높고 몰트 풍미가 두드러질 수도 있다 (위 헤비wee heavy).

스타우트 로스트향이 두드러지는 다크 에일.

스파징 매싱 마지막에 곡물에 물을 뿌려 잔여 당분을 완전히 씻어내는 것.

싹 곡물은 **몰팅** 과정에서 싹을 틔워 맥아당과 가용성 녹말을 생성하기 시작한다. 돋아나는 미세한 잔뿌리들을 '싹'이라 일컫는다.

알트비어 독일 뒤셀도르프와 뗄 수 없는 올드 에일로, 나무향이 나는 다크 몰트의 풍미가 있고 쓴맛이 지속되는 특징이 있다.

애비 에일 벨기에식 전통에 따라 브루잉된 스타일로, 설탕을 첨가하여 **바디**는 좀더 가볍고 도수는 높으며 마무리감은 **드라이**하게 만든다.

야생효모 재배하지 않고 환경에서 채집한 **효모**로, 특정 브루어리나 효모 업체에서 배양한 경우도 있다. 브레타노미세스가 대표적인 종류다.

양조수 브루잉 과정에 사용되는 뜨거운 물.

에스테르 **발효** 중에 자연적으로 생성되는 화합물로 과일 아로마를 지닌다.

에일 효모 상면발효 효모를 참고.

온도 조절 대개 파이프를 통해 물을 흘려보냄으로써 뜨거운 **맥아즙**을 식히는 방식을 쓴다.

올드 에일 대개 다크하고 센 영국식 맥주 스타일로, 나무 숙성 중에 생성된 셰리주 같은 향이 느껴질 수 있다.

와인 같음vinous 바이너스. 와인을 연상시키는 특성들로, 주로 새콤하고 **드라이**하며 알코올 특성이 두드러지는 향이나 포도 풍미를 지칭한다.

와일드 에일 야생효모 및 박테리아로부터 주요 특성을 이끌어낸 맥주를 총칭하는 말.

요크셔 스퀘어 스퀘어(사각) 형태의 슬레이트로 된 브루잉 용기.

월풀 소용돌이가 생길 때까지 **맥아즙**을 휘저어 트루브 제거를 용이하게 만들어주는 용기.

유산균 당분을 젖산으로 바꾸는 박테리아. 일부 브루어들은 일부러 유산균을 첨가하여 특정 스타일의 맥주에 산미를 더하기도 한다.

인디아 페일 에일 홉의 풍미가 두드러지는 도수 높은 스타일로, 본래 영국에서 브루잉되었다.

자꾸 마시고 싶음moreish 모어리시. 두세 파인트를 마시는 동안 내내 편하게 마실 수 있고 질리지 않는 맥주를 가리키는 영국식 표현.

저감 발효 과정에서 알코올과 이산화탄소로 변환된 잔여 당분의 비율. 더 많은 당분이 변환될수록, 맥주는 더 **드라이**해지고 저감도도 높아진다.

지게미 병 안에서 **2차 발효** 후 남은 **효모** 침전물.

질소충전 맥주(니트로) 이산화탄소 외에 질소도

사용하여 실크처럼 매끄럽고 크림처럼 부드러운 형태의 기포를 형성시킨 맥주. 질소충전 맥주—주로 기네스 등의 스타우트—에는 약 70%의 질소와 30%의 이산화탄소가 함유돼 있다.

체코 트마베 체코의 다크 라거.

초기(시작) 비중 발효 전 **맥아즙**에 용해돼 있는 당분 함량을 나타내는 수치. **고유 비중**을 참고.

최종 비중 발효 마지막 시점 맥주의 **고유 비중**.

칠 헤이즈chill haze 맥주가 단백질 성분으로 인해 흐려지는 현상. 저온에서 나타날 수 있지만 풍미에는 영향을 미치지 않는다.

캐스크 숙성 **효모**를 또 한차례 넣어 캐스크에서 다시 한번 맥주를 **발효**시키는 영국식 방식이다. 캐스크 숙성된 맥주(캐스크 에일)를 '리얼 에일'이라 지칭하기도 한다.

케그 0.5**배럴** 또는 15.5 U.S.갤런에 해당하는 단위.

콜드 브레이크 냉각된 **맥아즙**에서 침전되어 나오는 단백질과 폴리페놀 성분. 이 성분들이 **맥아즙**에 그대로 남으면 **칠 헤이즈**가 일어날 수 있다.

쾰슈 쾰른 시에서 브루잉되는 페일 에일. 스파이시한 홉, 은은한 과일향, 부드러운 몰트의 풍미가 섬세한 균형을 이룬다.

크래프트 맥주 나라마다 의미가 조금씩 다른 용어로, 미국에서는 대량 판매용 라거나 수입 제품이 아닌, 소규모 독립 브루어리에서 주로 만드는 모든 맥주를 지칭한다.

크로이젠 이미 **발효**된 맥주에 부분 **발효**된 **맥아즙**을 소량 첨가하는 것으로, **2차 발효**를 유도한다.

탁함turbid 터비드. 뿌옇다는 뜻으로, 구름이 낀 것처럼 맥주 외양이 흐릿한 것을 말한다. 벨기에에서 사용된 전통적 형태의 **매시**에 대해서도 쓸 수 있는 표현이다.

턴 맥주를 브루잉할 때 사용되는 대형 용기로, 주로 여기서 **매시**를 불린다.

테루아르 특정 작물의 지리적 위치의 여러 특징들 중 특유의 토양, 기후, 지형을 가리키는 말로, 이는 최종 산물에 영향을 미친다. 와인이나 그 제조에 사용된 포도와 관련하여 주로 사용되는 용어이나, 홉 또는 드물게는 보리를 설명하는 용도로 사용되기도 한다.

투입 차게 식힌 **맥아즙**에 **효모**를 넣는 것.

트라피스트 에일 주로 벨기에에 있는 트라피스트 수도원 수도사들이 엄격한 규율 아래 직접 관리하여 만든 맥주.

트루브 단백질 및 홉 나뭇진이 맥아즙을 끓이고 식히는 과정에서 침전돼 나올 때 형성된 앙금.

파스퇴르 살균 열을 사용하여 살균하는 것.

파티 가일 매시에서 흘러나온 부분을 여러 차례에 걸쳐 따로 모아 끓인 다음 블렌딩하여 다양한 스트렝스의 맥주로 만드는 브루잉 방식.

페놀 맥주 속에서 스파이시하고 스모키한 풍미 때로는 약품 또는 일회용 반창고 같은 냄새를 풍기는 화합물.

페일 에일 **몰트**의 달콤한 풍미와 **홉** 특유의 풍미 및 아로마를 바탕으로 하면서도 **홉**의 특성이 두드러지는 스타일.

포터 도수 및 **바디**가 중간 정도에 해당하는 다크 에일로, 로스티한 풍미가 특징적이다.

푸더르 숙성용 대형 오크 배럴. 크기는 60-250

헥토리터로 다양하다.

프랑스 에일 **몰트**의 부드러운 풍미가 두드러지는 에일 계열. 각종 향신료와 현지의 재료들을 사용하고 음식과 페어링하기가 쉽다는 것도 공통된 특징이다.

플랑드르 타트 에일 갈색빛이 감도는 붉은색 맥주로, 밝고 산미가 있으며, 과일 풍미가 있고 약간 단맛이 느껴지는 경우가 많다.

플로어 몰팅 전통적인 **몰팅** 방식으로, 곡물을 널찍한 석조 바닥에 펼쳐놓고 싹을 틔운 다음, 바닥 아래 가열 장치가 된 건조실로 옮긴다.

필스(필스너) 1840년대에 체코의 소도시 플젠에서 처음 브루잉한 페일 라거.

하면발효 효모 발효 중 맥주의 바닥 부분으로 가라앉기 때문에 이렇게 불린다. **라거 효모**와 동의어다.

핫 브레이크 끓이는 과정에서 단백질 나뭇진이 홉의 작용으로 응고되어 **맥아즙**으로부터 침전되어 나오는 지점.

헬레스 **필스너**와 비슷하지만 좀더 부드러운 몰트의 특성이 강조되는 페일 라거.

호그스헤드hogshead 54 영국식 갤런(243리터) 용량의 일종의 캐스크.

혼합 발효 **효모**와 박테리아를 혼합 사용하여 맥주 내 알코올을 생성하고 젖산 발효를 일으키는 과정으로, 플랑드르 타트 에일의 전형적인 특징이다.

홉 대부분의 맥주 브루잉에 들어가는 덩굴식물로 꽃을 말려 사용한다. 풍미, 아로마, 쓴맛을 더한다.

홉백 **맥아즙**에서 **홉**을 필터링해내는 데 사용되는 거르개 또는 체.

효모 단세포 균류로, 맥아즙 속 당분과 만나 이산화탄소, 알코올, 그리고 페놀이나 에스테르 같은 풍미 및 아로마 화합물을 생성한다.

1차 유출분 배출 시작 단계에서 빠져나온 맥아즙으로, 당분 함량이 높다.

2차 발효 **효모**나 당분을 첨가해 두번째 발효가 일어나 탄산이 생성되게 하는 과정으로, 병입 또는 캐스크 숙성을 지칭한다.

ABV 부피당 알코올 함량으로, %로 표기한다. 알코올이 함유된 음료의 세기를 나타내는 척도로서, 전체 부피 대비 알코올 부피를 기본으로 한다.

CAMRA 진짜 에일 지키기 운동. 1971년 영국에서 창립된 단체로, 전통적인 브루잉 기법 및 캐스크 에일을 보존하고자 한다.

EBU 쓴맛의 단위. IBU를 참고할 것.

IBU 국제쓴맛단위. 맥주 **홉**의 쓴맛을 설명하는 공인된 체계.

스타일 출생 지도

오늘날까지 살아남은 맥주 스타일들 대부분—유럽 대륙 에일, 라거, 영국/아일랜드 에일—의 출생지는 대개 세 지역에 집중돼 있다. 프랑스 릴에서 시작하여 벨기에를 지나 독일 베를린까지 선을 그어보면, 세계에서 가장 유명한 에일 산지를 관통하는 코스가 그려진다. 800킬로미터가 넘는 이 거리는 조지아 애틀랜타와 버지니아 리치몬드 사이의 거리에 해당하며, 오리건 포틀랜드로부터 샌프란시스코까지보다 먼 거리다. 이 근접성으로 그 모든 독일 에일들의 존재에 대한 설명이 가능하다—어쨌든, 쾰른은 브뤼셀에서 고작 210킬로미터 정도 거리이지만, 뮌헨에서는 560킬로미터나 떨어져 있으니까. 이와 비슷하게, 프랑스의 오랜 브루잉 전통은 벨기에와의 접경 지역에 있는 릴이 중심이었고, 그 맥주들은 그때나 지금이나 에일이다. 좀더 남쪽으로 내려가면 나오는 스트라스부르는 20세기 프랑스 라거 생산의 중심지가 됐다(말이 된다. 스트라스부르는 브뤼허보다는 바이에른에 훨씬 가까우니까).

라거는 훨씬 더 특정 지역에 집중돼 있었다. 바이에른과 보헤미아는 수세기 전부터 라거링 전통을 공유하고 있다. 세계에서 가장 유명한 맥주 도시 축에 속하는 뮌헨과 플젠 간 거리는 보스턴과 뉴욕 간 거리보다 가깝다. 빈은 좀더 멀리 떨어져 있지만, 이 세 브루잉 도시를 연결하는 삼각형은 벨기에 국토 크기만 할 것이다.

영국 브루어들은 유럽 대륙과 영향을 주고받았고, 영국 에일도 무無에서 태어난 것은 아니었다. 영국 및 아일랜드에서 만든 유명한 맥주 스타일들은 전 세계의 훌륭한 맥주들이 집중되는 제3지대다.

이 세 지역 주위로 대략 원을 그리면 세계의 모든 기존 맥주 스타일들 가운데 80%는 확보된 셈이다.

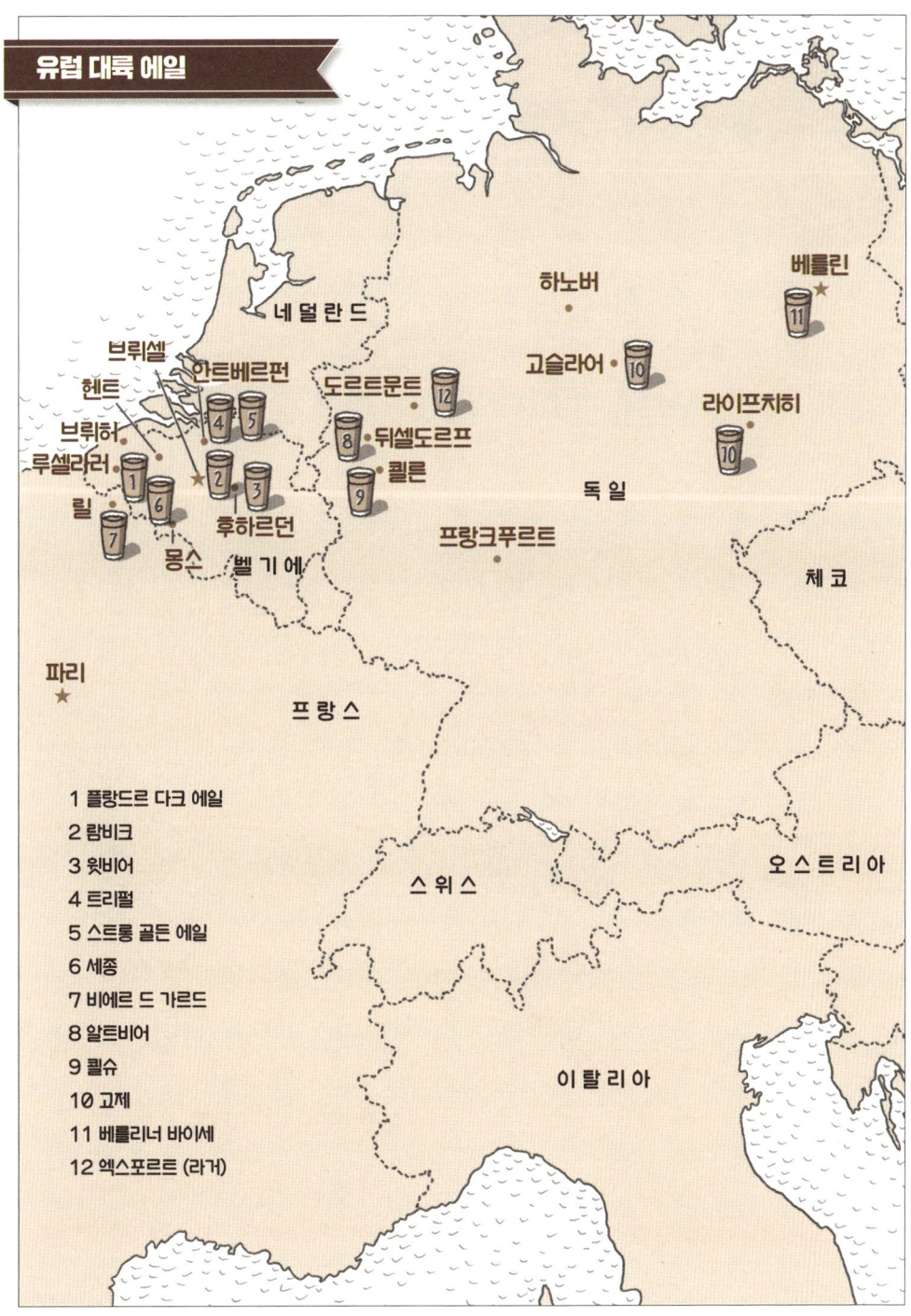

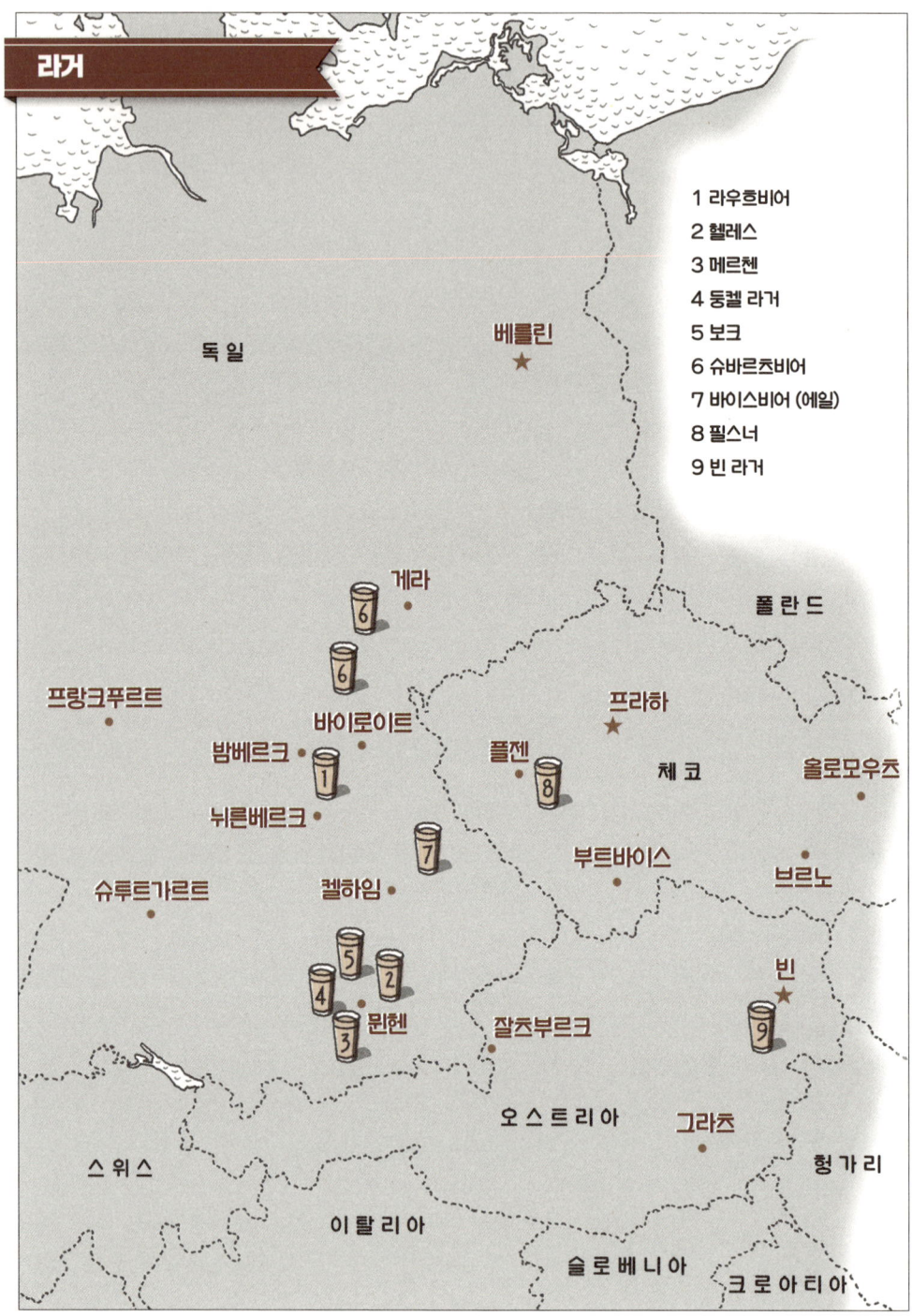

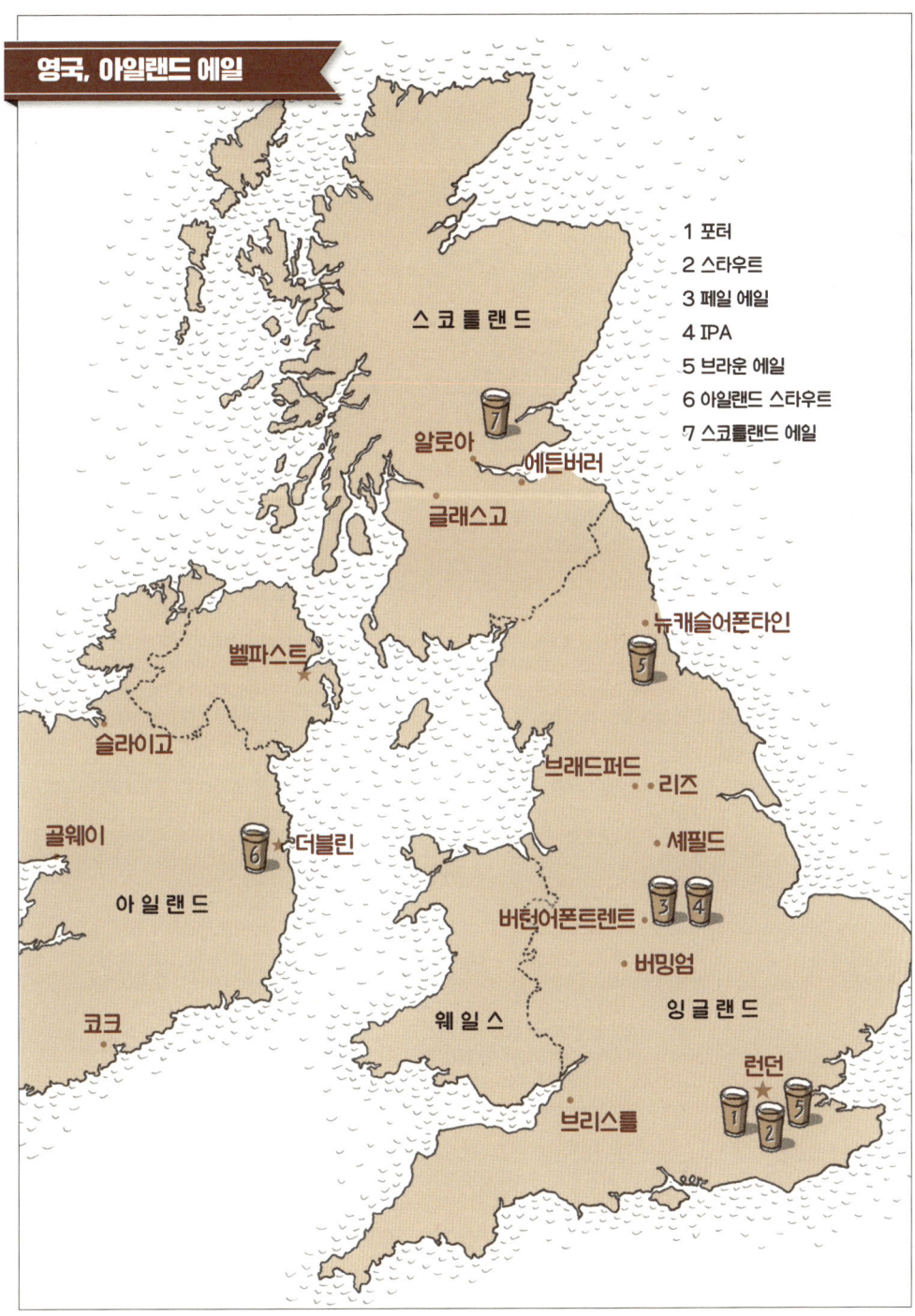

품종별 홉 알아보기

■ 독점 또는 특허 품종
■ 원시 또는 전통 품종

홉 품종	배경	아로마 및 풍미
AHTANUM 아타넘 미국	야키마 치프 농장Yakima Chief Ranches에서 육종한 사유 품종으로, 혈통 미상이다. 알파산: 5.5-6.5%, 베타산: 5-6.5% 전체 오일 성분 0.8-1.2%	미국 맥주의 원년 멤버이나, 여타 미국산 홉에서 전형적으로 느껴지는 순수 시트러스 계열의 특성에 비해 꽃향과 허브 및 소나무 풍미가 강하다.
AMARILLO 애머릴로 미국	버질 가마슈 농장Virgil Gamache Farms에서 자라는 것이 발견된, 야생 홉 돌연변이종으로 현재는 야키마 치프 소유다. 알파산: 8-11%, 베타산: 6-7% 전체 오일 성분 1.5-1.9%	상큼한 오렌지 시트러스 풍미가 두드러지는 클래식한 미국산 홉으로 살구, 복숭아, 망고의 달콤한 풍미가 있다. 일부 미국산 홉들과는 달리, 거친 느낌 없이 부드럽고 풍미가 가득하다. 다용도로 어울리는 유연한 특성을 지닌 홉으로 여러 페일 에일과 IPA에 풍미와 아로마를 더한다.
BRAVO 브라보 미국	주로 제우스와 너깃 혈통을 이어받은 초고알파 홉으로, 2006년 S.S. 슈타이너에서 출시되었다. 알파산: 14-17%, 베타산: 3-5% 전체 오일 성분 1.6-2.4%	대다수의 사람은 브라보 홉의 쓴맛을 비교적 부드럽다고 느끼지만, 치누크와 마찬가지로 사람에 따라서는 거칠거나 거슬린다는 느낌을 받을 수 있다. 흙냄새과 향신료 풍미가 있다. 살짝 귤맛이 날 수도 있다.
BREWER'S GOLD 브루어스 골드 미국	마니토바의 야생 묘목에서 발견되어 1919년 영국 품종과 교배되었고, 1934년 출시되었다. 현대의 수많은 고알파 홉은 브루어스 골드로부터 개발된 것이다. 알파산: 8-10%, 베타산: 3.5-4.5% 전체 오일 성분 1.6-1.9%	옛 품종 특유의 블랙커런트 풍미가 확연하다. 클러스터와 마찬가지로, 브루어스 골드도 인기 없는 풍미가 있어서 사람에 따라서는 거칠게 느끼기도 하는데, 간혹 이상하게도 풍부한 과일 풍미를 느끼는 경우도 있다.
CASCADE 캐스케이드 미국	오리건 주립대학의 미국 농무부 육종 프로그램을 통해 탄생한 최초의 상업용 홉. 1956년에 육종됐으나 재배용으로 출시된 것은 1972년 이후다. 영국산 퍼글 홉과 러시아산 품종인 세레브리앙카 계통의 홉을 교배해 탄생했다. 알파산: 4.5-7.0%, 베타산: 4.5-7.0% 전체 오일 성분 0.6-0.9%	세계 최고의 홉 중 하나로, 다용도로 어울리고 깔끔한 풍미를 자랑한다. 미국산 홉 특유의 시트러스 풍미가 있으나 치자꽃을 연상시키는 꽃향이 좀더 두드러진다.
CENTENNIAL 센테니얼 미국	1974년에 육종되어 1990년에 출시되었다. 4분의 3은 브루어스 골드 혈통, 나머지는 퍼글, 이스트 켄트 골딩 그리고 기타 미상의 홉으로 이루어져 있다. 알파산: 9.5-11.5%, 베타산: 3.5-4.5% 전체 오일 성분: 1.5-2.5%	과일 사탕 같은 느낌도 나는 클래식한 시트러스 계열의 홉이다. 고농도에서는 얼얼한 후추 같은 풍미를 낼 수도 있다.

홉 품종	배경	아로마 및 풍미
CHALLENGER 챌린저 영국	1960년대 영국의 와이컬리지 대학에서 독일산 홉을 통해 육종되었다. 1970년대에 배스Bass가 이 홉을 사용하면서 인기를 얻었다. 알파산: 6.5-8.5%, 베타산: 4.0-4.5% 전체 오일 성분 1.0-1.7%	부드럽고 깔끔한 쓴맛과 마멀레이드를 연상시키는 날카로운 풍미가 있다.
CHINOOK 치누크 미국	1980년대 초 워싱턴 주에서 미국 농무부 주도 아래 골딩의 변이로 개발되었다. 알파산: 12-14%, 베타산: 3-4% 전체 오일 성분 0.7-1.2%	대담한 풍미를 지닌 품종으로, 소나무나 가문비나무의 특성이 느껴지고 시트러스 느낌도 살짝 있다. 사람에 따라서는 거칠고 쿡쿡 쑤시는 것 같은 쓴맛을 느끼기도 하지만 드라이호핑에는 최고인 품종 중 하나다. 깨끗한 허브 풍미를 선사한다.
CITRA 시트라 미국	또 하나의 최신 독점 품종으로, 비교적 고알파에 해당하는 이중 용도의 홉이다. 할러타우, 미국 테트낭, 이스트 켄트 골딩의 혈통을 지닌 것으로 알려져 있다. 알파산: 11-13%, 베타산: 3.5-4.5% 전체 오일 성분 2.2-2.8%	다용도 홉으로 광범위한 과일 풍미를 낸다. 주로 열대과일—패션프루트, 리치— 쪽이지만 간혹 복숭아향이나 살구향이 나기도 한다. 과일, 과일, 과일, 온통 과일 풍미로 가득하다. 비터링 또는 아로마 용도로 사용된다.
CLUSTER 클러스터 미국	미국의 진정한 오리지널 홉. 한때 미국 홉 재배의 90%를 차지할 정도로 군림했으나, 계속 감소하여 현재는 거의 단종 수준이다. 알파산: 5.5-8.5%, 베타산: 4.5-5.5% 전체 오일 성분 0.4-0.8%	전통적인 블랙커런트 풍미와 비교적 거친 느낌의 쓴맛이 있다.
COLUMBUS 콜럼버스 **TOMAHAWK** 토마호크 **ZEUS('CTZ')** 제우스 미국	각각 콜럼버스, 토마호크, 제우스로 알려져 있는 이 홉들의 혈통은 —유전적으로 굉장히 흡사하거나 혹은 동일한 것으로 간주된다— 홉 육종에서 손꼽히는 미스터리 중 하나다. 조상의 한쪽은 브루어스 골드였을 수 있지만, 궁극적으로 탄생한 품종들은 미상의 홉과의 이종교배한 결과물이었다. 알파산: 14.5-16.5%, 베타산: 4-5% 전체 오일 성분 2-3%	미국산 홉 중에 가장 개성이 뚜렷한 품종 중 하나로, 스컹크하거나 마리화나 아로마를 뿜어내며 끈끈한 송진 같은 풍미를 지닌다. 어떤 이들은 맛있는 마늘향이나 양파향을 감지하기도 하지만, 응축된 과일 풍미로 느끼는 사람들도 있다. 다른 홉과 블렌딩할 때 최상의 풍미를 낸다.
CRYSTAL 크리스털 미국	1983년 오리건 코발리스에서 처음 개발되기 시작해 10여 년 뒤 출시되었다. 마운트후드와 리버티의 의붓자매 격인 독일산 할러타우에서 파생되었다. 알파산: 4-6%, 베타산: 5.0-6.7% 전체 오일 성분 0.8-2.1%	굉장히 깨끗하고 중성적인 호핑을 통해 대개 상쾌한 향신료 풍미를 낸다.
FIRST GOLD 퍼스트 골드 영국	영국에서 개발된 난쟁이 품종(덩굴이 2.5미터 정도까지만 성장함)으로, 난쟁이 품종 수그루 한 가지와 휫브레드 골딩 품종으로부터 파생되었다. 알파산: 6.5-8.5%, 베타산: 3-4% 전체 오일 성분 0.7-1.5%	이스트 켄트 골딩과 비슷하다. 스파이시하고 흙냄새 있는 홉으로, 함량이 높아지면 강렬하고 날카로운 쓴맛을 낸다.

홉 품종	배경	아로마 및 풍미
FUGGLE 퍼글 영국	1870년대에 처음 소개됐고 혈통은 미상이다. 영국에서 가장 유명한 양대 홉 중 하나로, 한때는 영국에서 재배되는 홉의 78%를 차지했다. 안타깝게도 내한성이 약한 탓에 점점 멸종되고 있다. 알파산: 3.0-5.5%, 베타산: 2-3% 전체 오일 성분 0.7-1.4%	이 품종이 사라지는 것은 안타까운 일이다. 퍼글의 나무와 흙냄새 특성은 타의 추종을 불허하기 —그리고 얼그레이 차만큼이나 영국적이기— 때문이다.
GALAXY 갤럭시 호주	1994년 홉 프로덕츠 오스트레일리아Hop Products Australia에서 개발한 독점 품종으로 혈통은 비공개 상태다. 알파산 함량이 높은 교배종으로 후반부 호핑 또는 드라이호핑에 자주 사용된다. 알파산: 13-16%, 베타산: 5-6% 전체 오일 성분 2.4-2.7%	열대과일에서 핵과류 그리고 블랙커런트까지 다양한 풍미를 지닌 강렬하고 자극적인 품종이다. 사람에 따라서는 셀러리나 오이 같은 신선한 채소 향을 느끼기도 한다.
GALENA 갈레나 미국	1968년 아이다호에서 브루어스 골드와의 방임 수분으로 교배하여 탄생했다. 알파산: 11-13.5%, 베타산: 7-8.5% 전체 오일 성분 0.9-1.3%	깔끔하고 중립적이며 상쾌한 쓴맛을 낸다. 풍미는 시트러스와 나무 계열 중간쯤에 해당하지만 튀지는 않는 느낌이다.
GLACIER 글레이셔 미국	워싱턴 주립대학 연구진이 육종하여 2000년에 출시했다. 작황이 좋고 코후물론 함량은 낮다. 절반은 알자스산 혈통에 기타 유럽산 품종 여러 가지를 교배했다. 알파산: 4.5-9.5%, 베타산: 6-9% 전체 오일 성분 0.7-1.6%	깔끔하고 중성적인 특성 면에서 크리스털과 비슷하다. 흙냄새가 주를 이루고 섬세한 복숭아향이 있다.
HALLERTAUER MITTELFRÜH 할러타우어 미텔프뤼 독일	독일산 원시 품종으로, 뮌헨 북부 할러타우 지역에서 자라는 수많은 잡종의 근원이다. 할러타우 트래디션은 미텔프뤼의 특성들을 지니도록 육종한 현대의 재배품종이다. 알파산: 3.5-5%, 베타산: 3.5% 전체 오일 성분 0.7-1.3%	많은 이들이 우아한 허브 계열의 향신료 풍미와 아로마 때문에 미텔프뤼를 홉의 제왕으로 꼽는다. 풍미가 섬세하고 부드럽다.
HERKULES 헤르쿨레스 독일	2006년 독일 휠에서 홉 연구 센터가 할러타우어 타우루스와 미상의 휠 토착 수그루로부터 육종시켰다. 노던 브루어와 마그눔 이후 독일산 고알파 홉 계보를 잇는 최신 품종이다. 알파산: 12-17%, 베타산: 4-5.5% 전체 오일 성분 1.6-2.4%	주로 비터링 용도로 사용하지만 강렬한 송진 및 향신료 풍미도 지니고 있다.
HERSBRUCKER 헤르스브루커 독일	뉘른베르크 바로 외곽 지역에서 나는 정통 독일산 원시 품종으로, 독일식 브루잉을 규정하는 또 하나의 홉이다. 알파산: 2-4%, 베타산: 2.5-6% 전체 오일 성분 0.5-1.0%	할러타우어 미텔프뤼처럼 깔끔하고 섬세하다. 향신료와 허브 풍미에 가벼운 과일 에센스가 곁들여져 있다.

홉 품종	배경	아로마 및 풍미
KENT GOLDING 켄트 골딩 영국	1700년대 말 개발된 품종으로 혈통은 미상이다. 알파산: 4-6.5%, 베타산: 2-3% 전체 오일 성분 0.4-0.8%	영국 에일의 정체성을 지닌, 굉장히 부드러운 홉이다—꽃, 레몬, 가벼운 향신료 풍미가 번갈아 나오고, 경우에 따라서는 짭짤한 맛을 내기도 한다.
LIBERTY 리버티 미국	오리건 코발리스에서 미국 농무부가 진행한 육종 프로그램으로 탄생한 홉으로 순수 독일 혈통이다. 3배체triploid 할러타우어 미텔프뤼가 포함돼 있으며, 1991년에 출시되었다. 할러타우어 미텔프뤼를 대체해 미국에서 생장하도록 육종됐다. 알파산: 3-5%, 베타산: 3-4% 전체 오일 성분 0.6-1.2%	무난한 허브 풍미와 흙냄새는 오리지널과 비슷하다. 친척뻘인 크리스털과 마찬가지로 깔끔하고 중성적이어서 비터링 용도로 사용된다.
LUBLIN 루블린 **LUBELSKI** 루블스키 폴란드	자츠의 후손 격인 폴란드의 원시 품종 홉으로 자츠와 굉장히 비슷하다. 바르샤바 남동부의 풀라비로부터 루블린 지역에 걸쳐 자란다. 알파산: 3-4.5%, 베타산: 3-4% 전체 오일 성분 0.5-1.1%	자츠 홉과 비슷하게 향신료와 허브 특성을 지니고 있다. 라벤더 같은 꽃향이 나기도 한다. 흔히 볼 수 있는 또 하나의 폴란드산 홉인 마린카 역시 풍부한 꽃향을 낸다.
MAGNUM 마그눔 독일	독일 휠의 홉 연구 센터의 또 하나의 프로젝트로, 1980년대에 할러타우어 미텔프뤼 등 독일산 품종으로부터 개발됐다. 최근까지만 해도 가장 인기가 많은 고알파 홉이었으나 현재는 헤르쿨레스로 대체되는 추세다. 알파산: 11-16%, 베타산: 5-7% 전체 오일 성분 1.6-2.6%	아로마가 은은한, 굉장히 중립적인 홉이다. 비터링에 주로 사용된다.
MOTUEKA 모투에카 뉴질랜드	1997년에 '차별화된 홉' 프로그램에서 육종됐다. 자매 품종인 리와카와 마찬가지로, 자츠 3분의 1, 뉴질랜드 계통 3분의 2로 교배했다. 알파산: 6.5-7.5%, 베타산: 5-5.5% 전체 오일 성분 0.8%	뉴질랜드 홉 중 열대과일 클럽의 원년 멤버로, 레몬라임 계열의 풍미가 강하다.
MT. HOOD 마운트후드 미국	미국 농무부에서 1980년대부터 할러타우어 미텔프뤼와 얼리 그린을 교배한 잡종. 오리건 포틀랜드 인근의 원뿔 모양의 산 이름을 따서 이름을 붙였다. 알파산: 4-7%, 베타산: 5-8% 전체 오일 성분 1.2-1.7%	다양한 측면을 지닌 다용도 홉. 흙냄새에서 소나무향, 허브와 향신료에 이르기까지 다양한 풍미를 지닌다. 깔끔하고 부드러운 특성이 있다.
NELSON SAUVIN 넬슨 소빈 뉴질랜드	스무드콘 품종을 포함하여 뉴질랜드 계통으로만 육종됐다. 알파산: 12-13%, 베타산: 6-8% 전체 오일 성분 1.0-1.2%	놀라울 정도로 강력하다. 섬세한 망고나 화이트 와인 풍미를 내는 용도로 사용할 수 있다('소빈'은 소비뇽 블랑을 의미한다). 또한 사향이나 '땀냄새'가 날 수 있는 지나치게 강렬한, 포화된 풍미를 띠는 경향이 있다.

홉 품종	배경	아로마 및 풍미
NORTHERN BREWER 노던 브루어 영국(원산지)	1934년에는 본래 골딩 계통으로 육종되었고 현재는 유럽 전역 및 미국에서 재배 중이다. 알파산: 7-10%, 베타산: 3-5% 전체 오일 성분 1.0-1.6%	특성은 산지에 달려 있다. 독일산 노던 브루어는 좀더 스파이시하고 허브 풍미가 강한 반면, 미국산은 좀더 야생의 풍미가 있고 나무향이 강하다.
NUGGET 너깃 미국	1980년대에 미국 농무부가 오리건 코발리스에서 개발한 복합적인 성격의 잡종이다. 브루어스 골드가 주를 이루고 얼리 그린, 골딩, 독일 계통으로 구성된다. 알파산: 11-14%, 베타산: 3-6% 전체 오일 성분 0.9-2.2%	초기 고알파 홉 중 하나로, 여전히 신선한 허브 풍미와 '그린' 아로마 그리고 깔끔한 쓴맛 때문에 인기가 있다. 미국 에일의 비터링 베이스로 흔히 사용된다.
PERLE 펄 독일	노던 브루어와 미상의 독일산 홉으로부터 육종한 또 하나의 독일 휠 지방 홉이다. 알파산: 5-9%, 베타산: 2.5-4.5% 전체 오일 성분 0.5-1.5%	끓이는 과정 중 어느 시점에나 사용 가능한 다용도 홉. 후추 및 향신료 풍미가 있다. 사람에 따라서는 민트향을 느끼기도 한다. 정통 독일산 홉의 섬세한 풍미와 좀더 강렬한 풍미를 함께 지닌다.
PRIDE OF RINGWOOD 프라이드 오브 링우드 호주	1960년대에 멜번에서 잉글리시 프라이드 오브 켄트 홉과 방임 수분으로 교배됐다. 수십 년간 호주 홉의 왕좌에 있었고 출시 당시에는 최고의 고알파 홉이었다. 알파산: 7-11%, 베타산: 4-6% 전체 오일 성분 0.9-2.0%	시트러스 특성이 있으나 미국산 홉들보다 거칠다. 베리류의 과일 풍미가 느껴지기도 한다.
PROGRESS 프로그레스 영국	골딩과 야생 미국 계통으로, 1950년대 영국 와이컬리지에서 퍼글을 대체할 목적으로 개발됐다. 알파산: 7-11%, 베타산: 4-6% 전체 오일 성분 0.9-2.0%	영국산 홉답게 과일향이 풍부하며 마멀레이드나 달콤한 라임 계열의 풍미가 있고 풋풋한 가문비나무향도 살짝 스친다.
RIWAKA 리와카 뉴질랜드	1997년 모투에카와 동일한 육종 실험 중에 생산됐다. 자츠 3분의 1, 뉴질랜드 교배종 3분의 2 교배로 탄생했다. 알파산: 4.5-6.5%, 베타산: 4-5% 전체 오일 성분 0.8%	과일향이 풍부한 모투에카보다 훨씬 스파이시하며 약간 소나무향과 베르가못향도 난다. 미국산 품종들과 구분되는 개성 강한 홉이다.
SAAZ (ŽATEC) 자츠(자테츠) 체코	프라하 북서부 자테츠 지역에서 중세 이래 자라온 체코의 원시 품종 홉. 슈팔트 및 테트낭거와 상당히 가깝다. 체코의 80% 이상의 면적에서 이 필스너 홉이 재배된다. 알파산: 3-6%, 베타산: 4-6% 전체 오일 성분 0.4-1.0%	청량한 삼나무향과 더불어 바탕에 은은하게 깔리는 사철쑥향 또는 로즈마리향으로 확연히 구분되는 풍미다.
SANTIAM 샌티엄 미국	오리건 코발리스에서 미국 농무부가 수입산 홉을 대체할 목적으로 독일 혈통의 테트낭과 할라타우로부터 개발했다. 1997년 상업적으로 출시됐다. 알파산: 5-7%, 베타산: 6-8% 전체 오일 성분 1.3-1.7%	독일산 오리지널과 특성 면에서 매우 흡사하다. 테트낭은 그 섬세한 아로마로 유명하고, 샌티엄 역시 비슷한 성격을 지닌다. 그러나 샌티엄은 스파이시한 독일적 특성 대신 미국적인 시트러스 오렌지 계열의 풍미가 특징이다. 미국 에일에 흔히 사용된다.

홉 품종	배경	아로마 및 풍미
SAPHIR 자피어 독일	독일 휠의 홉 연구 센터에서 개발됐다. 미텔프뤼와 기타 계통으로부터 육종됐다. 알파산: 2-4.5%, 베타산: 4-7% 전체 오일 성분 0.8-1.4%	다용도 홉으로, 꽃향, 과일향, 나무향이 이따금씩 번갈아 느껴진다. 풍미는 굉장히 은은해서 앤하이저부시 인베브에서는 이 홉을 벡스 사파이어의 주요 홉으로 사용했다.
SIMCOE 심코 미국	야키마 치프가 육종한 독점 품종으로, 2000년에 출시됐다. 알파산: 12-14%, 베타산: 4-5% 전체 오일 성분 2-2.5%	가장 유명하고 개성 뚜렷한 미국산 홉 중 하나로, IPA와 페일 에일에 날카로운 강한 소나무향과 자몽 아로마 및 풍미를 더한다.
SORACHI ACE 소라치 에이스 일본	1988년 일본에서 브루어스 골드와 자츠 계통으로부터 육종됐다. 미국 땅에서는 소라치 에이스가 일본에서처럼 굉장한 고알파 수준에 도달하지는 못했다. 알파산: 10-16%, 베타산: 6-7% 전체 오일 성분 2-2.8%	대다수의 사람들에게 소라치 에이스는 확연한 레몬맛이 나며, 허브향이 살짝 바탕에 깔린다. 하지만 사람에 따라서는 딜맛을 느끼기도 한다.
SPALT SELECT 슈팔트 셀렉트 독일	대체할 대상이었던 오리지널 슈팔터보다 좀더 넓은 지역에서 자라는 품종. 1993년에 홉 연구 센터에 의해 소개됐다. 알파산: 3-6.5%, 베타산: 2.5-5% 전체 오일 성분 0.6-0.9%	슈팔트 슈팔터와 특성 면에서 비슷하지만 좀더 나무향이 나고 스파이시한 느낌이 있다.
SPALT SPALTER 슈팔트 슈팔터 독일	굉장히 오래된 독일 품종으로 자츠와 테트낭과 유사하다. 뉘른베르크 인근 슈팔트라는 소도시 주변 지역에서 재배된다. 셋은 거의 유전적으로 동일하나 서로 다른 환경에 적응하는 과정에서 달라졌다. 알파산: 2.5-5.5%, 베타산: 3-5% 전체 오일 성분 0.5-0.9%	알파산 함량이 낮음에도 불구하고 강렬한 쓴맛을 선사한다. 각종 풍미와 아로마는 과일과 나무 특성을 띠며 온화하다.
STERLING 스털링 미국	자츠의 풍미를 모방하여 미국 내 생산이 가능하도록 개발된 품종이다. 자츠, 캐스케이드, 기타 유럽산 홉 혈통이 포함되어 있다. 1998년에 출시됐다. 알파산: 6-9%, 베타산: 4-6% 전체 오일 성분 1.3-1.9%	훨씬 시트러스향이 강한 미국산 자츠보다는 체코산 자츠와 더 흡사하다. 체코산 자츠와 동일한 삼나무와 허브 풍미를 지니고 있다.
STRISSELSPALT 스트리셀슈팔트 프랑스	프랑스의 원시 품종 홉으로 본래 알자스에서 자랐던 홉이다. 알파산: 2-4%, 베타산: 3-5.5% 전체 오일 성분 0.6-0.9%	꽃과 레몬 겉껍질 아로마 및 풍미로 프랑스를 떠올리게 한다. 한때 라거에도 널리 사용됐으나 벨기에 효모와 함께 사용되면 특히 농가풍 스타일에서 빛을 발한다.
STYRIAN GOLDING 스티리언 골딩 슬로베니아	1930년대에 병충해로 초토화된 산지를 바꿔보려던 농부들에 의해 재배됐다. 품종을 착각한 경우로, 당시 농부들은 골딩 계통을 심고 있다고 생각했으나 실제로는 퍼글이었다. 알파산: 4-6%, 베타산: 2-4% 전체 오일 성분 0.5-1.0%	허브향과 향신료향, 후추 특성이 있으며, 흙냄새 풍미가 있다. 개성이 강하지 않고 유연하게 어우러지는 성격이다.

홉 품종	배경	아로마 및 풍미
SUMMIT 서밋 미국	미국 난쟁이홉 협회American Dwarf Hop Association에서 개발한 산울타리 혹은 키가 작은 홉 품종이다. 알파산: 14-18%, 베타산: 4-6% 전체 오일 성분 1.5-2.5%	굉장히 튀는 풍미다. 경우에 따라서는 귤이나 자몽의 깊은 풍미가 느껴질 수 있다. 양파나 두리안 같은 과일 풍미와 아로마도 나는데, 못지않게 강렬하다. 호불호가 확실히 갈리는 홉이다.
TARGET 타깃 영국	최초의 고알파 홉 중 하나로, 1972년에 영국 와이컬리지에서 육종됐다. 노던 브루어와 이스트웰 골딩이 혈통에 포함된다. 알파산: 8-13%, 베타산: 4.5-6% 전체 오일 성분 1.2-1.4%	깔끔한 쓴맛과 함께 약간의 흙냄새와 살짝 시트러스 쪽으로 기우는 영국산 마멀레이드 향이 곁들여진다.
TETTNANG(ER) 테트낭(거) 독일	굉장히 오래된 독일산 품종으로, 자츠 및 슈팔트와 가깝다. 테트낭 인근 지역에서 재배된다. 알파산: 2-5.5%, 베타산: 3-5% 전체 오일 성분 0.8-1.4%	정통 독일산 홉의 특징은 부드러운 세련미에 있고, 테트낭도 예외가 아니다. 하지만 다른 독일산 품종들이 주로 향신료향을 지닌 반면, 테트낭은 나무, 초콜릿, 베리류의 풍미도 지니고 있다. 매력적인 홉이다.
TETTNANG(ER) (U.S.) 테트낭(거)(미국산) 미국	여러 해 동안 재배자들은 이 홉을 독일 원시 품종의 후손으로 생각했으나, 연구자들은 이에 회의적인 시선을 보내기 시작했다. 현재 미국 농무부 분류에 따르면 이 홉에는 퍼글과 흡사한 요소들이 많기 때문이다. 알파산: 4-5%, 베타산: 3.5-4.5% 전체 오일 성분 0.4-0.8%	독일 품종들과 비슷하게 느껴지는 스파이시한 나무향을 지니고 있지만, 거의 퍼글과 흡사한 윌래밋 홉과도 비슷하다.
WARRIOR 워리어 미국	야키마 치프에서 육종. 심코와 비슷하며, 2001년 출시됐다. 알파산: 15-17%, 베타산: 4.5-5.5% 전체 오일 성분 1.0-2.0%	심코와 마찬가지로, 소나무와 자몽 사이에서 춤추는 느낌이다. 마지막 단계에 첨가할 경우 좀더 달콤한 꽃향을 표현할 수도 있다.
WILLAMETTE 윌래밋 미국	미국 농무부의 최초 육종 홉 중 하나로, 1960년대에 개발되기 시작하여 1970년대에 출시됐다. 거의 잉글랜드산 퍼글 계통만으로 만들었다. 흥미로운 사실은 병충해에 취약한 퍼글을 대체하려는 목적으로 다시 잉글랜드에 소개됐다는 점이다. 알파산: 5-10%, 베타산: 3-5% 전체 오일 성분 1.0-1.5%	미국 땅에서조차도 이 품종은 유럽적 특성을 유지하고 있다. 은은한 흙냄새와 스파이시한 풍미가 있어서 라거에도, 잉글랜드 스타일 에일에도 잘 어울린다. 여타 미국산 품종에서 특징적으로 나타나는 꽃이나 시트러스 계열의 풍미는 없다.

참고문헌

Bahnson, Maximiliano. *Prague: A Pisshead's Pub Guide*. lulu.com, 2011.

Baker, Julian L. *The Brewing Industry*. London: Methuen, 1905.

Bamforth, Charles. *Beer: Tap Into the Art and Science of Brewing*, 3rd edition. New York: Oxford University Press, 2009.

Barnard, Alfred. *The Noted Breweries of Great Britain and Ireland*, Volumes I–V. London: Joseph Causton and Sons, 1889–91.

"Beer Statistics." Brussels, Belgium: The Brewers of Europe, 2010.

Belau, Ken. "Acidification in the Brewhouse." Presentation at the Master Brewers Association of the Americas Winter Conference, January 14, 2011.

Bilger, Burkhard. "A Better Brew: The Rise of Extreme Beer." *The New Yorker*, November 24, 2008.

Booth, David. *The Art of Brewing*. London: Baldwin and Cradock, 1829.

Bostwick, William and Jesse Rymill. *Beer Craft: Six-Packs from Scratch*. Emmaus, PA: Rodale, 2011.

Boulton, Chris and David Quain. *Brewing Yeast and Fermentation*. Malden, MA: Blackwell, 2006.

Brewers Almanac 2010. Washington, DC: The Beer Institute, 2011.

Bryson, Lew. March 2004 interview with Sam Calagione. LewBryson.blogspot.com.

Capecka, Ewa, Anna Mareczek, and Maria Leja. "Antioxidant activity of fresh and dry herbs of some *Lamiaceae* species." Food *Chemistry*, volume 93, issue 2, November 2005.

Chartier, Francois. *Taste Buds and Molecules*. Hoboken, NJ: John Wiley and Sons, 2012.

Child, Samuel. *Every Man His Own Brewer*. London: Burlington House, 1768.

Combrune, Michael. *The Theory and Practice of Brewing*. London, 1762.

Cook, Charles Henry, John Greville Fennell, and J. M. Dixon. *The Curiosities of Ale and Beer* [published pseudonymously under the name John Bickerdyke]. London: Swan Sonnenschein & Company, 1889.

Cornell, Martyn. *Amber, Gold & Black: The History of Britain's Great Beers*. Stroud, England: The History Press, 2010.

Cornell, Martyn. Assorted entries, 2008–2012. Zythophile. wordpress.com.

Damerow, Peter. "Sumerian Beer: The Origins of Brewing Technology in Ancient Mesopotamia." Berlin: Max Planck Institute for the History of Science, 2011.

Daniels, Ray. *Designing Great Beers*. Boulder, CO: Brewers Publications, 1998.

De Clerck, Jean. *A Textbook of Brewing*. London: Chapman & Hall, 1957.

De Keukeleire, Denis. "Fundamentals of Beer and Hop Chemistry." *Química Nova*, volume 23, number 1, January/February 2000.

Delwiche, Jeannine. "Interactions in Flavor." *Tasting Science* (tastingscience.info).

Dineley, Merryn and Graham Dineley. "Neolithic Ale: Barley as a source of sugars for fermentation." *Plants in Neolithic Britain and Beyond*. Edited by Andrew S. Fairbairn. Oxford: Oxbow Books, 2000.

Donnachie, Ian. *A History of the Brewing Industry in Scotland*. Edinburgh: John Donald Publishers, 1979.

Dunn, Barbara, and Gavin Sherlock. "Reconstruction of the genome origins and evolution of the hybrid lager yeast *Saccharomyces pastorianus*." *Genome Research*, volume 18, number 10, October 2008, e-published September 11, 2008.

Engert, Greg. "The Seven Flavor Categories of Beer: What They Are, How to Pair Them." *The Splendid Table* (splendidtable.org), March 23, 2013.

Evans, R.E. "The Beers and Brewing Systems of Northern France." *Journal of the Institute of Brewing*, Volume 11. Birmingham, England: Harrison and Sons, 1905.

Figuier, Louis. *Les merveilles de l'industrie, ou Description des principales industries modernes*, Volume 4. Paris: Furne, Jouvet et Cie. Editeurs, 1860.

Fimrite, Peter. "Joseph Owades: brewmaster, created light beer." *San Francisco Chronicle*, December 20, 2005.

Gaab, Jeffrey S. *Munich: Hofbräuhaus and History—Beer, Culture, and Politics*. New York: Peter Lang Publishing, 2006.

Glaser, Greg. "The Late Great Ballentine." *Modern Brewery Age*, March 27, 2000.

"Gold Rush Chronology 1846–1849." Museum of the City of San Francisco, SFMuseum.org.

"Gold Rush Chronology 1850–1851." Museum of the City of San Francisco, SFMuseum.org.

Goldstein, Evan. *Perfect Pairings*. Berkeley: University of California Press, 2006.

"Government Review of Alcohol Taxation." London: British Beer and Pub Association, 2010.

Hanlon, Mike. "Extreme Beer: Man's Favourite Drink Suddenly Gets Much Stronger." Gizmag.com, May 28, 2010.

Hanni, Tim and Virginia Utermohlen. "Beverage Preferences,

Attitudes, and Behavior of 'Sweet' versus 'Tolerant' Wine Consumers." Prepared for the Consumer Wine Awards, October 2010.

Hayden, Rosannah. "Brewing with Rye." *Brewing Techniques*, September/October 1993.

Hieronymus, Stan. *Brewing With Wheat*. Boulder, CO: Brewers Publications, 2010.

Hieronymus, Stan. *Brew Like a Monk*. Boulder, CO: Brewers Publications, 2005.

Hieronymus, Stan. *For the Love of Hops*. Boulder, CO: Brewers Publications, 2012.

Holle, Stephen R., editor. *Beer Steward Handbook: A Practical Guide to Understanding Beer*. St. Paul: Master Brewers Association of the Americas, 2012.

Hornsey, Ian. *A History of Beer and Brewing*. London: Royal Society of Chemistry, 2003.

Jackson, Michael. *Beer Companion*, 2nd edition. Philadelphia: Running Press, 1997.

Jackson, Michael. *Great Beers of Belgium*, 3rd edition. Philadelphia: Running Press, 1998.

Jackson, Michael. *Pocket Guide to Beer*. New York: Simon and Schuster, 1994.

Jackson, Michael. *Ultimate Beer*. New York: DK Publishing, 1998.

Jackson, Michael. *World Guide to Beer*. Philadelphia: Running Press, 1977.

Khatchadourian, Raffi. "The Taste Makers." *The New Yorker*, November 23, 2009.

Kumar, Vivek, and R. R. Rao. "Some interesting indigenous beverages among the tribals of Central India." *Indian Journal of Traditional Knowledge*, volume 6, number 1, January 2007.

Lacambre, Georges. *Traité de la Fabrication des Bières et de la Distillation des Grains*. Brussels: Librairie polytechnique d'Aug, 1851.

LaFrance, Peter. "The True Story of the First Pumpkin Beer." BeerBasics.blog.com, December 6, 2007.

MacNeil, Karen. *The Wine Bible*. New York: Workman Publishing, 2001.

Markowski, Phil. *Farmhouse Ales*. Boulder, CO: Brewers Publications, 2004.

Mathias, Peter. *The Brewing Industry in England, 1700–1830*. Cambridge: Cambridge University Press, 1959.

Meussdoerffer, Franz G. "A Comprehensive History of Brewing." *Handbook of Brewing: Processes, Technology, Markets*. Edited by Hans Michael Esslinger. Hoboken, NJ: Wiley-VCH, 2009.

Mosher, Randy. *Radical Brewing*. Boulder, CO: Brewers Publications, 2004.

Mosher, Randy. *Tasting Beer*. North Adams, MA: Storey Publishing, 2009.

Nelson, Max. *The Barbarian's Beverage: A History of Beer in Ancient Europe*. London: Routledge, 2005.

Nicholson, Paul and Ian Shaw. *Ancient Egyptian Materials and Technology*. Cambridge: Cambridge University Press, 2000.

Noonan, Gregory J. *Scotch Ale*. Boulder, CO: Brewers Publications, 1993.

Ogle, Maureen. *Ambitious Brew: The Story of American Beer*. Pleasanton, CA: Harvest Books, 2007.

Oliver, Garrett, editor, *Oxford Companion to Beer*. New York: Oxford University Press, 2012.

Ott, Cindy. *Pumpkin: The Curious History of an American Icon*. Seattle: University of Washington Press, 2012.

Page, Karen and Andrew Dornenburg. *The Food Lover's Guide to Wine*. New York: Little, Brown and Company, 2011.

Pasteur, Louis. *Studies on Fermentation, the Diseases of Beer, Their Causes, and the Means of Preventing Them*. Translated by Frank Faulkner and D. Constable Robb. London: Macmillan and Company, 1879.

Pattinson, Ronald. *Scotland!* Amsterdam: Kilderkin, 2012.

Pattinson, Ronald. Assorted entries, 2007–2012. Shut Up About Barclay Perkins (barclayperkins.blogspot.com).

Protz, Roger. *Classic Stout and Porter*. London: Trafalgar Square Publishing, 1997.

Pryor, Alan. "Indian Pale Ale: an Icon of Empire." *Commodities of Empire Working Paper No. 13*. Milton Keynes, England: The Open University, 2009.

Rail, Evan. *Good Beer Guide Prague and the Czech Republic*. St. Albans, England: CAMRA Books, 2008.

Rail, Evan. "On the Founding of Pilsner Urquell, Parts 1–3." *Beer Culture*, August/September 2012.

Rajotte, Pierre. *Belgian Ale*. Boulder, CO: Brewers Publications, 1992.

Ridgely, Bill. "Gold of the Aqllakuna: the Story of Chicha." *BarleyCorn*, May 1994.

Roach, John. "9,000-Year-Old Beer Re-Created From Chinese Recipe." *National Geographic*, July 18, 2005.

Sambrook, Pamela. *Country House Brewing in England, 1500-1900*. London: Hambledon Press, 1996.

Shepherd, Gordon M. *Neurogastronomy: How the Brain Creates Flavor and Why It Matters*. New York: Columbia University Press, 2012.

Sinclair, Thomas R., and Carol Janas Sinclair. *Bread, Beer, and the Seeds of Change*. Wallingford, England: Centre for Agricultural Bioscience International, 2010.

"A Single System for Taxing Alcoholic Beverages." Oxford: Oxford Economics, August 2010.

"Social and Cultural Aspects of Drinking." Report to the European Commission. Oxford: Social Issues Research Centre, March 1998.

Stack, Martin H. "A Concise History of America's Brewing Industry." *Journal of Macromarketing*. Volume 30, number

1, March 2010.

Steel, Mitch. IPA: *Brewing Techniques, Recipes and the Evolution of India Pale Ale.* Boulder, CO: Brewers Publications, 2012.

Swinnen, Johan F. M., editor. *The Economics of Beer.* Oxford: Oxford University Press, 2011.

Taylor, Alan. "The Brewing of Pilsner Beers." Presentation at the Master Brewers Association of the Americas Spring Meeting, May 14, 2010.

This, Hervé. *Molecular Gastronomy: Exploring the Science of Flavor.* New York: Columbia University Press, 2006.

Thompson, Jennifer Trainer. *The Great American Microbrewery Beer Book.* Berkeley: Ten Speed, 1997.

Tuck, John. *The Private Brewer's Guide.* London: Simpkin and Marshall, 1822.

Tucker, Abigail. "The Beer Archaeologist." *Smithsonian*, July-August, 2011.

Unger, Richard W. *Beer in the Middle Ages and the Renaissance.* Philadelphia: University of Pennsylvania Press, 2004.

Ure, Andrew, and Robert Hunt. *Ure's Dictionary of Arts, Manufactures and Mines.* London, 1867.

Van den Steen, Jef. *Geuze & Kriek: The Secret of Lambic Beer.* Tielt, Belgium: Lannoo, 2012.

Vanderhaegen, Bart, Hedwig Neven, Hubert Verachtert, and Guy Derdelinckx. "Chemistry of Beer Aging, A Critical Review." Food Chemistry, volume 95, number 3, April 2006.

Wahl, Robert and Max Henius. *American Handy-book of the Brewing, Malting and Auxiliary Trades.* Chicago: Wahl-Henius Institute, 1902.

Warner, Eric. *German Wheat Beer.* Boulder, CO: Brewers Publications, 1992.

Webb, Tim. *Good Beer Guide Belgium.* St. Albans, England: CAMRA Books, 2009.

Webb, Tim. *Lambicland.* Lavenham, England: Cogan & Mater, 2010.

White, Chris, and Jamil Zainasheff. *Yeast, the Practical Guide to Beer Fermentation.* Boulder, CO: Brewers Publications, 2010.

Woods, John, and Keith Rigley. *The Beers of France.* Winscombe, England: The Artisan Press, 1998.

Wright, I. A., A. J. I. Dalziel, R. P. Ellis, and S. J. G. Hall. "The Status of Traditional Scottish Animal Breeds and Plant Varieties and the Implications for Biodiversity." Government of Scotland, December 2002.

Zacharof, M. P., R. W. Lovitt, and K. Ratanaponglek. "The importance of *Lactobacilli* in contemporary food and pharmaceutical industry." Proceedings of 2010 International Conference on Chemical Engineering and Applications (CCEA 2010).

투어와 인터뷰

Adnams, Jonathan and Fergus Fitzgerald (Adnams Brewery, UK), tour, November 9, 2011.

Barrett, Steve (Samuel Smith's Brewery, UK), tour, November 13, 2011.

Bexon, John (Greene King Brewery, UK), tour, November 8, 2011.

Bicklein, Jim (Anheuser-Busch, St. Louis, USA), tour, April 12, 2013.

Bogaert, Stéphane (Brasserie St. Germain, France), tour, November 21, 2011.

Boon, Frank (Brouwerij Boon, Belgium), tour, November 17, 2011.

Bouckaert, Peter (New Belgium Brewery, USA), interview, June 14, 2012.

Bravi, Andrea (Birrificio di Como, Italy), tour, October 4, 2012.

Břevnovský Pivovar (Czech Republic), tour, October 29, 2012.

Brocca, Alessandra (Birrificio Lambrate, Italy), tour, October 31, 2012.

Brož, Adam (Budweiser Budvar, Czech Republic), tour, October 26, 2012.

Buchanan, Alex, Matt Clark, Rob Lovatt, and Caolan Vaughan (Thornbridge Brewery, UK), tour, November 11, 2011.

Carey, Dan (New Glarus Brewing, USA), interview, February 18, 2013.

Carilli, Bruno (Birra Toccalmatto, Italy), tour, October 3, 2012.

Cilurzo, Vinnie (Russian River Brewing, USA), interview, March 7, 2012.

Dedeycker, Olivier (Brasserie Dupont, Belgium), tour, November 24, 2011.

De Harenne, François (Brasserie d'Orval, Belgium), tour, November 27, 2011.

Drexler, Hans-Peter (G. Schneider and Sohn, Germany), tour, October 18, 2012.

Emmerson, James (Full Sail Brewing, USA), tour, January 10, 2012 and interview, January 4, 2013.

Engert, Greg (Neighborhood Restaurant Group, Washington, DC), interview, April 16, 2013.

Fish, Gary (Deschutes Brewery, USA), interview, November 30, 2009.

Forster, John (Brauerei Aying, Germany), tour, October 23, 2012.

Falce, Loïc (Brasserie Castelain, France), tour, November 21, 2011.

Friart, Dominique (Brasserie St. Feuillien, Belgium), tour, November 25, 2011, and correspondence.

Geary, David (Geary's Brewery, USA), interview, July 7, 2011.

Ghequire, Rudi (Brouwerij Rodenbach, Belgium), tour, November 20, 2011.

Grootaert, Carlo (De Struise Brouwers, Belgium), visit, November 22, 2011.

Grossman, Ken (Sierra Nevada, USA), interview, August 9, 2011.

Hook, Alastair (Meantime Brewery, UK), tour, November 7, 2011.

Howell, George (Belhaven Brewery, UK), tour, November 14, 2011.

Kasten, Paul (formerly of Wildwood Restaurant, Portland, OR), interview, August 27, 2012.

Keeling, John, and Derek Prentice (Fuller's Brewery, UK), tour, November 6, 2011.

Kehoe, Tom (Yards Brewery, USA), interview, December 30, 2011.

Kemper, Will (Chuckanut Brewery, USA), interview, January 7, 2013.

King, Tyler (The Bruery, USA), interview, January 13, 2013.

Knöller, Jürgen (Bayern Brewery, USA), interview, February 12, 2013.

Leinhart, Phil (Brewery Ommegang, USA), interview, March 14, 2012.

Lemay, Marc and Hugues Dubuisson (Brasserie Dubuisson, Belgium), tour, November 24, 2011.

Loverier, Valter (LoverBeer, Italy), tour, November 1, 2012.

Mareš, David (Pivovar Ferdinand, Czech Republic), tour, October 28, 2012.

Murray, Fergal (Guinness, Ireland), interview, March 27, 2012.

Musso, Teo, with translation by Fabio Mozzone (Birrificio Baladin, Italy), tour, November 2, 2012.

Ockert, Karl (BridgePort Brewery, USA), interview, August 5, 2011.

O'Hara, Ross (Caledonian, UK), tour, November 14, 2011.

Palm Brewery (Belgium), tour, November 17, 2011.

Paulaner Brewery (Germany), tour, October 24, 2012.

Plzeňský Prazdroj/Pilsner Urquell (Czech Republic), tour, October 25, 2012.

Reed, Paul, and Mark Tranter (Dark Star Brewery, UK), tour, November 8, 2011.

Santos, Gumer (Brasserie Rochefort, Belgium), tour, November 27, 2011.

Schnitzler, Michael, and Sebastian Degen (Hausbrauerei Uerige, Germany), tour, October 15, 2012.

Stecken, Jens (Brauerei Reissdorf, Germany), interview, October 16, 2012.

Stecken, Jens, and Frank Hasenkrug (Brauerei Reissdorf, Germany), tour, October 16, 2012.

Swihart, Matt (Double Mountain Brewery, USA), tour, July 16, 2011.

Taylor, Alan (Zoiglhaus, USA), interview, September 3, 2012.

Tod, Rob and Jason Perkins (Allagash Brewery, USA), tour, November 25, 2008.

Trum, Matthias (Aecht Schlenkerla Rauchbier, Germany), tour, October 19, 2012.

Únětický Pivovar (Czech Republic) tour, October 29, 2012.

Van Roy, Jean (Brasserie Cantillon, Belgium), tour, November 16, 2011.

Weihenstephan (Germany) tour, October 23, 2012.

Welch, Darron (Pelican Brewery, USA), interview, September 14, 2011.

Index
찾아보기

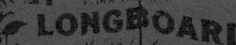

ㄱ

가마 건조 161
가펠 260
    쾰슈 265
개방형 냉각조 268
개방형 발효통 408, 409
경수 60, 103, 110, 264
계약 브루잉 198
계절 한정 에일 376
고블릿 599
고비중 브루잉 512
고유 비중 21
고제브라우에라이 바이에리셔 반호프 433
곡물 47
골든 에일 201
골딩 97
골루아즈 브륀 282
과일 람비크 546
괴즈 539, 545, 558
구스 아일랜드 639
    소피 308
    킹 헨리 229
귀리 (몰트) 50
귀리맥주 25, 27
귀족 홉 55
그라운드 브레이커 IPA 389
그랜트 37
그레이트 디바이드 예티 184
그레이트 레이크스
    도르트문터 골드 474
    엘리엇 네스 489
그레이트 브리티시 비어 페스티벌 146, 644
그레이트 아메리칸 비어 페스티벌 645
그로그 41
그로지스키에 381
그루이트 32, 257
그리티 맥더프스 639
그린 킹 638
    스트롱 서퍽 (올드 서퍽) 227
글라스 598
글루텐프리 맥주 383
금주법 41, 190
기네스
    엑스트라 스타우트 181
    포린 엑스트라 스타우트 181

기린 516
기어리스 639
    런던 포터 179
    페일 에일 119

ㄴ

냉각조 276
넛 브라운 에일 154
노스코스트
    올드 라스푸틴 184
    올드 스톡 에일 228
농가 에일 296
뇌그네 외 134
뉴 글래러스
    문 맨 119
    스태그혼 옥토버페스트 488
    위스콘신 벨전 레드 584
뉴 벨점
    라 폴리 583
    애비 345
닌카시 토털 도미네이션 132

ㄷ

다크 라거 443
다크 보크 497
대 플리니우스 33, 53
더 로스트 애비 큐베 드 토미 585
더 브루어리 호튼로스 437
더블 마운틴 212
    쾰슈 267
덕래빗 밀크 스타우트 183
데 돌러 브라우어르스 631
    스틸러 나흐트 292
    우르비어르 571
데 랑커 285
    XX 비터 285, 291
데블스 백본 모라나 트마베 453
데슈츠
    미러 폰드 119
    블랙 뷰트 178
데 스트라위서 아르드모닉 570
데스틸 세인트데케라 에일스 585
데 클라위스 420

도그피시 헤드
    마이더스 터치 385
    페스티나 페슈 437
    60미닛 IPA 131
도스 에키스 515
도펠보크 175, 410, 491, 492, 495
될니처 리터구츠 433
두줄보리 48, 103
두카토 라 루나 로사 364
둥켈 407, 443, 444, 446
뒤벌 78, 333
뒤 보크 282
뒤뷔송 스칼디스 (부시 드 노엘) 292
뒤퐁 309
    아브릴 305
뒷맛 83
듀벨 → 모르트핫
드라이 63, 65, 80
드라이호핑 56
드리 폰테이넌 553, 629
디그리 플라토 → 플라토
디아세틸 62, 86
디외 뒤 시엘 로제 데비스퀴스 386
디제스티프 607
디젤 527
디콕션 70, 448, 449, 467
딤플드 140, 143, 599

ㄹ

라거 19
라거링 37, 64
라거비어 259
라들러 526
라 뢸 트리펄 345
라 슐레트
    비에르 데 상 퀼로트 323
    앙브레 323
라우터링 37, 70
라우흐바이첸 407
라우흐비어 80, 519
라이브 오크 헤페바이첸 411
라이스도르프 260, 266
라이트 맥주 510
라이프치거 고제 → 바이에리셔 반호프 라이프치거 고제
라 캉브르 274

라 트라프 338
람브라테 361
　　가이나 363
람비크 419
랭커스터 밀크 스타우트 182
러버비어 360
　　비어베라 363
러시안 리버
　　비티피케이션 584
　　플리니 더 영거 233
　　플리니 디 엘더 233, 234, 236
런던 프라이드 → 풀러스
레드 에일 202, 204
레이지 매그놀리아 서던 피칸 넛 브라운
　　에일 158
레프트 핸드 밀크 스타우트 182
로그 셰익스피어 스타우트 182
로덴바흐 562, 572, 630
　　그랑 크뤼 569
로슈포르 339
로스팅 49
로스팅한 보리 (몰트) 50
루스 527
루풀린 54
리프만스 하우덴반트 570
리히텐하이너 381
린데만스 576

ㅁ

마더 어스 다크 클라우드 452
마블 레드 에일 208
마스턴스 638
마야르 반응 80
마우스 631
　　웅게슈툰테트 라거 528
마우스필 49, 83
마이보크 495
마이크로브루어리 355
마이크로브루잉 198
매그놀리아 세라스 루비 마일드 148
매시 36
매시 턴 44, 102
매싱 28, 70
맥아즙 21, 47, 224
맥주순수령 44, 401, 404
맥주 장화 626

메르첸 481, 482
모델로 에스페시알 515
모르트핫 281
　　듀벨 63, 288
몬테조코 콰르타 루나 364
몰트 22, 607
몰티 19
몰팅 67
뮌히스호프 슈바르츠비어 452
무더르 람비크 629
무알코올 맥주 527
무어하우스 블랙 캣 147
뮌헨 (몰트) 50
미국 밀 에일 195, 203, 204
미네랄 60, 80, 103
민타임 105, 637
　　IPA 133
밀 (몰트) 50
밀러 514
밀링 70
밀크 스타우트 168

ㅂ

바디 49
바르슈타이너 515
바이스비어 403, 404, 406
바이에른 도펠보크 502
바이에리셔 반호프 라이프치거 고제
　　433, 438
바이엔슈테판 (바이엔슈테파너) 633
　　크리스탈바이스비어 412
　　헤페바이스비어 둥켈 412
바이첸보크 407
발라딘 353
　　나치오날레 360, 362
발리 와인 51
발트해 포터 172
발효 47, 61, 72, 225, 608
밤맥주 358
배럴 숙성 226
배럴 접종 582
뱅크스 144
버드와이저 470, 515
버턴 35
버턴 스내치 126
버턴 에일 96, 124

「베네딕트 규칙서」 30
베를리너 바이세 380
베스트말러 335
베스트블레테런 281, 336
베어 리퍼블릭
　　레이서5 132
　　타타어 437
베이스 몰트 49
베타산 55
벡스 515
벨스
　　오베론 에일 209
　　투 하티드 에일 131
　　홉슬램 235
벨헤이븐 253, 638
　　베스트 253
　　세인트앤드루스 에일 249
　　위 헤비 254
　　트위스티드 시슬 133
병입 숙성 21, 311, 593
보들로 111
보스턴 라거 485
볼더 642
　　헤이즈드 앤드 인퓨즈드 120
부가물 191, 374, 509
부데요비츠키 부드바르 469, 472, 475,
　　635
부데요비츠키 체크바 → 부데요비츠키 부
　　드바르
부드바르 → 부데요비츠키 부드바르
불씨 624
브라스리 다슈프
　　라 슈프 289
　　우블롱 슈프 135
브라스리 드 라 센 타라스 불바 288
브라스리 생제르맹 → 생제르맹
브라스리 오 바롱 퀴베 데 종키유 323
브라우베레이 본 555
브라운 에일 154, 282
브래곳 374, 382
브레타노미세스 39, 65, 80, 83, 92,
　　116, 432, 551, 579
브루 케틀 110
브루클린 브라운 에일 157
브루펍 89
브뤼오 앙브레 389
블랙 몰트 50, 166

블렌더　546
블로지 라 모뇌즈　307
블록 15 페름 드 라 빌 프로비지옹　307
블론드 에일　280
블루문 벨전 화이트　424
비리피초 이탈리아노 티포필스　362
비미시 아이리시 스타우트　180
비어퐁　624
비에르 드 가르드　295, 316
비에르 드 노엘　283, 318
비에르 드 타블　123
비에르 드 프랭탕　318
비에르 블랑슈　380
비중　21, 65
비터링　56
비터비어　258
비후방 냄새　76
빅 비어　217, 224
빅토리　639
　　세인트 보이스터러스　501
　　프리마 필스　473
빈 (몰트)　50
빈 라거　484
빙겐의 힐데가르트　33
빛 손상　53

ㅅ

사우샘프턴 비에르 드 마르스　325
사워 에일　537
사케　393
사흐티　396
산미　65, 536, 580
삿포로　516
상면발효　258, 262
새뮤얼 스미스　109
　　넛 브라운 에일　158
　　오트밀 스타우트　183
새뮤얼 애덤스 보스턴 라거　489
생실베스트르 트루아 몽　324
생제르맹　326
　　레제르브 일드가르드 블롱드　322
생푀엥　630
　　퀴베 드 노엘　291
　　트리펠　346
생홉　56, 370
샌디　527

서던 티어 펌킹　386
서밋 엑스트라 페일 에일　120
설리 마일드　149
설탕　51
세션 맥주　142, 202
세션 에일　45
세인트아놀드 팬시 론모워　267
세인트피터스 윈터 에일　387
세종 뒤퐁　297, 304
셀러브레이션 에일　26
손브리지　136
　　자이푸르　134
솔레라　581
수렴성　85
수직적 테이스팅　221
숙성　600, 601
슈나이더　410, 414
　　바이세　411
　　아벤티누스　413
슈바르츠비어　175, 444, 447
슈타인 비어　526
슈탕게　598
슈파텐　481, 515, 633
슈페치알　519, 631
　　라우흐비어　529
슐렝케를라　519, 532, 631
슐뤼셀　261
스니프터　599
스리 플로이즈
　　검볼헤드　210
　　알파 킹　120
스머티노즈 올드 브라운 도그　159
스몰 비어　41
스베틀리 레자크　462, 467
스위트 스타우트　174
스위트워터 IPA　133
스카치 에일　246, 247
스코틀랜드 세션 에일　243
스코티시 에일　247
스타우츠 골드 라거　474
스타인라거　516
스타일　23
스테일　85, 87, 218
스텔라 아르투아　515
스톤 레비테이션 에일　208
스튜어트 브루잉 80/- (80실링)　249
스트렝스　218, 233

스트롱 브라운 에일　154
스트롱 비터　99
스트롱 에일　20
스팀 비어　522
스파징　36, 86
스프레처 마이 보크　499
슬라이 폭스　639
　　옥토버페스트　488
　　파이크랜드 필스　473
슬로스 에겐베르크 자미힐라우스　502
시가 시티 토코바가 레드 에일　209
시네브뤼코프 포터　183
시메　337
시서론　605
시에라 네바다
　　셀레브레이션　231
　　켈러바이스　411
　　텀블러 오텀 브라운 에일　157
　　페일 에일　115, 118
식스턴　638
　　올드 피큘러　227
식스포인트 스위트 액션　525, 530
신트베르나르뒤스　338
　　압트 12　346
　　위트　426
　　파터르 6　344
신트식스튀스　630
실링 스타일　246
심코　80
십야드　639
싱구 블랙 비어　453
쌀맥주　392

ㅇ

아로마　82
아사히　516
아시아 맥주　392
아우구스티너　633
　　둥켈　451
　　라거비어 헬　474
아우트 베이르설　629
아이스보크　410, 491, 493, 496
아이잉거　503
　　바이첸보크　413
　　우어바이세　412
　　첼레브라토어 도펠보크　501, 505

아인베커 마이우어보크   500
아일랜드 스타우트   172
아페리티프   606
아프리카 맥주   391
아헐   340
안덱스   633
알다리스 포르테리스   179
알래스칸 스모크드 포터   530
알코올 도수   19
알파산   54
암브로이지아눔   631
애드넘스 비터   107
애비 에일   282
애틀랜틱 브라더 애덤스 브래킷 허니 에일   288
앤더슨 밸리 분트 앰버   208
앨러개시   422, 586, 639
  쿨십 리서감   583
  화이트   426
앰버 에일   201, 204, 280
앵커 브루잉   523
앵커 스팀   531
앵커 포터   178
야드 오브 에일   625
야생효모   536, 551, 558, 586, 608
야주 브루잉 수   530
야즈 브롤러   148
어반 체스트넛 츠비켈   529
어비타 터보도그   159
업라이트 빌리 더 마운틴   228
에스테르   62, 65, 80, 82, 93, 225, 550, 608, 642
에이버리
  마하라자   237
  엘리스 브라운 에일   157
에일   19
에일스미스 위 헤비   252
에히트 슐렝케를라 라우흐비어   529
여과   319
여섯줄보리   48, 103, 524
연수   60, 167
영스 더블 초콜릿 스타우트   182
예버 필제너   473
오델
  90실링   249
  세인트루풀린   121
오디너리 비터   99

오르발   348
오머갱
  스리 필로소퍼스   347
  위트   427
  BPA   288
오미션 글루텐프리 라거   388
오버게리게   262
오이스터 스타우트   168, 177
오코침 포터   180
오크니
  다크 아일랜드   250
  스컬 스플리터   251
오트밀 스타우트   168
오트 퀴진   16
옥수수맥주   524
옥토버페스트   480, 483, 644
온도 통제 매싱   70
올드 라스푸틴 → 노스코스트
올드 잉글리시 800   469
올몰트   117, 510
우녜티츠키 피보바르   467, 635
우트왈라 맥주   29
우 플레쿠   635
웅케슈푼데트   518
워드워스   368, 637
위니브루 라 팽 뒤 몽드   345
위드머 헤페바이첸   210
위리게   261, 268
  슈티케   265, 269
  알트   264
위 헤비   242, 247
윈터 워머   377
윌리엄스 브라더스 프레이오크 헤더 에일   251
윗비어   16
유리병   593
유산균   65, 435
유인타 오크 잭트 임페리얼 펌프킨   387
이성화   55, 61
익스트림 비어   232
인퓨전 매싱   70
일리전 더 와이즈 ESB   108
임페리얼 스타우트   167, 172
잉글랜드 브라운 에일   154

ㅈ

자연발효   540, 581
자츠 홉   463
잘바토어   492
장드랭-장드르누유 IV   305
장랭   315
저감도   65
젖산   434, 435, 579
제스터 킹 커머셜 수어사이드   148
조르주 라캉브르   418
졸리 펌프킨
  라 로하   584
  칼라바자 블랑카   427
지비에츠 포터   179

ㅊ

처커넛 필스너   474
체르네   443, 445, 447
체코 라거   454
체크바 → 부데요비츠키 부드바르
초기 비중   21, 65
초이글 맥주   521
초콜릿 (몰트)   50
초크
  그레처   388
  뒤벌   345
최종 비중   65
치차   30, 394

ㅋ

카라콜   423
  노스트라다뮈스   290
  트루블레트   427
카스트랭 슈티 앙브레   322
칼스버그   515
캉티용   555, 629
캐러멜 (몰트)   50
캐러멜화   49, 220, 310
캐스케이드   113, 114
  애프리콧 에일   584
캐스크   35
캐스크 숙성   222
캐스크 스트렝스   247
캐스크 에일   72, 100, 593

캐피털
    다크 451
    오텀널 파이어 502
캔 593
캘리도니언 듀카스 IPA 108
케그 594
케르콤 빙크
    브라윈 289
    블론트 305
켈러비어 518
코나 와일루아 휘트 211
코니스턴 블루버드 비터 100, 107
코로네이션 에일 25
코르센동크 크리스마스 에일 292
코모 비롤라 363
콜드 브레이크 468
쾨스트리처 슈바르츠비어 452
쿠어스 515
쿼터스 624
크래프트 맥주 9, 44
크래프트 브루어리 355
크래프트 브루잉 43, 139, 192, 195, 198, 374
크리스탈바이첸 407
크리스털(몰트) 50, 51
크리크 539, 547
크림 에일 524
크바드뤼펄 334
크바스 397
키우치 히타치노 네스트 화이트 에일 422, 426

ㅌ

타닌 80, 85
탄산 79, 82
테라핀 빅 호피 몬스터 209
테루아르 56, 102
테이예 라 바베지엔 324
토칼마토 레 홉 363
튤립 598
트라퀘어 하우스 에일 251
트라피스트 수도회 331
트라피스트 에일 116
트로그스 너깃 넥타 208
트루블레트 423
트리펄 51, 333

트마베 443, 445, 447
트웬티퍼스트 어멘드먼트 헬 오어 하이 워터멜론 211
티리에 엑스트라 324
티모시 테일러스 랜드로드 108

ㅍ

파로 539, 541
파스퇴르 36
파스퇴르 살균 72, 593
파시피코 515
파운더스 더티 배스터드 252
파울라너 633
    옥토버페스트 487
파이어스톤 워커
    더블 배럴 에일 107
    워커 파라볼라 184
파이크 킬트 리프터 252
파인트 600
파인트글라스 598
파티 가일 브루잉 162
파펜 260
판 에이커 포페링스 호멀비어르 291
판 혼세브라우크 카스테일 블론트 289
팡톰 세종 307
패키징 111, 592
팻 헤즈 헤드 헌터 IPA 132
퍼글 97
펑크 IPA 129
페놀 62, 81, 83, 93, 608
페디오코쿠스균 66
페로니 516
페르하허
    뒤셰스 부르고뉴 569
    에흐터 크리크 570
페일(몰트) 36, 49, 50
페일 보크 495
페일 에일 20, 98
펜실베이니아 세인트 니컬로스 보크 500
펠리컨 스톰와처스 윈터페스트 229
포스터스 516
포터 23
포터하우스 플레인 포터 180
포 피크스 애리조나 피치 211
푸더 566, 572

풀러스 185, 637
    런던 포터 179
    런던 프라이드 95, 106
    1845 124
    ESB 106
풀 세일
    세션 블랙 453
    앰버 207
풀케 395
풍미 76, 83
퓍션 261
    알트 265
퓨젤 알코올 62, 81, 83, 93
프랑부아즈 539, 548
프뤼 260
    쾰슈 266
프리 스테이트 옥토버페스트 488
플라토 21, 65
플로어 몰팅 70, 101, 466
플리니 더 영거 → 러시안 리버
플리니 디 엘더 → 러시안 리버
피라미드 스노 캡 387
피츠 위키드 에일 153
피콜로 비리피초 359
필스너 37, 102
    우어크벨 461, 469, 472, 634
필스너(몰트) 50
필터링 21, 72, 79

ㅎ

하면발효 258
하비스툰 올라 덥 250
하이네켄 515
하일랜드 콜드 마운틴 윈터 에일 386
한디야 393
할버 만 브루흐서 조트 289
핫 브레이크 468
향신료 47, 52, 58
헤드 17, 82, 86
헤어 오브 더 도그 애덤 227
헤페바이첸 407
헬레스 라거 102
헷 앙커르 하우던 카롤뤼스 클래식 290
호밀(몰트) 50
호박 에일 377
호프브로이하우스 633

호피   20
호피 에일   284
호핑   199, 371
혼탁 매시   541
혼합 발효   565
홉   22, 35, 47, 53, 216, 607
홉백   214
홉산   19
화이트 IPA   425
화학감각   77
황주   392
효모   22, 36, 47, 60, 62, 63
후물론   54
후하르던   419, 420
훅 노턴   637
훈제 에일   378
히타치노 네스트 화이트 → 키우치 히타치노 네스트 화이트 에일

기타

3C   128, 130
ABV   19
CAMRA   98, 118, 138
G. 슈나이더 운트 존 → 슈나이더
IBU   19
J. W. 리스 하비스트 에일   228
XX 비터 → 데 랑커

본문 사진

표지 사진: B.B.N.P. Brewery
본문 사진: Abita Brewing Co., LLC: p. 158(아래). Alaskan Brewing Co.: p. 530(위). Anchor Brewing Company: p. 530(아래). Anchorage Brewing Company: p. 20. AS Aldaris: p. 179. Avery Brewing Company: pp. 21, 157. Frank Bauer/München Tourismus: p. 483(아래). B.B.N.P. Brewery: pp. 472, 476(위). Bear Republic Brewing Company, Inc.®: p. 133. beer-coaster.eu: pp. 108, 135, 153, 180, 228, 265, 284, 452(오른쪽), 500(양쪽). Bell's Brewery, Inc.: p. 235. Birrificio Italiano®: p. 362. Blue Moon Brewing Co.: p. 424. Bob Kay Beer Labels: p. 491. The Boston Beer Company: pp. 486, 488. Boulder Beer Company: p. 193. Boulevard Brewing Co.: p. 306(위). Brasserie Cantillon: p. 541(위). Brasserie Castelain: p. 323. Brasserie Dupont: p. 304(아래). Brasserie Rochefort: p. 339. Brasserie St. Germain: p. 328. Brooklyn Brewery: p. 158(위). Brouwerij Drie Fonteinen: p. 535. Brouwerij Kerkom: p. 290. Brouwerij Moortgat: pp. 93, 537. Brouwerij Rodenbach: pp. 31, 561, 573(왼쪽). Brouwerij Verhaeghe Vichte: p. 569. Cascade Brewing: p. 578. Tim Cederman-Haysom: p. 419. Chuckanut Brewery & Kitchen: p. 469. Cigar City Brewing/ artwork by Eric Swanson: p. 209. Cölner Hofbräu P. Josef Früh KG: p. 266. Dark Star Brewing Co.: p. 118. Christian Deglas: p. 420. De Ranke Brewery: p. 291. Deschutes Brewery: p. 178. Diageo-Guinness USA: pp. 170, 181. Dogfish Head Craft Brewery: pp. 386, 396. The Duck-Rabbit Craft Brewery, Inc.: p. 183. European Beer Museum, Stenay, France: pp. 313, 314(위), 498. Fat Head's Brewery: p. 132. Full Sail Brewing Company: p. 207. Fuller's Brewery: p. 106. Geary Brewing: p. 120. Goose Island Beer Company: p. 308. Ground Breaker Brewery: p. 389. Harviestoun Brewery: p. 250(오른쪽). Frank Heinrich, Leipzig: p. 433. John Warner Photography: p. 387(왼쪽). Erin Joy: p. 391. Kent Life: p. 97. Kiuchi Brewery: pp. 393(오른쪽), 426. Kout na Šumavě Brewery: p. 467. Katherine Longly & France Dubois/Brasserie de la Senne: p. 288. LoverBeer Brewery: p. 365. Mahrs-Bräu: p. 528. Maple Leaf Auctions: p. 168. Merchant du Vin: pp. 501, 503, 504(위), 553. Mikkeller/artwork by Keith Shore: p. 201. Moorhouse's Brewery: p. 147. Mother Earth Brewing: p. 452(왼쪽). New Glarus Brewery: p. 488. Ommegang Brewery: pp. 59, 306(아래), 347, 427. Orkney Brewery: p. 250(왼쪽). Orval Brewery: pp. 272, 351. Pilsner Urquell: p. 629(오른쪽). Jeff Renfro: p. 29. Ritterguts Gose GmbH: p. 438. B. Roemmelt/München Tourismus: pp. 479, 483(위). Louisa Salazar: p. 393(왼쪽). Sly Fox Brewing Co.: p. 473. Patricia Smith: p. 304(위). Smuttynose Brewing Co.: p. 159. Southampton Publick House: p. 325. Spoetzl Brewery: p. 497. St. Peter's Brewery: p. 387(오른쪽). Struise Brouwers: p. 568. Studio Schulz: p. 585. Summit Brewing Company: p. 121. Surly Brewing Co.: p. 148(오른쪽). Daniel Thiriez: p. 317. Thornbridge Brewery: p. 134. Toccalmatto Brewery: p. 364. Mathew Trogner/Allagash Brewing Company: p. 587. Upland Brewing Co.: p. 552. Weihenstephan Breweries: p. 412. Widmer Brothers Brewing: p. 210. Workman Publishing: Michael Di Ma scio pp. 344, 515 ; Bobby Walsh pp. 19, 588-589. Xingu Brewery: p. 453. Yards Brewing Company: p. 148.
Maps by Susan Yule Hint (pp. 630, 632, 634, 636, 640-641, 655, 656, 657).
인포그래픽: James Williamson (pp. 54, 68-69, 379, 597, 589-599, 621)
나머지 사진들은 모두 저자가 찍은 것이다.